Customer Success is
Our Success

고객의 성공이
우리의 성공입니다.

국내 유수의 기업들이 인정한 (주)동양EMS 만의 차별화된
"Business Outsourcing Solution"

주요사업분야 | 아웃소싱 | 인재파견 | 채용대행 | 교육사업 | 노무자문

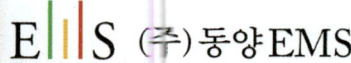

서울시 중구 충무로 3가 57-8 한영빌딩 3층 TEL : 02-2276-0419 FAX : 02-2276-0487
www.dongyangEMS.co.kr   www.emsjob.co.kr

SINCE 2003
IMG 인사이드
HR Outsourcing No.1

본사 : 서울특별시 서초구 반포대로 23길 14, 매강빌딩 3층
남부 지사 : 전남 여수시 엑스포대로 320-66, 2층
TEL : 02-591-4363 I FAX : 02-591-4360

성공하는 사람들만의 선택!

IMG인사이드가 인재와 기업을 잇는 **성공으로의 문**이 되겠습니다

전문성 Have Specialty
20년+
운영 경험

20년 이상 실무 경험
전 직원 전문 자격 보유
맞춤 인력 > 기대효과↑ 리스크↓

차별성 Differentiation
87%
계약유지율

87%의 재계약률
파견 제도의 제 법규 준수
공신력 인증 및 수상 경력 보유

보유 기술 Technology
30만+
축적 DB

30만+ 인재 DB
운영 Manual 작성·실행 컨설팅
전국(서울~제주) 관리 가능 노하우

IMG인사이드의 서비스 분야

성장 엔진에 맞는 중추 역할을 담당할 인재를 발굴하고 최적의 인프라를 구축합니다.

HR 서비스
근로자 파견
아웃플레이스먼트
채용·면접 대행
헤드헌팅

도급 운영
호텔·골프장
시설관리·병원
물류·콜센터 운영
유통·판촉·생산

교육 서비스
HR 솔루션 개발
인터넷 사업
교육 컨설팅

본사/계열사 : (주)인사이드잡 I 스탭플러스(주)
지사/사무소 : 부산/여수/대전/수원/제주
홈페이지 : www.insidejob.co.kr

아웃소싱서비스 수준이 올라갑니다

ISO 14001(환경경영) 인증 기업
ESG 우수 중소기업 인증 기업
ISO 45001(안전보건경영) 인증 기업
ISO 9001(품질경영) 인증 기업

아웃소싱전문기업! 信友産業管理(株)

신우산업관리(주)는
인재가 필요한 곳, 기술이 필요한 곳,
컨설팅과 진단이 필요한 곳에 따라
정확한 사전진단을 거친후
실무능력과 경험을 갖춘 전문인력이 곧바로 찾아갑니다.

신우산업관리(주)는

1. 인력관리의 효율화, 기업경영의 경쟁력 강화
2. 관리의 효율성 증대 및 사업의 전문성 추구
3. 글로벌형 기업경영 추구
4. 인재토탈 아웃소싱 서비스

업무분야

- ▶ 경비업무(보안·경비)
- ▶ 시설·건물관리(B/D운영관리·주차)
- ▶ 운전·배송·물류관리(하역·수송·보관)
- ▶ 사무·전산·비서·안내·행정관리
- ▶ 경비업무(혼잡·교통유도경비업)
- ▶ 미화·방역환경업무(조경업무)
- ▶ 노무·생산·현장관리
- ▶ 판촉·판매관리(이벤트행사)등

 신우산업관리주식회사
㈜신우아이티에스

서울시 영등포구 당산로 171, 1101호(금강펜테리움IT타워)
www.shinwoomds.co.kr   TEL : 02)587-7691   FAX : 02)587-7690

Since 2017

갤럭시아에스엠이 제공하는
장애인스포츠선수단

190개 고객사 선수단, 1,000명의 장애인운동선수 일자리를 컨설팅하고 있습니다.

기업의 장애인 고용, 고용부담금 문제 똑똑한 해결 방법

galaxia SM
02-3780-7379

블로그   상담신청

UAN HR
TOTAL OUTSOURCING

종합 아웃소싱 NO.1 그룹

WWW.UANHR.COM

종합아웃소싱의 최고의 파트너,

UAN GROUP

인재파견 / 콘텍센터 / 생산·제조 / 단체급식 / 판매·판촉 / 의료·풀필먼트 / 택배 / 수·배송 / 3PL / 건물종합관리 / 자산임대관리 / 전문건설업 / 면세사업 / 공항사업 / 전기차 충전사업

잡위드와 함께라면 가능합니다

인재와 기업을 연결하는 NO.1 최적의 파트너

아웃소싱

| 골프장 업무위탁 | 판매 판촉 | 헤드헌팅 채용대행 | 시니어 사업 |

인재파견

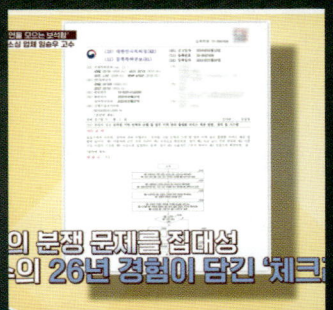

(주)잡위드

www.jobwith.co.kr

서울시 강남구 강남대로 62길 31, 예원빌딩 4F
TEL : 02-3454-0303 (010-8788-338?)
E-Mail : swlim@jobwith.co.kr

Global Outsourcing Leading Company

Since 1968 ~ 2019
오십 그리고 하나

삼구는 사람을 생각합니다

건물 • 시설종합관리 / 통합물류관리 / 생산 • 제조도급 / 식 • 음료 사업관리 / 주차위탁관리 / 골프장 관리 /
판촉위탁관리 / 공조필터 납품 / 냉 • 난방기 종합세척 / 실버복지서비스 / 해외배송대행 / 근로자파견

누구나 함께 하고 싶은 기업

주식회사 삼구아이앤씨

서울시 중구 청계천로 100 시그니처 타워 동관 6F
Tel. 1588-2239, 02-828-3939 Fax. 02-816-2669
http://www.samkoo.com

컨설팅부터 구축까지 가능한 기업!

성공하는 기업의 곁에는 항상 인터비즈시스템이 있습니다.

약속된 품질로 아웃소싱을 완성하는 기업
오직 고객의 성공만 생각합니다.

고객관리 최우선

비용효과 극대화

사업목표 고도화

- ISO 9001/ISO 45001 보유
- R-BIZ center : 원격업무지원센터
- 판매판촉 서비스 / 물류유통 서비스
- 취업지원 서비스

서울시 강서구 화곡로 416, 16층 (등촌동, 더스카이밸리5차)   대표번호 : 02-799-7900   help@interbiz.co.kr

www.boboslink.com

사람이 재산이다

기업의 미래를 책임질 좋은 인재
보보스링크가 찾아 드립니다.

보보스링크 서비스 분야

헤드헌팅 / 채용대행 / 인재파견 / HR컨설팅
아웃소싱(판매/판촉, 물류/유통, 콜센터 운영 등)

- 2024년 고객만족서비스 대상 수상
- 14년 연속 국내 아웃소싱 100대기업 선정
- 다양한 인력풀을 활용한 최적의 인력운영시스템
- 업종별, 직종별 전문가로 구성된 차별화된 관리운영
- 무차입경영, 이익배당 유보를 통한 안정적인 재무구조

HR BIZ GROUP
BOBOS 보보스링크주식회사

보보스링크 주식회사

서울특별시 강남구 테헤란로 124, 삼원타워 8층
대표번호 : 070-7119-9898   팩스 : 02-553-7708   홈페이지 : www.boboslink.com
전국지사 : 인천, 수원, 중앙, 천안, 대전, 대구, 울산, 부산, 창원, 전주, 광주

| 발간사 |

AI와 함께 다시 쓰는
2026 아웃소싱 산업의 미래

아웃소싱타임스
김용관 대표/ 발행인

2025년은 생성형 AI와 디지털 전환이 아웃소싱 산업의 근본을 바꿨습니다. 인사관리, 고객서비스, 물류, 시설관리 등 여러 분야에서 기업들은 AI 자동화와 데이터 분석 기술을 도입하며 운영 효율을 극대화했습니다. 인력 중심의 서비스는 이제 기술 중심의 융합형 서비스로 진화했습니다.

중대재해처벌법 시행과 노동시장 개편, 플랫폼 노동의 확대는 아웃소싱 기업에 새로운 책임과 기준을 요구하고 있으며, 이에 따라 기업들은 단순한 외주 관리에서 벗어나, AI와 데이터로 계약을 체계적으로 관리하고 리스크를 사전에 예방하는 시스템을 구축하고 있습니다.

2026년 아웃소싱 산업 전망과 대응방안

2026년, 아웃소싱 산업은 'AI 기반 고도화'의 새로운 전환점을 맞고 있습니다. AI 분석과 자동화 기술이 서비스 전 과정에 녹아들면서 기업은 인공지능으로 품질, 인력 배치, 비용을 실시간으로 조정하고 관리하고 있습니다. 이제 AI는 단순한 비용 절감 수단이 아니라 경영 전략의 핵심 동력이 되고 있습니다.

2026년에는 특히 '피지컬 AI(Physical AI)'와 '스마트 계약형 아웃소싱'이 결합된 혁신 모델이 본격적으로 확산될 것으로 예상됩니다. 물류, 제조, 시설관리, 보안, 클린 서비스 등 현장 중심 산업에서는 로봇과 AI가 협업하며 사람과 기술이 함께 일하는 스마트 아웃소싱 시대가 예상됩니다.

이에 아웃소싱 기업들은 ▲AI 데이터 분석 역량을 강화하고 ▲법적·윤리적 리스크 대응 체계를 구축하며 ▲ESG 경영을 내재화하고 ▲고객 맞춤형 통합 서비스 전략을 수립하는 방식으로 스스로 경쟁력을 높여야 합니다.

2026년 아웃소싱타임스의 역할과 다짐

아웃소싱타임스는 1995년 창간 이후 아웃소싱 산업 발전의 길을 함께 걸어왔습니다. 창간 30주년을 넘어선 지금, 우리는 변화의 중심에서 산업의 방향을 제시하는 역할을 다하겠습니다. 2026년에도 현장과 산업을 연결하는 가교가 되어, 기업과 종사자가 함께 성장할 수 있는 생태계를 만들겠습니다.

2026년판 한국아웃소싱기업연감은 빠르게 변화하는 산업 환경 속에서 아웃소싱 산업의 현재를 분석하고, 다가올 변화를 주도하려는 의지를 담았습니다. 2003년 첫 발간 이후 20여 년 넘게 이어진 한국아웃소싱기업연감은 아웃소싱 기업과 사용기업이 함께 성장할 수 있도록 돕는 실무 지침서로 앞으로도 계속 함께 하겠습니다.

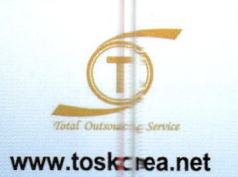

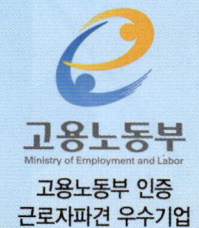

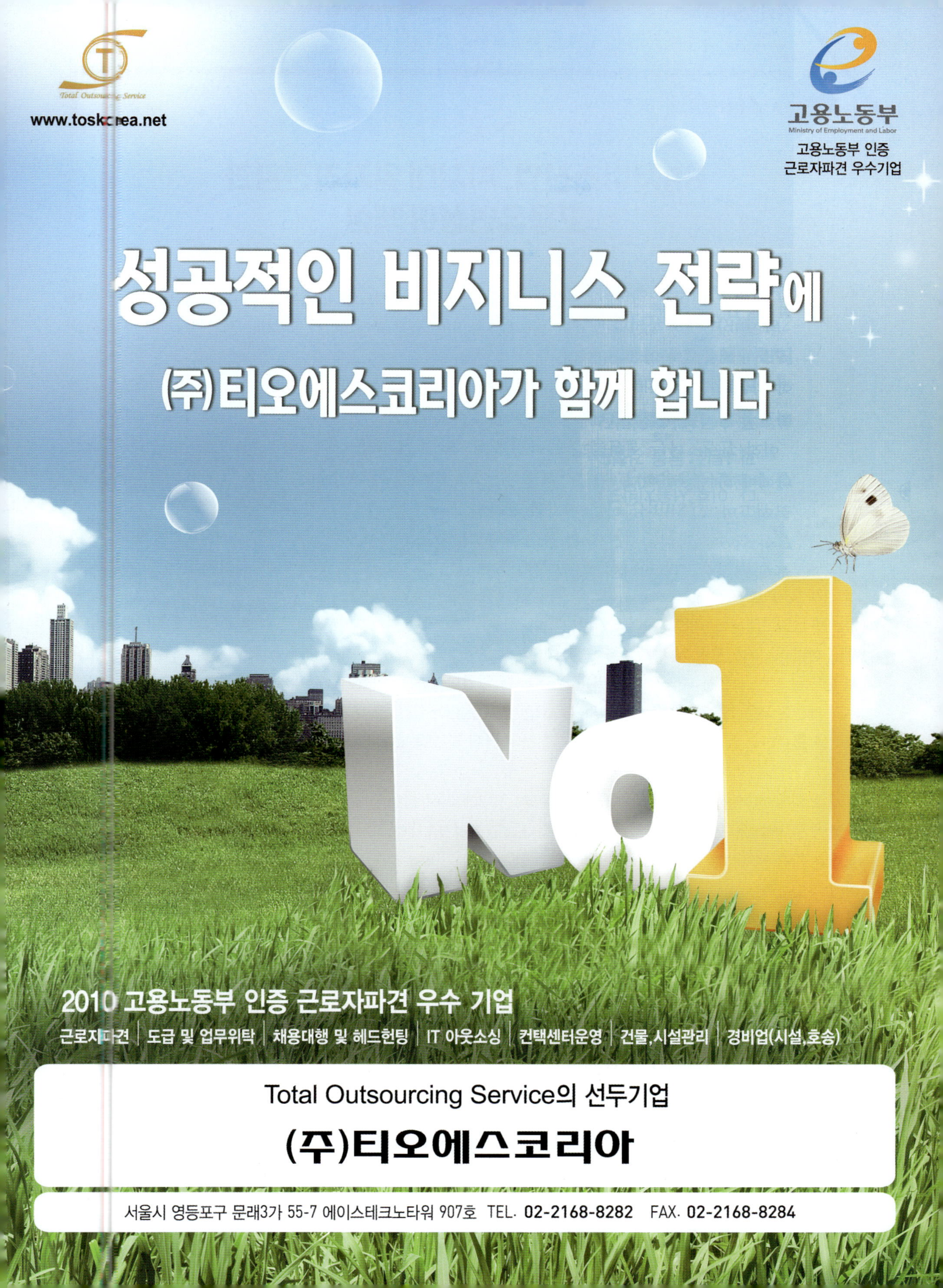
Total Outsourcing Service
www.toskorea.net
고용노동부
Ministry of Employment and Labor
고용노동부 인증
근로자파견 우수기업
성공적인 비지니스 전략에
(주)티오에스코리아가 함께 합니다
No1
2010 고용노동부 인증 근로자파견 우수 기업
근로자파견 | 도급 및 업무위탁 | 채용대행 및 헤드헌팅 | IT 아웃소싱 | 컨택센터운영 | 건물,시설관리 | 경비업(시설,호송)
Total Outsourcing Service의 선두기업
(주)티오에스코리아
서울시 영등포구 문래3가 55-7 에이스테크노타워 907호 TEL. 02-2168-8282 FAX. 02-2168-8284

| 축사

HR서비스산업, AI시대 일자리전환과 고용유연성이 핵심

(사)한국HR산업협회
손영득 회장

아웃소싱기업연감의 발간을 진심으로 축하드립니다. 본 연감은 HR서비스산업의 현재를 조망하고 미래 방향을 제시하는 성장 촉매제이자, 기업과 산업 생태계에 매우 중요한 지침서입니다.

오늘날 우리는 저성장과 불확실성이 지속되는 시대를 살아가고 있습니다. 이러한 환경 속에서 기업의 아웃소싱 경영은 생존과 지속가능한 성장을 위한 필수 전략입니다.

한국HR산업협회는 전세계 50개국이 참여하는 세계고용연맹(WEC)의 한국 대표단체로 국제 연대와 협력을 통해 대한민국 HR산업의 위상을 높여가고 있습니다.

지난 2025년 10월 17일 일본 가나자와에서 개최된 제19회 세계고용연맹 동북아시아 회의에서는 한국HR산업협회, 중국대외사업협회, 일본인재파견협회가 모여 '국가 재난 시 경제 및 고용 회복을 위한 HR서비스의 역할'을 주제로 논의하였습니다.

일본은 동일본대지진, 리먼브라더스 사태, 코로나 팬데믹 등 국가 위기 때마다 일본인재파견협회가 정부로부터 이재민 상담 및 고용 지원 참여를 공식 요청받아 민과 관이 함께 위기를 극복했습니다. 중국 또한 코로나 팬데믹 당시 중단된 생산 라인을 재가동하기 위해 중국대외사업협회와 HR서비스기업들이 혁신적 역할을 수행하였습니다. 우리 대한민국은 1997년 IMF 외환위기, 2008년 글로벌 금융위기, 코로나 팬데믹 속에서 HR서비스 산업이 고용 충격을 흡수하고 일자리 전환과 재배치를 수행하며 경제 및 고용 회복에 기여했습니다.

당시 회의에 참석한 WEC 베티나 쉴러 회장은 AI 시대에 더욱 급격한 일자리 전환이 일어나고 있기에 HR서비스산업의 선제적 대응과 기여가 무엇보다 중요하다고 강조하였습니다.

실제로 지금 전 세계는 저성장과 불확실성에 놓여 있으며 기업의 고용 전략 또한 그 어느 때보다 유연성과 탄력성이 요구되고 있습니다. 이러한 시대적 과제 속에서 우리 협회는 지난 해 HR서비스산업협회에서 HR산업협회로 협회명을 변경하고 BPO·고용서비스·인재파견을 포괄하는 대표 산업단체로서 새롭게 도약했습니다. 우리 협회는 업계와 함께 걸으며 대한민국 HR서비스 산업의 새로운 미래를 만들어가고 있습니다.

HR서비스 산업은 AI시대에 기업의 고용유연성을 지원하고 변화하는 일자리 구조 속에서 새로운 노동 생태계를 설계하는 핵심산업입니다. 바로 이러한 이유로 아웃소싱기업연감은 대한민국 HR서비스산업을 대표하는 기업과 시장을 정리한 매우 중요한 자산입니다.

2026 아웃소싱기업연감 발간을 진심으로 축하드리며, 본 연감이 우리 HR산업의 지속적 성장에 큰 밑거름이 되기를 기대합니다.

Why?

왜 많은 BPO·고용·파견사업자들이 HR산업협회와 함께 하고 있을까요?

사용사 신뢰 | 사업자 보호 | 사업자 지원

KS한국고용정보, 더케이텍, 아람인테크, 보보스링크, 맨토스파워, 맨파워코리아, 인터비즈시스템
엠제이플렉스, 아이피시, 에이젝코리아, 유안에이치알, 휴플러스, 서한기업, 유니에스, 삼구INC
제일비엠시, 스탭솔루션, 하고잡, 노무법인한수, 네트론, 잡스랩, 월드지엠에스, 케이잡스
휴먼네트워크, 더카와, 더뉴인, 법무법인굿플랜, 이젠코리아, 미디어윌네트웍스, 그린굿잡
그린맨파워, 다인솔루션, 대성글로벌네트웍, 드림피플 라인비즈, 마루HR, 맥시머스, 맨테크원
맨토스엘, 미래가이드, 발렉스서비스, 벨에스엠, 부울경INC비에이블, 사람과기술, 삼구에프에스
삼신테크, 삼영물류, 서운에스티에스, 서울커뮤니케이션, 스마트에이치알컨설팅, 스탭스
신우산업관리, 씨앤에이, 아리오, 아산맨파워, 아이비커리어,애드민, 어울림에이치알
에에스비코퍼레이션, 에스씨케이, 에스앤씨서비스, 에스이엔씨, 에이치알메이트, HR비엠에스
에이치알엔, 엔잡얼라이언스, 엘마르코리아, 예스콘에스, 예스콘컨설팅, 우림테크, 워크존
위드굿피플, 위드인, 월앤비전, 유니스텝스, 유현글로벌, 이시스템, 인빌트, 인풍코리아, 잡앤휴먼
제니엘, 제니엘휴먼, 제이앤비맨파워, 제이앤비컨설팅, 제이에스휴먼텍, 제이엔알서비스
제이엠피코리아, 제일에스피, 유피에스, 지텍에이치, 채용인력개발, 케이탑, 케이티에스잡
코세스코리아, 크레돈, 클라인, 티앤에스자산관리, 티이에스, 퍼스트인, 페이롤플러스
포맨파워 피티아이, 피플씨앤에스, 하나인뱅크, 하이맥스컨설팅, 하이에이치알, 현대 SNS
휴너자이저, 휴먼솔루션, 휴먼스텝스, 휴먼아이티, 휴먼인프라, 휴먼프라임, 휴비즈넷, 휴스존
휴콥, 엘엠에스 위즈피플, 리미트, 이앤피파트너스, 은성프린터스, 모두오에스 외

가입문의 02-553-1661

WEC 세계고용연맹   KEF 한국경영자총협회   경제단체협의회

WWW.khra.or.kr

| 축사 |

민간경비업, 국민안전을 지키는 든든한 버팀목 산업

(사)한국경비협회
동중영 회장

「2026 한국아웃소싱기업연감」의 발간을 진심으로 축하드리며, 오랜 기간 산업의 발전을 위해 헌신해 오신 모든 관계자 여러분의 노고에 깊은 감사의 말씀을 드립니다. 아웃소싱산업의 발전은 단지 한 산업의 성장에 그치지 않고, 국가경제 전반의 효율성과 혁신을 이끄는 중요한 동력으로 작용하고 있습니다.

오늘날 우리는 디지털 전환과 인공지능의 확산, 그리고 급격한 사회·경제 구조 변화 속에서 새로운 산업 생태계를 맞이하고 있습니다. 이러한 변화의 중심에서 아웃소싱산업은 기업의 핵심역량 집중을 지원하고, 전문 서비스의 품질을 높이는 전략적 파트너로서 그 역할이 더욱 중요해지고 있습니다. 기업들은 경비, 물류, 인사, 생산, 고객관리, 정보기술 등 다양한 영역에서 외부의 전문성을 활용함으로써 효율적 경영과 비용 절감을 실현하고 있습니다.

이와 같은 변화는 단순한 외주화의 개념을 넘어, 협력과 전문성, 그리고 신뢰를 기반으로 한 산업 구조의 혁신으로 이어지고 있습니다. 아웃소싱은 이제 단순한 업무 위탁이 아니라, 각 분야의 전문성이 결합된 고부가가치 서비스 산업으로 발전하고 있으며, 그 영향력은 점차 확대되고 있습니다.

특히, 경비·보안서비스 분야는 국민의 안전과 직결된 영역으로, 아웃소싱의 사회적 역할이 가장 명확히 드러나는 분야입니다. 국민의 생명과 재산을 보호하는 경비산업은 단순한 업무 수행을 넘어 공공의 신뢰를 지켜야 하는 사명감을 가지고 있습니다. 한국경비협회는 이러한 시대적 사명 아래, 전문경비 인력 양성과 근무환경 개선, 서비스 품질 향상, 그리고 업계의 건전한 발전을 위해 다양한 노력을 기울여 왔습니다.

아웃소싱산업은 기업 경쟁력 강화와 더불어 일자리 창출, 청년 고용 확대, 고령자 재취업 등 사회적 가치 실현에도 크게 기여하고 있습니다. 이는 단순한 산업적 성과를 넘어, 우리 사회의 지속가능한 발전에 중요한 역할을 담당하고 있음을 의미합니다. 앞으로도 아웃소싱산업이 기술혁신과 인적자원의 조화를 통해 새로운 경제적 기회를 창출하고, 사회적 포용성을 높이는 산업으로 발전해 나가기를 기대합니다.

이번에 발간되는 「2026 한국아웃소싱기업연감」은 국내 아웃소싱산업의 현황과 주요 기업 정보를 종합적으로 수록한 전문 자료집으로서, 산업 발전의 방향성과 정책적 과제를 제시하는 나침반이 될 것입니다. 연감에 담긴 우수 기업들의 사례와 혁신 활동, 그리고 산업 트렌드 분석은 업계 종사자뿐만 아니라 정부, 공공기관, 학계, 그리고 기업의 의사결정자들에게도 실질적인 참고자료가 될 것입니다.

한국경비협회는 앞으로도 아웃소싱산업의 발전을 위해 긴밀한 협력체계를 유지하며, 정부 정책과의 조화를 통해 산업의 제도적 기반을 강화하고, 공정하고 투명한 시장질서를 확립하는 데 앞장서겠습니다. 또한, 디지털 노동, 스마트 경비, AI 기반 감시 시스템 등 첨단 기술을 활용한 미래형 아웃소싱 모델의 발전에도 적극적으로 동참하겠습니다.

2023 국가생산성대회
금탑산업훈장

아웃소싱
제모스가 이끕니다

ZEMOS.
Zeniel Mobile System

(주)제니엘
www.zeniel.com

서울시서초구 효령로 402 제니엘빌딩
대표전화 1588-1581 | 사업문의 02-580-0116

| 축사 |

새로운 시각과 조화(調和)로, 지속가능한 가치 창출

(사)한국건축물유지관리협회
구자관 회장

아웃소싱 산업의 발전을 위해 끊임없이 노력해온 아웃소싱타임스의 『2026 한국아웃소싱기업연감』 발간을 진심으로 축하드립니다.

매년 산업의 성장 기록을 담아내며 기업과 사회를 잇는 소통의 장을 열어주신 아웃소싱타임스 임직원 여러분과 관계자 여러분께도 깊은 감사의 말씀을 드립니다.

'한국아웃소싱기업연감'은 국내 유일 아웃소싱 기업 안내서로, 산업 현장의 흐름과 기업의 경쟁력을 조망하는 중요한 나침반 역할을 해왔습니다. 또 검증된 아웃소싱 기업 정보를 집대성하여 시장의 투명성을 높이고, 수요 기업과 공급 기업 간 신뢰를 이어 우리 산업 성장의 길잡이가 되었습니다.

2000년대 초반까지 우리 산업은 아날로그가 더 익숙했습니다. 그러나 인력(人力)과 인적 기술을 바탕으로 성장해 왔던 과거와 달리, 오늘날 아웃소싱은 인공지능(AI)과 사물인터넷(IoT) 등 첨단 기술을 적극 활용하며 시장에 새로운 성장 동력을 제안하고 있습니다. 특히 예측과 실시간 모니터링을 통해 에너지 효율화, ESG경영 등 서비스 고도화와 더불어 지속가능한 가치를 창출하고 있습니다.

오늘날 세상은 어느 때보다 빠르게 변화하고 있습니다. 이러한 격랑 속에서 우리가 직면한 변동성(Volatility), 불확실성(Uncertainty), 복잡성(Complexity), 모호성(Ambiguity)으로 정의되는 '뷰카(VUCA)시대'는 더 이상 기존의 경험만으로는 극복할 수 없습니다. 이 거대한 전환기에서, 우리는 인력 중심 산업에서 첨단 기술과 인재가 조화된 고부가 가치 서비스 산업으로 진화하고 있습니다. 나아가 ESG 경영과 결합하여 지속가능한 성장과 사회적 가치 창출의 핵심 산업으로 도약해야 합니다.

새롭게 발간된 본 연감이 비전(Vision)을 제시하고, 이해(Understanding)를 통해 공감하며, 명확성(Clarity)을 제공하고, 민첩하게(Agility) 대응하는 '리더의 뷰카(VUCA)'로 미래 전략을 이끄는 이정표가 되어주기를 기대합니다.

다시 한번 '2026 한국아웃소싱기업연감' 발간을 축하드리며, 아웃소싱타임스와 모든 산업 관계자 여러분의 무궁한 발전과 번영을 기원합니다.

물류로 고객성공!
SAMYOUNG 삼영물류㈜

www.sylogis.co.kr

맞춤물류를 통해 고객을 성공시키는 기업,
삼영물류가 글로벌 수준의 물류서비스를 제공합니다.

3PL ▶ Your Success Is our Goal ▼ Fulfillment

Food Service — 식품/식자재 콜드체인 물류 운영 관리

CVS Service — 편의점 물류센터 인력, 배송차량 운영 관리

설치 Service — 가구/가전/운동기구 중량물 설치 배송

온라인 Service — 주문접수~배송까지 원스톱 풀필먼트 제공

화장품 Service — 전문화 된 시설/장비를 통한 화장품 풀필먼트

전기·전자 Service — 완제품에서 A/S부품까지 입출고, 배송 물류관리

컨설팅 Service — 거점 재구축, 물류조직 재설계, 공동물류 컨설팅, Process Innovation

'맞춤물류를 통해 고객을 성공시키는 기업'을 목표로 하는 삼영물류는
제3자 물류 및 공동물류 선도기업으로 차별화된 제안력과 운영력, 기술력을 통해
국내 최고의 전문물류기업을 지향합니다.

1. **제안력**   Supply Chain Consulting + Professional 3PL Proposal
2. **운영력**   Processing Knowhow + Rich Experiences
3. **기술력**   Customized System (Information Technology) + LE (Logistics Engineering)

■ **맞춤 Service**   공동물류(Platform Service) - On Line (풀필먼트 서비스), 화장품, 전기·전자
　　　　　　　　　/ 제3자물류(Integrated Total Service) - 전기·전자·설치, CVS, Food Service
　　　　　　　　　/ 국제물류(Import/Export Service) - 크로스보더(직구/역직구) 풀필먼트_특송 서비스
　　　　　　　　　/ 물류컨설팅(Logistics Consulting) - PI, 공동물류, 물류조직재구축, 거점재구축

인천광역시 서구 중봉대로490, 지식산업센터 10층 / Tel. 032-886-3003 / sylogis@sylogis.co.kr

1994 국내 최초 3PL서비스 개시 / 2000 국내 최초 공동물류 전용 물류센터, e-biz 전용 물류센터 개소
우수물류기업인증(물류창고기업) / 생산성향상우수기업지정 / HR서비스우수기업인증 / 노사문화우수기업인증
일터혁신우수기업인증 / 경영혁신중소기업인증 / 물류표준설비인증 / **안전보건경영시스템인증(ISO45001:2018)**
일자리창출 최우수기업인증 / **한국물류대상 은탑산업훈장 수훈, 산업포장 수상** / **모범상공인상(대통령표창) 수상**

| 축사

市場이 멈춰서 버렸다

(사)한국컨택센터산업협회
황규만 부회장

올해는 작년과 비교해봤을 때 컨택센터산업은 변한 게 거의 없다. 생성형AI로 인해 컨택센터에 큰 변화가 있을 것으로 예상했었지만 말만 무성했지 정작 생성형AI를 센터에 도입하는 기업은 찾아보기가 쉽지 않다. 그래서 IT기업들 특히 중소IT기업들은 죽을 맛이다. 고객사들과 AI투자를 하기로 합의를 했지만 자꾸만 뒤로 미뤄지고 있기 때문이다. 그나마 다행인 것은 투자를 하지 않겠다고 하지 않는 것이 위안이라면 위안이다. 하지만 너무 힘들어한다.

이렇게 된 데는 생성형AI를 도입한 기업들의 성공사례가 나오지 않고 있는 것이 가장 큰 요인이라고 본다. AICC에 대한 투자를 서둘렀던 금융기관들이 막대한 예산을 투자했지만 성과는 기대치에 너무 못 미친다고 판단하고 있다. 게다가 컨택센터에 전화를 건 고객들도 큰 차이를 못 느낀다고 평가했다. 그러니 투자를 미루는 것은 당연한 것이 아니겠는가? 이렇듯 시장이 움직이지를 않으니 KT를 포함한 대기업들도 AICC개발해놓고 클라우드 기반 AICC 사업을 잠시 접고 쉬어 가고 있다. 둘로 시장이 AICC로 가는 것은 피할 수 없으니 시장이 열리면 다시 뛰어들겠다는 자세다. 한 가지 분명한 것은 생성형 AI 기술의 발전 속도가 인간의 상상을 초월하고 있어 성공사례가 나오기만 한다면 도입을 미뤄왔던 대부분의 기업들이 AICC 도입에 뛰어들 것이다.

또 다른 문제는 대부분의 IT기업들이 생성형 AI를 CCaaS(클라우드 기반 서비스)로 준비중인데 보안수그 더불어 높은 클라우드 비용이 문제다. 외산 클라우드(AWA & Azure)는 기술이 좋은 반면 비싸고, 국산 클라우드(KT와 NAVER)는 외산에 비해 조금 저렴하기는 하지만 아직 기술의 안정성이 떨어지는 부분이 있다. 하지만 이 문제 또한 조만간 기술적으로 해결되리라 본다.

이제는 AI기술의 도입 없이 고객서비스 자체가 어려운 상황에 처할 수밖에 없다. 그러므로 신속히 도입해서 활용하는 것이 유일한 답이다. 유비무환이라고 AICC가 컨택센터에 도입될 때를 대비해 만반의 준비를 해야 한다. 정말로 2026년은 컨택센터산업이 생성형 AI 도입이 시작되는 원년이 될 것이다.

사업이 어려운 상황임에도 매년 한국아웃소싱기업연감을 발행하고 있는 아웃소싱타임스에 감사를 드리며, 이 어려운 시기가 빨리 지나가기를 바래 본다.

www.ijnb.com

우리 이웃들의 **행복한 미래를 위한**

희망의 퍼즐을 맞춰드립니다.

J&B consulting

- 대기업 및 공공기관 : 고객센터, 비서, 사무보조, 안내, 시설관리, 경비, 미화
- 금융권 및 통신사, 홈쇼핑 : 고객센터, 상담직, 사무보조, 전산원
- 병원 : 사무보조, 간호보조, 간병, 요양보호사 (파견/교육), 미화
- 교육 : 취업지원, 고용지원, 전직지원, 대학지원, 정부위탁사업
- 이민 : 이민, 유학, 해외인턴십, 정착서비스
- 헤드헌팅 : 채용대행

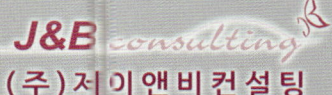

J&B consulting
(주)제이앤비컨설팅

서울시 영등포구 경인로 775 에이스하이테크시티 2동 1501호/1510호
TEL : 02-2167-3300   FAX : 02-2167-3399   www.ijnb.com

| 축사

'사람 중심 서비스' 전문성과 고객 경험을 바탕으로
함께 성장하는 산업 생태계 구축 필요

부산컨택센터협의회
성승모 회장

아웃소싱 산업의 새로운 흐름과 도약을 함께 기록하는 『2026 아웃소싱기업연감』 발간을 진심으로 축하합니다.

이 연감은 단순히 업계의 발자취를 담는 책자가 아니라, 산업이 나아가야 할 방향과 변화를 함께 고민하는 '산업 나침반'의 역할을 해왔습니다. 각 분야에서 묵묵히 자리를 지켜온 아웃소싱 기업들의 경험과 성과가 모여, 대한민국 서비스 산업의 경쟁력을 한층 더 높이는 밑거름이 되리라 믿습니다.

최근 컨택센터 업계는 기술 혁신과 인력 구조의 전환기 속에서 중요한 갈림길에 서 있습니다. 인공지능 기반 자동화의 확산, 비대면 상담의 일상화, 그리고 상담사 근무 환경 개선 요구가 동시에 맞물리며 산업의 패러다임이 빠르게 변하고 있습니다. 그러나 우리가 잊지 말아야 할 것은 '사람이 중심이 되는 서비스'입니다. 효율과 비용 절감만이 아닌, 상담사의 전문성과 고객 경험이 함께 성장하는 산업 생태계를 만드는 것이 지금 우리의 과제입니다.

부산광역시컨택센터협의회는 이러한 시대적 요구에 부응하기 위해 부산광역시와 협력하며 지역 산업의 발전과 일자리 창출에 힘쓰고 있습니다. 2008년부터 무상 상담사 전문 교육을 운영하며 매년 1,000명 이상의 인재를 양성하고 있습니다. 단순한 직무 교육을 넘어 재직자의 경력 개발, 감정노동 해소, 심리 재충전 프로그램 등 현장 중심의 실질적 지원 체계를 구축하여 컨택센터 종사자들이 자부심을 가지고 일할 수 있는 환경을 만들어가고 있습니다.

앞으로도 부산컨택센터협의회는 고객사, 협력사, 그리고 상담사가 함께 성장하고 상생하는 산업 구조를 위해 최선을 다하겠습니다. 지역사회와 산업계가 서로의 경험과 비전을 나누는 협력의 장을 넓혀, 부산이 대한민국 컨택센터 산업의 메카로 자리매김할 수 있도록 최선의 노력을 하겠습니다.

『2026 아웃소싱기업연감』이 이러한 변화를 이끌어가는 모든 분께 귀중한 통찰과 영감을 주는 자료가 되기를 기대합니다.
끝으로, 아웃소싱 산업 발전을 위해 애써주신 관계자 여러분께 깊은 감사를 전합니다.

사람과 미래기술의 조화로 완성하는 BPO, 휴넥트

부일정보링크(주)가 (주)휴넥트로 새롭게 도약하고 있습니다

새로운 사명 '휴넥트'는 사람과 미래기술의
조화를 추구하는 미래지향적인 기업을 의미합니다

사람과 사람, 사람과 기업, 기업과 기술의 무한한
발전과 혁신을 기업의 중요가치로 두고 있으며
보다 조직적이고 전략적인 네트워크를 통해
고객의 성장과 가치창출을 위하여 최선을 다하는 기업,
고객의 최고 성공파트너로서
컨택센터 산업의 새로운 세대를 열어가겠습니다

휴넥트 홈페이지   Instagram   NAVER 블로그

(주)휴넥트

컨택센터 운영서비스
- 컨택센터 운영
- 컨택센터 구축
- ASP(시설임대)
- 인재파견

아웃소싱 서비스
- 생산/제조
- 의료
- 유통/물류
- 시설/보안
- 사무지원

HR 서비스
- 채용대행
- 헤드헌팅

교육 서비스
- 고객센터 상담 교육
- QA/CS 전문가 교육

컨설팅
- 컨택센터 운영 진단 및 컨설팅

문의전화 대표번호 1577-4518 02-2279-4118 / 051-850-2000 홈페이지 www.hunect.co.kr

| 축사

일자리 창출과 고용서비스 시장의
투명성 및 전문성 강화를 위한 파트너

(사)전국고용서비스협회
이원장 회장

존경하는 아웃소싱타임스 김용관 대표님 이하 모든 관계자 여러분!

오늘, 한국 아웃소싱 산업의 미래를 조망하는 뜻깊은 자료인 「2026 한국아웃소싱기업연감」 발간을 축하드립니다.

아웃소싱 산업의 발전과 혁신을 위해 헌신적으로 노력해주시는 모든 분께 진심으로 감사와 격려의 말씀을 전합니다.

고용 안정과 산업 성장의 핵심 동력, 아웃소싱 아웃소싱 산업은 기업의 경영 효율화와 핵심 역량 강화를 지원하며, 동시에 수많은 일자리를 창출하고 고용 안정에 기여하는 국가 경제의 중요한 축입니다.

급변하는 경제 환경 속에서 기업들은 더욱 전문적이고 유연한 고용 서비스를 필요로 하고 있으며, 이는 아웃소싱 산업의 역할과 중요성을 더욱 부각시키고 있습니다.

아웃소싱 분야의 혁신과 성장은 곧 민간 고용서비스의 질적 향상으로 이어져, 궁극적으로는 구직자들에게 더 많은 일자리 기회를 제공하는 핵심 동력이 될 것입니다.

「2026 한국아웃소싱기업연감」은 우리 아웃소싱 산업의 현주소를 정확히 진단하고, 미래 발전 방향을 제시하는 나침반으로 새로운 노동 환경에 대응하기 위한 선진화된 제도와 정책 방향을 모색하는 데 크게 기여하여, 아웃소싱 산업의 고용 구조 안정화와 질적 성장을 이끌어주기를 기대합니다.

전국고용서비스협회는 아웃소싱 산업의 든든한 파트너로서, 앞으로도 양질의 일자리 창출과 고용서비스 시장의 투명성 및 전문성 강화를 위해 함께 노력할 것을 약속드립니다.

다시 한번 「2026 한국아웃소싱기업연감」 발간을 진심으로 축하드리며, 아웃소싱타임스에 무궁한 발전이 있기를 기원합니다.

감사합니다.

"물류의 이해로 미래를 준비하라"
복잡한 물류의 세계를 가장 쉽고 빠르게 이해할 수 있는 책

 새벽배송부터 AI와 ESG까지

 생활 밀착형 물류, 전격 해부

 생활 속 물류의 숨은 작동원리

 클릭 뒤로 움직이는 물류와 AI

삼영물류 이상근 사장이 다섯번째 저서 『우리 삶에 쏙 들어온 물류』를 펴냈다.
 이번 신간은 배달앱·새벽배송 등 일상의 편리함 뒤에서 작동하는 물류 시스템을 쉽고 명확하게 설명한다. AI 예측배송, 자율주행, 전기차 배송 등 첨단 기술이 소비와 생활을 어떻게 바꾸는지 실제 사례로 살펴보고, 눈에 보이지 않지만 정교한 물류의 흐름을 인간 중심의 시각으로 새롭게 조명한다.

- 도서명: 우리 삶에 쏙 들어온 물류
- 부　 제: 클릭 한 번, 그 뒤엔 물류와 AI가 움직인다
- 저　 자: 이상근 삼영물류 대표이사, 공학박사

교보문고, 영풍문고, 예스24, 알라딘 등 전국 온오프라인 서점 판매중　▲지금구매하기
문의 : 02-785-3197

| 축사 |

첨단기술 시대, 안전경영을 위한 아웃소싱 기업연감의 역할

재단법인 피플
정유석 이사장

국내 유일한 아웃소싱산업 안내서 아웃소싱타임스의 2026 한국아웃소싱기업연감 발행을 진심으로 축하합니다.

최근 기업의 비즈니스 환경은 기술 진보와 미·중 갈등, 러·우 전쟁, 기후변화, 사회적 갈등, 지속적인 산재 발생과 안전보건 관련 규제 강화 등으로 불확실성이 커지고 있습니다. 특히, 인공지능(AI) 기술의 급격한 발전은 우리 삶과 비즈니스의 패턴을 크게 바꾸어 놓고 있습니다.

인간과 기계간은 물론 기계와 기계가 연결되는 사회, AI가 인간을 대신할 수 있는 사회, 인간이 기계와도 경쟁해야 하는 초경쟁사회가 도래하고 있습니다. 이러한 큰 변화의 시대에 적극적으로 대처하기 위해서는 기업의 생산이나 경영방식은 전문화되고 AI 기술과 협업할 수밖에 없습니다. 어느 한 기업에서 AI기술과 같은 첨단 기술을 모두 도입하여 경영 전반을 아우르기는 어렵습니다. 따라서 첨단 기술 활용을 요구하는 영역은 외부 전문화된 영역의 협조를 요구할 수밖에 없습니다. 사업의 일부 영역이나 우리 인간 개개인의 앎의 영역은 제한적이나 기업경영이나 삶에 필요한 것들은 다양하고 전문화되어 있기 때문입니다. 이렇게 단순한 일상생활부터 다양한 기계기구 설비와 고도로 스마트화된 전문 기술을 필요로 하는 생산현장에 이르기까지 어느 하나도 외부의 기술이나 전문지식을 받지 않고 스스로의 기술력으로 자생할 수는 없습니다. 최근 아웃소싱의 중요성이 점점 더 커지는 이유입니다.

따라서 현대와 같이 AI, 로봇, 디지털화, 드론, 무인자동차, 스마트기술 등이 활용되어 고도화되고 전문화된 복잡한 사회 환경에서는 아웃소싱에 관한 정보가 점점 더 중요해 지고 있습니다.

이러한 시대에 우리 일상생활이나 기업에서 필요로 하는 것을 해결할 수 있는 업체와 전문가에 관한 사항을 소상하게 안내해주는 아웃소싱 연감이 우리 곁에 있다면 얼마나 편리하겠습니까? 세상에 나와 있는 엄청나게 많은 정보를 수집하여 엄선하고 가공하여 이를 필요로 하는 사업장에 공급한다는 것은 상당히 어려운 작업입니다. 그러하니 연감에 담을 내용은 활용도를 고려한 우선순위를 중심으로 엄선하되, 지금 당장은 그 필요성이 크지 않다고 하여도 멀지 않은 날에 활용될 가치가 높은 첨단기술과 안전보건 문제 같은 특수한 영역에 관한 사항도 필히 들어야 할 것입니다. 이는 기업에서 첨단기술의 도입과 안전보건 문제는 문명이 발전하고 우리의 삶의 질을 향상하는 데 있어서 필수적인 사항이기 때문입니다.

안전관리 활동은 과학기술과 인간 심리 그리고 경제 사회 문화적인 제반 원리를 활용해야 합니다. 이러한 활동 중에는 첨단기술을 활용한 사업장 자동이상 진단 및 자동처치기술, 유해 위험 물질이나 산소 부족 밀폐공간과 같은 위험장소에 대한 자동인지 및 경보와 같은 기술정보, 안전경영시스템 그리고 안전보건 관련 법률정보 등이 있습니다. 이들 기술이나 관리방법은 모두 특수한 분야여서 사업장의 경영진은 물론 구성원 모두가 다 알 수 없습니다. 따라서 이러한 사항에 관한 기술 현황 및 이러한 기술을 가진 업체 등을 소상히 안내하는 내용도 포함된 연감은 그 활용도가 점점 더 커질 것입니다.

2026 한국아웃소싱기업연감 발행을 다시 한 번 축하하는 바이며 이 연감이 더욱 많이 활용되어 우리 산업발전에 더욱 크게 이바지하기를 기대합니다.

산재 보상 및 각종 법률 문제와 관련된 고민을 가지고 계신가요?

대한변호사협회등록
산재 | 형사 | 손해배상
전문변호사 에게 문의해주세요

형사법 전문	산재·손해배상 전문	산재·손해배상 전문	산재 전문	근로복지공단 40년 경력
이기윤 대표변호사	최은영 부대표변호사	박성민 변호사	배성재 변호사	이길수 산재보상연구소장
산재 전문				
김찬영 대표변호사	강유진 부대표변호사	김인진 변호사	김동윤 변호사	백윤지 변호사

산업재해

· 산재보험급여 신청 및 행정 소송
· 산업재해 민사 손해배상 청구 소송 및 합의
· 산업재해 형사 소송 및 합의

산업안전

· 산업안전 관련 법령 자문 및 교육
· 안전보건관리 · 중대재해예방 컨설팅
· 중대재해처벌법 · 산업안전보건법 위반 수사 대응

주사무소 | 서울특별시 영등포구 양산로 57-5, 806호 (이노플렉스) TEL 02-2633-5796 FAX 02-6004-5917
본사무소 | 서울특별시 영등포구 양산로 43, 710호 (우림이비자센터) TEL 02-6746-0008 FAX 02-6746-0009

광고책임변호사 : 이기윤

| 축사

한국아웃소싱 기업연감,
기술·물류·산업을 잇는 지식의 나침반

(사)한국물류관리사협회
조임호 회장

기업경영의 길잡이! '2026한국아웃소싱기업연감' 출간을 축하드립니다.
우리나라 아웃소싱 산업계를 대표하는 아웃소싱타임스에서 발간하는 전문적인 최신판 연감인 '2026 한국아웃소싱기업연감'을 발간하게 됨을 진심으로 축하드립니다.

2003년 처음 발간 당시부터 지금까지 그러하였듯이 아웃소싱에 관련된 최신의 정보들을 집대성한 2026년 연감은 아웃소싱 업계의 수요와 공급을 연결해 주 유용한 가이드의 역할이 되어 줄 것으로 기대합니다.

주지하시다시피 아웃소싱(Outsourcing, 외부조달)은 국내외의 경제 환경의 변화와 이에 따른 경쟁의 격화로 인해 한정된 자원을 가진 기업이 모든 분야에서 최고의 위치를 유지하기 어렵게 되면서 해당 기업이 가장 유망한 분야나 핵심역량에 자원을 집중시키고, 나머지 활동은 외부의 전문기업에 위탁 처리함으로써 경제효과를 극대화하는 경영전략을 말합니다.

1980년대 후반에 미국 기업이 제조업 분야에서 활용하기 시작한 이후 전세계 기업들로 급격히 확산되고 있으며 앞으로 4차 산업혁명 시대에는 AI, 빅데이터, IoT, 로봇기술 등 급속도로 발전하는 산업기술 발전에 따라 그 범위가 더욱 확대될 것으로 예상되고 있습니다.
특히 국가 경제활동의 혈맥 역할을 하는 거시적인 부분 뿐만 아니라 국민들의 일상생활과도 밀접한 관련을 갖는 생활물류와도 같은 물류산업에서도 조달(구매), 운송, 보관, 하역, 포장, 분류, 리버스(역)물류, 정보활동 등 다양한 영역에서 전문기업들과의 아웃소싱으로 경영성과를 확대하고자 하는 다양한 노력들이 전개되고 있습니다.
이러한 경영환경의 변화에 부응하기 위해 '2026한국아웃소싱기업연감'의 발간은 우리나라 물류산업의 발전을 위해 수고하는 물류 기업들에게도 발전을 위한 좋은 길잡이가 되어 줄 것이며, 아웃소싱 공급기업과 아웃소싱 수요기업들 간에 상호 복합적이고 의존적이며, 장기적인 파트너 관계를 형성해 비용 절감보다는 상생의 관점에서 기업의 성장과 경쟁력·핵심역량 강화를 위한 대안으로 운영되며 국가 경제발전의 필수적인 지침서가 되어 줄 것이라 확신합니다.

우리나라 아웃소싱 산업의 발전을 선도하며 아웃소싱 공급기업 및 아웃소싱 수요기업들 사이에서 아웃소싱 가이드북으로 활용될 2026한국아웃소싱기업연감 발간을 위해 수고해 주시는 아웃소싱타임스 김용관 대표님과 편집부 여러분의 노고에 감사드리며, 최신 연감의 발간으로 대한민국 아웃소싱산업 발전에 더 큰 기여를 할 것으로 기대합니다.

든든한 사업 파트너,
[다현로앤컨설팅 노무법인]이 함께하겠습니다.

대형 노무법인
· 법인 설립 이후 매년 가파른 성장세
· 현재 전국 4개 지점 운영중
  (방배, 강남, 종로, 송도)

다양한 업종 경험
· 연간 자문 회원사 250여 기업 이상
· 다양한 업종의 노동 법률 자문 노하우
  (건설업, 제조업, 외국계기업, T/SW업, 서비스업 등)

차별화된 전문가집단
· 1본부, 8팀, 총32명
· 공인노무사 15명
· 분야별 전문위원 8명
· 고문/이사 4명, 경영지원 5명

최적의 성과
· 노동사건 승률 **86.7%**
· 서비스 만족도 **96.3%**
  (최근 3년 평균 200개 기업 대상)

차별화된 전문성

 외국계기업 인사노무관리 실무 Q&A (2021)
 건설업 노무관리 실무 Q&A (2018)

주요 연혁

- 2023. 01 부산지사 설립
- 2021. 03 경기도외국인투자기업지원센터 업무협약법인 선정
- 2021. 02 외국계 인사노무관리 실무 Q&A 출간
- 2020. 10 송도지사 설립
- 2019. 11 여성가족부 가족친화기업 신규인증
- 2019. 09 "핵심인사관리 실전노무관리" 서적 출간
- 2019. 09 산업통상자원부 후원 아웃소싱 서비스
           고객 만족/품질경영 대상 수상
- 2019. 03 고용노동부 지역산업 맞춤형 일자리
           창출 우수사업 수행 노무법인 선정
- 2018. 06 "건설업 노무관리 실무 Q&A" 서적출간
- 2016. 12 직장내 성희롱 예방 교육기관 고용노동부 지정
- 2015. 07 노무법인 다현 법인 설립
           (방배동 본사, 종로지사, 강남지사)

본사 : 서울시 서초구 방배로 107 디엠타워 3관 2층
광화문지사 : 서울 종로구 종로 1 교보생명빌딩 15층
강남지사 : 서울시 강남구 테헤란로425, 신일빌딩 5층
송도지사 : 인천시 연수구 송도과학로56, BT센터 19층 4호

· 문의 : 02)6953-1234
· 팩스 : 02)6919-2932
· 홈페이지 : www.hyunlabor.com

다현 LAW & CONSULTING GROUP

| 축사 |

외국인투자기업과 아웃소싱 산업의
동반성장을 기대하며

주한외국기업연합회
김종철 상임대표

『2026 한국아웃소싱기업연감』 발간을 진심으로 축하드립니다.

오랜 기간 아웃소싱 산업 전문 보도를 이어오며 우리 산업 생태계의 전문성과 투명성을 높여온 아웃소싱타임스의 노고에 깊은 감사를 드립니다.

세계 경제는 지정학적 위험, 글로벌 공급망 변동, 기술 패러다임의 빠른 전환이라는 복합적 도전에 직면해 있습니다. 특히 인공지능(AI)과 자동화 기술의 급격한 확산은 기업의 인력 운영 방식과 조직 구조 전반에 큰 변화를 가져오고 있습니다. 이러한 변화 속에서 아웃소싱 산업은 단순한 비용 절감의 수단을 넘어, 기업 경쟁력을 결정짓는 핵심 전략 분야로 자리매김하고 있습니다.

주한외국기업연합회(KOFA)는 지난 20여 년간 한국에 진출한 외국인투자기업들이 안정적으로 성장할 수 있도록 정부·지자체와의 소통 창구 역할을 수행해 왔습니다.

외국기업은 한국 시장에서 효율적인 인력 운영, HR 전략, 사업지원서비스 활용이 필수적이며, 이 과정에서 아웃소싱 산업은 전문성, 유연성, 생산성 향상을 제공하는 중요한 파트너가 되고 있습니다.

한국 아웃소싱 산업은 이제 단순 위탁을 넘어서 컨설팅, 디지털 전환, 글로벌 스탠더드 기반의 HR 솔루션까지 영역을 확대하며 '미래 산업 인프라'로 성장하고 있습니다. 이러한 변화는 국내 기업뿐 아니라 한국의 외국기업들에게도 매우 긍정적이며, 한국 시장의 매력과 경쟁력을 높이는 데 크게 기여하고 있습니다.

『2026 한국아웃소싱기업연감』이 발간됨으로써 업계가 나아가야 할 방향을 제시하고, 기업과 전문가들에게 필요한 정보를 전달함으로써 한국 아웃소싱 산업의 도약을 이끄는 소중한 지침서가 되리라 확신합니다.

아웃소싱 산업의 발전을 위해 힘써주신 모든 관계자 여러분께 감사드리며, 앞으로도 아웃소싱 산업과 외국인투자기업이 함께 상생하며 한국 경제의 성장에 기여할 수 있기를 기대합니다.

다시 한 번 연감 발간을 축하드리며, 아웃소싱 산업의 지속적인 발전과 여러분의 건승을 기원합니다.

품질저하
운영비용
인력이탈

수 많은 기업들의 풀리지 않는 CS문제
CS쉐어링이 해답입니다.

1,000개 이상의 고객센터 운영 대행 노하우
기업의 CS운영비를 절감하고 응대 품질을 2배 향상시켰습니다.
AI 통합 플랫폼과 3중 위기관리 체계를 통해 끊임없는 고객경험을 실현합니다.

직접 고용하지 않고도 CS를 혁신할 수 있는 **마지막 탈출구**

- 문의량이 **많은 기업도**
  문의량이 **적은 기업도**
- 단순 응대부터 전문적인
  A/S 상담 및 발주까지
- 전화, 게시판, SNS 등
  다양한 옴니채널 상담

이버 검색창에 **CS쉐어링 ▼** 을 검색해보세요! 문의 **1522-5539**
www.cssharing.com

CS sharing

CONTENTS

발간사 및 축사

10	발간사
12	한국HR산업협회
14	한국경비협회
16	한국건축물유지관리협회
18	한국컨택센터산업협회
20	부산컨택센터협의회
22	전국고용서비스협회
24	재단법인 피플
26	한국물류관리사협회
28	주한외국인기업연합회

스폰서기업

표지배너
맨파워코리아
서울커뮤니케이션
에이플러스원

표지
2면 | 유니에스
3면 | 다현로앤컨설팅 노무법인
4면 | 발렉스서비스

본문 띠광고
서울커뮤니케이션
에이플러스원

1	동양EMS
2	인사이드잡
3	신우산업관리
4	갤럭시아에스엠
5	유안에이치알
6	잡위드
7	삼구아이앤씨
8	인터비즈시스템
9	보보스링크
11	티오에스코리아
13	한국HR산업협회
15	제니엘
17	삼영물류
19	제이앤비컨설팅
21	휴넥트
25	법무법인 사람앤스마트
27	다현로앤컨설팅 노무법인
29	씨에스쉐어링

분야별 기업정보

63	인재파견 I	325	생산제조 II
211	인재파견 II	329	컨택센터운영 I
221	고용서비스 I	357	컨택센터구축 I
233	업무지원 I	371	컨택센터구축 II
249	업무지원 II	377	유통/판매/판촉 I
253	헤드헌팅/채용대행 I	405	물류 I
277	헤드헌팅/채용대행 II	425	물류 II
281	산업교육 I	429	물류센터운영 I
287	컨설팅 I	447	경비·청소·건물 I
295	생산제조 I	491	경비·청소·건물 II

부록

- 28 [특집] 2025 명품 아웃소싱 기업 인증관
- 39 2024년 하반기 근로자 파견사업 현황
- 45 2025년 고용형태공시 결과 발표
- 55 2025년 대한민국 공공기관 비정규직 현황
- 539 노동안전 종합대책(2025. 9. 15)
- 555 개정 통상임금 Q&A
- 569 채용절차의 공정화에 관한 법률 Q&A
- 585 2025년 슬기로운 정부지원사업 안내_재정지원
- 617 2026년 고용노동부 예산안 주요내용

**2026
한국아웃소싱기업연감**

2025 명품 아웃소싱 기업 인증관

[아웃소싱타임스 인증] 사용기업이 선택하는 2025년 아웃소싱 우수기업 특선

한국 아웃소싱
리딩컴퍼니

HR서비스
10대 대표기업

아웃소싱서비스
고객만족대상

기술혁신, 노동권 강화, 안전규제 확대로 아웃소싱 산업의 판이 달라지고 있다. 생성형 AI의 빠른 확산과 노동조합법 개정, 중대재해처벌 강화 등은 아웃소싱 업계 전반에 새로운 균형점을 요구하고 있다. 효율성과 생산성을 높이기 위한 기술 도입이 가속화되는 동시에, 강화된 법·제도 환경이 인력 운영과 계약 구조를 근본적으로 재편시키고 있는 것이다.

생성형 AI의 도입은 단순·반복 업무 중심이던 기존 아웃소싱 구조에 커다란 변화를 일으키고 있다. 특히 대기업을 중심으로 생성형 AI 도입이 확대되면서 콜센터, 사무지원, 자료입력 등 인적 의존도가 높은 영역의 구조조정이 가속화되는 추세다.

반면, AI를 내재화하고 자체 HR테크 솔루션을 구축한 기업들은 고객사의 선택을 받으며 실적과 신뢰를 동시에 확보하고 있다. 단순한 인력공급을 넘어 기술력과 데이터 역량을 결합한 '지능형 아웃소싱 서비스'가 새로운 경쟁 기준으로 부상하고 있다.

노동환경의 변화도 아웃소싱 산업에 중대한 변곡점을 만들어 내고 있다. 2025년 9월 공포된 노동조합법 개정, 이른바 '노란봉투법'은 오는 3월 본격 시행을 앞두고 있다. 개정안은 근로계약 당사자가 아니더라도 근로조건을 실질적으로 지배·결정할 수 있는 자를 사용자로 인정하고, 정리해고나 구조조정 등 사업경영상의 결정도 노동쟁의의 대상으로 포함했다.

이에 따라 원청의 사용자성이 확대되면서, 단체교섭과 임금책임, 안전관리 의무 등에서 아웃소싱 기업의 법적 부담이 커질 전망이다.

여기에 더해 중대재해처벌법 시행 이후 강화된 노동안전 종합대책도 아웃소싱 기업에 막대한 영향을 미치고 있다. 노란봉투법과 맞물려 안전관리에 소홀함이 없으면서도 불법파견이라는 낙인을 벗어날 수 있는 지휘 체계가 필수가 됐다. 정부는 소규모 사업장과 하청노동자 등 취약부문을 중심으로 감독을 확대하고, 원청의 예방의무를 강화 중이다.

2025년의 아웃소싱 산업은 기술과 신뢰, 효율과 책임 사이의 균형 위에 선 곡예와 가까운 줄타기가 연이어진 해였다. 생성형 AI와 디지털 혁신을 앞세워 생산성을 높이되, 강화된 노동권과 안전규제 속에서 법적 리스크를 최소화해야 하는 복합적 과제를 안고 새 해를 맞이하는 아웃소싱 기업의 책임과 부담은 그 어느 때보다 크다 할 수 있다.

그러나 변화는 위기와 기회를 동시에 만든다. 기술 내재화와 제도 준수를 병행하며 혁신을 이어가는 기업들은 새로운 시장을 창출하고, 사용기업과의 파트너십을 한층 공고히 하고 있다.

본지는 이러한 산업 변화 속에서도 흔들림 없이 성장하며 혁신을 이어온 주요 아웃소싱 기업을 '명품 아웃소싱 기업 인증관'을 통해 조명한다. 본 인증관은 ▲디지털 전환과 서비스 고도화로 두각을 나타낸 '리딩컴퍼니', ▲산업별 대표성을 거둔 '대한민국 아웃소싱 10대기업', ▲고객만족과 품질혁신을 실현한 '아웃소싱 고객만족대상'으로 구성된다.

2025년 인증관은 변화의 한가운데서 기술혁신과 윤리 경영, 안전관리 강화로 산업의 새로운 표준을 제시한 기업들을 소개한다. AI와 노사관계, 산업안전이라는 세 가지 축을 다루며, 이들 기업의 사례를 통해 아웃소싱 산업의 지속가능한 경쟁력과 미래 방향을 제시하고자 한다.

발렉스서비스, 품질·안전·고객만족 3박자를 갖춘 종합 BPO 리더

발렉스서비스(대표 박희영)는 품질과 안전, 고객만족을 핵심 가치로 삼아 종합 비즈니스 프로세스 아웃소싱(BPO) 서비스를 제공하는 선도기업이다. 비전과 성과를 인증받아 2025 리딩컴퍼니, 대한민국 아웃소싱 10대기업, 아웃소싱 고객만족대상(특별상) 등 3개 부문을 동시에 수상하며, 2025년 '명품 아웃소싱 기업 인증관'에 올랐다. 업계 혁신을 선도하는 발렉스서비스는 건물·시설관리, 장비 유지보수, 제조, 물류, 보안, 미화, 금융, 호텔서비스, 인재파견 등 다양한 산업 영역에서 전문 인력과 체계적인 관리 역량을 기반으로 종합 BPO 서비스를 제공하고 있다. 특히 청소 및 위생관리 분야에서는 세계청결산업협회(ISSA)의 CIMS with Honors 국제 인증을 지속적으로 갱신하며, 글로벌 수준의 품질경영체계를 공고히 하고 있다. 이를 통해 서비스 품질뿐 아니라 현장 안전과 작업 효율을 동시에 확보한 점이 높은 평가를 받고 있다. 또한 국제표준인 ISO 9001, ISO 14001, ISO 37001, ISO 37301, ISO 45001 ISO 22301을 비롯한 ESG경영 인증까지 모두 취득하며, 품질·환경·부패방지·준법·안전보건 등 주요 경영 시스템을 전방위적으로 강화해왔다. 전 직원 직무역량 강화를 위해 '발렉스아카데미'로 이론 및 실습 중심의 현장 교육으로 전문성과 서비스품질을 높이고있다. 회사는 고객 중심 경영을 최우선 가치로 삼고 있다. 고객사의 요구를 반영한 맞춤형 관리 시스템과 지속적인 서비스 개선을 추진하며, 각 산업별 특성에 최적화된 솔루션을 제공하고 있다. 이러한 노력은 고객사와의 장기적 신뢰 관계로 이어지며, 실제 계약 유지율과 재계약 비율에서 업계 상위권을 유지하고 있다.

애드민, '안전보건경영'으로 HR아웃소싱의 새 기준 제시

애드민(대표 정성문)은 품질과 안전, 그리고 신뢰경영을 고루 갖춘 HR 아웃소싱 선도기업으로 인정받아 리딩컴퍼니, 대한민국 아웃소싱 10대기업, 아웃소싱 고객만족대상(안전보건경영 부문)을 모두 수상하는 영예를 안았다. 지난 2000년 설립된 애드민은 25년간 사람 중심의 가치 창출을 경영철학으로 삼아 성장해왔다. 생산·제조 도급, 물류센터 운영, 건물종합관리, 고객센터 운영, 운전·사무파견 등 종합 아웃소싱 서비스를 제공하며, 한국콜마, HK이노엔, 빙그레, 파리크라상, SK브로드밴드, 비씨카드 등 산업 전반의 주요 고객사와 장기적 파트너십을 유지하고 있다. 애드민의 올해 성장은 '안전이 곧 품질'이라는 경영원칙에서 비롯됐다. 산업재해 예방을 위해 현장별 위험성 평가를 정례화하고, 안전보건 전담 조직을 확대 운영했다. 모든 근로자에게 산업안전 교육을 의무화하고, 스마트 안전장비 도입과 실시간 현장 점검 시스템을 강화해 사고 제로화를 실현하고 있다. 이러한 체계적인 안전경영이 고객사의 생산성 향상으로 이어지며, 산업현장 맞춤형 BPO 운영모델의 경쟁력을 한층 높였다. 또한 자체 인력운영시스템 'MIN SYSTEM'을 통해 인재의 선발부터 근무평가, 사후관리까지 전 과정을 관리하며, 근로자의 복지와 직무 역량 강화를 병행하고 있다. 입문·직무·CS 교육을 상시 운영해 현장 적응력과 서비스 품질을 높이고, 가족친화기업 인증과 메인비즈 인증을 획득해 기업의 신뢰성을 공고히 했다. 애드민은 앞으로도 ESG와 안전보건 중심의 경영체계를 지속 강화하며 '사람을 통한 가치 창출'이라는 창립 이념을 실천하고, HR 아웃소싱 산업의 지속가능한 성장 모델을 제시하는 'HR 아웃소싱 No.1 기업'으로 도약할 계획이다.

유니에스, 디지털 혁신으로 '종합인재서비스 No.1' 위상 강화

유니에스(대표 이용훈)는 2025 리딩컴퍼니, 대한민국 아웃소싱 10대기업, 아웃소싱 고객만족대상(특별상)을 모두 수상하며 HR서비스 산업의 대표기업임을 다시 한 번 입증했다. 1990년 설립된 유니에스는 35년간 '사람 중심의 가치'를 경영철학으로 삼아왔다. 전국 7개 지사를 기반으로 400여 고객사, 1만 3,500여 명의 인력을 관리하며 공항서비스, 고객센터 운영, 시설관리, 유통·물류, 판매·판촉, 의료서비스 등 산업 전반에 걸친 종합 아웃소싱 서비스를 제공하고 있다. 유니에스의 경쟁력은 품질경영과 디지털 혁신에 있다. 업계 최초로 ERP 시스템을 구축하고, 자체 인적성 검사 및 상담원 채용평가 시스템을 도입해 인재 채용과 근무평가를 과학적으로 관리하고 있다. 35년간 축적된 HR데이터와 AI 분석을 결합해 고객 맞춤형 인재운영체계를 고도화했으며, ERP 고도화를 통해 실시간 서비스 모니터링과 데이터 기반 의사결정을 강화하고 있다.

또한 ISO9001, ISO14001, ISO45001, ISO37001 등 국제표준 인증을 보유하며 체계적이고 투명한 경영 시스템을 운영한다. 본사 스태프와 현장 관리자가 정기적으로 고객사와 소통해 운영 이슈를 신속히 개선하며, 높은 재계약률로 신뢰를 입증하고 있다.

이용훈 대표는 "35년간 축적된 경험과 혁신 역량을 통해 고객이 먼저 찾는 신뢰의 브랜드로 성장해왔다"며 "앞으로도 품질과 사람 중심의 경영으로 HR서비스의 새로운 기준을 만들어가겠다"고 밝혔다.

제니엘, AI와 윤리경영의 결합으로 차세대 HR서비스의 성과 설계

박춘홍 대표

1996년 설립된 제니엘(대표 박춘홍)은 '일하고 싶은 사람이 마음껏 일할 수 있는 행복한 사회 구현'을 미션으로, 29년간 HR 아웃소싱과 컨설팅 분야에서 확고한 입지를 다져온 종합 HR 솔루션 기업이다. 2025년 리딩컴퍼니, 대한민국 아웃소싱 10대기업, 아웃소싱 고객만족대상(특별상)을 모두 수상하며 업계 혁신의 방향을 제시했다. 제니엘은 의료·물류 아웃소싱, HR컨설팅, 교육컨설팅, 고용지원서비스, 헤드헌팅 등 500여 고객사에 토털 서비스를 제공하며 국내 HR서비스 시장을 선도하고 있다. 현재 8개 법인 계열사와 1개 비영리재단을 운영하며, 1만 3천여 명의 직원을 고용하고 있다.

제니엘의 경쟁력은 기술과 사람을 융합한 HR디지털 전환 역량에 있다. 업계 최초로 개발한 모바일 업무관리 시스템 '제모스(ZeMOS)는 2024년 'Ver.4.0'으로 업그레이드되어 안전보건관리, 판매관리, 환자이송프로그램 등 고도화된 기능을 탑재했다. 이를 통해 고객사의 생산성과 품질 관리 효율을 높이며 차별화된 IT기반 HR서비스를 실현하고 있다. 또한 내부적으로는 '2025 Zeniel GenAI Challenge(ZAIC)'를 개최해 전 임직원이 생성형 AI를 실무에 접목하는 혁신 아이디어를 발굴하도록 지원했다. AI 윤리원칙과 가이드라인을 수립해 개인정보보호와 기술의 공정한 활용 구조하며, ESG 경영의 기초도 공고히 했다. 윤리경영과 투명한 조직문화는 제니엘의 핵심 경쟁력이다. 감사실과 경영진단팀을 운영하고 사이버 신고를 개설해 공정한 내부통제를 실천하며, 임직원에게는 MBA 교육, 직무·CS·간병·상담스킬 교육 등을 제공해 역량 개발을 체계적으로 지원하고 있다.

퍼스트인, ESG경영 실천으로 지속가능한 아웃소싱의 모범 제시

이일기 대표

퍼스트인(대표 이일기)은 2025년 리딩컴퍼니, 대한민국 아웃소싱 10대기업, 아웃소싱 고객만족대상(ESG경영 부문)을 수상하며, 책임경영과 사회적 가치 실현을 겸비한 지속가능 아웃소싱기업으로 인정받았다.
2011년 설립된 퍼스트인은 '사람 중심 아웃소싱 서비스'를 철학으로 삼고 성장해왔다. 부산을 거점으로 전국 각지에 사업장을 운영하며 생산도급, 인재파견, 물류센터 운영, 시설관리, 고용서비스 등 다양한 분야에서 종합 아웃소싱 서비스를 제공하고 있다. 수도권 중심의 시장 구조 속에서도 지역 기반의 경쟁력을 입증하며 전국권 HR서비스 기업으로 도약했다.

퍼스트인의 강점은 ESG경영의 실천에 있다. 전자계약과 문서 전산화를 통한 페이퍼리스 시스템, 표준계약서 활용, 윤리경영과 리스크 관리, 결식아동 복지관 후원, 청년·시니어·장애인 고용 확대 등 현장 중심의 ESG 활동을 이어가고 있다. 이를 통해 단순 인력공급을 넘어 사회적 책임과 지속가능성을 실현하는 파트너로 자리매김했다.
또한 정기 고객만족도 조사와 현장 순회점검을 통해 피드백 체계를 고도화하고, 표준화된 대응 프로세스를 구축해 고객사의 요구에 신속 대응한다. 한 제조기업의 품질 이슈 발생 시 전국 숙련인력으로 구성된 품질개선TF를 즉각 투입해 위기를 해결한 사례는 퍼스트인의 현장 대응력을 보여준다. 근로자 복지와 안전도 경영의 중심축이다. 안전보건·직무·CS 교육을 정례화하고, 지역 병원·문화시설과 협약해 복지혜택을 확대했다. ISO 인증 취득과 중대재해 대응 매뉴얼 마련으로 안전한 근무환경을 조성하고 있다.

다현로앤컨설팅, 중대재해처벌법 전문 컨설팅 최고 노무법인

김광태 대표

다현로앤컨설팅 노무법인(대표 김광태)은 중대재해처벌법과 ESG경영에 특화된 노무 서비스에 4대보험 환급컨설팅을 결합해 HR 전 영역을 지원하는 컨설팅 모델을 구축했다. 이 같은 전문성과 실적이 인정돼 2025년 리딩컴퍼니와 아웃소싱서비스 고객만족대상(기업노무&환급컨설팅 부문)을 수상했다.
다현로앤컨설팅은 10년간 산업안전·노무·ESG를 아우르는 컨설팅을 수행해 온 곳으로, 현재 22명의 공인노무사를 포함해 산업안전기사, 세무사, 경영지도사, 행정사 등 30여 명의 전문가 조직을 운영하고 있다. 국토교통부·고용노동부·건설협회의 중대재해처벌법 시행령 TF에 참여한 경험을 보유해 실제 법령 제·개정 흐름을 현장 컨설팅에 바로 반영할 수 있는 점이 강점이다. 소속 노무사 전원이 ISO45001 인증심사원 자격을 갖춘 것도 기업 안전보건체계 구축에 차별화 요소로 꼽힌다. 올해 고객만족대상(기업노무&환급컨설팅 부문) 수상의 기반이 된 서비스는 AI 기반 4대보험 환급 프로그램 BACK(Bring Assets Back, Build Assets Quick)'이다. 이 시스템을 통해 1000여 개 기업의 환급 가능 금액을 분석·신청해 실제 환급 성과로 연결시켰고, 노무컨설팅이 곧바로 비용절감과 재무개선으로 이어질 수 있음을 보여줬다. 중대재해 컨설팅과 환급컨설팅을 하나의 패키지로 묶어주는 구조도 고객사의 만족도를 높인 요소로 평가됐다.
다현로앤컨설팅은 여기서 더 나아가 ESG인권경영인증을 계열로 두고 ISO 심사원 양성과정, 공급망 실사, 지속가능보고서 작성, Ecovadis 인증 컨설팅 등으로 서비스를 확장하고 있다.

2025 명품 아웃소싱 기업 인증관

동양이엠에스, 고객과 함께 성장하는 '행복경영'으로 산업의 기준을 세우다

동양이엠에스(대표 전대길)는 2025년 리딩컴퍼니와 대한민국 아웃소싱 10대기업으로 선정되며, 고객 중심의 서비스 혁신과 지속 가능한 현장경영으로 인정받았다. 2003년 설립된 동양이엠에스는 "고객과 함께 하는 행복한 기업"을 비전으로 삼고, 산업 전반에 걸쳐 고객 가치 실현을 위한 아웃소싱 서비스를 제공해왔다.

현재 전국 50여 개 고객기업, 100여 개 사업장에서 약 3000명의 직원이 근무하고 있으며, 주요 사업은 ▲백화점 서비스(캐셔·안내·지원 서비스) ▲고객센터 운영(금융권·홈쇼핑·택배·방송 등) ▲캐터링 서비스 ▲업무지원(사무·운전·상담지원·시설관리·주차지원) 등이다. 고객사의 니즈에 맞춘 맞춤형 서비스와 현장관리 노하우를 기반으로, 안정적인 운영체계와 높은 고객만족도를 유지하고 있다.

동양이엠에스의 경쟁력은 '고객 가치 실현의 속도'에 있다. 자체 인재 선발 시스템을 통해 직무 적합도와 인성을 종합 평가하고, 전문교육센터를 중심으로 직무별 교육을 강화해 현장 대응력을 높였다. 특히 서비스 품질 향상과 고객 클레임 최소화를 위한 피드백 프로세스를 정착시켜, 금융·유통·서비스 전 분야 고객사로부터 높은 신뢰를 얻고 있다. 또한 '행복경영'을 실천하기 위해 직원 복지와 근무환경 개선에도 힘쓰고 있다. 힐링 프로그램과 전문상담 연계를 통해 정신건강을 지원하고, 직무 스트레스 관리 교육을 정례화했다. 복리후생 강화와 소통 중심의 기업문화를 통해 구성원이 즐겁게 일하는 환경을 만드는 것이 고객 만족으로 이어진다는 철학을 바탕으로, 사람 중심의 경영을 실천하고 있다.

전대길 대표

제이앤비컨설팅, '사람'과 '미래'가 바로 서는 HR 서비스의 방향 제시

박재완 대표

제이앤비컨설팅(대표 박재완)은 2025년 리딩컴퍼니와 대한민국 아웃소싱 10대기업으로 선정되며, 감동 서비스와 사람 중심 경영으로 인정받은 HR서비스 선도기업으로 성장했다. 1998년 창립 이후 '아름다운 기업, 행복한 일터'라는 경영철학 아래 사람과 기업이 함께 성장하는 HR 문화를 만들어가고 있다.

제이앤비컨설팅은 인사·채용·교육·고객서비스 등 전 과정에 걸쳐 맞춤형 HR솔루션을 제공하며, 사용기업과 근로자가 모두 만족할 수 있는 고품질 서비스를 실현해왔다. 특히 임직원 복지 강화와 워라밸 실현을 핵심 가치로 삼고, 직원이 행복해야 고객에게 최고의 서비스를 제공할 수 있다는 신념 아래 조직문화를 지속적으로 개선하고 있다.

이러한 노력은 정부로부터도 공식적으로 인정받아, 2025년 보건복지부가 주관한 제20회 '임산부의 날' 기념식에서 출산문화 확산에 기여한 공로로 보건복지부 장관 표창을 수상했다. 이는 가족친화적 기업문화를 정착시키고, 일과 가정의 균형을 중시하는 워라밸 경영이 실제 성과로 이어진 결과로 평가된다.

또한 제이앤비컨설팅은 시니어 토탈케어 플랫폼 '케어닥'과의 협약을 통해 시니어 CS매니저 인턴십과 노인 취업 연계사업을 추진하며, 고령층 일자리 창출에도 앞장서고 있다. 저출산·고령화 시대에 대응하는 사회적 책임경영을 실천하며, 민간 일자리 확대와 고용 안정에 기여하고 있다.

티오에스코리아, 신뢰와 품질로 증명한 아웃소싱 전문기업의 저력

티오에스코리아(대표 이승우)는 2025년 리딩컴퍼니와 아웃소싱서비스 고객만족대상(특별상 부문)에 선정되며, 품질과 신뢰를 기반으로 한 HR서비스 경쟁력을 다시 한번 입증했다. 2004년 창립 이후 21년간 근로자파견과 아웃소싱서비스 전문기업으로 성장하며 업계의 대표 브랜드로 자리매김했다.

티오에스코리아는 그룹사, 대기업, 금융권, 중견·중소기업 등 100여 곳의 고객사에 근로자파견, 고객상담, 시설관리, 경비·미화·주차·안내, 단체급식, 채용대행, HR컨설팅, 생산도급 등 전 산업을 아우르는 토탈 아웃소싱 서비스를 제공하고 있다. 고객사와의 재계약률이 95%에 달할 정도로 높은 신뢰를 구축하고 있으며, 합리적인 고용조건과 안정적인 근무환경을 통해 근로자 만족도 역시 업계 상위권을 유지하고 있다.

이승우 대표

회사의 강점은 변화 대응력과 서비스 품질관리 시스템에 있다. 단순 인력공급에서 벗어나, 디지털 기반의 인사관리와 소프트스킬을 갖춘 인재 양성으로 고객사의 생산성과 경쟁력 향상에 기여하고 있다. 또한 체계적인 교육프로그램을 통해 현장 근로자의 직무 역량을 강화하고, 지속적인 법규 준수와 노무관리 시스템 개선으로 신뢰할 수 있는 파트너십을 유지하고 있다. 이승우 대표는 "아웃소싱 산업은 이제 비용 절감이 아닌 전문성과 지속가능성이 경쟁력의 기준이 되고 있다"며 "티오에스코리아는 변화하는 경영환경에 발맞춰 신규사업 개발, 디지털 전환, 인재육성에 집중해 고객사의 성장과 함께하는 기업으로 발전해 나가겠다"고 밝혔다.

그린맨파워, 현장 중심 운영으로 신뢰 쌓은 종합 아웃소싱 기업

오진일 대표

그린맨파워(대표 오진일)는 1998년 설립 이후 27년간 현장 중심의 운영체계를 기반으로 정부기관, 공기업, 방송·언론사, IT기업, 제약사 등 다양한 산업군에 전문 인력을 공급해왔다.

현재 본사와 전국 사업장에서 약 700명의 파견 인력을 직접 관리하며 도급, 콜센터, 시설관리 등 종합 아웃소싱 서비스를 제공하고 있다. 주요 고객사로는 한국자산관리공사, 한국거래소, 연합뉴스, 엔씨소프트서비스, 환인제약 등이 있으며, 방송·IT·제약 분야에서 높은 전문성을 인정받고 있다.

회사의 강점은 고객사 전담 조직과 체계적인 품질관리 시스템이다. 단순한 인력 파견을 넘어 효율·품질 비용 절감을 동시에 실현하는 운영방식을 정착시켰으며 고객사 재계약률은 95%에 달한다. '24시간 내 응대' 원칙을 세워 고객 불만에도 즉각 대응한다.

근로자 만족도 향상을 위한 복지제도도 눈에 띈다. 정기 교육과 근태관리로 안정적 근무환경을 조성하고 장기근속 포상과 인센티브, 경조금 지원 등 다양한 복리후생 제도를 운영하고 있다.

그린맨파워는 '사람의 가치를 연결하는 아웃소싱 파트너'를 비전으로, 고객만족과 근로자 행복이 공존하는 지속가능 경영을 이어가고 있다.

네트론, 39년 제조도급 노하우로 고객 맞춤형 생산 아웃소싱 선도

이승석 대표

네트론(대표 이승석)은 1986년 설립된 한진상사를 모태로 성장한 종합아웃소싱 전문기업으로, 39년간 축적한 현장 경험과 운영 노하우를 기반으로 생산·제조도급 분야에서 차별화된 경쟁력을 인정받고 있다.

네트론은 생산제조도급을 중심으로 근로자파견, 시설관리, 경비, 주차, 위생관리, 채용대행 등 다양한 아웃소싱 서비스를 제공하고 있다. 특히 숙련된 인력을 제조현장과 생산라인에 투입해 고객사의 생산성과 품질 효율을 동시에 높이고 있으며, 전국 15개 지사를 거점으로 18000여 명의 인력을 운영하며 전국 단위의 서비스 체계를 구축하고 있다.

지난해 매출 500억 원을 기록한 네트론은 다양한 업종·직종별 인재풀과 데이터베이스를 활용해 고객사의 요구에 최적화된 인력 솔루션을 제공한다. 입·퇴사 변동이 잦은 제조도급의 특성을 고려해 자체적으로 사전·사후 인력관리 시스템을 구축했으며, 결원 발생 시 즉시 대체 인력을 투입할 수 있는 구조를 갖춰 고객사의 생산 공백을 최소화했다.

또한 자체 교육아카데미를 운영해 신규 근로자를 일정 기간 사전 교육 후 현장에 투입한다. 직무 이해도와 안전의식을 강화하는 교육 과정을 통해 근로자의 현장 적응력과 업무 숙련도가 향상되었으며, 이를 통해 생산 품질과 고객 만족도를 모두 높이고 있다.

노무법인 파로스, 인사노무 리스크 관리로 기업 경영의 든든한 동반자

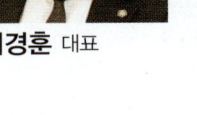
이경훈 대표

노무법인 파로스(대표 이경훈)는 2025년 리딩컴퍼니에 선정되며, 급변하는 노동환경 속에서 기업의 노무 리스크를 선제적으로 관리하는 전문기관으로 인정받았다. 인사노무 아웃소싱과 컨설팅을 통해 기업의 생산성과 효율을 높이고, 법적 안정성을 확보하는 데 앞장서고 있다.

파로스는 기업의 인사노무 부담을 줄이고 합리적 인사관리 시스템을 구축하기 위한 다양한 서비스를 제공한다. 노사관계, 인사관리, 산업재해, 건설업 노무관리, 4대보험 및 지원금 컨설팅 등 다방면의 전문영역을 보유하고 있으며, 특히 복잡한 노동법 개정과 제도 변화에 신속하게 대응할 수 있는 실무 중심의 컨설팅이 강점이다.

기업이 일일이 챙기기 어려운 최신 법규와 인사노무 이슈를 정기적으로 점검하고, 맞춤형 리스크 진단 서비스를 통해 분쟁 예방과 비용 절감을 동시에 실현한다. 지난해에는 1000여 개 기업에 고용지원금 컨설팅을, 150개 기업에 4대보험 환급 및 절감 컨설팅을 지원하며 실질적인 성과를 거뒀다.

또한 파로스는 전문 인재 양성에도 적극 나서고 있다. 노무사와 컨설턴트 간 협업체계를 강화하고, 실무 중심 교육을 통해 법률 전문성과 현장 대응력을 고루 갖춘 인력을 육성하고 있다. 이를 통해 기업의 경영환경 변화와 노동정책 개편에도 안정적으로 대응할 수 있는 지속 가능한 서비스 체계 확립을 추진 중이다.

2025 명품 아웃소싱 기업 인증관

박영진 대표

더케이텍, HR아웃소싱 1세대의 품격…윤리와 신뢰로 이어온 37년의 길

1986년, 국내 HR아웃소싱이라는 개념조차 생소하던 시절에 출범한 더케이텍(대표 박영진)은 지금도 그 원칙을 지켜가고 있다.

더케이텍은 업계 최초로 ISO 37001(부패방지경영시스템)과 ISO 14001(환경경영시스템) 인증을 취득하며, 투명하고 지속가능한 기업문화를 실천해왔다. "신뢰를 쌓는 속도보다 잃는 속도가 빠르다"는 신념 아래, 모든 경영과정을 체계화해 파견·도급근로자 보호를 강화하고 고객사의 법적·노무 리스크를 최소화하는 관리 시스템을 운영하고 있다.

박영진 대표는 1993년 입사 이후 현장을 누구보다 잘 아는 실무형 리더로, 전문경영인 체제를 확립해 회사를 '규모보다 신뢰가 앞서는 조직'으로 성장시켰다. 현재 더케이텍은 전국 지사망을 통해 다수의 대기업·공공기관에 HR서비스를 제공하며, 건전한 재무구조와 업계 최고 수준의 신용등급을 유지하고 있다.

윤리경영은 더케이텍의 오랜 습관이다. 임직원들은 매달 ESG 경영회의를 열어 투명경영, 환경보호, 사회적 책임을 점검하며, 공정한 계약문화와 청렴경영을 실천하고 있다. 또한 파견사업관리책임자 및 인적자원관리자 교육을 정례화해 전문성을 높이고, 고객사와 근로자가 함께 신뢰할 수 있는 HR 생태계를 구축하고 있다.

최영은 대표

맨토스파워, 판매판촉 현장에서 답을 찾다

2006년 세일즈 프로모션 전문기업으로 출발한 맨토스파워는 현재 근로자파견, 식음료 외식, 물류센터 운영, 재고조사, 헤드헌팅, 경비·청소·건물관리 등으로 사업영역을 확장하며 2,500여 명의 직원이 근무하는 종합 아웃소싱 기업으로 성장했다.

이 회사의 강점은 '현장 1:1 멘토시스템'이다. 관리자가 근로자와 직접 소통하며 애로사항을 실시간으로 파악하고 지원하는 체계로, 현장의 안정성과 서비스 품질을 동시에 높였다. 정기 간담회와 장기근속자 포상, 정규직 전환 기회 제공 등 근로자 중심 제도도 높은 평가를 받고 있다. 주요 고객사에는 암웨이, 농협유통, 뉴발란스, 다이소, 이랜드그룹, 조선호텔 등 국내외 대형 브랜드가 포진해 있다. 파견 인력의 숙련도와 현장 적응력을 높이기 위한 체계적인 교육 프로그램을 운영하며 고객만족 경영을 실현하고 있다.

맨토스파워는 고용노동부와 한국고용정보원이 주관한 '고용서비스 우수기관'에 선정된 바 있으며, '자율시정사업 우수기업', '메인비즈 인증', '클린기업 인증' 등 다수의 정부 인증을 통해 HR서비스 전문성을 공인받았다.

사람존중·고객존중·사회존중이라는 경영이념 아래, 맨토스파워는 앞으로도 고객과 근로자가 함께 성장하는 판매판촉 분야의 대표 아웃소싱 기업으로서 신뢰의 가치를 이어갈 계획이다.

김옥진 대표

맨파워코리아, 안전보건경영으로 HR서비스의 새로운 기준 세우다

맨파워코리아(대표 김옥진)는 1999년 설립 이후 27년간 HR아웃소싱 산업을 선도해온 통합 HR솔루션 기업이다. 글로벌 맨파워그룹의 공식 파트너로, 전국 10여 거점에서 8,300여 명의 인력을 운영하며 근로자파견·도급·헤드헌팅·교육 등 HR 전 영역을 아우르고 있다.

생산·물류·제조 등 대규모 산업현장에서 강점을 보유한 맨파워코리아는 2021년 안전보건관리본부를 신설해 중대재해처벌법 대응체계를 구축했다. 반기별 현장점검, 고위험 사업장 특별관리, 신규 사업장 정밀점검을 통해 재해율을 전년 대비 34% 낮추며 업계의 안전경영 모범 사례로 평가받고 있다.

또한 ISO 9001(품질), ISO 14001(환경), ISO 45001(안전보건) 등 국제표준 통합 인증을 보유하고, '워크포스 협의체'를 통해 인력과 자동화 시스템을 함께 관리하는 데이터 기반 HR운영 모델을 도입했다. 이를 통해 고객사는 효율성을, 근로자는 안전을 보장받는 선순환 구조를 실현하고 있다.

맨파워코리아는 "안전이 곧 서비스 품질"이라는 경영철학을 바탕으로, 산업현장 전반의 안전문화를 확산시키고 고객과 근로자가 함께 성장하는 지속가능한 HR서비스를 구현해 나가고 있다.

주충은 대표

모스트인, 실력과 열정으로 성장하는 사람 중심 HR기업

모스트인(대표 주충은)은 "사람이 곧 경쟁력"이라는 신념 아래, 유통판매판촉·물류관리 아웃소싱 분야에서 전문성과 실행력을 인정받아온 HR서비스 기업이다. 단순히 인력을 공급하는 회사를 넘어, 사람과 기업이 함께 성장하는 파트너로 자리매김했다.
모스트인은 모든 임직원을 '프로(PRO)'라 부른다. 실력을 갖춘 주체로서 스스로의 전문성을 키우는 문화가 기업 전반에 뿌리내렸다.
주요 사업은 물류관리(하역·검수·배송), 판매·판촉관리(제품·매장관리, 경쟁사 분석), 유통매장관리(계산원·보조·판매직) 등이다. 더불어 건물종합관리, 생산·제조도급, 호텔운영, 항공·행사요원, 모바일·커머스 플랫폼까지 사업을 확장하며 종합 아웃소싱 기업으로 성장했다.
체계적인 인재육성을 위해 3T 교육체계와 멘토링제, 평가·보상제도를 통합 운영해 '현장에서 실력으로 인정받는 전문가'양성하고 있으며, 내부 역량 강화를 통해 산업별 맞춤형 서비스를 안정적으로 공급하고 있다.
모스트인은 현재 ESG경영과 디지털 HR서비스를 결합한 지속가능한 성장모델을 구축하고 있다. 실력과 열정을 바탕으로 고객의 가치와 함께 성장하는 HR전문기업, 그것이 모스트인이 그리는 미래다.

구자관 대표

삼구아이앤씨, 2조 원대 매출과 글로벌 진출로 아웃소싱 산업 이끌어

삼구아이앤씨는 청소·미화에서 출발해 반도체·2차전지·물류·식음료 생산 등 산업 후공정까지 사업영역을 넓힌 종합 아웃소싱 기업이다. 최근 연결기준 매출액이 약 2조 3천억원으로 집계됐으며, 고객사 수만 해도 700여개에 이른다.
해외 진출 역시 활발하다. 미국·중국·베트남 등지에 현지 법인을 설립하며 글로벌 HR 플랫폼 확보에 나섰으며, 해외 사업 소개 페이지에서는 "미국, 중국과 베트남 현지 시장에 직접 진출하여 네트워크를 구축 중"이라고 밝히고 있다.
사업 부문은 네 가지 축으로 구성된다. 시설관리·물류·생산·F&B(식음료)로서, 최근 반도체 및 이차전지 생산설비 관리 영역까지 확대하는 등 첨단 영역에도 진입하고 있다. 이러한 다각화는 단순 인력공급을 넘어 기업의 운영 효율과 기술 수요를 지원하는 전략으로 평가된다.
삼구아이앤씨는 설립 초기부터 '구성원의 존중'이라는 가치 아래 인력관리를 해왔고, 이는 지금도 지속되는 경영철학으로 자리잡았다. 고객사와 함께 성장하고자 하는 기본 태도는 내부 직원들과의 신뢰 구조의 바탕이 되었다는 평가다.
앞으로 삼구아이앤씨는 글로벌 시장에서의 입지를 더욱 공고히 하고, 기술과 인력을 결합한 사업모델을 통해 국내외 아웃소싱 산업의 새로운 기준을 제시해 나갈 계획이다.

이상근 대표

삼영물류, 통합물류센터로 글로벌 풀필먼트 경쟁력 강화

국내 3자물류(3PL) 시스템을 처음 도입하며 물류 혁신을 이끌어온 삼영물류(대표 이상근)가 인천 서구 가좌동에 대형 신규 물류센터를 준공하고, 기존 4개 거점을 통합 이전했다. 이번 조치는 국내·국제 간 B2B와 B2C 풀필먼트 서비스를 아우르는 운영 효율화를 목표로 추진됐다.
신규 인천센터는 연면적 7,895평 규모의 6층 단독 물류 시설로, DPS(디지털 피킹 시스템)와 자동포장기 등 첨단 설비를 갖춰 주문 처리 속도와 출고 효율을 극대화했다. 경인고속도로 인접 입지 덕분에 수도권 전역과 항만·공항 접근성도 뛰어나, 글로벌 전자상거래 시장 대응력도 강화됐다.
삼영물류는 전기·전자, 화장품, C/S, 설치물류 등 다양한 산업군을 지원하며 국내 3PL 시장을 개척해왔다. 최근에는 중국 심천 기반 '미래페어'와 협약을 맺고 '판매자-공급자-물류'를 잇는 통합 플랫폼을 구축, 한국 제품의 해외 온라인 유통을 지원하고 있다.
지속 가능한 물류 시장을 선도하기 위해 삼영물류는 ESG경영에도 적극적인 투자를 거듭 속도를 내고 있다. ESG 전담조직을 신설해 KOSHA-MS 및 ISO45001 인증을 획득했으며, 장애인·지역인 채용 확대, 복지시설 후원, 봉사활동 등 사회공헌을 이어가고 있다.

스탭플러스, 리더십과 디지털 혁신으로 유통·판매 아웃소싱의 새 흐름 열어

스탭플러스(대표 이윤정)는 유통·판매 판촉 분야에서 20여 년간 쌓아온 전문성과 현장 중심의 경영 역량을 인정받아 '2025 아웃소싱서비스 고객만족대상' 최고경영자 부문 수상의 영예를 안았다. 이윤정 대표는 LG CNS에서 IT기획을 담당하며 데이터 기반 경영의 기초를 닦고, 인사이드잡에서 HR아웃소싱 실무를 경험했다. 이후 고려대학교 노동대학원 과정을 수료하며 산업인사관리 전반에 대한 이론적 기반을 갖췄다. 이러한 경험은 스탭플러스의 전신인 스탭솔루션을 유통·판매 아웃소싱의 선도기업으로 성장시키는 밑거름이 됐다.

스탭플러스는 HR도급 운영, 물류, 시설관리, 콜센터 위탁, 채용대행 등으로 사업을 확장하며 종합 HR아웃소싱 기업으로 자리매김 했다. 전국 네트워크와 30만 명 규모의 인재DB를 바탕으로 계약 유지율 97%를 기록하고 있으며, 면세점·백화점·H&B스토어 등 주요 유통 채널에서 글로벌 브랜드와의 장기 협업을 이어가고 있다. 디지털 전환도 속도를 내고 있다. 자체 구인·구직 앱 '초단알바'를 출시해 단기·시간제 인력 매칭 시장에 진출했으며, 런칭 1년 만에 업계에서 빠르게 인지도를 높였다. 이 플랫폼은 기업의 단기 인력 수요를 신속히 충족시키고 구직자에게는 맞춤형 일자리를 제공하는 새로운 고용 채널로 자리 잡았다.

스탭플러스는 철저한 현장관리와 표준화된 매뉴얼, 교육시스템을 기반으로 서비스 품질을 균일하게 유지하고 있다. 앞으로도 디지털 기반 HR서비스 혁신과 고객 맞춤형 솔루션을 통해 유통·판매 아웃소싱 시장의 경쟁력을 높여갈 계획이다.

신우산업관리, ESG경영과 품질혁신으로 지속가능한 아웃소싱 실현

전용수 대표

신우산업관리(대표 전용수)는 2025년 리딩컴퍼니에 선정되며, ESG경영과 품질혁신을 바탕으로 지속가능한 성장 모델을 구축한 대표적 아웃소싱 전문기업으로 인정받았다. 1995년 설립된 신우산업관리는 보안·경비·주차, 환경미화, 항공지상물류, 건축물시설관리, 공동주택관리, 생산·판촉, 사무지원 등 종합 아웃소싱 서비스를 제공하고 있다. 30년에 가까운 업력 속에서 축적된 운영 노하우와 인력 관리 역량을 바탕으로, 고객사의 경쟁력 강화와 비용 효율화를 동시에 실현해 왔다. 현재 롯데쇼핑, 한국공항, 롯데마트, 롯데컬처웍스, 대선주조, 롯데글로벌로지스, 남서울대학교, 메가박스, 롯데건설 등 국내 주요 기업과 공공기관을 고객사로 두며, 안정적인 파트너십을 유지하고 있다.

신우산업관리의 경쟁력은 ESG경영 실천과 체계적인 안전관리 시스템에 있다. '지속가능한 기업은 안전에서 시작된다'는 경영철학 아래 산업안전보건 조직을 강화하고, 사전 예방 중심의 안전활동을 전사적으로 추진하고 있다. 그 결과 ESG우수기업 인증과 더불어 한국서비스품질 우수기업, 근로자보호 클린기업, 가족친화기업 등 다수의 인증을 획득했다.

또한 국제표준 인증인 ISO9001(품질경영), ISO45001(안전보건경영), ISO14001(환경경영)을 모두 보유해, 품질·안전·환경이 통합된 관리체계를 운영하고 있다. 이를 통해 고객사에는 신뢰할 수 있는 파트너로, 근로자에게는 안전하고 쾌적한 일터로 평가받고 있다.

아람인테크, 사람과 현장을 잇는 HR혁신으로 산업 신뢰 구축

이서윤 대표

"사람이 곧 기업의 경쟁력"이라는 원칙으로 출발한 아람인테크(대표 이서윤)는 20여 년간 제조·물류·시설관리·사무지원 등 다양한 산업현장을 지원하며 국내 HR서비스 산업의 신뢰를 쌓아왔다. 숙련된 인재를 중심으로 한 맞춤형 운영체계와 현장 데이터 관리 시스템을 통해 고객사가 체감하는 효율과 품질을 동시에 높이고 있다.

이러한 지속적인 혁신과 안정적인 서비스 품질이 인정받아, 아람인테크는 올해 '대한민국 아웃소싱 10대기업'에 이름을 올렸다. 단순한 인력공급이 아니라, 산업 현장의 문제를 함께 해결하는 파트너로서의 역할을 수행해온 점이 높은 평가를 받았다. 회사는 각 사업장별 실시간 운영데이터를 분석하는 관리 플랫폼을 자체 구축해 근로자의 근태, 안전, 품질 지표를 상시 모니터링한다. 이를 기반으로 현장 공백을 최소화하고, 고객사의 생산성 향상에 기여하는 '데이터 기반 HR운영' 모델을 완성했다.

또한 인재 육성과 복지 향상에도 힘을 쏟고 있다. 직무별 전문교육과 관리자 리더십 과정을 정례화하고, 근로자의 경력개발과 워라밸 향상을 위한 프로그램을 운영 중이다. 특히 청년·시니어·여성 인력 등 다양한 계층이 일할 수 있는 환경을 조성해 고용 포용성과 사회적 책임을 함께 실천하고 있다.

아람인테크는 앞으로도 현장의 변화에 즉각 대응할 수 있는 유연한 HR솔루션과 디지털 관리체계를 강화하며, 고객사와 근로자 모두가 신뢰할 수 있는 아웃소싱 전문기업으로 성장해 나갈 계획이다.

에스비코퍼레이션, 사람과 기술이 만든 혁신의 이름

2015년 삼보아웃소싱으로 출발한 에스비코퍼레이션(대표 신현철)은 "행운을 전하는 기업"이라는 문장을 경영 철학으로 삼고 있다. 투명한 운영, 끊임없는 혁신, 그리고 사람을 향한 신뢰를 기반으로 10년 만에 전국 규모 HR아웃소싱 전문기업으로 성장했다.

현재 회사는 인재파견, 채용대행, 헤드헌팅, 시설관리 등 종합 HR서비스를 제공하며, 자체 브랜드 '이노츠(INNOTS)'를 통해 기업과 근로자가 모두 만족할 수 있는 창의적 HR솔루션을 제시하고 있다. 설립 초기 제조·물류 도급으로 시작했지만, 이제는 HR컨설팅까지 아우르는 종합서비스 기업으로 변모했다.

중대재해처벌법 시행 이후 AI 기반 안전관리시스템을 도입해 고객사의 리스크를 낮추고, 현장 상황에 맞춘 매뉴얼을 구축해 효율성과 안전성을 동시에 높였다.

근로자에 대한 세심한 배려도 이 회사의 문화다. 작업복과 안전장비를 무상 제공하는 것은 기본, 복지포인트 제도를 통해 직원이 직접 필요한 물품을 선택할 수 있게 했다.

현재 약 3,000명의 근로자가 제조업·물류·병원·유통 등 150여 고객사에서 일하고 있다. ISO 9001(품질경영), ISO 45001(안전보건경영) 인증을 바탕으로 정기 교육과 성과관리 시스템을 운영하며, 이직률을 낮추고 생산성을 높여왔다. 에스비코퍼레이션은 사람과 가능성을 연결한다는 신념 아래, 혁신과 신뢰로 HR서비스의 미래를 설계해 나가고 있다.

에이플러스원, 제약·바이오 산업을 움직이는 전문 아웃소싱 파트너

제약산업 분야에서 HR아웃소싱의 새로운 기준을 만들어온 에이플러스원(대표 한준환)은 전문성과 민첩성을 겸비한 운영력으로 글로벌 제약사와 국내 바이오기업의 신뢰를 얻고 있다. 존슨앤드존슨, 얀센, 녹십자, 에스디바이오센서 등 국내외 주요 고객사와의 협업을 통해 품질 중심의 서비스 체계를 구축했다.

에이플러스원은 생산도급, 물류센터 운영, 시설종합관리, 콜센터 운영, 판매판촉, 인재파견, 채용대행, 헤드헌팅, 해외인력 송입 등 다각화된 HR서비스를 제공하며 누적 파견 인원만 2만 명을 넘어섰다. 특히 제약·바이오 산업 아웃소싱 부문은 회사의 핵심 역량으로, 단순 인력 공급이 아닌 맞춤형 전문 솔루션으로 차별화된 경쟁력을 확보했다.

바이오·제약 산업은 규제와 품질기준이 까다로운 영역이다. 에이플러스원은 이를 충족하기 위해 철저한 현장 관리와 체계적인 채용 시스템, 지속적 품질검증 프로세스를 운영한다. 또한 고객사별 특성을 반영한 안전관리 체계를 마련해 현장 리스크를 최소화하고, 생산성과 효율을 동시에 높이고 있다.

대규모 물류센터 운영과 준공청소 등 복잡한 프로젝트 수행에서도 안정적인 품질을 유지하며 고객사의 비용 절감과 운영 효율화를 실현 중에 있다.

이트너스, 디지털 혁신과 ESG 실천으로 '경영지원 플랫폼'의 새 길 열다

기업의 경영지원 영역을 데이터 기반으로 혁신하고 있는 이트너스(대표 임각균)는 인사·총무·복지·자산관리 등 경영지원 전반을 아우르는 통합 솔루션을 제공해왔다. 단순한 BPO서비스를 넘어, 기업 운영의 효율성과 ESG가치를 함께 높이는 경영지원 플랫폼으로 진화하고 있다. 이트너스의 대표 사업인 '이트너스 비딩'은 기업이 보유한 유휴자산을 온라인 무제한 입찰방식으로 매각하고, 이를 포인트로 전환해 IT기기를 재구매할 수 있도록 한 B2B 전용 솔루션이다. 이 서비스는 자산의 재활용과 온실가스 저감 효과를 동시에 실현해, ESG경영을 추구하는 고객사들에게 높은 호응을 얻고 있다.

이처럼 고객의 경영 효율과 사회적 가치를 동시에 실현해온 결과, 이트너스는 국내 B2B 경영지원 플랫폼 전문기업으로서의 입지를 확고히 다졌다. 2,000여 개 기업과 장기 계약을 유지하며 축적한 실무 경험은 인사·총무 분야의 체계적인 운영노하우로 이어지고 있다. 내부 인재육성체계를 강화해 현장 맞춤형 교육을 지속적으로 운영하고 있으며, 가족친화기업 대통령표창, 행복한중기경영대상, 경기가족친화 일하기좋은기업 인증 등 다수의 정부 포상을 통해 모범적인 기업문화를 인정받았다.

이트너스는 앞으로도 디지털 전환(DT)과 인공지능(AI)을 적극 활용해 경영지원 서비스의 새로운 표준을 만들어갈 계획이다. ESG와 기술혁신을 결합한 이트너스만의 스마트 경영지원 모델은 기업의 지속가능한 성장 파트너로서 역할을 더욱 확대해 가고 있다.

인사이드잡, 현장에서 쌓은 신뢰로 청소·경비·시설관리 선도

인사이드잡은 2003년 설립 이후 22년간 청소·경비·시설관리 분야에 특화된 아웃소싱 서비스를 제공하며 고객 신뢰를 쌓아왔다. 현장의 안정성과 서비스 품질을 기반으로 '2025 아웃소싱서비스 고객만족대상' 청소·경비·시설관리 부문에 선정됐다.

회사는 유통·면세점·코스메틱 매장부터 빌딩·병원·연구소 등 다양한 시설 현장에서 맞춤형 관리 서비스를 운영한다. 전문 관리자를 상주 배치하고 순회 관리 체계를 통해 인력 규모와 상관없이 일정한 품질을 유지한다. 시설경비 부문에서는 법적 요건 준수와 표준화된 보안 매뉴얼을 적용해 안전하고 신뢰할 수 있는 환경을 제공한다.

근로자 교육 역시 체계적이다. 파견·도급 인력은 사전 교육과 현장 실습을 거쳐 투입되며, 안전수칙과 서비스 매너, 고객 응대 교육을 정기적으로 이수한다. 이러한 현장 중심 관리로 인사이드잡의 계약 유지율은 87% 이상으로, 업계 평균을 크게 웃돈다.

또한 인사이드잡은 가족친화기업, 메인비즈, 클린기업 인증을 획득하며 사회적 책임을 실천하고 있다. 지역사회 봉사와 독거노인 지원 등 사회공헌 활동을 꾸준히 이어가며, 단순 용역을 넘어 지속가능한 HR파트너로서 역할을 하고 있다.

제일비엠시, ESG로 확장하는 27년 리더십

제일비엠시(대표 김정현)는 1998년 창립 이후 27년간 축적해온 현장 운영 노하우와 전국 네트워크를 바탕으로 HR 아웃소싱 산업의 대표기업으로 자리 잡았다. 판매·유통·면세점 판촉운영, 건물종합관리, 콜센터 위탁, 물류·생산제조 도급, 근로자파견, 채용대행 등 인적자원 서비스 전 분야에서 전문성을 확보하고 있다.

특히 유통·판매판촉 분야에서는 독자 개발한 통합운영시스템 '짐스(Jims)'를 통해 현장 데이터를 실시간으로 수집·분석하며 고객사 의사결정을 지원한다. 이는 현장과 본사의 유기적 협업을 가능하게 한 시스템으로, 판매 성과 관리와 업무 효율을 동시에 높였다.

제일비엠시는 SP BPO(판매판촉 완전도급) 모델을 정착시켜, 인력공급 중심이던 아웃소싱 구조를 전문 서비스형 산업으로 발전시키는 데 기여했다. 또한 순회관리 제도를 도입해 소수의 숙련된 관리자가 여러 현장을 점검하며 효율과 품질을 동시에 확보하고 있다.

사회적 책임경영에도 앞장서고 있다. 장애인표준사업장 '제일과동행'을 설립해 중증장애인 고용을 확대했으며, 가족친화기업·메인비즈 인증·HR서비스 우수기업 인증 등을 통해 공신력을 높였다. 최근에는 ESG경영 강화를 통해 친환경 건물관리, 지역사회 봉사, 청년·시니어 일자리 확대 등 지속가능한 성장 전략을 추진하고 있다.

케이에스엔시, 품질과 책임으로 건물관리의 새로운 기준을 세우다

건물의 가치는 관리에서 결정된다는 믿음 아래, 케이에스엔시(대표 송상헌)는 지난 25년간 현장의 품질과 안전을 최우선으로 삼아왔다. 전국 130여 개 현장에서 종합건물관리 서비스를 운영하며 KT빌딩, 디지털엠파이어를 비롯한 대형 건물 50여 곳을 관리하고 있다. 체계적인 현장운영과 전문 인력 육성을 통해 '관리의 품격'을 높여온 결과, 고객사로부터 두터운 신뢰를 쌓았다. 케이에스엔시는 보안 전문기업에서 출발해 시설경비, 인터넷데이터센터(IDC) 운영, LED 에너지 절감 사업, 각종 공사 및 유통으로 사업 영역을 확장하며 종합아웃소싱기업으로 성장했다. 현재 1,400여 명의 직원 중 140여 명이 건축·설비·안전 분야의 전문 자격을 보유하고 있으며, 총 46개 자격항목을 운영하는 체계적인 전문인력 관리시스템을 갖추고 있다. 사회공헌에서도 존재감이 크다. 지난해 '사랑의 열매' 후원 착한기업 1호로 선정되었고, 아동 후원활동 공로로 서울특별시장 표창을 받았다. ESG 실천과 사회적 책임을 병행하며 지역사회와 함께 성장하는 기업으로 평가받고 있다.

회사의 가장 큰 강점은 '품질경영'이다. 본사 품질관리팀이 매월 현장을 순회 점검하며 고객사와의 품질회의를 통해 개선사항을 즉시 반영한다. 관리 중인 빌딩 다수가 고용노동부 위험성평가 인증서를 취득했으며, 산업통상자원부의 SQ인증을 획득해 기술력과 안정성을 공식적으로 인정받았다. 이러한 전문성과 신뢰를 바탕으로 케이에스엔시는 2025년 아웃소싱서비스 고객만족대상 품질경영 부문을 수상했다.

김민철 대표

크릭앤리버엔터테인먼트, 방송과 콘텐츠를 잇는 HR아웃소싱의 새 모델

크릭앤리버엔터테인먼트(대표 김민철)는 방송영상 제작과 콘텐츠 산업의 경계를 허물며 HR아웃소싱의 새로운 방향을 제시하고 있다. 일본 상장기업 '크릭앤리버'의 한국법인으로, 방송·웹툰·웹소설 등 크리에이티브 산업 전반에서 인재파견, 헤드헌팅, 채용대행 서비스를 전문적으로 제공한다.

국내 방송영상제작 분야에서는 70여 개 방송사업자와 120여 개 채널에 전문 인력을 공급하며 산업의 안정적 생태계 구축에 기여해왔다. 2009년 고용노동부 우수파견기업 선정과 지식경제부 장관 표창은 그 전문성을 입증하는 성과다.

최근에는 콘텐츠 비즈니스의 비중을 높이고 있다. 웹툰·웹소설 IP사업을 비롯해 광고·프로모션·브랜드 웹툰 제작까지 영역을 확장하며, 방송을 넘어 디지털 콘텐츠 시장에서도 경쟁력을 확보했다. 지난해에는 옥외 및 지하철 광고 대행사업을 신규 도입하며 매출 포트폴리오를 다변화했다.

크릭앤리버는 2025년을 새로운 전환점으로 삼아 아웃소싱 사업의 구조적 확장을 추진하고 있다. 방송영상 중심의 근로자파견에서 도급과 BPO 영역으로 사업모델을 확장하고, 사무직·서비스직 등 일반직군까지 포트폴리오를 넓힐 계획이다.

또한 콘텐츠사업에서는 웹툰과 웹소설을 넘어 숏드라마, 해외 협력 제작, 한류 아티스트의 팬미팅·V-log 등 글로벌 프로젝트를 적극 추진 중이다.

차동현 대표

휴먼인프라, 생산제조·물류도급 중심의 남부권 리딩기업으로 도약

휴먼인프라(대표 차동현)는 생산제조와 물류센터 도급을 중심으로 남부권 아웃소싱 시장을 선도하고 있다. 2005년 설립 이후 '고객 감동, 인재 제일, 창조적 혁신'을 경영 모토로 내세우며, 현재 3개 법인과 1,100여 명의 관리인력을 보유한 중견기업으로 성장했다.

회사는 체계적인 매칭서비스와 성과관리 시스템을 기반으로 채용대행과 고용알선 서비스를 함께 운영하고 있다. 구직자에게는 맞춤형 '라이트잡(Right Job)' 컨설팅을, 고객사에는 고효율 인력운영 솔루션을 제공해 생산성과 고용 안정성을 동시에 높이고 있다. 이러한 서비스 혁신은 청년·중장년 등 취업 취약계층의 일자리 매칭으로 이어지며 사회적 책임을 실천하는 사례로 평가받고 있다.

휴먼인프라는 생산제조도급을 주력으로 유통, 물류센터 운영, 경비·청소 등 건물관리 영역까지 사업을 확장해 왔다. 매년 고객사 평가에서 우수기업으로 선정되고 있으며, '한국 아웃소싱서비스 100대기업'과 '보건복지부 장관 최우수상(노인일자리 지원사업)'을 수상하는 등 업계의 신뢰를 입증했다.

최근에는 청년·여성·장년 구직자를 중심으로 검증된 기업과의 일자리 매칭 시스템을 강화하고, 장애인 고용 확대 등 포용적 고용 생태계 구축에도 나서고 있다.

김진석 대표

휴먼코아, ESG 우수 중소기업에 선정되며 아웃소싱산업 역량 강화

언제나 새롭고 앞선 서비스 모델 개발로 사용기업에도 호평을 얻고 있는 휴먼코아(대표 김진석)는 2024년 아웃소싱 리딩컴퍼니 기업으로 선정됐다.

휴먼코아는 2002년 설립이후로 경제환경 및 산업구조 변화 속에서도 '인간중심'이라는 가치를 추구하며 최고의 종합 HR서비스 회사로 발돋움해왔다. 전통적인 아웃소싱 분야 뿐만 아니라 인사관리컨설팅, 소상공인 교육 등 고부가가치 사업으로 영역을 확대하면서 아웃소싱업계의 리딩컴퍼니로 발전해 왔다. 휴먼코아의 핵심역량은 새로운 아웃소싱 모델 개발에 있다. 아이디어를 빠르게 실행하면서 업그레이드 해 나가는 '스타트업 정신'은 휴먼코아의 임직원 전체가 공유하는 비전으로, 다수의 스타트업, 유니콘기업과 협력을 통해 상호 윈-윈하는 독특한 아웃소싱모델을 개발, 운영하고 있다.

또한 휴먼코아가 자체 개발한 'HR PRO' 어플리케이션은 QR코드 태그방식의 근태체크와 임금, 보험료 자동계산이 가능하며, 연말정산 기능까지 갖춘 토탈시스템으로 고객에게 무상 제공함으로써 고객만족도를 높이고 있다. 또한 독자적으로 런칭한 '하이-멤버스'(hi-members.co.kr) 웹사이트는 고객이 간편하게 HR서비스에 접근할 수 있도록 문턱을 낮추는 효과를 가져왔다. 또한 'ESG 우수중소기업(동반성장위원회)'으로 선정되어 ESG경영에 대한 대외 신뢰도를 확보했다.

2026 KOREA OUTSOURCING DIRECTORY

2024년 하반기 근로자파견사업 현황

1 총괄

⟨연도별 근로자파견사업 현황⟩ (단위 : 개소, 명, 천원)

연도별[1]	파견사업체		파견계약 건수[2]	파견 근로자수	실적업체당 평균		파견근로자 평균임금
	허가업체수	실적업체수(%)			파견 근로자수	파견계약 건수	
2024(하)	1,995	1,262(63.3)	14,471	120,756	96	11.5	2,418
2024(상)	2,184	1,355(62.0)	14,724	100,042	74	10.9	2,537
2023(하)	2,194	1,272(58.0)	11,980	98,312	77	9.4	2,023
2022	2,258	1,390(61.6)	13,762	97,001	70	9.9	2,283
2021	2,196	1,403(63.9)	13,420	97,371	69	9.6	2,173
2020	2,218	1,425(64.2)	13,419	96,628	68	9.4	2,134
2019	2,283	1,440(63.0)	14,070	97,061	67	10	2,093
2018	2,342	1,524(65.0)	14,675	100,907	66	9.6	1,988
2017	2,468	1,642(66.5)	15,846	112,774	69	9.7	1,824
2016	2,515	1,690(67.2)	16,195	118,065	70	9.6	1,775
2015	2,492	1,754(70.3)	14,421	117,348	67	8.2	1,731
2014	2,468	1,772(71.8)	15,009	132,148	75	8.5	1,754
2013	2,314	1,663(71.8)	15,587	132,108	79	9.4	1,533
2012	2,087	1,468(70.3)	13,917	120,347	82	9.5	1,517
2011	1,813	1,298(71.5)	12,811	106,601	82	9.9	1,460
2010	1,595	1,145(71.8)	11,333	99,418	87	9.9	1,420
2009	1,419	1,065(75.1)	11,018	83,775	79	10.3	1,366
2008	1,326	995(75.0)	10,835	77,691	78	10.9	1,277
2007	1,208	915(75.7)	10,670	75,020	81	11.7	1,232
2006	1,076	860(79.9)	10,055	66,315	77	11.7	1,168
2005	1,153	890(77.2)	9,056	57,384	64	10.2	1,134
2004	1,061	829(78.1)	8,081	49,589	60	9.7	1,111
2003	1,114	859(77.1)	8,512	53,369	62	9.9	1,104
2002	1,243	901(72.4)	7,784	63,919	71	8.7	1,182
2001	1,257	868(69.0)	7,187	57,763	67	8.3	910
2000	1,357	820(60.0)	7,054	53,029	65	8.6	869
1999	1,244	832(67.0)	6,488	53,218	64	7.8	814

1) 별도 표시 없는 연도는 하반기 기준
2) 사용사업주와 파견사업주간 파견계약 건수(파견업무 단위로 파견계약이 이루어진다는 전제하에 사업장별 업무 개수의 합으로 파견계약건수 추정)

2 파견사업주 현황

⟨파견근로자 규모별 파견업체 현황⟩ (단위 : 개소)

구 분	계	0명	50인미만	50인 ~ 100인미만	100인 ~ 300인미만	300인이상
'24년 하반기	1,995	733	981	121	100	60
'24년 상반기	2,184	829	1,032	135	125	63
'23년 하반기	2,194	922	989	121	111	51

⟨지역별 파견업체 현황⟩ (단위 : 개소)

구 분	계	서울	경기(강원)	부산·경남	대구·경북	광주·전라	대전·충청
'24년 하반기	1,995	758	724	161	105	138	109
'24년 상반기	2,184	837	765	178	113	166	125
'23년 하반기	2,194	798	863	166	100	152	115

3 파견근로자 현황

⟨파견기간별 파견근로자 현황⟩ (단위 : 명)

구 분	'23년 하반기(A)	'24년 상반기	'24년 하반기(B)	증감(B-A)
계	98,312	100,042	120,756	22,444
1년~2년 미만	22,805	28,701	26,232	3,427
9월~1년 미만	10,516	11,377	13,762	3,246
6월~9월 미만	9,271	10,764	11,424	2,153
6개월 미만	55,720	49,200	69,338	13,618
3월~6월 미만	14,064	17,527	16,709	2,645
3월 미만	41,656	31,673	52,629	10,973

⟨파견사유별 파견근로자 현황⟩   (단위 : 명)

구 분	'23년 하반기(A)	'24년 상반기	'24년 하반기(B)	증감(B-A)
계	98,312	100,042	120,756	22,444
파견 허용업무 (32개업무)	87,177	91,891	111,374	24,197
일시·간헐적 파견업무	11,135	8,151	9,382	-1,753

4 파견업무별 현황

⟨파견근로자 다수 종사업무(파견대상 업무)⟩   (단위 : 명)

'23년 하반기		'24년 상반기		'24년 하반기	
업무내용	파견 근로자수	업무내용	파견 근로자수	업무내용	파견 근로자수
합계	87,177	합계	91,891	합계	111,374
사무지원 종사자의 업무	24,065	사무지원 종사자의 업무	27,465	음식조리 종사자의 업무	42,133
음식조리 종사자의 업무	22,719	음식조리 종사자의 업무	22,024	사무지원 종사자의 업무	25,321
개인보호 및 관련종사자의 업무	7,505	개인보호 및 관련종사자의 업무	7,813	개인보호 및 관련종사자의 업무	7,536
고객관련사무 종사자의 업무	5,089	고객관련사무 종사자의 업무	5,704	기타소매업체 판매원의 업무	7,074
자동차운전 종사자의 업무	4,299	자동차운전 종사자의 업무	4,907	고객관련 사무종사자의 업무	5,214
그 외 업무	23,500	그 외 업무	23,978	그 외 업무	24,096

2024년 하반기 근로자파견사업 현황

〈파견근로자 다수 종사업무(일시·간헐적 사유)〉 (단위 : 명)

'23년 하반기		'24년 상반기		'24년 하반기	
업무내용	파견 근로자수	업무내용	파견 근로자수	업무내용	파견 근로자수
합계	11,135	합계	8,151	합계	9,382
기타 제조관련 단순노무 종사자	7,253	기타 제조관련 단순노무 종사자	3,604	기타 제조관련 단순노무 종사자	4,623
단순 조립 노무 종사자	1,402	단순 조립 노무 종사자	2,060	단순 조립 노무 종사자	1,667
수동포장 및 상표 부착 종사자	800	수동포장 및 상표 부착 종사자	609	수동포장 및 상표 부착 종사자	705
판매사무 종사자	511	자동차 조립 종사자	449	안내사무 종사자	555
화물취급 종사자	199	판매사무 종사자	293	판매사무 종사자	233
그 외 업무	970	그 외 업무	1,136	그 외 업무	1,599

5 임금 수준

〈파견대상 업무별 평균임금〉 (단위 : 원)

구 분	'23년 하반기(A)	'24년 상반기	'24년 하반기(B)	증감(B-A)
평균	2,022,528	2,537,251	2,417,685	395,157
파견허용 업무(a)	1,993,279	2,592,589	2,431,778	438,499
일시·간헐적 사유(b)	2,251,518	2,489,598	2,251,237	-281
임금 격차(a-b)	-258,239	102,991	180,541	-

6 파견계약 건수

〈지역별 현황〉 (단위 : 건)

구 분	계	서울	경기(강원)	부산·경남	대구·경북	광주·전라	대전·충청
'24년 하반기	14,471	7,497	3,953	1,153	467	589	812
'24년 상반기	14,724	7,616	3,923	1,136	504	682	863
'23년 하반기	11,980	5,986	3,338	908	409	574	759

* 사용사업주와 파견사업주간 파견계약 건수(파견업무 단위로 파견계약이 이루어진다는 전제하에 사용사업장별 업무 개수의 합으로 파견계약건수 추정)

2026 KOREA OUTSOURCING DIRECTORY

2025년 고용형태공시 결과 발표

2025년 고용형태공시 결과 발표

- 공시기업 4,176개(전년대비 +119개), 공시근로자 5,819천명(+60천명)
- 공시근로자 중 소속 근로자 증가(+127천명), 소속 외 근로자 감소(△67천명)

고용노동부(장관 김영훈)는 **상시근로자 수 300인 이상 기업**을 대상으로 '25년 **고용형태 공시**를 완료했다. 고용형태를 공시한 기업은 **총 4,176개**(공시율 99.9%)로 전년 대비 119개 기업이 증가했으며, 공시 근로자 수는 **총 5,819천명**으로 전년 대비 60천명 증가하여 공시 기업 및 공시 근로자 수 모두 증가 추세를 지속했다.

* 기업별 공시 내용, 미공시 기업 등은 공식 사이트(www.work.go.kr/gongsi)에서 확인 가능

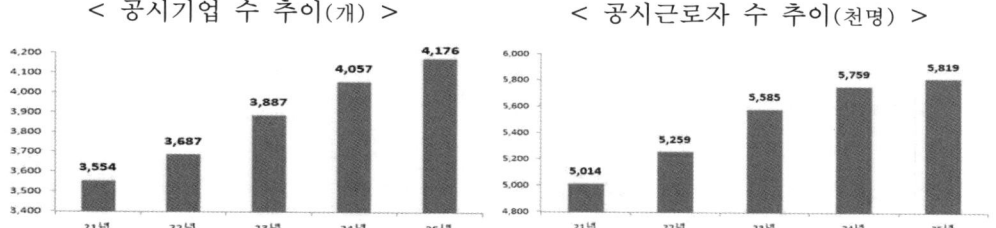

올해 공시기업이 공시한 **소속 근로자**는 **4,869천명**(+127천명)으로 공시근로자 중 **83.7%**(+1.3%p)를 차지하여 전년대비 **규모와 비중이 모두 증가**했다. 반면, **소속 외 근로자**는 **949천명**(△67천명)으로 공시근로자 중 **16.3%**(△1.3%p)를 차지하여 전년대비 **규모와 비중이 모두 감소**했다.

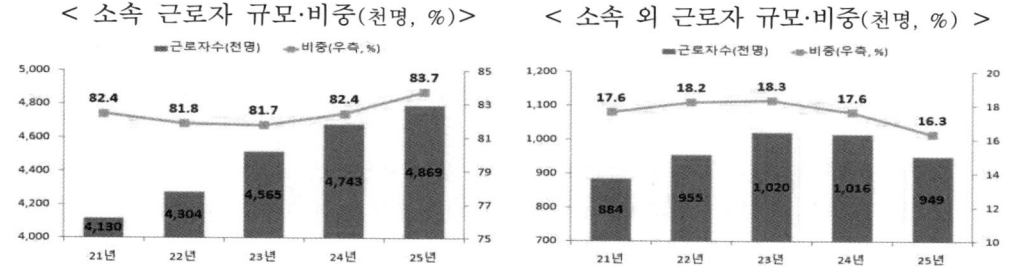

❶ 소속 근로자(4,869천명) 중 ▲기간정함없음 근로자는 3,534천명(72.6%)으로

전년 대비 규모는 증가(+71천명), 비중은 감소(△0.4%p), ▲기간제 근로자는 1,336천명(27.4%)으로 전년 대비 규모와 비중 모두 증가(+56천명, +0.4%p)했다.

❷ 소속 근로자(4,869천명) 중 ▲전일제 근로자는 4,443천명(91.2%)으로 전년 대비 규모는 증가(+68천명), 비중은 감소(△1.0%p), ▲단시간 근로자는 427천명(8.8%)으로 전년 대비 규모와 비중 모두 증가(+59천명, +1.0%p)했다.

기간제·단시간 근로자 증가는 **고령화, 일자리 사업 확대**에 따라 기간제·단시간 근로자 비중이 높은 **보건복지업 근로자가 증가**한 영향이 큰 것으로 파악된다.

❸ 소속 외 근로자는 949천명으로 전년 대비 67천명이 감소했다. 전체 근로자에서 소속 외 근로자가 차지하는 비중은 16.3%로 전년 대비 1.3%p 감소하는 모습을 보였다. 소속 외 근로자 감소는 건설업의 소속 외 근로자가 감소(△75천명)한 영향이 큰 것으로 보인다.

김영훈 장관은 "이번 공시에서 전년도에 이어 소속 근로자가 증가하고 소속 외 근로자가 감소한 것은 고용구조 측면에서 **긍정적인 변화로 평가**된다"라며, "다만, 기간제·단시간 근로자 증가는 그 추이를 면밀히 살피고 노동시장의 불안정성 확대로 이어지지 않도록 세심히 관리하겠다"라고 밝혔다. "또한, 개정 노조법 2·3조와 지난 9월 15일 발표된 **노동안전 종합대책**을 통해 소속 외 근로자의 고용 여건이 개선될 수 있도록 노사정이 함께 노력해 나가겠다"라고 강조했다.

< 참고사항 >

○ 지난 '02년 **노사정위원회 합의**로 **비정규직 기준**을 도출하였고, 해당 기준에 따라 통계청 「**경제활동인구조사 근로형태별 부가조사**」로 공식적인 **비정규직 규모·비중을 파악**하고 있음

- 고용형태공시제의 **소속 외 근로자**는 통계청 기준에 따른 **비정규직과 다른 개념**이므로, 소속 외 근로자를 통해서 **비정규직을 파악**하는 것은 기존 합의 내용과는 다름

○ 고용형태공시제는 **기업의 자율적 참여**에 기반하고 있으며, 정부는 **고용보험 DB 등**을 활용하여 기업의 **적극적인 참여**와 **정확한 공시** 유도를 위하여 아래와 같은 노력을 지속해왔음

- ①미공시 기업에 대한 **공시 독려**, ②오공시 우려 기업에 대한 자료 재확인 및 재공시 요청 등을 위한 **보완기간 운영**, ③제도 **매뉴얼 배포**, ④미공시 기업의 홈페이지 등재 등

고용형태공시제 개요

☐ **(배경)** 기업이 근로자의 **고용형태 현황**을 매년 공시함으로써 **자율적으로 고용구조를 개선**하도록 도입('14년)

☐ **(근거)** 「고용정책기본법」 제15조의6(고용형태 현황 공시)

☐ **(대상) 상시 300명 이상**의 근로자를 사용하는 사업주

  * 사업주의 미공시 또는 오공시에 대하여 별도 제재 없음

☐ **(공시방법)** 기업은 매년 **3월 31일 현재** 사용하는 근로자의 **고용형태 현황**을 당해 **4월 30일까지 고용안정정보망**(워크넷)에 공시

  * 공시제 전용 사이트(www.work.go.kr/gongsi)에 최근 3년 동안 공시내용 게재

  ○ 고용부는 **보완기간*** 등을 거친 후 **결과 분석 및 결과 발표**

  * 미공시 기업에 대한 공시 독려, 오공시 우려 기업에 대한 자료 재확인 및 재공시 요청 등

< 고용형태 공시 절차 >

대상 기업 확인 (2월) → 공시 안내 (3월) → 고용형태 공시(4월) → 보완 기간 (5~7월) → 결과 분석 (7~8월) → 대국민 공개 (9월)

☐ **공시대상**

① 사업주가 **직접 고용하여 사용**하는 **소속 근로자***

  * ▲근로계약기간의 정함이 없는 근로자, ▲기간제 근로자, ▲단시간 근로자로 구분

② **다른 사업주가 고용한 근로자**이지만 **공시의무 사업주가 사업체**(법인)에서 **사용하는 소속 외 근로자**(파견, 하도급, 용역 등)

2025년 고용형태공시 결과 세부내용

< '25년 고용형태공시 결과 (단위: 천 명, %, %p) >

연도 (공시기업)	전체 근로자(소속+소속 외)							소속 외 근로자
		소속 근로자(기간정함없음+기간제)						
				기간정함없음		기간제		
			단시간(계)		단시간		단시간	
'24 (4,057개)	5,759 (100.0)	4,743 (82.4)	368 (7.8)	3,463 (73.0)	74 (2.1)	1,279 (27.0)	294 (23.0)	1,016 (17.6)
'25 (4,176개)	5,819 (100.0)	4,869 (83.7)	427 (8.8)	3,534 (72.6)	79 (2.2)	1,336 (27.4)	348 (26.0)	949 (16.3)
증감 규모	+60	+127	+59	+71	+5	+56	+54	△67
증감 비중	-	+1.3	+1.0	△0.4	+0.1	+0.4	+3.0	△1.3

※ (비중) ▲소속, 소속 외: 전체 대비 / ▲단시간(계), 기간정함없음, 기간제: 소속 대비
▲단시간(기간정함없음): 기간정함없음 대비, ▲단시간(기간제): 기간제 대비

① [총괄] 공시기업 4,176개(공시율 99.9%), 공시근로자 5,819천명

□ **(공시기업)** 총 4,176개, 전년대비 119개 증가(공시율: 99.9%, 미공시기업: 5개)

○ **보건복지**(+66개), **전문과학기술**(+47개), **사업서비스**(+24개) 위주로 증가
↔ **건설업**(△38개), 정보통신업(△5개), 교육서비스(△5개) 등에서 감소

□ **(공시근로자)** 총 5,819천명, 전년대비 60천명 증가

○ **보건복지**(+57천명), **운수창고**(+46천명), **전문과학기술**(+44천명) 위주로 증가
↔ **건설업**(△125천명), **예술·스포츠**(△30천명), 정보통신업(△9천명) 등에서 감소

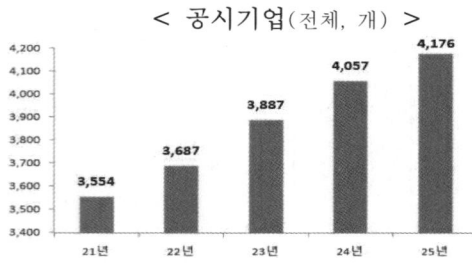

< 공시기업(전체, 개) >

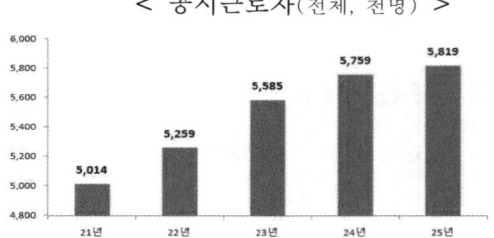

< 공시근로자(전체, 천명) >

2 [근로자] 소속 외 규모·비중 감소, 기간제·단시간 규모·비중 증가

☐ 공시 근로자(5,819천명) 중 **소속 근로자**는 4,869천명으로 전년대비 **127천명 증가**, 공시 근로자 대비 **비중도 증가**(82.4%→83.7%, +1.3%p)

  ○ 소속 근로자(4,869천명) 중 **기간정함없음**은 3,534천명(+71천명)으로 72.6%(△0.4%p), **기간제**는 1,336천명(+56천명)으로 27.4%(+0.4%p) 차지

  ○ 소속 근로자(4,869천명) 중 **전일제**는 4,443천명(+68천명)으로 91.2%(△1.0%p), **단시간**은 427천명(+59천명)으로 8.8%(+1.0%p) 차지

☐ 공시 근로자(5,819천명) 중 **소속 외 근로자**는 949천명으로 전년대비 **67천명 감소**, 공시 근로자 대비 **비중도 감소**(17.6%→16.3% △1.3%p)

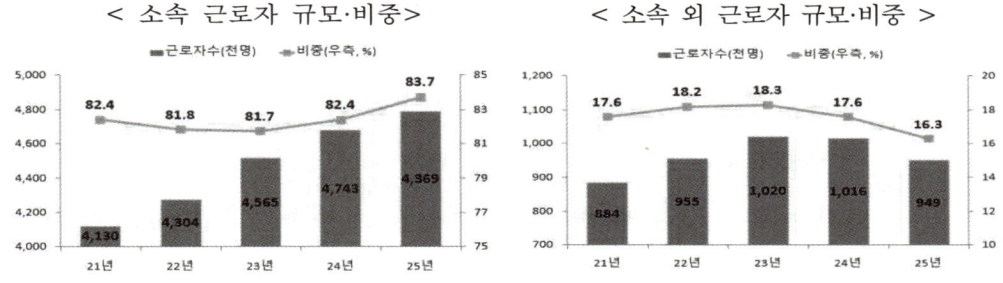

3 [업종별] 보건복지업에서 기간제·단시간 근로자 증가 주도, 건설업에서 소속 외 근로자 감소 견인

☐ (전체) 공시 근로자(+60천명)은 **보건복지**(+57천명), 운수창고(+46천명) 위주로 **증가**, ↔ 건설업(△125천명), 예술·스포츠(△30천명) 등에서 **감소**

☐ (소속) 소속 근로자(+127천명)는 **보건복지**(+58천명), **전문과학기술** (+41천명)에서 **주로 증가** ↔ 건설업(△50천명)에서 주로 감소

  ○ ▲기간제(+56천명)는 **보건복지**(+39천명), 사업서비스(+14천명) 중심 **증가**,
    ▲단시간(+59천명)은 **보건복지**(+32천명), 사업서비스(+9천명) 중심 **증가**

☐ (소속 외) 소속 외 근로자(△67천명)는 **건설업**(△75천명)에서 주로 **감소** ↔ 운수창고업(+24천명)에서 주로 증가

④ (규모별) 규모가 클수록 높은 소속 외 근로자 비중

□ (공시기업) ▲499인 미만 기업: 1,811개, ▲500~999인 기업: 1,345개
　▲1,000~4,999인 기업: 890개, ▲5,000인 이상 기업: 130개

□ (공시근로자) ▲499인 미만 기업: 762천명, 500~999인 기업: 1,040천명,
　▲1,000~4,999인 기업: 1,973천명, ▲5,000인 이상 기업: 2,044천명

□ 소속 외 근로자 비중은 5,000인 이상 기업에서,
　기간제·단시간 근로자 비중은 1,000~4,999인 기업에서 가장 높음

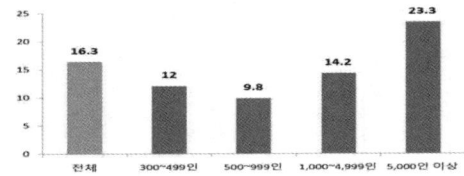

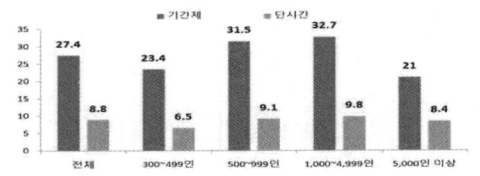

⑤ [성별] 남성에서 더 높은 소속 외 근로자 비중
　　　여성에서 더 높은 기간제·단시간 근로자 비중

□ 남성 근로자는 총 3,599천명(61.9%), 여성 근로자는 총 2,220천명(38.1%)

　○ 남성은 제조업(36.2%), 건설업(11.2%)·사업서비스업(11.0%) 順
　　여성은 사업서비스업(16.5%), 보건복지(15.9%), 제조업(15.7%) 順

　○ 기간제·단시간 근로자 비중은 여성에서 더 높으며(33.8↔23.8%, 14.8↔4.7%)
　　소속 외 근로자 비중은 남성에서 더 높음(18.5↔12.8%)

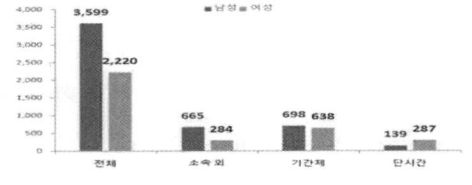

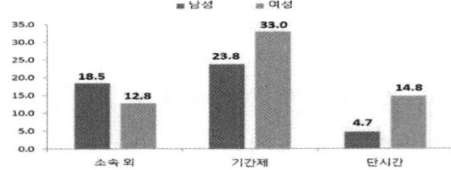

⑥ 소속 외 근로자 주요 업무

□ 소속 외 근로자의 주요 업무는 **청소**(1,293건, 24.3%), **경호·경비**(986건, 18.5%),
　경영·행정·사무(621건, 11.7%), **운전·운송직**(455건, 8.6%) 등으로 확인
　※ 각 기업이 개별적으로 소속 외 근로자의 주요 업무 체크(중복 가능)

2025년 고용형태공시 결과표(산업별·규모별·성별)

☐ 산업별(대분류)

< 단위: 천 명(반올림) , % >

구분	전체 근로자	소속 근로자						소속외 근로자
			단시간	기간없음	단시간	기간제	단시간	
전 체	5,819	4,869	427	3,534	79	1,336	348	949
		(83.7)	(8.8)	(72.6)	(2.2)	(27.4)	(26.0)	(16.3)
농업, 임업 및 어업[1]	0	0	0	0	0	0	0	0
		(0.0)	(0.0)	(0.0)	(0.0)	(0.0)	(0.0)	(0.0)
광업	1	1	0	0	0	0	0	0
		(80.8)	(0.0)	(89.9)	(0.0)	(10.1)	(0.0)	(19.2)
제조업	1,652	1,336	6	1,249	2	87	4	317
		(80.8)	(0.5)	(93.5)	(0.2)	(6.5)	(5.0)	(19.2)
전기, 가스, 증기 및 공기조절 공급업	6	5	0	5	0	0	0	1
		(86.2)	(1.2)	(93.2)	(0.1)	(6.8)	(17.0)	(13.8)
수도, 하수 및 폐기물 처리, 원료 재생업	15	15	0	12	0	2	0	0
		(98.4)	(0.5)	(84.0)	(0.0)	(16.0)	(3.2)	(1.6)
건설업	447	249	6	95	0	154	6	198
		(55.7)	(2.6)	(38.3)	(0.2)	(61.7)	(4.0)	(44.3)
도매 및 소매업	396	335	47	276	19	59	28	61
		(84.7)	(14.2)	(82.5)	(7.0)	(17.5)	(47.8)	(15.3)
운수 및 창고업	367	286	16	211	2	75	14	81
		(77.8)	(5.5)	(73.7)	(0.7)	(26.3)	(18.8)	(22.2)
숙박 및 음식점업	195	157	50	103	12	54	38	38
		(80.6)	(31.8)	(65.3)	(11.5)	(34.7)	(70.1)	(19.4)
정보통신업	292	273	9	252	4	21	5	19
		(93.5)	(3.3)	(92.2)	(1.6)	(7.8)	(24.2)	(6.5)
금융 및 보험업	325	267	6	233	1	34	4	58
		(82.2)	(2.2)	(87.2)	(0.6)	(12.8)	(13.1)	(17.8)
부동산업	134	120	8	50	1	71	7	13
		(90.0)	(6.9)	(41.2)	(2.4)	(58.8)	(10.1)	(10.0)
전문, 과학 및 기술 서비스업	280	242	13	194	6	48	8	38
		(86.3)	(5.5)	(80.2)	(2.8)	(19.8)	(16.4)	(13.7)
사업시설 관리, 사업 지원 및 임대 서비스업	763	723	56	358	13	365	43	40
		(94.7)	(7.8)	(49.5)	(3.7)	(50.5)	(11.7)	(5.3)
공공행정, 국방 및 사회보장 행정[2]	27	23	3	17	0	6	3	3
		(87.9)	(13.2)	(72.4)	(1.4)	(27.6)	(44.2)	(12.1)
교육 서비스업	267	244	43	139	1	105	42	23
		(91.5)	(17.5)	(56.9)	(0.7)	(43.1)	(39.7)	(8.5)
보건업 및 사회복지 서비스업	473	449	130	255	13	194	118	24
		(94.9)	(29.0)	(56.8)	(5.0)	(43.2)	(60.6)	(5.1)
예술, 스포츠 및 여가관련 서비스업	62	33	4	23	0	10	3	29
		(52.9)	(11.1)	(69.1)	(1.3)	(30.9)	(33.2)	(47.1)
협회 및 단체, 수리 및 기타 개인 서비스업	117	112	28	62	4	49	24	5
		(95.8)	(25.1)	(56.0)	(6.9)	(44.0)	(48.2)	(4.2)

1) 농림어업은 고용보험으로 집계되지 않는 경우가 대부분 → 본 공시 결과를 일반화 할 수 없음
2) 공공행정업은 대부분 알리오(www.alio.go.kr)를 통해 공시 → 본 공시 결과를 일반화 할 수 없음

☐ 산업별(제조업)

< 단위: 천 명(반올림) , % >

구분		전체 근로자						소속외 근로자
			소속 근로자					
				기간없음		기간제		
			단시간		단시간		단시간	
전 체		5,819	4,869	427	3,534	79	1,336	348	949
			(83.7)	(8.8)	(72.6)	(2.2)	(27.4)	(26.0)	(16.3)
비제조업		4,167	3,534	420	2,285	77	1,249	344	633
			(84.8)	(11.9)	(64.7)	(3.4)	(35.3)	(27.5)	(15.2)
제조업		1,652	1,336	6	1,249	2	87	4	317
			(80.8)	(0.5)	(93.5)	(0.2)	(6.5)	(5.0)	(19.2)
	음식료 (10, 11)	133	107	2	100	1	7	1	26
			(80.6)	(1.4)	(93.6)	(0.5)	(6.4)	(14.6)	(19.4)
	섬유의복가죽 (13, 14, 15)	18	16	0	15	0	1	0	2
			(90.0)	(0.8)	(92.8)	(0.3)	(7.2)	(6.9)	(10.0)
	화학물질(20)	117	98	0	93	0	4	0	20
			(83.3)	(0.4)	(95.7)	(0.1)	(4.3)	(7.2)	(16.7)
	철강금속(24)	95	61	0	56	0	5	0	34
			(64.4)	(0.1)	(92.3)	(0.1)	(7.7)	(0.9)	(35.6)
	전자부품, 컴퓨터 및 통신 (26)	458	385	1	375	1	10	0	74
			(84.0)	(0.2)	(97.5)	(0.2)	(2.5)	(2.1)	(16.0)
	전기장비(28)	79	67	1	61	0	6	0	13
			(84.0)	(0.9)	(91.2)	(0.2)	(8.8)	(7.5)	(16.0)
	기계 및 장비(29)	87	79	1	74	0	5	1	8
			(91.1)	(1.4)	(93.1)	(0.1)	(6.9)	(19.2)	(8.9)
	자동차 및 트레일러(30)	253	228	0	207	0	21	0	26
			(89.8)	(0.1)	(90.9)	(0.0)	(9.1)	(0.7)	(10.2)
	조 선(311)[3]	112	41	0	36	0	6	0	71
			(37.0)	(0.6)	(85.9)	(0.0)	(14.1)	(4.1)	(63.0)
	기 타[4]	300	255	1	232	0	22	1	46
			(84.8)	(0.5)	(91.2)	(0.1)	(8.8)	(4.0)	(15.2)

3) 조선업은 소분류인 '선박 및 보트 건조업'(제조업 내 소분류, 한국표준산업분류)으로 추출
4) 담배제조, 목재·종이 제조, 석유정제품 제조, 의약품 제조, 비금속광물제품 제조, 금속가공제품 제조 등

2025년 고용형태공시 결과 발표

☐ 규모별

< 단위: 천 명(반올림) , % >

구분	전체 근로자 수	소속 근로자		기간없음		기간제		소속 외 근로자
			단시간		단시간		단시간	
전체	5,819	4,869	427	3,534	79	1,336	348	949
		(83.7)	(8.8)	(72.6)	(2.2)	(27.4)	(26.0)	(16.3)
500인 미만	762	671	43	514	8	157	35	91
		(88.0)	(6.5)	(76.6)	(1.6)	(23.4)	(22.3)	(12.0)
500~999인	1,040	938	86	643	13	295	73	102
		(90.2)	(9.1)	(68.5)	(2.0)	(31.5)	(24.6)	(9.8)
1,000~4,999인	1,973	1,693	166	1,140	24	554	141	280
		(85.8)	(9.8)	(67.3)	(2.1)	(32.7)	(25.5)	(14.2)
5,000인 이상	2,044	1,567	132	1,238	33	329	99	476
		(76.7)	(8.4)	(79.0)	(2.7)	(21.0)	(30.0)	(23.3)

☐ 성별

< 단위: 천 명(반올림) , % >

구분	전체 근로자 수	소속 근로자		기간없음		기간제		소속외 근로자
			단시간		단시간		단시간	
전체	5,819	4,869	427	3,534	79	1,336	348	949
		(83.7)	(8.8)	(72.6)	(2.2)	(27.4)	(26.0)	(16.3)
남성	3,599	2,934	139	2,237	19	698	120	665
		(81.5)	(4.7)	(76.2)	(0.9)	(23.8)	(17.2)	(18.5)
여성	2,220	1,935	287	1,297	59	638	228	284
		(87.2)	(14.8)	(67.0)	(4.6)	(33.0)	(35.7)	(12.8)

2026 KOREA OUTSOURCING DIRECTORY

2025년 대한민국 공공기관 비정규직 현황

(자료출처 : 국회예산정책처 발간 '2025년 대한민국 공공기관')

공공기관 비정규직* 현황

2024년 공공기관의 비정규직 현원은 전년 대비 550명 감소한 2만 1,460명으로, 정규직 대비 5.4% 해당한다. 이 중 2024년 공기업의 비정규직 현원이 2,709명, 준정부기관이 3,718명, 기타공공기관이 1만 5,034명인 것으로 나타난다.

시장형 공기업의 경우 2024년 비정규직 현원은 501명으로, 전년 대비 83명 감소하였으며, 2024년 기준 정규직 대비 비율이 공공기관 유형 중 가장 낮은 0.7%에 해당한다. 시장형 공기업 중에서는 한국수력원자력(주) 비정규직 현원이 전년 대비 17명 감소하여 가장 크게 감소하였고, 한국도로공사의 경우 전년 대비 9명 감소하였다.

준시장형 준정부기관의 경우 2024년 비정규직 현원이 2,209명으로, 전년 대비 415명 늘어나 가장 큰 폭으로 증가하였다. 준시장형 준정부기관 중에서는 한국전력기술주식회사가 전년 대비 비정규직 현원이 62명 늘어 가장 크게 증가하였다.

기타공공기관의 경우 전년 대비 2024년 비정규직 수가 644명 줄어 가장 큰 폭으로 줄었으나, 2024년 기준으로 정규직 대비 비율은 10.7%로 가장 큰 것으로 나타났다. 기타공공기관 중에서는 한국도로공사서비스와 대한석탄공사의 비정규직 수가 전년 대비 각각 175명, 136명 감소하여 큰 폭으로 감소하였다.

한편 다른 공공기관 유형에서는 비정규직 현원이 최근 5년 동안 감소하거나 유지되는 수준임에 비해, 기타공공기관에서는 비정규직 현원이 최근 5년 동안 2,657명 증가하였다. 특히 은행형 공공기관을 제외한 기타 유형의 공공기관의 비정규직수는 2,652명 증가하여 타 유형에 비해 큰 폭으로 상승하였다. 기타 유형의 공공기관 중 한전MCS(주)는 2020년 60명에서 2024년 378명으로 318명 증가하였고, 코레일로지스(주)는 비정규직 현원이 2020년 400명에서 2024년 689명으로 289명 증가하였다.

---

* 비정규직은 기간제근로자 및 재택/가내 근로자, 일시/간헐 업무 근로자, 기간제가 아닌 한시적 근로자 등을 포함하며, 소속외인력은 제외한다.

공공기관 비정규직 현원 현황

(단위: 명, %)

구분		2020	2021	2022	2023(A)	2024 현원(B)	2024 정규직 대비 비율	증감 (B-A)
공기업		2,678	2,882	2,562	2,378	2,709	1.9	331
	시장형	663	606	574	584	501	0.7	△83
	준시장형	2,015	2,276	1,988	1,794	2,209	3.2	415
준정부기관		8,467	4,673	3,600	3,955	3,718	3.3	△237
	기금관리형	1,869	1,639	701	662	904	3.1	242
	위탁집행형	6,598	3,033	2,899	3,293	2,814	3.4	△479
기타공공기관		12,377	14,371	15,611	15,678	15,034	10.7	△644
	은행형 공공기관	315	323	314	320	320	1.9	0
	기타	12,062	14,048	15,297	15,358	14,713	11.9	△644
전체		23,522	21,925	21,773	22,010	21,460	5.4	△550
정규직 대비 비율		6.0	5.5	5.4	5.5	5.4	-	-

주: 정규직은 임원, 일반정규직과 무기계약직 현원의 합임
자료: 공공기관 경영정보 공개시스템(www.alio.go.kr) 자료를 바탕으로 재작성

 2020년부터 2024년까지 공공기관 비정규직이 정규직으로 전환된 실적은 1,311건으로, 2024년의 경우 319명의 비정규직이 정규직으로 전환되었다. 특히 2024년의 경우 시장형 공기업의 정규직 전환 실적이 205명으로 가장 크게 나타났는데, 모두 (주)강원랜드의 정규직 전환 실적이다. 위탁집행형 준정부기관의 경우 정규직 전환 실적이 53명으로 나타났는데 모두 (재)우체국물류지원단의 정규직 전환 실적이다.

 또한, 기타공공기관의 2024년 비정규직 전환 실적은 61명이며 5년간 총 464명이 정규직으로 전환되었다. 이 중 은행형 공공기관의 경우 2021년 및 2023년 비정규직의 정규직 전환실적이 없으며, 2020년부터 2024년 동안 정규직 전환 실적이 총 21명이다.

 반면 준시장형 공기업의 경우 2024년의 정규직 전환 실적이 0명이었다. 특히 준시장형 공기업은 2020년부터 2024년까지 5년간 비정규직의 정규직 전환 실적이 없었다. 기금관리형 준정부기관은 2021년부터 2024년까지 4년간 정규직 전환 실적이 없는 것으로 나타났다.

공공기관 비정규직의 정규직 전환실적

(단위: 명)

구분		2020	2021	2022	2023	2024	합계
공기업		37	4	164	67	205	477
	시장형	37	4	164	67	205	477
	준시장형	0	0	0	0	0	0
준정부기관		62	115	43	97	53	370
	기금관리형	1	0	0	0	0	1
	위탁집행형	61	115	43	97	53	369
기타공공기관		275	73	41	14	61	464
	은행형 공공기관	12	0	7	0	2	21
	기타	263	73	34	14	59	443
전체		374	192	248	178	319	1,311

자료: 공공기관 경영정보 공개시스템(www.alio.go.kr) 자료를 바탕으로 재작성

공공기관 소속외인력* 현황

2024년 공공기관 소속외인력 현원은 2만 7,696명으로, 공기업이 1만 5,136명, 준정부기관이 4,765명, 기타공공기관이 7,795명에 해당한다. 공공기관 소속외인력은 현원과 정규직 대비 비율 모두 2020년부터 2024년까지 매년 지속적으로 감소하고 있다. 2024년 공공기관 소속외인력은 전년 대비 1,108명 감소하였으며, 정규직 대비 소속외인력 비율은 7.0%에 해당한다.

공공기관 유형별로는 기금관리형 준정부기관을 제외한 모든 유형에서 소속외인력은 전년 대비 2024년 감소하였다. 시장형 공기업의 경우 2024년 소속외인력 현원은 1만 2,171명으로 2023년 대비 916명 줄어들어 공공기관 유형 중 가장 큰 폭으로 감소하였으며 정규직 대비 소속외인력 비율은 공공기관 유형 중 가장 큰 16.7%로 나타났다. 시장형 공기업 중 한국가스공사의 소속외인력이 전년 대비 1,282명 감소하여 가장 크게 감소하였다.

준시장형 공기업의 경우 2024년 소속외인력 현원은 2,965명으로 정규직 대비 4.3%에 해당하며, 전년 대비 49명 줄어들었다. 준시장형 공기업 중에서는 한국토지주택공사의 소속외인력이 전년 대비 166명 감소하여 가장 크게 감소하였으며, 기타공공기관 중 부산대학교병원 176명, ㈜공영홈쇼핑 73명 감소하였다.

---

* 소속외인력은 파견, 용역, 사내하도급을 포함하였다.

공공기관 소속외인력 현원 현황

(단위: 명, %)

구분		2020	2021	2022	2023(A)	2024 현원 (B)	2024 정규직 대비 비율	증감 (B-A)
공기업		15,780	15,621	16,105	16,101	15,136	10.6	△965
	시장형	12,699	12,686	13,211	13,087	12,171	16.7	△916
	준시장형	3,081	2,935	2,894	3,014	2,965	4.3	△49
준정부기관		5,343	5,054	4,770	4,779	4,765	4.2	△14
	기금관리형	1,092	915	765	671	794	2.7	123
	위탁집행형	4,251	4,139	4,005	4,108	3,971	4.8	△137
기타공공기관		9,409	8,337	7,956	7,925	7,795	5.6	△130
	은행형 공공기관	1,107	1,094	1,224	1,267	1,355	8.0	88
	기타	8,302	7,243	6,732	6,658	6,440	5.2	△218
전체		30,531	29,011	28,830	28,804	27,696	7.0	△1,108
정규직 대비 비율		7.8	7.3	7.2	7.2	7.0	-	-

자료: 공공기관 경영정보 공개시스템(www.alio.go.kr) 자료를 바탕으로 재작성

공공기관 소속외인력의 정규직 전환실적은 2020년부터 2024년까지 총 1만 8,061명으로, 이 중 비정규직의 정규직 전환정책에 따라 2020년에 전환된 인원이 1만 5,115명(83.7%)이며, 2021~2024년에 전환된 인원은 2,946명(16.3%)이다. 2024년의 경우 명의 소속외인력이 정규직으로 전환되어 최근 4년 중 정규직 전환 실적이 가장 많았다. 공공기관 유형별로는 시장형 공기업과 기타공공기관 내 2024년 소속외인력의 정규직 전환 실적이 각각 1,321명, 158명으로 있었으며, 나머지 유형에서는 소속외인력의 정규직 전환 실적이 없는 것으로 나타났다.

공공기관 소속외인력의 정규직 전환실적

(단위: 명)

구분		2020	2021	2022	2023	2024	합계
공기업		12,145	161	99	1	1,321	13,727
	시장형	8,797	2	0	0	1,321	10,120
	준시장형	3,348	159	99	1	0	3,607
준정부기관		380	145	0	0	0	525
	기금관리형	35	36	0	0	0	71
	위탁집행형	345	109	0	0	0	454
기타공공기관		2,591	983	6	72	158	3,810
	은행형 공공기관	17	0	0	0	0	17
	기타	2,574	983	6	72	158	3,793
전체		15,115	1,289	105	73	1,479	18,061

자료: 공공기관 경영정보 공개시스템(www.alio.go.kr) 자료를 바탕으로 재작성

2026 KOREA OUTSOURCING DIRECTORY

인재파견 I

▶ 가나다순

- 가겐투안
- 가엘에스엔에스
- 고려휴먼스
- 고우
- 그린피플
- 닥터잡
- 더뉴인
- 더드림버스
- 더케이텍
- 동아엠텍
- 동양이엠에스
- 동우씨엠
- 드림잡
- 디앤에이치피플
- 디에스씨
- 래딕스
- 리드커리어
- 리에이즈
- 마루HR
- 맨토스파워
- 맨파워코리아
- 메디엔젤
- 모스트인
- 미성엠프로
- 반도TS
- 발렉스서비스
- 베스트에치알
- 벨에스엠
- 보보스링크
- 빌코비전
- 사람과기술
- 사람인에이치에스
- 삼신테크
- 서빅
- 서운
- 서울커뮤니케이션
- 세종HR

- 세중글로비스
- 스카우트
- 스탭솔루션
- 스탭스
- 스탭포유
- 시너지컨설팅
- 신명써비스
- 신우산업관리
- 신한서브
- 씨아이템프러리
- 아데코코리아
- 아람인테크
- 아리오
- 아이피시
- 알에스이알
- 알케이그룹
- 애드민
- 앤트워크
- 어울림HRS
- 에스씨케이
- 에이스휴먼파워
- 에이지스비즈니스서포트
- 에이치디에스자산관리
- 에이치알다인
- 에이치알메이트
- 에이치와이플러스
- 에이플러스원
- 엑스퍼트
- 엔에스홀딩스
- 엔젤스태프
- 엠비모스트
- 엠스퀘어
- 엠제이플렉스
- 예스맨파워
- 예스콘씨에스
- 올댓모델
- 용진하이테크

- 우림맨테크
- 우신
- 우진디엠씨
- 위드인홀딩스
- 위로지스틱스
- 윌앤비전
- 유니에스
- 유니크컴퍼니
- 유안에이치알
- 유엔잡
- 이트너스
- 인사이드잡
- 인터비즈시스템
- 인트로맨
- 인포드림넷
- 잡스테이션
- 잡워드
- 재인산업
- 제니엘
- 제니엘시스템
- 제니엘이노베이션
- 제이앤비맨파워
- 제이앤비컨설팅
- 제이앤비티엔에스
- 제이앤피21
- 제이엔알써비스
- 제이엠피코리아
- 제일비엠시
- 중원컴퍼니
- 지수아이앤씨
- 지앤지라인
- 지에스아이
- 진성BMC
- 청우티에스
- 케이디에프에스
- 케이앤비이
- 케이에스엔시

- 케이오엠
- 케이웍스코리아
- 케이티에스
- 코스
- 코스타
- 코에스
- 큐앤에이네트웍스
- 티오에스코리아
- 티오엠네트웍
- 파트너스에이치알
- 퍼솔켈리워크포스솔루션
- 퍼스트인
- 퍼시픽컨설팅
- 프리존
- 피너씨앤텍
- 피플잡담소
- 하람앤커뮤니티
- 한국에스웨이
- 한국커리어서치
- 한샘개발
- 한성엠에스
- 한인컨설팅
- 현대에쓰앤에쓰
- 휴넥트
- 휴머니아
- 휴먼네트워크
- 휴먼리소스
- 휴먼브릿지앤코
- 휴먼비전
- 휴먼솔루션
- 휴먼앤비전
- 휴먼인프라
- 휴먼코아
- 휴비즈넷
- 흥안실업

(주)가겐투안
www.ggan.co.kr

대 표	정완수
전 화	02-398-0007
팩 스	02-398-5759
이메일	gargantuan@ggan.co.kr

▪▪▪ 회사주소
서울시 종로구 종로1길 42 이마빌딩 4층

▪▪▪ 설립 및 자본금
설립년 : 2002년
자본금 : 5억원

▪▪▪ 매출실적
2024년 : 144억원
2025년(예상) : 200억원

▪▪▪ 종업원현황
총원: 650명/ 관리: 15명/ 파견: 120명/ 도급: 515명

▪▪▪ 아웃소싱 서비스
건물시설관리, 물류관리, 경비, 청소, 고객센터운영, 인재파견, 사무지원, HR컨설팅, 헤드헌팅, 채용대행, 온라인판매서비스

▪▪▪ 주 거래 업종
공항물류지원, 유통물류서비스, 빌딩/학교시설관리, 공공부문지원
고용서비스, 온라인판매서비스, 금융, 식품유통관리 등

▪▪▪ 주 거래 기업
한국공항, 대한항공C&D서비스, 우리카드, NS홈쇼핑, 이마트, K브로드밴드, 이마산업, 상상인저축은행, KWE코리아, 금호타이어, 로젠, YES24, 서울우유, 태은물류, 사이버스카이, 덕성학원, 로지스월드, 절두산순교성지 등 다수

▪▪▪ 지사 및 계열사
이마산업(주)
심명문화재단

▪▪▪ 임직원 연락처
정선교 본부장 02-398-5762

▪▪▪ 기업연혁
2002. 가겐투안 설립
2003. 근로자파견업 허가
2003. 통신판매업 등록
2003. 유료직업소개업 등록
2003. 헤드헌팅업등록
2011. 위생관리용역업 등록
2013. 시설경비업 허가
2013. 건물시설관리업 등록
2021. ISO 9001 품질경영시스템 인증 획득
2022. ISO 45001 안전보건경영시스템 인증 획득
2023. 항공기취급업 등록
2025. 혼잡, 교통유도경비업 허가

▪▪▪ 대표자 프로필
이름 : 정완수
학력 : 연세대학교 졸업
경력 : 前 (주)대한항공 재무/영업/총무
       前 (주)한진 B2B사업/차량사업부 담당
       現 (주)가겐투안 대표이사

▪▪▪ 경영방침
당사는 기업의 사회적 책임을 다하고자 다양한 분야에 사회복지 활동을 전개하고 있으며, 최근 사회적 약자에 대한 이해관계자들의 관심이 높아짐에 따라 저소득층의 장학금 지원과 장애우들의 교육 및 고용 컨설팅을 통한 취업역량을 강화하는 지속가능한 경영이념을 바탕으로 두고 있습니다.

▪▪▪ 회사 및 서비스 소개
당사는 이마산업의 대주주사로서 재무 안정성을 기반으로 토탈 아웃소싱 서비스를 제공하는 전문기업입니다.
20여년간의 축적된 풍부한 Know-how를 바탕으로 고객사에 전문적이고 체계화 된 서비스를 약속드립니다.
특장점인 차별화된 인재개발 및 교육훈련 시스템으로 인력운영의 효율성과 탄력성을 증대시켜 고객사의 생산성향상은 물론, 핵심 역량에 집중할 수 있도록 경영환경을 제공해 드리고 있습니다.
당사의 성장 동력은 '고객 만족'입니다.
고객의 입장에서 먼저 이해하고 행동하여 고객감동 서비스로 함께 Win-Win 할 수 있는 성공적인 비즈니스 파트너가 될 것을 약속드립니다. 더불어 당사는 시민 사회의 일원으로서 ESG 경영이념을 바탕으로 다양한 분야에 복지사업 활동을 전개하고 있으며, 앞으로도 이와 같은 활동을 더욱 강화해 나갈 것 입니다.
귀 사에서 당사를 선택하신다면 최고의 서비스로 귀 사의 기업 가치와 경쟁력을 더욱 더 높여 드리겠습니다.

(주)가엘에스앤에스
www.cssever.com

대표	양재열
전화	02-472-3200
팩스	02-3412-3389
이메일	css090810@daum.net

■ 회사주소
서울시 강남구 광평로56길 8-13, 1216·1217호(수서동, 수서타워)

■ 설립 및 자본금
설립년 : 2009년
자본금 : 5억원

■ 매출실적
2024년 : 200억원
2025년(예상) : 220억원

■ 종업원현황
총원 : 596명 / 내부사원: 8명, 도급사원: 586명, 파견사원: 2명

■ 아웃소싱 서비스
건축물(시설)유지관리업, 주택관리업, 경호업, 시설경비업, 주차장운영업, 주차대행, 근로자파견업, 위생관리업, 소독업

■ 주 거래 업종
그룹사, 대기업, 중견기업, 중소기업, 공공기관 등

■ 주 거래 기업
공공기관, 정부출자기관, 언론사, 민간기업, 병원, 공영차고지 등 고객사 다수

■ 지사 및 계열사
계열사 : (주)모두앤컴퍼니

■ 임직원 연락처
양재열 대표   02-472-3200

■ 기업연혁
2009. 08 (주)가엘 씨큐리티 설립
       10 신변 보호업무 허가획득 (서울지방경찰청)
       11 시설경비업무 허가획득 (서울지방경찰청)
          위생관리업종 추가
2010. 01 건축물(시설)유지 관리업종 추가
       03 (주)가엘 씨큐리티 홈페이지 오픈
2012. 06 주택관리업종 추가
          법인명칭변경 (주)가엘씨큐리티-(주)가엘S&S(가엘에스앤에스)
2012. 12 근로자파견사업 허가
2013. 03 아웃소싱 사업 확대
       08 본사 사무실 확장 이전/소독업 신고 (강남구청)
2014. 11 가족친화기업 인증 (여성가족부)
       12 국제표준화기구 ISO 9001, 14001 인증 획득/ISO 45001 인증 획득
2017. 10 한국서비스품질 우수기업 인증 (산자부, 서비스진흥협회)
2018. 03 서울지방경찰청장 감사장 수상 (민간경비업 발전 기여로)
       08 가족친화기업 재인증 (여성가족부)
2019. 08 창립 10주년
2020. 10 한국서비스품질 우수기업 재인증
2021. 10 올해의중소기업인상 수상(서울경제신문사주최)
2022. 05 모범중소기업인 선정(중소벤처기업부 장관표창)

■ 대표자 프로필
이름 : 양재열
경력 : 1981. 7. 1 대통령경호실 임용(공채)
       1990 ~ 1995 선발경호과장, 경호전담교관, 경호계획과장
       1996 ~ 2000 검측부장, 경호계획부장, 선발경호부장, 교리부장, 제3차 서울ASEM 담당관
       2000.12.27 ~ 2003. 3.26 경호1처장
       2002 2002 한.일 월드컵 경호안전통제단 안전실장
       2005 부산 APEC행사 경호안전통제단 부단장
       2003. 3.27 ~ 2006. 1.23 경호실차장
       2006. 1.31 대통령경호실 퇴직 (5개정부 25년 근무)
       2007. 5. 1 ~ 2008. 5.31 한국전기안전공사 사장
       2009. 9. 1 ~ (주) 가엘 S&S 대표이사
수상 경력 : 황조근정훈장('05), 홍조근정훈장('00), 근정포장('95)
           대통령표창('90), 국방부장관표창('89), 경호실장표창 (5회)

■ 회사 및 서비스 소개
가엘에스앤에스는 2009년 설립이후 고객의 신뢰를 기반으로 차별화된 전략과 마케팅으로 안정적인 성장세를 지속하고 있는 아웃소싱 전문기업입니다. 사업분야로는 FM사업(건물, 빌딩 종합매니지먼트), 파견사업(인재 및 근로자파견), 특수사업(경호경비, 각종행사대행)으로서 차별화된 전문적 안전노하우를 바탕으로 서비스를 제공합니다. 현재 전국 다수의 건물 및 빌딩을 종합관리하고 있으며, CEO의 공공부문 재직 경험을 민간부문에 접목시켜 안전전문성과 차별화 전략을 핵심역량으로 사회안전망 구축과 일자리 창출에 시대적 사명의식을 기본으로 고객으로부터 신뢰를 받는 기업입니다. "열정과 도전, 비전"의 사훈을 가지고 윤리경영과 사회적 책임경영을 다하여 고객으로부터 신뢰받고 사회로부터 인정받는 유일한 (Only One) 아웃소싱 전문기업을 지향함이 가엘에스앤에스가 추구하는 가치이자 경영철학입니다.

고려휴먼스(주)

www.koryohumans.co.kr

대표 이상구, 윤수연
전화 02-3450-9500
팩스 02-3450-9540

■■■ 회사주소
서울특별시 영등포구 시흥대로 613 고려휴먼스 9층

■■■ 설립 및 자본금
설립년 : 1992년
자본금 : 10억원

■■■ 매출실적
2024년 : 740억원
2025년(예상) : 800억원

■■■ 종업원현황
총원 : 2,000명/ 관리 : 30명/ 도급 : 1,970명

■■■ 아웃소싱 서비스
컨택센터 운영, HR 및 교육 컨설팅

■■■ 주 거래 업종
은행, 카드, 증권, 캐피탈, 저축은행, 공공기관 등

■■■ 주 거래 기업
KB국민은행, 우리은행, IBK기업은행, 신한은행, 전북은행, KB국민카드, 우리카드, 신한카드, 하나카드, KB캐피탈, KB저축은행, 웰컴저축은행, 키움증권

■■■ 지사 및 계열사
고려신용정보, 고려휴먼스DS

■■■ 임직원 연락처
강인관 영업총괄본부장 02-3450-9530

■■■ 기업연혁
1992. 강남안전경보시스템(주) 설립
(중략)
2011. 고려휴먼스(주)로 사명 변경
  KB국민은행 고객센터 위탁 계약
  우리카드 고객센터 위탁 계약
2013. 자체 컨택센터 구축 및 운영
  ISO9001 품질경영시스템 인증
  KB저축은행 고객센터 위탁 계약
2014. IBK기업은행 고객센터 위탁 계약
2015. 신한카드 고객센터 위탁 계약
  우리은행 고객센터 위탁 계약
  KB캐피탈 고객센터 위탁 계약
2017. 신한카드 발급심사센터 위탁 계약
  우리카드 발급심사센터 위탁 계약
2018. 하나카드 FDS모니터링센터 위탁 계약
2019. KB국민은행 부동산시세센터 위탁 계약
2020. KB캐피탈 리스렌탈 상담센터 위탁계약
  웰컴저축은행 고객센터 위탁 계약
  하나카드 심사센터 위탁 계약
2021. 전북은행 고객센터 위탁 계약
  키움증권 고객센터 위탁 계약
2022. 신한은행 고객센터 위탁 계약
  IBK기업은행 TM센터 위탁 계약
2023. 하나저축은행 고객센터
  삼성카드 모니터링센터
2024. 신한라이프생명보험 고객센터
  기업은행 IT상담센터

■■■ 대표자 프로필
이름 : 이상구, 윤수연
경영방침 : 인재중심, 고객중심, 성과경영

■■■ 회사 및 서비스 소개
고려휴먼스는 30년의 컨택센터 운영경험과 노하우를 바탕으로 △컨택센터 아웃소싱 △텔레마케팅 아웃소싱 △ASP(Application Service Provider)서비스 등 각 분야에서 우수한 역량을 발휘하고 있는 BPO(Business Process Outsourcing) 콜센터 전문기업이다.
특히 은행, 카드사, 캐피탈사, 증권사 등 금융권 중심의 컨택센터부문에서 두각을 나타내고 있으며, 콜센터 업무의 AI 대체, 코로나19 여파 등의 어려운 아웃소싱산업 환경에도 시중은행과 지방은행, 증권사의 고객상담센터를 신규수주하며 매년 성장을 거듭하고 있다.
고려휴먼스는 '직원을 존중하고 섬기는 조직문화'를 바탕으로 △역량강화 교육 △소통채널 다양화 △고객센터별 헬스키퍼 △감정노동자 보호 △우수직원 해외연수 △문화활동 지원 등 다양한 프로그램 운영으로 편안하고 즐거운 업무환경 조성에 노력하고 있다.

(주)고우

www.bshcorp.com

대표	박서영
전화	02-2184-7511
팩스	02-2184-7599
이메일	hogan.cho@gowoocorp.com

■■■ 회사주소
서울시 강남구 테헤란로 19길 39(역삼동 631-19)

■■■ 설립 및 자본금
설립년 : 1998년
자본금 : 1억원

■■■ 매출실적
2023년(예상) : 60억원

■■■ 종업원현황
총원 : 50명

■■■ 아웃소싱 서비스
급여/연말정산/총무/복리후생 업무대행/인사급여시스템ASP(임대)
인력파견/헤드헌팅/채용대행, 물류도급 운영 외

■■■ 주 거래 업종
삼성물산, 삼성SDI, SK커뮤니케이션즈, CJ대한통운, 롯데로지스틱스, LAM, AMK 외 다수

■■■ 주 거래 기업
삼성물산, 삼성SDI, 삼성바이오에피스, SK커뮤니케이션즈, CJ대한통운, 롯데로지스틱스 외

■■■ 임직원 연락처
조호건 상무 02-2184-7511
김은영 이사 02-2184-7517
조영도 팀장 02-2184-7550

■■■ 기업연혁
1998. 06 (주)편리한세상 설립
　　　　　삼성물산 분사 급여/총무/복리후생 업무대행
2000. 01 헤드헌팅, 인사급여관리 시스템 ASP
　　　　　아웃소싱기업협회, 인터넷기업협회 가입
2003. 01 인사급여관리 시스템 웹버전 구축
　　　 02 물류 업무도급 서비스 개시
2006. 06 목표관리 및 성과보상 시스템 구축
2009. 09 2009 대한민국 아웃소싱 고객만족 대상 수상
2010. 01 인사급여관리 시스템 웹버전Ⅱ 구축
2013. 08 면세물류 업무도급 개시
2014. 07 문서관리 보안시스템 [S-DISK] 구축
2015. 12 ISO/IEC 27001:2013 인증[국제표준 정보보호]
2017. 11 인사급여관리 시스템 [편리한인사 차세대] 구축
2018. 12 ISO/IEC 27001:2013 인증 갱신 [BSI]
2023. 06 (주)고우 사명 변경

■■■ 대표자 프로필
이름 : 박서영
학력 : 서강대 디지털 CEO과정 수료(2001년)
　　　KPC CEO과정 수료(2003년)
　　　연세대 법무대학원 고위과정 수료(2004년)
　　　KPC 글로벌 CEO과정 수료(2010년)
경력 : 삼성물산(상사부문) 인사서비스센터 팀장
　　　삼성물산 사내강사
　　　한국인사관리협회 강사
　　　한국아웃소싱협회 이사
경영방침 : 고객과 함께한다/품질로 승부한다/미래를 선도한다

■■■ 회사 및 서비스 소개
(주)고우는 업무지원 아웃소싱 대표 전문기업으로 Total 아웃소싱 서비스를 구현하여, 고객회사와 상호 Win-Win 하며 최고의 서비스 제공을 통해 고객이 항상 신뢰하고 만족하는 'Biz-Service의 든든한 파트너'를 목표로 하고 있다.
1998년 (주)편리한세상으로 국내 최초로 설립된 인사급여, 총무, 복리후생 업무대행 전문기업으로 그동안 쌓아온 서비스 Know-how와 전문성을 바탕으로 고객 니즈를 반영한 맞춤식 아웃소싱 서비스를 제공하고 있다. (주)고우는 핵심사업 위주의 기업경영과 전문성 및 효율화를 위한 아웃소싱 환경에 부응하며 급여·4대보험·퇴직금·연말정산 업무대행과 인사노무컨설팅 서비스, 인재파견·헤드헌팅·채용대행 등 HR서비스, 인사급여프로그램 ASP(임대), 물류센터 운영도급 서비스를 제공하고 있다.

(주)그린피플
www.grpeople.co.kr

대표	마일진
전화	02-572-3042
팩스	02-572-3047
이메일	yck@grpeople.co.kr

■■■ 회사주소
서울시 종로구 창경궁로 136, 3층

■■■ 설립 및 자본금
설립년 : 2009년
자본금 : 5억원

■■■ 매출실적
2024년 : 492억원
2025년(예상) : 530억원

■■■ 종업원현황
총원 : 1,132명 / 내부사원 : 32명, 도급사원 : 1,040명, 파견사원 : 160명

■■■ 아웃소싱 서비스
도급 (유통, 물류, 제조, 시설경비, 특수경비, 시설 관리, 위생 용역), HR 파견, 채용대행 등

■■■ 주 거래 업종
그룹사, 대기업, 중견기업, 중소기업 등

■■■ 주 거래 기업
SK 주식회사, SK이노베이션, SK텔레콤, SK브로드밴드, SK E&S, SK에너지, SK 종합화학, SK네트웍스, SK텔링크, SK 스토아, SKC, SK 플래닛, SK 바이오팜, 하이트진로, PS&마케팅, 11번가, 한국넥슬렌, 넥스플렉스, SSG 랜더스 등

■■■ 지사 및 계열사
지사 : 인천지사/ 대전지점/ 대구지점/ 광주지점/ 창원지점/ 부산지점/ 제주지점

■■■ 임직원 연락처
마일진 대표   02-572-3042

■■■ 기업연혁
- 2009. 회사설립
  근로자 파견사업 허가 취득
  SK네트웍스물류 센터 운영 및 휴대폰판매 도급계약 체결
- 2010. 경비업허가 취득 / 위생관리용역업 신고
  SK와이번스CS 및 안전관리용역 도급계약 체결
  SK텔레콤, SK E&S外 3개사 근로자 파견계약체결
- 2013. 특수경비업허가 취득
  SK에너지 물류센터 경비도급(시설, 특수), 미화, 식당운영 도급계약 체결
- 2014. SK브로드밴드, SK텔링크사무 도급계약 체결
  PS&M B2B 영업 및 휴대폰판매 도급계약 체결
- 2015. 송파구청 미화 도급계약 체결
  PS&M BackOffice 운영센터 도급계약 체결
  현대로지스틱스 서울물류센터 도급계약 체결
- 2017. 중동초등학교 경비 도급계약 체결
  SK바이오팜, SK스토아 근로자 파견계약체결
  SK이노베이션 대덕기술원 시설관리 도급계약 체결
- 2019. 하이트진로(주) DCM 운영 도급계약 체결
  홍익여중/고 유인경비 및 청소용역도급계약 체결
  SKC(주) PET/EVA 생산지원 도급계약 체결
- 2021. 법제처 법제교육센터 경비 및 청소용역 도급계약 체결
  PV 운영 및 유지보수(O&M) 사업진출
- 2022. 대진고 청소 및 경비(유인) 용역 도급계약 체결
  Skon 배터리연구원 시설관리, 보안용역 도급계약 체결
- 2023. SK마이크로웍스생산 도급계약 체결
  서울시립 미술아카이브운영 전시안내 도급계약 체결
- 2024. 한화 서산 일조빛 태양광 관리운영 위탁계약 체결
- 2025. 인천종합비즈니스센터 시설관리 도급계약 체결
  SK에너지 송유관 순찰 도급계약 체결
  QRT 생산/품질 도급계약 체결

■■■ 대표자 프로필
이름 : 마일진
경력 : 국민대학교 졸업
　　　주식회사 그린피플 대표이사
경영방침 : "최고의 가치를 만들어가는 최고의 기업"

■■■ 회사 및 서비스 소개
종합 아웃소싱 기업으로 출발한 그린피플의 임직원들은 고객사에게 보다 나은 서비스를 제공하기 위해 항상 노력하고 있으며, 그 결과 꾸준한 성장을 거듭하여 이제는 도급, HR파견, 채용대행에 이르기까지 폭 넓은 역량을 갖춘 기업으로 그 위치를 확고하게 구축했습니다.
이는 그동안 변함없이 걸어온 고객사의 믿음과 파트너십의 결과이며, 더 나은 미래를 지향하는 또 다른 도전의 시작이 될 것입니다.
앞으로도 그린피플은 창의적인 사고와 현장중심의 서비스를 통해, 고객과 더불어 100년을 지속하고 성장할 수 있는 가치를 지닌 기업이 되도록 노력하겠습니다.
고객사의 책임감 있는 마케팅 리더로서의 역할을 더하여 차별화되고 수준높은 시장정보를 제공하여 더 큰 성과를 이루기 위해 최선의 노력을 경주해 나아갈 것입니다.
더불어 고객사의 발전에 일익을 담당할 수 있도록 보이지 않는 작은 것에서부터 최선을 다하는 동반자가 될 것을 다짐합니다.

(주)닥터잡

대표	강치은
전화	010-3916-9488
팩스	0504-382-3690
이메일	lui713@naver.com

■ 회사주소
경기도 수원시 권선구 고색동 890-154 동쪽상가 203호

■ 설립 및 자본금
설립년 : 2019년
자본금 : 1억원

■ 매출실적
2023년(예상) : 40억원

■ 종업원현황
총원 80명

■ 아웃소싱 서비스
채용대행, 헤드헌팅, 인력아웃소싱, 도급업무 등 종합아웃소싱

■ 주 거래 업종
서비스, 금융, 제조, 건설, 유통, 물류, 공공기관 등

■ 주 거래 기업
엔씨케이주식회사, 삼구FS, 오뚜기, 신한은행 기흥연수원, 한국카본, 에코그로비엠, 한국콜마, DAP, 리비콘, 세원물산, 두산에너빌리티, 비엔씨크, 한텍, 디알엠, 비엔씨티, 케이유엠, 신화월드, 블랙스톤, 클럽디거창

■ 지사 및 계열사
전국네트웍 구축

■ 임직원 연락처
강치은 대표 010-3916-9488

■ 기업연혁
2019. 05 (주)닥터잡 설립
2021. 05 [2021 아웃소싱 엑스퍼트] 선정
2021. 10 수원으로 본점 이전
2022. 10 아웃소싱플랫폼 채용대행 컨소시엄 참여

■ 대표자 프로필
이름 : 강치은
학력 : 국민대학교 회계정보학과 졸업
경력 : (주)덕성, (주)가나안, (주)국동, (주)나노메트릭스코리아 인사담당
경영방침 : "고객접점의 시작에서부터 고객의 품격을 높이겠습니다"

■ 회사 및 서비스 소개
닥터잡은 2019년 설립한 후발기업임에도 불구하고 인력 채용의 강점을 바탕으로 무서운 성장세로 아웃소싱업계 내에서 영역을 확장하고 있는 기업이다.

현재 엔씨케이주식회사, 한국카본, 신세계푸드, 한국콜마, 더반CC 등 인천 경기 충남 경남 부산 지역을 중심으로 다방면의 업종에서 성장하고 있다.

특히 강치은 대표는 상장회사 인사팀장 출신으로 인력관리에 필요한 근로기준법, 4대보험법, 기타노동관계법에 해박한 지식으로 무장해 인사 노무관리에 능통하다는 강점을 갖고있다.

임금 및 복지정책 업무경험도 있어 고객사에 솔루션을 제시해주기도 한다. 이러한 관계성을 기반으로 채용에 있어 인력수급 역량을 최대한 발휘해 타사와 경쟁에서 항상 우위를 점하고 있다.

닥터잡은 현재에 안주하지 않고 더 나은 아웃소싱기업으로 성장하기 위해 최선을 다한다는 계획이다.

(주)더뉴인
https://the-np.co.kr

대 표	김태홍
전 화	031-631-5868
팩 스	031-634-5868
이메일	the_np@naver.com

■■■ 회사주소
경기도 이천시 부악로 20-1(중리동) 트윈빌딩 302호

■■■ 설립 및 자본금
설립년 : 2019년
자본금 : 1억원

■■■ 매출실적
2024년 : 92억원
2025년(예상) : 98억원

■■■ 종업원현황
전체직원: 364명 본사: 14명 / 파견, 도급: 350명

■■■ 아웃소싱 서비스
물류도급 , 근로자파견, 채용대행,헤드헌팅, 급여대행, 경비, 미화, 기타 도급업

■■■ 주 거래 기업
한섬, 영원무역, 한성에프아이, 한성글로벌, 인동에프엔, 한세드림, 바이와이제이, 스타일24, 보끄레머천다이징, M&C, 나자인, 더네이쳐홀딩스, 어시스트코리아, 야무진컴퍼니, 엘케이, 리본, 연승어패럴, 복정제형, 트라이엄프, 대신로지스틱스, 비비월드 등

■■■ 지사 및 계열사
전국 네트웍 구축

■■■ 임직원 연락처
김태홍 대표이사 : 010-4602-5868
재무팀 이영화 팀장 : 010-9248-5852
HR관리팀 이동규 팀장 : 010-9023-5852
인사팀 전영근 팀장 : 010-9106-5258
홍보팀 김매화 팀장 : 010-8742-5868

■■■ 기업연혁
2019. 02 (주)더뉴인 설립 및 물류 도급
2019.~현재 (주)인동에프엔 외 고객사 물류업무 위탁도급 계약 및 진행
2020. 05 근로자파견사업 허가(고용노동부)
06 경기남부보훈지청 MOU 체결
2023. 02 (사)한국HR[인적자원 서비스산업협회 정회원사
03 일·생활 균형 캠페인 참여기업
09. 근로자 보호 HR서비스 클린기업 인증
12. 가족친화기업인증
12. 경영혁신형 중소기업 MAINMIZ 인증
2025. (주)인동에프엔 외 40여개 업무위탁 도급 계약및 파견계약 진행 ㅁ
HR산업협회 산업선도부문/근로자보호 부문 수상
2025 일 생활 균형캠페인 참여인증 갱신, 대한적십자회 표창 수상
더네이쳐홀딩스 이천 3개센터 통합 운영실시
(사)HR서비스산업협회 경기지부 부회장 선출

■■■ 대표자 프로필
이름 : 김태홍
경력 : 주식회사 더뉴인 설립
 (사)한국HR서비스산업협회 경기지부 부회장 취임
 경기도 고양시 유도회 홍보이사
수상 : 대한적십자 씀씀이가 바른기업 은장 및 포장증 수령
 대한적십자 씀씀이가 바른기업 금장 및 포장증 수령
 한국HR서비스산업협회 강소기업부문/사회공헌부문 수상
경영방침 : 신뢰와 믿음

■■■ 회사 및 서비스 소개
(주)더뉴인은 "The New Person"을 뜻하는 사명으로 새로운 사람과의 만남을 소중히 여기고 대인관계를 중요시함으로써 기업엔 "신뢰"를, 근로자에겐 "믿음"을 쌓아간다는 경영방침을 슬로건으로 해서 인적자원 관리 아웃소싱, 파견, 도급, 위탁, 채용컨설팅 등 HR서비스 전문기업으로 급성장하고 있는 강소기업으로 정평이 나있다.
이는 2023년 2월 "한국HR서비스산업인의 날" 행사에서 한국HR서비스산업대상 "강소기업부문"과 "사회공헌부문"에서 대상을 수상한 이력에서도 잘 나타난다.
더뉴인의 아웃소싱서비스 강점은 먼저 우수인력 수급력이 뛰어나다는 점이다. 자체 구축된 보유인원 DB와 온라인, 오프라인 구인매체 활용을 통한 신속한 인원공급이 가능하고 자체보유한 다수의 통근차량 운행을 통해 출퇴근문제를 해소함으로써 인원수급 효율성을 한층 높이고 있다.
또한 현장 인력관리에 있어서도 근로자 복지를 우선시하고, 현장에서 발생되는 문제를 최소화 하기위해 근로자와의 상담 및 고충해결 솔루션을 상시 가동함으로써 근무자 이탈 방지효과도 높이고 있다.
앞으로 더뉴인은 시대의 흐름을 이끌어가는 전문인력 관리분야의 선두기업으로 성장하면서 회사의 이익보다는 고객만족을 최우선으로 하는 "책임을 다하는 기업, "신뢰" "믿음"의 기업"이 될 수 있도록 최선을 다한다는 각오다.

(주)더드림버스
www.dreambus.co.kr

대표	권순호 (Nicolas, Kwon)
전화	02-867-4249
팩스	050-421-4249
이메일	shkwon@dreambus.co.kr

회사주소
서울시 강서구 마곡중앙로 161-8, 두산더랜드파크 B동 304, 305, 319호

설립 및 자본금
설립년 : 2017년
자본금 : 3억원

매출실적
2024년 : 45억원
2025년(예상) : 비공개

종업원현황
총원: 130명/ 관리: 6명/ 도급/파견: 130명

아웃소싱 서비스
1. Only 1. 국내 인력 아웃소싱 서비스
   - 인력 아웃소싱(도급, 위탁) 근로자 파견
   - 채용대행, 헤드헌팅
2. Only 1. 해외 취업지원/ 인재지원 서비스
   - 한국산업인력공단 K-Move 스쿨 운영기관 (해외취업교육)
   - 한국사업인력공단 해외 일경험 운영기관
   ※ 일본, 미국, 네덜란드, 말레이시아, 싱가폴 등
   ※ 평생교육시설 보유
   - 해외 인재 채용대행, 헤드헌팅 서비스 (국내 → 해외, 해외→ 국내, 해외 → 해외)
3. 관광 플랫폼 서비스
   - B2B, B2C, C2B 매칭 서비스 제공

주 거래 업종
1. 국내 근로자파견, 인력 도급업무 및 관광, 서비스, 유통/판매 위탁운영, 프로모션 대행
   - 항공, 호텔/리조트, 면세점, 카지노, 유통/물류 업종
   - 국내 대기업, 외국계기업, 공공기관 등
2. 해외 취업지원 및 인재지원 서비스
   - 한국산업인력공단 K-MOVE 스쿨 운영기관 (해외 취업교육)
   ※ 일본 공항 항공사 및 호텔 서비스 취업과정 1기~15기 수행 완료
   - 산업인력공단 해외 일 경험 운영기관
   ※ 일본 공항 항공사 지상직 업무 및 호텔/리조트 일 경험 프로그램 업무 운영

주 거래 기업
공항공사, 다수의 항공사, 다수의 호텔/리조트 (3성 ~5성급), 다수의 면세점, 의류/ 유통 업체, 명품 매장, 다수의 대기업 식음료/외식 업체, 다수의 대기업/중견기업 근로자파견 등 다수의 거래처 서비스 제공

지사 및 계열사
인천공항 사무소
 - 인천시 중구 운서동 소재 (공항 신도시)
일본 사무실
 - 일본
계열사 : (A)판다

임직원 연락처
권순호 대표 : 010-2293-4249
김 혁 이사 : 02-867-4249, 010-3722-8583
조창규 팀장 : 010 -2125-1983

기업연혁
2017. Dreambus (주식회사 더드림버스) 사업 개시
   식음료 서비스 계약
   공공기관 프로젝트 서비스 계약
2018. 유럽계 항공사 서비스 계약
   호텔 운영 서비스 계약
2019. 다수의 동남아 항공사 도급 서비스 계약
2020. 공항 및 시내 면세점 파견 및 도급 서비스 계약
2021. 한국산업인력공단 K-MOVE 스쿨 운영기관 선정
   국내 및 해외 투자회사 파견/채용대행, 위탁운영 계약
   유명 패션 의류 업체 도급 계약
2022. 해외 명품 브랜드 회사 도급서비스 계약 체결
   대기업 리조트 인사 업무 도급 및 채용대행 서비스 계약
   제주 5성급 호텔/리조트 업무지원 서비스 계약
   대기업 제약회사 유통 도급 서비스 계약진행
2023. HRD-Net 평생교육 운영기관 선정 □ 내일배움카드 교육 기관
   다수의 대기업 근로자 파견 계약 체결
2024. 동남아 항공사. 공항운영 컨설팅 업무위탁 서비스 계약
   산업인력공단 해외 일 경험 운영기관 선정
2025. 신세계 면세점 판매직 도급 서비스 계약
   5성급 호텔 회원권 관리 서비스 계약
   서울 K 산업 건물관리 도급 서비스 계약

대표자 프로필
이름 : 권순호
학력 : 경기대학교 관광전문대학원 관광학 석사
   경기대학교 관광전문대학원 관광학 박사 수료
경력 - 현) Dreambus 대표이사
   - 현) 사)한국마이스관광 콘텐츠 협회 이사
   - 현) 서울시 관광 홍보대사
   - 전) (사)전국고용서비스협회 헤드헌팅 분과위원장
   - 전) (사)관광경영학과 이사
   - 전) 대구카톨릭대학교 산학협력교수
   - 전) HR 인재지원 및 위탁운영 서비스 25년 경력(국내외 기업)
경영방침 : 자리이타, 유지경성, 사람 제일주의

회사 및 서비스 소개
Dreambus는 "꿈을 만들어 주는 기업" 이라는 슬로건과 함께 자리이타 정신을 기반으로 타인의 꿈을 지원해 주고, 성취 할 수 있도록 도와주는 것이 행복한 사회를 만드는 것이라는 기업 이념으로 탄생한 기업입니다. Dreambus는 인력 아웃소싱 분야와 관광분야에 20년 이상의 경력을 보유한 임직원들로 구성되어 있고, 다년간의 경험을 바탕으로 국내 인력 아웃소싱 서비스 및 해외 취업지원 및 인재지원서비스를 제공하는 기업으로 관광분야에 (항공사, 호텔/리조트, 면세점, 공항, 식음료, 기내식, 카지노, 유통 등) 특화되어 있어 Dreambus만의 탁월하고 독보적인 경쟁력을 보유하고 있다.
또한, 다수의 대기업 및 일반기업 고객들에게도 인력도급, 근로자 파견, 채용대행, 헤드헌팅 서비스를 제공하고 있다.
Dreambus는 4차 산업 혁명의 흐름과 빠르게 변하는 HR 서비스 산업의 변화에 적극적이고 창의적으로 접근하여, 특화된 시장의 블루오션을 개척해 나가는 유니콘 선도기업으로 성장해 나갈 예정입니다.

더 케이텍(주)
www.k-tec.co.kr

대표	박영진
전화	1577-1986 (02-554-3579)
팩스	02-3470-9366
이메일	ktec@k-tec.co.kr

■■■ 회사주소
서울 서초구 서초동 반포대로 12길41 알타워

■■■ 설립 및 자본금
설립년 : 1986년
자본금 : 15억원

■■■ 매출실적
2024년 : 3,113억원

■■■ 종업원현황
총원 : 8,421명

■■■ 아웃소싱서비스
물류, 병원, 판매, 판촉, 생산제조, 공항, 항공, F&B, 단체급식, 호텔, 레저, 시설관리, 인재파견, 인아웃바운드 상담, 채용대행, 헤드헌팅, 간병인

■■■ 주 거래 업종
제조물류직, 유통, 판매, 판촉직, 생산지원직, 서비스직, 사무직, 상담직
시설관리식, 조리보조식, 룸메이드, 레저/스포츠

■■■ 주 거래 기업
공기업, 삼성, LG, SK, 현대, 롯데, 한진 등 대기업 계열사
외국계 기업, 금융권, IT, 종합병원 등

■■■ 지사 및 계열사
중부, 서부, 북부, 영남, 호남, 경북, 파주지사, 대전지사, 제주지사 포함 30개의 직영 지사망
계열사 : 케이텍 서비스, 케이텍 써플라이, 베스텍, 신우FS, 휴먼프렌드

■■■ 아웃소싱 도입 문의
연락처 : 02-3470-9393
이메일 : inpuiry@k-tec.co.kr

■■■ 기업연혁
1986. 한국 최초의 인재파견사 설립
1996. 한국 최초의 채용대행 업무 수행(까르푸,600명)
2002. ISO 9001인증
2005. 한국아웃소싱서비스 대상 수상(산업자원부장관상)
2007. 노동부 일자리 업무협력 협약 체결
2009. 노사상생기업 인증
2009. 근로자파견우수기업 인증
2011. 지식경제부장관상 수상
2014. 근로자보호 HR서비스 클린기업 인증
2016. KOSHA18001인증
2020. HR서비스 근로자보호클린기업 인증
2022. 더 케이텍(주) 사명변경
2022. 본사 사옥 이전
2023. 아웃소싱서비스 산업의날 기업대상
2024. ISO 37001(부패 방지 경영시스템), ISO 14001(환경 경영시스템) 인증 취득
       우수HR서비스기업 인증 획득

■■■ 대표자 프로필
이름 : 박영진
학력 : 서울대학교 경영대학원 수료
경력 : 한국HR서비스협회 부회장(현)
       지식경제부 장관상 수상
       케이텍서비스 대표이사 역임
       케이텍맨파워 부사장 역임
       아웃소싱서비스 산업인날 전문경영인상 수상
경영방침 : 신뢰, 창조, 인화

■■■ 회사 및 서비스 소개
더 케이텍은 창립 40주년을 맞는 국내 인재파견, HR아웃소싱의 효시 기업입니다.
자체 사옥 및 노동부 인증 교육장을 보유한 유일한 회사이며, 국내 최대의 30여개 지사망을 보유하고 있으며 국내 최대 규모의 파견·도급인원이 근무하고 있습니다.
이미 구축된 인재채용시스템, 교육훈련시스템, 인사관리시스템 등을 통하여 아웃소싱 전 분야에서 차별화된 서비스를 제공하고 있으며, 대한민국 아웃소싱 리딩기업으로서 향후 아웃소싱서비의 전문화와 고급화를 위해 최선을 노력을 다하겠습니다.

(주)동아엠텍

대표	강승호
전화	02-361-1463
팩스	02-361-1467
이메일	jjn771@naver.com

■■■ 회사주소
서울시 서대문구 충정로 29 동아일보사 17층

■■■ 설립 및 자본금
설립년 : 1993년
자본금 : 20억원

■■■ 매출실적
2025년(예상) : 110억원

■■■ 종업원현황
총원 : 180명

■■■ 아웃소싱 서비스
신문 및 정기간행물 인쇄, 물류위탁, 경비, 청소, 시설건물관리, 자산관리

■■■ 주거래기업
동아일보, 서울경제, 아시아경제, 아시아투데이 외 사업장 다수

■■■ 지사 및 계열사
전국망 구축

■■■ 임직원 연락처
강승호 대표 02-361-1463

■■■ 기업연혁
1993. 03 (주)동아종합인쇄(오금동 공장, 대구공장) 출범
1996. 03 (주)안산동아인쇄(안산공장) 설립
2004. 07 (주)동아프린테크(오금, 충정)
          (주)동아프린컴(안산) 으로 명칭변경
2013. 01 (주)동아프린테크로 합병
2023. 01 (주)동아엠텍으로 법인명 변경

■■■ 대표자 프로필
이름 : 강승호
학력 : 고려대학교 공과대학 기계공학과
경력 : 동아일보 경영지원국장
       한국신문협회 경영지원협의회 회장
       現 (주)동아엠텍 대표이사
경영방침 : '기술과 사람을 재산으로 고객과 사회발전에 공헌'

■■■ 회사 및 서비스소개
103년 전통의 인쇄와 물류배송 전문업체인 동아엠텍(대표 강승호)은 30년 넘게 쌓아온 빌딩관리 노하우를 바탕으로 최근 외부건물에 대한 본격적인 종합관리서비스에 나섰다.

동아엠텍은 이미 광화문 동아미디어센터 등 동아미디어그룹 6개 사옥 및 미술관의 경비, 청소, 시설관리, 안내 등 도급업무에서 안정된 서비스 품질을 인정받고 있다.

동아엠텍 종합건물관리사업의 핵심은 단순관리를 넘어 전기료 절감 컨설팅, 특수클리닝, 인테리어 등을 통해 빌딩의 가치를 높이고 고객의 안정적 수익 창출에도 기여한다.

특히 '수전 합리화' 컨설팅은 독보적인 서비스로 한국전력의 'ESCO(에너지절감사업)'에 참여해 고객 빌딩의 불필요한 전기사용을 줄여 비용을 절감해준다.

산업용 전기를 사용하는 빌딩은 일정기간 사용량을 예측해 한국전력과 구매계약을 맺는데 문제는 정확한 소비전력량 예측이 어려워 전기 실제 사용량을 초과하는 경우가 많다.

동아엠텍은 전기기술사가 빌딩의 전기료을 점검해 절감방안을 제시하고 필요시 사후관리까지 담당하게 된다. 이를 통해 고객은 전기 기본료를 낮춰 요금을 절감할 수 있다.

이와 함께 축적된 시설관리 기술력을 활용해 건물 각종 시설에 대한 보수 서비스가 제공된다. 또한 카페트 청소와 바닥 왁스 작업 등 클리닝도 기본 서비스 외에 추가로 제공한다. 또 빌딩의 주수입원인 임대차 관리도 대행하며 입주, 철거 과정의 인테리어, 리모델링 사업도 지원한다.

동아엠텍은 지속가능한 발전과 새 수익원 창출을 위해 동아엠텍은 신문 관련업계에서 볼 수 없던 도전을 하고 있다며 기존 인쇄-물류 회사를 넘어 종합자산관리회사로 발돋움해 나가고 있다.

(주)동양이엠에스
www.dongyangems.co.kr

대표	전대길
전화	02-2276-0239
팩스	02-2276-0487
이메일	leewi@dongyangems.co.=

▌▌▌ 회사주소
서울시 중구 충무로3가 한영빌딩 3층

▌▌▌ 설립 및 자본금
설립년 : 2003년
자본금 : 150억원

▌▌▌ 매출실적
2025년(추정) : 1,100억원
2026년(목표) : 1,200억원

▌▌▌ 종업원현황
총원 : 3,500명/정규직(60명)/파견직원(1,000명)/도급직원(2,500명)

▌▌▌ 아웃소싱 서비스
- 콜센터운영(금융,인터넷쇼핑,홈쇼핑,택배,종합유선방송 등)
- 유통서비스인력 도급(캐셔,안내,통역,판매지원,유아휴게소 등)
- 운전도급,호텔/콘도/골프장 서비스 인력 도급,시설관리 도급
- 인재파견(사무,상담,비서,운전 등) 방송지원
- 유통 판촉인력서비스 도급 : 고정/순회 판매 등
- 캐터링 도급: 영양사,조리사,조리원 등

▌▌▌ 주거래업종
유통업(백화점,홈쇼핑,면세점,Social Commerce 고객센터), 금융업, 제조업, 언론방송, 신용평가업, 게임업, 비영리법인(학교/문화단체), 관광업(호텔/콘도), 건설업 등

▌▌▌ 주거래기업
현대백화점, 현대홈쇼핑, 한섬, 롯데쇼핑, 롯데호텔, 롯데물산, LG전자, HCN KB국민카드, 삼성카드, 신세계프로퍼티, CJ프레쉬웨이, 아라마크, 푸디스트, 현대자동차, 현대모비스, (주)코오롱그룹, 삼양사, SBS콘텐츠허브, 중앙일보, 한국경제신문, 연합뉴스, 네이처브릿지, 그린나래, 아워홈, BGF리테일 등

▌▌▌ 지사 및 계열사
지사 : 남부지사(부산시 부전동)

▌▌▌ 임직원 연락처
이원익 부사장 02-2276-0239 / 010-3203-3850
이재원 본부장 02-2276-0443 / 010-9039-6805
이기영 실장   02-2276-2717 / 010-3259-7335
유인범 실장   02-2276-0431 / 010-6345-2804
김연식 실장   02-2276-0448 / 010-7237-7372

▌▌▌ 기업연혁
2003. 11 (주)동양이엠에스 설립
2003. 12 근로자파견사업 허가 취득
2004. 05 콜센터 위탁업무실시 : 현대택배 등
2004. 07 상담직 파견사업 실시 : 현대홈쇼핑 등
2005. 02 운전직업무위탁실시 : 삼양사 등
2006~2021 중략
2022. 06 마이에듀 고객센터 운영사로 선정
2022. 07 현대코퍼레이션 인재파견사로 선정
2022. 09 캠코CS 고객센터 인재파견사로 선정
2022. 12 롯데백화점 본점&잠실몰 통합서비스 운영사로 선정
2023. 01 MBC문화방송 인재파견사로 선정
2023. 03 롯데백화점 광주점 주차운영사로 선정
2023. 09 신세계 스타필드 수원점 지원업무 운영사로 선정
2024. 03 롯데백화점 수원점 타임빌라스 푸드코트 홀서빙 운영사로
2024. 07 롯데백화점 본점,전주점,대전점,대구점 POS운영사로선정
2024. 10 CJ프레쉬웨이 삼성병원 암병동 조리원 운영사로 선정
2025. 01 롯데백화점 대구점 POS운영사로 선정
2025. 01 이도 평택호 예당호 휴게소 미화 운영사로 선정
2025. 09 현대백화점 틸화이트 카페 운영사로 선정
2025. 10 사조그룹 푸디스트 조리원 인재파견사로 섬정
2025. 01 롯데백화점 대구점 POS운영사로 선정
2025. 01 이도 평택호 예당호 휴게소 미화 운영사로 선정
2025. 09 현대백화점 틸화이트 카페 운영사로 선정
2025. 10 사조그룹 푸디스트 조리원 인재파견사로 선정

▌▌▌ 대표자 프로필
이름 : 전대길
학력 : 용산고등학교졸업(1967)
       경기대 경영학과 졸업(1979), 연세대 경영대학원 수료(1981)
경력 : 현재 (주)동양이엠에스설립 & 대표이사(2003~현재), 수필가,
       국제IPEN한국본부 이사
수상 경력외 : 고용노동부인증 근로자파견 우수기업 수상(2010) 외 다=
저서, 강의활동 : 「회장님 시계바꿔 찹시다」 발간(1995),
                 「그럴수도 그러려니 그렇겠지」 발간(2018)
                 「국커차바야축골마」 발간(2022)
                 「전대길CEO의 생각주머니」 발간(2023)
                 「아~! 그렇구나」 발간(2024)
                 국방대학원 출강(예비역 장성 대상 제2의 인생준비 특강)
자격사항 : 경총 노무관리사(1기)
경영철학 : 고객을 즐겁고 기쁘고 편안하게 하는 기업, 고객과 신바람나게 일하는 기업, 고객과 함께 성공하는 기업

▌▌▌ 회사 및 서비스소개
고객센터 분야 : 금융,홈쇼핑,인터넷쇼핑,택배 등
- 고객센터 최적화 구축 컨설팅
- 직무별 최적 상담원 및 관리자 지원 서비스
- 단순 상담기능을 넘어 Profit 센터 역할수행 지원
- SLA에 의한 고객서비스 지원
- 신속하고 정확하고 친절한 고객상담(인바운드/아웃바운드)

유통분야 : 캐셔(POS),안내,근거리배송 등 지원서비스
- 체계적인 서비스 목표관리
- 전문 인력을 통한 철저한 SLA지표관리
- 정기적인 평가를 통한 서비스 지속적 보완 및 개선 실시
- 성과보상을 통한 신바람나는 일터 구축

운전분야 : 차량관리실 운영
- 정기적인 교육과 업무협의를 통한 무사고 운전 및 수준있는 서비스 지원
- 풍부한 경험과 리더십을 겸비한 현장관리자를 통한 서비스
- 각종 낭비제거 활동을 통한 최적화된 차량관리실 운영
- 외국인 임원 수행가능한 영어사용 가능운전자 지원

캐터링분야: 조리업무 지원
- 신바람나는 일터를 통한 근로자 자발적 동기부여 최대화
- 신속한 인재서비스를 통한 고객사 만족 극대화
- 신뢰를 바탕으로 하는 노사문화 구축

인력파견 분야 : 사무지원, 비서, 운전 상담서비스 등
- 자체 채용사이트 운영을 통한 각 직무별 인재DB구축
- 학교와 지자체 등을 통한 오프라인 인재지원 시스템 확보
- 고객사가 원하는 인재 1주일 이내에 지원
- 업무시작 후 적응 1달간 집중관리 : 고충상담, OJT 등
- 입사전 사전 기본 교육 실시 : 직장생활의 기본예절과 태도

동우씨엠(주)
www.dongwoocm.co.kr

- **대표**: 조만현
- **전화**: 053-742-3344
- **팩스**: 053-742-3340
- **이메일**: dongwoocm@dongwoocm.co.kr

▎회사주소
대구광역시 수성구 국채보상로 924(범어동, 동우센터빌딩)

▎설립 및 자본금
설립년 : 1999년
자본금 : 20억원

▎매출실적
2023년 : 977억원
2024년(예정) : 994억원

▎종업원현황
총원 : 2,854명

▎아웃소싱 서비스
사무·행정 전문가 업무, 공동주택관리, 보안·환경위생 업무 등의 근로자 파견

▎주 거래 업종
공동주택위탁관리, 주택임대관리, 건축물종합관리(PM,FM), 건설사업관리(CM), 안전진단 전문기관, 전기직무고시, 시설경비, 소독, 위생관리, 저수조청소, 1종 나무병원

▎주 거래 기업
㈜화성, ㈜서한, ㈜태왕, LH한국토지주택공사, 롯데건설, 범어 두산위브더제니스, 수성범어더블유, 수성SK리더스뷰, 센트로팰리스 등

▎지사 및 계열사
동우씨엠(주), ㈜동우라이프산업, 동우씨엠 서울지사, 동우종합건설㈜, ㈜하이엠알오, ㈜동우씨엠건설, 세명이앤씨(주)

▎임직원 연락처
주거서비스총괄사장 ㈜동우라이프산업 김학업 대표이사 053-719-3041
주거서비스총괄1부문 최영호 사장 053-719-3055
주거서비스총괄2부문 김일중 전무이사 053-719-3078
사업주거서비스총괄부문 김광용 전무이사 02-538-0281
건설총괄사장 동우종합건설㈜ 권진혁 대표이사 053-719-3053
개발사업부문 이정주 사장 053-719-3093
건설E&C사업부문 박배열 사장 053-719-3061

▎기업연혁
- 1999. 동우씨엠(주) 법인 설립
- 2005. ㈜동우라이프산업 법인 설립
- 2006. 경영혁신형 중소기업(Main-Biz) 인증
  홈페이지/인트라넷 그룹웨어 시스템 구축
- 2011. 대구시 스타기업 지정, ㈜동우씨엠건설 법인 설립
- 2012. 각산역 더뉴클래스 1차 분양
- 2013. SAVEUS, The New Class 특허청 서비스표 등록
- 2014. 태전역 더뉴클래스 1차 분양
- 2015. 매천역 더뉴클래스, 각산역 더뉴클래스 3차 분양
- 2018. 기업혁신대상 산업통상자원부 장관상 수상
  우수 부동산서비스사업자 인증(국토교통부)
- 2019. 대표이사 회장 (사)한국주택관리협회 협회장 취임
  대표이사 회장 국제로타리 3700지구 총재 취임
- 2020. 동우씨엠 20년사 〈문화로 인사합시다〉 편찬
  중소기업 스마트서비스 지원사업 〈주거서비스 플랫폼〉 선정
- 2021. 세이버스온(saveuson.com) 출시
- 2022. 대한민국 중소기업인대회 모범중소기업인 부문 대통령 표창
  일·생활 균형 모범사례 대구시장상(대구광역시)
  동종업계 최초 ESG 지속가능경영보고서 출간
- 2023. 여가친화기업 인증(문화체육관광부)
- 2024. 대한민국 일자리 으뜸기업 선정(고용노동부)
  ㈜동우라이프산업, 법인 서울 이전
  대한민국 독서경영 우수직장 2년연속 인증(문화체육관광부)
  지역사회공헌기업 인증 5년연속 승인(보건복지부)

▎대표자 프로필
이름 : 조만현
학력 : 대구대학교 도시학과 부동산학 박사, 경북대학교 사학과 학사
경력 : 1989-1996 화성산업(주) 주택개발본부 용지팀장
      1996-1998 ㈜대동주택 개발2팀장
      1999-현재 동우씨엠(주) 대표이사 회장
      2018-현재 대구상공회의소 제25대 의원
      2019-현재 (사)한국주택관리협회 협회장
      2019-2020 국제로타리 3700지구 총재
경영사훈 : 인간주의, 평등주의, 고객주의
기업이념 : 생활기업 육성, 공익사회 건설, 신문화 창조

▎회사 및 서비스 소개
동우씨엠(주)은 종합주거서비스그룹으로서 1999년 창립 이래 전국적으로 공동주택 17만여 세대를 비롯하여 3200여개 사업장을 전문 위탁 관리하고 있습니다. 특히, 고객중심 부동산 자산관리 포털 서비스 브랜드 세이버스(SAVEUS)를 통한 콜센터와 기동서비스팀, 내 손안의 모바일 관리사무소 세이버스온(saveuson.com)을 운영하고 있습니다.

(주)드림잡
www.newdreamjobs.co.kr

대표	김재혁
전화	02-774-0207
팩스	02-774-3352
이메일	venture37@hanmail.net

■ 회사주소
서울시 광진구 능동로 329 4층

■ 설립 및 자본금
설립년 : 2003년
자본금 : 5억원

■ 매출실적
2024년 : 45억원
2025년 : 55억원

■ 종업원현황
총원 : 100명/관리 : 5명/파견 : 14명/도급 : 80명

■ 아웃소싱 서비스
시설관리, 경비, 청소, 인재파견, 소독업, 생산제조도급, 교육사업, 냉난방기유지보수업, 시스템에어컨세척업

■ 주 거래 업종
대기업, 중견기업, 공공기관, 중소기업 등

■ 주 거래 기업
대한전선(주), 대한광통신(주), (주)한국티비티, 안성시외버스터미널, 대륭테크노타운15차, 서울문화재단, 국민건강보험공단, 무주리조트, 남부시외버스터미널 외 다수

■ 지사 및 계열사
전국 지사네트웍 구축 운영

■ 임직원 연락처
김대영 이사	02-774-0208
김경무 부장	02-774-0207

■ 기업연혁
- 2003. 03 (주)드림잡 설립, 근로자파견업 사업허가
- 08 시설경비업 허가
- 11 위생관리용역업 허가
- 2004. 08 대한전선(주) 협력업체 등록
- 2007. 12 무주리조트 협력업체 등록
- 2009. 서울지방노동청 명예고용감독관 지정
- 2012. 03 소독업 허가, 여성기업 인증, 중소기업 인증
자본금 증자 2억5천-〉5억
- 2013. 01 코레일공사 경북영업본부 불정테마펜션 위탁관리 용역 처
- 06 한국토지주택공사 본사사옥 청소용역 개시
- 2014. 01 국립외교원 종합관리용역 수주
- 02 서울특별시 중구 문화재단 충무아트홀 하우스매니저 관리용역
- 2015. 02 국립예술단체연합회 종합관리용역 수주
- 12 국민건강보험공단 (원주신사옥, 마포사옥) 경비용역 수주
- 2016. 03 한국토지주택공사 위례사옥 종합관리 수주
- 05 경영혁신중소기업 인증 (중소기업청)
- 2017. 02 경기도남한산성세계유산센터 사후관리용역 수주
- 07 서울특별시교육청 교육시설관리본부 시설,미화 용역 수주
- 2018. 01 서울특별시교육청 종로도서관 미화 용역 수주
- 03 제로이 에너지세이빙기능사업 개시
- 2019. 01 서울문화재단, 강북구청 안내용역 수주
- 03 대륭테크노타운15차 수주
- 05 영등포구 파견용역 수주
경영혁신중소기업 재인증 (중소기업청)
- 07 파견사업관리책임자 교육이수
온라인교육사업 에듀파 인증 및 사업개시
- 2020. 02 본사 사옥 매입 입주
- 2022. 11 안전보건경영시스템 ISO45001 인증

■ 대표자 프로필
이름 : 김재혁
학력 : 중앙대 졸업
경력 : 대한전선(주) 총무이사
       드림잡 대표이사
경영방침 : "서비스는 '행동'입니다"

■ 회사 및 서비스 소개
드림잡은 2003년 설립된 건물종합관리 및 HR아웃소싱서비스 전문업으로서 십수년에 걸친 전문 노하우와 관리시스템 중심으로 'High Quality Low Cost'의 경영을 실현해 나가고 있는 기업이다.
시설관리, 미화, 경비보안, 주차관리 등 건물종합관리는 물론 근로자 견과 각 업무 분야의 도급, 아웃소싱 등 서비스를 필요로 하는 고객의 산가치를 극대화하고 고용유연성을 확보하는 기업지원서비스 기업으로 특화해 가고 있다.
드림잡은 고객사의 다양한 요구와 서비스를 제공하기 위해 선진화된 비도입 및 교육을 통해 고객에게 체계적인 맞춤서비스와 고효율, 저비용의 아웃소싱 서비스를 제공하는데 역점을 두고 있다.
기업 경영철학을 "서비스는 '행동' 입니다"로 정한 이유도 행동은 긍정적, 적극적인 사고에서 출발한다는 기본자세를 늘 새롭게 하기 위해서다. 특히 지속적인 교육지원을 통해 전문인력양성, 최고를 추구하는 장인정신, 고객만족을 최고의 가치로 지향하는 세계일류 아웃소싱서비스 전문기업으로 발전해 나간다는 계획이다.

(주)디앤에이치피플
www.dnhpeople.co.kr

대 표	이상수
전 화	02-995-1375
팩 스	02-995-1380
이메일	dhp0927@dnhpeople.co.kr

■■■ 회사주소
서울특별시 강북구 한천로 1071, 4층(수유동, 태양빌딩)

■■■ 설립 및 자본금
설립년도 : 2015년
자본금 : 1억원

■■■ 매출실적
2025년(다음) : 55억원

■■■ 종업원현황
전체직원 150명

■■■ 아웃소싱 서비스
유통매장관리, 물류센터관리, 판매판촉관리, 건물종합관리, 고객CS센터운영, 근로자 파견업 등 기타 HR아웃소싱

■■■ 주 거래 기업
킴스클럽, 제주경제통상진흥원, 야놀자 에프앤지, 호시자키한국, 윈드모빌리티 등 다수

■■■ 지사 및 계열사
지사 : 동남부지사

■■■ 임직원 연락처
대표이사 : 02-995-1375
운영실장 : 02-995-1375

■■■ 기업연혁
2015. 08. (주)디앤에이치피플 법인설립
2016. 01. 유통사업부 발족 및 사업개시
2017. 06. 물류사업부 발족 및 사업개시
2019. 05. 건물위생관리업 신고
2019. 12. 동남부지사 개설
2020. 07. (주)나이스디앤비 주관 아웃소싱 인력공급 기술부문 우수기업 인증
2020. 12. 2020년도 E고객사 최우수 협력업체 선정
2021. 03. 파견사업부 발족 및 사업개시

■■■ 대표자 프로필
이름 : 이상수
경력 : 현 (주)디앤에이치피플 대표이사
경영철학(경영방침) : "정직, 신뢰, 고객만족 최우선"

■■■ 회사 및 서비스 소개
디앤에이치피플은 국내 최고의 아웃소싱서비스 전문기업이라는 사명감을 갖고 2015년 창립하여 "정직, 신뢰, 고객만족 최우선" 이라는 경영방침 아래 최고의 비즈니스 파트너가 되기 위해 끊임없이 노력하고 있습니다.
각 분야 전문가들로 구성돼 있는 임직원들의 실무경험과 지식을 바탕으로 유통매장관리, 물류관리, 판매 판촉, 건물 종합관리(시설관리·경비·청소), 신규매장 오픈컨설팅 등 각각의 사업 분야에서 고객의 다양한 요구를 충족시켜 나가고 있습니다.
최근 국내·외 경제환경은 급격하게 변화하고 있습니다.
이러한 시대적 요청에 대처하고 부응하기 위해 디앤에이치피플는 인적자원 운영에 보다 합리적이고 혁신적인 방법을 모색하는 기업들의 경쟁력확보를 최우선으로 하는 아웃소싱 기업으로서 항상 최고의 서비스를 제공하고 있습니다.
디앤에이치피플은 "보다 높은 차원에서 보다 깊은 지혜와 보다 굳은 각오"로서 고객을 위한 차별화된 서비스로 고객 앞에 한걸음 더 다가갈 계획입니다.
항상 사람이 중심이 되어 정직함을 최우선적으로 생각하는 기업이 되겠습니다.

(주)디에스씨
www.d-sc.kr

대표	이명희
전화	033-745-3884
팩스	033-746-3884
이메일	dsc7453884@naver.com

■■■ 회사주소
강원도 원주시 라옹정길 65, 진성빌딩 501호

■■■ 설립 및 자본금
설립년 : 2007년

자본금 : 3억원

■■■ 매출실적
2025년(예상) : 100억원

■■■ 종업원현황
전체직원 : 264명

■■■ 아웃소싱 서비스
호텔&리조트 위탁운영, 인재파견, 시설관리, 단체 급식, 소독, 컨설팅 등

■■■ 주 거래 업종
호텔, 리조트, 골프장, 서비스, 공공기관 등

■■■ 주 거래 기업
강원도 평창 소재 호텔&리조트 및 양양 소재 호텔&리조트 다수 도급 관리

■■■ 지사 및 계열사
서울지사 : 서울 서초구 서운로 164 , 강남빌딩 301호

■■■ 임직원 연락처
공민철 팀장 033-745-3884

■■■ 기업연혁
1997~2008년	평창 휘닉스파크 리조트-프런트, 객실, 세탁관리
	ISO9001 품질인증(호텔, 콘도의 객실관리, 객실영업, 세탁서비스)
	전국품질분임조 경연대회 대통령상(은메달)수상
	강원도 품질대회 최우수상 수상
	전국품질분임조 경연대회 대통령상(금메달)수상
2009~2014년	STX조선해양(단체급식)
	ISO9001 품질인증 추가(호텔, 콘도의 식음, 조리 및 시설관리서비스)
	2010 대한민국 미래를 여는 혁신기업 대상 수상(한국일보)
	교보리얼코 과천교보, 역삼PMK빌딩 관리수주
2015~2019년	동부제철 당진(단체 급식)
	스타우드 알로프트 강남호텔 종합 관리 수주
	평창 동계올림픽 조직운영 TF팀 관리 수주
2020~2021년	메이필드 호텔 퍼블릭 및 기물 관리 수주
	스타즈호텔 운영 관리 수주(명동1호, 명동2호, 독산, 동탄, 제주)
	트레블로지 명동 시티홀 관리 수주
2022년	스타즈호텔 울산 관리 수주
	서울 F&B 식음료 공장 인력 관리 수주
	광주 엘시그니처(생활형 숙박시설) 운영사 계약
	평창 소재 리조트 객실, 시설관리 현재 운영중(since 2015년)
	양양 소재 리조트 객실, 퍼블릭 현재 운영중(since 2020년)

■■■ 대표자 프로필
이름 : 이명희

경력 : 휘닉스파크호텔&리조트 총지배인
한국산업인력공단 NCS(국가직무능력표준화) 심의위원
강원개발공사 사외이사
한국관광호텔 등급심사 평정위원(한국 호텔 협회)
관광호텔 등급심사 심의자문위원(한국관광공사)
한국호텔&리조트 경영관리사협회 전문자문위원
강원도 숙박협의회 회장

경영방침 : "더불어 사는 삶"

■■■ 회사 및 서비스 소개
디에스씨는 관광레저시설 분야에 대한 전문성 및 축적된 노하우와 신뢰를 바탕으로 아웃소싱서비스를 수행하고 있는 기업이다.

이 회사의 강점은 매뉴얼에 의한 체계적이고 숙련된 표준작업으로 시간과 원가를 절감하고 고객의 니즈를 충족하는 쾌적한 분위기를 조성함으로써 고객사의 브랜드 가치를 최상으로 끌어올리기 위해 최선을 다한다는 점이다.

특히 디에스씨 이명희 대표는 40여년간 용평리조트와 보광 휘닉스파크에서 근무한 풍부한 현장경험을 토대로 한국호텔리조트경영인 협의회 부회장, 관광호텔 등급심사 평정위원, 강원개발공사 사외이사를 역임하였고 관광레저분야의 공인된 전문가로 인정받고 있다.

이러한 지식과 풍부한 경험을 바탕으로 호텔과 리조트, 골프장등 다수의 관광레저시설 전반에 대한 운영관리서비스를 수행하고 있다.

국내 리조트업계 최초로 국제품질경영시스템인 ISO9001 인증 획득과 함께 '제31회 국가품질경영대회' 대통령상, 전국 서비스품질경진 강원도대회 최우수상에 이어 전국대회에서 금메달을 수상하는 등 공인된 서비스품질도 디에스씨의 강점이다.

(주)래딕스
www.theradix.co.kr

대표	심양래
전화	02-706-2119
팩스	02-706-2221
이메일	mac@theradix.co.kr

■■■ 회사주소
서울시 마포구 마포대로 86 창강빌딩 8층

■■■ 설립 및 자본금
설립년도 : 2001년
자본금 : 5억원

■■■ 매출실적
2024년 : 370억원
2025년(예상) : 381억원

■■■ 종업원현황
총원 : 3명 / 관리 52명 / 파견 145명 / 도급 790명

■■■ 아웃소싱 서비스
인재파견, 인력아웃소싱(도급위탁 / 유통 / 제조 / 콜센터 등), 보안 채용대행 등

■■■ 주 거래 업종
금융, 건설, 유통, 정보통신, 제조, 서비스, 외국계기업, 공공기관 등

■■■ 주 거래 기업
이마트, 신세계백화점, 현대백화점, 에쓰오일, 한국마루베니외 30여개사

■■■ 지사 및 계열사
(주)래딕스 글로비즈

■■■ 임직원 연락처
심양래	대표이사	02-706-2119
이현덕	사업본부장	02-706-2119 / 010-9998-8627
장용진	팀장	02-706-0408 / 010-8827-5093

■■■ 기업연혁
2001. 01	새로운 아웃소싱 기업문화 창출을 위한 '뉴맨텍' 설립
2003. 02	제조업 분야 아웃소싱 진출
12	유통업 분야 아웃소싱 진출
2004. 03	자체 인사급여프로그램 [TMS] 개발 및 구축
2007. 01	現 심양래 대표 취임
07	계산원 분야 아웃소싱 진출
2008. 05	래딕스 (파트너스, 플러스)로 사명 변경
2010. 12	필드마케팅 분야 아웃소싱 진출
2011. 01	보안 분야 아웃소싱 진출
2013. 04	호텔 분야 아웃소싱 진출
2025. 02	환경, 주차분야 아웃소싱 진출

■■■ 대표자 프로필
이름 : 심양래
학력 : 건국대학교 경영학과 및 동 경영대학원 수료 (경영학 석사)
경력 : 새한그룹 경영지원실 팀장 / 팍스물산(주) 상무
　　　(주)디엠아이엔디 CFO / (주)래딕스 대표이사
경영방침 : 풍성한 기회를 제공하는 통로

■■■ 회사 및 서비스 소개
(주)래딕스는 2001년 HR아웃소싱의 새로운 문화를 만들어보자는 목표 아래 설립된 HR 아웃소싱 전문회사입니다.
주요사업으로는 일반사무, 비서, IT, 고객상담 등 32개 직종에 대한 인재파견 서비스를 국내 유수의 30여개 고객사에게 제공하고 있으며, 또한 고객사의 다양하고 세분화된 요구에 부응하기 위해 경력별, 학력별, 직무별 차별화된 인재 D/B를 구축하여 채용대행 서비스를 제공하고 있습니다.
유통부문 아웃소싱서비스는 유통부문 초일류 기업인 이마트, 현대백화점 등과 전국 각지의 유통현장에서 캐셔, 필드마케팅(판촉, 시식시연) 등 다양한 업무에서 고객사의 요구에 맞춰 최상의 서비스를 제공하기 위해 노력하고 있습니다.
그 외에도 보안, 호텔부문, 제조현장 임가공업무, 전산유지보수업무, 물류업무, 사무지원 등 다양한 HR아웃소싱 서비스를 제공하고 있습니다.
(주)래딕스는 다양한 업무수행 및 현장중심의 관리를 통해 축적된 운영 Know-How를 바탕으로, 전산 및 교육프로그램 등 전문화된 시스템이 준비되어 있으며, 무엇보다 중요한 건전한 기업문화를 가지고 있습니다.
모든 이의 재능을 발휘할 수 있는 기회를 제공하고 그 가치를 함께 나누는 통로가 되기 위한 래딕스의 노력은 지금까지도 그랬지만, 앞으로도 지속될 것입니다.

리드커리어(주)
www.leadcareer.co.kr

대 표	오제석
전 화	031-204-5335
팩 스	031-281-2006
이메일	hr@leadcareer.co.kr

■■■ 회사주소
경기도 용인시 수지구 수지로342번길 30 (풍덕천동 704), 현대프라자빌딩 4층

■■■ 설립 및 자본금
설립년 : 2015년

■■■ 매출실적
2024년 : 280억원
2025년(예상) : 280억원

■■■ 종업원현황
국내 : 총원 1,250명 / 관리직 : 50명 / 파견 : 1,000명 / 도급 : 200명
국외 : 중국(남경)도급 300명 / 폴란드(브로츠와프) : 100명

■■■ 아웃소싱 서비스
인재파견, HR아웃소싱(도급(위탁), 판매(판촉), 물류, 유통, 제조, 콜센터 등), 채용대행, 경비업, 위생업(미화), 시설관리

■■■ 주 거래 업종
파견 : 일반사무, IT, 웹디자인, 운전직, 소셜커머스, 오픈마켓 등
도급 : 식음료, 외식사업, 제조, 경비업, 시설관리, 미화 등

■■■ 주 거래 기업
LG화학, LG이노텍, SK플래닛, CJ올리브영, 카카오, 지마켓,한성자동차, 쿠팡, 한화파워시스템, SM C&C, 비엠더블유코리아, 삼성전기, 스투트가르트스포츠카

■■■ 지사 및 계열사
중국법인(남경) / 폴란드법인(브로츠와프) / 헝가리법인(부다페스트)

■■■ 임직원 연락처
경영전략본부 본부장 김규현   070-4473-7414/010-3860-3862

■■■ 기업연혁
2015. 02 리드커리어(주) 설립
        근로자파견사업허가 취득 (고용노동부)
    05 한국토지주택공사 파견계약체결
    07 쿠팡 파견계약체결
2016. 06 CJ올리브네트웍스 파견계약체결
    10 세계고용연맹 동북아지역회의 참석
2017. 07 중국 남경법인설립
    09 근로자파견부문 아웃소싱서비스 고객만족대상 수상
2018. 09 대한민국 아웃소싱서비스 품질경영대상 수상
    10 근로자보호 HR서비스 클린기업인증(한국HR인적자원서비스산업협회)
2019. 03 헝가리법인설립 (헝가리 부다페스트)
    11 VINAMEX(베트남 HR아웃소싱社)와 해외인력송출계약
2020. 04 소독업 신고 제2020-405148-00007호-용인시
    06 경영혁신형 중소기업(Main-Biz)선정-중소벤처기업부장관
        품질경영시스템 ISO 9001:2015 인증
        경비업허가 제2167호-경기남부지방경찰청
2021. 05 (주)경동나비엔 도급계약 체결
    10 리드커리어(주) 서울지사(헤드헌팅사업본부) 설립
2022. 04 시설물관리전문업체등록
    05 대한민국 100대 아웃소싱기업 인증
2023. 03 한화파워시스템 파견업체 선정
    06 CJ올리브영 파견업체 선정
2024. 01 대표이사 오제석 취임
    05. 동아일보 소비자선정 우수기업 브랜드대상
2025. 01 KBSN 소비자 선정 우수기업 브랜드대상 수상
    06 안전보건경영 ISO 45001:2018 인증

■■■ 대표자 프로필
이름 : 오제석
학력 : 동국대학교 국제통상학과 졸업
경력 : 리드커리어(주) 대표이사
    리드커리어(주) 부사장
경영방침 : 인재에게 기회를, 기업에게 인재를!

■■■ 회사 및 서비스 소개
리드커리어(주)는 4차산업시대의 HR아웃소싱을 선도하는 기업이 되기 위하여 신속성, 정확성, 적법성이라는 원칙을 세우고 발전해 나가고 있습니다. HR아웃소싱서비스의 전문화는 우수기업과 인재의 효과적인 연결을 통하여 이루어 진다고 생각하며 기업과 인재의 연결고리가 될 수 있도록 최선을 다하겠습니다. 이와 관련하여 인재파견 분야에서 사무, 상담, 안내 등과 같은 전통적인 분야는 물론 IT, MD(오픈마켓,소셜커머스), 산업디자인에 이르기까지 다양한 분야에 우수인력을 파견하고 있습니다. 또한 외식업, 식음료 분야의 도급업무로 서비스영역을 확장해 나가고 있습니다. 무엇보다 미래 핵심사업으로 추진 중인 분야는 해외에 진출하는 국내 기업의 다양한 인력소요를 지원하는 것입니다. 먼저 2017년 중국(남경)법인을 시작으로 2018년 07월에 폴란드법인을 신설하였으며 향후 지속적인 해외법인 개설을 통하여 해외 HR아웃소싱서비스 전문회사로 거듭날 계획입니다.

리에이즈(주)
www.liaise.co.kr

대표	오주환
전화	02-6478-2100
팩스	02-6478-2010
이메일	jqk1121@liaise.co.kr

■■■ 회사주소
서울시 영등포구 선유동 1로 32(당산동3가, 신일빌딩) 204호

■■■ 설립 및 자본금
설립년 : 2015년
자본금 : 2억원

■■■ 매출실적
2024년 : 190억원
2025년(예상) : 200억원

■■■ 종업원현황
총원 : 563명 / 내부사원: 10명, 도급사원: 500명, 파견사원: 53명

■■■ 아웃소싱 서비스
객실정비, 미화, F&B, 도어 발렛 주차 콜센터, 병동보조, 사무보조, 기물, 보안 시설 등

■■■ 주 거래 업종
호텔, 병원, 리조트, 서비스, 유통 업종

■■■ 주 거래 기업
센트럴시티 터미널(호남선) 파미에스테이션&가든, 서울고속버스터미널 (경부선) 터미널 전 구역 업무위탁 수주, JW메리어트서울, (주)부산서면 롯데호텔, 롯데시그니엘부산, 분당제생병원, 강남메이저의원, 서울석병원, 한화호텔앤리조트, 에이치아이여성의원, (주)한솔루션 외

■■■ 지사 및 계열사
지 사 : 부산지사 051-746-2101
계열사 : 리에이즈서비스 주식회사/인투웍스 주식회사
         클린에이아이 주식회사

■■■ 임직원 연락처
김영천 본부장 : 02-6478-2104

■■■ 기업연혁
- 2015. 07 아웃소싱 전문기업 리에이즈 주식회사 설립
- 09 ERP시스템 구축 및 홈페이지 개설
- 10 이비스버젯 앰배서더 동대문 업무위탁 수주
- 2016. 01 쉐라톤팔래스, 이비스 스타일 앰배서더 명동 업무위탁 수주
- 03 코트야드바이메리어트 판교호텔 업무위탁 수주
- 04 분당제생병원 근로자파견계약 체결
- 2017. 04 JW 메리어트 서울 업무위탁 수주
- 05 아난티펜트하우스 해운대 및 힐튼부산 업무위탁 수주
- 12 창립 첫 연매출 100억원 달성
- 2018. 01 그랜드 앰배서더 서울 업무위탁 수주
- 03 임피리얼 팰리스 서울 업무위탁 수주
- 07 홀리데이인익스프레스 홍대 업무위탁 수주
- 08 가족회사 리에이즈서비스 설립
- 2019. 01 홀리데이인익스프레스 수원 업무위탁 수주
- 2020. 01 센트럴시티 터미널(호남선), 서울고속버스터미널(경부선) 업무위탁 수주
- 06 롯데시그니엘 부산 업무위탁 수주
- 07 골든튤립 해운대 업무위탁 수주, 몬드리안 서울 이태원 업무위탁 수주
- 2021. 01 롯데호텔 부산 업무위탁 수주, 코트야드 메리어트 수원 업무위탁 수주
- 12 그랜드하얏트 서울 업무위탁 수주, 시그니엘 부산 피트니스 추가수주
- 2023. 01 대전오노마 호텔, 아주자동차 대학교, 메이필드 호텔 업무위탁 수주
- 2024. 01 레스케이프 호텔, 신세계 영랑호리조트 종합관리, 그랜드 조선 해운대 업무위탁 수주
- 2025. 03 클린에이아이(주) 설립
- 2024. 10 A.I Cleaning Solution 프로젝트 ALICE 구축

■■■ 대표자 프로필
이름 : 오주환
경력 : (현) 리에이즈 대표이사
경영방침 : 1.고객감동실천 2. 인간존중실천 3. 혁신경영추구를 통하여 인재를 통한 가치경영

■■■ 회사 및 서비스 소개
리에이즈는 2015년 설립 이후 "고객이 원하는 인재 근로자가 원하는 직장"을 기업과 인재 모두에게 충족할 수 있도록 리에이즈만의 특화된 솔루션을 제시하면서 업계에서 급성장하고 있는 아웃소싱 기업이다
사업장별 퀄리티매니져 상근제도를 도입해 서비스품질 강화와 고객사의 눈높이에서 서비스 운영, 현장경험을 통해 축적된 노하우를 바탕으로 근로자가 개개인의 전문 업무 능력을 향상시켜 지속적인 혁신을 가져온 결과 짧은 시간만에 연매출100억을 달성하는 성과를 나타냈으며, 리에이즈가 제공하는 아웃소싱서비스 고객만족 전략은 다음과 같이 요약된다
- 전문가가 제시하는 Know-how
- 신뢰와 감동이 공존하는 Win- Win
- 혁신적인 경영을 통한 Success Business

리에이즈는 이러한 고객만족 방침을 기반으로 전문분야별 자회사 설립과 사업확장으로 기업가치를 높여가고 있으며 최첨단 AI기반의 로봇청소기, 딜리버리 로봇, 황성data를 기반으로 제안하는 최적의 서비스로 브랜드 가치 및 대외적 이미지 상승과 혁신을 이끌어 내어 고객만족 실현에 도움되는 기업으로 거듭나고 있다.

(주)마루HR
www.mrhr.co.kr

대표	박종필
전화	02-6959-1144
팩스	02-6716-8123
이메일	mrhr@mrhr.co.kr

■■■ 회사주소
서울시 영등포구 경인로 775, 4동 504호 (에이스하이테크시티)

■■■ 설립 및 자본금
설립년 : 2006년
자본금 : 3억원

■■■ 매출실적
2024년 : 193억 8,343만원
2025년(예상) : 220억원

■■■ 종업원현황
총원 : 413명

■■■ 아웃소싱 서비스
근로자파견, 잡컨설팅(헤드헌팅), 채용대행, 급여대행(Payroll), 주차도급, AI로봇파견(서빙로봇, 안내로봇, 결제키오스크) 등

■■■ 주 거래 업종
금융, 서비스, 유통, 정보통신, 공공기관, 병원, 골프장, 유통 등

■■■ 주 거래 기업
현대카드&캐피탈, 삼성카드, 신한카드, KB캐피탈, 롯데캐피탈, 효성캐피탈, 하나금융 TI, NH농협캐피탈, 하나캐피탈, NH투자증권, 나이스그룹, 메가스터디, 누베베 병원, 코스카 CC등

■■■ 지사 및 계열사
마루로보틱스

■■■ 임직원 연락처
박종필 대표이사 02-6959-4477
양선호 본부장 02-6959-1155 / 010-9353-7600

■■■ 기업연혁
2006. 07 (주)마루에이치알 회사 설립
2006. 03 우리카드 & 우리파이낸셜 근로자 파견 계약
2010. 05 현대카드 & 현대캐피탈 근로자 파견 계약
2010. 10 근로자파견 우수기업 인증 획득 (고용노동부)
2013. 04 현대카드 & 캐피탈 채권회수직 전문 아웃소싱 업체 선정
2014. 02 CSG & BSG(현대계열사), 오토핸즈 근로자 파견 계약
2016. 01 효성,롯데,애큐온 캐피탈 근로자 파견 계약
2018. 01 르메르디앙 서울 호텔, 나이스 그룹, 삼성카드 파견 계약
2018. 10 인적 자원개발 우수기관 선정 (BEST HRD)
2019. 01 하나금융TI 근로자 파견 계약
2019. 06 경영혁신중소기업인증(MAIN-Biz)
2020. 01 NH농협캐피탈 & 하나캐피탈 채용대행 서비스 계약
2020. 08 누베베병원 AI 안내 로봇 파견 계약
2021. 10 인적 자원개발 우수기관 재인증 (BEST HRD)
2023. 08 로봇 서비스 플랫폼 '코켓(Korket)' 출시

■■■ 대표자 프로필
이름 : 박종필
학력 : 성균관대학교 MBA(경영학 석사) / 홍익대학교 경영학 박사
서울대학교 경영대학 AMP 수료
경영방침 : 살신성인 (殺身成仁)

■■■ 회사 및 서비스 소개
(주)마루에이치알은 2006년 HR아웃소싱의 새로운 문화를 만들어 보자는 목표아래 설립된 HR 아웃소싱 전문회사로 2021년말 기준 154억원의 매출과 450여명의 사원이 전국 각지에서 근무중에 있습니다.
(주)마루에이치알의 20여년의 아웃소싱 경험과 저희의 전문인들이 함께 HR컨설팅, BPO, 근로자파견, 채용대행 및 헤드헌팅, PAYROLL서비스를 지속적으로 수행해 오고 있는 금융전문 아웃소싱 회사입니다. 함께하는 근로자를 보호하고 고객 및 파트너에게 최적의 맞춤서비스 제공으로 모두에게 신뢰받는 회사로 오랫동안 인정 받아 왔습니다. 전문화되어 있는 잡컨설턴트의 맨파워를 바탕으로 고객의 경쟁력 강화에 최선을 다할 것입니다.
4차 산업 시대에 발맞춰 AI 서빙로봇, 안내/홍보 로봇, 결제/체크 키오스크등 비대면 서비스를 아웃소싱업체 최초로 솔루션 제공을 기업 전략으로 추진하고 있습니다.

(주)맨토스파워
www.mantoss.com

대 표	최영은
전 화	02-335-3330
팩 스	02-335-1131
이메일	ceo@mantoss.com

■■■ 회사주소
서울시 마포구 월드컵로16길 3, 맨토스빌딩 (서교동)

■■■ 설립 및 자본금
설립년 : 2006년
자본금 : 5억원

■■■ 매출실적
2024년 : 500억원
2025년(예상) : 700억원

■■■ 종업원현황
총원 : 2,200명 / 관리 : 50명 / 파견 : 300명 / 도급 : 1,850명

■■■ 아웃소싱 서비스
업무위탁 : 판매, 중간관리, 물류, 콜센터, 생산, 케이터링, 시설관리, 행사진행, 재고조사, 개점진열 외
기　타 : 근로자파견, 헤드헌팅, 채용대행, 페이롤서비스 외

■■■ 주 거래 업종
유통(백화점, 할인점, 로드샵 등) / 물류(3PL, 택배) / 생산 / 호텔 / 식음 / 금융(은행, 보험, 카드 등) / 건설, 건축, 공공기관, 방송국, 대기업, 외국계기업 등

■■■ 주 거래 기업
암웨이, 이베이코리아, 남영비비안, 농협유통, 뉴발란스, 다이소, 모나미, 신성통상, 오리온, 웰크론, 이랜드그룹, 조선호텔, 종근당, 좋은사람들, 태평양물산, 하나은행, 한국전력, 한국GM, 한솔섬유, 한진그룹, 한화그룹, 현대라이프, 홈앤쇼핑, 흥국생명화재, CJ대한통운, LH공사, NH농협캐피탈, 쿠팡, 이투스교육 외

■■■ 지사 및 계열사
지　사 : 부산, 대구, 대전, 광주, 성남지사
계열사 : (주)맨토스엘, (주)엠로지스, (주)엠플러스파워, (주)엔퍼스트대부

■■■ 임직원 연락처
김동민 본부장
강경록 본부장
고창훈 본부장

■■■ 기업연혁
2006. 12 (주)맨토스파워 법인 설립 (인재파견사업 허가)
2009. 08 '인천세계도시축전' 행사운영업체 선정
2010. 09 이랜드그룹 창립30주년 기념 우수협력사 선정
2015. 05 서교동 사옥 입주
　　　 09 '2015 아웃소싱서비스 고객만족' 대상(유통·물류)
　　　　 Main BIZ 인증
2014~2016 HR서비스산업협회 '클린사업자' 인증(2회, 3회)
2016. 12 고용노동부 고용서비스 우수기관 선정
2017. 03 한국경영자총협회 HR서비스 우수기업 선정
2018. 03 제52회 납세자의 날 국세청장상 수상
　　　 08 (주)나이스디앤비 우수신용기업 인증
2021. 11 (주)한진 우수협력업체 선정
2022. 05 ISO45001 인증 획득
2024. 03 제58회 납세자의날 기획재정부장관상 수상
2009~2024 대한민국 100대 아웃소싱 기업 선정

■■■ 대표자 프로필
이름 : 최영은
학력 : 한양대 및 한양대학교 대학원 졸업
경력 : (주)진로 인사팀장(1997)/(주)남영비비안 인사담당임원(2005)
　　　현)강원인재개발교육원 비상임이사
　　　현)마포구 세정협의회 위원
　　　현)마포구 경찰발전위원회 위원
　　　현)한양대학교 총 동문회 이사
　　　현)사회공헌협회 고문
경영방침 : 사람존중, 고객존중, 사회존중

■■■ 회사 및 서비스 소개
(주)맨토스파워는 2006년 05월, 업계 최초로 판매/판촉 분야의 아웃소싱 업체로 설립돼 근로자와 사용자 모두가 win-win하는 파트너십을 도모하자는 비전을 근간으로 경영이념인 사람존중·고객존중·사회존중 실현을 위해 전 임직원이 노력하고 있습니다.
2015년에는 서교동에 지상 5층 지하 1층 규모의 사옥을 마련하여 쾌적한 근무환경과 최신의 교육 시설을 제공해 근로자 복지에도 최선을 다하고 있습니다.
또한 그동안의 아웃소싱 노하우를 바탕으로 '메인비즈' 인증, 고용노동부 '고용서비스 우수기관' 인증, 경총 'HR서비스 우수기업' 선정, 철저한 경영관리를 바탕으로 납세자의 날 '국세청장상' 수상 및 국내 최고 신용평가기관인 나이스디앤비로부터 '우수신용기업' 인증을 받았습니다.
이 모든 기반을 바탕으로 이제 맨토스는 일반 아웃소싱으로만 범위를 두는게 아닌 TOTAL아웃소싱(아웃소싱, 인재파견, 중간관리, 헤드헌팅, 교육컨설팅, 재고조사 등)을 할 수 있는 기업으로 진화했습니다. 앞으로도 양질의 서비스를 최대한 제공하는 기업으로 거듭나겠습니다.

(주)맨파워코리아
www.manpower.co.kr

대표	김옥진
전화	02-6677-9900
팩스	02-2051-9901

■■■ 회사주소
서울시 강남구 테헤란로 409, 동신빌딩 3층, 7층, 8층, 9층, 10층, 11층, 15층

■■■ 설립 및 자본금
설립년 : 1999년
자본금 : 21억원

■■■ 매출실적
2024년 : 4,409억원
2025년(예상) : 4,500억원

■■■ 종업원현황
총원 : 8,300명 / 관리 : 300명 / 파견 : 2,600명 / 도급 : 5,400명

■■■ 아웃소싱 서비스
인재파견, 아웃소싱, Business Process Outsourcing, 헤드헌팅, 인재관리·교육, 전직지원, HR컨설팅 등

■■■ 주 거래 업종
생산/제조, 물류/택배, 유통/판매/판촉, 호텔/레저, 공항/항공, F&B, 사무도급, 청소/위생, 경비/보안, 시설관리(FM), 금융, 정보통신, 서비스 외 다수

■■■ 주 거래 기업
Apple, Google, 삼성전자, LG전자, LG에너지솔루션, 현대글로비스, 대한항공, CJ대한통운, 롯데글로벌로지스, 아모레퍼시픽, LG생활건강, 한국P&G, BMW코리아, SK네트웍스, 파르나스호텔, 농심, 풀무원, 오리온, 유한킴벌리, DHL서플라이체인, 넥센타이어 외 다수

■■■ 지사 및 계열사
본 사 : 서울
지 사 : 수원, 이천, 대전, 당진, 광주, 전주, 부산, 창원, 대구
관계사 : 브레인커머스, 잡플래닛, 터닝포인트HR

■■■ 임직원 연락처
아웃소싱사업 본부장 : 윤상조 전무 010-4628-6122
인재파견사업 본부장 : 김연경 전무 02-6677-9907
헤드헌팅사업 본부장 : 윤동현 전무 02-6420-0355
전략영업 본부장 : 김기태 전무 02-6420-0352

■■■ 기업연혁
1999. (주)맨파워코리아 합작법인 설립
2008. 고용노동부 인증 근로자 파견 우수기업 선정
2012. 대한민국 아웃소싱서비스 생산/제조부문 고객만족 대상
2014. 대한민국 아웃소싱서비스 물류센터운영부분 고객만족 대상
2016. 교육부장관 인증 우수근로장학기관 선정
2016. 고용노동부 민간고용서비스 자율시정 우수기업 인증
2021. ISO 9001(품질), ISO 14001(환경), ISO 45001(안전보건) 인증
2023. 한국HR산업협회 산업선도 부문 대상
2025. 한국HR산업협회 근로자보호 클린기업 4회 선정
대한민국 아웃소싱서비스 안전보건경영 고객만족 대상
한국HR산업협회 HR서비스 기업 대상

■■■ 대표자 프로필
이름 : 김옥진
학력 : 연세대졸, 일리노이 주립대학 MBA
경력 : 서울미라마(유) 그랜드하얏트서울 대표이사·사장
     삼표그룹 대표이사·사장
     애큐온 파이낸스그룹 대표이사 및 이사회 의장
     GE 파워시스템코리아 대표이사
경영이념 : 신뢰와 투명성, 지속가능한 성장, 일과 사람의 조화, 사회적 가치 실현

■■■ 회사 및 서비스 소개
맨파워코리아는 글로벌 HR 선도기업 ManpowerGroup의 한국 공식 파트너로서, 27년 간 현장에서 채용과 운영의 해법을 제시해 온 현장 중심 HR 전문기업이다. 인재파견, 아웃소싱, 헤드헌팅, 인재관리, 전직지원 등 통합 HR 솔루션을 제공하며, 생산, 제조, 물류, 유통 등 대규모 인력이 필요한 산업에서 강점을 지닌다.
최근에는 자동화 시스템 기반의 '워크포스 협의체'를 도입해 데이터 중심의 생산성과 효율성을 높이며 HR서비스 혁신을 이끌고 있다.
2021년에는 안전보건관리본부를 신설해 중대재해 대응체계를 향상시키고, 정기 및 특별 점검을 도입해 선제적 리스크 관리 시스템을 구축했다. 또한 ISO 9001·14001·45001 등 국제표준 인증을 통해 품질·환경·안전경영 체계를 심화했고, 준법경영부의 설립으로 내부 투명성과 윤리경영을 강화하고 법적 리스크 대응 체계를 고도화했다.
현재 전국 10여 개 거점에서 약 900개 고객사와 8,300명의 인재를 운영하며, '한국HR서비스기업 대상', '안전보건경영 고객만족대상', '근로자보호 클린기업' 등 다수의 수상을 통해 서비스 품질과 신뢰도를 입증해왔다.
맨파워코리아는 열린 마음(Open-minded), 공정과 상식(Fair & Common Sense), 혁신(Innovation)의 가치를 바탕으로 사람과 산업의 동반 성장을 지속적으로 이어가고 있다.

(주)메디엔젤
www.mediangel.co.kr

대표	박삼규
전화	02-2232-6080
팩스	02-2232-6074
이메일	angel@mediangel.co.kr

▮▮▮ 회사주소
서울시 성동구 성수일로4길25 서울숲코오롱디지털타워 1차 201호

▮▮▮ 설립 및 자본금
설립년 : 2000년
자본금 : 5억원

▮▮▮ 매출실적
2024년 : 500억원
2025년(대상) : 650억원

▮▮▮ 종업원현황
총원 : 3,872명 / 관리 : 72명 / 파견 : 2,500명 / 도급:1,300명

▮▮▮ 아웃소싱 서비스
인재파견, 의료지원, 사무지원, 시설관리(보안/주차/미화)
헤드헌팅&채용대행, 재가요양서비스업, 교육사업, 컨설팅업,
건물종합관리업

▮▮▮ 주거래업종
병원, 호텔, 학교, 방송국, 정부공공기관, 물류센터, 제약회사,
냉난방기술연구소, 골프장 등

▮▮▮ 주 거래 기업
연세의료원, 강남세브란스병원, 원주세브란스기독병원, 분당차병원, 강남차병원, 일산차병원, 분당제생병원, 노원을지대학교병원, 의정부을지대학교병원, 의정부성모병원, 은평성모병원, 중앙보훈병원, 경희의료원, TBC대구방송, OB한익스프레스물류센터, 귀뚜라미냉난방기술연구소, 신안산대학교, 세종호텔, 한국토지주택공사, 인서울27골프, 우리아이들병원, 하이파킹, 강서구청, 한국농어촌공사

▮▮▮ 지사 및 계열사
원주지사 / 대전지사 / 대구지사 / 광주지사 / 인천지사

▮▮▮ 임직원 연락처
최규덕 사장 070-7452-7789
박중원 전무 070-7452-7785
곽복기 상무 070-7452-7788
이명숙 부장 070-7443-3776

▮▮▮ 기업연혁
2000. 회사설립
2001. 병원아웃소싱 최초 ISO9001:2000인증
2002~2005. 연세의료원/명지병원/을지병원 파견계약
2006~2009. 분당차병원/성모병원/원주기독병원/강동성심 파견계약
광주/수원/김해보훈요양원/하계실버 도급계약
2010~2015. 요양보호사 교육원 설립/메디케어 실버복지센터 설립
도봉실버센터/중계노인복지관/시립어린이병원/
군포G샘/삼성노블카운티/한익스프레스/TB방송 계약
2016~2019. 한국토지공사 인천지역 도급계약
중앙보훈병원/대전을지/대구시지 파견계약
인서울27골프클럽/하이파킹/귀뚜라미기술연구소/
사랑플러스/우리아이들의료재단 도급계약
2020~2021. 일산차병원/인천보훈병원/청담차움/비선개발/
강서구청(민원안내도우미)/의정부을지대학교병원/
경희의료원(외래탕전)/한국농어촌공사 파견계약
2022. 한림병원 원무도급계약
서울중앙지방법원 업무위탁계약
GS엠비즈 근로자파견계약

▮▮▮ 대표자 프로필
이름 : 박삼규
학력 : 연세대학교 행정대학원(석사) 외교안보전공
국방대학원(석사)
서울대학교 보건대학원 최고 정책과정 이수
경력 : 육군본부 인사참모부 행정실장
한성기업/사조산업 임원역임
넥서스#21 회장
사단법인 애플녹색전국연합 이사장역임

▮▮▮ 회사 및 서비스 소개
오늘의 무한경쟁시대 속에서 4차산업시대의 변화에 발맞추어 특화되고 전문화된 영역을 개발시키고 역량을 키우고 있습니다.
또한 믿음의 기업이요, 영원한 기업을 표방하여 출범했던 회사에 중점을 두고 추진해 나가고 있습니다.
무엇보다 고령화사회에 진입한 오늘 특화된 의료서비스로 향후 도래할 의료시장 개방에 대비하고 있으며 최상의 인재운영을 위해 고객사별 사전 직무 적성검사 및 교육지원을 진행하고 있습니다.
다양한 업종의 아웃소싱으로 국가사회에 기여하는 기업이 되기 위해 임직원 모두 합심하여 최선의 역량을 갖춰나가도록 하겠습니다.

(주)모스트인
www.mostin.co.kr

대표	주충은
전화	02-540-4068
팩스	02-6925-5659
이메일	ce.joo@mostin.co.kr

■■■ 회사주소
서울특별시 금천구 가산동 범안로 1130 디지털엠파이어빌딩 510-511호

■■■ 설립 및 자본금
설립년 : 2013년
자본금 : 3억원

■■■ 매출실적
2024년 : 305억원
2025년(예상) : 310억원

■■■ 종업원현황
총원 : 약 1,600명

■■■ 아웃소싱 서비스
영업관리(Hyper영업, 영업지원, 교육/채용, 고정사원운영, 행사), 유통매장관리(계산원, 매장보조, 북파트너, 판매사원, 캐셔), 물류관리(물류하역, 피킹, 검수, 배송, 운반, 재고관리 제반업무), 판매/판촉관리(제품판촉, 경쟁사 분석, Sales분석 외), 시설관리 (시설, 주차, 보안, 경비, 미화, 안내업무 등), 생산제조(각 공정 및 라인 도급 운영), 아웃플레이스먼트, HR컨설팅, 단기행사, 채용대행, IT개발 및 운영, CS/콜센타운영, e-Biz, 취업포탈

■■■ 주 거래 업종
유통/물류, 판매/판촉, 생산/제조업, 건물관리, 의료/실버산업, 호텔 및 콘도, 정보통신(IT/인터넷), 기타 서비스업

■■■ 주 거래 기업
오비맥주, 페르노리카코리아, 쿠팡, 쿠팡로지스틱스서비스, 롯데글로벌로지스, 하이브, 제일엠엔에스, 꼬망스, 뉴코아울렛, 비타민뱅크, 투비소프트, 트윈키즈, 영실업, 티켓링크, 버버리 코리아, 와인나라, 우리와인, 에이비씨마트, 인터크루, 이랜드리테일, 한국GM, 동국제강, 덕일스틸, 청수식품, 나루지엠에스, 핫앤핫, 아남전자, 한화갤러리아, 카파, NC백화점, SK텔레콤, SK컴즈, SK플래닛, 마켓컬리, 슈슈앤크라, 포커스미디어코리아, 한국석유공사, 부가부코리아 등

■■■ 지사 및 계열사
지점 및 지사 : 부산지사, 대전지사, 광주지사, 창원지사

■■■ 임직원 연락처
이원석 본부장 : 010-4612-8068
길광종 본부장 : 010-9543-1138

■■■ 기업연혁
2013. 05 (주)모스트인 법인설립
      06 근로자 파견사업 허가(노동부) 취득
      09 한국 HR서비스 산업협회 회원가입
2018. 04 2018년 대한민국 100대아웃소싱기업 선정
2019. 04 2019년 대한민국 100대아웃소싱기업 선정
2019. 09 2019년 대한민국 아웃소싱서비스 고객만족 대상
         (유통/판매/판촉 부문)
2020. 04 2020년 대한민국 100대아웃소싱기업 선정
2021. 09 대한민국 아웃소싱 서비스 고객만족 대상
         (유통/판매/판촉 부문)
2023. 04 2023년 대한민국 100대 아웃소싱기업 선정
      04 관광숙박업(한옥호텔숙박업)허가 취득
      08 화물자동차운송주선사업 허가 취득
      09 대한민국 아웃소싱서비스 고객만족 대상(물류센터운영부문)
2024. 04 2024년 대한민국 100대 아웃소싱기업 선정

■■■ 대표자 프로필
이름 : 주충은
학력 : 미시간 주립대학 박사학위 취득
경력 : (現)모스트인 대표이사
       SK커뮤니케이션즈 인재개발원장

■■■ 회사 및 서비스 소개
모스트인은 다양한 고객사에 HR컨설팅 및 인적 아웃소싱 서비스를 제공해 오고 있는 HR전문 기업으로 '가장 필요한 곳에 최고의 서비스를 제공한다'는 Motto 아래, 정교한 실행력(Execution)과 열정(Passion), 전문성(Professionalism)을 핵심가치로 하는 회사입니다.
모스트인은 2013년 설립을 시작으로 유통매장관리(계산원, 매장보조, 북파트너, 판매사원 外) / 물류관리(물류하역, 피킹, 검수, 배송, 운반 外) / 판매·판촉관리(제품판촉, 경쟁사 분석, Sales 결과 Report 및 분석 外) / 건물종합관리(미화, 주차, 보안, 안내 外) / 콜센터(인·아웃바운드, 리서치 및 모니터링 外) / 생산관리(각 공정 및 라인 도급운영 外) / 호텔 및 레저(프론트, 객실, 미화, 피트니스, 연회 外) 등 다양한 사업군에서 성공적인 결과를 만들어 내었을 뿐만 아니라 모바일, 인터넷, 컨텐츠, 콜센타 등의 IT 전문영역으로 서비스를 확대하고 있다.
특히, 단순히 인력을 뽑아 배치하는 것이 아니라 고객사의 가치 창출이라는 아웃소싱 본연의 사명에 더욱 집중하고, 다양한 업무 노하우를 통해 고객사와 함께 동반 성장하는 기업이다.

미성엠프로(주)
www.misungmpro.com

대표	이영일, 송순영
전화	02-3660-6836
팩스	02-719-5833
이메일	wonjp0915@misungmpro.com

회사주소
서울 영등포구 당산로 118 대흥빌딩 702호

설립 및 자본금
설립년 : 1990년
자본금 : 13억원

매출실적
2024년 : 1,101억원
2025년(예상) : 1,120억원

종업원현황
총원 : 2,458명

아웃소싱 서비스
빌딩종합관리(시설, 미화, 보안, 주차), 기계설비성능점검, 터널관리

주 거래 업종
건물(시설 관리용역, 위생관리용역, (특수)경비업, 기계설비성능점검업 외

주 거래 기업
삼성전자, 대스원, 현대엔지니어링, 포스메이트, 신세계그룹, 한진그룹, 이랜드그룹, 코오롱그룹, 삼성서울병원, 한국도로공사, 부산신항만 등

지사 및 계열사
(주)미성지에스이, (주)미성에스엔피

임직원 연락처
원정필 전무 02-3660-6836

기업연혁
1990. 05 (주)미성개발 설립 / 체육시설 관리 개시
1999. 09 ISO9001, 14001 인증
2000. 11 대통령 포장 수상
2002. 09 한국존슨프로페쇼날(주) 기술제휴
2009. 06 품질경영시스템 최우수 기업
      05 이탈리아 페더케미칼 기술 제휴
2011. 03 민간기업 최초 빌딩관리기술원 개원
      08 건국대학교 FM전문가 과정 MOU체결
      12 사명변경 미성엠프로 주식회사
2013. 08 ISO50001 인증 취득
2011. 11 한국FM대상 시설경영부문 대상
2014. 02 에너지관리시스템 구축 및 운영
2015. 02 근로복지공단 산재근로자 위탁 직업훈련기관 등록
2018. 10 제대군인고용 우수기업 인증
2019. 08 ISO45001 인증
2023. 09 기계설비성능점검능력평가 전국 1위

대표자 프로필
이름 : 이영일
경력 : 現)미성엠프로(주) 대표이사
이름 : 송순영
경력 : 現)미성엠프로(주) 대표이사

회사 및 서비스 소개
미성엠프로는 1990년 창립이래 고객만족의 기업이념을 바탕으로 고객의 다양한 요구를 충족시키기 위해 끊임없이 노력하는 자산종합관리 전문기업입니다. 미성엠프로는 20여년의 건물종합관리(시설, 미화, 보안, 주차, 부동산 개발 및 시공 등) 경험과 Know-How를 바탕으로 초고층, 초대형 복합 빌딩을 비롯하여 대형마트, 백화점 등 판매시설, 초고층 주상복합빌딩 등 주거시설, 골프장 등 레저 시설, 관공서, 도로, 터널, 항만, 공항, 병원, 학교 등 공공시설에 이르기까지 모든 분야에 걸쳐 고객 자산에 대해 차별화된 전문성이 있습니다. 또한 미성은 고객이 맡겨주신 자산을 내 자산처럼 소중히 여기고, 고객의 더 많은 편익을 위해 최선을 다하는 신뢰받는 동반자가 될 수 있도록 꾸준히 노력하겠습니다.

(주)반도TS
www.bandots.co.kr

대표	김광태
전화	02-2679-0250
팩스	02-2679-0252
이메일	insa1996@daum.net

■■■ 회사주소
서울특별시 영등포구 당산로 240 유상빌딩 3층

■■■ 설립 및 자본금
설립년 : 1996년
자본금 : 4억원

■■■ 매출실적
2024년 : 600억원
2025년(예상) : 700억원

■■■ 종업원현황
총원 : 1,800명

■■■ 아웃소싱 서비스
물류·택배 도급서비스, 지게차 장비 임대 및 대여서비스 / 제조 위탁 도급 서비스, 생산관리 효율화 서비스 / 시설관리 서비스, 미화관리 서비스, 보안, 주차, 안내 서비스 / 단체급식, 품질위생·안전 교육관리 / 유통영업, 판매사원관리, CS교육, 매출관리, 매장관리 / 건물 종합관리 등

■■■ 주거래업종
유통·판매, 물류, 제조업 등

■■■ 주 거래 기업
롯데제과, 롯데푸드, 롯데쇼핑, 롯데글로벌로지스, 롯데네슬레, 삼성전자로지텍, 한진 등

■■■ 지사 및 계열사
태성TS

■■■ 임직원 연락처
윤영백 본부장	02-2679-0250
이상준 본부장	02-2679-0564
김창식 본부장	02-2679-0148

■■■ 기업연혁
1996. 09 (주)반도보안공사 설립
1996. 09 한국경비협회 회원 인증
1997. 01 유상공장,세종,세미산업 도급관리업무 체결
2001. 12 롯데제과 평택물류센터 도급관리업무 체결
2004. 07 롯데제과 의왕물류 센터 도급관리업무 체결
2006. 10 롯데제과 대전공장 도급관리업무 체결
2006. 10 롯데푸드 천안물류센터 도급관리업무 체결
2008. 05 롯데제과 판촉 도급관리업무 체결
2009. 01 롯데푸드 천안공장 도급관리업무 체결
2009. 11 롯데제과 광명물류센터 도급관리업무 체결
2010. 06 롯데제과 분당물류센터 도급관리업무 체결
2013. 09 롯데제과 이천물류센터 도급관리업무 체결
2014. 01 (주) 태성 TSLC 설립
2014. 08 롯데제과 DC창고 도급관리업무 체결
2015. 01 롯데네슬레 일죽물류센터도급업무 체결
2016. 01 롯데푸드 안산공장 도급관리업무 체결
2016. 02 롯데푸드 단체급식 도급관리업무 체결
2017. 07 롯데택배 서울구로터미널 도급관리업무 체결
2017. 07 (주)반도TS 로 상호변경, (주) 태성TS 로 상호변경
2018. 01 롯데마트 신선품질혁신센터 도급관리업무 체결
2018. 02 롯데마트 오산물류센터(소터) 도급관리업무 체결
2018. 04 삼성전자로지텍 천안물류센터 도급관리업무 체결
2018. 04 롯데푸드 오산빙과물류센터 도급관리업무 체결
2019. 01 롯데마트 오산물류센터(DC/DPS, 경비, 미화) 도급 체결
2019. 02 한진택배 부평/서인천 터미널 도급관리업무 체결
2019. 04 한진 싸이로/하치장 도급관리업무 체결
2019. 07 롯데택배 군포/부곡/인천 터미널 도급관리업무 체결
2020. 01 INTC 인천 컨테이너 하역도급 업무 체결
　　　　대주중공업 인천항 컨테이너 하역도급 업무 체결
2020. 09 한진 음성터미널 택배 도급 업무 체결
2020. 11 롯데글로벌로지스 오산식자재 물류도급 업무 체결
2021. 01 롯데푸드 용인/광주 공장 델리카 생산도급 업무 체결
　　　　한진 평택/안성 터미널 택배 도급업무 체결
　　　　대성산업 포천 생산도급 업무 체결
　　　　대성산업 주유/충전 파견업무 체결
　　　　삼성웰스토리 평택 식자재 물류 도급업무 체결

■■■ 대표자 프로필
이름 : 김광태
경력 : (現) 반도TS 대표이사

■■■ 회사 및 서비스 소개
반도TS는 '고객만족을 최우선으로! 직원을 가족처럼!'이라는 슬로건 아래 한길만을 걸어온 전문 아웃소싱 기업입니다. 이러한 아웃소싱 관리 업무의 표준화와 매뉴얼 작업으로 수년간의 현장 노하우를 체계적인 문서로 공유함으로써 업무의 효과와 효율성을 극대화 시켰으며, 체계적인 직원 교육과 첨단 설비들로 반도인 만의 효율적이고, 신속한 서비스, 새로운 서비스 문화를 창출해 나가고 있습니다. 또한 꾸준한 기술개발과 교육을 통해 실력 있는 반도인으로 거듭나 합리적인 비용과 최상의 서비스로, 고객만족을 극대화하고 고객 으로부터의 신뢰를 바탕으로 고객맞춤형 아웃소싱 관리를 실현, 세계화 된 일류기업으로 성장해 나가려 합니다. 반도TS 는 앞으로도 고객 만족을 최우선으로 20년 이상의 경험과 노하우, 표준화된 업무 시스템을 바탕으로 긍정적 사고, 솔선수범의 자세로 아웃소싱 관리 운영을 완벽히 수행, 고객과 함께 성장하는 최고의 기업이 될 것을 약속 드립니다.

(주)발렉스서비스
www.valexservice.com

대표	박희영
전화	02-2010-2880
팩스	02-707-0680
이메일	hr_svc@valexservice.com

■ 회사주소
서울 영등포구 의사당대로 83 (여의도동, 오투타워 12층)

■ 설립 및 자본금
설립년 : 2010년
자본금 : 5억원

■ 매출실적
2024년 : 3,018억원
2025년(예상) : 3,560억원

■ 종업원현황
총원 : 약 6,800명

■ 아웃소싱 서비스
생산라인, 제조지원, 장비 유지보수, 설비기술, 포장·물류
시설관리, 보안·경비, 호텔관리, 금융 콜센터, 해외취업 등

■ 주 거래 업종
반도체, 금융, 호텔, 화학, 태양광, 제약 등

■ 주 거래 기업
SK하이닉스, 현대엔지니어링, 현대글로비스, LG생활건강, SK실트론, 현대엔지어링, 삼성카드, 현대카드, 나이키코리아, SK케미칼, 파르나스호텔, 동원, 한국투자증권, SBI저축은행, 해비치호텔&리조트 등 국내·외 200여 개 사

■ 지주 및 계열사
지주사 : 팬퍽씨앤아이
계열사 : 팬퍽씨앤아이엔지니어링, 피앤에스네트웍스
피엠로지스틱스, 피앤에스로지스, 발렉스특수물류
피앤에스카고매니지먼트, 티앤에스엔지니어링

■ 영업원 연락처
대표번호 : 02-2010-2880
영업담당 : 02-2010-2884 / 02-2010-2887

■ 기업연혁
- 2010.~ (주)토스 설립
  근로자 파견, 시설경비업무, 위생관리용역업 허가 취득
  팬택, 동원산업(물류센터), 한국투자증권(시설/보안/안내) 등 인력공급 계약 체결
- 2019. 사세확장에 따른 사명변경(2018.08 附)
  반도체사업 부문 확대(SK하이닉스 이천/청주)
  특1급 호텔 부문 확대(쉐라톤 워커힐, 신라스테이 등)
- 2021. 산업재해예방 고용노동부장관 표창
  2021년 10대 아웃소싱기업 선정
  안전보건경영시스템 ISO 45001 인증 획득
  환경경영시스템 ISO 14001 인증 획득
  ISSA CMI교육 도입 및 CIMS 인증 획득
- 2022. 재해경감 우수기업 인증 취득
  ESG 지속가능경영보고서 발간
- 2023. 한국HR서비스산업대상 산업선도부문 수상
  UNGC (유엔글로벌콤팩트) 가입
  CIMS WITH HONORS 인증 획득
  KT AI첨단 로봇 활용 MOU 체결
  ESG 경영시스템 인증 획득(국내 최초 1호)
- 2024. ISO 37001 부패방지 경영시스템 인증 획득
  ISO 37301 규범준수 경영시스템 인증 획득
- 2025. 고용노동부 주관 일생활 균형 우수기업 인증 획득
  한국HR서비스산업대상 HR서비스기업 대상 수상
  2025 한국 아웃소싱 리딩컴퍼니 선정
  대한민국 아웃소싱산업 선도기업 특별상 수상

■ 대표자 프로필
이름 : 박희영
학력 : 경희대학교 가정관리학과 졸업
경력 : 現 (주)발렉스서비스 대표이사
       前 (주)팬택 경영관리본부
       前 (주)발렉스서비스 경영지원본부장
       前 (주)피앤에스네트웍스 해상운영본부장
경영방침 : 사람중심 경영, 기술중심 경영, 성과중심 경영

■ 회사 및 서비스 소개
발렉스서비스는 2010년 설립 이후 임직원 6,800명, 매출 3,560억원(2025년 말 기준)으로 성장하며 업계의 견고한 양적 성장과 질적 혁신을 이루왔습니다. 세계청결협회(ISSA) 가입 및 CIMS with HONORS 인증을 기반으로 선진화된 Hygiene Service(청결·위생 통합관리) 체계를 구축하였으며, CMI 미화 전문가 교육을 통해 내부 전문가를 육성하여 안전하고 위생적인 서비스 환경을 제공하고 있습니다.

당사는 가치향상 전문가(Value Adding Expert)로서 고객사의 핵심사업 가치를 높이는 데 힘쓰고 있으며, 이러한 성장을 바탕으로 장애인 고용 확대, 공익재단 후원 등 사회적 가치 실현과 함께 지속가능경영보고서 발간, UNGC 가입, 국내 최초 ESG 경영시스템 인증을 통해 ESG 기반의 지속가능경영도 체계적으로 강화해 나가고 있습니다.

발렉스서비스는 앞으로도 전문성과 기술을 기반으로 한 체계적 시스템, 고객의 가치 성장을 이끄는 전문가로서의 역량, 그리고 차별화된 서비스 품질을 통해 고객 여러분께 최고의 비즈니스 파트너로서 역할을 다하겠습니다.

(주)베스트에치알
www.besthr.co.kr

대표	김병수
전화	02-525-3887
팩스	02-525-7833
이메일	hr@besthr.co.kr

▰▰ 회사주소
서울 마포구 만리재로 15, 제일빌딩 905호

▰▰ 설립 및 자본금
설립년 : 2013년
자본금 : 0.5억원

▰▰ 매출실적
2024년 : 5억원
2025년(예상) : 8억원

▰▰ 종업원현황
총원 : 10명 / 관리 : 10명

▰▰ 아웃소싱 서비스
헤드헌팅, 채용대행, 인사컨설팅

▰▰ 주거래업종
제약, 화학, 물류, 유통, 패션, IT, 반도체, 게임, 환경, 금융

▰▰ 주 거래 기업
CJ, SK, 한화, 한세, 종근당, 한미약품, 일동제약, 샤넬

▰▰ 임직원 연락처
김병수 대표	02-525-3887
헤드헌팅 사업부 우재영 이사	010-9911-0208

▰▰ 기업연혁
2013. 설립
　　　국내 유료직업소개업 허가
2015. 사무실 확장 이전
　　　국외 유료직업소개업 허가
2018. 사무실 확장 이전

▰▰ 대표자 프로필
이름 : 김병수
학력 : 경희대학교 문리대 화학과 졸업
　　　경희대학교 대학원 화학과 졸업(석사)
경력 : 일동제약 중앙연구소
　　　CJ제일제당 연구소, 개발, 기획, 해외사업/영업
　　　현) (주)베스트에치알 대표이사
경영방침 : 고객감동

▰▰ 회사 및 서비스 소개
(주)베스트에치알은 최고의 HR 서비스를 목표로 대기업과 중투사에서 인사와 기획, 생산, 연구개발, 유통, 무역, 금융 등 각 분야에 풍부한 실무경험과 인적 네트워크를 가진 전문가들이 모인 컨설팅회사입니다. 차별화된 우수한 인재채용 서비스와 효율적 인사관리 솔루션 등을 통해 고객사의 발전에 기여하고, 후보자의 성공적 진로설정과 경력개발을 위해 진정으로 노력하는 컨설턴트들의 모임이 되고자 합니다.
- 헤드헌팅, 채용대행, 인사컨설팅 서비스 제공

(주)벨에스엠
www.bellsm.co.kr

대표	이수한
전화	02-2634-2628
팩스	02-2634-2978
이메일	bell2628@hanmail.net

■■ 회사주소
서울시 서대문구 충정로 8 종근당빌딩

■■ 설립 및 자본금
설립년 : 2006년도
자본금 : 5억원

■■ 매출실적
2024년 : 500억원
2025년(예상) : 530억원

■■ 종업원현황
총원: 650명/ 관리: 28명/ 파견: 26명/ 도급: 596명

■■ 아웃소싱 서비스
건물관리(시설·보안·미화), 제조공장 생산도급, 파견, 화물운송 주선, 국제물류주선 등

■■ 주거래 업종
대기업, 중소기업, 학교, 연구소, 시설관리(시설·보안·미화·주차), 병원, 운전기사·사무보조 파견, 제조공장 도급 (생산·물류), 화물운송 주선업, 국제물류주선업

■■ 주거래 기업
종근당그룹, 소화의원, 오토컬렉션, 용마로지스, 동아ST, 에스티젠바이오, 레고켐바이오사이언스, 대항병원, 화천농협, 김해휴앤락몰, 동인기연 등

■■ 지사 및 계열사
종근당계열
천안지사, 대전지사, 광주지사

■■ 임직원 연락처
윤병현 팀장 02-2634-2628

■■ 기업연혁
2006. 06 주식회사 벨 에스엠 설립
       08 경비업허가 사업개시
2008. 05 천안지점 개설
       06 화물자동차 운송사업허가 인수 사업개시
       11 화물자동차 주선사업허가 인수 사업개시
2009. 06 근로자파견 사업개시
2010. 12 위생관리용역업 사업개시
2016. 01 2016 한국 아웃소싱 리딩컴퍼니 선정
2017. 09 ISO9001, ISO14001 인증
2020. 03 국제물류주선업 사업개시
2023. 04 아웃소싱타임스 100대기업 선정
2024. 04 아웃소싱타임스 100대기업 선정
2024. 12 ISO45001 인증

■■ 대표자 프로필
이름 : 이수한
학력 : 인하대학교 중어중문학과 졸업
       단국대학교 부동산건설대학원 부동산경영학과 졸업
경력 : (주)종근당바이오 비상무이사(前)
       종근당산업(주) 상무이사(前)
       (의)소화의원 감사(現)
       (사)한국HR서비스산업협회 부회장(現)
경영방침 : 고객주의 경영, 건전한 내실경영, 공감경영

■■ 회사 및 서비스 소개
(주)벨에스엠은 서비스 품질향상과 자기혁신을 통한 대외적인 경쟁력 확보와 새로운 시장개척을 위해 노력하며, 고객이 원하는 곳이면 언제든지 달려가서 고객감동을 실현시키는 파트너로서, 한치의 소홀함이 없이 전문적인 서비스와 벨에스엠만의 노하우를 가지고 항상 함께 동반성장 할 수 있도록 최선을 다하겠습니다.
(주)벨에스엠은 시설관리, 환경미화, 보안 및 경비, 물류, 운송 및 국제물류주선 등 아웃소싱 분야의 가치를 상승시켜 보다 향상된 효율성과 편리성을 제공해 드릴 것을 약속함은 물론 외식사업, 대리운전, 퀵 사업, 병원, 호텔, 연수원, 컨트리클럽 등의 분야에서 회사의 역량을 총동원하여 고객의 부름에 만족감을 드리도록 하겠습니다.

보보스링크(주)
www.boboslink.com

대표	홍형표
전화	070-7119-9898
팩스	02-553-7708
이메일	lsc@boboslink.com

■■■ 회사주소
서울시 강남구 테헤란로 124, 삼원타워 8층
구) 서울시 강남구 역삼동 823번지 삼원타워 8층(구: 풍림빌딩)

■■■ 설립 및 자본금
설립년 : 2002년
자본금 : 4.4억원

■■■ 매출실적
2024년 : 800억원
2025년(예정) : 1,100억원

■■■ 종업원현황
총원: 3,865명/ 관리: 65명/ 파견: 1,300 명/ 도급: 2,500명

■■■ 아웃소싱 서비스
아웃소싱(물류, 유통, 생산, 제조, 콜센터 등), 인재파견, 채용대행, 헤드헌팅, 전직지원서비스, HR컨설팅 등

■■■ 주 거래 업종
사무, 제조, 유통, 물류, IT, 레저, F&B, 엔지니어링, 시설관리 등 전 산업

■■■ 주 거래 기업
바바패션, 제일기획, 아워홈, 제냐코리아, 미티니아, 언더아머코리아, 휴고보스코리아, 푸드윈, SK엔카닷컴, SY탱크터미널, 시스코, 아시아키친, 미란다호텔, 아그베, 헬스밸런스, 메가푸드앤시스템, 한온시스템, SPC, SK, 삼성엔지니어링, 한양, OB맥주, 피죤, 스와치코리아, 켈러웨이, 도화엔지니어링, 콜멘, 델몬트, KD, DHL, 올리브영, LG U+, 한국토지주택공사, 한국지엠, LG패션, 한진, GS건설, IBK기업은행, KB투자증권, KT, 신세계푸드, 골프존, 랄프로렌, 동아제약, 넥센타이어, 한국타이어, 롯데케미칼, 듀오정보, 한국가스공사, 대웅제약, 유한킴벌리, 페레가 모, 코오롱, 에버랜드, S-Oil, 대성그룹, 만도, 태평양물산, 풀무원, 신라호텔, 두산그룹, 에이스화재보험, 올림푸스코리아, 센사타, 한화케미칼, 한화자산운용, MBC플레이비, SD시스템, 이노디스, CJ대한통운, 씨젠, 에프엔에프, 로레알, 러쉬코리아 등

■■■ 지사 및 계열사
부산, 용인, 이천, 천안, 대구, 광주, 대전, 수원, 인천, 울산, 창원

■■■ 임직원 연락처
대표이사	홍형표	070-7119-9898
영업지원실	전무 이태상	070-7119-0585
경영지원본부	상무 이상칠	070-7119-9892

■■■ 기업연혁
- 2002. 05 보보스링크 주식회사 설립
- 2002. 07 종합인력컨설팅사업 시작, 근로자파견사업 허가취득
- 2010. 04 아웃소싱타임스 선정 2010 아웃소싱 TOP 100대 기업 선정
- 2011. 08 헤드헌팅 DB System구축 / 위생관리용역업 신고
- 09 헤드헌팅 전문 홈페이지 오픈(www.duobrain.com)
- 2012. 02 Executive Search 전문브랜드 '듀오브레인' 역삼사무실 개설
- 2014. 04 대한민국 100대 아웃소싱기업 선정
- 2017. 02 British Business Solutions(BBS) Group & Dragon Recruitment 양해각서(M.O.U)체결 및 헤드헌팅 전문홈페이지 변경(www.bobosconsulting.com)
- 04 대한민국 100대 아웃소싱기업 선정
- 06 재대군인취업지원 M.O.U체결(서울지방보훈청)
- 07 경기도 장애인체육회 직접고용 우수기업 선정
- 2019. 02 모던하우스, 미니소코리아 전국 매장 판매직 도급계약 체결
- 2020. 05 ISO인증 취득, 품질경영시스템(9001), 환경경영시스템(14001), 안전보건시스템(45001)
- 2021. 01 한국HR산업협회 수석부회장사 선정
- 2023. 02 한국HR서비스산업대상 수상(산업선도, 근로자보호 부문)
- 06 2023년 대한민국 HR서비스 10대 대표기업 인증
- 2024. 09 아웃소싱타임스 선정 고객만족대상 수상(종합아웃소싱부문) 한국HR산업협회 주관 2024년 클린기업인증(4회 연속)

■■■ 대표자 프로필
이름 : 홍형표
학력 : 강원대학교 졸업, KAIST 경영대학원 수료
경력 : Adecco Korea 전무이사 역임, 코리아리크루트, 한경플러스먼트, 월간인턴 사업본부장, 취업특강 및 HR아웃소싱 컨설팅 전문가, 해외 유학인력 채용 포럼 및 Job Fair전문가
경영방침 : '기업성장의 가교(Bridge)가 되자'
비전 : 1000억(매출), 50억원(당기순익), 1000개(고객사)

■■■ 회사 및 서비스 소개
일에 열중하는 만큼 놀이도 즐길 줄 아는 보보스 스타일.
보보스는 미국의 저널리스트 데이비드 브룩스가 부르주아와 브헤미안을 합성하여 만들어 낸 신조어로서 디지털 시대의 새로운 엘리트를 지칭합니다. 부르주아의 야망과 합리성, 그리고 보헤미안의 자유와 상상력을 조화시키는 보보스, 그들에게 일은 '자신이 사랑하는 무엇인가를 하는 것'입니다. HR Total Biz Group 보보스는 이런 가치관에 동의합니다. 일에 열중하는 만큼 놀이도 즐길 줄 아는 보보스의 라이프 스타일, 워크 스타일을 존중하고 지원합니다. 그래서 이름도 보보스입니다. 보보스링크(주)는 Total Outsourcing Company로서 훌륭한 인재가 희망하는 일자리와 성장하는 기업이 희망하는 인재를 매칭하고, 서로에게 만족을 줄 수 있도록 컨설팅을 수행합니다.

(주)빌코비전
www.bilcovision.co.kr

대표	정경주
전화	051-850-2020
팩스	051-850-2080
이메일	admin@bilco.co.kr

■ 회사주소
부산광역시 연제구 중앙대로 1217 국제빌딩 17층

■ 설립 및 자본금
설립년 : 2009년
자본금 : 2억원

■ 매출실적
2024년 : 1억원 미만

■ 종업원현황
총원 : 22명

■ 아웃소싱 서비스
생산, 제조도급, 종합시설관리(경비, 미화), 콜센터, 채용대행, 물류, 유통 등

■ 주 거래 업종
기계, 전자, IT, 제조업체, 보안

■ 주 거래 기업
부산건설안전시험사업소, 롯데홈쇼핑, 현대백화점, 한진중공업 등

■ 겸직원 연락처
정경주 대표이사 051-850-2040
유경백 부장   051-850-2033

■ 기업연혁
- 2009. 03 설립
- 2010. 02 타이어상하차 물류센터 완전도급 수주 및 운영
- 11 LG계열 모바일 부품 생산 완전도급 수주 및 운영
- 2011. 02 삼성계열 모바일 부품 생산 완전도급 수주 및 운영
- 2013. 01 IT기업 건물 시설관리 수주 및 운영(시설, 경비, 미화)
- 2015. 11 브랜드콜택시 콜센터 완전도급 수주 및 운영
- 2016. 01 부산지방경찰청 청사 미화용역 수주 및 운영
- 04 부산시 상수도사업본부 강서사업소 검침용역 수주 및 운영
- 07 김해공항 출입국관리사무소 보안용역 수주 및 운영
- 2017. 01 부산 학부모지원센터 시설관리 수주 및 운영
- 부산 동부고용지원센터 시설관리 수주 및 운영
- 04 부산 정보산업진흥원 시설관리 수주 및 운영
- 06 한전경기북부지역본부 미화용역 수주 및 운영

■ 대표자 프로필
이름 : 정경주
학력 : 부산동아대학교 경영대학 경영학 학사
경력 : 전 (주)기산 자동차판매사업부 업무팀장
부일정보링크 콜센터 사업부장
부일정보링크 사업총괄 본부장
빌코비전 대표이사(現)
경영방침 : 다양화된 기업고객의 니즈를 만족시키기 위하여 고객이 무엇을 원하는지를 알고 고객이 원하는 것에 하나를 더 전달하는 것을 기업이념으로 고객의 전략적 비즈니스 파트너로서 자리매김 하겠습니다. 고객의 성장과 가치창출을 위하여 최선을 다하는 기업, 고객의 최고 성공파트너로서 끊임없이 노력할 것을 약속드립니다.

■ 회사 및 서비스 소개
BPO 전문기업 빌코비전은 아웃소싱컨설팅(의료,유통/물류,생산/제조,시설보안,사무지원 등)에서부터 인사경영지원서비스, 인력관리컨설팅 등 종합인재비즈니스 기업을 지향합니다. 그동안 쌓아온 다양한 업무경험을 바탕으로 각종 인사/노무관리의 컨설팅, 법률 자문서비스 및 다양한 교육서비스를 제공하여 고객사의 핵심업무의 생산성 향상 및 경쟁력 확보를 통한 최상의 가치를 실현시킴으로써 대한민국 인력아웃소싱의 새로운 세계를 열어가고 있습니다.
다양화된 기업고객의 니즈를 만족시키기 위하여 고객이 무엇을 원하는지를 알고 고객이 원하는 것에 하나를 더 전달하는 것을 기업이념으로 고객의 전략적 비즈니스 파트너로서 자리매김 하겠습니다. 고객의 성장과 가치창출을 위하여 최선을 다하는 기업, 고객의 최고 성공파트너로서 끊임없이 노력할 것을 약속드립니다.

(주)사람과기술

www.injaebada.com
www.pntc.co.kr

대표	지용
전화	02-564-0710
팩스	02-564-0810
이메일	mgmtsupport@pntc.co.kr

▪▪▪ 회사주소
서울시 강남구 강남대로 354(역삼동, 혜천빌딩) 1403호

▪▪▪ 설립 및 자본금
설립년 : 2001년
자본금 : 2억원

▪▪▪ 매출실적
2024년 : 90억원
2025년(예상) : 95억원

▪▪▪ 종업원현황
총원 : 410명 / 관리 : 10 명 / 파견 : 150명 / 도급 : 250 명

▪▪▪ 아웃소싱 서비스
인력파견 및 도급, 채용대행, 헤드헌팅, 경비 및 시설관리,
IT 시스템 운영, 번역 서비스

▪▪▪ 주 거래 업종
판매업체, 제조업체, 개발업체, 공공기관, 외국계 기업

▪▪▪ 주 거래 기업
신세계그룹, 현대그룹, 한화갤러리아, 하나투어, 알티캐스트, 불스원, 한국후지쯔, 면사랑, 파수닷컴, 레이데온, 수협, 서울시교육청, 어도비, 오라클, 소니, 한국화이자

▪▪▪ 지사 및 계열사
중부지사, 부산지사, 호남지사

▪▪▪ 임직원 연락처
정원근 본부장 : 070-8666-1964, okjayou@pntc.co.kr
박성배 본부장 : 070-8666-1952, sbpark@pntc.co.kr

▪▪▪ 기업연혁
2001. (주)사람과기술 법인 설립
2003. 콜센터, 카드사 인력 공급 시작
2004. 전문포털사이트 '인재바다' 서비스 오픈
2009. 헤드헌팅 사업부 발족
2010. IT 인력 파견 및 개발 용역 서비스 시작
2012. 중부지사 등 지방 사무소 오픈
2013. 대기업 쇼핑몰 관리 서비스 시작
2014. 물류 및 생산 서비스 시작
2015. 가족친화 우수기업선정
2016. 온라인몰 관리 서비스
2018. 온라인몰 영상 촬영 시스템 도입
2019. 공공기관 업무관리 인력 공급

▪▪▪ 대표자 프로필
이름 : 지용
학력 : 한양대 전자공학과 졸업
　　　서강대학교 경영대학원 MBA 졸업
경력 : 대우전자 근무
　　　한국마이크로소프트 근무
　　　다우기술 근무
　　　인우기술 근무
　　　(현)사람과기술 대표이사
경영방침 : Your Best Outsourcing Partner

▪▪▪ 회사 및 서비스 소개
21C 무한경쟁시대에 기업은 변화와 혁신을 요구하고 있으며, 인재를 발굴하여 적재적소에 배치하는 일은 매우 중요합니다.
(주)사람과기술은 'No 1' 아웃소싱 업체가 되기 위한 열정과 자부심을 가지고 업무를 하고 있으며, 우수한 인재DB와 인재 관리의 전문성을 바탕으로 고객사의 HR관련 서비스를 위하여 최선을 다하고 있습니다.
(주)사람과기술은 Total Outsourcing 전문 기업으로 인력파견 및 도급, 채용 대행, 헤드헌팅 서비스를 통하여 total HR 서비스를 제공하고 있습니다.

(주)사람인HS
www.saraminhs.co.kr

대 표	이성권
전 화	02-6377-2580
팩 스	02-6337-2590
이메일	recruit@saraminhs.co.kr

■■■ 회사주소
서울시 강서구 공항대로 165 원그로브 C동 10층

■■■ 설립 및 자본금
설립년: 2016년
자본금: 9억원

■■■ 매출실적
2024년: 400억원

■■■ 종업원현황
총원: 1,240명 / 관리: 40명 / 파견: 1,000명 / 도급: 200명

■■■ 아웃소싱 서비스
인재파견, 도급ㆍ위탁(콜센터, 물류, 판매, 유통 등)
인재매칭(헤드헌팅/채용대행/공채대행 등)

■■■ 주 거래 업종
제조, 건설, 금융, 통신, 서비스, 유통, IT, 방송, 외국계 등

■■■ 주 거래 기업
현대자동차, 현대제철, 두산그룹, 대림산업, SK건설, 삼성웰스토리, 롯데렌탈, Fedex, 쿠팡, SPC그룹, 한국표준협회 등

■■■ 지사 및 계열사
경기중부/영남/호남사업본부, 사람인, 키움증권, 다우기술 등

■■■ 임직원 연락처
아웃소싱 사업본부 02-2025-4747
인재매칭 사업본부 02-2025-4743
취업포털 사업본부 02-2025-4733

■■■ 기업연혁
2005. 10 ㈜지앤지피플 설립
2008. 06 ㈜사람인로 사명 변경
2010. 07 고용노동부 '근로자파견 우수기업' 선정
2012. 02 업계 최초 코스닥 상장
2016. 05 ㈜사람인에서 물적분할을 통한 ㈜사람인HS 설립
2022. 04 재취업 전문 플랫폼 『이모잡』 론칭
2023. 07 매칭(헤드헌팅)서비스 후보자 DB 관리 시스템 개발
2024. 12 150개 업체 1,200명 근로자 파견/도급 운영

■■■ 대표자 프로필
이름 : 이성권
학력 : 서울대학교 졸업
　　　건국대학교 부동산 대학원 졸업
경력 : 다우기술 솔루션 본부장
　　　이토마토 투자자문 대표이사
　　　다우데이터 결제사업부문장
　　　現 ㈜사람인HS 대표이사

■■■ 회사 및 서비스 소개
1. 근로자파견
취업포털 1위의 사람인 사이트를 기반으로 우수한 인재 DB Pool 보유와 코스닥 상장의 안정적인 재무 구조를 갖춘 기업으로서 고객사가 원하는 우수인재 추천이 가능한 국내 유일의 종합 HR 기업입니다.
2. 도급
단순하고 반복적인 업무가 아웃소싱 되면서 조직이 슬림해지고 인력과 관리비용이 최소화되면서 기업운영비용이 절감되며, 절감된 비용을 핵심 분야에 투자함으로서 기업의 경쟁력을 강화시킵니다. 특히 IMF위기를 맞아 기업들에서 추진되고 있는 구조조정과 관련하여 Outsourcing을 기업의 핵심역량(CoreCompelency)강화의 수단으로 빠르게 확대, 성장하고 있습니다.
3. 매칭 서비스 (헤드헌팅)
30만건의 인재정보를 보유하고 3,000여건의 프로젝트 수행 경험의 헤드헌터들로 구성되어 업종별/직종별 다양한 분야에 고급 전문 인재 채용 지원이 가능합니다.

㈜사람인HS는 2005년 ㈜사람인 오프라인부서로 시작하여, 해당 사업의 성장을 위하여 2016년 모 회사의 100% 투자를 받아 자회사로 설립되었으며, 고용노동부가 인정하는 근로자파견 우수기업으로 그 입지를 확실히 굳히고 있습니다.
모든 서비스에 있어서 사람을 중심으로 하는 기업이념에 발맞추어 기업인재 비즈니스와 Total 아웃소싱을 결합하여 구직자에게는 사회적 성취를 실현하고 행복한 삶의 터전이 될 일자리를, 기업에는 성장을 이끌 핵심인재의 매칭을 돕는 "국내 The Best Human Service를 추구하는 기업"입니다.
앞으로도 사람과 사람을 잇는 Bridge 역할에 최선을 다하여 기업의 경쟁력 향상, 일자리 창출, 고용안전에 힘쓰는 사회적인 기업으로 고객과 함께 성장하도록 노력을 더 하겠습니다.

삼신테크(주)
www.samshintech.co.kr

대 표	신동익
전 화	031-695-6333
팩 스	031-695-6338
이메일	ysmuk@samshintech.co.kr

■■■ 회사주소
경기도 수원시 영통구 신원로 88 101동 810호(신동, 디지털엠파이어2)

■■■ 설립 및 자본금
설립년 : 1998년
자본금 : 3억원

■■■ 매출실적
2024년 : 95억원
2025년(예상) : 96억원

■■■ 종업원현황
총원 : 146명

■■■ 아웃소싱 서비스
인재파견, 헤드헌팅, 채용대행

■■■ 주 거래 업종
전기/전자, 정보통신, 정부출연기관, 연구기관, 시험소

■■■ 주 거래 기업
삼성전자, 삼성바이오에피스, 삼성바이오로직스, 삼성인력개발원, 삼성전기, 삼성SDI, 삼성테크윈, TTA, 한양이엔지, 코오롱글로텍, 파트론, 솔라루체, 아모텍, 유비엠, 한스코퍼레이션, 신화인터텍 등

■■■ 지사 및 계열사
예스콘 전국 네크워크
(서울, 수원, 인천, 청주, 천안, 전주, 광주, 구미, 부산, 제주)

■■■ 임직원 연락처
신동익 대표	031-695-6333
정인숙 부장	031-695-6332
윤상묵 차장	031-695-6336

■■■ 기업연혁
1998. 10 삼신테크(주) 설립
1998. 11 근로자파견업 허가 신고
1998. 11 삼성종합기술원 HR아웃소싱 계약 체결
1999. 03 삼성전자 정보통신총괄 HR아웃소싱 계약 체결
2001. 04 헤드헌팅 전문업체 설립 ((주)SNA컨설팅)
2003. 02 아주대학교 HR아웃소싱 계약 체결
2006. 09 대한민국 100대 아웃소싱기업 선정
2006. 12 대한민국 아웃소싱 서비스대상 수상 (한국경제 신문사)
2007. 06 한국정보통신기술협회 HR아웃소싱 계약 체결
2008. 01 아웃소싱 리딩컴퍼니 선정 (아웃소싱타임스)
2009. 11 유료직업소개사업등록 (수원시)
2011. 03 한국항공전문학교 산학협력 체결
2012. 03 경영혁신형 중소기업 인증 획득 (MAIN-BIZ)
2014. 09 근로자 보호 클린기업 인증 ((사)한국HR서비스산업협회)
2015. 09 대한민국 100대 아웃소싱기업 선정
        (2006, 2007, 2008, 2014, 2015년도 5회 연속 선정)
2016. 12 고용노동부 민간고용서비스 자율시장 우수기업 인증
2017. 09 산학협력 체결 (2014. 11 ~ 현재)
        (수원과학대, 안산대, 신안산대, 백석문화대, 용인송담대, 경복대, 한국한공 전문학교)
2024. 03 경영혁신형 중소기업 6회 연속 인증(MAIN-BIZ)
2024. 09 근로자 보호 클린기업인증((사)한국HR서비스산업협회)
        (2014, 2016, 2018, 2020, 2022, 2024 6회 연속 인증)
2025. 02 제2회 한국HR서비스산업대상 '근로자 보호 부문' 수상
        (2023, 2025 2회 연속 수상)
2025. 04 삼신테크(주) 도메인 변경 www.samshintech.co.kr

■■■ 대표자 프로필
이름 : 신동익
학력 : 한양대 전자공학 졸업 / 서울대 대학원 전자공학 졸업
경력 : 삼성그룹 비서실 기획팀 차장 / 삼성종합기술원 경영지원 담당
       한국아웃소싱기업협회 부회장 / 한국HR서비스산업협회 이사
       서울계산로터리클럽 회장
경영방침 : 고객감동, 현장중심, 창의혁신

■■■ 회사 및 서비스 소개
삼신테크(주)는 1998년 10월 설립한 후 삼성전자, 삼성종합기술원, 삼성테크윈 등 대기업, 중견기업 및 벤처기업에서 신제품 개발 및 개발과정에 필수적인 H/W 및 S/W시험, 보드수정, 부품관리 등 연구개발 계획업무를 아웃소싱하여 연구개발 지원업무를 중심으로 하고 있는 HR아웃소싱 전문 기업이다. 비서, 사무행정, 통번역 등 기업의 행정지원 분야에서 20년 이상의 탁월한 운영실적과 노하우를 축적해 왔으며, 2010년부터는 인재파견, 헤드헌팅, Temporary Staff, 채용대행 등으로 사업을 다각화 해왔다. 관련대학과 산학협력, 구인구직기관, 협회 등 유관기관과 업무제휴, 페이스북, 인스타그램, 블로그 등 활발한 SNS 활동을 통해 우수한 인재를 확보하여 기업이 필요로 하는 인재를 공급하고 경영 파트너로, 또한 고객사와 상생을 도모하는 기업으로써 종합 인재컨설팅 업체로 성장, 발전하는 것을 회사 목표로 하고 있다.

(주)서빅
www.servic.co.kr

대표	이기범
전화	02-2058-2488
팩스	02-2058-2490
이메일	kibeom.lee@lig.kr

■■■ 회사주소
서울시 용산구 한남대로 98, 5F(한남동 일신빌딩)

■■■ 설립 및 자본금
설립년 2007년
자본금 1억원

■■■ 매출실적
2024년 ㅣ2억원
2025년(예상) : 540억원

■■■ 종업원현황
총원 : 1,350명 / 관리 : 44명 / 파견: 41명 / 도급: 1,265명

■■■ 아웃소싱 서비스
FM사업, 미화, 보안, 시설, 생산, 운전기사, 비서/사무보조, 제조/물류/배송, 청소도급, 콜센터, 통신테스트, 고객수송, 유통, 판촉, 골프장, 레저 등

■■■ 주 거래 업종
금융업, 1위산업체, IT통신, 제조업, 화학/의료 등

■■■ 주 거래 기업
KB손해보험, LIG넥스원, LIG시스템,, CJ대한통운, 오뚜기, 한국타이어, 이노와이어리스, LS전선, 파라다이스, 해운대블루라인파크, KG, 프리텔레콤, 그급 관공서 등

■■■ 지사 및 계열사
지사 : 중부지점, 부산지점, 송파지점
계열사/관계사 : (주)LIG, (주)LIG넥스원, (주)LIG시스템, (주)휴세코, (주)LIG정밀기술, (주)이노와이어리스, (주)화인, (주)호박패밀리, (주)예카투어, (주)명성라이픽스, (주)웨이티즈

■■■ 임직원 연락처
대표 직통 : 02-2058-2485
사업본부장 안건영 : 010-5317-7691
경영관리실장 안용식 : 010-5140-5963

■■■ 기업연혁
2000. (주)휴세코 업무지원팀 사업개시
2007. (주)서빅 출범 / 근로자파견사업 허가
2013. 특수경비업, 비밀취급사업장 인·허가
2015. 물류/운송 사업분야 진출
2016. 오뚜기 생산도급
2019. 한국타이어, 파라다이스 도급계약
2020. 중부지점 ~ 대전지점 개소
2022. 부산지점 개소, 해운대블루라인파크 위탁운영
2023. 서빅 유튜브 채널명 '알아보JOB' 개설

■■■ 대표자 프로필
이름 : 이기범
경력 : 고려대학교 경영학과 후
    (주)LG화재 재무팀/IR팀
    (주)LIG 재무관리팀
    (주)LIG 전략기획팀
경영방침 : 오늘을 지키는 기업, 내일을 책임지는 기업!
    정직과 성실로써 고객, 주주, 종업원의 가치를 창조한다.

■■■ 회사 및 서비스 소개
고객가치, 신뢰, 새로 꿈꾸는 미래. 고객에게 신뢰받는 기업 주식회사 서빅은 인력공급서비스를 기반으로 설립한 LIG그룹의 아웃소싱 전문기업입니다.

서빅은 국내 유수의 대기업과 아웃소싱의 여러 분야에서 파트너십을 형성하고 고객에게는 최고의 성과 창출에 기여함과 동시에 인재에게는 준법경영을 통해 일하는 보람과 성취감도 함께 느끼게 함으로써 고객과 함께 성장해 왔습니다.

분야별 전문인력과 업무 전문성을 토대로 최적의 인프라를 활용하여 고객의 가치창조를 최우선으로 종합서비스를 제공하고 있습니다.

고객으로부터 지속적으로 신뢰받는 기업이 되도록 정도경영을 통해 구성원 모두가 성실하게 최선을 다하고 인적자원을 꾸준히 개발하여 고객사의 진정한 동반자가 될 것입니다. 또한, 기업의 사회적 책임을 다하고 법적 의무를 준수하면서 사회적 가치 실현을 위한 노력을 모범적으로 수행해 나가겠습니다.

(주)서운
www.seoun.co.kr

대 표	박영상, 최정호
전 화	02-2246-9126
팩 스	02-2246-9170
이메일	seoun@seoun.co.kr

■ 회사주소
서울시 성동구 자동차시장 1길 17 서운빌딩 7층

■ 설립 및 자본금
설립년 : 1981년
자본금 : 11.8억원

■ 매출실적
2024년 : 160억원
2025년(예상) : 312억원

■ 종업원현황
총원 : 720명

■ 아웃소싱 서비스
경비(특수경비, 보안검색, 일반경비), 시설관리, 생산도급관리 등

■ 주 거래 업종
국가시설, 공공기관, 은행, 종합병원 등

■ 주 거래 기업
GS칼텍스, 카프로, 부산은행, 캐나다 대사관, 대상 외 다수

■ 지사 및 계열사
지 사 : 영남, 북부, 중부, 강원
계열사 : 서운SM(주)

■ 임직원 연락처
이종창 상무 02-2246-9126

■ 기업연혁
1981. 서운개발주식회사 설립
1982. 경비업 허가(제19호)
1993. 위생관리업 신고, 주택관리업 등록
1996. 영남지사 설립(울산)
1998. 근로자파견업 허가, 소독업 신고
2000. 서운STS(주) 상호변경, ISO 9001 품질인증
2001. 특수경비업허가
2005. 경찰청 일반경비원 신임교육기관 지정 및 평생교육원 신고, 신변보호업 허가
2005. 한국공항공사 특수경비 및 검색업무 시작
2007. 한국서비스품질우수기업 인증(산업자원부 496호)
2009. 모범납세자표창, 서운SOM 설립
2009. 주한미국대사관 경비보안업무 시작
2011. 전세계 미대사관 보안서비스부분 최우수 평가(미국무성 감열팀)
2013. 환경경영시스템 ISO 14001 인증
2018. 서운POS 설립
2019. 안전보건경영시스템 ISO 45001 인증
2021. 서운POS, 서운SOM으로 흡수합병
2023. 경영혁신형 중소기업(MAIN Biz) 인증 획득
2024. 서운SOM 흡수 합병, (주)서운 상호변경

■ 대표자 프로필
이름 : 박영상
학력 : 성균관대학교 기계설계학과 졸업
경력 : 대한전선, 코스코개발 근무
　　　서운개발 기획담당이사

■ 회사 및 서비스 소개
1981년 창립 이후 45년 동안 종합아웃소싱서비스를 제공해오고 있는 (주)서운은 경비보안, 미화, 시설관리, 생산도급관리 등 각 분야를 세분화하여 고객사에 최상의 서비스를 제공하고자 노력하고 있다.

특히 품질경영을 극대화하기 위해 ISO 9001:2015(품질경영시스템), ISO 14001:2018(환경경영시스템), ISO 45001:2018(안전보건경영시스템) 인증을 획득하여 높은 품질의 서비스를 제공하고 있다.

또한 "고객 만족"을 최우선 가치로 여기는 서운은 경찰청으로부터 일반경비원 신임교육 민간교육기관으로 지정된 "서운 교육원"에서 일반경비원에 대한 신임교육을 실시하고 있으며 보안, 미화, 시설, 생산물류도급 관련 기본교육은 물론, 각 지역 책임자들의 정기적인 본사교육을 통해 지속적으로 업무능력을 향상시키기 위해 힘쓰고 있다.

전사적으로 "고객만족헌장"과 "윤리강령"을 채택하고 있는 서운은 "항상 고객의 입장에서 생각하는 자세로 최고의 고객만족 서비스를 제공하고 품질향상 노력을 지속함으로써 아웃소싱산업의 발전에 기여하겠다"는 각오다.

(주)서울커뮤니케이션
www.scman.co.kr

대표	강건식
전화	02-501-1967
팩스	02-501-1969
이메일	kjy@scman.co.kr

■■■ 회사주소
본사 : 경기도 과천시 관문로 92, 101동 2003~2005호
(중앙동, 힐스테이트 과천중앙)

■■■ 설립 및 자본금
설립년 : 1994년 02월
자본금 : 10억원

■■■ 매출실적
2024년 : 200억원
2025년(예상) : 210억원

■■■ 종업원현황
총원: 500명

■■■ 아웃소싱 서비스
인재파견, 채용대행, 헤드헌팅

■■■ 주 거래 업종
제조, 금융, 유통, 외국계기업, 공공기관 등

■■■ 주 거래 기업
신한카드, 한국자산관리공사, 현대백화점, AK백화점,
대림자동차, 동부그룹 등 40여개 업체

■■■ 지사 및 계열사
부산지사 051-468-1967
청주지사 043-250-1967
평택지사 031-686-3246

■■■ 담당직원 연락처
HR사업부 한장현 이사 010-5598-1967

■■■ 기업연혁
1994. 02 (주)서울커뮤니케이션 설립
1998. 07 근로자파견업 허가(노동부)
1999. 09 경비업허가(경찰청)
2005. 02 LG정보통신 협력사 평가 우수
2008. 01 열린사이버대학교 산업체 위탁교육 협약 체결
2009. 03 모범납세자 표창
2010. 06 국민연금관리공단 감사장 수상
     12 LG전자 연구소 파견 우수협력사 선정
2011. 04 현대백화점 협력사 공로상 수상
2012. 09 건강보험공단 감사장/아웃소싱서비스 고객만족대상 수상
2013. 09 사이버한국외국어대학교 산업체 위탁교육 협약 체결
2014. 05 자체 인사급여프로그램 추가개발 및 구축
     05 위험성평가 우수사업장 선정 (주관_한국산업안전보건공단)
2017. 08 안전보건경영시스템 인증 획득 (주관_안전보건공단)
     11 중소기업청 경영혁신형 인증 획득
2018. 04 2018년 HR우수서비스기업 인증 수상(주관_한국경총)
     07 씀씀이 바른 기업 선정(주관_대한적십자사)
     09 근로자보호 클린기업인증 수상
2019. 06 사내 인트라넷 구축
2020. 09 위험성평가 우수사업장 선정 (주관_한국산업안전보건공단)
2021. 01 적십자회원유공장 금장 수상 (주관_대한적십자사)
     06 유연근무제 도입
     10 한국열린사이버대학 산학협력 체결
2022. 09 전자근로계약 도입
2023. 01 본사 과천 이전
2024. 02 전산시스템 신규 구축
2025. 01 한화 계열사, 코스닥상장 대기업 등 신규계약
     09 근로자보호 클린기업인증 수상

■■■ 대표자 프로필
이름 : 강건식
학력 : 중앙대학교 졸업
경력 : 현대그룹
사훈 : 근면, 성실, 협동
경영방침 : 무한한 도전정신, 지속적 자기혁신, 확고한 경쟁우위

■■■ 회사 및 서비스 소개
서울커뮤니케이션은 서울 본사 및 3개 지방지사와 3개 지방사무소를 직영 시스템하에 국내 50여개 대기업, 코스닥업체 및 외국계 회사에 HR 맞춤형 서비스를 제공하고 있으며, 내실있는 경영을 하고 있습니다.
1994년 회사 창립 후 HR서비스분야 노하우와 체계적인 인사관리 시스템을 구축하고 HR관련 전문성 확보를 위해 인재파견지도사, 직업상담사, TM강사, 경비지도사 등의 관련자격증을 갖춘 잡매니저가 고객사 및 근무자에게 상시 인사 관리 서비스를 지원하고 있습니다.
그리고 "기업이 사람이다"라는 경영방침을 모토로 직원대출, 우수직원 포상, 자기계발교육지원, 정년연장, 사이버대학교 위탁교육, 동호회 지원 등 다양한 복리후생 및 교육제도를 통하여 고객과 직원의 만족도 향상을 최우선하고 있습니다.
한편, 기업의 사회적 책임을 다하기 위해 국제구호단체 및 장애인종합복지관 정기결연 등 사회봉사활동도 병행하고 있습니다.
이러한 다년간의 활동으로 HR서비스 관련 전문성을 인정받아 고용노동부와 통계청으로부터 표준사업장으로 지정되어 각종 표본 통계자료를 제공하고 있으며, 다양한 고객사로부터 유통 및 판촉 아웃소싱 등 여러 분야별 서비스 관련 많은 포상을 수상하게 되었습니다.

(주)세종HR
www.sejonghr.com

대표	이상민
전화	042-528-9114
팩스	042-528-9115
이메일	jdlsm@sejonghr.com

■■■ 회사주소
대전광역시 서구 한밭대로 570번길 14, 4층

■■■ 설립 및 자본금
설립년 : 2010년
자본금 : 10억원

■■■ 매출실적
2023년 : 206억원
2024년 : 212억원

■■■ 종업원현황
총원 : 1,077명 / 관리 : 18명 / 파견 : 172명 / 도급 : 887명

■■■ 아웃소싱 서비스
근로자 파견 / 채용대행 / 헤드헌팅 / 교육사업 / 아웃소싱(생산, 노무, 콜센터, 병원, 총무인사, 건물 및 시설관리, 경비, 미화, 주차, 식당, 운전)

■■■ 주 거래 업종
공공기관, 정부출연기관, 대학, 병원, 제조, 서비스, 금융 등

■■■ 주 거래 기업
소상공인시장진흥공단, 한국산림복지진흥원, 한국특허정보원, 한국연구재단, 한국생명공학연구원, 한국토지주택공사, 한국원자력연구원, 한국보건복지인력개발원, 골프존, GS리테일, 미디어윌, 한국보훈복지의료공단, 한국기계연구원, CBS, 대전광역시 시설관리공단, 대전신용보증재단

■■■ 지사 및 계열사
계열사 : 주식회사 사람마중, 주식회사 이프리, 하랑커뮤니티

■■■ 임직원 연락처
대표이사 이상민 010-4102-8880

■■■ 기업연혁
2010. 세종HR 법인 설립, 위생관리용역업 영업신고, 시설경비업 허가, 근로자파견사업 허가
2012. 국내유료직업소개업 허가, 전시용역사업자 허가
2014. 경영혁신형중소기업(메인비즈) 인증
2016. 신용보증기업 BEST서비스기업 선정
2018. 해외유료직업소개업 허가
2022. 우수중소기업인 표창(대전광역시장)

■■■ 대표자 프로필
이름 : 이상민
학력 : 대전고등학교 졸업, 배재대학교 졸업, 대전대학교 최고경영자과정 수료
경력 : 중도일보사, (주)엠앤비
경영방침 : 고객사와 함께 신뢰와 협력을 바탕으로 성장합니다.

■■■ 회사 및 서비스 소개
토탈아웃소싱 전문기업 (주)세종HR입니다.

21C의 변화하는 경영환경 속에서 기업은 지속적인 성장에 필수적인 경쟁력 확보를 위하여 선택과 집중을 통한 핵심역량의 강화가 절실히 요구되고 있습니다. 따라서 효과적인 아웃소싱은 이미 기업 성장 전략의 선택이 아닌 필수조건으로 자리매김하고 있습니다.

(주)세종HR은 대전, 충남·북에 기반을 둔 인재파견, 아웃소싱, 헤드헌팅, 채용대행 부문 등의 인재 종합서비스 전문회사입니다. 동종업계에서 다년간의 경력을 쌓아온 전문가들이 지역 내 특성에 걸맞은 맞춤 시스템으로 인재에게는 최적의 일자리를 기업에게는 최고의 인재를 적재적소에 배치하고 있습니다.

그 간의 오랜 경험으로 쌓아온 전문적 지식이란 바탕에 젊은 패기와 뜨거운 가슴을 더하여 최선을 다하는 대전 일등기업이 되겠습니다.

(주)세중글로비스
www.sejungglovis.com

대표	박원주
전화	031-365-5190
팩스	070-7545-3680
이메일	sejungglovis@naver.com

■■■ 회사주소
경기도 안산시 단원구 풍전로37-9

■■■ 설립 및 자본금
설립년 : 2019년
자본금 : 1억원

■■■ 매출실적
2025년(대비): 70억원

■■■ 종업원현황
총원 : 207명 / 내부사원 7명, 도급사원 120명, 파견사원 80명

■■■ 아웃소싱 서비스
물류대행서비스, 운송화물분류, 물류창고 임대업, 자동차부품/전자부품 제조 및 금속가공업

■■■ 주 거래 업종
운송, 물류업종, 자동차부품업종

■■■ 주 거래 기업
농협(안성센터), CJ프레시웨이(덕평센터), CJ온마트(동탄물류센터), 제때(신갈/동탄물류센터), 롯데슈퍼(신갈, 이천물류센터), 외 다수

■■■ 지사 및 계열사
지사 : 경기도 오산시 오산로 193, 탑프라자 126호(오산동)

■■■ 담직원 연락처
박원주 대표 031-365-5190

■■■ 기업연혁
2019. 08. 한화푸디스트 광주센터 도급 물류대행업무
    (주)네오스토어 하역 업무
    (주)SJ로지스 법인 설립
2019. 11. 아워홈 용인2센터 운영관리 도급 물류대행업무
2019. 12. 주식회사 세중글로비스 법인 설립(상호변경)
2019. 12. 아워홈 용인2센터 하역 물류대행업무 아이두잇 (위성안테나 수신기) 제조 도급
2020. 01. 아워홈 용인2센터 재고관리 도급 물류대행업무
2020. 03. CJ온마트(동탄물류센터) 하역 업무
2020. 04. 제때(신갈/동탄물류센터) 하역 업무
2021. 02. 롯데슈퍼(신갈/이천물류센터) 하역 업무
2021. 06. 농협 안성센터 도급계약
2021. 10. CJ프레시웨이 덕평센터 도급계약

■■■ 대표자 프로필
이름 : 박원주
학력 : 선문대학교 경영학과 졸업
경력 : 現) 세중글로비스 대표이사
경영방침 : "가치경영, 소통경영, 인재경영, 역량경영"

■■■ 회사 및 서비스 소개
세중글로비스는 협력사 상생경영 및 윤리경영을 목표로 지속적인 맞춤형 서비스를 고수해오고 있는 기업이다.
Total물류대행 종합서비스 전문기업으로 많은 경험과 차별화된 서비스 전략으로 협력사의 물류 대행을 하고 있다. 그동안 쌓아온 노하우와 신뢰를 바탕으로 협력사에게 최상의 맞춤 서비스를 제공하고 있다.
최고의 협력사만족 및 신뢰를 위해 차별화된 시스템과 서비스로 프리미엄가치를 실현하는 가치경영, 현장의 의견을 지속적으로 수렴하여 경영전략에 반영, 신속하게 협력사만족 서비스 실현하고자하는 소통 경영, 체계적인 교육 및 경력개발을 지원하여 업계 최고수준의 직무 전문가를 양성하기위한 인재경영, 가장 잘 할 수 있는 주력분야에 역량을 집중하여 경쟁력과 차별성을 가진 역량경영을 통해 지속적으로 사업가치 확대를 위해 성장해 나가고 있다.
고객사의 물류 업무를 전문적으로 대행함으로써 항상 개선하는 자세와 동반 성장한다는 자세로 최선의 노력을 다할겠다는 각오다.

(주)스카우트
www.scout.co.kr

대표	지세근
전화	02-2188-6755
팩스	02-555-2853
이메일	sh_lee@scout.co.kr

■■■ 회사주소
서울시 강남구 언주로431 삼봉빌딩 3,4,5,8층

■■■ 설립 및 자본금
설립년 : 1990년
자본금 : 6억원

■■■ 매출실적
2025년(예상) : 421억원

■■■ 종업원현황
총원 : 1,017명 (본사: 71명 / 지점: 80명 / 도급: 866명)

■■■ 아웃소싱 서비스
생산 / 물류 / 통합관리운영 / 유통 / 판매촉진 / 컨텍센터 / 근로자파견 등

■■■ 주 거래 업종
- AI 인재매칭 서비스
  (www.scout.co.kr을 통해 AI를 통한 직무중심 인재매칭 서비스 제공)
- 헤드헌팅
  (국내기업, 외국계기업 등에 고급인재 리쿠르팅 서비스)
- HR컨설팅
  (채용, 인사조직, HRD 컨설팅, NCS 컨설팅 등)
- 취업지원
  (국민취업지원제도, 청년일자리도약장려금, 대체인력뱅크, 아웃플레이스먼트 등)
- 아웃소싱
  (생산/물류/호텔&리조트/유통/판매판촉/컨택센터/근로자파견 등)

■■■ 주 거래 기업
삼성전자, 삼성전기, 삼성물산, 삼성전자로지텍, 삼성SDI, 삼성전자판매, 삼성바이오로직스, 한국인삼공사, BGF리테일, 도레임첨단소재, SG생활안전, 웅진케미칼, 신세계푸드, 농심, 한진, BAT코리아, 스미후루코리아, 호텔신라, 반얀트리호텔, 호텔롯데, 한화리조트, 파라다이스, 네이버, 쉥커코리아, 한국민속촌, 밀레코리아, 샤프도앤코코리아, 게이트고메코리아

■■■ 지사 및 계열사
지사 : 서울본사 外 수원/대전/천안/부산/대구/광주/원주/청주
계열사 : 페이버스, 스카우트에이치알, 스카우트이엠에스, 파인테크, 위링크글로벌, 엘리트코리아, 플랫포머스

■■■ 임직원 연락처
02-2188-6755 / sh_lee@scout.co.kr

■■■ 기업연혁
- 1998. www.scout.co.kr 오픈
- 2007. ISO 9001 인증 획득
  삼성그룹 컨택센터 운영
- 2010. 고용서비스 우수기관 인증
- 2011. KOICA 취업지원시스템 구축
  국방부 아웃플레이스먼트 사업 운영
- 2012. KOICA 취업정보센터 운영
- 2013. 국가보훈처 제대군인센터 운영
- 2014. LG그룹 컨텍센터 운영
- 2015. 산업인력공단 "NCS 채용시스템 컨설팅 전문기관" 선정
- 2016. 고용노동부 "대체인력채용서비스" 민간위탁기관 선정
- 2017. 고용노동부 "취업성공패키지" 민간위탁기관 선정
- 2019. 여주시 "일자리센터" 민간위탁기관 선정
- 2020. 고용노동부 " 청년디지털일자리 " 민간위탁기관 선정
  고용노동부 민간위탁 고용서비스기관 인증
- 2021. 고용노동부 "국민취업지원제도" 민간위탁기관 선정
- 2022. 고용노동부 "일경험" 민간위탁기관 선정
  행정안전부 "2022년 일자리창출 유공" 국무총리상 수상
- 2023. 중소벤처기업진흥공단 "구직자 컨설팅" 사업 운영
  노사발전재단 "재취업지원서비스 기업컨설팅" 사업 운영
- 2024. 행정안전부 "2024년자리창출" 대통령 표창 수상

■■■ 대표자 프로필
이름 : 지세근
학력 : 서울디지털대 경영학 졸업
경력 : 삼성전자 회장 비서실 인사팀 차장
  삼성전자 경력컨설팅센터 상무(전문임원)
  대한빙상연맹 부회장
  삼성전자 자문위원
  스카우트 대표이사, 페이버스 그룹 사장
경영방침 : 개척정신 / 적극정신 / 창조정신

■■■ 회사 및 서비스 소개
스카우트는 대한민국 인재뱅크로서 온라인 기반의 리크루팅 서비스를 중심으로 헤드헌팅, HR컨설팅, 채용대행, 커리어매니지먼트, 아웃플레이스먼트 등 다양한 오프라인 서비스와의 연계 사업을 통해 수익을 창출하는 대한민국 대표 HR 전문기업입니다.
1998년 설립 이후, 스카우트는 국내 e-리크루팅의 새로운 장을 연 선두기업으로서 자체 개발한 HR 솔루션과 다년간 축적된 전문 노하우, 그리고 방대한 고급 인재 DB를 기반으로 고객의 요구에 부합하는 맞춤형·고품질 인재서비스를 지속적으로 제공해 오고 있습니다. 개인에게는 자신의 적성 분석과 진로 설정, 취업활동, 경력관리, 전·이직 지원 등 사회생활 전반에서 실질적으로 도움이 되는 커리어 솔루션을 제공하며, 기업에게는 급변하는 경영 환경 속에서 우수 인재를 확보하고 조직의 경쟁력을 강화할 수 있도록 체계적인 인사·채용 전략을 지원하고 있습니다.
스카우트는 끊임없는 변화와 혁신을 통해 기업과 인재가 함께 성장하는 인재 생태계 구축을 목표로 하고 있으며, 고객 중심의 서비스 철학과 전문성을 바탕으로 공공 및 민간 부문에서 다양한 HR 프로젝트를 성공적으로 수행해왔습니다. 21세기는 꿈꾸는 자와 도전하는 자가 미래를 창조하는 시대입니다. 스카우트는 그러한 변화의 중심에서 여러분의 꿈과 도전을 실현하는 최상의 HR 파트너로서 믿음과 신뢰를 바탕으로 함께 성장해 나가겠습니다. 감사합니다.

(주)스탭솔루션
www.staffsolution.co.kr

대표	임광주
전화	02-552-5360
팩스	02-555-6776
이메일	kjlim@staffsolution.co.kr

■■■ 회사주소
서울시 강남구 테헤란로 34길 21-4 301호(역삼동)

■■■ 설립 및 자본금
설립년 : 1998년
자본금 : 2억원

■■■ 매출실적
2024년 : 140억원
2025년(예상) : 143억원

■■■ 종업원현황
총원: 451명 / 관리: 11명 / 파견: 115명 / 도급 : 325명

■■■ 아웃소싱 서비스
인재파견, 도급(생산, 물류, 유통, 사무, 운전, 청소, 경비, 전산)
헤드헌팅, 채용대행, 급여대행

■■■ 주 거래 업종
물류, 유통, 면세점, 자동차, 전기전자, 반도체, 외국계회사

■■■ 주 거래 기업
롯데그룹(롯데지주, 롯데쇼핑, 롯데홈쇼핑, 롯데면세점 등)
효성그룹(효성TNS, NHCMS, 더클래스효성 등),
SK그룹(SK인텔릭스 등)
한화그룹(한화NXMD 등)
GS그룹(GS에스앤디, GS건설 등)
이수그룹(이수화학, 이수시스템 등)
외국계회사 BASF Korea, Rhom Korea, Sony Korea 등)

■■■ 지사 및 계열사
지 사 : 수원
계열사 : (주)솔루션(헤드헌팅), (주)C&B솔루션(급여대행)

■■■ 임직원 연락처
심연희 부장(02-552-5910)

■■■ 기업연혁
1998. 05 (주)솔루션 Temporary 사업부 설립
2000. 02 (주)스탭솔루션 설립 및 NIKE, ORACLE, GE, LEGO등
        외국계회사중심의 아웃소싱업무 시작
2002. 02 수원지사설립 및 아주대병원 아웃소싱업무 시작
2003. 02 면세점 물류업무 아웃소싱 업무 시작
2008.   아웃소싱서비스 최우수상 수상
2009.   롯데홈쇼핑 우수협력업체 선정
2010.   아웃소싱서비스 고객만족대상(인력파견부분) 수상
2011.   아웃소싱 리딩컴퍼니 수상
2017.   아웃소싱100대업 8년연속 수상
2023.   효성그룹 우수협력업체 선정
2025.   HR서비스 대상(선도부문) 수상(HR산업협회)

■■■ 대표자 프로필
이름 : 임광주
학력 : 연세대 법학과 졸업 및 동대학원 법학과 졸업
경력 : 대우중공업 경영개선본부
효성그룹 전략본부 경영기획실
효성그룹 기획조정실 인사팀장
소니코리아 본부장
HR서비스산업협회 감사
서울상공회의소 강남구 상공회 부회장
연세대학교 총동창회 부회장(벤처기업담당)
국가행정고시/기술고시/외무고시/공무원 7,8,9급 면접위원
경영방침 : 고객의 니즈에 부합하는 맞춤식 인력공급으로 고객사
        생산성 극대화 및 지속적인 혁신 추구

■■■ 회사 및 서비스 소개
당사는 회사 설립후 현재에 이르기까지 업계의 최고브랜드로 평가받고 있습니다. 당사는 각 고객사별 사업내용과 인재상에 부합하는 맞춤식 인력공급으로 좋은 평가를 받고 있으며 고객사의 인력운영의 효율성과 생산성 극대화에 많은 기여를 하고 있습니다. 그리아혀 당사는 아웃소싱서비스 고객만족대상을 수상한 바있고 꾸준하게 국내 아웃소싱 100대기업에 선정되어 우수한 국내 아웃소싱회사로 평가 받고 있습니다. 당사는 향후에도 지속적으로 혁신을 추구하여 고객사와 함께 새로운 성공모델을 창조해나가며 고객사의 경영성과 증진에 절대적으로 기여할 것입니다.

스탭스(주)
www.staffs.co.kr

대표	박천웅
전화	02-2178-8000
팩스	02-2178-8070
이메일	staffs@staffs.co.kr

▪▪▪ 회사주소
서울특별시 중구 동호로14길 7, 스탭스빌딩(신당동)

▪▪▪ 설립 및 자본금
설립년 : 1998년
자본금 : 10억원

▪▪▪ 매출실적
2024년 : 800억원
2025년(예상) : 760억원

▪▪▪ 종업원현황
총원 : 3000명 / 파견 및 도급 : 2500명

▪▪▪ 아웃소싱 서비스
취업지원 사업분야
취업성공패키지, 청년내일채움공제, 일자리센터, 집단상담 등 공공기관 정부사업과 언택트 기반으로 진행하는 대학 컨설팅, 취업 박람회 등 전직지원, 교육·컨설팅, 진로·취업역량 강화 등 B2C 사업, 일경험 프로그램, 청년디지털일자리, 국민취업지원제도, 시니어인턴십 및 재취업지원서비스

기업지원 사업분야
인재파견, 채용대행, 헤드헌팅, 유통/물류, 생산/제조 등 전문분야에 대한 기업지원

컨텐츠 사업분야
언택트 인프라 지원 사업, 컨텐츠 개발 지원 및 기획, E-Commerce 사업, 비대면 서비스 사업, 스튜디오&회의실 대관, 영상 촬영 및 편집

▪▪▪ 주 거래 업종
제조생산, 금융, 식음료서비스, 정부투자기관 및 단체

▪▪▪ 주 거래 기업
삼성전자, 대한항공, 고용노동부, 경기도 등 시·도, 각종 대학 등

▪▪▪ 지사 및 계열사
센터 : 서울중부, 서울동부, 서울구로, 서울북부, 서울남부, 고양, 광명, 의정부, 성남, 용인, 경기, 부천, 인천, 인천 북부, 안산, 안양, 광주광산구, 광주 서영사무소, 구미, 부산, 부산동부, 대구서부, 대구동부, 청주, 전주, 울산, 포항 등
계열사 : 유플러스, 스탭스서비스, 제이피넷, 스탭스BS, 제이피스, 링킷

▪▪▪ 임직원 연락처
이해원 경영기획실장　02-2178-8010
허정원 운영팀장　　　02-2178-8061

▪▪▪ 기업연혁
1998. 스탭스 주식회사 설립
1999. 삼성전자 특별공로상 수상
2000. 삼성전자 감사패 수상
중략
2009. 고용노동부 〈청년취업인턴제〉 위탁 운영기관 선정
2010. 고용노동부 〈취업성공패키지〉 위탁 운영기관 선정
2011. 일자리 창출지원분야 산업포장 수훈
2012. 한국장학재단 멘토링 우수사례 발표
2013. 지식경제부 장관 표창 수상
2014. 일자리 민간위탁 우수기관 표창(경기도)
2015. 복합고용서비스 우수기관 인증(고용노동부)
2016. 여성능력개발 우수기업 선정(서울시)
2017. 여성가족부 장관 표창 수상
2018. 고용노동부 민간위탁 우수기관 인증 (12개 전 센터)
2019. 한국HR서비스산업협회 클린기업 인증 (연속3회)
　　　한국장학재단 공로상 수상
2020. 고용노동부 민간 고용서비스 우수기관 인증
2020. 노인일자리 평가대회 장려상 수상
2021. 고용노동부 〈국민취업지원제도〉 위탁 운영기관 선정 29개 센터(전국 최다)
2024. 대한항공 '아차사고 경진대회' 우수상 수상
2025. 한국생성학회 주관 생산성CEO 대상 수상

▪▪▪ 대표자 프로필
이름 : 박천웅
학력 : 중앙대 전자공학과
경력 : 삼성전자 동경주재원/삼성전자 전략기획실 기획팀 부장/삼성 회장 비서실 감사팀 부장/삼성전자 전략기획실 기획팀 부장/삼성전자 첨단기술 센터장(이사)/한구강웃소싱기업협회 부회장/숙명여대 멘토 프로그램 멘토(2003~2012)/한국장학재단 멘토(2010~현)/現 한국진로취업서비스협회 회장/現 스탭스(주) 대표이사 사장
경영철학 : 함께, 멋지게, 미래로

▪▪▪ 회사 및 서비스 소개
스탭스는 1998년 창업 이래 기업지원 및 취업지원 사업을 확장시켜왔고 업계의 좋은 사례로 그 리더 역할을 해오고 있다. 24주년을 기점으로 메타버스를 활용한 디지털 디자인 컨텐츠 창출에 힘써 사업 방향을 확장하고 있으며 비대면 사업 활성화를 통해 온라인 및 오프라인 인프라를 구축하여 사업의 효율성을 확대하고 있다. 또 디지털 관련 비대면 사업으로 영상 스튜디오 운영, 콘텐츠 사업을 진행 중이다. 아울러 사업의 디지털콘텐츠화를 통해 사업 효율성 확대 및 언택트 사업의 활성화를 도모하고 있다.
인재서비스 대표기업으로써 기업에겐 미래를, 인재에겐 희망을 주기 위해 기업과 인재의 든든한 파트너로서 그 길을 꾸준히 걸어왔다. 정부가 인정하고 인재가 먼저 찾는 종합인재서비스 대표기업으로 그 노력을 하고 있다.

(주)스탭포유
www.staff4u.co.kr

대 표	이정영
전 화	02-2263-5454
팩 스	02-2263-7083
이메일	webmaster@staff4u.co.kr

▌▌▌ 회사주소
서울시 중구 필동로32 낙원빌딩 2F

▌▌▌ 설립 및 자본금
설립년 : 2001년
자본금 : 1억원

▌▌▌ 매출실적
2025년(예상) : 170억원

▌▌▌ 종업원현황
총원 : 640명 / 관리 : 20명 / 파견 : 320명 / 도급 : 300명

▌▌▌ 아웃소싱 서비스
근로자파견, 제조도급, 판매도급, 콜센터도급, 전산도급, 채용대행, 헤드헌팅, 위수탁 등

▌▌▌ 주 거래 업종
전자, 금융, 전자상거래, 홈쇼핑, 전산, 패션, 언론, 대학, 공기업 등

▌▌▌ 주 거래 기업
신일전자, 코스모앤컴퍼니, 위니아전자, 쿠쿠전자, 쿠첸, 위니아딤채, 오텍캐리어, 쿠웨이, 롯데하이마트, 롯데쇼핑e커머스, 롯데홈쇼핑, 롯데JTB, 한국GM, 윌로펌프, 한국무역정보통신, 디에스지엔, 샤넬, 서울신문사 국민일보, 한국전자기술연구원, 아주대학병원, 서울신용평가정보, 경동나비엔, 한국우편산업진흥원, 한국섬유산업연합회, LF푸드, 군인공제회C&C, 대한기계설비건설협회 나인스파크성남, 프레시지, 한국초저온, 롯데백화점, 스피드랙 등

▌▌▌ 지사 및 계열사
지사 : 부천지사, 김해사무소, 부천사무소

▌▌▌ 임직원 연락처
백창수 상무 010-9135-0945

▌▌▌ 기업연혁
2001. 12 법인설립, 근로자파견사업 허가 취득
2002. 01 LG카드(주) 콜센터 파견개시
       12 서울신문사 파견개시
2003. 01 (주)하이마트 콜센터 파견개시
2004. 10 롯데쇼핑e커머스 콜센터 도급업무 개시
2006. 06 한국GM 제조도급 개시
2008. 08 코웨이 판매도급 개시
2010. 12 한국전자기술연구원 파견 개시
2011. 04 WILO펌프 제조도급 개시
2012. 02 동부대우전자 판매도급계약 체결
2013. 12 롯데홈쇼핑(주) 파견개시
2015. 04 쿠쿠전자 판매도급개시
       11 코리아세븐 파견개시, 쿠첸 판매도급개시
2016. 08 대유위니아 판매 도급 개시
2017. 07 오텍캐리어 판매도급개시
2021. 02 대한기계설비건설협회 콜센터 도급 개시
2022. 11 프레시지 제조도급 개시
2023. 03 한국초저온 물류도급 개시
       04 롯데백화점 파견 개시
2024. 06 신일전자 판매도급 개시
       09 코스모앤컴퍼니 판매도급 개시
2025. 09 스피드랙 물류도급 개시

▌▌▌ 대표자 프로필
이름 : 이정영
학력 : 대성고등학교 / 고려대학교졸업
경력 : 대우전자정책조사팀부장
      대우그룹구조조정본부재무팀부장
      SPR 컨설팅부문담당이사

▌▌▌ 회사 및 서비스 소개
(주)스탭포유는 2001년 12월 설립 이후 LG카드, 대우캐피탈 등 금융회사 콜센터에 대한 텔레마케터 파견을 시작으로 현재는 사무, 비서, 안내, 전산, 제조, 운전직 등 다양한 직종에 인재를 파견하고 있다.
또한 위니아대우, 코웨이, DELL, 샤넬 등 유수기업에 대한 가전, 정보기기 및 패션분야의 판매도급과 한국GM, 위니아대우, 윌로펌프 등 글로벌 기업에 대한 자동차 및 전자분야의 제조도급 서비스를 제공하고 있다.
스탭포유는 오랜 기간동안 자체시스템에 의해 축척된 인력 DB와 광범위한 인적 네크워크를 바탕으로 전문인력에 대한 헤드헌팅과 채용대행 서비스를 제공하고 있는 아웃소싱 전문기업이다.
풍부한 경험과 열정을 지닌 잡매니져들이 고객사의 Needs에 부응할 수 있는 유능한 인재를 신속하게 확보하고 지속적인 교육과 관리를 통하여 고객사에 최고의 만족을 드리도록 노력하고 있다.

(주)시너지컨설팅
www.thesynergy.co.kr

대표	이병철
전화	02-571-9192
팩스	02-2279-9192
이메일	cs@thesynergy.co.kr

■ 회사주소
서울시 성동구 왕십리로 24나길 20 창성빌딩 8F ~ 9F

■ 설립 및 자본금
설립년 : 2010년
자본금 : 2억원

■ 매출실적
2025년(예상) : 580억원

■ 종업원현황
총원 : 1,895명(내부직원 : 68명, 아웃소싱 : 1,827명)

■ 아웃소싱 서비스
AI기반 HR컨설팅 및 아웃소싱
- 채용전략(인재상·핵심가치, 지원자 페르소나, 직무분석·기술서인·적성 검사, 평가 과제 개발, 채용프로세스 개선, ATOM 채용)
- 인재확보(적정인원 산정, 역량모델링, 채용대행, 헤드헌팅, 채용프로세스 대행, 공정 채용 프로세스 대행, 온보딩 개발·운영)
- 교육훈련(면접관 트레이닝, 선발능력 진단교육, 조직문화 진단교육, 인재유지 진단교육, 동기부여 진단교육, 리더십 진단교육)

■ 주 거래 업종
정부 및 공공부문, 금융 서비스, IT/전기/전자, 소비재, 유통, 생명과학, 산업재, 화학, 미디어, 건설, 제조, 서비스, 건설, 토목, 교육, 항공, 자동차, 대학

■ 주 거래 기업
국민건강보험, 공무원연금공단, 교통안전공단, 국가정보원, 국군기무사령부, 국립공원관리공단, 기술보증기금, 남부발전, 서부발전, 코레일, 한국전력, 국민은행, 국민카드, 삼성자산운용, 수협, 수협은행, 대성그룹, 도루코, 에스오일, 에스케이가스, 대우조선해양, 동원그룹, 삼양홀딩스, 만도, 무림제지, 세아제강, 세아상역, 엘에스그룹, 한화그룹, 현대중공업, 현대오일뱅크 외 다수

■ 임직원 연락처
아웃소싱BU : 박상희 컨설턴트		010-6393-7348
컨설팅BU : 허민호 컨설턴트		010-5066-9715
AI&온라인BU : 이경목 컨설턴트		010-5053-3164

■ 기업연혁
- 2010. ㈜시너지컨설팅 법인설립
  ㈜시너지컨설팅 강남지사 설립
- 2011. 채용에 대한 프로세스를 정의한 "채용의 교과서" 발간
- 2012. 전직지원 전문 서적 "재취업의 교과서" 발간
  ㈜시너지컨설팅 광주지사 설립
- 2013. 컨설팅 수행 방법론 CPDA 서비스 특허(41-2012-0033219)
  ㈜시너지컨설팅 광주지사 설립
- 2014. 국가정보원 외 80여 공공기관, 대기업의 경쟁력 향상 컨설팅 수행
- 2015. 일본 최대 인재평가 기관 E-FALCON과 MOU
- 2016. NCS기반 공공기업(기관) 인사담당자 교육 운영
- 2017. 대한민국 고객만족 브랜드 대상 수상 (컨설팅 및 업무대행 부문)
- 2018. NCS기반 블라인드 채용컨설팅 기관 4년 연속 선정
- 2019. "TALENT-A" 서비스 런칭
- 2020. AI 기반 채용평가관리 솔루션 "@WORK" 서비스 런칭
- 2021. AI 기반 채용평가관리 솔루션 "Machine Assessment" 런칭
- 2022. 한화그룹, 현대그룹 외 76개 기업 리더십 및 면접관트레이닝 시행
- 2023. AI 기반 조직문화진단 플랫폼 "WORK VITAL" 서비스 개발
  AI 기반 KPI 플랫폼 "KPI Dic" 서비스 개발
- 2024. AI 기반 역량평가 플랫폼 "COM Dic" 서비스 개발
  대한민국 인재 채용의 교과서 "채용의교과서 / 워크북" 발간
- 2025. AI 기반 인재예측 솔루션 "TALENT-A" 서비스 개발
  대한민국 채용 기준 "ATOM 으로 채용하라" 발간

■ 대표자 프로필
이름 : 이병철
학력 : 서울과학종합대학원 경영학 박사(Ph.D)
　　　고려대학교 경영학 석사(인적자원 관리)
경력 : 시너지컨설팅 대표 컨설턴트
　　　산업정책연구원 연구교수
　　　NCS 기반 채용프로세스 개발 위원
　　　국가/지방직 공무원 임용 및 승진 역량 평가 위원
　　　ICMCI CMC 국제공인 경영 컨설턴트
경영방침 : 기업과 인재의 경쟁력 향상을 지원하며 위대한 성공을 돕는다.

■ 회사 및 서비스 소개
인사전문가 그룹 시너지는 기업이 성공적인 사업을 펼치는 데 충분한 역량과 태도 그리고 경험을 갖춘 인재들을 확보·개발·유지하는 것을 지원하여 고객의 위대한 성공을 돕기 위해 일하고 있습니다.
지난 20여 년간 1,750여 기업의 조직문화·조직분석·인사 전략분석·평가제도·인재채용·인재유지·동기관리·보상제도·리더십 개발·커뮤니케이션 등에 대한 크고 작은 과제들을 효과적으로 해결해 왔습니다. 인사전문가 그룹 시너지는 「사람을 최고의 자산으로 만드는 비법을 전수하여 고객의 위대한 성공을 돕는 전문 파트너」로서 경쟁력 있는 인재경영 프로세스를 만들어내는 데 도움을 제공하고, 사람을 최고의 자산으로 만드는 비결을 전수하여 경영비전 실현을 돕고 있습니다. 시너지컨설팅의 서비스는 정형화된 것이 아니라 고객의 요구에 유연하게 대응할 수 있는 맞춤형 고부가가치 서비스로 고객으로부터 절대적인 신뢰를 얻어 현재 90% 이상의 재계약률을 유지하고 있습니다.

(주)신명써비스
www.shinmyung.net

대 표	김규명
전 화	02-849-0890
팩 스	02-843-8101
이메일	dhk0220@hanmail.net

■ 회사주소
서울시 강서구 양천로62길 35 영은빌딩 6층

■ 설립 및 자본금
설립년도 : 2002년
자본금 : 3억원

■ 매출실적
2024년 : 185억 3,440만원
2025년(예상) : 200억원

■ 종업원현황
총 : 384명

■ 아웃소싱 서비스
경비, 시설관리, 청소, 근로자파견, 물류 아웃소싱 서비스

■ 주 거래 업종
유통, 서비스, 외국계기업, 공공기관

■ 주 거래 기업
홈플러스, 메가마트, 디큐브, 국제학교, 내성기업, 탑마트 외 다수

■ 자사 및 계열사
(주)신명시스템(배송, 지입), (주)신명인(인력공급)

■ 임직원 연락처
김동호 상무 02-849-8317
원종수 관리부장 02-849-0890

■ 기업연혁
2002. 11 법인 설립, 경비업 허가(서울 경찰청 1334호)
2003. 01 메가마트 3개점(천안, 울산, 남천) 보안/주차 인수
       09 홈플러스 영등포점 보안업무 인수 : 홈플러스 진출
2004. 01 농심호텔 주차/보안 업무 인수 : 호텔 진출
2005. 09 허심청 미화업무 인수 : 청소부문 개시
2006. 01 까르푸 5개점 보안/주차업무 인수 : 까르푸 진출
       (07.1 홈에버 전환 → 09.1월 홈플러스 테스코 전환)
2008. 05 춘천 M백화점 보안/주차/진열/방송/안내 수주 : 종합용역 개시
2010. 11 신세계백화점 충청점 보안/서비스 부문 오픈
2013. 01 디큐브백화점 거제점 보안/주차/시설 부문 업무 개시
2014. 01 메가마트 동래점 외 미화부분 등 종합용역 개시
       03 국제학교 보안/미화 수주 학교 부문 업무 개시
2015. 01 내성기업 수주 : 창고 물류 부문 업무 개시
2016. 01 파견업 허가
2017. 06 탑마트/아트몰링 주차/시설/보안 수주
2020. 01 부산백병원 보안/주차 부문 수주,
       부산 대동병원 보안부문 수주

■ 대표자 프로필
이름 : 김규명
학력 : 성균관대학 졸업
경력 : 신세계 총무부장 역임
수상내역 : 2013 일간스포츠 한국의 신뢰받는 기업&인물 선정
        2014 대한민국국회 윤리특별위원장 대한민국 나눔대상
경영철학 : "최상의 서비스와 최고의 안전으로 고객감동 실현"

■ 회사 및 서비스 소개
신명은 '봉사하는 자세, 감사하는 마음'이라는 사훈을 모토로 2002년 회사 설립 후 국내 최고의 '종합 전문 용역업체'를 목표로 매진하고 있습니다.

신명은 사람이 활동하는 모든 공간을 안전하고 편안하게 유지하고자 아웃소싱 서비스 분야를 선도하고 발전시키기 위해 창업 이래 고객사와 동반 성장을 거듭하고 있으며, 항상 겸손하고 진취적인 자세로 고객의 다양하고 변화하는 요구에 만족을 드리고자 최선의 노력을 다하고 있습니다.

신명의 Total Outsourcing은 과거의 단순한 관리차원을 넘어 고객 Needs 변화를 바탕으로 한 서비스 변화와, 쾌적한 환경 제공은 물론 건물수명(Life Cycle)을 연장하기 위해 각 파트별 업무의 철저한 수행 및 확인을 통해 업무 가치를 향상시키고 사용자 만족도의 극대화를 추구하고 있습니다.

신명의 경쟁력은 대형유통 매장, 빌딩, 학교, 물류창고 등 다양한 분야, 다양한 서비스에서 축적된 오랜 노하우를 구축하고 있다는 점을 꼽을 수 있습니다.

또한 각 분야(보안/시설/미화/주차 등)별 전문서비스는 물론이며, 최근 아웃소싱 분야 흐름인 Turn Key System을 다양한 현장에 성공적으로 적용하고 있습니다.

특히 전국적인 사업장 분포로 신규사업장 수주시 현장경험이 풍부한 인근 사업장 관리자의 전환배치와 실시간 대응이 가능하며 유사시 즉각적인 조치가 가능하다는 점도 강점입니다.

신명은 고객과의 신뢰(信賴)를 바탕으로 한 차원 높은 분야별 관리서비스를 제공해 드릴 것을 약속 드리며, 임원부터 솔선수범(率先垂範)의 자세로 약속을 이행 하겠습니다.

신우산업관리(주)
www.shinwoomds.co.kr

- **대표**: 전용수
- **전화**: 02-587-7691
- **팩스**: 02-587-7690
- **이메일**: admin@swsg.co.kr

▌▌ 회사주소
서울시 영등포구 당산로 171, 1101호 (금강펜테리움IT타워)

▌▌ 설립 및 자본금
설립년 : 1997년
자본금 : 15억 4천만원

▌▌ 매출실적
2024년 : 600억원
2025년(예상) : 650억원

▌▌ 종업원현황
총원 : 2,000명 (관리 40명, 파견 : 50명, 도급 : 1,910명)

▌▌ 아웃소싱 서비스
보안/경비/환경미화/소독/시설관리, 물류(항공,지상)관리, 공동주택관리, 공사/안전점검관리, 안내/주차/발렛관리, 판촉/홍보관리, 생산관리, 객실관리, 골프장관리, 전산보조, 교환업무, 인재파견 등

▌▌ 주 거래 업종
백화점, 마트, 학교시설, 연수원, 호텔, 아파트, 골프장, 대형건물, 생산공장, 물류센터, 시네마

▌▌ 주 거래 기업
롯데쇼핑, 한국공항, 롯데면세점, 롯데건설, 롯데웰푸드, 중부대학교, 발레오전장시스템즈코리아, 남서울대학교, 메가박스, 대선주조, 한국생활건강, 롯데카드, 캐논코리아, 롯데글로벌로지스, 마켓컬리, 삼호물산빌딩 등

▌▌ 지사 및 계열사
안산지사 : 031-493-6891
중부지사 : 042-543-8506
영남지사 : 051-507-1123
물류사업본부 : 032-742-2473
계열사 : (주)신우아이티에스

▌▌ 임직원 연락처
안현민 사장	02-587-7691(내선 234)
경영지원본부 이상백 부사장	02-587-7691(내선 222)
운영관리본부 윤종권 부사장	02-587-7691(내선 412)
정책기획본부 심왕돈 부사장	02-587-7691(내선 238)
시설관리본부 김연수 상무이사	02-587-7691(내선 321)
물류사업본부 최광호 전무이사	032-742-2473

▌▌ 기업연혁
- 1997. 03 신우산업관리(주) 창립
- 04 위생관리용역사업 신고
- 05 용역경비업 시설경비업무 허가
- 1998. 09 근로자파견업 허가
- 2001. 07 (주)토탈에스이엠시스템 설립
- 2006. 05 아웃소싱전문가 인증획득
- 2009. 03 민간경비부분 행정안전부장관상 수상
- 2011. 06 주택관리업 면허 취득
- 2013. 05 보건복지부 장관 표창 수상
- 2014. 09 근로자 보호 클린기업 인증
- 2016. 09 한국서비스품질우수기업 인증
- 12 가족친화기업 인증
- 2018. 09 ISO 9001:2015 인증
- 09 좋은 일자리 기업 선정 (신용보증기금)
- 2020. 09 소독업 신고
- 2022. 08 ISO 45001 : 2018 인증
- 2023. 02 한국HR서비스산업대상 수상
- 04 자회사 (주)토탈에스이엠시스템 합병
- 2024. 09 근로자 보호 클린기업 인증(10년 연속)
- 2025. 01 아웃소싱 리딩컴퍼니 선정(17년 연속)
- 02 혼잡·교통유도경비업 허가 취득
- 02 한국HR서비스 산업대상 수상
- 04 아웃소싱 100대 기업 선정(20년 연속)
- 07 ESG 우수 중소기업 선정(2회 연속)
- 10 한국서비스품질우수기업 선정(9년 연속)

▌▌ 대표자 프로필
이름 : 전용수
학력 : 1969. 포항수산대학교 상학과 졸업
      1993. 건국대학교 농축대학원 경영자과정 수료
경력 : 1975~1996 롯데그룹 재직
      1995~1997 한국식품공업(주) 전무이사
      1997~현재 신우산업관리(주) 대표이사
      2013~현재 (주)신우아이티에스 대표이사
      현 한국건축물유지관리협회 감사
      현 한국건물위생관리협회 부회장
      현 한국HR서비스산업협회 고문
      현 서초경제인협의회 부회장
      전 한국경비협회 자문위원장
      전 서초세무서 명예서장
      전 수서경찰서 경찰행정발전위원회 위원장
경영방침 : 소통과 혁신으로 재도약!

▌▌ 회사 및 서비스 소개
핵심경쟁력
시설, 경비, 미화 등 다양한 분야의 업무 경험을 바탕으로 종합시설관리 능력 보유 / 전국 3개 지사 및 3개 센터 운영으로 신속한 현장 지휘 체계 구축
주력사업
건축물유지관리, 보안 / 경비, 위생관리, 물류 / 유통, 판촉 아웃소싱 컨설팅 등
핵심역량 강화 전략
고객과의 신뢰관계형성 및 유지, 전문성을 겸비한 신뢰받는 기업이미지 형성, 상황변화에 민첩한 대응

(주)신한서브

www.shinhanserve.co.kr

대표	안준식
전화	02-3408-2300
팩스	02-464-7213

■■■ 회사주소
서울시 강동구 강동대로 143-64, 6층(성내동, 스퀘어100빌딩)

■■■ 설립 및 자본금
설립년 : 1925년
자본금 : 2억원

■■■ 매출실적
2024년 : 7?7억원
2025년(예상) : 760억원

■■■ 종업원현황
총원 : 1,566명 / 관리 : 30명 / 파견 : 189 / 도급 : 1,347명

■■■ 아웃소싱 서비스
컨택센터운영, 경비 및 보안, 근로자파견, 인재지원서비스, 부동산자산관리, 인쇄제조

■■■ 주 거래 업종
은행, 카드사, 호텔 등

■■■ 주 거래 기업
신한금융그룹(신한지주, 신한은행, 신한카드, 신한금융투자, 신한캐피탈, 신한저축은행, 신한라이프, 신한에이아이, 신한자산운용, 신한신용정보), 제주은행, 아시아신탁, 한국기업데이터, 유진저축은행, 예가람저축은행, 더리어트호텔, ENA스위트호텔, 제주통나무파크, 임피리얼팰리스호텔, 이크레더블 등

■■■ 지사 및 계열사
전국 네트웍 구축

■■■ 담당직원 연락처
신장섭 부장 02-3408-2324

■■■ 기업연혁
1925. 06 경성흥산 주식회사 창립
1994. 10 건물관리, 위생관리업 개시
1995. 09 경비용역업 개시
2001. 07 운전용역업 개시
2001. 11 폰뱅킹 센터 운영 업무 개시
2007. 03 근로자파견업 개시
2007. 06 (주)신한서브로 상호 변경
2007. 11 부동산자산관리업 개시
2012. 01 고용창출 100대기업 선정
2012. 06 ISO 9001(품질)인증
2012. 11 CQ(콜센터 통화품질) 인증
2013. 12 가족친화우수기업 인증
2016. 05 신한은행 콜센터 우수협력사 선정
2017. 12 일 생활 균형 우수기업 대통령 표창 수상
경영혁신형 중소기업(Main Biz) 인증
2018. 01 ENA스위트호텔 보안, 도급 업무
2018. 08 법인대리운전사업 "YES 해피콜" 개시
2021. 07 본사 이전-서울 강동구 강동대로 143-64
2024. 10 제대군인고용우수기업 인증
국가보훈부장관 표창
2025. 01 시니어인턴십지원사업 수행기관 선정
2025. 06 창립 100주년 기념

■■■ 대표자 프로필
이름 : 안준식
학력 : 부산대학교 경제학과 졸업
경력 : 신한은행 경영지원 본부장
　　　신한금융지주회사 부사장
　　　신한은행 부행장

■■■ 회사 및 서비스 소개
신한서브는 1925년 창립해 100주년을 맞은 오랜 역사와 전통을 가진 기업으로, 다양한 사업경험과 노하우를 바탕으로 현재 컨택센터, 보안/경비, 인재파견서비스, 부동산 자산관리 등 HR서비스 종합솔루션과 인쇄제조업을 운영하고 있습니다.

'사람과 사람을 이어가는 신한서브'라는 모토 아래, 윤리경영을 통한 투명하고 공정하며 건전한 기업경영을 기반으로, 고객에게 최적의 효율성과 최상의 서비스를 제공함으로써 신뢰와 만족을 주고, 직원들의 역량개발을 통해 직원과 회사가 함께 성장하고 상생하며 우수한 인재들이 근무하고 싶은 기업이 되도록 끊임없이 노력하고 있습니다.

앞으로도 신한서브는 고객사의 성공이 곧 우리의 성공이라는 신념하에 고객의 성공을 위한 플랫폼으로써의 역할에 최선을 다할 계획입니다.

신한서브에 보내주시고 계신 성원에 다시 한번 감사드리며, 앞으로도 많은 관심과 응원 부탁드립니다.

(주)씨아이템프러리
www.citemp.co.kr

대표	차동혁
전화	02-3439-0100
팩스	02-3439-0108
이메일	ssun1970@naver.com

■■■ 회사주소
서울시 영등포구 경인로 775, 3동 305호
(문래동3가 에이스하이테크시티)

■■■ 설립 및 자본금
설립년 : 2003년
자본금 : 3억원

■■■ 매출실적
2024년 : 305억원
2025년(예상) : 325억원

■■■ 종업원현황
총원 : 667명 / 관리 : 15명 / 파견 : 602명 / 도급 : 50명

■■■ 아웃소싱 서비스
인재파견, 헤드헌팅(채용대행), 아웃소싱, 판매도급

■■■ 주 거래 업종
카드/은행/보험, 유통(백화점/할인점), 물류/생산, 경비, 위생관리, 화장품판매 등

■■■ 주 거래 기업
현대카드, 현대캐피탈, 현대커머셜, 우리카드, 제이비우리캐피탈, 푸르덴셜생명, 케이비캐피탈, 하나캐피탈, 금강, 레스모아, 더샘인터내셔널, SK브로드밴드, 엘에스산전, 기업은행, 농협카드, 삼성카드, KB국민카드, 농협캐피탈, 롯데카드, 전북은행, 서울산업진흥원, 생명보험협회, DGB캐피탈, 클리오, 뷰디아니, 투쿨포스쿨, 롯데캐피탈, 아주캐피탈, 서울테크노파크, 국제금융센터, 현대차미소금융, 세라젬, 우리금융캐피탈, 이상네트웍스, 글로벌휴먼스, 미래에셋캐피탈, 전국은행연합회 등

■■■ 지사 및 계열사
(주)씨아이서비스
(주)썬앤진

■■■ 임직원 연락처
기하연팀장 02-3439-0100
박찬미팀장 02-3439-0100

■■■ 기업연혁
- 2003. (주)씨아이템프러리 설립
  현대카드, 현대캐피탈 외 7개사 근로자파견계약 체결
- 2004. 금강제화 외 7개사 근로자파견계약 체결
- 2005. 참존화장품 외 7개사 근로자파견계약 및 업무위탁계약 체결
- 2006. NHN서비스 외 5개사 근로자파견계약 체결
- 2007. 본사 사옥 이전
  우리캐피탈 외 10개사 근로자파견계약 및 업무위탁계약 체결
- 2008. 쿠지화장품 외 5개사 업무위탁계약 체결
- 2009. 푸르덴셜생명 외 8개사 근로자파견계약 체결
- 2010. 케이비캐피탈 외 5개사 근로자파견계약 체결
- 2011. 하나캐피탈 외 5개사 근로자파견계약 체결
- 2012. SK브로드밴드 외 3개사 근로자파견계약 체결
- 2013. 우리카드 외 3개사 근로자파견계약 체결
- 2014. 엘에스산전 외 근로자파견계약 체결/ 본사 사옥 확장
- 2015. 기업은행 외 근로자파견계약 체결
- 2016. 농협카드, 농협캐피탈, 삼성카드 외 근로자파견계약 체결
- 2017. 롯데카드, 더샘인터내셔널 외 근로자파견계약 체결
- 2018. 서울산업진흥원, 클리오, DGB캐피탈 외 근로자파견계약 체결
- 2019. 롯데캐피탈 외 근로자파견, 블루월넛 외 근로자파견 및 업무위탁계약 체결
- 2020. 아주캐피탈, 서울테크노파크 외 근로자파견계약 체결
- 2021. 현대차미소금융 외 근로자파견 및 업무위탁계약 체결
- 2022. 우리금융캐피탈, 이상네트웍스 외 근로자파견계약 체결
- 2023. 전국은행연합회, 미래에셋캐피탈 외 근로자파견계약 체결
- 2024. NH농협은행 카드신용관리부 외 근로자파견계약 체결
  – 국제품질경영인증 "ISO9001" 획득(인증번호 : 1850)
  – 2007년~2024년 대한민국 100대 아웃소싱기업 선정
  NH농협은행 카드신용관리부 외 근로자파견계약 체결
- 2025. KB국민카드, 한국투자캐피탈, 지에스엠비즈 외 근로자파견계약 체결
  – 국제품질경영인증 "ISO9001" 획득(인증번호 : 1850)
  – 2007년~2025년 대한민국 100대 아웃소싱기업 선정

■■■ 대표자 프로필
이름 : 차동혁
경력 : (주)ATK 경영지원 본부장
      (주)에이팩스 수도권 지사장 / 現 (주)씨아이템프러리 대표이사
경영방침 : '겸손·조화·최선'의 사훈을 기반으로 한 인성경영

■■■ 회사 및 서비스 소개
(주)씨아이템프러리는 2003년 3월 설립 이후 근로자 파견을 주된 사업으로 토탈 아웃소싱 서비스를 제공하는 기업이다.
다년간의 아웃소싱 경험을 통한 (주)씨아이템프러리만의 know-how로 인프라를 구축, 차별화 된 시스템을 통하여 인재를 엄선하고 발굴하여 다양한 인적자원을 확보하고 있다. 검증된 서비스 제공과 각 기업에 맞는 맞춤형 지원으로 고객사로부터 업계 최고의 평가를 받아왔으며, 업체 평가 시 우수협력업체로 선정되어 장기적인 계약을 유지해 왔다.
이를 바탕으로 국제품질경영인증 'ISO9001'을 획득하였고, 매년 꾸준한 성장률로 탄탄하고 안정적인 업무환경을 이룩하여 생산, 물류, 경비, 시설관리 등 다각적인 분야로 영역을 확장하고 있다.
(주)씨아이템프러리는 고객사의 인정과 신뢰를 바탕으로 현재도 꾸준히 성장하는 중이며, 임직원 모두 '고객만족을 위한 역량 집중이 곧 경쟁력' 이라는 이념을 가지고, 고객사 발전에 기여하기 위하여 일심동체가 되어 최선을 다하고 있다.

(주)아데코코리아
www.adecco.co.kr

대표	브라이언 루로
전화	02-6200-9700
팩스	02-555-5529
이메일	adecco.korea@adecco.com

■■■ 회사주소
서울특별시 강남구 테헤란로 501, 6층

■■■ 설립 및 자본금
설립년: 1999년
자본금: 5억 2000만원

■■■ 매출실적
2024년 : 3**억원
2025년(다음) : 1,150억원

■■■ 종업원현황
총원 : 3,0**명

■■■ 아웃소싱 서비스
근로자파견, 헤드헌팅, 아웃소싱(물류, 판매판촉, 콜센터, 제조, 기타), HR컨설팅

■■■ 주 거래 업종
외국계 기업 사무직, 금융권, 유통, 제조, 서비스 등

■■■ 주 거래 기업
비공개

■■■ 지사 및 계열사
서울본사, 경기지사, 원주지사, 대전지사, 부산지사

■■■ 담직원 연락처
신성욱 전무 042-472-7491
최윤성 이사 02-6200-9746

■■■ 기업연혁
1999. 05 (주)아데코코리아 설립
2008. 07 고용노동부 근로자 파견 우수기업 인증
2015. 12 고용노동부 고용서비스 우수기관 인증
          고용노동부 복합고용서비스 우수기관 인증
2017. 01 서울특별시 취업성공패키지사업 업무협약
      03 HR서비스 우수기업 인증(사무지원, 헤드헌팅 부문)
      11 대한장애인 체육회 은퇴선수 지원센터 개소
2018. 11 산업통상부장관 외국인투자 유공 장관표창
      12 고용노동부 고용서비스 우수기관 인증
2019. 01 고용노동부 민간 고용서비스 위탁기관 인증
      10 신임대표이사 브라이언 루로 취임
2020. 08 커리어센터 신설
2021. 12 고용노동부 고용서비스 우수기관 인증

■■■ 대표자 프로필
이름: 브라이언 루로
학력: 2002년 IAE 보르도 인적자원관리 대학원 수료
      2001년 브로도 4대학 경영전문대학원 졸업
      2000년 보르도 4대학 국토관리대학원 졸업
경력: 2019 10 아데코코리아 대표이사
      2017 06 아데코그룹 스프링프로페셔널 타이완 대표
      2016 06 허드슨 차이나 베이징&중국 북부 지역 대표
      2015 07 허드슨 차이나 베이징&중국 북부 이사
      2013 12 허드슨 차이나 중국북부 이사
      2011 10 마이클페이지 인터네셔널 시니어매니저
      2007 10 콘페리 퓨쳐스탭 컨설턴트
경영방침: Empowering people,
          Fuelling economies,
          Enriching society

■■■ 회사 및 서비스 소개
아데코코리아는 스위스에 위치한 세계 최대 HR 솔루션기업 아데코그룹의 한국지사로 1999년도에 설립되었습니다.
아데코코리아는 전 세계 네트워크를 통한 노하우를 바탕으로 보다 전문화된 서비스를 제공하며 헤드헌팅, 인재파견, 아웃소싱, 취업성공패키지, 장애인 은퇴선수 지원센터 등 폭넓은 HR서비스를 제공하는 종합 HR솔루션 기업입니다.
아데코코리아의 모든 컨설턴트는 전 산업분야에 걸쳐 풍부한 지식과 축적된 경험을 바탕으로 고객의 요청 사항에 가장 빠르고 정확한 서비스를 제공합니다. 저희 아데코코리아는 최고의 비즈니스 파트너가 되기 위해 최선을 다하겠습니다.

(주)아람인테크
www.aramjob.co.kr

대표	이서윤
전화	02-552-1919
팩스	02-588-1909
이메일	aram@aramjob.co.kr

■■■ 회사주소
서울시 강남구 논현로 416 운기빌딩 7층

■■■ 설립 및 자본금
설립년 : 2002년
자본금 : 2억원

■■■ 매출실적
2024년 : 989억원
2025년(예상) : 1,010억원

■■■ 종업원현황
총원 : 4,000명 / 관리 : 40명 / 파견 : 1,800명 / 도급 2,160명

■■■ 아웃소싱 서비스
도급, 파견, 위탁운영

■■■ 주 거래 업종
판매, 판촉행사, 케터링, 생산, 시설관리, 경비, 미화, 물류사무, 비서, 운전, 안내고객콜센터, 호텔, 이벤트, 채용대행

■■■ 주 거래 기업
대한항공씨엔디서비스, 하림, 풀무원푸드앤컬처, 아라마크, 신한카드, 엔에스쇼핑, 포스코이엔씨, SPC그룹, 탐앤탐스, 커피빈코리아, 스타벅스, 동원홈푸드, 바이킹스 외 다수

■■■ 지사 및 계열사
(주)아람인코리아

■■■ 임직원 연락처
이서윤 대표 010-9341-1949

■■■ 기업연혁
2002. 06 아람인테크 설립
       07 근로자파견사업 허가
2006. 01 HR 아웃소싱 리딩컴퍼니 선정
       09 대한민국 100대 아웃소싱기업 선정
       12 대한민국 고객만족경영대상 수상
2009. 08 근로자파견 우수기업 인증 (노동부선정)
       09 한국 인재파견기업 best15 선정
2011. 01 2011년 대한민국 유망기업 선정
2012. 06 대한민국 HR서비스 10대 대표기업 선정
       09 대한민국 아웃소싱 서비스 콜센터부문 고객만족대상 선정
2015. 06 근로자보호 클린기업 인증 (한국HR서비스산업협회)
2018. 09 대한민국 품질경영대상 수상
           한국브랜드선호도 평가 1위 선정
2022. 09 대한민국 아웃소싱서비스 고객만족대상 수상
2025. 07 한국의 최고경영대상 수상
       09 한국경제를 빛낸 인물&경영 수상

■■■ 대표자 프로필
이름 : 이서윤
학력 : 연세대 경영대학원 졸업 (석사 학위) / 서울대 국제대학원 최고경영자 과정 / 서강대 경제대학원 OLP 과정
경력 : 삼성생명 보험심사부 실장 / GL Korea 마케팅 이사 / 전 (주)아람인테크 대표이사 / 現 (주)서원에이치엔씨 대표이사 / 아웃소싱전문가 최고경영자 인증 / 한국HR서비스산업협회 부회장 / 경기 범죄예방센터 위원 / 연세대학교 경영전문대학원MET총동창회 회장

■■■ 회사 및 서비스 소개
2002년 설립된 종합 아웃소싱 기업 (주)아람인테크는, 기업에게는 분야별로 전문성을 갖춘 인재들을, 일자리를 원하는 이들에게는 능력을 발휘할 수 있는 기회를 제공함으로써, 고객사와 인재 사이에 교두보 역할을 수행해 왔습니다. 현재 아웃소싱본부, HR사업본부, 이벤트사업본부, 경영지원본부로 조직 구성을 전문화함과 동시에 각 본부들이 유기적으로 유연하게 업무를 처리하도록 솔루션과 시스템을 갖추었으며, 부산 / 대구 / 대전 / 광주 등 4개 지사를 운영하고 있습니다.
사업 분야는 도급(판매, 판촉행사, 케터링, 생산, 시설관리, 경비, 미화, 물류)과 인재파견(사무, IT, 안내, 비서, 운전 등), 위탁운영(고객센터, 호텔), HR컨설팅, 채용대행 등으로 각 분야별 인재들이 전문성을 발휘하며 'Total Outsourcing HR Service'를 제공하고 있습니다.
'고객과 함께 성장한다'는 방침 아래 철저한 고객중심의 경영을 걸으며, 착실히 내실과 외실을 다져온 (주)아람인테크는 현재 약 3000여명의 인재들이 재직하는 종합 아웃소싱 기업으로 성장하였습니다.
2020년 530억, 2021년 550억, 2022년 600억, 2025년 1,000억원의 매출을 기록하며 초고속 성장을 거듭하였을 뿐만 아니라 노동부로부터 '근로자파견 우수기업'으로 인증을 받아 업계내의 입지를 공고히 다지고 있습니다.

(주)아리오
www.ario.co.kr

대 표	이인희
전 화	02-2033-8400
팩 스	02-2033-8499
이메일	ysm@ario.co.kr

■ 회사주소
서울시 마포구 만리재로 15 제일빌딩 5층

■ 설립 및 자본금
설립년 : 1977년
자본금 : 2억원

■ 매출실적
2025년(예상) : 350억원

■ 종업원현황
총원 : 2,000명

■ 아웃소싱 서비스
매장도급, 판매사원 업무위탁, 팝업 위탁 운영, 헤드헌팅, 채용대행, 매장 모니터링, 슈퍼바이징

■ 주 거래 업종
패션, F&B 유통, 판매

■ 주 거래 기업
신성통상, 게이션패션, 아가방, 아이디룩, 비케이브, 인디텍스, 폴로랄프로렌, 조르쥬샵, 골든듀, 할리스에프앤비, 엠플레이그라운드, 톰포드, 타사키 등

■ 지사 및 계열사
지사 : 부산지사
계열사 : 아리오씨오에스

■ 임직원 연락처
윤성민 이사 02-2033-8224
문요일 팀장 02-2033-8407

■ 기업연혁
1974. 08 국내 최초 '월간입사' 취업정보전문지 발행
1984. 10 문화공보부 장관표창 (잡지계 발전 기여)
1996. 06 제1회 동경유학생을 위한 JOB FAIR 실시
(삼성, 현대, 코오롱, LG외 9개사 참가)
2005. 06 판매전문아웃소싱 (주)GO&GO 설립
2008. 03 (주)아리오아웃소싱으로 사명 변경
2010. 04 남녀고용평등우수기업으로 선정
     12 고용서비스우수기관으로 선정
2013. 01 재고관리 사업 전개
     매장도급, 매장경영컨설팅 RS팀 신설
2015. 01 패션경영아카데미 사업 전개
2018. 01 온라인 판매 대행 사업 시작
2019.   스마트스토어 개설 운영
2020.   아리오 COS 창업
2021.   대한민국 아웃소싱 100대 기업 선정
     고용노동부 워라밸 캠페인 참여 인증
     경기도 일자리 재단 인력 양성 협약
     서울시 청년일자리사업 협약기업

■ 대표자 프로필
이름 : 이인희
학력 : 경희대학교 외국어학부 졸업
경력 : 아리오JSC 해외사업 기획부
    아리오피앤드씨 헤드헌팅 사업부
경영방침 : '코소싱'이 기업 경영의 패러다임으로 발전할 수 있도록 기여한다.

■ 회사 및 서비스 소개
ARIO는 고객사의 건실한 경영 파트너로서 분야별 전문성을 확보하여 서비스 부가가치를 높이는 코소싱(CO-SOURCING) 기업입니다.
패션 리테일 코소싱의 경우 자체 아카데미 운영으로 인력 양성을 하여 배치, 평가하는 툴을 운영하고 있습니다. 단순한 인력 투입이 아니라 매출 활성화를 위한 슈퍼바이징, 온라인 홍보 관리도 함께 서비스합니다.
아리오는 단순한 비용절감을 위한 아웃소싱이 아니라 고객사의 가치를 높이는 코소싱(CO-SOURCING) 서비스를 추구하는 회사입니다.

(주)아이피시
www.ipc.co.kr

대 표	김경준
전 화	02-3667-2511~9
팩 스	02-3667-2515
이메일	master@ipc.co.kr

■■■ 회사주소
서울특별시 강서구 마곡중앙1로 14, 5층(마곡동, M밸리 W타워 4차)

■■■ 설립 및 자본금
설립년: 1994년
자본금: 5억원

■■■ 매출실적
2024년 : 527억원
2025년(예상) : 604억원

■■■ 종업원현황
총원 : 1,091명 / 정규직 : 73명 / 파견 : 461명 / 도급 : 557명

■■■ 아웃소싱 서비스
근로자파견, 헤드헌팅, 채용대행, 위탁도급(물류, 생산),
시설물 유지관리

■■■ 주 거래 업종
물류, 의료, 금융, 유통, 정보통신, 제조, 공공기관, 정부지원사업 등

■■■ 주 거래 기업
호텔신라, HDC신라, CJ대한통운, 농협물류, 한국GM, 한화오션, IGS, 한국화이자제약, 타타대우상용차, 롯데렌탈, 에픽게임즈, 보람상조, CJ올리브네트웍스, 연세의료원(신촌/강남/용인), 윌스기념병원, 한일병원, 롯데카드, 신한캐피탈, NH농협캐피탈, JB우리캐피탈, 전북은행, 해성산업, 조이푸드 등

■■■ 지사 및 계열사
(주)아이피시, 디케이피플(주), 아이피로지스틱스(주)

■■■ 임직원 연락처
김경준 대표이사	02-3667-2511
이종석 전무	02-3667-2512
안용관 전무	02-3667-2514

■■■ 기업연혁
- 1994. 주식회사국제기획 설립(인천)
- 1999. 회사이전(서울) (상호변경→(주)국제기획컨설팅)
- 2010. 고용노동부 취업지원 민간위탁운영기관 선정
- 2011. (주)국제기획컨설팅 자체사옥 이전
- 2012. 호텔신라면세/물류센터 도급운영 계약
- 2014. 보건복지부 취업지원 민간위탁운영기관 선정
- 2015. 아이피로지스틱스(주) 물류전문기업 설립
  HDC신라 면세점 물류센터 도급운영계약
- 2016. 연세 세브란스병원 업무계약(신촌)
- 2017. 농협횡성물류센터 도급운영 계약
  (주)호텔신라 우수협력사 선정
- 2018. 연세대학교 연세의료원 우수협력사 표창
  호텔신라면세점 제2통합물류센터 도급운영계약
- 2019. 연세대학교 연세의료원 우수협력사 표창(2회 연속)
- 2020. 보건복지부 시니어인턴십 우수기관 장려상 수상
  회사이전(마곡) (상호변경 → (주)아이피시)
- 2022. ISO9001·14001·45001(품질·환경·안전보건)인증획득
  여성가족부 가족친화인증
- 2023. 연세대학교 연세의료원 우수협력사 표창
  (주)호텔신라 우수협력사 선정
- 2024. 고용노동부 '청년일자리창출' 장관 표창
- 2025. 한국 HR서비스기업 대상 수상

■■■ 대표자 프로필
이름 : 김경준
학력 : 고려대학교 경영대학원
경력 : 아이피로지스틱스(주) 대표이사 역임
　　　(주)아이피시 부사장 역임
　　　現 (주)아이피시 대표이사
경영방침 : 새로운 도전, 끝없는 열정, 빛나는 창의

■■■ 회사 및 서비스 소개
(주)아이피시는 1994년 설립 이래 도전과 열정, 서비스 만족이라는 경영방침 아래, HR부문의 선두기업으로 도약을 위해 최선을 다하고 있습니다. 차별화된 서비스 제공을 위하여 전국으로 구축된 네트워크 기업시스템을 보유 및 활성화 시키고 있고, On-Off Line을 통해 인력서비스를 하고 있으며, 아웃소싱 전반에 걸친 컨설팅, 자문 등을 통하여 경영에 대한 효율성 증대를 위한 Total Outsourcing Service를 제공하고 있습니다. 지금은 정보의 발달로 인한 지식경영 시대입니다. 업무의 개선과 Global Standard의 확립문제가 중요한 경영과제로 강조되고 지식경영의 바탕에는 아웃소싱이 있으며, 그 중심에는 저희 아이피시가 있습니다. 기업을 위한 전략적인 HR서비스를 통하여 오늘날의 경쟁적이고 급변하는 기업 환경에서 기업들이 겪고 있는 인재관리 문제 등의 전반적인 분야에 효율적이며 명료화된 해법을 제시해 드리겠습니다. 앞으로도 고객의 행복을 최우선 가치로 추구하고 최고의 서비스로 고객님들의 목소리에 귀 기울이며 고객과 함께 성장하는 (주)아이피시가 되겠습니다.

(주)알에스이알

www.rser.co.kr

대표	최영철
전화	02-6953-3702
팩스	02-2067-3016
이메일	cyc0795@nate.com

■■■ 회사주소
서울시 금천구 가산디지털1로 145 에이스하이엔드타워3차 206호

■■■ 설립 및 자본금
설립년 : 2016년
자본금 : 1억원

■■■ 매출실적
2025년(예상) : 80억원

■■■ 종업원현황
총원 : 285

■■■ 아웃소싱 서비스
근로자 파견 / 업무 도급 및 위탁/채용대행/ 건물위생관리 및 소독/HR 컨설팅

■■■ 주 거래 기업
서울시 교육청 산하 초·중·고등학교, 풀무원 푸드머스, 통신, 금융, 행사, 물류선적업체
서울 경기 충청권 요양원, 아명 에프비씨, 메나테크 코리아 외 다수

■■■ 지사 및 계열사
지사/계열사 지사 : 대구 이룸지점

■■■ 담당직원 연락처
최영철 대표 02-6953-3702

■■■ 기업연혁
2016. 01 (주)알에스이알 설립
2017. 02 초 중 고 급식도우미 사업개시
2018. 05 대구지사 개설
2019. 06 근로자파견사업 허가 취득
2020. 02 100개교 도급계약 달성
     07 풀무원 푸드머스 조리사 채용 계약
2021. 05 [요양원 50여개] 급식 종사원 계약 완료
     11 건물위생관리업 및 소독업 신고
2023. 05 총 100여곳의 학교 및 기업과 근로자파견, 업무위탁, 채용대행 거래 중

■■■ 대표자 프로필
이름 : 최영철
경력 : (주)알에스이알 대표이사
경영방침 : "人 존중을 바탕으로 한 창조적인 人 육성과 고객만족 경영"

■■■ 회사 및 서비스 소개
알에스이알은 기업의 역량을 핵심분야에 집중할수 있도록 비핵심분야에 아웃소싱을 통한 기업가치 향상을 위해 양질의 서비스를 제공하고 있습니다.
알에스이알만이 가지고 있는 차별화된 클라이언트 관리기법을 도입하여 기업의 가치 및 이미지 제고를 위한 지속적이고 정기적인 프로모션은 물론 인력관리에 맞는 글로벌한 선진관리 시스템을 통해 한 차원 업그레이드된 서비스를 제공코자 다각화에 심혈을 기울여 나가고 있습니다.
기존 일반 용역회사들이 수행해온 단순한 인력공급의 용역업무가 아니라, 고객사에서 필요로하는 인력을 채용시스템에 따라 모집하고 전문스탭들에 의한 체계화한 프로그램으로 교육시킨 맞춤형 인력을 제공함으로써, 근무효율을 극대화하고 비효율적인 인력의 과다한 인건비를 줄여 고객사 수익증대에 직접적인 기여를 하고 있는 종합인재 서비스 전문업체입니다.
알에스이알은 우수하고 차별화한 HR Solution을 제시함으로써 아웃소싱서비스의 새로운 지평을 열어가는 전문기업이 되겠습니다.

(주)알케이그룹
www.rocketgroup.co.kr

대 표	장정민
전 화	031-848-8281
팩 스	031-848-8281
이메일	rocket@rocketgroup.co.kr

■ 회사주소
경기도 양주시 고덕로 243, 3층(고읍동)

■ 설립 및 자본금
설립년 : 2022년
자본금 : 1억원

■ 매출실적
2025년(예상) : 300억원

■ 종업원현황
총원 : 380명

■ 아웃소싱 서비스
3PL 배송, 물류센터 위탁운영, 근로자파견, 인력도급, 채용대행, 건물관리, 경비, 미화 등

■ 주 거래 기업
쿠팡, 쿠팡로지스틱스서비스 외 다수

■ 지사 및 계열사
계열사 : 알케이컴퍼니, 알케이물류, 알케이에이전트

■ 임직원 연락처
장정민 대표이사	010-4659-3059
김대영 사내이사	010-4932-2211
이정민 사내이사	010-2513-0707
김문남 운영팀장	010-9286-2406
신석민 과장	031-848-8281

■ 기업연혁
2022. 01 (주)로켓물류 설립
　　　　3PL전문 물류배송 운영 : B2B, B2C 배송 전문
　　　　물류센터 위탁/파견 운영
　　　11 (주)로켓에이전트 설립
　　　　물류센터 위탁/파견
　　　　채용대행/미화
2023. 04 (주)로켓컴퍼니 설립
　　　　계열사 영업 및 사업기획
　　　　계열사 지원업무
　　　05 (주)로켓물류
　　　　충청지사 오픈 : 충청권 물류 배송 확장
2024. 01 (주)로켓에이전트
　　　　부산지사 오픈 : 영남권 물류도급 확장
　　　07 사명 변경
　　　　로켓물류-〉RK그룹
　　　　로켓에이전트-〉RK에이전트
　　　　로켓컴퍼니-〉RK컴퍼니
　　　08 RK에이전트 연구개발전담부서 설립승인
　　　　과학기술정보통신부(한국산업기술진흥협회)

■ 대표자 프로필
이름 : 장정민
경력 : 3PL 배송업(B2B, B2C) 경영
　　　물류도급 위탁업 경영
　　　부동산 임대업 경영
경영방침 : "고객만족을 최우선으로하는 아웃소싱 전문기업"

■ 회사 및 서비스 소개
알케이그룹은 물류서비스를 기반으로 한 아웃소싱 전문기업으로 물류센터운영, 배송, 채용대행, 인력도급 등 HR서비스와 3PL물류 부분에서 전문성과 경쟁력을 갖추고 기업에 서비스를 제공하면서 빠르게 성장하고 있는 기업이다.
현재 경기권 물류인프라의 핵심지역인 양주에 본사를 두고 전국 각지로 아웃소싱사업을 확대해 나가고 있다.
알케이그룹 경쟁력의 핵심은 전국지역에서 운영하고 있는 물류센터마다 현장업무에 적합한 인재를 발굴하고, 체계적인 교육을 통해 준네킥 우수한 인력풀과 배송기사 DB를 상시 확보하고 있다는 점이다.
또한 물류센터 도급위탁운영, 물량에 따른 탄력운영, 피킹 패킹 집하 출고업무는 물론 보유차량을 이용한 배송업무까지 모두 수행하면서 쌓은 물류 종합노하우로 전 직원이 물류 및 유통에 대한 이해도가 매우 높다는 점도 강점이다.
이러한 배경을 바탕으로 초기부터 빠르게 성장하며 업계에서 두각을 나타내고 있다. 다양한 고객사 확보를 통해 올해 연매출 300억원을 계상하며 충청권과 부산에 지사망을 확충해 나가고 있다.
알케이그룹 장정민 대표는 "고객만족을 서비스의 최상 가치로 두고 기업의 비용절감 및 경쟁력 강화로 고객사가 핵심사업에 집중할 수 있도록 기여할 것"이라는 각오다. 알에스알은 우수하고 차별화한 HR Solution을 제시함으로써 아웃소싱서비스의 새로운 지평을 열어가는 전문기업이 되겠습니다.

(주)애드민
www.admin4u.co.kr

대표	정성문
전화	02-2203-6472
팩스	02-6737-6701
이메일	cmlee@admin4u.co.kr

▌▌▌▌ 회사주소
서울 송파구 올림픽로 98 성진빌딩 5층

▌▌▌▌ 설립 및 자본금
설립년 : 2000년
자본금 : 6.5억원

▌▌▌▌ 매출실적
2024년 : 1,200억원
2025년(예상) : 1,330억원

▌▌▌▌ 종업원현황
총원 : 3,020명 / 관리 : 70명 / 파견 : 440명 / 도급 : 2,510명

▌▌▌▌ 아웃소싱 서비스
(일반·전문의약품, 화장품, 건강기능식품)생산·제조 도급운영 / (냉장, 냉동, 보온, 3PL)물류센터 도급운영 및 창고관리 / 호텔 및 건물종합관리 / 인력파견, 채용대행 / 컨택센터 운영 / (판매, 판촉, 캐셔)매장관리 / 건물 소독 및 방역(해충구제, 코로나19)

▌▌▌▌ 주 거래 업종
화장품, 의약품, 건강보조식품외 제조, 생산(충진 / 포장) / 물류센터 운영 및 창고관리 / 종합건물관리, 호텔리조트운영 / 은행, 카드, 금융, IT, 게임, 반도체, 전자, 유통, 통신, 식음, 식품 등

▌▌▌▌ 주 거래 기업
한국콜마, HK이노엔, 콜마비앤에이치, 제때, 빙그레, 오뚜기물류서비스, SPC, 비알코리아, 사조대림, 제뉴원사이언스, 아모제, 우리은행, 현대카드, 현대캐피탈, 대한건설협회, 건화엔지니어링, 동성엔지니어링, 한국종합기술, 브로드밴드TS, LG헬로비전, 코리아세븐, 서울보증보험, NICE평가정보, 한국평가데이터, 동탄시티병원 외 다수

▌▌▌▌ 지사 및 계열사
지사 : 인천, 부천, 남양주, 천안, 세종1·2지사, 제천, 음성, 대소, 오송, 정읍, 대구, 밀양, 부산
계열사 : (주)제이에스앤뉴, (주)제이에스앤케어, (주)정성코스메틱, (주)정성시스템즈, (주)북두시스템, (주)정성이노베이션

▌▌▌▌ 임직원 연락처
김찬형 영업본부장   070-8708-5319
이창무 마케팅전략팀장   070-8708-5316

▌▌▌▌ 기업연혁
2000. (주)애드민 설립
2002. 근로자파견사업 / 유료직업소개업 허가
2005. 경비업 허가, 위생관리용역업 신고
2011. (주)애드민SNS설립
2012. 소독업 허가
2018. (주)북두시스템, (주)정성코스메틱, (주)정성시스템즈 설립
2019. (주)정성이노베이션 설립
2020. (주)제이에스엔케어 설립
2021. HK이노엔 경비, 미화 도급계약 체결
SK넥실리스 생산·물류 도급계약 체결
2022. HK이노엔 일반, 전문의약품 생산 도급계약 체결
2023. HK이노엔 수액생산 및 충전, 포장, 검수 도급계약 체결, 아모제(인천공항-F&B) 도급계약 체결, 동탄시티병원 건물종합관리 도급계약 체결
2024. 진이어스 미화 도급계약 체결
석오빌딩 건물종합관리 도급계약 체결
오뚜기물류서비스(주) 물류 도급계약 체결

▌▌▌▌ 대표자 프로필
이름 : 정성문
학력 : 1988.02 동국대학교 행정학과 졸업
경력 : 1988-2000 삼호물산(주)경영지원본부 총무인사팀장
2001.01 (주)애드민 이사
2010.06 (주)애드민 외 자회사 대표이사 역임중
서울대학교 법과대학 노사관계 최고 지도자 과정 수료
서울대학교 의과대학 CEO 정책과정 수료
경영방침 : 信賴(신뢰)와 革新(혁신)

▌▌▌▌ 회사 및 서비스 소개
애드민은 지난 2000년 창립이래 인적자원 관리분야 아웃소싱 사업에 매진하여 풍부한 경험과 새로운 Know-How를 축적하여 왔습니다.
우리 회사의 슬로건은 信賴(신뢰)와 革新(혁신) 입니다. 아웃소싱의 기본은 신뢰입니다. 고객과의 신뢰, 조직내의 구성원들 간의 신뢰가 모든 일의 바탕이 되어야 합니다.
또한 급변하는 경영환경은 기업이든 개인이든 지금의 현실에 만족하고 안주하는 것을 허용하지 않습니다. 혁신이 필요한 이유입니다.
이제 애드민은 갈수록 어려워지는 경영환경 속에서 고객과 애드민 가족들의 발전을 위해 신뢰를 바탕으로 日新又日新해 나가겠습니다.

(주)앤트워크
www.앤트워크.com

대표	최은석
전화	031-433-8252
팩스	031-433-8256
이메일	antwork0302@naver.com

■■■ 회사주소
경기도 시흥시 정왕천로 3889번길 13, 101호

■■■ 설립 및 자본금
설립년 : 2021년
자본금 : 1억원

■■■ 매출실적
2025년(예상) : 100억원

■■■ 종업원현황
총 원 : 150명

■■■ 아웃소싱 서비스
인재파견, 생산제조, 직업소개업, 도급/업무위탁, 헤드헌팅/채용대행, 경비/미화/소독/방역

■■■ 주 거래 업종
서비스, 금융, 제조, 건설, 유통, 물류, 공공기관 등

■■■ 주 거래 기업
이스트셋, 아름일렉트로닉스, 에스엠트로닉스, 넥스랩, 비에이치플랙스, 뉴플랙스, 유진판지, 영풍전자, 코멧센서, 파스토, 파스텔스튜디오, 하이게인안테나, 유베이스, 뉴원시스템즈, 텍넷

■■■ 지사 및 계열사
전국 네트워크 구성

■■■ 임직원 연락처
최은석 이사 031-433-8252

■■■ 기업연혁
2021. 03 (주)앤트워크 설립
　　　　근로자파견사업 허가 취득
　　　　유료직업소개업 허가 취득
　　　　여성기업확인서 인증 취득
　　 04 전자도급 사업 개시
2022. 07 아웃소싱플랫폼 채용컨소시엄 등록
　　　　건물위생관리영업신고증 취득
　　 10 생산제조업체 도급계약 다수 체결
2023. 06 시설경비업 허가 취득
　　 07 소독업 신고증 취득

■■■ 대표자 프로필
이름 : 최은석
경력 : (주)앤트워크 대표이사
경영방침 : "기본을 지키고 혁신을 이루는 기업"

■■■ 회사 및 서비스 소개
앤트워크는 최근 안산, 시흥지역을 기반으로 생산제조분야 인력도급, 파견, 채용대행에 이르기까지 아웃소싱 전문기업으로 두각을 드러내고 있는 기업이다.
아웃소싱 토털 인프라를 구축하여 고객과 사회의 가치를 창조하는 초일류 기업으로 끊임없는 변화를 통해 혁신적인 시스템과 획기적인 서비스를 제공하여 고객에게는 비용절감과 이익확대라는 목표실현을 구현하고, 제조생산 전문 인재비즈니스 기업으로써 제조생산분야 아웃소싱서비스의 모범적인 기준을 제시해 가고 있다.
또한 근로자 인성교육 및 신 경영기법으로 기업 경쟁력의 효율화에 앞장서며 'NO.1 아웃소싱' 기업이 되도록 끊임없는 노력과 최선의 결과로 고객감동을 이끌어내기 위해 최선을 다하고 있습니다.
앤트워크는 고객의 이익창출의 관점에서 생각하고 행동하며, 고객이 곧 가치창출이라는 기업이념으로 고객이 요청하는 모든 사항들을 실현시키는 신개념의 토털아웃소싱서비스 인프라 시스템을 사업영역으로 추구해 나갈 계획입니다.

주요서비스
■ 경비
- 건물내의 발생 가능한 사고들로부터 시설물의 인적,물적 가치 보호
- 건물내 거수자의 침입방지 및 보안 관제 등의 주 업무 제공
- 각종 안전사고에 대한 예방활동
- 건물별 주차장에 적합한 관리 시스템

■ 미화
- 건물여건에 맞는 청소기법 개발로 건물수명 연장 및 경비절감
- 전문업자의 기계화 청소
- 올바른 기구와 약품사용으로 건물 및 비품의 수명연장
- 청소관리를 위한 별도의 소요인원 감소

■ 소독
- 환경부의 허가를 받은 인증된 제품만을 사용
- 오염 발생 구역 관리 및 예방을 위한 전문 살균
- 사업장 상황에 맞게 맞춤 처방
- 인체에 안전한 성분으로 확인된 전문 약제만을 사용

(주)어울림HRS
www.aulimhrs.com

대표	이승원
전화	02-2678-5354
팩스	02-2678-5358
이메일	hrs1004@aulimhrs.com

■ 회사주소
서울시 영등포구 경인로71길 70, 805호(벽산디지털밸리, 문래5가)

■ 설립 및 자본금
설립년: 20○○년
자본금: 2억원

■ 매출실적
2025년(예상): 200억원

■ 종업원현황
총원: 430명 / 관리: 10명 / 파견: 180명 / 도급: 240명

■ 아웃소싱 서비스
아웃소싱 근로자파견, HR컨설팅 도급 및 채용대행, 헤드헌팅
건물시설관리 및 시설경비, 건물위생관리용역

■ 주거래업종
서비스, 금융, 제조, 건설, 유통, 물류, 공공기관 등

■ 주거래기업
주한미군 주둔군부대, 신한신용정보, 신한금융투자, 삼성카드, 다올저축은행, 대신채권관리대부, 한국자산관리공사, 두산중공업(주), 두산건설(주), 타다, 동광인터내셔날(용인/파주), 후니드, 대웅개발, 국립교통재활병원, 유신, 제이원호텔(청주), JB우리캐피탈, 코트라, 오스템임플란트, 호반호텔앤리조트, F&U신용정보, SK브로드밴드TS, AJ ICT, 세레니티CC 이이버, 롯데건설, 교보증권, 빈센트호텔, 타다 外 다수의 거래처

■ 지사 및 계열사
(주)어울림HRS 부산지사 / (주)어울림워커스 / (주)비에이블

■ 담당직원 연락처
이사 최〇〇 010-4424-5216

■ 기업연혁
2016. 04 어울림HRS 설립, 근로자파견 개시, 위생관리업 개시
06 허가경비업무 개시 (시설경비)
2017. 01 유진저축은행 콜센터 도급계약
2018. 01 벤처기업인증, 본사사옥 구매
2019. 05 경영혁신형 중소기업(Main-Biz) 인증
06 KOTRA, JB우리캐피탈, 애듀윌 근로자파견 계약체결
2020. 01 국립교통재활병원, 광나루 안전체험관 근로자파견계약 체결
04 미국무성 입찰허가
10 주한미군의료청소서비스 수주
2021. 02 KB증권 근로자파견계약 체결
08 불곰마켓 판매직 도급계약, 새한기술그룹 근로자 파견계약
09 산업자원부 컨텍센터/콜센터 부분 아웃소싱 고객만족대상 수상
2022. 02 호반호텔앤리조트 채용대행 계약, 유신 장애인 근속채용대행 계약
06 YK법무법인 중대재해 대응 MOU 체결
09 AJ ICT 근로자 파견계약, F&U신용정보 채용대행 계약
10 참엔지니어링 장애인 근속채용대행 계약
2023. 01 인천국제공항보안, 서울연구원,, 태건 파견계약
07 정림건축 파견계약 체결, 푸르밀 장애인 근속채용대행 계약
08 에이앤유디자인그룹건축사무소 장애인 근속채용대행 계약
09 근로자보호 클린기업 2회연속 인증
11 교보증권 근로자 파견계약 체결
2024. 01 빈센트호텔 하우스키핑 도급계약 체결
03 장훈고등학교 경비 및 미화, 미성초, 노량진초 미화 도급계약체결
06 한국중견기업연합회 가입
06 오앤에스골드그룹 모델하우스 미화 도급계약 체결
09 케이알티씨 근로자 파견계약 체결
10 현대차증권 장애인 근속채용대행 계약

■ 대표자 프로필
이름 : 이승원
학력 : 동국대학교 경제학과 졸업
경력 : 서울대학교 부설 최고경영자과정 수료
(주)글로시스 이사
現(주)어울림 HRS대표이사
경영방침 : 고객사와 파견사, 근로자가 함께 어울리는 행복한 기업

■ 회사 및 서비스소개
(주)어울림HRS는 종합 아웃소싱(Total outsourcing) 분야의 전문 기업으로 고객사와 파견사, 근로자가 행복하게 어울리는 행복한 기업을 목표로 하고 있습니다.
어울림HRS는 급격하게 변하는 노동시장과 고객사의 Needs에 대해 현실적이고 현장지향적인 솔루션을 제공합니다.
어울림HRS는 변화와 경쟁의 선두에서 고객사에게는 최고의 HR파트너, 근로자에게는 행복한 일터를 만드는 나무그루터기가 되어 행복한 내일을 만드는 진정한 동반자가 되겠습니다.

에스씨케이(주)
www.sck.or.kr

대표	이남수
전화	02-3288-3693
팩스	02-2248-7693

■ 회사주소
서울시 성동구 아차산로11길 18, 6층 608호

■ 설립 및 자본금
설립년 : 2004년
자본금 : 5억원

■ 매출실적
2024년 : 595억원
2025년(예정) : 560억원

■ 종업원현황
총원 : 2,000명 / 관리스텝 : 35명

■ 아웃소싱 서비스
업무위탁·도급, 유통 판매·판촉, 건물종합관리, 근로자파견, 외식사업지원, 고객관리서비스, 생산/물류 도급, 헤드헌팅 등

■ 주 거래 업종
대기업, 중견기업, 외국계기업, 중소기업 등

■ 주 거래 기업
쿠첸, 롯데주류, GS칼텍스, 코웨이, 한진택배, LS전선, 동화약품, 세스코, 롯데글로벌로지스, CJ대한통운 외

■ 지사 및 계열사
서울 본사/중부지사/영남지사/호남지사

■ 임직원 연락처
서정민 부장 02-3288-3692

■ 기업연혁
- 2004. SCK(주) 법인설립/ E-Mart 안양점 미화, 주차 위탁
- 2005. 대림성모병원 미화 위탁
- 2006. 대덕프라자 시설관리 위탁
- 2008. 성북교육청 미화 위탁
- 2010. (주)부산방직 생산직 업무 위탁/ (주)이월드 판매사원 업무 위탁/ (주)롯데주류 판매사원 업무 위탁
- 2012. E 마트 안양점 시설 미화 주차 안내 위탁/ (주)원지 경비 업무 위탁
- 2013. (주)LS전선 동해공장 경비/미화 위탁/ (주)필립스코리아 판매사원 업무 위탁/ 동부택배 대전센터 물류업무 위탁/ 동화약품 경비/미화 위탁
- 2015. 엘루우택배 이천센터 물류업무 위탁/ (주)코웨이 판매사원 업무 위탁
- 2018. 한진택배 양산, 서부산, 동부산, 남부산 물류 업무 위탁/롯데주류 청주공장 생산직 업무 위탁/쿠첸쿠킹클래스 매장관리 업무 위탁/오스템 시설관리 업무 위탁
- 2019. 롯데주류 BG 판매 업무, 삼성엔지니어링 미화 업무, 쿠첸 판매 업무, LS전선 동해공장 물류 출하 업무, 한진택배 동남 포항 터미널 업무위탁계약 체결
- 2020. 롯데주류 강릉공장 경비·미화업무, 농협물류 물류 업무, 대한통운 처인·원삼 물류 업무, 오스템임플란트 보안·미화 업무 위탁계약 체결, MQ로지스틱스 시설관리업무 위탁계약 체결
- 2021. 롯데슈퍼 물류업무 위탁계약 체결, 코스알엑스 사무직 업무 위탁계약 체결, 세스코 산업체 VBC서비스 업무 위탁계약 체결
- 2022. 신세계푸드 식당 급식서비스 위탁계약 체결, 지평막걸리 생산도급 위탁계약 체결, CJ프레쉬원 (대구, 부산센터) 물류업무 위탁계약 체결, 페럼인프라 시설관리업무 위탁계약 체결, BGP(파리바게뜨) 부산물류센터 물류업무 위탁계약 체결
- 2024. 롯데택배 인천권역 집배센터/한진택배 서울 성수터미널/ CJ대한통운 호남권역 터미널 위탁계약 체결
- 2025. 코웨이 하이마트/전자랜드 업무위탁 한진택배 진주터미널 업무위탁

■ 대표자 프로필
- 이름 : 이남수
- 학력 : 충남대학교(계산통계학) 졸업
- 경력 : 前) 삼성물산 정보시스템팀 과장/ 前) 삼성SDS 교육사업팀 상무이사/ 現) 정보통신진흥원, TOPCIT(Test of Practical Competency in IT) 자문위원/ 現) 한양대학교, 한을 인재개발원 자문위원/ 現) 국내 주요 연수원장 모임인 CLO(Chief Learning Officer) 위원/ 現) 에스씨케이(주) 대표이사

■ 회사 및 서비스 소개
대한민국 최고의 아웃소싱서비스 기업을 지향하는 SCK는 고객만족과 고객성장을 최우선으로 하는 기업으로 '고객감동 경영으로 고객과 함께 성장해 가는 기업'을 추구하고 있다.
SCK는 건축물종합관리 서비스를 시작으로 출발해 판매판촉 유통물류, 생산도급 등 주요 아웃소싱 서비스에서부터 인재파견, 채용대행, 헤드헌팅 서비스까지 일과 업무와 관련된 종합 아웃소싱 서비스를 제공하고 있다.
SCK의 강점은 먼저 풍부하고 다양한 아웃소싱서비스 경험을 보유한 회사라는 점이다. 2004년 설립이후 발전을 거듭해 현재 60개 이상의 고객사에 안정적인 서비스로 고객만족을 실현해 오고 있으며, 고객사의 평가가 높은 것으로 정평이 나있다.
이와함께 전국관리가 가능하도록 네트웍을 구축해 서비스를 제공하는 회사라는 점도 강점이다. 현재 전국에 3개 지사 및 5개 출장소를 네트웍으로 운영함으로써 전국 어떤 현장일지라도 즉각적인 대응이 가능하다
 인사 및 노무관련 해결능력이 탁월하다는 점도 인정받고 있다. 자체 인사전문가는 물론 동화노무법인, 상상법무법인, 이원세무법인 등 각 분야별 자문법인을 파트너사로 두고 문제 예방관리와 해법 제공에 충실하고 있다.

에이스휴먼파워(주)
www.acehp.co.kr

대표	황종근
전화	02-2055-3352
팩스	02-2055-2898
이메일	acehp@acehp.co.kr

▮▮▮ 회사주소
서울시 서초구 서초중앙로12길 7 도체오빌딩 2, 3층

▮▮▮ 설립 및 자본금
설립년 : 2002년
자본금 : 6억원

▮▮▮ 매출실적
2025년(예상) : 1,000억원

▮▮▮ 종업원현황
총원 : 4,500명

▮▮▮ 아웃소싱 서비스
근로자파견, 도급, 채용대행, 헤드헌팅, 건물관리, 경비, 미화 등

▮▮▮ 주 거래 기업
현대카드/캐피탈, 쿠팡, 마켓컬리, 우아한형제들, LG전자, LG이노텍, 하나로마트, 카카오모빌리티, 프라다 등

▮▮▮ 지사 및 계열사
계열사 : 리딩잡 주식회사

▮▮▮ 임직원 연락처
대표번호 : 02-2055-3352
영업담당 : 02-2055-0530

▮▮▮ 기업연혁
2002. 에이스휴먼파워(주) 설립
2008. 사이버연수원 운영 개시
2010. 고용노동부인증 우수업체선정-고용노동부장관 인증
2011. 금융사전문 채용대행사 9개사와 업무 제휴 체결
2013. 국내금융사 거래 50개소 돌파(파견업체 최초)
  월드비전 해외결연 협약 기부행사진행
2015. 업계최초 포인트몰(에이스몰)런칭 안정화 성공
2017. 쏘카 쿠팡 쿠팡풀필먼트 SK렌터카 SK엔카 계약 체결
2018. 쿠팡 티켓링크 보람상조 배달의 민족 타다 계약 체결
  대한상공회의소 "일하기 좋은 중소기업" 선정
2019. 카카오모빌리티 요기요 타고솔루션즈 K-CAR 계약 체결
  LG하이텔레서비스 도급계약 체결
  위생관리업 신고
2020. 동양물산 마켓컬리 카카오계리사 BMW파이낸셜 계약 체결
  경비업 신고/소독업 신고
2021. 에이블리 11번가 무신사 SSG닷컴 티몬 계약 체결
  SPA브랜드(유니클로, 자라, 에잇세컨즈, 무인양품, 찰스앤키스) 계약 체결
2022. 오토핸즈 LG전자 홈플러스 오비맥주 계약 체결
2023. 물류 (컬리넥스트마일, 신상마켓, 리턴다드) 도급 계약 체결
  한국교직원공제회 한국농수산식품유통공사 KCC네트웍스 계약 체결
  동서식품 메가커피 대한항공씨앤디 스위스포트코리아 계약 체결

▮▮▮ 대표자 프로필
이름 : 황종근
학력 : 성균관대 졸업/ 서울대 MBA 이수
경력 : 외환은행
  외환카드 부사장
  현대카드 고문
  에이스휴먼파워 대표이사(현)
경영방침 : "기업의 힘은 사람이다"

▮▮▮ 회사 및 서비스 소개
인재파견 및 HR컨설팅 전문기업인 에이스휴먼파워는 지속적인 성장과 함께 국내 인적자원서비스 산업을 이끌어가는 선도기업으로 부상하고 있는 업체다.
2002년 설립후 지금까지 폭넓은 전문성을 확보해 왔으며 물류, 금융, IT, 모빌리티, 유통, 제조, 서비스 등 다양한 분야에서 인력을 파견하고 도급 운영을 수행하고 있다.
특히 콜센터 인력운영 분야와 물류센터운영 도급, 마트 내 판매/캐셔/운송/관리도급 분야에서 고객사의 다양한 요구에 맞춤형 HR솔루션을 제공하면서 호평을 얻고 있다.
이처럼 다양한 아웃소싱업무 분야에서 검증된 업무역량과 안정된 재무지표를 유지하면서 총 관리인원이 5,000명을 넘어섰고, 매출 또한 지속적으로 증가해 1,000억원을 기록하며 안정적인 성장을 이어가고 있다.
동종업계에서는 최초로 대한상공회의소로부터 "일하기 좋은 중소기업"으로 선정됐으며, 고용노동부로부터 "근로자파견 우수업체"에 선정되는 등 공신력과 신뢰도가 높은 기업이다.
이처럼 에이스휴먼파워는 검증된 사업역량과 안정적인 재무 기반을 바탕으로 더욱 다양한 분야에서의 인적자원 서비스와 혁신적인 HR솔루션 제공을 통해 업계를 선도하는 기업으로 자리매김한다는 계획이다.

에이지스비즈니스서포트(주)
www.ajis.co.kr

대표	이기백
전화	02-6247-3727
팩스	02-566-6797
이메일	kblee@ajis.co.kr

■ 회사주소
서울시 강남구 역삼로 227, 403호

■ 설립 및 자본금
설립년 : 2003년
자본금 : 12억원

■ 매출실적
2024년 : 80억원
2025년(예상) : 80억원

■ 종업원현황
한국 : 250명
ASIA 그룹사 : 12,000명

■ 아웃소싱 서비스
콜센터, 아웃소싱, 인재파견, 물류관리, 전화상담, 재고관리

■ 주 거래 업종
서비스, 금융, 제조, 건설, 유통, 물류, 공공기관 등

■ 주 거래 기업
유통사, 물류센터, 온라인기업, 할인점, 편의점, 슈렉 등

■ 지사 및 계열사
[국내 지사]
서울지점, 인천지점, 북서울지점, 대전지점, 대구지점, 부산지점
[해외 지사]
일본, 중국, 홍콩, 대만, 태국, 말레이시아, 베트남, 필리핀

■ 임직원 연락처
가산 컨텍센터 : 1877-0013
본사 : 02-6247-3027
북서울 : 02-971-5672
인천 : 032-503-3727
대전 : 042-485-6772
부산 : 051-803-6747

■ 기업연혁
1978. 에이지스 설립
1984. 에이지스 홋카이도 설립
1992. 에이지스 시코쿠 설립
1996. 마스틱 상장
2003. 한국에이지스비즈니스서포트 설립
2004. 에이지스 중국 대련 설립
2007. ISO 9011 국제품질 표준인증 취득
2009. 에이지스 대만 설립
2011. 에이지스 인도, 홍콩, 타이, 말레이시아, 북경, 광지우 설립
2016. 에이지스 베트남, 필리핀 설립
2018. 그룹 40주년 아시아 서비스 전개
2021. 한국 가산지점(아웃소싱서비스 확장) 설립

■ 대표자 프로필
이름 : 이기백
경력 : 2000년 일본 (주)에이지스 입사
　　　 2004년 에이지스비즈니스서포트(주) 입사
　　　 현재 에이지스비즈니스서포트(주) 대표이사
　　　 에이지스 상해 대표이사 역임
　　　 에이지스 북경 대표이사 역임
　　　 에이지스 광저우 대표이사 역임
　　　 에이지스 홍콩 대표이사 역임
경영방침 : "성실, 고객주의, 현장주의, 도전, 개인존중"

■ 회사 및 서비스 소개
에이지스는 글로벌 선두기업으로 한국, 일본, 중국, 대만, 인도, 타이, 말레이시아, 베트남, 필리핀에 거점을 두고 아시아 3,000여 기업에 아웃소싱 서비스를 제공하고 있습니다.
아웃소싱이라는 전문분야에 관심을 가지고 1960년대부터 미국으로부터 노하우를 제공받았으며 아시아에서 자체적인 전문성을 키우고 있습니다.
한국은 2003년 에이지스비즈니스서포트를 설립 후 한국에 맞는 노하우를 개발, 전개하여 국내 대형유통사(신세계그룹, 롯데그룹, 이랜드그룹, 홈플러스, 도서관, 그외 의류브랜드 화장품브랜드, 관공기관 등 170여 개사)와 브랜드가치가 있는 기업에 전문 노하우를 제공하고 있습니다.
설립후 45년 기간동안 축적된 인재채용과 교육 그리고 근로환경 개선 등을 바탕으로 국내 근로기준에 맞는 정책과 규정을 통해 안정적인 기업운영을 이어나가고 있습니다.
에이지스비즈니스서포트는 콜센터아웃소싱 뿐만 아니라 재고조사아웃소싱 분야에서 글로벌 인지도가 높은 업체로 도서관 도서품검 업무나 모니터링 체크, 시장조사, 기타 위탁, 업무대행 등 서비스 범위를 확대해 종합적인 리테일 서포트 기업으로의 발돋움하고 있습니다.
또한 전국 네트워크가 가능하도록 수도권 3개 지점 외에 중부권과 남부권에 도 지점들을 설치해 전국전역에 서비스를 제공하고 있습니다.
최근 국제적인 이슈상황에 발빠르게 대처하고 향후 50년의 미래를 위해 지속적인 투자와 유망사업을 추진하고 있으며, 서울 가산지역에 전문콜센터를 구축하고 고객에게 품질높은 아웃소싱서비스를 제공하는 기업으로 성장하기 위해 최선을 다하고 있습니다.

(주)에이치디에스자산관리
www.hdser.com

대표	박주영
전화	031-242-3676
팩스	031-242-3671
이메일	hdser2016@hdser.com

■ 회사주소
경기도 수원시 장안구 연무로53,3층(연무동, 한동빌딩)

■ 설립 및 자본금
설립년도 : 2006년
자본금 : 15억원

■ 매출실적
2025년(예상) : 230억원

■ 종업원현황
총원 : 145명

■ 아웃소싱 서비스
시설물유지관리, 건물종합관리, 전문건설, 경비, 청소, 야간매장청소

■ 주 거래 기업
경기도교육청, 국방부, (주)보나비아티제 등 다수

■ 지사 및 계열사
전국 지사 네트웍 운영

■ 임직원 연락처
윤용현 전무 031-242-3676
조창식 상무 031-242-3639

■ 기업연혁
- 2006. (주)에이치디에스자산관리 설립
  경비업 허가, 시설물유지관리업 등록
- 2007~2022. 대지고외 65개교 BTL(임대형민자사업) 시설관리
- 2017~2019. 경기도 일자리우수기업 선정
- 2015~2022. 국가보훈처 제대군인 고용 우수기업 선정
- 2020~2022. 근로자파견업 허가
  아워홈 파주LGD점 근로자파견
  문산/파주, 구미/진영, 춘천/화천 국방병영시설 운영사 선정
  그린스마트스쿨 BTL사업 우선협상대상자 2개 사업 선정

■ 대표자 프로필
이름 : 박주영
경력 : 뉴케이의원 대표원장
　　　前 (주)에이아이이지스 대표이사
　　　現 (주)에이아이스마트팜 대표이사

■ 회사 및 서비스 소개
에이치디에스자산관리는 BTL전문경영을 기초로 시설물 유지관리업, 전문건설업, 환경미화사업, 시설경비업, 전기안전관리대행업 등을 통합하여 최고의 건물종합관리 전문업체로 성장 발전하고 있습니다.
급변하는 시장 환경에 능동적으로 대처하고 최고의 품질과 최고의 서비스를 제공하기 위하여 현장중심의 업무수행, 효율적인 경영 운영과 직원들의 업무 역량 발휘 등 보다 나은 서비스 제공을 위해 매진하여 최상의 서비스를 약속 드립니다.

(주)에이치알다인
www.hrdain.co.kr

대표	배영호
전화	1522-0255
팩스	042-625-8855
이메일	hrdain8770@daum.net

■■■ 회사주소
대전광역시 대덕구 우암로 486번길 8 (비래동, 다인빌딩)

■■■ 설립 및 자본금
설립년 : 2002년
자본금 : 1억원

■■■ 매출실적
2024년 : 65억원
2025년(예상) : 80억원

■■■ 종업원현황
총원 : 280명 / 관리 : 10명 / 파견 : 150명 / 도급 : 130명

■■■ 아웃소싱 서비스
아웃소싱, 인재파견, 채용대행, 헤드헌팅, 병원관리, 간병·요양사업, 경비·미화·시설관리, 사무지원, 연구보조, 판매관리, 콜센터, IT분야, 채권관리, 생산·물류(상하차, 포장, 배송, 검품), 입/출고관리, 기타(드라이버, 안내도우미, 건물청소원, 주유원, 디자이너, 회계사, 세무사, 간병사)

■■■ 주 거래 업종
제조·생산, 사무지원, 연구보조, 판매관리, 콜센터, 채권관리, 시설관리, 생산/물류, IT분야, 정부/공공부문, 의료·간병, 건물관리, 프랜차이즈 채용대행, 고용서비스업, 건물소독, 헤드헌팅

■■■ 주 거래 기업
화신, 새화신, CJ제일제당, 한국해양교통안전공단, 한국산림복지진흥원, 한국핵융합에너지연구원, 국가과학기술연구회, 한국기초과학지원연구원, 한국전력공사, 한화, 버거킹, 투썸플레이스, CGV, 던킨도너츠, 제이팜스, 농협자산관리회사, 롯데제과, 신세계백화점, 솔브레인, LTR, SK플래닛, 애경산업, CMB, MEDIAWILL, 에스에너지, 한국수출포장, MACROCARE, JARDIN, SINKLEADER, BLT, (주)MTG, 기린산업, 에코마스터, 참이엔지

■■■ 지사 및 계열사
지사 : 서울, 경기, 충남, 충북, 경북

■■■ 임직원 연락처
백인왕 경영지원팀총괄팀장   042-624-9955
배영호 경영지원팀   042-672-8800

■■■ 기업연혁
2002. 07 주식회사 다인정보 설립
　　 08 사원종합프로그램개발(인사, 노무, 회계, 급여체계 작업)
　　　　 유료직업소개사업허가득
　　 09 서울지사 설립
　　　　 사보 다인정보자이크 창간호 발행
2006. 08 의료아웃소실 사업부 개설
　　 09 2006 아웃소싱 100대기업 선정(아웃소싱타임스 선정)
2007. 09 2007 아웃소싱 100대기업 선정(아웃소싱타임스 선정)
2008. 10 주식회사 휴먼드림
2010. 02 고용노동부 취업성공패키지 지원사업 민간위탁기관 선정
　　 03 근로복지공단 산재장해인 취업알선 위탁기관 선정
　　 04 2010 아웃소싱 100대기업 선정(아웃소싱타임스 선정)
2016. 04 주식회사 에이치알다인 설립
2021. 06 주식회사 다인파트너스 설립

■■■ 대표자 프로필
이름 : 배영호
학력 : 한밭대학교 산업경영공학과 졸업
경력 : 보문고등학교 총 학생회장
　　　 육군 21사단 중위 전역
　　　 다인파트너스 대표이사
　　　 에이치알다인 대표이사
경영방침 : '신뢰추구', '정도지향', '변화주도'

■■■ 회사 및 서비스 소개
(주)에이치알다인은 20여년간 쌓아온 신뢰와 Know-How, 자체 사옥과 무차입 경영을 통한 안정적인 재무구조 및 신용을 바탕으로 전국지사망을 개설하여 대한민국의 명실상부한 아웃소싱 기업으로 꾸준히 성장해 왔습니다.
우리는 고객사의 경쟁력 향상을 위한 인재를 제공하고, 인원 관리의 편리성과 비용 절감을 위해 노력하고 있으며, 적재적소에 필요한 인재를 파견하여 고객사가 본 취지에 맞는 업무에 집중할 수 있도록 최선을 다하고 있습니다.
우리에게 고객은 기업과 인재입니다.
기업에는 기업이념 및 자사 인적자원관리시스템(HRMS)을 바탕으로 하여 최적의 인재를 제공하고, 개인에게는 다양한 경력개발 및 지원을 통해 '고용창출', '고용안정'을 실현하는 기업이 되기 위해 노력하겠습니다.
적절한 인재를 채용하는 것이 곧 기업의 경쟁력이 되는 시대입니다.
기업과 인재 모두가 만족할 수 있도록 (주)에이치알다인이 함께하겠습니다.

(주)에이치알메이트
www.hrmate.co.kr

대표	이종수
전화	02-514-3790
팩스	02-514-3791
이메일	nanvava26@hrmate.co.kr

■■■ 회사주소
서울시 서초구 강남대로97길 23, 5층 (잠원동, SM빌딩)

■■■ 설립 및 자본금
설립년 : 2007년
자본금 : 5억원

■■■ 매출실적
2024년 : 152억원
2025년 (예정) : 157억원

■■■ 종업원현황
총원 : 715명 / 내부사원 : 16명 / 도급사원 : 364명 / 파견사원 : 335명

■■■ 아웃소싱 서비스
근로자파견, 업무위탁, 건물종합관리유지, 경비업, 미화, 유료직업소개, 생산제조

■■■ 주 거래 업종
대기업, 그룹사, 중견기업, 중소기업, 공공기관 외

■■■ 주 거래 기업
남양유업, LX판토스, 진주햄, 빙그레, 전통공연예술진흥재단, 한국문화예술위원회, 롯데e커머스, 롯데마트, 롯데건설, 서희건설, 두산아트센터, 신세계남산, 상명대학교, 반도문화재단

■■■ 임직원 연락처
HR사업부 김정 팀장   02-514-3790

■■■ 기업연혁
2007. 07 (주)에이치알메이트 법인 설립
      08 근로자파견사업 허가
2010. 10 위생관리용역 영업신고 (서초구청 제326호)
      11 경비업 허가 취득(서울지방경찰청 제 2934호)
      09 대한민국 아웃소싱서비스 고객만족대상 수상
2012. 10 ISO9001 인증(품질경영시스템)
2013. 01 유료직업소개업 허가
2014. 09 근로자 보호 클린기업 인증
2015. 07 경영혁신형 중소기업(Main Biz)인증
2016. 12 고용노동부 자율점검 우수기업 인증
         고용노동부 파견·노무용역 부문 우수기업 인증
2017. 03 경총·코사아 2017년 HR서비스 우수기업 인증
2018. 10 근로자 보호 클린기업 인증 3회차
2019. 03 자본금 5억원 (2억원 증자)
      10 자산관리 및 주택임대관리사업 개시
      11 스마트하우스 전문임대관리 회원사 제휴
2020. 03 대한민국 아웃소싱100대기업 선정(아웃소싱타임스)
      04 경총·코사아 2020년 HR서비스우수기업 인증(고객관련 사무종사자 부문)
2023. 04 대한민국 아웃소싱 100대 기업 선정
2025. 02 한국HR서비스산업대상 (산업선도 부문)

■■■ 대표자 프로필
이름 : 이종수
학력 : 안동대학교 졸업
       연세대학교 최고위과정 수료
       육군대위전역(ROTC#30)
경력 : (現) (주)에이치알메이트 대표이사
       (주)로지온 대표이사 역임
       (주)트러스트인 대표이사 역임
경영방침 : "건전한 아웃소싱시장의 삶을 선도하는 기업"

■■■ 회사 및 서비스 소개
에이치알메이트는 고용노동부의 파견·노무용역부문 고용서비스 우수기관 인증 및 민간고용서비스 자율시정 우수기업으로 인증 받은 공인기업으로 신뢰도가 높은 아웃소싱 기업이다.

인재파견, 업무위탁, 종합건물관리, 헤드헌팅 등을 서비스하는 토탈아웃소싱 전문기업으로 창업이래 준법사업자로서 법령을 준수하며 인적자원개발에 최선을 다해 온 에이치알메이트는 여러 정부기관 및 협력사로부터 각종 인증서와 감사패를 수상하는 신뢰기업으로 성장했다.

투명하고 합법적인 관리를 통해 고객사의 리스크를 사전에 차단하며 전문인력이 컨설팅부터 채용, 노무 관리를 진행함으로써 고객사에 최고의 서비스를 제공하여 최대의 아웃소싱 효과를 제공하고 있다.

또한 내부 인재의 주기적인 직무교육을 통해 전문성을 고도화하는 한편 기업이 필요로 하는 서비스를 한발 앞서 처리, 제안하는 관리능력을 겸비하고 있다.

에이치와이플러스(주)
www.hyplus.kr

대표	박화영, 서원상
전화	02-731-6081
팩스	02-730-6107
이메일	trusthyp@hyplus.kr

▪▪▪ 회사주소
서울시 광진구 아차산로355 타워더모스트광진아크로텔 206호

▪▪▪ 설립 및 자본금
설립년 : 2018년
자본금 : 2억원

▪▪▪ 매출실적
2025년(예상) : 120억원

▪▪▪ 종업원현황
총원 : 280명

▪▪▪ 아웃소싱 서비스
건물유지관리업(시설, 미화, 보안, 주차, 안내)
부동산 프로젝트 관리업
임대관리업
근로자파견업

▪▪▪ 주 거래 업종
대기업, 그룹사, 중견기업, 중소기업, 공공기관 외

▪▪▪ 주 거래 기업
한국투자증권(주), 삼진제약(주), 동원건설산업(주), 한양산업개발(주), 오티스엘리베이터(유) 등 건설사 / PM, FM사 / 시행사 다수

▪▪▪ 지사 및 계열사
전국 네트웍 구축운영

▪▪▪ 임직원 연락처
경영지원팀   02-731-6081

▪▪▪ 기업연혁
2018. 09 인적분할 에이치와이코퍼레이션(주) 부동산 관리사업 인적분할
      09 인적분할 신설 에이치와이플러스(주)
      09 건물위생관리용역업 등록
      10 시설경비업 등록
2019. 06 공동대표이사 취임
2020. 01 주택임대관리업 등록
2021. 01 전국 70개사업장 관리실적 보유
      05 근로자 파견업 등록
2022. 09 시설물관리업 등록(산업통상자원부)
      11 전기시설물관리전문업 등록

▪▪▪ 대표자 프로필
이름 : 박화영, 서원상 공동대표
경력 : (현)에이치와이플러스(주) 대표이사
       한경주거문화대상 건물종합관리부문 대상 수상
경영방침 : Integrated Real Estate Solution 제공

▪▪▪ 회사 및 서비스 소개
에이치와이플러스는 "Integrated Real Estate Solution 제공"이라는 철학을 바탕으로 부동산 시설관리, 임대차관리 및 컨설팅 등의 서비스를 통해 부동산 자산 수익가치 극대화를 위한 전문 부동산 관리회사다.
이 회사의 핵심 경쟁력은 건물유지관리 전문지식과 실무경험을 바탕으로 건물생애주기 전반에 따른 부동산 시설물을 최적으로 유지, 건물의 가치를 높이는 서비스를 제공한다는 점이다.
효율적이고 최적화된 건물운영관리 솔루션을 바탕으로 건물 라이프 싸이클 연장, 유지관리, 비용절감, 자산가치 보존 등 자산가치 향상 능력이 탁월하다는 평가를 받고 있다.
특히 최적의 운영관리 방법을 통해 건축물의 시설 및 관리비용, 공간활용에 초점을 맞춘 운영효율 향상, 운영비 및 관리비 절감과 건축물의 수명연장 등 자산관리 생산성을 최대화하고 있다.
에이치와이플러스 서비스의 핵심은 다음과 같다.

■ 고객지향적 사고
에이치와이플러스의 모든 서비스는 고객을 우선으로 하는 원칙을 바탕으로 한다. 고객의 입장에서 생각하고, 고객의 요구를 먼저 파악한 후 자산관리에 필요한 서비스를 제공한다.

■ 최고의 전문가
자산관리 분야를 비롯한 각 분야 전문인력들의 경험을 바탕으로 자산관리 서비스의 질을 높여 새로운 기회를 창출하고, 최상의 자산관리를 진행하여 고객 자산을 안정적으로 관리한다.

■ 최적의 자산관리 시스템
풍부한 신축빌딩의 관리경험을 통한 고객의 Needs에 맞춘 최적의 서비스를 제공하고, 신축빌딩의 중요한 부분인 하자 관련 업무의 질을 높여 최적의 자산관리를 서비스한다.

■ 차별화된 서비스
자산관리, 임대차, 투자자문, 매입매각 등 고객자산의 가치 및 수익창출을 극대화하는 전문가 집단의 차별화된 서비스를 제공하고 있다.

(주)에이플러스원
www.aplusone.net

대표	한준환
전화	010-3667-0897
팩스	031-267-0255
이메일	aplusone@aplusone.kr

■■■ 회사주소
경기도 ○○시 팔달구 장다리로306번길 26, 평은빌딩 407호

■■■ 설립 및 자본금
설립년 : 2000년
자본금 : 3억원

■■■ 매출실적
2024년 : 3○○억원
2025년(예상) : 300억원

■■■ 종업원현황
총원 : 1,5○○명

■■■ 아웃소싱 서비스
생산도급관리 / 물류유통관리 / 빌딩.종합건물관리 / 경비보안서비스
미화도급관리 / 제약공단관리 / 위락시설관리 / 헤드헌팅 / 근로자파견

■■■ 주 거래 기업
(주)녹십자 제1공장(오창), 제2공장(음성) / (주)얀센백신 / 향남제약공단
(주)한국○보트진단 / (주)한국얀센 / 안국약품(주) / 하나제약(주)
SK바이오사이언스(주) / (주)바이오노트 / (주)한국존슨앤드존슨 그 외 다수

■■■ ○사 및 계열사
충북지사 / 동탄사무소 / 구미사무소

■■■ ○ 직원 연락처
최문규 ○업 부사장
이기호 ○무이사
민경수 ○무이사
이남훈 ○사

■■■ 기업연혁
2000. 12 (주)에이플러스원 법인설립(창립)
2001. 01 위생관리업, 소독업, 경비업 허가
2001. 02 경비협회 회원
2001. 03 경비업(개시) 진출
2001. 05 방역협회 회원
2001. 05 시설관리업(개시) 진출
2001. 06 생산도급업(개시) 진출
2006. 12 사랑의 소독봉사반 운영표창
2016. 03 성실납세자 인증 표창
2017. 06 일학습병형제사업 약정
2017. 03 정부고용촉진관련 협약
2019. 06 자회사형 장애인표준사업장 협약

■■■ 대표자 프로필
이름 : 한준환
학력 : 1975년 2월 충남대학교 문리대 철학과 졸업
경력 : 1975년 (주)녹십자 입사
　　　 1989년 (주)녹십자 영업관리이사
　　　 1990년 (주)녹십자 생산본부장
　　　 1995년 중국안휘녹십자 현지법인 대표이사
　　　 1997년 (주)녹십자 일반관리 본부장
　　　 2004년 (주)녹십자 상근감사
　　　 2007년 (주)녹십자EM 대표이사
　　　 2010년 (주)에이플러스원 대표이사
경영방침 : 주인의식을 바탕으로, 고객신뢰와 감동을 통하여 종업원 사랑과 국가사랑에 철저한, 모범기업으로 거듭나자.

■■■ 회사 및 서비스 소개
(주)에이플러스원의 직원들은 최우량 상장기업에서 30여년간 관련분야의 KNOW-HOW를 경험한 베테랑들이 모여서 출발하였습니다.
오랜 직무경험과 축척된 인력관리 운영시스템을 기반으로 인재파견, 생산도급, 헤드헌팅, 채용대행, 물류/유통 등 토탈 아웃소싱 전문화 기업입니다.
21세기 기업은 핵심역량 경영과 더불어 경쟁력 개선, 경비절감, 안정적인 노사관리 등 기업 경쟁력을 좌우하는 수단의 하나로 아웃소싱을 선택하고 있으며, 아웃소싱을 통한 기업 합리화가 성공하기 위해서는 사용업체 최고 경영자의 개선의지와 결과에 신뢰할 수 있는 PARTNER의 선정입니다.
"최고의 가치는 신용이다" 라는 모토로 고객사가 원하는 아웃소싱 분야에 대한 고민을 해결해드리겠습니다.

(주)엑스퍼트
www.expertkorea.co.kr

대표	오상훈
전화	02-780-0001
팩스	02-780-0010
이메일	xpt001@expertkorea.co.kr

■■■ 회사주소
서울 영등포구 국제금융로 6길 33, 맨하탄빌딩 12층

■■■ 설립 및 자본금
설립년 : 1991년
자본금 : 10.4억원

■■■ 매출실적
2024년 : 410억원
2025년(예상) : 450억원

■■■ 종업원현황
총원: 1,250명 / 관리: 25명 / 파견: 75명 / 도급: 1,150명

■■■ 아웃소싱 서비스
인재파견, 인력아웃소싱, 헤드헌팅, 채용대행, 마케팅지원사업 등

■■■ 주 거래 업종
항공, 유통, 물류, 방송, 제조, 서비스, 공공기관, 외국계기업 등

■■■ 주 거래 기업
대한항공, (주)hy, SBS, CBS, 아이마켓코리아, 안연케어, 대구엑스코, 네오플램, 서울문화재단, 대두식품 등 30여개사

■■■ 지사 및 계열사
(주)엑스퍼트코리아, (주)엑스퍼트원, (주)지멕스글로벌

■■■ 임직원 연락처
오상훈 대표이사	02-780-0001
남기택 부사장	02-780-0001
오현구 상무	010-3324-0846
윤정후 부장	010-9181-9043
최장석 과장	010-2817-2790

■■■ 기업연혁
1991. 고객의 Needs를 먼저 생각하는 '엑스퍼트' 설립
1997. 김포공항사무소 개설, 대한항공 기내식셋팅업무도급
1998. 근로자파견사업허가 취득
2000. 인천공항사무소 개설, 위생관리사업신고
2006. 헤드헌팅사업 확대, 성창인터패션 계약
2008. 중소기업청 경영혁신 중소기업 선정
2010. 롯데마트, 롯데기공 등 계약
2012. 한국정책금융공사, 한국토지주택공사 등 계약
2016. 아이템베이, 팔도, 쁘레베베 등 계약
2017. 한국GM, STX산업 등 계약
2018. STX건설, KAL호텔네트워크, 파코인터내셔널 등 계약
2019. 강서보건소, 강서구청 등 계약
2020. 아이마켓코리아, HY모터스, 네오플램 등 계약
2021. 신라홀딩스, 엠알케이, 고리원자력본부, 강북구청 등 계약
2022. 대구엑스코, 안연케어 등 계약 추가
2023. 서울문화재단, 대두식품등 계약

■■■ 대표자 프로필
이름 : 오상훈
학력 : 한국외국어대학교 서반아어학과 졸업
　　　전경련 글로벌 최고경영자 과정 수료
　　　연세대 경영대학원 최고경영자 과정 수료
　　　서울대 최고지도자 인문학과정 수료
경력 : 대한항공 근무(용역계약담당), 한국인재파견협회 이사 역임
경영방침 : 고객가치 극대화를 위한 최선의 경영

■■■ 회사 및 서비스 소개
▶ **근로자 파견 및 업무지원 아웃소싱**
　엑스퍼트는 기업업무에 관한 각 분야의 전문인력을 충분히 보유하고 있으며, 고객사의 업무특성과 정확한 업무프로세스의 분석을 통하여 최적의 아웃소싱을 제공합니다.

▶ **전문분야 아웃소싱(항공운송 부문)**
　엑스퍼트는 특수분야 아웃소싱의 축적된 노하우와 항공업무 경험을 바탕으로 항공기 운항 및 관련 지원업무를 전문으로 제공하고 있으며, 서비스 특성상 정확성이 요구되는 항공사 및 공항 관련 서비스를 24시간 완벽하게 수행하고 있습니다.

▶ **물류 / 유통 / 제조 아웃소싱**
　엑스퍼트는 체계적이고 전문화된 업무수행 경험을 바탕으로 물류 / 유통 / 제조 분야의 각종 업무수행에 적합한 관리시스템과 운영능력을 갖추고 있습니다.

(주)엔에스홀딩스
www.ns-holdings.co.kr

대표	이행수
전화	02-842-1373
팩스	02-842-8512
이메일	hresume@hstaffs.co.kr

회사주소
서울시 영등포구 대림로 29가길 15-1 (대림동 733-4 한진빌딩)

설립 및 자본금
설립년 : 1986년
자본금 : 5억원

매출실적
2024년 : 400억원
2025년(예정) : 500억원

종업원현황
총원 : 1,750명 (관리 : 55명, 파견 : 600명, 도급 : 1,100명)

아웃소싱 서비스
토탈아웃소싱
- 인재파견 (사무, 안내, 비서, 운전, 고객상담, 텔레마케터 등)
- 생산도급 (제지, 식품, 전자, 부품 등) / 물류도급 (도서, 종합몰 등)
- 시설관리 (경비, 미화 등)
- 시설위탁운영 (휴게소, 골프장, 휴게소, 레저시설 등)
- 유통, 판촉위탁운영 (제조사 유명브랜드 판매, 판촉 등)
- 케터링 도급 (영양사, 조리사, 조리원 등)

주 거래 업종
제조업, 서비스업, 학교관공서, 관광/숙박업 등

주 거래 기업
삼성웰스토리, 롯데글로벌로지스, 종근당, 깨끗한나라, 면사랑, 아워홈, 동원F&B, 돌코리아, 아모레퍼시픽, 대신정기화물, 대웅제약, 보령제약, 양천구시설관리공단, 고려인삼공사, 양지사, 다이소, 유니클로, 골프존, 오리온휴게소, 한화리조트 등 전국 강소, 중견, 중소기업 다수 거래중

지사 및 계열사
지사/계열사 : 안양, 인천, 일산, 수원, 평택, 천안, 대전, 부산, 청주, 익산, 곡성, 보령

임직원 연락처
경영총괄 실장 이미정 010-8737-8746
마케팅총괄 본부장 이승석 010-7622-7322

기업연혁
1986. 05 유통분야(백화점) 아웃소싱 전문 한진상사 설립
1991. 12 롯데백화점 잠실점, 월드점, 미도파, 신세계백화점 도급계약
1998. 09 근로자파견사업허가 취득(서울남부 98-32)
1999. 01 아모레퍼시픽 물류도급계약 체결
2004. 01 기아, 현대자동차 협력사 자동차 부품 제조도급계약 체결
2005. 10 양지사외 제책생산도급 및 도서물류도급계약 체결
2006. 10 팬택, LG전자, 삼성전자 1차밴더 휴대폰 부품제조 도급계약 체결
2010. 06 건물종합관리 및 시설경비용역업 허가 취득(허가번호 제2896호)
2012. 01 동원F&B 판촉업무 위탁 계약 체결
2013. 05 종근당 도급 계약 체결
2015. 01 골프장 위탁 운영 계약 체결
2017. 04 깨끗한나라 생산도급계약 체결
2018. 05 유니클로 물류도급 계약 체결
2019. 01 (주)엔에스홀딩스 법인 설립
2022. 01 다이소 HR서비스계약 체결
2023. 09 삼성웰스토리 채용대행 계약 체결/ 가사서비스 사업 개시
2024. 08 경주 블루원 워터파크 주차장관리 위탁계약 체결
2013~2025. 대한민국 100대 아웃소싱기업 선정

대표자 프로필
이름 : 이행수
경력 : 서울중앙통신대학 수료
  금성출판사 본사 심사부(춘천, 원주 지부장 역임)
  (주)한진스탭스 회장 역임
  現 (주)엔에스홀딩스 회장
경영방침 : 직영조직을 바탕으로 초심을 잃지 않고 최고의 인재를 양성하여 일자리 창출에 앞장선다.

회사 및 서비스 소개
엔에스홀딩스는 1986년 설립 이후 서비스위탁, 유통, 물류, 시설관리, 제조, 임가공 등 다양한 산업 분야에서 종합 아웃소싱 서비스를 제공해온 기업입니다. 파견, 도급, 위탁 등의 서비스를 통해 고객사의 요구에 맞는 맞춤형 솔루션을 제공하고 있습니다.

그리고 ISO 45001, 9001, 14001 인증을 통해 품질, 환경, 안전 관리를 엄격히 준수하며 관련 법규를 철저히 따르고 있습니다. 이러한 인증을 기반으로 고품질의 서비스 제공과 작업 안전 확보를 최우선으로 하여 고객과 파트너의 신뢰를 받고 있습니다.

4차 산업혁명과 지식정보화 시대에 발맞춰, 엔에스홀딩스는 혁신적이고 효율적인 경영 전략을 통해 변화하는 시장 환경에 유연하게 대응하고 있으며, 지속 가능한 성장을 목표로 삼고 있습니다. 또한 기업 비전과 성과를 파트너들과 공유하며 상생의 노사 관계 구축에 힘쓰고 있습니다.

39년간 쌓아온 경험과 노하우를 바탕으로 엔에스홀딩스는 앞으로도 고객과 파트너의 성공을 돕는 신뢰받는 동반자로서 종합 아웃소싱 분야에서의 경쟁력을 더욱 강화해 나가겠습니다.

(주)엔젤스태프

www.angelstaff.co.kr

대 표	박재균
전 화	1833-2204
팩 스	02-6949-6340
이메일	center@angelstaff.co.kr

■ 회사주소
서울시 강남구 논현로 608, 2F

■ 설립 및 자본금
설립년 : 2007년
자본금 : 10억원

■ 매출실적
2024년 : 1,121억 4,784만원
2025년(예상) : 1,350억원

■ 종업원현황
총원: 3510명

■ 아웃소싱 서비스
병원아웃소싱 (의료지원, 원무, 콜센터, 시설관리 등) / 전문간병서비스 / 호텔, FM 아웃소싱 / 홈케어서비스 / 일반사업지원 등

■ 주 거래 업종
병원, 호텔, 인력파견, 도급 / 시설관리 / 주차, 보안, 미화 / 헤드헌팅 / 사무인력 파견

■ 주 거래 기업
세브란스병원(신촌/강남/용인/원주), 분당서울대병원, 서울성모병원, 국제성모병원, 강릉아산병원, 아주대병원, 강동성심병원, 일산백병원, 이대서울병원, 가천대길병원, 건국대병원, 순천향대병원, 은평성모병원, 부천성모병원, 인천성모병원, 강남성심병원, 상계백병원, 강동경희대병원, 경희의료원, 여의도성모병원, 아주대병원, 동탄성심병원, 춘천성심병원, 성빈센트병원, 인하대병원, 롯데호텔, L7명동호텔, 콘래드호텔, 나인트리호텔, 시그니엘 레지던스, 해운대LCT, 삼성증권, 우리은행, 롯데렌탈, 신한금융투자, IBK캐피탈, 나이스신용평가 등

■ 지사 및 계열사
부산, 대구, 인천/경기 지사

■ 기업연혁
2007.	주식회사 엔젤스태프 설립
2015.	분당서울대병원 / 롯데호텔 업무위탁 ISO9001, ISO18001 인증
2016.	아주대병원 / 국제성모병원 근로자파견
2017.	시그니엘 / 드래곤시티 업무위탁
2018.	원주세브란스병원 / 건국대병원 / 서남병원 근로자파견
2019.	이대서울병원 / 가천대길병원 / 순천향대병원 일산차병원 근로자파견 / 은평성모병원 업무위탁
2020.	일산백병원 / 해운대LCT 업무위탁
2021.	한림대 강남성심, 한강성심병원, 상계백병원 근로자파견
2022.	세브란스병원(신촌,강남,용인), 강동경희대병원 근로자파견 / 강릉아산병원 업무위탁
2023.	서울성모병원, 인하대병원, 경희의료원 업무위탁 / 중앙대광명병원, 분당차병원 근로자파견
2024.	아주대병원, 동탄성심병원, 춘천성심병원 근로자파견

■ 대표자 프로필
이름 : 박재균
학력 : 명덕외국어고등학교
       연세대학교 경영학과
       사법연수원
수상실적 : 고용노동부장관 표창
          한국아웃소싱리딩컴퍼니
          가천대길병원, 강동경희대병원, 분당서울대병원, 인하대병원, 국제성모병원, 서남병원, 부천성모병원 공로감사패 수상

■ 회사 및 서비스 소개
엔젤스태프는 진보하는 보건/복지/의료/주거 분야의 다양한 생활 사업지원 서비스를 발굴하여 안전한 의료환경과 쾌적한 주거문화를 만들어 나가는 기업입니다.
엔젤스태프가 어려운 시장환경과 치열한 경쟁에서 Medical Outsoucing NO1 Brand로 성장할 수 있었던 것은 우리의 서비스로 고객의 주력경영이 가능하다는 믿음과 확신 때문입니다.
일반 의료지원 영역을 넘어 호스피스 완화의료도우미 사업최초 론칭, 혁신적인 환자이송 모바일 프로그램 개발 등 의료지원 아웃소싱의 차별적 서비스 인프라를 구축하였습니다.
또한 각광받고 있는 최고급 주거공간에 최적화된 생활지원 서비스 개발하였고, 호텔 및 리조트 객실정비, 미화, 시설, 보안 분야에서 국내 최고의 서비스로 인정받고 있으며, 생산, 유통물류, 판매/판촉, 콜센터 등 종합 서비스 기업으로 거듭나고 있습니다.
고객감동과 직원안전을 위해 언제나 최선을 다하며, 새로운 서비스로 늘 앞서갈 것을 약속합니다.

(주)엠비모스트
www.mbmost.com

대 표	천효규
전 화	051-811-1241
팩 스	051-811-1244
이메일	mbm0174@mbmost.com

■■■ 회사주소
부산광역시 부산진구 중앙대로 775번길 5 삼정기업빌딩 13층

■■■ 설립 및 자본금
설립년 : 2005년
자본금 : 3억원

■■■ 매출실적
2025년(대비) : 135억원

■■■ 종업원현황
총원 : 569명 (관리:12명 / 도급:451명 / 파견:106명)

■■■ 아웃소싱 서비스
유통/물류센터 생산/제조 업무위탁, 파견, 채용대행, 시설관리, 호텔운영, 콜센터

■■■ 주 거래 업종
유통, 정보통신, 제조, 서비스, 공공기관, 금융, 호텔, 테마파크 등

■■■ 주 거래 기업
TBH코리아(베이직하우스), 패션그룹형지, 삼원ACT, 디알액시온, 창신INC, 송도해상케이블카, 매일정기, 부산시설관리공단, 우리마트, 아트몰링, 삼원약품, 한국생산기술연구원, 수자원공단, 동화엔텍, 헴펠코리아, 부산정보산업진흥원, 부산고용복지플러스센터, 에스카이어

■■■ 임직원 연락처
김민정 총괄이사   051-811-1241
박상민 운영팀장   051-811-1243

■■■ 기업연혁
- 1990. 08 (주)모스트 설립
- 2002. 08 베이직하우스 물류센터 계약 체결
- 2005. 05 (주)엠비모스트 상호변경
- 2008. 01 삼원ACT 외 5개사 계약 체결
- 2013. 09 대한민국 100대 아웃소싱기업 선정
- 2014. 03 위생관리 용역업 신고
-       05 근로자 파견사업 허가
-       09 패션그룹 형지리테일 물류센터 계약 체결
- 2015. 09 대한민국 아웃소싱고객만족대상 물류센터운영 부문 대상
- 2016. 07 시설경비업 허가
- 2017. 07 삼원약품 외 2개사 계약 체결
- 2019. 01 헴펠코리아 외 2개사 계약 체결
-       05 송도해상케이블카 계약 체결
- 2020. 01. 제일전기공업 외 3개사 계약 체결
-       06. 대전지사 설립 및 운영
- 2021. 01. 부산정보산업진흥원 외 2개사 계약 체결
-       04. 대한민국 100대 아웃소싱기업 선정
-       08. 부산·창원 고용복지플러스센터 계약 체결
- 2023. 09. ISO:9001 품질경영 인증, ISO:14001 환경경영 인증
-       10. ESG 경영 인증
- 2024. 10. ISO:45001안전 및 보건경영 인증

■■■ 대표자 프로필
이름 : 천효규
경력 : 한화(주)의약 사업부 팀장(前)
　　　ADECO 부산 지사장(前)
　　　MBM 부산 지사장(前)
　　　대한적십자사 상임의원(現)
　　　(주)엠비모스트 대표 이사(現)

■■■ 회사 및 서비스 소개
엠비모스트(manpower business most)는 인간의 무한한 가능성과 고객 기업의 경쟁력을 생각하며 인재를 소중히 여기는 기업을 만들고자 유통, 물류 전문 outsouring 회사를 설립하게 되었습니다.

최근 급변하는 경제 여건과 다변화, 전문화, 개방화 추세에 따라 생존을 위한 구조조정과 효율적인 경영을 위한 개혁을 위해 사고의 전환과 제도의 변화가 불가피하며 인사관리에 있어서도 새로운 고용 제도의 정착여부가 기업에 커다란 영향을 미칠 것으로 생각됩니다.

21세기 지식정보화 사회에서는 기업들도 변화하지 않으면 생존하기 어려운 시대의 요구에 환경적응은 물론 스스로 한발 앞선 변화를 주도해야만 합니다. 그 변화의 주요한 방향 중의 하나가 핵심역량을 강화하고 주변역량을 전문화하는 아웃소싱이 아닐까 합니다.

엠비모스트는 이러한 사회적 변화의 중심에서 기업과 개인의 전략적 파트너가 되고자 합니다.

또한 엠비모스트는 다양한 직무경험, 전문화된 인력, 최상의 관리시스템을 바탕으로 전문화된 아웃소싱업체로서 고객회사와 유기적인 연대를 통하여 축적된 기술을 바탕으로 사용자, 근로자 모두에게 최상의 Service와 관리System을 통한 고객 감동서비스를 제공할 줄 아는 파트너가 되도록 끊임없는 노력과 정성을 다하겠습니다.

(주)엠스퀘어
www.m-square.co.kr

대표	민병용
전화	02-888-4882
팩스	02-888-4883
이메일	acarlet@hanmail.net

■■■ 회사주소
서울시 종로구 새문안로 5가길 28, 광화문플래티넘 1512호(적선동)

■■■ 설립 및 자본금
설립년도 : 2009년
자본금 : 2억원

■■■ 매출실적
2024년 : 82억원
2025년(예정) : 103억원

■■■ 종업원현황
총원 : 300명

■■■ 아웃소싱 서비스
부동산 종합관리, 시설경비업, 위생관리업, 건설용역업 등

■■■ 주 거래 기업
GT타워, 대공빌딩, 대각빌딩, 동대문빌딩, 가락빌딩, 한전을지사옥, 고려빌딩(광화문), 고려빌딩(서초), 세종사이버대, 국가공무원인재개발원, 대성퍼스트 대전물류센터, 대우에스티, 안양 새물공원 외 다수

■■■ 지사 및 계열사
전국 지사네크웍 구축

■■■ 임직원 연락처
민병용 대표 : 02-888-4882

■■■ 기업연혁
2009. 10. (주)엠스퀘어 창립
　　　11. 건물관리 용역계약 체결 및 사업장 인수(대공빌딩 외 4곳)
　　　　　위생관리 용역업 신고(관악구청 제 167호)
2010. 03. 경비업 허가 취득 (제 2811호)
　　　03. 대우건설 건설용역 개시
　　　11. 강남 GT타워 건물관리용역 수주
2011. 05. 대우조선해양건설 건설용역 개시
2012. 01. 씨아이바이오텍 안양환경사업소 경비용역 수주
2013. 07. 한국전력공사 을지사옥 건물관리용역 수주
2015. 01. 세종사이버대 건물관리용역 수주
　　　02. 고려빌딩 건물관리용역 수주(광화문/서초사옥)
2016. 08. 국가공무원인재개발원 건물종합관리용역 수주
2019. 08. 대우건설 일용근로자 도급관리 업체로 선정
2020. 03. (주)한양, 대우산업개발(주) 협력업체 등록
2021. 03. 한화건설(주) 협력업체 등록
2022. 07. 대우건설 협력업체 평가 최우수등급 선정

■■■ 대표자 프로필
이름 : 민병용
경력 : 현 엠스퀘어 대표이사
경영이념 : 인재를 통한 가치경영(고객감동의 실현, 혁신 경영의 추구, 인간 존중의 실현)

■■■ 회사 및 서비스 소개
엠스퀘어는 건축물 소유주나 건축물 입주고객을 위해 시설관리 및 경비, 주차, 안내, 청소 등 건축물 운영에 관련된 서비스를 제공하는 인적자원 아웃소싱 전문기업입니다.
건물관리인이 없는 중소형 건물에서부터 관리실을 포함한 전담 운영관리서비스를 필요로 하는 대형건물까지 개별현장별 맞춤형 건물관리 기법을 도입해 건물 수명을 연장하고 합리적인 건물관리비를 실현하여 고객사의 자산가치를 높여 드리고 있습니다.
또한 자산 보유기간 중에 소유자의 이익이 극대화할 수 있도록 부동산을 운용, 유지, 관리하는 총체적인 활동을 통해 엠스퀘어는 시설관리를 비롯해 임대관리, 회계관리 토탈서비스를 제공함으로써 우량 임차인 유치를 통한 임대료 수입을 극대화하고 건물의 효율적인 관리를 통한 운영비용 절감으로 수익을 극대화하고 있습니다.
특히 엠스퀘어는 국내 유명 대기업 건설회사 경력을 갖춘 임직원의 경험을 토대로 고객맞춤식 건설용역을 제공하고 있습니다.
건설현장 및 주택전시관, 모델하우스 등에 소요되는 경비, 청소 조리원, 안전감시단 및 텔레마케터, 주부모니터 등 각 직종별로 다수 인력풀을 갖추고 고객의 요청에 따라 언제든지 투입할 수 있도록 준비하여 고객의 요청에 부응하고 있습니다.

(주)엠제이플렉스
www.mjplex.co.kr

대표	김시출
전화	02-853-2800
팩스	02-853-2880
이메일	helper@mjplex.co.kr

■ 회사주소
서울시 구로구 디지털로26길 43, 대륭포스트타워8차 R동 1801~1804호

■ 설립 및 자본금
설립년 : 1996년 10월(법인전환 2005년 3월)
자본금 : 5억원

■ 매출실적
2024년 : 430억원
2025년(예상) : 500억원

■ 종업원현황
총원 : 1,300명 (파견 : 1,100명 / 도급 : 150명 / 관리 : 50명)

■ 아웃소싱 서비스
인재파견, 도급/업무위탁, 채용대행, 헤드헌팅, 온라인 리크루팅, 온라인홍보대행 등

■ 주 거래 업종
미디어, 뉴스, 건설, IT, 홈쇼핑, 유통, 면세점, 교육, 커머스, 디자인, 엔터테인먼트, 게임, 대기업, 언론/방송사, 공공기관, 문화콘텐츠기업 등

■ 주 거래 기업
두산에너빌리티, 두산건설, 두산매거진, SK스토아, SK브로드밴드, SK플래닛, 11번가, LS일렉트릭, DL건설, 롯데글로벌로지스, 롯데마트, 롯데홈쇼핑, GS리테일, 카페24, 메가스터디교육, 미래에셋증권, LG헬로비전, 흥국화재해상보험, 카카오엔터테인먼트, SM엔터테인먼트, 한국시세이도, 듀폰구스코리아, MBC, KBS, SBS, YTN, MBN, 연합뉴스, CJ ENM, JTBC, TV조선, 한국경제TV, 서울경제TV, IMBC, KBS미디어 등

■ 지사 및 계열사
(주)엠제이피플, (주)엠제이휴먼

■ 임직원 연락처
김시출 대표이사   02-853-5202 / 010-3888-4518
HR사업본부 정용희 전무   02-6925-3727 / 010-7749-4621
MJ피플 김광민 본부장   02-853-5276 / 010-5513-7329

■ 기업연혁
2014. 02. 2014 대한민국을 이끈 혁신리더 선정 HR아웃소싱 부문
   03. 대한민국브랜드대상 · 취업포털부문 수상
2018. 07. 글로벌브랜드 대상 "채용대행부문" 대상 수상
2019. 01. 한국아웃소싱리딩컴퍼니 "근로자파견부문" 선정
   04. 대한민국 100대 아웃소싱기업 인증
2020. 01. 2020년 한국아웃소싱 리딩컴퍼니 "근로자 파견" 부문 선정
   10. 2020년 모범중소기업인 중소벤처기업부장관 표창 수상
2021. 05. 한국콘텐츠진흥원 콘텐츠일자리센터 운영 위탁사업 수주
2022. 01. 강서구의회, 한국엔지니어링협회 용역 입찰 계약 체결
   08. CJ ENM 엔터테인먼트부문 신입사원 채용대행 위탁사 선정
2023. 02. 제1회 한국HR서비스산업대상 산업선도 부문 수상
   10. 2023 여가친화인증 기업 선정
   11. '2023 혁신 리더 대상' 〈미래경영/아웃소싱 부문〉 수상
2024. 06. SM엔터테인먼트 근로자파견 계약 체결
   09. 롯데글로벌로지스 물류 도급 계약 체결
2025. 02 제2회 한국HR서비스산업대상 HR서비스기업대상부문 수상
   02 제13회 대한민국교육대상 미디어 · 디자이너 취업부문 수상

■ 대표자 프로필
이름 : 김시출
학력 : 연세대학교 생명시스템대학 생명공학과 졸업
   연세대학교 언론홍보대학원 석사졸업 (방송영상전공)
   성균관대학교 신문방송학과 박사과정 수료
경력 : (주)MJ플렉스 대표이사 (現)
   미디어잡, 디자이너잡 대표 (現)
   한국서비스산업협회 부회장 (現)
   중소기업융합서울연합회 정인포럼 수석 부회장 (前)
   연세대 언론홍보대학원 총동창회 부회장 (前)
   연세대 총동창회 상임이사/부회장 (前)
   서울디지털융합포럼 회장 (前)
   연세대 언론홍보대학원 최고위과정 간사 (前)
경영방침 : 행복경영, 창조경영, 배움경영, 감사경영, 나눔경영

■ 회사 및 서비스 소개
MJ그룹은 '행복한 미래를 함께 여는 HR 리딩컴퍼니'라는 비전 아래, 투명하고 차별화된 취업 매칭 서비스를 제공하는 종합 HR 그룹입니다. 인재파견, 도급/업무위탁, 채용대행, 헤드헌팅, 취업 컨설팅 등 다양한 HR 솔루션을 통해 방송, 미디어, IT, 공기업, 제조, 물류, 금융 등 여러 산업군에 맞춤형 인재를 연결하고 있습니다. 특히 전문 취업 플랫폼인 '미디어잡'과 '디자이너잡'을 운영하며, 해당 업계에서 1위를 유지하고 있습니다. 29년간의 경험을 바탕으로 200여 개의 기업에 우수한 인재를 추천하고, 인재운영 효율화를 적극 지원하고 있는 MJ그룹은 앞으로 더 많은 고객에게 최적화된 HR서비스 제공으로 성공 파트너로서 끊임없이 성장해 나가겠습니다.

(주)예스맨파워

대표	김대기, 임진아
전화	02-6677-1500
팩스	02-6677-1501
이메일	yesmphr@naver.com

■■■ 회사주소
서울시 영등포구 국제금융로 70, 7층(여의도동, 미원빌딩)

■■■ 설립 및 자본금
설립년 : 2014년
자본금 : 5억원

■■■ 매출실적
2025년(예상) : 180억원

■■■ 종업원현황
총원 : 400명

■■■ 아웃소싱 서비스
근로자파견, 도급업, 헤드헌팅, 채용대행,
여성기업 인증-공공기관 우선구매대상 기업

■■■ 주 거래 기업
OB맥주, 다이소, 두산, 신일전자, 한국전자인증, 케이탑리츠, 시에나리조트, 국립세계문자박물관, 스튜디오드래곤, 한국중견기업협, LG유플러스, 미래엔, 서울시복지재단, 콜롬비아대사관, 경동나비엔, 대방건설, 보령제약, 한국문화재단, 농림식품기술기획평가원, 경기대학교, BMW, 아우디코리아 등 다수

■■■ 지사 및 계열사
지사 : 경인지사 070-8217-9956 / 수원센터 070-8217-9966 / 천안센터 070-8217-9928
계열사 : (주)HR비즈(건물관리) / 수행기사(주) (수행기사잡, 채용플렛폼, 재취업교육, 채용대행 서비스)

■■■ 임직원 연락처
김대기 대표 : 02-6677-1500

■■■ 기업연혁
2014. (주)예스맨파워 법인설립
2018. 평창 동계올림픽, 인천공항 VR센타 인력운영
  CJ E&M, AJ그룹, 카카오VX, 세이브드칠드런 파견계약
2019. BTS 빅히트엔터테인먼트, 마스틴투자운영 파견계약
  한국품질재단, 쉐라톤팔레스호텔 파견계약
2020. 서울중앙의료의원, 대원미디어, 한국 IPTV 방송협회 파견계약
2021. CJ 올리브네트웍스, 서울지방변호사회, 보해양조 파견계약
  덕산 홀딩스, 포르쉐코리아, ES파이낸셜 파견계약
2022. 콜롬비아 대사관, 경동나비엔, 대방건설, 보령제약 파견계약
  한국문화재단, 농림식품기술기획평가원, 경기대학교 파견계약
  한국국제 협력단, BMW, 아우디코리아 파견계약
2023. OB맥주, 한국전자인증, 케이탑리츠, 시에나리조트 파견계약
  국립세계문자박물관, 스튜디오드래곤, 한국중견기업협 파견계약
  LG유플러스, 미래엔, 서울시복지재단, 신일전자 파견계약
2024. 대한민국아웃소싱서비스 고객만족대상 수상(아웃소싱타임스)
  한국벤처캐피탈협회, 시몬스, KT스튜디오지니, 딴지그룹, 한국경제신문, 동국홀딩스, 듀오백, 대한전기협회, 네오위즈 파견계약,
  후성그룹 채용계약

■■■ 대표자 프로필
이름 : 김대기
경력 : (주)예스맨파워 대표
  CJ미디어
  경인방송
  한국만화영상 진흥원
경영방침 : "고객만족, 가치향상, 정도경영"

■■■ 회사 및 서비스 소개
예스맨파워는 국내 인재파견서비스를 대표하는 전문기업으로 해마다 성장을 거듭, 2018년에는 평창동계올림픽 문화 ICT관 인재파견서비스를 통해 실력을 인정받았으며 현재 오비맥주, 다이소, 두산, 신일전자등 다수 업체에 파견, 도급, 채용대행 서비스를 제공 중이다.
예스맨파워 김대기 대표는 인사, 총무분야 전문가로서 CJ미디어, 경인방송, 한국만화영상 진흥원 등 경영지원파트에서 인재파견 관리 및 채용, 보상, 노무 등 업무를 총괄했으며 이를 바탕으로 현재 대기업 및 공공기관 70여 곳을 대상으로 인재파견 서비스를 지원하고 있다.
2020년부터 자회사로 '수행기사(주)'를 설립하고 수행기사 채용 플랫폼인 '수행기사잡'을 운영하며 사업영역을 확장 중이다.
기업들에게 수행기사 1:1 무료 매칭서비스 및 수행기사 전문연계 DB확보 서비스 등을 제공하는 수행기사 전문서비스로 현재 콜롬비아대사관, 한국 노동총연맹, OB맥주, 벤츠코리아 등 50여곳에 서비스를 제공하고 있다.
이와함께 예스맨파워의 인사담당자 커뮤니티인 네이버카페 '인사쟁이'를 통해 인사쟁이 공식 아웃소싱 기업으로도 활동하고 있다.

(주)예스콘씨에스
www.yeskon.co.kr

대표	이영래
전화	02-2643-6565
팩스	02-2643-6727
이메일	eastern1997@naver.com

▪▪▪ 회사주소
서울 영등포구 여의대방로 65길 12 (에리트빌딩 905호)

▪▪▪ 설립 및 자본금
설립년 : 2005년
자본금 : 3억원

▪▪▪ 매출실적
2025년 : 비공개

▪▪▪ 종업원현황
총원 : 600명 / 도급 : 100명 / 파견 : 500명

▪▪▪ 아웃소싱 서비스
인재파견, 경비, 단체급식, 미화, 수행운전기사, 사무지원 아웃소싱(BPO), 시설도급

▪▪▪ 주 거래 업종
금융, 유통, 제조, 서비스 등

▪▪▪ 주 거래 기업
동원그룹, D-워홈, 교촌, 각 증권사, SPC그룹, 연합뉴스 등

▪▪▪ 지사 및 계열사
(주)세프로, (주)예스콘잡

▪▪▪ 임직원 연락처
이영래 대표 02-2643-6565

▪▪▪ 기업연혁
2022. 03	여보, 회사 그만두면 내일 뭐하지? 자기개발서 출간
2019. 07	소독, 방제전문회사 (주)세프로 설립 3월영등포구청 우수기업상 수상
2017. 01	유료직업소개소업 신고
2013. 09	아웃소싱서비스 고객만족대상 수상 – 산업통상자원부 후원
2011. 04	KS Q IS09001:2009 사업지원서비스 부문 (인재파견인증)
2009. 10	생산성향상실무과정수료 4월국제품질경영시스템 IS09001:2000인증(사업서비스-인력파견)
2007. 12	전국11개 아웃소싱협력사 브랜드 통합 – 예스콘
2006. 02	위생관리 용역업 신고 (서울양천 제39호)
2005. 12	시설경비업허가(서울청 제188호) 3월근로자파견사업허가(서울남부 2005-155) 3월 워커스스테이션(주) – 서울 여의도 설립

▪▪▪ 대표자 프로필
이름 : 이영래
경력 : 현) (주)예스콘씨에스 대표이사
　　　현) (주)세프로 대표이사
저서 : 여보, 회사그만두면 내일뭐하지?-자기개발서
　　　삼밭골길 나의집-시집
경영이념 : 고객만족
　　　　　 가치창조
　　　　　 인화단결

▪▪▪ 회사 및 서비스 소개
예스콘CS는 21세기의 기업경영혁신 및 가치경영을 추구해나갈 win-win 전략의 최상의 파트너다. 아웃소싱 업무의 서비스별 전문적인 업무 역량과 인프라 구축 및 핵심인력의 사용으로 선택과 집중을 통하여 고객사의 경쟁력 향상과 고부가 가치창출로 지속적인 성장과 발전을 추구해 나가고자 한다.
올바른 자세와 가치관으로 고객을 생각하고 개인의 창의와 개성을 존중하여, 훌륭한 인재가 자신의 역량을 충분히 발휘할 수 있도록 철저한 교육 및 인사관리 시스템을 통하여 최선의 노력을 다해 나갈 것이다.

(주)올댓모델
www.allthatmodel.co.kr

대표	안선영
전화	1688-6941
팩스	02-587-6014
이메일	ceo@allthatmodel.co.kr

■■■ 회사주소
서울시 서초구 방배로19길 17, 서울빌딩 3층

■■■ 설립 및 자본금
설립년 : 2011년
자본금 : 3억원

■■■ 매출실적
2024년 : 80억원
2025년(예상) : 85억원

■■■ 종업원현황
총 : 470명, 관리스탭 : 15명, 파견직원 : 310명, 도급직원 : 145명

■■■ 아웃소싱 서비스
인재파견, 도급/위탁관리, 아웃소싱, 채용대행, 헤드헌팅, CS교육, 컨설팅, 실무교육, 이미지 메이킹

■■■ 주 거래 업종
그룹사, 대기업, 중견기업, 중소기업 등

■■■ 주 거래 기업
CJ, 한화, 상호저축은행중앙회, 대형로펌 다수, 금융기업 다수, 코오롱그룹 및 람보르기니, 벤틀리, 포르쉐, 벤츠, BMW, 아우디, 볼보, 재규어&랜드로버 등 계열사 외 400여곳 이상 협력사

■■■ 지사 및 계열사
지 사 : 올댓모델 부산지사
계열사 : 올댓모델, 올댓클린, 올댓모델 플러스

■■■ 임직원 연락처
김현승 팀장   010-4805-6014

■■■ 기업연혁
2011. 올댓모델 서울 본사 창립
　　　한성자동차 / 효성그룹 계열사 外 8개 기업 계약 체결
2012. KCC그룹 계열 및 스투트가르트 포르쉐 기업 계약 체결
　　　교육 아카데미 설립
2015. 올댓모델 부산지사 오픈
　　　중소기업청 여성기업 등재
2016. 여성 우수 기업 선정
2018. 주식회사 올댓모델 법인 설립
2020. 주식회사 올댓모델 플러스 / 올댓클린
2021~2022. 대한민국 100대 아웃소싱기업 선정(아웃소싱타임스)

■■■ 대표자 프로필
이름 : 안선영
경력 : 올댓모델 서울 본사 설립
　　　올댓모델 교육 아카데미 설립
　　　올댓모델 부산 지사 오픈
　　　주식회사 올댓모델 법인 설립
　　　클라이언트 집체교육,
　　　대학교 CS특강
　　　기업체 이미지 메이킹 특강
　　　창업 성공 강의 등 진행 다수

■■■ 회사 및 서비스 소개
- 국내 유일 리셉셔니스트 전문 에이전시
- 약 400여 곳 이상의 수입차 브랜드 및 일반 기업체와의 협력
- 약 500명 이상 서비스직 근무자 재직 중

올댓모델은 여성 인재관리 전문 회사로서 국내 다양한 자동차브랜드 회사 및 일반 기업체와 제휴하여 리셉션 공급과 교육 및 관리를 전문으로 하는 국내 유일 리셉셔니스트 전문 에이전시입니다.
2011년 창업 이후 인재를 원하는 기업과 인재를 연결하는 징검다리가 되어 보다 정교한 취업 모델을 완성하여, 국내 유일의 리셉셔니스트 전문 에이전시로 업계에 명성을 쌓으며 영향력을 넓혀 나가고 있습니다.
전문적인 인재 관리시스템, 교육 서비스 체제를 기반으로 여성들이 가장 선호하는 전문 서비스직종 리셉션 및 비서 등의 여성 전문인트 인재를 양성해내는 초우량 기업으로 도약하고 있습니다.
지원자들에게 CS교육의 다양한 커리큘럼으로 CS리더쉽, 서비스마인드, 고객응대 스킬의 표준화된 교육을 제공하고 있습니다.
이를 바탕으로 올댓모델은 구직자에게는 원하는 직업에 취직할 수 있고, 구인업체에서는 채용하고자 하시는 인재에 대하여 가장 적합한 인재를 채용할 수 있도록 최선의 노력을 다하고 있습니다.

(주)용진하이테크
www.yongjinht.com

대표	김규원
전화	02-2059-1190
팩스	02-2059-1199
이메일	yongjinht@nate.com

■■■ 회사주소
서울시 금천구 가산디지털1로 146 대륭테크노타운22차 712호, 713호

■■■ 설립 및 자본금
설립년 : 2009년 9월 2일
자본금 : 3억원

■■■ 매출실적
2024년 : 2 억원
2025년(예상) : 250억원

■■■ 종업원현황
총원 : 715명 / 관리 : 15명 / 파견 : 200명 / 도급 : 500명

■■■ 아웃소싱 서비스
시설물 종합관리 용역 / 경비용역 / 위생관리용역 / 인재파견 / 기타 임가공

■■■ 주 거래 업종
공공기관 연구소, 병원, 골프장, 일반 기업체 등

■■■ 주 거래 기업
국립환경과학원, 원자력연구원, 국가보안기술연구소, 안정성평가연구소, 한국중부, 신보령화력발전소, 경산시청, 동대문구청, 서울어린이병원, 서울시 북부병원, 단원병원, 안산제일C.C, 기흥C.C, 제주 중문C.C, 사조대표 등

■■■ 임직원 연락처
김규원 대표이사	02-2059-1191 / 010-3434-2219
김규형 부장	010-4746-8362
박종태 부장	010-4271-9949
이은정 대리	02-2059-1190
이동명 상무	010-5256-2700

■■■ 기업연혁
- 2009. (주)용진하이테크 법인 설립
- 2010. 항공사, 골프장 등 도급용역 및 파견사업
- 2011. 본사 이전(금천구 가산동) 및 지사 설립(금천구 가산동) 종합시설관리 전문 도급업체로 발전
- 2012. 생산조업, 건설분야 등 사업 다각화 및 수주 확대
- 2015. 경영혁신형 중소기업(MAIN-BIZ) 취득
- 2022. 인천지사 설립(인천시 연수구 송도동)

■■■ 대표자 프로필
이름 : 김규원
학력 : 청운대 호텔경영학 전공
경력 : 現 (주)용진하이테크 대표이사
경영방침 : 고객·회사·직원의 Triple Win 실현

■■■ 회사 및 서비스 소개
고객의 말씀이 맞습니다.

이것이 용진하이테크의 신념이자 가치관입니다. 아무리 전문적인 스킬과 제품서비스를 가진 회사라도 고객이 없으면 무용지물입니다.

고객이 필요로 하고 어려워하는 부분을 함께 나누고 신선한 대안을 제시하는 회사, 바로 용진하이테크입니다.

Clean, Convenient, Efficient를 모토로 항공기 기내청소, 빌딩시설관리, 골프장관리, 연구소 시설관리, 공장 인력파견, 각종 인재아웃소싱 등의 서비스를 대하는 우리의 마음이자 고객을 생각하는 자세입니다.

또한, 직원들에게 희망과 자부심을 주는 회사! 이런 회사에서 자연스레 갖춰진 자긍심과 미래관이 곧 대고객 서비스로 이어지면서 직원과 고객 만족을 실현하는 회사! 고객과 함께 동반성장하는 명실상부한 Triple-Win의 회사! 이것이 바로 용진하이테크의 기업 가치관 입니다. 직원, 고객, 회사가 서로 상생하며 발전할 수 있는 기회를 마련하기 위해 어떠한 수고와 노력이라도 아끼지 않을 것입니다.

지금의 용진하이테크가 있기까지 이러한 우리의 자세와 마음가짐을 함께 나누고 기꺼운 마음으로 선택해 주신 고객 여러분이 계셨습니다.

그 성원에 보답하고, 보다 더 체계적이고 효율적이며, 미래지향적인 서비스 시스템을 제공하는 용진하이테크가 되겠습니다. 지켜봐 주십시오.

(주)우림맨테크

www.woolimmt.co.kr

- 대표: 최인석
- 전화: 02-2630-0937
- 팩스: 02-2630-0956
- 이메일: sdshin@woo-lim.co.kr

■■■ 회사주소
서울 영등포구 선유로 146, 203호(양평동 3가, 이앤씨드림타워)

■■■ 설립 및 자본금
설립년 : 1999년
자본금 : 10억원

■■■ 매출실적
2024년 : 543억 3,553만원
2025년(예상) : 560억원

■■■ 종업원현황
총원 : 1,399명

■■■ 아웃소싱 서비스
인재파견, 아웃소싱(유통, 채용대행, 헤드헌팅), 환경사업, 현금수송, 시설관리(호텔사업), 제조업, 해외인력송출, 수출입업, 교육 및 컨설팅 사업

■■■ 주 거래 업종
유통/백화점/할인점, 병원, 경비/보안, 제조, 호텔, 물류

■■■ 주 거래 기업
전북대학교병원, 서울아산병원, SK매직, 롯데하이마트, Electrolux, 위니아대우, 위니아딤채, COWAY, NICE씨엠에스, 한화생명, CUCKOO, JACK NICKLAUS, BODYFRIEND, 서울특별시 서남병원, PHILIPS, HuTeck, 부산대학교병원, 충남대학교, 한국전자금융(주), breo, novita, 분당서울대학교병원, 서울적십자병원, 동서울대학교, 한국원자력의학원, SRC, 서울특별시 북부병원, 메디플렉스 세종병원, 세한대학교, 서울아산병원

■■■ 지사 및 계열사
지　사 : 호남지사, 충청지사, 경남지사, 경북지사
계열사 : (주)우림홀딩스, (주)우림엠에스, (주)우림코윈, (주)우림디앤씨

■■■ 임직원 연락처
최인석 대표 02-2630-0938
박동우 상무 02-2630-0921
최현섭 상무 02-2630-0939

■■■ 기업연혁
- 1999. (주)대우일렉, (주)하이마트, 대우일렉서비스(주) 파견 계약
- 2001. 웅진코웨이(주) 생산, 청소, 경비 아웃소싱 계약
  삼성전자(주) 유통부문 아웃소싱
- 2005. 연세 신촌세브란스병원 환경 아웃소싱 계약
  동양매직(주) 유통부문 아웃소싱 계약
- 2006. HR아웃소싱 리딩컴퍼니 선정
- 2007. 바비엥2스위트(레지던스) 사업 진출
- 2008. 100대 아웃소싱 기업 선정
- 2009. 나이스씨엠에스 호송경비 아웃소싱 계약
- 2010. 일렉트로룩스 유통부문 아웃소싱 계약
- 2012. 농협유통 하나로마트 환경부문 도급계약
  대한민국 아웃소싱서비스 고객만족 대상 수상
- 2013. 충남대학교, 충남대학교병원 환경아웃소싱 계약
  대한민국 아웃소싱서비스 고객만족 대상 2년 연속수상
- 2014. 위니맥스 유통부문 아웃소싱 계약
- 2015. LG전자 생활가전 유통부문 아웃소싱 계약
  분당서울대학교병원 환경 아웃소싱 계약
- 2016. 이대목동병원 환경 아웃소싱 계약
  한국원자력의학원 환경 아웃소싱 계약
  현대로지스틱스 물류유통 아웃소싱 계약
  대한민국 아웃소싱서비스 고객만족 대상 수상
- 2017. 부산대학교병원 환경 아웃소싱 계약
  충남대학교병원 환경 아웃소싱 계약
  고신대학교병원 환경 아웃소싱 계약
  롯데홈쇼핑 물류유통 아웃소싱 계약
- 2018. 서울대학교어린이병원 환경부분 아웃소싱 계약
  뉴고려병원 종합관리 아웃소싱 계약
  창원경상대병원 환경부분 아웃소싱 계약
- 2019. 이대서울병원 환경부분 아웃소싱 계약
- 2021. 울산대학교병원 환경부분 아웃소싱 계약
- 2022. 여의도 성모병원 환경부분 아웃소싱계약
  전북대학교병원 환경부분 아웃소싱 계약
  혜전대학교 환경부분 아웃소싱 계약

■■■ 대표자 프로필
이름 : 최인석
경력 : 현 (주)우림맨테크 대표이사
경영방침 : 고객 제일주의

■■■ 회사 및 서비스 소개
당사는 설립 이래 유통, 판매/판촉, 환경, 시설물관리 등 다방면 아웃소싱 서비스를 기반으로 국내 대기업, 종합병원 등과 파트너십을 맺으며 2006년 HR아웃소싱 리딩컴퍼니, 2009년 대한민국 100대 아웃소싱기업으로 선정되었으며 지식경제부가 후원하는 대한민국 아웃소싱서비스 고객만족 대상을 2012년, 2013년, 2016년 수상하였다. 이외 장애인 휠체어력비팀 구단, 일하기 좋은 중소기업, 서울형강소기업, 가족친화기업 등 기업의 사회적 책임을 보다 적극적으로 실천 하는 기업으로 성장하고 있다.

(주)우신

www.wsjob.co.kr

대 표	조윤제
전 화	031-222-0037
팩 스	031-222-0223
이메일	ws5861@hanmail.net

▪▪▪ 회사주소
경기도 수원시 영통구 월드컵로 150번길 10(ym빌딩 5층)

▪▪▪ 설립 및 자본금
설립년 : 2004년
자본금 : 4억원

▪▪▪ 매출실적
2025년 : 90억원

▪▪▪ 종업원현황
총원 : 1,500명 / 관리 : 30명 / 파견 : 300명 / 도급 : 1,200명

▪▪▪ 아웃소싱 서비스
도급 (제조업, 물류센터, 건물관리 등), 근로자파견 (판매직 등 32개 허용 직종), 채용대행 (신입사원), 헤드헌팅 (전문인력)

▪▪▪ 주 거래 업종
제조(식품, 화장품, 자동차, 전자제품등), 서비스업, 물류, 경비, 청소 등

▪▪▪ 주 거래 기업
GS리테일, 롯데알미늄주식회사, 우창산업주식회사, 마니커F&G, (주)인알파코리아, (주)대우루컴즈, 한국민속촌, 진양밸리골프클럽, 지산골프장, 신원컨트리클럽, 남부컨트리클럽, BGF로지스, 롯데마트, 롯데슈퍼, 롯데로지스틱스, 다이소, 후레쉬서브, 롯데푸드, 우리델리카, 델리캡, 조이푸드, 푸드코아, 경인일보, 동방푸드마스타 등

▪▪▪ 지사 및 계열사
지 사 : 오산, 성남, 용인, 남양주, 진천
계열사 : (주)우신에어텍, (주)우신에스티, (주)우신푸드

▪▪▪ 담당직원 연락처
상무이사 길문석 010-8324-0037

▪▪▪ 기업연혁
- 2004. 07 (주)우신코리아 설립
- 2005. 04 한국민속촌 도급 계약 체결
- 2006. 05 근로자파견업 허가 (노동부 수원지청)
- 2006. 06 일반경비업 허가 (경기경찰청)
- 2007. 03 명예고용평등감독관 위촉업체 선정 (노동부 수원지청)
- 2009. 08 (주)멜파스 도급계약 체결
- 2010. 01 (주)우신에스티 오산법인 설립(식품사업)
- 2011. 09 (주)코스맥코리아 설립(화장품용기제조업)
- 2012. 01 인알파코리아 도급계약
- 2013. 02 (주)우신에프에스 설립 (육가공제조업)
- 2013. 11 수원시장애인복지관 매년 후원계약
- 2014. 01 (주)파인드코리아 설립
- 2014. 02 파파존스 도급계약
- 2014. 03 BGF안성센터 도급계약
- 2014. 07 창립10주년 기념행사
- 2014. 09 2014 대한민국아웃소싱서비스 고객만족 대상 (생산제조부문)
- 2015. 09 (주)우리델리카 도급 계약 (GS편의점 식품제조)
- 2015. 10 (주)우신에프엔텍 설립 (제조업)
- 2015. 11 청주 YWCA여성인력 개발센터 업무협약 체결
- 2016. 03 (주)조이푸드 도급계약
- 2016. 08 본사 사옥신축 이전 (수원시 영통구 원천동 소재) (주)우신코리아 (주)우신으로 상호변경
- 2017. 01 (주)델리캡 도급계약체결 (GS편의점 식품제조)
- 2017. 12 GS리테일 계열사 우수협력업체 감사패 수상
- 2018. 01 경인일보 도급, 파견계약 체결
- 2018. 11 지산리조트 도급, 파견계약 체결

▪▪▪ 대표자 프로필
이름 : 조윤제
학력 : 선린상고/ 국제사이버대학 경영대학 졸업
경력 : (주)GFS 총무과장
　　 (주)서원 관리팀장
　　 (주)우신에어텍 대표이사

▪▪▪ 회사 및 서비스 소개
급변하는 기업환경속에서 고용시장의 유연성 및 전문성의 기초로 다변화, 전문화 되어가는 산업사회에 능동적으로 대처할 수 있는 인재의 발굴 및 전문인력을 육성하는 아웃소싱 전문기업입니다. 국내외 경제상황의 급격한 변화에 따른 경쟁의 심화로 과거처럼 기업 내 활동의 전부, 전분야에 최고를 유지하기 어려운 현실입니다. 이에 고객사는 유력한 분야 및 핵심역량에 내부 인적자원을 집중하십시오. 그 나머지 활동은 당사에서 책임지겠습니다.
제조업, 물류센터, 관광레저 등 고객서비스 업종의 특화된 전문운영으로 생산도급, 물류도급, 인재파견, 채용대행, 헤드헌팅에 걸친 종합 HR 아웃소싱 전문기업입니다. 향후, 전문아웃소싱 기법의 지속적인 개발 및 우수한 전문인력의 발굴과 육성을 통하여 효율적이고 합리적인 인사관리를 지원하는 종합인재관리 서비스전문기업으로 고객사의 기업활동을 Support하는 경영파트너로 고객사와 함께하겠습니다.

(주)우진디엠씨

대표	신한영
전화	051-717-3666
팩스	051-727-3354
이메일	woojindmc2@naver.com

■■■ 회사주소
부산시 기장군 정관읍 정관로 563, 5층

■■■ 설립 및 자본금
설립년 : 2014년

자본금 : 5억원

■■■ 매출실적
2025년(예상) : 79억원

■■■ 종업원현황
총원 : 200명

■■■ 아웃소싱 서비스
경비, 청소, 건물종합관리, 시설물유지관리, 근로자파견, 인력공급, 주차장관리, 소독업, 저수조청소업, 방역 등

■■■ 주 거래 기업
호텔, 대학교, 공공기관, 각종 상가 및 오피스텔 등 다수 관리

■■■ 지사 및 계열사
지사 : 서울, 대구, 울산, 인천

계열사 : (주)SH홀딩스, (주)강동비엠씨, 선우종합관리

■■■ 임직원 연락처
신한영 대표 051-717-3666

김도연 이사 010-2394-4125

■■■ 기업연혁
2014. 09 주식회사 해인비엠씨 설립
12 주식회사 우진디엠씨로 회사명 변경
12 소독 및 위생용역업 추가
12 위생관리업 영업신고(제 2014-16호)
12 소독업신고(제201-3400013-00006호)
2016. 01 저수조 청소업 신고(제2016-1호)
01 시설경비업/인력공급업/주차장 관리업 추가
06 근로자파견사업 허가(2016-324)
2020. 08 경기지점 설치
2021. 09 사업시설 유지 및 관리 서비스업 추가
2022. 11 일반창고업 추가
12 주택관리업등록(제 기장군-주택관리업자-2호)
12 경비업 허가증(제882호)
2023. 05 아웃소싱플랫폼 정회원사 참여

■■■ 대표자 프로필
이름 : 신한영

학력 : 영남대학교 행정학과 수료
미국 코헨대학교 체육교육학과 졸업

경력 : (주)우진디엠씨 대표

경영방침 : "사람중심, 정도경영"

■■■ 회사 및 서비스 소개
"완벽함을 넘어 진심을 다한다"는 고객관리 신념아래 "사람중심, 정도경영"을 통해 부산 경남지역 중견 건물관리 업체로 성장해 온 (주)우진디엠씨는 최근 지역을 넘어 전국권 아웃소싱서비스기업으로 발돋움하기 위해 보폭을 넓히고 있다.

우진디엠씨는 빌딩임대, 분양업무를 비롯한 각종 부동산 업무경험을 바탕으로 설립된 빌딩 종합관리업체다. 2010년 10월 사업체를 출범해 오피스텔, 아파텔을 비롯해 200여개 이상의 빌딩을 위탁관리하면서 전문성을 인정받고 있다.

우진디엠씨의 서비스 강점은 기존 건물관리의 문제점을 정확히 분석, 파악해 해법을 제시한다는 점이다.

대부분의 중소형 아파트, 빌라, 상가건물들은 분야별 관리전문성이 매우 낮을뿐만 아니라 관리비 부담으로 인해 일부 중요한 관리요소들이 누락되기도 하는 등 정상적인 건물관리가 매우 힘든 상황이다.

우진디엠씨는 건물관리의 기본인 시설, 회계, 행정, 경비, 미화, 주차관리가 유기적으로 원활하게 진행될수 있도록 재설계를 통해 솔루션을 제시하고 있다.

특히 업무세분화로 차별화 한 건물관리능력이 탁월하다는 점도 강점인데, 핵심사항은 ▲관리추진능력 ▲관리 방식 ▲기술 및 전문인력 ▲진단 및 보완 ▲효율적인 관리 ▲차별화 관리 등이다.

이러한 노력과 노하우를 바탕으로 우진디엠씨는 지역 강소건물관리 전문기업으로 성장해 왔으며 지금 이 순간에도 새로운 도전을 이어가고 있다.

또한 오랫동안 쌓아온 전문화된 기술력을 기반으로 인력파견, 시설물유지관리, 관리비부과 업무 등 종합적인 서비스를 제공하는 한편 현장에서 입주민간의 분쟁해결에도 적극나서 문제발생시 즉각적으로 해결해 불편을 최소화 하고 있다.

위드인홀딩스그룹
www.withinjob.co.kr

대 표	전재욱
전 화	052-223-5544
팩 스	052-223-5542
이메일	jjw@withinjob.co.kr

▪▪▪ 회사 주소
울산광역시 남구 봉월로 167 태화강엑슬루타워 오피스텔 404호~408호

▪▪▪ 설립 및 자본금
설립년 : 2010년
자금 : 5억원

▪▪▪ 매출실적
2024년 : 450억원
2025년(예정) : 500억원

▪▪▪ 종업원현황
총원 : 600명

▪▪▪ 아웃소싱 서비스
생산 도급, 포장 /물류 도급, 근로자 파견, 채용 대행, 유통 /판매 /판촉, 경비, 미화, 일용직

▪▪▪ 주 거래 기업
자동차 부품, 화학 제품, 전자 부품, 식품 제조 업체 등 다수

▪▪▪ 지사 및 계열사
지 사 : 부산지사, 광주지사
계열사 : (주)위드인, (주)위드인잡, (주)위드테크, (주)신하산업, (주)린코퍼레이션, (주)을경산업, (주)매일안전물산

▪▪▪ 임직원 연락처
전재욱 대표   052-223-5544
임대호 부장   010-6234-4421

▪▪▪ 기업연혁
2010. 07 (주)위드인 설립 대동하이렉스(주) 울산, 광주공장 생산 도급 운영
　　　08 롯데백화점울산 파견운영 관리
2012. 02 (주)위드인잡 설립(파견, 경비 허가 법인)
　　　04 울산축산농협 판매도급운영 관리
2013.　 (주)대동산업 / (주)대동산업 광주 / (주)위드테크 설립
2014. 01 (주)경동도시가스 파견 운영
　　　06 (주)현대미포조선 파견 운영
2020. 01 (주)SL ADAS 사업부 생산 도급 운영
　　　03 롯데정밀화학 클리닝 공사 진행
2021. 02 HDC현대EP(주) 울산공장 포장 도급 운영
　　　03 롯데정밀화학 클리닝 공사 진행
2021. 06 한국이네오스스티롤루션(주) 포장 도급 운영
2022. 05 ISO 9001, ISO 45001 인증
　　　07 (주)동원엔텍 생산 도급 운영
2023. 01 씨아이엠(주) 자동차 부품 서열 도급 운영
　　　03 HDC폴리올(주) 포장/출하 도급 운영
　　　06 한국이네오스스티롤루션(주) 출하 도급 운영
　　　08 (주)위드테크 장안 공장 설립(자동차 고무 부품 생산)
　　　10 동성케미컬 생산 도급 운영
2024. 01 KCC 울산 영업소 미화 도급 운영
　　　03 (주)위드테크 르노삼성 오로라 프로젝트 수주
　　　07 롯데정밀화학 미화, 공정지원 도급 운영
2025. 01 KCC 페인트 하역 도급 운영
　　　　 한국이네오스스티롤루션(주) QC 도급 운영

▪▪▪ 대표자 프로필
이름 : 전재욱
경력 : 現)위드인홀딩스그룹 대표이사
　　　前) (주)위드스텝스 울산 지사장 역임
　　　울산카네기 총동문회 2019년 15대 사무총장
　　　경상일보 BCS총동문회 2020년 3대 사무총장
　　　울산카네기 총동문회 21대 회장
경영방침 : 사람을 우선으로 하는 기업

▪▪▪ 회사 및 서비스 소개
영남, 울산 권역을 기반으로 사업을 확대중인 위드인홀딩스그룹은 근로자 파견 및 도급 분야에서 전문성을 인정받는 아웃소싱 기업이다. 특히 자동차 부품, 화학 제품 생산 및 포장도급 분야에서 가장 활발한 서비스를 운영 중이다. 위드인홀딩스그룹의 강점은 아웃소싱분야 25년 이상 경력의 전문 CEO의 책임 경영과 고객의 니즈와 리스크를 정확하게 분석하여 최적의 서비스를 제공하는 실무진들에게서 오는 높은 신뢰에 바탕을 둔다.
최초 인력 위주의 사업에서 시작해 다양한 도급 분야의 전문성을 인정받아 기술역량 우수기업으로 인증을 받았으며, 최근에는 사내 도급에서 한발 더 나아가 독립된 제조 공장 운영, 산업 안전용품 판매 사업등으로 사업 영역을 확대하고 있다.
ISO 9001, ISO 45001 인증, 관리직 전원 노무 전문가 자격 취득, 중대 재해 예방팀을 별도로 운영하는 등 품질, 안전/보건 경영에 특화된 기업이라 평가 받고 있으며, 현장 스텝과의 끊임없는 소통을 필수 과제로 삼고 각종 노무 리스크에도 효과적으로 대응하고 있다.

(주)위로지스틱스
www.welogistics.co.kr

대표	조성훈
전화	02-6671-2917
팩스	02-6674-2917
이메일	ekdud4583@naver.com

■■■ 회사주소
서울시 강동구 성내동 548-3 유원빌딩 3층

■■■ 설립 및 자본금
설립년 : 2021년
자본금 : 3억원

■■■ 매출실적
2024년 : 200억원
2025년(예정) : 300억원

■■■ 종업원현황
총원 : 520명

■■■ 아웃소싱 서비스
화물운송 중개 대리 및 운수관련 서비스업, 물류도급, 생산도급 등

■■■ 주 거래 업종
대기업, 중견기업, 중소기업 등

■■■ 주 거래 기업
쿠팡그룹 계열사, 롯데그룹 계열사, 딜리버스 그룹, 공공기관 등 다수

■■■ 지사 및 계열사
지사 : 영남지사 (경상남도 양산시 동면 금오7길 39, 1층)
계열사 : (주)우리딜리버리(www.wedelivery.co.kr)

■■■ 임직원 연락처
대표이사 조성훈 (대표전화 : 02-6671-2917)
전무이사 이다영
상무이사 김상희
상무이사 이지윤
운영팀장 신혜정

■■■ 기업연혁
2021. (주)위로지스틱스 설립
2021. 쿠팡 로지스틱스 공식 협력사 등록 (운수)
2022. 쿠팡이츠 공식 협력사 등록 (배달대행)
2023. 롯데택배 공식 협력사 등록 (운수)
2023. 쿠팡 로지스틱스 협력사 등록 (물류도급)
2023. 딜리버스 공식 협력사등록 (운수)
2023. 딜리버스 공식 협력사 등록 (물류도급)
2025. CJ오네 협력사 등록(배달대행)
      핑퐁 협력사 등록(배달대행)

■■■ 대표자 프로필
이름 : 조성훈
경력 : (주)위로지스틱스 대표이사
       물류아웃소싱분야 컨설턴트/전문가
경영방침 : "안전을 위로!", "신속함을 위로!", "만족을 위로!"

■■■ 회사 및 서비스 소개
급격하게 성장하고 있는 대한민국 물류 및 운송업, 위로지스틱스는 온라인배송, 택배, 대형차 수송 등 체계화된 운송시스템을 갖추었으며 물류도급 전문인력을 현장에 배치하여 타사와는 차별화된 운영시스템을 구축하고 있습니다.
전문 서치팀, 관리팀, 노무팀으로 각각 업무를 분담하여 효율성을 높인 위로지스틱스는 다수의 운영 경험을 통해 전문성을 인정 받고 있는 기업입니다.

■ 주요 사업분야
▲[Outsourcing] 물류센터업무 위탁도급 서비스
위로지스틱스는 물류, 유통, 생산, 포장 등 기업의 핵심역량 강화를 위해 전 부문 아웃소싱과완전 업무위탁, 도급으로 고객사 업무를 수행합니다.
▲[Logistics] 물류운송 서비스
경제발전과 더불어 물류, 택배 수요증가로 산업의 핵심역할을 하고 있는 운송, 유통산업에서 위로지스틱스는 끊임없는 서비스 정신과 노력을 바탕으로 최고의 만족도를 드리기 위해 최선의노력을 다하고 있습니다.
▲[3PL] 3자물류 서비스
고객사에서 판매하는 품목들에 대하여 상품의 위탁 보관부터 발송까지 필요한 과정 중 여러 과정을 종합적으로 제공하는 원스톱 물류 서비스를 제공하고 있습니다.
▲[Delivery] 배달대행 서비스
최근 폭발하는 배달 수요에 따른 고객의 니즈를 파악하여 가맹점님과 배달기사님이 사업에만 전념하실 수 있도록 최상의 음식배달 시스템를 구축하고 있습니다.

(주)윌앤비전
www.willvi.co.kr

대표	이화택
전화	02-6943-8208
팩스	02-6943-8299
이메일	ghkpooh@willvi.co.kr

■■■ 회사주소
서울특별시 영등포구 당산로41길 11

■■■ 설립 및 자본금
설립년 : 2006년
자본금 : 13억원

■■■ 매출실적
2024년 : 2,009억 2,218만원
2025년(예상) : 2,200억원

■■■ 종업원현황
총원 : 55,000명

■■■ 아웃소싱 서비스
아웃소싱(콜센터, 물류, 생산, FM, 판매), 인재파견, 헤드헌팅, 교육, 컨설팅

■■■ 주 거래 업종
금융, 물류, 홈쇼핑, 공기업

■■■ 주 거래 기업
건강보험공단, 중소기업유통센터, 우리카드, NH농협카드, 삼성카드, 롯데카드, 하나카드, 수협은행, 경남은행, SC은행, 씨티은행, 하나은행, 신한생명, 교보생명, 롯데홈쇼핑, NS쇼핑, 홈&쇼핑, 공영홈쇼핑, K쇼핑, 신세계T쇼핑, B쇼핑, 위메프, 쿠팡, 롯데하이마트, 롯데정보통신, 롯데ON, YES24, 현대리바트, HCN, 현대백화점, 현대제철, CJ대한통운, 롯데글로벌로지스, 롯데로지스틱스, 사조시스템, 현대오일뱅크, (주)효성, 더클래스효성, 효성토요타, 세빛섬, 연세세브란스, 이투스, 세빛섬, 아시아나항공, 에어서울, 야놀자, OCI 등

■■■ 지사 및 계열사
대전, 대구, 부산, 광주

■■■ 실직원 연락처
경영지원팀 강승일 팀장 02-6943-8205

■■■ 기업연혁
2006. 회사설립
2009. ISO9001인증, CQ인증, 노동부파견우수기업인증
2010. 한국서비스대상(콜센터부문), 타임스퀘어센터 Open
2012. 아웃소싱우수기업 장관표창, 중소기업유통센터KS인증, CMS인증
2014. 건강보험심사평가원 KS인증, 가족친화기업인증, 명동센터 Open
2015. 신도림센터 Open, 3PL 의정부센터 Open
2016. 3PL 파주센터 Open
2017. 문래센터 Open, KS-CQI공로상 수상
2018. 공덕센터 Open
2020. 대전 캠코센터 Open
2021. ISO45001 인증, 광주지사 Open
2022. 생각공장센터 Open

■■■ 대표자 프로필
이름 : 이화택
학력 : 연세대 법학과
경력 : 효성 기계산자PU 사장
      효성ITX 대표이사
      윌앤비전 대표 이사
경영방침 : 고객과 더불어 지속성장하며, 가치를 창조하는 Total Business Consulting & Service Company

■■■ 회사 및 서비스 소개
2006년 회사설립 이후 고속성장을 통해 2021년 1,943억원의 매출을 달성하였으며 2026년에는 2,200억원을 예상하고 있다. 윌앤비전은 인재파견 및 콜센터 위탁 운영을 통해 축적된 아웃소싱 노하우를 바탕으로 물류, FM, 교육관련 사업분야로 그 외연을 넓히고 있다.

이러한 윌앤비전 고속성장의 원동력은 무엇보다 분야별 전문가로 구성된 우수한 내부 인력이다. 인사, 노무, 마케팅, 콜센터, 판매, 생산, 유통, 물류, FM 등 분야별 아웃소싱 전문가로 구성된 내부 운영인력들은 직무분석을 통한 아웃소싱 니즈의 도출, 성공적인 아웃소싱 모델의 제시 및 운영으로 고객사로 부터 차별화된 전략적 파트너로 인정 받고 있다.

또한 윌앤비전은 최근 IT분야 전문인력을 영입하여 AI, 클라우드, 옴니채널, RPA 등 새로운 IT 환경변화에 발 빠르게 대응하고 있다.

O/S사업의 성공적 운영의 kEY는 우수한 관리자 및 직원이고 이를 위해 회사는 직원들의 역량을 개발하고 높은 성과를 낼수 있도록 다양한 교육훈련 프로그램 및 직원만족 서비스를 제공하고 있다.

(주)유니에스
www.unies.com

대표	이용훈
전화	1566-9797
팩스	02-553-3381
이메일	unies@unies.com

■■■ 회사주소
서울 강남구 선릉로 514 11층 (삼성동 성원빌딩)

■■■ 설립 및 자본금
설립년 : 1990년
자본금 : 15억원

■■■ 매출실적
2024년 : 5,200억원
2025년(예상) : 5,500억원

■■■ 종업원현황
총원: 15,500명/ 관리: 200명/ 파견: 3,300명/ 도급: 12,000명

■■■ 아웃소싱 서비스
인재파견, 고객센터위탁, 보안검색, 시설관리, 사무지원, 의료지원, 실버/요양사업, 유통물류지원, 생산물류, 호텔/리조트, 판매/판촉, 헤드헌팅/HR컨설팅, Payroll, 총무아웃소싱, 채용대행, 고용서비스

■■■ 주 거래 업종
공항, 금융, 항공서비스, 특수경비, 유통물류, 판매, 방송언론, 생산, 의료/실버, 호텔/콘도/레저, (정부/지자체)고용서비스업 등

■■■ 주 거래 기업
대한항공, 삼성, SK, LG, 현대, 한화, 현대기아차, 신한, 롯데, AIA 호텔신라, 신세계, SBS, KBS, MBC, CJ, KGC인삼공사, 한국암웨이, 삼성병원, 연세의료원, 경희대병원, 아주대병원, 건국대병원 등

■■■ 지사 및 계열사
지 사 : 강남, 수원, 광주, 제주, 대전, 대구, 부산
계열사 : 유니스텝스(주), (주)유니토스, (주)엠택, (주)유니에스시큐리티, (주)스타마크, 프로핸즈코리아(주), (주)프리젠트앤퓨처

■■■ 임직원 연락처
최상덕 부문장: 02-6241-4982	현태봉 부문장: 02-553-3375
유춘호 부문장: 02-2656-5120	김수일 부문장: 02-6241-3381
조성규 경영개선추진실장: 02-6011-1410	

■■■ 기업연혁
1990. 09 ㈜유니에스 설립
2002. 08 ISO 9001 품질경영시스템 인증 획득
2008. 06 [공항서비스 평가 3연패 달성 공로 대통령상] 수상
2008. 07 노동부 근로자 파견 우수기업 인증 획득
2009. 03 [유니에스 콜센터 KS 인증] 획득
2009. 12 노동부 장관상 수상
2010. 07 유니에스 직무단위 인적성검사(UAT) 개발, 도입
2012. 03 기획재정부 장관상(모범납세자) 수상
2012. 11 [아웃소싱 우수기업] 선정, 지식경제부 장관상 수상
2013. 01 한국 서비스품질 우수기업(SQ) 인증 획득
2014. 09 근로자보호 클린기업 인증 획득
2015. 11 콜센터 최초 국가품질명장 배출
2016. 10 제대군인 고용우수기업 인증 획득
2019. 09 [평창동계올림픽 공로 국무총리상] 수상
2019. 12 산업통상자원부 장관상 수상
2020. 11 ISO 45001 안전보건경영시스템 인증 획득
2022. 11 ISO 14001 환경경영시스템 인증 획득
2023. 02 한국HR서비스산업대상 기업부문 대상, 공공고용지원부문 수상
2023. 05 콜센터부문 서비스품질지수(KSQI) 우수 BPO기업 선정
2023. 09 ISO 37001 부패방지경영시스템 인증 획득
2023. 09 자체 컨택센터 "UNIES SQUARE" 개소
2025. 01 대한민국 퍼스트브랜드 OS부문 13년 연속 대상 수상
2025. 09 [항공산업 고용 및 일자리 창출 공로 국토교통부] 장관상 수상

■■■ 대표자 프로필
이름 : 이용훈
학력 : 경희대졸, 연세대 최고경영자과정, 서강대 경제대학원
경력 : (사)한국HR서비스산업협회(구. 한국인재파견협회) 회장 역임
       아시아지역 인재서비스연맹회의(ACIETT) 주관,
       대통령, 국무총리, 기획재정부·고용노동부 장관 표창
       한국아웃소싱서비스 대상, 신지식인·신한국인, 경찰청 표창
경영방침 : 지속가능경영, 전문경영, 변화경영

■■■ 회사 및 서비스 소개
창립 36주년을 맞이하는 유니에스는 '책임경영'과 '전문성'이라는 변치 않는 가치로 대한민국 HR 서비스 산업의 역사를 써 내려가고 있습니다. 전국 7개 지사 네트워크와 15,500여 명의 전문 인력을 기반으로 400여 고객사에 최적화된 맞춤형 서비스를 제공하며, 자타가 공인하는 '대한민국 종합 인재서비스 No.1'의 브랜드 파워를 입증하고 있습니다.
2026년 유니에스의 핵심은 '전문경영'과 '변화경영'을 통한 질적 도약입니다. 비효율을 걷어낸 시스템 기반의 현장 경영으로 서비스 품질을 고도화하는 한편, 국민취업지원제도 등 정부 핵심 위탁사업을 성공적으로 수행하며 공공 고용서비스 영역에서도 독보적인 입지를 구축하고 있습니다.
특히 ESG 경영을 기업문화로 정착시켜, ISO 환경, 안전보건 및 부패방지 경영시스템 인증을 획득하고 현장 중심의 안전 예방 관리를 대폭 강화하여 고객사의 리스크를 최소화하고 있습니다. 나아가 전사적인 디지털 트랜스포메이션을 가속화하여, 35년간 축적된 방대한 데이터와 AI 분석 기술을 업무 전반에 적용함으로써 차별화된 '완성형 명품 서비스'를 구현하고 있습니다. 유니에스는 이러한 혁신을 통해 고객사의 성장을 견인하는 비즈니스 파트너이자, 사회적 책임을 다하는 리딩 기업으로 미래를 선도해 나갈 것입니다.

(주)유니크컴퍼니
www.uniquecompany.co.kr

대표	심상우
전화	02-761-5800
팩스	02-761-6900
이메일	swsim@uniqcompany.co.kr

▪▪▪ 회사주소
서울특별시 구로구 경인로661, 104동 606호 (신도림1차푸르지오)

▪▪▪ 설립 및 자본금
설립년 : 2015년
자본금 : 8억원

▪▪▪ 매출실적
2024년 : 10억원
2025년(예상) : 20억원

▪▪▪ 종업원현황
총원 : 10명, 관리 : 10명

▪▪▪ 아웃소싱 서비스
고객사별 맞춤 솔루션 (ERP 시스템 자체 개발)
인사, 급여, 4대보험 등 아웃소싱기업 특화 프로그램 (유니크페이)
급여대행 프로그램
특화된 일용직 관리 시스템
전자근로계약 사직서 및 각종 문서 관리
출퇴근 및 스케줄관리, 교육 참석관리 프로그램
국세청 PDF파일 업로드 방식 연말정산관리 프로그램

▪▪▪ 주 거래 업종
아웃소싱기업 및 일반기업, IT기업, 방송국, 금융기관, 학교법인,
병원, 정부기관 및 공공기관 등 전 업종

▪▪▪ 주 거래 기업
모트라스(주), 불스원서비스(주), 풀무원아이엔(주), 한전에프엠에스(주), 템퍼코리아(유), IBK벤처투자, IBK서비스, SK매직, SK매직서비스, SJG세종 외 계열사, 동우씨엠 그룹, (주)파라다이스세가사미, (주)그린피플, 케이티엠에스 북부지점, KAC공항서비스(주), (주)원스, 한국항공보안(주), 한국지능정보사회진흥원, 대구경북첨단의료산업진흥재단, 오송첨단 의료산업진흥재단, 한국뇌연구원, 대정화금(주), 유창그룹 계열사, 한국훅스윤활유(주), (주)노벨오토모티브코리아, 김포골드라인에스알에스(주), 주식회사 지에프지 외 계열사, 코웨이엔텍(주), (주)지에이코리아 외 계열사, 한국요꼬가와일렉트로닉스매뉴팩처링(주), 디엘프엔씨(주), (주)롱지에스콰이어, (주)보이스루, (주)아이티엠티시, (주)모트렉스, (주)0□크로프, (주)엔엑스엔, 디앤디프라퍼티솔루션(주), 플란치과의원, 다인한방병원, 모모성형외과의원, (주)에스제이더블유인터내셔널, 동아참피드(주), (주)이크레더블, (주)코멧, 고양시정신건강복지센터, 한국항공우주산업진흥협회, afreecaTV, 대한항공씨앤디, (주)앰배서더즈, SKC솔믹스(주), 하이원코퍼레이션(주), 코리아, 리디(주), (주)해줌, 슐저지타바테크놀리지코리아(주), (주)스낵포, 다이아몬드에셋인베스트먼트, ESTsoft, 네오트랜스, 한국언론진흥재단, (주)대주, 동양메닉스(주), VINATech 저축은행중앙회, 사임당출장산후조리, 여의도증권미디어그룹, (주)현대물커뮤니티, 고려산업(주) 외 그룹사, 경기도평생교육진흥원 등 다수

▪▪▪ 담직원 연락처
시스템 운영 심명섭 대리   070-4261-8293 / 010-3123-4276
경영지원 박예린 대리   070-4261-4243

▪▪▪ 기업연혁
2015.04 (주)유니크컴퍼니 설립
2015.04 전자근로계약, 근태관리, 급여대행, 연말정산 관련 프로그램 개발
2015.04 아웃소싱기업 전문 전산 프로그램개발 착수
2015.11 국세청 PDF파일 업로드방식 연말정산 프로그램 개발완료
2016.12 아프리카TV 외 30개 업체 연말정산 서비스 계약
2017.12 네오트랜스 외 50개 업체 연말정산 서비스 계약
2018.11 연구개발전담부서 인정
2018.11 (주)불스원서비스 전국망 전자근로계약서 회사 제증명 및 각종 양식 전자서명 서비스 계약
2018.11 연말정산프로그램 모바일 업로드 방식 개발 완료
2018.12 인덕대학교외 70개 업체 연말정산 계약
2020.09 동우씨엠그룹 전산 ERP개발 수주 (정부지원사업 공급기업 업체 선정)
2020.12 IBK서비스 외 100개 업체 연말정산계약
2021.10 불스원서비스(주) ERP 개발사업 수주
2021.12 한국지능정보사회진흥원 외 120개 업체 연말정산 계약
2022.12 SK매직 외 120개 업체 연말정산 계약
2023.12 한전에프엠에스(주) 외 130개 업체 연말정산 계약
2024.07 모트라스(주) 일용직전산화 시스템 개발 수주
2024.10 템퍼코리아(유) 일용직ERP, 전자계약 프로그램 개발 수주
2024.12 한전산업개발(주) 외 140개 업체 연말정산 계약
2025.11 SJG세종 계열사 외 180개 업체 연말정산 계약 진행중
2026.02 2025년 귀속 연말정산 대행 20만명 수주 예상

▪▪▪ 대표자 프로필
이름 : 심상우
학력 : 연세대학교 행정대학원 정치학석사 (행정원(석) 제5290호)
경력 : 한국산업안전(주) 경리부 과장대리
　　　 휴먼링스 경영지원, TFT 본부장
　　　 (주)제니엘시스템 대표이사
　　　 (주)제니엘이노베이션 대표이사
　　　 (주)유니크컴퍼니 대표이사
경영방침 : 실천하는 기업, 창조적인기업, 윤리적인 기업, 도전적인 기업
　　　 실천 사용자 개념의 프로그램 개발 및 유지로 고객의 성장에 기여한다.

▪▪▪ 회사 및 서비스 소개
[대표적인 서비스]
ERP 시스템 개발, 일용직 관리, 연말정산 대행 서비스, 급여 관리, 전자근로계약, 출퇴근 관리

(주)유니크컴퍼니는 웹과 모바일 환경에서 편리하게 사용 가능한 프로그램을 제공하는 아웃소싱 전문 기업입니다.
기존의 정형화된 서비스가 아닌 고객사 맞춤 시스템을 제공하여 업무 환경에 최적화된 프로그램 제작이 가능합니다.
안정적인 운영을 위하여 실무 경험을 보유한 전문가가 신속하고 정확한 서비스를 제공해 드리겠습니다.

(주)유안에이치알

www.uanhr.com

대 표	손정명
전 화	02-425-0206
팩 스	02-425-0286
이메일	uanhr@uanhr.com

▎▎▎▎ 회사주소
서울 서초구 강남대로327 대륭서초타워 20F

▎▎▎▎ 설립 및 자본금
설립년 : 2009년
자본금 : 10억원

▎▎▎▎ 매출실적
2024년 : 2,544억원
2025년(예상) : 3,572억원

▎▎▎▎ 종업원현황
총원 : 7,560명 / 관리 : 72명 / 파견 : 533명 / 도급 : 7,027명

▎▎▎▎ 아웃소싱 서비스
인재파견, 컨택센터, 생산·제조, 단체급식, 판매·판촉, 의료·풀필먼트, 택배, 수·배송, 3PL, 건물종합관리, 자산임대관리, 면세사업, 공항사업, 전기차 충전사업

▎▎▎▎ 주 거래 업종
금융, 공공기관, 제조업, 식음료·식품, 물류·유통, 판매·판촉, 호텔·레저, 의료·바이오, IT·정보통신, 컨택센터, 전자·가전, 건설·엔지니어링, 공항·면세, 전기차 충전, 자산임대관리

▎▎▎▎ 주 거래 기업
삼성전자, 현대글로비스, CJ그룹, 한진그룹, SK그룹, LG그룹, 롯데그룹, 농협, 동원, GS그룹, KGC인삼공사, 쿠팡, 마켓컬리, 신한금융그룹, 현대캐피탈, KB금융지주, NICE평가정보, 신세계그룹, 포스코그룹, 차병원, KT, MBC, JTBC, 중앙일보, TV조선, 매일경제TV, MBN, 한화그룹, 하이파킹, 카카오모빌리티, BGF, 아워홈, 매일유업 등

▎▎▎▎ 지사 및 계열사
(주)유안에이치알, (주)유안로지스틱스, (주)에스유이노베이션, (주)키인솔루션

▎▎▎▎ 임직원 연락처
인사기획본부   02-425-0206 (내선번호 6번)
경영지원본부   02-425-0206 (내선번호 7번)

▎▎▎▎ 기업연혁
■ 2009년
- (주)유안에이치알 법인 설립
- 근로자 파견 / 위생관리 용역 / 경비업 허가 취득

■ 2010~2013년
- NH농협금융그룹 외 20개사 HR 아웃소싱 계약 체결

■ 2013~2020년
- 계열사 설립 : (주)유안로지스틱스/(주)에스유이노베이션/(주)키인솔루션
- 삼성그룹, SK그룹, 하나금융그룹, 아워홈 등 파견 및 도급계약

■ 2023년 ~ 현재
- ISO27001 / ISO45001 / ISO37301 / ISO37001 / 클린기업 인증
- 인재파견 : 삼성그룹, SK그룹, 신한금융그룹, 각종 방송사
- 물류센터 : 롯데면세점, 삼성웰스토리, 신세계그룹, CJ대한통운 등
- 종합관리 : 롯데백화점, 홈플러스, KMPNS, 쿠팡 등
- 공공기관 : 일본대사관, 한국전력거래소 등
- 택배사업 : 한진택배, CJ대한통운 등
- 의료분야 : 가천대길병원, 차병원그룹 등
- 제조생산 : KGC인삼공사, 롯데그룹, BGF그룹 등
- 호텔/레저 : 휘닉스평창/제주, 인스파이어그룹 등
- 판매판촉/단체급식 : 아워홈그룹, 삼성웰스토리, CJ프레시웨이 등
- 운송사업 : 이랜드그룹, 농협 등

▎▎▎▎ 대표자 프로필
이름 : 손정명
학력 : 경기대학교 경영학과 졸,
경력 : (주)유안에이치알 대표이사(현)
　　　(주)유안로지스틱스 대표이사(전)
　　　HR서비스산업협회 부회장(현)
　　　경기대학교 ROTC 총동문회 회장(현)

▎▎▎▎ 회사 및 서비스 소개
유안에이치알은 토탈아웃소싱 전문기업으로서 인재파견, 컨택센터, 생산·제조, 판매·판촉, 물류·3PL, 시설·자산관리 등 다양한 서비스 분야를 운영하고 있습니다. 축적된 현장 운영 경험과 체계적인 관리 시스템을 기반으로 고객사의 효율성과 경쟁력 향상에 기여하고 있으며, 맞춤형 교육과 안정적인 인력 제공을 통해 신뢰받는 HR 파트너로 성장해 오고 있습니다.

유엔잡(주)

www.younjob.co.kr

대 표	김석승
전 화	02-3461-0834~7
팩 스	02-3461-0839
이메일	younjob@hanmail.net

■■■ 회사주소
서울시 서초구 강남대로 39길5. 서초동두산위브 206호

■■■ 설립 및 자본금
설립년 : 2008년
자본금 : 2억원

■■■ 매출실적
2024년 : 90억원
2025년(예상) : 95억원

■■■ 종업원현황
총원 : 300명 / 관리 : 10명 / 파견 : 50명 / 도급 : 240명

■■■ 아웃소싱 서비스
인재파견, 아웃소싱(도급, 위탁), 채용대행, 위생관리용역업, 시설경비업, 건물시설관리업

■■■ 주 거래 업종
제조, 공공기관, 금융기관, 방송사, 서비스 등

■■■ 주 거래 기업
한국화장품제조, 한국토지주택공사, 정보통신기술협회, 과학기술인공제회, EBS미디어, CBS기독교방송, 서울기록원, A&D신용정보

■■■ 지사 및 계열사
중부지사, 경기지사

■■■ 임직원 연락처
김석승 대표이사 010-5234-4123

■■■ 기업연혁
2008. 07 한국화장품, 교보증권 업무협약 체결
2009. 06 한국토지주택공사 업무협약 체결
2010. 05 신한생명 업무협약 체결
2011. 01 우리은행 업무협약 체결
2012. 12 EBS미디어(주) 업무협약 체결
2013. 04 과학기술인공제회, 한국전력 업무협약 체결
2015. 06 한국정보통신기술협회 업무협약 체결
2016. 03 포맨해운항공 업무협약 체결
2017. 10 리본(주) 업무협약 체결
2018. 01 구로구청 업무협약 체결
       04 100대 아웃소싱기업 선정
2019. 01 서울기록원 업무협약 체결
       05 (주)미누스토리, (주)유셀도급 계약 체결
2021. 07 A&D신용정보 업무협약 체결
2022.   메가코스 업무협약 체결

■■■ 대표자 프로필
이름 : 김석승
학력 : 중앙대학교 대학원 수료
경력 : 농수산부, 대신생명
경영방침 : 열정, 창의, 정성

■■■ 회사 및 서비스 소개
유엔잡(주)는 종합인력서비스관리 전문 법인으로서 실무능력과 경험이 풍부한 각 분야의 전문가들이 모여 체계적인 업무수행에 만전을 기하고 있으며 언제든지 귀사가 필요로 하는 전문인력을 즉시 지원해드릴 준비가 되어 있습니다.
또한 사업주가 아웃소싱을 통한 인력의 수급으로 체계적인 인사관리 시스템을 구축함으로써 기업이 핵심분야 역량강화에 집중할 수 있도록 하는데 이념을 두고 있습니다.
기업의 고용증대와 근로자의 전문적 업무능력 향상을 위해 최선을 다하는 유엔잡(주)는 사업주와 근로자의 성실한 파트너가 되겠습니다.
저희 임직원 일동은 고객을 위해 항상 최선을 다할 것을 약속드립니다.

이트너스(주)

www.etners.com

대 표	임각균
전 화	1533-4810
팩 스	070-8806-5190
이메일	etners@etners.com

▮▮▮ 회사주소
경기도 과천시 과천대로7나길 60 과천어반허브 A동 5F

▮▮▮ 설립 및 자본금
설립년 : 2001년
자본금 : 3억원

▮▮▮ 매출 실적
2024년 : 1,911억원

▮▮▮ 종업원현황
총원 : 793명

▮▮▮ 아웃소싱 서비스
□ 경영지원 서비스
- 이트너스 쉐어드서비스: 인사·총무 업무 대행 서비스(BPO)
- 이트너스 페이롤: 급여 컨설팅·진단, 맞춤형 급여 서비스
- ESOP(Etners Smart Office Platform): 맞춤형 공유 오피스
□ 유통 서비스
- 이트너스 샵: 기업 가전·비품 구매를 위한 원스톱 솔루션
- 이트너스 비딩: 유휴·불용 자산 온라인 매각 솔루션
- EFS(Etners Fulfillment Solution): 교육 산업 특화 물류 서비스
□ 글로벌 서비스
- 이트너스 몰: 해외주재원을 위한 식품·생필품 배송 서비스
- 감동타임: B2B 기업 선물 서비스
- 이트너스 무빙: 빠르고 간편한 프리미엄 해외이사 플랫폼
- 이트너스 릴로케이션: 모듈형 외국인 임직원의 정착 지원 서비스

▮▮▮ 주 거래 업종
일반기업, IT기업 등 전 업종

▮▮▮ 지사 및 계열사
자회사 : (주)총무닷컴, 핫디자인(주)

▮▮▮ 임직원 연락처
대표번호 1533-4810

▮▮▮ 기업연혁
2001. 총무/복리후생 쉐어드서비스 전문기업 설립
2002. 사무환경(Office Interior) 사업, 자산실사 서비스 시작
2004. 급여관리대행(Payroll) 서비스, 외국인정착지원(GHD) 서비스 시작
2007. 해외주재원 서비스 시작, 기술 혁신형 중소기업(이노비즈) 인증
2008. 총무전문서적 '실무 중심의 전략적 총무' 발간
2009. 기업부속연구소 설립, 이트너스디자인(주) 자회사 설립
2010. 해외주재원 물자배송 솔루솔루션(Enters Mall) 개발
2011. 사택관리 솔루션글로벌 이사관리 솔루션(Etners Moving) 개발
2012. 판교 테크노밸리 본사 이전
2013. 스마트워크 안내서 '스마트오피스' 발간
       (주)총무닷컴 인수 및 자회사 편입
       기업자산매칭솔루션(Etners Bidding) 개발
2014. 통합 물류운영 솔루션(Etners DMS) 개발
2015. 기업복지 온라인마켓(Etners Shop) 개발
2017. 급여 토탈케어 서비스 Mobile APP 개발
2020. ESOP(Etners Smart Office Platform) 테라센터 오픈
       EFS(Etners Fulfilment Solution) 신규 사업장 오픈
2021. 중소기업인대회 '산업포장' 수훈
       행복한중기경영대상 경제부총리상 수상
       자랑스러운 중소기업인 중소벤처기업부장관상 수상
2023. 제 24회 성남상공대상 수상
       경기 가족친화 일하기 좋은 기업 선정
2024. 과천 지식정보타운 본사 이전
       대한민국 아웃소싱서비스 고객만족 대상 수상
       여성가족부 가족친화 인증 취득
2025. 정보보호 및 개인정보보호 관리체계 인증 : ISMS-P 취득

▮▮▮ 대표자 프로필
이름 : 임각균
학력 : 차의과학대학교 경영대학원 석사
경력 : (現) 이트너스(주) 대표이사

▮▮▮ 회사 및 서비스 소개
이트너스(ETNERS)는 '영원한(eternal)'과 '동반자(partners)'의 합성어로, 신용과 신뢰를 기반으로 고객의 지속 가능한 운영을 지원하는 파트너가 되겠다는 의지를 담고 있습니다. 총무 기반의 경영지원 서비스를 고도화하며 기업 운영의 효율성과 안정성을 높여왔고, AI·데이터 기반 솔루션 개발과 특허 기술 확보를 통해 경영지원 업무 지원을 혁신해왔습니다.
자체 개발한 요청관리 시스템 ESRM(Etners Smart Request Manager)은 모든 요청과 처리 과정을 단일 채널로 통합하여 업무 누락을 예방하고, 처리 속도와 정확도를 향상시키는 이트너스의 핵심 기술입니다. ESRM은 ISMS-P 인증을 획득해 정보보호·개인정보 관리 체계의 안정성과 신뢰성을 공식적으로 인정받았으며, 기업 운영에 필요한 보안 수준을 강화한 솔루션으로 자리매김했습니다. 더불어 AI 기반 응대 시스템 ESAI(Etners Smart AI)는 24시간 자동응대를 지원하여 반복 업무를 최소화하고 조직의 생산성을 높이고 있습니다.
이러한 이트너스의 기술력과 운영체계는 경영지원 서비스의 새로운 기준을 제시하며, 고객 중심 가치와 지속적인 품질혁신을 통해 시장 경쟁력을 강화하고 있습니다. 이트너스는 앞으로도 AI 기반 K-총무 모델을 토대로 글로벌 경영지원 전문 기업으로 도약하며, 고객과 함께 성장하는 신뢰받는 파트너로 지속 가능한 미래를 만들어가겠습니다.

(주)인사이드잡
www.insidejob.co.kr

대 표	최윤석
전 화	02-591-4363
팩 스	02-591-4360
이메일	inside@insidejob.co.kr

▌▌▌▌ 회사주소
서울특별시 서초구 반포대로23길 14 매강빌딩3층

▌▌▌▌ 설립 및 자본금
설립년 : 2003년
자본금 : 5억원

▌▌▌▌ 매출실적
2025년(예상) : 비공개

▌▌▌▌ 종업원현황
총원 : 1,150명 / 관리 : 20명 / 파견 : 295명 / 도급 : 835명

▌▌▌▌ 아웃소싱 서비스
근로자파견, 아웃소싱(도급위탁 / 콜센터 / 유통 / 경비 / 미화 등), 채용대행, 헤드헌팅, 급여아웃플레이스먼트, 해외인력송출서비스 등

▌▌▌▌ 주 거래 업종
금융, 유통, 정보통신, 서비스, 외국계기업, 공공기관 등

▌▌▌▌ 주 거래 기업
[Part-면세/유통운영/시설관리/의료지원/스태핑서비스/정부지원기관 등]
서울보증보험, AJ그룹, 미래에셋금융, 필립모리스, LG에너지솔루션, 한화그룹계열, 하나투어, 빙그레, 카카오VX, 서울주택도시공사, 은평시설관리공단, 서울대병원, 코스모앤컴퍼니(샤크&닌자), 메디힐, 고운세상코스메틱, 자이글, 네이처리퍼블릭, 토니모리, 빙그레, 네이처쎌, 씨엠에스랩, 서울공예박물관, 한국에너지정보문화재단, 법제처, 숭의초등학교 등

▌▌▌▌ 지사 및 계열사
남부지사 – 전남 여수시 엑스포대로 320-66 2F
충청 – 대전광역시 중구 문화동 1-13 기독교연합봉사회관3층
부산 – 수원 / 이천사무소
계열사 : (주)인사이드디에프 /스탭플러스(주)

▌▌▌▌ 임직원 연락처
| 인재혁신본부 총괄 박윤섭 | 02-6205-4330 |
| 경영기획팀장 성소연 | 02-591-4363 |

▌▌▌▌ 기업연혁
2003. (주)인사이드잡 설립(근로자파견업허가/인터넷정보제공사업)
2004~2007 우리은행, LG텔레콤, 빙그레, 대한통운, 현대택배 외. 유통/물류/생산/의료분야 특화운영 및 지역네트워크 활성화
2008~2013 유통/판매분야 확대, 네이처리퍼블릭, 토니모리, CJ대한통운, 미래에셋생명, 신한카드, 시립미술관 등 신규계약
2014. 서울보증보험, 한진해운, 영등포구청 등 8개 업체 계약
2015. 근로자보호클린기업인증, SPC네트웍스 등 6개 업체계약
2016. 민간고용율서비스 자율시정 우수기업인증, 경영혁신형 중소기업선정, 보건복지부MOU체결
2017. 호텔더본제주 등 6개 업체 계약, HR우수기업인증획득
2018. AJ네트웍스 등 8개 업체 계약, 가족친화인증, 기업혁신대상, 국가경쟁력대상 서비스부문 최우수상, 하이서울브랜드기업 인증
2019. 셀리노, 한국냉동공조산업협회 등 9개 업체 계약, 중소기업청 중앙회장 표창, 일하기좋은 중소기업선정
2020. 동아제약, 해외개발, 아주캐피탈 등 7개 업체 계약체결
2021. 대한민국 아웃소싱서비스 품질경영 공공기관사업부문 대상 수상/ 어촌어항공단, 서울문화재단 등 7개 공공기관과 업무진행, 뷰티피플인터내셔널, 대웅제약, 중견,중소병원 등 신규계약
2022. 환경보전협회 층간소음이웃사이콜센터(Full 완도급), LG하이케어솔루션 교육강사(전국)계약, 대웅경영개발원 시설관리부문 수주, 한국자산관리공사 기금콜센터 수주
2023. 쿠팡이츠, 한화계열 5개사, 필립모리스, 특허기술진흥원, 대전보훈병원, 한국특허기술진흥원, 한국냉동공조, LG D&O등 계약체결
2024. 디비비전, 코스모앤컴퍼니, 홍천엠엔티, 메디힐, 스킨이데야, 씨엠에스랩, 닥터지, 네이처쎌, 비다벨로, 자이글 등 계약체결
2025. 대한민국 아웃소싱서비스 고객만족대상 (경비.청소,.시설관리 부문) 수상, 서울공예박물관, 한국에너지정보문화재단, 법제처, 숭의초등학교, 넥서스코프, 광진경찰서, 하이그라운드디자인, 그레이스 등 계약체결

▌▌▌▌ 대표자 프로필
이름 : 최윤석
학력 : 숭실대학교 졸업/ 한양대학교 경영대학원 AMP
　　　연세대학교 최고경영자과정
경력 : 한국경제 '마케팅전략전문가과정'
　　　성신여자대학교 특강(주제: 비지니스 커뮤니케이션)
　　　아웃소싱 전문가(최고경영자부문-現 30년간의 동종업력)
　　　2015년 · 2019년 중소기업청 주관 '중소기업중앙회장상' 표창
　　　독거노인복지 사랑나눔의場 '보건복지부장관' 표창
　　　한국HR서비스산업협회 부회장 역임

▌▌▌▌ 회사 및 서비스 소개
'우리는 인재를 살리고 기업을 꿈꾸게 한다'
2026년 창립 23년을 맞이하여 더욱 새로운 변화와 혁신을 통한 일류기업으로의 성장을 꿈꾸는 당사는 P(plan). D(doit). C(check). A(action) 정신으로 정확한 목표를 설정하고, 완벽한 업무실행을 하며 엄격한 자체 평가를 통해 신속한 업무 개선을 해 나가는 인사 운영을 제시합니다.
Total Outsourcing전문관리 운영기업으로 변환하는 인사제도에 따라 다양한 분야 및 직종을 통하여 맞춤 인재서비스 (근로자파견, 업무도급, 콜센터 위탁운영, 유통/판매 아웃소싱, 의료지원, 채용대행, 헤드헌팅, 교육서비스 등)를 Needs에 맞게 제공하며 구현하여 왔으며, 전국적인 네트워크를 구축하여 인재를 발굴, 추천하고 고객사의 성공적인 비즈니스를 최우선으로 생각하며, 최고의 품질 HR서비스를 통해 경쟁력 확보와 성공을 위해 최선을 다해 노력 하겠습니다.
"성공하는 사람과 기업만의 선택" 그 곳에 항상 인사이드잡이 중심으로서 있겠습니다.

(주)인터비즈시스템
www.interbiz.co.kr

대 표	이동환
전 화	02-799-7979
팩 스	02-786-0075
이메일	dhlee@interbiz.co.kr

■■■ 회사주소
서울시 강서구 화곡로 416, 더 스카이밸리 5차 16층

■■■ 설립 및 자본금
설립년 : 1989년
자본금 : 15억원

■■■ 매출실적
2024년 : 740억원
2025년(예상) : 700억원

■■■ 종업원현황
총원 : 1,745명 / 관리 : 45명 / 파견 : 400명 / 도급 : 1,300명

■■■ 아웃소싱 서비스
R-biz 센타, 취업지원서비스, 인사/노무지원서비스, 채용대행, HR아웃소싱(업무지원서비스, 호텔, 공항, 병원 등), 판매판촉서비스, 물류지원서비스, 인재파견 등

■■■ 주 거래 업종
전자, 건설, 호텔, 공항, 항공, 병원, 금융, 유통, 물류, 방송, IT 등

■■■ 주 거래 기업
연세의료원, LG전자, 현대오토에버, 한국3M, 한섬, 하이프라자, 현대모비스, 쿠팡, LG화학, 롯데호텔, 스위스포트코리아, 메리어트호텔, KH에너지 등

■■■ 지사 및 계열사
지　사 : 인천공항, 대전, 부산
계열사 : 아바커뮤니케이션 (통역, 번역, 출판)

■■■ 임직원 연락처
김재봉 사장 : 02-799-7916
도희철 상무 : 02-799-7929

■■■ 기업연혁
1989. 12	(주)인터비즈시스템 설립
1991. 05	IBM Korea와 국내최초 업무지원 아웃소싱계약
2000. 12	ISO 9001 인증 취득 (SGS ICS KOREA)
2002. 03	인천국제공항공사 운영부문 감사패
2007. 07	재정경제부 장관 부총리상 수상
	(국가제정정보시스템 개발과 운영)
2009. 09	아웃소싱서비스고객만족대상 (인사/업무지원)
2011. 10	한국일보 '대한민국 고객만족 기업' 선정
2013. 01	아웃소싱 업무지원부문 리딩컴퍼니선정
2015. 05	한국산업대상수상 창조경영부문(산업통상자원부)
2016. 01	대한민국 중소기업 대상 경영혁신부문
	(중소기업청장상)
2017. 07	인터비즈시스템 Re-Start 선포식
2018. 05	원격업무지원 시스템 특허증 취득
06	R-biz 공개세미나 개최
2019. 12	창립30주년
2020. 05	재취업지원서비스 공개세미나 개최
2021. 01	인터비즈서비스 인수
06	신사옥 이전
2022. 04	ISO 45001 인증 취득
2023. 02	고용노동부 장관상 일자리창출공헌 부문 우수기업 선정
05	질병관리청장 검역의 날 표창장 수상
2024. 03	판매판촉부문 대전, 부산지사 설립
10	홈페이지 리뉴얼
2025. 02	한국HR서비스 산업대상 HR서비스대상수상
05	ESG인증
10	고객감동경영대상 서비스부문 대상 수상

■■■ 대표자 프로필
이름 : 이동환
학력 : 중앙대학교 법과대학 법학과
경영방침 : 사람을 제일의 가치로 생각하는 기업

■■■ 회사 및 서비스 소개
(주)인터비즈시스템은 국내외 다양한 고객사와의 십수년간에 걸친 파트너십과 신뢰를 기반으로 선진 HR기법을 선도하여 업무지원, 항공 호텔, 병원, 유통·물류 등 다양한 아웃소싱서비스를 제공하며, 당사만의 역량과 노하우를 갖추며 성장해 왔다. 비용절감, 업무 효율극대화, 드사안정 및 높은 만족도를 고객에게 제공하고 있으며, 전사적 자원관리시스템 (ERP System)을 자체적으로 개발, 구축하여 사내의 업무 프로세스 및 문서를 표준화함으로써 업무처리 속도 향상 및 효율화를 시켰고 이를 통해 높은 품질의 서비스를 제공하는데 있어 최선을 다하고 있다.

인트로맨(주)

www.introman.co.kr

대표	고은희
전화	02-540-6134
팩스	02-2135-6172
이메일	management@introman.co.kr

▮▮▮ 회사주소
서울시 성동구 연무장5가길7, W동 6층, 13층(성수동, 현대테라스타워)

▮▮▮ 설립 및 자본금
설립년 : 1995년
자본금 : 5억원

▮▮▮ 매출실적
2024년 : 492억원
2025년(예상) : 510억원

▮▮▮ 종업원현황
총원: 1,005명, 관리: 51명 / 파견: 731명 / 도급 274명

▮▮▮ 아웃소싱 서비스
인재파견, 채용대행, 업무도급, 면세물류, 시설관리, 공공기관 채용대행, 콜센터, 판매촉진, 팝업스토어

▮▮▮ 주 거래 업종
은행, 보험, 카드사, 공공기관, 대기업, 상공회의소

▮▮▮ 주 거래 기업
국민카드, 롯데카드, 신한카드, 삼성카드, NH농협카드, 신한금융투자, 롯데캐피탈, 교보라이프생명, 메트라이프생명, 생명보험협회, 롯데멤버스, 큐로드, 두산, 오티스엘리베이터, 호텔신라, ACN코리아, 하이네켄코리아, 한독모터스, 고진모터스, 현대제철, 현대모비스, 현대트랜시스, 현대글로비스, 금호석유, 한양, 후지제록스, 캠코CS, 상공회의소, 중소기업유통센터, KOTRA, 크스콤, 삼정KPMG, Dell, KBS미디어, SKC, 서울시복지재단 등

▮▮▮ 지사 및 계열사
계열사 : 인트로넷코리아(주), (주)해피엔젤, 프리머스에이치알(주)

▮▮▮ 임직원 연락처
| 고은희 대표 | 02-540-6134 |
| 양경모 본부장 | 02-6381-0077 |

▮▮▮ 기업연혁
- 1995. 인트로맨(주) 설립
- 2002. 인트로맨(주) 인수, 파견사업 허가(허가번호: 2002-119)
- 2003. 콜센터 도급개시
  유료 직업소개사업 허가(허가번호:2003-115)
- 2011. 연매출 100억 달성
- 2014. 연매출 300억 달성, 근로자수 1,500명 돌파
- 2016. 근로자수 2,000명 돌파, 인트로넷코리아(주) 설립
  초록우산 어린이재단 후원(제2016-0781호)
- 2017. 연매출 400억 달성
  신라면세점 통합물류센터 운영개시
- 2018. 현대백화점면세점 통합물류센터 운영개시
  HR서비스우수기업 선정
  대한민국 아웃소싱 100대기업 선정
  자본금 증자 2억 → 5억
- 2019. 성동구 일자리지원 사업
  장애인표준사업장 신설 (주)해피엔젤
  장애인기업인증 인트로넷코리아(주)
- 2020. 연 매출 780억 달성
  프리머스에이치알(주) 인수 및 사옥 매입

▮▮▮ 대표자 프로필
이름 : 고은희
경력 : 現 인트로맨(주) 대표이사
  (주)유니에스 인력관리, 고객사관리
  (주)제니엘 인력관리, 고객사 관리
약력 : 한국방송통신 대학교 경영학과 졸업 2002년
  연세대학교 경제대학원 최고경제인 과정 수료 2010년
  고려대학교 경영대학원 최고경영자 과정 수료 2014년
  전국경제인연합회 최고경영자과정 수료 2016년
  KAIST 최고경영자 과정 수료 2017년
  법무부 소년보호위원 위촉 2017년
  서울특별시장 표창장(서울특별시장)
경영방침 : "더 나은 내 일(Tomorrow & My job)을 꿈꾸는 기업"

▮▮▮ 회사 및 서비스 소개
고객의 가치를 최우선으로 삼겠습니다.
인트로맨은 항상 고객의 입장에서 생각하는 것을 기초로 삼고, 고객사와 함께 WIN-WIN 할 수 있는 진정성 있는 서비스를 제공하겠습니다.
기업의 핵심역량을 지원하고 인재를 육성하겠습니다.
인트로맨은 금융, 서비스, 물류, 경영, 교육 등 다양한 사업 분야에 서비스를 제공하고, 그에 걸맞은 전문 인재를 육성하고 있습니다.
또한 청년내일채움공제, 청년인턴채용 등의 사업을 통하여 청년을 위한 일자리 창출에 적극적으로 나서고 있습니다.
기업의 사회적 책임을 다합니다.
사회적 소외계층인 장애인의 사회 진출에 힘쓰고 있습니다. 장애인 기업을 설립하여 적극적인 채용을 하고 있으며, 자회사형 장애인 표준사업장을 통하여 장애인 인력을 고용, 양성합니다. 인트로맨은 앞으로도 장애인을 위한 안정된 일자리를 계속해서 제공할 것을 약속드립니다.
가장 신뢰하는 동반자, '인트로맨' 이 되겠습니다.
인트로맨은 30여년간 고객의 신뢰를 바탕으로 성장해왔습니다. 앞으로도 당사의 모든 임직원들이 각자의 자리에서 최선을 다할 것이며 무엇보다도 정직한 경영으로 고객과 함께 성공을 이루어 나가겠습니다.

인포드림넷(주)
www.infordream.net

대표	이종철
전화	02-312-8890
팩스	02-312-8355
이메일	0315lcc@hanmail.net

■■■ 회사주소
서울시 마포구 굴레방로27(아현동) (보성빌딩 403호)

■■■ 설립 및 자본금
설립년 : 1997년 엘비산업(주)
       2002년 인포드림넷(주)/업종전문화
자본금 : 3.5억원

■■■ 매출실적
2025년 : 54억 6,194만원

■■■ 종업원현황
총원 : 850명 / 관리 : 20명 / 파견 : 680명 / 도급 : 150명

■■■ 아웃소싱 서비스
근로자파견 업무, 도급업무, 채용대행 업무, 헤드헌팅 업무, 비서직 업무, 상담업무(인바운드 및 아웃바운드), 채권관리 업무(단기/중기채권), 사무직 업무, 수행기사 업무, 기타 업무

■■■ 주 거래 업종
카드회사, 통신회사, 자산운용회사, 은행, 제조업, 대학교

■■■ 주 거래 기업
카드회사(삼성카드, 신한카드, 하나카드), 은행(우리은행), 제조회사(한국야쿠르트, 린나이 코리아), 통신회사(SK텔레콤, SK브로드밴드, LG유플러스), 대학교(세종대학교), 자산운용회사(신한BNP파리바)

■■■ 지사 및 계열사
대전지사 / 대구지사 / 광주지사 / 부산지사

■■■ 임직원 연락처
이종철 대표이사 02-312-8890
허영희 상무이사 02-312-8890
이진원 이사   02-312-8890

■■■ 기업연혁
1997. 11 엘비산업(주) 설립
2002. 05 인포드림넷(주) 설립(업종전문화)
          대전지사/대구지사/광주지사/부산지사 설립
      06 삼성카드/신한카드/한국야쿠르트/비씨카드 계약
2006. 04 대구지점 이전(대구시 수성구 지산동994, 두원빌딩 1층)
      05 2006 아웃소싱전문가 인증(아웃소싱타임스 선정)
      07 린나이 C/S(주) 계약
2007. 07 우리은행 계약(콜센터, 심사센터, 채권센터)
2008. 08 (주)LG텔레콤 계약
      09 하나로티앤아이(주) 상호변경-)SK브로드밴드
2011. 04 100대 아웃소싱기업 선정(6회) (아웃소싱타임스 선정)
      09 대한민국 아웃소싱서비스 고객만족대상(콜센터부문)수상(3회)
      10 경영혁신형 중소기업 인증 (서울지방중소기업청 인증)
2012. 04 100대 아웃소싱기업 선정 (아웃소싱타임스 선정)
2013. 04 100대 아웃소싱기업 선정 (아웃소싱타임스 선정)
      07 신한BNP파리바 자산운용(주) 계약
      09 대한민국 아웃소싱서비스 고객만족대상(콜센터부문)수상
          (산업통상자원부 인증)
2014. 09 대한민국 아웃소싱서비스 고객만족대상(콜센터부문)수상
          (산업통상자원부 인증)
2015. 05 하나카드(주) 계약
2018. 04 2018년 대한민국 100대 아웃소싱기업 선정
2022. 04 100대 아웃소싱기업 선정 (아웃소싱타임스 선정)

■■■ 대표자 프로필
이름 : 이종철 (경영컨설턴트, 산업안전보건강사)
학력 : 1994년 일본産能대학 수료
       1997년 연세대 경영대학원 졸업
경력 : 삼성그룹에서 30년 재직 (임원역임)
       (제일모직, 삼성건설, 삼성화재, 삼성카드)

■■■ 회사 및 서비스 소개
텔레마케팅과 사무부분 등 업종을 특화하여 ▶ 텔레마케팅 부문에서 고객상담원(인바운드 및 아웃바운드) 및 단기(중기)연체관리 상담원 집중양성 ▶ 사무부분에서 문서수발업무, 일반사무업무 전문가 양성 ▶ 전산업무/채용대행업무/헤드헌팅 등 사용고객의 생산성 향상과 수익성 제고를 위하여 노력 ▶ 등록형 인사시스템 정착 ▶ 회원정보 D/B구축 및 운영 ▶ 인터넷 홈페이지 운영 ▶ 전국 규모의 Network를 보유 및 운영 이직율 감소 방안으로 ▶ 동기부여를 통한 이직율감소 유도 ▶ 문제사원 조기분리를 통한 이직관리 ▶ 교육 및 코칭업무를 추진교육훈련방안으로 ▶ 신규교육, 강화교육, 재교육 구분하여 교육일정은 사용업주와 사전 협의하여 파견 및 도급사원의 업무효율 향상을 위하여 지속적으로 교육과정 개발 및 교육 실시하고 있다.

(주)잡스테이션
www.jobstation.kr

대 표	정진원
전 화	1661-0353
팩 스	0505-300-0353
이메일	inwork77@naver.com

■■ 회사주소
충청북도 청주시 흥덕구 주봉로 50, 102호

■■ 설립 및 자본금
설립년 : 2011년
자본금 : 1.5억원

■■ 매출실적
2024년 : 135억원
2025년(예상) : 140억원

■■ 종업원현황
총원 : 454명 / 내부사원 : 14명 / 도급사원 : 350명 / 파견사원 : 90명

■■ 아웃소싱 서비스
인재파견, 생산도급, 물류도급, 아웃소싱, 채용대행

■■ 주 거래 기업
한익스프레스, LS일렉트릭, 정관장, (주)롯데웰푸드, (주)아이티엠반도체, (주)○○하식품, 한국강재, 떼제베CC 외 다수

■■ 지사 및 계열사
지사 : 경기지사
계열사 : (주)잡스토리

■■ 임직원 연락처
정진원 대표이사　010-8849-5929
오○진 부사장　　010-8870-5929
임승우 이사　　　010-4676-5008

■■ 기업연혁
2011. 11 (주)잡스테이션 설립
2012. 03 근로자 파견업 허가
2016. 09 자회사 (주)잡스토리 설립
2018. 03 위생관리용역업 허가
2020. 01 (주)잡스테이션 경기지사 설립
2020~2022. 04 대한민국 100대 아웃소싱기업 선정

■■ 대표자 프로필
이름 : 정진원
학력 : 강원대학교 졸업
　　　CJB 경영자포럼 CEO과정 수료
　　　청주상공회의소 CEO과정 수료
　　　충북대학교 경영대학원 최고경영자과정 수료
경력 : IMG National 컨트리클럽 공사 감독 및 관리팀장 역임
　　　떼제베컨트리클럽 공사 감독 및 관리팀장 역임
　　　청주시 기업인협의회 회원사 등록
수상이력 : 2016.05 청주시장상
　　　　　2016.07 청주시 서원구청장상
　　　　　2019.05 충청북도지사상
　　　　　2022.07 청주시 우수기업인상
경영방침 : 행복추구기업

■■ 회사 및 서비스 소개
글로벌 21세기는 기업의 변혁을 요구하고 있습니다.
고객을 위한 높은 품질과 서비스, 핵심인재 확보와 효율적 활용은 경쟁력 있는 미래 기업으로 성장하기 위한 발판입니다.
잡스테이션은 아웃소싱을 통한 핵심인력의 사용으로 전문적이고 능률적인 운영체제를 마련해줌으로 기업의 핵심분야 역량강화를 위해 정진할 수 있도록 발판을 마련하고 있습니다.
기업의 고용증대와 개인의 전문적 업무능력 향상을 위해 노력하고 일하는 즐거움을 만들어내는 행복추구 기업입니다.

(주)잡위드
www.jobwith.co.kr

대표	임승우
전화	02-3454-0303
팩스	02-3454-0228
이메일	swlim@jobwith.co.kr

■■■ 회사주소
서울특별시 강남구 강남대로62길 31, (예원빌딩4층)

■■■ 설립 및 자본금
설립년 : 2006년
자본금 : 1억원

■■■ 매출실적
2023년 : 165억원
2024년 : 185억원
2025년 : 210억원(예상)

■■■ 종업원현황
총원 : 550명 / 관리직 : 15명 / 파견 및 도급직 : 535명

■■■ 아웃소싱 서비스
근로자파견 및 업무도급(시설관리, 경비, 미화, 생산, 물류 외)
간병사업(공동/개인간병), 판매유통사업(외국계화장품),
스포츠레저사업(골프장위탁관리, 식음)
헤드헌팅, 채용대행 등

■■■ 주 거래 업종
대기업, 중소기업, 외국계기업, 공공기관, 골프장, 공동주택 등

■■■ 주 거래 기업
한국시세이도, 로레알코리아, BNP생명보험, 한국엘러간, 한국다케다제약, 르쿠루제코리아, 오비맥주, 비에비스나무병원, 아이디병원, 케어닥, 안동병원, 비에스비나무병원, 아이디병원, 한국과학기술연구원[KIST], 보람상조그룹, 신한라이프, 대한소방공제회, 신라스테이, 리앤리CC, 한성CC, 비에비스타CC, 오로라CC, 더크로스비GC, 강아지숲테마파크, 신성대학교, 경희대학교, 현대GBFMS, 케이앤웍스,(재)시안, 글로벌사이버대학교, 관문사, 세탁특공대, 국순당, 솔라고CC, 뉴서울CC, 지산CC, 마키노차야, 클라랑스코리아, 삼천리EV, 와이즈넛, 블루벨코리아, 컴투스, 동강시스타, 태광CC, 박봉담

■■■ 지사 및 계열사
지사 : 수원지사, 이천지사, 영남지사, 송도지사

■■■ 임직원 연락처
임구빈 본부장   010-7474-7492
박성호 실장   010-2588-2087

■■■ 기업연혁
2006. 주식회사 잡위드 설립
2007. NHN(naver), 현대타워
2008. 로레알코리아, OBS경인방송
2009. 로레알코리아 사내카페운영, ING생명
2010. 한국과학기술연구원[KIST]
2011. 한국다케다제약, 비에비스나무병원
2015. OB맥주, 한국엘러간, 한국시세이도
2016. BNP파리바카디프생명보험, 안동병원
2017. 르쿠루제코리아, 조이시티,
2018. 신성대학교연수원, 파크밸리GC
2019. 대영힐스CC, 베이스CC, 옥스필드CC, SM티케이케미컬 한양대학교
2020. 임페리얼레이크CC, 로얄포레CC, 올데이CC, 리앤드CC
2021. 한성CC, 뉴서울CC, 보람상그룹, 아이디병원
2022. 신성대학교, 아이디병원, 비에비스타CC, 대한소방공제회, 신라스테이, 심상노블카운티, 국순당
한국 아웃소싱 리딩컴퍼니(골프레저사업 부문) 선정
대한민국 100대 아웃소싱 기업
2023. 뉴서울CC, 더크로스비, (재)시안, 경희대학교, 케어닥, 강아지숲테마파크 잇올그룹, 솔라엣지, 팬지아, 콘트란쉐리에, 글로벌사이버대학교, 오로라CC
2024. 국순당, 백세주마을, 솔라고CC, 뉴서울CC, 세탁특공대 클라랑스코리아 지산CC, 서울대병원 강남센터
2025. 삼천리EV, 블루벨코리아, 컴투스, 동강시스타, 박봉담 와이즈넛, 태광CC

■■■ 대표자 프로필
이름 : 임승우
학력 : 인하대학교 학사, 서울의대 건강최고위과정
경력 : 現) (주)잡위드 대표이사
  - 고용노동부 취업지원관, 사회복지사
  - 前) (주)유니에스 마케팅전략사업본부장
  - 前) 수원시 영통 1동 지역사회보장협의체 위원장
  - 現) 2024년 화성민간연구개발협의회 운영이사
  - 2024년 인력의 근태 및 업무 이력관리 플랫폼 서비스 특허 관련 발명자
수상 : - 2015년 수원시장상(지역사회보장협의체 기여)
  - 2018년 경기도지사장(지역 발전 공헌)
  - 2021년 파견/도급 아웃소싱 부문 Outsourcing Expert 선정 표창장(지역 주민 화합/경기도의회의장)
  - 2022년 감사패(영통 1동 지역사회보장협의체 발전/영통 1동장)
  - 2023년 감사패(수용자 교정 교화/거창구치소) 감사패(전드 실무 교육 지원/덕영고등학교장)
경영방침 : 고객 감동을 위한 삼실(진실/성실/절실)

■■■ 회사 및 서비스 소개
설립 20주년을 맞이하는 (주)잡위드 임승우대표이사는 아웃소싱업계디서 첫 직장을 시작 했으며, 26년 동안 아웃소싱 전문가로써의 영역을 확대하고 있는 진정한 아웃소싱의 고수라고 자부한다.
본사 잡매니저 직원들도 15년 이상 경력의 전문가 7명 등 다양한 직종의 아웃소싱 관리를 할 수 있는 직원들이 장기간 근무를 하고 있어 현재 고객사의 만족도가 매우 높다.
당사는 일반 아웃소싱, 메디컬시니어 아웃소싱, F&B사업 아웃소싱, 판매 아웃소싱 분야 등 4대 사업의 큰 축에 부합하는 전문인력 확보를 통한 전문성을 확립하여 대 고객 만족 서비스에 만전을 기하고 있다. 코로나 이후 부터는 골프장 아웃소싱사업에 집중을 하고 있으며, 국내 20여개 골프장 내 업무 관련 파견/도급 및 채용대행에서 큰 성과를 내고 있다.
추가적으로 반도체 등 IT회사 내 최고급 미화 서비스를 제공하고 있으며, 2024년 03월 연구 개발의 결실인 '모바일 기반 인력의 근태 및 업무 이력 관리 플랫폼 서비스 제공 방법, 장치및 시스템' 특허를 출원했으며, 이를 기반으로 직무별 세부적인 전문적인 아웃소싱 역량을 강화하기 위해 부단히 노력하고 있다.

재인산업(주)

www.thejaein.com

대 표	장종구
전 화	02-3476-6500
팩 스	02-3476-6503

■■■ 회사주소
서울시 서초구 서초중앙로 29길 16 이에치빌딩 3층

■■■ 설립 및 자본금
설립년 : 2002년
자본금 : 7억원

■■■ 매출실적
2024년 : 196억원
2025년(예정) : 220억원

■■■ 종업원현황
총원 389명 / 프리스텝 : 12명 / 파견 및 도급 : 377명

■■■ 아웃소싱 서비스
시설관리/경비 미화 용역업, 근로자파견업, 시설물유지관리업, 소독업 외

■■■ 주 거래 업종
대학, 병원, 리조트, 식품 외 다수

■■■ 주 거래 기업
인천대교, 가천대, 정식품, 팔도, 동서식품, 한국야쿠르트, 서울아쿠아리움(코엑스), kbs비지니스, 한화건설/한화손해보험/한화생명/한화에어로스페이스 KT텔레콤 외

■■■ 지사 및 계열사
재인물산(주), (주)재인지엔에스, (주)재인피엔피

■■■ 임직원 연락처
이창노 상무 02-3476-6505
신용상 이사 02-3476-6525
최영민 부장 02-3476-6502

■■■ 기업연혁
2002. 07 (주) 송현씨엔에스 창업
      08 경비업 허가 취득
2004. 01 위생관리용역업 허가 취득
      02 근로자파견사업 허가 취득
2008. 02 ISO9001, ISO14001 인증
      03 방역소독업 허가취득
2009. 12 인천대교 시설물 유지관리 업무도급 계약체결
2010. 03 건강보험관리공단 대구지역본부 건물종합관리 계약체결
2011. 02 가천대학교 시설/미화 업무도급 계약체결
2012. 08 가천길병원 미화업무도급 계약체결
2018. 06 코엑스아쿠아리움 안내, 판매, 미화도급계약체결
2019. 01 한화에어로스페이스, 한화디펜스, 건물관리용역체결
2020. 01 kbs비지니스 시설관리계약
2024. 01 KBS스포츠월드 볼링장 운영도급계약 체결

■■■ 대표자 프로필
이름 : 장종구
경력 : 재인산업주식회사 대표이사

■■■ 회사 및 서비스 소개
글로벌 경쟁시대를 맞아 경영효율화를 통한 경쟁력 제고와 핵심역량 강화가 절실하게 요구되고 있는 시점에서, 재인산업(주)는 각 기업들의 진정한 조력자가 되기 위해 업무도급, 근로자파견업 및 시설물유지관리업 전문회사를 설립해 운영하고 있다.

재인산업은 임직원들이 각 분야별로 요구되는 아웃소싱 및 시설물유지관리 업무를 수행함에 있어 그동안 축적된 사업운영 노하우를 극대화해 고객사의 재산을 조직적, 체계적으로 유지, 관리하고 합리적이고 효율적인 고객만족 경영시스템 실행을 통해 신뢰받는 파트너로 정평이 나있는 기업이다.

(주)제니엘
www.zeniel.com

대표	박춘홍
전화	1588-1581
팩스	02-580-0104
이메일	zeniel@zeniel.co.kr

■■■ 회사주소
서울 서초구 효령로 402 제니엘빌딩

■■■ 설립 및 자본금
설립년 : 1996년
자본금 : 15.7억원

■■■ 매출실적
2023년 : 3,699억 3,100만원
2024년 : 3,716억 1,300만원
2025년(예상) : 4,116억 3,900만원

■■■ 종업원현황
총원 : 9,773명 / 관리: 136명 / 도급 : 8,721명 / 파견 916명

■■■ 아웃소싱 서비스
컨택센터, 유통·물류, 생산·제조, 의료·실버, 인재파견, 헤드헌팅, BPR, 채용대행, 아웃플레이스먼트, 특송, 교육, 인사·노무 컨설팅, 고용노동부 취업지원사업 등

■■■ 주 거래 업종
금융, 공공기관·공사, 제조업, 의료·간병사업, 유통·판매, 물류, 호텔·콘도, 케이터링 등

■■■ 주 거래 기업
삼성전자, 신한은행, 국민은행, 대한항공, 나이키, 아모레퍼시픽, LG화학, 두산전자, 카카오, 신한카드, 롯데카드, 건강보험공단, 대한상공회의소, 르노삼성, 강남성심병원, 해운대백병원, 세방전지, 중앙대병원, BGF, 풀무원, 세라젬, KG모빌리티 등

■■■ 지사 및 계열사
(주)제니엘시스템, (주)제니엘휴먼, (주)제니엘이노베이션, (주)제니엘메디컬, (주)제니엘텍, (주)제니엘플러스, 제니엘푸른꿈일자리재단, 이노파크

■■■ 임직원 연락처
HR-Biz사업부 이용주 사업부장   010-4520-4024
컨택센터사업부 김태균 사업부장   010-6423-7897
영업지원실 유우리 사업부장   010-3080-2029
사업혁신실 심우석 사업부장   010-7134-1683

■■■ 기업연혁
1996. 01 (주)제니엘 설립
2001. 11 아웃소싱 업계 최초 ISO9001 인증획득
2002. 03 제34회 상공의날 동탑산업훈장 수훈
2008. 02 업계 최초 AS9100(항공우주분야) 인증 획득
       05 국내 최초 CSMS(컨택센터 경영) 인증획득
2009. 02 IMI 경영대상(전경련 국제경영원)
2010. 12 고용서비스 우수기관 인증(고용노동부)
2012. 01 고용창출 우수기업 선정(대통령 표창)
2013. 01 소비자가 뽑은 가장 신뢰하는 브랜드 대상 3연속 수상
       03 제40회 상공의날 은탑산업훈장 수훈
2015. 07 재단법인 제니엘푸른꿈일자리재단 설립
2016. 11 콜센터 운영 우수기업 표창(광주광역시)
2018. 09 의료특허 등록(환자이송장치)
2019. 03 대한민국서비스만족대상 경영서비스/업무관리솔루션 부문 대상
2020. 02 한국산업의 1등 브랜드 대상 종합인재고용서비스 부문 대상 수상
2020. 03 행복더함 사회공헌 우수기업 대회 고용노동부 장관상 수상
2020. 04 2020 소비자추천 1위 브랜드 선정 아웃소싱서비스 부문 대상 수상
2021. 01 2021 소비자가 뽑은 가장 신뢰하는 브랜드 대상 선정
2021. 02 제11회 행복더함 사회공헌 캠페인 사회공헌 우수기업 부총리 겸 기획재정부 장관상 수상
2022. 02 제2회 행복더함 사회공헌 캠페인 국회의장상 수상
2023. 01 2023년 일자리창출 유공 정부포상 국무총리 표창
2023. 05 국가지속가능 ESG 우수기업 노사협력부문 고용노동부 장관상 수상
2023. 10 2023년 국가생산성대회 금탑산업훈장 수상
2023. 11 제12회 대한민국 나눔국민대상 보건복지부장관 표창
2024. 05 제4회 윤리경영 실천 우수기관 공모전 국민권익위원장상 수상
2024. 05 모바일어워드코리아 2024 모바일경영 부문 대상
2025. 02 2025 K-브랜드어워즈 K-서비스(아웃소싱) 부문 수상
2025. 02 한국HR서비스 산업대상 수상
2025. 06 2025 대한민국 HR서비스 10대 대표기업 선정

■■■ 대표자 프로필
이름 : 박춘홍
학력 : 동아대학교 사회학과
경력 : ROTC 대위전역, 제니엘 특송사업본부 본부장 역임, 제니엘 상무이사 역임, 제니엘시스템 대표이사 역임
       (현)제니엘 대표이사
경영방침 : 인재를 통한 가치경영(고객감동의 실현, 혁신경영의 추구, 인간존중의 실천)

■■■ 회사 및 서비스 소개
제니엘은 1996년 설립된 이래 '금탑산업훈장', '은탑산업훈장', '동탑산업훈장', '고용서비스 우수기관 인증', '5회 연속 윤리경영 대상 수상' 등을 통해 공신력을 인정받은 종합인재고용서비스 기업으로, 현재 500여개의 기업에 아웃소싱, 인재파견, 채용대행, 헤드헌팅, 교육컨설팅 등의 서비스를 제공하고 있으며 청년내일채움공제, 취업성공패키지 등 취업지원 사업을 운영하고 있다. 우수인재 양성을 위해 매주 MBA교육 및 독서토론회, 월례세미나와 더불어 간병인 교육, CS교육, 상담 SKILL교육 등의 직무별 교육을 진행하고 있으며 2016년에는 4차 산업혁명의 트렌드에 맞춰 IT법인 이노파크를 설립하여 각 사업 분야의 전문성 강화를 위한 모바일 업무관리시스템을 도입하는 등 현장위주의 업무를 효율적으로 수행하고 있다. 기존 아웃소싱 시장을 강화하면서 인재 관리 역량과 기업 운영 노하우를 기반으로 기업과 개인의 연결가치를 극대화하는 최고의 성공지원 파트너로써 미래를 준비하고 있다.

(주)제니엘시스템

WWW.ZENIELSYSTEM.CO.KR

대표	정주용
전화	031-777-9800
팩스	031-777-9850

■■■ 회사주소
경기도 성남시 중원구 둔촌대로 484, 408호(상대원동, 시콕스타워)

■■■ 설립 및 자본금
설립년 : 1998년 9월
자본금 : 6억원

■■■ 매출실적
2023년 : 757억원
2024년 : 643억원
2025년(예상) : 약 601억원

■■■ 종업원현황
총원 : 2,100명 / 관리 : 100명 / 도급 : 200명 / 배송 : 1,800명

■■■ 아웃소싱 서비스
물류종합아웃소싱(신용카드 및 고가품 배송, 3PL운영, 터미널 운영, 물류운영대행, 운송, 간선운행 등), 마케팅 대행, 콜센터 및 텔레마케팅 서비스, 공유자전거 위탁 운영

■■■ 주 거래 업종
카드사, 금융사, 공공기관, 물류업체, 택배업체, 운송업체, 유통업체, 오픈마켓, 인터넷쇼핑몰

■■■ 주 거래 기업
BC카드, KB국민카드, 신한카드, 삼성카드, 현대카드, NH농협카드, 하나카드, 롯데카드, 씨티은행, 토스, CJ대한통운, 현대백화점, 테라웍스, 케이퍼커머스, 카카오, 한진택배, 디아이로지스, 코나아이, 이마트, 코리아세븐테이블스, 디버 등

■■■ 지사 및 계열사
(주)제니엘, (주)제니엘이노베이션, (주)제니엘휴먼, (주)제니엘메디컬, (주)제니엘클러스, (주)제니엘텍, 푸른꿈일자리재단, 이노파크 등

■■■ 기업연혁
1993. 07 신한카드 배송 시작으로 특송업무 개시
1994. 04 삼성카드, BC카드, 현대카드 등 신용카드社 다수 계약
1998. 09 물류전문회사 (주)제니엘시스템 설립
2008. 06 배송시스템, 업계 최초 PDA 도입
2011. 09 젠익스프레스(이사서비스) 사업개시
2012. 08 KG로지스 이천허브센터 도급 운영
2013. 07 현대로지스틱스 진천공장 3PL창고 도급 운영
2014. 03 KGB택배 옥천허브터미널 하차 도급 운영
2015. 05 한진택배 진주허브터미널 도급 운영
2017. 04 갈마물류센터 3PL 신규운영(다이소 GS홈쇼핑 등)
2017. 08 한진택배 동서울허브터미널 입찰계약(직접고용인력 운영)
2018. 06 배송용 Tablet PC 도입
2018. 08 카드배송 Tablet PC 전자동의서 도입 및 확대
2018. 12 차세대 배송 업무용 카드 분류기(NPI) 도입
2019. 04 차세대 배송 전산시스템 개발 및 도입
2020. 03 한진택배 세종터미널 도급 운영
2020. 12 카카오모빌리티 공유전기자전거 위탁 운영 계약(송파/하남 지역)
2021. 04 카카오모빌리티 공유전기자전거 위탁 운영 계약(해운대 지역)
2022. 04 한진택배 안성터미널 도급 운영
2022. 10 카카오모빌리티 공유전기자전거 위탁 운영 계약(원주 지역)
2023. 08 유핀테크허브(유트랜스퍼) 외화배송서비스 업무협약 체결
2024. 10 디버-기업 맞춤 오피스 배송 서비스 업무협약 체결
2024. 10 차세대 배송 업무용 카드 분류기(NPI) 추가 도입
2025. 03 '제59회 납세자의 날' 모범납세자 선정 및 세무서장 표창
2025. 07 iM뱅크 'iM외화배송서비스' 업무협약 체결
2025. 09 한진택배 안산서브터미널 도급 운영
2025. 11 한진택배 장항1(중구) 서브터미널 도급 운영

■■■ 대표자 프로필
이름 : 정주용
학력 : 경북대학교 회계학과 졸업
　　　KPC CEO 경영아카데미 과정 수료
　　　산업정책연구원 ESG경영 최고위 과정 수료
경력 : 신한카드 본부장
　　　신한신용정보 상무이사
　　　(주)제니엘시스템 전무이사
　　　(주)제니엘시스템 대표이사(現)
경영이념 : "인재를 통한 가치경영"
고객 감동의 실현, 혁신 경영의 추구, 인간 존중의 실현

■■■ 회사 및 서비스 소개
(주)제니엘시스템은 신용카드 전문배송업을 시작으로 사업영역 확대를 통한 특화물류 서비스를 제공하고 있습니다.
소형화물의 배송에서 물류창고 운영, 택배터미널 운영 등의 물류 아웃소싱 업무를 수행하고 있으며, 유통/3PL/화훼 등 사업영역을 계속 확장하고 있습니다.
물류아웃소싱 영역에 '믿음 가는 파트너'로 계속 성장하고자 하며, 제니엘 그룹의 핵심기업으로서의 선도적 역할을 수행하고자 합니다.
물류분야는 제니엘그룹 기업이념인 '일자리 창출'에 가장 잘 맞는 사업분야입니다. 유통규모가 커지면서 물류시장 또한 지속적으로 확대되고 있으며 특히 사물인터넷의 발달은 고객이 구매에서 배송까지 원스톱으로 한 번에 이루어질 수 있는 토탈시스템을 요구하고 있습니다.
이에 (주)제니엘시스템은 보다 많은 사람들에게 새로운 일자리를 제공하는 것은 물론이며, 고객의 Needs에 맞는 새로운 맞춤식 물류서비스의 R&D투자(핀테크/Tablet PC/차세대시스템/스마트오피스)를 통해 기업가치를 지속적으로 창출하고자 노력하고 있습니다.

(주)제니엘이노베이션
www.zenielinnovation.co.kr

- **대표**: 김용석
- **전화**: 02-785-7200
- **팩스**: 02-785-7230
- **이메일**: care114@zeniel.co.kr

■■■ 회사주소
서울시 영등포구 당산로41길 11, SKV1센터 W동 1402호

■■■ 설립 및 자본금
설립년 : 2012년 12월
자본금 : 13억원

■■■ 매출실적
2023년 : 226억원
2024년 : 450억원
2025년(예상) : 360억원

■■■ 종업원현황
총원 : 741명 / 관리 : 16명 / 파견 : 268명 / 도급 : 457명

■■■ 아웃소싱 서비스
MICE사업 : 공공기관 채용박람회, 채용대행사업, 행사대행
근로자파견사업 : 단기파견, 장기파견, 외국계기업 등
아웃소싱사업 : 물류센터, 생산직, 렌탈관리서비스, 고객센터 등

■■■ 주 거래 업종
외국계기업, 공공기관, 민간기업 등 사무직, 물류센터,
제조업 생산, 고객센터, 렌탈관리서비스 등

■■■ 주 거래 기업
국세청, 깨끗한나라, 제때, MBC문화방송, 풀무원푸드앤컬처, 세스코, 롯데건설, 미셀푸드, 본푸드서비스, 좋은사람들, 카카오뱅크, 한국장학재단 등

■■■ 지사 및 계열사
제니엘, 제니엘시스템, 제니엘휴먼, 제니엘맥, 제니엘메디컬,
제니엘플러스, 이노파크, 노무법인 지상, 푸른꿈일자리재단

■■■ 임직원 연락처
대표이사 김용석		010-3080-2053
마케팅본부 조영민		010-5845-3777
채용대행본부장 장성우		010-2511-7697

■■■ 기업연혁
2012. 12 주식회사 제니엘이노베이션 설립
2015. 05 외국계 생산도급 수주
2016. 02 항공우주박물관 전시체험 수주
2017. 06 권련형 전자담배 위탁관리 수주
2018. 01 항공사 기내식 위탁운영 수주
2019. 12 올해의 벤처상(중소기업벤처부 장관상 수상)
2020. 09 공공데이터 DB 구축 인턴십 사업
2021. 03 냉장/냉동 물류센터 수주
2022. 06 중소벤처기업부 민원전담센터 위탁운영 수주
2022. 07 해충방제 물류센터 위탁운영 수주
2023. 03 홈택스 상담 위탁운영 수주
2024. 01 종합제지 및 생활용품 생산도급 수주
2025. 09 국립전문과학관 전시운영 및 해설 등 위탁운영 수주

■■■ 대표자 프로필
성명 : 김용석
학력 : 강원대학교 졸업
경력 : 국방부(중대장 대위 전역)
　　　(주)제니엘 잡스카이컨설팅센터 실장
　　　(주)제니엘 인재고용서비스본부 본부장
　　　(주)제니엘 제니엘그룹 전략기획본부장
　　　(주)제니엘이노베이션 본부장
　　　(주)제니엘이노베이션 대표이사(現)
경영이념 : 정과 신뢰를 바탕으로 동반성장 한다
사원정신 : 도전하는 나, 책임지는 나, 함께하는 나

경영방침 : 도급사업 전문화, AI기반 관리시스템 구축
　　　　　첫째, 핵심사업 고도화
　　　　　둘째, 신성장동력 구축
　　　　　셋째, AI기반 역량강화
　　　　　넷째, 성과기반 경영체계

■■■ 회사 및 서비스 소개
설립 초기부터 축적해 온 인재파견사업과 채용대행 사업의 경험을 바탕으로, 아웃소싱 분야로 사업 영역을 확장하였으며,
디지털 전환과 생성형 인공지능 기술을 접목한 최적의 솔루션을 제공합니다.
1. AI 기반 채용 솔루션 : 생성형 AI를 기반으로 인재 매칭의 정확성과 효율성을 극대화한 서비스를 제공합니다.
2. 스마트 인재 파견 서비스 : 지능형 데이터 분석을 통해 효율적인 인력 배치와 생산성 향상을 도모합니다.
3. HR 아웃소싱 컨설팅 : 노무/노사관계 관리에 있어서 법적 준수와 갈등 예방을 위한 전문 컨설팅을 제공하며, 최신 노동법과 규정을 준수합니다.
4. 생성형 AI와 HR 혁신 : 생성형 AI 기술을 접목한 인력 관리 시스템을 도입하여 자동화된 보고서 작성, 미래 수요 인력 예측 등 HR 프로세스를 혁신합니다.

(주)제이앤비맨파워
www.jnbmanpower.com

대표	박재완
전화	02-2098-1071
팩스	02-2167-3919
이메일	webmaster@ijnb.com

■■■ 회사주소
서울시 영등포구 경인로 775 에이스하이테크시티 2동 1503호

■■■ 설립 및 자본금
설립년 : 1995년
자본금 : 5억원

■■■ 매출실적
2024년 : 195억원
2025년(예상) : 0억원

■■■ 종업원현황
총원 : 876명 / 관리 : 22명 / 파견 : 86명 / 도급 : 768명

■■■ 아웃소싱 서비스
물류센터 위탁운영, 생산공장 위탁운영, 물량도급 컨설팅, 시설관리(병원 등) 근로자파견(상담/사무/IT 등), 헤드헌팅 채용대행 등

■■■ 주 거래 업종
(신선저온, 상온) 물류센터 도급 운영
(화장품, 식품, 공산품) 생산공장 도급 운영
시설관리(병원, 일반건물), 근로자파견(사무, 운전) 등

■■■ 주 거래 기업
삼성웰스토리, 롯데글로벌로지스, 한화푸디스트, 인터코스코리아, 건국유업, 롯데제과, 사조대림, 패스트박스, 동원아이팜, 오릭스캐디털, 뷰케이코리아, 분당제생병원, 백년화편 등

■■■ 지사 및 계열사
지사 : 부산, 광주, 대구, 대전, 인천
계열사 : (주)제이앤비컨설팅, (주)제이앤비티앤에스, (주)제이앤비케어서비스, (주)제이앤비글로벌컨설팅

■■■ 담직원 연락처
상무 최종열 : 02-2098-1088

■■■ 기업연혁
1995. 01 (주)제이앤비맨파워 설립
2001. 03 대전지사, 영남본부, 호남본부 설립
2002. 11 대구지사 설립 ▯ 전국 지사망 구축
2003. 12 한국아웃소싱서비스 대상 수상
2004. 10 인적자원관리시스템(e-HRM) 구축
2007. 09 ISO9001 인증 획득
2008. 07 고용노동부 근로자파견 우수기업 선정
2011. 08 지식경제부 [아웃소싱 우수기업] 선정
2013. 12 여성가족부 [가족친화인증] 선정
2015. 03 납세자의 날 모범납세자 표창
2015. 12 가족친화 우수기업 여성가족부 장관상 수상
2016. 04 대한민국 여성인재경영대상 최우수상(보건복지부 장관상)
2016. 05 '남녀고용평등' 고용노동부 장관상 수상
2016. 11 대한민국 사랑받는 기업 산업통상자원부 장관상 수상
2016. 12 대한민국 스마트워크 대상 노사발전재단 사무총장상
2017. 07 제6회 인구의날 국무총리표창
2017. 12 일·생활 균형 우수기업 여성가족부 장관상 수상
2017. 12 중소기업유공자 국무총리표창
2018. 03 제45회 상공의날 산업통상자원부 장관상 수상
2018. 10 제42회 국가생산성대상 산업통상자원부 장관상 수상
2022. 10 ISO 45001:2018(국제표준규격 안전보건 경영시스템)획득
2022. 11 경영혁신형 중소기업 인증
2024.   ESG 경영평가 B- 등급 획득

■■■ 대표자 프로필
이름 : 박재완
학력 : 워싱턴 주립대학교 경영학
경력 : 한국 HR서비스산업협회 위원 / 한국컨택산업협회 위원
      (주)제이앤비컨설팅 대표이사
경영방침 : 5S
    Speed : 신속한 업무처리
    Smile : 항상 웃는 얼굴로 대고객 관리
    Smart : 세련되고, 품위 있는 회사 이미지 부각
    Smooth : 부드럽고 유연한 업무처리로 내실위주의 업무진행
    Safety : 비전있고 신뢰받는 회사 이미지 제고

■■■ 회사 및 서비스 소개
(주)제이앤비맨파워는 1995년 1월에 정방시스템으로 설립되어 "고객과 함께"라는 기업신념으로 28년의 전통있는 아웃소싱 1세대 기업으로 아웃소싱 산업을 선두에서 이끌어 왔습니다. 당사는 물류, 생산 물량도급 전문기업으로 다양한 현장의 경험을 가진 소통 가능한 전문가를 보유하고 있습니다. 현장 운영의 효율화, 우수한 인재 확보, 철두철미한 현장 안전 보건 관리로 귀사의 현장을 보다 발전된 모습으로 함께 만들겠습니다. 아울러 2023년 한국 HR 서비스 10대 대표기업으로, 제이앤비맨파워는 앞으로도 공정하고 클린한 사업관리로 직원의 만족, 행복 경영을 추구 하며 고객의 니즈에 적극 부응하는, 고객과 함께하는 기업이 되기위해 성장하고 있습니다.

(주)제이앤비컨설팅
www.ijnb.co.kr

대표	박재완
전화	02-2167-3300
팩스	02-2167-3399
이메일	webmaster@ijnb.com

■■■ 회사주소
서울시 영등포구 경인로 775 에이스하이테크시티 2동 1501호

■■■ 설립 및 자본금
설립년 : 1998년
자본금 : 20억원

■■■ 매출실적
2024년 : 830억원
2025년(예상) : 870억원

■■■ 종업원현황
총원 : 2,800명 / 관리 : 70명 / 파견 : 630명 / 도급 : 2,100명

■■■ 아웃소싱 서비스
컨택센터, 아웃소싱 위탁운영, 근로자파견(상담/사무/IT 등),
위탁도급운영, 헤드헌팅 및 채용대행, 종합시설관리, 취/창업
교육 및 컨설팅, 아웃플레이스먼트, 민간위탁사업, 판매/판촉 등

■■■ 주 거래 업종
금융기관(은행/카드/보험사), 민간기업(대/중소기업), 종합병원,
유통센터, 공공기관 등

■■■ 주 거래 기업
하나카드, 중소기업은행, NH농협은행, 신한카드, 우리카드, KDB생명,
HCN, 현대카드/캐피탈,, 롯데카드, 하나SK카드, 국민건강보험공단, 야
놀자, 현대산업개발, 한국우편산업진흥원, 롯데캐피탈, 분당제생병원,
롯데백화점, SK렌터카, 오늘의 집, 대성쎌틱에너시스 등

■■■ 지사 및 계열사
지사 : 부산, 광주, 대구, 대전, 인천
계열사 : (주)제이앤비맨파워, (주)제이앤비티앤에스,
(주)제이앤비케어서비스, (주)제이앤비글로벌컨설팅

■■■ 임직원 연락처
부사장 안진태   02-2098-1003
상무 최종열   02-2098-1088
상무 박민홍   02-2098-1006

■■■ 기업연혁
1998.08 (주)제이앤비컨설팅 설립
2004.10 인적자원관리시스템(e-HRM) 구축
2007.09 ISO9001 인증 획득
2011.08 지식경제부 [아웃소싱 우수기업] 선정
2013.12 여성가족부 [가족친화기업] 인증
2015.03 납세자의 날 모범납세자 표창
2015.12 가족친화 우수기업 여성가족부 장관상 수상
2016.04 대한민국 여성인재경영대상 최우수상(보건복지부 장관상)
2016.05 '남녀고용평등' 고용노동부 장관상 수상
2016.11 대한민국 사랑받는 기업 산업통상자원부 장관상 수상
2016.12 대한민국 스마트워크 대상 노사발전재단 사무총장상
2017.07 제6회 인구의날 국무총리표창
2017.12 일·생활 균형 우수기업 여성가족부 장관상 수상
2017.12 중소기업유공자 국무총리표창
2018.03 제45회 상공의날 산업통상자원부 장관상 수상
2018.10 제42회 국가생산성대상 산업통상자원부 장관상 수상
2018.10 한국고객센터 기업부문 산업통상자원부 장관상 수상
2019.09 제6회 컨택센터 가족화합한마당 대전지방고용노동청장 수상
2020.08 '남녀고용평등' 고용노동부 장관상 수상
2022.10 콜센터 KS서비스(KS S 1006) 신규 인증 획득
2024.05 지역사회 공헌 기업 안산시장상 수상
2024.05 가정의 달 우수기업 여성가족부 장관상 수상
2024.11 문화체육관광부 [여가친화기업] 인증
2025.10 제20회 임산부의날 보건복지부 장관상 수상

■■■ 대표자 프로필
이름 : 박재완
학력 : 워싱턴 주립대학교 경영학
경력 : 한국 HR서비스산업협회 위원
      한국컨택산업협회 위원
      (주)제이앤비맨파워 대표이사
경영방침 : 아름다운 기업, 감동의 서비스, 최강의 경쟁력

■■■ 회사 및 서비스 소개
(주)제이앤비컨설팅은 2021년 박재완 대표이사의 취임으로 지속적인 성장과 발전을 위한 새로운 경영, 새로운 패러다임, 새로운 마인드를 바탕으로 전략 사업군을 선정하고 육성하여 더욱 강하고 아름다운 기업으로서 HR서비스 산업을 주도하며, 모든 사람들이 원하는 곳에서 즐겁게 일할 수 있는 기회를 제공하는 기업으로 성장하고 있으며, 이러한 노력을 바탕으로 채용대행 및 헤드헌팅서비스, 교육컨설팅 및 전직서비스, 민간위탁서비스 등 종합 HR비즈니스 서비스로 사업영역을 확대하고 있습니다.

(주)제이앤비티앤에스
www.jnbtns.com

대표	이수연
전화	02-2098-1080
팩스	02-2167-3919
이메일	webmaster@ijnb.com

■■■ 회사주소
서울시 영등포구 경인로 775 에이스하이테크시티 2동 1503호

■■■ 설립 및 자본금
설립년 : 2003년
자본금 : 3억원

■■■ 매출실적
2024년 : 60억원
2025년(예상) : 70억원

■■■ 종업원현황
총원: 478명/ 관리: 16명/ 파견: 46명 / 도급: 416명

■■■ 아웃소싱 서비스
유통, 판매, 판촉 장기행사, 단기행사 도급 위탁
근로자파견(총급/사무/IT 등),
헤드헌팅 및 채용대행 등

■■■ 주 거래 업종
마트, 면세점, 슈퍼 등 판촉 사원, 지역 순회매니저 운영
발렌타인데이, 화이트데이, 빼빼로데이 등 단기집중행사 운영
명절 및 단기 근촉행사 요원 운영(마트, 코스트코 등)
매장 관리, 주방 조리 등 식음료 매장 인력 운영
근로자파견-사무, 운전), 헤드헌팅, 채용대행 등

■■■ 주 거래 기업
깨끗한나라, 빙그레, 대상, 농협목우촌, 포탈하이웨이마트,
꼬끼오, 오더테이블(OTD), 공차코리아, 아워홈, 슈마커,
국순당, 롯데블랑제리, PALAZZO 등

■■■ 지사 및 계열사
지사 : 부산, 광주, 대구, 대전, 인천
계열사 : (주)제이앤비컨설팅, (주)제이앤비맨파워,
(주)제이앤비케어서비스, (주)제이앤비글로벌컨설팅

■■■ 임주원 연락처
상무 최종열: 02-2098-1088

■■■ 기업연혁
2003.06 (주)제이앤비티앤에스 설립
2003.12 한국아웃소싱서비스 대상 수상
2004.10 인적자원관리시스템(e-HRM) 구축
2007.09 ISO9001 인증 획득
2008.07 고용노동부 근로자파견 우수기업 선정
2011.08 지식경제부 [아웃소싱 우수기업] 선정
2013.12 여성가족부 [가족친화인증] 선정
2016.01 대상 청정원 판촉판매MD 도급위탁 운영 수주
2016.02 빙그레 판촉판매MD 도급위탁 운영 수주
2016.03 깨끗한나라 판촉,순회 도급위탁 운영 수주
2016.04 대한민국 여성인재경영대상 최우수상(보건복지부 장관상)
2016.05 '남녀고용평등' 고용노동부 장관상 수상
2016.11 대한민국 사랑받는 기업 산업통상자원부 장관상 수상
2016.12 대한민국 스마트워크 대상 노사발전재단 사무총장상
2017.07 제6회 인구의날 국무총리표창
2017.12 일ㆍ생활 균형 우수기업 여성가족부 장관상 수상
2017.12 중소기업유공자 국무총리표창
2018.03 제45회 상공의날 산업통상자원부 장관상 수상
2018.10 제42회 국가생산성대상 산업통상자원부 장관상 수상
2020.01 빙그레 식음판촉 도급위탁 운영 수주

■■■ 대표자 프로필
이름 : 이수연
학력 : 한양대학교 경영대학원 경영학 석사
　　　호서대학교 경영학 박사
경력 : 영등포구청 중소기업 창업지원센터 위원
　　　양천구청 청년인턴 운영위원회 위원
　　　국민건강보험공단 자문위원
　　　한국아웃소싱기업협회 부회장
저서 : 서비스 비타민, 별빛에 꿈을 담고
경영방침 : 21세기 변화하는 시장 환경에 발맞춘 고객 만족 서비스와 적극적 매출관리로 고객의 경쟁력 확보의 파트너가 되겠습니다

■■■ 회사 및 서비스 소개
(주)제이앤비티앤에스는 제이앤비그룹의 유통, 판매, 판촉 전문 계열사로 대상 청정원, 빙그레, 깨끗한나라 등 국내 유수 대기업의 판촉 업무를 위탁 도급받아 성공리에 운영하여 왔습니다.
당사는 이십년 판매판촉 도급운영의 노하우를 바탕으로 귀사의 시장 판매 전략 다각화의 한축으로 홍보 효과 극대화, 매출 극대화를 위해 매진하겠습니다.

(주)제이앤피21
www.jnp21.co.kr

대표	박인성
전화	02-585-6622
팩스	02-585-8211
이메일	isp@jnp21.co.kr

■■■ 회사주소
서울시 서초구 서운로 26-1 보일빌딩 402호

■■■ 설립 및 자본금
설립년 : 2009년
자본금 : 2.5억원

■■■ 매출실적
2024년 : 90억원
2025년(예정) : 95억원

■■■ 종업원현황
총원 : 250명 / 내부사원: 8명, 도급사원: 120명, 파견사원: 122명

■■■ 아웃소싱 서비스
인재파견: 사무분야, 전시 안내, 외식 및 급식 등서비스분야
도급: 외식, 급식, 전시 안내 등 서비스분야, 생산 제조분야

■■■ 주 거래 기업
두산인프라코어, 두산산업차량, 미셀푸드, 홍천축협, 종근당건강, 한국지역진흥재단, SH서울주택도시공사, 일진디스플레이, 중구문화재단, 한국마사회, 한국가스공사, 인천소방서, 평화드림, 건강보험심사평가원, 보라매병원, 경기평택항만공사 등

■■■ 지사 및 계열사
전국 네트웍 구축

■■■ 임직원 연락처
박인성 대표 02-585-6622

■■■ 기업연혁
2009. 10 (주)제이앤피21 법인설립
2009. 11 근로자파견사업 허가
2011. 01 직업정보제공사업 신고
2012. 07 위생관리용역업 영업신고
2016. 12 자본금 증자(2억 5천만원)
2019. 04 자본 출자 베트남법인 KOVINA NET 설립
         경영혁신형 중소기업 인증
2021. 03 한국 100대 아웃소싱기업인증
2023. 12 ISO45001 인증

■■■ 대표자 프로필
이름 : 박인성
경력 : 現) 제이앤피21 대표이사
       現) KOVINA NET 베트남 법인장
       경영혁신형 중소기업(Main-Biz) 인증
       대한민국 100대 아웃소싱기업 인증
경영방침 : "고객만족, 인간존중"

■■■ 회사 및 서비스 소개
제이앤피21은 아웃소싱 업무에 적합한 인력의 원활한 채용 및 안정적인 관리 운영을 절대 과제로 업무를 지향하며, 단기적 성과가 아닌 미래지향적인 서비스로 장기적 신뢰관계 유지를 위한 노력을 다하고 있다.
무엇보다 가치 있는 서비스를 제공하기 위해 안정된 인프라 구축, 우수한 인재 확보, 체계화된 관리시스템으로 전략적 제휴를 위한 끊임없는 변화를 추구하고 있다.
특히 내부 관리직원의 평균 근속기간 7년 이상으로 고객사 관리에 대한 연속성을 유지하여 고객만족을 실현하고 있다.
위탁 사업체의 다양한 업무 및 채용환경의 구조적인 제약을 극복의 역량과 업무에 대한 열정으로 아웃소싱 업무 효율성을 확보하고 있다.
현재 여러 공기업 및 대기업, 중소기업체에 다양한 업무 부문 아웃소싱을 진행하고 있으며, 기업체별 업무이행 능력을 인정받아 담당자들로부터 긍정적인 평가와 장기적인 협력 관계를 유지하고 있다.
위탁사업체가 지향하는 가치를 극대화하는 것을 업무수행의 핵심과제로 삼아 효율적 인재 채용과 운영 관리를통한 장기적 신뢰관계의 가치를 공유하는 동반자 경영을 지향하는 기업이다.

(주)제이엔알써비스
www.jnrservice.com

대표	정세영
전화	02-851-8122
팩스	02-6280-8585
이메일	jnrservice@naver.com

■■■ 회사주소
서울시 마포구 만리재로 14, 1211호 (공덕동, 르네상스타워)

■■■ 설립 및 자본금
설립년 : 2003년
자본금 : 3.5억원

■■■ 매출실적
2025년(예상) : 35억원

■■■ 종업원 현황
총원 : 255명 / 관리 : 15명 / 도급 : 240명

■■■ 아웃소싱 서비스
물류운송, 택배

■■■ 주 거래 업종
식자재, 편의점 상품, B to C 운송

■■■ 주 거래 기업
이마트, BGF, CJ대한통운

■■■ 지사 및 계열사
계열사 : (주)제이알코어, (주)제이알컴퍼니, (주)제이알트랜스

■■■ 임직원 연락처
대표이사 정세영 010-9500-7001

■■■ 기업연혁
- 2003. 10 (주)제이엔알써비스 설립
- 2006. 12 정보통신부 우정사업본부장 표창 수상
- 2008. 10 2008한국품질경쟁력우수기업 선정 (서울경제신문)
- 2008. 11 ISO 9001:2000 인증취득
- 09 2010대한민국아웃소싱서비스고객만족대상수상 (지식경제부, 아웃소싱타임스)
- 2010. 10 경영혁신형중소기업(MAIN-BIZ) 인증취득 (중소기업청)
- 2013. 05 한국HR서비스산업협회 이사취임
- 04 전국화물운송주선사업연합회 회장표창수상
- 09 근로자보호 클린기업 인증 취득
- 2015. 01 우리카드사 근로자 파견 계약
- 2016. 02 서울특별시장 표창
- 06 2016년도 근로자보호 HR서비스 클린인증기업 갱신인증
- 2017. 02 HR서비스우수기업 인증(경영자총협회, HR협회공동인증)
- 06 제대군인행복일자리창출협정체결(서울지방보훈청)
- 2018. 03 서울시 모범납세자 7년 연속 선정 (서울특별시)
- 04 2018년 대한민국 100대 아웃소싱기업 선정
- 2021. 10 이마트 과천점, 광명 소하점 근거리 배송 위탁 계약
- 2022. 05 군포 BGF(CU편의점) 저온 운송 위탁 계약
- 2024. 03 오산BGF, 경산BGF 저온운송 위탁 계약

■■■ 대표자 프로필
이름 : 정세영
학력 : 대졸
경력 : 한국상업은행(현 우리은행), 동남은행지점장/한국자산관리공사(KAMCO) 기획팀장/대한민국인재파견지도사회 회장 역임/전국우체국택배위탁회사협의회 회장 역임/한국HR서비스산업협회 이사역임/서울시화물협회 이사
경영방침 : 고객감동, 정도경영, 공동번영

■■■ 회사 및 서비스 소개
(주)제이엔알써비스는 'Just as needs and reward with our best'를 회사의 Mission으로 삼아 '고객의 Needs에 꼭 맞는 서비스의 제공과 최선을 다한 보답'을 실현하고자 매일 새롭게 태어나는 회사입니다.
이미 물류 유통부문에서 정보통신부 우정사업본부장 표창 수상을 비롯하여, 서울경제신문의 2008 한국품질경쟁력우수기업으로 선정된 바 있으며, 경영혁신형중소기업(MAYIN-BIZ) 인증과 서울시의 모범납세자선정을 통하여 건실한 중소기업임을 검증받았으며, 대표이사는 '2010 아웃소싱전문가 11인'에 선정됨은 물론 지식경제부가 후원하고 아웃소싱타임스가 주관하는 '2010 대한민국 아웃소싱 고객만족서비스 대상'을 수상하였고, 2014년도 근로자보호클린기업 인증취득, 2016년 서울시장표창을 수상하였고, 2017년에는 경영자총협회와 HR협회가 공동으로 수여하는 HR서비스우수기업 인증)을 취득하여 아웃소싱서비스업체로서의 위상을 다시 한 번 확인받은 바 있습니다.
(주)제이엔알써비스는 여기에 만족하지 않고 더 많은 수요고객의 평가를 받기 위하여 끊임 없이 노력 중에 있습니다.

제이엠피코리아(주)
www.jmpkorea.co.kr

대표	노수열
전화	02-3142-4500
팩스	02-3142-0740

■■■ 회사주소
서울시 영등포구 영신로220 KNK디지털타워 1301호

■■■ 설립 및 자본금
설립년 : 2002년
자본금 : 2억원

■■■ 매출실적
2024년 : 100억원
2025년(예상) : 100억원

■■■ 종업원현황
총원 : 320명/ 내부직원 : 15명/ 도급사원 : 180명/ 파견사원 : 125명

■■■ 아웃소싱 서비스
Telemarketing, 근로자파견, Total 아웃소싱, IT 아웃소싱, 업무도급, 통신판매/개통, 시설/미화

■■■ 주 거래 업종
금융, 유통, 통신, 외국계기업, 공공기관 등

■■■ 주 거래 기업
새마을금고, 신한카드, 애큐온캐피탈, SK텔레콤 계열사, SK쉴더스, 롯데하이마트, 신세계I&C, PS&M, 홈앤쇼핑, 나이스평가정보, 큰사람, 마스터자동차외 다수

■■■ 지사 및 계열사
전국 지사네트웍 구축

■■■ 임직원 연락처
노수열 대표 : 02-3142-4500
김상중 상무 : 02-3142-4500

■■■ 기업연혁
2002. JMP코리아(주) 설립
2004. 근로자파견사업 허가 취득
2007. SKT 최우수 BP상 수여
2008. 금융권 아웃소싱 진출
2009. 경비업 허가 취득
2011. 홈쇼핑 아웃소싱 진출
2012. 한전KDN 업체 등록(IT) 및 진출
2013. 본사 이전
    한국HR서비스협회 회원 가입
2014. 근로자보호 클린사업 기업 선정 / 병원예약 상담
2015. 100대 아웃소싱 기업 선정
2017. 호송경비업 허가 취득
2018. 노동부 직업능력심사평가원 훈련기관 인증평가 인증기관 선정
    국내유료 직업소개소 사업등록 취득

■■■ 대표자 프로필
이름 : 노수열
학력 : 경기대학교 졸업/ 연세대학교 경영대학원 Amp 과정수료
경력 : 제이엠피코리아(주) 대표이사(현)/ 사)창조경제실무연합 부회장(현)/ sydeny TAFE korea director(현)/ IUE group 대표이사(현)

■■■ 회사 및 서비스 소개
21세기는 기업의 핵심역량을 기반으로 기업가치 향상을 위한 경영 등이 가속화 되고 있습니다.
이러한 변화 속에서 발빠른 대응을 위해 거래처 관리/ 근무자 관리/ 지원자 관리 등 종합적인 인재 관리 시스템을 활용하여 결원율 및 퇴사율을 줄임으로써 고객만족 감동 서비스를 실현하고 있습니다.
또한 교육사업을 통하여 고객의 요건을 충족할수 있는 인재양성도 진행하고 있습니다.
토탈 아웃소싱 전문기업을 지향하는 제이엠피코리아는 통합적 관리 시스템의 개발과 컨설턴트들의 높은 전문성을 기반으로 고객절대만족에 한발 더 나아가고 있습니다.
제이엠피코리아는 고객만족 실현으로 2002년 설립이래 인재파견, 컨터 상담 서비스 제공, IT/통신분야 아웃소싱, 금융권, 유통 등 점진적으로 사업영역을 넓혀가고 있습니다.
제이엠피코리아는 기업가치 향상의 동반자가 되기 위해 임직원 모두 노력하여 새로운 미래상을 세워 나갈 것입니다. 많은 관심과 격려 부탁드립니다.

(주)제일비엠시
www.jeilbmc.co.kr

대 표	김정현
전 화	02-556-1970
팩 스	02-556-1966
이메일	kimms@jeilbmc.co.kr

■■■ 회사주소
서울시 서초구 논현로 171(양재동) 제일빌딩

■■■ 설립 및 자본금
설립년 : 1998년
자본금 : 20억원

■■■ 매출실적
2024년 : 1,170억원
2025년(예정) : 1,560억원

■■■ 종업원현황
총원: 5,100명/ 관리: 100명/ 파견: 400명/ 도급: 4,600명

■■■ 아웃소싱 서비스
유통 판매 촉진, 건물종합관리(FM), 생산/제조도급, 물류도급, 콜센터 도급, 주차장관리, 근로자파견, 헤드헌팅 등

■■■ 주 거래 업종
유통, 제조, 서비스, 부동산, 시설관리, 금융, IT, 물류, 정보통신, 건설, 방송, 제약, 공공기관, 병원, 학교 등

■■■ 지사 및 계열사
계열사 : 제일비에스(주), 제일에스피(주), (주)제일과동행
지 사 : 부산, 대구, 광주, 대전

■■■ 임직원 연락처
SM사업부 이승돈 전무이사   010-5232-8223
FM사업부 이범수 상무   010-3210-1166
리테일사업부 김성선 이사   010-6422-5883

■■■ 기업연혁
1998. 법인전환, 울타리보완시스템(주) 흡수합병
1999~2003. 근로자파견사업허가, 경비업허가, ISO9001인증,
2008. 건물종합관리 전문기업 설립 - 제일비에스(주)
2011. 세일즈프로모션 전문기업 설립 - 제일에스피(주)
     장애인표준사업장 설립 - (주)제일과동행
2012. 일자리창출, 지역경제 활성화 공로표창 (서울특별시)
2013. 지식경제부 장관상 수상
2014. Best Innovation 기업&브랜드 선정
     대한민국 아웃소싱 고객만족 대상 수상(4년연속)
2015. 제일그룹 사옥이전 (서초구 양재동 소재)
     노·사·정 사회적책임 협약체결 (고용노동부)
     노사파트너쉽 협정체결 (노사발전재단)
2016. 제대군인 행복일자리 창출 MOU체결 (국가보훈처)
     메인비즈인증 (중소기업청)
2017. 근로자보호클린기업, HR서비스인증기업 선정
2019. HR-아웃소싱 리딩컴퍼니 선정(10년연속)
2020. HR-서비스 10대 대표기업 선정(11년 연속)
2021. 중소벤처기업부 Main Biz (메인비즈) 신규 인증
     안전보건경영시스템(ISO45001) 인증
2022. 철탑산업훈장 수훈
2023. HR서비스산업대상 기업대상 수상

■■■ 대표자 프로필
이름 : 김정현
학력 : 국민대학교 법과대학 법학과 졸업
     성균관대학교 경영대학원 졸업
경력 : 現 한국HR서비스산업협회 제14대 회장
     前 삼성그룹 (삼성생명(주), 삼성화재(주)) 재직
     前 한국자유총연맹 서울특별시지부 회장
     前 한국지적장애인축구연맹 회장
     前 민주평화통일자문회의 자문위원
경영방침 : 1등 기술보다는 1등 인재를 중시하는 기업

■■■ 회사 및 서비스 소개
제일비엠시는 '최고의 인재와 기술을 바탕으로 기업에 최상의 HR서비스를 제공한다'는 경영방침을 기반으로 계열사별 전문화된 아웃소싱 사업영역과 사업부문별 전문관리자, 전국 시군구 단위의 네트워크 조직을 갖춘 대한민국 HR 아웃소싱 리딩기업입니다.
고객사의 니즈를 충족시키기 위해 자체 개발한 통합 운영관리 모바일 시스템 '짐스(Jims)'를 통해 전국에 산재되어 있는 현장과 본사와의 유기적인 운영을 비접촉 방식으로 가능하게 하였으며, 모바일 화상회의 시스템을 구축하여 현장과의 1:1 소통이 가능하도록 하였습니다. 이를 통해 판매판촉 운영대행, 건물종합관리, 콜센터 위탁관리, 물류 도급, 생산제조 도급, 근로자파견 등 다양한 아웃소싱 분야에서 전문성을 확보하여 고객사에게 고품격 서비스를 제공하고 있습니다.

(주)중원컴퍼니
www.mentoline.kr

대표	양회길
전화	062-369-6041
팩스	062-369-6040
이메일	jkw9988@nate.com

■■■ 회사주소
광주광역시 서구 농성동 대남대로 465 상공회의소 빌딩 404호

■■■ 설립 및 자본금
설립년 : 2012년
자본금 : 1억원

■■■ 매출실적
2024년: 276억원
2025년(예정): 280억원

■■■ 종업원현황
총원 : 610명 / 관리 : 10명 / 파견 : 200명 / 도급 : 400명

■■■ 아웃소싱 서비스
인재파견, 인력아웃소싱(도급위탁, 물류, 제조, 사무파견), 채용대행 등

■■■ 주 거래 업종
제조, 유통, 물류, 공공기관, 대학교, 서비스, 건물관리

■■■ 주 거래 기업
삼성전자, 공공기관, 삼성전자 1차 협력사, 농협하나로 클럽
광주지역 내 대학교

■■■ 지사 및 계열사
(주)중원이엔티, (주)중원실업, (주) 중원테크, (주)중원시스템

■■■ 임직원 연락처
양회길 대표이사   062-369-6041
주경욱 팀장   062-369-6041 / 010-5326-9267

■■■ 기업연혁
2010. (주)멘토라인 설립
      삼성광주전자 인력파견 계약 체결
2011. 문화체육관광부 산하 기관 미화도급계약 체결
2012. (주)내일을 여는 사람들 설립
      천안센터 설립
      천안지역 외국계 제조 회사 도급계약 체결
      농협하나로클럽 수산소포장 및 문화센터 도급계약 체결
2013. 평택센터 설립
      (주)엠티엘 법인설립
      GM대우 협력사 도급계약체결
2019. 해태제과 고향만두 도급계약 체결
2020. 베바스토코리아 도급계약 체결

■■■ 대표자 프로필
이름 : 양회길
학력 : 동국대학교 졸업
경력 : 대한생명 임원
       (주)멘토라인 대표이사
       (주)중원컴퍼니 대표이사
경영방침 : 역지사지 – 고객의 입장에서 생각하고 고객의 필요에 필요한 서비스를 제공한다

■■■ 회사 및 서비스 소개
(주)중원컴퍼니는 2010년 (주)멘토라인을 시작으로 설립된 HR아웃소싱 전문 회사로서 현재 광주, 천안, 평택에 약 600여명의 사원이 전국 각지에 근무하고 있습니다.
주요사업으로는 제조도급, 일반사무, 경비, 청소, 서비스 업무대행 및 기타 파견 32개 업종에 대한 인재파견 서비스를 제공하고 있습니다.
(주)내일을 여는 사람들은 다양한 업무수행 및 현장중심의 관리를 통해 축적된 노하우를 바탕으로 고객사의 NEEDS에 맞는 다양한 HR서비스를 제공하고 있습니다.

(주)지수아이앤씨

www.jisuinc.co.kr

대표	이신형
전화	02-6958-5340
팩스	02-6958-5342
이메일	admin@jisuinc.co.kr

■■■ 회사주소
서울시 서초구 방배로27길 2, 일동홀딩스빌딩 3층

■■■ 설립 및 자본금
설립년: 2009년
자본금: 10억원

■■■ 매출실적
2024년: 1,924억원
2025년(예정): 1,930억원

■■■ 종업원현황
총원: 3,615명

■■■ 아웃소싱 서비스
FM종합관리(시설, 보안, 미화, 주차, 안내), 특수경비, 물류도급, 생산도급, 주택관리업

■■■ 주 거래 업종
국내 대기업 업무시설/연구시설/연수시설/공장시설/물류시설/레저시설/공공기관 FM종합관리/의료제품 생산, 전자부품 포장, 식품 물류 등

■■■ 주 거래 기업
LG그룹 계열사, S&I, 현대엔지니어링, 희성그룹 계열사, LT그룹 계열사, 공공기관 등

■■■ 지사 및 계열사
지 사: 청주지사
계열사: (주)두잉씨앤에스, (주)두잉피플플러스, (주)두잉이앤엠, (주)티오티, (주)이티엠

■■■ 임직원 연락처
대표이사 이신형   (대표전화: 02-6958-5340)
사업운영본부장 송제우
경영지원본부장 여혜진

■■■ 기업연혁
2009	(주)지수씨앤지설립
	위생관리용역업, 시설경비업 허가 취득
2010	(주)지수아이앤씨 사명 변경
	특수경비업, 근로자파견업 허가 취득
2011	ISO 9001, 14001 인증 취득
2017	통합 모니터링시스템[Eye ON] 구축
2018	KOSHA 18001, OHSAS 18001 인증 취득
2019	JISU FMS 구축(시설, 보안, 미화, 우편물관리 등)
2020	소독업 허가 취득
2022	ISO45001 인증 취득
2023	주택관리업 등록
2024	ISO 37001 인증 취득
2025	정보통신공사업 등록

■■■ 대표자 프로필
이름: 이신형
학력: 연세대학교 경영대학 경영학과 졸업(학사)
　　　University of Bristol, MSc in Management(석사)
　　　Adelphi University MBA in Management(석사)
경력: 한화리조트(시장조사 및 분석)
　　　한국경영자총협회(경제 및 고용정책 분석, (주)카이텍21
　　　(주)두잉씨앤에스(전략 기획, 실행 및 관리)
　　　(주)지수아이앤씨 경영지원본부장
　　　(주)지수아이앤씨 대표이사
경영방침: 고객감동 / 사람중시 / 윤리경영

■■■ 회사 및 서비스 소개
지수아이앤씨는 2010년 1월 사업을 시작하여 "정직하고 성실함으로 고객에게 신뢰받는 기업"이라는 경영원칙을 실천하는 종합건축물관리 서비스 전문회사입니다.

2021년 9월 두잉그룹으로 새롭게 출발하여 고객에게 보다 행복한 삶과 편안함을 만들어 드릴 것입니다.

주요 업무로는 건축물 제반 시설의 유지관리와 각종 설비의 최적운전을 위한 시설물 관리, 청결하고 쾌적한 근무환경 유지를 위한 환경미화, 상주, 방문고객에 대한 친절한 안내와 철저한 안전, 방재를 통한 출입, 보안관리 업무 등이 있습니다.

아울러 지수아이앤씨는 각 분야별 전문인력과 다양한 인재로 구성된 전문 조직을 갖추고 항상 고객의 가치창조를 최우선으로 차별화된 서비스를 제공하여 고객에게 감동을 주며 언제나 고객으로부터 신뢰받는 기업이 되도록 구성원 모두가 도전정신과 열정을 가지고 최선을 다하겠습니다.

(주)지앤지라인

www.gngline.com
www.유통아웃소싱.com

대표	김완수
전화	02-554-4641
팩스	02-554-4642
이메일	dong0910@hanmail.net

■■■ 회사주소
서울시 강남구 강남대로 320번지(역삼동, 황화빌딩 4층)

■■■ 설립 및 자본금
설립년 : 2000년 9월
자본금 : 6억원

■■■ 매출실적
2025년 : 350억원

■■■ 종업원현황
총원 : 1,000명 / 관리 : 50명 / 파견 : 50 / 도급 900명

■■■ 아웃소싱 서비스
인력아웃소싱 (도급계약/ 유통부문 전문기업), 근로자 파견, 채용대행

■■■ 주 거래 업종
유통(백화점/할인점)부문의 판매/캐셔/고객서비스접점 도급/공공기관

■■■ 주 거래 기업
현대백화점/ 롯데백화점/ 거제 디큐브백화점, 농협 하나로마트/ 목우촌/ 롯데헬스원/ 서울식품, 한국산업인력공단, 한화갤러리아백화점, 신세계스타필드

■■■ 지사 및 계열사
(주)지로템라인
부산영업본부

■■■ 임직원 연락처
이동형 부사장　　　　　010-4781-4284
영업개발1본부장 정주원　010-9650-4641
영업개발2본부장 나태호　010-4650-6361
부산/대구영업본부장 박상현　010-6413-2082

■■■ 기업연혁
2000. 지앤지라인 법인설립
2013. 신세계푸드 단체급식 파견계약
2014. 중소기업진흥원 도급계약/ 이마트 24직접운영
2015. 롯데백화점 도급계약(안산/구리/창원점)
2016. 지앤지라인스 계열사 설립
　　　롯데주류 도급계약/ 현대백화점 디큐브점 도급계약
2017. 현대백화점 무역점 도급계약/ F & F 패션 물류 계약
2018. 거재축협 도급계약/ 서울약사 도급계약
2019. 한국산업인력공단 사무직 파견계약
　　　현대백화점 충청점 백룸부문 도급 계약
　　　서울식품 도급계약
2020. 거제축협/ 와부 농협 도급/ 한화 갤러리아 한남점 도급
　　　jb금융그룹 파견 / 현대프리미엄아울렛 대전점 도급
2021. 신세계 스타필드 시티점 접점부문 도급계약
　　　거제 일운농협 도급계약(계산/농산/수산)
　　　현대백화점 더현대서울/울산점 백룸부문 도급계약
　　　현대백화점 디큐브시티점 계산부문 도급계약
2022. 롯데백화점 식품부문 도급계약
　　　하나로마트 수지농협/ 성남농협 대왕지점 도급계약
2023. 장승포농협/수지동천농협 도급계약
　　　용인 남사농협 도급계약
2024. 롯데백화점 울산점 캐셔도급
2025. 커넥트현대 청주점 캐셔도급

■■■ 대표자 프로필
이름 : 김완수
학력 : 경북대학교 졸업
경력 : 신세계 전무이사
　　　행복한 세상백화점 전무이사 대표
　　　현)지앤지라인/지로템라인 대표이사

■■■ 회사 및 서비스 소개
사람과 함께 세계로 미래로 가는 기업!
저희 (주)지앤지라인은 유통부문 인력의 전문 아웃소싱 기업으로서, 분명한 역할인식과 전문성 확대를 통해 우수한 유통인력의 배출과 유통산업발전에 기여하고자 합니다.
현 시대가 세계화, 정보화를 Key word로 하는 디지털 시대입니다만 그 중심에는 변함없이 사람이라는 존재가 있습니다.
디지털 환경의 글로벌 경쟁시대에서 기업경영은 인력의 효율적인 운영과 관리가 핵심요구 사항입니다.
저희 (주)지앤지라인은 항상 사람을 생각하는 기업으로서 유통부문 기업경영의 진정한 동반자가 되고자 항상 노력하고 있습니다.
(주)지앤지라인은 선진 노하우와 관리시스템으로 유통인력의 채용/교육/인사노무 관리를 지원 하겠습니다.

지에스아이(주)
www.gsi-group.co.kr

대표	김영분
전화	031-756-2288
팩스	02-2138-7859
이메일	gsi40651@gmail.com

▪▪▪ 회사주소
경기도 성남시 수정구 동판교로 314, 3층

▪▪▪ 설립 및 자본금
설립년 : 1985년
자본금 : 30억원

▪▪▪ 매출실적
2025년(예상) : 3 억원

▪▪▪ 종업원현황
총원 : 500명

▪▪▪ 아웃소싱 서비스
부동산 개발사업 / 부동산 자산관리업 / 민간투자사업(BTL) 건축물 종합관리업 / 지붕공사업 / 시설물유지관리업 / 토목공사업 건출물 안전관리 / 경비업 / 위생관리 / 소방시설관리업 / 전기공사업 호텔 위탁관리 / 정보통신공사업 / 주택관리업 / 저수조청소업 근로자파견업 / 난방시공업 / 소득공

▪▪▪ 주 거래 업종
공공기관, 학교, 호텔

▪▪▪ 주 거래 기업
한국가스공사, 경기과학기술대학교, 대전서구청, 한경대학교 외

▪▪▪ 지사 및 계열사
지사 : 송파지사, 석촌지사

▪▪▪ 임직원 연락처
송순도 이사   02-2138-7855
장세광 차장   02-2138-7853

▪▪▪ 기업연혁
1985년 경기종합관리(주) 회사설립 한국건축물관리협회 가입
1990년 서울특별시장 표창
　　　 면허취득 : 공중위생업, 보안경비업, 주택관리업 취득
1995년 법인설립 : 케이티엠(주) - 경기종합관리 흡수합병
　　　 면허취득 : 건물종합관리업, 근로자파견업, 소독업 취득
2000년 면허취득 : 승강기보수업, 시설물유지관리업,
2011년 BTL 현장 운영개시 (천안예술의전당)
2012년 코엑스 우수관리 표창 수상
2013년 중소기업은행 본점 환경미화용역 수주
2015년 ISO9001 & ISO 14001 인증 획득
　　　 한국도로공사 본사 신사옥 시설관리용역 수주
2016년 Main-Biz 인증 대진대학교 종합관리용역 수주
　　　 한국도로공사 본사 신사옥 재수주
2017년 한국서비스품질우수기업 인증
　　　 인천국제공항 제2여객터미널 환경미화용역 수주
　　　 면허취득 : 소방시설관리업, 전기공사업 취득
2018년 수원 홀리데이인익스프레스호텔 도급 수주
　　　 대구광역시 남구 CCTV 통합관제센터 인력파견 수주
2019년 국내 미 공군기지 종합관리 수주
　　　 신세계조선호텔 주차도급 수주
2020년 한국서비스품질우수기업 갱신
　　　 경기과학기술대학교 시설관리(시설, 청소, 경비) 용역 수주
2021년 한국가스공사 본사 및 정선연수원 시설관리용역 수주
2022년 소피텔 앰배서더 서울 호텔, 타이슨푸드코리아 생산도급 수주,
　　　 파르나스 호텔 제주 용역 수주

▪▪▪ 대표자 프로필
이름 : 김영분
경력 : (現) 지에스아이(주) 대표이사
　　　 경영혁신형 중소기업확인
　　　 서비스품질우수 기업인증
　　　 ISO9001, ISO140001 인증
경영방침 : 책임경영, 인간중심경영, 인화경영, 윤리경영

▪▪▪ 회사 및 서비스 소개
GSI(주)는 급변하는 대내외 경제환경 속에서 효율화와 선진화를 통해 부동산 개발사업, 민간투자사업, 건축물 유지관리에 이르기까지 부동산 토탈 서비스를 제공하는 일류회사로 발돋움해 온 기업으로 차별화된 부동산 종합관리 서비스를 제공하는 기업입니다. 국제표준화 관리 시스템인 ISO9001, ISO14001, 한국서비스품질우수기업을 인증 받아 체계적이고 신뢰성 있는 시설운영과 유지관리 서비스를 제공하며, 축적된 자산관리 경험으로 고객의 자산 가치를 증대시켜 드리고 있습니다.
지난 30여 년간 부동산 종합 서비스 관리업을 수행해오면서 GSI(주)는 고객의 재산 가치는 부동산 종합 관리 방법에 따라 달라질 수 있다는 신념을 가지고 단순 용역도급이 아니라 고객의 입장에서 자산 가치 증대를 위해 최선을 다해왔습니다.
첨단기술과 선진 관리기법이 하나되는 일터! GSI(주)의 미래입니다. 21세기 첨단 공법이 가미된 건물들이 들어서면서 건물종합관리도 단순 인력 중심의 관리를 탈피하여 첨단 장비 및선진 관리기술이 도입되지 않으면 관리자체가 어려운 현실에 도달하였습니다.
환경에 변화하지 않는 자는 성공할 수 없으며, 기술 혁신이 이루어지지 않는 기업은 생존할 수 없기에 GSI(주)는 시설관리 및 경비, 미화에서 시작하여, BTL, BTO 분야로 사업 영역을 확대하고 있으며 더불어 전문시설 유지관리업, 기계설비업, 부동산 개발사업 등으로 미래 혁신형 기업을 만들어가고 있습니다.

(주)진성BMC
www.jsbmc.co.kr

대표	김영옥
전화	1644-4938
팩스	02-895-9909

■■■ 회사주소
서울시 금천구 가산디지털1로 88 1903-4호

■■■ 설립 및 자본금
설립 : 2012년
자본금 : 3억원

■■■ 매출실적
2024년 : 35억원
2025년(예정) : 35억원

■■■ 종업원현황
총원 : 250명 / 관리 : 10명 / 도급 : 220명 / 파견 : 20명

■■■ 아웃소싱 서비스
건물종합관리업, 시설경비업, 위생용역업, 근로자파견업, 도급, 아웃소싱, 판매판촉, 주차관리 등

■■■ 주 거래 업종
유통, 외국계기업, 공공기관, 대기업, 중견기업, 물류센터, 시설관리 등

■■■ 주 거래 기업
서울샤프중공업, 게스트하우스, 전자부품연구원, 죠스푸드, 고속도로휴게소, 중대형 병의원, 박물관, 중공업, 주식회사 컬리, 구로도서관, 하남도시공사, 동국대학교(고양), 제이티코리아인터내셔널 등 50여개 업체

■■■ 지사 및 계열사
강북지점, 강서지점, 분당지점, 수원지점, 인천지점, 전국 협력사 네트웍

■■■ 임직원 연락처
김영진 이사 : 010-8214-8885

■■■ 기업연혁
2012년. (주)진성BMC 설립
2013년~2019년
- 근로자파견사업 허가 취득
- 위생관리용역업 신고증 취득
- 시설경비업 허가 취득
- 시설건물관리업 등록
- 화재복구 및 인테리어 사업 수행
- 에어컨 전문크리닝 사업 수행
- 경북 의성휴게소 인력 운영관리 도급계약
- 조선글로벌에듀학원에 정기청소 도급계약
- 압구정 MVP성형외과에 일상청소 미화원 도급계약
- 인사동 트릭아트(Trick Art) 박물관 청소 도급계약
- 서울샤프중공업(주)와 건물관리 용역계약
- 국내최대 골프공 제조업체 (주)볼빅 과 미화용역 도급계약
- 열린교회(평촌) 건물관리 및 미화용역 도급계약
- 충무로 게스트하우스(도시콘개발) 미화용역계약
- 세마 패션타운(오산시)과 미화관리 계약 체결
- 오렌지 팩토리 아울렛 5개 지점과 미화관리 및 구내식당 도급계약
- 전자부품연구원(KETI)과 미화관리 계약체결
- 죠스푸드 지점과 관리청소 계약체결
- 오렌지 팩토리 아울렛(본사)과 미화관리 계약체결
- 벌리츠코리아 어학원(여의도 점) 정기청소 계약체결
- 서울 신정동 논술학원 미화원 관리 계약체결
2020년 - 서울 영동고등학교 건물관리 및 인력도급 계약체결
- 서울 예원중학교 인력도급 계약체결
- 주식회사 마켓컬리 방역보안원 인력 도급 계약체결
- 모제림성형외과 인력도급 계약체결

■■■ 대표자 프로필
이름 : 김영옥
경력 : 현, 진성BMC 대표이사

■■■ 회사 및 서비스 소개
진성BMC는 깨끗하고 위생적인 건물관리, 기업 아웃소싱과 환경의 질적 향상을 위해 최선의 노력을 다하는 현장중심의 건물관리 인력파견, 아웃소싱 전문기업입니다. 진성BMC는 건물종합관리, 빌딩관리, 인력파견, 일상(정기)크리닝 외에도 화재복구와 인테리어, 대리석·화강석관리, 카페트·쇼파관리 등을 전문으로 하는 종합관리회사로 고객사의 자산가치를 높여드리는 최고의 파트너사 입니다. 특히 판매판촉인력 아웃소싱과 건물관리 도급부문의 서비스우수성은 SPA브랜드 드로판매회사인 오렌지팩토리에서도 인정받아 현재 전국 40여 매장에서 판매판촉, 미화관리 아웃소싱을 수행하고 있습니다. 또한 전국에 지점과 협력업체 네트웍을 두고 있으며, 최근에는 고속도로 휴게소 인력운영 전반에 대한 아웃소싱을 수주하여 업무영역을 확장해 나가고 있습니다.
진성BMC는 한번 고객이 아닌 평생고객을 모신다는 마음으로 전직원이 모든 현장에서 충실히 업무에 임하고 있습니다. 전 임직원은 다년간의 관리, 시공 노하우로 고객사의 믿음에 실력과 정성으로 보답할 것을 약속합니다.

(주)청우티에스
www.chungwoots.com

대 표	이행호
전 화	02-734-1181
팩 스	02-3673-1726
이메일	kim0505sa@hanmail.net

■ 회사주소
경기도 고양시 덕양구 꽃내음1길21, 402호(향동동,청우프라자)

■ 설립 및 자본금
설립년 : 2003년
자본금 : 10억원

■ 매출실적
2024년 : 193억원
2025년(예상) : 200억원

■ 종업원현황
총 원: 715명

■ 아웃소싱 서비스
시설경비업, 위생관리업, 시설물유지관리업, 근로자파견업

■ 주 거래 업종
서비스, 금융, 제조, 건설, 유통, 물류, 공공기관 등

■ 주 거래 기업
KT 등 주요대기업, 공공기관등 다수

■ 지사 및 계열사
계열사 : 청우종합건설(주), (주)정도개발, (주)한솔엠에스, (주)대성지엠

■ 임직원 연락처
이행호 대표 02-734-1181

■ 기업연혁
- 1995. 07 청우시큐리티 주식회사 설립
- 1998. 07 용역 경비업 허가 취득
  위생관리 용역업 허가 취득
- 2003 .07 상호변경 주식회사 청우티에스
- 2004. 12 ISO 9001 인증 취득
- 2005. 05 주택관리 등록업 취득
- 2006. 12 경영혁신형 중소기업 인증
- 2007. 04 근로자파견업 허가 취득
  05 소독업 및 저수조 청소업 취득
- 2009. 04 시설물유지관리업 등록
  10 KT텔레캅 업무제휴
- 2010. 03 특수경비업 취득
- 2013. 11 기업부설연구소 설립
- 2014. 03 기술혁신형 중소기업 인증
- 2015. 01 인천국제공항 미화용역 수주
- 2015. 04 얼굴인식 신원확인 및 출입제어 특허등록
  페이스가드 상표등록
- 2017. 01 오송생명과학단지 시설관리용역 수주
  12 문화체육부 장관 표창
- 2018. 12 보건복지부 장관표창
- 2019. 04 국내 100대 아웃소싱 기업 인증
- 2022. 01 연세대, 한양대, 배화여대, 한서대 등 국내 16개 주요 대학 및 KBS, 오송생명과학단지 등 국가 주요 시설 미화, 경비, 시설용역수행

■ 대표자 프로필
이름 : 이행호
경력 : (주)청우티에스 대표이사
경영방침 : "품질과 신뢰로 고객의 안전을 책임지는 건물 전문 서비스기업"

■ 회사 및 서비스 소개
청우티에스는 창사이래 현재까지 신용과 성실을 바탕으로 고객에 대한 양질의 관리 서비스를 제공하기 위해 선진관리 기술의 도입과 최첨단의 기계화된 관리기법을 통하여 고객에 대한 봉사정신과 신뢰를 바탕으로 건물종합관리 및 경영에 전념하여 왔습니다.

특히 인적자원 아웃소싱 전문업체로서 전국의 국가중요시설, 관공서, 대학교, 산업시설, 병원, 호텔, 인텔리전트빌딩 등 각종 시설에 전문인력을 통한 고객감동 서비스를 추구하고 있는 회사입니다.

최근 각종 건물들의 고급화, 대형화 추세에 따라 과거의 단순한 사용 목적만을 충족시키는 공간 확보의 개념에서 벗어나 좀더 쾌적한 생활공간, 능률적인 기능공간과 건물의 자산가치를 높이고자 첨단관리기법을 끊임없이 배우고 익히며 적극적인 자세로 최선을 다하고 있습니다.

청우티에스는 다년간 종합건물관리 분야에 축적된 Know-How를 바탕으로 한 차원 높은 서비스와 완벽한 전문성으로 승부하여 항상 고객이 감동할 때까지 최선을 다하는 자세로 여러분 곁에 더욱더 가까이 다가가겠습니다.

케이디에프에스(주)

www.kd-fs.com

대표	황욱정
전화	02-2014-9000
팩스	02-2014-9028
이메일	kd-fs@daum.net

■ 회사주소
서울시 강남구 광평로47길 28, (KT수서빌딩) 3층

■ 설립 및 자본금
설립년 : 2010년 (분할전 1997년)
자본금 : 15억원

■ 매출실적
2024년 : 221억원

■ 종업원현황
총원 : 800명

■ 아웃소싱 서비스
건물관리(시설, 미화, 경비), 인력파견
전문시설공사(시설물유지관리, 소방시설공사, 전기공사, 정보통신공사)
휴대폰 재판매업

■ 주 거래 기업
KT, KT텔레캅, KT에스테이트, 서일대학교, 광주세정아울렛, 스타타워관리단, 조선대학교외 다수

■ 지사 및 계열사
지 사 : 수도권1본부/수도권2본부/수도권3본부/중부본부/대구본부/본사 직할
계열사 : 케이디에프제이(주)

■ 임직원 연락처
경영지원실장 장일권		2014-9012
FM안전전략본부장 한상섭		2014-9070
파견사업본부장 하영욱		2014-9000

■ 기업연혁
1997. 03 한국통신산업개발(주) 설립
1997. 05 KT 사옥 종합관리
2000. 06 인천국제공항 부대건물 수주 및 관리
2000. 08 청소부문 ISO 인증 취득
2001. 07 한국통신산업개발(주) 민영화
2005. 09 사명변경 KTRD(주)→KTA(주)→굿모닝에프(주)
2006. 03 세종문화회관 종합관리 수주
2010. 08 회사분할(굿모닝에프(주), 한주피엠씨(주))
2012. 01 KT사옥 종합관리 협약 체결 (수도권, 전북)
2013. 01 인천공항, 남도국악원 수주
2015. 01 KBS, 해양항만청(속초,삼척) 특수경비사업
2017. 03 사명변경 굿모닝에프(주) → 케이디에프에스(주)
2018. 05 KT 사옥 종합관리수주 (수도권, 대구/경북)
2020. 04~ 시화병원 위탁관리 수주, 더스테이힐링파크 시설관리 수주, 파크원 타워1 미화, 보안, 안내용역 수주
2022. 09 경영혁신형 중소기업 인증
       10 제대군인고용 우수기업 인증

■ 대표자 프로필
이름 : 황욱정
학력 : 한양사이버대학원 상담심리학 문학석사
경력 : 케이디에프에스(주) 대표이사 (2016.03 ~ 현재)
    드림드림사회적협동조합 이사장 (2013.10 ~ 현재)
    KT 인천마케팅단장 (2009.01 ~ 2010.12)
    KT 자산경영실장 (2005.11 ~ 2009.01)
    KT 홍보실장 (2003.02 ~ 2005.10)
    국민포장(대통령) / 사회공헌 및 스포츠진흥 유공(20. 8)
    장관표창(정보통신부) / 전기통신발전 유공(1999. 4)
경영방침 : 최고의 품질, 안전 제일의 자산관리기업

■ 회사 및 서비스 소개
케이디에프에스는 1997년 KT 자회사로 설립돼 2001년 공공기관 민영화에 따라 민영화된 이후 2번의 법인분할을 통해 건물종합관리 전문회사로 남아 'Happy Space Creator' 슬로건 아래 행복한 생활공간을 창조해 나가는 서비스 제일주의 회사로서 최상의 일자리 창출에 기여하고 복지사회 구현에 앞장서는 기업이다. 빌딩종합관리를 주사업으로 주거, 사무실, 문화센터, 휴게공간 등 고객이 생활하는 모든 공간에 아름다움과 가치를 더하여 쾌적하고 행복한 생활공간으로 만들어 가는데 최선을 다하고 있다. KT빌딩 종합관리를 통해 축적한 오랜 경험과 노하우를 바탕으로 빌딩가치를 획기적으로 증대할 수 있는 기술력을 더해 리딩기업으로 발돋움하고 있다. 케이디에프에스 임직원은 "고객감동만이 회사의 존립목적이자 생존요건"이라는 기업철학을 깊이 인식하고 서비스 제도즈의를 목표로 뛰고있다.

(주)케이앤비이
www.dshr.co.kr

대표	김재훈
전화	032-252-9205
팩스	032-251-2000
이메일	dj01@dajobs.net

■■ 회사주소
인천광역시 연수구 송도과학로32, IT센터 S동 2103호

■■ 설립 및 자본금
설립년도 : 2014년
자본금 : 3억원

■■ 매출실적
2024년 : 137억원
2025년(예상) : 150억원

■■ 종업원현황
총원 : 500명 / 정규직 : 20명 / 파견직원 : 280명 / 도급직원 : 160명 / 계약직원 : 40명

■■ 아웃소싱 서비스
생산제조, 경비, 미화, 골프장관리, 구내식당운영관리, 콜센터

■■ 주 거래 기업
인천사랑병원, (주)양지사, (주)덕성, 영림임업(주), 영림산업(주), 효성중공업(주), 한국해운조합(등촌사옥, 서해지부, 여수지부, 제주지부 등), 크리스탈밸리CC, 이천실크밸리 GC, 남서울CC, 프린세스 GC 등 골프장 다수, 코오롱FnC, 코오롱글로텍, 파파모빌리티, 런드리고, 대한체육회 등

■■ 지사 및 계열사
지사 : 서울지사, 청주지사, 평택지사
계열사 : (주)데임스드림센터

■■ 임직원 연락처
김재훈 대표 010-2101-3901
김양천 이사 010-2941-1116

■■ 기업연혁
2014. 01 법인설립 (주)아이앤비전자
2016. 04 법인명 변경 (주)케이앤비이
2017. 02 시설경비업 허가증 취득(인천지방경찰청)
2017. 03 근로자파견사업허가증 취득(중부지방고용노동청)
2018. 05 청주지사 설립
2019. 04 평택지사 설립
2021. 09 대한민국 아웃소싱고객만족대상 수상

■■ 대표자 프로필
이름 : 김재훈
학력 : 단국대학교 졸업
경력 : 케이앤비이 대표이사
　　　2019년 일자리창출 대통령표창 수상
경영방침 : 도전을 두려워 하지말자

■■ 회사 및 서비스 소개
케이앤비이는 인천 등 경기권역을 기반으로 전국 산업단지내 생산제조 도급과 함께 경비청소 등 건물관리, 구내식당 운영관리, 콜센터 도급과 골프장 운영관리, 근로자파견 업무로 아웃소싱 사업기반을 확장해 가고 있는 기업이다.

특히 생산제조 분야의 완전도급 운영노하우는 사용기업에서도 호평을 받을 정도로 경쟁력을 확보하고 있다.

사용기업의 경영유연성 확보를 통해 경쟁력을 높일수 있도록 지원하고 있는 케이앤비이는 기업에서 부담이 되고 있는 인력난을 해소해 주고, 생산성관리를 효율적으로 지원함으로써 고객사와 Win-Win 할수 있는 기반을 마련하고 있다.

케이앤비이는 다양한 업무수행 역량과 현장중심의 관리매뉴얼을 통해 현재의 상황에 만족하지 않고 앞으로도 고객과 더불어 함께 성장하는 동반자로서의 역할에 최선을 다한다는 각오다.

케이에스엔시(주)
www.ksnc.kr

대표: 송상헌
전화: 02-590-7531
팩스: 02-590-7699

■ 회사주소
서울시 영등포구 영신로 220, 1804호(knk디지털타워, 영등포동 8가)

■ 설립 및 자본금
설립: 2000년
자본금: 20억원

■ 매출실적
2024년 : 506억원
2025년(예상) : 440억원

■ 종업원현황
총원 : 1,220명

■ 아웃소싱 서비스
종합건물관리서비스, 보안경비, 미화, 아웃소싱 서비스

■ 주 거래 업종
통신사, 공공기관, 대기업, 중견기업, 외국계기업 등

■ 주 거래 기업
(주)케이티에스테이트, KT, 국가정보자원관리원, 한국지역난방공사, 한국농촌경제연구원, KT문화재단, 디지털엠파이어, KT텔레캅, 농협은행 등

■ 지사 및 계열사
서울 본사 외 전국 지사네트웍

■ 임직원 연락처
송상헌 대표　02-590-7500
신관순 이사　02-590-7530
권용식 이사　02-590-7531

■ 기업연혁
- 2000. 12 한통에스엔시(주) 설립
  경기경찰청 경비업 허가 취득
- 2002. 06 위생관리업, 정보통신공사업, 전기공사업, 주택관리업 등록
- 2003. 08 케이티에스엔시(주) 사명 변경, ISO 9001 인증 취득
- 2004. 11 전문소방시설 공사업 등록
- 2009. 07 한국서비스품질우수기업 인증 취득(지식경제부)
- 2012. 05 회사 분할에 따른 '케이에스엔시(주)' 사명 변경
  07 한국서비스품질우수기업 인증 취득
- 2014. 12 KT동우회 출자 법인
- 2015. 03 고용노동부 산하 안전보건공단 '위험성평가 우수' 통과
  04 에너지절약전문기업 등록, 전문건설업(시설물유지관리업) 등록
  09 한국서비스품질우수기업 인증 취득
- 2016. 01 초록우산 어린이재단 후원MOU체결
  kt동우회 추가 출자(5% / KT동우회에서 당사 지분 10% 보유)
- 2018. 09 서비스품질우수기업 재인증
  10 경영혁신형 중소기업(Main-Biz) 인증 취득
- 2021. 09 대한민국 아웃소싱서비스 품질경영대상 수상
- 2022. 04 기계설비성능점검업 등록 / ISO 45001:2018 인증취득
- 2023. 04 ISO 27001:2013 인증취득 / 08. ISO 14004:2015 인증취득
  07 사랑의열매 정기후원 / 11. 서울특별시장 표창 수상
- 2025. 09 대한민국 아웃소싱서비스 고객만족대상 수상

■ 대표자 프로필
이름 : 송상헌
학력 : 연세대학교 경영대학원 석사
경력 : 1985년 KT 부장
　　　1997년 KT강릉전화국장
　　　2003년 KT건설사업단장
　　　2006년 KT자산개발단장 겸 충북본부장
　　　2007년 KT부산본부장
　　　2009년 KT고객지원본부장(상무이사)
　　　2010년 케이에스엔시(주) 대표이사
수상 : 1990년 정보통신부장관 표창
　　　1992년 국무총리 표창
　　　1996년 상공부장관 표창
　　　2005년 산업포장(대통령 포장)
경영방침 : 인재제일, 고객지향, 미래창조

■ 회사 및 서비스 소개
2000년 설립한 케이에스엔시(대표 송상헌)는 '세상을 아름답게 만드는데 앞장서는 참 좋은 기업을 창출한다'는 사명을 모토로하고, 고객만족과 고객감동을 최우선의 기업가치로 한 건물종합관리 회사로 성장한 중견기업이다.

(주)케이오엠
www.komjob.co.kr

대 표	김성용
전 화	02-3291-1919
팩 스	02-3291-5566
이메일	kom1919@hanmail.net

■■■ 회사주소
서울시 성북구 보문로 91, M2빌딩 6층

■■■ 설립 및 자본금
설립년 : 2004년
자본금 : 7억원

■■■ 매출실적
2025년 : 비공개

■■■ 종업원현황
총원 : 1,100명 / 관리 : 30명 / 파견 : 200명 / 도급 : 900명

■■■ 아웃소싱 서비스
골프장, 스키장, 리조트, 호텔 등 종합관리 / 제조

■■■ 주 거래 업종
리조트 / 스쿨 / 호텔

■■■ 주 거래 기업
이랜드파크 / 해태음료 / LG생활건강 / 대우건설
베어스타운리조트 / 스카이72 / 켄싱턴리조트

■■■ 지사 및 계열사
경기지사 : 032-741-8607
호남지사 : 062-654-1183
영남지사 : 055-323-1083
제주지사
케이투0- 1599-9153

■■■ 임직원 연락처
김성용 대표 : 02-3291-1919

■■■ 기업연혁
2001. 04 케이투맨파워서비스 설립
2004. 03 회사설립
2006. 04 영남지사 설립
       11 경인지사 설립
2007. 02 호남지사 설립
       09 경인지역 취업박람회 후원
2008. 03 천안지사 설립
       12 직업박람회 후원, IOS9001인증
2012. 03 (주)케이오엠 법인명 변경
2014. 04 여행사업부 설립

■■■ 대표자 프로필
이름 : 김성용
학력 : 한양대학교 졸업, 고려대학교 정책대학원 재학중
경력 : 前 (주)한국아웃소싱맨파워 대표
      前 (주) 한올엠에스 대표
      현 (주) 케이오엠 대표
      현 성북 경우회 부위원장
      현 성북 재향군인회 부회장
      현 하나투어 보문점 대표
      현 하나투어 성북구청점 대표
      성북경찰서장 감사장
      서울지방경찰청장 감사장
      서울 북부보훈지청장 표창장
경영방침 : 사람을 통한 신뢰 경영
          고객을 통한 무한 경영
          비전을 통한 혁신 경영

■■■ 회사 및 서비스 소개
(주)케이오엠은 창업이래 고용창출을 통해 개인에게는 다양한 기회를 제공하고 기업에게는 경쟁력을 제공한다는 명확한 사명으로 다양한 고용인프라를 구축해 왔으며, 기업의 인력운영 효율성의 극대화를 목표로 인재파견, 채용대행, 헤드헌팅, 아웃소싱에서부터 인적자원관리 시스템 구축까지 전략적인 인재활용방법을 제공하여 기업경쟁력 향상에 많은 기여를 해왔습니다.

즉, 고객사에서 필요로 하는 인력을 당사 채용 시스템에 따라 모집하여 부문별 Specialist 들에 의한 교육프로그램으로 맞춤형 인력을 제공하고, 이러한 차별화된 종합인재서비스 제공을 통해 개인과 기업의 경쟁력 향상에 기여하는 것이 목표인 KOM은 고객만족의 정신으로 우리의 목표를 수행하고 있습니다. KOM은 이 정신을 가슴과 머리에 담아 인개과 기업의 경쟁력 향상에 이바지 할 것입니다. 앞으로도 개인과 기업의 성공적인 파트너가 되기위해 고객만족 경영의 지속적인 실천과 전문화, 고도화된 종합인재서비스 발굴에 최선의 노력을 다하겠습니다.

(주)케이웍스코리아
www.korea-works.co.kr

대표	배강호
전화	02-872-7197
팩스	02-872-7296
이메일	khbae0122@naver.com

■■■ 회사주소
서울 강남구 삼성동 140-16 케이웍스타워

■■■ 설립 및 자본금
설립년 : 2013년
자본금 : 5억원

■■■ 매출실적
2024년 : 98억원
2025년(예상) : 120억원

■■■ 종업원현황
총원 : 950명

■■■ 아웃소싱 서비스
근로자파견, 채용대행, 헤드헌팅, 인사컨설팅

■■■ 주 거래 업종
대기업, 그룹사, 중견기업, 중소기업, 공공기관 외

■■■ 주 거래 기업
대한적십자사, 서울식물원, SH공사, 국민체육진흥공단, 기술신용보증기금, 고려대의료원, SK planet, 삼성에버랜드, SANYO, (주)한라, 중앙대학교, 웅진식품, 현대선물(주), 한국도자기, 한국문화진흥, 후지필름 외 다수

■■■ 지사 및 계열사
계열사 : 케이웍스컨설팅(헤드헌팅 전문), 케이웍스로지스틱스

■■■ 임직원 연락처
배강호 대표 02-872-7197

■■■ 기업연혁
2013. 07 설립
2014. 05 파견허가
2014. 06 고려대학교의료원 도급 계약
2014. 07 SK계열사 대량파견 계약
2014. 08 현재 교보문고 판매사원 도급 등 국내 유명회사 40여개 거래처 확보
2015. 05 위생관리용역업 허가
2015. 10 한국전력공사 용역계약
2016. 01 한국사회적기업진흥원 파견계약/구로구청 용역계약
 기술신용보증기금 파견계약
2017. 01 국가과학수사연구소 용역계약
2017. 04 국민체육진흥공단 용역계약
2017. 07 SH공사 사무직 파견계약
2018. 01 중기업 인증/경비업/시설관리업 허가
2018. 11 케이웍스컨설팅(헤드헌팅 전문) 설립
2019. 04 서울식물원 매표, 검표 용역계약
2019. 10 대한적십자 캠페인, 바른기업 선정
2020. 09 산업통상자원부 후원 "아웃소싱서비스 고객만족대상" 수상(아웃소싱타임스)
2023.   ISO9001 품질경영시스템 '파견 및 헤드헌팅 서비스 국제인증

■■■ 대표자 프로필
이름 : 배강호
학력 : 중앙대학교 경영전문대학원 MBA석사
경력 : (주)케이웍스코리아 대표이사
경영방침 : 성품은 인생을 결정 짓는다

■■■ 회사 및 서비스 소개
케이웍스코리아는 헤드헌팅, 채용대행, 인재파견, 그리고 RPO(채용프로세스 아웃소싱)까지 HR채용에 관련된 모든 서비스를 기업에 제공하는 기업이다.
오랜 기간 축적된 노하우를 활용, 업종별 TF팀을 운용해 전문성을 높이고, 파트너사가 원하는 인원을 적재적소에 배치하면서 고객만족경영을 최우선의 가치로 삼고 있다.
케이웍스코리아만의 강점으로는 여러 가지가 있으나, 첫째로 젊은 감각과 빠른 기동성을 갖추고 있어서 고객사가 필요로 하는 요청사항들을 실시간 모니터링해 업체 요구에 따른 적합한 인재들을 고객사에 수급하는 능력이 탁월하다.
또한 잦은 근로자의 이탈이나 분쟁을 미연에 방지하기 위해 중견기업의 잡매니저 경력을 보유한 인원을 실무 배치하고 있으며, 실제로 기업 자체 채용시 들어가는 시간, 비용, 업무량에 비해 평균 20% 이상의 절감효과를 제공하고 있다.
특히 전문분석팀 운영을 통해 포지션에 맞는 인재를 최대 빠르게 24시간, 늦어도 72시간 안에 선별 배치가 가능하며, 이를 통해 파트너사의 포지션 공백에 의한 잠재적 손실을 최소화 할수 있도록 고도의 전문성과 신속성을 갖추고 있다는 점도 강점이다.
이러한 케이웍스코리아만의 차별성과 전문성을 바탕으로 노력한 결과, 파트너사의 업무 성과를 높일 수 있었으며, 진정한 의미에 파트너십을 구축 할 수 있었다는 것이 회사의 평가다.

(주)케이티에스
ktsglobal.co.kr

대표	강진구
전화	02-3665-2226
팩스	02-3663-3020

■■■ 회사주소
서울시 강서구 강서로 466, 204호 (등촌동, 우리벤처타운)

■■■ 설립 및 자본금
설립년 : 2019년
자본금 : 3억원

■■■ 매출실적
2025년 매출(예상) : 350억원

■■■ 종업원현황
총원 : 768명, 내부사원 18명, 도급사원 750명

■■■ 아웃소싱 서비스
물류도급, 창고위탁관리업, 항공기취급업, 판매판촉, 기타도급업 등

■■■ 주 거래 업종
항공, 공항, 물류, 식품 등 대기업, 그룹사, 중견기업, 중소기업, 공공기관 외

■■■ 주 거래 기업
한진, 제주항공, CJ대한통운, 해마로푸드시스템, 부경양돈, 은하수산, 하림, 올품, 아워홈, 순천원예농협 외 다수

■■■ 지사 및 계열사
계열사 : 케이티에스글로벌, 케이티에스잡, 케이티에스원

■■■ 임직원 연락처
강진구 대표 02-3665-2226

■■■ 기업연혁
2019.	(주)케이티에스 설립
2019.	제주항공 우수협력업체 표창
2020. 01	한진 남서울터미널 물류도급 체결/제주항공 케터링 물류도급 체결
05	해마로푸드시스템 물류도급 체결
12	은하수산 전국 판매판촉 도급계약 체결
2021. 07	cj대한통운 북서울권역 물류도급 체결
2022. 08	ISO 45001 인증 취득
09	ISO 37001 인증 취득
2023. 05	하림 판매판촉 도급계약 체결
	올품 판매판촉 도급계약 체결
	아워홈 판매판촉 도급계약 체결

■■■ 대표자 프로필
이름 : 강진구
경력 : 現)케이티에스 대표이사
　　　現)케이티에스잡 대표이사
경영방침 : 인간중심 경영, 고객가치 창조

■■■ 회사 및 서비스 소개
21세기는 위험과 기회가 공존하는 가운데 역동적인 시대이며, 기업의 변혁을 요구하고 있는 것이 현실입니다.
이 시기를 어떻게 극복하느냐에 따라 위기를 기회로 만들 수 있으며, 무한경쟁으로 표현되는 국가 간, 기업 간의 승부에서 단순한 산술적 크기로서가 아닌 기업의 변혁으로 내부역량 강화하여 우위를 점할 수도 있습니다.
이러한 핵심 산업의 경쟁력 강화가 아니면 우위를 점할 수 없게 된 것이 현실입니다.
그러기 위해서는 전략적 차원의 아웃소싱은 불가피하며 이미 외국기업이나 대기업들이 앞다투어 실천하고 있습니다.
케이티에스는 이러한 시대적 사명을 안고서 일류기업으로서의 충실한 역량의 확보와 우수한 인재가 적재적소에 충분히 능력을 발휘케 하여 한 기업, 나아가 우리나라의 국가역량 강화에 일조하겠다는 기업 철학을 잊지 않고 있습니다.
회사 특장점은 다음과 같다.
■ 특화된 평가시스템 보유 : SLA 평가(한국철도공사) 1위, 한진 연속 우수협력업체 선정 대통령 표창 수상, 인적, 물적 인프라를 통해 글로벌화 지향
■ KTS운영관리 노하우 축적 : 항공기 경정비, 물류도급, 철도, 시설관리, 제조 생산에서 유통판매, 판촉까지 일괄 프로세스의 특화 전문 기술력 보유
■ 심층 교육프로그램 운영 : KTSFSM(성공요소관리 교육), KTS아카데미, CS강사 등 사내 강사교육과 6시그마 운동, 직무충실과 확대교육, 생산성효율 향상 등 사외 교육실시
■ KTS APP을 통한 전문관리 : GPS 시스템을 이용한 출근, 휴무, 연차 등의 근태관리 및 재고관리, 실시간 근로자들과의 소통, 온라인 교육등 차별화되고 전문적인 관리 실시

(주)코스
www.cossok.com

대표	고광민
전화	055-253-2720
팩스	055-294-0156
이메일	lso2711@cossok.com

■■■ 회사주소
경남 창원시 의창구 의창대로54번길 1(팔용동 금복빌딩 7층)

■■■ 설립 및 자본금
설립년 : 2004년
자본금 : 5억원

■■■ 매출실적
2024년 : 271억원
2025년(예상) : 330억원

■■■ 종업원현황
총원 : 600명

■■■ 아웃소싱 서비스
생산도급, 물류도급, 장비렌탈, 근로자파견, 보안/경비, 위생용역업 등

■■■ 주 거래 기업
효성중공업, 세아제강, 덴소코리아오토모티브, CITY 7, SK테크노파크, 산업안전보건공단, KAIST, 한국산업단지공단, 세아제강, 홈플러스, 이래CS, 센트랄, KM&I, 한양정밀, 대동병원, 성소병원, SMG연세병원, 양산부산대병원, 인제대학교, 창원문성대학교, LG전자, ZF삭스, 삼성SDI, 창원소방서, 농업기술센터, 진동종합복지관 등

■■■ 지사 및 계열사
전국 지역지사망 구축

■■■ 임직원 연락처
고광민 대표 : 055-253-2720

■■■ 기업연혁
- 2004~2011년
  (주)코스설립, 자본금 5억, 근로자파견 허가
  (주)진양 지정도급사, 창원컨벤션센터 지정도급사
  LG전자(생산) 지정도급사
  ISO9001:2000 획득
- 2012~2015년
  (주)대상 설립, (주)진성 설립
  지정병원 협약체결(한마음병원, 마산의료원, 메트로병원)
  두산엔진 지정도급사
  덴소코리아오토모티브 화성공장 지정도급사
- 2016~2020년
  넥센L&C 지정도급사, BAT Korea 지정도급사
  한국 GM대우 창원공장 지정도급사
  한국 AMCOR 패키징(생산) 지정도급사
  아웃소싱타임스 선정 한국 HR서비스 10대 기업 선정
  초록우산 후원 10년 감사 표창장 수여
  품질최우수상(LG전자 협력업체) 수상
  한국지엠우수협력업체 선정
  르노삼성우수협력업체 선정
- 2021~현재
  ISO 45001 안전보건경영시스템 인증
  산업통상자원부 "시설물 관리를 전문으로 하는 자" 등록

■■■ 대표자 프로필
이름 : 고광민
경력 : (주)코스 대표이사
인증/수상 : 안전보건 환경, 품질 시스템 인증
　　　　　 경영혁신 중소기업
　　　　　 대한민국 아웃소싱 10대기업
경영방침 : 창조적 도전으로 아웃소싱 혁신서비스를 이끄는 기업

■■■ 회사 및 서비스 소개
"Innovation of Outsourcing Management"
2004년 설립한 (주)코스는 사업지원서비스업을 바탕으로 기업체 생산도급관리, 물류, 장비렌탈, 근로자파견, 건물관리, 보안, 환경, 미화, 운송, 창고운영 등을 지원하는 아웃소싱서비스 전문기업입니다.
코스는 급변하는 환경속에서 끊임없는 성장으로 기업가치 창출에 기여할 수 있는 길은 시대의 변화에 한발 앞서 새로운 패러다임을 창조하는 일이라는 기업이념을 실천하고 있습니다.
고객사가 고부가가치 사업을 전개할 수 있도록 우수한 인재육성과 열린 경영, 나눔 경영 등의 기업문화에 이르기까지 고객으로부터 존경받는 기업이 되기위해 끊임없는 변화와 혁신의 노력을 지속하면서 아웃소싱서비스 산업의 으뜸기업으로 도약하고 있습니다.
가치창조를 통한 서비스 사업의 중추적인 역할을 수행해온 코스는 급변하는 경영환경에 적극 부응하여 그동안 축적된 핵심역량을 바탕으로 고수익을 드리는 기업으로 나아가고 있습니다.
또한 고객사에 믿음과 신뢰를 제공하기 위한 코스의 창조적 도전은 고객 여러분께 더많은 기쁨과 더 큰 행복을 드리게 될 것입니다.

코스타(주)

www.kosta-hr.co.kr

대 표	공덕호
전 화	051-715-3630
팩 스	051-715-3631
이메일	kosta@kosta-hr.co.kr

■■■ 회사주소
부산광역시 해운대구 APEC로17, 3802호(우동, 센텀리더스마크)

■■■ 설립 및 자본금
설립년 : 2013년
자본금 : 4억원

■■■ 매출실적
2024년 : 120억원
2025년(예상) : 150억원

■■■ 종업원현황
총원 : 300명 / 관리 : 20명 / 파견 : 50명 / 도급 : 230명

■■■ 아웃소싱 서비스
물류 도급 서비스 제공, 자동차 부품 3PL(부품서열), 채용 대행, 취업 지원, 근로자파견, 판매/판촉/위탁, 생산도급, 아웃소싱

■■■ 주 거래 업종
물류 도급, 생산 도급, 유통/판매, 채용대행

■■■ 주 거래 기업
한국지엠(주), 한국항공우주산업(주), 삼영(주), 일우(주), 딜리버드, (주)아성다이소

■■■ 기타 및 계열사
코스텍

■■■ 임직원 연락처
대표전화 : 051-715-3630
물류 아웃소싱 : 장부귀 부장
생산도급/인재파견 : 안병현 차장

■■■ 기업연혁
- 2013. 케이스텝(주) 설립
- 2015. 코스타(주)로 상호 변경
  근로자 파견 사업 개시
  주차 관리 서비스 개시
  시설/청소 서비스 개시
- 2016. 아웃소싱 100대 기업 선정
  직업정보 제공 사업 개시
- 2017. 고객만족대상 수상
  서울지사, 창원지사 설립
  유료 직업 소개 사업 개시
- 2018. 아웃소싱 품질 경영 대상 수상
  한국지엠(주) 물류센터 도급 운영업체 선정
  가사도우미 사업 개시
- 2019. 협동로봇 기반 생산 도급 사업 개시
- 2020. 한국지엠(주) 물류센터 도급 운영업체 선정
- 2021. 자회사형 장애인표준사업장 설립
- 2022. 한국지엠(주) 3PL(부품서열) 업무 개시
- 2023. 한국지엠(주) 상하역 업무 개시

■■■ 대표자 프로필
이름 : 공덕호
경력 : 코스타(주) 대표이사
경영방침 : 최고보다 최적의 서비스를 제공하는 기업

■■■ 회사 및 서비스 소개
2013년 설립된 코스타(주)는 생산 아웃소싱 분야에서 물량 도급 및 인력 공급 전문업체로 시작하여 현재에는 부산, 경남, 울산 지역을 대표하는 업체로 자리 매김하고 있습니다. 단순한 인력 공급을 넘어 진성 도급을 이루기 위해서 고객사들과 끈임없이 고민하고 소통하고 있으며 새로운 솔루션을 제공하고 있습니다.

2015년 수도권 주차 전문업체와 협업하여 주차 관리 서비스를 개시하고 현재는 다수의 기업과 계약을 체결하여 주차 관리 및 건물 관리 서비스에서도 두각을 나타내고 있습니다. 또한 동년 근로자 파견 사업과 직업정보제공 사업을 개시하였으며 유통 분야에 진출하여 판매/판촉 및 대형 쇼핑몰에서 매장 운영 도급을 수주하여 관련 업무 분야에서 소기의 성과를 달성하는 발전적인 모습을 보여 왔습니다.

2018년 GM코리아와 자동차 부품 물류 계약을 체결하였고 부품 포장 및 물류 공장을 직접 운영하여 새로운 사업 분야임에도 불구하고 고객사의 호평을 받고 있습니다.

창립 10주년인 2023년부터는 코스타(주)가 지향하는 Total HR Service 실현과 4차 산업 혁명시대 변화에 맞게 협동로봇을 기반으로 한 생산도급 서비스를 도입하고 도전적으로 업무에 임하고 있습니다. 비록 업력이 길지는 못하나 아웃소싱 경력 10년 이상의 관리 스텝이 다수 근무하고 있어 고객사들의 니즈를 충족시키고 있으며 발전된 서비스를 제공하기 위해서 노력하고 있습니다.

(주)코에스
www.koesone.com

대표	장종훈
전화	032-715-5980
팩스	032-715-5981
이메일	jonghoon.jang@kces.kr

■■■ 회사주소
인천시 서구 중봉대로 586번길 15, 407호(청연프라자)

■■■ 설립 및 자본금
설립년 : 2016년
자본금 : 1억원

■■■ 매출실적
2025년(예상) : 101억원

■■■ 종업원현황
총원 : 200명

■■■ 아웃소싱 서비스
물류도급, 생산도급, 근로자파견, 경비미화 등

■■■ 주 거래 기업
롯데글로벌로지스틱스, BGF리테일, emart24, 키움히어로즈, 국제로지스틱스, EFS 등 다수

■■■ 지사 및 계열사
계열사 : (주)케이제이잡

■■■ 임직원 연락처
장종훈 대표이사 010-2955-6812
안대섭 총괄본부장 010-7932-9982

■■■ 기업연혁
2016. 11. (주)코에스 법인설립
2016. 12. 근로자파견업 허가
2022. 01. (주)케이제이잡 법인설립
2022. 05. 위생관리용역업 신고
2023. 10. 대기업 물류센터 운영도급 다수 계약

■■■ 대표자 프로필
이름 : 장종훈
경력 : (주)코에스 대표이사
(주)케이제이잡 대표이사
수상 : 2019년 중부지방고용노동청장 표창장
2019년 인천신용보증재단이사장 표창장
경영방침 : "인간중심, 고객감동, 차별화 경영으로 대한민국 최고의 토탈관리회사 실현"

■■■ 회사 및 서비스 소개
미래는 위험과 기회가 공존하는 가운데 역동적인 시대이며, 기업의 변화와 혁신을 요구하고 있는 것이 현실입니다.
이 시기를 어떻게 극복하느냐에 따라 위기를 기회로 만들수 있으며, 무한경쟁으로 표현되는 국가간 또는 기업간의 승부에서 단순히 산술적인 크기로서가 아닌 기업의 변혁으로 내부역량을 강화하여 우위를 점할 수도 있습니다.
이처럼 기업경영은 핵심산업의 경쟁력 강화가 아니면 우위를 점할 수 없게 된 것이 현실입니다. 기업은 이를위해 전략적 차원의 아웃소싱은 불가피하며 아웃소싱을 통해 그 경쟁력을 확보할수 있으며 이미 우수의 대기업 및 외국계기업들은 앞다투어 실천중에 있습니다.
코에스는 뜨거운 열정과 미래지향적인 사고로 최선을 다하는 아웃소싱 전문기업이 될 것을 약속드립니다.
계속기업과 지속성장을 가능케하는 코에스서비스는 기본적이고 장기적 목표를 달성하기 위해 필요한 전략방향과 실행계획을 구체화하였으며, 목표를 달성하기 위해 업무 역량강화, 미래성장 기반확대, 고객중심 서비스 실현, 인본주의 경영으로 지속적인 성장을 약속드립니다.

- 코에스 서비스의 약속
▲ 도급 및 파견 운영에 있어 관련 법규 및 근로기준법을 준수하여 운영하겠습니다.
▲ 귀사의 인재상에 부합하는 양질의 인원만을 선발 및 교육하여 업무의 발전을 도모하겠습니다.
▲ 현실에 안주하지 않고 정기적인 업무발전 제안으로 귀사의 발전에 기여하겠습니다.
▲ 업무능력 향상을 위해 직원의 평가와 성과에 따르는 보상에 대하여 아끼지 않고 투자하겠습니다.
▲ 귀사의 도급 운영에 만전을 기해 비용절감 및 운영 혁신을 도모 하겠습니다.

(주)큐앤에이네트웍스
www.qnanetworks.co.kr

대표	소가연
전화	02-449-2994
팩스	02-430-3302
이메일	sky@qnanetworks.co.kr

▩▩▩ 회사주소
울산광역시 남구 번영로124번길 21, 2층 212호(달동, 우리들빌딩)

▩▩▩ 설립 및 자본금
설립년 : 2012년
자본금 : 비공개

▩▩▩ 매출실적
2025년(예상) : 비공개

▩▩▩ 종업원현황
총원 : 50명

▩▩▩ 아웃소싱 서비스
콜센터, 인재파견, 텔레마케팅, 리서치

▩▩▩ 주 거래 업종
공공, 교육, 금융, 통신, 유통, 제조

▩▩▩ 주 거래 기업
비공개

▩▩▩ 지사 및 계열사
서울센터 : 서울 서초구 서초중앙로 160 법률센터 B102호
T. 02-449-2994 F. 02-430-3302

▩▩▩ 임직원 연락처
대표이사 소가연   070-4652-2290

▩▩▩ 기업연혁
- 2012. 주식회사 큐앤에이네트웍스 설립
- 2013. ISO 9001:2008 / KS Q ISO 9001:2009 인증
  아시아헤럴드 서비스산업부문 대상 수상
- 2014. 아웃소싱서비스 고객만족대상 컨택센터부문 최우수상 수상
  법무부 산하 정심여자학교 MOU 체결
  예스티엠(주) 업무 협약 체결
  (주)큐앤에이네트웍스 서울 지사 설립
- 2015. 한국해킹보안협회 청년취업아카데미 업무협약 체결
  대한민국 100대 아웃소싱 기업 선정
- 2016. 경영혁신형 중소기업 인증(Main-Biz) 인증
  대한민국 100대 아웃소싱 기업 선정
- 2017. 법무부 감사패(정심여자학교 기여 감사패)
  여성가족부 가족친화 우수기관 가족진화기업인증
- 2018. 비영리 IT지원센터 PC기부 감사패 수상
- 2019. 한국컨택센터협회 감사장 수상
- 2020. 한국열린사이버대학교 산업체 위탁교육 협약체결
- 2021. 대한민국 100대 아웃소싱 기업 선정
- 2022. 서일대학교 일학습병행 공동훈련센터 감사패 수상
- 2023. 농림수산식품부 장관상 수상
- 2024. 중소기업중앙회 표창장 수상

▩▩▩ 대표자 프로필
이름 : 소가연
학력 : 전북대학교 법학과 및 동대학원 졸업
경력 : (주)큐앤에이네트웍스 대표이사

▩▩▩ 회사 및 서비스 소개
Q&A Networks는 'Question & Answer' 의 이니셜로 '무엇이든 물어보세요. 속 시원히 답변 해 드립니다' 라는 컨셉에서 고객 감동 실현을 목표로 고객과의 관계성을 중시한다는 의미입니다. 고객이 원하는 서비스를 한 발 앞서 제공하고, 고객의 희망이 현실화 되는 만족과 기쁨을 드리는 기업이 되고자 노력 합니다.

Q&A Networks는 고객의 Communication Channel을 종합적으로 관리하는 Contact Center의 구축 및 운영, CS 컨설팅 전문기업으로 공공 민원센터 운영, 기업 고객만족센터 운영, IT보안 모니터링, 고객 정보보호 교육, 인재 파견 등 고객만족 및 인재관리 서비스를 주요 사업으로 수행하고 있습니다.

다양한 운영경험과 VOC 상담시스템 및 체계적인 CS교육기법의 도입으로 정보통신, IT보안, 금융, 교육 산업 등 다양한 분야의 Contact Center를 성공적으로 운영하고 있으며, 또한 기업의 경쟁력 향상과 가치 창출에 기여하는 종합 인재 서비스 사업을 전개하고 있습니다.

Q&A Networks는 앞으로도 고품질 서비스의 개발과 지속적인 서비스 강화를 통해 고객의 성장과 발전에 기여하겠습니다.

(주)티오에스코리아
www.toskorea.net

대표	이승우
전화	02-2168-8282
팩스	02-2168-8284
이메일	toslsw@naver.com

■■■ 회사주소
서울시 영등포구 당산로2길 12 907(문래동3가 에이스테크노타워)

■■■ 설립 및 자본금
설립년 : 2004년 7월
자본금 : 4억원

■■■ 매출실적
2024년 : 320억원
2025년(예상) : 330억원

■■■ 종업원현황
총원: 1,000명 / 관리: 30명 / 파견: 819명 / 도급: 181명

■■■ 아웃소싱 서비스
근로자파견(전직종) / 도급, 업무위탁(미화, 시설관리, 경비) / 콜센터(파견/도급) / IT사업부 / HR컨설팅 / 헤드헌팅, 채용대행 / 페이롤서비스

■■■ 주 거래 업종
금융기업, 공기업 및 공공기관, 외국계기업 외(통신사, 단체급식, 학교, 병원, 유통, IT, 제조)

■■■ 주 거래 기업
- 금융사 : 신한카드, 현대카드, 전북은행, SGI신용정보, 서울보증보험, 나이스그룹, 한국평가데이터, 리파인, 다수의 저축은행 및 캐피탈, 신용정보사
- 일반기업 : 방송국, 인천국제공항보안, 병원, 유신, SK_외 국내 100개 기업

■■■ 지사 및 계열사
계열사 : (주)유엠아이토탈
광역시별 지역관리자 운영

■■■ 임직원 연락처
- 대표이사 : 이승우
- 본부장 : 신영섭, 최태성
  (대표번호 : 02-2168-8282)

■■■ 기업연혁
2004. 07 (주)티오에스코리아 설립
2004. 09 근로자 파견사업허가(고용노동부 남부지청)
2005. 03 국제품질경영인증 ISO9001 인증
2005. 03 본사 사옥매입 (현 문래동 3가)
2006. 07 국내 유료직업소개허가 (영등포구청)
2010. 07 자회사 (주)유엠아이토탈 설립
2010. 10 고용노동부 근로자파견 우수기업 인증
2014. 10 근로자보호 클린기업 인증
2018. 09 대한민국 아웃소싱서비스 품질경영대상 선정
2023. 02 한국HR서비스산업대상(산업선도 부문) 수상
2023. 09 대한민국 아웃소싱 고객만족대상 수상
2016~2025. 한국 아웃소싱 리딩컴퍼니 연속 선정
2010~2025. 대한민국 아웃소싱 100대기업 연속 선정

■■■ 대표자 프로필
이름 : 이승우
학력 : 대졸
경력 : (주)티오에스코리아 대표이사 (현)
   (주)유엠아이토탈 대표이사 (현)
   민주평화통일 자문위원 (현)
   한국HR서비스산업협회 이사 (현)
   국민의힘 노동위원(현)
   서울대학교 의과대학 산학정 정책과정 수료
경영방침 : 몰입과 헌신 / 지배와 우위 / 투명경영과 사회공헌

■■■ 회사 및 서비스 소개
(주)티오에스코리아는 Total Outsourcing Service(토탈 아웃소싱 서비스)의 슬로건 아래 국내 유수의 대기업체 및 중견기업, 공공기관, 외국계 기업에 근로자 파견, 도급 및 업무위탁 등 차별화된 아웃소싱 서비스를 제공하는 인재종합 아웃소싱 전문기업입니다.
회사 설립이래 거래 고객사와의 95% 이상 연속 재계약을 이루며 검증된 고용지원 서비스를 지속해 오고 있습니다.
근로자들의 다양한 직무에 맞는 교육 프로그램 운영을 통하여 측적된 노하우를 최대한 활용하고 안정된 채용 서비스 제공에 중점을 두고 있으며, 인재풀의 빅데이터 구축을 통한 적합한 인재 제공에 많은 노력을 경주하고 있습니다.
(주)티오에스코리아는 업계의 자격있는 검증된 내부 관리자의 육성을 기반으로 사용기업의 요구에 충족할 수 있는 고품격 아웃소싱 기업으로 거듭나고 있으며, 정부정책에 부합한 고용지원 사업에 만전을 다하고 있습니다.

(주)티오엠네트웍

www.tomnetwork.co.kr

대 표	이준호
전 화	02-522-4613
팩 스	02-522-4614
이메일	tonyee@hanmail.net

■■■ 회사주소
서울시 중구 세종대로 14길 38 4층

■■■ 설립 및 자본금
설립년 : 2006년
자본금 : 1억원

■■■ 매출실적
2024년 : 120억원
2025년(예상) : 150억원

■■■ 종업원현황
총원 300명 / 파견 100명 / 도급 200명

■■■ 아웃소싱 서비스
근로자파견, 채용대행, 도급

■■■ 주 거래 업종
운수(전동킥보드, 플랫폼택시, 전기자전거)/ 통신 / 서비스

■■■ 주 거래 기업
빔모빌리티, 포티투닷, 쏘카, 브이씨앤씨, 보람상조, SK텔레콤, AJ네트웍스 외 10여개사

■■■ 지사 및 계열사
전국 네트웍 구축

■■■ 임직원 연락처
대표이사 이준호 02-522-4613 / 010 7553 6589
본부장 이승현 02-522-9966 / 010 4044 7177

■■■ 기업연혁
- 2006. 05 (주)티오엠네트웍 설립
- 06 근로자파견사업 허가 취득
- 2007. 06 AJ렌터카 등 근로자파견계약 체결
- 2009. 04 SK브로드밴드 전국 컨택센터 근로자파견계약 체결
- 2012. 03 SK텔레콤 전국 컨택센터 채용대행계약 체결
  - → 2012년, 13년 채용대행사 종합평가 1위
  - → 2014년 채용대행사 종합평가 상반기 1위, 하반기 2위
- 2015. 05 에프엔유신용정보(하나SK카드 컨택센터) 채용대행계약 체결
- 10 現 30여개 주요고객사와 계약유지 및 아웃소싱 업무진행
- 2018. 브이씨앤씨 주식회사 근로자파견계약 체결
- 2019. 쏘카 근로자파견계약체결
  - 지엠지주차장 주차관리 도급계약 체결
- 2020. 다래파크텍 주차관리 도급계약 체결
  - 숙명여대, 국립암센터 주차장 주차관리 도급계약 체결
- 2021. 하이파킹 주차유도 근로자파견계약 체결
  - CV파트너스 고객센터(전국) 상담원 채용대행계약체결
- 2022. 보람상조 CRM센터 및 사무직 근로자파견계약 체결
  - 교보문고 고객센터 근로자파견계약 체결
  - 레인포컴퍼니 플랫폼택시 드라이버 채용대행계약체결
  - 나인투원(일레클) 전기자전거 CS상담원 근로자파견계약 체결
- 2023. 빔모빌리티 전동킥보드 수거 및 재배치 근로자파견계약 체결
  - 포티투닷 테스트드라이버 근로자파견계약 체결
  - 파파모빌리티 플랫폼택시 드라이버 채용대행계약 체결
- 2024. 메이크스타 이벤트 진행요원 채용대행 계약 체결
- 2025. 쏘카일레클 현장관리 및 유지보수 도급계약체결

■■■ 대표자 프로필
이름 : 이준호
학력 : 단국대학교 지역개발학과 졸업
경력 : 티오엠네트웍 대표이사
경영방침 : 고객사와의 신뢰

■■■ 회사 및 서비스 소개
Total Outsourcing Management

기업과 인재 그 중심에 (주)티오엠네트웍이 함께합니다. 기업은 성장을 위하여 인재를 필요로 하고, 개인은 행복한 삶의 기반을 위하여 기업을 필요로 합니다. 오늘도 많은 사람이 아침 일찍 피곤한 몸을 이끌고 일터로 분주히 움직입니다. 이중 어떤사람은 즐겁고 새로운 마음으로 회사의 문을열어 하루를 시작할 것이며, 어떤사람은 마지못해 문을열고 자리에 앉아 한숨으로 하루를 시작할 것입니다. 전자의 경우 기업은 성장을 거듭하고, 개인은 행복한 삶을 영유할것이지만, 후자의 경우 기업은 성장이 둔화되고, 개인은 행복을 찾기위해 다른곳으로 발길을 돌릴 것입니다. 즉, 얼마만큼 훌륭한 인재 또는 기업이냐 보다는 얼마만큼 서로에게 적합한 인재 또는 기업이냐가 오늘날의 무한경쟁시대에서 앞서나갈수 있는 척도인 것입니다. Total Outsourcing을 지향하는 (주)티오엠네트웍은 '기업이 원하는 인재, 인재가 원하는 기업' 그 만족의 중심에 항상 함께 하겠습니다.

(주)파트너스에이치알

대 표	장건덕
전 화	053-710-3884
팩 스	053-710-3885
이메일	captine501@hanmail.net

■■■ 회사주소
대구시 동구 장등로 56, 112호(벽산 E-솔렌스힐 상가)

■■■ 설립 및 자본금
설립년 : 2019년

자본금 : 1억원

■■■ 매출실적
2025년(예상) : 60억원

■■■ 종업원현황
총원 : 150명

■■■ 아웃소싱 서비스
고용노동부 위탁사업, 청소경비 시설관리, 생산도급, 소독업 등

■■■ 주 거래 기업
고용노동부, 대구광역시, 경상북도, (주)보국전자, (주)허니스트, (주)스파밸리 등

■■■ 지사 및 계열사
전국 네트웍 구축

■■■ 임직원 연락처
대표이사 : 010-3544-3884

영업관리본부 서용보 이사 : 010-9903-1283

영업관리팀 권선영 팀장 : 010-6645-0586

■■■ 기업연혁
2019. 06 (주)파트너스에이치알 법인 설립

2019. 08 위생관리업, 근로자파견업, 소독업 신고

2022. 03 유료직업소개업 신고

2022. 04 고용노동부 위탁사업 수행기관 선정

2024. 05 아웃소싱플랫폼 전국 인력채용 네트웍기업 협약

■■■ 대표자 프로필
이름 : 장건덕

학력 : 영남대학교 상경대학 졸업

경력 : 현 (주)파트너스 에이치알 대표이사

　　　(주)세루 상무이사 역임

　　　갬콤(주) 대표이사 역임

경영방침 : '고객 제일주의'

■■■ 회사 및 서비스 소개
파트너스에이치알은 단순 인력공급에 그치고 있는 아웃소싱 업계의 한계를 극복하고 생산성 향상을 통한 고객사의 성장에 도움을 주고자 설립한 아웃소싱 전문기업이다.

대표이사를 포함한 전 직원들이 해당분야에서 십수년간의 컨설팅 경험과 성공적인 프로젝트 수행 노하우를 가지고 있는 아웃소싱 전문 인재들로 구성되어 있다.

특히 아웃소싱서비스 분야별 전문성을 바탕으로 고객별/건별로 가장 적합한 아웃소싱 시스템이 무엇인지를 분석하고, 고객사에 제공함으로써 고객사가 아웃소싱을 함으로써 얻고자하는 목표의 100%를 달성할 수 있도록 지원하여 고객사의 경쟁력을 높여드리고 업무의 효율성을 증대시켜 드리고 있다.

'고객 제일주의' 경영이념을 바탕으로 고객이 만족하는 아웃소싱업무 수행을 통하여 모두가 WIN-WIN 할 수 있는 기업이 되도록 최선을 다하고 있다.

퍼솔켈리워크포스솔루션(유)
www.persolkelly.kr

대 표	전유미
전 화	02-760-8800
팩 스	02-760-8880
이메일	info_kr@persolkelly.com

■■■ 회사주소
서울시 중구 세종대로 136 서울파이낸스센터 15층

■■■ 설립 및 자본금
설립년 : 2008년
자본금 : 18억원

■■■ 매출실적
2024년 : 306억원
2025년(예상) : 450억원

■■■ 종업원현황
총원 : 670명 / 내부사원: 70명, 도급사원: 222명, 파견사원: 364명

■■■ 아웃소싱 서비스
Business Process Outsourcing
BPO(Business Process Outsourcing)는 특정 비즈니스 프로세스의 운영 및 책임을 타사 전문 서비스 공급자에게 위탁하는 것을 말한다. 조직의 비핵심사업을 전문기업에 위탁하고, 기업은 더 핵심 사업에 집중할 수 있도록 하는 경영기법이다.

■■■ 주 거래 기업
비테스코테크놀로지스코리아, 한진, 태운물류 등 생산제조(산업용제어장비, 자동차부품), 물류센터, 운송업무 등 다수

■■■ 지사 및 계열사
지사 : 서울지사, 경기지사, 울산지사, 부산지사

■■■ 임직원 연락처
이정운 차장   010-8919-0981

■■■ 기업연혁
2008. 01   비티아이 컨설턴츠 코리아(유한) 설립
2014. 01   켈리서비스(유한)으로 상호 변경
2017. 12   켈리워크포스솔루션(유한)으로 상호 변경. 사업목적에 교육 및 인력개발업 등 추가
           APAC HR 벤더 어워드 한국 최초 Best Recruitment Firm 수상
2018.   평창 동계올림픽 리쿠르먼트 서비스 공식 서포터
2021. 04   퍼솔켈리워크포스솔루션(유한)으로 상호 변경

■■■ 대표자 프로필
이름 : 전유미
학력 : 한양대학교 졸업
경력 : 2020년 PERSOLKELLY Consulting APAC 대표이사
       2015년 PERSOLKELLY Korea 대표이사
       2008년 Kelly Services Korea 대표이사
       2003년 BTI Executive Search (Kelly Services) Singapore 입사
       조세모범납세자상, 가족친화 우수기업 인증 등 수상
경영방침 : Work and smile 일하면서 웃을 수 있는 환경을 만들자

■■■ 회사 및 서비스 소개
퍼솔켈리워크포스솔루션은 1946년 설립된 미국 켈리서비스와 1973년 설립된 일본 퍼솔그룹(구 Temp Holdings)이 국내에서 합작법인으로 설립, 성장하는 아시아 태평양 HR솔루션 시장에서 글로벌 선두기업으로 도약하고 있는 BPO(Business Process Outsourcing) 전문기업이다.
현재 헤드헌팅, 인사컨설팅, 근로자파견을 기반으로 물류분야, 생산분야, 면세점에 이르는 다양한 분야에서 아웃소싱서비스를 지원하고 있다.
퍼솔켈리 아웃소싱 팀은 고객의 요구에 따라 솔루션을 추진하고 구현할 수 있는 경험, 지식 및 프로젝트 관리기술을 갖춘 전문 컨설턴트로 구성되어 있다.
또한 조직적이고 보다 효율적으로 아웃소싱 프로세스를 처리할 수 있도록 하는 서비스솔루션을 전문적으로 제공한다. 이를 통해 고객이 핵심 비즈니스에 집중할 수 있도록 돕고 있다.
퍼솔켈리의 아웃소싱서비스는 RPO, BPO 및 MSP와 같은 범위의 서비스에 대한 HR지원 프로그램에 총체적으로 접근하며, 업무결과에 대한 전적인 책임을 진다는 자신감이 강하다.
특히 아웃소싱 도입시 퍼솔켈리의 "온사이트관리(on-site management)" 서비스를 통한 전략적인 솔루션디자인이 기업에서 호평을 얻고 있다.
온사이트관리 솔루션은 기업이 인력운영 리스크를 줄이고 비즈니스 목표를 혁신적으로 달성할 수 있도록 지원하며 다수의 벤더관리시스템을 통해 핵심역량에 집중할 수 있도록 돕고 있다.
퍼솔켈리는 현재 글로벌 기준 475개, 한국 기준 5개 현장에서 온사이트관리 솔루션을 운영하고 있다.

(주)퍼스트인
www.first-in.co.kr

대표	이일기
전화	051-631-6648
팩스	051-328-6670
이메일	mtj6648@first-in.co.kr

■■■ 회사주소
부산시 부산진구 범일로 190 도문빌딩 5층

■■■ 설립 및 자본금
설립년 : 2005년
자본금 : 3억원

■■■ 매출실적
2024년 : 440억원
2025년(예상) : 490억원

■■■ 종업원현황
총원 1,200명 / 관리 : 20명 / 파견 : 30명 / 도급 1,100명 / 검사원 50명

■■■ 아웃소싱 서비스
아웃소싱 부문 : 생산도급, 물류도급, 시설관리, 인재파견, 3자검사, 경비, 위생관리, 헤드헌팅, 채용대행
고용서비스 : 고용노동부(미래내일일경험), 보건복지부(시니어인턴십, 취업알선형)

■■■ 주거래업종
제조업, 서비스업, 물류업, 공공기관, 경비업, 청소업종 외

■■■ 주거래기업
외국계 기업, 국내 대기업 및 중견기업, 관공서, 호텔 등

■■■ 지사 및 계열사
지사 : 영남지사, 창원지사, 인천지사, 양산공장
계열사 : 퍼스트인코리아, 플러스테크, 에프앤피

■■■ 임직원 연락처
대표번호 : 051-631-6648

■■■ 기업연혁
2005. 01 (주)플러스인 법인설립
2010. 04 영남지사 설립
2011. 12 (주)퍼스트인 법인설립
2012. 04 근로자파견사업 허가, 05 위생관리용역업 신고
　　　　08 제조업 등록, 09 양산 조립/선별공장 설립
2013. 02 중부지사 설립, 09 시설경비업 허가
2015. 　 HR산업협회 클린기업인증,
　　　　아웃소싱고객만족대상 제조부문 최우수상 수상
2018. 09 아웃소싱 서비스 품질경영대상 (제조업부문)
　　　　11 양산시 석계산업단지 공장 신축이전
2021. 01 보건복지부 고용서비스 수행기관선정(시니어인턴십, 취업알선형)
2022. 09 경남지사 설립
2023. 03 대한민국 HR서비스 10대기업 선정
　　　　12 경인지사 설립
2024. 03 고용노동부 고용서비스 수행기관 선정(청년미래일일경험)
　　　　고용노동부 장관상 수상(미래내일일경험 최우수상)
2022~2024. 노인일자리 우수상 3년 연속 수상(전국 2위)
2014~2025. 대한민국 100대 아웃소싱기업 12년 연속 선정
2017~2025. 아웃소싱 리딩컴퍼니 9년 연속 선정

■■■ 대표자 프로필
이름 : 이일기
경력 : (주)퍼스트인 대표이사
　　　兼. (주)퍼스트인코리아, (주)플러스테크, (주)에프앤피 대표이사

■■■ 회사 및 서비스 소개
생산제조아웃소싱 분야의 전문성이 강한 퍼스트인은 부산 본사와 양산 자체공장을 베이스로 경남, 영남, 중부, 경인지역으로 네트워크를 지속 확장중인 종합 HR 아웃소싱 전문기업입니다.
당사는 고용노동부 및 보건복지부 고용서비스 공식 수행기관으로 인증을 받아 전문화된 HR서비스를 제공하고 있습니다.
또한, 한국자산관리공사(캠코)의 전국단위 인재파견, LG이노텍 등의 대기업 채용대행, 대형 제조사이트의 생산도급, 물류창고 위수탁운영, 아울렛과 마트 판매/판촉, 대형시설물의 자산가치향상을 위한 시설관리에 이르기까지 다양한 사업영역 및 경험을 보유하고 있습니다.
퍼스트인은 전문화된 서비스 제공과 관리 인프라를 바탕으로 단순 인력 공급이 아닌 체계적인 노무관리, 생산관리, 품질관리 등을 통해 고객 맞춤형 서비스를 제공하고 있습니다.
앞으로도 책임경영, 내실경영, 원칙경영의 3가지 경영원칙을 바탕으로 고객에게 최상의 서비스를 제공 할 계획입니다.

퍼시픽컨설팅(주)
www.pacc.co.kr

대 표	박진수
전 화	02-470-8010
팩 스	02-487-7364
이메일	lee@pacc.co.kr

▪▪▪▪ 회사주소
서울시 중구 동호로 193-22, 401(신당동, 백석빌딩)

▪▪▪▪ 설립 및 자본금
설립년도 : 2001년
자본금 : 2억원

▪▪▪▪ 매출실적
2025년(예상) : 70억원

▪▪▪▪ 종업원현황
총 : 500명 / 스탭사원 : 20명 / 도급사원 : 100명 / 파견사원 : 400명

▪▪▪▪ 아웃소싱 서비스
제조, 생산, 물류, 운송, 배송, 경비, 청소, 유통, 판촉, 판매 등

▪▪▪▪ 주 거래 기업
쿠팡, 배달의민족, 쏘카, VCNC, 카카오모빌리티, 한국노바티스, 알콘, 산도스, 브스턴사이언티픽, 코오롱생명과학, 포스코, 포스코기술투자, 코스맥스, 코스맥스BTI, LG상사, LG패션, 우리은행, 우리카드, 우리캐피탈, 더 바디샵, 록시땅, LVMH그룹, 스킨푸드, 고디바, 러쉬, 투쿨포스클, 캔소래담, 듀오락, 참존화장품, 금강제화, 레스모아, 까사미아, SBS콘텐츠, 한국경제TV, 아시아경제TV, 와우경제TV, LG하이텔레서비스, 한국무역협회, SK브로드밴드TS, 손오공, 초이락컨텐츠팩토리, 현로코리아, 오라월드, 등 약 100여 기업

▪▪▪▪ 지사 및 계열사
경남지사 : 부산시 서구 까치고개로 239번길 12

▪▪▪▪ 담당원 연락처
이상석 이사 010-2447-3496
최민권 이사 010-3231-3757

▪▪▪▪ 기업연혁
2001. 퍼시픽컨설팅(주) 설립
2003. 근로자파견사업 허가(고용노동부 인증)
  한국인재파견협회 등록
2005. 위생관리용역업 확대 및 고용알선업 등록
2007. 경기 평택지사 설립(생산도급 사업 진출)
  K, LG 등 본사 협력사 등록
2008. SBS방송국 및 중앙일보 근로자파견 및 아웃소싱계약
2009. 경향신문 경향닷컴 아웃소싱 유망기업브랜드 대상 수상
2010. 부산지사 설립
  서울시 모범납세기업 선정
  니콘코리아 등 계약
2011. 시설관리 및 경비업 등록허가
2012. ISO 9001 인증
  퍼시픽세일즈(주) 설립
2013. 매출 100억원 달성
2014. 조달청 중소기업 입찰기업 등록및 공공입찰 참여
2015. 대구지사 설립
  KIWI 프로그램 개발
2018. 쿠팡, 타다 운송업 인원채용 계약

▪▪▪▪ 대표자 프로필
이름 : 박진수
학력 : 중앙대학교 졸업
경력사항 : 이웹 차이나 상해 지사장 역임
  현 퍼시픽컨설팅(주) 대표이사
  서울 모범납세기업 2회 선정
사회활동 : 컴패션 회원 / 월드비전 회원 / CTS 영상 선교사

▪▪▪▪ 회사 및 서비스 소개
퍼시픽컨설팅은 인재중심, 고객지향, 가치창조의 기치를 내 걸고, 고객사의 요구를 분석하고 고민하여 무엇이 실용적인지 판단하여, 빠르고 정확하게 문제의 답을 구하는 기업입니다.
"고객에게 경쟁자보다 더 큰가치 제공"을 모토로 기업의 경쟁력과 핵심역량이 보다 효율적이고 효과적으로유지 발전될 수 있도록 기업이 필요로 하는 최적의 요원을 정직하고 신속하게 채용해 인재들이 보유한 능력을 최대한 발휘하고, 기업과 개인의 발전을 도모록 하는 인력서비스의 기본 임무에 충실하도록 노력하고 있습니다.
무한 경쟁시대의 핵심과제는 바로 고객관리입니다.
퍼시픽컨설팅은 대형 통신사, 은행, 증권, 보험, 공공기관, 유통, 언론기관 등 다양한 고객센터 운영 노하우를 축적하여 기업에서 요구하는 서비스 품질, 생산성을 향상시켜 고객기업의 경쟁력 향상에 큰 기여를 하고 있습니다.
경영환경의 변화로 새로운 직종과 업무가 출현하고 있고, 업무 프로세스 및 업무 환경의 변화로 사무관련 업무가 세분화되고 있습니다. 이러한 변화로 문서 및 보고서 작성, 문서수발, 상담업무, 안내 및 비서 업무, 서류 및 증빙정리, 마케팅실적 정리 등 인사, 총무, 경리, 회계, 마케팅 등 다양한 분야에서의 지원업무가 외주화 및 슬림화 되는 추세입니다. 퍼시픽컨설팅은 이에 발맞춰 대기업, 금융사, 정보통신, 공공기관 및 관공서, 대학, 병원 방송언론 등 다양한 부문에서 차별화된 HR아웃소싱 서비스를 제공합니다. 또한 유통구조의 혁신과 다양한 유통업태의 출현, 전자상거래의 발전, 홈쇼핑, 할인점의 약진 등으로 인해 유통 물류분야에 대한 다양한 지원 서비스가 필요하게 되었습니다.
주 5일 근무제 실시, 소득구조 변화 등으로 외식, 문화, 레저의 발전과도 연계되어 유통물류 서비스는 기업의 생존을 위한 기본 서비스로 인식되었습니다. 퍼시픽컨설팅은 다년간의 유통물류 지원 경험을 바탕으로 최고의 파트너가 되겠습니다.

(주)프리죤
www.efreezone.co.kr

대표	최승식
전화	02-337-3861
팩스	02-337-0341
이메일	freezone@efreezone.co.kr

■ 회사주소
서울시 마포구 양화로 156, 엘지팰리스빌딩 511~513호

■ 설립 및 자본금
설립년 : 2005년
자본금 : 6억 30만원

■ 매출실적
2024년 : 832억원
2025년(예정) : 950억원

■ 종업원현황
총원 : 1,766명

■ 아웃소싱 서비스
업무대행(물류, 보안, 미화, 안내, 시설, 주차 등) / 인재파견(방송국 등) / 채용대행 등

■ 주 거래 기업
셀트리온, 대한항공, 정석기업, 롯데, 구찌코리아, 국민은행, 신한은행, 신세계, 신라, KBS, MBC 등

■ 지사 및 계열사
지사 : 인천공항 사업본부, 충북지사, 대전지사, 김해지사, 제주사업본부

■ 임직원 연락처
최승식 대표 : 02-337-3861

■ 기업연혁
- 2005~2013년
  - 법인설립 (주)셀트리온 자산관리회사(FM)
  - 위생관리용역업/소독업/근로자파견사업/경비업 허가
  - (주)셀트리온 종합시설물 관리용역계약
  - 주식회사 프리죤으로 회사 상호 변경 등기
  - 특수경비업 허가/ - 인천국제공항, 제주국제공항 검색종역
- 2014~2018년
  - 2014년 인천아시아경기대회 민간안전 용역
  - 2015년 광주유니버시아드 행사안전
  - (주)선광신컨테이너터미널 업무 도급계약
  - KBS시큐리티 특수경비용역
- 2019~2023년
  - 건국대학교, 신라면세점 통합물류 센터 보안업무
  - 한국가스공사 미화&시설관리 업무/ - CJ프레시원 물류업무
  - 롯데호텔 본점&월드점&울산점 종합관리
  - 한진 국제 특송통관장운영, 한진택배 물류관리
- 2024년
  - 롯데시티호텔 울산 종합관리/ - 양산부산대병원 보안 업무
  - 제주대병원 보안 업무/ - 한국가스연맹 시설, 미화 업무
  - 한도병원 보안, 시설 업무
  - 인천 동구청(CCTV) 모니터링 및 영상정보관리 업무
  - 재외동포청 특수경비 보안 업무/ - 송도 컨벤시아 종합관리 업무
- 2025년
  - 한국TBT 미화 업무 - 갤러리아광교 보안 업무
  - 동양생명 보안, 주차 업무 - 국민건강보험공단 인재개발원 시설관리 업무
  - 한화63시티 부평사옥 보안, 주차 업무 - 서울KBS 안내, 보안업무
  - 하이트 진로 판촉 업무 - 마곡 르웨스트시티 미화, 보안 업무
  - 등촌동 어울림플리자 미화, 안내 업무 - 엔씨타워 보안 업무
  - 바쉐론 콘스탄틴 미화, 시설, 안내 업무 - 한진 풀필먼트 물류 업무

■ 대표자 프로필
이름 : 최승식
학력 : 연세대학교 산업대학원
　　　건국대학교 공업경영과
경력 : (주)프리죤 대표이사
　　　(사)대한민국경비협회 서울지방협회장
　　　(주)시큐어넷 대표이사
　　　대통령 경호실 경호관리관
수상 : 홍조근정훈장/포장증

■ 회사 및 서비스 소개
프리죤은 2005년 출범한 이래 지속적인 기술개발과 서비스 업무의 시스템화를 통해 국내 정상급의 자산관리 및 아웃소싱 전문기업으로 성장하고 있습니다.
또한 모든 임직원의 능력개발과 보편적 복지제도의 시행을 통해 안정적 노사관계를 구축함으로써 고객사의 만족에 기여하고 있습니다.
이러한 축적된 역량을 바탕으로 자산관리 및 건물관리 서비스 영역을 선도하며 사회적 책임을 완수하기 위해 늘 최선을 다하고 있습니다.
프리죤은 섬김과 봉사의 정신으로 고객에게 풍요로운 감동서비스를 제공하고 고객자산의 명품 관리를 통해 최고의 가치를 창출 할 수 있도록 국내 최정상급의 원스톱 서비스를 제공하는 토털케어아웃소싱 전문기업입니다.

(주)피너씨앤텍
www.피너.com

대표	김기범
전화	043-284-0849
팩스	043-266-0849
이메일	jwyun7777@hanmail.net

■ 회사주소
충북 청주시 청원구 향군로 74번길 3 피너빌딩 4층

■ 설립 및 자본금
설립년 : 2009년
자본금 : 2억원

■ 매출실적
2024년 : 200억원
2025년(예정) : 230억원

■ 종업원현황
총원 : 450명

■ 아웃소싱 서비스
생산도급, 근로자파견, 경영컨설팅, 시설관리, 경비·미화, 종합아웃소싱

■ 주 거래 기업
CJ그룹, 청토그룹, 서울대학교 등 충남·북 및 전국 30여개 업체와 업무제휴

■ 지사 및 계열사
지사 : 대전, 논산, 진천
계열사 : 식품도급 전문기업 (주)피너

■ 임직원 연락처
김기범 대표 043-284-0849

■ 기업연혁
2009. (주)굿파트너 생산도급 전문 법인설립
2011. 위생업 및 파견업 허가
2014. 국립서울대학교 시설관리
2015. 청주시립도서관 및 청주시·진천군 관제센타 운영
2015. (주)피너코리아 법인추가 설립 물류, 식품, 조립 도급전문회사로 도약
2016. 경영혁신 Main Biz 인증획득
2018. 신사옥 이전(지하 1층, 지상 4층)
2020. 청주시 여성친화기업 선정 / 매출 100억원 달성
2021. (주)피너씨앤텍법인 설립하여 (주)굿파트너와 (주)피너코리아 합병
2023. 법무부 취업우수기업 선정
2024. 대한적십자 '적십자회원유공장 은장' 수상

■ 대표자 프로필
이름 : 김기범
경력 : 주식회사 피너씨앤텍 대표이사
주식회사 피너 대표이사
경영방침 : "사람이 먼저인 기업, 맞춰가는 믿음, 함께하는 가치"

■ 회사 및 서비스 소개
'충북지역 NO.1 HR솔루션 기업'을 추구하는 피너씨앤텍은 2009년 창립 이래 꾸준한 성장을 거듭해 현재 200억 원 이상의 매출과 450명에 달하는 직원 수를 보유하고 있다.

생산도급 업무를 기반으로 경비 청소 건물관리와 근로자파견, 경영컨설팅에 이르기까지 종합아웃소싱기업으로 오랜기간 동안 고객사의 동반자로서 경영효율을 개선하고 인력운영시 비용절감과 우수인재 확보에 힘써왔다.

이 회사의 강점은 생산도급 분야에 집중하면서도 다양한 영역에서 경험과 노하우를 쌓아왔다는 점이다. 식품생산부터 물류관리, 무인 및 유인 보안업무까지 다양한 서비스를 제공하고 있으며, 서비스품질 유지와 생산성 향상을 위한 노력을 계속하고 있다.

특히 생산도급 분야에 강점을 갖고 있는 피너씨앤텍은 현장별 맞춤형 채용으로 경력개발과 근로의 기회를 제공하는 회사로 정평이 나있다. 식품생산 현장의 경우 트렌드에 부합하는 식품류 생산을 위한 충분한 인력풀과 운영노하우, 관리시스템으로 생산성 향상에 기여하고 있다.

또한 HACCP 인증을 획득한 위생적인 현장관리 능력을 보유하고 있어 입고부터 포장까지의 모든 공정을 철저히 관리하며 최고 수준의 제품품질을 유지하고 있다.

전자 및 전기부품, 사출·성형기 부품 등의 조립분야에서도 탁월한 전문성과 노하우를 바탕으로 고객사의 요구에 빠르게 대응하고 있다. 자체 생산라인과 안전관리 능력을 통해 안전하고 효율적인 생산을 실현하고 있으며, 이를 통해 높은 생산성을 유지하고 있다.

피너씨앤텍은 맞춤채용과 경력개발을 통해 인재를 육성하고 있으며, 회사 내부에서는 원칙과 신뢰를 중시하는 기업문화를 쌓아가고 있다.

(주)피플잡담소

대표	박응호
전화	070-7542-8653
팩스	032-569-3551

▪▪▪ 회사주소
인천광역시 서구 완정로 190, 3층 302호

▪▪▪ 설립 및 자본금
설립년 : 2016년
자본금 : 1억원

▪▪▪ 매출실적
2024년 : 60억원
2025년(예상) : 60억원

▪▪▪ 종업원현황
총원 : 257명/ 관리 : 7명/ 파견 : 250명

▪▪▪ 아웃소싱 서비스
인재파견, 채용대행, 청소대행, 제조/물류도급

▪▪▪ 주거래업종
제조, 물류, 공공기관

▪▪▪ 주거래기업
(주)신성실리콘, (주)한양정밀, (주)파라텍, 미래SMT
영의정, 사이버텔브릿지, 기원전자, 태성시스템 등 80여개사

▪▪▪ 지사 및 계열사
(주)피플잡담소

▪▪▪ 임직원 연락처
070-7542-8653
010-3181-6920

▪▪▪ 기업연혁
2016. 08 굿맨 에이치알 설립
2017. 12 직원 300명 매출 80억 돌파
2025. 07 피플잡담소로 본사 사명변경
       10 건물 위생관리 영업신고증 획득

▪▪▪ 대표자 프로필
이름 : 박응호
학력 : 양정 고등학교 졸업
경력 : (주)피플잡담소 대표이사
     2010년~2013년 : 경기도생활체육 당구연합회
     3쿠션 위원장
경영방침 : 사회에 기여하며 직원들이 만족하는 기업

▪▪▪ 회사 및 서비스소개
(주)피플잡담소는 2015년 전반적인 제조시장 악화와 구인, 구직난이 심화되는 시기에 사회에 기여할 수 있고 직원들이 재직기간동안 만족감을 느끼고, 자부심을 가질 수 있는 회사가 아닌 기업으로 만들겠다는 취지를 가지고 설립하였습니다.

창업 후 직원들의 지속적인 자체 위탁교육을 실시하고 있으며, 자기개발비 지원등을 통한 조금 더 전문적인 인재를 육성하고자 노력하였습니다. 앞으로도 시대의 흐름에 맞는 아웃소싱 산업으로 발전시키며 초심을 잃지 않고 사회와 상생할 수 있는 기업으로 도약하고자 지속적인 노력을 하는 기업이 되겠습니다.

(주)하람앤커뮤니티
haramcs.com

대표	정진관
전화	1566-5625
팩스	02-858-7742
이메일	ceo@haramcs.com

■■■ 회사주소
서울시 금천구 디지털로 9길 47 한신IT타워 2차 703호

■■■ 설립 및 자본금
설립년 : 2017년
자본금 : 1.5억 원

■■■ 매출실적
2024년 : 20억 원
2025년(예정) : 21억원

■■■ 종업원현황
총원 : 150 명

■■■ 아웃소싱 서비스
컨택센터 구축/운영, CS컨설팅, AP개발 및 컨텐츠 개발/공급
유통사업 외

■■■ 주 거래 업종
제조, 프랜차이즈 컨택센터

■■■ 주 거래 기업
오텍, 오티스, 오텍캐리어에어컨, 이마트24, 아이스트로 (주)중원공조, GS리테일, BGF리테일, 아르네코리아, 씨알케이(주), (주)카이저제빙기

■■■ 지사 및 계열사
지사 : 서울센터, 광주센터, 구로센터
관계사 : 다음네트웍스, SK브로드밴드

■■■ 임직원 연락처
정진관 대표 : 02-6925-0502

■■■ 기업연혁
2011. 04 하람커뮤니티 설립
2011. 05 캐리어냉장 고객센터 운영 시작
2016. 04 한샘 고객센터 MOU 체결
2016. 10 오텍오티스 주차시스템 고객센터
2018. 02 이마트24 시설유지보수 24시간 고객센터
2021. 04 하람앤커뮤니티 분할설립
2021. 01 KMS시스템 구축운영
2021. 06 AI 챗봇 상담 운영 시스템 자체 기술력 구축
2022. 02 BGF리테일(CU편의점) 시설관리 고객센터 운영시작
2022. 03 중앙선거관리위원회 고객센터 운영
2024. 02 (주)카이저제빙기 고객센터 운영시작 추가

■■■ 대표자 프로필
이름 : 정진관
경력 : 대한민국 사회공헌 대상,
　　　대한민국 브랜드 어워드 수상(스마트 컨택센터 부분 선정),
　　　감정노동 종사자 건강보호 최우수기업 선정,
　　　대한민국 100대 아웃소싱기업(10년 연속 선정),
　　　한국고객만족(KCSI) 콜센터 부문 1위 2년연속 수상(2020~2021)
경영방침 : 꿈, 가치, 혁신

■■■ 회사 및 서비스 소개
하람앤커뮤니티는 제조/프랜차이즈 고객센터 전문 아웃소싱 업체로 모바일을 활용한 상담채널 다양화를 통해 고효율의 상담업무가 가능하도록 기술을 주도하며 '스마트 컨택센터'를 넘어선 AICC로 거듭나도록 진화를 지향하고 있다.

모바일 자동 채팅 상담을 활용하여 고객의 요구에 즉각적으로 반응하며, 연동형 서비스 접수 프로그램 개발로 상담업무의 질적 상승효과를 입증 받고 있다.

자체 기술력으로 개발된 KMS(Knowledge Management System)는 합리적 비용으로 개발운영이 가능하며 상담시간을 획기적으로 줄이고 업무의 정확도를 높였다는 평가를 받고 있다.

KMS와 체계적인 전문상담 인력 양성 프로그램을 통해 멀티상담 시스템을 운영하고 있으며, 고객사에 맞는 CRM (Customer Relationship Management:고객관계관리)을 기반으로 서비스 운영을 통합한 SOS(Service operate Solution) 서비스를 개발 제공해 기업의 고유한 업무 환경에 최적화된 커스터마이징을 추구하고 있다.

(주)한국에스웨이
www.s-waykorea.com

대표	조구현
전화	02-798-4211~2
팩스	02-413-4213
이메일	ceo@s-waykorea.com

■■■ 회사주소
서울시 강동구 천호대로 1057, 2층(천호동, 트레벨)

■■■ 설립 및 자본금
설립년 : 2004년(모기업 1962년 설립)
자본금 : 5억원

■■■ 매출실적
2025년(예상) : 300억원

■■■ 종업원현황
총원 : 1,050명

■■■ 아웃소싱 서비스
보안안전, 주차관리, 객실관리, 현관서비스, 시설관리, 기물관리, 미화관리, 주차대행(발렛), 보안컨설팅, CS관리컨설팅

■■■ 주 거래 업종
특급호텔, 주한외국공관, 금융, 제약, 대형병원, 리조트, 유통

■■■ 주 거래 기업
롯데호텔, 신라호텔, 신라호텔면세점, 파라다이스시티호텔, 탑스텐호텔, 롯데리조트, 가톨릭여의도성모병원, 가톨릭은평성모병원, 가톨릭부천성모병원, 신라아이파크면세점, 현대백화점

■■■ 지사 및 계열사
지　사 : 제주, 부산　　교육분원 : 서울 장충동
계열사 : 에스웨이이앤엠 (이앤엠 평생교육원
　　　　 에스웨이에듀넷원격평생교육원)
협력기관 : (사)한국안전기술교육협의회, ASIS한국서울협회

■■■ 임직원 연락처
조영한 사장(CEO)　02-2201-2821
조해경 전무　　　　070-4852-8700
조다희 상무　　　　070-4852-8703

■■■ 기업연혁
2004. 08　(주)한국에스웨이 설립 (대표이사 조구현)
2006. 05　롯데호텔 전국체인 연속 재계약(모기업 기준)
2011. 07　대통령 표창수상 (보안산업육성 및 인재양성 등)
2013. 08　계열사 교육법인 한시넷(주) 설립 및 평생교육 지원
2014. 09　2014 인천아시안게임 보안안전업무 수행
2015. 04　서울시 모범납세법인 선정
　　　07　2015 광주유니버시아드대회 보안안전 및 보건당직업무 수행
2016. 02　가톨릭관동대학교와 산학협력 협정 체결
　　　03　중앙대학교와 산학협력 협정 체결
　　　06　아웃소싱타임스 HR서비스 10대기업 선정
　　　　　2016 아웃소싱서비스 고객만족대상 수상 (보안 부문)
　　　　　롯데호텔 최우수 파트너사 감사패
2018. 02　평창동계올림픽 보안안전업무 수행
　　　09　TV조선 고객만족 경영대상 부문 수상
　　　11　국가보훈처 「제대군인 고용우수기업」 인증
2019. 01　한국에스웨이 10년 연속 서비스품질우수기업(SC) 인증 획득
　　　06　한국을 빛낸 창조경영 '고객만족경영' 대상수상
　　　　　중소벤처기업부 장관상 수상
　　　08　동반성장위원회 표창상 수상
2020. 07　ISO 45001(안전보건) 인증 획득
　　　05　대리운전업 허가 사업개시, 소독업허가 사업개시
2021. 05　고용노동부장관상 수상
　　　09　여성가족부 장관상 수상
2022. 07　온라인원격평생교육원 고용노동부 인증 획득
2022. 11　행정안전부장관상 수상(안전관리활동 기여)
2023. 05　신라호텔 최우수 파트너사 수상

■■■ 대표자 프로필
이름 : 조구현
경력 : (현)미국보안산업협의회(ASIS)국제연맹 한국서울협회장
　　　중부대 경찰경호대학 겸임교수(역임)

■■■ 회사 및 서비스 소개
한국에스웨이는 고용안정의 대표적 기업으로 5%내외의 낮은 이직률을 기록하면서 업계에서 크게 주목받고 있다.
한국에스웨이의 관리 노하우는 서비스 수행체계의 지수화, 매뉴얼화, 시스템화, 지속적인 교육기법의 향상과 교재개발, 개인별 직무역량의 정량적 분석을 통한 서비스 품질관리가 근간을 이루고 있다.
한국에스웨이는 직원들의 능력배양과 보안업계의 발전을 위해 동업체에서는 상상하기 어려울 정도의 다양한 활동들을 하고 있다.
국내 20여개 대학 및 보안산업 관련단체와 직·간접적 학술 교류 및 세미나 개최, 전문가 육성 및 지원등의 협력 체제를 구축 유지하고 있다.
교육전문 계열사 에스웨이E&M을 통해 많은 교육교재 및 온라인 콘텐츠를 개발하고 있으며 국내 최대 규모의 자료실을 갖추고 있다.

(주)한국커리어서치
www.onjob.co.kr

대표	홍지헌
전화	070-4173-3164
팩스	031-237-9262
이메일	jhong@onjob.co.kr

■ 회사주소
경기도 수원시 권선구 세권로 166번길 26, 동산빌딩 301호(권선동)

■ 설립 및 자본금
설립년 : 2008년
자본금 : 4억원

■ 매출실적
2025년(예상) : 320억원

■ 종업원현황
총원 : 680명 / 관리직 : 30명 / 파견 및 도급 : 650명

■ 아웃소싱 서비스
생산제조도급, 물류센터위탁, 시설관리/경비/미화 용역, 근로자파견, 시설물유지, 소독, 채용대행, 헤드헌팅, HR컨설팅 외 전반 등

■ 주 거래 기업
한국건설기술연구원, 한국노총, 아이온스퀘어, 아람누리, 현대케피코, 삼성그룹사, 이천하이닉스, 아모레퍼시픽, 일진그룹, 도레미케미칼, 한국카본, 한국신소재, 휴테크, 롯데칠성, 삼양식품, 오뚜기, 두산그룹사, 효성, 이스테크닉스, 벤치기업협회 등 다수

■ 자사 및 계열사
계열사 : 에이치알시스템 / SC카본 / 한국장애인고용센터 / 구인구직닷컴 / 김지수, 김비서

■ 임직원 연락처
홍지헌 대표 : 070-4173-3164
김도수 이사 : 010-6292-5460
윤동원 부장 : 010-4336-9001

■ 기업연혁
- 2008~2012년
- (주)한국커리어서치 법인설립
- 온라인 네트워크 시스템 구축 및 캐스팅 교육시스템구축
- 전문서치펌, 근로자파견, 경비업, 소독업 사업확대
- 2013~2017년
- 위생(미화)관리용역업
- 전문 헤드헌팅 직업소개업 등록
- 대기업 생산, 제조 도급 및 파견
 (삼성전자, 현대케피코, 일진디스플레이, 아모레퍼시픽, 한독화장품, 코리아나)
- 대기업 계산원, 매니저, 조리사,. 안내 등
 (롯데마트, 홈플러스, 롯데백화점, 농협하나로클럽, 한국벤처협회, 아울렛)
- 서울시형 사회적기업 인증
- 한국정책분석진흥원 인력관리우수기관 인증
- 2018-2023년
- 시설물관리를 전문업 취득(산업통상자원부)
- 전문 건물종합관리업 주택관리업 허가 취득
- 한국품질경영시스템 ISO9001, ISO1400인증
- 건물종합관리 계약수주
 (건설기술연구원, 한국노총회관, 고양아람누리, 더하우스소호, 위례아이온스퀘어 등)
- 집합건물 토탈 솔루싱 관리시스템 개발
- 한국장애인고용센터 홈페이지 개설
- 자산관리 Property manigiment 사업확대
- 생산도급 계약수주
 (한국카본, 엘비세미콘, 대화제지 등)
- 안전감시단 인력공급업 등록

■ 대표자 프로필
이름 : 홍지헌
경력 : (주)한국커리어서치 대표이사
경영방침 : "사람과 더불어 행복한 기업"

■ 회사 및 서비스 소개
2008년 창립한 (주)한국커리어서치는 "고객의 가치가 기업의 가치"라는 경영이념으로 바탕으로 ▲관리인력의 효율화 ▲관리비용의 최소화 ▲시설관리의 최적화 ▲관리업무의 표준화를 핵심강점으로 성장해온 인적자원아웃소싱 전문기업이다.
책임과 성실을 바탕으로 고객이 감동하는 최고의 서비스를 제공하기위해 노력하는 한국커리어서치는 급변하는 시장경제 구조속에서 고객의 성공과 미래를 함께 고민하고, 사람의 가치를 최우선으로 생각하는 종합 아웃소싱 인사컨설팅사이자 사회적 약자를 위한 사회적기업으로 성장, 발전해가고 있다.
특히 생산제조도급을 기반으로 물류센터위탁, 경비 미화 건물관리용역, 근로자파견, 시설물유지관리, 소독업, 채용대행, 헤드헌팅, HR컨설팅에 이르기까지 인적자원서비스 전반에대한지원서비스분야에서 전문성을 인정받고 있다.
한국커리어서치는 한 차원 높은 서비스를제공하고자 남다른 직감과 직관력으로 선진관리시스템을 도입하여 기업과 사람간의 전문적인 인사컨설팅은 물론, 한국커리어서치만의 기업정신과 인재가치주의를 실현해 나가고 있다.
이미 폭넓은 인재DB를 통해 스마트한 인력관리시스템으로 대기업 및 공공기관, 각 정부투자기관으로부터 신뢰와 호평을 얻고 있으며, 더욱 강화된 핵심역량으로 고객사 발전을 위해 노력한다는 각오다.

(주)한샘개발

www.hanssemdev.com

대표	조용한
전화	02-883-3687
팩스	02-6499-3850
이메일	hanssemdev@hanssempmd.com

■ 회사주소
서울시 관악구 신림로318 청암두산위브센티움 7층

■ 설립 및 자본금
설립년도 : 2012년
자본금 : 6.5억원

■ 매출실적
2024년 : 841억원
2025년(예상) : 860억원

■ 종업원현황
총원 : 1,300명

■ 아웃소싱 서비스
콜센터 시스템 구축 및 관리용역 / 부동산개발 및 컨설팅 / 건물관리 및 위생관리용역 / 홈퍼니싱 A/S기사 도급운영 / 홈케어 서비스 외

■ 주 거래 업종
유통업 / 건설업 / 자산관리업 / 제조업 / 공공기관

■ 주 거래 기업
한샘, 이랜드, 미래에셋컨설팅, 롯데쇼핑, CJ대한통운, YBM어학원, 낙산비치호텔, 이마트24, 롯데백화점, 롯데마트, 아난티 외 다수

■ 임직원 연락처
대표번호   02-883-3687

■ 기업연혁
- 2012. (주)상원피엠디 ▶ (주)한샘개발 법인이관
- 2013. 퍼니스템 / 부산세연정 업무 개시 / 산합협력협약체결(강서 승파, 경기상고)
- 2015. 서브원 / AJ파크 / 이화공영 업무개시
- 2016. 부암동 / 베스킨라빈스 / 케리어에어컨 업무개시
  16년도 인적자원개발 우수기관 인증(한국산업인력공단)
- 2017. 대한민국 100대 아웃소싱기업 선정(아웃소싱타임스)
- 2018. 대한민국 아웃소싱서비스 고객만족대상(컨택센터부문) 수상
- 2019. 미래에셋 센터원 도급 업무 개시
  용산여성인력개발센터 업무협약 체결
  2019 인적자원개발 우수기관 인증(한국산업인력공단)
- 2020. 한샘 생활용품관 영업판매 도급업무 개시
- 2021. 한샘 물류 도급업무 개시
  이마트24 A/S관리 전산시스템 개발/유지보수 진행
- 2022. 2022 인적자원개발 우수기관 인증
  롯데백화점 창원점 도급업무개시
- 2023. 롯데마트 도급업무 개시
  롯데물류센터 도급업무 개시
  아난티코브, 빌라쥬드아난티 도급업무 개시
  ISO45001 안전보건경영시스템 인증
  롯데백화점 전주,구리,건대점 도급사업 개시
  롯데마트 김포한강점 도급사업 개시
- 2024. 대한민국 명품브랜드 대상 수상 (토탈홈케어부문)

■ 대표자 프로필
이름 : 조용한
경력 : 한샘개발 대표이사
     한샘 전략기획실 실장
     유베이스
     베인앤드컴퍼니
     SK텔레콤

■ 회사 및 서비스 소개
한샘개발은 가구산업의 선두 기업인 한샘의 100% 자회사이자 아웃소싱 전문 기업입니다.
전 임직원은 항상 사람을 최우선으로 생각하며 정성을 다하고 최상의 서비스로 기업고객에게는 높은 만족도를, 구직고객에게는 적합한 일자리를 제공하여 사회적으로도 인정받는 기업이 되기 위해 노력하고 있습니다.
임직원 행동의 핵심가치인 존중, 자율과 책임, 유연한 사고를 바탕으로 하루가 다르게 변하고 있는 우리의 현실 앞에 어떤 일이든 긍정적이고 도전적인 자세로 임해 지속 성장 가능 경영을 이뤄가고 있습니다.
늘 고객 여러분들의 옆에서 고객가치향상을 통해 발전과 성장을 만들어드리는 행복 파트너가 되겠습니다.

(주)한성엠에스
www.hansungms.co.kr

대 표	유병훈
전 화	02-3453-0101
팩 스	02-3453-0100
이메일	bki1029@hansungms.co.kr

■■■ 회사주소
서울시 영등포구 양평동3가 46번지 이앤씨드림타워 1013호

■■■ 설립 및 자본금
설립년 : 1996년
자본금 : 20억원

■■■ 매출실적
2024년 : 320억원
2025년(예상) : 390억원

■■■ 종업원현황
총원 : 1,800명 / 관리 : 40명 / 파견 : 600명 / 도급 : 1200명

■■■ 아웃소싱 서비스
경비, 특수경비, 미화, 시설관리, 호텔 전부문, 판매, 판촉, 유통, 물류, 32개 직종 근로자파견, 채용대행

■■■ 주 거래 업종
호텔, 시설, 유통, 생산, 물류, 백화점, 할인점, 카드사, 공공기관 등

■■■ 주 거래 기업
GS칼텍스, GS EPS, 서브원, 대성전기, LS엠트론, 미래에셋, S-OIL, 동아제약, 한국공항, 인터컨티넨탈호텔, 메리어트 호텔, 티마크그랜드 호텔, 코티아드 메리어트 호텔, LG U+, LG CNS, 롯데백화점, LG생활건강, 한화그룹, 금호석유화학, 에릭슨LG, LF(LG패션), GS엠비즈, LG전자, 신한카드, 롯데캐피탈, 롯데칠성음료, 한솔CSN, 현대로지스틱스, 외 100개사

■■■ 지사 및 계열사
지 사 : 부산, 창원, 대구, 울산, 광주, 대전
사무소 : 강남, 인천공항

■■■ 임직원 연락처
대표전화	02-3453-0101
배광일 이사	02-2165-5822

■■■ 기업연혁
1996. 12 (주)한성엠에스 설립
1997. 01 용역경비업 허가
1999. 02 근로자파견업 허가 / 위생관리용역업 허가
2001. 06 특수경비업 허가
2008. 07 노동부 선정 근로자파견 우수기업 인증
        10 롯데마트 업무위탁 수주
2010. 04 LG생활건강 근로자파견 계약
2011. 06 동아제약 업무위탁 수주
2013. 09 S-OIL 온산공장 업무위탁 수주
        11 삼성에버랜드 FM 우수협력사 선정
2014. 03 인천공항 기내청소 업무위탁 수주
2015. 07 부산 씨타딘 호텔 업무위탁 수주
2016. 07 안전보건경영시스템 인증
2018. 01 금복주, 금복개발업무위탁수주
        04 유한킴벌리업무위탁수주
        09 백광소재근로자파견계약
2019. 01 부루벨코리아 업무위탁수주
        04 상지해운 근로자파견계약
        06 한화에어로스페이스 근로자파견계약
        10 광신개발 근로자파견계약

■■■ 대표자 프로필
이름 : 유병훈
학력 : 한국외국어대학교 영어과
경력 : 한국주재 국제개발처(UNDP)행정관
    GS칼텍스(주) 전무이사(인사 / 총무) / 두성프라스틱 대표이사
    중앙노동위원회 위원 역임 / 전남지방노동위원회 위원 역임
    철탑산업훈장 수상
    대한민국 경영혁신 인적자원부문 대상 수상
    대한민국 경제리더 인재경영부문 대상 수상
    대한민국 아웃소싱서비스 고객만족대상 수상
경영방침: 고객중심 서비스 강화를 통한 성장

■■■ 회사 및 서비스 소개
'인재 중심의 가치있는 미래를 만들어가는 기업'
한성엠에스는 Human Resources Outsourcing 과 Business Process Outsourcing 전문기업으로서 본사 및 전국 5개 지사 약 40명의 임직원 일동이 하나가 되어 밀착 서비스를 제공하고 있다.
우수 인력의 효율적인 활용은 기업 경쟁력 강화의 핵심이자 기업의 역량을 제고함에 있어 매우 중요하다. 이에 따라 유능한 인재를 발굴하고 우수한 인재를 적재적소에 파견함으로써 고객사의 업무효율성 증진과 경쟁력 강화에 전력을 다하고 있다.
기업의 핵심역량 강화를 위하여 전략적으로 중요한 분야에 기업의 모든 자원을 집중시키고 기타 활동들(호텔, 시설관리, 경비, 미화, 유통 / 물류, 판매 / 판촉, 근로자파견 등 전분야)의 기획에서 운영까지 완벽하게 서비스하고 있다.

(주)한인컨설팅
https://kmpcs.modoo.at

대표	권택상
전화	031-708-1341
팩스	031-708-1346
이메일	tskwun@hanmail.net

■■■ 회사주소
경기도 성남시 수정구 위례광장로320 아이에스센트럴타워 402호

■■■ 설립 및 자본금
설립년 : 2005년
자본금 : 3억원

■■■ 매출실적
2025년(예상) : 40억원

■■■ 종업원현황
총원 : 150명

■■■ 아웃소싱 서비스
건물시설관리용역, 경비(시설, 특수경비, 신변보호업), 위생관리, 소독업, 근로자파견업

■■■ 주 거래 기업
한국가스공사 등 관공서, 코오롱글로벌 외 다수

■■■ 지사 및 계열사
계열사 : (주)한인에프엠씨

■■■ 임직원 연락처
권택상 대표 : 031-708-1341

■■■ 기업연혁
2005. 05 한인컨설팅 법인설립(건물시설관리 용역)
2006. 06 위생관리용역업 및 시설경비업 허가 취득
2009. 07 소독업 신고
　　　11 임대관리 분야 사업 진출
　　　12 ISO9001 및 경영혁신형 중소기업(Mainbiz) 인증
2010. 03 관계사 (주)한인에프엠씨 설립(부산 소재)
2011. 06 자본금 1억에서 3억으로 증자. 본점 이전(이매동에서 판교동으로)
2017. 04 본점 이전(판교동에서 위례동으로. 자가 사무실 도움)
　　　07 특수경비업 허가 취득
2021. 02 근로자파견업 허가 취득
2023. 01 정부 일자리정책사업 참여

■■■ 대표자 프로필
이름 : 권택상
경력 : 코오롱그룹 17년 재직
　　　(주)한인컨설팅 대표이사
　　　건국대 부동산대학원(논문 : 업무용 건물의 FM (시설관리) 에 관한 연구)
경영방침 : "Better service at lower cost with great satisfaction"

■■■ 회사 및 서비스 소개
한인컨설팅은 지난 2005년 출범한 건물시설관리 전문기업으로 건물과 시설물의 전기, 기계 설비관리, 보안서비스, 미화 및 방역업무를 수행해 오고 있다.
또한 효율적이고 체계적인 관리방안 마련을 위해 ISO9001 인증 및 경영혁신형 중소기업(MAINBiz) 인증을 획득해 현장관리에 만전을 기울이고 있다.
한인컨설팅의 강점은 무엇보다도 건물관리에 필요한 시설관리원, 경비원, 미화원 규모를 건물규모와 특성에 맞춰 가장 합리적으로 산정해 낸다는 것이다.
적정 관리인원과 용역비 산정 노하우는 권택상 대표의 이력과 무관치 않다.
건국대 부동산대학원 석사과정을 졸업한 권 대표는 논문으로 "업무용 건물의 FM에 관한 연구"를 통해 국내 주요 120개 건물 (평균연면적 35천㎡)의 연면적, 전기 및 기계설비 등의 용량을 토대로 설비인원, 경비인원, 미화인력를 연면적 단위당 실제 적정인원을 산출해내는 회귀모형을 제시해 관심을 끌었다.
이는 미국 등 선진국에서 적용하고 있는 용역비 산정방식으로 기존의 건물관리 비용보다 저렴하게 건물을 관리할 수 있다는 특징이 있다.
기존방식은 현장인원을 줄이면 용역업체의 수익이 줄어드는 구조로 되어 있는 반면 한인컨설팅 산정방식에 의하면 업체수익을 평당금액으로 제시할 경우 인원 여유분에 대한 구조조정이 가능해지고 전체적인 비용절감이 자연스럽게 이루어지게 된다는 것이다.
때문에 한인컨설팅에 견적을 맡기면 적정 인건비와 함께 빌딩의 종합적인 비용체계를 속 시원히 상담받을수 있다는 평을 얻고 있다.
한인컨설팅은 건물시설 유지보수의 최적화를 통해 건물가치의 향상 및 이용자의 편의성 증대는 물론 노후건물의 문제점 및 개선 방향을 도출하여 주기적으로 건물주에게 제공하고 있다.
또한 건물과 시설물의 내구연한 증대, 쾌적한 환경조성을 위한 건물의 주기적 관리지표 선정 및 중점관리로 시설내 안전 및 보안유지, 화재예방 및 방범에도 힘써 내방객으로 부터 회사의 이미지 제고에서도 호응을 얻고 있다.

(주)현대에쓰앤에쓰
www.h-sns.com

대 표	이재욱
전 화	1544-9118
팩 스	02-739-6623
이메일	khkim@h-sns.com

▌회사주소
서울시 종로구 서직로12길 21 광희빌딩

▌설립 및 자본금
설립년 : 2004년
자본금 : 3억원

▌매출실적
2024년 : 980억원
2025년(예상) : 1,050억원

▌종업원현황
총원 : 2,400명 / 관리 : 35명

▌아웃소싱 서비스
건물종합관리(시설/미화/보안), IFM서비스, 생산도급, HR아웃소싱 등

▌주거래 업종
백화점, 유통 케이터링, 호텔&리조트, 식품가공업

▌주거래 기업
현대백화점, 현대그린푸드, 한농푸드시스템, 샤프도앤코코리아, 현대엘레베이터, CJ프레쉬웨이, 풀무원푸드앤컬처, 동원홈푸드, 아라마크, BGF푸드

▌지사 및 계열사
영남지사 : 052-234-6592
부산지사 : 051-714-7312
대구지사 : 053-422-3993
충청지사 : 041-418-9637

▌임직원 연락처
김경훈이사 010-2172-8971
윤석웅이사 010-8622-5604

▌기업연혁
2005. 현대백화점 10개점 FM 도급계약
2006. 현대그린푸드 FM/판매/조리 도급계약
2007. 타이거월드 장/단기 사원 인력공급 계약
2008. 한농캐스템/서울시청 조리 도급계약
2009. 모빌월드 FM 도급계약
2010. 서초구청 조리 파견계약
2011. 한국마사회 새마을금고 조리 도급계약
2012. 이비스호텔/노보텔 FM 도급계약
2013. 현대엘레베이터 콜센터 도급계약
     본만제 판매 도급계약/CJ프레쉬웨이 조리 파견계약
2014. 아라마크 조리 파견계약
2016. 베트남 지사 설립 〈헤드헌팅, 사업컨설팅, BPO아웃소싱〉
     샤프도앤코코리아 기내식제조/미화 도급계약
2017. H&M 특수청소 도급계약
2018. 대구프린스호텔 FM 도급계약/구미마이다스CC FM 도급계약
2019. 삼송비엔씨 매장 도급계약/City Square 대형빌딩 FM 도급계약
     오토플러스 FM 도급계약/스테이락호텔 FM/조리 도급계약
     스마트푸드센터 FM/생산 도급계약
2020. 양상동원로얄CC FM 도급계약
2021. 현대L&C FM 도급계약/현대렌탈케어 판매 도급계약
     ZARA 특수청소 도급계약/로얄캐닌코리아 IFM 계약
2022. 분당지웰푸르지오 FM 도급계약
2023. 동원홈푸드 조리 파견계약/현대바이오랜드 FM 도급계약
     LH사옥관리 인재 파견계약
2024. BGF 푸드 생산 도급계약/현대렌탈 케어(점검/AS/설치) 기사 도급계약

▌대표자 프로필
이름 : 이재욱
학력 : 연세대학교 경영학과
경영방침 : 고객과 같이(together), 가치(value)를 만드는 기업

▌회사 및 서비스 소개
아웃소싱은 고객의 다양한 요구에 얼마만큼 능동적으로 대처할 수 있는가가 관건이다. 현대에쓰앤에쓰는 고객의 입장에서 보다 적극적인 사고로 고객만족의 새로운 지평을 열 것이다.

당사는 현대백화점과 국내 유수의 대기업의 각종 아웃소싱서비스를 제공하며, 품격 있는 고객들에게 차원 높은 서비스로 인정받고 있다. 전국 지방 사무소를 통해 경비, 미화, 물류, 생산, CRM, 유통, 단체급식 등 다양한 도급업무수행으로 고객의 다양한 요청에 즉각 응대할 수 있는 능력을 보유하고 있다.

또한 당사는 매년 평균 15%이상의 고성장을 달성하며 내실있는 기업 운영을 통해 기업의 투명성을 재고하고 능력있는 인재를 발굴 육성하는 중요성을 인식하는 등 기업의 비전을 직원의 비전으로 함께 키워 나가고 있는 기업이다.

(주)휴넥트
www.hunect.co.kr

- **대표**: 성승모
- **전화**: 1577-4518, 02-2279-1118
- **팩스**: 02-2279-1100, 051-850-2080
- **이메일**: admin@hunect.co.kr

■■■ 회사주소
서울본부 : 서울시 중구 삼일대로 363 장교빌딩 18층
부산본부 : 부산시 연제구 중앙대로 1217, 국제빌딩 17층

■■■ 설립 및 자본금
설립년 : 1999년
자본금 : 274억원 (자본잉여금포함)

■■■ 매출실적
2024년 : 1,100억원 (계열사 합산)
2025년(예상) : 1,500억원 (계열사 합산)

■■■ 종업원현황
총원 : 4,250명 / 관리 : 75명 / 파견 : 620명 / 도급 : 3,555명

■■■ 아웃소싱 서비스
컨택센터 운영대행, 컨택센터ASP, CRM컨설팅, 컨택센터 인력 도급, 인력 아웃소싱(제조), 인재파견, 취업포털, e-Biz, 시설관리 등

■■■ 주 거래 업종
금융, 유통, 정보통신, 제조, 서비스, 외국계기업, 공공기관 등

■■■ 주 거래 기업
국민건강보험공단, 롯데홈쇼핑, 홈앤쇼핑, CJ온스타일, LG헬로비전, 한화생명, KB라이프생명, ABL생명, 한화오션, 배민커넥트, IBK기업은행, 부산은행, 경남은행, BNK캐피탈, 농협중앙회, SC제일은행, 롯데카드, 삼성카드, EZL, 아시아나항공, 에어부산, 에어서울, 이스타항공, 에어로케이, 파라타항공, 한국쉘석유, DN솔루션즈, 원익머트리얼즈, 복산나이스, 경남에너지, 휘슬러코리아, 한국무역보험공사, 서울보증보험, 관세청, 한국전파진흥협회, 한국산업인력공단, 공항철도 등

■■■ 지사 및 계열사
지사 : 대구지사, 대전지사, 광주지사
계열사 : (주)빌코비전, (주)라바엔텍, (주)부일에이치앤디, 울산도시가스서비스(주)

■■■ 임직원 연락처
성승모 대표   051-850-2003
이용신 전무   051-850-2010
정경주 총괄본부장   02-2279-6688
윤준기 본부장   02-2279-4117
안효석 본부장   070-4283-9849

■■■ 기업연혁
1999.01 부일정보링크(주) 법인 설립 (부일이동통신 자회사 분사)
2009.07 콜센터, 인재파견 관리의 운영 및 부가서비스 ISO9001인증
2010.12 콜센터서비스분야 KS인증 획득
2015.04 한국컨택센터산업협회 회장사
2016.05 남녀고용평등 우수기업 고용노동부장관상 수상
    10 국가생산성대상 장관상 수상 (한국생산성본부)
2017.04 고용우수기업선정 (부산광역시)
    10 한국고객센터 기술경영 컨퍼런스 공로상 수상
2018.07 디지털경영혁신대상 중소벤처기업부 장관상 수상
    10 한국고객센터 기술경영 컨퍼런스 산업통상자원부 장관상, APCCAL 의장상, 베스트 고객센터 인증서 수상
    12 신성장 경영대상-산업통상자원부 장관상 수상
2020.03 모범납세자상 장관상 수상 (기획재정부)
    07 (주)휴넥트 사명변경
    09 일학습병행 우수사례 경진대회 우수상 수상
    10 근무혁신 우수기업 선정 (부산시일생활추진단)
2021.08 노사문화우수기업 선정 (2006, 2009, 2012, 2016, 2021 총5회)
2023.10 ISO/IEC 27001(정보보호) ISO 45001(안전보건), ISO 14001(환경) 경영시스템 인증 획득
    11 국가생산성대상 국무총리상 수상(2019, 2023 총 2회)
    12 워라밸우수기업경진대회 최고경영자 부문 부산광역시장상 수상
2024.03 학자금부문 성실 원천공제의무자 국세청장 표창 수상
2025.02 한국정보통신진흥협회(KAIT) 정회원사 등록
    NS홈쇼핑 우수협력사 감사패 수상
    05 IBK기업은행 우수협력사 감사패 수상
    09 인적자원개발 우수기관 선정(2018, 2021, 2025 총 3회)

■■■ 대표자 프로필
이름 : 성승모
학력 : 부산대 경영대학원 석사, 전남대학교 전자상거래학 박사
경력 : 부일이동통신 총무팀장
    (현) (주)휴넥트 대표이사
    (현) 부산컨택센터협의회 회장
경영방침 : 고객과 임직원의 만족을 실현시키고, 개인과 회사의 지속적인 동반 성장을 추구함

■■■ 회사 및 서비스 소개
사람과 미래기술의 조화로 완성하는 BPO, 휴넥트
(주)휴넥트는 1993년 국내 최초로 콜센터 시스템을 도입한 선도적 BPO 전문기업으로, 통신·금융·제조·유통·공공기관 등 다양한 산업 분야에 컨택센터 운영 서비스를 제공하고 있습니다. 2020년 부일정보링크에서 사명을 변경하며 '사람 중심의 기술 혁신'이라는 새로운 비전을 세우고, AI 기반의 서비스 품질 혁신과 디지털 전환을 추진하고 있습니다. 휴넥트는 WORLD BEST BPO SERVICE GROUP을 목표로, 사람과 기술의 조화를 통해 고객의 성과와 성장을 함께 이루는 전략적 파트너로서 차별화된 고객 경험을 제공합니다.

(주)휴머니아
www.humania.co.kr

대표	서철수
전화	02-710-3400
팩스	02-701-1707
이메일	twinpms@humania.co.kr

■■■ 회사주소
서울시 마포구 마포대로86, 1121호(도화동, 창강빌딩 11층)

■■■ 설립 및 자본금
설립년 : 2000년 1월
자본금 : 5억원

■■■ 매출실적
2025년(예상) : 300억원

■■■ 종업원현황
총원 : 700명

■■■ 아웃소싱 서비스
근로자파견 : 사무, 비서, 운전, 미납관리 및 전산 등 파견허용 직종
업무위탁(도급) : 콜센타, 물류(SCM), 통번역, 배송 및 시설관리 등
헤드헌팅사업 : Executive, Senior 및 Junior Search 등
기타 : 정보통신 사업 등

■■■ 주 거래 업종
금융기관(은행, 보험 및 증권 등), 정부기관, 방송, 유통, 제약, 의료기기 및 건설 등

■■■ 주 거래 기업
한국씨티그룹, KB금융그룹, 서울보증보험, 금융결제원 등

■■■ 임직원 연락처
송민희전무 02-710-3410
박문수이사 02-710-3420

■■■ 기업연혁
- 2000. (주)휴머니아 법인설립
  근로자파견업 허가 취득(서울 서부 2000-8)
  한전KDN와 근로자파견 계약 체결
- 2001. 정보통신공사업등록(서울체신청 112101)
  한국씨티은행와 근로자파견계약 체결
- 2002. LG화학 물류센타 및 콜센타 위탁 계약 체결
- 2003. 사무실 확장 이전(現 휴머니아 본사)
- 2006. 금융결제원, SC은행와 근로자파견 및 도급 계약 체결
- 2007. 홍콩상하이은행와 근로자파견 및 도급 계약 체결
- 2008. 우리은행, 중소기업진흥공단와 근로자파견 계약 체결
  노동부 근로자파견 우수기업 선정
- 2009. 한국씨티은행 씨티폰 콜센타 위탁계약 체결
- 2012. 한국외환은행 심사업무 위탁계약 체결
- 2013. 경영혁신형 중소기업 인증(중소기업청장)
- 2014. KB국민은행, 한국은행와 근로자파견계약 체결
- 2015. 하나카드와 근로자파견계약 체결
- 2016. IBK기업은행와 근로자파견계약 체결
- 2017. KB손해보험와 근로자파견계약 체결
- 2019. DB손해보험와 근로자파견계약 체결
- 2020. 그라비티 外 근로자파견계약 체결
- 2022. 모범납세자(서울특별시장)
- 2024. 엔지니어링공제조합외 근로자파견계약 체결
- 2025. 한국교직원공제회 The-K예다함 위탁계약 체결

■■■ 대표자 프로필
이름 : 서철수
학력 : 우석대학교 졸업
      한양대학교 최고경영자과정 수료
경력 : 기아자동차

■■■ 회사 및 서비스 소개
Human Resource Total Service를 통한 인사관리의 중심

2000년도에 설립된 휴머니아는 고객지향, 도전추구, 실행중시, 인간존중, 윤리준수 등의 핵심가치와 인간이야말로 모든 가치의 원천이라는 확고한 신념을 바탕으로 Human Resource Total Service를 통한 인사관리의 중심이 되고자 설립이후 교육, 관리, 보안 등 다양한 프로그램과 시스템을 자체 개발하고 인력모집부터 배치까지의 절차를 체계적으로 수립함으로써 고객사가 요구하는 이상적인 인력을 적재적소에 배치와 함께 생산성 및 품질향상을 높이고 있다.

또한 자가평가(SP)를 통하여 고객사와 근로자의 만족도 평가를 실시함으로써 경쟁력 강화와 이직율 감소 등 최상의 서비스를 제공하고 있다.

이런 핵심역량과 다양한 시스템 및 기술 Know-How를 기반으로 노무도급, 업무도급, 헤드헌팅, 채용대행 및 정보통신 사업에 이르기까지 사업서비스의 영역을 넓히고 Client 다각화하고 있으며, 고객사와의 시너지효과 및 전문성 확보를 위한 전략적 제휴도 추진 중에 있다.

(주)휴먼네트워크

대표	전영진
전화	031-633-6939
팩스	031-633-6897
이메일	pcbhuman@humannetwork.kr

■■■ 회사주소
경기도 이천시 백사면 청백리로61

■■■ 설립 및 자본금
설립년 : 1998년(상호변경 : 2001년)
자본금 : 1.5억원

■■■ 매출실적
2025년(예상) : 55억원

■■■ 종업원현황
총원 : 176명/관리 : 6명/도급 : 150명/파견직원 : 20명

아웃소싱 서비스
생산도급, 물류도급, 장기요양, 시설관리, 환경·미화관리, 보안·주차, 근로자파견

■■■ 주 거래 업종
대기업, 제조업, 유통, 물류업체

■■■ 주 거래 기업
콘티넨탈오토모티브시스템, 고려제약, 뱅뱅어패럴, 테크팩솔루션, 한익스프레스, 토판포토마스크, 양정중고등학교 외

■■■ 지사 및 계열사
전국 네트웍 구축

■■■ 임직원 연락처
전영진 대표 : 031-633-6939

■■■ 기업연혁
1998. (주)베스트 설립
　　　두산인프라코어 청소, 경비용역계약
2001. 고려제약 배송실 물류도급 계약
2001. (주)휴먼네트워크 상호변경
2001. 지멘스오토모티브(구 콘티넨탈 오토모티브) 사두급계약
2009. 뱅뱅어패럴 물류도급 계약
2011. CONPRODUCTS KOREA 출하 포장 도급계약
2014. 콘티넨탈오토모티브 시스템 공용기 창고 물류 도급계약
2018. 토판포토마스크 근로자파견 계약

■■■ 대표자 프로필
이름 : 전영진
학력 : 건국대학교 졸업
경력 : (주)휴먼네트워크 대표
　　　생산제조도급 전문컨설턴트
　　　물류센터운영도급 전문컨설턴트

■■■ 회사 및 서비스 소개
휴먼네트워크는 체계적인 직원교육과 표준화된 업무 매뉴얼을 바탕으로 꾸준한 성장을 일구고 있는 '작지만 강한' 기업이다.
1998년 설립한 이 회사는 빌딩 운영 전반에 관한 시설관리, 환경·미화 관리, 보안·주차, 생산·물류 도급, 장기요양, 근로자파견 등의 서비스를 전개하고 있다.
핵심역량을 갖춘 프로급 인재를 파견하는 전문기업으로 손꼽히며 사람 중심의 폭넓은 서비스를 제공하는 것이 강점이다.
전영진 대표는 "사업 특성상 파견 근로자의 실무역량이 무엇보다 중요한 만큼 인재파견 시스템에 투자를 아끼지 않고 있다"며 "업계 최고 수준의 고객만족(CS) 교육시스템을 구축했다"고 경쟁력을 밝혔다.
휴먼네트워크는 파견 직원들의 균일한 실무역량을 보장하기 위해 이론교육과 현장교육을 병행하고 있으며 고객사의 요구에 한발 앞서 대응하기 위해 전문성을 확대하기 위해 노력하고 있다.
이론교육은 다양한 거래처에서 축적한 현장업무 노하우를 표준화·매뉴얼화 한 것으로 이 회사의 핵심 경쟁력이다.
또한 고객사 업무에 대한 보안유지에 완벽을 기하는 것은 물론 고객사가 목표로 하는 경영성과를 달성할 때까지 모든 서비스를 밀착 지원한다.
특히 플라스틱, 단프라 박스세척 업무에 있어 초기 수작업으로 진행했던 제반 업무를 수년간의 운영 경험을 토대로 자동화 시스템을 구축해 비용절감 및 품질을 향상시켜 고객사의 경쟁력을 높여왔다는 평가다.
이 회사는 다양화된 아웃소싱 수요가 발생할 것에 대비해 새로운 영역과 거래처를 발굴하는 데 노력하고 있으며 노인 복지 관련 사업으로 사업을 확대해 사람을 제일의 가치로 생각하는 기업, 항상 도전하는 기업, 윤리와 상도덕을 지키는 투명한 기업으로 성장한다는 계획이다.

(주)휴먼리소스
www.humanltd.co.kr

대표	임석희
전화	02-567-9933
팩스	02-567-2350
이메일	hrltd@hanmail.net

■ 회사주소
서울시 강남구 늘은사로114길 38, 경인빌딩 5층 501호

■ 설립 및 자본금
설립년 : 1997년
자본금 : 1억원

■ 매출실적
2024년 : 70억원
2025년(예정) : 70억원

■ 종업원현황
파견 : 130명 / 도급 : 20명

■ 아웃소싱 서비스
인력파견, 헤드헌팅, 채용대행 등

■ 주 거래 업종
운전, 비서, 사무, IT, 회계 경리, 매장관리, 판매, 건물위생관리, CS 등

■ 주 거래 기업
대우, 효성, 롯데, 한국투자, KB, 메리츠, SK, 신한, 신영, BNK, 삼성, 금호 등

■ 임직원 연락처
임석희 대표이사   02-567-9933
황세영 이사   02-561-9180
박경자 차장   02-567-9930

■ 기업연혁
1997. 05 (주)휴먼리소스 설립
1998. 10 근로자 파견사업 허가 획득(노동부)
2000. 05 국내 유명 증권사 파견계약 체결
2001. 07 물류 도급 시행
2004. 02 국내 다수 공기업과 파견계약 체결
2008. 01 다수 건설사 인력 파견 실시
2009. 10 보험사, 대학 인력 파견 실시
2021. 10 건물위생관리업 실시

■ 대표자 프로필
이름 : 임석희
학력 : 숭전대학교 법학과 졸
경력 : (주)선경(현 SK Networks) 근무
경영방침 : 믿음을 소중히 여기는 기업

■ 회사 및 서비스 소개
휴먼리소스는 1997년 설립 이래 다수 공기업 및 대기업에 인력을 지원하고 있으며, 서울, 경기 지역은 물론 부산과 제주도에 이르기까지 지역에 제한 없이, 전문 수행 승용차 운전원, 일반 사무직, IT, 비서, 회계, 시설관리 등 다양한 영역에 바로 투입이 가능한 인력 D/B를 보유하고 있습니다.

휴먼리소스는 '믿음과 신뢰'라는 기본 경영 원칙 아래 단순히 인력을 지원하는 것에 그치지 않고, 한 번 파견한 인원에 대하여는 끊임없는 평가와 모니터링, 재교육을 진행함으로써 고객사가 만족할 수준의 역량을 발휘할 수 있는 우수인력을 지원하여 고객사가 도약하는데 밑거름이 될 수 있도록 최상의 인력 서비스를 제공하는 최고의 파트너가 될 것을 약속드립니다.

(주)휴먼브릿지앤코

www.hmbridgenco.com

대표	이승용
전화	02-3487-4301
팩스	02-784-8240
이메일	human@hmbridgenco.com

■■■ 회사주소
서울시 영등포구 영등포로 103 하나비즈타워 703호

■■■ 설립 및 자본금
설립년 : 2011년
자본금 : 2억원

■■■ 매출실적
2024년 : 70억원
2025년(예상) : 80억원

■■■ 종업원현황
총원: 200명/ 관리: 5명/ 파견: 95명/ 도급: 100명

■■■ 아웃소싱 서비스
인재파견(사무, 상담, 비서, 총무, OA유지보수, 수행기사, 리셉션 외)
시설관리, 물류, 생산 도급, F&B, HR컨설팅, Payroll
채용대행, IT헤드헌팅, VIP의전, 행사진행(수행기사)

■■■ 주 거래 업종
공공기관, 금융, 렌터카, 호텔, 제약, 제조생산, F&B

■■■ 주 거래 기업
삼성화재, 삼성증권, 미래에셋대우, 흥국자산운용, SK렌터카, 미쓰비시엘리베이터, 한빛자산관리, 삼일제약, 제일약품, 서울장수, 실리콘투, H&B아시아, 두나무, 퓨쳐위즈, 선인자동차, 고진모터스, 삼천리모터스, 프리마모터스, 강남차병원, 샴발라CC, AJ그룹, 단비교육, 케어닥, LF패션, 나이키, 이제너두, 젠스필드CC, 이스트소프트, 와이엘랜드, 펌프킨, 덕수전자, 에이텍시스템, 오토허브셀카, 유소, 씨씨디푸드, 미동이엔씨 등

■■■ 지사 및 계열사
전국네트웍 구축

■■■ 임직원 연락처
이운영 사업2팀장 02-3487-4301

■■■ 기업연혁
2011~2012년	(주)휴먼브릿지앤코 설립, 근로자파견허가 취득
	삼성증권 파견계약, 삼성화재 파견계약 체결
	폭스바겐코리아 업무 위탁계약 체결
2013~2014년	브로드밴드CS 파견계약 체결
	SKT 업무 제휴계약 체결, 서울대학교 파견계약 체결
	시설경비업 허가 (제660호)
2015~2016년	신세계 인터내셔널 헤드헌팅 계약 체결
	한국미쓰비시 파견 계약, 미래에셋대우 파견 계약 체결
	GM홀딩스 헤드헌팅 계약 체결
2017년	한국여성과학기술센터 파견계약 체결
	포레스트건설 파견계약 체결, ZTE코리아 헤드헌팅 계약 체결
	KB증권 파견계약 체결
2018~2019년	보람상조 그룹 파견계약, 프리마모터스 파견계약 체결
	이제너두 헤드헌팅 계약, 한빛 자산관리 파견계약 체결
2020~2022년	선인자동차 파견 계약, 두나무 파견계약 체결
	퓨쳐위즈 파견 계약, 강남차병원 파견 계약 체결
	SK렌터카 제주지점 파견 계약 체결
	고진모터스 파견계약 체결
	실리콘투 물류센터 업무 위탁 계약 체결
	H&B아시아 물류센터 업무위탁 계약체결

■■■ 대표자 프로필
이름 : 이 승 용
학력 : 단국대학교 영어영문학과 졸업
경력 : 증권업계 10여년 종사
　　　(동서, 현대, 삼성, 하나증권)
　　　(주)아이비커리어스텝 대표이사 역임
경영방침 : "신의, 열정, 책임, 정직"

■■■ 회사 및 서비스 소개
휴먼브릿지앤코는 상호에서도 짐작하듯이 '기업과 사람 사이에서 튼튼한 다리 역할'을 통해 기업에게는 필요로 하는 인재를 발굴하여 제공함으로써 일류기업으로 도약의 전기를 마련하고, 우수한 인재에게는 신명나게 일할 수 있는 기업과 일자리를 제시함으로써 행복한 미래설계의 꿈을 실현할 수 있도록 하겠다는 사명으로 시작한 기업이다.
지난 2011년 창립이후 십수년간 쌓아온 아웃소싱 전문서비스 노하우를 기반으로 인재육성과 고객만족을 최고의 경영이념으로 많은 구직자들에게 취업의 기회를 창출하고 우수한 인재를 육성하여 고객만족과 기업경쟁력을 강화시키는 아웃소싱 전문기업으로 성장해왔다.
특히 고객의 니즈에 맞는 1:1 맞춤형 아웃소싱서비스 제공을 모토로 고객사와 구직자 모두에게 최고의 시너지 효과가 날수 있도록 또한 임직원 모두 최선의 노력을 다하고 있다.

(주)휴먼비젼
www.hov.co.kr

대표	김관호
전화	02-753-9100
팩스	02-753-7007
이메일	ceo1@hov.co.kr

■■■ 회사주소
서울 중구 수표로 45, 1405호(저동2가, 을지비즈빌딩)

■■■ 설립 및 자본금
설립년 : 2010년
자본금 : 4.5억원

■■■ 매출실적
2024년 : 40억원
2025년(예상) : 45억원

■■■ 종업원현황
총원 : 254명 / 관리 : 9명 / 파견 : 150명 / 도급 : 95명

■■■ 아웃소싱 서비스
근로자파견, 헤드헌팅, 아웃소싱, 해외진출컨설팅, 식자재납품, 취업컨설팅

■■■ 주 거래 업종
근로자파견, 국내외 헤드헌팅, 국내외 금융사, 병원, 금융사 Credit & Risk Consulting, 베트남 진출 Consulting, 미8군 식자재납품 컨설팅, CS교육 및 Consulting, HR Consulting(취업준비생 멘토링 포함)

■■■ 주 거래 기업
한국씨티은행, 포르쉐파이낸셜서비스코리아, 우리금융캐피탈, NICE금융그룹, KB국민카드, DGB캐피탈, 애큐온캐피탈, 주한미국대사관, 미국곡물협회분사무소, 인덜지, 씨티칼리지, 올릭픽컨트리클럽, 올림픽콜로세움, 오아시스메디홈, 프리드라이프, 청담우리동물병원, 메디코펫, 네오펫동물병원, CJ엠디원, 하렉스인포텍, 솔버스, 알머스, 성주음향, BA비스타, 브로스캐디 및 다수 골프장, 베트남 베가스 카지노, 베트남 풀만호텔, 베트남 그랜드플라자, 베트남 까라벨호텔

■■■ 지사 및 계열사
휴먼비젼파트너스, 베트남 하노이 사무소

■■■ 임직원 연락처
대표 김관호 010-9733-1364

■■■ 기업연혁
2010. 회사 설립(자본금 2억)
2015. 국민카드 근로자파견계약
2016. 원클리닉 고객센터, 자베즈파트너스, 코히런트코리아, 수원여대 등 계약/구리청과 미8군 식자재납품 컨설팅 개시
2017. 어니스트 펀드/대부, 애큐온캐피탈 등 계약
2018. 우리금융캐피탈 파견업무 계약, 미국대사관 파견업무 계약, DGB캐피탈 파견업무계약, IGS베트남지사 계약
2019. 씨티은행 뉴욕 Vendor's 평가 한국 1위
씨티칼리지 그룹사 파견 및 도급 계약 / 피플펀드 헤드헌팅
청담우리동물병원 파견계약 / VC근로자파견 및 헤드헌팅
2020. 올랜드 아울렛 파견 및 도급계약 / 하이리퍼브테크 업무 도급
2021. 대출상품 모집인 등록 라이센스 취득
리스 및 할부 상품 모집인 등록 라이센스 취득
비스타밸리 디원호스승마클럽 파견 및 헤드헌팅
프리드라이프 파견 및 도급
2022. 한국장애인개발원 파견업무계약/이원다이애그노믹스 파견업무계약
메디코펫 파견업무계약 / SGC솔루션 파견업무계약
베리타스자산대부 헤드헌팅 / 그린웨일글로벌 파견 및 헤드헌팅 계약
2023. 포르쉐파이낸셜서비스코리아 파견업무계약
미국곡물협회분사무소 파견업무계약
순수해작 헤드헌팅/배움 헤드헌팅 / 이노빅스 헤드헌팅

■■■ 대표자 프로필
이름 : 김관호
학력 : 동국대 경영대학원
경력 : 동양증권 / 씨티은행 / 고려신용정보
'89 Star Team Performance Award/Citibank Division Executive
'89 Best Salesman Award in North Asia/상동
'92 Service Excellence Award/Citigroup Chairman
Training: Risk Management Process/ Effective Salesman/ Sucessful Negothiation Skill/ Inside Power/People Management/ Dynamic Selling Skill/ Legal Process
경영방침 : 지속가능기업/직원과 같이 동반성장 기업

■■■ 회사 및 서비스 소개
2010년 설립 이래 3년간 매년 100%이상의 매출신장을 기록한 당사는 외국금융기관 전문 파견, 각종 업무도급, 헤드헌팅 업무에 집중하였으며 국내외 산업변화에 맞춰 거래처 다변화와 특화상품 개발로 재도약을 준비하고 있습니다.
그 일환으로 해외 헤드헌팅/비행기 정비사업 도급 / 미8군 식자재납품 컨설팅/병원 및 요양원도급을 통하여 거래처와 사업을 다각화하고 있으며 이와 아울러 사회구조 변화에 따른 각종 컨설팅분야를 개척하고 있습니다.
경쟁을 즐기며 열정이 있는 종사원과 함께 성장하겠습니다.

(주)휴먼솔루션

www.humansolution.co.kr

대표	이승재
전화	031-812-3790
팩스	031-812-3788
이메일	hms201306@naver.com

■■■ 회사주소
경기도 고양시 일산동구 무궁화로 34 , 606호
(장항동, 남정씨티프라자2차)

■■■ 설립 및 자본금
설립년 : 2013년
자본금 : 3억원

■■■ 매출실적
2025년(예상) : 50억원

■■■ 종업원현황
총원 : 230명

■■■ 아웃소싱 서비스
생산도급, 물류도급, 인재파견, 건물관리, 경비보안, 청소, 주차관리, 소독, 채용 HR서비스, 전시장 보안 및 도우미 서비스 등

■■■ 주 거래 업종
제조업, 물류서비스업, 식품서비스, 공공서비스 등

■■■ 주 거래 기업
우진플라임 외 다수

■■■ 지사 및 계열사
청주영업소 : 충북 청주시 상당구 낙영로 32번길
의정부영업소 : 경기 의정부시 산단로 76번길

■■■ 임직원 연락처
대표이사	031-812-3790
영업이사	031-812-3707
본부장	031-812-3708

■■■ 기업연혁
- 2013. 06 (주)휴먼솔루션 설립
- 07 건물관리,시설관리업 등록
- 10 위생관리업 허가
- 11 시설경비업 허가
- 2014. 12 소독업 허가
- 2015. 10 근로자 파견사업 허가
- 2016. 12 킨텍스 전시장 보안 협력사 지정 승인
- 2017. 06 건축물유지관리협회 회원사
- 08 근로자보호클린 인증 _ 고용노동부
- 2018. 04 HR서비스 우수기업 인증 _ 물류부문
- 2020. 03 충북 청주지사 설립
- 2021. 03 대한민국 100대 아웃소싱 기업 선정
- 04 경기 파주지사 설립
- 2022. 05 한국전시서비스업협회 회원사
- 2025. 03 대한민국100대 아웃소싱기업 (8회차)
- 05 경기 의정부 영업소 설립

■■■ 대표자 프로필
이름 : 이승재
학력 : 건국대학교 졸업
경력 : 시솔에스아이 대표
이신텔레콤 대표

■■■ 회사 및 서비스 소개
2026년 13주년을 맞는 휴먼솔루션은 지역권 사업영역에서 벗어나 전국권으로 확대하고 업계 최고의 HR서비스 전문기업으로 거듭나고자 합니다.

고객사와의 신뢰를 기반으로 검증된 고품질 서비스를 제공하는 것은 물론 더욱 체계화된 내부시스템을 가지고 명품 업무서비스를 지향토록 하겠습니다.

주요서비스 분야는 제조,생산,물류 도급을 필두로 건물종합관리(경비보안,미화,주차관리,안내,시설관리),각 전시장 분야의 인력파견 등이며,특히 생산·물류 등의 완전 도급 운영 노하우는 고객사에서도 호평을 받을 정도로 인정받고 있습니다.

최근 기업체마다 고용불안,고금리,고유가,고물가,자원부족,물가 상승,인건비 등 제품원가가 심각한 상승 추세에 즈음하여 휴먼솔루션은 경쟁력 있는 업무도급과,고용창출이라는 두 마리 토끼를 잡고자 열과 성을 다하겠습니다.

휴먼시스템 개발을 통해 기업에 보탬이 되고 구직자에게는 경쟁력 있는 솔루션을 제공하는 "휴먼솔루션"역할을 적극 수행하겠습니다.

(주)휴먼앤비젼

www.human-vision.co.kr

대표	최우석
전화	032-515-0190
팩스	032-330-1995
이메일	1sthv@hanmail.net

■■■ 회사주소
인천광역시 부평구 신트리로 6번길 6 혜성빌딩 501호

■■■ 설립 및 자본금
설립년 : 2004년
자본금 : 2억원

■■■ 매출실적
2024년 : 141억원
2025년(예상) : 130억원

■■■ 종업원현황
총원 : 380명 / 관리 : 11명 / 파견 : 80명 / 도급 : 300명

■■■ 아웃소싱 서비스
시설종합관리(관리/시설/미화/보안/주차/조리)
도급관리(병원, 호텔/제조/물류), 인재파견, 채용대행
클리닝서비스 도급/청소/소모품/소독
간병인 케어서비스 (간병인 파견, 운영관리 / 병원 오픈 컨설팅 등)
의료아웃소싱(병동보조, 사무보조, 미화, 보안등)
호텔아웃소싱(HK, 시설, 미화등)

■■■ 주 거래 업종
시설, 사무 부문 (병원, 호텔, 오피스 등)
제조, 물류 부문 (자동차, 화장품, 전자통신 / 물류, 유통 등)

■■■ 주 거래 기업
시화병원, 한림병원, 나사렛국제병원, 아이제일병원, 마디척병원/히즈메디병원, 인본병원, 건주병원/라마다앙코르호텔, 로얄엠포리움호텔, 골든튤립디노포트호텔, 고려호텔, 원티드호텔, 송도브릿지호텔, 베스트웨스턴 호텔, 카리스호텔, 어반플레이스호텔/이젠지식산업센터, 청라더리브띠아모지식산업센터/세종테크노타운, 올림픽기념관, 한국은행본부, 인천도시공사, 도원경기장, 김포대학교, 김포고등학교/엠씨넥스, 디에이치라텍, 한국씰마스타, 원봉, 디브이홀딩스, 우리별텔레콤, 지앤그룹, 피에스텍, 셀바이오텍

■■■ 지사 및 계열사
(주)사람과비젼 (김포지사)
(주)쉐어테크비젼 (고양, 파주지사)

■■■ 임직원 연락처
032-515-0190 (인천,서울) / 031-983-3651 (경기)
황용선 관리이사 (관급입찰)
윤재길 관리이사 (시설종합관리/의료, 호텔서비스)
최준혁 팀장 (시설종합관리/제조물류 도급)
김양희 주임 (경영지원관리)

■■■ 기업연혁
2002. 07 (주)사람과비젼 설립
2004. 12 (주)휴먼앤비젼 설립
         근로자파견사업 개시
2005. 12 위생관리용역업 개시
2011. 02 시설경비업 개시
      05 아웃소싱리딩컴퍼니 (인천/경기) 선정
      06 김포지사 설립
2012/2017 대한상공회의소 우수기업 표창
2016/2024 국회의원 상공의날 우수기업 표창
2019. 12 인천광역시 고용창출 우수기업상 수상
2020. 04 클리닝센터 오픈 (인천광역시, 경기 김포시)
2021. 09 아웃소싱 서비스 고객만족대상 (산업통상자원부)
2022. 09 시니어 고용창출 우수기업 수상 (한국노인인력개발원)
      10 인천광역시 어르신 고용우수기업 인증 (인천광역시청)
2024. 12 고양지사 (계열사) 설립
2025. 05 아웃소싱 100대기업 14년 연속 수상

■■■ 대표자 프로필
이름 : 최우석
학력 : 1986년 국립서울산업대학교 졸업
경력 : 1982~1984 기술장교 8기
       1986~1996 포항제철/포스코건설 (노무,영업관리)
       1997~2000 유통 서비스 사업
       2002~ HR 서비스 사업 (현)
경영방침 : 인간존중과 비전 제시

■■■ 회사 및 서비스 소개
시설, 사무관련 입찰/도급(위탁) 업무 수행
제조, 물류관련 도급/파견 업무 수행
클리닝서비스, 케어 서비스 사업 수행

인천, 서울, 경기(수도권) O/S 전문기업으로 육성코자 '관리경쟁력', '업무전문화'를 병행하여 노령화 현상과 1인가구 증가, 맞벌이 가구에 특화된 클리닝, 케어서비스로 경력단절 여성의 교육,훈련 노인 고용의 실현 등 수도권내 우수 일자리 창출 기업을 목표로 고객사에게 '필요로 하는 기업'을 만들고자 합니다.

(주)휴먼인프라
hminfra.co.kr

대표	차동현
전화	051-558-0042
팩스	051-555-2019
이메일	hminfra2@hanmail.net

■■■ 회사주소
부산 동래구 미남로 148 7층(온천동)

■■■ 설립 및 자본금
설립년 : 2005년
자본금 : 5억원

■■■ 매출실적
2024년 : 250억원
2025년(예상) : 220억원

■■■ 종업원현황
총원 : 1,000명

■■■ 아웃소싱 서비스
업무위탁(사무, 생산대행), 시설관리용역, 위생관리용역, 아웃소싱, 근로자파견, 채용대행 등

■■■ 주 거래 기업
대한통운, 삼성전기, 부산시설관리공단, 빙그레, 부산관광공사, 영도구청, 한진택배, 경동택배, 옐로택배, 로젠택배, 해드림, 매일정기, 아워홈, 다이소, 녹채원, 홍우건설, 인터파크, 송우산업, 협진피엘, 한성기업 등 다수

■■■ 지사 및 계열사
지 사 : 서울지사, 경상권, 중부권, 부산권
계열사 : 파트너스코리아

■■■ 임직원 연락처
차동현 대표 : 051-558-0042

■■■ 기업연혁
2005. 휴먼인프라주식회사설립 근로자파견사업허가
2005. 광주LG텔레콤자회사 (주)아인텔레서비스인력아웃소싱
2006. 중소기업 생산아웃소싱 진출
2007~2011년.
디와이테크 생산도급/삼성전기 채용대행 /화승T&C 근로자파견계약체결/LG유플러스 및 AIA생명 채용대행/YK스틸 청소용역 도급/빙그레 포장 출하관리, 청소도급
2012~2017년.
파트너스코리아설립/(주)한진택배 운송기사 채용대행/경동 택배터미널 물품분류도급/부산신항CFS(주) 물류 도급/부산국제물투(주) MOU체결/대한통운 파견계약체결/대한통운 택배터미널 도급운영
2018~현재.
파트너스인설립/부산시설관리공단 청소 도급/부산관광공사 경비 /청소도급/비아이피(주) 생산도급/부산 영도구청 CCTV 경비 도급/Cj대한통운 도급/삼성정밀 검사조립 도급/삼성전기 설비 청소 도급/다이소 물류도급/사조대림 부산사업장 생산 도급/시니어인턴, 취업연계형사업 수주/부산아이파크경기장 청소수주/BTS 부산공연공연장 청소수주

■■■ 대표자 프로필
이름 : 차동현
학력 : 부경대학교 졸업/ 부산대 최고경영자과정 수료
경력 : (주)휴먼인프라 대표
　　　(사)한국HR(인적자원)서비스협회 부산/경남 지회장 연임
　　　삼성전기 부산사업장 협력사 협의회 대표 역임
수상내역 : 아웃소싱 리딩컴퍼니 수상
　　　지역대표 아웃소싱 리딩 컴퍼니 수상
　　　대한민국 100대 아웃소싱 기업 선정
　　　고용노동부 민간고용서비스 자율시정 사업주 교육 수료
　　　보건복지부 시니어인턴십 수행기관 선정
　　　보건복지부 장관상 수상
　　　대한민국 아웃소싱서비스 고객만족 대상(생산/제조부문)

■■■ 회사 및 서비스 소개
'고객 감동, 인재 제일, 창조적 혁신'을 모티브로 2005년 설립한 휴먼인프라(대표 차동현)는 이후 '남부권 No.1 아웃소싱의 대표기업'을 지향하는 중견기업으로 성장했다.
고용유연성 확보와 업무효율성을 증대시켜 급격한 경영환경 변화에도 신속히 대응함으로써 기업 경쟁력강화에 뒷받침이 된 HR사들의 전문기업이자 기업성장 지원파트너로 자리잡고 있다.
'한국 아웃소싱서비스 100대기업 선정' 및 '보건복지부장관 표창수상'을 수상(노인일자리 지원사업 평가)하였고 주력사업으로 제조, 유통, 물류 외에도 국내 고객사들로부터 아웃소싱서비스 우수기업으로 인정, 창립 이후 최대의 실적과 영업이익을 실현해 나가며 업계와 정부가 인정하는 기관에서 다수의 수상경력도 보유하고 있다.
최고의 서비스를 제공하는 아웃소싱 전문업체, 기업이 먼저 찾는 우수한 네트워크 구축업체로 호평을 얻고 있는 휴먼인프라는 '계약 곧 성과'로 인정받아온 성과관리 시스템을 기반으로 자신의 강점과 눈높이 조절을 통해 구직자에게 맞는 개인 맞춤형 라이트잡(right job) 컨설트을 통해 경쟁력을 높여가고 있다.
특히 청년, 중장년, 여성 구직자와 검증된 기업간 일자리매칭 시스템을 바탕으로 성과를 이루어내고 있으며 향후 장애인채용을 확대과 소외계층이 없이 채용확대를 추진해 나갈 계획이다.

(주)휴먼코아
www.huco.co.kr

대표	김진석
전화	02-406-3600
팩스	02-406-8669
이메일	huco@huco.co.kr

■■■ 회사주소
서울 송파구 도원로 128(문정 SKV1GL메트로시티 C동 7층)

■■■ 설립 및 자본금
설립년 : 1998년
자본금 : 5억원

■■■ 매출실적
2024년 : 400억원
2025년(예상) : 430억원

■■■ 종업원현황
총원 : 1,500명 / 관리 : 50명 / 파견 : 100명 / 도급 : 1,350명

■■■ 아웃소싱 서비스
근로자파견, 물류센터업무도급, TOTAL인사관리, 판촉, 채용대행, 점포인사노무관리서비스

■■■ 주요거래 기업
삼성전자, 홈플러스, 톨글로벌로지스, 롯데슈퍼, 오뚜기물류센터, CJ올리브영, 글로비스, GS네트웍스물류센터, 오스템, 디만트코리아, NS홈쇼핑, A&D용정보, 에이케이에스앤디, DHL, 롯데케미칼, 시몬스, 삼성SDS, 네이버, 인스파이어, 글로우서울, 쿠네앤드나겔 등

■■■ 지사 및 계열사
지사 및 사무소 : 충청지사, 영남지사, 대산사무소, 이천사무소
계열사 : ㈜한새

■■■ 담당원 연락처
김진석 대표   02-406-3600
안형일 부사장   02-527-0902

■■■ 기업연혁
2002. 01 휴먼코아 설립
2009. 02 노동부지정 고용지원센터 선정
      08 ISO9001인증/환경필터 제조 사업 진출
2010. 03 프랜차이즈 점포 인사관리대행 개시
      10 고용노동부 우수고용기업 인증
2011. 05 점포인사관리시스템 '휴먼코아' 오픈
2019. 07 김진석 대표, 안형일 부사장 아웃소싱 엑스퍼트 선정
2020. 09 2020 아웃소싱서비스 고객만족대상(물류센터운영 부문)
2022. 06 2022년 대한민국 HR서비스 10대 대표기업 선정
      07 ISO45001 인증
2023. 03 ESG 우수 중소기업 선정_동반성장위원회
2024. 01 한국아웃소싱리딩컴퍼니 선정(유통/판매지원부문)
      04 인스파이어 리조트 오아시스 고메빌리지 위탁운영
2025. 04 대한민국 100대 아웃소싱기업 선정(아웃소싱타임스)
      09 근로자 보호 HR서비스 클린기업 인증
         2025 아웃소싱고객만족 대상(HR컨설팅/외식도급부문)

■■■ 대표자 프로필
이름 : 김진석
학력 : 숭실대노사관계대학원
경력 : (전)진로그룹 인사팀
      (전)노동부 선진5개국노사관계연구위원
      (전)전국인사관리자협의회간사
      (현)농업CEO연합회인사관리자문역
      (현)(주)한새 대표, (주)휴먼코아 대표

■■■ 회사 및 서비스 소개
(주)휴먼코아는 '모든 것의 중심은 인간'이라는 철학을 바탕으로 1998년 설립된 종합 HR 아웃소싱 전문기업입니다.
변화하는 산업 환경 속에서도 사람 중심의 가치를 실현하며, 고객 만족과 투명경영을 통해 성장해왔습니다.
고용노동부 우수기업 인증을 비롯해 다수 고객사와의 신뢰를 기반으로 사업을 확장해왔으며, 체계적인 교육을 통해 HR 전문 인력을 양성하고 있습니다.
채용부터 퇴직까지 전 과정을 처리하는 Multi-Non Stop 인사노무관리 시스템과 HR PRO 애플리케이션을 통해 고객사의 인사 효율성과 정확성을 높이고, 인사담당자의 업무 부담을 줄입니다.
현장 운영에서도 합법적이고 원칙적인 인력 관리를 통해 안정성과 신뢰를 확보하며, 대기업, 스타트업, 외식기업 등과 협력해 다양한 아웃소싱 모델을 개발해왔습니다.
앞으로도 ESG, 윤리경영, AI 기반 협업 등 미래 과제에 선제적으로 대응하며 지속 가능한 HR 컨설팅 기업으로 도약하고자 합니다.

(주)휴비즈넷
www.hubiznet.com

대표	양병만
전화	02-890-0800(代)
팩스	02-890-0839
이메일	admin01@joinshr.com

■■■ 회사주소
서울특별시 구로구 디지털로 31길 59-14 HR2071 4층

■■■ 설립 및 자본금
설립년 : 1998년
자본금 : 9억원

■■■ 매출실적
2024년 : 68억 9,942만원
2025년(예상) : 66억원

■■■ 종업원현황
총원 : 310명

■■■ 아웃소싱 서비스
휴비즈넷 : 인재파견, 판매판촉 BPO, 채용대행, 도급(위탁)
조인스HR : 급여아웃소싱(Payroll)

■■■ 주 거래 업종
정보통신(IT), 판매판촉 (식품, 패션잡화, 화장품, 건강 외), 금융기업
건설, 물류, 철강 등

■■■ 주 거래 기업
롯데제과, 롯데푸드, 롯데네슬레, 롯데정보통신, 이랜드,
코리안리재보험, 니콘코리아, 후지필름, 랄프로렌코리아

■■■ 지사 및 계열사
계열회사 : (주)조인스에이치알 (02-890-0800)
지   사 : 부산지사 (051-714-1275) / 중국길림지사

■■■ 기업연혁
1998. 08 인터프로스텝 설립, 인재파견업 출범
2001. 08 중앙일보 Job Joins 온라인 채용사이트 인수합병
          중앙일보 Joins.com과 공동 HR비즈니스 추진계약
2002. 02 CS/MOT교육, 계층교육, 직무교육서비스 확대
2003. 12 HR종합서비스 (주)조인스에이치알 설립
          (신인사제도컨설팅개시)
2004. 07 인사종합 포탈사이트 구축 (www.joinshr.com)
2005. 01 조인스HR 아카데미 1회 오픈 공개세미나 개최
          12 대성그룹과 E-Learning 사업제휴 구축
2006. 01 중국 길림신문과 '인적자원 개발에 관한 업무제휴'
2007. 01 국내최초의 인사토탈서비스 온, 오프라인 구축
2008. 07 헤드헌팅 신규서비스 도입 (강남지사 설립)
2009. 07 (사)한국경영컨설팅협회와 업무제휴 (정부인턴제)
2010. 03 제5회 컨설팅 혁신대상 지식경제부장관상 수상
2012. 12 일본 최대의 파소나그룹(PASONA)과 업무협력 중
2015. 07 페이롤BPO 시스템 (EHR Cloud Program) 런칭
2016. 12 고용노동부 자율서비스 (HR 서비스) 우수기업 인증
2017. 03 경총/KOSIA 2017 HR서비스 우수기업 인증
          (유통판매판촉 부문 / 급여대행 Payroll BPO 부문)
2022. 11 한국장애인고용공단과 자회사형 장애인표준 사업장 설립

■■■ 대표자 프로필
이름 : 양병만
학력 : 세종대학교 무역학과 졸업, 고려 대노동대학원 수료
       매경KAIST-KMS CEO과정 수료
경력 : 롯데그룹 유통사업본부 인력관리
       (주)경원 MA(Marketing Assistant), 총괄임원(기획/영업/관리)
       (사)한국HR서비스산업협회 책임부회장(現)
       조인스HR(통합HR컨설팅)서비스그룹 대표이사(現)
경영방침 : Different & Better HR Solution Company!
           차별화되고 경쟁력 있는 HR Solution을 제공하여 고객의
           지속성장을 지원하는 존경 받는 사회적 기업이 된다.
비전 : 종합HR서비스 역량강화를 통한 국내 최고의 한국형, PEO회사 실현
핵심가치 : Nice Job Nice Worker!
           Networking(통합과 가치창출), Integrity(정직과 신뢰),
           Challenge(도전과열정), Excellence(차별화된 전문성)

■■■ 회사 및 서비스 소개
휴비즈넷은 조인스HR서비스 그룹이 중장기적 핵심서비스로 지향하는 인재파견 및 아웃소싱(BPO) 사업부문에서 전문적인 역량을 기반으로 소외되었던 비정규직에 대한 육성프로그램(통신교육, 직무교육, 사이버 연수원)을 통해 핵심인재로서의 능력개발을 지원하는 質관리된 파견서비스를 제공하고 있다. 대기업에서 주변 인력으로 평가되었던 고객접점(MOT) 부문의 판매판촉인력과 부서운영기능을 핵심인력 인재지원서비스에 준하는 성과관리형 인사제도, 평가시스템과 지속적인 교육프로그램을 직무별로 제공함으로써 특화된 아웃소싱 서비스로 기업고객에게 make performance를 되돌려줄 수 있는 진정한 의미의 전략적 아웃소싱 모델을 선도해 나가고 있다.

흥안실업(주)
www.heungan.com

대 표	탁재용
전 화	02-849-2591
팩 스	02-6919-1006

■■■ 회사주소
서울특별시 서초구 강남대로43길 14-1

■■■ 설립 및 자본금
설립년도 : 1986년
자본금 : 5억원

■■■ 매출실적
2024년 : 190억원
2025년(예정) : 240억원

■■■ 종업원현황
전체직원 : 623명

■■■ 아웃소싱 서비스
건축물종합관리, 시설물유지관리, 경비보안, 청소, 용역, 부동산관리, 토탈아웃소싱

■■■ 주 거래 업종
공공기관, 금융, 건설, 유통, 서비스, 외국계기업 등

■■■ 주 거래 기업
에스원, 에스앤아이, 한국가스공사, 진주시청, 성남시청, 사천시청, 한국전자통신연구원, 산업자원부, 기술표준원, 국토연구원, 지방재정공제회관, 경기대학교, 가천대학교, 경원대학교, 성결대학교, 부경대학교, 숭실대학교, 광주하이테크, 칼라스퀘어, 대륭포스트타워, 안제타워, 진주 NBC, 동방아그로, 신동아아파트, 서희건설, 호반건설 외 다수

■■■ 지사 및 계열사
전국 지사 네트워크 구성

■■■ 임직원 연락처
탁재용 대표   02-849-2591

■■■ 기업연혁
1986. 10 흥안실업(주) 설립
1987. 07 경비업 허가 취득, 위생관련 용역업 신고
1993. 10 서울지방경찰청장 표창(경비업무 관련)
1994. 10 경찰청장 표창(경비업무 관련)
1995. 03 보건복지부장관 표창(위생업무 관련)
2000. 12 ISO 9002 (K-961) 인증(건물, 전기설비관리분야)
2003. 03 서울특별시장 표창(위생관리용역 관련)
       12 건설교통부장관 표창(건축물유지관리업무 관련)
2004. 02 ISO 9001 (JK-1392) 인증(건축물유지관리분야)
2006. 01 한국거래소 공로패(시설관리 관련)
2007. 01 진주시장 감사패
       10 한국 서비스품질 우수기업 인증 획득(종합용역업)
2009. 05 자랑스런 한국인 대상(건축물종합관리 공로대상)
2015. 11 사업체노동력조사업체 지정 (고용노동부장관)
2018.   국민은행 도급 협력사 등록
2019.   한진그룹 협력사등록

■■■ 대표자 프로필
이름 : 탁재용
학력 : 진주 고등학교졸업 / 명지대학교 졸업
       중앙대학교 사회개발 대학원 수료
경력 : 흥안실업주식회사 대표이사
       한국 직능단체 총연합회 회장 / 제2건국 추진위원회 위원
       민족화해협력위원회 공동의장 / 한미 우호협회 부회장
       인간개발 연구회 부회장 / 밝은 가정 협의회 이사장
       이승만 기념사업회 이사 / 한국 건축물 유지협회 회장
       한국 위생관리협회 부회장 / 한국경비협회 부회장
인증및 수상내역 : 경찰청장 감사패 / 보건복지부장관표창
                 건설교통부장관표창 / ISO 국제품질 인증서
경영철학(경영방침) : "앞서 가는 사람이 되자"

■■■ 회사 및 서비스 소개
끊임없이 발전하는 한국경제 속에서 첨단 IBS 고층건물들이 계속 늘어나는 추세에 따라 이에 대한 전문적인 건물관리 수요도 급격히 늘고 있는 추세다.
흥안실업은 이러한 국내 실정을 감안하여 1986년 설립, 신한은행(구 조흥은행) 전산센터 시설관리를 시작으로 국민은행 전산센터, 우리은행 전산센터, 브릿지증권, 증권선물거래소, 한국증권전산센터, 대한투자증권, IBK기업은행에 이르기까지 현재 첨단 IBS 빌딩시설을 관리하고 있는 중견 건물종합관리 업체로 정평이 나 있다.
특히 장기간 축적된 기술과 노하우를 바탕으로 국내 실정에 맞는 설비관리시스템의 표준화를 최우선 과제로 연구하고 있다.
흥안실업 임직원 일동은 철저한 책임감과 확고한 사명의식으로 고객의 귀중한 재산 관리인으로서 건물의 안전관리와 설비의 수명연장 도모는 물론 건물가치 향상을 위한 최선의 노력을 다하고 있다.

2026 KOREA OUTSOURCING DIRECTORY

인재파견 II

▶ 가나다순

- 대영관리
- 대지
- 더맨
- 덕산종합관리
- 동양실업
- 동원씨앤에스
- 맥풍
- 맨토니아
- 백산휴레텍

- 부성아이엔씨
- 브레인풀
- 비너스컨설팅
- 비즈너씨앤에스
- 비지에프휴먼넷
- 삼진엠피에스
- 서한기업
- 신한피앤씨
- 아인텔레서비스

- 에스텍플러스
- 에이치알엔
- 에프앤비네트웍스
- 앰플라인
- 오케이맨파워
- 용진티엔에스
- 우마테크
- 위너스메이트
- 이노스트

- 이엠피서비스
- 이피엠네트워크
- 인피닉
- 잡뉴스솔로몬서치
- 중원에이치알컨설팅
- 카마드
- 커리어텍
- 현우서비스
- 화인크루

대영관리

- **홈페이지** : www.daeyoungm.com
- **대 표 자** : 최재호
- **전 화** : 031-383-9996
- **팩 스** : 031-383-9997
- **이 메 일** : MEGGO11@hanmail.net
- **주 소** : 경기 안양시 동안구 관악대로 272, 520호
- **설 립 년** : 2006년
- **자 본 금** : 5억원
- **매 출 액** : 222억 9355만원
- **직 원 수** : 600명
- **서 비 스** : 건물관리, 주택관리, 시설경비용역, 위생관리

대지

- **홈페이지** : www.daejiman.co.kr
- **대 표 자** : 배선규
- **전 화** : 063-467-4451
- **팩 스** : 063-467-4457
- **이 메 일** : dj21@daejiman.co.kr
- **주 소** : 전북 익산시 동서로 329(동중동)
- **설 립 년** : 1999년
- **자 본 금** : 2억원
- **매 출 액** : 90억원
- **직 원 수** : 702명
- **서 비 스** : 근로자파견, 경비, 청소, 주택관리

더맨

- **홈페이지** : www.theman.co.kr
- **대 표 자** : 안재구, 장용수, 전상직
- **전 화** : 02-723-1212
- **팩 스** : 02-730-2825
- **이 메 일** : theman@theman.co.kr
- **주 소** : 서울시 종로구 인사동 5길 29 태화빌딩 12층
- **설 립 년** : 1998년
- **자 본 금** : 10억원
- **매 출 액** : 929억 2437만원
- **직 원 수** : 2016명
- **서 비 스** : 자산관리, 시설물종합관리, 주택관리업, 위생업

덕산종합관리

- **홈페이지** : www.duksann.com
- **대 표 자** : 이상묵
- **전 화** : 031-482-7577
- **팩 스** : 031-482-7595
- **이 메 일** : rsm0625@naver.com
- **주 소** : 경기 안산시 단원구 산단로 3-5 유통상가 2차 D동 213호
- **설 립 년** : 2006년
- **자 본 금** : 2억
- **매 출 액** : 27억 5000만원
- **직 원 수** : 155명
- **서 비 스** : 근로자파견, 경비, 건물청소

동양실업

- 대 표 자 : 최충일
- 전 화 : 063-831-8100
- 팩 스 : 063-833-5039
- 이 메 일 : bytour8100@naver.com
- 주 소 : 전북 익산시 서동로46길 25
- 설 립 년 : 1992년
- 자 본 금 : 5억원
- 매 출 액 : 189억 6958만원
- 직 원 수 : 193명
- 서 비 스 : 인력공급,고용알선,주차시설물,소독구충,여행알선

동원씨앤에스

- 홈페이지 : www.dongwoncns.com
- 대 표 자 : 김인철
- 전 화 : 02-529-2800
- 팩 스 : 02-529-8400
- 이 메 일 : dgkim1013@dw.co.kr
- 주 소 : 서울특별시 강남구 개포로 15길 29
- 설 립 년 : 2003년
- 자 본 금 : 5억원
- 매 출 액 : 194억 492만원
- 직 원 수 : 396명
- 서 비 스 : 컴퓨터설비 자문, 소프트웨어 개발, 공급, 인력도급

뤼드코리아

- 홈페이지 : www.reedglobal.co.kr
- 대 표 자 : 이안앤드류니콜라스
- 전 화 : 02-2187-2000
- 팩 스 : 02-2187-2005
- 이 메 일 : info.korea@reedglobal.com
- 주 소 : 서울특별시 강남구 청담동 도산대로 458
- 설 립 년 : 2010년
- 자 본 금 : 1억5000만원
- 매 출 액 : 96억원
- 직 원 수 : 248명
- 서 비 스 : 유료직업소개,근로자파견,컨설팅/건물종합관리, 시설관리

맥풍

- 홈페이지 : www.maekpoong.com
- 대 표 자 : 손영조
- 전 화 : 02-516-4141
- 팩 스 : 02-517-2744
- 이 메 일 : soncheol81@naver.com
- 주 소 : 서울 서초구 신반포로45길 9-22 천우빌딩 2층
- 설 립 년 : 1995년
- 자 본 금 : 10억원
- 매 출 액 : 205억 8496만원
- 직 원 수 : 445명
- 서 비 스 : 경비, 청소, 주차장관리, 시설관리

백산휴레텍

- 대 표 자 : 김소영
- 전   화 : 032-542-4947
- 팩   스 : 032-542-4956
- 이 메 일 : sb49446@hanmail.net
- 주   소 : 인천 계양구 오조산로45번길 12, 707호
- 설 립 년 : 1997년
- 자 본 금 : 5억원
- 매 출 액 : 19억원
- 직 원 수 : 20명
- 서 비 스 : 경비용역, 근로자파견, 공동주택관리

부성아이엔씨

- 홈페이지 : www.busunginc.kr
- 대 표 자 : 박옥분
- 전   화 : 043-854-1985
- 팩   스 : 043-844-1982
- 이 메 일 : businginc@hanmail.net
- 주   소 : 충북 충주시 예성로 332(연수동)
- 설 립 년 : 2011년
- 자 본 금 : 2억3만원
- 매 출 액 : 15억7만원
- 직 원 수 : 19명
- 서 비 스 : 근로자파견, 채용대행

브레인풀

- 홈페이지 : www.headhunting.co.kr
- 대 표 자 : 김호영
- 전   화 : 053-627-3400
- 팩   스 : 053-651-1771
- 주   소 : 대구광역시 중구 동덕로 74 5층
- 설 립 년 : 2000년
- 자 본 금 : 5억원
- 매 출 액 : 23억 9700만원
- 직 원 수 : 10명
- 서 비 스 : 중소기업 청년취업인턴제, 취업성공패키지, 근로자파견, 채용대행

비너스컨설팅

- 대 표 자 : 조항용
- 전   화 : 02-539-1144
- 팩   스 : 02-539-1142
- 이 메 일 : venusjob@venusjob.com
- 주   소 : 서울특별시 강남구 논현로 5 8, 여산빌딩 2층
- 설 립 년 : 1996년
- 자 본 금 : 5억원
- 매 출 액 : 1114만원
- 직 원 수 : 409명
- 서 비 스 : 인력공급/경영알선/전산관리용역/경비용역

(주)에이플러스원 APLUSONE CO., LTD.
생산/채용대행
경비미화 30년노하우
TEL: 010-3667-0897 FAX: 031-267-0255 | aplusone@aplusone.kr

비즈너씨앤에스

- 대 표 자 : 조양래
- 전　　화 : 02-3473-7500
- 팩　　스 : 02-3471-9111
- 이 메 일 : bizner@bizner.co.kr
- 주　　소 : 서울 강남구 논현동 51 로뎀빌딩 5층
- 설 립 년 : 2002년
- 자 본 금 : 2억 5000만원
- 매 출 액 : 57억원
- 직 원 수 : 582명
- 서 비 스 : 정보통신/업무도급/파견

비지에프휴먼넷

- 홈페이지 : www.bgfhumannet.com
- 대 표 자 : 이응선
- 전　　화 : 02-535-6104
- 팩　　스 : 02-535-6108
- 이 메 일 : eunjeong229@hanmail.net
- 주　　소 : 강남구 논현로85길 22, 2층
- 설 립 년 : 2009년
- 자 본 금 : 106억원
- 매 출 액 : 853억 643만원
- 직 원 수 : 167명
- 서 비 스 : 편의점,종합 소매/보험판매대리점, 금융/사업시설관리,지원

삼진엠피에스

- 홈페이지 : www.jobspeed.co.kr
- 대 표 자 : 최낙기
- 전　　화 : 02-501-2800
- 팩　　스 : 02-558-8218
- 이 메 일 : samjinmps@jobspeed.co.kr
- 주　　소 : 서울 송파구 올림픽로 80 영원빌딩 3층
- 설 립 년 : 2001년
- 자 본 금 : 5억원
- 매 출 액 : 121억 7748만원
- 직 원 수 : 268명
- 서 비 스 : 임시 및 일용 인력 공급업

서한기업

- 대 표 자 : 정유진
- 전　　화 : 02-2217-2271
- 팩　　스 : 02-2217-8600
- 이 메 일 : seohanjob@hanmail.net
- 주　　소 : 서울 동대문구 천호대로 295 우창빌딩 8층
- 설 립 년 : 1985년
- 자 본 금 : 14억 5846만원
- 매 출 액 : 59억 5389만원
- 직 원 수 : 138명
- 서 비 스 : 인재파견, 아웃소싱, 기술용역, 건물종합관리, 경비업무, 운전및 차량지원업무 등

(주)에이플러스원 APLUSONE CO., LTD.
생산/채용대행
경비미화 30년노하우
TEL: 010-3667-0897 FAX: 031-267-0255 | aplusone@aplusone.kr

신한피앤씨

- 홈페이지 : www.shinhanpnc.co.kr
- 대 표 자 : 이효진
- 전   화 : 02-3273-2541
- 팩   스 : 02-3273-2546
- 주   소 : 서울 마포구 마포대로 25, 1101호
- 설 립 년 : 1990년
- 자 본 금 : 10억원
- 매 출 액 : 58억 783만원
- 직 원 수 : 29명
- 서 비 스 : 도시정비산업, 재건축, 재개발 행정용역, 무역

아인텔레서비스

- 홈페이지 : www.cslguplus.co.kr
- 대 표 자 : 고은정
- 전   화 : 051-719-7555
- 팩   스 : 051-719-7272
- 주   소 : 부산시 사상구 감전천로 ㅇㅇ
- 설 립 년 : 2001년
- 자 본 금 : 4억원
- 매 출 액 : 860억 1004만원
- 직 원 수 : 2322명
- 서 비 스 : 컨택센터 서비스, HR서비스, 컨설팅 및 교육

에스텍플러스

- 홈페이지 : www.stechr.com
- 대 표 자 : 김근호
- 전   화 : 02-3411-0361
- 팩   스 : 02-3411-0363
- 이 메 일 : Admin@stechr.com
- 주   소 : 서울 강남구 테헤란로52길 21, 14층
- 설 립 년 : 2005년
- 자 본 금 : 16억원
- 매 출 액 : 549억 2179만원
- 직 원 수 : 1391명
- 서 비 스 : 인력파견, 안전관리대행, 위생관리, 경비, 건물관리

에이치알엔

- 홈페이지 : www.hrn.co.kr
- 대 표 자 : 성백우
- 전   화 : 02-525-9221~3
- 팩   스 : 02-2179-9223
- 주   소 : 서울 관악구 남부순환로 2008 금산빌딩 302호
- 설 립 년 : 1998년
- 자 본 금 : 1억원
- 매 출 액 : 50억원
- 직 원 수 : 514명
- 서 비 스 : 인력파견, 아웃소싱, 채용대행

(주)에이플러스원 APLUSONE CO., LTD. 생산/채용대행 경비미화 30년노하우
TEL: 010-3667-0897 FAX: 031-267-0255 | aplusone@aplusone.

에프앤비네트웍스

- 홈페이지 : www.fnbnetworks.co.kr
- 대 표 자 : 박명희
- 전　　화 : 031-221-9008
- 팩　　스 : 031-237-9262
- 주　　소 : 경기도 수원시 권선구 효원로266번길 11, 9층 수원SPACE&ERUMTOWER
- 설 립 년 : 2006년
- 자 본 금 : 5억원
- 매 출 액 : 67억원
- 직 원 수 : 19명
- 서 비 스 : 경영컨설팅, 인사총무위탁운영, 취업정보사이트 운영, 행정대집행보조인부 용역

엠플라인

- 홈페이지 : www.mpline.co.kr
- 대 표 자 : 이영희
- 전　　화 : 02-511-9744
- 팩　　스 : 02-511-9239
- 이 메 일 : park@mpline.co.kr
- 주　　소 : 서울특별시 강남구 논현로 153길 28, 3층
- 설 립 년 : 2009년
- 자 본 금 : 비공개
- 매 출 액 : 비공개
- 직 원 수 : 300명
- 서 비 스 : 근로자파견, 헤드헌팅, 채용대행, 아웃소싱

오케이맨파워

- 홈페이지 : new.okm.kr
- 대 표 자 : 조희승
- 전　　화 : 02-2627-8100
- 팩　　스 : 02-2627-8107
- 이 메 일 : am@okm.kr
- 주　　소 : 서울 금천구 가산디지털1로 137 IT캐슬 2차 8층
- 설 립 년 : 2009년
- 자 본 금 : 2억원
- 매 출 액 : 81억원
- 직 원 수 : 660명
- 서 비 스 : 인력소싱, 판매판촉대행, 온라인정보제공

용진티엔에스

- 홈페이지 : www.yji.co.kr
- 대 표 자 : 박규복
- 전　　화 : 02-784-0607
- 팩　　스 : 02-784-0609
- 이 메 일 : yj001@yji.co.kr
- 주　　소 : 서울특별시 영등포구 국제금융로8길 27-9 동북빌딩
- 설 립 년 : 1966년
- 자 본 금 : 8억원
- 매 출 액 : 202억 7870만원
- 직 원 수 : 528명
- 서 비 스 : 보안, 경비, 호송 및 공항업무에 관련된 보안 전문서비스

(주)에이플러스원 APLUSONE CO., LTD.
생산/채용대행
경비미화 30년노하우
TEL: 010-3667-0897　FAX: 031-267-0255　|　aplusone@aplusone.kr

우마테크

- 대 표 자 : 이근조
- 전　　화 : 055-289-1114
- 팩　　스 : 055-289-1104
- 주　　소 : 경남 창원시 성산구 정동로162번길 49
- 설 립 년 : 2009년
- 자 본 금 : 3억원
- 매 출 액 : 23억 3000만원
- 직 원 수 : 19명
- 서 비 스 : 근로자파견

위너스메이트

- 홈페이지 : www.winnersmate.co.kr
- 대 표 자 : 조현석
- 전　　화 : 02-2275-6080~1
- 팩　　스 : 02-2275-6050
- 주　　소 : 서울시 중구 동호로 207 중흥빌딩 4층
- 설 립 년 : 2008년
- 자 본 금 : 1억원
- 매 출 액 : 89억원
- 직 원 수 : 300명
- 서 비 스 : 헤드헌팅, 근로자파견, 도급

이노스트

- 홈페이지 : www.inost.co.kr
- 대 표 자 : 고세환
- 전　　화 : 031-337-6771
- 팩　　스 : 031-337-6772
- 주　　소 : 경기도 안양시 동안구 학의로 282
- 설 립 년 : 2009년
- 자 본 금 : 2억 5000만원
- 매 출 액 : 51억 8000만원
- 직 원 수 : 9명
- 서 비 스 : 응용 소프트웨어 개발 및 공급업

이엠피서비스

- 홈페이지 : www.empsvc.co.kr
- 대 표 자 : 정구창
- 전　　화 : 1644-2660
- 팩　　스 : 02-701-7298
- 이 메 일 : empsvc@nate.com
- 주　　소 : 서울시 양천구 목동남로 4길 31, 이엠피빌딩 2층
- 설 립 년 : 2002년
- 자 본 금 : 10억
- 매 출 액 : 802억 3988만원
- 직 원 수 : 1846명
- 서 비 스 : 근로자파견, 시설경비업무

(주)에이플러스원 APLUSONE CO., LTD.
생산/채용대행
경비미화 30년노하우
TEL: 010-3667-0897 FAX: 031-267-0255 | aplusone@aplusone.kr

이피엠네트워크

- 홈페이지 : www.epmnetworks.com
- 대 표 자 : 이재찬
- 전   화 : 02-469-7771
- 팩   스 : 02-469-7727
- 이 메 일 : epmnetworks@hanmail.net
- 주   소 : 서울시 광진구 능동로 352-1 2층 (중곡동 장안빌딩)
- 설 립 년 : 2008년
- 자 본 금 : 1억 100만원
- 매 출 액 : 142억 7989만원
- 직 원 수 : 520명
- 서 비 스 : 인재파견, 헤드헌팅, 아웃소싱

인피닉

- 홈페이지 : www.infiniq.net
- 대 표 자 : 박준형, 최철규
- 전   화 : 02-525-2202
- 팩   스 : 02-525-0043
- 주   소 : 서울 금천구 가산동 459-11 제이플라츠 701호
- 설 립 년 : 2005년
- 자 본 금 : 2억 3500만원
- 매 출 액 : 300억 2801만원
- 직 원 수 : 388명
- 서 비 스 : SW QA, 품질관리, 컨설팅

잡뉴스솔로몬서치

- 홈페이지 : www.jobnews.co.kr / www.solomonsearch.co.kr
- 대 표 자 : 김동연
- 전   화 : 02-3486-2006
- 팩   스 : 02-3486-0393
- 주   소 : 서울 서초구 방배로 39 미주플라자 1층 1호
- 설 립 년 : 1998년
- 자 본 금 : 3억원
- 매 출 액 : 비공개
- 직 원 수 : 비공개
- 서 비 스 : 근로자파견, 고용알선, 헤드헌팅

중원에이치알컨설팅

- 홈페이지 : www.withus1004.com
- 대 표 자 : 문성호
- 전   화 : 042-487-1290
- 팩   스 : 042-486-1822
- 이 메 일 : withus1290@janmail.net
- 주   소 : 대전광역시 서구 대덕대로 176번길 51(둔산동, 대전상공회의소빌딩 5층)
- 설 립 년 : 2004년
- 자 본 금 : 3억원
- 매 출 액 : 10억원
- 직 원 수 : 100명
- 서 비 스 : 근로자파견, 노무관리, 채용대행, 아웃소싱

(주)에이플러스원 APLUSONE CO., LTD.
생산/채용대행
경비미화 30년노하우
TEL: 010-3667-0897 FAX: 031-267-0255 | aplusone@aplusone.kr

카마드

- 대 표 자 : 권선대, 민경숙
- 전　　화 : 02-785-4643
- 팩　　스 : 02-785-4708
- 이 메 일 : kamad@kamad.co.kr
- 주　　소 : 서울 영등포구 63로 32 라이프콤비빌딩 1012호
- 설 립 년 : 1994년
- 자 본 금 : 1억원
- 매 출 액 : 12억원
- 직 원 수 : 40명
- 서 비 스 : 전산용역, 기타전자제품, 컴퓨터프로그램개발, 컴퓨터주변기기, 소프트웨어자문, 개발, 공급

커리어텍

- 홈페이지 : www.careertech.co.kr
- 대 표 자 : 안성경
- 전　　화 : 02-552-3380
- 팩　　스 : 02-2183-3680
- 이 메 일 : careerct@careerctech.co.kr
- 주　　소 : 서울시 강남구 테헤란로 302 한신인터밸리24 동관 807호, 808호(역삼동 707-34)
- 설 립 년 : 2001년
- 자 본 금 : 5억원
- 매 출 액 : 111억 7000만원
- 직 원 수 : 300명
- 서 비 스 : 근로자 파견, 시설경비, 건물 위생 관리

현우서비스

- 대 표 자 : 김문일
- 전　　화 : 02-514-7309
- 팩　　스 : 02-514-7311
- 주　　소 : 서울 강남구 강남대로 606, 4층
- 설 립 년 : 2006년
- 자 본 금 : 6억원
- 매 출 액 : 237억원
- 직 원 수 : 900명
- 서 비 스 : 청소, 인력공급, 경비용역/시설관리

화인크루

- 홈페이지 : www.whaincrew.co.kr
- 대 표 자 : 김민호
- 전　　화 : 02-2235-2110
- 팩　　스 : 02-2254-2762
- 주　　소 : 서울시 강남구 논현로 622 든은빌딩 2층
- 설 립 년 : 2010년
- 자 본 금 : 1억원
- 매 출 액 : 100억원
- 직 원 수 : 300명
- 서 비 스 : 인재파견, 고용알선, 인력아웃소싱

(주)에이플러스원 APLUSONE CO., LTD.
생산/채용대행
경비미화 30년노하우
TEL: 010-3667-0897　FAX: 031-267-0255　|　aplusone@aplusone.kr

2026 KOREA OUTSOURCING DIRECTORY

고용서비스 Ⅰ

▶가나다순

- 발렉스서비스
- 스탭스
- 아리오씨오에스
- 유니에스
- 제니엘
- 제이앤비컨설팅
- 취업버스
- 케이잡스
- 퍼스트인
- 피앤제이에이치알
- 휴먼인프라

(주)발렉스서비스
www.valexservice.com

대표	박희영
전화	02-2010-2880
팩스	02-707-0680
이메일	hr_svc@valexservice.com

■■■ 회사주소
서울 영등포구 의사당대로 83 (여의도동, 오투타워 12층)

■■■ 설립 및 자본금
설립년 : 2010년
자본금 : 50억원

■■■ 매출실적
2024년 : 3,018억원
2025년(예상) : 3,560억원

■■■ 종업원현황
총원 : 약 6,800명

■■■ 아웃소싱 서비스
생산라인, 제조지원, 장비 유지보수, 설비기술, 포장·물류
시설관리, 보안·경비, 호텔관리, 금융 콜센터, 해외취업 등

■■■ 주 거래 업종
반도체, 금융, 호텔, 화학, 태양광, 제약 등

■■■ 주 거래 기업
SK하이닉스, 현대엔지니어링, 현대글로비스, LG생활건강, SK실트론, 현대엔지니어링, 삼성카드, 현대카드, 나이키코리아, SK케미칼, 파르나스호텔, 동원, 한국투자증권, SBI저축은행, 해비치호텔&리조트 등 국내·외 200여개 사

■■■ 지사 및 계열사
지주사 : 팬택씨앤아이
계열사 : 팬택씨앤아이엔지니어링, 피앤에스네트웍스
대우로지스틱스, 피앤에스로지스, 발렉스특수물류
피앤에스카고매니지먼트, 티앤에스엔지니어링

■■■ 임직원 연락처
대표번호 02-2010-2880
영업담당 02-2010-2884 / 02-2010-2887

■■■ 기업연혁
- 2010.~ (주)토스 설립
  근로자 파견, 시설경비업무, 위생관리용역업 허가 취득
  팬택, 동원산업(물류센터), 한국투자증권(시설/보안/안내) 등 인력공급 계약 체결
- 2019. 사세확장에 따른 사명변경(2018.08 附)
  반도체사업 부문 확대(SK하이닉스 이천/청주)
  특1급 호텔 부문 확대(쉐라톤 워커힐, 신라스테이 등)
- 2021. 산업재해예방 고용노동부장관 표창
  2021년 10대 아웃소싱기업 선정
  안전보건경영시스템 ISO 45001 인증 획득
  환경경영시스템 ISO 14001 인증 획득
  ISSA CMI교육 도입 및 CIMS 인증 획득
- 2022. 재해경감 우수기업 인증 취득
  ESG 지속가능경영보고서 발간
- 2023. 한국HR서비스산업대상 산업선도부문 수상
  UNGC (유엔글로벌콤팩트) 가입
  CIMS WITH HONORS 인증 획득
  KT AI첨단 로봇 활용 MOU 체결
  ESG 경영시스템 인증 획득(국내 최초 1호)
- 2024. ISO 37001 부패방지 경영시스템 인증 획득
  ISO 37301 규범준수 경영시스템 인증 획득
- 2025. 고용노동부 주관 일생활 균형 우수기업 인증 획득
  한국HR서비스산업대상 HR서비스기업 대상 수상
  2025 한국 아웃소싱 리딩컴퍼니 선정
  대한민국 아웃소싱산업 선도기업 특별상 수상

■■■ 대표자 프로필
이름 : 박희영
학력 : 경희대학교 가정관리학과 졸업
경력 : 現 (주)발렉스서비스 대표이사
      前 (주)팬택 경영관리본부
      前 (주)발렉스서비스 경영지원본부장
      前 (주)피앤에스네트웍스 해상운영본부장
경영방침 : 사람중심 경영, 기술중심 경영, 성과중심 경영

■■■ 회사 및 서비스 소개
발렉스서비스는 2010년 설립 이후 임직원 6,800명, 매출 3,560억원(2025년 말 기준)으로 성장하며 업계의 견고한 양적 성장과 질적 혁신을 이루었습니다. 세계청결협회(ISSA) 가입 및 CIMS with HONORS 인증을 기반으로 선진화된 Hygiene Service(청결·위생 통합관리) 체계를 구축하였으며, CMI 미화 전문가 교육을 통해 내부 전문가를 육성하여 안전하고 위생적인 서비스 환경을 제공하고 있습니다.

당사는 가치향상 전문가(Value Adding Expert)로서 고객사의 핵심사업 가치를 높이는 데 힘쓰고 있으며, 이러한 성장을 바탕으로 장애인 고용 확대, 공익재단 후원 등 사회적 가치 실현과 함께 지속가능경영보고서 발간, UNGC 가입, 국내 최초 ESG 경영시스템 인증을 통해 ESG 기반의 지속가능경영도 체계적으로 강화해 나가고 있습니다.

발렉스서비스는 앞으로도 전문성과 기술을 기반으로 한 체계적 시스템, 고객의 가치 성장을 이끄는 전문가로서의 역량, 그리고 차별화된 서비스 품질을 통해 고객 여러분께 최고의 비즈니스 파트너로서 역할을 다하겠습니다.

스탭스(주)
www.staffs.co.kr

대표	박천웅
전화	02-2178-8000
팩스	02-2178-8070
이메일	staffs@staffs.co.kr

■■■ 회사주소
서울특별시 중구 동호로14길 7, 스탭스빌딩(신당동)

■■■ 설립 및 자본금
설립년 : 1998년
자본금 : 10억원

■■■ 매출실적
2024년 : 800억원
2025년(예상) : 760억원

■■■ 종업원현황
총원 : 3000명 / 파견 및 도급 : 2500명

■■■ 아웃소싱 서비스
취업지원 사업분야
취업성공패키지, 청년내일채움공제, 일자리센터, 집단상담 등 공공기관 정부사업과 언택트 기반으로 진행하는 대학 컨설팅, 취업 박람회 등 전직지원, 교육·컨설팅, 진로·취업역량 강화 등 B2C 사업, 일경험 프로그램, 청년디지털일자리, 국민취업지원제도, 시니어인턴십 및 재취업지원서비스

기업지원 사업분야
인재파견, 채용대행, 헤드헌팅, 유통/물류, 생산/제조 등 전문분야에 대한 기업지원

컨텐츠 사업분야
언택트 인프라 지원 사업, 컨텐츠 개발 지원 및 기획, E-Commerce 사업, 비대면 서비스 사업, 스튜디오&회의실 대관, 영상 촬영 및 편집

■■■ 주 거래 업종
제조생산, 금융, 식음료서비스, 정부투자기관 및 단체

■■■ 주 거래 기업
삼성전자, 대한항공, 고용노동부, 경기도 등 시·도, 각종 대학 등

■■■ 지사 및 계열사
센터 : 서울동부, 서울동부, 서울구로, 서울북부, 서울남부, 고양, 광명, 의정부, 성남, 용인, 경기, 부천, 인천, 인천 북부, 안산, 안양, 광주광산구, 광주 상무사무소, 구미, 부산, 부산동부, 대구서부, 대구동부, 청주, 전주, 울산, 포항 등
계열사 : 주플러스, 스탭스서비스, 제이피넷, 스탭스BS, 제이피스, 링킷

■■■ 임원 연락처
이해원 경영기획실장   02-2178-8010
허정원 운영팀장   02-2178-8061

■■■ 기업연혁
1998. 스탭스 주식회사 설립
1999. 삼성전자 특별공로상 수상
2000. 삼성전자 감사패 수상
중략
2009. 고용노동부 〈청년취업인턴제〉 위탁 운영기관 선정
2010. 고용노동부 〈취업성공패키지〉 위탁 운영기관 선정
2011. 일자리 창출지원분야 산업포장 수훈
2012. 한국장학재단 멘토링 우수사례 발표
2013. 지식경제부 장관 표창 수상
2014. 일자리 민간위탁 우수기관 표창(경기도)
2015. 복합고용서비스 우수기관 인증(고용노동부)
2016. 여성능력개발 우수기업 선정(서울시)
2017. 여성가족부 장관 표창 수상
2018. 고용노동부 민간위탁 우수기관 인증 (12개 전 센터)
2019. 한국HR서비스산업협회 클린기업 인증 (연속3회)
     한국장학재단 공로상 수상
2020. 고용노동부 민간 고용서비스 우수기관 인증
2020. 노인일자리 평가대회 장려상 수상
2021. 고용노동부 〈국민취업지원제도〉 위탁 운영기관 선정
     29개 센터(전국 최다)
2024. 대한항공 '아차사고 경진대회' 우수상 수상
2025. 한국생성학회 주관 생산성CEO 대상 수상

■■■ 대표자 프로필
이름 : 박천웅
학력 : 중앙대 전자공학과
경력 : 삼성전자 동경주재원/삼성전자 전략기획실 기획팀 부장/삼성 회장 비서실 감사팀 부장/삼성전자 전략기획실 기획팀 부장/삼성전자 첨단기술 센터장(이사)/한구강웃소싱기업협회 초대회장/숙명여대 멘토 프로그램 멘토(2003~2012)/한국장학재단 멘토(2010~現)/現 한국진로취업서비스협회 회장/現 스탭스(주) 대표이사 사장
경영철학 : 함께, 멋지게, 미래로

■■■ 회사 및 서비스 소개
스탭스는 1998년 창업 이래 기업지원 및 취업지원 사업을 확장시켜왔고 업계의 좋은 사례로 그 리더 역할을 해오고 있다. 24주년을 기점으로 메타버스를 활용한 디지털 디자인 컨텐츠 창출에 힘써 사업 방향을 확장하고 있으며 비대만 사업 활성화를 통해 온라인 및 오프라인 인프라를 구축하여 사업의 효율성을 확대하고 있다. 또 디지털 관련 비대면 사업으로 영상 스튜디오 운영, 콘텐츠 사업을 진행 중이다. 아울러 사업의 디지털 컨텐츠화를 통해 사업 효율성 확대 및 언택트 사업의 활성화를 도모하고 있다.
인재서비스 대표기업으로써 기업에겐 미래를, 인재에겐 희망을 주기 위해 기업과 인재의 든든한 파트너로서 그 길을 꾸준히 걸어왔다. 정부가 인정하고 인재가 먼저 찾는 종합인재서비스 대표기업으로 그 노력을 다하고 있다.

(주)아리오씨오에스

www.ariocos.co.kr

대표	김승준
전화	02-2033-8412
팩스	02-2033-8499
이메일	ceo@ariocos.co.kr

■ 회사주소
서울 마포구 만리재로 15 제일빌딩 501호

■ 설립 및 자본금
설립년 : 2020년 7월
자본금 : 1억원

■ 매출실적
2024년 : 153억원
2025년(예상) : 170억원

■ 종업원현황
총원 : 약 700명

■ 아웃소싱 서비스
유통판매, 매장위탁관리, 판매도급, 팝업대행, F&B도급, 매장컨설팅, HR컨설팅, 인재파견, 채용대행, 헤드헌팅, 교육서비스, 수퍼바이징

■ 주거래 업종
패션 / F&B / 유통 / 물류 / 서비스

■ 주거래 기업
신성통상, 에이션패션, 인디에프, 아가방, 아이디룩, 마르디메크르디, 이스트엔드, 비케이브, 자라코리아, 조군샵, 엠플레이그라운드, 망고매니플리즈, 안젤로비안코, 조이웍스, 라이프워크, 와이잭, 프레티카, 현대백화점, 롯데백화점, 홀리카홀리카, 시몬스, 톰포드, 샤넬, 마르헨제이, SM엔터테인먼트, 할리스, 오크베리, 더베이크, 무센트, 케이스위스, 아에르웍스, 메디쿼터스, 제너럴아이디어

■ 지사 및 계열사
지사 : 부산지사

■ 임직원 연락처
김승준 대표 : 02-2033-8412

■ 기업연혁
2020. 07 (주)아리오씨오에스 설립
2021. 01 아이디룩, 아가방, 폴햄, 조군샵 매장 위탁관리 계약
       할리스, 자라 채용대행 업무 계약
     05 패션리테일 구인구직 자체 플랫폼 개발 (app 및 web 개발)
     08 이벳필드, 밸런스 매장 위탁관리 계약
     12 조이웍스 채용대행 업무 계약
2022. 01 NCS기업활용 컨설팅 사업 참여
     02 로지텍 매장 위탁관리 계약
     09 마르디메크르디 매장 위탁관리 계약
     11 프레티카 매장 위탁관리 계약
2023. 02 신성통상 매장 위탁관리 계약
     07 근로자 파견사업 허가 등록
     10 부산 지사 설립
     12 현대백화점 편집샵 도급 계약
2024. 02 특허출원 및 특허권 보유 (직무교육을 통한 구인구직 매칭방법 및 구인구직 매칭시스템)
     06 이스트엔드 매장 위탁관리 계약
     08 커버낫 플래그십스토어 위탁관리 계약
     09 롯데백화점 팝업 도급 계약
2025. 04 케이스위스 매장 위탁관리 계약
     05 무센트 플래그십스토어 위탁관리 계약
     08 더블러버스 플래그십스토어 위탁관리 계약
     10 아에르웍스 매장 위탁관리 계약

대표자 프로필
이름 : 김승준
학력 : 국민대학교 신소재공학
경력 : 아리오피앤드씨 총괄사업본부장
       아리오씨오에스 대표이사
경영방침 : 신뢰와 전문성을 바탕으로 고객과 함께 성장하는
       co-sourcing 기업

■ 회사 및 서비스 소개
아리오씨오에스는 단순한 위탁개념의 아웃소싱을 넘어 고객사와 같은 목표를 공유하고 고객사와의 동반성장을 추구하는 패션리테일 전문 co-sourcing 기업입니다.
리테일 분야에 대한 높은 이해도와 매장 운영에 대한 차별화된 노하우를 바탕으로 판매직 채용 및 양성, 매장 도급, 효율적인 매장 운영을 위한 다양한 솔루션을 제공합니다.
고객사에게 신뢰받는 진정한 파트너가 되기 위해 끊임없이 노력하겠습니다.

(주)유니에스
www.unies.com

대 표	이용훈
전 화	1566-9797
팩 스	02-553-3381
이메일	unies@unies.com

■ 회사주소
서울 강남구 선릉로 514 11층 (삼성동 성원빌딩)

■ 설립 및 자본금
설립년 : 1990년
자본금 : 15억원

■ 매출실적
2024년 : 5,200억원
2025년(예상) : 5,500억원

■ 종업원현황
총원: 15,500명 / 관리: 200명/ 파견: 3,300명/ 도급: 12,000명

■ 아웃소싱 서비스
인재파견, 콜센터위탁, 보안검색, 시설관리, 사무지원, 의료지원,
실버/요양사업, 유통물류지원, 생산물류, 호텔/리조트, 판매/판촉,
헤드헌팅/HR컨설팅, Payroll, 총무아웃소싱, 채용대행, 고용서비스

■ 주 거래 업종
공항, 금융, 공공서비스, 특수경비, 유통물류, 판매, 방송언론, 생산
의료/실버, 호텔/콘도/레저, (정부/지자체)고용서비스업 등

■ 주 거래 기업
대한항공, 신영, SK, LG, 현대, 한화, 현대기아차, 신한, 롯데, AIA
호텔신라, 신세계, SBS, KBS, MBC, CJ, KGC인삼공사, 한국암웨이,
삼성병원, 근로의료원, 경희대병원, 아주대병원, 건국대병원 등

■ 지사 및 계열사
지 사 : 강릉, 수원, 광주, 제주, 대전, 대구, 부산
계열사 : 유스텝스(주), (주)유니토스, (주)엠택, (주)유니에스시큐리티,
(주)스타마크, 프로핸즈코리아(주), (주)프리젠트앤퓨처

■ 임직원 연락처
최상덕 부문장 : 02-6241-4982   현태봉 부문장 : 02-553-3375
유춘호 부문장 : 02-2656-5120   김수일 부문장 : 02-6241-3381
조성규 경영개선추진실장 : 02-6011-1410

■ 기업연혁
1990. 09	(주)유니에스 설립
2002. 08	ISO 9001 품질경영시스템 인증 획득
2008. 06	[공항서비스 평가 3연패 달성 공로 대통령상] 수상
2008. 07	노동부 근로자 파견 우수기업 인증 획득
2009. 03	[유니에스 콜센터 KS 인증] 획득
2009. 12	노동부 장관상 수상
2010. 07	유니에스 직무단위 인적성검사(UAT) 개발, 도입
2012. 03	기획재정부 장관상(모범납세자) 수상
2012. 11	[아웃소싱 우수기업] 선정, 지식경제부 장관상 수상
2013. 01	한국 서비스품질 우수기업(SQ) 인증 획득
2014. 09	근로자보호 클린기업 인증 획득
2015. 11	콜센터 최초 국가품질명장 배출
2016. 10	제대군인 고용우수기업 인증 획득
2019. 09	[평창동계올림픽 공로 국무총리상] 수상
2019. 12	산업통상자원부 장관상 수상
2020. 11	ISO 45001 안전보건경영시스템 인증 획득
2022. 11	ISO 14001 환경경영시스템 인증 획득
2023. 02	한국HR서비스산업대상 기업부문 대상, 공공고용지원부문 수상
2023. 05	콜센터부문 서비스품질지수(KSQI) 우수 BPO기업 선정
2023. 09	ISO 37001 부패방지경영시스템 인증 획득
2023. 09	자체 컨택센터 "UNIES SQUARE" 개소
2025. 01	대한민국 퍼스트브랜드 OS부문 13년 연속 대상 수상
2025. 09	[항공산업 고용 및 일자리 창출 공로 국토교통부] 장관상 수상

■ 대표자 프로필
이름 : 이용훈
학력 : 경희대졸, 연세대 최고경영자과정, 서강대 경제대학원
경력 : (사)한국HR서비스산업협회(구. 한국인재파견협회) 회장 역임
　　　아시아지역 인재서비스연맹회의(ACIETT) 주관,
　　　대통령, 국무총리, 기획재정부·고용노동부 장관 표창
　　　한국아웃소싱서비스 대상, 신지식인·신한국인, 경찰청장 표창
경영방침 : 지속가능경영, 전문경영, 변화경영

■ 회사 및 서비스 소개
창립 36주년을 맞이하는 유니에스는 '책임경영'과 '전문성'이라는 변치 않는 가치로 대한민국 HR 서비스 산업의 역사를 써 내려가고 있습니다. 전국 7개 지사 네트워크와 15,500여 명의 전문 인력을 기반으로 400여 고객사에 최적화된 맞춤형 서비스를 제공하며, 자타가 공인하는 '대한민국 종합인재서비스 No.1'의 브랜드 파워를 입증하고 있습니다.

2026년 유니에스의 핵심은 '전문경영'과 '변화경영'을 통한 질적 도약입니다. 비효율을 걷어낸 시스템 기반의 현장 경영으로 서비스 품질을 고도화하는 한편, 국민취업지원제도 등 정부 핵심 위탁사업을 성공적으로 수행하며 공공 고용서비스 영역에서도 독보적인 입지를 구축하고 있습니다.

특히 ESG 경영을 기업문화로 정착시켜, ISO 환경, 안전보건 및 부패방지 경영시스템 인증을 획득하고 현장 중심의 안전 예방 관리를 대폭 강화하여 고객사의 리스크를 최소화하고 있습니다. 나아가 전사적인 디지털 트랜스포메이션을 가속화하여, 35년간 축적된 방대한 데이터와 AI 분석 기술을 업무 전반에 적용함으로써 차별화된 '완성형 명품 서비스'를 구현하고 있습니다. 유니에스는 이러한 혁신을 통해 고객사의 성장을 견인하는 비즈니스 파트너이자, 사회적 책임을 다하는 리딩 기업으로 미래를 선도해 나갈 것입니다.

(주)제니엘

www.zeniel.com

대 표	박춘홍
전 화	1588-1581
팩 스	02-580-0104
이메일	zeniel@zeniel.co.kr

■■■ 회사주소
서울 서초구 효령로 402 제니엘빌딩

■■■ 설립 및 자본금
설립년 : 1996년
자본금 : 15.7억원

■■■ 매출실적
2023년 : 3,699억 3,100만원
2024년 : 3,716억 1,300만원
2025년(예상) : 4,116억 3,900만원

■■■ 종업원현황
총원 : 9,773명 / 관리: 136명 / 도급 : 8,721명 / 파견 916명

■■■ 아웃소싱 서비스
컨택센터, 유통·물류, 생산·제조, 의료·실버, 인재파견, 헤드헌팅, BPR, 채용대행, 아웃플레이스먼트, 특송, 교육, 인사·노무 컨설팅, 고용노동부 취업지원사업 등

■■■ 주 거래 업종
금융, 공공기관·공사, 제조업, 의료·간병사업, 유통·판매, 물류, 호텔·콘도, 케이터링 등

■■■ 주 거래 기업
삼성전자, 신한은행, 국민은행, 대한항공, 나이키, 아모레퍼시픽, LG화학, 두산전자, 카카오, 신한카드, 롯데카드, 건강보험공단, 대한상공회의소, 르노삼성, 강남성심병원, 해운대백병원, 세방전지, 중앙대병원, BGF, 풀무원, 세라젬, KG모빌리티 등

■■■ 지사 및 계열사
(주)제니엘시스템, (주)제니엘휴먼, (주)제니엘이노베이션, (주)제니엘메디컬, (주)제니엘텍, (주)제니엘플러스, 제니엘푸른꿈일자리재단, 이노파크

■■■ 임직원 연락처
HR-Biz사업부 이용주 사업부장   010-4520-4024
컨택센터사업부 김태균 사업부장   010-6423-7897
영업지원실 유우리 사업부장   010-3080-2029
사업혁신실 심우석 사업부장   010-7134-1683

■■■ 기업연혁
1996. 01 (주)제니엘 설립
2001. 11 아웃소싱 업계 최초 ISO9001 인증획득
2002. 03 제34회 상공의날 동탑산업훈장 수훈
2008. 02 업계 최초 AS9100(항공우주분야) 인증 획득
       05 국내 최초 CSMS(컨택센터 경영) 인증획득
2009. 02 IMI 경영대상(전경련 국제경영원)
2010. 12 고용서비스 우수기관 인증(고용노동부)
2012. 01 고용창출 우수기업 선정(대통령 표창)
2013. 01 소비자가 뽑은 가장 신뢰하는 브랜드 대상 3연속 수상
       03 제40회 상공의날 은탑산업훈장 수훈
2015. 07 재단법인 제니엘푸른꿈일자리재단 설립
2016. 11 콜센터 운영 우수기업 표창(광주광역시)
2018. 09 의료특허 등록(환자이송장치)
2019. 01 대한민국서비스만족대상 경영서비스/업무관리솔루션 부문 대상
2020. 02 한국산업의 1등 브랜드 대상 종합인재고용서비스 부문 대상 수상
2020. 03 행복더함 사회공헌 우수기업 대회 고용노동부 장관상 수상
2020. 04 2020 소비자추천 1위 브랜드 선정 아웃소싱서비스 부문 대상 수상
2021. 01 2021 소비자가 뽑은 가장 신뢰하는 브랜드 대상 선정
2021. 02 제11회 행복더함 사회공헌 캠페인 사회공헌 우수기업 부총리 겸 기획재정부 장관상 수상
2022. 02 제12회 행복더함 사회공헌 캠페인 국회의장상 수상
2023. 01 2023년 일자리창출 유공 정부포상 국무총리 표창
2023. 05 국가지속가능 ESG 우수기업 노사협력부문 고용노동부 장관상 수상
2023. 10 2023년 국가생산성대회 금탑산업훈장 수상
2023. 11 제12회 대한민국 나눔국민대상 보건복지부장관 표창
2024. 05 제4회 윤리경영 실천 우수기관 공모전 국민권익위원장상 수상
2024. 05 모바일어워드코리아 2024 모바일경영 부문 대상
2025. 02 2025 K-브랜드어워즈 K-서비스(아웃소싱) 부문 수상
2025. 02 한국HR서비스 산업대상 수상
2025. 06 2025 대한민국 HR서비스 10대 대표기업 선정

■■■ 대표자 프로필
이름 : 박춘홍
학력 : 동아대학교 사회학과
경력 : ROTC 대위전역, 제니엘 특송사업본부 본부장 역임, 제니엘 상무이사 역임, 제니엘시스템 대표이사 역임, (현)제니엘 대표이사
경영방침 : 인재를 통한 가치경영(고객감동의 실현, 혁신경영 추구, 인간존중의 실천)

■■■ 회사 및 서비스 소개
제니엘은 1996년 설립된 이래 '금탑산업훈장', '은탑산업훈장', '동탑산업훈장', '고용서비스 우수기관 인증', '5회 연속 윤리경영대상 수상' 등을 통해 공신력을 인정받은 종합인재고용서비스 기업으로, 현재 500여 개의 기업에 아웃소싱, 인재파견, 채용대행, 헤드헌팅, 교육컨설팅 등의 서비스를 제공하고 있으며 청년내일채움공제, 취업성공패키지 등 취업지원 사업을 운영하고 있다. 우수인재 양성을 위해 매주 MBA교육 및 독서토론회, 월례세미나와 더불어 간병인 교육, CS교육, 상담 SKILL교육 등의 직무별 교육을 진행하고 있으며 2016년에는 4차 산업혁명의 트렌드에 맞춰 IT법인 이노파크를 설립하여 각 사업 분야의 전문성 강화를 위한 모바일 업무관리시스템을 도입하는 등 현장위주의 업무를 효율적으로 수행하고 있다. 기존 아웃소싱 시장을 강화하면서 인재 관리 역량과 기업 운영 노하우를 기반으로 기업과 개인의 연결가치를 극대화하는 최고의 성공지원 파트너로써 미래를 준비하고 있다.

(주)제이앤비컨설팅
www.ijnb.co.kr

대표	박재완
전화	02-2167-3300
팩스	02-2167-3399
이메일	webmaster@ijnb.com

■■■ 회사주소
서울시 영등포구 경인로 775 에이스하이테크시티 2동 1501호

■■■ 설립 및 자본금
설립년 : 1998년
자본금 : 20억원

■■■ 매출실적
2024년: 830억원
2025년(예상): 870억원

■■■ 종업원현황
총원 : 2,800명 / 관리 : 70명 / 파견 : 630명 / 도급 : 2,100명

■■■ 아웃소싱 서비스
컨택센터, 아웃소싱 위탁운영, 근로자파견(상담/사무/IT 등), 위탁도급운영, 헤드헌팅 및 채용대행, 종합시설관리, 취/창업 교육 및 컨설팅, 아웃플레이스먼트, 민간위탁사업, 판매/판촉 등

■■■ 주거래 업종
금융기관(은행/카드/보험사), 민간기업(대/중소기업), 종합병원, 유통센터, 공공기관 등

■■■ 주거래 기업
하나카드, 중소기업은행, NH농협은행, 신한카드, 우리카드, KDB생명, HCN, 현대카드캐피탈,, 롯데카드, 하나SK카드, 국민건강보험공단, 야놀자, 현대산업개발, 한국우편산업진흥원, 롯데캐피탈, 분당제생병원, 롯데백화점, SK렌터카, 오늘의 집, 대성쎌틱에너시스 등

■■■ 지사 및 계열사
지사 : 부산, 광주, 대구, 대전, 인천
계열사 : (주)제이앤비맨파워, (주)제이앤비티앤에스, (주)제이앤비케어서비스, (주)제이앤비글로벌컨설팅

■■■ 임직원 연락처
부사장 연○태	02-2098-1003
상무 최○○	02-2098-1088
상무 박○○	02-2098-1006

■■■ 기업연혁
1998.08 (주)제이앤비컨설팅 설립
2004.10 인적자원관리시스템(e-HRM) 구축
2007.09 ISO9001 인증 획득
2011.08 지식경제부 [아웃소싱 우수기업] 선정
2013.12 여성가족부 [가족친화기업] 인증
2015.03 납세자의 날 모범납세자 표창
2015.12 가족친화 우수기업 여성가족부 장관상 수상
2016.04 대한민국 여성인재경영대상 최우수상(보건복지부 장관상)
2016.05 '남녀고용평등' 고용노동부 장관상 수상
2016.11 대한민국 사랑받는 기업 산업통상자원부 장관상 수상
2016.12 대한민국 스마트워크 대상 노사발전재단 사무총장상
2017.07 제6회 인구의날 국무총리표창
2017.12 일ㆍ생활 균형 우수기업 여성가족부 장관상 수상
2017.12 중소기업유공자 국무총리표창
2018.03 제45회 상공의날 산업통상자원부 장관상 수상
2018.10 제42회 국가생산성대상 산업통상자원부 장관상 수상
2018.10 한국고객센터 기업부문 산업통상자원부 장관상 수상
2019.09 제6회 컨택센터 가족화합한마당 대전지방고용노동청장 수상
2020.08 '남녀고용평등' 고용노동부 장관상 수상
2022.10 콜센터 KS서비스(KS S 1006) 신규 인증 획득
2024.05 지역사회 공헌 기업 안산시장상 수상
2024.05 가정의 달 우수기업 여성가족부 장관상 수상
2024.11 문화체육관광부 [여가친화기업] 인증
2025.10 제20회 임산부의날 보건복지부 장관상 수상

■■■ 대표자 프로필
이름 : 박재완
학력 : 워싱턴 주립대학교 경영학
경력 : 한국 HR서비스산업협회 위원
　　　한국컨택산업협회 위원
　　　(주)제이앤비맨파워 대표이사
경영방침 : 아름다운 기업, 감동의 서비스, 최강의 경쟁력

■■■ 회사 및 서비스 소개
(주)제이앤비컨설팅은 2021년 박재완 대표이사의 취임으로 지속적인 성장과 발전을 위한 새로운 경영, 새로운 패러다임, 새로운 마인드를 바탕으로 전략 사업군을 선정하고 육성하여 더욱 강하고 아름다운 기업으로서 HR 서비스 산업을 주도하며, 모든 사람들이 원하는 곳에서 즐겁게 일할 수 있는 기회를 제공하는 기업으로 성장하고 있으며, 이러한 노력을 바탕으로 채용대행 및 헤드헌팅서비스, 교육컨설팅 및 전직서비스, 민간고용서비스 등 종합 HR비즈니스 서비스로 사업영역을 확대하고 있습니다.

(주)취업버스
www.jobbus.co.kr

대표	이효상, 유동수
전화	02-857-8181
팩스	02-857-8811
이메일	ehyosang@naver.com

■■ 회사주소
서울 영등포구 국회대로 66길 23 산정빌딩 302호

■■ 설립 및 자본금
설립년: 2014년(법인전환 2023년)
자본금: 1억원

■■ 매출실적
2024년: 4억원
2025년(예상): 10억원

■■ 종업원현황
총원: 4명

■■ 아웃소싱 서비스
채용대행 및 모집대행 중개 플랫폼

■■ 주거래 업종
생산직, 물류센터, 조선소, 판매직 등 대량인력(100명 이상) 채용대행

■■ 주거래 기업
쿠팡, LG이노텍, 메타엠, 삼구INC, 롯데웰푸드, 신세계푸드시스템, 샤니, 파리크라상, 한화오션, 한국야쿠르트, 현대카드, 국민카드 등

■■ 임직원 연락처
김윤철 본부장 02-857-8181

■■ 기업연혁
2013. 100만인 일자리 찾아주기 협동조합
2014. 백만인취업센터(리크루트센터)
2023. (주)취업버스로 법인전환/ 채용대행 및 모집대행 중개 플랫폼
2024. 비전선포식 개최
2025. 페나랩스와 채용대행 플랫폼 개발 업무협약 체결
2025. 대한민국 군수산업연합회와 업무협약

대표자 프로필
이름: 이효상
경력: 리크루트
　　　나산그룹 나산클레프
　　　아웃소싱타임스
저서: 네모난 바람(시집)
경영철학: 파트너가 성공해야 우리가 성공할 수 있다
사훈: 공생공영, 감사, 보은

■■ 회사 및 서비스 소개
(주)취업버스는 국내최초의 채용대행 및 모집대행을 중개하는 플랫폼입니다. 국내의 직업소개사업자 및 HR아웃소싱사업자 10,000 사 이상이 모인 인력공급 네트워크로 최대인원을 최단시간안에 모집할 수 있는 오프라인 중심의 플랫폼으로 지난 10년간 다양한 형태의 테스트를 거쳐 실적을 쌓아 왔습니다. 주 중개 분야는 생산직, 물류직, 판매직, 콜센터, 조선소 인력, 건설인력 등 대량인력이 반복적으로 필요한 분야 입니다.
서비스 지역은 전국이며, 최대 수급 가능한 인력은 분야별 1주일 이내에 5000명 내외입니다.
현재는 오프라인 중심으로 공동인력수급을 진행하는 형태의 플랫폼을 운영중이며, 온라인 플랫폼 및 앱은 개발을 시작한 단계입니다.
저희 취업버스의 주 마케팅 전략은 '1+1'로써, 앞의 1은 인력공급이고 뒤의 1은 인력공급을 통한 마켓쉐어(시장점유율)이 가능한 협력파트너 입니다. 예를 들어, 은행 중 중하위 업체로 시장점유율을 높여야 하지만 적당한 마케팅방안이 없어 해결책을 찾지 못하는 곳이 있을 경우, 저희 취업버스와 협업하여 고객사의 인력문제를 해결해 주거나, 개인고객의 취업 및 가족의 취업을 도와 고객을 늘려 나가는 방안을 생각해 볼 수 있습니다. 즉, 현재 본업에 취업버스 플랫폼이 제공하는 인력공급 서비스를 결합하여 고객의 문제를 해결해 줌으로 써 고객을 유치하고 시장점유율을 확대하가는 협업시스템입니다.
향후, (주)취업버스는 개별기업 뿐만 아니라 지역단위, 산업단지 전체 등 집단의 미스매칭 문제를 해결하는 해결사로 자리매김해 갈 계획입니다.

케이잡스(주)

www.kjobs.co.kr

대표	김우진, 박선용
전화	02-6959-8983
팩스	02-6958-9297
이메일	it@kjobs.co.kr

▌▌▌ 회사주소
서울 용산구 한강대로80길 11-49 (남영동) 1층

▌▌▌ 설립 및 자본금
설립년 : 2014년
자본금 : 4억 3천만원

▌▌▌ 매출실적
2025년 : 비공개

▌▌▌ 종업원현황
총원 : 55명

▌▌▌ 아웃소싱 서비스
AI플랫폼서비스, 전직지원서비스, 교육컨설팅, 기업컨설팅, 채용박람회 및 취업캠프, 국민취업지원제도, 외국인 근로자 및 대학생 송입 및 기업 연계

▌▌▌ 주거래 업종
대기업, 중소기업, 고용노동부, 지자체 일자리사업, 창업컨설팅, 외국인 근로자

▌▌▌ 주거래 기업
고용노동부, 고용노동부, 보건복지부, 소상공인시장진흥공단, 쿠팡, GM 등

▌▌▌ 지사 및 계열사
부천, 의정부, 유성, 순천, 목포, 여수

▌▌▌ 기업연혁
- 2014. 법인설립
- 2015. 고용노동부 취업성공패키지 사업 위탁기관 선정
  홈플러스&JOB 플러스 사업 운영
- 2016. 케이잡스IDOL(재직·전직지원·교육·학습배움)프로그램 자체개발
  두산인프라코어 퇴직자 인생이모작 생애설계 서비스
- 2017. 조선업전직지원 프로그램 사업 위탁기관 운영(거제, 목포지사)
  부천대학교, 강원관광대 대학일자리센터 위탁운영
- 2018. 쿠팡채용대행 서비스 위탁운영
  서울시 뉴딜일자리 취·창업지원 프로그램 위탁운영
- 2019. 고용노동부 취업성공패키지 사업 위탁기관 운영(11개지사)
- 2020. 청년내일채움공제 사업 2개소 운영
  귀농·귀촌 맞춤형 공모사업 교육 운영
- 2021. 현대자동차 미래설계 프로그램 운영
  쿠팡, SCP 재취업지원 서비스 프로그램 운영
- 2022. 쿠팡CFS, 현대위아, 부산교통공사 등 퇴직예정자 재취업지원 교육사업 운영
  국방전직교육원 전역장병 지원사업 운영
- 2023. 시니어인턴십 사업 2개소 운영
  중장년 새출발 카운슬링 사업 수행
  재취업지원서비스 사업(기업컨설팅) 수행
- 2024. 창립 10주 기념 행사
  외국인 근로자 송입사업, 내·외국인 취업지원 플랫폼 'KJOBSLINK' 런칭
  부산여자대학교 대학일자리센터 위탁 운영
- 2025. 케이잡스 'AI시대 커리어 플랫폼 대전환' 비전 선포
  전생애 고용어플리케이션 'KONNECT' 개발
  서울시 유학생 채용 관련기업 인사담당자 리서치 사업 수행
  서울신학대학교 유학생 진로 및 취업지원 사업 운영
  한국GM 퇴직예정자 재취업지원서비스 프로그램 운영

대표자 프로필
이름 : 김우진 / 박선용
학력 : 숙명여자대학교 박사수료 / 경남대학원 석사
경력 : 직업상담사 1급, '직업상담사 김우진' 집필, (사)HR서비스산업협회 이사, 고용노동부장관 표창, 법무부장관 표창, 중소벤처기업부장관, 중소기업 중앙회 표창 등 다수, 제대군인 고용 우수기업, 청년스마트 중소기업 일자리 선정

– Mission
최고의 AI에이전트로 일의 가치를 높이고 효율적으로 글로벌 인재 생태계를 연결한다!
– Vision
개개인에게 최적화된 AI기반 커리어 솔루션을 제공하여, 최고의 성장 기회를 연결하고 미래를 선도합니다.
– 7개 핵심 가치
Kindship – 함께 성장하는 파트너십
Openness – 다양성과 유연성을 존중하는 개방성
Navigation – 개인과 기업의 경력 설계를 지원하는 성장 방향성
Newness – AI와 플랫폼 중심의 미래지향적 혁신성
Empowerment – 고객과 직원 성장의 역량 강화
Connection – 사람과 기회를 이어주는 연결성
Trust – 모근 관계의 기반이 되는 신뢰

▌▌▌ 회사 및 서비스 소개
케이잡스는 2014년 설립 이래, 취업지원, 전직지원, 생애설계, 직무교육 등 전 생애에 걸친 고용서비스를 제공하며, 대한민국 고용 시장의 성장과 함께 걸어왔습니다. 10여 년간 축적된 실무 경험과 노하우는 오늘날, 빠르게 진화하는 AI 기술과 글로벌 고용 환경 속에서 새로운 도약의 토대가 되고 있습니다.
케이잡스는 현재 AI 기반 진로 설계 솔루션 'KONNECT', 내외국인 통합 채용플랫폼 'KJOBSLINK'를 중심으로, 사람과 기술, 국내와 해외, 기업과 인재를 연결하는 통합형 커리어 솔루션 기업으로 진화하고 있습니다.
우리는 단순한 채용의 연결을 넘어, 인재의 성장을 돕고, 기업의 경쟁력을 강화하며, 지속가능한 사회적 가치를 실현하는 진정한 파트너가 되기 위해 끊임없이 변화하고 있습니다. 케이잡스는 앞으로도 '기술과 사람의 조화로운 융합'을 통해, 글로벌 커리어 혁신을 선도하는 기업으로 성장해 나가겠습니다.

(주)퍼스트인
www.first-in.co.kr

- **대표**: 이일기
- **전화**: 051-631-6648
- **팩스**: 051-328-6670
- **이메일**: mtj6648@first-in.co.kr

■■■ 회사주소
부산시 부산진구 범일로 190 도문빌딩 5층

■■■ 설립 및 자본금
설립년 : 2005년
자본금 : 3억원

■■■ 매출실적
2024년 : 440억원
2025년(예상) : 490억원

■■■ 종업원현황
총원 1,200명 / 관리 : 20명 / 파견 : 30명 / 도급 1,100명 / 검사원 50명

■■■ 아웃소싱 서비스
아웃소싱 부문 : 생산도급, 물류도급, 시설관리, 인재파견, 3자검사, 경비, 위생관리, 헤드헌팅, 채용대행
고용서비스 : 고용노동부(미래내일일경험), 보건복지부(시니어인턴십, 취업알선형)

■■■ 주거래업종
제조업, 서비스업, 물류업, 공공기관, 경비업, 청소업종 외

■■■ 주거래기업
외국계 기업, 국내 대기업 및 중견기업, 관공서, 호텔 등

■■■ 지사 및 계열사
지사 : 영남지사, 창원지사, 인천지사, 양산공장
계열사 : 퍼스트인코리아, 플러스테크, 에프앤피

■■■ 임직원 연락처
대표번호 : 051-631-6648

■■■ 기업연혁
- 2005. 01 (주)플러스인 법인설립
- 2010. 04 영남지사 설립
- 2011. 12 (주)퍼스트인 법인설립
- 2012. 04 근로자파견사업 허가, 05 위생관리용역업 신고 08 제조업 등록, 09 양산 조립/선별공장 설립
- 2013. 02 중부지사 설립, 09 시설경비업 허가
- 2015. HR산업협회 클린기업인증, 아웃소싱고객만족대상 제조부문 최우수상 수상
- 2018. 09 아웃소싱 서비스 품질경영대상 (제조업부문) 11 양산시 석계산업단지 공장 신축이전
- 2021. 01 보건복지부 고용서비스 수행기관선정(시니어인턴십, 취업알선형)
- 2022. 09 경남지사 설립
- 2023. 03 대한민국 HR서비스 10대기업 선정 12 경인지사 설립
- 2024. 03 고용노동부 고용서비스 수행기관 선정(청년미래내일일경험) 고용노동부 장관상 수상(미래내일일경험 최우수상)
- 2022~2024. 노인일자리 우수상 3년 연속 수상(전국 2위)
- 2014~2025. 대한민국 100대 아웃소싱기업 12년 연속 선정
- 2017~2025. 아웃소싱 리딩컴퍼니 9년 연속 선정

■■■ 대표자 프로필
이름 : 이일기
경력 : (주)퍼스트인 대표이사
兼. (주)퍼스트인코리아, (주)플러스테크, (주)에프앤피 대표이사

■■■ 회사 및 서비스 소개
생산제조아웃소싱 분야의 전문성이 강한 퍼스트인은 부산 본사와 양산 자체공장을 베이스로 경남, 영남, 중부, 경인지역으로 네트워크를 지속 확장중인 종합 HR 아웃소싱 전문기업입니다.
당사는 고용노동부 및 보건복지부 고용서비스 공식 수행기관으로 인증을 받아 전문화된 HR서비스를 제공하고 있습니다.
또한, 한국자산관리공사(캠코)의 전국단위 인재파견, LG이노텍 등의 대기업 채용대행, 대형 제조사이트의 생산도급, 물류창고 위탁운영, 아울렛과 마트 판매/판촉, 대형시설물의 자산가치향상을 위한 시설관리에 이르기까지 다양한 사업영역 및 경험을 보유하고 있습니다.
퍼스트인은 전문화된 서비스 제공과 관리 인프라를 바탕으로 단순 인력공급이 아닌 체계적인 노무관리, 생산관리, 품질관리 등을 통한 고객 맞춤형 서비스를 제공하고 있습니다.
앞으로도 책임경영, 내실경영, 원칙경영의 3가지 경영원칙을 바탕으로 고객에게 최상의 서비스를 제공 할 계획입니다.

피앤제이HR(주)
www.pnjsystem.co.kr

- **대표**: 임대성
- **전화**: 070-7750-2000
- **팩스**: 070-7610-9050
- **이메일**: mail@pnjhr.co.kr

▮▮ 회사주소
부산광역시 금정구 중앙대로 2003, 3층

▮▮ 설립 및 자본금
설립년 : 1994년 0월
자본금 : 2억원

▮▮ 매출실적
2025년(예상) : 0억원

▮▮ 종업원현황
총원 : 7명

▮▮ 아웃소싱 서비스
헤드헌팅, NCS채용과정대행, 채용컨설팅, 인력운용컨설팅, 직무평가, 출제대행, 평가기획, OMR제작 및 채점대행, 채용사이트 개발 및 운용, 정책개발

▮▮ 주거래 업종
공공기관, 공기업, 제조 및 서비스업 등 전 업종

▮▮ 주 거래 기업
전국 주요 공기업

▮▮ 지사 및 계열사
경북사무소, 서울출장소
제이엔피솔루션(주) www.jnpsolution.kr,
피앤제이컨설팅연구소,
한국자격인증협회 www.kqca.or.kr

▮▮ 임원권 연락처
대표연락처 070-7750-2000
부산본사 051-959-7000
경북사무소 054-430-0110

▮▮ 기업연혁
- 2014. 10 Search Firm 피앤제이컨설팅 설립
- 2015. 03 BPO 피앤제이시스템 (주)설립
- 2018. 02 벤처기업 확인, NCS채용대행 개시
- 2018. 02 피앤제이HR시스템 V1.0 적용
- 2018. 02 1세대 필기채점시스템 적용
- 2019. 12 제1차 면접관교육 실시
- 2020. 05 피앤제이HR시스템 V2.0개발, 적용
- 2021. 01 20년 기여 감사패 수여 (교육부외)
- 2022. 05 피앤제이에이치알 통합법인 출범
- 2022. 10 정책개발 리빙랩, 설문조사 진행
- 2023. 06 피앤제이HR시스템 V3.0 개발, 적용(유무선통합 자체 채용전산 시스템)
- 2023. 08 2세대 필기채점시스템 적용

대표자 프로필
이름 : 임대성
학력 : 부산대학교 경영컨설팅학과 박사수료
경력 : [현] 피앤제이에이치알(주) 대표컨설턴트
　　　[현] 제이엔피솔루션(주), 다온기술(주) 기술이사
　　　[현] 피앤제이컨설팅연구소 대표연구원
　　　[현] 한국자격인증협회 대표평가위원
　　　[현] 한국빈집관리사협회 감사
　　　[전] 울산여성인력개발원, 한국노인인력개발원 자문위원
　　　[전] 진방템프그룹 본부장
경영방침 : 내일은 우리가 만든다

▮▮ 회사 및 서비스 소개
"내가 주인이다"라는 해동강령으로 피앤제이HR은 채용과 채용평가, 인사평가관련 전문기업으로 성장하였습니다.

사회적인 가치와 인간다움을 실현하기 위해, 고객사에게는 또다른 발전의 기회를 가져다주고, 후보자와 일반개인에게는 더 나은 삶의 가치를 제공하기 위해 끊임없는 학습과 도전, 행동을 하고 있습니다.

내일을 만드는 피앤제이HR은 과거와 현재를 이해하고 내일의 발돋움을 하기 위해 AI시대에 걸맞는 서비스를 제공하고자 합니다. 과거의 전문성을 새로운 미래가치와 결합된 새로운 시대, 새로운 서비스를 열어갑니다.

(주)휴먼인프라
hminfra.co.kr

대 표	차동현
전 화	051-558-0042
팩 스	051-555-2019
이메일	hminfra2@hanmail.net

■ 회사주소
부산 동래구 미남로 148 7층(온천동)

■ 설립 및 자본금
설립년 : 2005년
자본금 : 5억원

■ 매출실적
2024년 : 250억원
2025년(예상) : 220억원

■ 종업원현황
총원 : 1,000명

■ 아웃소싱 서비스
업무위탁(사무, 생산대행), 시설관리용역, 위생관리용역, 아웃소싱, 근로자파견, 채용대행 등

■ 주 거래 기업
대한통운, 삼성전기, 부산시설관리공단, 빙그레, 부산관광공사, 영도구청, 한진택배, 경동택배, 옐로택배, 로젠택배, 해드림, 매일정기, 아워홈, 다이소, 녹채원, 홍우건설, 인터파크, 송우산업, 협진피엘, 한성기업 등 다수

■ 지사 및 계열사
지 사 : 서울지사, 경상권, 중부권, 부산권
계열사 : 파트너스코리아

■ 임직원 연락처
차동현 대표 : 051-558-0042

■ 기업연혁
2005. 휴먼인프라주식회사설립 근로자파견사업허가
2005. 광주LG텔레콤자회사 (주)아이텔레서비스인력아웃소싱
2006. 중소기업 생산아웃소싱 진출
2007~2011년.
디와이테크 생산도급/삼성전기 채용대행 /화승T&C 근로자파견계약체결/LG유플러스 및 AIA생명 채용대행/YK스틸 청소용역 도급/빙그레 포장 출하관리, 청소도급
2012~2017년.
파트너스코리아설립/(주)한진택배 운송기사 채용대행/등택배터미널 물품분류도급/부산신항CFS(주) 물류 도급/부산국제들(주) MOU체결/대한통운 파견계약체결/대한통운 택배터미널 도급등
2018~현재.
파트너스인설립/부산시설관리공단 청소 도급/부산관광공사 경비 /청소도급/비아이피(주) 생산도급/부산 영도구청 CCTV 경비 도급/Cj대한통운 도급/삼성정밀 검사조립 도급/삼성전기 설비 청소 도급/다이소 물류도급/사조대림 부산사업장 생산 도급/시니어인턴, 취업성공형사업 수주/부산아이파크경기장 청소수주/BTS 부산공연공연장 청소수주

■ 대표자 프로필
이름 : 차동현
학력 : 부경대학교 졸업/ 부산대 최고경영자과정 수료
경력 : (주)휴먼인프라 대표
　　　(사)한국HR(인적자원)서비스협회 부산/경남 지회장 역임
　　　삼성전기 부산사업장 협력사 협의회 대표 역임
수상내역 : 아웃소싱 리딩컴퍼니 수상
　　　지역대표 아웃소싱 리딩 컴퍼니 수상
　　　대한민국 100대 아웃소싱 기업 선정
　　　고용노동부 민간고용서비스 자율시정 사업주 교육 수료
　　　보건복지부 시니어인턴십 수행기관 선정
　　　보건복지부 장관상 수상
　　　대한민국 아웃소싱서비스 고객만족 대상(생산제조부문)

■ 회사 및 서비스 소개
'고객 감동, 인재 제일, 창조적 혁신'을 모티브로 2005년 설립한 휴먼인프라(대표 차동현)는 이후 '남부권 No.1 아웃소싱의 대표기업'을 지향하는 중견기업으로 성장했다.
고용유연성 확보와 업무효율성을 증대시켜 급격한 경영트렌드 변화에도 신속히 대응함으로써 기업 경쟁력강화에 뒷받침이 된 HR분야의 전문기업이자 기업성장 지원파트너로 자리잡고 있다.
'한국 아웃소싱서비스 100대기업 선정' 및 '보건복지부장관 최우수상'을 수상(노인일자리 지원사업 평가)하였고 주력사업으로 제조 유통, 물류 외에도 국내 고객사들로부터 아웃소싱서비스 우수기업으로 인정, 창립이후 최대의 실적과 영업이익을 실현해 나가며 업계와 정부가 인정하는 기관에서 다수의 수상경력도 보유하고 있다.
최고의 서비스를 제공하는 아웃소싱 전문업체, 기업이 먼저 찾는 우수한 네트워크 구축업체로 호평을 얻고 있는 휴먼인프라는 '계약이 곧 성과로 인정받아온 성과관리 시스템을 기반으로 자신의 강점과 능력이 조절을 통해 구직자에게 맞는 개인 맞춤형 라이트잡(right job) 컨설팅을 통해 경쟁력을 높여가고 있다.
특히 청년, 중장년, 여성 구직자와 검증된 기업간 일자리매칭 시스템을 바탕으로 성과를 이루어내고 있으며 향후 장애인채용을 통해 소외계층이 없이 채용확대를 추진해 나갈 계획이다.

2026 KOREA OUTSOURCING DIRECTORY

업무지원 I

▶가나다순

- 갤럭시아에스엠
- 고우
- 노무법인 길
- 노무법인 파로스
- 다현로앤컨설팅 노무법인
- 더드림버스
- 발렉스서비스
- 법무법인 라온
- 법무법인 사람앤스마트
- 삼도회계법인
- 유니에스
- 이트너스
- 인터비즈시스템
- 한국장애인고용지원
- 휴비즈넷

(주)갤럭시아에스엠

www.galaxiasme.com

- 대표: 02-775-1300
- 전화: 02-3780-7379
- 팩스: 02-775-1301
- 이메일: kykim@galaxiasme.com

■■■ 회사주소
서울시 강남구 학동로 311 미성빌딩 7F

■■■ 설립 및 자본금
설립년: 1975년 (1989년 코스피 상장)
자본금: 137억원

■■■ 매출실적
2024년 : 324억원
2025년(예상) : 400억원 (예상)

■■■ 종업원현황
총원 : 50명

■■■ 아웃소싱 서비스
[장애인 고용 지원, 고용부담금 절감 컨설팅 서비스]
장애인스포츠선수단 기업 컨설팅 및 위탁운영 서비스
(2025년 190개 고객사, 1,000명 장애인 전문체육선수 직접 고용, 200개 장애인경기단체 협력, blog.naver.com/galaxiasm_para)

■■■ 주 거래 업종
프리미엄 피트니스 운동기구 유통
스포츠 및 오락관련 서비스
스포츠 마케팅
장애인스포츠단 컨설팅 및 장애인운동선수 고용지원 서비스

■■■ 주 거래 기업
삼성전자, SK, 현대자동차, LG, 롯데, 포스코, 한진, KT, 카카오, HMM, 셀트론, 효성, KB금융, 하나금융, 동원, 유진, 농심, 신한은행, 외국계기업, 호텔, 리조트, 병원/의료재단 등

■■■ 지사 및 계열사
관계사 갤럭시아머니트리(주)
지배구조 : 효성그룹 계열사

■■■ 임직원 연락처
장애인문화스포츠본부 김관용 본부장 010-9678-7939

■■■ 기업연혁
- 2009. 대한체육회 마케팅 대행 계약, ISPN 채널 런칭(현 E SPORS)
- 2011. 효성그룹 편입
- 2014. 소치올림픽 코리아하우스 운영, The Golf 채널 런칭(IPTV)
- 2015. SM엔터테인먼트 전략적 제휴 체결, 광주 유니버시아드 개/폐막식 기획 운영, 교촌 허니레이디스 오픈
- 2017. 장애인문화스포츠육성센터 오픈
- 2018. KBO 주요행사 연간 대행(17~19), FIVB 발리볼네이션스리그 운영, 효성 챔피언십 with SBS Golf
- 2019. WBSC Premier12 총괄 운영, 하나금융그룹 챔피언십
- 2020. 아시아태평양마스터즈 대회 마스터 플랜 SK/KB 스폰서십 유치
- 2021. 프리미엄 피트니스 테크노짐 한국총판계약 유통 KLPGA 셀트리온 퀸즈 마스터즈 대회
- 2022. 우니베르소 페라리 기획 운영, NFT 사업 협약 MOU 체결
- 2023. 테크노짐센터 코리아 오픈(논현동), 장애인국가대표선수 출전 2022 항저우 아시안패러게임 대회 론볼 종목 금1, 동1 동1, 휠체어펜싱 동1 메달 획득
- 2024. 테크노짐 백화점 입점 (롯데백화점 본점, 현대백화점 판교점, 신세계백화점 센텀시티점), 테크노짐 공식 B2C 온라인 판매

■■■ 대표자 프로필
이름 : 이반석
학력 : 고려대학교 신문방송학과
       고려대학교 대학원 정치학 박사 수료
경력 : (주)갤럭시아에스엠 대표이사
       (주)효성 전무이사
       (주)일간스포츠 대표이사/발행인 역임
경영방침 : 스포츠와 함께 발전하고 성장하는 기업
          (세계적 기업, 스포츠 정신, 안정적 경영)

■■■ 회사 및 서비스 소개
당사는 1975년 상림피혁 설립, 1989년 한국증권거래소에 상장한 상장 기업입니다. 2004년 'IB스포츠'로 스포츠마케팅 사업을 시작하여 2013년 IB월드와이드, 2015년 갤럭시아 에스엠으로 상호를 변경하였습니다.
피트니스 운동기구 유통 및 스포츠마케팅 사업을 영위하고 있으며, 세계적인 프리미엄 피트니스 운동기구 브랜드 '테크노짐' 국내 판권을 소유하여 B2B, B2C 고객에게 테크노짐의 웰니스 경험을 제공하고 있습니다.
과거부터 현재까지 스포츠마케팅 사업으로 프로 스포츠선수들에게 매니지먼트 서비스를 제공하여 더 나은 미래를 제시하고 성공의 기회를 제공하는데 기여하고 있습니다.
특히 장애인고용이 어려운 기업에 장애인스포츠단 창단 컨설팅, 장애인선수단 운영 위탁 운영 및 장애인 전문체육선수 직접 고용을 지원하여 장애인 일자리 창출 및 기업 컨설팅 지원을 돕고 있습니다.

(주)고우

www.bshcorp.com

대표	박서영
전화	02-2184-7511
팩스	02-2184-7599
이메일	hogan.cho@gowoocorp.com

■ 회사주소
서울시 강남구 테헤란로 19길 39(역삼동 631-19)

■ 설립 및 자본금
설립년 : 1998년
자본금 : 1억원

■ 매출실적
2025년(예상) : 50억원

■ 종업원현황
총원 : 50명

■ 아웃소싱 서비스
급여/연말정산/총무/복리후생 업무대행/인사급여시스템ASP(임대)
인재파견/헤드헌팅/채용대행, 물류도급 운영 외

■ 주 고객 업종
삼성물산, 삼성SDI, SK커뮤니케이션즈, CJ대한통운, 롯데로지스틱스, LAM, AMK 외 다수

■ 주 거래 기업
삼성물산, 삼성SDI, 삼성바이오에피스, SK커뮤니케이션즈, CJ대한통운, 롯데로지스틱스 외

■ 임직원 연락처
조호건 상무 02-2184-7511
김은영 이사 02-2184-7517
박영도 팀장 02-2184-7550

■ 기업연혁
1998. 06 (주)편리한세상 설립
삼성물산 분사 급여/총무/복리후생 업무대행
2000. 01 헤드헌팅, 인사급여관리 시스템 ASP
아웃소싱기업협회, 인터넷기업협회 가입
2003. 01 인사급여관리 시스템 웹버전 구축
02 물류 업무도급 서비스 개시
2006. 06 목표관리 및 성과보상 시스템 구축
2009. 09 2009 대한민국 아웃소싱 고객만족 대상 수상
2010. 01 인사급여관리 시스템 웹버전II 구축
2013. 08 면세물류 업무도급 개시
2014. 07 문서관리 보안시스템 [S-DISK] 구축
2015. 12 ISO/IEC 27001:2013 인증[국제표준 정보보호]
2017. 11 인사급여관리 시스템 [편리한인사 차세대] 구축
2018. 12 ISO/IEC 27001:2013 인증 갱신 [BSI]
2023. 06 (주)고우 사명 변경

■ 대표자 프로필
이름 : 박서영
학력 : 서강대 디지털 CEO과정 수료(2001년)
KPC CEO과정 수료(2003년)
연세대 법무대학원 고위과정 수료(2004년)
KPC 글로벌 CEO과정 수료(2010년)
경력 : 삼성물산(상사부문) 인사서비스센터 팀장
삼성물산 사내강사
한국인사관리협회 강사
한국아웃소싱협회 이사
경영방침 : 고객과 함께한다/품질로 승부한다/미래를 선도한다

■ 회사 및 서비스 소개
(주)고우는 업무지원 아웃소싱 대표 전문기업으로 Total 아웃소싱 서비스를 구현하여, 고객회사와 상호 Win-Win 하며 최고의 서비스 제공을 통해 고객이 항상 신뢰하고 만족하는 'Biz-Service의 든든한 파트너'를 목표로 하고 있다.
1998년 (주)편리한세상으로 국내 최초로 설립된 인사급여, 총무, 복리후생 업무대행 전문기업으로 그동안 쌓아온 서비스 Know-how와 전문성을 바탕으로 고객 니즈를 반영한 맞춤식 아웃소싱 서비스를 제공하고 있다. (주)고우는 핵심사업 위주의 기업경영과 전문성 및 효율화를 위한 아웃소싱 환경에 부응하며 급여·4대보험·퇴직금·연말정산 업무대행과 인사노무컨설팅 서비스, 인재파견·헤드헌팅·채용대행 등 HR서비스, 인사급여프로그램 ASP(임대), 물류센터 운영도급 서비스를 제공하고 있다.

노무법인 길

http://roadconsulting.co.kr

대표	노서림
전화	02-454-5785
팩스	02-6280-5544
이메일	hrnosa@roadconsulting.co.kr

▰▰▰ 회사주소
서울시 영등포구 선유로 28길 6, 노무빌딩 1층 104호

▰▰▰ 설립 및 자본금
설립년 : 2004년
자본금 : 1,600만원

▰▰▰ 매출실적
2025년(예상) : 4억

▰▰▰ 종업원현황
총원 : 5명

▰▰▰ 아웃소싱 서비스
인사노무관련 자문서비스, 산업안전 서비스, HRM · 하도급관계정비 등 컨설팅, 근로자부당해고 권리구제 및 필요교육, 급여관리 및 4대보험 관리 아웃소싱 제공, 직장 내 성희롱 · 괴롭힘 사건 조사, 조직문화진단 컨설팅

▰▰▰ 주 거래 업종
병원, IT기업, 제약, 공익재단, 사단법인

▰▰▰ 주 거래 기업
서울제약, 배상면주가, 비아이매트릭스, 효메디한방병원, 아이작성형외과의원, 대교산업, 푸른아시아, 에이치투오시스템테크놀로지, 장독대, 망넛이네(수버킷), 아이티에스엔지니어링, 대동아이엠, 위프코, 리드릭, 강릉영동대학교, 강남구도시관리공단, 에스지건설, 태경운수, 오뎅식당 등

▰▰▰ 지사 및 계열사
지사 : 강남, 인천

▰▰▰ 임직원 연락처
02)454-5785

▰▰▰ 기업연혁
2004. 설립
2014. 인천지사 개소
2019. 강남지사 개소
2021. 한국금속공업협동조합 업무협약 체결
2022. 한국보청기판매자협회 업무협약 체결

▰▰▰ 대표자 프로필
이름 : 노서림
학력 : 건국대학교 법학과 졸업
경력 : 노무법인 길 대표노무사
「임금벗기기」 저, 매일노동뉴스, 2017
한국장애인고용공단 서울 남부지사 장애인고용사업체 컨설턴트
한국폴리텍대학교 전문가 자문위원
광주도시관리공사 인권경영위원
재단법인 피플 전문가 자문위원
서울혁신센터 징계위원회 위원
국민권익위원회 상담위원
한국갈등해결센터 갈등조정전문가 2급
성희롱 예방교육 강사
서울지방노동위원회 국선노무사
체당금조력지원 국선노무사
경영방침 : 조직의 성장, 인재의 육성, 개인의 행복

▰▰▰ 회사 및 서비스 소개
노무법인 길은 2004년 설립되어 현재 서울 영등포구의 본사, 강남지사, 인천지사로 조직되어 있으며 15명의 공인노무사와 인사노무 전문가가 함께하고 있습니다. 주요 사업 분야는 노동법률자문, 산업안전, 해고 · 징계 등 노동사건 대리, 컨설팅, 임금체불 · 체당금, 노동조합 자문과 노사관계컨설팅, 급여아웃소싱 등이며 산재 전문 노무법인인 노무법인 소망, 노무법인 산재와 법무법인 사람, 스마트 법률사무소 등과 협력관계로 고객들이 원스탑 서비스를 받을 수 있는 시스템을 구축하고 있습니다.

노무법인 파로스

www.nomupharos.com

대표	이경훈
전화	02-2039-2041
팩스	02-2039-2043
이메일	cpla9585@nomupharos.com

■■■ 회사주소
서울시 영등포구 문래동3가 77-9 메가 벤처타워 608호

■■■ 설립 및 자본금
설립년 : 2020년
자본금 : 비공개

■■■ 매출실적
2025년(예상) : 비공개

■■■ 종업원현황
총원 : 10명

■■■ 아웃소싱 서비스
인사노무자문, 인사노무컨설팅, 노무사업무 전반

■■■ 주 거래 업종
서비스, 금융, 제조, 건설, 유통, 물류, 공공기관 등

■■■ 주 거래 기업
한국커피협회, 제이비씨, 카페베네, 에이비씨마트 코리아, 쌍방울 등 외 다수

■■■ 지사 및 계열사
전국 네트워크 구축

■■■ 임직원 연락처
이경훈 대표 02-2039-2041

■■■ 기업연혁
2019년 01 서진노무사 사무소 개소(고용노동부 서울 남부지청 관할)
2020년 11 노무법인 파로스 법인 전환
2021년 07 노무법인 파로스 영등포 문래동 사업장 확장이전(서울지방노동위원회 옆)

[4대보험 및 각종부담금 환급컨설팅 주요실적]
2021. 제이비씨, 카페베네, 삼구아이앤씨 계열사, 현대에스앤에스, 스탭스, 서부파트너스, 아람인테크 등 컨설팅
2022. 에이비씨마트코리아, 쌍방울, 진주햄 등 컨설팅
2023. 롯데정보통신, 중부발전서비스, 섹타나인(spc지주사), 코레일네트웍스, LF, 한화임팩트, 한국항공우주산업, 제일약품 등 컨설팅
2024. 현대산업개발, 현대일렉트릭, 한국국토정보공사, 한국제지 등 컨설팅
2025. 엘지에너지솔루션, 한화갤러리아, LS오토모티브테크놀로지, 아워홈, 엔젤스태프 등 컨설팅

■■■ 대표자 프로필
이름 : 이경훈
학력 : 인하대학교 정치외교학과 졸업
경력 : 전)동양노무법인 파트너
      전)노무법인 충무 서울 지사장
      중소벤처기업부 비즈니스지원단 전문위원
      고용노동부 근로조건자율개선위원
      경기도 김포시 공동주택관리 전문감사관
      청소년근로권익센터 근로조건보호위원
      서울특별시 마을노무사
      한국산업안전보건공단 건설공사 위험성평가 컨설턴트
      서울지방노동위원회 국선 대리인 위촉
      (전) 한국공인노무사회 부회장

■■■ 회사 및 서비스 소개
노무법인 파로스는 노동 문제해결의 최고 전문가 그룹입니다. 이론과 실무경험을 바탕으로 대한민국 최고의 인사노무사전문가들이 최적의 솔루션을 제공하고자 합니다.

노무법인 파로스는 고객의 관점에서 혁신을 통해 고객중심의 서비스를 제공하고자 합니다. 노무법인 파로스의 모든 구성원은 최고의 성과를 위하여 유기적으로 협력하고 있습니다.

노사관계, 인사 관리, 산업재해, 건설업 노무관리, 4대 보험 컨설팅 등 다양한 영역에서 전문적인 역량을 쌓아 기업이 대면하는 경영환경 및 노동이슈에 유기적인 대응을 도울 수 있도록 역량을 갖추고 있습니다.

고객들이 어려움에 직면하였을 때, 저희에게 도움을 요청하신다면 노무법인 파로스의 다양한 경험과 이론적 지식을 바탕으로 최적의 솔루션을 제공하겠습니다.

언제나 의뢰인의 입장에서 같이 고민하고 방향을 찾기 위해 노력하고 있습니다.

다현로앤컨설팅 노무법인
www.hyunlabor.com

대 표	김광태
전 화	02-6953-1234
팩 스	070-4009-4596
이메일	lawlab@hyunlabor.com

■■ 회사주소
서울 서초구 방배로 107, 2층(디엠타워 3관)
인천 연수구 송도과학로 56 19층(송도지사)

■■ 설립 및 자본금
설립년 : 2015년

■■ 매출실적
2024년 : 45억원
2025년(예정) : 60억원

■■ 종업원현황
총원 : 50명

■■ 아웃소싱 서비스
인사노무법률자문, 경영컨설팅, 급여아웃소싱
(급여신고, 4대보험관리)

■■ 주 거래 기업
아웃소싱기업, 일반 대기업, 중소기업 등 다수사업장
인사노무관리 서비스 지원

■■ 지사 및 계열사
지사- DLC 송도지사, 부산지사, 강남지사, 중부지사, 종로지사, 마포영등포지사, 용산센터
계열사- ESG인권경영인증원, DLC 택스, 수상한 팀빌딩

■■ 임직원 연락처
김광태 대표노무사   02-6953-1234

■■ 기업연혁
2015.	노무법인 현 설립
2015. 09	(주)아웃소싱플랫폼과 아웃소싱기업인사노무 4대보험 공동자문 컨설팅 MOU체결
2015. 10	노무법인 다현으로 사명 변경
2016.	대한기계설비건설협회 노무자문법인 역임
2017.	인천관광공사 경영분과자문법인 역임
2018.	BGF리테일 전국 1만개이상 편의점 인사노무 총괄
2018.	건설업 노무관리 Q&A 출간
2019.	핵심인사관리 실전노무관리
2020.	통슨로이터 "근로복지기본법" 온라인주석서 집필
2021.	외국계기업 인사노무관리 Q&A 출간
2022.	특허청, 한국거래소, 대한적십자사 등 중대재해 컨설팅 다수 진행
2023.	다현로앤컨설팅 노무법인으로 사명 변경
2024.	ISO심사원 서울센터 개소
2025.	ESG인권경영인증원 설립

■■ 대표자 프로필
이름 : 김광태
학력 : 한양대학교(서울캠퍼스) 수학 전공
　　　고려대학교 경영학 석사
　　　스위스경영대학(SSM) 경영학 박사(AI 빅데이터)
경력 : 다수의 노동사건(해고, 산재, 체당금) 및
　　　인사노무컨설팅 수행
　　　(비정규직 컨설팅, 성과급 연봉제 등)
　　　한국공인노무사회 중소기업 컨설팅 교육 수료
　　　前 세영스포츠 인사팀장
　　　前 휴먼앤컴퍼니 노무법인 구성원 노무사
　　　前 노무법인 굿컴퍼니 파트너 노무사
　　　前 에너지미디어 인력관리 전담 칼럼리스트
　　　現 여는인사노무컨설팅그룹 대표
　　　現 노무법인 현 대표 노무사
　　　現 다현로앤컨설팅 노무법인 대표 노무사

■■ 회사 및 서비스 소개
다현로앤컨설팅 노무법인은 오랜 기간 쌓아온 인사노무 지식과 현장의 경험을 바탕으로 (現) 문제를 정확히 진단하고 (見), 고민하여 (玄), 최적의 솔루션을 (賢), 최대한 신속하게 제공하고자 하는 포부를 가지고 있습니다.
실력 있는 경력직 노무사, 세무사, 인사컨설턴트들로 구성된 아웃소싱 업체와 다양한 업종의 기업을 대상으로 오랜 실무경험을 가지고 있으며, 변호사, 법무사, 세무사와 협력네트워크를 통해 아웃소싱 업체에 특화된 법률서비스와 노무/세무컨설팅 및 급여아웃소싱 서비스를 제공하고 있습니다.

(주)더드림버스
www.dreambus.co.kr

대표	권순호 (Nicolas, Kwon)
전화	02-867-4249
팩스	050-421-4249
이메일	shkwon@dreambus.co.kr

■■■ 회사주소
서울시 강서구 마곡중앙로 161-8, 두산더랜드파크 B동 304, 305, 319호

■■■ 설립 및 자본금
설립년 : 2017년
자본금 : 3억원

■■■ 매출실적
2024년 : 45억원
2025년(예상) : 비공개

■■■ 종업원현황
총원: 130명, 관리: 6명 / 도급/파견: 130명

■■■ 아웃소싱 서비스
1) Only 1. 국내 인력 아웃소싱 서비스
  - 인력 아웃소싱(도급, 위탁) 근로자 파견
  - 채용대행, 헤드헌팅
2) Only 1. 해외 취업지원/ 인재지원 서비스
  - 한국산업인력공단 K-Move 스쿨 운영기관 (해외취업교육)
  - 한국산업인력공단 해외 일경험 운영기관
  ※ 일본, 미국, 네덜란드, 말레이지아, 싱가폴 등
  ※ 평생교육시설 보유
  - 해외 연계 채용대행, 헤드헌팅 서비스 (국내 → 해외, 해외→ 국내, 해외 → 해외)
3) 관광 플랫폼 서비스
  - B2B, B2C, C2B 매칭 서비스 제공

■■■ 주 거래 업종
1) 국내 근로자파견, 인력 도급업무 및 관광, 서비스, 유통/판매 위탁운영, 프로모션 대행
  - 항공, 호텔/리조트, 면세점, 카지노, 유통/물류 업종
  - 국내 대기업, 외국계기업, 공공기관 등
2) 해외 취업지원 및 인재지원 서비스
  - 한국산업인력공단 K-MOVE 스쿨 운영기관 (해외 취업교육)
  ※ 일본공항 항공사 및 호텔 서비스 취업과정 1기~15기 수행 완료
  - 산업인력공단 해외 일 경험 운영기관
  ※ 일본 공항 항공사 지상직 업무 및 호텔/리조트 일 경험 프로그램 업무 운영

■■■ 주 거래 기업
공항공사, 다수의 항공사, 다수의 호텔/리조트 (3성~5성급), 다수의 면세점, 의류/유통 업체, 명품 매장, 다수의 대기업 식음료/외식 업체, 다수의 대기업, 중견기업 근로자파견 등 다수의 거래처 서비스 제공

■■■ 지사 및 계열사
인천공항 사무소
  - 인천시 중구 운서동 소재 (공항 신도시)
일본 사무소
  - 일본
계열사 : (주)그다

■■■ 임직원 연락처
권순호 대표 : 010-2293-4249
김 혁 이사 : 02-867-4249, 010-3722-8583
조창규 팀장 : 010-2125-1983

■■■ 기업연혁
2017. Dreambus (주식회사 더드림버스) 사업 개시
   식음료 서비스 계약
   공공기관 프로젝트 서비스 계약
2018. 유럽계 항공사 서비스 계약
   호텔 운영 서비스 계약
2019. 다수의 동남아 항공사 도급 서비스 계약
2020. 공항 및 시내 면세점 파견 및 도급 서비스 계약
2021. 한국산업인력공단 K-MOVE 스쿨 운영기관 선정
   국내 및 해외 투자회사 파견/채용대행, 위탁운영 계약
   유명 패션 의류 업체 도급 계약
2022. 해외 명품 브랜드 회사 도급서비스 계약 체결
   대기업 리조트 인사 업무 도급 및 채용대행 서비스 계약
   제주 5성급 호텔/리조트 업무지원 서비스 계약
   대기업 제약회사 유통 도급 서비스 계약진행
2023. HRD-Net 평생교육 운영기관 선정 □ 내일배움카드 교육 기관
   다수의 대기업 근로자 파견 계약 체결
2024. 동남아 항공사. 공항운영 컨설팅 업무위탁 서비스 계약
   산업인력공단 해외 일 경험 운영기관 선정
2025. 신세계 면세점 판매직 도급 서비스 계약
   5성급 호텔 회원권 관리 서비스 계약
   서울 K 산업 건물관리 도급 서비스 계약

■■■ 대표자 프로필
이름 : 권순호
학력 : 경기대학교 관광전문대학원 관광학 석사
   경기대학교 관광전문대학원 관광학 박사 수료
경력 - 현) Dreambus 대표이사
   - 현) 사)한국마이스관광 콘텐츠 협회 이사
   - 현) 서울시 관광 홍보대사
   - 전) (사)전국고용서비스협회 헤드헌팅 분과위원장
   - 전) (사)관광경영학과 이사
   - 전) 대구카톨릭대학교 산학협력교수
   - 전) HR 인재지원 및 위탁운영 서비스 25년 경력(국내외 기업)
경영방침 : 자리이타, 유지경성, 사람 제일주의

■■■ 회사 및 서비스 소개
Dreambus는 "꿈을 만들어 주는 기업" 이라는 슬로건과 함께 자리이타 정신을 기반으로 타인의 꿈을 지원해 주고, 성취 할 수 있도록 도와주는 것이 행복한 사회를 만드는 것이라는 기업 이념으로 탄생한 기업입니다. Dreambus는 인력 아웃소싱 분야와 관광분야에 20년 이상의 경력을 보유한 임직원들로 구성되어 있고, 다년간의 경험을 바탕으로 국내 인력 아웃소싱 서비스 및 해외 취업지원 및 인재지원서비스를 제공하는 기업으로 관광분야에 (항공사, 호텔/리조트, 면세점, 공항, 식음료, 기내식, 카지노, 유통 등) 특화되어 있어 Dreambus만의 탁월하고 독보적인 경쟁력을 보유하고 있다.
또한, 다수의 대기업 및 일반기업 고객들에게도 인력도급, 근로자 파견, 채용대행, 헤드헌팅 서비스를 제공하고 있다.
Dreambus는 4차 산업 혁명의 흐름과 빠르게 변하는 HR 서비스 산업의 변화에 적극적이고 창의적으로 접근하여, 특화된 시장의 블루오션을 개척해 나가는 유니콘 선도기업으로 성장해 나갈 예정입니다.

(주)발렉스서비스
www.valexservice.com

대표	박희영
전화	02-2010-2880
팩스	02-707-0680
이메일	hr_svc@valexservice.com

■ 회사주소
서울 영등포구 의사당대로 83 (여의도동, 오투타워 12층)

■ 설립 및 자본금
설립년 : 2010년
자본금 : 50억원

■ 매출실적
2024년 : 3,018억원
2025년(예상) : 3,560억원

■ 종업원현황
총원 : 약 6,800명

■ 아웃소싱 서비스
생산라인, 제조지원, 장비 유지보수, 설비기술, 포장·물류
시설관리, 보안·경비, 호텔관리, 금융 콜센터, 해외취업 등

■ 주 거래 업종
반도체, 금융, 호텔, 화학, 태양광, 제약 등

■ 주 거래 기업
SK하이닉스, 현대엔지니어링, 현대글로비스, LG생활건강, SK실트론, 현대엔지니어링, 삼성카드, 현대카드, 나이키코리아, SK케미칼, 파르나스호텔, 동원, 한국투자증권, SBI저축은행, 해비치호텔&리조트 등 국내·외 200여개 사

■ 지사 및 계열사
지주사 : 팬택씨앤아이
계열사 : 팬택씨앤아이엔지니어링, 피앤에스네트웍스
대우로지스틱스, 피앤에스로지스, 발렉스특수물류
피앤에스카고매니지먼트, 티앤에스엔지니어링

■ 임직원 연락처
대표번호   02-2010-2880
영업담당   02-2010-2884 / 02-2010-2887

■ 기업연혁
- 2010.~ (주)토스 설립
  근로자 파견, 시설경비업무, 위생관리용역업 허가 취득
  팬택, 동원산업(물류센터), 한국투자증권(시설/보안/안내) 등 인력공급 계약 체결
- 2019. 사세확장에 따른 사명변경(2018.08 附)
  반도체사업 부문 확대(SK하이닉스 이천/청주)
  특1급 호텔 부문 확대(쉐라톤 워커힐, 신라스테이 등)
- 2021. 산업재해예방 고용노동부장관 표창
  2021년 10대 아웃소싱기업 선정
  안전보건경영시스템 ISO 45001 인증 획득
  환경경영시스템 ISO 14001 인증 획득
  ISSA CMI교육 도입 및 CIMS 인증 획득
- 2022. 재해경감 우수기업 인증 취득
  ESG 지속가능경영보고서 발간
- 2023. 한국HR서비스산업대상 산업선도부문 수상
  UNGC (유엔글로벌콤팩트) 가입
  CIMS WITH HONORS 인증 획득
  KT AI첨단 로봇 활용 MOU 체결
  ESG 경영시스템 인증 획득(국내 최초 1호)
- 2024. ISO 37001 부패방지 경영시스템 인증 획득
  ISO 37301 규범준수 경영시스템 인증 획득
- 2025. 고용노동부 주관 일생활 균형 우수기업 인증 획득
  한국HR서비스산업대상 HR서비스기업 대상 수상
  2025 한국 아웃소싱 리딩컴퍼니 선정
  대한민국 아웃소싱산업 선도기업 특별상 수상

■ 대표자 프로필
이름 : 박희영
학력 : 경희대학교 가정관리학과 졸업
경력 : 現 (주)발렉스서비스 대표이사
　　　前 (주)팬택 경영관리본부
　　　前 (주)발렉스서비스 경영지원본부장
　　　前 (주)피앤에스네트웍스 해상운영본부장
경영방침 : 사람중심 경영, 기술중심 경영, 성과중심 경영

■ 회사 및 서비스 소개
발렉스서비스는 2010년 설립 이후 임직원 6,800명, 매출 3,560억원(2025년 말 기준)으로 성장하며 업계의 견고한 양적 성장과 질적 혁신을 이뤘습니다. 세계청결협회(ISSA) 가입 및 CIMS with HONORS 인증을 기반으로 선진화된 Hygiene Service(청결·위생 통합관리) 체계를 구축하였으며, CMI 미화 전문가 교육을 통해 내부 전문가를 육성하여 안전하고 위생적인 서비스 환경을 제공하고 있습니다.
당사는 가치향상 전문가(Value Adding Expert)로서 고객사의 핵심사업 가치를 높이는 데 힘쓰고 있으며, 이러한 성장을 바탕으로 지속적인 고용 확대, 공익재단 후원 등 사회적 가치 실현과 함께 지속가능경영보고서 발간, UNGC 가입, 국내 최초 ESG 경영시스템 인증을 통해 ESG 기반의 지속가능경영도 체계적으로 강화해 나가고 있습니다.
발렉스서비스는 앞으로도 전문성과 기술을 기반으로 한 체계적 시스템, 고객의 가치 성장을 이끄는 전문가로서의 역량, 그리고 차별화된 서비스 품질을 통해 고객 여러분께 최고의 비즈니스 파트너로서 역할을 다하겠습니다.

법무법인 라온
www.lawlaon.com

대표	이창엽
전화	02-553-2112
팩스	02-553-2113
이메일	hana7416@hanmail.net

■ 회사주소
서울시 서초구 서초대로347, 902호(서초동, 서초크로바타워)

■ 설립 및 자본금
설립년도 : 2017년
자본금 : 비공개

■ 매출실적
2025년예상 : 비공개

■ 종업원현황
전체직원 : 30명

■ 아웃소싱 서비스
기업법률자문, 형사소송, 민사소송, 행정소송, 가사소송, 채권회수 등 법률 종합서비스

■ 주 거래 기업
㈜케이사인 ㈜지란지교 서울현대직업전문학교 ㈜성보건설 디엠성형외과 ㈜프론텍 ㈜명성시스템 ㈜한양기술공업 ㈜아이티노매즈 세무그룹 삼익 외 다수

■ 지사 및 계열사
전국 업무제휴 네트워크 구축

■ 임직원 연락처
이창엽 대표 02-553-2112

■ 기업연혁
2017. 법무법인라온 설립
2018. ㈜지란지교 외 다수 고문계약
2019. ㈜프론텍 외 다수 고문계약

■ 대표자 프로필
이름 : 이창엽
학력 : 성균관대학교 법학과 졸업
　　　사법시험 합격
　　　사법연수원 수료
　　　서울대학교 부속 산학정책과정 수료
　　　한양대학교 최고위과정 수료
경력 : 前 법무법인 평안 대표변호사
　　　前 법무법인 청운 대표변호사
　　　現 법무법인 라온 대표변호사
　　　변호사 16년차 다수 행정사건 수행
사회활동
- 서울경찰청 수사심의위원회 위원
- 민주평화통일자문회의 자문위원
- 서울시 '마을변호사단' 소속변호사
- 법조윤리협의회 전문위원
- 자격사항: 변호사

■ 회사 및 서비스 소개
법무법인 라온은 기업법률관련 업무에 대한 전문지식과 풍부한 실무경험을 바탕으로 의뢰인에게 최상의 만족을 주고자 설립된 로펌으로, 다년간 각 분야에서 전문성을 갖춘 변호사들이 모여 기업에 최적화된 맞춤 법률서비스를 제공하고 있다.
특히 사용기업인 "갑"과의 계약관계, 부도 파산으로 인한 채권문제, 각종 계약 불이익문제, 현장내 사건사고, 노무분쟁, 기업간 분쟁 등으로 고민하는 경비청소시설, 파견, 생산도급, 판매판촉, 물류센터, 콜센터 등 아웃소싱기업에 특화된 법률지원 서비스가강점이다.
아웃소싱사업은 법률적인 부분과 밀접한 관련을 갖는 비즈니스로 "언제 어떤 법률자문을 받아야 하는지 잘 몰라서" 또는 "비용이 높아서" 제 때 대응을 하지 못해 막대한 손해로 이어지는 경우가 잦다.
분쟁이 발생했을 때 당황하지 않고 신속히 대처할 수 있어야 그만큼 시간과 비용 낭비를 줄일 수 있다.
법무법인 라온은 이처럼 아웃소싱기업에서 겪을수 있는 리스크관리에 초점을 맞춰 대기업 법무팀 수준의 법률서비스를 지원하고 있다.
아웃소싱기업 설립과정에서부터 사업운영, 계약체결, 기업분쟁 등과 관련된 회사법, 자본시장법, 공정거래법, 노동법, 도산법, 세법 등에 대한 법률자문을 기초로 각종 계약관계 검토 및 작성 등 기업법무 전반에 대한 지원서비스를 제공하고 있다.디앤에이치피플은 "보다 높은 차원에서 보다 깊은 지혜와 보다 굳은 각오"로서 고객을 위한 차별화된 서비스로 고객 앞에 한걸음 더 다가갈 계획입니다.
항상 사람이 중심이 되어 정직함을 최우선적으로 생각하는 기업이 되겠습니다.

법무법인 사람앤스마트
saramlawfirm.kr

대표	이기윤, 김찬영
전화	02-2633-5796 / 02-6746-0008
팩스	02-6004-5917 / 02-6746-0009
이메일	saramlawfirm@naver.com

■■■ 회사주소
주사무소 : 서울시 영등포구 양산로 57-5 806호
(양평동3가, 양평이노플렉스)

■■■ 설립 및 자본금
설립년 : 2018년
자본금 : 2억원

■■■ 매출실적
2024년 : 14억원
2025년(예상) : 50억원

■■■ 종업원현황
총원 : 21명

■■■ 아웃소싱 서비스
소송대리, 법률자문/컨설팅

■■■ 주 거래 업종
건설, 제조, 서비스, 정부/공공부문

■■■ 임직원 연락처
(주사무소) 02-2633-5796
(분사무소) 02-6746-0008

■■■ 기업연혁
2018. 03 법무법인 사람 설립
2020. 05 이기윤 대표변호사 취임
2021. 04 2021 KCA 우수 전문인 어워즈 변호사 부문 수상
       (이기윤 대표변호사, 박성민 변호사, 최은영 변호사)
       한국금속공업협동조합 법률지원 MOU 체결
    05 인천경영자총협회 법률지원 MOU 체결
    08 민주노총 공공운수노조 시흥시립예술단지회 법률지원 MOU 체결
    09 한국노총 인천지역본부 법률지원 MOU체결
       2021 대한민국 아웃소싱 서비스 고객만족대상 수상
2022. 10 명칭 '법무법인 사람앤스마트' 변경
    11 김찬영 대표변호사취임 및 법무법인 사람앤스마트
       서울 분사무소 설립
2024. 01 중 징스, 한중 양국 법률지원 MOU 체결
    06 중소기업 혁신바우처 수행기관 선정
    11 인텔리콘연구소와 법률전문가를 위한 생성형AI 기반 리걸 코파일럿 서비스 사업 확산을 위한 업무협약 체결
    12 성남산업진흥원 관내기업 산업안전과 준법경영 강화 MOU

■■■ 대표자 프로필
이름 : 이기윤
학력 : 공주 한일고등학교 졸업, 고려대학교 노어노문학과 학사,
       중앙대학교 법학전문대학원 법학전문석사
경력 : 제3회 변호사시험 합격
       現 법무법인 사람 대표변호사
       現 대한변호사협회 등록 『산재』 전문변호사
       現 대한변호사협회 등록 『형사』 전문변호사
       現 서울특별시 공익변호사
       現 서울글로벌센터 전문상담위원
       現 양천구 노동복지센터 법률자문 및 노동상담위원
       現 사단법인 중앙진폐재활협회 자문변호사
경영방침 : 정직한 상담, 심도있는 사건 검토, 적극적인 소송 진행

■■■ 회사 및 서비스 소개
법무법인 사람앤스마트는 산업재해 보상, 산업재해 예방에 특화된 법률 서비스를 제공하는 로펌으로 구성원 변호사 모두 대한변호사협회 등록 『산재』 전문변호사이며, 각 구성원들이 『형사』 전문, 『손해배상』 전문으로도 등록되어 있다.
소송 대리 서비스에서는 산재 승인과 관련된 행정소송, 산재 이후 노동력 상실, 후유증에 대한 추가 손해배상 민사소송, 산재 발생시 산업안전보건법 위반, 업무상과실치사상 사건에 대한 수사 대응 및 형사소송에 특화되어 있다. 법률 자문/컨설팅으로는 안전보건관리체계 수립 컨설팅, 안전보건관리규정 검토 자문 등을 제공하고 있으며, 「산업안전보건법」, 「중대재해처벌법」 등 관련 법령에 대한 기업 강의 및 세미나에도 출강하고 있다.
특히 법무법인 사람앤스마트는 '정직한 상담, 심도있는 사건 검토, 적극적인 소송 진행'을 주요한 가치로 삼고, 대표변호사 직접상담, 의뢰인 별 전담 변호사 및 직원 배정, 산재보상연구소·산업안전연구소를 통한 전문성 강화 등 고객에게 최선의 법률 서비스 제공을 위한 끊임없이 노력하고 있다.

삼도회계법인
www.samdoacc.com

대표	오준석, 방찬식
전화	02-511-2460
팩스	02-6918-0540
홈페이지	www.samdoacc.com

■■■ 회사주소
서울시 서초구 사평대로 361, 3층(반포동, 청원빌딩)

■■■ 설립 및 자본금
설립년도 : 2015년

자본금 : 8.7억원

■■■ 매출실적
2024년 : 662억원

2025년(예측) : 700억원

■■■ 종업원현황
총원 : 340명(KICPA : 228명, 일반직원 112명)

■■■ 아웃소싱 서비스
회계감사, 세무자문, 재무자문, 컨설팅, 기업리스크 대응 등

■■■ 주 거래 기업
SK, 현대, LOTTE, 더존, SPC 등 주요 계열사를 포함한 다수의 상장회사

■■■ 임직원 연락처
삼도회계법인 대표번호 02-511-2460

■■■ 기업연혁
2018. 매출 100억 달성

2019. 금융위 주권상장법인 감사인 등록

2020. 회계사 100명 달성

2021. 매출 458억, 상장법인 감사인 '나'군 달성

2023. 매출액 551억원, 미국회계감독기구 PCAOB 등록

2024. 회계사 200명 달성

■■■ 대표자 프로필
이름 : 오준석(공인회계사/세무사)

경력사항 : 전 태경회계법인 / 딜로이트 안진회계법인 / 신우회계법인

이름 : 방찬식(공인회계사/세무사)

경력사항 : 전 회계법인 성지 / 딜로이트 안진회계법인 / PwC삼일회계법인

■■■ 회사 및 서비스 소개
삼도회계법인은 회계법인 빅4 출신의 젊은 회계사들이 주축이 돼 설립된 회계법인으로서 회계감사 및 세무, 경영자문, 공정가치 평가 등 다양한 분야의 전문인력을 보유하고 있는 가장 성장세가 높은 회계법인이다.

■ 숙련된 전문가 집단-삼도회계법인은 숙련된 경험을 가진 10~15년차 회계사가 주축이 되어 효율적, 효과적으로 업무를 수행함으로써 서비스팀의 대부분이 1~2년차 시니어급으로 구성되는 타 회계법인과는 차별화된 고품격의 서비스를 제공한다는 점이 특징이다.

■ 서비스 융합-특히 Deloitte 안진, 삼정 KPMG, PwC 삼일, EY 한영의 Audit, TAX, FAS, 컨설팅 부서 출신의 전문인력들이 모여 Co-work함으로써 고객사에서 발생한 다양한 회계 세무 이슈들에 대해 다양한 시각에서 해법을 찾고 최고의 결과물을 도출해 제공하고 있다.

■ 강한 내부 심리절차-삼도회계법인은 감사 및 자문용역 등 고객사에 제공하는 모든 업무에 있어 Quality 준수를 최고의 가치로 여기고 있다. 중견로컬법인 중 최대 인원의 품질관리인력을 갖추고 있으며, 고객사에 제공되는 모든 업무는 내부 품질검토 절차(Internal Quality Review Process)를 통해 그 정합성과 오류가능성을 항상 검증받고 있다.

(주)유니에스
www.unies.com

대표	이용훈
전화	1566-9797
팩스	02-553-3381
이메일	unies@unies.com

■■■ 회사주소
서울 강남구 선릉로 514 11층 (삼성동 성원빌딩)

■■■ 설립 및 자본금
설립년 : 1990년
자본금 : 15억원

■■■ 매출실적
2024년 : 5,200억원
2025년(예상) : 5,500억원

■■■ 종업원현황
총원: 15,500명/ 관리: 200명/ 파견: 3,300명/ 도급: 12,000명

■■■ 아웃소싱 서비스
인재파견, 고객센터위탁, 보안검색, 시설관리, 사무지원, 의료지원, 실버/요양사업, 유통물류지원, 생산물류, 호텔/리조트, 판매/판촉, 헤드헌팅/HR컨설팅, Payroll, 총무아웃소싱, 채용대행, 고용서비스

■■■ 주 거래 업종
공항, 금융, 항공서비스, 특수경비, 유통물류, 판매, 방송언론, 생산 의료/실버, 호텔/콘도/레저, (정부/지자체)고용서비스업 등

■■■ 주 거래 기업
대한항공, 삼성, SK, LG, 현대, 한화, 현대기아차, 신한, 롯데, AIA 호텔신라, 신세계, SBS, KBS, MBC, CJ, KGC인삼공사, 한국암웨이, 삼성병원, 연세의료원, 경희대병원, 아주대병원, 건국대병원 등

■■■ 지사 및 계열사
지 사 : 강남, 수원, 광주, 제주, 대전, 대구, 부산
계열사 : 유니스템스(주), (주)유니토스, (주)엠택, (주)유니에스시큐리티, (주)스타마크, 프로핸즈코리아(주), (주)프리젠트앤뮤처

■■■ 임직원 연락처
최상덕 부문장 : 02-6241-4982
현태봉 부문장 : 02-553-3375
유춘호 부문장 : 02-2656-5120
김수일 부문장 : 02-6241-3381
조성규 경영개선추진실장 : 02-6011-1410

■■■ 기업연혁
1990. 09 ㈜유니에스 설립
2002. 08 ISO 9001 품질경영시스템 인증 획득
2008. 06 [공항서비스 평가 3연패 달성 공로 대통령상] 수상
2008. 07 노동부 근로자 파견 우수기업 인증 획득
2009. 03 [유니에스 콜센터 KS 인증] 획득
2009. 12 노동부 장관상 수상
2010. 07 유니에스 직무단위 인적성검사(UAT) 개발, 도입
2012. 03 기획재정부 장관상(모범납세자) 수상
2012. 11 [아웃소싱 우수기업] 선정, 지식경제부 장관상 수상
2013. 01 한국 서비스품질 우수기업(SQ) 인증 획득
2014. 09 근로자보호 클린기업 인증 획득
2015. 11 콜센터 최초 국가품질명장 배출
2016. 10 제대군인 고용우수기업 인증 획득
2019. 09 [평창동계올림픽 공로 국무총리상] 수상
2019. 12 산업통상자원부 장관상 수상
2020. 11 ISO 45001 안전보건경영시스템 인증 획득
2022. 11 ISO 14001 환경경영시스템 인증 획득
2023. 02 한국HR서비스산업대상 기업부문 대상, 공공고용지원부문 수상
2023. 05 콜센터부문 서비스품질지수(KSQI) 우수 BPO기업 선정
2023. 09 ISO 37001 부패방지경영시스템 인증 획득
2023. 09 자체 컨택센터 "UNIES SQUARE" 개소
2025. 01 대한민국 퍼스트브랜드 OS부문 13년 연속 대상 수상
2025. 09 [항공산업 고용 및 일자리 창출 공로 국토교통부장관상 수상

■■■ 대표자 프로필
이름 : 이용훈
학력 : 경희대졸, 연세대 최고경영자과정, 서강대 경제대학원
경력 : (사)한국HR서비스산업협회(구. 한국인재파견협회) 회장 역임
       아시아지역 인재서비스연맹회의(ACIETT) 주관,
       대통령, 국무총리, 기획재정부·고용노동부 장관 표창
       한국아웃소싱서비스 대상, 신지식인·신한국인, 경찰청장 표창
경영방침 : 지속가능경영, 전문경영, 변화경영

■■■ 회사 및 서비스 소개
창립 36주년을 맞이하는 유니에스는 '책임경영'과 '전문성'이라는 변치 않는 가치로 대한민국 HR 서비스 산업의 역사를 써 내려가고 있습니다. 전국 7개 지사 네트워크와 15,500여 명의 전문 인력을 기반으로 400여 고객사에 최적화된 맞춤형 서비스를 제공하며, 자타가 공인하는 '대한민국 종합인재서비스 No.1'의 브랜드 파워를 입증하고 있습니다.
2026년 유니에스의 핵심은 '전문경영'과 '변화경영'을 통한 질적 도약입니다. 비효율을 걷어낸 시스템 기반의 현장 경영으로 서비스 품질을 고도화하는 한편, 국민취업지원제도 등 정부 핵심 위탁사업을 성공적으로 수행하며 공공 고용서비스 영역에서도 독보적인 입지를 구축하고 있습니다.
특히 ESG 경영을 기업문화로 정착시켜, ISO 환경, 안전보건 및 부패방지 경영시스템 인증을 획득하고 현장 중심의 안전 예방 관리를 대폭 강화하여 고객사의 리스크를 최소화하고 있습니다. 나아가 전사적인 디지털 트랜스포메이션을 가속화하여, 35년간 축적된 방대한 데이터와 AI 분석 기술을 업무 전반에 적용함으로써 차별화된 '완성형 명품 서비스'를 구현하고 있습니다. 유니에스는 이러한 혁신을 통해 고객사의 성장을 견인하는 비즈니스 파트너이자, 사회적 책임을 다하는 리딩 기업으로 미래를 선도해 나갈 것입니다.

이트너스(주)
www.etners.com

대 표	임각균
전 화	1533-4810
팩 스	070-8806-5190
이메일	etners@etners.com

■■■ 회사주소
경기도 과천시 과천대로7나길 60 과천어반허브 A동 5F

■■■ 설립 및 자본금
설립년 : 200?년
자본금 : 3억원

■■■ 매출 실적
2024년 : 1,9??억원

■■■ 종업원현황
총원 : 793명

■■■ 아웃소싱 서비스
ㅁ 경영지원 서비스
- 이트너스 쉐어드서비스: 인사·총무 업무 대행 서비스(BPO)
- 이트너스 페이롤: 급여 컨설팅·진단, 맞춤형 급여 서비스
- ESOP(Etners Smart Office Platform): 맞춤형 공유 오피스
ㅁ 유통 서비스
- 이트너스 샵: 기업 가전·비품 구매를 위한 원스톱 솔루션
- 이트너스 비딩: 유효·불용 자산 온라인 매각 솔루션
- EFS(Etners Fulfillment Solution): 교육 산업 특화 물류 서비스
ㅁ 글로벌 서비스
- 이트너스몰: 해외주재원을 위한 식품·생필품 배송 서비스
- 감동타임: B2B 기업 선물 서비스
- 이트너스무빙: 빠르고 간편한 프리미엄 해외이사 플랫폼
- 이트너스 릴로케이션: 모듈형 외국인 임직원의 정착 지원 서비스

■■■ 주 거래 업종
일반기업, 공기업 등 전 업종

■■■ 지사 및 계열사
자회사 : (주)총무닷컴, 핫디자인(주)

■■■ 임직원 연락처
대표번호 : 1533-4810

■■■ 기업연혁
2001. 총무/복리후생 쉐어드서비스 전문기업 설립
2002. 사무환경(Office Interior) 사업, 자산실사 서비스 시작
2004. 급여관리대행(Payroll) 서비스, 외국인정착지원(GHD) 서비스 시작
2007. 해외주재원 서비스 시작, 기술 혁신형 중소기업(이노비즈) 인증
2008. 총무전문서적 '실무 중심의 전략적 총무' 발간
2009. 기업부속연구소 설립, 이트너스디자인(주) 자회사 설립
2010. 해외주재원 물자배송 솔루션(Enters Mall) 개발
2011. 사택관리 솔루션글로벌 이사관리 솔루션(Etners Moving) 개발
2012. 판교 테크노밸리 본사 이전
2013. 스마트워크 안내서 '스마트오피스' 발간
    (주)총무닷컴 인수 및 자회사 편입
    기업자산매칭솔루션(Etners Bidding) 개발
2014. 통합 물류운영 솔루션(Etners DMS) 개발
2015. 기업복지 온라인마켓(Etners Shop) 개발
2017. 급여 토탈케어 서비스 Mobile APP 개발
2020. ESOP(Etners Smart Office Platform) 테라센터 오픈
    EFS(Etners Fulfilment Solution) 신규 사업장 오픈
2021. 중소기업인대회 '산업포장' 수훈
    행복한중기경영대상 경제부총리상 수상
    자랑스러운 중소기업인 중소벤처기업부장관상 수상
2023. 제 24회 성남상공대상 수상
    경기 가족친화 일하기 좋은 기업 선정
2024. 과천 지식정보타운 본사 이전
    대한민국 아웃소싱서비스 고객만족 대상 수상
    여성가족부 가족친화 인증 취득
2025. 정보보호 및 개인정보보호 관리체계 인증 : ISMS-P 취득

■■■ 대표자 프로필
이름 : 임각균
학력 : 차의과학대학교 경영대학원 석사
경력 : (現) 이트너스(주) 대표이사

■■■ 회사 및 서비스 소개
이트너스(ETNERS)는 '영원한(eternal)'과 '동반자(partners)'의 합성어로, 신용과 신뢰를 기반으로 고객의 지속 가능한 운영을 지원하는 파트너가 되겠다는 의지를 담고 있습니다. 총무 기반의 경영지원 서비스를 고도화하며 기업 운영의 효율성과 안정성을 높여왔고, AI·데이터 기반 솔루션 개발과 특허 기술 확보를 통해 경영지원 업무 지원을 혁신해왔습니다.
자체 개발한 요청관리 시스템 ESRM(Etners Smart Request Manager)은 모든 요청과 처리 과정을 단일 채널로 통합하여 업무 누락을 예방하고, 처리 속도와 정확도를 향상시키는 이트너스의 핵심 기술입니다. ESRM은 ISMS-P 인증을 획득해 정보보호·개인정보 관리 체계의 안정성과 신뢰성을 공식적으로 인정받았으며, 기업 운영에 필요한 보안 수준을 강화한 솔루션으로 자리매김했습니다. 더불어 AI 기반 응대 시스템 ESAI(Etners Smart AI)는 24시간 자동응대를 지원하여 반복 업무를 최소화하고 조직의 생산성을 높이고 있습니다.
이러한 이트너스의 기술력과 운영체계는 경영지원 서비스의 새로운 기준을 제시하며, 고객 중심 가치와 지속적인 품질혁신을 통해 시장 경쟁력을 강화하고 있습니다. 이트너스는 앞으로도 AI 기반 K-총무 모델을 토대로 글로벌 경영지원 전문 기업으로 도약하며, 고객과 함께 성장하는 신뢰받는 파트너로 지속 가능한 미래를 만들어가겠습니다.

(주)인터비즈시스템
www.interbiz.co.kr

대표	이동환
전화	02-799-7979
팩스	02-786-0075
이메일	dhlee@interbiz.co.kr

■■■ 회사주소
서울시 강서구 화곡로 416, 더 스카이밸리 5차 16층

■■■ 설립 및 자본금
설립년 : 1989년
자본금 : 15억원

■■■ 매출실적
2024년 : 740억원
2025년(예상) : 700억원

■■■ 종업원현황
총원 : 1,745명 / 관리 : 45명 / 파견 : 400명 / 도급 : 1,300명

■■■ 아웃소싱 서비스
R-biz 센타, 취업지원서비스, 인사/노무지원서비스, 채용대행, HR아웃소싱(업무지원서비스, 호텔, 공항, 병원 등), 판매판촉서비스, 물류지원서비스, 인재파견 등

■■■ 주 거래 업종
전자, 건설, 호텔, 공항, 항공, 병원, 금융, 유통, 물류, 방송, IT 등

■■■ 주 거래 기업
연세의료원, LG전자, 현대오토에버, 한국3M, 한섬, 하이프라자, 현대모비스, 쿠팡, LG화학, 롯데호텔, 스위스포트코리아, 메리어트호텔, KH에너지 등

■■■ 지사 및 계열사
지 사 : 인천공항, 대전, 부산
계열사 : 아바커뮤니케이션 (통역, 번역, 출판)

■■■ 임직원 연락처
김재봉 사장 : 02-799-7916
도희철 상무 : 02-799-7929

■■■ 기업연혁
1989. 12 (주)인터비즈시스템 설립
1991. 05 IBM Korea와 국내최초 업무지원 아웃소싱계약
2000. 12 ISO 9001 인증 취득 (SGS ICS KOREA)
2002. 03 인천국제공항공사 운영부문 감사패
2007. 07 재정경제부 장관 부총리상 수상
         (국가재정정보시스템 개발과 운영)
2009. 09 아웃소싱서비스고객만족대상 (인사/업무지원)
2011. 10 한국일보 '대한민국 고객만족 기업' 선정
2013. 01 아웃소싱 업무지원부문 리딩컴퍼니선정
2015. 05 한국산업대상수상 창조경영부문(산업통상자원부)
2016. 01 대한민국 중소기업 대상 경영혁신부문
         (중소기업청장상)
2017. 07 인터비즈시스템 Re-Start 선포식
2018. 05 원격업무지원 시스템 특허증 취득
      06 R-biz 공개세미나 개최
2019. 12 창립30주년
2020. 05 재취업지원서비스 공개세미나 개최
2021. 01 인터비즈서비스 인수
      06 신사옥 이전
2022. 04 ISO 45001 인증 취득
2023. 02 고용노동부 장관상 일자리창출공헌 부문 우수기업 선정
      05 질병관리청장 검역의 날 표창장 수상
2024. 03 판매판촉부문 대전, 부산지사 설립
      10 홈페이지 리뉴얼
2025. 02 한국HR서비스 산업대상 HR서비스대상수상
      05 ESG인증
      10 고객감동경영대상 서비스부문 대상 수상

■■■ 대표자 프로필
이름 : 이동환
학력 : 중앙대학교 법과대학 법학과
경영방침 : 사람을 제일의 가치로 생각하는 기업

■■■ 회사 및 서비스 소개
(주)인터비즈시스템은 국내외 다양한 고객사와의 십수년간에 걸친 파트너십과 신뢰를 기반으로 선진 HR기법을 선도하여 업무지원, 항공, 호텔, 병원, 유통·물류 등 다양한 아웃소싱서비스를 제공하며, 당사만의 역량과 노하우를 갖추며 성장해 왔다. 비용절감, 업무 효율극대화, 노사안정 및 높은 만족도를 고객에게 제공하고 있으며, 전사적 자원관리시스템(ERP System)을 자체적으로 개발, 구축하여 사내외 업무 프로세스 및 문서를 표준화함으로써 업무처리 속도 향상 및 효율화를 시켰고 이를 통해 높은 품질의 서비스를 제공하는데 있어 최선을 다하고 있다.

한국장애인고용지원(주)
www.kesd.co.kr

대표	박명진
전화	02-785-8300
팩스	02-785-8484
이메일	pmj5160@naver.com

▪▪▪ 회사주소
서울시 서초구 평달로 134, 4층 401호 (서초동, 송암빌딩)

▪▪▪ 설립 및 자본금
설립년 : 2016년
자본금 : 1억원

▪▪▪ 매출실적
2025년 : 비공개

▪▪▪ 종업원현황
총원 : 16명

▪▪▪ 아웃소싱 서비스
장애인고용 컨설팅, 재택장애인 일자리창출사업

▪▪▪ 주 거래 업종
건설사, 유통업, 출판사, 보험업, IT, 금융사, 제조업, 아웃소싱 등

▪▪▪ 주 거래 기업
공공기관, 대그룹계열사, 중견기업, 아웃소싱기업 등

▪▪▪ 임직원 연락처
박명진 대표 02-785-8300
박성열 이사 02-785-8300

▪▪▪ 기업연혁
- 2016. 01 진명제이엠 설립
- 02 한국장애인고용공단 일산직업능력개발원 고용증진 협약체결
- 11 한국장애인고용지원(주) 설립
- 2017. 05 한국장애인고용공단 대전직업능력개발원 고용증진 협약체결
- 06 한국장애인고용공단 부산직업능력개발원 고용증진 협약체결
- 09 산업통상자원부 후원
  '2017 대한민국 아웃소싱서비스 고객만족 대상' 수상
- 10 제대군인 행복일자리 창출 협약서 체결
- 2018. 04 도로교통공단 운전면허시험장 업무협약 체결
- 12 인천중앙여자상업고등학교 산학협력협약 체결
- 2019. 03 '심리상담연구소 우리함께' 업무협약 체결
- 04 '한국퇴직교원총연합회' 업무협약 체결

▪▪▪ 대표자 프로필
이름 : 박명진
학력 : 가톨릭대학교 상담심리대학원 졸업
경력 : 국가공무원 공직(22년)
㈜진명제이엠 설립
煎 학사장교 19기 서울지구 회장
現 학사장교 19기 총 동기 회장
現 한국장애인고용지원(주) 대표이사

▪▪▪ 회사 및 서비스 소개
당사는 장애인 채용 및 관리 문제로 고민하고 있는 사업주에게 해결책을 제시하고 실행을 지원하는 장애인 고용 종합컨설팅 전문회사입니다.

대부분의 회사들은 장애인 고용을 실시하려 하지만 현실적으로 따르는 여러 가지 문제점으로 인해 실천을 못하고 있는 실정이며, 이에 당사는 해결방안을 제시하며 사업주의 장애인 고용에 따른 부담감을 덜어내고 장애인에게도 경제활동의 기회를 제공하는 가교 역할을 수행하는 특별한 기업입니다.

당사의 서비스 특징은 장애인 근로의 법적 인정 요소 관리의 독보적 업체로 장애인고용공단과 협업을 통해 우수 장애인 인력풀을 확보하고 순환관리시스템으로 운영함으로써 기업들의 장애인 고용을 기피하는 요인들을 해소시켜 준다는 점입니다.

또한 고용기업의 특성에 맞는 체계적인 장애인 사전, 사후 교육관리 시스템을 운영함으로써 다양한 경험사례를 축척해 현장의 문제해결력을 지속적으로 제고해 나가고 있습니다.

고객사에 적합한 업무를 개발해 제시하고 장애인 인력관리 효율화를 지원하며, 법적 우려 요소를 제거하고 장애인 고용을 통한 실리와 명분 모두를 확보할 수 있도록 지원하고 있습니다.

이를 통해 기업은 장애인 고용 저조기업이라는 부담감을 제거하고 사회적 의무를 다하는 기업으로 이미지를 개선할 수 있으며 장애인부담금 감소라는 경제적 효과까지 함께 거둘 수 있습니다.

당사는 기업과 장애인의 가교 역할을 통해, 기업은 사회적 역할에 기여하고, 장애인에게는 사회적 자존감을 높여줘 모두가 win-win 할 수 있는 공동체 문화 형성에 일조하겠습니다.

(주)휴비즈넷
www.hubiznet.com

대표	양병만
전화	02-890-0800(代)
팩스	02-890-0839
이메일	admin01@joinshr.com

■■■ 회사주소
서울특별시 구로구 디지털로 31길 59-14 HR2071 4층

■■■ 설립 및 자본금
설립년 : 1998년
자본금 : 9억원

■■■ 매출실적
2024년 : 68억 9,942만원
2025년(예상) : 66억원

■■■ 종업원현황
총원 : 310명

■■■ 아웃소싱 서비스
휴비즈넷 : 인재파견, 판매판촉 BPO, 채용대행, 도급(위탁)
조인스HR : 급여아웃소싱(Payroll)

■■■ 주 거래 업종
정보통신(IT), 판매판촉 (식품, 패션잡화, 화장품, 건강 외), 금융기업
건설, 물류, 철강 등

■■■ 주 거래 기업
롯데제과, 롯데푸드, 롯데네슬레, 롯데정보통신, 이랜드,
코리안리재보험, 니콘코리아, 후지필름, 랄프로렌코리아

■■■ 지사 및 계열사
계열회사 : (주)조인스에이치알 (02-890-0800)
지   사 : 부산지사 (051-714-1275) / 중국길림지사

■■■ 기업연혁
1998. 08 인터프로스텝 설립, 인재파견업 출범
2001. 08 중앙일보 Job Joins 온라인 채용사이트 인수합병
         중앙일보 Joins.com과 공동 HR비즈니스 추진협약
2002. 02 CS/MOT교육, 계층교육, 직무교육서비스 확대
2003. 12 HR종합서비스 (주)조인스에이치알 설립
         (신인사제도컨설팅개시)
2004. 07 인사종합 포탈사이트 구축 (www.joinshr.com)
2005. 01 조인스HR 아카데미 1회 오픈 공개세미나 개최
         12 대성그룹과 E-Learning 사업제휴 구축
2006. 01 중국 길림신문과 '인적자원 개발에 관한 업무제휴'
2007. 01 국내최초의 인사토탈서비스 온, 오프라인 구축완료
2008. 07 헤드헌팅 신규서비스 도입 (강남지사 설립)
2009. 07 (사)한국경영컨설팅협회와 업무제휴 (정부인턴제)
2010. 03 제5회 컨설팅 혁신대상 지식경제부장관상 수상
2012. 12 일본 최대의 파소나그룹(PASONA)과 업무협력약정
2015. 07 페이롤BPO 시스템 (EHR Cloud Program) 런칭
2016. 12 고용노동부 자율서비스 (HR 서비스) 우수기업 인증
2017. 03 경총/KOSIA 2017 HR서비스 우수기업 인증
         (유통판매촉진 부문 / 급여대행 Payroll BPO 부문)
2022. 11 한국장애인고용공단과 자회사형 장애인표준 사업장 설립

■■■ 대표자 프로필
이름 : 양병만
학력 : 세종대학교 무역학과 졸업, 고려 대노동대학원 수료
       매경KAIST-KMS CEO과정 수료
경력 : 롯데그룹 유통사업본부 인력관리
       (주)경원 MA(Marketing Assistant), 총괄임원(기획/영업/관리)
       (사)한국HR서비스산업협회 책임부회장(現)
       조인스HR(통합HR컨설팅)서비스그룹 대표이사(現)
경영방침 : Different & Better HR Solution Company!
           차별화되고 경쟁력 있는 HR Solution을 제공하여 고객의
           지속성장을 지원하는 존경 받는 사회적 기업이 된다.
비전 : 종합HR서비스 역량강화를 통한 국내 최고의 한국형, PEO 회사 실현
핵심가치 : Nice Job Nice Worker!
           Networking(통합과 가치창출), Integrity(정직과 신뢰),
           Challenge(도전과열정), Excellence(차별화된 전문성)

■■■ 회사 및 서비스 소개
휴비즈넷은 조인스HR서비스 그룹이 중장기적 핵심서비스로 지향하는 인재파견 및 아웃소싱(BPO) 사업부문에서 전문적인 역량을 기반으로 소외되었던 비정규직에 대한 육성프로그램(통신교육, 직무교육, 사이버 연수원)을 통해 핵심인재로서의 능력개발을 지원하는 質관리형 파견서비스를 제공하고 있다. 대기업에서 주변 인력으로 평가되었던 고객접점(MOT) 부문의 판매판촉인력과 부서운영기능을 핵심인력 인력지원서비스에 준하는 성과관리형 인사제도, 평가시스템과 지속적인 교육프로그램을 직무별로 제공함으로써 특화된 아웃소싱 서비스로 기업고객에게 make performance를 되돌려줄 수 있는 진정한 의미의 전략적 아웃소싱 모델을 선도해 나가고 있다.

2026 KOREA OUTSOURCING DIRECTORY

업무지원 Ⅱ

▶ 가나다순

- 노무법인 천명
- 노무법인 파인컨설팅
- 베스트 노무법인
- 삼주 노무사사무소
- 에이치알아웃소싱코리아
- 코리아이플랫폼
- 트라이코코리아

노무법인 천명

- 홈페이지 : www.노무법인천명.com
- 대 표 자 : 박봉규/박동원
- 전   화 : 070-8830-0111
- 주   소 : 서울 강남구 학동로 158, 703호
  (율암빌딩)
- 설 립 년 : 2015년
- 자 본 금 : 비공개
- 매 출 액 : 비공개
- 직 원 수 : 4명
- 서 비 스 : 공인노무사

노무법인 파인컨설팅

- 홈페이지 : finehr.kr
- 대 표 자 : 이성진
- 전   화 : 02-786-9941
- 팩   스 : 02-786-9940
- 이 메 일 : truecpla@hanmail.net
- 주   소 : 서울 송파구 중대로 218, 스광빌딩 702호
- 설 립 년 : 2010년
- 자 본 금 : 비공개
- 매 출 액 : 비공개
- 직 원 수 : 4명
- 서 비 스 : 기업자문, 학원컨설팅, 부당고고사건
  산재, 급여아웃소싱, 4대보험

베스트 노무법인

- 홈페이지 : bestlabor.kr
- 대 표 자 : 강대순
- 전   화 : 02-2637-9100
- 팩   스 : 02-2637-0022
- 이 메 일 : bestmae01@gmail.com
- 주   소 : 서울 영등포구 선유로28길 6, 203호
- 설 립 년 : 2005년
- 자 본 금 : 7,000만원
- 매 출 액 : 4억 5197만원
- 직 원 수 : 3명
- 서 비 스 : 노무사

삼주공인노무사사무소

- 홈페이지 : www.sjoffice.co.kr
- 대 표 자 : 추병호
- 전   화 : 02-2051-9361
- 팩   스 : 02-2051-9109
- 주   소 : 서울시 강남구 강남대로 136길 6
  지형빌딩 5층
- 설 립 년 : 2007년
- 자 본 금 : 비공개
- 매 출 액 : 비공개
- 직 원 수 : 4명
- 서 비 스 : 기업컨설팅, 기업강의, 노무등

(주) 서울커뮤니케이션

종합 HR서비스 전문기업 I www.scman.co.kr

에이치알아웃소싱코리아

홈페이지	www.hrok.co.kr
대 표 자	이만성
전 화	02-2629-3062
팩 스	02-2629-3030
이 메 일	hrok@hrok.co.kr
주 소	서울시 영등포구 당산로 77,5층 (당산동2가)
설 립 년	2003년
자 본 금	2억원
매 출 액	45억원
직 원 수	35명
서 비 스	경영컨설팅, 소프트웨어 개발 및 판매, 임대사업

코리아이플랫폼

홈페이지	www.koreab2b.com
대 표 자	오승엽
전 화	02-3016-8989
팩 스	02-596-6724
주 소	서울시 강남구 개포로 619 서울강남우체국빌딩 7층
설 립 년	2000년
자 본 금	36억원
매 출 액	6103억 306만원
직 원 수	189명
서 비 스	전자상거래, 구매대행, B2B, 안전용품유통

트라이코코리아

홈페이지	korea.tricorglobal.com
대 표 자	이경호
전 화	02-790-3854
팩 스	02-796-7181
주 소	서울시 용산구 한강대로 71길 4, 한진중공업빌딩 8층
설 립 년	2000년
자 본 금	비공개
매 출 액	비공개
직 원 수	비공개
서 비 스	회계 및 경영자문/온라인정보제공

(주) 서울커뮤니케이션

종합 HR서비스 전문기업 I www.scman.co.kr

2026 KOREA OUTSOURCING DIRECTORY

헤드헌팅·채용대행 Ⅰ

▶가나다순

- 닥터잡
- 더드림버스
- 맨토스파워
- 메디엔젤
- 발렉스서비스
- 사람인에이치에스
- 스탭솔루션
- 스탭플러스
- 시너지컨설팅
- 어울림HRS
- 엠제이플렉스
- 워크맨그룹
- 인사이드잡
- 인터비즈시스템
- 제이앤피21
- 케이웍스코리아
- 파트너스에이치알
- 퍼솔켈리워크포스솔루션
- 피앤제이에이치알
- KS한국고용정보
- 휴넥트
- 휴먼브릿지앤코

(주)닥터잡

대표	강치은
전화	010-3916-9488
팩스	0504-382-3690
이메일	lui713@naver.com

■■■ 회사주소
경기도 수원시 권선구 고색동 890-154 동쪽상가 203호

■■■ 설립 및 자본금
설립년 : 2019년
자본금 : 1억원

■■■ 매출실적
2025년(예상) : 40억원

■■■ 종업원현황
총원: 80명

■■■ 아웃소싱 서비스
채용대행, 헤드헌팅, 인력아웃소싱, 도급업무 등 종합아웃소싱

■■■ 주 거래 업종
서비스, 금융, 제조, 건설, 유통, 물류, 공공기관 등

■■■ 주 거래 기업
엔씨케이주식회사, 삼구FS, 오뚜기, 신한은행 기흥연수원, 한국카본, 에코프로비엠, 한국콜마, DAP, 리비콘, 세원물산, 두산에너빌리티, 비엔씨티, 한텍, 디알엠, 비엔씨티, 케이유엠, 신화월드, 블랙스톤, 클럽디거창

■■■ 지사 및 계열사
전국네트웍 구축

■■■ 임직원 연락처
강치은 대표 010-3916-9488

■■■ 기업연혁
2019. 05 (주)닥터잡 설립
2021. 05 [2021 아웃소싱 엑스퍼트] 선정
2021. 10 수원으로 본점 이전
2022. 10 아웃소싱플랫폼 채용대행 컨소시엄 참여

■■■ 대표자 프로필
이름 : 강치은
학력 : 국민대학교 회계정보학과 졸업
경력 : (주)덕성, (주)가나안, (주)국동, (주)나노메트릭스코리아 인사담당
경영방침 : "고객접점의 시작에서부터 고객의 품격을 높이겠습니다"

■■■ 회사 및 서비스 소개
닥터잡은 2019년 설립한 후발기업임에도 불구하고 인력수급의 강점을 바탕으로 무서운 성장세로 아웃소싱업계 내에서 영역을 확장하고 있는 기업이다.

현재 엔씨케이주식회사, 한국카본, 신세계푸드, 한국콜마, 더반CC 등 인천 경기 충남 경남 부산 지역을 중심으로 다방면의 업종에서 성장하고 있다.

특히 강치은 대표는 상장회사 인사팀장 출신으로 인력관리에 필요한 근로기준법, 4대보험법, 기타노동관계법에 해박한 지식으로 능통해 인사노무관리에 능통하다는 강점을 갖고있다.

임금 및 복지정책 업무경험도 있어 고객사에 솔루션을 제시해주기도 한다. 이러한 관계성을 기반으로 채용에 있어 인력수급 역량을 최대한 발휘해 타사와 경쟁에서 항상 우위를 점하고 있다.

닥터잡은 현재에 안주하지 않고 더 나은 아웃소싱기업으로 성장하기 위해 최선을 다한다는 계획이다.

(주)더드림버스
www.dreambus.co.kr

대표	권순호 (Nicolas, Kwon)
전화	02-867-4249
팩스	050-421-4249
이메일	shkwon@dreambus.co.kr

■ 회사주소
서울시 강서구 마곡중앙로 161-8, 두산더랜드파크 B동 304, 305, 319호

■ 설립 및 자본금
설립년 : 20 7년
자본금 : 3억원

■ 매출실적
2024년 : 45억원
2025년(예상) : 비공개

■ 종업원현황
총원 : 130명 / 관리 : 6명 / 도급/파견 : 130명

■ 아웃소싱 서비스
1) Only 1. 국내 인력 아웃소싱 서비스
   - 인력 아웃소싱(도급, 위탁) 근로자 파견
   - 채용대행, 헤드헌팅
2) Only 1. 해외 취업지원/ 인재지원 서비스
   - 한국산업인력공단 K-Move 스쿨 운영기관 (해외취업교육)
   - 한국산업인력공단 해외 일경험 운영기관
   ※ 일본, 미국, 네덜란드, 말레이시아, 싱가폴 등
   ※ 평생교육시설 보유
   - 해외 컨개 채용대행, 헤드헌팅 서비스 (국내 → 해외, 해외→ 국내, 해외 → 해외)
3) 관광 플랫폼 서비스
   - B2B, B2C, C2B 매칭 서비스 제공

■ 주 거래 업종
1) 국내 근로자파견, 인력 도급업무 및 관광, 서비스, 유통/판매 위탁운영, 프로덕션 대행
   - 항공, 호텔/리조트, 면세점, 카지노, 유통/물류 업종
   - 국내 대기업, 외국계기업, 공공기관 등
2) 해외 취업지원 및 인재지원 서비스
   - 한국산업인력공단 K-MOVE 스쿨 운영기관 (해외 취업교육)
   ※ 일본 공항 항공사 및 호텔 서비스 취업과정 1기~15기 수행 완료
   - 산업인력공단 해외 일 경험 운영기관
   ※ 일본 공항 항공사 지상직 업무 및 호텔/리조트 일 경험 프로그램 업무 운영

■ 주 거래 기업
공항공사, 다수의 항공사, 다수의 호텔/리조트 (3성 ~5성급), 다수의 면세점, 의류 유통 업체, 명품 매장, 다수의 대기업 식음료/외식 업체, 다수의 대기업/중견기업 근로자파견 등 다수의 거래처 서비스 제공

■ 지사 및 계열사
인천공항 사무소
 - 인천시 중구 운서동 소재 (공항 신도시)
일본 사무소
 - 일본
계열사 : 조판다

■ 임직원 연락처
권순호 대표 : 010-2293-4249
김 혁 이사 : 02-867-4249, 010-3722-8583
조창규 팀장 : 010-2125-1983

■ 기업연혁
- 2017. Dreambus (주식회사 더드림버스) 사업 개시
  식음료 서비스 계약
  공공기관 프로젝트 서비스 계약
- 2018. 유럽계 항공사 서비스 계약
  호텔 운영 서비스 계약
- 2019. 다수의 동남아 항공사 도급 서비스 계약
- 2020. 공항 및 시내 면세점 파견 및 도급 서비스 계약
- 2021. 한국산업인력공단 K-MOVE 스쿨 운영기관 선정
  국내 및 해외 투자회사 파견/채용대행, 위탁운영 계약
  유명 패션 의류 업체 도급 계약
- 2022. 해외 명품 브랜드 회사 도급서비스 계약 체결
  대기업 리조트 인사 업무 도급 및 채용대행 서비스 계약
  제주 5성급 호텔/리조트 업무지원 서비스 계약
  대기업 제약회사 유통 도급 서비스 계약진행
- 2023. HRD-Net 평생교육 운영기관 선정 ▯ 내일배움카드 교육 기관
  다수의 대기업 근로자 파견 계약 체결
- 2024. 동남아 항공사. 공항운영 컨설팅 업무위탁 서비스 계약
  산업인력공단 해외 일 경험 운영기관 선정
- 2025. 신세계 면세점 판매직 도급 서비스 계약
  5성급 호텔 회원권 관리 서비스 계약
  서울 K 산업 건물관리 도급 서비스 계약

■ 대표자 프로필
이름 : 권순호
학력 : 경기대학교 관광전문대학원 관광학 석사
       경기대학교 관광전문대학원 관광학 박사 수료
경력 - 현) Dreambus 대표이사
     - 현) 사)한국마이스관광 콘텐츠 협회 이사
     - 현) 서울시 관광 홍보대사
     - 전) (사)전국고용서비스협회 헤드헌팅 분과위원장
     - 전) (사)관광경영학과 이사
     - 전) 대구카톨릭대학교 산학협력교수
     - 전) HR 인재지원 및 위탁운영 서비스 25년 경력(국내외 기업)
경영방침 : 자리이타, 유지경성, 사람 제일주의

■ 회사 및 서비스 소개
Dreambus는 "꿈을 만들어 주는 기업" 이라는 슬로건과 함께 자리이타 정신을 기반으로 타인의 꿈을 지원해 주고, 성취 할 수 있도록 도와주는 것이 행복한 사회를 만드는 것이라는 기업 이념으로 탄생한 기업입니다.
Dreambus는 인력 아웃소싱 분야와 관광분야에 20년 이상의 경력을 보유한 임직원들로 구성되어 있고, 다년간의 경험을 바탕으로 국내 인력 아웃소싱 서비스 및 해외 취업지원 및 인재지원서비스를 제공하는 기업으로 관광분야에 (항공사, 호텔/리조트, 면세점, 공항, 식음료, 기내식, 카지노, 유통 등) 특화되어 있어 Dreambus만의 탁월하고 독보적인 경쟁력을 보유하고 있습니다.
또한, 다수의 대기업 및 일반기업 고객들에게도 인력도급, 근로자 파견, 채용대행, 헤드헌팅 서비스를 제공하고 있습니다.
Dreambus는 4차 산업 혁명의 흐름과 빠르게 변하는 HR 서비스 산업의 변화에 적극적이고 창의적으로 접근하여, 특화된 시장의 블루오션을 개척해 나가는 유니콘 선도기업으로 성장해 나갈 예정입니다.

(주)맨토스파워

www.mantoss.com

대표	최영은
전화	02-335-3330
팩스	02-335-1131
이메일	ceo@mantoss.com

■ 회사주소
서울시 마포구 월드컵로16길 3, 맨토스빌딩 (서교동)

■ 설립 및 자본금
설립년 : 2006년
자본금 : 5억원

■ 매출실적
2024년 : 550억원
2025년(예상) : 700억원

■ 종업원현황
총원 : 2,200명 / 관리 : 50명 / 파견 : 300명 / 도급 : 1,850명

■ 아웃소싱 서비스
업무위탁 : 판매, 중간관리, 물류, 콜센터, 생산, 캐터링, 시설관리, 행사진행, 재고조사, 개점진열 외
기　　타 : 근로자파견, 헤드헌팅, 채용대행, 페이롤서비스 외

■ 주 거래 업종
유통(백화점, 할인점, 로드샵 등) / 물류(3PL, 택배), 생산 / 호텔, 식음 / 금융(은행, 보험, 카드 등) / 건설, 건축, 공공기관, 방송국, 대기업, 외국계기업 등

■ 주 거래 기업
암웨이, 이베이코리아, 남영비비안, 농협유통, 뉴발란스, 다이소, 모나미, 신성통상, 오리온, 웰크론, 이랜드그룹, 조선호텔, 종근당, 좋은사람들, 태평양물산, 하나은행, 한국전력, 한국GM, 한솔섬유, 한진그룹, 한화그룹, 현대라이프, 홈앤쇼핑, 흥국생명화재, CJ대한통운, LH공사, NH농협캐피탈, 쿠팡, 이투스교육 외

■ 지사 및 계열사
지　사 : 부산, 대구, 대전, 광주, 성남지사
계열사 : (주)맨토스엘, (주)엠로지스, (주)엠플러스파워, (주)엔퍼스트대부

■ 임직원 연락처
김동민 본부장
강경록 본부장
고창훈 본부장

■ 기업연혁
2006. 12 (주)맨토스파워 법인 설립 (인재파견사업 허가)
2009. 08 '인천세계도시축전' 행사운영업체 선정
2010. 09 이랜드그룹 창립30주년 기념 우수협력사 선정
2015. 05 서교동 사옥 입주
　　　09 '2015 아웃소싱서비스 고객만족' 대상(유통·물류) Main BIZ 인증
2014~2016 HR서비스산업협회 '클린사업자' 인증(2회, 3회)
2016. 12 고용노동부 고용서비스 우수기관 선정
2017. 03 한국경영자총협회 HR서비스 우수기업 선정
2018. 03 제52회 납세자의 날 국세청장상 수상
　　　08 (주)나이스디앤비 우수신용기업 인증
2021. 11 (주)한진 우수협력업체 선정
2022. 05 ISO45001 인증 획득
2024. 03 제58회 납세자의날 기획재정부장관상 수상
2009~2024 대한민국 100대 아웃소싱 기업 선정

■ 대표자 프로필
이름 : 최영은
학력 : 한양대 및 한양대학교 대학원 졸업
경력 : (주)진로 인사팀장(1997)/(주)남영비비안 인사담당임원(2005)
　　　현)강원인재개발교육원 비상임이사
　　　현)마포구 세정협의회 위원
　　　현)마포구 경찰발전위원회 위원
　　　현)한양대학교 총 동문회 이사
　　　현)사회공헌협회 고문
경영방침 : 사람존중, 고객존중, 사회존중

■ 회사 및 서비스 소개
(주)맨토스파워는 2006년 05월, 업계 최초로 판매/판촉 분야 아웃소싱 업체로 설립돼 근로자와 사용자 모두가 win-win하는 파트너쉽을 도모하자는 비전을 근간으로 경영이념인 사람존중·고객존중·사회존중 실현을 위해 전 임직원이 노력하고 있습니다.
2015년에는 서교동에 지상 5층 지하 1층 규모의 사옥을 마련하고 쾌적한 근무환경과 최신의 교육 시설을 제공해 근로자 복지에도 최선을 다하고 있습니다.
또한 그동안의 아웃소싱 노하우를 바탕으로 '메인비즈' 인증, 고용노동부 '고용서비스 우수기관' 인증, 경총 'HR서비스 우수기업' 선정, 철저한 경영관리를 바탕으로 납세자의 날 '국세청장상' 수상 및 국내 최고 신용평가기관인 나이스디앤비로부터 '우수신용기업' 인증을 받았습니다.
이 모든 기반을 바탕으로 이제 맨토스는 일반 아웃소싱으로만 우위를 두는게 아닌 TOTAL아웃소싱(아웃소싱, 인재파견, 중간관리, 헤드헌팅, 교육컨설팅, 재고조사 등)을 할 수 있는 기업으로 진화했습니다. 앞으로도 양질의 서비스를 최대한 제공하는 기업으로 거듭나겠습니다.

(주)메디엔젤

www.mediangel.co.kr

대 표	박삼규
전 화	02-2232-6080
팩 스	02-2232-6074
이메일	angel@mediangel.co.kr

■■■ 회사주소
서울시 성동구 성수일로4길25 서울숲코오롱디지털타워 1차 201호

■■■ 설립 및 자본금
설립년 : 2000년
자본금 : 9억원

■■■ 매출실적
2024년 : 600억 원
2025년(예상) : 650억원

■■■ 종업원현황
총원 : 3,872명 / 관리 : 72명 / 파견 : 2,500명 / 도급:1,300명

■■■ 아웃소싱 서비스
인재파견, 의료지원, 사무지원, 시설관리(보안/주차/미화)
헤드헌팅&채용대행, 재가요양서비스업, 교육사업, 컨설팅업,
건물종합관리업

■■■ 주거래업종
병원, 호텔, 학교, 방송국, 정부공공기관, 물류센터, 제약회사,
냉난방기술연구소, 골프장 등

■■■ 주 거래 기업
연세의료원, 강남세브란스병원, 원주세브란스기독병원, 분당차병원, 강남차병원, 일산차병원, 분당제생병원, 노원을지대학교병원, 의정부을지대학교병원, 의정부성모병원, 은평성모병원, 중앙보훈병원, 경희의료원, TBC대구방송, OB한익스프레스물류센터, 귀뚜라미냉난방기술연구소, 신안산대학교, 세종호텔, 한국토지주택공사, 인서울27골프, 우리아이들병원, 하이파킹, 강서구청, 한국농어촌공사

■■■ 지사 및 계열사
원주지사 / 대전지사 / 대구지사 / 광주지사 / 인천지사

■■■ 임직원 연락처
최규덕 상무 070-7452-7789
박중원 상무 070-7452-7785
곽복기 실장 070-7452-7788
이명숙 국장 070-7443-3776

■■■ 기업연혁
2000. 회사설립
2001. 병원아웃소싱 최초 ISO9001:2000인증
2002~2005. 연세의료원/명지병원/을지병원 파견계약
2006~2009. 분당차병원/성모병원/원주기독병원/강동성심 파견계약
           광주/수원/김해보훈요양원/하계실버 도급계약
2010~2015. 요양보호사 교육원 설립/메디케어 실버복지센터 설립
           도봉실버센터/중계노인복지관/시립어린이병원/
           군포G샘/삼성노블카운티/한익스프레스/TB방송 계약
2016~2019. 한국토지공사 인천지역 도급계약
           중앙보훈병원/대전을지/대구시지 파견계약
           인서울27골프클럽/하이파킹/귀뚜라미기술연구소/
           사랑플러스/우리아이들의료재단 도급계약
2020~2021. 일산차병원/인천보훈병원/청담차움/비선개발/
           강서구청(민원안내도우미)/의정부을지대학교병원/
           경희의료원(외래탕전)/한국농어촌공사 파견계약
2022. 한림병원 원무도급계약
      서울중앙지방법원 업무위탁계약
      GS엠비즈 근로자파견계약

■■■ 대표자 프로필
이름 : 박삼규
학력 : 연세대학교 행정대학원(석사) 외교안보전공
       국방대학원(석사)
       서울대학교 보건대학원 최고 정책과정 이수
경력 : 육군본부 인사참모부 행정실장
       한성기업/사조산업 임원역임
       넥서스#21 회장
       사단법인 애플녹색전국연합 이사장역임

■■■ 회사 및 서비스 소개
오늘의 무한경쟁시대 속에서 4차산업시대의 변화에 발맞추어 특화되고 전문화된 영역을 개발시키고 역량을 키우고 있습니다.
또한 믿음의 기업이요, 영원한 기업을 표방하여 출범했던 회사에 중점을 두고 추진해 나가고 있습니다.
무엇보다 고령화사회에 진입한 오늘 특화된 의료서비스로 향후 도래할 의료시장 개방에 대비하고 있으며 최상의 인재운영을 위해 고객사별 사전 직무 적성검사 및 교육지원을 진행하고 있습니다.
다양한 업종의 아웃소싱으로 국가사회에 기여하는 기업이 되기 위해 임직원 모두 합심하여 최선의 역량을 갖춰나가도록 하겠습니다.

(주)발렉스서비스
www.valexservice.com

대표	박희영
전화	02-2010-2880
팩스	02-707-0680
이메일	hr_svc@valexservice.com

■■■ 회사주소
서울 영등포구 의사당대로 83 (여의도동, 오투타워 12층)

■■■ 설립 및 자본금
설립년 : 2010년
자본금 : 50억원

■■■ 매출실적
2024년 : 3,018억원
2025년(예상) : 3,560억원

■■■ 종업원현황
총원 : 약 6,800명

■■■ 아웃소싱 서비스
생산라인, 제조지원, 장비 유지보수, 설비기술, 포장·물류
시설관리, 보안·경비, 호텔관리, 금융 콜센터, 해외취업 등

■■■ 주 거래 업종
반도체, 금융, 호텔, 화학, 태양광, 제약 등

■■■ 주 거래 기업
SK하이닉스, 현대엔지니어링, 현대글로비스, LG생활건강, SK실트론, 현대엔지니어링, 삼성카드, 현대카드, 나이키코리아, SK케미칼, 파르나스호텔, 동원, 한국투자증권, SBI저축은행, 해비치호텔&리조트 등 국내·외 200여개 사

■■■ 지사 및 계열사
지주사 : 팬택씨앤아이
계열사 : 팬택씨앤아이엔지니어링, 피앤에스네트웍스
　　　　대우로지스틱스, 피앤에스로지스, 발렉스특수물류
　　　　피앤에스카고매니지먼트, 티엔에스엔지니어링

■■■ 임직원 연락처
대표번호　　02-2010-2880
영업담당　　02-2010-2884 / 02-2010-2887

■■■ 기업연혁
2010.~　(주)토스 설립
　　　　근로자 파견, 시설경비업무, 위생관리용역업 허가 취득
　　　　팬택, 동원산업(물류센터), 한국투자증권(시설/보안/안내)
　　　　등 인력공급 계약 체결
2019.　사세확장에 따른 사명변경(2018.08 附)
　　　　반도체사업 부문 확대(SK하이닉스 이천/청주)
　　　　특1급 호텔 부문 확대(쉐라톤 워커힐, 신라스테이 등)
2021.　산업재해예방 고용노동부장관 표창
　　　　2021년 10대 아웃소싱기업 선정
　　　　안전보건경영시스템 ISO 45001 인증 획득
　　　　환경경영시스템 ISO 14001 인증 획득
　　　　ISSA CMI교육 도입 및 CIMS 인증 획득
2022.　재해경감 우수기업 인증 취득
　　　　ESG 지속가능경영보고서 발간
2023.　한국HR서비스산업대상 산업선도부문 수상
　　　　UNGC (유엔글로벌콤팩트) 가입
　　　　CIMS WITH HONORS 인증 획득
　　　　KT AI첨단 로봇 활용 MOU 체결
　　　　ESG 경영시스템 인증 획득(국내 최초 1호)
2024.　ISO 37001 부패방지 경영시스템 인증 획득
　　　　ISO 37301 규범준수 경영시스템 인증 획득
2025.　고용노동부 주관 일생활 균형 우수기업 인증 획득
　　　　한국HR서비스산업대상 HR서비스기업 대상 수상
　　　　2025 한국 아웃소싱 리딩컴퍼니 선정
　　　　대한민국 아웃소싱산업 선도기업 특별상 수상

■■■ 대표자 프로필
이름 : 박희영
학력 : 경희대학교 가정관리학과 졸업
경력 : 現 (주)발렉스서비스 대표이사
　　　前 (주)팬택 경영관리본부
　　　前 (주)발렉스서비스 경영지원본부장
　　　前 (주)피앤에스네트웍스 해상운영본부장
경영방침 : 사람중심 경영, 기술중심 경영, 성과중심 경영

■■■ 회사 및 서비스 소개
발렉스서비스는 2010년 설립 이후 임직원 6,800명, 매출 3,560억원(2025년 말 기준)으로 성장하며 업계의 견고한 양적 성장과 질적 혁신을 이루었습니다. 세계청결협회(ISSA) 가입 및 CIMS with HONORS 인증을 기반으로 선진화된 Hygiene Service(청결·위생 통합관리) 체계를 구축하였으며 CMI 미화 전문가 교육을 통해 내부 전문가를 육성하여 안전하고 위생적인 서비스 환경을 제공하고 있습니다.

당사는 가치향상 전문가(Value Adding Expert)로서 고객사의 핵심사업 가치를 높이는 데 힘쓰고 있으며, 이러한 성장을 바탕으로 장애인 고용 확대, 공익재단 후원 등 사회적 가치 실현과 함께 지속가능경영보고서 발간, UNGC 가입, 국내 최초 ESG 경영시스템 인증을 통해 ESG 기반 지속가능경영도 체계적으로 강화해 나가고 있습니다.

발렉스서비스는 앞으로도 전문성과 기술을 기반으로 한 체계적 시스템, 고객의 가치 성장을 이끄는 전문가로서의 역량, 그리고 차별화된 서비스 품질을 통해 고객 여러분께 최고의 비즈니스 파트너로서 역할을 다하겠습니다.

(주)사람인HS
www.saraminhs.co.kr

대표	이성권
전화	02-6377-2580
팩스	02-6337-2590
이메일	recruit@saraminhs.co.kr

■■ 회사주소
서울시 강서구 공항대로 165 원그로브 C동 10층

■■ 설립 및 자본금
설립년 : 2016년
자본금 : 9억원

■■ 매출실적
2024년 : 400억원

■■ 종업원현황
총원 : 1,240명 / 관리 : 40명 / 파견 : 1,000명 / 도급 : 200명

■■ 아웃소싱 서비스
인재파견, 도급·위탁(콜센터, 물류, 판매, 유통 등)
인재매칭 (헤드헌팅/채용대행/공채대행 등)

■■ 주 거래 업종
제조, 건설, 금융, 통신, 서비스, 유통, IT, 방송, 외국계 등

■■ 주 거래 기업
현대자동차, 현대제철, 두산그룹, 대림산업, SK건설, 삼성웰스토리, 롯데렌탈, Fedex, 쿠팡, SPC그룹, 한국표준협회 등

■■ 지사 및 계열사
경기/중부/경남/호남사업본부, 사람인, 키움증권, 다우기술 등

■■ 임직원 연락처
아웃소싱사업본부 02-2025-4747
인재매칭사업본부 02-2025-4743
취업포털사업본부 02-2025-4733

■■ 기업연혁
2005. 10 ㈜지앤지피플 설립
2008. 06 ㈜사람인로 사명 변경
2010. 07 고용노동부 '근로자파견 우수기업' 선정
2012. 02 업계 최초 코스닥 상장
2016. 05 ㈜사람인에서 물적분할을 통한 ㈜사람인HS 설립
2022. 04 재취업 전문 플랫폼 『이모잡』 론칭
2023. 07 매칭(헤드헌팅)서비스 후보자 DB 관리 시스템 개발
2024. 12 150개 업체 1,200명 근로자 파견/도급 운영

■■ 대표자 프로필
이름 : 이성권
학력 : 서울대학교 졸업
      건국대학교 부동산 대학원 졸업
경력 : 다우기술 솔루션 본부장
      이토마토 투자자문 대표이사
      다우데이터 결제사업부문장
      現 ㈜사람인HS 대표이사

■■ 회사 및 서비스 소개
1. 근로자파견
취업포털 1위의 사람인 사이트를 기반으로 우수한 인재 DB Pool 보유와 코스닥 상장의 안정적인 재무 구조를 갖춘 기업으로서 고객사가 원하는 우수인재 추천이 가능한 국내 유일의 종합 HR 기업입니다.

2. 도급
단순하고 반복적인 업무가 아웃소싱 되면서 조직이 슬림해지고 인력과 관리비용이 최소화되면서 기업운영비용이 절감되며, 절감된 비용을 핵심 분야에 투자함으로서 기업의 경쟁력을 강화시킵니다. 특히 IMF위기를 맞아 기업들에서 추진되고 있는 구조조정과 관련하여 Outsourcing을 기업의 핵심역량(CoreCompelency)강화의 수단으로 빠르게 확대, 성장하고 있습니다.

3. 매칭 서비스 (헤드헌팅)
30만건의 인재정보를 보유하고 3,000여건의 프로젝트 수행 경험의 헤드헌터들로 구성되어 업종별/직종별 다양한 분야에 고급 전문 인재 채용 지원이 가능합니다.

㈜사람인HS는 2005년 ㈜사람인 오프라인부서로 시작하여, 해당 사업의 성장을 위하여 2016년 모 회사의 100% 투자를 받아 자회사로 설립되었으며, 고용노동부가 인정하는 근로자파견 우수기업으로 그 입지를 확실히 굳히고 있습니다.

모든 서비스에 있어서 사람을 중심으로 하는 기업이념에 발맞추어 기업인재 비즈니스와 Total 아웃소싱을 결합하여 구직자에게는 사회적 성취를 실현하고 행복한 삶의 터전이 될 일자리를, 기업에는 성장을 이끌 핵심인재의 매칭을 돕는 "국내 The Best Human Service를 추구하는 기업"입니다.

앞으로도 사람과 사람을 잇는 Bridge 역할에 최선을 다하여 기업의 경쟁력 향상, 일자리 창출, 고용안전에 힘쓰는 사회적인 기업으로 고객과 함께 성장하도록 노력을 더 하겠습니다.

(주)스탭솔루션
www.staffsolution.co.kr

대 표	임광주
전 화	02-552-5360
팩 스	02-555-6776
이메일	kjlim@staffsolution.co.kr

■■■ 회사주소
서울시 강남구 테헤란로 34길 21-4 301호(역삼동)

■■■ 설립 및 자본금
설립년 : 1998년
자본금 : 2억원

■■■ 매출실적
2024년 : 141억원
2025년(예상) : 143억원

■■■ 종업원현황
총원: 451명/ 관리: 11명/ 파견: 115명/ 도급 : 325명

■■■ 아웃소싱 서비스
인재파견, 도급(생산, 물류, 유통, 사무, 운전, 청소, 경비, 전산)
헤드헌팅 & 채용대행, 급여대행

■■■ 주 거래 업종
물류, 유통, 면세점, 자동차, 전기전자, 반도체, 외국계회사

■■■ 주 거래 기업
롯데그룹(롯데지주, 롯데쇼핑, 롯데홈쇼핑, 롯데면세점 등)
효성그룹(효성TNS, NHCMS, 더클래스효성 등),
SK그룹(SK인텔릭스 등)
한화그룹(한화NXMD 등)
GS그룹(자이에스앤디, GS건설 등)
이수그룹(이수화학, 이수시스템 등)
외국계회사(BASF Korea, Rhom Korea, Sony Korea 등)

■■■ 지사 및 계열사
지 사 : 수원
계열사 : (주)솔루션(헤드헌팅), (주)C&B솔루션(급여대행)

■■■ 임직원 연락처
심연희 부장(02-552-5910)

■■■ 기업연혁
1998. 05 (주)솔루션 Temporary 사업부 설립
2000. 02 (주)스탭솔루션 설립 및 NIKE, ORACLE, GE, LEGO등
　　　　　외국계회사중심의 아웃소싱업무 시작
2002. 02 수원지사설립 및 아주대병원 아웃소싱업무 시작
2003. 02 면세점 물류랍무 아웃소싱 업무 시작
2008.　　아웃소싱서비스 최우수상 수상
2009.　　롯데홈쇼핑 우수협력업체 선정
2010.　　아웃소싱서비스 고객만족대상(인력파견부분) 수상
2011.　　아웃소싱 리딩컴퍼니 수상
2017.　　아웃소싱100대업 8년연속 수상
2023.　　효성그룹 우수협력업체 선정
2025.　　HR서비스 대상(선도부문) 수상(HR산업협회)

■■■ 대표자 프로필
이름 : 임광주
학력 : 연세대 법학과 졸업 및 동대학원 법학과 졸업
경력 : 대우중공업 경영개선본부
효성그룹 전략본부 경영기획실
효성그룹 기획조정실 인사팀장
소니코리아 본부장
HR서비스산업협회 감사
서울상공회의소 강남구 상공회 부회장
연세대학교 총동창회 부회장(벤처기업담당)
국가행정고시/기술고시/외무고시/공무원 7,8,9급 면접위원
경영방침 : 고객의 니즈에 부합하는 맞춤식 인력공급으로 고객사
　　　　　생산성 극대화 및 지속적인 혁신 추구

■■■ 회사 및 서비스 소개
당사는 회사 설립후 현재에 이르기까지 업계의 최고브랜드로 평가받고 있습니다. 당사는 각 고객사별 사업내용과 인재상에 부합하는 맞춤식 인력공급으로 좋은 평가를 받고 있으며 고객사의 인력운영의 효율성과 생산성 극대화에 많은 기여를 하고 있습니다. 그리하여 당사는 아웃소싱서비스 고객만족대상을 수상한 바있고 꾸준하게 국내 아웃소싱 100대기업에 선정되어 우수한 국내 아웃소싱회사로 평가 받고 있습니다. 당사는 향후에도 지속적으로 혁신을 추구하여 고객사와 함께 새로운 성공모델을 창조해나가며 고객사의 경영성과 증진에 절대적으로 기여할 것입니다.

스탭플러스(주)
www.insidejob.co.kr

대표	이윤정
전화	02-591-4363
팩스	02-591-4360
이메일	inside@insidejob.co.kr

■ 회사주소
서울특별시 서초구 서초대로 243, 4층 (서초동, 서현빌딩)

■ 설립 및 자본금
설립년: 2007년
자본금: 1억 원

■ 매출실적
2025년(예상) : 비공개

■ 종업원현황
총원 : 615명 / 관리 : 8명 / 도급 : 607명

■ 아웃소싱 서비스
유통판매 판촉, 화장품판매대행, 병원의료, IT, 건물시설관리, 기업(산업)교육컨설팅, 채용대행, 헤드헌팅 등

■ 주 거래 업종
유통, 판매, 백화점, 할인점, 패션, F&B, 서비스, 그룹사, 대기업, 중견기업, 중소기업, 공공기관 등

■ 주요 거래 기업
[Part-타임세, 유통운영]
네이처퍼블릭, 토니모리, 루루글로벌, 파티온, 그리에이트, 리아진코스메틱, 뷰티시그널, 씨엠케이, 라비오뜨, 아시아비엔씨, 잇츠스킨, 코스모앤스더니, 우리아이들플러스, 지우무역, 바라뷰티, 와이즈미디어커머스, 이데아약품 등

■ 지사 및 계열사
(주)인사이드잡 / (주)인사이드디에프

■ 임직원 연락처
| 대표이사 이윤정 | 02-591-4366 |
| 운영과장 최예슬 | 02-591-4364 |

■ 기업연혁
- 2007. (주)아이엠아이링크 설립(도소매, 아웃소싱서비스)
- 2008. 대항병원 위탁운영계약 체결
- 2010. 강남 'D'빌딩 시설관리 계약체결
- 2011. 유통/판매분야 전문, 네이처퍼블릭/토니모리 판매위탁운영계약 체결
- 2012. 더샘 위탁운영 계약체결
- 2013. 스탭플러스㈜로 법인명 변경
- 2015. 프라이머리로우/그리에이트 위탁운영 계약체결
- 2016. 모테코리아/디올/이노펙글로벌 위탁운영 계약체결
- 2017. 라비오뜨/제로투세븐/제이씨코리아 등 6개 업체 위탁운영 계약체결
- 2018. 세원ITC, 베디베로, 리아진코스메틱등 5개업체 위탁운영 계약체결, 하이서울브랜드기업 인증
- 2019. 불스원, 정우인터내셔널, 프롬바이오등 4개업체 위탁운영 계약체결
- 2020. 셀로니아 위탁운영 계약체결
- 2021. 중.장기 프로젝트 사업추진[일자리 R&D 개발 구축 마련 기획]
- 2022. 아시아비엔씨 등 2개 업체 위탁운영 계약체결
- 2023. 와이어트, 루루화장품, 윙(닥터쥬크르, 닥터지, 리쥬란, 셀퓨전씨) 등 업체 위탁운영 계약체결
- 2024. 코스모앤컴퍼니, 위드로브컴퍼니, 핑크원더, 비알머드, 티엘앤코, 홍천엠엔티, 비다벨로 등 업체 위탁운영
- 2025. 우리아이들플러스, 지우무역, 바라뷰티, 와이즈미디어커머스, 와이즈플랫컴퍼니, 이데아약품, 코리아뷰티인터내셔널 계약체결

■ 대표자 프로필
이름 : 이윤정
학력 : 서울산업대학교 졸업/ 고려대학교 노동대학원 최고경영자과정/ 하버드경영대학원 수료
경력 : LG CNS(공공사업부)
  ㈜닉스테크(S/W 영업본부)
  ㈜인사이드잡(HR사업본부)
  2019 : 아웃소싱 전문가(최고경영자 부문) 선정
  2025 : 아웃소싱타임스 2025대한민국 고객만족대상(최고경영자 부문) 선정
  한서대 취업특강 출강
  유튜브채널 '커리언니[취업가이드]' 운영중
경영방침 : 인재제일/최고지향/고객존중

■ 회사 및 서비스 소개
'고객이 원하기 전에 먼저 원하는 것을 찾아라'
스탭플러스㈜가 생각하는 최고의 고객존중은 고객이 원하는 것을 즉시 실천하는 것이라 생각합니다. 인재제일, 최고지향, 고객존중의 경영철학을 기반으로 고객이 원하기 전에 직접 가슴으로 느끼고 직접 몸으로 뛰어서 고객이 원하는 바를 즉시 실천하는 것입니다.
19주년을 맞이하는 스탭플러스㈜는 새로운 도약을 위해 매진하며 현장중심의 밀착운영으로 아웃소싱서비스의 주된 유통/판매,판촉에 집중하고 항상 고객이 원하기 전에 원하는 것을 미리 분석,파악하여 상생협력 체계로 WIN-WIN 해나갈 것을 약속 드리며 함께 새로운 가치를 창출할 수 있도록 거듭 성장해 나가겠습니다.

(주)시너지컨설팅
www.thesynergy.co.kr

대표	이병철
전화	02-571-9192
팩스	02-2279-9192
이메일	cs@thesynergy.co.kr

■■■ 회사주소
서울시 성동구 왕십리로 24나길 20 창성빌딩 8F ~ 9F

■■■ 설립 및 자본금
설립년 : 2010년
자본금 : 2억원

■■■ 매출실적
2025년(예상) : 580억원

■■■ 종업원현황
총원 : 1,895명(내부직원 : 68명, 아웃소싱 : 1,827명)

■■■ 아웃소싱 서비스
AI기반 HR컨설팅 및 아웃소싱

- 채용전략(인재상 · 핵심가치, 지원자 페르소나, 직무분석 · 기술서인 · 적성 검사, 평가 과제 개발, 채용프로세스 개선, ATOM 채용)
- 인재확보(적정인원 산정, 역량모델링, 채용대행, 헤드헌팅, 채용 프로세스 대행, 공정 채용 프로세스 대행, 온보딩 개발 · 운영)
- 교육훈련(면접관 트레이닝, 선발능력 진단교육, 조직문화 진단교육 인재유지 진단교육, 동기부여 진단교육, 리더십 진단교육)

■■■ 주 거래 업종
정부 및 공공부문, 금융 서비스, IT/전기/전자, 소비재, 유통, 생명과학, 산업재, 화학, 미디어, 건설, 제조, 서비스, 건설, 토목, 교육, 항공, 자동차, 대학

■■■ 주 거래 기업
국민건강보험, 공무원연금공단, 교통안전공단, 국가정보원, 국군기무사령부, 국립공원관리공단, 기술보증기금, 남부발전, 서부발전, 코레일, 한국전력, 국민은행, 국민카드, 삼성자산운용, 수협, 수협은행, 대성그룹, 도루코, 에스오일, 에스케이가스, 대우조선해양, 동원그룹, 삼양홀딩스, 만도, 무림제지, 세아제강, 세아상역, 엘에스그룹, 한화그룹, 현대중공업, 현대오일뱅크 외 다수

■■■ 임직원 연락처
아웃소싱BU: 박상희 컨설턴트	010-6393-7348
컨설팅BU: 허민호 컨설턴트	010-5066-9715
AI&온라인BU: 이경목 컨설턴트	010-5053-3164

■■■ 기업연혁
- 2010. (주)시너지컨설팅 법인설립
  (주)시너지컨설팅 강남지사 설립
- 2011. 채용에 대한 프로세스를 정의한 "채용의 교과서" 발간
- 2012. 전직지원 전문 서적 "재취업의 교과서" 발간
  (주)시너지컨설팅 광주지사 설립
- 2013. 컨설팅 수행 방법론 CPDA 서비스 특허(41-2012-0032)
  (주)시너지컨설팅 광주지사 설립
- 2014. 국가정보원 외 80여 공공기관, 대기업의 경쟁력 향상 컨설팅 수행
- 2015. 일본 최대 인재평가 기관 E-FALCON과 MOU
- 2016. NCS기반 공공기업(기관) 인사담당자 교육 운영
- 2017. 대한민국 고객만족 브랜드 대상 수상 (컨설팅 및 업무 부문)
- 2018. NCS기반 블라인드 채용컨설팅 기관 4년 연속 선정
- 2019. "TALENT-A" 서비스 런칭
- 2020. AI 기반 채용평가관리 솔루션 "@WORK" 서비스 런칭
- 2021. AI 기반 채용평가관리 솔루션 "Machine Assessment" 런칭
- 2022. 한화그룹, 현대그룹 외 76개 기업 리더십 및 면접관트레이닝 시행
- 2023. AI 기반 조직문화진단 플랫폼 "WORK VITAL" 서비스
  AI 기반 KPI 플랫폼 "KPI Dic" 서비스 개발
- 2024. AI 기반 역량평가 플랫폼 "COM Dic"서비스 개발
  대한민국 인재 채용의 교과서 "채용의교과서 / 워크북" 발간
- 2025. AI 기반 인재예측 솔루션 "TALENT-A" 서비스 개발
  대한민국 채용 기준 "ATOM 으로 채용하라" 발간

■■■ 대표자 프로필
이름 : 이병철
학력 : 서울과학종합대학원 경영학 박사(Ph.D)
  고려대학교 경영학 석사(인적자원 관리)
경력 : 시너지컨설팅 대표 컨설턴트
  산업정책연구원 연구교수
  NCS 기반 채용프로세스 개발 위원
  국가/지방직 공무원 임용 및 승진 역량 평가 위원
  ICMCI CMC 국제공인 경영 컨설턴트
경영방침 : 기업과 인재의 경쟁력 향상을 지원하며 위대한 성공을 돕는다.

■■■ 회사 및 서비스 소개
인사전문가 그룹 시너지는 기업이 성공적인 사업을 펼치는 데 필요한 역량과 태도 그리고 경험을 갖춘 인재들을 확보 · 개발 · 유지하는 것을 지원하여 고객의 위대한 성공을 돕기 위해 일하고 있습니다.
지난 20여 년간 1,750여 기업의 조직문화 · 조직분석 · 인사 정렬분석 · 평가제도 · 인재채용 · 인재유지 · 동기관리 · 보상제도 · 리더십 · 커뮤니케이션 등에 대한 크고 작은 과제들을 효과적으로 해결해 왔습니다. 인사전문가 그룹 시너지는 「사람을 최고의 자산으로 만드는 비법을 전수하여 고객의 위대한 성공을 돕는 전문 파트너」로서, 경쟁력 있는 인재경영 프로세스를 만들어내는 데 도움을 제공하고, 사람을 최고의 자산으로 만드는 비결을 전수하여 경영비전 실현을 돕고 있습니다. 시너지컨설팅의 서비스는 정형화된 것이 아니라 고객의 요구에 유연하게 대응할 수 있는 맞춤형 고부가가치 서비스로 고객으로부터 절대적인 신뢰를 얻어 현재 90% 이상의 재계약률을 유지하고 있습니다.

(주)어울림HRS
www.aulimhrs.com

대표	이승원
전화	02-2678-5354
팩스	02-2678-5358
이메일	hrs1004@aulimhrs.com

■ 회사주소
서울시 영등포구 경인로71길 70, 805호(벽산디지털밸리, 문래동5가)

■ 설립 및 자본금
설립년 : 2016년
자본금 : 2억원

■ 매출실적
2025년(예상) : 200억원

■ 종업원현황
총원: 430명/ 관리: 10명/ 파견: 180명/ 도급: 240명

■ 아웃소싱 서비스
아웃소싱 근로자파견, HR컨설팅 도급 및 채용대행, 헤드헌팅
건물시설관리 및 시설경비, 건물위생관리용역

■ 주 거래업종
서비스, 금융, 제조, 건설, 유통, 물류, 공공기관 등

■ 주 거래기업
주한미군 공군부대, 신한신용정보, 신한금융투자, 삼성카드, 다올저축은행, 대한채권관리대부, 한국자산관리공사, 두산중공업(주), 두산건설(주), 코트라, 동광인터내셔널(용인/파주), 후니드, 대웅개발, 국립교통재활병원, 유신, 제이원호텔(청주), JB우리캐피탈, 코트라, 오스템임플란트, 호반호텔앤리조트, F&U신용정보, SK브로드밴드TS, AJ ICT, 세레니티CC, 네이버, 롯데건설, 교보증권, 빈센트호텔, 타다 外 다수의 거래처

■ 지사 및 계열사
(주)어울림HRS 부산지사 / (주)어울림워커스 / (주)비에이블

■ 임직원 연락처
이사 최재훈 010-4424-5216

■ 기업연혁
- 2016. 04 어울림HRS 설립, 근로자파견 개시, 위생관리업 개시
  - 06 허가경비업무 개시 (시설경비)
- 2017. 01 유진저축은행 콜센터 도급계약
- 2018. 01 벤처기업인증, 본사사옥 구매
- 2019. 05 경영혁신형 중소기업(Main-Biz) 인증
  - 06 KOTRA, JB우리캐피탈, 애듀윌 근로자파견 계약체결
- 2020. 01 국립교통재활병원, 광나루 안전체험관 근로자파견계약 체결
  - 04 미국무성 입찰허가
  - 10 주한미군의료청소서비스 수주
- 2021. 02 KB증권 근로자파견계약 체결
  - 08 불곰마켓 판매직 도급계약, 새한기술그룹 근로자 파견계약
  - 09 산업자원부 컨텍센터/콜센터 부분 아웃소싱 고객만족대상 수상
- 2022. 02 호반호텔앤리조트 채용대행 계약, 유신 장애인 근속채용대행 계약
  - 06 YK법무법인 중대재해 대응 MOU 체결
  - 09 AJ ICT 근로자 파견계약, F&U신용정보 채용대행 계약
  - 10 참엔지니어링 장애인 근속채용대행 계약
- 2023. 01 인천국제공항보안, 서울연구원,, 태건 파견계약
  - 07 정림건축 파견계약 체결, 푸르밀 장애인 근속채용대행 계약
  - 08 에이앤유디자인그룹건축사무소 장애인 근속채용대행 계약
  - 09 근로자보호 클린기업 2회연속 인증
  - 11 교보증권 근로자 파견계약 체결
- 2024. 01 빈센트호텔 하우스키핑 도급계약 체결
  - 03 장훈고등학교 경비 및 미화, 미성초, 노량진초 미화 도급계약체결
  - 06 한국중견기업연합회 가입
  - 06 오앤에스골드그룹 모델하우스 미화 도급계약 체결
  - 09 케이알티씨 근로자 파견계약 체결
  - 10 현대차증권 장애인 근속채용대행 계약

■ 대표자 프로필
이름 : 이승원
학력 : 동국대학교 경제학과 졸업
경력 : 서울대학교 부설 최고경영자과정 수료
    (주)글로시스 이사
    現(주)어울림 HRS대표이사
경영방침 : 고객사와 파견사, 근로자가 함께 어울리는 행복한 기업

■ 회사 및 서비스소개
(주)어울림HRS는 종합 아웃소싱(Total outsourcing) 분야의 전문 기업으로 고객사와 파견사, 근로자가 행복하게 어울리는 행복한 기업을 목표로 하고 있습니다.
어울림HRS는 급격하게 변하는 노동시장과 고객사의 Needs에 대해 현실적이고 현장지향적인 솔루션을 제공합니다.
어울림HRS는 변화와 경쟁의 선두에서 고객사에게는 최고의 HR파트너, 근로자에게는 행복한 일터를 만드는 나무그루터기가 되어 행복한 내일을 만드는 진정한 동반자가 되겠습니다.

(주)엠제이플렉스

www.mjplex.co.kr

- 대표: 김시출
- 전화: 02-853-2800
- 팩스: 02-853-2880
- 이메일: helper@mjplex.co.kr

■ 회사주소
서울시 구로구 디지털로26길 43, 대륭포스트타워8차 R동 1801~1804호

■ 설립 및 자본금
설립년 : 1996년 10월(법인전환 2005년 3월)
자본금 : 5억원

■ 매출실적
2024년 : 430억원
2025년(예상) : 500억원

■ 종업원현황
총원 : 1,300명 (파견 : 1,100명 / 도급 : 150명 / 관리 : 50명)

■ 아웃소싱 서비스
인재파견, 도급/업무위탁, 채용대행, 헤드헌팅, 온라인 리크루팅, 온라인홍보대행 등

■ 주 거래 업종
미디어, 제조, 건설, IT, 홈쇼핑, 유통, 면세점, 교육, 커머스, 디자인, 엔터테인먼트, 게임, 대기업, 언론/방송사, 공공기관, 문화콘텐츠기업 등

■ 주 거래 기업
두산에너빌리티, 두산건설, 두산매거진, SK스토아, SK브로드밴드, SK플래닛, 11번가, LS일렉트릭, DL건설, 롯데글로벌로지스, 롯데마트, 롯데홈쇼핑, GS리테일, 카페24, 메가스터디교육, 미래에셋증권, LG헬로비전, 한화손해보험, 카카오엔터테인먼트, SM엔터테인먼트, 한국시세이도, 골든구스코리아, MBC, KBS, SBS, YTN, MBN, 연합뉴스, CJ ENM, JTBC, TV조선, 한국경제TV, 서울경제TV, IMBC, KBS미디어 등

■ 지사 및 계열사
(주)엠제이피플, (주)엠제이휴먼

■ 임직원 연락처
김시출 대표이사   02-853-5202 / 010-3888-4518
HR사업본부 정용희 전무   02-6925-3727 / 010-7749-4621
MJ피플 김광민 본부장   02-853-5276 / 010-5513-7329

■ 기업연혁
- 2014. 02. 2014 대한민국을 이끈 혁신리더 선정 HR아웃소싱 부문
- 03. 대한민국브랜드대상 · 취업포털부문 수상
- 2018. 07. 글로벌브랜드 대상 "채용대행부문" 대상 수상
- 2019. 01. 한국아웃소싱리딩컴퍼니 "근로자파견부문" 선정
- 04. 대한민국 100대 아웃소싱기업 인증
- 2020. 01. 2020년 한국아웃소싱 리딩컴퍼니 "근로자 파견" 부문 선정
- 10. 2020년 모범중소기업인 중소벤처기업부장관 표창 수상
- 2021. 05. 한국콘텐츠진흥원 콘텐츠일자리센터 운영 위탁사업 수주
- 2022. 01. 강서구의회, 한국엔지니어링협회 용역 입찰 계약 체결
- 08. CJ ENM 엔터테인먼트부문 신입사원 채용대행 위탁사 선정
- 2023. 02. 제1회 한국HR서비스산업대상 산업선도 부문 수상
- 10. 2023 여가친화인증 기업 선정
- 11. '2023 혁신 리더 대상' 〈미래경영/아웃소싱 부문〉 수상
- 2024. 06. SM엔터테인먼트 근로자파견 계약 체결
- 09. 롯데글로벌로지스 물류 도급 계약 체결
- 2025. 02 제2회 한국HR서비스산업대상 HR서비스기업대상부문 수상
- 02 제13회 대한민국교육대상 미디어 · 디자이너 취업부문 수상

■ 대표자 프로필
- 이름 : 김시출
- 학력 : 연세대학교 생명시스템대학 생명공학과 졸업
  연세대학교 언론홍보대학원 석사졸업 (방송영상전공)
  성균관대학교 신문방송학과 박사과정 수료
- 경력 : (주)MJ플렉스 대표이사 (現)
  미디어잡, 디자이너잡 대표 (現)
  한국서비스산업협회 부회장 (現)
  중소기업융합서울연합회 정인포럼 수석 부회장 (前)
  연세대 언론홍보대학원 총동창회 부회장 (前)
  연세대 총동창회 상임이사/부회장 (前)
  서울디지털융합포럼 회장 (前)
  연세대 언론홍보대학원 최고위과정 간사 (前)
- 경영방침 : 행복경영, 창조경영, 배움경영, 감사경영, 나눔경영

■ 회사 및 서비스 소개
MJ그룹은 '행복한 미래를 함께 여는 HR 리딩컴퍼니'라는 비전 아래, 투명하고 차별화된 취업 매칭 서비스를 제공하는 종합 HR 그룹입니다. 인재파견, 도급/업무위탁, 채용대행, 헤드헌팅, 취업 컨설팅 등 다양한 HR 솔루션을 통해 방송, 미디어, IT, 공기업, 제조, 물류, 금융 등 여러 산업군에 맞춤형 인재를 연결하고 있습니다. 특히 전문 취업 플랫폼인 '미디어잡'과 '디자이너잡'을 운영하며, 해당 업계에서 1위를 유지하고 있습니다. 29년간의 경험을 바탕으로 200여 개의 기업에 우수한 인재를 추천하고, 인재운영 효율화를 적극 지원하고 있는 MJ그룹은 앞으로 더 많은 고객에게 최적화된 HR서비스 제공으로 성공 파트너로서 끊임없이 성장해 나가겠습니다.

워크맨그룹(주)
workmanhr.com

대표	홍형표
전화	02-2088-7742
팩스	070-4015-5553
이메일	hr@workmanhr.com

■■■ 회사주소
서울 강남구 테헤란로 124, 9층(삼원타워)

■■■ 설립 및 자본금
설립년 : 2024년 3월
자본금 : 1억 5천만원

■■■ 매출실적
2024년 : 15억원
2025년(예상) : 50억원

■■■ 종업원현황
총원 : 220명 / 관리 : 20명 / 파견 : 200명

■■■ 아웃소싱 서비스
채용대행, 헤드헌팅, HR컨설팅, 아웃소싱(물류, 유통, 생산 등)

■■■ 주 거래 업종
금융, 통신, IT, 서비스, 유통 물류, 제조, 시설관리 등

■■■ 주 거래 기업
듀오정보, 에스피씨, 에프앤에프, 대성셀틱에너시스, 엠아이큐브솔루션, 케이지에프앤비, 신도새마을금고, 학산

■■■ 임직원 연락처
대표이사 : 홍형표 070-7119-9898
총괄운영 : 전무 김완 070-4070-8185
사업부장 : 이사 심상윤 070-4070-8568

■■■ 기업연혁
2024. 03 워크맨그룹 주식회사 설립
2024. 04 근로자파견사업 허가
2024. 04 에프앤에프, 씨제이올리브영, 브리타코리아, 대성셀틱에너시스, 솔라벨 채용대행 계약 체결
2024. 06 듀오정보 주식회사 파견 계약 체결
2024. 12 한국신소재산업 채용대행 계약 체결
2025. 01 비알코리아, 케이지에프앤비 채용대행 계약 체결
2025. 03 커피빈코리아, 데이원컴퍼니, 바나플에프엔비 채용대행 계약 체결
2025. 06 신도새마을금고 파견 계약 체결
2025. 08 에스피씨 도급 계약 체결
2025. 09 미래생명자원 파견 계약 체결
2025. 11 루이독앤디자인, 스위트스팟 파견 계약 체결

■■■ 대표자 프로필
이름 : 홍형표
학력 : 강원대학교 졸업,
KAIST 경영대학원 수료
경력 : Adecco Korea 전무이사 역임,
코리아리크루트, 한경플레이스먼트, 월간인턴 사업본부장,
취업특강 및 HR아웃소싱 컨설팅전문가,
해외 유학인력 채용 포험 및 job Fair 전문가

■■■ 회사 및 서비스 소개
워크맨그룹은 "사람의 가치가 우선이다"라는 신념 아래, 모든 경영 활동의 중심에 사람을 두고 있습니다. 우리는 기업의 성장은 사람의 성장을 통해 완성된다고 믿으며, "좋은 사람과 좋은 기업 간의 엑설런트 하모니"를 실현함으로써 국가와 사회에 기여하는 경쟁력 있는 초일류 기업을 만들어가고자 합니다.

급변하는 산업 환경 속에서 기업은 끊임없는 변화와 혁신을 요구받고 있습니다. 워크맨그룹은 이러한 흐름 속에서 새로운 가능성을 준비하고 변화를 주도하며, 기업의 미래를 함께 설계하는 든든한 파트너로서 역할을 다하고자 합니다.

우리는 다양한 직무 분야를 개척하고, 기업 경영에 필요한 전문적이고 체계적인 아웃소싱 솔루션을 제공함으로써 경영 효율성과 생산성을 높이는 데 기여하고 있습니다. 또한 단순한 인재 파견을 넘어, 기업이 직면한 경영 과제를 깊이 이해하고 그에 맞는 전략적 컨설팅과 맞춤형 솔루션을 제시함으로써 지속 가능한 성장을 지원합니다.

워크맨그룹은 기업과 개인이 함께 성장하는 커리어 동반자로서, 기업에는 최적의 인재를, 개인에게는 성장의 기회를 제공하여 모두가 더 나은 내일을 만들어가는 상생의 가치를 실현하고 있습니다.

앞으로도 워크맨그룹은 사람과 기업, 그리고 사회가 조화롭게 발전하는 미래를 위해 끊임없이 고민하고 도전하겠습니다. 인재를 중심에 두고, 혁신을 통해 새로운 길을 개척해 나가는 것, 그것이 바로 워크맨그룹이 추구하는 길입니다.

(주)인사이드잡
www.insidejob.co.kr

대표	최윤석
전화	02-591-4363
팩스	02-591-4360
이메일	inside@insidejob.co.kr

■■■ 회사주소
서울특별시 서초구 반포대로23길 14 매강빌딩3층

■■■ 설립 및 자본금
설립년 : 2003년
자본금 : 5억원

■■■ 매출실적
2025년(예상) : 비공개

■■■ 종업원현황
총원 : 1,150명 / 관리 : 20명 / 파견 : 295명 / 도급 : 835명

■■■ 아웃소싱 서비스
근로자파견, HR아웃소싱(도급위탁 / 콜센터 / 유통 / 경비 / 미화 등), 채용대행, 헤드헌팅, 급여아웃플레이스먼트, 해외인력송출서비스 등

■■■ 주 거래 업종
금융, 유통, 정보통신, 서비스, 외국계기업, 공공기관 등

■■■ 주 거래 기업
[Part-면세,유통운영/시설관리/의료지원/스태핑서비스/정부지원기관 등]
서울보증보험, AJ그룹, 미래에셋금융, 필립모리스, LG에너지솔루션, 한화그룹계열, 하나투어, 빙그레, 카카오VX, 서울주택도시공사, 은평시설관리공단, 서울대병원, 코스모앤컴퍼니(샤크&닌자), 메디힐, 고운세상코스메틱, 자이글, 네이처리퍼블릭, 토니모리, 빙그레, 네이처셀, 씨엠에스랩, 서울공예박물관, 한국에너지정보문화재단, 법제처, 숭의초등학교 등

■■■ 지사 및 계열사
남부지사 - 전남 여수시 엑스포대로 320-66 2F
충청 - 대전광역시 중구 문화동 1-13 기독교연합봉사회관3층
부산 / 수원 / 이천사무소
계열사 : (주)인사이드디에프 /스탭플러스(주)

■■■ 임직원 연락처
인재혁신본부 총괄 박윤섭   02-6205-4330
경영지원팀장 성소연   02-591-4363

■■■ 기업연혁
2003. (주)인사이드잡 설립(근로자파견업허가/인터넷정보제공사업)
2004~2007 우리은행, LG텔레콤, 빙그레, 대한통운, 현대택터 외. 유통/물류/생산/의료분야 특화운영 및 지역네트워크 활성화
2008~2013 유통/판매분야 확대, 네이처리퍼블릭, 토니모리, CJ대한통운, 미래에셋생명, 신한카드, 시립미술관 등 신규계약
2014. 서울보증보험, 한진해운, 영등포구청 등 8개 업체 계약
2015. 근로자보호클린기업인증, SPC네트웍스 등 6개 업체계약
2016. 민간고용자율서비스 자율시정 우수기업인증, 경영혁신형 중소기업선정, 보건복지부MOU체결
2017. 호텔더본제주 등 6개 업체 계약, HR우수기업인증획득
2018. AJ네트웍스 등 8개 업체 계약, 가족친화인증, 기업혁신대상, 국가경쟁력대상 서비스부문 최우수상, 하이서울브랜드기업인증
2019. 셀리노, 한국냉동공조산업협회 등 9개 업체 계약, 중소기업청 중앙회회장 표창, 일하기좋은 중소기업선정
2020. 동아제약, 해외개발, 아주캐피탈 등 7개 업체 계약체결
2021. 대한민국 아웃소싱서비스 품질경영 공공기관사업부문 대상 수상/ 어촌어항공단, 서울문화재단 등 7개 공공기관과 업무전결 뷰티피플인터내셔널, 대웅제약, 중견,중소병원 등 신규계약
2022. 환경보전협회 층간소음이웃사이콜센터(Full 완도급), LG 타이케어솔루션 교육강사(전국)계약, 대웅경영개발원 시설관리 등 수주, 한국자산관리공사 기금콜센터 수주
2023. 쿠팡이츠, 한화계열 5개사, 필립모리스, 특허기술진흥원, 대전보훈병원, 한국특허기술진흥원, 한국냉동공조, LG D&O등 계약체결
2024. 디비비전, 코스모앤컴퍼니, 홍천엠엔티, 메디힐, 스킨이데아, 씨엠에스랩, 닥터지, 네이처셀, 비다벨로, 자이글 등 계약체결
2025. 대한민국 아웃소싱서비스 고객만족대상 (경비.청소,시설관리 부문) 수상, 서울공예박물관, 한국에너지정보문화재단, 법제처, 숭의초등학교, 넥서스코프, 광진경찰서, 하이그라운드디자인, 그레이스 등 계약체결

■■■ 대표자 프로필
이름 : 최윤석
학력 : 숭실대학교 졸업/ 한양대학교 경영대학원 AMP 연세대학교 최고경영자과정
경력 : 한국경제 '마케팅전략전문가과정'
성신여자대학교 특강(주제: 비지니스 커뮤니케이션)
아웃소싱 전문가(최고경영자부문-現 30년간의 동종업력)
2015년 · 2019년 중소기업청 주관 '중소기업중앙회장상' 표창
독거노인복지 사랑나눔의場 '보건복지부장관' 표창
한국HR서비스산업협회 부회장 역임

■■■ 회사 및 서비스 소개
'우리는 인재를 살리고 기업을 꿈꾸게 한다'
2026년 창립 23년을 맞이하여 더욱 새로운 변화와 혁신을 통한 일등기업으로의 성장을 꿈꾸는 당사는 P(plan). D(doit). C(check). A(action) 정신으로 정확한 목표를 설정하고, 완벽한 업무실행을 하며 엄격한 자체 평가를 통해 신속한 업무 개선을 해 나가는 인사 운영을 제시합니다.
Total Outsourcing전문관리 운영기업으로 변환하는 인사제도에 따른 다양한 분야 및 직종을 통하여 맞춤 인재서비스 (근로자파견, 업무도급 콜센터 위탁운영, 유통/판매 아웃소싱, 의료지원, 채용대행, 헤드헌팅 교육서비스 등)를 Needs에 맞게 제공하며 구현하여 왔으며, 전국적인 네트워크를 구축하여 인재를 발굴, 추천하고 고객사의 성공적인 비즈니스를 최우선으로 생각하며, 최고의 품질 HR서비스를 통해 경쟁력 확대와 성공을 위해 최선을 다해 노력 하겠습니다.
'성공하는 사람과 기업만의 선택' 그 곳에 항상 인사이드잡이 중심으로서 있겠습니다.

(주)인터비즈시스템
www.interbiz.co.kr

대표	이동환
전화	02-799-7979
팩스	02-786-0075
이메일	dhlee@interbiz.co.kr

■ 회사주소
서울시 강서구 화곡로 416, 더 스카이밸리 5차 16층

■ 설립 및 자본금
설립년 : 1989년
자본금 : 15억원

■ 매출실적
2024년 : 700억원
2025년(예상) : 700억원

■ 종업원현황
총원 : 1,745명 / 관리 : 45명 / 파견 : 400명 / 도급 : 1,300명

■ 아웃소싱 서비스
R-biz 센터, 취업지원서비스, 인사/노무지원서비스, 채용대행, HR아웃소싱(업무지원서비스, 호텔, 공항, 병원 등), 판매판촉서비스, 물류지원서비스, 인재파견 등

■ 주 거래 업종
전자, 건설, 호텔, 공항, 항공, 병원, 금융, 유통, 물류, 방송, IT 등

■ 주 거래 기업
연세의료원, LG전자, 현대오토에버, 한국3M, 한섬, 하이프라자, 현대모비스, 쿠팡, LG화학, 롯데호텔, 스위스포트코리아, 메리어트호텔, KH에너지 등

■ 지사 및 계열사
지사 : 인천공항, 대전, 부산
계열사 : 아바카뮤니케이션 (통역, 번역, 출판)

■ 임직원 연락처
김기봉 사장 : 02-799-7916
도동철 상무 : 02-799-7929

■ 기업연혁
1989. 12 (주)인터비즈시스템 설립
1991. 05 IBM Korea와 국내최초 업무지원 아웃소싱계약
2000. 12 ISO 9001 인증 취득 (SGS ICS KOREA)
2002. 03 인천국제공항공사 운영부문 감사패
2007. 07 재정경제부 장관 부총리상 수상
　　　　　 (국가재정정보시스템 개발과 운영)
2009. 09 아웃소싱서비스고객만족대상 (인사/업무지원)
2011. 10 한국일보 '대한민국 고객만족 기업' 선정
2013. 01 아웃소싱 업무지원부문 리딩컴퍼니선정
2015. 05 한국산업대상수상 창조경영부문(산업통상자원부)
2016. 01 대한민국 중소기업 대상 경영혁신부문
　　　　　 (중소기업청장상)
2017. 07 인터비즈시스템 Re-Start 선포식
2018. 05 원격업무지원 시스템 특허증 취득
　　　06 R-biz 공개세미나 개최
2019. 12 창립30주년
2020. 05 재취업지원서비스 공개세미나 개최
2021. 01 인터비즈서비스 인수
　　　06 신사옥 이전
2022. 04 ISO 45001 인증 취득
2023. 02 고용노동부 장관상 일자리창출공헌 부문 우수기업 선정
　　　05 질병관리청장 검역의 날 표창장 수상
2024. 03 판매판촉부문 대전, 부산지사 설립
　　　10 홈페이지 리뉴얼
2025. 02 한국HR서비스 산업대상 HR서비스대상수상
　　　05 ESG인증
　　　10 고객감동경영대상 서비스부문 대상 수상

■ 대표자 프로필
이름 : 이동환
학력 : 중앙대학교 법과대학 법학과
경영방침 : 사람을 제일의 가치로 생각하는 기업

■ 회사 및 서비스 소개
(주)인터비즈시스템은 국내외 다양한 고객사와의 십수년간에 걸친 파트너십과 신뢰를 기반으로 선진 HR기법을 선도하여 업무지원, 항공, 호텔, 병원, 유통·물류 등 다양한 아웃소싱서비스를 제공하며, 당사만의 역량과 노하우를 갖추며 성장해 왔다. 비용절감, 업무 효율극대화, 노사안정 및 높은 만족도를 고객에게 제공하고 있으며, 전사적 자원관리시스템(ERP System)을 자체적으로 개발, 구축하여 사내외 업무 프로세스 및 문서를 표준화함으로써 업무처리 속도 향상 및 효율화를 시켰고 이를 통해 높은 품질의 서비스를 제공하는데 있어 최선을 다하고 있다.

(주)제이앤피21
www.jnp21.co.kr

대표	박인성
전화	02-585-6622
팩스	02-585-8211
이메일	isp@jnp21.co.kr

■■■ 회사주소
서울시 서초구 서운로 26-1 보일빌딩 402호

■■■ 설립 및 자본금
설립년 : 2009년
자본금 : 2.5억원

■■■ 매출실적
2024년 : 90억원
2025년(예정) : 95억원

■■■ 종업원현황
총원 : 250명 / 내부사원: 8명, 도급사원: 120명, 파견사원: 122명

■■■ 아웃소싱 서비스
인재파견: 사무분야, 전시 안내, 외식 및 급식 등 서비스분야
도급: 외식, 급식, 전시 안내 등 서비스분야, 생산 제조분야

■■■ 주 거래 기업
두산인프라코어, 두산산업차량, 미셸푸드, 홍천축협, 종근당건강, 한국지역진흥재단, SH서울주택도시공사, 일진디스플레이, 중구문화재단, 한국마사회, 한국가스공사, 인천소방서, 평화드림, 건강보험심사평가원, 보라매병원, 경기평택항만공사 등

■■■ 지사 및 계열사
전국 네트웍 구축

■■■ 임직원 연락처
박인성 대표 02-585-6622

■■■ 기업연혁
2009. 10 (주)제이앤피21 법인설립
2009. 11 근로자파견사업 허가
2011. 01 직업정보제공사업 신고
2012. 07 위생관리용역업 영업신고
2016. 12 자본금 증자(2억 5천만원)
2019. 04 자본 출자 베트남법인 KOVINA NET 설립
경영혁신형 중소기업 인증
2021. 03 한국 100대 아웃소싱기업인증
2023. 12 ISO45001 인증

■■■ 대표자 프로필
이름 : 박인성
경력 : 現) 제이앤피21 대표이사
現) KOVINA NET 베트남 법인장
경영혁신형 중소기업(Main-Biz) 인증
대한민국 100대 아웃소기업 인증
경영방침 : "고객만족, 인간존중"

■■■ 회사 및 서비스 소개
제이앤피21은 아웃소싱 업무에 적합한 인력의 원활한 채용 및 단독적인 관리 운영을 절대 과제로 업무를 지향하며, 단기적 성과가 아닌 미래지향적인 서비스로 장기적 신뢰관계 유지를 위한 노력을 다하고 있다.
무엇보다 가치 있는 서비스를 제공하기 위해 안정된 인프라구축, 우수한 인재 확보, 체계화된 관리시스템으로 전략적 제휴를 위한 끊임없는 변화를 추구하고 있다.
특히 내부 관리직원의 평균 근속기간 7년 이상으로 고객사 관리에 대한 연속성을 유지하여 고객만족을 실현하고 있다.
위탁 사업체의 다양한 업무 및 채용환경의 구조적인 제약을 관리 역량과 업무에 대한 열정으로 아웃소싱 업무 효율성을 확보하고 있다.
현재 여러 공기업 및 대기업, 중소기업체에 다양한 업무 부문 아웃소싱을 진행하고 있으며, 기업체별 업무이행 능력을 인정받아 담당자들로부터 긍정적인 평가와 장기적인 협력 관계를 유지하고 있다.
위탁사업체가 지향하는 가치를 극대화하는 것을 업무수행의 핵심으로 삼아 효율적 인재 채용과 운영 관리를통한 장기적 신뢰관계의 가치를 공유하는 동반자 경영을 지향하는 기업이다.

(주)케이웍스코리아
www.korea-works.co.kr

대표	배강호
전화	02-872-7197
팩스	02-872-7296
이메일	khbae0122@naver.com

■■■ 회사주소
서울 강남구 논현동 140-16 케이웍스타워

■■■ 설립 및 자본금
설립년 : 2013년
자본금 : 5억원

■■■ 매출실적
2024년 : 93억원
2025년(예상) : 120억원

■■■ 종업원현황
총원 : 950명

■■■ 아웃소싱 서비스
근로자파견, 채용대행, 헤드헌팅, 인사컨설팅

■■■ 주 거래 업종
대기업, 그룹사, 중견기업, 중소기업, 공공기관 외

■■■ 주 거래 기업
대한적십자사, 서울식물원, SH공사, 국민체육진흥공단, 기술신용보증기금, 고려대의료원, SK planet, 삼성에버랜드, SANYO, (주)한라, 중앙대학교, 동원식품, 현대선물(주), 한국도자기, 한국문화진흥, 후지필름 외 다수

■■■ 지사 및 계열사
계열사 : 케이웍스컨설팅(헤드헌팅 전문), 케이웍스로지스틱스

■■■ 임직원 연락처
배강호 대표 02-872-7197

■■■ 기업연혁
2013. 07 설립
2014. 05 파견허가
2014. 06 고려대학교의료원 도급 계약
2014. 07 SK계열사 대량파견 계약
2014. 08 현재 교보문고 판매사원 도급 등 국내 유명회사 40여개 거래처 확보
2015. 05 위생관리용역업 허가
2015. 10 한국전력공사 용역계약
2016. 01 한국사회적기업진흥원 파견계약/구로구청 용역계약 기술신용보증기금 파견계약
2017. 01 국가과학수사연구소 용역계약
2017. 04 국민체육진흥공단 용역계약
2017. 07 SH공사 사무직 파견계약
2018. 01 중기업 인증/경비업/시설관리업 허가
2018. 11 케이웍스컨설팅(헤드헌팅 전문) 설립
2019. 04 서울식물원 매표, 검표 용역계약
2019. 10 대한적십자 캠페인, 바른기업 선정
2020. 09 산업통상자원부 후원 "아웃소싱서비스 고객만족대상" 수상(아웃소싱타임스)
2023. ISO9001 품질경영시스템 '파견 및 헤드헌팅 서비스' 국제인증

■■■ 대표자 프로필
이름 : 배강호
학력 : 중앙대학교 경영전문대학원 MBA석사
경력 : (주)케이웍스코리아 대표이사
경영방침 : 성품은 인생을 결정 짓는다

■■■ 회사 및 서비스 소개
케이웍스코리아는 헤드헌팅, 채용대행, 인재파견, 그리고 RPO(채용프로세스 아웃소싱)까지 HR채용에 관련된 모든 서비스를 기업에 제공하는 기업이다.

오랜 기간 축적된 노하우를 활용, 업종별 TF팀을 운용해 전문성을 높이고, 파트너사가 원하는 인원을 적재적소에 배치하면서 고객만족경영을 최우선의 가치로 삼고 있다.

케이웍스코리아만의 강점으로는 여러 가지가 있으나, 첫째로 젊은 감각과 빠른 기동성을 갖추고 있어서 고객사가 필요로 하는 요청사항들을 실시간 모니터링해 업체 요구에 따른 적합한 인재들을 고객사에 수급하는 능력이 탁월하다.

또한 잦은 근로자의 이탈이나 분쟁을 미연에 방지하기 위해 장기간의 잡매니저 경력을 보유한 인원을 실무 배치하고 있으며, 실제로 기업 자체 채용시 들어가는 시간, 비용, 업무량에 비해 평균 20% 이상의 절감효과를 제공하고 있다.

특히 전문분석팀 운영을 통해 포지션에 맞는 인재를 최대 빠르면 24시간, 늦어도 72시간 안에 선별 배치가 가능하며, 이를 통해 파트너사의 포지션 공백에 의한 잠재적 손실을 최소화 할수 있도록 고도의 전문성과 신속성을 갖추고 있다는 점도 강점이다.

이러한 케이웍스코리아만의 차별성과 전문성을 바탕으로 노력한 결과, 파트너사의 업무 성과를 높일 수 있었으며, 진정한 의미에 파트너십을 구축 할 수 있었다는 것이 회사의 평가다.

(주)파트너스에이치알

대표	장건덕
전화	053-710-3884
팩스	053-710-3885
이메일	captine501@hanmail.net

■■■ 회사주소
대구시 동구 장등로 56, 112호(벽산 E-솔렌스힐 상가)

■■■ 설립 및 자본금
설립년 : 2019년
자본금 : 1억원

■■■ 매출실적
2025년(예상) : 60억원

■■■ 종업원현황
총원 : 150명

■■■ 아웃소싱 서비스
고용노동부 위탁사업, 청소경비 시설관리, 생산도급, 소독업 등

■■■ 주 거래 기업
고용노동부, 대구광역시, 경상북도, (주)보국전자, (주)허니스트, (주)스파밸리 등

■■■ 지사 및 계열사
전국 네트웍 구축

■■■ 임직원 연락처
대표이사 : 010-3544-3884
영업관리본부 서용보 이사:010-9903-1283
영업관리팀 권선영 팀장 : 010-6645-0586

■■■ 기업연혁
2019. 06 (주)파트너스에이치알 법인 설립
2019. 08 위생관리업, 근로자파견업, 소독업 신고
2022. 03 유료직업소개업 신고
2022. 04 고용노동부 위탁사업 수행기관 선정
2024. 05 아웃소싱플랫폼 전국 인력채용 네트웍기업 협약

■■■ 대표자 프로필
이름 : 장건덕
학력 : 영남대학교 상경대학 졸업
경력 : 현 (주)파트너스 에이치알 대표이사
　　　(주)세루 상무이사 역임
　　　갬콤(주) 대표이사 역임
경영방침 : '고객 제일주의'

■■■ 회사 및 서비스 소개
파트너스에이치알은 단순 인력공급에 그치고 있는 아웃소싱 업계의 한계를 극복하고 생산성 향상을 통한 고객사의 성장에 도움을 주고자 설립한 아웃소싱 전문기업이다.

대표이사를 포함한 전 직원들이 해당분야에서 십수년간의 컨설팅 경험과 성공적인 프로젝트 수행 노하우를 가지고 있는 아웃소싱 전문인재들로 구성되어 있다.

특히 아웃소싱서비스 분야별 전문성을 바탕으로 고객별/분야별로 가장 적합한 아웃소싱 시스템이 무엇인지를 분석하고, 고객사에 제공함으로써 고객사가 아웃소싱을 함으로써 얻고자하는 목표의 100%를 달성할 수 있도록 지원하여 고객사의 경쟁력을 높여드리고 업무의 효율성을 증대시켜 드리고 있다.

'고객 제일주의' 경영이념을 바탕으로 고객이 만족하는 아웃소싱업무 수행을 통하여 모두가 WIN-WIN 할 수 있는 기업이 되도록 최선을 다하고 있다.

퍼솔켈리워크포스솔루션(유)

www.persolkelly.kr

대 표	전유미
전 화	02-760-8800
팩 스	02-760-8880
이메일	info_kr@persolkelly.com

■■■ 회사주소
서울시 중구 세종대로 136 서울파이낸스센터 15층

■■■ 설립 및 자본금
설립년 : 2008년
자본금 : 8억원

■■■ 매출실적
2024년 : 3○억원
2025년(예상) : 455억원

■■■ 종업원현황
총원 : 6○명 / 내부사원 : 70명, 도급사원 : 222명, 파견사원 : 364명

■■■ 아웃소싱 서비스
Business Process Outsourcing
BPO(Business Process Outsourcing)는 특정 비즈니스 프로세스의 운영 및 책임을 타사 전문 서비스 공급자에게 위탁하는 것을 말한다. 조직의 비핵심사업을 전문기업에 위탁하고, 기업은 더 핵심 사업에 집중할 수 있도록 하는 경영기법이다.

■■■ 주 거래 기업
비테스크테크놀로지스코리아, 한진, 태은물류 등 생산제조(산업용제어장비, 자동차부품), 물류센터, 운송업무 등 다수

■■■ 지사 및 계열사
지사 : 서울지사, 경기지사, 울산지사, 부산지사

■■■ 임직원 연락처
이든은 차장   010-8919-0981

■■■ 기업연혁
- 2008. 01 비티아이 컨설턴츠 코리아(유한) 설립
- 2014. 01 켈리서비스(유한)으로 상호 변경
- 2017. 12 켈리워크포스솔루션(유한)으로 상호 변경. 사업목적에 교육 및 인력개발업 등 추가
            APAC HR 벤더 어워드 한국 최초 Best Recruitment Firm 수상
- 2018.   평창 동계올림픽 리쿠르먼트 서비스 공식 서포터
- 2021. 04 퍼솔켈리워크포스솔루션(유한)으로 상호 변경

■■■ 대표자 프로필
이름 : 전유미
학력 : 한양대학교 졸업
경력 : 2020년 PERSOLKELLY Consulting APAC 대표이사
       2015년 PERSOLKELLY Korea 대표이사
       2008년 Kelly Services Korea 대표이사
       2003년 BTI Executive Search (Kelly Services) Singapore 입사
       조세모범납세자상, 가족친화 우수기업 인증 등 수상
경영방침 : Work and smile 일하면서 웃을 수 있는 환경을 만들자

■■■ 회사 및 서비스 소개
퍼솔켈리워크포스솔루션은 1946년 설립된 미국 켈리서비스와 1973년 설립된 일본 퍼솔그룹(구 Temp Holdings)이 국내에서 합작법인으로 설립, 성장하는 아시아 태평양 HR솔루션 시장에서 글로벌 선두기업으로 도약하고 있는 BPO(Business Process Outsourcing) 전문기업이다.
현재 헤드헌팅, 인사컨설팅, 근로자파견을 기반으로 물류분야, 생산분야, 면세점에 이르는 다양한 분야에서 아웃소싱서비스를 지원하고 있다.
퍼솔켈리 아웃소싱 팀은 고객의 요구에 따라 솔루션을 추진하고 구현할 수 있는 경험, 지식 및 프로젝트 관리기술을 갖춘 전문 컨설턴트로 구성되어 있다.
또한 조직적이고 보다 효율적으로 아웃소싱 프로세스를 처리할 수 있도록 하는 서비스솔루션을 전문적으로 제공한다. 이를 통해 고객이 핵심 비즈니스에 집중할 수 있도록 돕고 있다.
퍼솔켈리의 아웃소싱서비스는 RPO, BPO 및 MSP와 같은 범위의 서비스에 대한 HR지원 프로그램에 총체적으로 접근하며, 업무결과에 대한 전적인 책임을 진다는 자신감이 강하다.
특히 아웃소싱 도입시 퍼솔켈리의 "온사이트관리(on-site management)" 서비스를 통한 전략적인 솔루션디자인이 기업에서 호평을 얻고 있다.
온사이트관리 솔루션은 기업이 인력운영 리스크를 줄이고 비즈니스 목표를 혁신적으로 달성할 수 있도록 지원하며 다수의 벤더관리시스템을 통해 핵심역량에 집중할 수 있도록 돕고 있다.
퍼솔켈리는 현재 글로벌 기준 475개, 한국 기준 5개 현장에서 온사이트관리 솔루션을 운영하고 있다.

피앤제이HR(주)

www.pnjsystem.co.kr

대표	임대성
전화	070-7750-2000
팩스	070-7610-9050
이메일	mail@pnjhr.co.kr

■ 회사주소
부산광역시 금정구 중앙대로 2003, 3층

■ 설립 및 자본금
설립년 : 1994년 10월
자본금 : 2억원

■ 매출실적
2025년(예상) : 10억원

■ 종업원현황
총원 : 7명

■ 아웃소싱 서비스
헤드헌팅, NCS채용과정대행, 채용컨설팅, 인력운용컨설팅, 직무평가,
출제대행, 평가기획, OMR제작 및 채점대행, 채용사이트 개발 및 운용,
정책개발

■ 주거래 업종
공공기관, 공기업, 제조 및 서비스업 등 전 업종

■ 주 거래 기업
전국 주요 공기업

■ 지사 및 계열사
경북사무소, 서울출장소
제이엔피솔루션(주) www.jnpsolution.kr,
피앤제이컨설팅연구소,
한국자격인증협회 www.kqca.or.kr

■ 임직원 연락처
대표연락처(서울) 070-7750-2000
부산본사 051-959-7000
경북사무소 054-430-0110

■ 기업연혁
2014. 10 Search Firm 피앤제이컨설팅 설립
2015. 03 BPO 피앤제이시스템 (주)설립
2018. 02 벤처기업 확인, NCS채용대행 개시
2018. 02 피앤제이HR시스템 V1.0 적용
2018. 02 1세대 필기채점시스템 적용
2019. 12 제1차 면접관교육 실시
2020. 05 피앤제이HR시스템 V2.0개발, 적용
2021. 01 20년 기여 감사패 수여 (교육부외)
2022. 05 피앤제이에이치알 통합법인 출범
2022. 10 정책개발 리빙랩, 설문조사 진행
2023. 06 피앤제이HR시스템 V3.0 개발, 적용(유무선통합 자체 채용전산
시스템)
2023. 08 2세대 필기채점시스템 적용

대표자 프로필
이름 : 임대성
학력 : 부산대학교 경영컨설팅학과 박사수료
경력 : [현] 피앤제이에이치알(주) 대표컨설턴트
　　　[현] 제이엔피솔루션(주), 다온기술(주) 기술이사
　　　[현] 피앤제이컨설팅연구소 대표연구원
　　　[현] 한국자격인증협회 대표평가위원
　　　[현] 한국빈집관리사협회 감사
　　　[전] 울산여성인력개발원, 한국노인인력개발원 자문위원
　　　[전] 진방템프그룹 본부장
경영방침 : 내일은 우리가 만든다

■ 회사 및 서비스 소개
"내가 주인이다"라는 행동강령으로 피앤제이HR은 채용과 채용평가 인사평가관련 전문기업으로 성장하였습니다.
사회적인 가치와 인간다움을 실현하기 위해, 고객사에게는 또다른 도전의 기회를 가져다주고, 후보자와 일반개인에게는 더 나은 삶의 가치를 제공하기 위해 끊임없는 학습과 도전, 행동을 하고 있습니다.
내일을 만드는 피앤제이HR은 과거와 현재를 이해하고 내일의 발돋움을 하기 위해 AI시대에 걸맞는 서비스를 제공하고자 합니다. 과거의 전문성을 새로운 미래가치와 결합된 새로운 시대, 새로운 서비스를 열어갑니다.

(주)KS한국고용정보
www.ksjob.co.kr

대표	손영득, 허대건
전화	춘천033-815-8000 서울02-518-9900
팩스	춘천033-815-8077 서울02-518-0039
이메일	master@ksjob.co.kr

■ 회사주소
서울시 강동구 고덕비즈밸리로 38 KS타워

■ 설립 및 자본금
설립년 : 1998년
자본금 : 2억원

■ 매출실적
2024년 : 2,288억원
2025년(예상) : 2,450억원

■ 종업원현황
총원 : 6,171명(관리 : 114명 / 도급 : 5,916명 / 파견 : 141명)

■ 아웃소싱 서비스
컨텍센터 운영 및 구축, 금융마케팅, 소프트웨어 개발 및 공급, 채용아웃소싱

■ 주 거래 업종
금융기관(카드/은행/보험), 공공기관, 유통 등

■ 주 거래 기업
KB국민카드, 하나카드, 우리카드, 롯데카드, NH농협카드, KB국민은행, 부산은행, 하나은행, 우리은행, 신한은행, 수협중앙회, IBK저축은행, NH캐피탈, 토스뱅크, 쿠팡, 공영홈쇼핑, 11번가, 배달의민족, SK스토아, 한국암웨이, 롯데렌탈, 무신사, 한국거래소, 경희의료원, 한샘

■ 지사 및 계열사
서울사무소 02-6454-2020 / 강원지역단 033-815-8000
사업본부(영남) 051-862-9100
KS신용정보(주), 케이에스위드엔젤, CnAI, 케미인슈

■ 임직원 연락처
대표전화 : 02-518-9900

■ 기업연혁
- 2021. 12 콜센터산업 발전 공로 / 산업통상자원부장관 표창장
  코로나19대응 유공 서울특별시장 표창
- 2023. 02 한국HR서비스산업 대상
  04 정보보호 및 개인정보보호 관리체계 인증서 / 한국인터넷진흥원장
  09 한국산업안전보건공단 콜센터 부문 우수사업장 선정
- 2024. 01 강동KS타워 사옥 준공
  05 여성가족부 가족정책발전 유공
  11 여성가족부 가족친화인증
- 2025. 02 한국HR서비스산업대상
  04 근로자의 날 대통령표창
  09 한국HR산업협회 근로자보호 HR서비스 클린기업 인증
  10 한반도미래연구원 아빠도 당당한 육아지원 (성평등가족부 장관상)

■ 대표자 프로필
이름 : 손영득
학력 : 동아대학교 행정학과졸업
경력 : 춘천상공회의소 상임위원 (現)
　　　강원지방노동위원회 사용자위원 (前)
　　　강원지방노동위원회 노사분쟁조정위원 (前)
　　　강원도 세정협의회 위원 (現)
　　　(사)한국HR산업협회 회장 (現)
경영방침 : '개인존중', '신가치창조', '사회공헌'

■ 회사 및 서비스 소개
(주)KS한국고용정보는 1998년 IMF사태 때 '범국민 100만개 일자리 만들기 캠페인'을 기획 및 진행하면서 탄생한 '국민기업'으로 고객만족을 위한 가치 지향적 서비스를 개발하여 제공하고 있습니다. (주)KS한국고용정보는 금융기관 콜센터 위탁운영 및 ASP 사업 분야에서 탁월한 실적을 유지하여 국내 주요카드사의 카드마케팅, CS업무, 카드발급 등의 다양한 콜센터 업무 및 서비스를 제공하고 있으며, 최근에는 공공기관과 유통분야로 사업영역을 확장하여 꾸준한 성장세를 유지하고 있습니다. 또한 콜센터 운영에 필요한 소프트웨어 개발 및 공급과 채용 아웃소싱 분야에서도 탁월한 실적을 나타내고 있습니다. (주)KS한국고용정보 전임직원은 신뢰와 전문성을 바탕으로 최고의 서비스를 제공하도록 최선의 노력을 다하고 있습니다.

■ 서비스 소개(강점)
- 최첨단 금융마케팅 서비스가 가능한 원스톱 솔루션 제공
- 컨텍센터 구축 및 운영의 동시수행으로 고객의 비용절감 및 매출증대
- 동양 최초, 국내 최대 규모의 단지형 컨텍센터 구축(2,000석 규모)
- 컨텍센터 서비스품질의 표준화와 지속적인 업그레이드를 통한 고객 니즈 충족
- 다양한 지원으로 내부 고객(직원) 만족도 향상을 통한 경쟁력 확보

(주)휴넥트
www.hunect.co.kr

대표	성승모
전화	1577-4518, 02-2279-4118
팩스	02-2279-1100, 051-850-2080
이메일	admin@hunect.co.kr

■■■ 회사주소
서울본부 : 서울시 중구 삼일대로 363 장교빌딩 18층
부산본부 : 부산시 연제구 중앙대로 1217, 국제빌딩 17층

■■■ 설립 및 자본금
설립년 : 1999년
자본금 : 274억원 (자본잉여금포함)

■■■ 매출실적
2024년 : 1,100억원 (계열사 합산)
2025년(예상) : 1,500억원 (계열사 합산)

■■■ 종업원현황
총원 : 4,250명 / 관리 : 75명 / 파견 : 620명 / 도급 : 3,555명

■■■ 아웃소싱 서비스
컨택센터 운영대행, 컨택센터ASP, CRM컨설팅, 컨택센터 인력 도급, 인력 아웃소싱(제조), 인재파견, 취업포털, e-Biz, 시설관리 등

■■■ 주 거래 업종
금융, 유통, 정보통신, 제조, 서비스, 외국계기업, 공공기관 등

■■■ 주 거래 기업
국민건강보험공단, 롯데홈쇼핑, 홈앤쇼핑, CJ온스타일, LG헬로비전, 한화생명, KB라이프생명, ABL생명, 한화오션, 배민커넥트, IBK기업은행, 부산은행, 경남은행, BNK캐피탈, 농협중앙회, SC제일은행, 롯데카드, 삼성카드, EZL, 아시아나항공, 에어부산, 에어서울, 이스타항공, 에어로케이, 파라타항공, 한국쉘석유, DN솔루션즈, 원익머트리얼즈, 복산나이스, 경남에너지, 휘슬러코리아, 한국무역보험공사, 서울보증보험, 관세청, 한국전파진흥협회, 한국산업인력공단, 공항철도 등

■■■ 지사 및 계열사
지사 : 대구지사, 대전지사, 광주지사
계열사 : (주)빌코비전, (주)라바엔텍, (주)부일에이치앤디, 울산도시가스서비스(주)

■■■ 임직원 연락처
성승모 대표   051-850-2003
이용신 전무   051-850-2010
정경주 총괄본부장   02-2279-6688
윤준기 본부장   02-2279-4117
안효석 본부장   070-4283-9849

■■■ 기업연혁
1999.01 부일정보링크(주) 법인 설립 (부일이동통신 자회사 분사)
2009.07 콜센터, 인재파견 관리의 운영 및 부가서비스 ISO9001인증
2010.12 콜센터서비스분야 KS인증 획득
2015.04 한국컨택센터산업협회 회장사
2016.05 남녀고용평등 우수기업 고용노동부장관상 수상
     10 국가생산성대상 장관상 수상 (한국생산성본부)
2017.04 고용우수기업선정 (부산광역시)
     10 한국고객센터 기술경영 컨퍼런스 공로상 수상
2018.07 디지털경영혁신대상 중소벤처기업부 장관상 수상
     10 한국고객센터 기술경영 컨퍼런스 산업통상자원부 장관상
        APCCAL 의장상, 베스트 고객센터 인증서 수상
     12 신성장 경영대상-산업통상자원부 장관상 수상
2020.03 모범납세자상 장관상 수상 (기획재정부)
     07 (주)휴넥트 사명변경
     09 일학습병행 우수사례 경진대회 우수상 수상
     10 근무혁신 우수기업 선정 (부산시일생활추진단)
2021.08 노사문화우수기업 선정 (2006, 2009, 2012, 2016, 2021 총5회)
2023.10 ISO/IEC 27001(정보보호) ISO 45001(안전보건),
        ISO 14001(환경) 경영시스템 인증 획득
     11 국가생산성대상 국무총리상 수상(2019, 2023 총 2회)
     12 워라밸우수기업경진대회 최고경영자 부문 부산광역시장상 수상
2024.03 학자금부문 성실 원천공제의무자 국세청장 표창 수상
2025.02 한국정보통신진흥협회(KAIT) 정회원사 등록
        NS홈쇼핑 우수협력사 감사패 수상
     05 IBK기업은행 우수협력사 감사패 수상
     09 인적자원개발 우수기관 선정(2018, 2021, 2025 총 3회)

■■■ 대표자 프로필
이름 : 성승모
학력 : 부산대 경영대학원 석사, 전남대학교 전자상거래학 박사
경력 : 부일이동통신 총무팀장
    (현) (주)휴넥트 대표이사
    (현) 부산컨택센터협의회 회장
경영방침 : 고객과 임직원의 만족을 실현시키고, 개인과 회사의 지속적인 동반 성장을 추구함

■■■ 회사 및 서비스 소개
사람과 미래기술의 조화로 완성하는 BPO, 휴넥트
(주)휴넥트는 1993년 국내 최초로 콜센터 시스템을 도입한 선도적 BPO 전문기업으로, 통신·금융·제조·유통·공공기관 등 다양한 산업 분야에 컨택센터 운영 서비스를 제공하고 있습니다. 2020년 부일정보링크에서 사명을 변경하며 '사람 중심의 기술 혁신'이라는 새로운 비전을 세우고, AI 기반의 서비스 품질 혁신과 디지털 전환을 추진하고 있습니다. 휴넥트는 WORLD BEST BPO SERVICE GROUP을 목표로, 사람과 기술의 조화를 통해 고객의 성과와 성장을 함께 이루는 전략적 파트너로서 차별화된 고객 경험을 제공합니다.

(주)휴먼브릿지앤코
www.hmbridgeco.com

대표	이승용
전화	02-3487-4301
팩스	02-784-8240
이메일	human@hmbridgenco.com

회사주소
서울시 영등포구 영등포로 103 하나비즈타워 703호

설립 및 자본금
설립년 : 20　년
자본금 : 1억원

매출실적
2024년 : 7억원
2025년(예상) : 80억원

종업원현황
총원: 200명/ 관리: 5명/ 파견: 95명/ 도급: 100명

아웃소싱 서비스
인재파견(사무, 상담, 비서, 총무, OA유지보수, 수행기사, 리셉션 외)
시설관리, 물류, 생산 도급, F&B, HR컨설팅, Payroll
채용대행, IT헤드헌팅, VIP의전, 행사진행(수행기사)

주 거래 업종
공공기관, 금융, 렌터카, 호텔, 제약, 제조생산, F&B

주 거래 기업
삼성화재, 삼성증권, 미래에셋대우, 흥국자산운용, SK렌터카, 미쓰비시엘리베이터, 한빛자산관리, 삼일제약, 제일약품, 서울장수, 실리콘투, H&B아시아, 두나무, 퓨처위즈, 선인자동차, 고진모터스, 삼천리모터스, 프리마모터스, 강남차병원, 삼발라CC, AJ그룹, 단비교육, 케이닥, LF패션, 나이키, 이제너두, 젠스필드CC, 이스트소프트, 와이엘랜드, 펌프킨, 덕수연자, 에이텍시스템, 오토허브셀카, 유소, 씨씨디푸드, 미동이엔씨 등

지사 및 계열사
전국네트웍 구축

임직원 연락처
이도영 사업2팀장　02-3487-4301

기업연혁
2011~2012년　(주)휴먼브릿지앤코 설립, 근로자파견허가 취득
　　　　　　　삼성증권 파견계약, 삼성화재 파견계약 체결
　　　　　　　폭스바겐코리아 업무 위탁계약 체결
2013~2014년　브로드밴드CS 파견계약 체결
　　　　　　　SKT 업무 제휴계약 체결, 서울대학교 파견계약 체결
　　　　　　　시설경비업 허가 (제660호)
2015~2016년　신세계 인터내셔널 헤드헌팅 계약 체결
　　　　　　　한국미쓰비시 파견 계약, 미래에셋대우 파견 계약 체결
　　　　　　　GM홀딩스 헤드헌팅 계약 체결
2017년　　　　한국여성과학기술센터 파견계약 체결
　　　　　　　포레스트건설 파견계약 체결, ZTE코리아 헤드헌팅 계약 체결
　　　　　　　KB증권 파견계약 체결
2018~2019년　보람상조 그룹 파견계약, 프리마모터스 파견계약 체결
　　　　　　　이제너두 헤드헌팅 계약, 한빛 자산관리 파견계약 체결
2020~2022년　선인자동차 파견 계약, 두나무 파견계약 체결
　　　　　　　퓨처위즈 파견 계약, 강남차병원 파견 계약 체결
　　　　　　　SK렌터카 제주지점 파견 계약 체결
　　　　　　　고진모터스 파견계약 체결
　　　　　　　실리콘투 물류센터 업무 위탁 계약 체결
　　　　　　　H&B아시아 물류센터 업무위탁 계약체결

대표자 프로필
이름 : 이 승 용
학력 : 단국대학교 영어영문학과 졸업
경력 : 증권업계 10여년 종사
　　　(동서, 현대, 삼성, 하나증권)
　　　(주)아이비커리어스텝 대표이사 역임
경영방침 : "신의, 열정, 책임, 정직"

회사 및 서비스 소개
휴먼브릿지앤코는 상호에서도 짐작하듯이 '기업과 사람 사이에서 튼튼한 다리 역할'을 통해 기업에게는 필요로 하는 인재를 발굴하여 제공함으로써 일류기업으로 도약의 전기를 마련하고, 우수한 인재에게는 신명나게 일할 수 있는 기업과 일자리를 제시함으로써 행복한 미래설계의 꿈을 실현할 수 있도록 하겠다는 사명으로 시작한 기업이다.

지난 2011년 창립이후 십수년간 쌓아온 아웃소싱 전문서비스 노하우를 기반으로 인재육성과 고객만족을 최고의 경영이념으로 많은 구직자들에게 취업의 기회를 창출하고 우수한 인재를 육성하여 고객만족과 기업 경쟁력을 강화시키는 아웃소싱 전문기업으로 성장해왔다.

특히 고객의 니즈에 맞는 1:1 맞춤형 아웃소싱서비스 제공을 모토로 고객사와 구직자 모두에게 최고의 시너지 효과가 날수 있도록 회사 임직원 모두 최선의 노력을 다하고 있다.

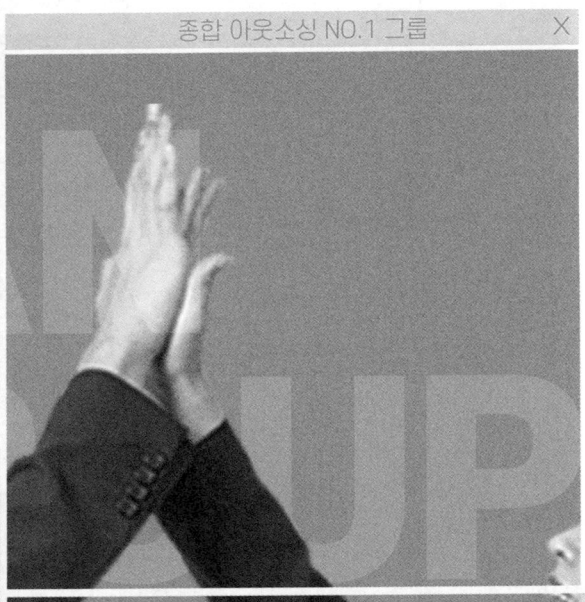

UAN HR
TOTAL OUTSOURCING

종합 아웃소싱 NO.1 그룹

WWW.UANHR.COM

종합아웃소싱의 최고의 파트너,

UAN GROUP

인재파견 / 컨텍센터 / 생산·제조 / 단체급식 / 판매·판촉 / 의료·풀필먼트 / 택배 / 수·배송 / 3PL /
건물종합관리 / 자산임대관리 / 전문건설업 / 면세사업 / 공항사업 / 전기차 충전사업

2026 KOREA OUTSOURCING DIRECTORY

헤드헌팅·채용대행 II

▶가나다순

- 굿커리어
- 미시간컨설팅
- 바이커리어
- 브레인202
- 브레인센터코리아
- 에이치알퍼스트
- 코리아휴먼리소시스
- 헬로서치

굿커리어

- 홈페이지 : www.goodcareer.co.kr
- 대 표 자 : 유창덕
- 전　　화 : 02-599-6177
- 팩　　스 : 02-3482-6177
- 이 메 일 : 일help@goodcareer.co.kr
- 주　　소 : 서울시 강남구 봉은사로 121
  (논현동, 대종빌딩 4층)
- 설 립 년 : 2005년
- 자 본 금 : 1억원
- 매 출 액 : 비공개
- 직 원 수 : 25명
- 서 비 스 : 사업경영컨설팅, 인력 공급, 헤드헌팅

미시간컨설팅

- 홈페이지 : www.mcjob.co.kr
- 대 표 자 : 송윤영
- 전　　화 : 010-5673-8004
- 팩　　스 : 02-501-7061
- 이 메 일 : tiffany@mcjob.co.kr
- 주　　소 : 서울시 서초구 남부순환로 3○길 60
  402-16호
- 설 립 년 : 2005년
- 자 본 금 : 3억원
- 매 출 액 : 미공개
- 직 원 수 : 10명
- 서 비 스 : 헤드헌팅

바이커리어

- 대 표 자 : 이경은
- 전　　화 : 02-2009-3222
- 팩　　스 : 031-703-3229
- 주　　소 : 경기 평택시 고덕면 고덕중앙로 320,
  516호
- 설 립 년 : 2007년
- 자 본 금 : 2억원
- 매 출 액 : 10억원
- 직 원 수 : 10명
- 서 비 스 : 헤드헌팅, 인력알선

브레인202

- 홈페이지 : www.brain202.co.kr
- 대 표 자 : 심향희
- 전　　화 : 02-563-2202
- 팩　　스 : 02-563-2230
- 이 메 일 : consultant@brain202.co.kr
- 주　　소 : 서울시 강남구 삼성로 96길 12,
  정석빌딩 6층
- 설 립 년 : 1999년
- 자 본 금 : 1억 5000만원
- 매 출 액 : 8억 3613만원
- 직 원 수 : 25명
- 서 비 스 : 헤드헌팅

(주) 서울커뮤니케이션

종합 HR서비스 전문기업 | www.scman.co.kr

브레인센터코리아

- 홈페이지 : www.braincenter.co.kr
- 대 표 자 : 이영현
- 전   화 : 02-536-1910
- 팩   스 : 02-521-4066
- 주   소 : 경기도 과천시 관문로 92, 101동 1313호, 1314호(중앙동, 힐스테이트 과천중앙)
- 설 립 년 : 2006년
- 자 본 금 : 1억 5000만원
- 매 출 액 : 비공개
- 직 원 수 : 42명
- 서 비 스 : 헤드헌팅

에치알퍼스트

- 홈페이지 : www.hr-first.co.kr
- 대 표 자 : 권순만,신화윤
- 전   화 : 02-6672-5293
- 이 메 일 : ksm@hr-first.co.kr
- 주   소 : 서울시 용산구 이태원로 211 한남빌딩
- 설 립 년 : 2004년
- 자 본 금 : 5000만원
- 매 출 액 : 5억원
- 직 원 수 : 5명
- 서 비 스 : 헤드헌팅, 공공기관 채용대행, 아웃소싱

코리아휴먼리소시스

- 홈페이지 : www.koreahr.co.kr
- 대 표 자 : 변재웅
- 전   화 : 02-2038-3232
- 팩   스 : 02-6969-5124
- 이 메 일 : job@koreahr.co.kr
- 주   소 : 서울 영등포구 여의도동 14-8 극동VIP빌딩 905호
- 설 립 년 : 2005년
- 자 본 금 : 1억원
- 매 출 액 : 비공개
- 직 원 수 : 15명
- 서 비 스 : 데이터베이스,온라인정보 제공

헬로서치

- 홈페이지 : www.hellosearch.co.kr
- 대 표 자 : 정주섭
- 전   화 : 02-6205-4246
- 팩   스 : 02-579-4237
- 이 메 일 : dlgogja69@hellosearch.co.kr
- 주   소 : 서울특별시 강남구 삼성로81길 22 3층
- 설 립 년 : 2006년
- 자 본 금 : 2억원
- 매 출 액 : 124억원
- 직 원 수 : 250명
- 서 비 스 : 인력 공급,직업 소개,헤드헌팅/온라인 정보제공

(주) 서울커뮤니케이션

종합 HR서비스 전문기업 | www.scman.co.kr

SINCE 2003
IMG 인사이드
HR Outsourcing No.1

본사 : 서울특별시 서초구 반포대로 23길 14, 매강빌딩 1층
남부 지사 : 전남 여수시 엑스포대로 320-66, 2층
TEL : 02-591-4363 | FAX : 02-591-4360

성공하는 사람들만의 선택!

IMG인사이드가 인재와 기업을 잇는 **성공으로의 문**이 되겠습니다.

전문성 Have Specialty
20년+
운영 경험

20년 이상 실무 경험
전 직원 전문 자격 보유
맞춤 인력 > 기대효과↑ 리스크↓

차별성 Differentiation
87%
계약유지율

87%의 재계약률
파견 제도의 제 법규 준수
공신력 인증 및 수상 경력 보유

보유 기술 Technology
30만+
축적 DB

30만+ 인재 DB
운영 Manual 작성·실행 컨설팅
전국(서울~제주) 관리 가능 노하우

IMG인사이드의 서비스 분야

성장 엔진에 맞는 중추 역할을 담당할 인재를 발굴하고 최적의 인프라를 구축합니다.

HR 서비스
근로자 파견
아웃플레이스먼트
채용·면접 대행
헤드헌팅

도급 운영
호텔·골프장
시설관리·병원
물류·콜센터 운영
유통·판촉·생산

교육 서비스
HR 솔루션 개발
인터넷 사업
교육 컨설팅

본사/계열사 : (주)인사이드잡 | 스탭플러스(주)
지사/사무소 : 부산/여수/대전/수원/제주
홈페이지 : www.insidejob.co.kr

2025 KOREA OUTSOURCING DIRECTORY

산업교육 Ⅰ

▶ 가나다순

- 디유넷
- 멀티캠퍼스
- 예스티엠
- 월토피아

(주)디유넷
www.dunet.co.kr

- 대표: 김평국
- 전화: 02-6380-7224
- 이메일: service@dunet.kr

■■■ 회사주소
서울특별시 서대문구 충정로29 동아일보사건물 15층

■■■ 설립 및 자본금
설립년 : 2023년(물적분할)

자본금 : 4억원

■■■ 매출실적
2024년 : 36억 300만원

2025년(예상) : 40억원

■■■ 종업원현황
총원 : 15명

■■■ 아웃소싱 서비스
가상교육시스템(강의운영, 학사행정), 강의컨텐츠 개발, 정보제공/온라인교육/출판/상품권 발행, 매매

■■■ 주 거래 업종
전산업

■■■ 주 거래 기업
동국대학교, 에듀스탁, NPAGODA, 현대오토에버시스템, 부산디지털대학교

■■■ 기업연혁
- 2000. 08 ㈜디유넷설립
- 2001. 02 벤처기업지정- 기술벤처기업
- 2002. 07 NeoTest 2.11 / NeoWeBoard 2.11 출시
  디지털문화콘텐츠기술개발사업 사업자 선정
- 2003. 04 우량기술기업선정(기술신용보증기금)
- 2004. 09 차세대성장동력기술개발과제기업체선정(산업자원부)
- 2005. 11 2005 e비즈니스대상 산업자원부장관상 수상
- 2006. 08 특허출원-학습관리시스템에 연동되는 게임 프로그램의 학습정보추적방법및시스템(특허청)
- 2008. 08 동아비즈니스리뷰의 블렌디드미디어 동아비즈닷컴 오픈
- 2009.   2009 이러닝 콘텐츠 품질인증 우수제품 장려상 수상 (한국교육학술정보원)
- 2010.   소프트웨어프로세스 품질인증 2등급 획득
  IPTV 양방향 콘텐츠 '썰렁홈즈의 퍼즐나라' 제작 및 서비스
- 2016. 06 유니포인트-한국영업혁신그룹 업무협약 체결
- 2016. 11 영업 CRM 솔루션 '더 셀러스' 출시
- 2017. 12 건양대 유연학기제 적응형 LMS(Learning Management System)구축
- 2018.   중국 사업 진출 및 컨설팅 분야 관련 '가로수'와 MOU체결
- 2023. 04 디유넷, 동아미디어엔(사명변경)-디유넷(교육사업) 물적 분할
  건양대학교 의과대학 LMS 기능 고도화
  추계예술대학교 ALC 강의실 구축 사업
- 2023. 11 라이브데이터와 대학교대상 AI 맞춤형 학습 시스템 구축
- 2025. 08 원캔네트웍스와 건설현장 AI 자동화 시스템 구축 계약

■■■ 대표자 프로필
이름 : 김평국

경력 : (현)디유넷 대표

■■■ 회사 및 서비스 소개
We Provide Top-Notch Edutech Service

디유넷은 2000년 국내 최초로 이러닝 솔루션을 도입한 에듀테크 전문기업으로 자체 개발한 다양한 온라인교육솔루션을 개발 공급하고 있습니다. 또한, 고객 맞춤형 콘텐츠 제작 및 발굴, 에듀테크 시스템을 구축하기 위한 클라우드 서비스 제공, 메타버스, AR/VR/XR, AI 등 최첨단 기술을 기반으로 고객이 원하는 에듀테크 서비스를 제공하고 있습니다. 디유넷은 앞으로도 미래교육을 위한 끊임없는 노력과 투자로 국내 최고의 에듀테크 전문기업으로 발전하겠습니다.

(주)멀티캠퍼스
http://el.multicampus.com

대표	정석목
전화	1544-9001
팩스	02-6262-9125

■■■ 회사주소
서울특별시 강남구 언주로 508 14층 (역삼동, 서울상록빌딩)

■■■ 설립 및 자본금
설립년 : 2000년
자본금 : 2억원

■■■ 매출실적
2024년 : 3,527억 3,951만원
2025년(예상) : 3400억

■■■ 종업원현황
총원 : 998명

■■■ 아웃소싱 서비스
인터넷 위탁교육(기업교육, 외국어교육, 평가 등), 컨텐츠 제공, 소프트웨어 개발, 시스템구축, 판매

■■■ 주 거래 업종
전업종

■■■ 주 거래 기업
삼성전자, 국민은행, KT, 현대중공업, SK텔레콤 등

■■■ 지사 및 계열사
명품금융강좌서비스 크래듀 FN www.credu.com (1544-9001)
원격영어교육 크래듀원격영어교육연수원 teacher.credu.com(1544-9001)
전화영어 크래듀전화영어 phone.credu.com(1544-9001)

■■■ 기업연혁
2000. 05 주식회사크레듀 설립
-중략-
2016. 03 멀티캠퍼스로 사명 변경
2016. 09 삼성인력개발원 외국어생활관 인수
2016. 10 인터넷통신훈련(위탁) 및 집체훈련 기관평가 3년인증 획득
2017. 04 영어지필고사 텝스(TEPS) 독점사업계약 체결
2017. 09 삼성전자 한국총괄 상품교육 BPO 수주
2018. 03 유연호 대표이사 취임
2018. 04 한국블록체인학회와 MOU 체결
2019.   삼성 청년 소프트웨어 아카데미 위탁 운영 계약 체결, GPTW (Great Place to Work Institute)연구소 주관, 2019년 대한민국 일하기 좋은100대 기업 일반서비스부분 대상 수상, 머서(Mercer), 글로벌 리더십 및 업무 역량 분석 부문 공동사업을 위한 업무협약 체결
2020   여성가족부 주관, 가족친화 우수기업 여성가족부 장관 표창 수상, 고용노동부, 교육부, 산업통상자원부, 중소벤처기업부 인증 인적자원개발 우수기관(Best HRD) 인증 획득, GPTW(Great Place to Work Institute) 연구소 주관, Best Large Workplace in Asia 2020(대기업 부분) 선정, 비대면 러닝 솔루션 'ClassNow' 론칭
2021.   삼성 청년 소프트웨어 아카데미 위탁 운영 계약 체결
2022.   계명대, 동서대 등과 SW인재 양성 업무협약 체결
2023.   대덕대학교와 SW인재양성 협약 및 유기적 협력체제 구축
        정석목 대표이사 변경
2025.   부산대와 SW인재양성 산학협력 MOU 체결
        JTBC와 글로벌 인사이트포럼 공동 개최
        연세대 AI혁신연구원 - AI 기반 교육혁신 MOU 체결

■■■ 대표자 프로필
이름 : 정석목
경력 : 현 멀티캠퍼스 대표이사

■■■ 회사 및 서비스 소개
멀티캠퍼스는 삼성 HR전문기업으로 기업 임직원을 대상으로 한 교육사업을 기반으로 성장했다. 또한 글로벌 역량강화를 위한 외국어평가 및 교육서비스, 지식플랫폼에 기반한 지식서비스 사업부문으로 사업영역을 확장하며 Total HRD Service 기업으로 자리매김하고 있다.
특히 4차산업혁명 시대를 맞아 AI나 빅데이터 등 핵심 기술을 접목한 차별적인 솔루션 및 인사이트를 제시함으로써 미래인재개발의 트렌드를 선도하는 기관으로 발돋움 중이다.
그간 크레듀를 통해 축적해 온 HRD 전문지식과 경험을 바탕으로 신 사업 및 글로벌시장 진출 등을 통해 미래성장동력을 확보함으로써 국내 최고의 HRD 기업을 넘어 글로벌 전문기업으로 성장해 나갈 것이다.

예스티엠(주)
www.yestm.co.kr

대 표	송미애
전 화	02-703-5125
팩 스	02-715-5125
이메일	yes@yestm.co.kr

■■■ 회사주소
서울 마포구 토정로37길 46 B1 32호
(구주소 : 서울특별시 마포구 도화동 536 정우상가빌딩 B1, 32호)

■■■ 설립 및 자본금
설립년 : 2001년
자본금 : 4억원

■■■ 매출실적
2025년(예상) : 비공개

■■■ 종업원현황
총원 : 10명

■■■ 아웃소싱 서비스
1. 기업교육(Training & Development)
 - 직무·직장교육, 법정의무교육, 리더십·조직문화 교육
 - 온·오프라인 교육 운영, LMS 기반 학습관리
 - 사업주훈련 과정 운영 및 교육 행정 지원
2. 모니터링 및 리서치(Monitoring & Research)
 - 전화 및 대면 모니터링
 - 만족도 조사 등 정량·정성 리서치
3. 영상/콘텐츠 제작(Media & Content Production)
 - 교육·홍보 영상 제작
 - 행사 스케치·스토리 영상
 - 출판물·브로슈어 편집 및 인쇄
4. 행사 기획·운영 (Event Planning & Operation)
 - 기업 행사, 워크숍, 컨퍼런스 기획·운영
 - 주민자치 행사 기획·운영
 - 공간대여, 현장 운영 및 운영 대행
 - 연사 섭외, 진행관리, 전체 운영 총괄
5. 위탁 수행 서비스(Outsourced Program Operation)
 - 공모전 및 회의 운영 대행
 - 사전답사·행정지원·참가자 관리
 - 위원회·심사 운영 및 접수/심사 관리
 - 행정서류·성과보고·정산까지 전 과정 위탁 수행

■■■ 주거래 업종
은행, 증권, 카드, 보험, 통신, 공공기관, 지자체, 공기업, 교육기관, 연구기관, 병원, 건강, 의료, 전자, 제조업, IT, 유통, 서비스, 문화, 예술, 호텔 등

■■■ 주거래 기업
삼성전자서비스씨에스, SC제일은행, NH합동기획, KB손해보험, 현대C&R, ABL생명, DB생명, 해성손해사정, 서비스에이스, 자코모, 고용노동부, 국가보훈부, 서울시설공단, 제주시설공단, 국회사무처, 한국건강보험심사평가원, 한화손해보험, 국민연금공단, 국민건강보험공단, 경기주택도시공사,, 한국의료분쟁조정중재원, 고려휴먼스, 한양대, 서울시립미술관, 국립중앙박물관, 예술경영지원센터 등

■■■ 지사 및 계열사
한국교육능력개발원(KECD), 한국교육능력개발원원격평생교육원

■■■ 임직원 연락처
송미애 대표 02-703-5125 / 이영진 팀장 02-703-5129

■■■ 기업연혁
2001. 예스티엠 설립
2020. 예스티엠㈜ 본사 확장 이전
       출판사 정식 등록
2022. 여성가족부 가족친화기업 인증 연장
       여성가족부장관 표창장수상
       서울지방중소벤처기업청장표창장수상
2023. KECDEDU 한국교육능력개발원 원격평생교육원 인가
       직접생산증명서(전시, 행사대행)발행 가능 기업 인가
       삼육대학교 가족회사 체결
       예스티엠㈜ 기업부설연구소 설립
2024. 직업능력개발훈련기관인증 획득
2025. 블라블라blended learning 서비스 런칭
       직접생산확인증명서 인가 (축제)

■■■ 대표자 프로필
이름 : 송미애
학력 : 성신여자대학교 학사
       고려대학교 교육대학원 석사
       전남대학교 일반대학원 박사 수료
경력 : 현 | 예스티엠(주) 대표이사
       현 | 주)한국교육능력개발원 원장
       현 | 사)한국액티브시니어협회 이사
       현 | 한국여성경제인협회 서울지회 총무부회장
       현 | 사)한국컨택센터산업협회 전문위원
       현 | 여성가족부 가족친화기업인증 심사위원
       현 | 건강보험심사평가원 자문위원
       현 | 소비자중심경영 인증제도 심사위원
       전 | 사)한국강사협회 9대 회장

■■■ 회사 및 서비스소개
예스티엠㈜는 2001년 설립 후 2009년 법인 전환을 거쳐, 20여 년간 기업과 공공기관의 조직 역량 강화와 교육 혁신을 지원해 온 종합 HRD 솔루션 기업입니다.
각 분야의 전문가들이 협업하여 기업·기관 환경에 맞춘 교육과 컨설팅을 제공하고, 온·오프라인 교육 운영과, 맞춤형 콘텐츠 개발을 함께 제공합니다.
또한 워크숍·컨퍼런스 등 행사 운영을 기획부터 실행까지 통합적으로 수행하며, 모든 과정에서 일관된 품질 관리와 체계적 운영을 지원합니다.
예스티엠㈜는 이러한 통합 서비스 역량을 기반으로 고객사의 업무 효율을 높이고, 실질적 성과 창출을 지원하는 신뢰할 수 있는 One-Stop HRD 파트너로 자리하고 있습니다.

(주)윌토피아

www.willtopia.co.kr
www.cxon.co.kr

- **대표**: 지윤정
- **전화**: 02-3477-6216
- **팩스**: 02-6919-9098
- **이메일**: topia@willtopia.co.kr

회사주소
경기도 성남시 분당구 성남대로 343번길 10-6, 3층 3182호

설립 및 자본금
설립년 2009년
자본금 1억원

매출실적
2025년 비공개

종업원현황
총원 9명

아웃소싱 서비스
교육컨설팅, 온라인 정보제공

주 거래 업종
금융, 통신, 보험, 제조, 공공기관, 서비스 등

주 거래 기업
교보생명, 동부화재, 기업은행, 삼성카드, 국민카드, 신한금융투자, 씨티은행, 외환은행, 현대카드, KTIS, KTCS, SK텔레콤, 교보문고, 까르띠에, 한국버버리, CJ텔레닉스, CNM텔레웍스, 농심, 풀무원, 한국특허정보원, 대한생명, 삼성생명, 건강관리협회, 건강가정지원센터, 흥국화재, 롯데카드, 아시아나, 하이넥스, TSIS, 미래에셋생명, 에이스손해보험, 교보생명, 한국무역협회, 국민연금관리공단, 에뛰드, 오리온, 이니스프리 등

임직원 연락처
지윤정 대표 010-2212-6811
남지혜 과장 010-3830-6216

기업연혁
2003년 아담재 창업
-중략-
2020. 빅데이터 기반 상담품질관리 구독 서비스 개발
포스트 코로나 원격 교육&라이브 세미나 개최
동서발전 기성간부 리더십&혁신 과정 개발 컨설팅
데이터 바우처 지원사업 수주 - 컨택센터 상담품질 데이터 시각화 베타버전 출시
2021. 온라인콘텐츠 구독형 서비스 CXon오픈
상담품질 빅데이터 분석&통계 시스템 개발
컨택센터 관리자를 위한 플립러닝 쉐어링 세션 22회 운영
아웃컴 기반 코호트 학습 프로그램 론칭 : 마이콘, 아고라
컨택센터 관리자&QA&사내강사 역량진단 Tool개발
코로나 등 이슈 트렌드 별 줌 라이브 세미나 10회 개최
2022. 과기정통부 스마트지원사업선정 QC시스템개발
감정코치 등 고객전문가 자격과정론칭 160여명 자격부여
중소벤처기업부 소상공인 지원 TF컨설팅
2023. 고,전,북,(고객전문가를 위한 북세미나)론칭
함성행성(여성 CEO임파워 프로젝트)론칭
한국능률협회 컨설팅 공동 플립러닝 8개 과정 론칭
2024. 씨엑스온 콘텐츠 2000개 돌파
2025. 상담사 자격과정 9개 론칭
관리자 자격과정 11개 론칭
맞춤형 영상콘텐츠 제작 사업확장

대표자 프로필
이름 : 지윤정
학력 : 전남대 경영대학원 전자상거래학
경력 : 한국여성벤쳐협회 부회장/중소기업소상공인연합회 부회장/경기도여성가족연구소 자문위원/한국여성민우회교육분과 자문위원

회사 및 서비스 소개
자사는 워킹맘의 커리어 향상 및 직업 전문성을 높이기 위한 기업교육 컨설팅을 하는 회사입니다. 기업체 교육 담당자에게 자사가 개발한 컨덴츠를 제안하고 교육과정을 수행하며 고객사에 맞는 다양한 인적 자원개발 이슈를 해결합니다. 더불어 각 기업에 재직중인 재직자 뿐만 아니라 취업, 창업교육을 지원하고 다양한 라이프 멘토링 서비스를 제공합니다.

2025 KOREA OUTSOURCING DIRECTORY

컨설팅 I

▶가나다순

- QM&E경영컨설팅
- 메디엔젤
- 시너지컨설팅
- 아인스파트너
- 예스티엠
- 케이잡스
- 한국생산성본부
- 휴코어

(주)QM&E경영컨설팅
www.qme.co.kr

대표	김의식
전화	031-713-0051
팩스	031-713-0051
이메일	webmastser@qme.co.kr

■■■ 회사주소
경기도 성남시 분당구 성남대로 30, 3층(구미동,동아그린프라자)

■■■ 설립 및 자본금
설립년 : 1999년
자본금 : 1억 5000만원

■■■ 매출실적
2024년 : 5억 6,046만원
2025년(예상) : 6억원

■■■ 종업원현황
총원 : 31명

■■■ 아웃소싱 서비스
사업경영자문업, 연구개발컨설팅전문업, 무역업, 소프트웨어 개발 및 공급업, 수출검사대행

■■■ 주 거래 업종
전업종

■■■ 주 거래 기업
모토로라, 삼성SCP, 삼성SDS, LG텔레콤, 국민은행, 정보통신부 등

■■■ 지사 및 계열사
중국지사 0411-3986-9216

■■■ 임직원 연락처
김사홍 컨설턴트 031-713-0051

■■■ 기업연혁
1999. 02	QM&E 경영컨설팅발족(분당)
2001. 10	대만 Ahead컨설팅사와 업무제휴
2003. 04	미 Uniworld Consulting과 Mou체결
	미 George Group과 Mou체결
2004. 11	독일UMS 컨설팅과 MOU체결
2005. 01	중국 천진 사무소 개소
2005. 06	미국 George Group 우수파트너 수상
2006-2010	고객사 경영지원 서비스 사업시작/감성교육기도 Suum 설립/Juran Korea 설립/QM&E 대련 법인 설립/QM&E Open Innovation Roadmap 개발
2011-2016	산업단지공단 스마트공장지원 사업 착수/산업통상자원부 장관상 수상/aT 수출컨설팅 사업 수행/산업통상자원부 표창장 수상/대경권,경인권 기업성장지원센터, 산업단지 공단 평가1위/KCC 경쟁력 향상을 위한 SCM 최적화 프로젝트/외식 프랜차이즈 컨설팅사업 시작/농림축산식품부 장관상 수상
2021.	제1회 한국로봇사용자의 날 표창(한국로봇산업진흥원장)

■■■ 대표자 프로필
이름 : 김의식
학력 : 한양대학교 화공과졸업
       아주대학교 경영대학원
경력 : 현. 큐엠엔이경영컨설팅 대표

■■■ 회사 및 서비스 소개
1994년 컨설팅을 시작하여 다양한 분야의 컨설팅패키지를 개발하여 고객에게 제공하였으며, 이를 기반으로 지속적인 성장을 거듭하여 왔습니다.
국내 SIX SIGMA 도입초기라 할 수 있는 1997년부터 모토로라를 시작으로 6시그마강의 및 지도를 진행하고 있었으며 1999년부터는 6시그마가 국내산업에 확산되는데 선두주자로 역할을 담당하여 왔습니다.
인재를 중시하는 경영이념을 바탕으로 전문가를 육성하여왔으며 컨설팅 회사들의 일반적 경향인 비정규직 컨설턴트 운영방식을 탈피하여 전인력을 상근화함으로써 안정적인 장기근속을 보장하고 컨설턴트들의 지식과 경험을 축적하는데 투자를 아끼지 않음으로서 고객에게 최상의 컨설팅 서비스를 제공하고 있습니다.
하지만 현재의 수준에 만족하지 않고 끊임없는 연구와 투자를 통하여 고객에게 최상의 컨설팅서비스를 제공하기 위해 최선의 노력을 다할 것을 약속드립니다.

(주)메디엔젤
www.mediangel.co.kr

대표	박삼규
전화	02-2232-6080
팩스	02-2232-6074
이메일	angel@mediangel.co.kr

■■■ 회사주소
서울시 성동구 성수일로4길25 서울숲코오롱디지털타워 1차 201호

■■■ 설립 및 자본금
설립년 : 2000년
자본금 : 3억원

■■■ 매출실적
2024년 : 600억원
2025년(예상) : 650억원

■■■ 종업원현황
총원 : 3,872명 / 관리 : 72명 / 파견 : 2,500명 / 도급:1,300명

■■■ 아웃소싱 서비스
인재파견, 의료지원, 사무지원, 시설관리(보안/주차/미화)
헤드헌팅&채용대행, 재가요양서비스업, 교육사업, 컨설팅업,
건물종합관리업

■■■ 주거래업종
병원, 호텔, 학교, 방송국, 정부공공기관, 물류센터, 제약회사,
냉난방기술연구소, 골프장 등

■■■ 주 거래 기업
연세의료원, 강남세브란스병원, 원주세브란스기독병원, 분당차병원, 강동성심병원, 일산차병원, 분당제생병원, 노원을지대학교병원, 의정부을지대학교병원, 의정부성모병원, 은평성모병원, 중앙보훈병원, 경희의료원, TBC대구방송, OB한익스프레스물류센터, 귀뚜라미냉난방기술연구소, 선문안산대학교, 세종호텔, 한국토지주택공사, 인서울27골프, 우리아이들병원, 하이파킹, 강서구청, 한국농어촌공사

■■■ 지사 및 계열사
광주지사 / 대전지사 / 대구지사 / 광주지사 / 인천지사

■■■ 임직원 연락처
최규덕 사장 070-7452-7789
박중원 전무 070-7452-7785
곽복기 상무 070-7452-7788
이명숙 부장 070-7443-3776

■■■ 기업연혁
2000.	회사설립
2001.	병원아웃소싱 최초 ISO9001:2000인증
2002~2005.	연세의료원/명지병원/을지병원 파견계약
2006~2009.	분당차병원/성모병원/원주기독병원/강동성심 파견계약 광주/수원/김해보훈요양원/하계실버 도급계약
2010~2015.	요양보호사 교육원 설립/메디케어 실버복지센터 설립 도봉실버센터/중계노인복지관/시립어린이병원/ 군포G샘/삼성노블카운티/한익스프레스/TB방송 계약
2016~2019.	한국토지공사 인천지역 도급계약 중앙보훈병원/대전을지/대구시지 파견계약 인서울27골프클럽/하이파킹/귀뚜라미기술연구소/ 사랑플러스/우리아이들의료재단 도급계약
2020~2021.	일산차병원/인천보훈병원/청담차움/비선개발/ 강서구청(민원안내도우미)/의정부을지대학교병원/ 경희의료원(외래탕전)/한국농어촌공사 파견계약
2022.	한림병원 원무도급계약 서울중앙지방법원 업무위탁계약 GS엠비즈 근로자파견계약

■■■ 대표자 프로필
이름: 박삼규
학력 : 연세대학교 행정대학원(석사) 외교안보전공
　　　 국방대학원(석사)
　　　 서울대학교 보건대학원 최고 정책과정 이수
경력 : 육군본부 인사참모부 행정실장
　　　 한성기업/사조산업 임원역임
　　　 넥서스#21 회장
　　　 사단법인 애플녹색전국연합 이사장역임

■■■ 회사 및 서비스 소개
오늘의 무한경쟁시대 속에서 4차산업시대의 변화에 발맞추어 특화되고 전문화된 영역을 개발시키고 역량을 키우고 있습니다.
또한 믿음의 기업이요, 영원한 기업을 표방하여 출범했던 회사에 중점을 두고 추진해 나가고 있습니다.
무엇보다 고령화사회에 진입한 오늘 특화된 의료서비스로 향후 도래할 의료시장 개방에 대비하고 있으며 최상의 인재운영을 위해 고객사별 사전 직무 적성검사 및 교육지원을 진행하고 있습니다.
다양한 업종의 아웃소싱으로 국가사회에 기여하는 기업이 되기 위해 임직원 모두 합심하여 최선의 역량을 갖춰나가도록 하겠습니다.

(주)시너지컨설팅

www.thesynergy.co.kr

대 표	이병철
전 화	02-571-9192
팩 스	02-2279-9192
이메일	cs@thesynergy.co.kr

■■■ 회사주소
서울시 성동구 왕십리로 24나길 20 창성빌딩 8F ~ 9F

■■■ 설립 및 자본금
설립년 : 2010년
자본금 : 2억원

■■■ 매출실적
2025년(예상) : 580억원

■■■ 종업원현황
총원 : 1,895명(내부직원 : 68명, 아웃소싱 : 1,827명)

■■■ 아웃소싱 서비스
AI기반 HR컨설팅 및 아웃소싱
- 채용전략(인재상·핵심가치, 지원자 페르소나, 직무분석·기술서인·적성 검사, 평가 과제 개발, 채용프로세스 개선, ATOM 채용)
- 인재확보(적정인원 산정, 역량모델링, 채용대행, 헤드헌팅, 채용 프로세스 대행, 공정 채용 프로세스 대행, 온보딩 개발 ·운영)
- 교육훈련(면접관 트레이닝, 선발능력 진단교육, 조직문화 진단교육 인재유지 진단교육, 동기부여 진단교육, 리더십 진단교육)

■■■ 주 거래 업종
정부 및 공공부문, 금융 서비스, IT/전기/전자, 소비재, 유통, 생명과학, 산업재, 화학, 미디어, 건설, 제조, 서비스, 건설, 토목, 교육, 항공, 자동차, 대학

■■■ 주 거래 기업
국민건강보험, 공무원연금공단, 교통안전공단, 국가정보원, 국군기무사령부, 국립공원관리공단, 기술보증기금, 남부발전, 서부발전, 코레일, 한국전력, 국민은행, 국민카드, 삼성자산운용, 수협, 수협은행, 대성그룹, 도루코, 에스오일, 에스케이가스, 대우조선해양, 동원그룹, 삼양홀딩스, 만도, 무림제지, 세아제강, 세아상역, 엘에스그룹, 한화그룹, 현대중공업, 현대오일뱅크 외 다수

■■■ 임직원 연락처
아웃소싱BU: 박상희 컨설턴트	010-6393-7348
컨설팅BU: 허민호 컨설턴트	010-5066-9715
AI&온라인BU: 이경묵 컨설턴트	010-5053-3164

■■■ 기업연혁
2010. ㈜시너지컨설팅 법인설립
㈜ 시너지컨설팅 강남지사 설립
2011. 채용에 대한 프로세스를 정의한 "채용의 교과서" 발간
2012. 전직지원 전문 서적 "재취업의 교과서" 발간
㈜ 시너지컨설팅 광주지사 설립
2013. 컨설팅 수행 방법론 CPDA 서비스 특허(41-2012-0033292)
㈜ 시너지컨설팅 광주지사 설립
2014. 국가정보원 외 80여 공공기관, 대기업의 경쟁령 향상 컨설팅 수행
2015. 일본 최대 인재평가 기관 E-FALCON과 MOU
2016. NCS기반 공공기업(기관) 인사담당자 교육 운영
2017. 대한민국 고객만족 브랜드 대상 수상 (컨설팅 및 업무대행 부문)
2018. NCS기반 블라인트 채용컨설팅 기관 4년 연속 선정
2019. "TALENT-A" 서비스 런칭
2020. AI 기반 채용평가관리 솔루션 "@WORK" 서비스 런칭
2021. AI 기반 채용평가관리 솔루션 "Machine Assessment" 런칭
2022. 한화그룹, 현대그룹 외 76개 기업 리더십 및 면접관트레이닝 수행
2023. AI 기반 조직문화진단 플랫폼 "WORK VITAL" 서비스 개발
AI 기반 KPI 플랫폼 "KPI Dic" 서비스 개발
2024. AI 기반 역량평가 플랫폼 "COM Dic" 서비스 개발
대한민국 인재 채용의 교과서 "채용의교과서 / 워크북" 발간
2025. AI 기반 인재예측 솔루션 "TALENT-A" 서비스 개발
대한민국 채용 기준 "ATOM 으로 채용하라" 발간

■■■ 대표자 프로필
이름 : 이병철
학력 : 서울과학종합대학원 경영학 박사(Ph.D)
고려대학교 경영학 석사(인적자원 관리)
경력 : 시너지컨설팅 대표 컨설턴트
산업정책연구원 연구교수
NCS 기반 채용프로세스 개발 위원
국가/지방직 공무원 임용 및 승진 역량 평가 위원
ICMCI CMC 국제공인 경영 컨설턴트
경영방침 : 기업과 인재의 경쟁력 향상을 지원하며 위대한 성공을 돕는다.

■■■ 회사 및 서비스 소개
인사전문가 그룹 시너지는 기업이 성공적인 사업을 펼치는 데 충분한 역량과 태도 그리고 경험을 갖춘 인재들을 확보·개발·유지하는 것을 지원하여 고객의 위대한 성공을 돕기 위해 일하고 있습니다.

지난 20여 년간 1,750여 기업의 조직문화·조직분석·인사 정량분석·평가제도·인재채용·인재유지·동기관리·보상제도·리더십 개발·커뮤니케이션 등에 대한 크고 작은 과제들을 효과적으로 해결해 왔습니다. 인사전문가 그룹 시너지는 「사람을 최고의 자산으로 만드는 비법을 전수하여 고객의 위대한 성공을 돕는 전문 파트너」로서, 경쟁력 있는 인재경영 프로세스를 만들어내는 데 도움을 제공하고, 사람을 최고의 자산으로 만드는 비결을 전수하여 경영비전 실현을 돕고 있습니다. 시너지컨설팅의 서비스는 정형화된 것이 아니라 고객의 요구에 유연하게 대응할 수 있는 맞춤형 고부가가치 서비스로 고객으로부터 절대적인 신뢰를 얻어 현재 90% 이상의 재계약률을 유지하고 있습니다.

(주)아인스파트너
www.ains.co.kr

대표	장세영
전화	02-523-3592
팩스	02-588-8057
이메일	webmaster@ains.co.kr

회사주소
서울특별시 구로구 디지털로30길 28(마리오타워) 415호

설립 및 자본금
설립년: 1998년
자본금: 1.8억원

매출실적
2024년 15억 1000만원

종업원현황
총원: 13명

아웃소싱 서비스
인사컨설팅, 헤드헌팅, 인재소개, 인력공급, 교육연수/소프트웨어 개발, 판매/서적 판매

주 거래 업종
전업종

주 거래 기업
지식경제부

임직원 연락처
장세영 대표 02-523-3592

기업연혁
- 1998. 03 써치스테이션설립 일본인사측정연구소 한국지사 동양식인사제도한국조사착수
- 1998. 10 ㈜써치스테이션으로법인전환
- 1999. 05 해외사업부신설 및 일본미국 추가업무 개시
- 1999. 05 옥스퍼드컨설팅 외 일본의 5개 헤드헌팅사의 MOU 체결
- 2002. 01 정보통신부지정IT인재 일본취업지원센터로 선정
- 2003. 01 디지털타임즈와 업무조인식협약 체결
- 2003. 03 인사컨설팅전문부설연구소 인사전략연구소 설립
- 2004. 10 IT전문취업포털사이트 ITJOBPIA 재오픈
- 2005. 04 ㈜아인스파트너로 상호 변경
- 2006. 03 일본최대리쿠르트기업 RMS M&A로 일본계기업계약
- 2010. 01 에듀윌-아인스파트너 기업간 독서릴레이 캠페인 진행
- 2011. 05 미션,비전 설정/침투 서비스 개시
- 2011. 12 온라인 실적평가 시스템 서비스 개시
- 2013. 03 이문화 매니지먼트, 커뮤니케이션 서비스 개시
- 2013. 07 전문직사원 용 CDP 연수 서비스 개시
- 2014. 04 전문직 사원용 Work Quest연수 서비스개시
- 2015. 03 360서베이 다면진단 시스템 서비스 개시
- 2017. 01 조직개발 전문 회사의 새로운 비전 선포

대표자 프로필
- 이름 : 장세영
- 소속 : 아인스파트너 대표이사
- 학력 : 고려대학교경영대학원 석사
- 경력 : 2001. 09 ~ 경희대학교 겸임교수
    - 1998. 10 ~ 아인스파트너 대표이사
    - 1994. 04 ~1998.10 일본 윌슨컴퍼니 근무

회사 및 서비스 소개
㈜아인스파트너는 HR 컨설팅, 연수, 어세스먼트 서비스를 글로벌 대기업부터 국내 중소기업 및 일본계 기업에 이르는 모든 고객에게 "개인"과 "조직"의 성장을 위한 가치 제공을 위해 직원 스스로가 성장하고 본인의 능력과 재능을 마음껏 펼쳐나갈 수 있는 기업이다.
그리고 "한국 사회의 지속적 성장 실현을 목표로 개인과 조직이 함께 긍정적인 사고와 행동으로 만들어 간다."는 새로운 비전을 내걸고, 자사에서도 조직과 개인이 성장 할 수 있는 풍토를 구현하려고 한다.
아인스파트너는 어려움을 해결하고개인과 조직을 함께 살리기 위해 최선을 다하며, 한국의 많은 기업체에 '조직활성화'를 위한 다양한 노하우를 전파하기 위해 노력할 것이다.

예스티엠(주)

www.yestm.co.kr

대 표	송미애
전 화	02-703-5125
팩 스	02-715-5125
이메일	yes@yestm.co.kr

▰▰▰ 회사주소
서울 마포구 토정로37길 46 B1 32호
(구주소 : 서울특별시 마포구 도화동 536 정우상가빌딩 B1, 32호)

▰▰▰ 설립 및 자본금
설립년 : 2001년
자본금 : 4억원

▰▰▰ 매출실적
2025년(예상) : 비공개

▰▰▰ 종업원현황
총원 : 10명

▰▰▰ 아웃소싱 서비스
1. 기업교육(Training & Development)
- 직무·직장교육, 법정의무교육, 리더십·조직문화 교육
- 온·오프라인 교육 운영, LMS 기반 학습관리
- 사업주훈련 과정 운영 및 교육 행정 지원
2. 모니터링 및 리서치(Monitoring & Research)
- 전화 및 대면 모니터링
- 만족도 조사 등 정량·정성 리서치
3. 영상/콘텐츠 제작(Media & Content Production)
- 교육·홍보 영상 제작
- 행사 스케치·스토리 영상
- 출판물·브로슈어 편집 및 인쇄
4. 행사 기획·운영 (Event Planning & Operation)
- 기업 행사, 워크숍, 컨퍼런스 기획·운영
- 주민자치 행사 기획·운영
- 공간대여, 현장 운영 및 운영 대행
- 연사 섭외, 진행관리, 전체 운영 총괄
5. 위탁 수행 서비스(Outsourced Program Operation)
- 공모전 및 회의 운영 대행
- 사전답사·행정지원·참가자 관리
- 위원회·심사 운영 및 접수/심사 관리
- 행정서류·성과보고·정산까지 전 과정 위탁 수행

▰▰▰ 주거래 업종
은행, 증권, 카드, 보험, 통신, 공공기관, 지자체, 공기업, 교육기관, 연구기관, 병원, 건강, 의료, 전자, 제조업, IT, 유통, 서비스, 문화, 예술, 호텔 등

▰▰▰ 주거래 기업
삼성전자서비스씨에스, SC제일은행, NH합동기획, KB손해보험, 현대C&R, ABL생명, DB생명, 해성손해사정, 서비스에이스, 자코모, 고용노동부, 국가보훈부, 서울시설공단, 제주시설공단, 국회사무처, 한국건강보험심사평가원, 한화손해보험, 국민연금공단, 국민건강보험공단, 경기주택도시공사,, 한국의료분쟁조정중재원, 고려휴먼스, 한양대, 서울시립미술관, 국립중앙박물관, 예술경영지원센터 등

▰▰▰ 지사 및 계열사
한국교육능력개발원(KECD), 한국교육능력개발원원격평생교육원

▰▰▰ 임직원 연락처
송미애 대표 02-703-5125 / 이영진 팀장 02-703-5129

▰▰▰ 기업연혁
- 2001. 예스티엠 설립
- 2020. 예스티엠㈜ 본사 확장 이전
  출판사 정식 등록
- 2022. 여성가족부 가족친화기업 인증 연장
  여성가족부장관 표창장수상
  서울지방중소벤처기업청장표창장수상
- 2023. KECDEDU 한국교육능력개발원 원격평생교육원 인가
  직접생산증명서(전시, 행사대행)발행 가능 기업 인가
  삼육대학교 가족회사 체결
  예스티엠㈜ 기업부설연구소 설립
- 2024. 직업능력개발훈련기관인증 획득
- 2025. 블라블라blended learning 서비스 런칭
  직접생산확인증명서 인가 (축제)

▰▰▰ 대표자 프로필
이름 : 송미애
학력 : 성신여자대학교 학사
　　　고려대학교 교육대학원 석사
　　　전남대학교 일반대학원 박사 수료
경력 : 현 | 예스티엠(주) 대표이사
　　　현 | ㈜한국교육능력개발원 원장
　　　현 | 사)한국액티브시니어협회 이사
　　　현 | 한국여성경제인협회 서울지회 총무부회장
　　　현 | 사)한국컨택센터산업협회 전문위원
　　　현 | 여성가족부 가족친화기업인증 심사위원
　　　현 | 건강보험심사평가원 자문위원
　　　현 | 소비자중심경영 인증제도 심사위원
　　　전 | 사)한국강사협회 9대 회장

▰▰▰ 회사 및 서비스소개
예스티엠㈜는 2001년 설립 후 2009년 법인 전환을 거쳐, 20여 년간 기업과 공공기관의 조직 역량 강화와 교육 혁신을 지원해 온 종합 HRD 솔루션 기업입니다.
각 분야의 전문가들이 협업하여 기업·기관 환경에 맞춘 교육과 컨설팅을 제공하고, 온·오프라인 교육 운영과, 맞춤형 콘텐츠 개발을 함께 제공합니다.
또한 워크숍·컨퍼런스 등 행사 운영을 기획부터 실행까지 통합적으로 수행하며, 모든 과정에서 일관된 품질 관리와 체계적 운영을 지원합니다.
예스티엠㈜는 이러한 통합 서비스 역량을 기반으로 고객사의 업무 효율을 높이고, 실질적 성과 창출을 지원하는 신뢰할 수 있는 One-Stop HRD 파트너로 자리하고 있습니다.

케이잡스(주)
www.kjobs.co.kr

대표	김우진, 박선용
전화	02-6959-8983
팩스	02-6958-9297
이메일	it@kjobs.co.kr

■■■ 회사주소
서울 용산구 한강대로80길 11-49 (남영동) 1층

■■■ 설립 및 자본금
설립년 : 2014년
자본금 : 억 3,880만원

■■■ 매출실적
2025년 : 비공개

■■■ 종업원현황
총원 : 65명

■■■ 아웃소싱 서비스
AI 컨텀서비스, 전직지원서비스, 교육컨설팅, 기업컨설팅, 채용박람회 및 취업캠프, 국민취업지원제도, 외국인 근로자 및 대학생 송출 및 기업 연계

■■■ 주거래 업종
대기업, 중소기업, 고용노동부, 지자체 일자리사업, 경영컨설팅, 외국인 근로자

■■■ 주거래 기업
고용노동부, 고용노동부, 보건복지부, 소상공인시장진흥공단, 쿠팡, GM 등

■■■ 지사 및 계열사
부천, 의정부, 유성, 순천, 목포, 여수

■■■ 기업연혁
- 2014. 법인설립
- 2015. 고용노동부 취업성공패키지 사업 위탁기관 선정
  홈플러스&JOB 플러스 사업 운영
- 2016. 케이잡스IDOL(재직·전직지원·교육·학습배움)프로그램 자체개발
  두산인프라코어 퇴직자 인생이모작 생애설계 서비스
- 2017. 조선업전직지원 프로그램 사업 위탁기관 운영(거제, 목포지사)
  부천대학교, 강원관광대 대학일자리센터 위탁운영
- 2018. 쿠팡채용대행 서비스 위탁운영
  서울시 뉴딜일자리 취·창업지원 프로그램 위탁운영
- 2019. 고용노동부 취업성공패키지 사업 위탁기관 운영(11개지사)
- 2020. 청년내일채움공제 사업 2개소 운영
  귀농·귀촌 맞춤형 공모사업 교육 운영
- 2021. 현대자동차 미래설계 프로그램 운영
  쿠팡, SCP 재취업지원 서비스 프로그램 운영
- 2022. 쿠팡CFS, 현대위아, 부산교통공사 등 퇴직예정자 재취업지원 교육사업 운영
  국방전직교육원 전역장병 지원사업 운영
- 2023. 시니어인턴십 사업 2개소 운영
  중장년 새출발 카운슬링 사업 수행
  재취업지원서비스 사업(기업컨설팅) 수행
- 2024. 창립 10주년 기념 행사
  외국인 근로자 송입사업, 내·외국인 취업지원 플랫폼 'KJOBSLINK' 런칭
  부산여자대학교 대학일자리센터 위탁 운영
- 2025. 케이잡스 'AI시대 커리어 플랫폼 대전환' 비전 선포
  전생애 고용어플리케이션 'KONNECT' 개발
  서울시 유학생 채용 관련기업 인사담당자 리서치 사업 수행
  서울신학대학교 유학생 진로 및 취업지원 사업 운영
  한국GM 퇴직예정자 재취업지원서비스 프로그램 운영

대표자 프로필
이름 : 김우진 / 박선용
학력 : 숙명여자대학교 박사수료 / 경남대학원 석사
경력 : 직업상담사 1급, '직업상담사 김우진' 집필, (사)HR서비스산업협회 이사, 고용노동부장관 표창, 법무부장관 표창, 중소벤처기업부장관, 중소기업 중앙회 표창 등 다수, 제대군인 고용 우수기업, 청년스마트 중소기업 일자리 선정

- Mission
최고의 Ai에이전트로 일의 가치를 높이고 효율적으로 글로벌 인재 생태계를 연결한다!
- Vision
개개인에게 최적화된 AI기반 커리어 솔루션을 제공하여, 최고의 성장 기회를 연결하고 미래를 선도합니다.
- 7개 핵심 가치
Kindship – 함께 성장하는 파트너십
Openness – 다양성과 유연성을 존중하는 개방성
Navigation – 개인과 기업의 경력 설계를 지원하는 성장 방향성
Newness – AI와 플랫폼 중심의 미래지향적 혁신성
Empowerment – 고객과 직원 성장의 역량 강화
Connection – 사람과 기회를 이어주는 연결성
Trust – 모근 관계의 기반이 되는 신뢰

■■■ 회사 및 서비스 소개
케이잡스는 2014년 설립 이래, 취업지원, 전직지원, 생애설계, 직무교육 등 전 생애에 걸친 고용서비스를 제공하며, 대한민국 고용 시장의 성장과 함께 걸어왔습니다. 10여 년간 축적한 실무 경험과 노하우는 오늘날, 빠르게 진화하는 AI 기술과 글로벌 고용 환경 속에서 새로운 도약의 토대가 되고 있습니다.
케이잡스는 현재 AI 기반 진로 설계 솔루션 'KONNECT', 내외국인 통합 채용플랫폼 'KJOBSLINK'를 중심으로, 사람과 기술, 국내와 해외, 기업과 인재를 연결하는 통합형 커리어 솔루션 기업으로 진화하고 있습니다.
우리는 단순한 채용의 연결을 넘어, 인재의 성장을 돕고, 기업의 경쟁력을 강화하며, 지속가능한 사회적 가치를 실현하는 진정한 파트너가 되기 위해 끊임없이 변화하고 있습니다. 케이잡스는 앞으로도 '기술과 사람의 조화로운 융합'을 통해, 글로벌 커리어 혁신을 선도하는 기업으로 성장해 나가겠습니다.

한국생산성본부
www.kpc.or.kr

대 표	박성중
전 화	02-724-1114
팩 스	02-736-0322

■■■ 회사주소
서울특별시 종로구 새문안로5가길 32

■■■ 설립 및 자본금
설립년 : 1957년
자본금 : 5억원

■■■ 매출실적
2024년 : 1,513억 2,258만원

■■■ 종업원현황
총원 : 470명

■■■ 아웃소싱 서비스
인사컨설팅,헤드헌팅,인재소개,인력공급,교육연수/소프트웨어 개발, 판매/서적 판매

■■■ 주 거래 업종
전 업종

■■■ 주 거래 기업
2만 여개의 정부 부처, 지자체, 기업, 기관 등

■■■ 지사 및 계열사
부산울산경남지역본부
: 부산 동구 중앙대로 180번길 13 프레지던트오피스텔 15층 (051-466-5868)
호남지역본부
: 광주 북구 첨단과기로 176번길 27 광주디자인센터 507호 (062-611-5300)
대구경북지역본부
: 대구 북구 유통단지로 90 엑스코 4층(053-601-5161)
대전충청지역본부
: 대전 서구 청사로 220 수협중앙회빌딩 5층(042-471-5838)

■■■ 임직원 연락처
안완기 대표 02-724-1114

■■■ 기업연혁
- 1957. 08 재단법인 한국생산성본부 창립
- 1986. 07 공업발전법(현 산업발전법)에 의거 특별법인으로 발족
- 1987. 11 제24회 무역의날 대통령단체표창 수상
- 1988. 07 현 생산성빌딩 준공, 본부 이전
- 1995. 02 공업진흥청으로부터 품질보증체제 연수기관 지정
- 1998. 12 한국생산성본부 연수원 준공
- 2006. 06 제48차 APO(아시아생산성기구) 이사회 개최
- 2007. 06 창립50주년 기념식 및 경영비전 선포
- 11 2007 우수 민간교육훈련기관 대통령표창 수상(행정자치부)
- 2011. 02 지자체 행정생산성지수 개발(230개 지자체 평가)
- 2012. 04 글로벌 탄소·에너지경영 인증사업 실시
- 05 KMPI 멘탈생산성 진단도구 개발
- 07 Asia KLEMS Workshop 2012 개최
- 12 '일자리창출지원 유공'기관 대통령 단체표창 수상(고용노동부)
- 2012. 12 동종업계 최초 연매출 1,000억 달성
- 2013. 07 생산성 3.0 및 New CI / 슬로건 선포
- 2015. 3D프린팅 전문인력 양성 교육 실시
- 2016. 태국 산업부와 생산성향상을 위한 MOU 체결
- 2016. 한국사능력검정시험 운영
- 2017. 방위사업청과 방위산업 전문인력 양성을 위한 MOU 체결
- 2019. 디지털혁신본부 발족
- 2019. 사회적가치 비전 선포
- 2020. 한국여행업협회와 여행업 전문인력 양성을 위한 MOU 체결
- 2020. 자격시험 표준운영방법론(K-STEP) 개발
- 2020. 맞춤형화장품조제관리사시험 운영

■■■ 대표자 프로필
이름 : 박성중
경력 : (현)한국생산성본부 대표장

■■■ 회사 및 서비스 소개
1957년에 설립된 한국생산성본부는 국내 최초 교육·컨설팅 전문기관으로서 우리 산업사회에 최초로 경영의 개념 및 컨설팅을 보급했고 국가경제개발계획과 국가생산성향상계획을 지원했으며, 경영전문가를 육성해 산업경쟁력 향상과 국가발전에 기여해왔다.

경제의 선진화와 국민의 풍요로운 삶은 결국 끊임없는 창조적·혁신적 활동이 수반되는 생산성향상에서 찾아야만 한다. 환경이 위기일수록, 변화가 빠를수록, 그리고 일자리 창출이 절박할수록 노사는 물론 국가사회 모든 구성원이 생산성향상을 통해 그 해결책을 찾아야만 한다.

이를 위해 생산성 관련 종합정책수립 및 집행역량을 조기에 확보하고 이를 바탕으로 국가, 산업은 물론 사회 전반을 통합하는 범국민적인, 보다 혁신적인 생산성향상운동을 선도, 국가경쟁력을 선진화하고 실천하는 일에 한국생산성본부가 앞장서고 있다.

2025 KOREA OUTSOURCING DIRECTORY

생산제조 I

▶가나다순

- 고우
- 맨파워코리아
- 미래정공
- 반도TS
- 발렉스서비스
- 서울커뮤니케이션
- 세종HR
- 앤트워크
- 에이치알다인
- 에이플러스원
- 엔에스홀딩스
- 우신
- 위드인홀딩스
- 유안에이치알
- 유엔잡
- 중원컴퍼니
- 케이앤비이
- 코스
- 코에스
- 퍼솔켈리워크포스솔루션
- 퍼스트인
- 피너씨앤텍
- 한국커리어서치
- 휴넥트
- 휴먼네트워크
- 휴먼솔루션
- 휴먼앤비젼
- 휴먼인프라

(주)고우
www.bshcorp.com

대 표	박서영
전 화	02-2184-7511
팩 스	02-2184-7599
이메일	hogan.cho@gowooco_p.com

■■■ 회사주소
서울시 강남구 테헤란로 19길 39(역삼동 631-19)

■■■ 설립 및 자본금
설립년 : 1998년
자본금 : 1억원

■■■ 매출실적
2025년(예상) : 60억원

■■■ 종업원현황
총원 : 50명

■■■ 아웃소싱 서비스
급여/연말정산/총무/복리후생 업무대행/인사급여시스템ASP(임대)
인재파견/헤드헌팅/채용대행, 물류도급 운영 외

■■■ 주 거래 업종
삼성물산, 삼성SDI, SK커뮤니케이션즈, CJ대한통운, 롯데로지스틱스,
LAM, AMK 외 다수

■■■ 주 거래 기업
삼성물산, 삼성SDI, 삼성바이오에피스, SK커뮤니케이션즈, CJ대한통운, 롯데로지스틱스 외

■■■ 임직원 연락처
조호건 상무 02-2184-7511
김은영 이사 02-2184-7517
박영도 팀장 02-2184-7550

■■■ 기업연혁
1998. 06   (주)편리한세상 설립
　　　　　 삼성물산 분사 급여/총무/복리후생 업무대행
2000. 01   헤드헌팅, 인사급여관리 시스템 ASP
　　　　　 아웃소싱기업협회, 인터넷기업협회 가입
2003. 01   인사급여관리 시스템 웹버전 구축
　　　02   물류 업무도급 서비스 개시
2006. 06   목표관리 및 성과보상 시스템 구축
2009. 09   2009 대한민국 아웃소싱 고객만족 대상 수상
2010. 01   인사급여관리 시스템 웹버전 II 구축
2013. 08   면세물류 업무도급 개시
2014. 07   문서관리 보안시스템 [S-DISK] 구축
2015. 12   ISO/IEC 27001:2013 인증[국제표준 정보보호]
2017. 11   인사급여관리 시스템 [편리한인사 차세대] 구축
2018. 12   ISO/IEC 27001:2013 인증 갱신 [BSI]
2023. 06   (주)고우 사명 변경

■■■ 대표자 프로필
이름 : 박서영
학력 : 서강대 디지털 CEO과정 수료(2001년)
　　　KPC CEO과정 수료(2003년)
　　　연세대 법무대학원 고위과정 수료(2004년)
　　　KPC 글로벌 CEO과정 수료(2010년)
경력 : 삼성물산(상사부문) 인사서비스센터 팀장
　　　삼성물산 사내강사
　　　한국인사관리협회 강사
　　　한국아웃소싱협회 이사
경영방침 : 고객과 함께한다/품질로 승부한다/미래를 선도한다

■■■ 회사 및 서비스 소개
(주)고우는 업무지원 아웃소싱 대표 전문기업으로 Total 아웃소싱 서비스를 구현하여, 고객회사와 상호 Win-Win 하며 최고의 서비스 제공을 통해 고객이 항상 신뢰하고 만족하는 'Biz-Service의 든든한 파트너'를 목표로 하고 있다.
1998년 (주)편리한세상으로 국내 최초로 설립된 인사급여, 총무, 복리후생 업무대행 전문기업으로 그동안 쌓아온 서비스 Know-how와 전문성을 바탕으로 고객 니즈를 반영한 맞춤식 아웃소싱 서비스를 제공하고 있다. (주)고우는 핵심사업 위주의 기업경영과 전문성 및 효율화를 위한 아웃소싱 환경에 부응하며 급여·4대보험·퇴직금·연말정산 업무대행과 인사노무컨설팅 서비스, 인재파견·헤드헌팅·채용대행 등 HR서비스, 인사급여프로그램 ASP(임대), 물류센터 운영도급 서비스를 제공하고 있다.

(주)맨파워코리아
www.manpower.co.kr

대 표	김옥진
전 화	02-6677-9900
팩 스	02-2051-9901

■■■ 회사주소
서울시 강남구 테헤란로 409, 동신빌딩 3층, 7층, 8층, 9층, 10층, 11층, 15층

■■■ 설립 및 자본금
설립년 : 1999년
자본금 : 21억원

■■■ 매출실적
2024년 : 4,409억원
2025년(예상) : 4,500억원

■■■ 종업원현황
총원 8,300명 / 관리 : 300명 / 파견 : 2,600명 / 도급 : 5,400명

■■■ 아웃소싱 서비스
인재파견, 아웃소싱, Business Process Outsourcing, 헤드헌팅, 인재관리 · 교육, 전직지원, HR컨설팅 등

■■■ 주 거래 업종
생산/제조, 물류/택배, 유통/판매/판촉, 호텔/레저, 공항/항공, F&B, 사무도급, 청소/위생, 경비/보안, 시설관리(FM), 금융, 정보통신, 서비스 외 다수

■■■ 주 거래 기업
Apple, Google, 삼성전자, LG전자, LG에너지솔루션, 현대글로비스, 대한항공, CJ대한통운, 롯데글로벌로지스, 아모레퍼시픽, LG생활건강, 한국P&G, BMW코리아, SK네트웍스, 파르나스호텔, 농심, 풀무원, 오리온, 유한킴벌리, DHL서플라이체인, 넥센타이어 외 다수

■■■ 지사 및 계열사
본 사 : 서울
지 사 : 수원, 이천, 대전, 당진, 광주, 전주, 부산, 창원, 대구
관계사 : 브레인커머스, 잡플래닛, 터닝포인트HR

■■■ 임직원 연락처
아웃소싱사업 본부장 : 윤상조 전무 010-4628-6122
인재파견사업 본부장 : 김연경 전무 02-6677-9907
헤드헌팅사업 본부장 : 윤동현 전무 02-6420-0355
전략영업 본부장 : 김기태 전무 02-6420-0352

■■■ 기업연혁
1999. (주)맨파워코리아 합작법인 설립
2008. 고용노동부 인증 근로자 파견 우수기업 선정
2012. 대한민국 아웃소싱서비스 생산/제조부문 고객만족 대상
2014. 대한민국 아웃소싱서비스 물류센터운영부분 고객만족 대상
2016. 교육부장관 인증 우수근로장학기관 선정
2016. 고용노동부 민간고용서비스 자율시정 우수기업 인증
2021. ISO 9001(품질), ISO 14001(환경), ISO 45001(안전보건) 인증
2023. 한국HR산업협회 산업선도 부문 대상
2025. 한국HR산업협회 근로자보호 클린기업 4회 선정
       대한민국 아웃소싱서비스 안전보건경영 고객만족 대상
       한국HR산업협회 HR서비스 기업 대상

■■■ 대표자 프로필
이름 : 김옥진
학력 : 연세대졸, 일리노이 주립대학 MBA
경력 : 서울미라마(유) 그랜드하얏트서울 대표이사 · 사장
       삼표그룹 대표이사 · 사장
       애큐온 파이낸스그룹 대표이사 및 이사회 의장
       GE 파워시스템코리아 대표이사
경영이념 : 신뢰와 투명성, 지속가능한 성장, 일과 사람의 조화, 사회적 가치 실현

■■■ 회사 및 서비스 소개
맨파워코리아는 글로벌 HR 선도기업 ManpowerGroup의 한국 공식 파트너로서, 27년 간 현장에서 채용과 운영의 해법을 제시해 온 현장 중심 HR 전문기업이다. 인재파견, 아웃소싱, 헤드헌팅, 인재관리, 전직지원 등 통합 HR 솔루션을 제공하며, 생산, 제조, 물류, 유통 등 대규모 인력이 필요한 산업에서 강점을 지닌다.
최근에는 자동화 시스템 기반의 '워크포스 협의체'를 도입해 데이터 중심의 생산성과 효율성을 높이며 HR서비스 혁신을 이끌고 있다.
2021년에는 안전보건관리본부를 신설해 중대재해 대응체계를 향상시키고, 정기 및 특별 점검을 도입해 선제적 리스크 관리 시스템을 구축했다. 또한 ISO 9001 · 14001 · 45001 등 국제표준 인증을 통해 품질 · 환경 · 안전경영 체계를 심화했고, 준법경영부의 설립으로 내부 투명성과 윤리경영을 강화하고 법적 리스크 대응 체계를 고도화했다.
현재 전국 10여 개 거점에서 약 900개 고객사와 8,300명의 인재를 운영하며, '한국HR서비스기업 대상', '안전보건경영 고객만족대상', '근로자보호 클린기업' 등 다수의 수상을 통해 서비스 품질과 신뢰도를 입증해왔다.
맨파워코리아는 열린 마음(Open-minded), 공정과 상식(Fair & Common Sense), 혁신(Innovation)의 가치를 바탕으로 사람과 산업의 동반 성장을 지속적으로 이어가고 있다.

(주)미래정공

대표 김달효
전화 041-577-7007

■■■ 회사주소
충남 천안시 서북구 3공단2로 50

■■■ 설립 및 자본금
설립년 : 2007년

자본금 : 1억원

■■■ 매출실적
2025년(예상) : 50억원

■■■ 종업원현황
내부사원: 10명, 도급사원:120명, 파견사원 40명

■■■ 아웃소싱 서비스
제조도급업, 협동로봇 기반 사업

■■■ 주 거래 기업
현대/기아/쌍용 자동차 협력업체

■■■ 임직원 연락처
김달효 010-9593-7077

■■■ 기업연혁
2007. 01 ㈜미래파워테크 설립,
　　　　 ㈜미래산업 cs관리팀 외 7개사 업무협약
2008. 01 ㈜후프코리아 외 5개사 업무 협약
2009. 01 생산도급연합회 창립(기획이사) 및 산하 생산도급연구소 발족
2012. 03 생산도급 거래 시작(자동차 전장 사업)
2018. 01 ㈜미래정공 도급 공장 설립

■■■ 대표자 프로필
이름 : 김달효
경력 : 2002~2006년 생산/제조 파견 잡메니져 근무
　　　 2006~ 현재 주식회사 미래파워테크 대표이사
　　　 현) 생산도급 연합회 기획이사
　　　 현) 아웃소싱타임스 생산/제조 전문강사
　　　 현) 천안 여성인력개발센터 자동차 생산부문 전문강사
　　　 현) '인사쟁이' naver카페 지역스텝
　　　 현) HR서비스산업협회 회원사
　　　 전) 생산도급 협동조합 감사

■■■ 회사 및 서비스 소개
㈜미래정공은 국내 자동차 부품 산업의 생산 아웃소싱 분야에서 독보적인 경쟁력을 갖춘 전문기업입니다.
다년간의 현장 경험과 숙련된 기술력을 바탕으로, 고객사의 생산 효율과 품질 경쟁력을 동시에 높이는 통합형 제조 솔루션을 제공하고 있습니다.
㈜미래정공은 단순한 인력 파견이나 생산 대행을 넘어, 고객사의 생산 전략을 함께 설계하고 실행하는 파트너로서 자리하고 있습니다.
생산라인 운영, 품질관리, 납기 대응, 인력관리 등 제조 전반에 걸친 체계적인 아웃소싱 서비스를 통해, 고객사는 핵심 사업에 집중할 수 있으며 당사는 그 뒤에서 안정적이고 효율적인 생산 운영을 책임집니다.
특히, 축적된 노하우를 기반으로 한 표준화된 생산관리 프로세스와 품질 보증 체계(QMS)는 제품의 일관된 품질 유지와 납기 안정성 확보에 중요한 역할을 하고 있습니다.
현장 전문 인력이 상주하여 실시간으로 공정을 관리하고, 문제 발생 시 즉각적인 개선 조치를 통해 품질 리스크를 최소화하고 있습니다.
또한, 협동로봇과 자동화 설비를 적극 도입하여 스마트 생산환경(Smart Manufacturing Environment)을 구축함으로써 고객사에 보다 높은 생산성, 낮은 불량률, 안정된 납기 경쟁력을 제공합니다.
이를 통해 ㈜미래정공은 전통적인 인력 중심의 제조 아웃소싱을 넘어, 기술 중심의 첨단 생산 아웃소싱 기업으로 발전하고 있습니다.
㈜미래정공의 가장 큰 자산은 '사람'입니다. "사람이 곧 경쟁력이다"라는 경영 철학 아래, 근로자의 숙련도 향상과 안전한 근무환경 조성을 최우선으로 하고 있습니다.
꾸준한 교육과 역량 강화 프로그램을 통해 직원 개개인이 성장함으로써, 이는 곧 기업의 품질 경쟁력으로 이어지고 있습니다.
㈜미래정공은 앞으로도 고객사와의 상생을 바탕으로 품질과 납기, 그리고 신뢰를 통해 선택받는 제조 아웃소싱 전문기업으로 성장해 나가겠습니다. 끊임없는 혁신과 책임 있는 경영으로, 변화하는 제조 환경 속에서도 고객의 성공을 함께 만들어가는 진정한 생산 파트너가 되겠습니다.

(주)반도TS
www.bandots.co.kr

대표	김광태
전화	02-2679-0250
팩스	02-2679-0252
이메일	insa1996@daum.net

■■■ 회사주소
서울특별시 영등포구 당산로 240 유상빌딩 3층

■■■ 설립 및 자본금
설립년 : 1996년
자본금 : 4억원

■■■ 매출실적
2024년 : 600억원
2025년(예상) : 700억원

■■■ 종업원현황
총원 : 1,800명

■■■ 아웃소싱 서비스
물류 · 택배 도급서비스, 지게차 장비 임대 및 대여서비스 / 제조 위탁도급 서비스, 생산관리 효율화 서비스 / 시설관리 서비스, 미화관리 서비스, 보안, 주차, 안내 서비스 / 단체급식, 품질위생 · 안전 교육관리 / 유통영업, 판매사원관리, CS교육, 매출관리, 매장관리 / 건물 종합관리 등

■■■ 주거래업종
유통 · 판매, 물류, 제조업 등

■■■ 주 거래 기업
롯데제과, 롯데푸드, 롯데쇼핑, 롯데글로벌로지스, 롯데네슬레, 삼성전자로지텍, 한진 등

■■■ 지사 및 계열사
태성TS

■■■ 임직원 연락처
윤영백 본부장	02-2679-0250
이상준 본부장	02-2679-0564
김창식 본부장	02-2679-0148

■■■ 기업연혁
1996. 09 (주)반도보안공사 설립
1996. 09 한국경비협회 회원 인증
1997. 01 유상공장,세종,세미산업 도급관리업무 체결
2001. 12 롯데제과 평택물류센터 도급관리업무 체결
2004. 07 롯데제과 의왕물류 센터 도급관리업무 체결
2006. 10 롯데제과 대전공장 도급관리업무 체결
2006. 10 롯데푸드 천안물류센터 도급관리업무 체결
2008. 05 롯데제과 판촉 도급관리업무 체결
2009. 01 롯데푸드 천안공장 도급관리업무 체결
2009. 11 롯데제과 광명물류센터 도급관리업무 체결
2010. 06 롯데제과 분당물류센터 도급관리업무 체결
2013. 09 롯데제과 이천물류센터 도급관리업무 체결
2014. 01 (주) 태성 TSLC 설립
2014. 08 롯데제과 DC창고 도급관리업무 체결
2015. 01 롯데네슬레 일죽물류센터도급업무 체결
2016. 01 롯데푸드 안산공장 도급관리업무 체결
2016. 02 롯데푸드 단체급식 도급관리업무 체결
2017. 07 롯데택배 서울구로터미널 도급관리업무 체결
2017. 07 (주)반도TS 로 상호변경, (주) 태성TS 로 상호변경
2018. 01 롯데마트 신선품질혁신센터 도급관리업무 체결
2018. 02 롯데마트 오산물류센터(소터) 도급관리업무 체결
2018. 04 삼성전자로지텍 천안물류센터 도급관리업무 체결
2018. 08 롯데푸드 오산빙과물류센터 도급관리업무 체결
2019. 01 롯데마트 오산물류센터(DC/DPS, 경비, 미화) 도급 체결
2019. 02 한진택배 부평/서인천 터미널 도급관리업무 체결
2019. 04 한진 싸이로/하치장 도급관리업무 체결
2019. 07 롯데택배 군포/부곡/인천 터미널 도급관리업무 체결
2020. 01 INTC 인천 컨테이너 하역도급 업무 체결
　　　　 대주중공업 인천항 컨테이너 하역도급 업무 체결
2020. 09 한진 음성터미널 택배 도급 업무 체결
2020. 11 롯데글로벌로지스 오산식자재 물류도급 업무 체결
2021. 01 롯데푸드 용인/광주 공장 델리카 생산도급 업무 체결
　　　　 한진 평택/안성 터미널 택배 도급업무 체결
　　　　 대성산업 포천 생산도급 업무 체결
　　　　 대성산업 주유/충전 파견업무 체결
　　　　 삼성웰스토리 평택 식자재 물류 도급업무 체결

■■■ 대표자 프로필
이름 : 김광태
경력 : (現) 반도TS 대표이사

■■■ 회사 및 서비스 소개
반도TS는 '고객만족을 최우선으로! 직원을 가족처럼!'이라는 슬로건 아래 한길만을 걸어온 전문 아웃소싱 기업입니다. 이러한 아웃소싱 관리업무의 표준화와 매뉴얼 작업으로 수년간의 현장 노하우를 체계적인 문서로 공유함으로써 업무의 효과와 효율성을 극대화 시켰으며, 체계적인 직원 교육과 첨단 설비들로 반도인 만의 효율적이고, 신속한 서비스, 새로운 서비스 문화를 창출해 나가고 있습니다. 또한 꾸준한 기술개발과 교육을 통해 실력 있는 반도인으로 거듭나 합리적인 비용과 최상의 서비스로, 고객만족을 극대화하고 고객 으로부터의 신뢰를 바탕으로 고객 맞춤형 아웃소싱 관리를 실현, 세계화 된 일류기업으로 성장해 나가려 합니다. 반도TS 는 앞으로도 고객 만족을 최우선으로 20년 이상의 경험과 노하우, 표준화된 업무 시스템을 바탕으로 긍정적 사고, 솔선수범의 자세로 아웃소싱 관리 운영을 완벽히 수행, 고객과 함께 성장하는 최고의 기업이 될 것을 약속 드립니다.

(주)발렉스서비스
www.valexservice.com

대표	박희영
전화	02-2010-2880
팩스	02-707-0680
이메일	hr_svc@valexservice.com

■■■ 회사주소
서울 영등포구 의사당대로 83 (여의도동, 오투타워 12층)

■■■ 설립 및 자본금
설립년 : 2010년
자본금 : 50억원

■■■ 매출실적
2024년 : 3,018억원
2025년(예상) : 3,560억원

■■■ 종업원현황
총원 : 약 6,800명

■■■ 아웃소싱 서비스
생산라인, 제조지원, 장비 유지보수, 설비기술, 포장·물류
시설관리, 보안·경비, 호텔관리, 금융 콜센터, 해외취업 등

■■■ 주 거래 업종
반도체, 금융, 호텔, 화학, 태양광, 제약 등

■■■ 주 거래 기업
SK하이닉스, 현대엔지니어링, 현대글로비스, LG생활건강, SK실트론, 현대엔지니어링, 삼성카드, 현대카드, 나이키코리아, SK케미칼, 파르나스호텔, 동원, 한국투자증권, SBI저축은행, 해비치호텔&리조트 등 국내·외 200여개 사

■■■ 지사 및 계열사
지주사 : 팬택씨앤아이
계열사 : 팬택씨앤아이엔지니어링, 피앤에스네트웍스
대우로지스틱스, 피앤에스로지스, 발렉스특수물류
피앤에스카고매니지먼트, 티앤에스엔지니어링

■■■ 임직원 연락처
대표번호 02-2010-2880
영업담당 02-2010-2884 / 02-2010-2887

■■■ 기업연혁
- 2010.~ (주)토스 설립
  근로자 파견, 시설경비업무, 위생관리용역업 허가 취득
  팬택, 동원산업(물류센터), 한국투자증권(시설/보안/안내)
  등 인력공급 계약 체결
- 2019. 사세확장에 따른 사명변경(2018.08 附)
  반도체사업 부문 확대(SK하이닉스 이천/청주)
  특급 호텔 부문 확대(쉐라톤 워커힐, 신라스테이 등)
- 2021. 산업재해예방 고용노동부장관 표창
  2021년 10대 아웃소싱기업 선정
  안전보건경영시스템 ISO 45001 인증 획득
  환경경영시스템 ISO 14001 인증 획득
  ISSA CMI교육 도입 및 CIMS 인증 획득
- 2022. 재해경감 우수기업 인증 취득
  ESG 지속가능경영보고서 발간
- 2023. 한국HR서비스산업대상 산업선도부문 수상
  UNGC (유엔글로벌콤팩트) 가입
  CIMS WITH HONORS 인증 획득
  KT AI첨단 로봇 활용 MOU 체결
  ESG 경영시스템 인증 획득(국내 최초 1호)
- 2024. ISO 37001 부패방지 경영시스템 인증 획득
  ISO 37301 규범준수 경영시스템 인증 획득
- 2025. 고용노동부 주관 일생활 균형 우수기업 인증 획득
  한국HR서비스산업대상 HR서비스기업 대상 수상
  2025 한국 아웃소싱 리딩컴퍼니 선정
  대한민국 아웃소싱산업 선도기업 특별상 수상

■■■ 대표자 프로필
이름 : 박희영
학력 : 경희대학교 가정관리학과 졸업
경력 : 現 (주)발렉스서비스 대표이사
　　　前 (주)팬택 경영관리본부
　　　前 (주)발렉스서비스 경영지원본부장
　　　前 (주)피앤에스네트웍스 해상운영본부장
경영방침 : 사람중심 경영, 기술중심 경영, 성과중심 경영

■■■ 회사 및 서비스 소개
발렉스서비스는 2010년 설립 이후 임직원 6,800명, 매출 3,560억원(2025년 말 기준)으로 성장하며 업계의 견고한 양적 성장과 질적 혁신을 이뤄왔습니다.
세계청결협회(ISSA) 가입 및 CIMS with HONORS 인증을 기반으로 선진화된 Hygiene Service(청결·위생 통합관리) 체계를 구축하였으며, CMI 미화전문가 교육을 통해 내부 전문가를 육성하여 안전하고 위생적인 서비스 환경을 제공하고 있습니다.
당사는 가치향상 전문가(Value Adding Expert)로서 고객사의 핵심사업 가치를 높이는 데 힘쓰고 있으며, 이러한 성장을 바탕으로 장애인 고용 확대, 공익재단 후원 등 사회적 가치 실현과 함께 지속가능경영보고서 발간, UNGC 가입, 국내 최초 ESG 경영시스템 인증을 통해 ESG 기반의 지속가능경영도 체계적으로 강화해 나가고 있습니다.
발렉스서비스는 앞으로도 전문성과 기술을 기반으로 한 체계적 시스템, 고객의 가치 성장을 이끄는 전문가로서의 역량, 그리고 차별화된 서비스 품질을 통해 고객 여러분께 최고의 비즈니스 파트너로서 역할을 다하겠습니다.

(주)서울커뮤니케이션
www.scman.co.kr

대표	강건식
전화	02-501-1967
팩스	02-501-1969
이메일	kjy@scman.co.kr

■ 회사주소
본사 : 경기도 과천시 관문로 92, 101동 2003~2005호
(중앙동, 힐스테이트 과천중앙)

■ 설립 및 자본금
설립년 : 1994년 02월
자본금 : 10억원

■ 매출실적
2024년 : 200억원
2025년(예상) : 210억원

■ 종업원현황
총원 : 500명

■ 아웃소싱 서비스
인재파견, 채용대행, 헤드헌팅

■ 주 거래 업종
제조, 금융, 유통, 외국계기업, 공공기관 등

■ 주 거래 기업
신한카드, 한국자산관리공사, 현대백화점, AK백화점,
대림자동차, 동부그룹 등 40여개 업체

■ 지사 및 계열사
부산지사 051-468-1967
청주지사 043-250-1967
평택지사 031-686-3246

■ 임직원 연락처
HR사업부 한장현 이사 010-5598-1967

■ 기업연혁
1994. 02 (주)서울커뮤니케이션 설립
1998. 07 근로자파견업 허가(노동부)
1999. 09 경비업허가(경찰청)
2005. 02 LG정보통신 협력사 평가 우수
2008. 01 열린사이버대학교 산업체 위탁교육 협약 체결
2009. 03 모범납세자 표창
2010. 06 국민연금관리공단 감사장 수상
       12 LG전자 연구소 파견 우수협력사 선정
2011. 04 현대백화점 협력사 공로상 수상
2012. 09 건강보험공단 감사장/아웃소싱서비스 고객만족대상 수상
2013. 09 사이버한국외국어대학교 산업체 위탁교육 협약 체결
2014. 05 자체 인사급여프로그램 추가개발 및 구축
       05 위험성평가 우수사업장 선정 (주관_한국산업안전보건공단)
2017. 08 안전보건경영시스템 인증 획득 (주관_안전보건공단)
       11 중소기업청 경영혁신형 인증 획득
2018. 04 2018년 HR우수서비스기업 인증 수상(주관_한국경총)
       07 씀씀이 바른 기업 선정(주관_대한적십자사)
       09 근로자보호 클린기업인증 수상
2019. 06 사내 인트라넷 구축
2020. 09 위험성평가 우수사업장 선정 (주관_한국산업안전보건공단)
2021. 01 적십자회원유공장 금장 수상 (주관_대한적십자사)
       06 유연근무제 도입
       10 한국열린사이버대학 산학협력 체결
2022. 09 전자근로계약 도입
2023. 01 본사 과천 이전
2024. 02 전산시스템 신규 구축
2025. 01 한화 계열사, 코스닥상장 대기업 등 신규계약
       09 근로자보호 클린기업인증 수상

■ 대표자 프로필
이름 : 강건식
학력 : 중앙대학교 졸업
경력 : 현대그룹
사훈 : 근면, 성실, 협동
경영방침 : 무한한 도전정신, 지속적 자기혁신, 확고한 경쟁우위

■ 회사 및 서비스 소개
서울커뮤니케이션은 서울 본사 및 3개 지방지사와 3개 지방사무소를 직영 시스템하에 국내 50여개 대기업, 코스닥업체 및 외국계 회사에 HR 맞춤형 서비스를 제공하고 있으며, 내실있는 경영을 하고 있습니다.
1994년 회사 창립 후 HR서비스분야 노하우와 체계적인 인사관리 시스템을 구축하고 HR관련 전문성 확보를 위해 인재파견지도사, 직업상담사, TM강사, 경비지도사 등의 관련자격증을 갖춘 잡매니저가 고객사 및 근무자에게 상시 인사 관리 서비스를 지원하고 있습니다.
그리고 "기업이 사람이다"라는 경영방침을 모토로 직원대출, 우수직원 포상, 자기계발교육지원, 정년연장, 사이버대학 위탁교육, 동호회 지원 등 다양한 복리후생 및 교육제도를 통하여 고객과 직원의 만족도 향상을 최우선하고 있습니다.
한편, 기업의 사회적 책임을 다하기 위해 국제구호단체 및 장애인종합복지관 정기결연 등 사회봉사활동도 병행하고 있습니다.
이러한 다년간의 활동으로 HR서비스 관련 전문성을 인정받아 고용노동부와 통계청으로부터 표준사업장으로 지정되어 각종 표본 통계자료를 제공하고 있으며, 다양한 고객사로부터 유통 및 판촉 아웃소싱 등 여러 분야별 서비스 관련 많은 포상을 수상하게 되었습니다.

생산제조 | 301

(주)세종HR

www.sejonghr.com

대표	이상민
전화	042-528-9114
팩스	042-528-9115
이메일	jdlsm@sejonghr.com

■■■ 회사주소
대전광역시 서구 한밭대로 570번길 14, 4층

■■■ 설립 및 자본금
설립년 : 2010년
자본금 : 10억원

■■■ 매출실적
2023년 : 206억원
2024년 : 212억원

■■■ 종업원현황
총원 : 1,077명 / 관리 : 18명 / 파견 : 172명 / 도급 : 887명

■■■ 아웃소싱 서비스
근로자 파견 / 채용대행 / 헤드헌팅 / 교육사업 / 아웃소싱(생산, 노무, 콜센터, 병원, 총무인사, 건물 및 시설관리, 경비, 미화, 주차, 식당, 운전)

■■■ 주 거래 업종
공공기관, 정부출연기관, 대학, 병원, 제조, 서비스, 금융 등

■■■ 주 거래 기업
소상공인시장진흥공단, 한국산림복지진흥원, 한국특허정보원, 한국연구재단, 한국생명공학연구원, 한국토지주택공사, 한국원자력연구원, 한국보건복지인력개발원, 골프존, GS리테일, 미디어월, 한국보훈복지의료공단, 한국기계연구원, CBS, 대전광역시 시설관리공단, 대전신용보증재단

■■■ 지사 및 계열사
계열사 : 주식회사 사람마중, 주식회사 이프리, 하랑커뮤니티

■■■ 임직원 연락처
대표이사 이상민 010-4102-8880

■■■ 기업연혁
2010. 세종HR 법인 설립, 위생관리용역업 영업신고, 시설경비업 허가, 근로자파견사업 허가
2012. 국내유료직업소개업 허가, 전시용역사업자 허가
2014. 경영혁신형중소기업(메인비즈) 인증
2016. 신용보증기업 BEST서비스기업 선정
2018. 해외유료직업소개업 허가
2022. 우수중소기업인 표창(대전광역시장)

■■■ 대표자 프로필
이름 : 이상민
학력 : 대전고등학교 졸업, 배재대학교 졸업, 대전대학교 최고경영자과정 수료
경력 : 중도일보사, (주)엠앤비
경영방침 : 고객사와 함께 신뢰와 협력을 바탕으로 성장합니다.

■■■ 회사 및 서비스 소개
토탈아웃소싱 전문기업 (주)세종HR입니다.
21C의 변화하는 경영환경 속에서 기업은 지속적인 성장에 필수적인 경쟁력 확보를 위하여 선택과 집중을 통한 핵심역량의 강화가 절실히 요구되고 있습니다. 따라서 효과적인 아웃소싱은 이미 기업 성장 전략의 선택이 아닌 필수조건으로 자리매김하고 있습니다.
(주)세종HR은 대전, 충남·북에 기반을 둔 인재파견, 아웃소싱, 헤드헌팅, 채용대행 부문 등의 인재 종합서비스 전문회사입니다. 동종업계에서 다년간의 경력을 쌓아온 전문가들이 지역 내 특성에 걸맞은 맞춤시스템으로 인재에게는 최적의 일자리를 기업에게는 최고의 인재를 적재적소에 배치하고 있습니다.
그 간의 오랜 경험으로 쌓아온 전문적 지식이란 바탕에 젊은 패기와 뜨거운 가슴을 더하여 최선을 다하는 대전 일등기업이 되겠습니다.

(주)앤트워크
www.앤트워크.com

대 표	최은석
전 화	031-433-8252
팩 스	031-433-8256
이메일	antwork0302@naver.com

■■■ 회사주소
경기도 시흥시 정왕천로 3889번길 13, 101호

■■■ 설립 및 자본금
설립 : 2021년
자본금 : 1억원

■■■ 매출실적
2023년 예상 : 100억원

■■■ 종업원현황
총원 : 150명

■■■ 아웃소싱 서비스
인력파견, 생산제조, 직업소개업, 도급/업무위탁, 헤드헌팅/채용대행, 경비/미화/소독/방역

■■■ 주 거래 업종
서비스, 금융, 제조, 건설, 유통, 물류, 공공기관 등

■■■ 주 거래 기업
베스트셋, 아름일렉트로닉스, 에스엠트로닉스, 넥스랩, 비에이치플랙스, 뉴플랙스, 유진판지, 영풍전자, 코멧센서, 파스토, 파스텔스튜디오, 하이진안테나, 유베이스, 뉴원시스템즈, 텍넷

■■■ 지사 및 계열사
전국 네트워크 구성

■■■ 임직원 연락처
최은석 이사 031-433-8252

■■■ 기업연혁
- 2021. 03 (주)앤트워크 설립
  - 근로자파견사업 허가 취득
  - 유료직업소개업 허가 취득
  - 여성기업확인서 인증 취득
- 04 전자도급 사업 개시
- 2022. 07 아웃소싱플랫폼 채용컨소시엄 등록
  - 건물위생관리영업신고증 취득
- 10 생산제조업체 도급계약 다수 체결
- 2023. 06 시설경비업 허가 취득
- 07 소독업 신고증 취득

■■■ 대표자 프로필
이름 : 최은석
경력 : (주)앤트워크 대표이사
경영방침 : "기본을 지키고 혁신을 이루는 기업"

■■■ 회사 및 서비스 소개
앤트워크는 최근 안산, 시흥지역을 기반으로 생산제조분야 인력도급, 파견, 채용대행에 이르기까지 아웃소싱 전문기업으로 두각을 보이고 있는 기업이다.

아웃소싱 토털 인프라를 구축하여 고객과 사회의 가치를 창조하는 초일류 기업으로 끊임없는 변화를 통해 혁신적인 시스템과 획기적인 서비스를 제공하여 고객에게는 비용절감과 이익확대라는 목표실현을 구현하고, 제조생산 전문 인재비즈니스 기업으로써 제조생산분야 아웃소싱서비스의 모범적인 기준을 제시해 가고 있다.

또한 근로자 인성교육 및 신 경영기법으로 기업 경쟁력의 효율화에 앞서며 'NO.1 아웃소싱' 기업이 되도록 끊임없는 노력과 최선의 결과로 고객감동을 이끌어내기 위해 최선을 다하고 있습니다.

앤트워크는 고객의 이익창출의 관점에서 생각하고 행동하며, 고객이 곧 가치창출이라는 기업이념으로 고객이 요청하는 모든 사항들을 실현시키는 신개념의 토털아웃소싱서비스 인프라 시스템을 사업영역으로 추구해 나갈 계획입니다.

주요서비스
■ 경비
- 건물내의 발생 가능한 사고들로부터 시설물의 인적,물적 가치 보호
- 건물내 거주자의 침입방지 및 보안 관제 등의 주 업무 제공
- 각종 안전사고에 대한 예방활동
- 건물별 주차장에 적합한 관리 시스템

■ 미화
- 건물여건에 맞는 청소기법 개발로 건물수명 연장 및 경비절감
- 전문업자의 기계화 청소
- 올바른 기구와 약품사용으로 건물 및 비품의 수명연장
- 청소관리를 위한 별도의 소요인원 감소

■ 소독
- 환경부의 허가를 받은 인증된 제품만을 사용
- 오염 발생 구역 관리 및 예방을 위한 전문 살균
- 사업장 상황에 맞게 맞춤 처방
- 인체에 안전한 성분으로 확인된 전문 약제만을 사용

(주)에이치알다인

www.hrdain.co.kr

대 표	배영호
전 화	1522-0255
팩 스	042-625-8855
이메일	hrdain8770@daum.net

■■■ 회사주소
대전광역시 대덕구 우암로 486번길 8 (비래동, 다인빌딩)

■■■ 설립 및 자본금
설립년 : 2002년
자본금 : 1억원

■■■ 매출실적
2024년 : 65억원
2025년(예상) : 80억원

■■■ 종업원현황
총원 : 280명 / 관리 : 10명 / 파견 : 150명 / 도급 : 130명

■■■ 아웃소싱 서비스
아웃소싱, 인재파견, 채용대행, 헤드헌팅, 병원관리, 간병·요양사업, 경비·미화·시설관리, 사무지원, 연구보조, 판매관리, 콜센터, IT분야, 채권관리, 생산·물류(상하차, 포장, 배송, 검품), 입/출고관리, 기타(드라이버, 안내도우미, 건물청소원, 주유원, 디자이너, 회계사, 세무사, 간병사)

■■■ 주 거래 업종
제조·생산, 사무지원, 연구보조, 판매관리, 콜센터, 채권관리, 시설관리, 생산/물류, IT분야, 정부/공공부분, 의료·간병, 건물관리, 프랜차이즈 채용대행, 고용서비스업, 건물소독, 헤드헌팅

■■■ 주 거래 기업
화신, 새화신, CJ제일제당, 한국해양교통안전공단, 한국산림복지진흥원, 한국핵융합에너지연구원, 국가과학기술연구회, 한국기초과학지원연구원, 한국전력공사, 한화, 버거킹, 투썸플레이스, CGV, 던킨도너츠, 제이팜스, 농협자산관리회사, 롯데제과, 신세계백화점, 솔브레인, LTR, SK플래닛, 애경산업, CMB, MEDIAWILL, 에스에너지, 한국수출포장, MACROCARE, JARDIN, SINKLEADER, BLT, (주)MTG, 기린산업, 에코마스터, 참이엔지

■■■ 지사 및 계열사
지사 : 서울, 경기, 충남, 충북, 경북

■■■ 임직원 연락처
백인왕 경영지원팀총괄팀장	042-624-9955
배영호 경영지원팀	042-672-8800

■■■ 기업연혁
2002. 07 주식회사 다인정보 설립
　　　08 사원종합프로그램개발(인사, 노무, 회계, 급여체계화 작업)
　　　　 유료직업소개사업허가득
　　　09 서울지사 설립
　　　　 사보 다인정보자이크 창간호 발행
2006. 08 의료아웃소실 사업부 개설
　　　09 2006 아웃소싱 100대기업 선정(아웃소싱타임스 선정)
2007. 09 2007 아웃소싱 100대기업 선정(아웃소싱타임스 선정)
2008. 10 주식회사 휴먼드림
2010. 02 고용노동부 취업성공패키지 지원사업 민간위탁기관 선정
　　　03 근로복지공단 산재장애인 취업알선 위탁기관 선정
　　　04 2010 아웃소싱 100대기업 선정(아웃소싱타임스 선정)
2016. 04 주식회사 에이치알다인 설립
2021. 06 주식회사 다인파트너스 설립

■■■ 대표자 프로필
이름 : 배영호
학력 : 한밭대학교 산업경영공학과 졸업
경력 : 보문고등학교 총 학생회장
　　　육군 21사단 중위 전역
　　　다인파트너스 대표이사
　　　에이치알다인 대표이사
경영방침 : '신뢰추구', '정도지향', '변화주도'

■■■ 회사 및 서비스 소개
(주)에이치알다인은 20여년간 쌓아온 신뢰와 Know-How, 자체 사옥과 무차입 경영을 통한 안정적인 재무구조 및 신용을 바탕으로 전국지사망을 개설하여 대한민국의 명실상부한 아웃소싱 기업으로 꾸준히 성장해 왔습니다.
우리는 고객사의 경쟁력 향상을 위한 인재를 제공하고, 인원 관리의 편리성과 비용 절감을 위해 노력하고 있으며, 적재적소에 필요한 인재를 파견하여 고객사가 본 취지에 맞는 업무에 집중할 수 있도록 최선을 다하고 있습니다.
우리에게 고객은 기업과 인재입니다.
기업에는 기업이념 및 자사 인적자원관리시스템(HRMS)을 바탕으로 하여 최적의 인재를 제공하고, 개인에게는 다양한 경력개발 및 지원을 통해 '고용창출', '고용안정'을 실현하는 기업이 되기 위해 노력하겠습니다.
적절한 인재를 채용하는 것이 곧 기업의 경쟁력이 되는 시대입니다.
기업과 인재 모두가 만족할 수 있도록 (주)에이치알다인이 함께하겠습니다.

(주)에이플러스원

www.aplusone.net

대표	한준환
전화	010-3667-0897
팩스	031-267-0255
이메일	aplusone@aplusone.kr

■■■ 회사주소
경기도 수원시 팔달구 장다리로306번길 26, 평은빌딩 407호

■■■ 설립 및 자본금
설립년 : 2000년
자본금 : 3억원

■■■ 매출실적
2024년 : 300억원
2025년(예상) : 300억원

■■■ 종업원현황
총원: 1,500명

■■■ 아웃소싱 서비스
생산도급관리 / 물류유통관리 / 빌딩.종합건물관리 / 경비보안서비스
미화도급관리 / 제약공단관리 / 위락시설관리 / 헤드헌팅 / 근로자파견

■■■ 주 거래 기업
(주)녹십자 제1공장(오창), 제2공장(음성) / (주)얀센백신 / 향남제약공단
(주)한국애보트진단 / (주)한국얀센 / 안국약품(주) / 하나제약(주)
SK바이오사이언스(주) / (주)바이오노트 / (주)한국존슨앤드존슨 그 외 다수

■■■ 지사 및 계열사
충북지사 / 동탄사무소 / 구미사무소

■■■ 임직원 연락처
최문규 영업 부사장
이기호 전무이사
민경수 상무이사
이남환 이사

■■■ 기업연혁
2000. 12 (주)에이플러스원 법인설립(창립)
2001. 01 위생관리업, 소독업, 경비업 허가
2001. 02 경비협회 회원
2001. 03 경비업(개시) 진출
2001. 05 방역협회 회원
2001. 05 시설관리업(개시) 진출
2001. 06 생산도급업(개시) 진출
2006. 12 사랑의 소독봉사반 운영표창
2016. 03 성실납세자 인증 표창
2017. 06 일학습병형제사업 약정
2017. 03 정부고용촉진관련 협약
2019. 06 자회사형 장애인표준사업장 협약

■■■ 대표자 프로필
이름 : 한준환
학력 : 1975년 2월 충남대학교 문리대 철학과 졸업
경력 : 1975년 (주)녹십자 입사
　　　 1989년 (주)녹십자 영업관리이사
　　　 1990년 (주)녹십자 생산본부장
　　　 1995년 중국안휘녹십자 현지법인 대표이사
　　　 1997년 (주)녹십자 일반관리 본부장
　　　 2004년 (주)녹십자 상근감사
　　　 2007년 (주)녹십자EM 대표이사
　　　 2010년 (주)에이플러스원 대표이사
경영방침 : 주인의식을 바탕으로, 고객신뢰와 감동을 통하여 종업원 사랑과 국가사랑에 철저한, 모범기업으로 거듭나자.

■■■ 회사 및 서비스 소개
(주)에이플러스원의 직원들은 최우량 상장기업에서 30여년간 관련분야의 KNOW-HOW를 경험한 베테랑들이 모여서 출발하였습니다.
오랜 직무경험과 축적된 인력관리 운영시스템을 기반으로 인재파견, 생산도급, 헤드헌팅, 채용대행, 물류/유통 등 토탈 아웃소싱 전문화 기업입니다.
21세기 기업은 핵심역량 경영과 더불어 경쟁력 개선, 경비절감, 안정적인 노사관리 등 기업 경쟁력을 좌우하는 수단의 하나로 아웃소싱을 선택하고 있으며, 아웃소싱을 통한 기업 합리화가 성공하기 위해서는 사용업체 최고 경영자의 개선의지와 결과에 신뢰할 수 있는 PARTNER의 선정입니다.
"최고의 가치는 신용이다" 라는 모토로 고객사가 원하는 아웃소싱 분야에 대한 고민을 해결해드리겠습니다.

(주)엔에스홀딩스
www.ns-holdings.co.kr

대표	이행수
전화	02-842-1373
팩스	02-842-8512
이메일	hresume@hstaffs.co.kr

회사주소
서울시 영등포구 대림로 29가길 15-1 (대림동 733-4 한진빌딩)

설립 및 자본금
설립년 : 1986년
자본금 : 5억원

매출실적
2024년: 450억원
2025년(예정): 500억원

종업원현황
총원 : 1,750명 (관리 : 55명, 파견 : 600명, 도급 : 1,100명)

아웃소싱 서비스
토탈아웃소싱
 - 인재파견(사무, 안내, 비서, 운전, 고객상담, 텔레마케터 등)
 - 생산도급(제지, 식품, 전자, 부품 등) / 물류도급(도서, 종합몰 등)
 - 시설관리(경비, 미화 등)
 - 시설위탁운영(휴게소, 골프장, 휴게소, 레저시설 등)
 - 유통, 판촉위탁운영(제조사 유명브랜드 판매, 판촉 등)
 - 케이터링 도급(영양사, 조리사, 조리원 등)

주 거래 업종
제조업, 서비스업, 학교관공서, 관광/숙박업 등

주 거래 기업
삼성웰스토리, 롯데글로벌로지스, 종근당, 깨끗한나라, 면사랑, 아워홈, 동원F&B, 돌코리아, 아모레퍼시픽, 대신정기화물, 대웅제약, 보령제약, 양천구시설관리공단, 고려인삼공사, 양지사, 다이소, 유니클로, 골프존, 오리온, 휴게소, 한화리조트 등 전국 강소, 중견, 중소기업 다수 거래중

지사 및 계열사
지사/계열사 : 안양, 인천, 일산, 수원, 평택, 천안, 대전, 부산, 청주, 익산, 곡성, 보령

임직원 연락처
경영총괄 실장 이미정 010-8737-8746
마케팅총괄 본부장 이승석 010-7622-7322

기업연혁
1986. 05 유통분야(백화점) 아웃소싱 전문 한진상사 설립
1991. 12 롯데백화점 잠실점, 월드점, 미도파, 신세계백화점 도급조달
1998. 09 근로자파견사업허가 취득(서울남부 98-32)
1999. 01 아모레퍼시픽 물류도급계약 체결
2004. 01 기아, 현대자동차 협력사 자동차 부품 제조도급계약 체결
2005. 10 양지사외 제책생산도급 및 도서물류도급계약 체결
2006. 10 팬택, LG전자, 삼성전자 1차밴더 휴대폰 부품제조 도급계약 체결
2010. 06 건물종합관리 및 시설경비용역업 허가 취득(허가번호 제2896호)
2012. 01 동원F&B 판촉업무 위탁 계약 체결
2013. 05 종근당 도급 계약 체결
2015. 01 골프장 위탁 운영 계약 체결
2017. 04 깨끗한나라 생산도급계약 체결
2018. 05 유니클로 물류도급 계약 체결
2019. 01 (주)엔에스홀딩스 법인 설립
2022. 01 다이소 HR서비스계약 체결
2023. 09 삼성웰스토리 채용대행 계약 체결/ 가사서비스 사업 개시
2024. 08 경주 블루원 워터파크 주차장관리 위탁계약 체결
2013~2025. 대한민국 100대 아웃소싱기업 선정

대표자 프로필
이름 : 이행수
경력 : 서울중앙통신대학 수료
　　　 금성출판사 본사 심사부(춘천, 원주 지부장 역임)
　　　 (주)한진스탭스 회장 역임
　　　 現 (주)엔에스홀딩스 회장
경영방침 : 직영조직을 바탕으로 초심을 잃지 않고 최고의 인재를 양성하여 일자리 창출에 앞장선다.

회사 및 서비스 소개
엔에스홀딩스는 1986년 설립 이후 서비스위탁, 유통, 물류, 시설관리, 제조, 임가공 등 다양한 산업 분야에서 종합 아웃소싱 서비스를 제공해온 기업입니다. 파견, 도급, 위탁 등의 서비스를 통해 고객사의 요구에 맞는 맞춤형 솔루션을 제공하고 있습니다.
그리고 ISO 45001, 9001, 14001 인증을 통해 품질, 환경, 안전 관리를 엄격히 준수하며 관련 법규를 철저히 따르고 있습니다. 이러한 인증을 기반으로 고품질의 서비스 제공과 작업 안전 확보를 최우선으로 하여 고객과 파트너의 신뢰를 받고 있습니다.
4차 산업혁명과 지식정보화 시대에 발맞춰, 엔에스홀딩스는 혁신적이고 효율적인 경영 전략을 통해 변화하는 시장 환경에 유연하게 대응하고 있으며, 지속 가능한 성장을 목표로 삼고 있습니다. 또한 기업 비전과 성과를 파트너들과 공유하며 상생의 노사 관계 구축에 힘쓰고 있습니다.
39년간 쌓아온 경험과 노하우를 바탕으로 엔에스홀딩스는 앞으로도 고객과 파트너의 성공을 돕는 신뢰받는 동반자로서 종합 아웃소싱 분야에서의 경쟁력을 더욱 강화해 나가겠습니다.

(주)우신

www.wsjob.co.kr

대표	조윤제
전화	031-222-0037
팩스	031-222-0223
이메일	ws5861@hanmail.net

■ 회사주소
경기도 수원시 영통구 월드컵로 150번길 10(ym빌딩 5층)

■ 설립 및 자본금
설립 : 2004년
자본 : 4억원

■ 매출실적
2025년: 496억원

■ 종업원현황
총원 : 1,530명 / 관리 : 30명 / 파견 : 300명 / 도급 : 1,200명

■ 아웃소싱 서비스
도급 (제조업, 물류센터, 건물관리 등), 근로자파견 (판매직 등 32개 허용업종), 채용대행 (신입사원), 헤드헌팅 (전문인력)

■ 주 거래 업종
제조(식품, 화장품, 자동차, 전자제품등), 서비스업, 물류, 경비, 청소 등

■ 주 거래 기업
GS리테일, 롯데알미늄주식회사, 우창산업주식회사, 마니커F&G, (주)인알파코리아, (주)대우루컴즈, 한국민속촌, 진양밸리골프클럽, 지산골프장, 신원컨트리클럽, 남부컨트리클럽, BGF로지스, 롯데마트, 롯데슈퍼, 롯데로지스틱스, 다이소, 후레쉬서브, 롯데푸드, 우리델리카, 델리캡, 조이푸드, 푸드코아, 경인일보, 동방푸드마스타 등

■ 지사 및 계열사
지 사 : 오산, 성남, 용인, 남양주, 진천
계열사 : (주)우신에어텍, (주)우신에스티, (주)우신푸드

■ 임직원 연락처
상무이사 길문석 010-8324-0037

■ 기업연혁
2004. 07 (주)우신코리아 설립
2005. 04 한국민속촌 도급 계약 체결
2006. 05 근로자파견업 허가 (노동부 수원지청)
       06 일반경비업 허가 (경기경찰청)
2007. 03 명예고용평등감독관 위촉업체 선정 (노동부 수원지청)
2009. 08 (주)멜파스 도급계약 체결
2010. 01 (주)우신에스티 오산법인 설립(식품사업)
2011. 09 (주)코스맥코리아 설립(화장품용기제조업)
2012. 01 인알파코리아 도급계약
2013. 02 (주)우신에프에스 설립 (육가공제조업)
       11 수원시장애인복지관 매년 후원계약
2014. 01 (주)파인드코리아 설립
       02 파파존스 도급계약
       03 BGF안성센터 도급계약
       07 창립10주년 기념행사
       09 2014 대한민국아웃소싱서비스 고객만족 대상 (생산제조부문)
2015. 09 (주)우리델리카 도급 계약 (GS편의점 식품제조)
       10 (주)우신에프엔텍 설립 (제조업)
       11 청주 YWCA여성인력 개발센터 업무협약 체결
2016. 03 (주)조이푸드 도급계약
       08 본사 사옥신축 이전 (수원시 영통구 원천동 소재)
          (주)우신코리아 (주)우신으로 상호변경
2017. 01 (주)델리캡 도급계약체결 (GS편의점 식품제조)
       12 GS리테일 계열사 우수협력업체 감사패 수상
2018. 01 경인일보 도급, 파견계약 체결
       11 지산리조트 도급, 파견계약 체결

■ 대표자 프로필
이름 : 조윤제
학력 : 선린상고/ 국제사이버대학 경영대학 졸업
경력 : (주)GFS 총무과장
       (주)서원 관리팀장
       (주)우신에어텍 대표이사

■ 회사 및 서비스 소개
급변하는 기업환경속에서 고용시장의 유연성 및 전문성의 기초로 다변화, 전문화 되어가는 산업사회에 능동적으로 대처할 수 있는 인재의 발굴 및 전문인력을 육성하는 아웃소싱 전문기업입니다. 국내외 경제상황의 급격한 변화에 따른 경쟁의 심화로 과거처럼 기업 내 활동의 전부, 전분야에 최고를 유지하기 어려운 현실입니다. 이에 고객사는 유력한 분야 및 핵심역량에 내부 인적자원을 집중하십시오. 그 나머지 활동은 당사에서 책임지겠습니다.
제조업, 물류센터, 관광레저 등 고객서비스 업종의 특화된 전문운영으로 생산도급, 물류도급, 인재파견, 채용대행, 헤드헌팅에 걸친 종합 HR 아웃소싱 전문기업입니다. 향후, 전문아웃소싱 기법의 지속적인 개발 및 우수한 전문인력의 발굴과 육성을 통하여 효율적이고 합리적인 인사관리를 지원하는 종합인재관리 서비스전문기업으로 고객사의 기업활동을 Support하는 경영파트너로 고객사와 함께하겠습니다.

위드인홀딩스그룹

www.withinjob.co.kr

대표	전재욱
전화	052-223-5544
팩스	052-223-5542
이메일	jjw@withinjob.co.kr

■■■ 회사주소
울산광역시 남구 봉월로 167 태화강엑슬루타워 오피스텔 404호~408호

■■■ 설립 및 자본금
설립년 : 2010년

자금 : 5억원

■■■ 매출실적
2024년 : 450억원

2025년(예정) : 500억원

■■■ 종업원현황
총원 : 600명

■■■ 아웃소싱 서비스
생산 도급, 포장 /물류 도급, 근로자 파견, 채용 대행, 유통 /판매 /판촉, 경비, 미화, 일용직

■■■ 주 거래 기업
자동차 부품, 화학 제품, 전자 부품, 식품 제조 업체 등 다수

■■■ 지사 및 계열사
지 사 : 부산지사, 광주지사

계열사 : (주)위드인, (주)위드인잡, (주)위드테크, (주)신하산업, (주)린코퍼레이션, (주)을경산업, (주)매일안전물산

■■■ 임직원 연락처
전재욱 대표　　　　052-223-5544

임대호 본부장　　　010-6234-4421

■■■ 기업연혁
2010. 07 (주)위드인 설립 대동하이렉스(주) 울산, 광주공장 생산 도급 운영

08 롯데백화점울산 파견운영 관리

2012. 02 (주)위드인잡 설립(파견, 경비 허가 법인)

04 울산축산농협 판매도급운영 관리

2013.　　(주)대동산업 / (주)대동산업 광주 / (주)위드테크 설립

2014. 01 (주)경동도시가스 파견 운영

06 (주)현대미포조선 파견 운영

2020. 01 (주)SL ADAS 사업부 생산 도급 운영

03 롯데정밀화학 클리닝 공사 진행

2021. 02 HDC현대EP(주) 울산공장 포장 도급 운영

03 롯데정밀화학 클리닝 공사 진행

2021. 06 한국이네오스스티롤루션(주) 포장 도급 운영

2022. 05 ISO 9001, ISO 45001 인증

07 (주)동원엔텍 생산 도급 운영

2023. 01 씨아이엠(주) 자동차 부품 서열 도급 운영

03 HDC폴리올(주) 포장/출하 도급 운영

06 한국이네오스스티롤루션(주) 출하 도급 운영

08 (주)위드테크 장안 공장 설립(자동차 고무 부품 생산)

10 동성케미컬 생산 도급 운영

2024. 01 KCC 울산 영업소 미화 도급 운영

03 (주)위드테크 르노삼성 오로라 프로젝트 수주

07 롯데정밀화학 미화, 공정지원 도급 운영

2025. 01 KCC 페인트 하역 도급 운영

한국이네오스스티롤루션(주) QC 도급 운영

■■■ 대표자 프로필
이름 : 전재욱

경력 : 現)위드인홀딩스그룹 대표이사

前) (주)위드스텝스 울산 지사장 역임

울산카네기 총동문회 2019년 15대 사무총장

경상일보 BCS총동문회 2020년 3대 사무총장

울산카네기 총동문회 21대 회장

경영방침 : 사람을 우선으로 하는 기업

■■■ 회사 및 서비스 소개
영남, 울산 권역을 기반으로 사업을 확대중인 위드인홀딩스그룹은 근로자 파견 및 도급 분야에서 전문성을 인정받는 아웃소싱 기업이다. 특히 자동차 부품 , 화학 제품 생산 및 포장도급 분야에서 가장 활발한 서비스를 운영 중이다. 위드인홀딩스그룹의 강점은 아웃소싱분야 25년 이상 경력의 전문 CEO의 책임 경영과 고객의 니즈와 리스크를 정확하게 분석하여 최적의 서비스를 제공하는 실무진들에게서 오는 높은 신뢰에 바탕을 둔다.

최초 인력 위주의 사업에서 시작해 다양한 도급 분야의 전문성을 인정받아 기술역량 우수기업으로 인증을 받았으며, 최근에는 사내 도급에서 한발 더 나아가 독립된 제조 공장 운영, 산업 안전용품 판매 사업등으로 사업 영역을 확대하고 있다.

ISO 9001, ISO 45001 인증, 관리직 전원 노무 전문가 자격 취득, 중대 재해 예방팀을 별도로 운영하는 등 품질, 안전/보건 경영에 특화된 기업이라 평가 받고 있으며, 현장 스텝과의 끊임없는 소통을 필수 과제로 삼고 각종 노무 리스크에도 효과적으로 대응하고 있다.

(주)유안에이치알
www.uanhr.com

대표	손정명
전화	02-425-0206
팩스	02-425-0286
이메일	uanhr@uanhr.com

■■■ 회사주소
서울 서초구 강남대로327 대룡서초타워 20F

■■■ 설립 및 자본금
설립일 : 2009년
자본금 : 10억원

■■■ 매출실적
2024년 : 2,544억원
2025년(예상) : 3,572억원

■■■ 종업원현황
총원 : 7,560명 / 관리 : 72명 / 파견 : 533명 / 도급 : 7,027명

■■■ 아웃소싱 서비스
인재파견, 컨택센터, 생산·제조, 단체급식, 판매·판촉, 의료·풀필먼트, 택배, 수·배송, 3PL, 건물종합관리, 자산임대관리, 면세사업, 공항사업, 전기차 충전사업

■■■ 주 거래 업종
금융, 공공기관, 제조업, 식음료·식품, 물류·유통, 판매·판촉, 호텔·레저, 의료·바이오, IT·정보통신, 컨택센터, 전자·가전, 건설·엔지니어링, 공항·면세, 전기차 충전, 자산임대관리

■■■ 주 거래 기업
삼성전자, 현대글로비스, CJ그룹, 한진그룹, SK그룹, LG그룹, 롯데그룹, 농협, 동원, GS그룹, KGC인삼공사, 쿠팡, 마켓컬리, 신한금융그룹, 현대캐피탈, KB금융지주, NICE평가정보, 신세계그룹, 포스코그룹, 차병원, KT, MBC, JTBC, 중앙일보, TV조선, 매일경제TV, MBN, 한화그룹, 하이킹, 카카오모빌리티, BGF, 아워홈, 매일유업 등

■■■ 지사 및 계열사
(주)유안에이치알, (주)유안로지스틱스, (주)에스유이노베이션, (주)키인솔루션

■■■ 임직원 연락처
인사기획본부   02-425-0206 (내선번호 6번)
경영지원본부   02-425-0206 (내선번호 7번)

■■■ 기업연혁
■ 2009년
- (주)유안에이치알 법인 설립
- 근로자 파견 / 위생관리 용역 / 경비업 허가 취득
■ 2010~2013년
- NH농협금융그룹 외 20개사 HR 아웃소싱 계약 체결
■ 2013~2020년
- 계열사 설립 : (주)유안로지스틱스/(주)에스유이노베이션/(주)키인솔루션
- 삼성그룹, SK그룹, 하나금융그룹, 아워홈 등 파견 및 도급 계약
■ 2023년 ~ 현재
- ISO27001 / ISO45001 / ISO37301 / ISO37001 / 클린기업 인증
- 인재파견 : 삼성그룹, SK그룹, 신한금융그룹, 각종 방송사
- 물류센터 : 롯데면세점, 삼성웰스토리, 신세계그룹, CJ대한통운 등
- 종합관리 : 롯데백화점, 홈플러스, KMPNS, 쿠팡 등
- 공공기관 : 일본대사관, 한국전력거래소 등
- 택배사업 : 한진택배, CJ대한통운 등
- 의료분야 : 가천대길병원, 차병원그룹 등
- 제조생산 : KGC인삼공사, 롯데그룹, BGF그룹 등
- 호텔/레저 : 휘닉스평창/제주, 인스파이어그룹 등
- 판매판촉/단체급식 : 아워홈그룹, 삼성웰스토리, CJ프레시웨이 등
- 운송사업 : 이랜드그룹, 농협 등

■■■ 대표자 프로필
이름 : 손정명
학력 : 경기대학교 경영학과 卒,
경력 : (주)유안에이치알 대표이사(현)
　　　(주)유안로지스틱스 대표이사(전)
　　　HR서비스산업협회 부회장(현)
　　　경기대학교 ROTC 총동문회 회장(현)

■■■ 회사 및 서비스 소개
유안에이치알은 토탈아웃소싱 전문기업으로서 인재파견, 컨택센터, 생산·제조, 판매·판촉, 물류·3PL, 시설·자산관리 등 다양한 서비스 분야를 운영하고 있습니다. 축적된 현장 운영 경험과 체계적인 관리 시스템을 기반으로 고객사의 효율성과 경쟁력 향상에 기여하고 있으며, 맞춤형 교육과 안정적인 인력 제공을 통해 신뢰받는 HR 파트너로 성장해 오고 있습니다.

유엔잡(주)
www.younjob.co.kr

대 표	김석승
전 화	02-3461-0834~7
팩 스	02-3461-0839
이메일	younjob@hanmail.net

■■■ 회사주소
서울시 서초구 강남대로 39길5. 서초동두산위브 206호

■■■ 설립 및 자본금
설립년 : 2008년
자본금 : 2억원

■■■ 매출실적
2024년 : 90억원
2025년(예상) : 95억원

■■■ 종업원현황
총원 : 300명 / 관리 : 10명 / 파견 : 50명 / 도급 : 240명

■■■ 아웃소싱 서비스
인재파견, 아웃소싱(도급, 위탁), 채용대행, 위생관리용역업, 시설경비업, 건물시설관리업

■■■ 주 거래 업종
제조, 공공기관, 금융기관, 방송사, 서비스 등

■■■ 주 거래 기업
한국화장품 제조, 한국토지주택공사, 정보통신기술협회, 과학기술인공제회, EBS미디어, CBS기독교방송, 서울기록원, A&D신용정보

■■■ 지사 및 계열사
중부지사, 경인지사

■■■ 임직원 연락처
김석승 대표이사   010-5234-4123

■■■ 기업연혁
2008. 07	한국화장품, 교보증권 업무협약 체결
2009. 06	한국토지주택공사 업무협약 체결
2010. 05	신한생명 업무협약 체결
2011. 01	우리은행 업무협약 체결
2012. 12	EBS미디어(주) 업무협약 체결
2013. 04	과학기술인공제회, 한국전력 업무협약 체결
2015. 06	한국정보통신기술협회 업무협약 체결
2016. 03	포맨해운항공 업무협약 체결
2017. 10	리본(주) 업무협약 체결
2018. 01	구로구청 업무협약 체결
04	100대 아웃소싱기업 선정
2019. 01	서울기록원 업무협약 체결
05	(주)미누스토리, (주)유셀도급 계약 체결
2021. 07	A&D신용정보 업무협약 체결
2022.	메가코스 업무협약 체결

■■■ 대표자 프로필
이름 : 김석승
학력 : 중앙대학교 대학원 수료
경력 : 농수산부, 대신생명
경영방침 : 열정, 창의, 정성

■■■ 회사 및 서비스 소개
유엔잡(주)는 종합인력서비스관리 전문 법인으로서 실무능력과 경험이 풍부한 각 분야의 전문가들이 모여 체계적인 업무수행에 만전을 기하고 있으며 언제든지 귀사가 필요로 하는 전문인력을 즉시 지원해드릴 준비가 되어 있습니다.
또한 사업주가 아웃소싱을 통한 인력의 수급으로 체계적인 인사관리 시스템을 구축함으로써 기업이 핵심분야 역량강화에 집중할 수 있도록 하는데 이념을 두고 있습니다.
기업의 고용증대와 근로자의 전문적 업무능력 향상을 위해 최선을 다하는 유엔잡(주)는 사업주와 근로자의 성실한 파트너가 되겠습니다.
저희 임직원 일동은 고객을 위해 항상 최선을 다할 것을 약속드립니다.

(주)중원컴퍼니
www.mentoline.kr

대 표	양희길
전 화	062-369-6041
팩 스	062-369-6040
이메일	jkw9988@nate.com

■■■ 회사주소
광주광역시 서구 농성동 대남대로 465 상공회의소 빌딩 404호

■■■ 설립 및 자본금
설립년: 2012년
자본금: 억원

■■■ 매출실적
2024년: 276억원
2025년(예정): 280억원

■■■ 종업원현황
총원: 610명 / 관리 : 10명 / 파견 : 200명 / 도급 : 400명

■■■ 아웃소싱 서비스
인재파견, 인력아웃소싱(도급위탁, 물류, 제조, 사무파견), 채용대행 등

■■■ 주 거래 업종
제조, 유통, 물류, 공공기관, 대학교, 서비스, 건물관리

■■■ 주 거래 기업
삼성전자, 공공기관, 삼성전자 1차 협력사, 농협하나로 클럽
광주지역 내 대학교

■■■ 지사 및 계열사
(주)중원이엔티, (주)중원실업, (주) 중원테크, (주)중원시스템

■■■ 임직원 연락처
양희길 대표이사   062-369-6041
김경욱 팀장   062-369-6041 / 010-5326-9267

■■■ 기업연혁
2010. (주)멘토라인 설립
       삼성광주전자 인력파견 계약 체결
2011. 문화체육관광부 산하 기관 미화도급계약 체결
2012. (주)내일을 여는 사람들 설립
       천안센터 설립
       천안지역 외국계 제조 회사 도급계약 체결
       농협하나로클럽 수산소포장 및 문화센터 도급계약 체결
2013. 평택센터 설립
       (주)엠티엘 법인설립
       GM대우 협력사 도급계약체결
2019. 해태제과 고향만두 도급계약 체결
2020. 베바스토코리아 도급계약 체결

■■■ 대표자 프로필
이름 : 양희길
학력 : 동국대학교 졸업
경력 : 대한생명 임원
       (주)멘토라인 대표이사
       (주)중원컴퍼니 대표이사
경영방침 : 역지사지 - 고객의 입장에서 생각하고 고객의 필요에 필요한
            서비스를 제공한다

■■■ 회사 및 서비스 소개
(주)중원컴퍼니는 2010년 (주)멘토라인을 시작으로 설립된 HR아웃소싱 전문 회사로 현재 광주, 천안, 평택에 약 600여명의 사원이 전국 각지에 근무하고 있습니다.
주요사업으로는 제조도급, 일반사무, 경비, 청소, 서비스 업무위탁 및 기타 파견 32개 업종에 대한 인재파견 서비스를 제공하고 있습니다.
(주)내일을 여는 사람들은 다양한 업무수행 및 현장중심의 관리를 통해 축적된 노하우를 바탕으로 고객사의 NEEDS에 맞는 다양한 HR서비스를 제공하고 있습니다.

(주)케이앤비이
www.dshr.co.kr

대표	김재훈
전화	032-252-9205
팩스	032-251-2000
이메일	dj01@dajobs.net

■ 회사주소
인천광역시 연수구 송도과학로32, IT센터 S동 2103호

■ 설립 및 자본금
설립년도 : 2014년
자본금 : 3억원

■ 매출실적
2024년 : 137억원
2025년(예상) : 150억원

■ 종업원현황
총원 : 500명 / 정규직 : 20명 / 파견직원 : 280명 / 도급직원 : 160명 / 계약직원 : 40명

■ 아웃소싱 서비스
생산제조, 경비, 미화, 골프장관리, 구내식당운영관리, 콜센터

■ 주 거래 기업
인천사랑병원, (주)양지사, (주)덕성, 영림임업(주), 영림산업(주), 효성중공업(주), 한국해운조합(등촌사옥, 서해지부, 여수지부, 제주지부 등), 크리스탈밸리CC, 이천실크밸리 GC, 남서울CC, 프린세스 GC 등 골프장 다수, 코오롱FnC, 코오롱글로텍, 파파모빌리티, 런드리고, 대한체육회 등

■ 지사 및 계열사
지사 : 서울지사, 청주지사, 평택지사
계열사 : (주)제임스드림센터

■ 임직원 연락처
김재훈 대표 010-2101-3901
김양천 이사 010-2941-1116

■ 기업연혁
2014. 01 법인설립 (주)아이앤비전자
2016. 04 법인명 변경 (주)케이앤비이
2017. 02 시설경비업 허가증 취득(인천지방경찰청)
2017. 03 근로자파견사업허가증 취득(중부지방고용노동청)
2018. 05 청주지사 설립
2019. 04 평택지사 설립
2021. 09 대한민국 아웃소싱고객만족대상 수상

■ 대표자 프로필
이름 : 김재훈
학력 : 단국대학교 졸업
경력 : 케이앤비이 대표이사
　　　 2019년 일자리창출 대통령표창 수상
경영방침 : 도전을 두려워 하지말자

■ 회사 및 서비스 소개
케이앤비이는 인천 등 경기권역을 기반으로 전국 산업단지내 생산제조 도급과 함께 경비청소 등 건물관리, 구내식당 운영관리, 콜센터 등과 골프장 운영관리, 근로자파견 업무로 아웃소싱 사업기반을 확장해 가고 있는 기업이다.

특히 생산제조 분야의 완전도급 운영노하우는 사용기업에서도 호평 받을 정도로 경쟁력을 확보하고 있다.

사용기업의 경영유연성 확보를 통해 경쟁력을 높일수 있도록 지원하고 있는 케이앤비이는 기업에서 부담이 되고 있는 인력난을 해소해 주고, 생산성관리를 효율적으로 지원함으로써 고객사와 Win-Win 할수 있는 기반을 마련하고 있다.

케이앤비이는 다양한 업무수행 역량과 현장중심의 관리매뉴얼을 통해 현재의 상황에 만족하지 않고 앞으로도 고객과 더불어 함께 성장하는 동반자로서의 역할에 최선을 다한다는 각오다.

(주)코스
www.cossok.com

대표	고광민
전화	055-253-2720
팩스	055-294-0156
이메일	lso2711@cossok.com

회사주소
경남 창원시 의창구 의창대로54번길 1(팔용동 금복빌딩 7층)

설립 및 자본금
설립년도 : 2004년
자본금 : 5억원

대출실적
2024년 : 271억원
2025년(예상) : 330억원

종업원현황
총원 500명

아웃소싱 서비스
생산도급, 물류도급, 장비렌탈, 근로자파견, 보안/경비, 위생용역업 등

주 거래 기업
효성중공업, 세아제강, 덴소코리아오토모티브, CITY 7, SK테크노파크, 산업안전보건공단, KAIST, 한국산업단지공단, 세아제강, 홈플러스, 이랜드CS, 센트랄, KM&I, 한양정밀, 대동병원, 성소병원, SMG연세병원, 양산부산대병원, 인제대학교, 창원문성대학교, LG전자, ZF삭스, 삼성SDI, 창원소방서, 농업기술센터, 진동종합복지관 등

지사 및 계열사
전국 지역지사망 구축

임직원 연락처
고광민 대표 : 055-253-2720

기업연혁
- 2004~2011년
  (주)코스설립, 자본금 5억, 근로자파견 허가
  (주)진양 지정도급사, 창원컨벤션센터 지정도급사
  LG전자(생산) 지정도급사
  ISO9001:2000 획득
- 2012~2015년
  (주)대상 설립, (주)진성 설립
  지정병원 협약체결(한마음병원, 마산의료원, 메트로병원)
  두산엔진 지정도급사
  덴소코리아오토모티브 화성공장 지정도급사
- 2016~2020년
  넥센L&C 지정도급사, BAT Korea 지정도급사
  한국 GM대우 창원공장 지정도급사
  한국 AMCOR 패키징(생산) 지정도급사
  아웃소싱타임스 선정 한국 HR서비스 10대 기업 선정
  초록우산 후원 10년 감사 표창장 수여
  품질최우수상(LG전자 협력업체) 수상
  한국지엠우수협력업체 선정
  르노삼성우수협력업체 선정
- 2021~현재
  ISO 45001 안전보건경영시스템 인증
  산업통상자원부 "시설물 관리를 전문으로 하는 자" 등록

대표자 프로필
이름 : 고광민
경력 : (주)코스 대표이사
인증/수상 : 안전보건 환경, 품질 시스템 인증
경영혁신 중소기업
대한민국 아웃소싱 10대기업
경영방침 : 창조적 도전으로 아웃소싱 혁신서비스를 이끄는 기업

회사 및 서비스 소개
"Innovation of Outsourcing Management"
2004년 설립한 (주)코스는 사업지원서비스업을 바탕으로 기업체 생산도급관리, 물류, 장비렌탈, 근로자파견, 건물관리, 보안, 환경, 미화, 운송, 창고운영 등을 지원하는 아웃소싱서비스 전문기업입니다.
코스는 급변하는 환경속에서 끊임없는 성장으로 기업가치 향상에 기여할 수 있는 길은 시대의 변화에 한발 앞서 새로운 패러다임을 창조하는 일이라는 기업이념을 실천하고 있습니다.
고객사가 고부가가치 사업을 전개할 수 있도록 우수한 인재양성과 열린 경영, 나눔 경영 등의 기업문화에 이르기까지 고객으로부터 신뢰받는 기업이 되기위해 끊임없는 변화와 혁신의 노력을 지속하면서 아웃소싱서비스 산업의 으뜸기업으로 도약하고 있습니다.
가치창조를 통한 서비스 사업의 중추적인 역할을 수행해온 코스는 급변하는 경영환경에 적극 부응하여 그동안 축적된 핵심역량을 바탕으로 고수익을 드리는 기업으로 나아가고 있습니다.
또한 고객사에 믿음과 신뢰를 제공하기 위한 코스의 창조적 도전은 고객 여러분께 더많은 기쁨과 더 큰 행복을 드리게 될 것입니다.

(주)코에스
www.koesone.com

대표	장종훈
전화	032-715-5980
팩스	032-715-5981
이메일	jonghoon.jang@koes.kr

■■■ 회사주소
인천시 서구 중봉대로 586번길 15, 407호(청연프라자)

■■■ 설립 및 자본금
설립년 : 2016년

자본금 : 1억원

■■■ 매출실적
2025년(예상) : 101억원

■■■ 종업원현황
총원 : 200명

■■■ 아웃소싱 서비스
물류도급, 생산도급, 근로자파견, 경비미화 등

■■■ 주 거래 기업
롯데글로벌로지스틱스, BGF리테일, emart24, 키움히어로즈, 국제로지스틱스, EFS 등 다수

■■■ 지사 및 계열사
계열사 : (주)케이제이잡

■■■ 임직원 연락처
장종훈 대표이사 010-2955-6812

안대섭 총괄본부장 010-7932-9982

■■■ 기업연혁
2016. 11. (주)코에스 법인설립

2016. 12. 근로자파견업 허가

2022. 01. (주)케이제이잡 법인설립

2022. 05. 위생관리용역업 신고

2023. 10. 대기업 물류센터 운영도급 다수 계약

■■■ 대표자 프로필
이름 : 장종훈

경력 : (주)코에스 대표이사
　　　(주)케이제이잡 대표이사

수상 : 2019년 중부지방고용노동청장 표창장
　　　2019년 인천신용보증재단이사장 표창장

경영방침 : "인간중심, 고객감동, 차별화 경영으로 대한민국 최고의 토탈관리회사 실현"

■■■ 회사 및 서비스 소개
미래는 위험과 기회가 공존하는 가운데 역동적인 시대이며, 기업의 변화와 혁신을 요구하고 있는 것이 현실입니다.

이 시기를 어떻게 극복하느냐에 따라 위기를 기회로 만들수도 있으며, 무한경쟁으로 표현되는 국가간 또는 기업간의 승부에서 단순히 산술적인 크기로서가 아닌 기업의 변혁으로 내부역량을 강화하여 우위를 점할 수도 있습니다.

이처럼 기업경영은 핵심산업의 경쟁력 강화가 아니면 우위를 점할 수 없게 된 것이 현실입니다. 기업은 이를위해 전략적 차원의 아웃소싱은 불가피하며 아웃소싱을 통해 그 경쟁력을 확보할수 있으며 이미 유수의 대기업 및 외국계기업들은 앞다투어 실천중에 있습니다.

코에스는 뜨거운 열정과 미래지향적인 사고로 최선을 다하는 아웃소싱 전문기업이 될 것을 약속드립니다.

계속기업과 지속성장을 가능케하는 코에스서비스는 기본적이고 장기적 목표를 달성하기 위해 필요한 전략방향과 실행계획을 구체화 하였으며 목표를 달성하기 위해 업무 역량강화, 미래성장 기반확대, 고객중심 서비스 실현, 인본주의 경영으로 지속적인 성장을 약속드립니다.

■ 코에스 서비스의 약속

▲ 도급 및 파견 운영에 있어 관련 법규 및 근로기준법을 준수하여 운영하겠습니다.

▲ 귀사의 인재상에 부합하는 양질의 인원만을 선발 및 교육하여 업무의 발전을 도모하겠습니다.

▲ 현실에 안주하지 않고 정기적인 업무발전 제안으로 귀사의 발전에 기여하겠습니다.

▲ 업무능력 향상을 위해 직원의 평가와 성과에 따르는 보상에 대하여 아끼지 않고 투자하겠습니다.

▲ 귀사의 도급 운영에 만전을 기해 비용절감 및 운영 혁신을 도모 하겠습니다.

퍼솔켈리워크포스솔루션(유)
www.persolkelly.kr

대표	전유미
전화	02-760-8800
팩스	02-760-8880
이메일	info_kr@persolkelly.com

■ 회사주소
서울시 중구 세종대로 136 서울파이낸스센터 15층

■ 설립 및 자본금
설립년 : 2008년
자본금 : 18억원

■ 매출실적
2024년 : 306억원
2025년(예상) : 455억원

■ 종업원현황
총근 : 670명 / 내부사원: 70명, 도급사원: 222명, 파견사원: 364명

■ 아웃소싱 서비스
Business Process Outsourcing
BPO(Business Process Outsourcing)는 특정 비즈니스 프로세스의 운영 및 책임을 타사 전문 서비스 공급자에게 위탁하는 것을 말한다. 조직의 비핵심사업을 전문기업에 위탁하고, 기업은 더 핵심 사업에 집중할 수 있도록 하는 경영기법이다.

■ 주 거래 기업
비테스코테크놀로지스코리아, 한진, 태은물류 등 생산제조(산업용제어장비, 자동차부품), 물류센터, 운송업무 등 다수

■ 지사 및 계열사
지사 : 서울지사, 경기지사, 울산지사, 부산지사

■ 임직원 연락처
이정운 차장   010-8919-0981

■ 기업연혁
2008. 01 비티아이 컨설턴츠 코리아(유한) 설립
2014. 01 켈리서비스(유한)으로 상호 변경
2017. 12 켈리워크포스솔루션(유한)으로 상호 변경. 사업목적에 교육 및 인력개발업 등 추가
APAC HR 벤더 어워드 한국 최초 Best Recruitment Firm 수상
2018. 평창 동계올림픽 리쿠르먼트 서비스 공식 서포터
2021. 04 퍼솔켈리워크포스솔루션(유한)으로 상호 변경

■ 대표자 프로필
이름 : 전유미
학력 : 한양대학교 졸업
경력 : 2020년 PERSOLKELLY Consulting APAC 대표이사
2015년 PERSOLKELLY Korea 대표이사
2008년 Kelly Services Korea 대표이사
2003년 BTI Executive Search (Kelly Services) Singapore 입사
조세모범납세자상, 가족친화 우수기업 인증 등 수상
경영방침 : Work and smile 일하면서 웃을 수 있는 환경을 만들자

■ 회사 및 서비스 소개
퍼솔켈리워크포스솔루션은 1946년 설립된 미국 켈리서비스와 1973년 설립된 일본 퍼솔그룹(구 Temp Holdings)이 국내에서 합작법인으로 설립, 성장하는 아시아 태평양 HR솔루션 시장에서 글로벌 선두기업으로 도약하고 있는 BPO(Business Process Outsourcing) 전문기업이다.
현재 헤드헌팅, 인사컨설팅, 근로자파견을 기반으로 물류분야, 생산분야, 면세점에 이르는 다양한 분야에서 아웃소싱서비스를 지원하고 있다.
퍼솔켈리 아웃소싱 팀은 고객의 요구에 따라 솔루션을 추진하고 구현할 수 있는 경험, 지식 및 프로젝트 관리기술을 갖춘 전문 컨설턴트로 구성되어 있다.
또한 조직적이고 보다 효율적으로 아웃소싱 프로세스를 처리할 수 있도록 하는 서비스솔루션을 전문적으로 제공한다. 이를 통해 고객이 핵심 비즈니스에 집중할 수 있도록 돕고 있다.
퍼솔켈리의 아웃소싱서비스는 RPO, BPO 및 MSP와 같은 범위의 서비스에 대한 HR지원 프로그램에 총체적으로 접근하며, 업무결과에 대한 전적인 책임을 진다는 자신감이 강하다.
특히 아웃소싱 도입시 퍼솔켈리의 "온사이트관리(on-site management)" 서비스를 통한 전략적인 솔루션디자인이 기업에서 호평을 얻고 있다.
온사이트관리 솔루션은 기업이 인력운영 리스크를 줄이고 비즈니스 목표를 혁신적으로 달성할 수 있도록 지원하며 다수의 벤더관리시스템을 통해 핵심 역량에 집중할 수 있도록 돕고 있다.
퍼솔켈리는 현재 글로벌 기준 475개, 한국 기준 5개 현장에서 온사이트관리 솔루션을 운영하고 있다.

(주)퍼스트인
www.first-in.co.kr

대 표	이일기
전 화	051-631-6648
팩 스	051-328-6670
이메일	mtj6648@first-in.co.kr

■■■ 회사주소
부산시 부산진구 범일로 190 도문빌딩 5층

■■■ 설립 및 자본금
설립년 : 2005년
자본금 : 3억원

■■■ 매출실적
2024년 : 440억원
2025년(예상) : 490억원

■■■ 종업원현황
총원 1,200명 / 관리 : 20명 / 파견 : 30명 / 도급 1,100명 / 검사원 50명

■■■ 아웃소싱 서비스
아웃소싱 부문 : 생산도급, 물류도급, 시설관리, 인재파견, 3자검사, 경비, 위생관리, 헤드헌팅, 채용대행
고용서비스 : 고용노동부(미래내일일경험), 보건복지부(시니어인턴십, 취업알선형)

■■■ 주거래업종
제조업, 서비스업, 물류업, 공공기관, 경비업, 청소업종 외

■■■ 주거래기업
외국계 기업, 국내 대기업 및 중견기업, 관공서, 호텔 등

■■■ 지사 및 계열사
지사 : 영남지사, 창원지사, 인천지사, 양산공장
계열사 : 퍼스트인코리아, 플러스테크, 에프앤피

■■■ 임직원 연락처
대표번호 : 051-631-6648

■■■ 기업연혁
2005. 01 (주)플러스인 법인설립
2010. 04 영남지사 설립
2011. 12 (주)퍼스트인 법인설립
2012. 04 근로자파견사업 허가, 05 위생관리용역업 신고
08 제조업 등록, 09 양산 조립/선별공장 설립
2013. 02 중부지사 설립, 09 시설경비업 허가
2015.   HR산업협회 클린기업인증,
아웃소싱고객만족대상 제조부문 최우수상 수상,
2018. 09 아웃소싱 서비스 품질경영대상 (제조업부문)
11 양산시 석계산업단지 공장 신축이전
2021. 01 보건복지부 고용서비스 수행기관선정(시니어인턴십, 취업알선형)
2022. 09 경남지사 설립
2023. 03 대한민국 HR서비스 10대기업 선정
12 경인지사 설립
2024. 03 고용노동부 고용서비스 수행기관 선정(청년미래내일일경험)
고용노동부 장관상 수상(미래내일일경험 최우수상)
2022~2024. 노인일자리 우수상 3년 연속 수상(전국 2위)
2014~2025. 대한민국 100대 아웃소싱기업 12년 연속 선정
2017~2025. 아웃소싱 리딩컴퍼니 9년 연속 선정

■■■ 대표자 프로필
이름 : 이일기
경력 : (주)퍼스트인 대표이사
兼. (주)퍼스트인코리아, (주)플러스테크, (주)에프앤피 대표이사

■■■ 회사 및 서비스 소개
생산제조아웃소싱 분야의 전문성이 강한 퍼스트인은 부산 본사와 양산 자체공장을 베이스로 경남, 영남, 중부, 경인지역으로 네트워크를 지속 확장중인 종합 HR 아웃소싱 전문기업입니다.
당사는 고용노동부 및 보건복지부 고용서비스 공식 수행기관으로 인증을 받아 전문화된 HR서비스를 제공하고 있습니다.
또한, 한국자산관리공사(캠코)의 전국단위 인재파견, LG이노텍 등의 대기업 채용대행, 대형 제조사이트의 생산도급, 물류창고 위탁운영, 아울렛과 마트 판매/판촉, 대형시설물의 자산가치향상을 위한 시설관리에 이르기까지 다양한 사업영역 및 경험을 보유하고 있습니다.
퍼스트인은 전문화된 서비스 제공과 관리 인프라를 바탕으로 단순 인력공급이 아닌 체계적인 노무관리, 생산관리, 품질관리 등을 통해 고객 맞춤형 서비스를 제공하고 있습니다.
앞으로도 책임경영, 내실경영, 원칙경영의 3가지 경영원칙을 바탕으로 고객에게 최상의 서비스를 제공 할 계획입니다.

(주)피너씨앤텍
www.피너.com

대표	김기범
전화	043-284-0849
팩스	043-266-0849
이메일	jwyun7777@hanmail.net

■■■ 회사주소
충북 청주시 흥덕구 향군로 74번길 3 피너빌딩 4층

■■■ 설립 및 자본금
설립년 : 2009년
자본금 : 2억원

■■■ 매출실적
2024년 : 200억원
2025년(예정) : 250억원

■■■ 종업원현황
총원 : 450명

■■■ 아웃소싱 서비스
생산도급, 근로자파견, 경영컨설팅, 시설관리, 경비·미화, 종합아웃소싱

■■■ 주 거래 기업
CJ그룹, 청호그룹, 서울대학교 등 충남·북 및 전국 30여개 업체와 업무제휴

■■■ 지사 및 계열사
지사 : 대전, 논산, 진천
계열사 : 식품도급 전문기업 (주)피너

■■■ 임직원 견락처
김기범 대표 043-284-0849

■■■ 기업연혁
2009. (주)굿파트너 생산도급 전문 법인설립
2011. 위생업 및 파견업 허가
2014. 국립서울대학교 시설관리
2015. 청주시립도서관 및 청주시·진천군 관제센타 운영
2015. (주)피너코리아 법인추가 설립 물류, 식품, 조립 도급전문회사로 도약
2016. 경영혁신 Main Biz 인증획득
2018. 신사옥 이전(지하 1층, 지상 4층)
2020. 청주시 여성친화기업 선정 / 매출 100억원 달성
2021. (주)피너씨앤텍법인 설립하여 (주)굿파트너와 (주)피너코리아 합병
2023. 법무부 취업우수기업 선정
2024. 대한적십자 '적십자회원유공장 은장' 수상

■■■ 대표자 프로필
이름 : 김기범
경력 : 주식회사 피너씨앤텍 대표이사
　　　주식회사 피너 대표이사
경영방침 : "사람이 먼저인 기업, 맞춰가는 믿음, 함께하는 가치"

■■■ 회사 및 서비스 소개
'충북지역 NO.1 HR솔루션 기업'을 추구하는 피너씨앤텍은 2009년 창립 이래 꾸준한 성장을 거듭해 현재 200억 원 이상의 매출과 450명에 달하는 직원수를 보유하고 있다.

생산도급 업무를 기반으로 경비 청소 건물관리와 근로자파견, 경영컨설팅에 이르기까지 종합아웃소싱기업으로 오랜기간 동안 고객사의 동반자로서 경영효율을 개선하고 인력운영시 비용절감과 우수인재 확보에 힘써왔다.

이 회사의 강점은 생산도급 분야에 집중하면서도 다양한 영역에서 경험과 노하우를 쌓아왔다는 점이다. 식품생산부터 물류관리, 무인 및 유인 보안업무까지 다양한 서비스를 제공하고 있으며, 서비스품질 유지와 생산성 향상을 위한 노력을 계속하고 있다.

특히 생산도급 분야에 강점을 갖고 있는 피너씨앤텍은 현장별 맞춤형 채용으로 경력개발과 근로의 기회를 제공하는 회사로 정평이 나있다. 식품생산 현장의 경우 트렌드에 부합하는 식품류 생산을 위한 충분한 인력풀과 운영노하우, 관리시스템으로 생산성 향상에 기여하고 있다.

또한 HACCP 인증을 획득한 위생적인 현장관리 능력을 보유하고 있어 입고부터 포장까지의 모든 공정을 철저히 관리하며 최고 수준의 제품품질을 유지하고 있다.

전자 및 전기부품, 사출·성형기 부품 등의 조립분야에서도 탁월한 전문성과 노하우를 바탕으로 고객사의 요구에 빠르게 대응하고 있다. 자체 생산라인과 안전관리 능력을 통해 안전하고 효율적인 생산을 실현하고 있으며, 이를 통해 높은 생산성을 유지하고 있다.

피너씨앤텍은 맞춤채용과 경력개발을 통해 인재를 육성하고 있으며, 회사 내부에서는 원칙과 신뢰를 중시하는 기업문화를 쌓아가고 있다.

(주)한국커리어서치

www.onjob.co.kr

대표	홍지헌
전화	070-4173-3164
팩스	031-237-9262
이메일	jhong@onjob.co.kr

■ 회사주소
경기도 수원시 권선구 세권로 166번길 26, 동산빌딩 301호 (권선동)

■ 설립 및 자본금
설립년 : 2008년
자본금 : 4억원

■ 매출실적
2025년(예상) : 320억원

■ 종업원현황
총원 : 680명 / 관리직 : 30명 / 파견 및 도급 : 650명

■ 아웃소싱 서비스
생산제조도급, 물류센터위탁, 시설관리/경비/미화 용역, 근로자파견, 시설물유지, 소독, 채용대행, 헤드헌팅, HR컨설팅 외 전반 등

■ 주 거래 기업
한국건설기술연구원, 한국노총, 아이온스퀘어, 아람누리, 현대캐피코, 삼성그룹사, 이천하이닉스, 아모레퍼시픽, 일진그룹, 도레미케미칼, 한국카본, 한국신소재, 휴테크, 롯데칠성, 삼양식품, 오뚜기, 두산그룹사, 효성, 이오테크닉스, 벤처기업협회 등 다수

■ 지사 및 계열사
계열사 : 에이치알시스템 / SC카본 / 한국장애인고용센터 / 구인구직닷컴 / 김기사, 김비서

■ 임직원 연락처
홍지헌 대표 : 070-4173-3164
김도수 이사 : 010-6292-5460
윤동원 부장 : 010-4336-9001

■ 기업연혁
- **2008~2012년**
  - (주)한국커리어서치 법인설립
  - 온라인 네트워크 시스템 구축 및 캐스팅 교육시스템구축
  - 전문서치펌, 근로자파견, 경비업, 소독업 사업확대
- **2013~2017년**
  - 위생(미화)관리용역업
  - 전문 헤드헌팅 직업소개업 등록
  - 대기업 생산, 제조 도급 및 파견
    (삼성전자, 현대캐피코, 일진디스플레이, 아모레퍼시픽, 한독화장품, 코리아나)
  - 대기업 계산원, 매니저, 조리사,. 안내 등
    (롯데마트, 홈플러스, 롯데백화점, 농협하나로클럽, 한국벤처협회, 아울렛)
  - 서울시형 사회적기업 인증
  - 한국정책분석진흥원 인력관리우수기관 인증
- **2018-2023년**
  - 시설물관리를 전문업 취득(산업통상자원부)
  - 전문 건물종합관리업 주택관리업 허가 취득
  - 한국품질경영시스템 ISO9001, ISO1400인증
  - 건물종합관리 계약수주
    (건설기술연구원, 한국노총회관, 고양아람누리, 더하우스소호, 위례아이온스퀘어 등)
  - 집합건물 토탈 솔루싱 관리시스템 개발
  - 한국장애인고용센터 홈페이지 개설
  - 자산관리 Property manigiment 사업확대
  - 생산도급 계약수주
    (한국카본, 엘비세미콘, 대화제지 등)
  - 안전감시단 인력공급업 등록

■ 대표자 프로필
이름 : 홍지헌
경력 : (주)한국커리어서치 대표이사
경영방침 : "사람과 더불어 행복한 기업"

■ 회사 및 서비스 소개
2008년 창립한 (주)한국커리어서치는 "고객의 가치가 기업의 가치"라는 경영이념으로 바탕으로 ▲관리인력의 효율화 ▲관리비용의 최소화 ▲시설관리의 최적화 ▲관리업무의 표준화를 핵심강점으로 성장해온 인적자원아웃소싱 전문기업이다.
책임과 성실을 바탕으로 고객이 감동하는 최고의 서비스를 제공하기위해 노력하는 한국커리어서치는 급변하는 시장경제 구조 속에서 고객의 성공과 미래를 함께 고민하고, 사람의 가치를 최우선으로 생각하는 종합 아웃소싱 인사컨설팅사이자 사회적 약자를 위한 사회적기업으로 성장, 발전해가고 있다.
특히 생산제조도급을 기반으로 물류센터위탁, 경비 미화 건물관리용역, 근로자파견, 시설물유지관리, 소독업, 채용대행, 헤드헌팅, HR컨설팅에 이르기까지 인적자원서비스 전반에대한지원서비스분야에서 전문성을 인정받고 있다.
한국커리어서치는 한 차원 높은 서비스를제공하고자 남다른 직감과 직관력으로 선진관리시스템을 도입하여 기업과 사람간의 전문적인 인사컨설팅은 물론, 한국커리어서치만의 기업정신과 인재가치주의를 실현해 나가고 있다.
이미 폭넓은 인재DB를 통해 스마트한 인력관리시스템으로 대기업 및 공공기관, 각 정부투자기관으로부터 신뢰와 호평을 얻고 있으며, 더욱 강화된 핵심역량으로 고객사 발전을 위해 노력한다는 각오다.

(주)휴넥트
www.hunect.co.kr

대표	성승모
전화	1577-4518, 02-2279-4118
팩스	02-2279-1100, 051-850-2080
이메일	admin@hunect.co.kr

■■■ 회사주소
서울본부 : 서울시 중구 삼일대로 363 장교빌딩 18층
부산본부 : 부산시 연제구 중앙대로 1217, 국제빌딩 17층

■■■ 설립 및 자본금
설립년 : 1999년
자본금 : 274억원 (자본잉여금포함)

■■■ 매출실적
2024년 : 1,100억원 (계열사 합산)
2025년(예상) : 1,500억원 (계열사 합산)

■■■ 종업원 현황
총원 : 4,250명 / 관리 : 75명 / 파견 : 620명 / 도급 : 3,555명

■■■ 아웃소싱 서비스
컨택센터 운영(대행, 컨택센터ASP, CRM컨설팅, 컨택센터 인력 도급, 인력 아웃소싱 제조), 인재파견, 취업포털, e-Biz, 시설관리 등

■■■ 주 거래 업종
금융, 유통, 정보통신, 제조, 서비스, 외국계기업, 공공기관 등

■■■ 주 거래 기업
국민건강보험공단, 롯데홈쇼핑, 홈앤쇼핑, CJ온스타일, LG헬로비전, 한화생명, KB라이프생명, ABL생명, 한화오션, 배민커넥트, IBK기업은행, 부산은행, 경남은행, BNK캐피탈, 농협중앙회, SC제일은행, 롯데카드, 삼성카드, EZL, 아시아나항공, 에어부산, 에어서울, 이스타항공, 에어로케이, 파라타항공, 한국쉘석유, DN솔루션즈, 원익머트리얼즈, 복산나이스, 경남에너지, 휘슬러코리아, 한국무역보험공사, 서울보증보험, 관세청, 한국전파진흥협회, 한국산업인력공단, 공항철도 등

■■■ 지사 및 계열사
지사 : 대구지사, 대전지사, 광주지사
계열사 : (주)클크비전, (주)라바엔텍, (주)부일에이치앤디, 울산도시가스서비스(주)

■■■ 임직원 연락처
성승모 대표	051-850-2003
이용신 전무	051-850-2010
정경주 총괄본부장	02-2279-6688
윤준기 본부장	02-2279-4117
안효석 본부장	070-4283-9849

■■■ 기업연혁
1999.01 부일정보링크(주) 법인 설립 (부일이동통신 자회사 분사)
2009.07 콜센터, 인재파견 관리의 운영 및 부가서비스 ISO9001인증
2010.12 콜센터서비스분야 KS인증 획득
2015.04 한국컨택센터산업협회 회장사
2016.05 남녀고용평등 우수기업 고용노동부장관상 수상
     10 국가생산성대상 장관상 수상 (한국생산성본부)
2017.04 고용우수기업선정 (부산광역시)
     10 한국고객센터 기술경영 컨퍼런스 공로상 수상
2018.07 디지털경영혁신대상 중소벤처기업부 장관상 수상
     10 한국고객센터 기술경영 컨퍼런스 산업통상자원부 장관상,
        APCCAL 의장상, 베스트 고객센터 인증서 수상
     12 신성장 경영대상-산업통상자원부 장관상 수상
2020.03 모범납세자상 장관상 수상 (기획재정부)
     07 (주)휴넥트 사명변경
     09 일학습병행 우수사례 경진대회 우수상 수상
     10 근무혁신 우수기업 선정 (부산시일생활추진단)
2021.08 노사문화우수기업 선정 (2006, 2009, 2012, 2016, 2021 총5회)
2023.10 ISO/IEC 27001(정보보호) ISO 45001(안전보건),
        ISO 14001(환경) 경영시스템 인증 획득
     11 국가생산성대상 국무총리상 수상(2019, 2023 총 2회)
     12 워라밸우수기업경진대회 최고경영자 부문 부산광역시장상 수상
2024.03 학자금부문 성실 원천공제의무자 국세청장 표창 수상
2025.02 한국정보통신진흥협회(KAIT) 정회원사 등록
        NS홈쇼핑 우수협력사 감사패 수상
     05 IBK기업은행 우수협력사 감사패 수상
     09 인적자원개발 우수기관 선정(2018, 2021, 2025 총 3회)

■■■ 대표자 프로필
이름 : 성승모
학력 : 부산대 경영대학원 석사, 전남대학교 전자상거래학 박사
경력 : 부일이동통신 총무팀장
     (현) (주)휴넥트 대표이사
     (현) 부산컨택센터협의회 회장
경영방침 : 고객과 임직원의 만족을 실현시키고, 개인과 회사의 지속적인 동반 성장을 추구함

■■■ 회사 및 서비스 소개
사람과 미래기술의 조화로 완성하는 BPO, 휴넥트
(주)휴넥트는 1993년 국내 최초로 콜센터 시스템을 도입한 선도적 BPO 전문기업으로, 통신·금융·제조·유통·공공기관 등 다양한 산업 분야에 컨택센터 운영 서비스를 제공하고 있습니다. 2020년 부일정보링크에서 사명을 변경하며 '사람 중심의 기술 혁신'이라는 새로운 비전을 세우고, AI 기반의 서비스 품질 혁신과 디지털 전환을 추진하고 있습니다. 휴넥트는 WORLD BEST BPO SERVICE GROUP을 목표로, 사람과 기술의 조화를 통해 고객의 성과와 성장을 함께 이루는 전략적 파트너로서 차별화된 고객 경험을 제공합니다.

(주)휴먼네트워크

대표	전영진
전화	031-633-6939
팩스	031-633-6897
이메일	pcbhuman@humannetwork.kr

■■■ 회사주소
경기도 이천시 백사면 청백리로61

■■■ 설립 및 자본금
설립년 : 1998년(상호변경 : 2001년)
자본금 : 1.5억원

■■■ 매출실적
2025년(예상) : 55억원

■■■ 종업원현황
총원 : 176명/관리 : 6명/도급 : 150명/파견직원 : 20명

아웃소싱 서비스
생산도급, 물류도급, 장기요양, 시설관리, 환경·미화관리, 보안·주차, 근로자파견

■■■ 주 거래 업종
대기업, 제조업, 유통, 물류업체

■■■ 주 거래 기업
콘티넨탈오토모티브시스템, 고려제약, 뱅뱅어페럴, 테크팩솔루션, 한익스프레스, 토판포토마스크, 양정중고등학교 외

■■■ 지사 및 계열사
전국 네트웍 구축

■■■ 임직원 연락처
전영진 대표 : 031-633-6939

■■■ 기업연혁
1998. (주)베스트 설립
두산인프라코어 청소, 경비용역계약
2001. 고려제약 배송실 물류도급 계약
2001. (주)휴먼네트워크 상호변경
2001. 지멘스오토모티브(구 콘티넨탈 오토모티브) 사무근 계약
2009. 뱅뱅어페럴 물류도급 계약
2011. CONPRODUCTS KOREA 출하 포장 도급계약
2014. 콘티넨탈오토모티브 시스템 공용기 창고 물류 도급계약
2018. 토판포토마스크 근로자파견 계약

■■■ 대표자 프로필
이름 : 전영진
학력 : 건국대학교 졸업
경력 : (주)휴먼네트워크 대표
생산제조도급 전문컨설턴트
물류센터운영도급 전문컨설턴트

■■■ 회사 및 서비스 소개
휴먼네트워크는 체계적인 직원교육과 표준화된 업무 매뉴얼을 바탕으로 꾸준한 성장을 일구고 있는 '작지만 강한' 기업이다.
1998년 설립한 이 회사는 빌딩 운영 전반에 관한 시설관리, 환경·미화관리, 보안·주차, 생산·물류 도급, 장기요양, 근로자파견 등의 서비스를 전개하고 있다.
핵심역량을 갖춘 프로급 인재를 파견하는 전문기업으로 성장하며 사람 중심의 폭넓은 서비스를 제공하는 것이 강점이다.
전영진 대표는 "사업 특성상 파견 근로자의 실무역량이 무엇보다 중요한 만큼 인재파견 시스템에 투자를 아끼지 않고 있다"며 "업계 최고 수준의 고객만족(CS) 교육시스템을 구축했다"고 경쟁력을 밝혔다.
휴먼네트워크는 파견 직원들의 균일한 실무역량을 보장하기 위해 이론교육과 현장교육을 병행하고 있으며 고객사의 요구에 한발 앞서 대응하기 위해 전문성을 확대하기 위해 노력하고 있다.
이론교육은 다양한 거래처에서 축적한 현장업무 노하우를 표준화·매뉴얼화 한 것으로 이 회사의 핵심 경쟁력이다.
또한 고객사 업무에 대한 보안유지에 완벽을 기하는 것은 물론 고객사가 목표로 하는 경영성과를 달성할 때까지 모든 서비스를 독려 지원한다.
특히 플라스틱, 단프라 박스세척 업무에 있어 초기 수작업으로 진행했던 제반 업무를 수년간의 운영 경험을 토대로 자동화 시스템을 적용해 비용절감 및 품질을 향상시켜 고객사의 경쟁력을 높여왔다는 평가다.
이 회사는 다양화된 아웃소싱 수요가 발생할 것에 대비해 새로운 영역과 거래처를 발굴하는 데 노력하고 있으며 노인 복지 관련 사업으로 사업을 확대해 사람을 제일의 가치로 생각하는 기업, 항상 도전하는 기업, 윤리와 상도덕을 지키는 투명한 기업으로 성장한다는 계획이다.

(주)휴먼솔루션
www.humansolution.co.kr

대표	이승재
전화	031-812-3790
팩스	031-812-3788
이메일	hms201306@naver.com

■■■ 회사주소
경기도 고양시 일산동구 무궁화로 34 , 606호
(장항동, 남정스퀘어프라자2차)

■■■ 설립 및 자본금
설립년 : 2013년
자본금 : 3억원

■■■ 매출실적
2025년(예상) : 5억원

■■■ 종업원현황
총원 : 230명

■■■ 아웃소싱 서비스
생산도급, 물류도급, 인재파견, 건물관리, 경비보안, 청소, 주차관리, 소독, 채용 HR서비스, 전시장 보안 및 도우미 서비스 등

■■■ 주 거래 업종
제조업, 물류서비스업, 식품서비스, 공공서비스 등

■■■ 주 거래 기업
우진플라임 외 다수

■■■ 지사 및 계열사
청주영업소 : 충북 청주시 상당구 낙영로 32번길
의정부영업소 : 경기 의정부시 산단로 76번길

■■■ 임직원 연락처
대표이사	031-812-3790
영업이사	031-812-3707
본부장	031-812-3708

■■■ 기업연혁
2013.	06	(주)휴먼솔루션 설립
	07	건물관리,시설관리업 등록
	10	위생관리업 허가
	11	시설경비업 허가
2014.	12	소독업 허가
2015.	10	근로자 파견사업 허가
2016.	12	킨텍스 전시장 보안 협력사 지정 승인
2017.	06	건축물유지관리협회 회원사
	08	근로자보호클린 인증 _ 고용노동부
2018.	04	HR서비스 우수기업 인증 _ 물류부문
2020.	03	충북 청주지사 설립
2021.	03	대한민국 100대 아웃소싱 기업 선정
	04	경기 파주지사 설립
2022.	05	한국전시서비스업협회 회원사
2025.	03	대한민국100대 아웃소싱기업 (8회차)
	05	경기 의정부 영업소 설립

■■■ 대표자 프로필
이름 : 이승재
학력 : 건국대학교 졸업
경력 : 시솔에스아이 대표
　　　이신텔레콤 대표

■■■ 회사 및 서비스 소개
2026년 13주년을 맞는 휴먼솔루션은 지역권 사업영역에서 벗어나 전국권으로 확대하고 업계 최고의 HR서비스 전문기업으로 거듭나고자 합니다.

고객사와의 신뢰를 기반으로 검증된 고품질 서비스를 제공하는 것은 물론 더욱 체계화된 내부시스템을 가지고 명품 업무서비스를 지향토록 하겠습니다.

주요서비스 분야는 제조,생산,물류 도급을 필두로 건물종합관리(경비보안,미화,주차관리,안내,시설관리),각 전시장 분야의 인력파견 등이며,특히 생산·물류 등의 완전 도급 운영 노하우는 고객사에서도 호평을 받을 정도로 인정받고 있습니다.

최근 기업체마다 고용불안,고금리,고유가,고물가,자원부족,물가상승,인건비 등 제품원가가 심각한 상승 추세에 즈음하여 휴먼솔루션은 경쟁력 있는 업무도급과,고용창출이라는 두 마리 토끼를 잡고자 열과 성을 다하겠습니다.

휴먼시스템 개발을 통해 기업에 보탬이 되고 구직자에게는 경쟁력 있는 솔루션을 제공하는 "휴먼솔루션"역할을 적극 수행하겠습니다.

(주)휴먼앤비젼
www.human-vision.co.kr

대 표	최우석
전 화	032-515-0190
팩 스	032-330-1995
이메일	1sthv@hanmail.net

■■■ 회사주소
인천광역시 부평구 신트리로 6번길 6 혜성빌딩 501호

■■■ 설립 및 자본금
설립년 : 2004년
자본금 : 2억원

■■■ 매출실적
2024년 : 141억원
2025년(예상) : 130억원

■■■ 종업원현황
총원 : 380명 / 관리 : 11명 / 파견 : 80명 / 도급 : 300명

■■■ 아웃소싱 서비스
시설종합관리(관리/시설/미화/보안/주차/조리)
도급관리(병원/호텔/제조/물류), 인재파견, 채용대행
클리닝서비스 (도급/청소/소모품/소독)
간병인 케어서비스 (간병인 파견, 운영관리 / 병원 오픈 컨설팅 등)
의료아웃소싱(병동보조, 사무보조, 미화, 보안등)
호텔아웃소싱(HK, 시설, 미화등)

■■■ 주 거래 업종
시설, 사무 부문 (병원, 호텔, 오피스 등)
제조, 물류 부문 (자동차, 화장품, 전자통신 / 물류, 유통 등)

■■■ 주 거래 기업
시화병원, 한림병원, 나사렛국제병원, 아이제일병원, 마디척병원/히즈메디병원, 인본병원, 건주병원/라마다앙코르호텔, 로얄엠포리움호텔, 골든튤립에어포트호텔, 고려호텔, 원티드호텔, 송도브릿지호텔, 베스트웨스턴 호텔, 카리스호텔, 어반플레이스호텔/이젠지식산업센터, 청라더리브띠아모지식산업센터/세종테크노타운, 올림픽기념관, 한국은행본부, 인천도시공사, 도원경기장, 김포대학교, 김포고등학교/엠씨넥스, 디에이치라이팅, 한국씰마스타, 원봉, 디브이홀딩스, 우리별텔레콤, 지앤그룹, 피에스텍, 셀바이오텍

■■■ 지사 및 계열사
(주)사람과비젼 (김포지사)
(주)쉐어더비젼 (고양, 파주지사)

■■■ 임직원 연락처
032-515-0190 (인천,서울) / 031-983-3651 (경기)
황용선 관리이사 (관급입찰)
윤재길 관리이사 (시설종합관리/의료, 호텔서비스)
최준혁 팀장 (시설종합관리/제조물류 도급)
김양희 부장 (경영지원관리)

■■■ 기업연혁
2002. 07 (주)사람과비젼 설립
2004. 12 (주)휴먼앤비젼 설립
          근로자파견사업 개시
2005. 12 위생관리용역업 개시
2011. 02 시설경비업 개시
      05 아웃소싱리딩컴퍼니 (인천/경기) 선정
      06 김포지사 설립
2012/2017 대한상공회의소 우수기업 표창
2016/2024 국회의원 상공의날 우수기업 표창
2019. 12 인천광역시 고용창출 우수기업상 수상
2020. 04 클리닝센터 오픈 (인천광역시, 경기 김포시)
2021. 09 아웃소싱 서비스 고객만족대상 (산업통상자원부)
2022. 09 시니어 고용창출 우수기업 수상 (한국노인인력개발원)
      10 인천광역시 어르신 고용우수기업 인증 (인천광역시청)
2024. 12 고양지사 (계열사) 설립
2025. 05 아웃소싱 100대기업 14년 연속 수상

■■■ 대표자 프로필
이름 : 최우석
학력 : 1986년 국립서울산업대학교 졸업
경력 : 1982~1984 기술장교 8기
       1986~1996 포항제철/포스코건설 (노무,영업관리)
       1997~2000 유통 서비스 사업
       2002~ HR 서비스 사업 (현)
경영방침 : 인간존중과 비젼 제시

■■■ 회사 및 서비스 소개
시설, 사무관련 입찰/도급(위탁) 업무 수행
제조, 물류관련 도급/파견 업무 수행
클리닝서비스, 케어 서비스 사업 수행

인천, 서울, 경기(수도권) O/S 전문기업으로 육성코자 '관리경쟁력', '업무전문화'를 병행하여 노령화 현상과 1인가구 증가, 맞벌이 가구에 특화된 클리닝, 케어서비스로 경력단절 여성의 교육, 훈련 그리 고용의 실현 등 수도권내 우수 일자리 창출 기업을 목표로 고객사에게 '필요로 하는 기업'을 만들고자 합니다.

(주)휴먼인프라
hminfra.co.kr

대표	차동현
전화	051-558-0042
팩스	051-555-2019
이메일	hminfra2@hanmail.net

■■■ 회사주소
부산 동래구 □□로 148 7층(온천동)

■■■ 설립 및 자본금
설립년 : 2005년
자본금 : 5억원

■■■ 매출실적
2024년 : 250억원
2025년(예상) : 320억원

■■■ 종업원현황
총원 : 1,000명

■■■ 아웃소싱 서비스
업무위탁(사무, 생산대행), 시설관리용역, 위생관리용역, 아웃소싱, 근로자파견, 채용대행 등

■■■ 주 거래 기업
대한통운, 삼성전기, 부산시설관리공단, 빙그레, 부산관광공사, 영도구청, 한진택배, 경동택배, 옐로택배, 로젠택배, 해드림, 매일정기, 아워홈, 다이소, 녹채원 홍우건설, 인터파크, 송우산업, 협진피엘, 한성기업 등 다수

■■■ 지사 및 계열사
지 사 : 서울지사, 경상권, 중부권, 부산권
계열사 : 파트너스코리아

■■■ 임직원 연락처
차동현 대표 : 051-558-0042

■■■ 기업연혁
2005. 휴먼인프라주식회사설립 근로자파견사업허가
2005. 광주LG텔레콤자회사 (주)아이텔서비스인력아웃소싱
2006. 중소기업 생산아웃소싱 진출
2007~2011년.
디와이테크 생산도급/삼성전기 채용대행 /화승T&C 근로자파견계약체결/LG유플러스 및 AIA생명 채용대행/YK스틸 청소용역 도급/빙그레 포장 출하관리, 청소도급
2012~2017년.
파트너스코리아설립/(주)한진택배 운송기사 채용대행/경동택배터미널 물품분류도급/부산신항CFS(주) 물류 도급/부산국제물류(주) MOU체결/대한통운 파견계약체결/대한통운 택배터미널 도급운영
2018~현재.
파트너스인설립/부산시설관리공단 청소 도급/부산관광공사 경비 /청소도급/비아이피(주) 생산도급/부산 영도구청 CCTV 경비 도급/Cj대한통운 도급/삼성정밀 검사조립 도급/삼성전기 설비 청소 도급/다이소 물류 도급/사조대림 부산사업장 생산 도급/시니어인턴, 취업알선형사업 수주/부산아이파크경기장 청소수주/BTS 부산공연공연장 청소수주

■■■ 대표자 프로필
이름 : 차동현
학력 : 부경대학교 졸업/ 부산대 최고경영자과정 수료
경력 : (주)휴먼인프라 대표
　　　 (사)한국HR(인적자원)서비스협회 부산/경남 지회장 역임
　　　 삼성전기 부산사업장 협력사 협의회 대표 역임
수상내역 : 아웃소싱 리딩컴퍼니 수상
　　　 지역대표 아웃소싱 리딩 컴퍼니 수상
　　　 대한민국 100대 아웃소싱 기업 선정
　　　 고용노동부 민간고용서비스 자율시정 사업주 교육 수료
　　　 보건복지부 시니어인턴십 수행기관 선정
　　　 보건복지부 장관상 수상
　　　 대한민국 아웃소싱서비스 고객만족 대상(생산/제조부문)

■■■ 회사 및 서비스 소개
'고객 감동, 인재 제일, 창조적 혁신'을 모티브로 2005년 설립 한 휴먼인프라(대표 차동현)는 이후 '남부권 No.1 아웃소싱의 대표기업'을 지향하는 중견기업으로 성장했다.
고용유연성 확보와 업무효율성을 증대시켜 급격한 경영환경 변화에도 신속히 대응함으로써 기업 경쟁력강화에 뒷받침이 된 HR사업의 전문기업이자 기업성장 지원파트너로 자리잡고 있다.
'한국 아웃소싱서비스 100대기업 선정' 및 '보건복지부장관 최우수상'을 수상(노인일자리 지원사업 평가)하였고 주력사업으로 제조, 유통, 물류 외에도 국내 고객사들로부터 아웃소싱서비스 우수기업으로 인정, 창립 이후 최대의 실적과 영업이익을 실현해 나가며 업계와 정부가 인정하는 기관에서 다수의 수상경력도 보유하고 있다.
최고의 서비스를 제공하는 아웃소싱 전문업체, 기업이 먼저 찾는 우수한 네트워크 구축업체로 호평을 얻고 있는 휴먼인프라는 '계약'이 곧 성과로 인정받아온 성과관리 시스템을 기반으로 자신의 강점과 눈높이 조절을 통해 구직자에게 맞는 개인 맞춤형 라이트잡(right job) 컨설팅을 통해 경쟁력을 높여가고 있다.
특히 청년, 중장년, 여성 구직자와 검증된 기업간 일자리매칭 시스템을 바탕으로 성과를 이루어내고 있으며 향후 장애인채용을 확대해 소외계층이 없이 채용확대를 추진해 나갈 계획이다.

우리 이웃들의 **행복한 미래를 위한**

희망의 퍼즐을 맞춰드립니다.

J&B consulting

- 대기업 및 공공기관 : 고객센터, 비서, 사무보조, 안내, 시설관리, 경비, 미화
- 금융권 및 통신사, 홈쇼핑 : 고객센터, 상담직, 사무보조, 전산원
- 병원 : 사무보조, 간호보조, 간병, 요양보호사 (파견/교육), 미화
- 교육 : 취업지원, 고용지원, 전직지원, 대학지원, 정부위탁사업
- 이민 : 이민, 유학, 해외인턴십, 정착서비스
- 헤드헌팅 : 채용대행

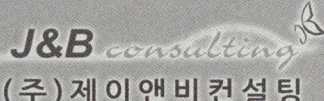
(주)제이앤비컨설팅

서울시 영등포구 경인로 775 에이스하이테크시티 2동 1501호/1510호
TEL : 02-2167-3300   FAX : 02-2167-3399   www.ijnb.com

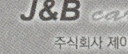

2026 KOREA OUTSOURCING DIRECTORY

생산제조 II

▶ 가나다순

- 거원엠지엠
- 대성기업개발
- 부성
- 성도피앤에이
- 위더스
- 지엠솔루션
- 한국이엠에스

거원엠지엠

- 홈페이지 : www.kwmgm.co.kr
- 대 표 자 : 임일수
- 전 화 : 02-990-4600
- 팩 스 : 02-990-4611
- 주 소 : 서울시 구로구 공원로 41, 현대 파크빌 523호
- 설 립 년 : 2007년
- 자 본 금 : 1억원
- 매 출 액 : 27억 5922만원
- 직 원 수 : 65명
- 서 비 스 : 임시 및 일용 인력 공급업

대성기업개발

- 대 표 자 : 정선복
- 전 화 : 041-572-9986
- 팩 스 : 041-577-1149
- 주 소 : 충남 천안시 서북구 두정트5길 21
- 설 립 년 : 2006년
- 자 본 금 : 5억원
- 매 출 액 : 16억 5961만원
- 직 원 수 : 9명
- 서 비 스 : 인력공급, 경비, 청소용역

부성

- 홈페이지 : www.bu-sung.co.kr
- 대 표 자 : 임영순
- 전 화 : 043-644-7011~2
- 주 소 : 충청북도 제천시 용두천로 47
- 설 립 년 : 1998년
- 자 본 금 : 4억원
- 매 출 액 : 106억 4864만원
- 직 원 수 : 187명
- 서 비 스 : 시설관리, 경비, 위생관리 등

성도피엔에이

- 홈페이지 : www.sungdopna.com
- 대 표 자 : 김규형
- 전 화 : 031-719-2415
- 팩 스 : 031-719-2416
- 주 소 : 경기도 성남시 분당구 구미동 153 로드랜드 이지타워 609호
- 설 립 년 : 2008년
- 자 본 금 : 5억원
- 매 출 액 : 166억 461만원
- 직 원 수 : 436명
- 서 비 스 : 사업시설 관리, 사업 지원 및 임대 서비스업

(주) 서울커뮤니케이션

종합 HR서비스 전문기업 | www.scman.co.kr

위더스

홈페이지 :	www.jobclick.co.kr
대 표 자 :	박희승
전　　화 :	052-261-9282
팩　　스 :	052-267-3171
주　　소 :	울산시 남구 북부순환도로 17 (무거동, 남운프라자O/T 1301호)
설 립 년 :	2008년
자 본 금 :	1억 5000만원
매 출 액 :	45억 3227만원
직 원 수 :	200명
서 비 스 :	생산도급, 경비, 청소

지엠솔루션

홈페이지 :	www.gmgroup.kr
대 표 자 :	최수지
전　　화 :	053-814-9445~6
팩　　스 :	053-814-9447
주　　소 :	경북 경산시 진량읍 선화로 11 GM빌딩 6층
설 립 년 :	2011년
자 본 금 :	1억원
매 출 액 :	22억 7075만원
직 원 수 :	30명
서 비 스 :	아웃소싱, 인재파견, 헤드헌팅, 채용대행, 생산도급

한국이엠에스

홈페이지 :	www.koreaems.com
대 표 자 :	박남규
전　　화 :	02-2188-6798
주　　소 :	서울특별시 강남구 언주로 431 8층(역삼동, 삼봉빌딩)
설 립 년 :	2000년
자 본 금 :	2억원
매 출 액 :	90억 5595만원
직 원 수 :	75명
서 비 스 :	제조도급, 물류 제조 아웃소싱

(주) 서울커뮤니케이션

종합 HR서비스 전문기업 | www.scman.co.kr

사람과 미래기술의 조화로 완성하는 BPO, 휴넥트

부일정보링크(주)가
(주)휴넥트로 새롭게 도약하고 있습니다

새로운 사명 '휴넥트'는 사람과 미래기술의
조화를 추구하는 미래지향적인 기업을 의미합니다

사람과 사람, 사람과 기업, 기업과 기술의 무한한
발전과 혁신을 기업의 중요가치로 두고 있으며
보다 조직적이고 전략적인 네트워크를 통해
고객의 성장과 가치창출을 위하여 최선을 다하는 기업,
고객의 최고 성공파트너로서
컨택센터 산업의 새로운 세대를 열어가겠습니다

휴넥트 홈페이지   Instagram   NAVER 블로그

㈜휴넥트

컨택센터 운영서비스
- 컨택센터 운영
- 컨택센터 구축
- ASP(시설임대)
- 인재파견

아웃소싱 서비스
- 생산/제조
- 의료
- 유통/물류
- 시설/보안
- 사무지원

HR 서비스
- 채용대행
- 헤드헌팅

교육 서비스
- 고객센터 상담 교육
- QA/CS 전문가 교육

컨설팅
- 컨택센터 운영 진단 및 컨설팅

문의전화 대표번호 1577-4518   02-2279-4118 / 051-850-2000   홈페이지 www.hunect.co.kr

2026 KOREA OUTSOURCING DIRECTORY

컨택센터운영 I

▶ 가나다순

- 가겐투안
- 고려휴먼스
- 동양이엠에스
- 메타엠
- 발렉스서비스
- 신한서브
- 씨아이템프러리
- 에이지스비즈니스서포트
- 엘비유세스
- 엠피씨플러스
- 월앤비전
- 유니에스
- 유베이스
- 인트로맨
- 제니엘
- 제이앤비컨설팅
- 케이티씨에스
- 케이티아이에스
- 콘센트릭스서비스코리아
- 큐앤에이네트웍스
- 트랜스코스모스코리아
- 티오에스코리아
- 티오엠네트웍
- 하람앤커뮤니티
- 한국고용정보
- 효성아이티엑스
- 휴넥트

(주)가겐투안
www.ggan.co.kr

대표	정완수
전화	02-398-0007
팩스	02-398-5759
이메일	gargantuan@ggan.co.kr

▪▪▪ 회사주소
서울시 종로구 종로1길 42 이마빌딩 4층

▪▪▪ 설립 및 자본금
설립년 : 2002년
자본금 : 5억원

▪▪▪ 매출실적
2024년 : 144억원
2025년(예상) : 200억원

▪▪▪ 종업원현황
총원: 650명/ 관리: 15명/ 파견: 120명/ 도급: 515명

▪▪▪ 아웃소싱 서비스
건물시설관리, 물류관리, 경비, 청소, 고객센터운영, 인재파견, 사무지원, HR컨설팅, 헤드헌팅, 채용대행, 온라인판매서비스

▪▪▪ 주 거래 업종
공항물류지원, 유통물류서비스, 빌딩/학교시설관리, 공공부문지원 고용서비스, 온라인판매서비스, 금융, 식품유통관리 등

▪▪▪ 주 거래 기업
한국공항, 대한항공C&D서비스, 우리카드, NS홈쇼핑, 이마트, K브로드밴드, 이마산업, 상상인저축은행, KWE코리아, 금호타이어, 로젠, YES24, 서울우유, 태은물류, 사이버스카이, 덕성학원, 로지스월드, 절두산순교성지 등 다수

▪▪▪ 지사 및 계열사
이마산업(주)
심명문화재단

▪▪▪ 임직원 연락처
정선교 본부장 02-398-5762

▪▪▪ 기업연혁
2002. 가겐투안 설립
2003. 근로자파견업 허가
2003. 통신판매업 등록
2003. 유료직업소개업 등록
2003. 헤드헌팅업등록
2011. 위생관리용역업 등록
2013. 시설경비업 허가
2013. 건물시설관리업 등록
2021. ISO 9001 품질경영시스템 인증 획득
2022. ISO 45001 안전보건경영시스템 인증 획득
2023. 항공기취급업 등록
2025. 혼잡, 교통유도경비업 허가

▪▪▪ 대표자 프로필
이름 : 정완수
학력 : 연세대학교 졸업
경력 : 前 (주)대한항공 재무/영업/총무
        前 (주)한진 B2B사업/차량사업부 담당
        現 (주)가겐투안 대표이사

▪▪▪ 경영방침
당사는 기업의 사회적 책임을 다하고자 다양한 분야에 수익복지 활동을 전개하고 있으며, 최근 사회적 약자에 대한 이해관계자들의 관심이 높아짐에 따라 저소득층의 장학금 지원과 장애우들의 교육 및 고용 컨설팅을 통한 취업역량을 강화하는 지속가능한 경영이념을 바탕으로 하고 있습니다.

▪▪▪ 회사 및 서비스 소개
당사는 이마산업의 대주주사로서 재무 안정성을 기반으로 토탈 아웃소싱 서비스를 제공하는 전문기업입니다.
20여년간의 축적된 풍부한 Know-how를 바탕으로 고객사에 전문적이고 체계화 된 서비스를 약속드립니다.
특장점인 차별화된 인재개발 및 교육훈련 시스템으로 인력운영의 효율성과 탄력성을 증대시켜 고객사의 생산성향상은 물론, 핵심 역량에 집중할 수 있도록 경영환경을 제공해 드리고 있습니다.
당사의 성장 동력은 '고객 만족'입니다.
고객의 입장에서 먼저 이해하고 행동하여 고객감동 서비스로 함께 Win-Win 할 수 있는 성공적인 비즈니스 파트너가 될 것을 약속드립니다. 더불어 당사는 시민 사회의 일원으로서 ESG 경영이념을 바탕으로 다양한 분야에 복지사업 활동을 전개하고 있으며, 앞으로도 이와 같은 활동을 더욱 강화해 나갈 것 입니다.
귀 사에서 당사를 선택하신다면 최고의 서비스로 귀 사의 기업 가치와 경쟁력을 더욱 더 높여 드리겠습니다.

고려휴먼스(주)
www.koryohumans.co.kr

- 대표: 이상구, 윤수연
- 전화: 02-3450-9500
- 팩스: 02-3450-9540

■■■ 회사주소
서울특별시 영등포구 시흥대로 613 고려휴먼스 9층

■■■ 설립 및 자본금
설립년 : 1992년
자본금 : 10억원

■■■ 매출실적
2024년 : 740억원
2025년(예상) : 800억원

■■■ 종업원 현황
총원 : 2,000명 / 관리 : 30명 / 도급 : 1,970명

■■■ 아웃소싱 서비스
컨택센터 운영, HR 및 교육 컨설팅

■■■ 주 거래 업종
은행, 카드, 증권, 캐피탈, 저축은행, 공공기관 등

■■■ 주 거래 기업
KB국민은행, 우리은행, IBK기업은행, 신한은행, 전북은행, KB국민카드, 우리카드, 신한카드, 하나카드, KB캐피탈, KB저축은행, 웰컴저축은행, 키움증권

■■■ 지사 및 계열사
고려신용정보, 그려휴먼스DS

■■■ 임직원 연락처
강인관 영업총괄본부장 02-3450-9530

■■■ 기업연혁
- 1992. 강남안전경보시스템(주) 설립
- (중략)
- 2011. 고려휴먼스(주)로 사명 변경
  KB국민은행 고객센터 위탁 계약
  우리카드 고객센터 위탁 계약
- 2013. 자체 컨택센터 구축 및 운영
  ISO9001 품질경영시스템 인증
  KB저축은행 고객센터 위탁 계약
- 2014. IBK기업은행 고객센터 위탁 계약
- 2015. 신한카드 고객센터 위탁 계약
  우리은행 고객센터 위탁 계약
  KB캐피탈 고객센터 위탁 계약
- 2017. 신한카드 발급심사센터 위탁 계약
  우리카드 발급심사센터 위탁 계약
- 2018. 하나카드 FDS모니터링센터 위탁 계약
- 2019. KB국민은행 부동산시세센터 위탁 계약
- 2020. KB캐피탈 리스렌탈 상담센터 위탁계약
  웰컴저축은행 고객센터 위탁 계약
  하나카드 심사센터 위탁 계약
- 2021. 전북은행 고객센터 위탁 계약
  키움증권 고객센터 위탁 계약
- 2022. 신한은행 고객센터 위탁 계약
  IBK기업은행 TM센터 위탁 계약
- 2023. 하나저축은행 고객센터
  삼성카드 모니터링센터
- 2024. 신한라이프생명보험 고객센터
  기업은행 IT상담센터

■■■ 대표자 프로필
이름 : 이상구, 윤수연
경영방침 : 인재중심, 고객중심, 성과경영

■■■ 회사 및 서비스 소개
고려휴먼스는 30년의 컨택센터 운영경험과 노하우를 바탕으로 △컨택센터 아웃소싱 △텔레마케팅 아웃소싱 △ASP(Application Service Provider)서비스 등 각 분야에서 우수한 역량을 발휘하고 있는 BPO(Business Process Outsourcing) 콜센터 전문기업이다.

특히 은행, 카드사, 캐피탈사, 증권사 등 금융권 중심의 컨택센터부문에서 두각을 나타내고 있으며, 콜센터 업무의 AI 대체, 코로나19 여파 등의 어려운 아웃소싱산업 환경에도 시중은행과 지방은행, 증권사의 고객상담센터를 신규수주하며 매년 성장을 거듭하고 있다.

고려휴먼스는 '직원을 존중하고 섬기는 조직문화'를 바탕으로 △역량강화 교육 △소통채널 다양화 △고객센터별 헬스키퍼 △감정노동자 보호 △우수직원 해외연수 △문화활동 지원 등 다양한 프로그램 운영으로 편안하고 즐거운 업무환경 조성에 노력하고 있다.

(주)동양이엠에스
www.dongyangems.co.kr

대표	전대길
전화	02-2276-0239
팩스	02-2276-0487
이메일	leewi@dongyangems.co.kr

▪▪▪ 회사주소
서울시 중구 충무로3가 한영빌딩 3층

▪▪▪ 설립 및 자본금
설립년 : 2003년
자본금 : 150억원

▪▪▪ 매출실적
2025년(추정) : 1,100억원
2026년(목표) : 1,200억원

▪▪▪ 종업원현황
총원 : 3,500명/정규직(60명)/파견직원(1,000명)/도급직원(2,500명)

▪▪▪ 아웃소싱 서비스
- 콜센터운영(금융,인터넷쇼핑,홈쇼핑,택배,종합유선방송 등)
- 유통서비스인력 도급(캐셔,안내,통역,판매지원,유아휴게소 등)
- 운전도급,호텔/콘도/골프장 서비스 인력 도급,시설관리 도급
- 인재파견(사무,상담,비서,운전 등), 방송지원
- 유통 판촉인력서비스 도급 : 고정/순회 판매 등
- 캐터링 도급: 영양사,조리사,조리원 등

▪▪▪ 주거래업종
유통업(백화점,홈쇼핑,면세점,Social Commerce 고객센터), 금융업, 제조업, 언론방송, 신용평가업, 게임업, 비영리법인(학교/문화단체), 관광업(호텔/콘도 등), 건설업 등

▪▪▪ 주거래기업
현대백화점, 현대홈쇼핑, 한섬, 롯데쇼핑, 롯데호텔, 롯데물산, LG전자, HCN KB국민카드, 삼성카드, 신세계프로퍼티, CJ프레쉬웨이, 아라마크, 푸디스트, 현대자동차,현대모비스, (주)코오롱그룹, 삼양사, SBS콘텐츠허브, 중앙일보, 한국경제신문, 연합뉴스, 네이쳐브릿지, 그린나래, 아워홈, BGF리테일 등

▪▪▪ 지사 및 계열사
지사 : 남부지사(부산시 부전동)

▪▪▪ 임직원 연락처
이원익 부사장   02-2276-0239 / 010-3203-3850
이재원 본부장   02-2276-0443 / 010-9039-6805
이기영 실장   02-2276-2717 / 010-3259-7335
유인범 실장   02-2276-0431 / 010-6345-2804
김연식 실장   02-2276-0448 / 010-7237-7372

▪▪▪ 기업연혁
2003. 11 (주)동양이엠에스 설립
2003. 12 근로자파견사업 허가 취득
2004. 05 콜센터 위탁업무실시: 현대택배 등
2004. 07 상담직 파견사업 실시: 현대홈쇼핑 등
2005. 02 운전직업무위탁실시: 삼양사 등
2006~2021 중략
2022. 06 마이에듀 고객센터 운영사로 선정
2022. 07 현대코퍼레이션 인재파견사로 선정
2022. 09 캠코CS 고객센터 인재파견사로 선정
2022. 12 롯데백화점 본점&잠실몰 통합서비스 운영사로 선정
2023. 01 MBC문화방송 인재파견사로 선정
2023. 03 롯데백화점 광주점 주차운영사로 선정
2023. 09 신세계 스타필드 수원점 지원업무 운영사로 선정
2024. 03 롯데백화점 수원점 타임빌라스 푸드코트 홀서빙 운영사로 선정
2024. 07 롯데백화점 본점,전주점,대전점,대구점 POS운영사로 선정
2024. 10 CJ프레쉬웨이 삼성병원 암병동 조리원 운영사로 선정
2025. 01 롯데백화점 대구점 POS운영사로 선정
2025. 01 이도 평택호 예당호 휴게소 미화 운영사로 선정
2025. 09 현대백화점 틸화이트 카페 운영사로 선정
2025. 10 사조그룹 푸디스트 조리원 인재파견사로 선정
2025. 01 롯데백화점 대구점 POS운영사로 선정
2025. 01 이도 평택호 예당호 휴게소 미화 운영사로 선정
2025. 09 현대백화점 틸화이트 카페 운영사로 선정
2025. 10 사조그룹 푸디스트 조리원 인재파견사로 선정

▪▪▪ 대표자 프로필
이름 : 전대길
학력 : 용산고등학교졸업(1967)
       경기대 경영학과 졸업(1979), 연세대 경영대학원 수료(1981)
경력 : 현재 (주)동양이엠에스설립 & 대표이사(2003~현재), 수필가, 국제PEN한국본부 이사
수상 경력외 : 고용노동부인증 근로자파견 우수기업 수상2회(10) 외 다수
저서, 강의활동 : 「회장님 시계바꿔 찹시다」 발간(1995),
                「그럴수도 그러려니 그렇겠지」 발간(2018),
                「국커차바야축골마」 발간(2022)
                「전대길CEO의 생각주머니」 발간(2023)
                「아~ 그렇구나」 발간(2024)
                국방대학원 출강(예비역 장성 대상 제2의 인생준비 특강)
자격사항 : 경총 노무관리사(1기)
경영철학 : 고객을 즐겁고 기쁘고 편안하게 하는 기업, 고객과 신바람나게 일하는 기업, 고객과 함께 성공하는 기업

▪▪▪ 회사 및 서비스소개
고객센터 분야 : 금융,홈쇼핑,인터넷쇼핑,택배 등
- 고객센터 최적화 구축 컨설팅
- 직무별 최적 상담원 및 관리자 지원 서비스
- 단순 상담기능을 넘어 Profit 센터 역할수행 지원
- SLA에 의한 고객서비스 지원
- 신속하고 정확하고 친절한 고객상담(인바운드/아웃바운드)

유통분야 : 캐셔(POS),안내,근거리배송 등 지원서비스
- 체계적인 서비스 목표관리
- 전문 인력을 통한 철저한 SLA지표관리
- 정기적인 평가를 통한 서비스 지속적 보완 및 개선 실시
- 성과보상을 통한 신바람나는 일터 구축

운전분야 : 차량관리실 운영
- 정기적인 교육과 업무협의를 통한 무사고 운전 및 수준있는 서비스 지원
- 풍부한 경험과 리더십을 겸비한 현장관리자를 통한 서비스
- 각종 낭비제거 활동을 통한 최적화된 차량관리실 운영
- 외국인 임원 수행가능한 영어사용 가능운전자 지원

캐터링분야: 조리업무 지원
- 신바람나는 일터를 통한 근로자 자발적 동기부여 최대화
- 신속한 인재서비스를 통한 고객사 만족 극대화
- 신뢰를 바탕으로 하는 노사문화 구축

인력파견 분야 : 사무지원, 비서, 운전 ,상담서비스 등
- 자체 채용사이트 운영을 통한 각 직무별 인재DB구축
- 학교와 지자체 등을 통한 오프라인 인재지원 시스템 확보
- 고객사가 원하는 인재 1주일 이내에 지원
- 업무시작 후 적응 1달간 집중관리 : 고충상담, OJT 등
- 입사전 사전 기본 교육 실시 : 직장생활의 기본예절과 태도

(주)메타엠
www.meta-m.co.kr

대표	신인수
전화	02-2076-8700
팩스	02-2039-2724

▪▪▪ 회사주소
서울특별시 강남구 언주로725 (논현동, 보전빌딩) 6층

▪▪▪ 설립 및 자본금
설립년도 : 1999년
자본금 : 35억

▪▪▪ 매출실적
2024년 : 3,923억 1,981만원

▪▪▪ 종업원현황
총원 : 8,683명

▪▪▪ 아웃소싱 서비스
컨택센터 아웃소싱

▪▪▪ 주 거래 업종
금융, 유통, 제조, 보험, 카드

▪▪▪ 주 거래 기업
SK쉴더스, 홈앤쇼핑, GS텔레서비스, NH투자증권, KB손해보험, 번개장터, 신세계라이브홈쇼핑, 대한상공회의소, 컬리, 우리카드, AIG손해보험, 넷마블, 우노세프, 우아한형제들, 요기요, NOL Ticket, KG모빌리언스 등 거래업종 기업 다수

▪▪▪ 지사 및 계열사
빌포스트

▪▪▪ 기업연혁
1999. 메타넷엠씨씨 설립
[중략]
2018. ISO9001/14001인증 갱신
 일자리창출 공로 국무총리상
 KISA 개인정보보호 유공 표창
 고객센터 기술부문 베스트 기술 최우수상
2019. 메타넷엠플랫폼으로 사명 변경
 롯데카드 CRM 하반기 시상식 3관왕
 대한민국 100대 아웃소싱 기업 선정
 오렌지라이프 KSQI 15년 연속 우수업체 감사패 수상
2020. 대한민국 100대 아웃소싱 기업 선정
 SO/IEC 27001:2013인증갱신
2021. 대한민국 100대 아웃소싱 기업 선정
 ISO 9001/ 14001 인증갱신
 PCI DSS 3.2.1 Level 인증 취득
2022. '메타엠'으로 사명 변경
 PCI DSS 3.2.1 Level 인증 갱신
 ISO/IEC 27001:2013 인증 갱신
2023. PCI DSS 3.2.1L Level 인증 갱신
 광주시와 컨택센터 신설 투자협약 체결
2024. IBK 기업은행 KSQI 18년 연속 우수콜센터 선정 감사패 수상
 KB국민은행 고객센터 우수파트너 감사패 수상
 신한라이프 KSQI 20년연속 우수콜센터 선정 감사패 수상
 ISO9001/14001인증갱신
 롯데카드 베스트 파트너 감사패 수상
 카카오뱅크 베스트 파트너 감사패 수상
 대한병원협회 미래의료산업협의회 회원증 취득
 국내최초 AICC 체험관 MetaM digital Lounge 오픈
2025. 한국능률협회 KSQI 우수 BPO 기업 선정
 카카오뱅크 2nd 베스트 파트너 감사패 수상
 AI 기반 고객센터 운영 고도화를 위한 클로저랩스와 MOU 체결

▪▪▪ 대표자 프로필
이름 : 신인수

▪▪▪ 회사 및 서비스 소개
메타엠은 1999년 설립 이래 '고객과의 약속은 반드시 지킨다'는 기업 이념을 최우선시하여 운영되어 왔다. 이러한 신뢰를 기반으로 전국 주요 도시에 총 28개의 센터를 운영 중이며 1만여명의 직원들과 함께 고객 서비스를 실천하는 대표 BPO 기업으로 성장했다.
특히 디지털 선도 기업으로 독자적 시스템 개발에 매진하여 IPCC기반 자체 상담시스템을 개발하였으며 AICC 기반의 챗봇, 독보적인 KMS 등을 접목하면서 상담업무에 최적화된 시스템으로 발전했다.
현재 고객상담센터에 필요한 One Stop, All-in-one 서비스를 제공 중이다.
메타엠은 통합 컨택센터 플랫폼을 통하여 컨설팅 솔루션과 옴니 채널 솔루션, 클라우드 서비스 등을 지원하고 있으며 고객 만족을 실현 중이다.
또한 자체 개발한 근태, 급여 처리 프로그램을 통해 소속 직원의 만족도를 높이고 있습니다. 이를 바탕으로 신규 도급사업을 진행하거나, 대량 인원 충원 필요시 휴먼코아 전 관리직원이 채용 서포터즈가 되어 사업을 단기간 내 안정화 시키고 있습니다.
아울러, 급변하는 노동환경에 대한 빠른 대응과 정책에 대한 유연한 대처를 위하여 연구개발에 끊임없는 노력을 다하고 있으며 그 결과 굴지의 기업들과 십수년간의 장기계약을 통한 업무협력을 유지하며 상생하고 있습니다.

(주)발렉스서비스
www.valexservice.com

대표	박희영
전화	02-2010-2880
팩스	02-707-0680
이메일	hr_svc@valexservice.com

■ 회사주소
서울 영등포구 의사당대로 83 (여의도동, 오투타워 12층)

■ 설립 및 자본금
설립년 : 2010년
자본금 : 50억원

■ 매출실적
2024년 : 3,018억원
2025년(예상) : 3,560억원

■ 종업원현황
총원 : 약 6,800명

■ 아웃소싱 서비스
생산라인, 제조지원, 장비 유지보수, 설비기술, 포장·물류
시설관리, 보안·경비, 호텔관리, 금융 콜센터, 해외취업 등

■ 주 거래 업종
반도체, 금융, 호텔, 화학, 태양광, 제약 등

■ 주 거래 기업
SK하이닉스, 현대엔지니어링, 현대글로비스, LG생활건강, SK실트론, 현대엔지니어링, 삼성카드, 현대카드, 나이키코리아, SK케미칼, 파르나스호텔, 동원, 한국투자증권, SBI저축은행, 해비치호텔&리조트 등 국내·외 200여개 사

■ 지사 및 계열사
지주사 : 팬택씨앤아이
계열사 : 팬택씨앤아이엔지니어링, 피앤에스네트웍스
　　　　대우로지스틱스, 피앤에스로지스, 발렉스특수물류
　　　　피앤에스카고매니지먼트, 티앤에스엔지니어링

■ 임직원 연락처
대표번호　02-2010-2880
영업담당　02-2010-2884 / 02-2010-2887

■ 기업연혁
- 2010.~ (주)토스 설립
  근로자 파견, 시설경비업무, 위생관리용역업 허가 취득
  팬택, 동원산업(물류센터), 한국투자증권(시설/보안/안내) 등 인력공급 계약 체결
- 2019. 사세확장에 따른 사명변경(2018.08 附)
  반도체사업 부문 확대(SK하이닉스 이천/청주)
  특1급 호텔 부문 확대(쉐라톤 워커힐, 신라스테이 등)
- 2021. 산업재해예방 고용노동부장관 표창
  2021년 10대 아웃소싱기업 선정
  안전보건경영시스템 ISO 45001 인증 획득
  환경경영시스템 ISO 14001 인증 획득
  ISSA CMI교육 도입 및 CIMS 인증 획득
- 2022. 재해경감 우수기업 인증 취득
  ESG 지속가능경영보고서 발간
- 2023. 한국HR서비스산업대상 산업선도부문 수상
  UNGC (유엔글로벌콤팩트) 가입
  CIMS WITH HONORS 인증 획득
  KT AI첨단 로봇 활용 MOU 체결
  ESG 경영시스템 인증 획득(국내 최초 1호)
- 2024. ISO 37001 부패방지 경영시스템 인증 획득
  ISO 37301 규범준수 경영시스템 인증 획득
- 2025. 고용노동부 주관 일생활 균형 우수기업 인증 획득
  한국HR서비스산업대상 HR서비스기업 대상 수상
  2025 한국 아웃소싱 리딩컴퍼니 선정
  대한민국 아웃소싱산업 선도기업 특별상 수상

■ 대표자 프로필
이름 : 박희영
학력 : 경희대학교 가정관리학과 졸업
경력 : 現 (주)발렉스서비스 대표이사
　　　前 (주)팬택 경영관리본부
　　　前 (주)발렉스서비스 경영지원본부장
　　　前 (주)피앤에스네트웍스 해상운영본부장
경영방침 : 사람중심 경영, 기술중심 경영, 성과중심 경영

■ 회사 및 서비스 소개
발렉스서비스는 2010년 설립 이후 임직원 6,800명, 매출 3,560억원(2025년 말 기준)으로 성장하며 업계의 견고한 양적 성장과 질적 혁신을 드릭왔습니다.
세계청결협회(ISSA) 가입 및 CIMS with HONORS 인증을 기반으로 선진화된 Hygiene Service(청결·위생 통합관리) 체계를 구축하였으며, CMI 미화 전문가 교육을 통해 내부 전문가를 육성하여 안전하고 위생적인 서비스 환경을 제공하고 있습니다.
당사는 가치향상 전문가(Value Adding Expert)로서 고객사의 핵심사업 가치를 높이는 데 힘쓰고 있으며, 이러한 성장을 바탕으로 장애인 고용 확대, 공익재단 후원 등 사회적 가치 실현과 함께 지속가능경영보고서 발간, UNGC 가입, 국내 최초 ESG 경영시스템 인증을 통해 ESG 기반의 지속가능경영도 체계적으로 강화해 나가고 있습니다.
발렉스서비스는 앞으로도 전문성과 기술을 기반으로 한 체계적 시스템, 고객의 가치 성장을 이끄는 전문가로서의 역량, 그리고 차별화된 서비스 품질을 통해 고객 여러분께 최고의 비즈니스 파트너로서 역할을 다하겠습니다.

(주)신한서브

www.shinhanserve.co.kr

대표	안준식
전화	02-3408-2300
팩스	02-464-7213

■■■ 회사 주소
서울시 강동구 강동대로 143-64, 6층(성내동, 스퀘어100빌딩)

■■■ 설립 및 자본금
설립년 : 1925년
자본금 : 22억원

■■■ 매출실적
2024년 : 71?억원
2025년(예상) : ?60억원

■■■ 종업원현황
총원 : 1,566명 / 관리 : 30명 / 파견 : 189 / 도급 : 1,347명

■■■ 아웃소싱 서비스
컨택센터운영, 경비 및 보안, 근로자파견, 인재지원서비스, 부동산자산관리, 인쇄제조

■■■ 주 거래 업종
은행, 카드사, 호텔 등

■■■ 주 거래 기업
신한금융그룹(신한지주, 신한은행, 신한카드, 신한금융투자, 신한캐피탈, 신한저축은행, 신한라이프, 신한에이아이, 신한자산운용, 신한신용정보), 제주은행, 아시아신탁, 한국기업데이터, 유진저축은행, 예가람저축은행, 메리츠호텔, ENA스위트호텔, 제주통나무파크, 임피리얼팰리스호텔, 아그레더블 등

■■■ 지사 및 계열사
전국 네트워크 구축

■■■ 임직원 연락처
신장섭 부장 02-3408-2324

■■■ 기업연혁
1925. 06 경성흥산 주식회사 창립
1994. 10 건물관리, 위생관리업 개시
1995. 09 경비용역업 개시
2001. 07 운전용역업 개시
2001. 11 폰뱅킹 센터 운영 업무 개시
2007. 03 근로자파견업 개시
2007. 06 (주)신한서브로 상호 변경
2007. 11 부동산자산관리업 개시
2012. 01 고용창출 100대기업 선정
2012. 06 ISO 9001(품질)인증
2012. 11 CQ(콜센터 통화품질) 인증
2013. 12 가족친화우수기업 인증
2016. 05 신한은행 콜센터 우수협력사 선정
2017. 12 일·생활 균형 우수기업 대통령 표창 수상
경영혁신형 중소기업(MainBiz) 인증
2018. 01 ENA스위트호텔 보안, 도급 업무
2018. 08 법인대리운전사업 "YES 해피콜" 개시
2021. 07 본사 이전-서울 강동구 강동대로 143-64
2024. 10 제대군인고용우수기업 인증
국가보훈부장관 표창
2025. 01 시니어인턴십지원사업 수행기관 선정
2025. 06 창립 100주년 기념

■■■ 대표자 프로필
이름 : 안준식
학력 : 부산대학교 경제학과 졸업
경력 : 신한은행 경영지원 본부장
신한금융지주회사 부사장
신한은행 부행장

■■■ 회사 및 서비스 소개
신한서브는 1925년 창립해 100주년을 맞은 오랜 역사와 전통을 가진 기업으로, 다양한 사업경험과 노하우를 바탕으로 현재 컨택센터, 보안/경비, 인재파견서비스, 부동산 자산관리 등 HR서비스 종합솔루션과 인쇄제조업을 운영하고 있습니다.

'사람과 사람을 이어가는 신한서브'라는 모토 아래, 윤리경영을 통한 투명하고 공정하며 건전한 기업경영을 기반으로, 고객에게 최적의 효율성과 최상의 서비스를 제공함으로써 신뢰와 만족을 주고, 직원들의 역량개발을 통해 직원과 회사가 함께 성장하고 상생하며 우수한 인재들이 근무하고 싶은 기업이 되도록 끊임없이 노력하고 있습니다.

앞으로도 신한서브는 고객사의 성공이 곧 우리의 성공이라는 신념하에 고객의 성공을 위한 플랫폼으로써의 역할에 최선을 다할 계획입니다.

신한서브에 보내주시고 계신 성원에 다시 한번 감사드리며, 앞으로도 많은 관심과 응원 부탁드립니다.

(주)씨아이템프러리
www.citemp.co.kr

대표	차동혁
전화	02-3439-0100
팩스	02-3439-0108
이메일	ssun1970@naver.com

■■■ 회사주소
서울시 영등포구 경인로 775, 3동 305호
(문래동3가 에이스하이테크시티)

■■■ 설립 및 자본금
설립년 : 2003년
자본금 : 3억원

■■■ 매출실적
2024년 : 305억원
2025년(예상) : 325억원

■■■ 종업원현황
총원 : 667명 / 관리 : 15명 / 파견 : 602명 / 도급 : 50명

■■■ 아웃소싱 서비스
인재파견, 헤드헌팅(채용대행), 아웃소싱, 판매도급

■■■ 주 거래 업종
카드/은행/보험, 유통(백화점/할인점), 물류/생산, 경비, 위생관리, 화장품판매 등

■■■ 주 거래 기업
현대카드, 현대캐피탈, 현대커머셜, 우리카드, 제이비우리캐피탈, 푸르덴셜생명, 케이비캐피탈, 하나캐피탈, 금강, 레스모아, 더샘인터내셔널, SK브로드밴드, 엘에스산전, 기업은행, 농협카드, 삼성카드, KB국민카드, 농협캐피탈, 롯데카드, 전북은행, 서울산업진흥원, 생명보험협회, DGB캐피탈, 클리오, 뷰디아니, 투쿨포스쿨, 롯데캐피탈, 아주캐피탈, 서울테크노파크, 국제금융센터, 현대차시소금융, 세라젬, 우리금융캐피탈, 이상네트웍스, 글로벌휴먼스, 미래에셋캐피탈, 전국은행연합회 등

■■■ 지사 및 계열사
(주)씨아이서비스
(주)썬앤진

■■■ 임직원 연락처
기하연팀장   02-3439-0100
박찬미팀장   02-3439-0100

■■■ 기업연혁
- 2003. (주)씨아이템프러리 설립
  현대카드, 현대캐피탈 외 7개사 근로자파견계약 체결
- 2004. 금강제화 외 7개사 근로자파견계약 체결
- 2005. 참존화장품 외 7개사 근로자파견계약 및 업무위탁계약 체결
- 2006. NHN서비스 외 5개사 근로자파견계약 체결
- 2007. 본사 사옥 이전
  우리캐피탈 외 10개사 근로자파견계약 및 업무위탁계약 체결
- 2008. 쿠지화장품 외 5개사 업무위탁계약 체결
- 2009. 푸르덴셜생명 외 8개사 근로자파견계약 체결
- 2010. 케이비캐피탈 외 5개사 근로자파견계약 체결
- 2011. 하나캐피탈 외 5개사 근로자파견계약 체결
- 2012. SK브로드밴드 외 3개사 근로자파견계약 체결
- 2013. 우리카드 외 3개사 근로자파견계약 체결
- 2014. 엘에스산전 외 근로자파견계약 체결/ 본사 사옥 확장
- 2015. 기업은행 외 근로자파견계약 체결
- 2016. 농협카드, 농협캐피탈, 삼성카드 외 근로자파견계약 체결
- 2017. 롯데카드, 더샘인터내셔널 외 근로자파견계약 체결
- 2018. 서울산업진흥원, 클리오, DGB캐피탈 외 근로자파견계약 체결
- 2019. 롯데캐피탈 외 근로자파견, 블루월넛 외 업무위탁계약 체결
- 2020. 아주캐피탈, 서울테크노파크 외 근로자파견계약 체결
- 2021. 현대차시소금융 외 근로자파견 및 업무위탁계약 체결
- 2022. 우리금융캐피탈, 이상네트웍스 외 근로자파견계약 체결
- 2023. 전국은행연합회, 미래에셋캐피탈 외 근로자파견계약 체결
- 2024. NH농협은행 카드신용관리부 외 근로자파견계약 체결
  - 국제품질경영인증 "ISO9001" 획득(인증번호 : 18□)
  - 2007년~2024년 대한민국 100대 아웃소싱기업 선정
  NH농협은행 카드신용관리부 외 근로자파견계약 체결
- 2025. KB국민카드, 한국투자캐피탈, 지에스엠비즈 외 근로자파견계약 체결
  - 국제품질경영인증 "ISO9001" 획득(인증번호 : 18□)
  - 2007년~2025년 대한민국 100대 아웃소싱기업 선정

■■■ 대표자 프로필
이름 : 차동혁
경력 : (주)ATK 경영지원 본부장
       (주)에이팩스 수도권 지사장 / 現 (주)씨아이템프러리 대표이사
경영방침 : '겸손·조화·최선'의 사훈을 기반으로 한 인성경영

■■■ 회사 및 서비스 소개
(주)씨아이템프러리는 2003년 3월 설립 이후 근로자 파견을 주요사업으로 토탈 아웃소싱 서비스를 제공하는 기업이다.
다년간의 아웃소싱 경험을 통한 (주)씨아이템프러리만의 know-how로 인프라를 구축, 차별화 된 시스템을 통하여 인재를 엄선하고 발굴하여 다양한 인적자원을 확보하고 있다. 검증된 서비스 제공과 각 기업에 맞는 맞춤형 지원으로 고객사로부터 업계 최고의 평가를 받고 있으며, 업체평가 시 우수협력업체로 선정되어 장기적인 계약을 유지해 왔다.
이를 바탕으로 국제품질경영인증 'ISO9001'을 획득하였고, 매년 꾸준한 성장률로 탄탄하고 안정적인 업무환경을 이룩하여 생산, 물류, 경비, 시설관리 등 다각적인 분야로 영역을 확장하고 있다.
(주)씨아이템프러리는 고객사의 인정과 신뢰를 바탕으로 현재도 꾸준히 성장하는 중이며, 임직원 모두 '고객만족을 위한 역량 집중이 곧 경쟁력'이라는 이념을 가지고, 고객사 발전에 기여하기 위하여 일심동체가 되어 최선을 다하고 있다.

에이지스비즈니스서포트(주)
www.ajis.co.kr

- **대표**: 이기백
- **전화**: 02-6247-3727
- **팩스**: 02-566-6797
- **이메일**: kblee@ajis.co.kr

▪▪▪ 회사주소
서울시 강남구 역삼로 227, 403호

▪▪▪ 설립 및 자본금
설립년 : 20○○년
자본금 : 12○원

▪▪▪ 매출실적
2024년 : 80○원
2025년(예상) : 80억원

▪▪▪ 종업원현황
한국 : 250명
ASIA 그룹사 : 12,000명

▪▪▪ 아웃소싱 서비스
콜센터, 아웃소싱, 인재파견, 물류관리, 전화상담, 재고관리

▪▪▪ 주 거래 업종
서비스, 금융, 제조, 건설, 유통, 물류, 공공기관 등

▪▪▪ 주 거래 기업
유통사, 물류센터, 온라인기업, 할인점, 편의점, 슈렉 등

▪▪▪ 지사 및 계열사
[국내 지사]
서울지점, 인천지점, 북서울지점, 대전지점, 대구지점, 부산지점
[해외 지사]
일본, 중국, 홍콩, 대만, 태국, 말레이시아, 베트남, 필리핀

▪▪▪ 임직원 연락처
가산 컨텍센터 : 1877-0013
본사 : 02-6○○-3027
북서울 : 02-○○-5672
인천 : 032-5○-3727
대전 : 042-4○-6772
부산 : 051-3○-6747

▪▪▪ 기업연혁
1978. 에이지스 설립
1984. 에이지스 홋카이도 설립
1992. 에이지스 시코쿠 설립
1996. 마스틱 상장
2003. 한국에이지스비즈니스서포트 설립
2004. 에이지스 중국 대련 설립
2007. ISO 9011 국제품질 표준인증 취득
2009. 에이지스 대만 설립
2011. 에이지스 인도, 홍콩, 타이, 말레이시아, 북경, 광지우 설립
2016. 에이지스 베트남, 필리핀 설립
2018. 그룹 40주년 아시아 서비스 전개
2021. 한국 가산지점(아웃소싱서비스 확장) 설립

▪▪▪ 대표자 프로필
이름 : 이기백
경력 : 2000년 일본 (주)에이지스 입사
　　　 2004년 에이지스비즈니스서포트(주) 입사
　　　 현재 에이지스비즈니스서포트(주) 대표이사
　　　 에이지스 상해 대표이사 역임
　　　 에이지스 북경 대표이사 역임
　　　 에이지스 광저우 대표이사 역임
　　　 에이지스 홍콩 대표이사 역임
경영방침 : "성실, 고객주의, 현장주의, 도전, 개인존중"

▪▪▪ 회사 및 서비스 소개
에이지스는 글로벌 선두기업으로 한국, 일본, 중국, 대만, 인도, 타이, 말레이시아, 베트남, 필리핀에 거점을 두고 아시아 3,000여 기업에 아웃소싱 서비스를 제공하고 있습니다.
아웃소싱이라는 전문분야에 관심을 가지고 1960년대부터 미국으로부터 노하우를 제공받았으며 아시아에서 자체적인 전문성을 키워가고 있습니다.
한국은 2003년 에이지스비즈니스서포트를 설립 후 한국에 맞는 노하우를 개발, 전개하여 국내 대형유통사(신세계그룹, 롯데그룹, 이랜드그룹, 홈플러스, 도서관, 그외 의류브랜드 화장품브랜드, 관광기관 등 170여 개사)와 브랜드가치가 있는 기업에 전문 노하우를 제공하고 있습니다.
설립후 45년 기간동안 축적된 인재채용과 교육 그리고 근로환경 개선 등을 바탕으로 국내 근로기준에 맞는 정책과 규정을 통해 안정적인 기업운영을 이어나가고 있습니다.
에이지스비즈니스서포트는 콜센터아웃소싱 뿐만 아니라 재고조사아웃소싱 분야에서 글로벌 인지도가 높은 업체로 도서관 도서폼검 업무나 모니터링 체크, 시장조사, 기타 위탁, 업무대행 등 서비스 범위를 확대해 종합적인 리테일 서포트 기업으로의 발돋움하고 있습니다.
또한 전국 네트워크가 가능하도록 수도권 3개 지점 외에 중부권과 남부권에 도 지점들을 설치해 전국전역에 서비스를 제공하고 있습니다.
최근 국제적인 이슈상황에 발빠르게 대처하고 향후 50년의 미래를 위해 지속적인 투자와 유망사업을 추진하고 있으며, 서울 가산지역에 전문콜센터를 구축하고 고객에게 품질높은 아웃소싱서비스를 제공하는 기업으로 성장하기 위해 최선을 다하고 있습니다.

엘비유세스(주)
lbucess.com

대 표	서해융
전 화	02-3439-7600
팩 스	02-3439-7629
이메일	salesmarketing@lbucess.com

■■■ 회사주소
서울시 구로구 경인로 661, 101동 26층(신도림동) 핀포인트

■■■ 설립 및 자본금
설립년도 : 2007년
자본금 : 60억원

■■■ 매출실적
2024년 : 745억 1,476만원

■■■ 종업원현황
총원 : 1,856명

■■■ 아웃소싱 서비스
IT 서비스, MPS 구축, FM서비스, 물류, 이커머스, AI 솔루션, BPO

■■■ 주 거래 업종
금융, 카드, 제조, 보험, 통신, 공공, 유통, 의류 등

■■■ 주 거래 기업
하이엠솔루텍, 이랜드몰, 볼트테크, 현대홈쇼핑, SK네트웍스, 신한카드, GS텔레서비스, 세종텔레콤, LG전자, 쿠팡잇츠, LX하우시스 등 다수

■■■ 기업연혁
2007.	12월 회사 설립
2007~2012.	LIG손해보험 차세대 콜센터 운영관리 시스템 구축
	신한카드 TM 수주 및 운영
	건강보험고객센터, 교통안전공단 자동차검사 서비스 센터
2013~2016.	AI기반 컨택센터 분석 플랫폼 사업 수주
	LB인베스트먼트 계열사 편입
	KB국민카드 고객센터 수주
	ISO/IEC 27001 및 ISO/IEC 29100 인증 획득
	권익위원회 비긴급 신고기관 실태조사 및 컨설트 수행 외
2017~2020.	한국콜센터산업협회 베스트 센터장상 수상
	한국고객센터 기업부분 산업통상자원부 최우수상 수상
	한국경영인증원 품질경영시스템 인증
	대법원사용자지원센터, 사법UKD KS Q ISO 인증
2021~2024.	LB그룹사 매출액 1조 5000억원 달성
	사명 변경, 서해융 대표이사 취임
	자체 옴니채널 상담어플리케이션 개발 및 구축
	이커머스 BPO 사업 브랜드 'Seller-eCommer' 출시
	소규모 전용 콜센터 솔루션 '라잇콜' 출시
	상담 콜 추적 시스템 자체 개발 및 구축
	AICC 솔루션 구축
	AI 서비스 'Listen AI' 런칭

■■■ 대표자 프로필
이름 : 서해융
경력 : (현)엘비유세스 대표

■■■ 회사 및 서비스 소개
LBUcess는 "Look Beyond Your Success" 기업으로 고객의 성공을 목표로 언제나 고객이 필요로 하는 것을 해결하기 위해 혁신적인 아이디어를 생각하고 새로운 기술과 트랜드 를 적극적으로 수용하여 최고의 제품과 서비스를 제공하고 있다.
"Look Beyond, Look People" 즉 서비스를 넘어 감동을 전하고, 고객을 넘어 사람을 본다는 슬로건이 지닌 의미를 통해 위해 직원들의 열정과 혁신적인 마인드를 지지하여 적 극적인 참려를 장려함으로써 긍정적인 에너지를 고객에게 전달하여 비즈니스의 성장이라는 공통 목표를 달성하기 위해 노력할 것이다.

(주)엠피씨플러스
www.mpc.co.kr

대표	조성완
전화	02-3401-4114
팩스	02-3935-9061
이메일	ask@mpc.co.kr

■■■ 회사주소
서울특별시 중구 소월로2길 30 남산트라팰리스 12층

■■■ 설립 및 자본금
설립년도 : 1991년
자본금 : 32억원

■■■ 매출실적
2024년 : 456억 13만원

■■■ 종업원현황
총원 : 813명

■■■ 아웃소싱 서비스
컨택센터 운영, 컨택센터 구축, 컨택센터 컨설팅, 인재파견

■■■ 주 거래 업종
공공기관, 금융, 통신, 제조, 건설, 유통 등

■■■ 주 거래 기업
키움증권, 국민건강보험공단, 까르띠에, 현대모비스, 신세계, 푸르지오, SK건설 등 다수

■■■ 지사 및 계열사
관계사 : 서울센터, 문래센터, 영등포센터, 강북센터, 중곡센터

■■■ 기업연혁
1991. 주식회사 마케팅 파이오니아 설립
1992. 한국전산업 협동조합 가입
1996. (주)엠피씨로 상호 변경
[중략]
2011. 기업은행 노사협력우수기업 인증
2012. 콜센터 서비스분야 ks인증서비스 획득
2013. 행정안전부 표창장 수상
2014. 대한민국 지식서비스 우수기업 산업통상자원부장관 표창 수상(아웃소싱 공급기업 부문)
여성가족부 주관, 가족친화 우수기업 인증 획득
2015. 한국능률협회컨설팅 주관 콜센터서비스품질지수 평가(KSQ)
2016. 전기안전공사 표창장 수상, APCCAL '베스트 컨택센터 아웃소싱 업체 수상, 국민권익위원회 표창장
2017. 기술경영컨퍼런스 산업통상자원부 장관상 수상, 국가품질혁신상 대통령상 수상
2018. ISO 27001 인증획득(국제표준 정보보호 경영시스템 인증)
2019. 노사협력부문 고용노동부 장관상 수상
컨택센터 전용 타워 개소
2020. KSQI 17년 연속 우수콜센터 선정, 한국관광공사 표창장 수상
2021. KSOI, KS-COI 우수콜센터 1위 연속 선정
2022. 청년사업활성화 및 청년 정책발전기여 서울특별시 표창장 수상
ISO 2701 인증획득(국제표준 개인정보보호 경영시스템 인증)
2023. URL 관리 솔루션 '컨택서비스'에 접목 시도
외교부 산하 재외동포청 신규 콜센터 수주
2024. KS 인증 획득, 자체 클라우드 구축
서비스 분야 법인단위 KS 인증 획득

■■■ 대표자 프로필
이름 : 조성완
경력 : (현)엠피씨플러스 대표
(전)한국코퍼레이션 대표
(전)메타넷엠씨씨 대표
(전)엠피씨 대표

■■■ 회사 및 서비스 소개
엠피씨플러스는 1991년 컨택센터 BPO(business process outsourcing)업계 선두로 설립되어 35년 이상 고품질 서비스를 제공해왔다. 클라우드 기반 MatriX 솔루션 기술과 다년간의 컨설팅 경험 노하우를 바탕으로 현재도 왕성하게 컨택센터 산업에서 활약 중이다.
엠피씨 플러스는 KS 서비스 품질인증 및 품질 경영 시스템을 통해 서비스의 고급화와 표준 규격화를 추진하고 있으며 상담 솔루션 기술을 토대로 효율적인 서비스를 제공한다.
아울러 개인정보 및 정보보안 경영시스템 대외 인증을 통해 우수한 보안 능력을 바탕으로 최상의 서비스를 제공하고, 고객과의 신뢰를 소중히하는 경영철학을 바탕으로 고객만족을 실천 중이다.

(주)윌앤비전

www.willvi.co.kr

- 대표: 이화택
- 전화: 02-6943-8208
- 팩스: 02-6943-8299
- 이메일: ghkpooh@willvi.co.kr

■■■ 회사주소
서울특별시 영등포구 당산로41길 11

■■■ 설립 및 자본금
설립년 : 2006년
자본금 : 13.7억원

■■■ 매출실적
2024년 : 2,029억 2,218만원
2025년(예상) : 2,200억원

■■■ 종업원현황
총원 : 55,080명

■■■ 아웃소싱 서비스
아웃소싱(콜센터, 물류, 생산, FM, 판매), 인재파견, 헤드헌팅, 교육, 컨설팅

■■■ 주 거래 업종
금융, 물류, 홈쇼핑, 공기업

■■■ 주 거래 기업
건강보험공단, 중소기업유통센터, 우리카드, NH농협카드, 삼성카드, 롯데카드, 하나카드, 수협은행, 경남은행, SC은행, 씨티은행, 하나은행, 신한생명, 교보생명, 롯데홈쇼핑, NS쇼핑, 홈&쇼핑, 공영홈쇼핑, K쇼핑, 신세계TV쇼핑, B쇼핑, 위메프, 쿠팡, 롯데하이마트, 롯데정보통신, 롯데ON, YES24, 현대리바트, HCN, 현대백화점, 현대제철, CJ대한통운, 롯데글로벌로지스, 롯데로지스틱스, 사조시스템, 현대오일뱅크, (주)효성, 더클래스효성, 효성토요타, 세빛섬, 연세세브란스, 이투스, 세빛섬, 아시아나항공, 에어서울, 야놀자, OCI 등

■■■ 지사 및 계열사
대전, 대구, 부산, 광주

■■■ 임직원 연락처
경영지원팀 강승일 팀장 02-6943-8205

■■■ 기업연혁
- 2006. 회사설립
- 2009. ISO9001인증, CQ인증, 노동부파견우수기업인증
- 2010. 한국서비스대상(콜센터부문), 타임스퀘어센터 Open
- 2012. 아웃소싱우수기업 장관표창, 중소기업유통센터K인증, CMS인증
- 2014. 건강보험심사평가원 KS인증, 가족친화기업인증, 명동센터 Open
- 2015. 신도림센터 Open, 3PL 의정부센터 Open
- 2016. 3PL 파주센터 Open
- 2017. 문래센터 Open, KS-CQI공로상 수상
- 2018. 공덕센터 Open
- 2020. 대전 캠코센터 Open
- 2021. ISO45001 인증, 광주지사 Open
- 2022. 생각공장센터 Open

■■■ 대표자 프로필
이름 : 이화택
학력 : 연세대 법학과
경력 : 효성 기계산자PU 사장
　　　효성ITX 대표이사
　　　윌앤비전 대표 이사
경영방침 : 고객과 더불어 지속성장하며, 가치를 창조하는 Total Business Consulting & Service Company

■■■ 회사 및 서비스 소개
2006년 회사설립 이후 고속성장을 통해 2021년 1,943억원 매출을 달성하였으며 2026년에는 2,200억원을 예상하고 있다. 윌앤비전은 인재파견 및 콜센터 위탁 운영을 통해 축적된 아웃소싱 노하우를 바탕으로 물류, FM, 교육관련 사업분야로 그 외연을 넓히고 있다.

이러한 윌앤비전 고속성장의 원동력은 무엇보다 분야별 전문가로 구성된 우수한 내부 인력이다. 인사, 노무, 마케팅, 콜센터, 판매, 생산, 유통, 물류, FM 등 분야별 아웃소싱 전문가로 구성된 내부 운영인력들은 직무분석을 통한 아웃소싱 니즈의 도출, 성공적인 아웃소싱 모델의 제시 및 운영으로 고객사로 부터 차별화된 전략적 파트너로 인정 받고 있다.

또한 윌앤비전은 최근 IT분야 전문인력을 영입하여 AI, 클라우드, 옴니채널, RPA 등 새로운 IT 환경변화에 발 빠르게 대응하고 있다.

O/S사업의 성공적 운영의 kEY는 우수한 관리자 및 직원으로 이를 위해 회사는 직원들의 역량을 개발하고 높은 성과를 낼수 있도록 다양한 교육훈련 프로그램 및 직원만족 서비스를 제공하고 있다.

(주)유니에스
www.unies.com

대표	이용훈
전화	1566-9797
팩스	02-553-3381
이메일	unies@unies.com

■ 회사 주소
서울 강남구 선릉로 514 11층 (삼성동 성원빌딩)

■ 설립 및 자본금
설립년 : 1990년
자본금 : 15억원

■ 매출실적
2024년 : 5,200억원
2025년(예상) : 5,500억원

■ 종업원현황
총원: 15,500명/ 관리: 200명/ 파견: 3,300명/ 도급: 12,000명

■ 아웃소싱 서비스
인재파견, 콜센터위탁, 보안검색, 시설관리, 사무지원, 의료지원, 실버/요양시설 유통물류지원, 생산물류, 호텔/리조트, 판매/판촉, 헤드헌팅/HR컨설팅, Payroll, 총무아웃소싱, 채용대행, 고용서비스

■ 주 거래 업종
공항, 금융, 항공서비스, 특수경비, 유통물류, 판매, 방송언론, 생산, 의료/실버, 호텔/콘도/레저, (정부/지자체)고용서비스업 등

■ 주 거래 기업
대한항공, 삼성, SK, LG, 현대, 한화, 현대기아차, 신한, 롯데, AIA, 호텔신라, 신세계, SBS, KBS, MBC, CJ, KGC인삼공사, 한국암웨이, 삼성병원, 연대의료원, 경희대병원, 아주대병원, 건국대병원 등

■ 지사 및 계열사
지 사 : 강남, 수원, 광주, 제주, 대전, 대구, 부산
계열사 : 유니스텝스(주), (주)유니토스, (주)엠택, (주)유니에스시큐리티, (주)스타마크, 프로핸즈코리아(주), (주)프리젠트앤퓨처

■ 임직원 연락처
최상덕 부문장 : 02-6241-4982
유춘호 부문장 : 02-2656-5120
조성규 경영혁신추진실장 : 02-6011-1410
현태봉 부문장 : 02-553-3375
김수일 부문장 : 02-6241-3381

■ 기업연혁
1990. 09 (주)유니에스 설립
2002. 08 ISO 9001 품질경영시스템 인증 획득
2008. 06 [공항서비스 평가 3연패 달성 공로 대통령상] 수상
2008. 07 노동부 근로자 파견 우수기업 인증 획득
2009. 03 [유니에스 콜센터 KS 인증] 획득
2009. 12 노동부 장관상 수상
2010. 07 유니에스 직무단위 인적성검사(UAT) 개발, 도입
2012. 03 기획재정부 장관상(모범납세자) 수상
2012. 11 [아웃소싱 우수기업] 선정, 지식경제부 장관상 수상
2013. 01 한국 서비스품질 우수기업(SQ) 인증 획득
2014. 09 근로자보호 클린기업 인증 획득
2015. 11 콜센터 최초 국가품질명장 배출
2016. 10 제대군인 고용우수기업 인증 획득
2019. 09 [평창동계올림픽 공로 국무총리상] 수상
2019. 12 산업통상자원부 장관상 수상
2020. 11 ISO 45001 안전보건경영시스템 인증 획득
2022. 11 ISO 14001 환경경영시스템 인증 획득
2023. 02 한국HR서비스산업대상 기업부문 대상, 공공고용지원부문 수상
2023. 05 콜센터부문 서비스품질지수(KSQI) 우수 BPO기업 선정
2023. 09 ISO 37001 부패방지경영시스템 인증 획득
2023. 09 자체 컨택센터 "UNIES SQUARE" 개소
2025. 01 대한민국 퍼스트브랜드 OS부문 13년 연속 대상 수상
2025. 09 [항공산업 고용 및 일자리 창출 공로 국토교통부] 장관상 수상

■ 대표자 프로필
이름 : 이용훈
학력 : 경희대졸, 연세대 최고경영자과정, 서강대 경제대학원
경력 : (사)한국HR서비스산업협회(구. 한국인재파견협회) 회장 역임
　　　 아시아지역 인재서비스연맹회의(ACIETT) 주관,
　　　 대통령, 국무총리, 기획재정부·고용노동부 장관 표창
　　　 한국아웃소싱서비스 대상, 신지식인·신한국인, 경찰청장 표창
경영방침 : 지속가능경영, 전문경영, 변화경영

■ 회사 및 서비스 소개
창립 36주년을 맞이하는 유니에스는 '책임경영'과 '전문성'이라는 변치 않는 가치로 대한민국 HR 서비스 산업의 역사를 써 내려가고 있습니다. 전국 7개 지사 네트워크와 15,500여 명의 전문 인력을 기반으로 400여 고객사에 최적화된 맞춤형 서비스를 제공하며, 자타가 공인하는 '대한민국 종합인재서비스 No.1'의 브랜드 파워를 입증하고 있습니다.

2026년 유니에스의 핵심은 '전문경영'과 '변화경영'을 통한 질적 도약입니다. 비효율을 걷어낸 시스템 기반의 현장 경영으로 서비스 품질을 고도화하는 한편, 국민취업지원제도 등 정부 핵심 위탁사업을 성공적으로 수행하며 공공 고용서비스 영역에서도 독보적인 입지를 구축하고 있습니다.

특히 ESG 경영을 기업문화로 정착시켜, ISO 환경, 안전보건 및 부패방지 경영시스템 인증을 획득하고 현장 중심의 안전 예방 관리를 대폭 강화하여 고객사의 리스크를 최소화하고 있습니다. 나아가 전사적인 디지털 트랜스포메이션을 가속화하여, 35년간 축적된 방대한 데이터와 AI 분석 기술을 업무 전반에 적용함으로써 차별화된 '완성형 명품 서비스'를 구현하고 있습니다. 유니에스는 이러한 혁신을 통해 고객사의 성장을 견인하는 비즈니스 파트너이자, 사회적 책임을 다하는 리딩 기업으로 미래를 선도해 나갈 것입니다.

(주)유베이스
www.ubase.co.kr

- **대표**: 목진원
- **전화**: 1577-6824
- **팩스**: 032-622-0202
- **이메일**: ubase@ubase.co.kr

■■■ 회사주소
서울특별시 용산구 한강대로38길 37(용산동 5가)

■■■ 설립 및 자본금
설립년 : 1998년
자본금 : 128억원

■■■ 매출실적
2023년 : 5,666억 1,809만원
2024년 : 5,767억 6,576만원

■■■ 종업원현황
총원 : 9,679명

■■■ 아웃소싱 서비스
콜센터 및 텔레마케팅 아웃소싱 운영, 정보통신기기 유지보수

■■■ 주 거래 업종
글로벌, 유통, 금융, 통신, 제조, 서비스, 공공 등

■■■ 주 거래 기업
현대카드, 국민은행, ebay, GSShop, 신세계, 삼성전자서비스, 삼성화재, SK브로드밴드, 농협, 애플코리아, Nespresso 등 다수

■■■ 지사 및 계열사
UBASE 그룹 관계사, 한일네트웍스, 넥서스 커뮤니티, 위고, 에쿼티앤스톡보이스, 에프엔센터, 비피오연구소 등 총 12개 그룹사 및 말레이시아, 일본, 대만 등 해외시장 진출

■■■ 기업연혁
1998.	12월 법인설립
2000~2002.	ISO 9001:2000 인증 획득/ 외자유치 우수기업 대통령표창
2003~2005.	상호 변경 ㈜유베이스/ 부천1 Dream Center 구축(3,000석)
	아웃소싱 서비스 전체부문 대상 수상(산업자원부)
	지식오피스 대상 수상 (매일경제신문사)
	한국서비스대상(Call Center 부문)수상(한국표준협회)
	CQ 인증마크 획득(한국텔레마케팅협회)
	한국서비스대상 경영혁신 부문 대상 수상(한국표준협회)
2006~2008.	아웃소싱 전문가 인증 획득 (후원:산업자원부/중소기업청)
	한국서비스품질 우수기업인증SQ 획득 (지식경제부)
	용산 그린센터 오픈(600석)
2009~2011.	부천2 Metro센터 구축 (1,000석)
	국제표준 정보보호인증(ISO 27001) 인증 획득
	고용노동부 '일자리창출우수기업' 대통령 표창 수상
2012~2014.	고용창출 우수기업 인증 2011~2014 4년 연속 수상
	지식경제부 주관 '아웃소싱 우수기업' 장관 표창
	행복한 Good일터 인증기업 선정(부천지역 노사민정 협의회)
	기획재정부 주관 모범납세자 장관 표창 수상
2015~2017.	고용노동부 '일자리창출우수기업' 대통령 표창 수상
	행정자치부 주관 일자리창출지원 동탑산업훈장
	부천2 Metro Center 1,000석 증설(총 7,000석)
	근로자보호 클린기업 인증
2018.	말레이시아 쿠알라룸푸르에 글로비(GlobeE)를 설립
	기획재정부 모범납세자 장관 표창
2019.	Metro Center(부천 2센터) 증축 (8,000석 UBASE Japan(Kawasaki Center) 오픈 (200석) 2019 가족친화기업
2021.	대표이사 송기홍 사장 취임
	넥서스커뮤니티 인수합병
2022.	업계 첫 공채 상담사 모집 시작
	여의도 디지털 센터, 부산 피닉스센터, 서울 아큐센터 오픈
	U BASE ASIA 법인 설립
	한일네트웍스 지분 인수를 통한 경영권 확보
2024.	위고와의 협력을 통한 AI 서비스 역량 강화
	AI-Driven BPS AI 기반 통합 비즈니스 프로세스 서비스 고도화

■■■ 대표자 프로필
이름 : 목진원
경력 : (현)유베이스 대표

■■■ 회사 및 서비스 소개
유베이스는 9,600석 규모의 컨택센터를 보유, 운영하고 있는 서비스 아웃소싱 전문기업이다. 현재 유베이스는 금융, 유통, 통신, 공공, 제조, 서비스 등 다양한 산업분야의 70여개 고객사의 서비스 아웃소싱을 담당하고 있다. '아웃소싱서비스대상', '지식오피스대상', '한국서비스대상 콜센터부문 경영혁신대상'을 수상했으며, 2010년에는 정보보안경영시스템인증(ISO27001)을 획득함에 따라 정보보안에 있어 대외적으로 안정성을 인정받았고, 2011년과 2012년에는 일자리창출 대통령표창을 비롯하여 '아웃소싱 우수기업' 장관표창을 수상하는 등 최고의 서비스 아웃소싱 기업으로서의 입지를 확고히 하고 있다. 내부적으로는, '좋은사람, 좋은 회사'라는 경영방침에 따라 직원들을 위한 제도와 환경구축 및 관리자들의 인식전환 등의 활동을 통해 즐겁게 일할 수 있는 훌륭한 일터만들기에 집중하여 내실을 다지고 있다.

인트로맨(주)
www.introman.co.kr

대표	고은희
전화	02-540-6134
팩스	02-2135-6172
이메일	management@introman.co.kr

■■ 회사주소
서울시 성동구 뚝섬로5가길7, W동 6층, 13층(성수동, 현대테라스타워)

■■ 설립 및 자본금
설립년 : 1995년
자본금 : 5억원

■■ 매출실적
2024년 : 492억원
2025년(예상) : 510억원

■■ 종업원현황
총원 : 1,005명 / 관리 : 51명 / 파견 : 731명 / 도급 274명

■■ 아웃소싱 서비스
인재파견, 채용대행, 업무도급, 면세물류, 시설관리, 공공기관 채용대행, 콜센터, 판매촉진, 팝업스토어

■■ 주 거래 업종
은행, 보험, 카드사, 공공기관, 대기업, 상공회의소

■■ 주 거래 기업
국민카드, 롯데카드, 신한카드, 삼성카드, NH농협카드, 신한금융투자, 롯데캐피탈, 처브라이프생명, 메트라이프생명, 생명보험협회, 롯데멤버스, 큐로드, 무신사, 오티스엘리베이터, 호텔신라, ACN코리아, 하이네켄코리아, 한독모터스, 그린모터스, 현대제철, 현대모비스, 현대트랜시스, 현대글로비스, 금호건설, 탕양, 후지제록스, 캠코CS, 상공회의소, 중소기업유통센터, KOTRA, 코스콤, 삼정KPMG, Dell, KBS미디어, SKC, 서울시복지재단 등

■■ 지사 및 계열사
계열사 : 인트로넷코리아(주), (주)해피엔젤, 프리머스에이치알(주)

■■ 임직원 연락처
고은희 대표　　　　02-540-6134
양경모 본부장　　　02-6381-0077

■■ 기업연혁
- 1995. 인트로맨(주) 설립
- 2002. 인트로맨(주) 인수, 파견사업 허가(허가번호: 2002-119)
- 2003. 콜센터 도급개시
  유료 직업소개사업 허가(허가번호:2003-115)
- 2011. 연매출 100억 달성
- 2014. 연매출 300억 달성, 근로자수 1,500명 돌파
- 2016. 근로자수 2,000명 돌파, 인트로넷코리아(주) 설립
  초록우산 어린이재단 후원(제2016-0781호)
- 2017. 연매출 400억 달성
  신라면세점 통합물류센터 운영개시
- 2018. 현대백화점면세점 통합물류센터 운영개시
  HR서비스우수기업 선정
  대한민국 아웃소싱 100대기업 선정
  자본금 증자 2억 → 5억
- 2019. 성동구 일자리지원 사업
  장애인표준사업장 신설 (주)해피엔젤
  장애인기업인증 인트로넷코리아(주)
- 2020. 연 매출 780억 달성
  프리머스에이치알(주) 인수 및 사옥 매입

■■ 대표자 프로필
이름 : 고은희
경력 : 現 인트로맨(주) 대표이사
　　　(주)유니에스 인력관리, 고객사관리
　　　(주)제니엘 인력관리, 고객사 관리
약력 : 한국방송통신 대학교 경영학과 졸업 2002년
　　　연세대학교 경제대학원 최고경제인 과정 수료 2010년
　　　고려대학교 경영대학원 최고경영자 과정 수료 2014년
　　　전국경제인연합회 최고경영자과정 수료 2016년
　　　KAIST 최고경영자 과정 수료 2017년
　　　법무부 소년보호위원 위촉 2017년
　　　서울특별시장 표창장(서울특별시장)
경영방침 : "더 나은 내 일(Tomorrow & My job)을 꿈꾸는 기업"

■■ 회사 및 서비스 소개
고객의 가치를 최우선으로 삼겠습니다.
인트로맨은 항상 고객의 입장에서 생각하는 것을 기초로 삼고, 고객사와 함께 WIN-WIN 할 수 있는 진정성 있는 서비스를 제공하겠습니다.
기업의 핵심역량을 지원하고 인재를 육성하겠습니다.
인트로맨은 금융, 서비스, 물류, 경영, 교육 등 다양한 사업 분야에 서비스를 제공하고, 그에 걸맞은 전문 인재를 육성하고 있습니다.
또한 청년내일채움공제, 청년인턴채용 등의 사업을 통하여 청년을 위한 일자리 창출에 적극적으로 나서고 있습니다.
기업의 사회적 책임을 다합니다.
사회적 소외계층인 장애인의 사회 진출에 힘쓰고 있습니다. 장애인 기업을 설립하여 적극적인 채용을 하고 있으며, 자회사형 장애인 표준사업장을 통하여 장애인 인력을 고용, 양성합니다. 인트로맨은 앞으로도 장애인을 위한 안정된 일자리를 계속해서 제공할 것을 약속드립니다.
가장 신뢰하는 동반자, '인트로맨' 이 되겠습니다.
인트로맨은 30여년간 고객의 신뢰를 바탕으로 성장해왔습니다. 앞으로도 당사의 모든 임직원들이 각자의 자리에서 최선을 다할 것이며 무엇보다도 정직한 경영으로 고객과 함께 성공을 이루어 나가겠습니다.

(주)제니엘

www.zeniel.com

- **대표**: 박춘홍
- **전화**: 1588-1581
- **팩스**: 02-580-0104
- **이메일**: zeniel@zeniel.co.kr

회사주소
서울 서초구 효령로 402 제니엘빌딩

설립 및 자본금
설립년 : 1996년
자본금 : 15.7억원

매출실적
2023년 : 3,699억 3,100만원
2024년 : 3,716억 1,300만원
2025년(예상) : 4,116억 3,900만원

종업원현황
총원 : 9,773명 / 관리: 136명 / 도급 : 8,721명 / 파견 916명

아웃소싱 서비스
컨택센터, 유통·물류, 생산·제조, 의료·실버, 인재파견, 헤드헌팅, BPR, 채용대행, 아웃플레이스먼트, 특송, 교육, 인사·노무 컨설팅, 고용노동부 취업지원사업 등

주 거래 업종
금융, 공공기관·공사, 제조업, 의료·간병사업, 유통·판매, 물류, 호텔·콘도, 케이터링 등

주 거래 기업
삼성전자, 신한은행, 국민은행, 대한항공, 나이키, 아모레퍼시픽, LG화학, 두산전자, 카카오, 신한카드, 롯데카드, 건강보험공단, 대한상공회의소, 르노삼성, 강남성심병원, 해운대백병원, 세방전지, 중앙대병원, BGF, 풀무원, 세라젬, KG모빌리티 등

지사 및 계열사
(주)제니엘시스템, (주)제니엘휴먼, (주)제니엘이노베이션, (주)제니엘메디컬, (주)제니엘텍, (주)제니엘플러스, 제니엘푸른꿈일자리재단, 이노파크

임직원 연락처
HR-Biz사업부 이용주 사업부장   010-4520-4024
컨택센터사업부 김태균 사업부장   010-6423-7897
영업지원실 유우리 사업부장   010-3080-2029
사업혁신실 심우석 사업부장   010-7134-1683

기업연혁
1996. 01 (주)제니엘 설립
2001. 11 아웃소싱 업계 최초 ISO9001 인증획득
2002. 03 제34회 상공의날 동탑산업훈장 수훈
2008. 02 업계 최초 AS9100(항공우주분야) 인증 획득
     05 국내 최초 CSMS(컨택센터 경영) 인증획득
2009. 02 IMI 경영대상(전경련 국제경영)
2010. 12 고용서비스 우수기관 인증(고용노동부)
2012. 01 고용창출 우수기업 선정(대통령 표창)
2013. 01 소비자가 뽑은 가장 신뢰하는 브랜드 대상 3연속 수상
     03 제40회 상공의날 은탑산업훈장 수훈
2015. 07 재단법인 제니엘푸른꿈일자리재단 설립
2016. 11 콜센터 운영 우수기업 표창(광주광역시)
2018. 09 의료특허 등록(환자이송장치)
2019. 03 대한민국서비스만족대상 경영서비스/업무관리솔루션 부문 대상
2020. 02 한국산업의 1등 브랜드 대상 종합인재고용서비스 부문 대상 수상
2020. 03 행복더함 사회공헌 우수기업 대회 고용노동부 장관상 수상
2020. 04 2020 소비자추천 1위 브랜드 선정 아웃소싱서비스 부문 대상 수상
2021. 01 2021 소비자가 뽑은 가장 신뢰하는 브랜드 대상 선정
2021. 02 제11회 행복더함 사회공헌 캠페인 사회공헌 우수기업 부총리 겸 기획재정부 장관상 수상
2022. 02 제2회 행복더함 사회공헌 캠페인 국회의장상 수상
2023. 01 2023년 일자리창출 유공 정부포상 국무총리 표창
2023. 05 국가지속가능 ESG 우수기업 노사협력부문 고용노동부 장관상 수상
2023. 10 2023년 국가생산성대회 금탑산업훈장 수상
2023. 11 제12회 대한민국 나눔국민대상 보건복지부장관 표창
2024. 05 제4회 윤리경영 실천 우수기관 공모전 국민권익위원장상 수상
2024. 05 모바일어워드코리아 2024 모바일경영 부문 대상
2025. 02 2025 K-브랜드어워즈 K-서비스(아웃소싱) 부문 수상
2025. 02 한국HR서비스 산업대상 수상
2025. 06 2025 대한민국 HR서비스 10대 대표기업 선정

대표자 프로필
이름 : 박춘홍
학력 : 동아대학교 사회학과
경력 : ROTC 대위전역, 제니엘 특송사업본부 본부장 역임, 제니엘 상무이사 역임, 제니엘시스템 대표이사 역임, (현)제니엘 대표이사
경영방침 : 인재를 통한 가치경영(고객감동의 실현, 혁신경영의 추구, 인간존중의 실천)

회사 및 서비스 소개
제니엘은 1996년 설립된 이래 '금탑산업훈장', '은탑산업훈장', '동탑산업훈장', '고용서비스 우수기관 인증', '5회 연속 윤리경영대상 수상' 등을 통해 공신력을 인정받은 종합인재고용서비스 기업으로 현재 500여 개의 기업에 아웃소싱, 인재파견, 채용대행, 헤드헌팅, 교육컨설팅 등의 서비스를 제공하고 있으며 청년내일채움공제, 취업성공 패키지 등 취업지원 사업을 운영하고 있다. 우수인재 양성을 위해 매주 MBA교육 및 독서토론회, 월례세미나와 더불어 간병인 교육, CS교육, 상담 SKILL교육 등의 직무별 교육을 진행하고 있으며 2016년에는 4차 산업혁명의 트렌드에 맞춰 IT법인 이노파크를 설립하여 각 사업 분야의 전문성 강화를 위한 모바일 업무관리시스템을 도입하는 등 현장위주의 업무를 효율적으로 수행하고 있다. 기존 아웃소싱 시장을 강화하면서 인재 관리 역량과 기업 운영 노하우를 기반으로 기업과 개인의 연결가치를 극대화하는 최고의 성공지원 파트너로써 미래를 준비하고 있다.

(주)제이앤비컨설팅
www.ijnb.co.kr

대표	박재완
전화	02-2167-3300
팩스	02-2167-3399
이메일	webmaster@ijnb.com

■■■ 회사주소
서울시 영등포구 경인로 775 에이스하이테크시티 2동 1501호

■■■ 설립 및 자본금
설립년 : 1998년
자본금 : 20억원

■■■ 매출실적
2024년 : 830억원
2025년(예상) : 870억원

■■■ 종업원현황
총원 : 2,800명 / 관리 : 70명 / 파견 : 630명 / 도급 : 2,100명

■■■ 아웃소싱 서비스
컨택센터, 아웃소싱 위탁운영, 근로자파견(상담/사무/IT 등),
위탁도급운영, 헤드헌팅 및 채용대행, 종합시설관리, 취/창업
교육 및 컨설팅, 아웃플레이스먼트, 민간위탁사업, 판매/판촉 등

■■■ 주 거래 업종
금융기관(은행/카드/보험사), 민간기업(대/중소기업), 종합병원,
유통센터, 공공기관 등

■■■ 주 거래 기업
하나카드, 중소기업은행, NH농협은행, 신한카드, 우리카드, KDB생명,
HCN, 현대카드/캐피탈,, 롯데카드, 하나SK카드, 국민건강보험공단, 야
놀자, 현대산업개발, 한국우편산업진흥원, 롯데캐피탈, 분당제생병원,
롯데백화점, SK렌터카, 오늘의 집, 대성쎌틱에너시스 등

■■■ 지사 및 계열사
지사 : 부산, 광주, 대구, 대전, 인천
계열사 : (주)제이앤비맨파워, (주)제이앤비티앤에스,
(주)제이앤비케어서비스, (주)제이앤비글로벌컨설팅

■■■ 임직원 연락처
부사장 안진국	02-2098-1003
상무 최종열	02-2098-1088
상무 박민홍	02-2098-1006

■■■ 기업연혁
1998.08	(주)제이앤비컨설팅 설립
2004.10	인적자원관리시스템(e-HRM) 구축
2007.09	ISO9001 인증 획득
2011.08	지식경제부 [아웃소싱 우수기업] 선정
2013.12	여성가족부 [가족친화기업] 인증
2015.03	납세자의 날 모범납세자 표창
2015.12	가족친화 우수기업 여성가족부 장관상 수상
2016.04	대한민국 여성인재경영대상 최우수상(보건복지부 장관상)
2016.05	'남녀고용평등' 고용노동부 장관상 수상
2016.11	대한민국 사랑받는 기업 산업통상자원부 장관상 수상
2016.12	대한민국 스마트워크 대상 노사발전재단 사무총장상
2017.07	제6회 인구의날 국무총리표창
2017.12	일 · 생활 균형 우수기업 여성가족부 장관상 수상
2017.12	중소기업유공자 국무총리표창
2018.03	제45회 상공의날 산업통상자원부 장관상 수상
2018.10	제42회 국가생산성대상 산업통상자원부 장관상 수상
2018.10	한국고객센터 기업부문 산업통상자원부 장관상 수상
2019.09	제6회 컨택센터 가족화합한마당 대전지방고용노동청장 수상
2020.08	'남녀고용평등' 고용노동부 장관상 수상
2022.10	콜센터 KS서비스(KS S 1006) 신규 인증 획득
2024.05	지역사회 공헌 기업 안산시장상 수상
2024.05	가정의 달 우수기업 여성가족부 장관상 수상
2024.11	문화체육관광부 [여가친화기업] 인증
2025.10	제20회 임산부의날 보건복지부 장관상 수상

■■■ 대표자 프로필
이름 : 박재완
학력 : 워싱턴 주립대학교 경영학
경력 : 한국 HR서비스산업협회 위원
　　　한국컨택산업협회 위원
　　　(주)제이앤비맨파워 대표이사
경영방침 : 아름다운 기업, 감동의 서비스, 최강의 경쟁력

■■■ 회사 및 서비스 소개
(주)제이앤비컨설팅은 2021년 박재완 대표이사의 취임으로 지속적인 성장과 발전을 위한 새로운 경영, 새로운 패러다임, 새로운 마인드를 바탕으로 전략 사업군을 선정하고 육성하여 더욱 강하고 아름다운 기업으로서 HR서비스 산업을 주도하며, 모든 사람들이 원하는 곳에서 즐겁게 일할 수 있는 기회를 제공하는 기업으로 성장하고 있으며, 이러한 노력을 바탕으로 채용대행 및 헤드헌팅서비스, 교육컨설팅 및 전직서비스, 민간고용서비스 등 종합 HR비즈니스 서비스로 사업영역을 확대하고 있습니다.

(주)케이티씨에스

www.ktcs.co.kr

대표	지정용
전화	042-604-5127
팩스	02-2067-2737

■■■ 회사주소
대전 서구 갈마로 160(괴정동) KT인재개발원

■■■ 설립 및 자본금
설립년 : 2001년
자본금 : 238억원

■■■ 매출실적
2023년 : 1조 353억 6,564만원
2024년 : 1조 1,213억 4,127만원

■■■ 종업원현황
총원 : 9,377명

■■■ 아웃소싱 서비스
AICC, 고객서비스, 유통, 교육, 114번호안내, 비즈니스

■■■ 주 거래 업종
KT고객센터/플라자 운영, 114번호 안내서비스, 통신유통, AICC(AI Contact Center), 교육컨설팅, 커머스 사업

■■■ 주 거래 기업
KT그룹 외 다수

■■■ 지사 및 계열사
KT그룹

■■■ 기업연혁
- 1935. 10   114번호안내서비스 개시
- 2001. 06   한국인포데이타(주)설립
- 2009. 11   주식회사 케이티씨에스 출범(KT그룹 콜 법인 통합)
- -중략-
- 2021. 12   ISO27001(정보보호경영시스템) 인증 획득
- 2022. 12   한국서비스진흥협회 주관 '한국서비스품질우수기업(SQ)' 인증 획득
  여성가족부 주관 '가족친화기업' 인증 획득
- 2023. 10   ISO9001:2015(품질경영시스템) 재인증 획득
  ISO45001:2018(안전보건경영시스템) 재인증 획득
- 2024. 09   KS-CQI 콜센터품질지수 컨택센터 혁신상 수상
  KS-CQI 콜센터품질지수 초고속인터넷·IPTV 부문 최우수기업 인증
  KS-CQI 콜센터품질지수 이동통신 부문 최우수기업 인증
- 11   제50회 국가품질경영대회 국가품질혁신상 대통령표창 수상
- 2025. 05   KSQI 한국 우수콜센터 인증 달성 (이동통신분야 4년 연속, 초고속인터넷분야 11년 연속)
- 07   한국표준협회 주관 AI 적용 서비스 우수사례 부문 서비스 AI 리더상 수상

■■■ 대표자 프로필
이름 : 지정용
경력 : (현) kt cs 대표이사
　　　(전) kt service 북부 대표이사
　　　(전) kt service 남부 대표이사
　　　(전) kt 전북고객본부장

■■■ 회사 및 서비스 소개
국내 최대 규모의 AICC 고객센터를 운영중인 kt cs는 KT고객센터, 라이나생명, 공영홈쇼핑 등 전국에 약 10개 센터를 운영하는 한편 빠르게 성장하는 AI컨택센터(AICC) 시장을 선도 하기 위해 모든 고객응대 프로세스에 AI기술을 적용하며 AI Contact Company로의 전환에 박차를 가하고 있다.
특히, 자체 개발한 AICC 솔루션 하이큐리(HiOri) 고도화를 통해 솔루션을 패키지화하여 AICC사업을 기반으로 한 Total Outsourcing 체제를 구축하고, 더욱 신속하고 편리한 고객 맞춤형 고객센터를 제공한다.
kt cs는 100개 이상의 고객센터 운영 노하우를 바탕으로 금융 및 공공기관 고객센터에 AI기술을 적용하고 있다. 아이레보와 코러스 등에 옴니채널상담AP 및 AI챗봇/보이스봇 등의 솔루션을 도입하여 고객센터 운영 비용을 절감하고, 24시간 365일 고객과 소통하며 높은 만족도를 제공한다. 나아가 최근 구축한 AI 대화관리시스템 큐리스튜디오(Qi studio)를 통해 고객센터에 도입할 챗봇/보이스봇 고객응대 시나리오를 AI를 모르는 사람도 매뉴얼만 보면 손쉽게 제작하고 신속한 수정 가능하도록 하여 고객편리성을 제공하고 있다.
또한, 상담사 근무환경 개선에도 집중하여 염창/보라매/을지로/용산 등 총 1,700여석 규모의 대형 컨택센터 인프라를 운영 중에 있다.

(주)케이티아이에스
www.ktis.co.kr

대 표	이선주
전 화	02-3215-2114
팩 스	02-3215-2059

■■■ 회사주소
서울시 영등포구 여의대로14(여의도동, 케이티빌딩 10층)

■■■ 설립 및 자본금
설립년 : 2001년
자본금 : 174억 원

■■■ 매출실적
2024년 : 6,035억 9,937만원

■■■ 종업원현황
총원 : 8281명

■■■ 아웃소싱 서비스
고객센터, 컨택센터, AICC, 상담솔루션, 디지털광고, BPO, 통신상품유통

■■■ 주거래 업종
공공기관, 유통, 은행, 금융, 통신, 학교

■■■ 주 거래 기업
KT그룹, 교보생명, 제주항공, NH농협은행, 신용회복위원회, 외국인종합안내센터 등 다수

■■■ 지분 및 계열사
관계사 : KT그룹

■■■ 기업연혁
2009. KT is 출범
[중략]
2022. 05 KSQI 유·무선 통합 우수콜센터 달성
  07 ISO 14001:2015 환경경영시스템인증
2023. 05 한국산업의 서비스품질지수(KSQI) 초고속인터넷부문, 이동통신부문 우수콜센터 인증
  09 한국표준협회 「명예의전당」 10년 연속 콜센터품질지수 최우수 기업 선정
  10 「2023 세계 표준의 날」 KS인증부문 산업통상자원부 장관 표창
    스포츠친화기업 인증 취득
    스포츠친화 우수기업 국민체육진흥공단 이사장상 수상
2024. 03 이선주 대표이사 취임
  05 한국산업의 서비스품질지수(KSQI) 초고속인터넷부문 10년 연속 우수콜센터 인증
    한국산업의 서비스품질지수(KSQI) 이동통신부문 13년 연속 우수콜센터 인증
  09 KS-CQI(콜센터품질지수) 초고속인터넷·IPTV 부문 최우수기업 인증
    KS-CQI(콜센터품질지수) 이동통신 부문 최우수기업 인증
    한국표준협회 『명예의 전당』 10년 연속 이동통신부문 최우수·우수 선정
    한국표준협회 KS-CQI 2024컨택센터혁신상 수상
  12 가족친화인증 획득(갱신)
    화재예방정책 공로 소방청장 표창
2025. 05 한국산업의 서비스품질지수(KSQI) 초고속인터넷부문 11년 연속 우수콜센터 인증
    한국산업의 서비스품질지수(KSQI) 이동통신부문 14년 연속 우수콜센터 인증
  08 에이치엔씨네트워크 흡수합병
  09 KS-CQI(콜센터품질지수) 운영 부문 2025 AX컨택센터혁신상 수상
    KS-CQI(콜센터품질지수) 초고속인터넷·IPTV 부문 12년 연속 최우수 기업 인증
    KS-CQI(콜센터품질지수) 이동통신 부문 11년 연속 최우수 기업 인증

■■■ 대표자 프로필
이름 : 이선주
학력 : 연세대학교 언론홍보대학원 석사
경력 : (현)KTis 대표이사
  (전)KT 경영지원부문장 직무대행
  (전)KT ESG 경영추진실장
  (전)KT 지속가능경영단장

■■■ 회사 및 서비스 소개
kt is는 최고의 고객 서비스와 DX역량을 기반으로 차별화된 경험과 가치를 제공하는 기업으로 국내 최대 규모의 AICC를 운영하고 있다.
서울·수도권, 강원도 6개 지역에서 KT 고객센터를 운영하고 있으며 3500여명의 전문 상담사가 인터넷, TV, 모바일, AI 서비스 등 모든 KT 상품에 대한 전문적인 상담을 제공한다.
본업인 고객서비스를 중심으로 고객서비스 제공을 통해 축적된 고객만족 노하우를 바탕으로 광고에서부터 유통, 고객센터, 솔루션사업 등 신사업 공동 마케팅까지 영역을 확장하여 국내 최대의 마케팅 기업으로 성장 중이다.
고객의 니즈 충족과 문제 해결을 위해 고민하여 새로운 고객 경험 제공하고, 고객의 문제를 해결하고 고객이 원하는 혁신을 이룰 수 있도록 전문성을 강화하고 있다.

콘센트릭스서비스코리아(유)
www.concentrix.com

대표: 재인 캐서린 포가티, 안드루 앨버트 과위그, 조희제
전화: 02-6328-1900
팩스: 02-6328-1944

■■ 회사주소
서울시 강남구 테헤란로 509 엔씨타워 1 5층

■■ 설립 및 자본금
설립년 : 2014년
자본금 : 비공개

■■ 매출실적
2024년 : 1,395억 3,995만원

■■ 종업원현황
총원 : 1,629명

■■ 아웃소싱 서비스
컨택센터 운영 및 분석 서비스, 컨택센터 ASP 서비스, 디지털 마케팅/이커머스 서비스

■■ 주 거래 업종
전자, 자동차, 테크놀로지, 은행, 금융서비스, 보험, 헬스케어, 미디어 외

■■ 주 거래 기업
구글, 마이크로소프트, 세일즈포스, 아마존웹서비스 외 국내외 기업 2000개사 이상

■■ 기업연혁
1973. 콘센트릭스 설립
2014. 콘센트릭스서비스코리아 설립
2015. 서초센터 구축
2016. 글로벌 CRM 서비스 기업 Minacs 인수
2017. 용산센터 구축, 글로벌 디지털 마케팅 서비스 기업 Tigerspike 인수
2018. 글로벌 BPO 서비스 기업 CONVERGYS 인수, 데이터 분석 센터 설립 (ACT센터), COPC 인증 획득
2019. COPC 인증 획득 (2년 연속), 신도림센터 구축
2020. 서초센터, 신도림센터 및 용산센터 확장 Concentrix Global 나스닥 상장
2021. 이커머스 플랫폼 전문기업 밸류 팩토리 인수 글로벌 CX 디자인 엔지니어링 회사 'PK' 인수
2022. B2B 디지털 세일즈 기업 ServiceSource 인수, 신도림2센터 구축
2023. 글로벌 고객경험 서비스 회사 웹헬프 인수 신도림2센터 확장 및 명동센터 신규 구축
2024. 콘텐츠스퀘어와 국내 세일즈 파트너십 체결
GenAI 기반 스마트 어시스트 실제 서비스에 도입
한국어 컨택센터 글로벌 오프쇼어링
2025. 'SAI Digital' 인수
포그리트와 데이터 분석사업 업무 협약
글로벌 이커머스 플랫폼 사업 본격화

■■ 회사 및 서비스 소개
콘센트릭스는 글로벌 선도 Customer Experience 솔루션 테크놀로지 기업으로서 기업의 요구 사항과 기대 수준을 다각도로 파악해 최적화된 컨택센터 운영 서비스 및 솔루션을 제공 해 왔으며, 콘센트릭스서비스코리아는 그 한국법인이다. 2020년 나스닥 상장에 이어 2023년 또다른 글로벌 선도 Customer Experience 서비스 회사인 웹프(Webhelp)를 인수하여, 이제는 글로벌 직원 수 440,000+명, 전세계 70+개 국가에서 500+개 이상의 사이트를 운영하며, 2,000개 이상의 글로벌 고객사를 대상으로 글로벌 Top Customer Experience & Engagement 서비스를 제공하고 있다.

"Global Consistency & Local Intimacy"의 운영 철학 아래, 콘센트릭스서비스코리아는 국내 고객의 글로벌 진출 및 확대와 글로벌 고객의 국내 진출 및 확대를 지원한다. 동시에 현재 운영 수준에 머무는 단순 운영 대행이 아니라, 글로벌 전문가 조직과 협업하여 글로벌 벤치마크, 디지털 트랜스포메이션 등 다양한 혁신 시도를 통한 High Value Services에 집중하고 있다.

2014년 한국 법인 출범 후, 자체 혁신 솔루션을 기반으로 선도 기업 고객에게 최상의 서비스를 제공하면서 20% 이상의 연평균 성장률(CAGR)을 보이며 컨택센터 및 디지털마케팅 서비스 역량에 대한 고객의 신뢰를 다져가고 있다.

(주)큐앤에이네트웍스

www.qnanetworks.co.kr

대표	소가연
전화	02-449-2994
팩스	02-430-3302
이메일	sky@qnanetworks.co.kr

■ 회사주소
울산광역시 남구 번영로124번길 21, 2층 212호(달동, 우리들빌딩)

■ 설립 및 자본금
설립년 : 2012년
자본금 : 비공개

■ 매출실적
2025년(예상) 비공개

■ 종업원현황
총원 : 50명

■ 아웃소싱 서비스
콜센터, 인재파견, 텔레마케팅, 리서치

■ 주 거래 업종
공공, 교육, 금융, 통신, 유통, 제조

■ 주 거래 기업
비공개

■ 지사 및 계열사
서울센터 : 서울 서초구 서초중앙로 160 법률센터 B102호
T. 02-449-2994 F. 02-430-3302

■ 담당직원 연락처
대표이사 소가연   070-4652-2290

■ 기업연혁
- 2012. 주식회사 큐앤에이네트웍스 설립
- 2013. ISO 9001:2008 / KS Q ISO 9001:2009 인증
  아시아헤럴드 서비스산업부문 대상 수상
- 2014. 아웃소싱서비스 고객만족대상 컨택센터부문 최우수상 수상
  법무부 산하 정심여자학교 MOU 체결
  예스티엠(주) 업무 협약 체결
  (주)큐앤에이네트웍스 서울 지사 설립
- 2015. 한국해킹보안협회 청년취업아카데미 업무협약 체결
  대한민국 100대 아웃소싱 기업 선정
- 2016. 경영혁신형 중소기업 인증(Main-Biz) 인증
  대한민국 100대 아웃소싱 기업 선정
- 2017. 법무부 감사패(정심여자학교 기여 감사패)
  여성가족부 가족친화 우수기관 가족진화기업인증
- 2018. 비영리 IT지원센터 PC기부 감사패 수상
- 2019. 한국컨택센터협회 감사장 수상
- 2020. 한국열린사이버대학교 산업체 위탁교육 협약체결
- 2021. 대한민국 100대 아웃소싱 기업 선정
- 2022. 서일대학교 일학습병행 공동훈련센터 감사패 수상
- 2023. 농림수산식품부 장관상 수상
- 2024. 중소기업중앙회 표창장 수상

■ 대표자 프로필
이름 : 소가연
학력 : 전북대학교 법학과 및 동대학원 졸업
경력 : (주)큐앤에이네트웍스 대표이사

■ 회사 및 서비스 소개
Q&A Networks는 'Question & Answer' 의 이니셜로 '무엇이든 물어보세요. 속 시원히 답변 해 드립니다' 라는 컨셉에서 고객 감동 실현을 목표로 고객과의 관계성을 중시한다는 의미입니다. 고객이 원하는 서비스를 한 발 앞서 제공하고, 고객의 희망이 현실화 되는 만족과 기쁨을 드리는 기업이 되고자 노력 합니다.

Q&A Networks는 고객의 Communication Channel을 종합적으로 관리하는 Contact Center의 구축 및 운영, CS 컨설팅 전문기업으로 공공 민원센터 운영, 기업 고객만족센터 운영, IT보안 모니터링, 고객 정보보호 교육, 인재 파견 등 고객만족 및 인재관리 서비스를 주요 사업으로 수행하고 있습니다.

다양한 운영경험과 VOC 상담시스템 및 체계적인 CS교육기법의 도입으로 정보통신, IT보안, 금융, 교육 산업 등 다양한 분야의 Contact Center를 성공적으로 운영하고 있으며, 또한 기업의 경쟁력 향상과 가치 창출에 기여하는 종합 인재 서비스 사업을 전개하고 있습니다.

Q&A Networks는 앞으로도 고품질 서비스의 개발과 지속적인 서비스 강화를 통해 고객의 성장과 발전에 기여하겠습니다.

(주)트랜스코스모스코리아
www.trans-cosmos.co.kr

대표	타니 히로유키(Tani Hiroyuki)
전화	02-489-7505
팩스	02-790-8272
이메일	sales_master@trans-cosmos.co.kr

■■ 회사주소
서울시 영등포구 여의대로 24 FKI타워 35층

■■ 설립 및 자본금
설립년 : 2001년
자본금 : 53억원

■■ 매출실적
2024년 : 4,023억원

■■ 종업원현황
총원 : 9,776명

■■ 아웃소싱 서비스
AICC+, CX, 필드서비스, 백오피스,
다이렉트 메일, EC/DX, 컨설팅, 교육

■■ 주 거래 업종
IT, 증권, 카드, 유통, 방송, 교육, S/W, 공공기관

■■ 지사 및 계열사
CX SQUARE 구로, CX SQUARE 관악, CX SQUARE 남영,
CX SQUARE 명동, CX SQUARE 방이, CX SQUARE 영등포,
CX SQUARE 을지로, CX SQUARE 회현, CX SQUARE 광주,
CX SQUARE 대전, CX SQUARE 부산1, CX SQUARE 부산2,
성남DM센터

■■ 임직원 연락처
영업 관련 문의   02-489-7505

■■ 기업연혁
1990. 데이콤 고객센터 운영 개시
2001. CIC Korea 설립
2003. COPC 2000 인증 국내 업계 최초 획득
2008. Direct Mail 사업 개시/ ISO27001 인증 국내 업계 최초 획득
2009. 트랜스코스모스코리아로 사명 개정
2011. Field Service 사업 개시
      ISO27001인증 국내 DM업계 최초 획득
2012. Digital Marketing 사업 개시/ 인터파크CS 인수
2013. E-Commerce 사업 개시
2016. PCI DSS 인증 국내 업계 최초 획득
2017. 카카오 상담톡 공식 딜러사 선정/ 교육 컨설팅 사업 개시
2018. 컨설팅 사업 개시/ Back Office 사업 개시
2019. 카카오 i챗봇 공식 에이전시 선정
      RPA 사업 개시/ 보이는ARS 솔루션 상용화
2021. 영상통화 상담 솔루션 상용화/ ITO 서비스 데스크 사업 개시
      카카오워크 공식 에이전시 선정
2022. STT/TA 솔루션 상용화
2023. SW테스팅 사업 개시/ trans-AI Chat 상용화
2024. 생성형 AI 기반 솔루션 trans-AI Tutor, trans-AI Evaluator,
      trans-AI Analytics, trans-AI HistoryManager 개발

■■ 대표자 프로필
이름 : 타니 히로유키 (Tani Hiroyuki)
경력 : ㈜트랜스코스모스코리아 대표이사
       ㈜트랜스코스모스코리아 부사장

■■ 회사 및 서비스 소개
트랜스코스모스코리아는 전 세계 35개국에 진출해 5,000여 개의 고객사에 BPO 서비스를 제공하는 트랜스코스모스 그룹의 한국 법인으로 국내 14개 지역 거점에서 1만 명의 임직원이 근무하고 있다. 기업 비즈니스의 업무 영역에 최적화된 BPO 서비스를 350여 개 고객사의 다양한 산업군에 맞춰 제공해 비용 절감 효과는 물론 매출 증가 및 기업의 생산성과 CS 향상에 기여하고 있다.
▶AICC+는 AI컨택센터와 오퍼레이션 서비스의 결합으로 트랜스코스모스코리아만의 서비스 노하우와 AI 솔루션 기술력을 집대성해 고객, 상담사, 관리자 그리고 기업 모두에게 더 나은 경험을 선사하고 있다.
▶CX 사업은 인/아웃바운드 서비스 프로세스를 기반으로 운영 노하우, CRM 전문지식, CTI 전문기술력으로 고객만족을 위해 노력하고 있다.
▶필드서비스 사업은 전문성 높은 지식과 기술을 보유한 각 분야별 전문 인재를 제공하여 기업의 유연한 경영을 지원하고 있다.
▶다이렉트 메일 서비스 사업은 마케팅 효율을 향상시키고 고객사의 마케팅 시너지 효과 창출을 위해 다수의 특허가 있는 최신 사양의 설비를 보유하여 최고의 품질 제공 및 고객맞춤 서비스(POD Service)까지 제공하고 있다.
▶백오피스 사업은 고객 기업 내부에서 수행하는 다양한 비즈니스 프로세스 경쟁력 강화를 위해 업무 프로세스의 간소화 및 자동화 솔루션 등 효율적인 전문 아웃소싱 서비스를 제공하고 있다.
▶디지털 마케팅 서비스 사업은 급변하는 IT환경 속에서 고객의 다양한 디지털 마케팅 요구에 부응하는 최적화된 서비스를 제공하며, 웹 및 모바일 Identity를 극대화하는 통합 마케팅활동을 지원하고 있다.

(주)티오에스코리아
www.toskorea.net

대표	이승우
전화	02-2168-8282
팩스	02-2168-8284
이메일	toslsw@naver.com

■ 회사주소
서울시 영등포구 당산로2길 12 907(문래동3가 에이스테크노타워)

■ 설립 및 자본금
설립년 : 200?년 7월
자본금 : 4억?

■ 매출실적
2024년 : 32?억원
2025년(예상) : 330억원

■ 종업원현황
총원: 1,000명 / 관리: 30명 / 파견: 819명 / 도급: 181명

■ 아웃소싱 서비스
근로자파견(?직종) / 도급, 업무위탁(미화, 시설관리, 경비) / 콜센터(파견/도급) / ?사업부 / HR컨설팅 / 헤드헌팅, 채용대행 / 페이롤서비스

■ 주 거래 업종
금융기업, ?기업 및 공공기관, 외국계기업 외(통신사, 단체급식, 학교, 병원, 유통 IT 제조)

■ 주 거래 기업
- 금융사 : ?탄카드, 현대카드, 전북은행, SGI신용정보, 서울보증보험, 나이스그?, 한국평가데이터, 리파인, 다수의 저축은행 및 캐피탈, 신용정보사
- 일반기업 : ?방송국, 인천국제공항보안, 병원, 유신, SK_외 국내 100개 기업

■ 지사 및 계열사
계열사 : (주)유엠아이토탈
광역시별 지? 관리자 운영

■ 임직원 연락처
- 대표이사 : 이승우
- 본부장 : ?덕섭, 최태성
  (대표번호 : 02-2168-8282)

■ 기업연혁
2004. 07 (주)티오에스코리아 설립
2004. 09 근로자 파견사업허가(고용노동부 남부지청)
2005. 03 국제품질경영인증 ISO9001 인증
2005. 03 본사 사옥매입 (현 문래동 3가)
2006. 07 국내 유료직업소개허가 (영등포구청)
2010. 07 자회사 (주)유엠아이토탈 설립
2010. 10 고용노동부 근로자파견 우수기업 인증
2014. 10 근로자보호 클린기업 인증
2018. 09 대한민국 아웃소싱서비스 품질경영대상 선정
2023. 02 한국HR서비스산업대상(산업선도 부문) 수상
2023. 09 대한민국 아웃소싱 고객만족대상 수상
2016~2025. 한국 아웃소싱 리딩컴퍼니 연속 선정
2010~2025. 대한민국 아웃소싱 100대기업 연속 선정

■ 대표자 프로필
이름 : 이승우
학력 : 대졸
경력 : (주)티오에스코리아 대표이사 (현)
       (주)유엠아이토탈 대표이사 (현)
       민주평화통일 자문위원 (현)
       한국HR서비스산업협회 이사 (현)
       국민의힘 노동위원(현)
       서울대학교 의과대학 산학정 정책과정 수료
경영방침 : 몰입과 헌신 / 지배와 우위 / 투명경영과 사회공헌

■ 회사 및 서비스 소개
(주)티오에스코리아는 Total Outsourcing Service(토탈 아웃소싱 서비스)의 슬로건 아래 국내 유수의 대기업체 및 중견기업, 공공기관, 외국계 기업에 근로자 파견, 도급 및 업무위탁 등 차별화된 아웃소싱 서비스를 제공하는 인재종합 아웃소싱 전문기업입니다.
회사 설립이래 거래 고객사와의 95% 이상 연속 재계약을 이루며 검증된 고용지원 서비스를 지속해 오고 있습니다.
근로자들의 다양한 직무에 맞는 교육 프로그램 운영을 통하여 축적된 노하우를 최대한 활용하고 안정된 채용 서비스 제공에 중점을 두고 있으며, 인재풀의 빅데이터 구축을 통한 적합한 인재 제공에 많은 노력을 경주하고 있습니다.
(주)티오에스코리아는 업계의 자격있는 검증된 내부 관리자의 육성을 기반으로 사용기업의 요구에 충족할 수 있는 고품격 아웃소싱 기업으로 거듭나고 있으며, 정부정책에 부합한 고용지원 사업에 만전을 다하고 있습니다.

(주)티오엠네트웍
www.tomnetwork.co.kr

대표	이준호
전화	02-522-4613
팩스	02-522-4614
이메일	tonyee@hanmail.net

■■■ 회사주소
서울시 중구 세종대로 14길 38 4층

■■■ 설립 및 자본금
설립년 : 2006년
자본금 : 1억원

■■■ 매출실적
2024년 : 120억원
2025년(예상) : 100억원

■■■ 종업원현황
총원 300명 / 파견 100명 / 도급 200명

■■■ 아웃소싱 서비스
근로자파견, 채용대행, 도급

■■■ 주 거래 업종
운수(전동킥보드, 플랫폼택시, 전기자전거) / 통신 / 서비스

■■■ 주 거래 기업
빔모빌리티, 포티투닷, 쏘카, 브이씨앤씨, 보람상조, SK텔레콤, AJ네트웍스 외 10여개사

■■■ 지사 및 계열사
전국 네트웍 구축

■■■ 임직원 연락처
대표이사 이준호   02-522-4613 / 010 7553 6589
본부장   이충현   02-522-9966 / 010 4044 7177

■■■ 기업연혁
2006. 05	(주)티오엠네트웍 설립
06	근로자파견사업 허가 취득
2007. 06	AJ렌터카 등 근로자파견계약 체결
2009. 04	SK브로드밴드 전국 컨택센터 근로자파견계약 체결
2012. 03	SK텔레콤 전국 컨택센터 채용대행계약 체결
	→ 2012년, 13년 채용대행사 종합평가 1위
	→ 2014년 채용대행사 종합평가 상반기 1위, 하는 2위
2015. 05	에프엔유신용정보(하나SK카드 컨택센터) 채용대행계약 체결
10	現 30여개 주요고객사와 계약유지 및 아웃소싱 진행
2018.	브이씨앤씨 주식회사 근로자파견계약 체결
2019.	쏘카 근로자파견계약체결
	지엠지주차장 주차관리 도급계약 체결
2020.	다래파크텍 주차관리 도급계약 체결
	숙명여대, 국립암센터 주차장 주차관리 도급계약 체결
2021.	하이파킹 주차유도 근로자파견계약 체결
	CV파트너스 고객센터(전국) 상담원 채용대행계약 체결
2022.	보람상조 CRM센터 및 사무직 근로자파견계약 체결
	교보문고 고객센터 근로자파견계약 체결
	레인포컴퍼니 플랫폼택시 드라이버 채용대행계약 체결
	나인투원(일레클) 전기자전거 CS상담원 근로자파견계약 체결
2023.	빔모빌리티 전동킥보드 수거 및 재배치 근로자파견 계약 체결
	포티투닷 테스트드라이버 근로자파견계약 체결
	파파모빌리티 플랫폼택시 드라이버 채용대행계약 체결
2024.	메이크스타 이벤트 진행요원 채용대행 계약 체결
2025.	쏘카일레클 현장관리 및 유지보수 도급계약체결

■■■ 대표자 프로필
이름 : 이준호
학력 : 단국대학교 지역개발학과 졸업
경력 : 티오엠네트웍 대표이사
경영방침 : 고객사와의 신뢰

■■■ 회사 및 서비스 소개
Total Outsourcing Management

기업과 인재 그 중심에 (주)티오엠네트웍이 함께합니다. 기업은 성장을 위하여 인재를 필요로 하고, 개인은 행복한 삶의 기반을 두기 위해 기업을 필요로 합니다. 오늘도 많은 사람이 아침 일찍 피곤한 몸을 이끌고 일터로 분주히 움직입니다. 이중 어떤사람은 즐겁고 새로운 마음으로 회사의 문을열어 하루를 시작할 것이며, 어떤사람은 마지못해 문을 열고 자리에 앉아 한숨으로 하루를 시작할 것입니다. 전자의 경우 기업은 성장을 거듭하고, 개인은 행복한 삶을 영유할것이지만, 후자의 경우 기업은 성장을 둔화되고, 개인은 행복을 찾기위해 다른곳으로 발길을 돌릴것입니다.
즉, 얼만큼 훌륭한 인재 또는 기업이냐 보다는 얼만큼 서로에게 적합한 인재 또는 기업이냐가 오늘날의 무한경쟁시대에서 앞서나갈수 있는 척도인 것입니다. Total Outsourcing을 지향하는 (주)티오엠네트웍은 '기업이 원하는 인재, 인재가 원하는 기업' 그 만족의 중심에 늘 함께 하겠습니다.

(주)하람앤커뮤니티
haramcs.com

대 표	정진관
전 화	1566-5625
팩 스	02-858-7742
이메일	ceo@haramcs.com

▮▮▮ 회사주소
서울시 금천구 디지털로 9길 47 한신IT타워 2차 703호

▮▮▮ 설립 및 자본금
설립년 : 20□□
자본금 : 1.5□ 원

▮▮▮ 매출실적
2024년 : 20□억
2025년(예정) 21억원

▮▮▮ 종업원현황
총원 : 150 □

▮▮▮ 아웃소싱 서비스
컨택센터 구축/운영, CS컨설팅, AP개발 및 컨텐츠 개발/공급
유통사업 □

▮▮▮ 주거래 업종
제조, 프랜차이즈 컨택센터

▮▮▮ 주거래 기업
오텍, 오티스, 오텍캐리어에어컨, 이마트24, 아이스트로, (주)중원공조, GS리테일, BGF리테일, 아르네코리아, 씨알케이(주), (주)카이저제빙기

▮▮▮ 지사 및 계열사
지사 : 서울센터, 광주센터, 구로센터
관계사 : □□네트웍스, SK브로드밴드

▮▮▮ 입주원 연락처
정진관 대표 02-6925-0502

▮▮▮ 기업연혁
2011. 04 하람커뮤니티 설립
2011. 05 캐리어냉장 고객센터 운영 시작
2016. 04 한샘 고객센터 MOU 체결
2016. 10 오텍오티스 주차시스템 고객센터
2018. 02 이마트24 시설유지보수 24시간 고객센터
2021. 04 하람앤커뮤니티 분할설립
2021. 01 KMS시스템 구축운영
2021. 06 AI 챗봇 상담 운영 시스템 자체 기술력 구축
2022. 02 BGF리테일(CU편의점) 시설관리 고객센터 운영시작
2022. 03 중앙선거관리위원회 고객센터 운영
2024. 02 (주)카이저제빙기 고객센터 운영시작 추가

▮▮▮ 대표자 프로필
이름 : 정진관
경력 : 대한민국 사회공헌 대상,
　　　대한민국 브랜드 어워드 수상(스마트 컨택센터 부분 선정),
　　　감정노동 종사자 건강보호 최우수기업 선정,
　　　대한민국 100대 아웃소싱기업(10년 연속 선정),
　　　한국고객만족(KCSI) 콜센터 부문 1위 2년연속 수상(2020~2021)
경영방침 : 꿈, 가치, 혁신

▮▮▮ 회사 및 서비스 소개
하람앤커뮤니티는 제조/프랜차이즈 고객센터 전문 아웃소싱 업체로 모바일을 활용한 상담채널 다양화를 통해 고효율의 상담업무가 가능하도록 기술을 주도하며 '스마트 컨택센터'를 넘어선 AICC로 거듭나도록 진화를 지향하고 있다.

모바일 자동 채팅 상담을 활용하여 고객의 요구에 즉각적으로 반응하며, 연동형 서비스 접수 프로그램 개발로 상담업무의 질적 상승효과를 입증 받고 있다.

자체 기술력으로 개발된 KMS(Knowledge Management System)는 합리적 비용으로 개발운영이 가능하며 상담시간을 획기적으로 줄이고 업무의 정확도를 높였다는 평가를 받고 있다.

KMS와 체계적인 전문상담 인력 양성 프로그램을 통해 멀티상담 시스템을 운영하고 있으며, 고객사에 맞는 CRM (Customer Relationship Management:고객관계관리)을 기반으로 서비스 운영을 통합한 SOS(Service operate Solution) 서비스를 개발 제공해 기업의 고유한 업무환경에 최적화된 커스터마이징을 추구하고 있다.

(주)KS한국고용정보

www.ksjob.co.kr

대표	손영득, 허대건
전화	춘천 033-815-8000 / 서울 02-518-9900
팩스	춘천 033-815-8077 / 서울 02-518-0039
이메일	master@ksjob.co.kr

■■■ 회사주소
서울시 강동구 고덕비즈밸리로 38 KS타워

■■■ 설립 및 자본금
설립년 : 1998년
자본금 : 21억원

■■■ 매출실적
2024년 : 2,288억원
2025년(예상) : 2,450억원

■■■ 종업원현황
총원 : 6,171명 (관리 : 114명 / 도급 : 5,916명 / 파견 : 141명)

■■■ 아웃소싱 서비스
컨텍센터 운영 및 구축, 금융마케팅, 소프트웨어 개발 및 공급, 채용아웃소싱

■■■ 주 거래 업종
금융기관(카드/은행/보험), 공공기관, 유통 등

■■■ 주 거래 기업
KB국민카드, 하나카드, 우리카드, 롯데카드, NH농협카드, KB국민은행, 부산은행, 하나은행, 우리은행, 신한은행, 수협중앙회, IBK저축은행, NH캐피탈, 토스뱅크, 쿠팡, 공영홈쇼핑, 11번가, 배달의민족, SK스토아, 한국암웨이, 롯데렌탈, 무신사, 한국거래소, 경희의료원, 한샘

■■■ 지사 및 계열사
서울사무소 02-6454-2020 / 강원지역단 033-815-8000
사업5본부(영남) 051-862-9100
KS신용정보(주), 케이에스위드엔젤, CnAI, 케미인슈

■■■ 임직원 연락처
대표전화 : 02-518-9900

■■■ 기업연혁
- 2021. 12 콜센터산업 발전 공로 / 산업통상자원부장관 표창
-         코로나19대응 유공 서울특별시장 표창
- 2023. 02 한국HR서비스산업 대상
-      04 정보보호 및 개인정보보호 관리체계 인증서 / 한국인터넷진흥원장
-      09 한국산업안전보건공단 콜센터 부문 우수사업장 선정
- 2024. 01 강동KS타워 사옥 준공
-      05 여성가족부 가족정책발전 유공
-      11 여성가족부 가족친화인증
- 2025. 02 한국HR서비스산업대상
-      04 근로자의 날 대통령표창
-      09 한국HR산업협회 근로자보호 HR서비스 클린기업 인증
-      10 한반도미래연구원 아빠도 당당한 육아지원 (성평등가족부 장관상)

■■■ 대표자 프로필
이름 : 손영득
학력 : 동아대학교 행정학과졸업
경력 : 춘천상공회의소 상임위원 (現)
　　　강원지방노동위원회 사용자위원 (前)
　　　강원지방노동위원회 노사분쟁조정위원 (前)
　　　강원도 세정협의회 위원 (現)
　　　(사)한국HR산업협회 회장 (現)
경영방침 : '개인존중', '신가치창조', '사회공헌'

■■■ 회사 및 서비스 소개
(주)KS한국고용정보는 1998년 IMF사태 때 '범국민 100만개 일자리 만들기 캠페인'을 기획 및 진행하면서 탄생한 '국민기업'으로 고객만족을 위한 가치 지향적 서비스를 개발하여 제공하고 있습니다. (주)KS한국고용정보는 금융기관 콜센터 위탁운영 및 ASP 사업 분야에서 탁월한 실적을 유지하여 국내 주요카드사의 카드마케팅, CS업무, 카드발급 등의 다양한 콜센터 업무 및 서비스를 제공하고 있으며, 최근에는 공공기관과 유통분야로 사업영역을 확장하여 꾸준한 성장세를 유지하고 있습니다. 또한 콜센터 운영에 필요한 소프트웨어 개발 및 공급과 채용 아웃소싱 분야에서도 탁월한 실적을 나타내고 있습니다. (주)KS한국고용정보 전임직원은 신뢰와 전문성을 바탕으로 최고의 서비스를 제공하도록 최선의 노력을 다하고 있습니다.

■ 서비스 소개(강점)
- 최첨단 금융마케팅 서비스가 가능한 원스톱 솔루션 제공
- 컨텍센터 구축 및 운영의 동시수행으로 고객의 비용절감 및 매출증대
- 동양 최초, 국내 최대 규모의 단지형 컨텍센터 구축(2,000석 규모)
- 컨텍센터 서비스품질의 표준화와 지속적인 업그레이드를 통한 고객 니즈 충족
- 다양한 지원으로 내부 고객(직원) 만족도 향상을 통한 경쟁력 확보

효성ITX(주)
www.hyosungitx.co.kr

- **대표**: 남경환, 홍혜진
- **전화**: 02-2102-8400
- **팩스**: 02-2102-8424

■ 회사주소
서울시 영등포구 선유동2로 57 15층(양평동, 이레빌딩)

■ 설립 및 자본금
설립년 : 1997년
자본금 : 62억원

■ 매출실적
2024년 : 5,000억 5,442만원

■ 종업원현황
총원 : 7,4여명

■ 아웃소싱 서비스
텔레마케팅, 근로자파견, 교육위탁, 통신판매

■ 주 거래 업종
공공, 금융, 통신, 유통 등

■ 주 거래 기업
서울시청, 인천시청, 고양시청, 한국장학재단, 근로복지공단, 현대카드, 현대캐피탈, 신한은행, 씨티은행, 우리은행, 기업은행, 농협, 삼성카드, 삼성SDS C&M, 현대HCN, CMB, 홈플러스, 신세계알, 이마트몰, 신세계백화점, 롯데백화점, 롯데닷컴, 쿠팡 등

■ 지사 및 계열사
지 사 : 콜 연구소(080-001-1280) 대전 (042-487-7105~6)
계열사 : Galaxia Communications, Galaxia Display, Galaxia Device

■ 임원 연락처
남경환 대표 02-2102-8400

■ 기업연혁
- 1997 ~ 2001 회사 설립/효성그룹 계열사 편입
- -중략-
- 2014. 남녀고용평등우수기업 표창
  일자리창출 동탑산업훈장
- 2015. 클라우드 서비스 품질 인증
- 2016. 고용노동부 장애인 고용촉진 포상 수상
  여성가족부 일·가정 양립 우수기업 장관상 수상
- 2017. 기획재정부장관상 수상
- 2018.04 국민건강보험공단 서울 고객센터 7년 연속 서비스품질지수 우수기관 선정
- 2019 2019 나눔과 배려 복지대상 공로상/특별상
  전화 응대 장치 특허 취득
- 2020 모바일 기반 재택솔루션(Smart Contact Center Solution) 출시 및 관련 특허 3건 취득
  클라우드 컨택센터 솔루션(Cloud Contact Center Solution) 출시
- 2021. 사회발전 공로 대통령 표창
- 2022. ESG우수기업 인증_한국평가데이터
  ISO14001:2015 인증-한국표준협회
  지속가능경영유공 산업자원부 장관상
- 2023. 실시간 데이터 동기화 솔루션 판매 mou 체결
  서비스데스크 어플리케이션으로 IT시스템 편의 제고
  데이터스트림즈 MOU 체결
  통합 콜 솔루션 익스트림 커넥트 출시
  메타버스 컨택센터 서비스 오픈
- 2024. 각자대표 홍혜진 대표이사 신규 선임
  BVBP 이니셔티브 가입
- 2025. 1397 서민금융콜센터 KS S 1006 인증 획득
  사업주 직업능력개발훈련 경진대회 우수상
  상포테크놀로지와 국내 총판 계약 체결
  H3C와 국내 총판 계약 체결

■ 대표자 프로필
- 이름 : 남경환
- 학력 : 경북대학교 중어중문과 졸업
- 경력 : 효성물산 입사, 효성물산 상해지점 근무
  ㈜효성 중국법인 근무, ㈜효성 무역PG 철강1PU 팀장, ㈜효성 무역PG 기획관리 담당임원 상무, ㈜효성 계열사 효성ITX㈜ 대표이사 취임

■ 회사 및 서비스 소개
효성ITX는 기업과 고객의 커뮤니케이션 채널을 종합 관리하는 Contact Center 사업, 기업에 다양한 IT 솔루션과 네트워크 인프라를 제공하는 IT Service 사업, 영상기기 판매 및 설치하는 Display Solution 사업을 전개하고 있다.
Total Business Solution을 제공하는 기업으로서 고객의 ICT 역량을 강화하고 이해관계자의 만족감을 극대화하는 부가가치 창출에 주력하고 있다.
효성ITX는 지속가능경영 활동과 사업 다각화 및 기술 역량 강화를 통해 기업의 지속 성장과 사회적 책임 이행을 실현하기 위해 노력 중이다.

(주)휴넥트
www.hunect.co.kr

대표	성승모
전화	1577-4518, 02-2279-4?8
팩스	02-2279-1100, 051-850-2080
이메일	admin@hunect.co.kr

■ 회사주소
서울본부 : 서울시 중구 삼일대로 363 장교빌딩 18층
부산본부 : 부산시 연제구 중앙대로 1217, 국제빌딩 17층

■ 설립 및 자본금
설립년 : 1999년
자본금 : 274억원 (자본잉여금포함)

■ 매출실적
2024년: 1,100억원 (계열사 합산)
2025년(예상): 1,500억원 (계열사 합산)

■ 종업원현황
총원 : 4,250명 / 관리: 75명 / 파견: 620명 / 도급: 3,555명

■ 아웃소싱 서비스
컨택센터 운영대행, 컨택센터ASP, CRM컨설팅, 컨택센터 인력 도급, 인력 아웃소싱(제조), 인재파견, 취업포털, e-Biz, 시설관리 등

■ 주 거래 업종
금융, 유통, 정보통신, 제조, 서비스, 외국계기업, 공공기관 등

■ 주 거래 기업
국민건강보험공단, 롯데홈쇼핑, 홈앤쇼핑, CJ온스타일, LG헬로비전, 한화생명, KB라이프생명, ABL생명, 한화오션, 배민커넥트, IBK기업은행, 부산은행, 경남은행, BNK캐피탈, 농협중앙회, SC제일은행, 롯데카드, 삼성카드, EZL, 아시아나항공, 에어부산, 에어서울, 이스타항공, 에어로케이, 파라타항공, 한국쉘석유, DN솔루션즈, 원익머트리얼즈, 복산나이스, 경남에너지, 휘슬러코리아, 한국무역보험공사, 서울보증보험, 관세청, 한국전파진흥협회, 한국산업인력공단, 공항철도 등

■ 지사 및 계열사
지사 : 대구지사, 대전지사, 광주지사
계열사 : (주)빌코비전, (주)라바엔텍, (주)부일에이치앤디, 울산도시가스서비스(주)

■ 임직원 연락처
성승모 대표	051-850-2003
이용신 전무	051-850-2010
정경주 총괄본부장	02-2279-6688
윤준기 본부장	02-2279-4117
안효석 본부장	070-4283-9849

■ 기업연혁
1999.01 부일정보링크(주) 법인 설립 (부일이동통신 자회사 분사)
2009.07 콜센터, 인재파견 관리의 운영 및 부가서비스 ISO9001인증
2010.12 콜센터서비스분야 KS인증 획득
2015.04 한국컨택센터산업협회 회장사
2016.05 남녀고용평등 우수기업 고용노동부장관상 수상
   10 국가생산성대상 장관상 수상 (한국생산성본부)
2017.04 고용우수기업선정 (부산광역시)
   10 한국고객센터 기술경영 컨퍼런스 공로상 수상
2018.07 디지털경영혁신대상 중소벤처기업부 장관상 수상
   10 한국고객센터 기술경영 컨퍼런스 산업통상자원부 장관상
      APCCAL 의장상, 베스트 고객센터 인증서 수상
   12 신성장 경영대상-산업통상자원부 장관상 수상
2020.03 모범납세자상 장관상 수상 (기획재정부)
   07 (주)휴넥트 사명변경
   09 일학습병행 우수사례 경진대회 우수상 수상
   10 근무혁신 우수기업 선정 (부산시일생활추진단)
2021.08 노사문화우수기업 선정 (2006, 2009, 2012, 2016, 2021 총5회)
2023.10 ISO/IEC 27001(정보보호) ISO 45001(안전보건),
      ISO 14001(환경) 경영시스템 인증 획득
   11 국가생산성대상 국무총리상 수상(2019, 2023 총 2회)
   12 워라밸우수기업경진대회 최고경영자 부문 부산광역시장상 수상
2024.03 학자금부문 성실 원천공제의무자 국세청장 표창 수상
2025.02 한국정보통신진흥협회(KAIT) 정회원사 등록
      NS홈쇼핑 우수협력사 감사패 수상
   05 IBK기업은행 우수협력사 감사패 수상
   09 인적자원개발 우수기관 선정(2018, 2021, 2025 총 3회)

■ 대표자 프로필
이름 : 성승모
학력 : 부산대 경영대학원 석사, 전남대학교 전자상거래학 박사
경력 : 부일이동통신 총무팀장
   (현) (주)휴넥트 대표이사
   (현) 부산컨택센터협의회 회장
경영방침 : 고객과 임직원의 만족을 실현시키고, 개인과 회사의 지속적인 동반 성장을 추구함

■ 회사 및 서비스 소개
사람과 미래기술의 조화로 완성하는 BPO, 휴넥트
(주)휴넥트는 1993년 국내 최초로 콜센터 시스템을 도입한 선도적 BPO 전문기업으로, 통신·금융·제조·유통·공공기관 등 다양한 산업 분야에 컨택센터 운영 서비스를 제공하고 있습니다. 2020년 부일정보링크에서 사명을 변경하며 '사람 중심의 기술 혁신'이라는 새로운 비전을 세우고 AI 기반의 서비스 품질 혁신과 디지털 전환을 추진하고 있습니다. 휴넥트는 WORLD BEST BPO SERVICE GROUP을 목표로, 사람과 기술의 조화를 통해 고객의 성과와 성장을 함께 이루는 전략적 파트너로서 차별화된 고객 경험을 제공합니다.

2026 KOREA OUTSOURCING DIRECTORY

컨택센터구축 Ⅰ

▶ 가나다순

- 넥서스커뮤니티
- 넥스프라
- 다산일렉트론
- 대신정보기술
- 루키스
- 부뜰정보시스템
- 브리지텍
- 티시스
- 티에이케이정보시스템
- 하람앤커뮤니티
- 한국고용정보
- 한일네트웍스

(주)넥서스커뮤니티

www.nexus.co.kr

- **대표**: 목진원
- **전화**: 02-3458-4260
- **팩스**: 02-8478-7596
- **이메일**: nexus@nexus.co.kr

■■■ 회사주소
서울특별시 영등포구 여의대로 108 파크원타워2 19층

■■■ 설립 및 자본금
설립년 : 1991년
자본금 : 20억원

■■■ 매출실적
2023년 : 137억 4,222만원
2024년 : 129억 1,359만원

■■■ 종업원현황
총원 : 76명

■■■ 아웃소싱 서비스
컨택센터용CIM 솔루션개발 및 공급, UC Solution, IP텔레포니 솔루션
CRM 솔루션, 스마트그리드 솔루션개발 등

■■■ 주 거래 업종
은행/보험/증권/카드, 관공서, 제조/유통, 서비스, 전자/정보/통신, 종합병원, 아웃소싱 등 모든 산업분야

■■■ 주 거래 기업
기업은행, 농협, 우리금융, 광주은행, 전북은행, 경남은행, 에르고다음다이렉트손해보험, 동부생명보험, 미래에셋생명보험, 롯데손해보험, 비씨카드, THE-K손해보험, 흥국화재, 삼성화재, 국세청, 병무청, 관세청, 우체국콜센터, 고용노동부 등 다수

■■■ 임직원 연락처
대표전화   02-6240-2580

■■■ 기업연혁
- 1991. 설립
- 1992. LG CNS와기술지원파트너쉽체결
- 1993. LG,KHC에네트워크백본시스템납품
  Telcos(SK Telecom포함) 콜센터SI 작업
- 1994. 빌게이츠선정Best Solution Provider 선정
- 1995. CTI 연구소설립
- 1997. CTI Middleware인CTMP Suite V1.0 출시
- 1999. 과학기술부CTI 미들웨어KT(국산신기술)마크획득
- 2002. MS선정Infrastructure Solution of the Year 수상
- 2003. Siebel, Kana, MS 등과CRM Solution 통합
- 2005. 정보통신부NEP(New Excellent Product)마크획득
- 2006. 한국정보통신기술협회GS(Good Software)마크획득
- 2007. 통신사업자대상MCS 서비스개시
  3Com과IP텔레포니파트너계약체결
- 2008. NEXUSCUBE출시(Contact Center Interaction Suite)
- 2009. 임베디드S/W 융합프로젝트정부지원사업선정(지식경제부)
  공동주택텔레포니제어시스템특허등록
- 2010. NEXUSHUBE출시(Smart Energy Interaction Suite)
  NEXUSCUBE, NEXUSHUBE Moble App. Ver1. 출시
  Smart Grid 한국전력컨소시엄(해외형) 선정

-중략-

- 2019. 에릭슨엘지엔터프라이즈와의 협업을 통한 해외 클라우드 컨택센터 비즈니스 론칭/유베이스 재팬 컨택센터 구축/통합 솔루션 공급(에어비앤비, Qoo10)/LG U+ 매장 컨택센터 및 대장관리 솔루션 공급(전국 약 3,000석)/일, 생활 균형 캠페인 참여기업으로 선정(고용노동부주관)
- 2020. JEDAI 행정기관 인터넷전화 서버 보안품질 TTA(한국정보통신기술협회) 인증 취득
- 2021. 아시아 최대 CS BPO 'UBASE' 와 전략적 통합 제휴 클라우드 기반 옴니채널 CS플랫폼 'U CONNECT 출시
- 2022. CX Platform Leader 선언
- 2022. 벤처기업 인증
- 2024. 강소기업 인증

■■■ 대표자 프로필
이름 : 목진원
경력 : (현)넥서스커뮤니티 대표
경력 : (현) 유베이스 그룹 대표

■■■ 회사 및 서비스 소개
넥서스커뮤니티는 지난 1991년 설립 이후, 30여 년간 고객 및 파트너사의 관심과 도움으로 국내 최고의 커뮤니케이션 솔루션 전문기업으로 성장했다.
온라인과 모바일을 통한 비대면 커뮤니케이션의 활성화와 AI기술 등을 통한 지능화된 업무처리의 증대는 이제 비즈니스 프로세스 아웃소싱과 디지털 솔루션 부문에서 가장 중요한 사업적 화두가 됐다. 진정한 고객 만족을 위하여 전통적인 운영과 디지털의 융합은 더욱 중요해지고 있다. 이를 위하여 넥서스커뮤니티는 클라우드 기반의 CS플랫폼을 통하여 유연하고 확장성 있는 콜 시스템을 구축하였으며 AI기술을 기반으로 하는 디지털 솔루션을 통하여 업무 효율화의 기반을 이루어냈다. 또한 데이터 분석을 통한 마케팅 서비스까지 이루어질 수 있도록 노력 중이다.
넥서스커뮤니티는 CS를 넘어선 진정한 CX(Customer experience) 플랫폼 리더가 되어 새로운 30년을 구상 중이다.

(주)넥스프라
www.nexfra.com

대표	변경수
전화	070-7465-9393
팩스	02-6008-4305
이메일	admin@nexfra.com

■■■ 회사주소
서울시 금천구 서부샛길 606 A동 1806-2호

■■■ 설립 및 자본금
설립년 : 2008년
자본금 : 5.5억원

■■■ 매출실적
2024년 : 5억원

■■■ 종업원현황
총원 : 6명

■■■ 아웃소싱 서비스
콜센터 디지털 전광판 솔루션(상담원 현황 실시간 데이터 표출 시스템), 실시간 정보 제공 DID 디지털 사이니지, 디지털 방송 시스템, 유지보수

■■■ 주 거래 업종
금융, 카드, 리드, 보험, 통신, 콜센터, 공공기관, 아카데미 등

■■■ 주 거래 기업
삼성전자 북대전인콜센터, 삼성카드, 현대카드, 현대증권, 노동부, 뉴모텍, 현대스위스금융그룹, 기업은행, KTB투자증권, 노동부, 전기안전공사, 엠피씨, 하나HSBC생명

■■■ 임직원 연락처
변경수 대표 070-7465-9393

■■■ 기업연혁
2018. 02 인천남구노인복지관 전광판 자사시스템 공급
2018. 08 국세청(제주)전광판 자사솔루션 공급
2018. 08 외교부 전광판 자사시스템 공급
2018. 11 엔쓰리엔 클라우드 멀티비전 자사시스템 공급
2019. 03 SBI저축은행 자사솔루션 공급
2019. 03 IBK기업은행 자사솔루션 공급
2019. 04 프렌차이즈 미래의공간 플랫폼 ASP 자사광고시스템 공급
2019. 06 한국전력공사 전광판 자사솔루션 공급
2019. 07 한국도로공사 도공잡마켓 홍보용 웹사이트시스템 구축
2019. 08 외교부 전광판 컨텐츠 자사솔루션 구축
2020. 08 LG전자 한국서비스 Map상황판 구축
2020. 11 SBI저축은행 자사솔루션 공급
2020. 12 신한금융투자 디지털컨텍센터 IVR개발 구축

■■■ 대표자 프로필
이름 : 변경수
경력 : 현재 ㈜넥스프라 대표이사

■■■ 회사 및 서비스 소개
㈜넥스프라는 2008년 설립이래, Smart Display 솔루션을 바탕으로 디지털 전광판, 디지털 사이니지, 디지털인포메이션디스플레이(DID)분야에서 다양한 실적을 쌓아왔다. 디지털방송기술의 경험을 바탕으로 소프트웨어 기반의 디지털 방송시스템, 실시간데이터 표출 시스템, 고객요구에 반응하는 KIOSK, 강력한 미디어 전송시스템을 개발공급하고 있다. 짧은 기간이지만 대기업을 중심으로 다양한 레퍼런스를 기반으로 미디어 솔루션 공급 및 ASP 서비스로 모든 계층에서 손쉽게 활용할 수 있는 뛰어난 Display를 제공하고 있다. 미래는 변화 속에 사용자 중심, 고객중심의 발전과 변화를 추구하고 있는 상황에서 넥스프라는 IT시장의 변화를 위해 노력하고 있다.

다산일렉트론(주)
www.headsetkorea.com

- **대표**: 한승우
- **전화**: 031-500-4641
- **팩스**: 031-500-4640
- **이메일**: sales2@headsetkorea.com

■■■ 회사주소
경기도 안산시 상록구 혜안로 705, 플랜트 1동 307호

■■■ 설립 및 자본금
설립년 : 1995년

자본금 : 9억 287만원

■■■ 매출실적
2024년 : 106억 3,000만원

2025년(예상) : 110억원

■■■ 종업원현황
총원 : 40명

■■■ 아웃소싱 서비스
앰프 및 헤드셋 등 콜센터 상담원에 필요한 통신장비 및 악세서리

■■■ 주 거래 업종
전화, 통신, 텔레콤, 전기 전자, 컴퓨터, 은행, 보험, 증권, 카드 등

■■■ 주 거래 기업
은행, 카드사, 이동통신, 인력파견 및 대행업체, 텔레마케팅 대행업체 콜센터구축업체, 국방부, 정부 및 관공서, 각종 홈쇼핑 등

■■■ 임직원 연락처
한승우 대표이사 031-500-4641~4

■■■ 기업연혁
- 1995. 다산일렉트론㈜ 설립
- 1996. DA-172Amplifier, DH-05U headset출시 무역업체 등록
- 1997. DA-173Amplifier, DH-07T headset 출시
- 1998. 한국디자인진흥원-우수산업디자인상품선정, 201수-증폭기 출시
- 1999. 중소기업-밴처기업선정, 제조·수출업체 선정
- 2000. 제37회 무역의날 1백만불수출의탑 수상
- 2001. 우량 기술기업 선정, 전세계 50개 이상의 대리점 확보
- 2002. 가스마스크용 헤드셋 출시
- 2003. 무선헤드셋 출시(DA-579 Wireless headset)
- 2004. 통화중표시장치 출시(On-line-indicator)
- 2006. 기술혁신형 중소기업(INNO-BIZ)선정
- 2007. DAX-275IP Amplifier(디지털 및 IP폰용) 출시
- 2008. ISO901, ISO14001획득, 무선헤드셋 출시
  (DW0770/관리자용, DW-773/상담원용)
- 2010. 헤드셋 DH-031T series 출시
- 2011. 무선헤드셋 DW-775 신제품 출시
- 2012. 디지털 무선 마이크 (SM-100) 출시
  디지털 헤드셋 증폭기 (DA-475U) 개발
- 2013. 헤드셋 (DH-037T, DH-036T) 출시/헤드셋 (DH-05T) 출시
- 2014. DH-039 헤드셋 출시
- 2015. DH-026B USB헤드셋 출시
- 2016. DW-779UB 출시
- 2017. 세계최초 LCD 구동 증폭기/DSU-09/11M MS 인증획득
  DH-051 헤드셋 출시
- 2018. 최고품질의 무선헤드셋 DW-800 출시
- 2020. 디지캡 인수합병
- 2022. 클라우드 헤드셋 신제품 출시
- 2023. SIP솔루션 전문업체 판빌코리아와 총판 체결
- 2024. 벤처기업 인증

■■■ 대표자 프로필
이름 : 한승우

경력 : 현재 다산일렉트론㈜ 대표이사

■■■ 회사 및 서비스 소개
다산일렉트론 주식회사는 1995년 설립되어 CTI분야 특히 콜센터 등의 전화를 집중적으로 사용하는 고객들을 위한 전화기용 핸즈프리 제품을 순수 국내 기술력으로 생산 및 판매하여 해외 시장 및 국내 홈쇼핑, 경찰청 외 관공서, 은행/보험/증권 등 다방면의 콜센터에서 호응을 받고 있다. 또한, 최고의 품질과 경쟁력 있는 가격, 무한의 서비스로 신속한 대응을 하고 있으며, 국내는 물론 해외 50여 개국에도 수출하고 있다. CTI분야의 인터넷과 연계한 지속적인 성장과 블루투스를 이용한 무선혁명이 도래할 시점에서 다산일렉트론은 지속적인 시장조사와 연구개발로 이에 적합한 제품을 개발 중에 있으며, 고객만족경영을 목표로 핸즈프리 제품에서 모든 직원들과 합심하여 최고의 기업을 만들기 위해 노력하고 있으며, 무선 및 블루투스 모바일 커뮤니케이션 환경에서 보다 앞선 기술개발로 더 큰 통신의 편리성과 이동의 자유로움을 제공함으로써 고객에게 최상의 만족을 주기 위해 노력하고 있다.

대신정보기술(주)
www.daeshin-it.com

대표	이광호
전화	02-563-3000
팩스	02-560-7788
이메일	ds02@dsnw.net

▪ 회사주소
서울시 송파구 송파대로 167, 테라타워 B동 413호

▪ 설립 및 자본금
설립년 : 1989년
자본금 : 16억원

▪ 매출실적
2024년 : 185억 2,818만원

▪ 종업원현황
총원 : 43명

▪ 아웃소싱 서비스
정보통신(통신·전산·소프트웨어) 컨설팅, 시스템구축공사, 운영, 유지보수용역서비스 등

▪ 주 거래 업종
정보통신, 은행/보험, 건설 외 다수

▪ 주 거래 기업
한국Hp사 Authorized Reseller, Intel사 Authorized Reseller, 유니와이드 테크놀러지 협력업체, 한국컴퓨터통신 협력업체, 미국 Avaya사 Value aided reseller, 미국Plantronics사 Headset, AT&T 인텔리전트 빌딩부문(Lucent) Reseller, 삼성데이타시스템, 삼성그룹, 삼성전자㈜

▪ 임직원 연락처
전략사업본부 한광표	02-560-7765
통합유지보수 김경철	02-560-7694
헤드셋 구매 김경철	02-560-7694

▪ 기업연혁
1989. 01	대신정보통신㈜ 설립
2000. 09	대신정보기술㈜ 상호 변경
2001. 12	정통부 전산관리소 다기능 창구시스템 공급(100억)
2002. 11	2002년 월드컵수행 대통령상 수상
12	ISO 9001 품질시스템 인증
2006. 05	Qatar Asian Game 네트워크 및 통신설계
2007. 02	PLANTRONICS 총판 대리점 체결
2009. 03	성남시 청사 네트워크 구축
08	기술혁신형 중소기업 (INNO-BIZ) 인증
2010. 12	현대건설 우수협력업체 선정
	기술혁신부분 중소기업청장 표창장 수상
	대신정보기술㈜ 기술연구소 설립
2011. 04	대신정보기술㈜ 공장등록
08	벽부매립형 액세스포인트 특허등록 (제10-1058427호)
10	옥외형무선 액세스포인트 특허등록 (제10-1077532호)
11	ISO14001 인증
2012. 01	스마트폰 다기능 도킹시스템 '갤매이트' 출시
2013.	롯데건설 우수협력사 선정
2014.	삼성 Enterprise 경영우수파트너 경영대상 수상
2015.	경영혁신형 중소기업(MAIN-BIZ)확인서 취득
2016.	문정동 테라타워 사옥 이전
2018. 01	한국정보통신진흥협회 표창장
2019. 03	이광호 대표이사 취임
2021. 11	ISO45001 안전보건경영시스템 인증서 획득
2022. 12	가족친화인증(여성가족부)
2024. 01	서울특별시 표창 수상
01	삼성전자 우수파트너 경영대상(24년 연속)

▪ 대표자 프로필
이름 : 이광호
학력 : 충암고교졸업 / 건축물우수통신공사수행서울특별시장상
경력 : 대신정보기술대표

▪ 회사 및 서비스 소개
종합정보통신 전문회사로의 도약을 목표로 1989년 설립된 저희 대신정보기술㈜는 급변하는 통신기술 환경에 빠르게 대처하며, 미국 COMMSCOPE 社의 SYSTIMAX Solution Partner 및 삼성전자 PBX, PLANTRONIS(Head Set)의 국내 협력업체로서 통합배선 및 유·무선 네트워크의 설계 및 시공 유지보수를 행하고 있으며, 전국 30개 사업장을 단일 Network으로 구축하여 전국 어디에서나 음성, 문자, 영상통신에 이르는 고품질의 종합정보통신 서비스를 체계적이고 안정적으로 제공하고있습니다. 저희 모든 임직원은 겸손, 책임, 정직이라는 사훈 아래 사용자의 편의를 위하여 앞으로 더욱 노력하겠으며, 고속 정보화 사회를 구현하고자 최선을 다하겠습니다.

(주)루키스

www.lucis.co.kr

대 표	김종성, 소태수
전 화	02-368-3800
팩 스	02-368-3828
이메일	webmaster@lucis.co.kr

■■■ 회사주소
서울특별시 성동구 성수일로4길 25 서울숲코오롱디지털타워 1차 16층

■■■ 설립 및 자본금
설립년 : 1999년
자본금 : 14억원

■■■ 매출실적
2024년 : 116억 6,244만원

■■■ 종업원현황
총원 : 62명

■■■ 아웃소싱 서비스
콜센터, 음성녹취시스템, 대면녹음시스템, 분석솔루션
CCTV 영상관리·통합관제 솔루션, USN(위치정보/의료기기) 외

■■■ 주 거래 업종
금융기관(은행, 증권, 보험 등), 통신회사(이동통신, 유선통신 분야 일체), 정부기관 및 공기업, 유통회사(홈쇼핑, 주요 백화점, 할인점 등) 및 제조분야

■■■ 주 거래 기업
삼성 금융계열사, 신한 금융계열사, 미래에셋 금융계열사, 현대카드, SK 텔레콤, 청와대, 국세청, 금감원, CJ 홈쇼핑, GS 홈쇼핑 등 다수

■■■ 지사 및 계열사
대전지사 042-521-0127 김용민 지사장
부산지사 051-818-2842 김동춘 지사장

■■■ 임직원 연락처
장병탁 상무이사 02-368-3838 하상훈 영업대표 02-368-3832
서경국 영업대표 02-368-3836 전상호 영업대표 02-368-3839

■■■ 기업연혁
- 1999. 03 Lucis Co., Ltd. 법인 설립
- -중략-
- 2010. 10 특허 통화 내용 녹취 서비스 방법 및 그 시스템 등록
- 2011. 01 특허 촬상 기능을 구비한 전동 칫솔 및 그 촬상 방법
- 2012. 06 특허 출원 – 심박정보와 피검자의 스케줄 정보를 연계한 적성 정보 생성, 심박정보를 이용하여 학습 부진 시 상담 데이터 생성 및 제공 등
- 10 스마트 폰 연동 기반, 스포츠 활동 모니터링 기능의 의류 및 시스템 개발 외 총 4건의 정부과제 선정
- 2013. 11 미래부 '스마트토이 시스템 및 서비스 플랫폼 개발' 과제 수주
- 12 여성가족부 주관가족친화인증기업 인증
  현대카드, 현대캐피탈 S/A 프로젝트 수주
- 2014. 02 '휴대용 장치 및 긴급 상황 대응 단계 통지 방법' 특허 등록
- 04 원터치 응급호출서비스 '스마트초록버튼' 출시
- 06 '초록버튼' 및 '스마트 초록버튼' 상표권 등록
- 2015. 06 한국일보 주관 대한민국 우수특허 대상 수상(스마트초록버튼 응급호출알람 프로세스)
- 07 신한카드 콜센터 대화분석 솔루션 적용(음성 By Data Analytics)
- 10 삼성전자서비스 WFO 북미 Project수주
- 2016. 02 2016 SKT 상생협의회 회원사 선정
- 04 K-POP을 활용한 한국어 교육 프로그램 업무협약 체결(연세대 한국어학당,Lucis)
- 09 중소기업청 기술혁신 개발 사업 수주(외국인안전 결제 장치 및 스마트 관광 융복합 플랫폼 개발)
- 11 서대문구청 및 SKT와 '독거어르신 고독사 방지를 위한 모바일 안심케어시스템 구축' 업무 협약체결(서대문구청,SKT,Lucis)
- 2018. Lucis with VERINT 세미나 개최
- 2020. 11 중소기업혁신개발사업 선정
- 2021. 02 산업진흥원 포스트코로나 특화 인공지능 기술사업화 과제 수행
- 04 AI 기반 초지향성 대면녹취를 통한 불완전판매 감시 플랫폼 출시
- 11 스마트시티 안전 플랫폼 베트남 시장 진출위한 현지기업 업무협약 체결
- 2024. 01 '똑똑안부확인서비스v3.0' 조달청 혁신제품 선정
- 05 고독사 예방 용역사업 전국 확대
- 12 'T안심알리미' 전자신문사 선정 2024 하반기 인기상품 선정
- 2025. 04 '국가유공자 복지증진' 국가보훈부 표창
  스마트도시협회-AI 돌봄 서비스 확산 MOU 체결
  '똑똑안부확인서비스v3.0' 중소벤처기업부 기술개발 우수성과 50선 선정

■■■ 대표자 프로필
이름 : 김종성
학력 : 부산 경남고등학교 졸, 한양대학교 전자통신과 졸
  KAIST 최고정보경영자과정 수료
경력 : 동아그룹 종합기획실, ㈜국민리스 영업부장, CTI 반도체

■■■ 회사 및 서비스 소개
㈜루키스는 미국 Verint Systems Inc.의 투자를 받은 외국인투자회사로서 Call Monitoring (Recording-Audiolog, WFO-Impact360, 대면녹음시스템), Video Recording(Omnicast, Nextiva) 및 USN 솔루션 위치인식, u-Health Care)를 전문적으로 취급하는 회사이다. 루키스는 고객의 성공적인 비즈니스를 위해 콜센터 구축에 필요한 다양한 솔루션과 시스템을 제공 및 지원하는 것 뿐 아니라, 고객업무의 안정적 운영 및 업무효율 극대화를 위해 고객의 경영환경에 가장 적합한 정보기술 서비스를 제공하고 있다.

(주)부뜰정보시스템
www.buttle.co.kr

대표	이성중
전화	02-6119-6400
팩스	02-6339-1540
이메일	charlie@buttle.co.kr

■■■ 회사주소
서울특별시 영등포구 영등포로 144

■■■ 설립 및 자본금
설립년 : 1998년
자본금 : 35억원

■■■ 매출실적
2024년 : 322억 4,251만원

■■■ 종업원현황
총원 : 162명

■■■ 아웃소싱 서비스
콜센터시스템구축

■■■ 주 거래 업종
은행, 보험, 카드, 홈쇼핑, 증권, 공공기관

■■■ 주 거래 기업
미래에셋노믹, 외환은행, 현대해상, 비씨카드, 라이나생명, 현대홈쇼핑, 현대카드, 한국신용정보, 삼성생명, 메트라이프생명 외

■■■ 지사 및 계열사
부뜰북경

■■■ 기업연혁
- 1998. 01 ㈜부뜰정보시스템설립
- 2000. 01 연구소설립
- 2002. 09 구로동사옥으로이전
- 2004. 05 이노비즈인증
- 　　 09 북경지사설립
- 2006. 10 개인용텔레마케팅/전화상담시스템 및 방법외 특허등록
- 2007. 05 NPI-VI 개발/Seize 2.0 개발
- 2008. 03 CliMaN 2.0 기업용및개인용개발
- 2009. 09 라이나생명보험고객센터Application이 Global Standard로선정
- 2009. 12 Cisco 파트너사등록
- 2010. 메트라이프생명우수협력사
- 2011. MetLife 생명 우수협력사 표창/SK C&C 우수비즈니스 파트너 선정/라이나생명보험 고객센터 어플리케이션 글로벌 스탠다드 선정/NH보험 콜센터 표준 프레임워크 채택·적용
- 2012. 농협정보시스템 육성협력회사 등록/미래에셋생명 IPCC기반 전사커뮤니케이션 센터 구축/미래에셋생명 전사 IPT&IPCC구축
- 2013. CISCO 기반 솔루션/미래에셋 생명 IPCC 기본 통신 센터 구축/NH 농협 Inbound·TM 통합솔루션 구축/메신저 Prichatqjwjs 2.0 런칭/국방부 PriSat 패키지 런칭/모바일 모니터링 시스템 버전 1.0 런칭
- 2014. Gartner Cool Site 등재
- 2015. 인도네시아 진출(창신 그룹 인도네시아 법인 HR 솔루션 구축) 중국지사, 중국 고신기술기업(High Technology Company)인증/PriWay(KMS) 2.0 솔루션 출시
- 2016. NIPA 기업형 기반 SaaS 개발지원 과제 선정/PrimeLight SaaS 인증 취득/PriWay(KMS) 3.0 솔루션 출시/NIPA 기업형 기반 SaaS 개발지원 과제 선정
- 2017. 서울 중소기업 우수브랜드 선정/PrimeLight 클라우드 서비스 출시/전화상담원 보호 장치 및 그 방법 특허인증/여성가족부 가족친화인증 기업 선정
- 2018. Primeware GS 인증 획득
  NIPA 수출형SW 현지화 지원사업 선정
  고용노동부 강소기업 선정
  베트남 시장 진출
  베트남 미래에셋 파이낸스 컴퍼니 콜센터 구축
- 2021. 기술거래촉진네트워크사업(산업통상자원부 주관) 참가
- 2022. AI기반 초개인화서비스 솔루션 AiBeem 출시
  국무총리 표창장 수상 – 가족친화 우수기업
- 2023. 2023 베트남 ICT 전자전 참가
  한국폴리텍대학 대전캠퍼스와 인공지능 인력 양성 협약 체결
  미디어젠과 음성 ai 솔루션 업무협약 체결
- 2024. 2023년 Brity RPA 골드파트너 인증
  한국의류시험연구원 RPA 구축

■■■ 대표자 프로필
이름 : 이성중
경력 : (현)부뜰정보시스템 대표

■■■ 회사 및 서비스 소개
부뜰정보시스템은 CTMS(Computer Telephone Management System) 분야의 선두자로서 그동안 축적해온 기술과 경험, 그리고 우수한 전문인력을 바탕으로 고객의 요구사항에 부합하는 최상의 요소기술로 고객만족을 실행하고 있다. 솔루션으로는 연체관리시스템 보험관리시스템, 텔레마케팅시스템, 통신판매시스템, 여행관리시스템, 반송우편관리시스템, 티켓발권시스템등으로 은행 및 신용카드사, 보험사, 증권사, 통신회사, 백화점, 여행사 등에 최고의시스템을 개발, 제공하고 있다. CS Center 구축분야에 특화된 기술력을 보유하고 있는 부뜰정보시스템은 이와 관련된 혁신적인 특허를 보유하고 있으며, 이를 바탕으로 구축된 시스템의 활용을 통해 고객사는 탁월한 마케팅 효과를 기대할 수 있다. 부뜰정보시스템의 중국지사인 북경부뜰은 2005년 중국에 진출하여 한국어솔루션의 중국현지화지원, PrimWare 솔루션의공급, 중국내기술지원, 중국영업전략수립, 지역별 지사설립 및 총괄관리의 역할을 수행하고 있다.

(주)브리지텍
www.bridgetec.co.kr

- **대표**: 신경식
- **전화**: 02-3430-4114
- **팩스**: 02-564-9980
- **이메일**: starcindy@bridgetec.co.kr

■■■ 회사주소
서울특별시 영등포구 국제금융로2길 32 여의도파이낸스타워 17,18층

■■■ 설립 및 자본금
설립년 : 1995년
자본금 : 61억 7,000만원

■■■ 매출실적
2024년 : 435억 6,121만원

■■■ 종업원현황
총원 : 174명

■■■ 아웃소싱 서비스
- 콜센터 솔루션 개발, 판매
- 클라우드 콜센터 서비스 제공
- 5G/4G 멀티미디어 가입자 음성부가
- 서비스 및 지능망 서비스 장비 판매

■■■ 주 거래 업종
은행, 보험, 카드, 통신사, 병원, 기업 외

■■■ 주 거래 기업
농협중앙회, 우리은행, 하나은행, 신한은행, 기업은행, 산업은행, 부산은행, 대구은행, 경남은행, 광주은행, 새마을금고, 삼성카드, 하나SK카드, 우체국보험, 우리파이낸셜, 우리아비바생명, KDB 생명, KT, SKT, 한국자산관리공사, 국세청, 한국정보화진흥원, 농촌진흥청, 한국 기상산업진흥원, 중소기업유통센터, 마포구청, 대전시청, 고양시청, 서울대병원, 일산병원, 차병원, 단국대병원, 녹십자헬스케어, 현대건설, 캡스, 에스원, CJ헬로비전, 두산인프라코어, 아시아나 IDT, KT텔레캅 외

■■■ 임직원 연락처
신경식 대표 02-3430-4114

■■■ 기업연혁
- 1990. 03 전자도급 사업 개시
- 1995. 03 ㈜삼우티비에스 법인 설립
- -중략-
- 2017. 06 ISO 9001 품질경영시스템 재인증(한국경영 인증원)
  - 06 기술평가우수기업 인증(나이스평가정보)
  - 10 베스트기술상 최우수상(한국콜센터산업협회)
- 2018. 01 청년 친화 강소기업 선정(고용노동부)
  - 04 품질경영시스템 ISO 9001:2015 인증전환
  - 05 부산은행 감사패 수상
- 2019. 01 청년 친화 강소기업 선정(고용노동부)
  - 02 전북은행 감사패 수상
  - 08 트랜스모스코리아 '음성분석 솔루션' 기술 협약
- 2019. 11 KB국민카드 감사패 수상
- 2020. 01 청년 친화 강소기업 선정(고용노동부)
- 2020. 04 신경식 대표이사 취임
- 2020. 11 TL 9000 H,SR6.2/R5.7 재인증(한국경영인증원)
  - 11 소프트웨어산업보호대상 수상(디지털타임스)
- 2020. 12 대구은행 감사패 수상
- 2021. 01 청년 친화 강소기업 선정(고용노동부)
- 2021. 06 제34회 정보문화의달 '정보문화단체부문' 국무총리 표창(과학기술정보통신부)
- 2022. 모바일 단말 기반 확장된 상담 서비스 관련 국내 특허 취득
  우리카드 AI상담시스템 구축사업 계약
- 2023. 행정·공공기관 위한 SaaS형 컨택센터 CSAP 인증
  125억 규모 콜센터 인프라 구축 장비 및 공급 계약 수주
  청년친화 강소기업 선정(고용노동부)
- 2024. 우수기업부설연구소 지정(과학기술정보통신부)
  아시아 태평양 고성장 기업 2024 선정(Financial Times)
  고용노동부 강소기업 선정
  TL 9000 R6.3/R5.7 인증전환(KQL)
  직무발명보상 우수기업 인증(특허청)
  인적자원개발 우수기관 인증
  (고용노동부, 교육부, 산업통상자원부, 중소벤처기업부)
  하이서울기업 인증(서울시)
- 2025. 02 NH농협은행 감사패 수상
  07 농협정보시스템 123억 규모 공급계약 체결

■■■ 대표자 프로필
- 이름 : 신경식
- 학력 : 전북대 전자공학과 졸업
  KAIST AVM제3기 최고벤처 경영자 과정 수료
- 경력 : 대우통신 종합연구소 연구원
  삼보컴퓨터 통신사업본부 선임연구원, 삼보정보통신 사업팀장

■■■ 회사 및 서비스 소개
브리지텍은 다년간 축적된 기술력과 경험을 바탕으로 '도전과 혁신'이라는 기업문화를 통해 유·무선 통신환경에서 컨택센터 솔루션 개발 전문업체로서 꾸준한 연구개발을 통해 경쟁력을 확보하고 차별화에 노력하는 기업이다. 솔루션 부문에서는 15개 은행을 비롯해 보험, 카드 등 금융권 콜센터 구축·운용에서 선두자리를 오래전에 확보하였고 KT의 BcN(광대역 통합망) 및 SoIP 고도화 사업에도 참여하고 있는 만큼 폭넓게 사업영역을 확장하고 있다. 서비스 부문에서는 2003년부터 멀티미디어 컨택센터 IPCC) 임대 서비스인 'KT 콜센터 서비스'와 고객관리, ARS, 통화녹음 등의 기능을 제공하는 'KT 비즈메카 콜매니저'로 서비스사업에 입지를 굳혔다. 차별화된 솔루션과 고객만족을 위한 서비스로 고객은 지속적으로 증가하고 있음은 성공적인 서비스사업자로 발전하고 있음을 말해주고 있다.

(주)티시스
www.tsis.co.kr

대 표	유태호, 이재석
전 화	070-8188-0500
팩 스	070-7614-3415
이메일	contact@tsis.co.kr

■■■ 회사주소
서울시 중구 돈호로 310 태광산업 별관 7층

■■■ 설립 및 자본금
설립년 : 2004년
자본금 : 51억원

■■■ 매출실적
2024년 : 3,22억 1,603만원

■■■ 종업원현황
총원 : 2,278명

■■■ 아웃소싱 서비스
컨택센터 토탈운영

■■■ 주 거래 업종
케이블방송, 금융, 생명보험, 손해보험, 제조, 공공, 국방, 교육

■■■ 주 거래 기업
흥국생명보험콜센터업무수탁, 한국도서보급IT아웃소싱, 흥국화재해상, 보험콜센터업무수탁, 티브로드콜센터Total아웃소싱, 큐릭스IT아웃소싱, 통합EMS시스템구축

■■■ 지사 및 계열사
태광그룹

■■■ 임직원 연락처
김민웅 본부장 070-8188-0800

■■■ 기업연혁
- 2004. ㈜태광시스템즈 설립/흥국생명보험 콜센터 업무수탁
- 2005. 한국도서보급 IT 아웃소싱
- 2006. 쌍용화재해상보험 콜센터 업무수탁
- 2007. 흥국통신 IT 운영
- 2008. 티브로드 콜센터 Total 아웃소싱
- 2009. 국세청 전자세금계산서 대용량연계사업자 승인
- 2010. 솔로몬신용정보채권관리 차세대시스템 수주
- 2011. GS그룹 전자세금계산서 시스템 유지 보수 계약 고려, 예가람상호저축은행 모니터링 시스템구축 프로젝트 착수
- 2012. 태광그룹 통합인사관리 시스템오픈/손해보험협회 손해보험정보통합 시스템구축 완료/농협생명, 손해보험 시스템구축사업 착수/우리아비바생명 차세대 시스템구축완료
- 2013. 07 보험개발원 보험정보 보호시스템 고도화 사업 수주
  - 08 한국디지털케이블미디어센터(KDMC) 홈페이지 웹접근성 개선 사업 완료
  - 10 kct 홈페이지(3종) 웹접근성 개선 사업 완료
  - 12 정보보호 관리체계(ISMS)인증 획득
- 2014. 01 태광그룹 공시관리시스템 사업 완료
  - 03 메리츠화재(2종) 웹 접근성 품질인증마크 갱신 프로젝트 착수
  - 04 친애저축은행 론사이트 유지보수 사업 수주
  - 05 KDB대우증권 신판매채널 구축 사업 수주
  - 09 보험개발원 단체 실손의료보험 중복가입 확인시스템 구축 수주
- 2015. 01 HK저축은행 홈페이지 웹 접근성 인증마크/KCTA 경쟁사 모바일 불법 채증 시스템 유지 보수/벤처투자정보센터 시스템 유지보수
  - 02 미래에셋 보험슈퍼마켓 플랫폼 구축 사업 수주/씨앤앰 기업형 SMS/LMS 서비스 제공
  - 04 메리츠화재 홈페이지(2종) 웹 접근성 인증마크 갱신/미래설계센터 홈페이지 구축
  - 07 알리안츠생명 Tablet SFA 시스템 구축 프로젝트 수행 완료/흥국생명 신분증 진위확인 시스템 사업수주/흥국생명 온라인 보험시스템 구축 사업 진행/JT친애저축은행 모바일 APP, WEB 유지보수
- 2016. 01 흥국화재 이유고도화 프로젝트 수주
  - 02 AIG 손해보험 ITO 추가 계약
  - 03 KCT 모바일 서비스 구축 사업 진행
  - 04 흥국생명 영업지원 시스템 재 구축 사업 진행
  - 05 현대해상 일본지사시스템 구축 프로젝트 수주
  - 06 흥국화재 BI시스템 인프라 고도화 진행
- 2017. 12 에스티임, 동림건설, 서한실업 흡수합병
- 2018. 08 태광관광개발→티시스 합병, 법인명 변경
- 2022. 예가람저축은행 업무 수주 외 다수
- 2024. 04 사랑잇는전화 '올해의 우수 나눔천사' 표창 수상

■■■ 대표자 프로필
이름 : 유태호, 이재석
경력 : 현재 ㈜티시스 대표이사

■■■ 회사 및 서비스 소개
티시스는 태광그룹의 IT역량 고도화를 위해 태광산업에서 분사 독립하여 2004년 '주식회사 태광시스템즈'로 설립되었습니다. 2009년에는 대외 사업의 경쟁력 강화를 위해 상호를 지금의 tsis(티시스)로 변경하고, 3WINGS라는 기업이념을 바탕으로 사업을 운영하고 있다.
티시스는 태광그룹의 계열사에 대한 IT Outsourcing서비스를 바탕으로 금융, 방송/통신, 제조, 공공, 국방, 교육 등 관련 사업분야를 공격적으로 확장하고 있는 젊은 기업이다. 더불어 1977년 흥국생명전산센터운영을 효시로 하여 30년 넘게 축적한 기술력통합, 자동화, e-Biz, 솔루션개발에 이르는 IT중심의 사업을 전개하고 있다. 2004년 콜센터를 중심으로 텔레마케팅, 보험영역을 확장, 개척하고 있고, 이를 통한 고객 경쟁력 강화를 위하여 끊임없이 노력하는 토탈시스템 공급기업이다.

티에이케이정보시스템(주)

www.takis.co.kr

- **대표**: 강기원
- **전화**: 02-3279-7900
- **팩스**: 02-3279-7998
- **이메일**: egnos@takis.co.kr

■ 회사주소
서울특별시 강서구 마곡동로 10길 7. 4층 (마곡동, 한국도레이 R&D센터)

■ 설립 및 자본금
설립년 : 1997년
자본금 : 51억원

■ 매출실적
2024년 : 211억 6,849만원

■ 종업원현황
총원 : 125명

■ 아웃소싱 서비스
IP컨택센터/IP텔레포니시스템구축, 운용서비스, 유지보수(시스템운영인력파견), UC시스템구축 및 운용, FMC(유무선통합) 시스템구축 및 운용, 스마트폰을 이용한 모바일 오피스 시스템 구축

■ 주 거래 업종
대기업/ 공공기관, 은행/보험/쇼핑, 다국적기업

■ 주 거래 기업
대통령경호처, 엠플러스, 이녹스첨단소재, 티에이케이텍스타일, 티에이케이마이크로필터, 코스모신소재, SPC, 현대차증권, 아워홈, 넥스원, 서울반도체, K리그, 대한축구협회 KFA, 기획재정부, 군인공제회, 롯데관광, 도요타, 국세청, 하나캐피탈, KT알파, 홈앤쇼핑 외 다수

■ 지사 및 계열사
도레이첨단소재

■ 임직원 연락처
권용식 대표 02-3279-7900

■ 기업연혁
- 1973. 삼성SDS로통합/제일합성 전산실 발족
- 1997. 새한정보시스템(주) 설립
- 1998. ISO9001 품질인증 획득
- -중략-
- 2021. 도레이첨단소재 IT소재 사업부 MES 구축
  대한축구협회 통합 온라인시스템 통합관리체계 구축/고도화
  SK하이닉스 우시법인 Exchange 업그레이드
  코스모신소재 3공장 MES 구축
  SK하이닉스 미국/충칭 법인 Exchange 업그레이드
  SC제일은행 본점 및 영업점 IPT 구축
  팜에이트 ERP시스템 구축
  도레이첨단소재 G-Com(TAK M365 전환 및 HUB 고도화) 구축
- 2022. 대한민국농구협회 유청소년클럽리그 온라인 시스템 설계
  아쿠쉬네트코리아 XFUSION ECP 그룹웨어 구축
  도레이첨단소재 구미1공장 종합 공정 보안망 인프라 구축
  TAK마이크로필터 연구개발관리 ERP시스템 구축
  토요타파이낸셜서비스코리아 IPT 구축
  권용식 대표이사 취임
- 2023. 도레이첨단소재 IT소재 생산1팀 PIMS 도입
  TBSK, TBCK 정보화 추진(그룹웨어/경비처리시스템) 프로젝트
  새한솔루텍 스마트 공장 구축 및 고도화
  JAVA기반 TIS Web Framework 개발
- 2024. Slot-Filling based Chatbot, XFUSION XINC-TALK 출시
  KISA 지능형 CCTV 성능시험 인증 취득(침입/배회)
  AI VISION 검사/분류, XFUSION VODA 출시
  Hybrid 방식 TIS Mobile Framework 개발
  도레이첨단소재 IP관리솔루션 고도화
  Scenario based Chatbot, XFUSION XINC-TALK 출시
  군인공제회 차세대 컨택상담시스템 구축
- 2025. 강기언 대표이사 취임
  KISA 지능형 CCTV 쓰러짐감지 성능시험 인증 취득
  ISO/IEC 27001:2022 인증 획득

■ 대표자 프로필
이름 : 강기원
경력 : (현)티에이케이정보시스템 대표

■ 회사 및 서비스 소개
1997년 설립된 티에이케이정보시스템은 1973년 제일합섬 전산실을 모태로 하는 30년이 넘는 역사를 가진 기업이다. 웅진케미칼, 한미디어, 도레이첨단소재 등의 시스템매니지먼트에서 시작한 새한은 오랜 전통을 기반으로 21세기 기본 화두인 digital convergence와 Ubiquitous 환경에 맞는 Soultion을 가지고 고객의 핵심역량증대를 위해 최선을 다하는 기업이다. 새로운 시대에 걸맞는 ms.net을 기반으로 제작된 자체 브랜드인 Xfusion과 IP텔레포니 및 IP컨택센터 구축노하우를 통한 UC(Unified Communication) 환경을 제공함으로써 고객이 새로운 가치를 창출할수 있도록 최적의 환경을 제공하고 있다.

(주)하람앤커뮤니티
haramcs.com

대표	정진관
전화	1566-5625
팩스	02-858-7742
이메일	ceo@haramcs.com

■■■ 회사주소
서울시 금천구 디지털로 9길 47 한신IT타워 2차 703호

■■■ 설립 및 자본금
설립년 : 201_년
자본금 : 1.5억원

■■■ 매출실적
2024년 : 20억원
2025년(예정) : 21억원

■■■ 종업원현황
총원 : 150 명

■■■ 아웃소싱 서비스
컨택센터 구축/운영, CS컨설팅, AP개발 및 컨텐츠 개발/공급
유통사업 외

■■■ 주 거래 업종
제조, 프랜차이즈 컨택센터

■■■ 주 거래 기업
오텍, 오티스, 오텍캐리어에어컨, 이마트24, 아이스트로 (주)중원공조, GS리테일, BGF리테일, 아르네코리아, 씨알케이(주), (주)카이저제빙기

■■■ 지사 및 계열사
지사 : 서울센터, 광주센터, 구로센터
관계사 : 이든네트워크, SK브로드밴드

■■■ 임직원 연락처
정진관 대표 _-6925-0502

■■■ 기업연혁
2011. 04 하람커뮤니티 설립
2011. 05 캐리어냉장 고객센터 운영 시작
2016. 04 한샘 고객센터 MOU 체결
2016. 10 오텍오티스 주차시스템 고객센터
2018. 02 이마트24 시설유지보수 24시간 고객센터
2021. 04 하람앤커뮤니티 분할설립
2021. 01 KMS시스템 구축운영
2021. 06 AI 챗봇 상담 운영 시스템 자체 기술력 구축
2022. 02 BGF리테일(CU편의점) 시설관리 고객센터 운영시작
2022. 03 중앙선거관리위원회 고객센터 운영
2024. 02 (주)카이저제빙기 고객센터 운영시작 추가

■■■ 대표자 프로필
이름 : 정진관
경력 : 대한민국 사회공헌 대상,
　　　대한민국 브랜드 어워드 수상(스마트 컨택센터 부분 선정),
　　　감정노동 종사자 건강보호 최우수기업 선정,
　　　대한민국 100대 아웃소싱기업(10년 연속 선정),
　　　한국고객만족(KCSI) 콜센터 부문 1위 2년연속 수상(2020~2021)
경영방침 : 꿈, 가치, 혁신

■■■ 회사 및 서비스 소개
하람앤커뮤니티는 제조/프랜차이즈 고객센터 전문 아웃소싱 업체로 모바일을 활용한 상담채널 다양화를 통해 고효율의 상담업무가 가능하도록 기술을 주도하며 '스마트 컨택센터'를 넘어선 AICC로 거듭나도록 진화를 지향하고 있다.

모바일 자동 채팅 상담을 활용하여 고객의 요구에 즉각적으로 반응하며, 연동형 서비스 접수 프로그램 개발로 상담업무의 질적 상승효과를 입증 받고 있다.

자체 기술력으로 개발된 KMS(Knowledge Management System)는 합리적 비용으로 개발운영이 가능하며 상담시간을 획기적으로 줄이고 업무의 정확도를 높였다는 평가를 받고 있다.

KMS와 체계적인 전문상담 인력 양성 프로그램을 통해 멀티상담 시스템을 운영하고 있으며, 고객사에 맞는 CRM (Customer Relationship Management:고객관계관리)을 기반으로 서비스 운영을 통합한 SOS(Service operate Solution) 서비스를 개발 제공해 기업의 고유한 업무환경에 최적화된 커스터마이징을 추구하고 있다.

(주)KS한국고용정보

www.ksjob.co.kr

대표	손영득, 허대건
전화	춘천 033-815-8000 서울 02-518-9900
팩스	춘천 033-815-8077 서울 02-518-0039
이메일	master@ksjob.co.kr

▣ 회사주소
서울시 강동구 고덕비즈밸리로 38 KS타워

▣ 설립 및 자본금
설립년 : 1998년
자본금 : 21억원

▣ 매출실적
2024년 : 2,288억원
2025년(예상) : 2,450억원

▣ 종업원현황
총원 : 6,171명(관리 : 114명 / 도급 : 5,916명 / 파견 : 141명)

▣ 아웃소싱 서비스
컨텍센터 운영 및 구축, 금융마케팅, 소프트웨어 개발 및 공급, 채용아웃소싱

▣ 주 거래 업종
금융기관(카드/은행/보험), 공공기관, 유통 등

▣ 주 거래 기업
KB국민카드, 하나카드, 우리카드, 롯데카드, NH농협카드, KB국민은행, 부산은행, 하나은행, 우리은행, 신한은행, 수협중앙회, IBK저축은행, NH캐피탈, 토스뱅크, 쿠팡, 공영홈쇼핑, 11번가, 배달의민족, SK스토아, 한국암웨이, 롯데렌탈, 무신사, 한국거래소, 경희의료원, 한샘

▣ 지사 및 계열사
서울사무소 02-6454-2020 / 강원지역단 033-815-8000
사업5본부(영남) 051-862-9100
KS신용정보(주), 케이에스위드엔젤, CnAI, 케미인슈

▣ 임직원 연락처
대표전화 : 02-518-9900

▣ 기업연혁
2021. 12 콜센터산업 발전 공로 / 산업통상자원부장관 표창장
　　　　 코로나19대응 유공 서울특별시장 표창
2023. 02 한국HR서비스산업 대상
　　　04 정보보호 및 개인정보보호 관리체계 인증서 / 한국인터넷진흥원장
　　　09 한국산업안전보건공단 콜센터 부문 우수사업장 선정
2024. 01 강동KS타워 사옥 준공
　　　05 여성가족부 가족정책발전 유공
　　　11 여성가족부 가족친화인증
2025. 02 한국HR서비스산업대상
　　　04 근로자의 날 대통령표창
　　　09 한국HR산업협회 근로자보호 HR서비스 클린기업 인증
　　　10 한반도미래연구원 아빠도 당당한 육아지원 (성평등가족부 장관상)

▣ 대표자 프로필
이름 : 손영득
학력 : 동아대학교 행정학과졸업
경력 : 춘천상공회의소 상임위원 (現)
　　　강원지방노동위원회 사용자위원 (前)
　　　강원지방노동위원회 노사분쟁조정위원 (前)
　　　강원도 세정협의회 위원 (現)
　　　(사)한국HR산업협회 회장 (現)
경영방침 : '개인존중', '신가치창조', '사회공헌'

▣ 회사 및 서비스 소개
(주)KS한국고용정보는 1998년 IMF사태 때 '범국민 100만개 일자리 만들기 캠페인'을 기획 및 진행하면서 탄생한 '국민기업'으로 고객만족을 위한 가치 지향적 서비스를 개발하여 제공하고 있습니다. (주)KS한국고용정보는 금융기관 콜센터 위탁운영 및 ASP 사업 분야에서 탁월한 실적을 유지하여 국내 주요카드사의 카드마케팅, CS업무, 카드발급 등의 다양한 콜센터 업무 및 서비스를 제공하고 있으며, 최근에는 공공기관과 유통분야로 사업영역을 확장하여 꾸준한 성장세를 유지하고 있습니다. 또한 콜센터 운영에 필요한 소프트웨어 개발 및 공급과 채용 아웃소싱 분야에서도 탁월한 실적을 나타내고 있습니다. (주)KS한국고용정보 전임직원은 신뢰와 전문성을 바탕으로 최고의 서비스를 제공하도록 최선의 노력을 다하고 있습니다.

■ 서비스 소개(강점)
- 최첨단 금융마케팅 서비스가 가능한 원스톱 솔루션 제공
- 컨텍센터 구축 및 운영의 동시수행으로 고객의 비용절감 및 매출증대
- 동양 최초, 국내 최대 규모의 단지형 컨텍센터 구축(2,000석 규모)
- 컨텍센터 서비스품질의 표준화와 지속적인 업그레이드를 통한 고객 니즈 충족
- 다양한 지원으로 내부 고객(직원) 만족도 향상을 통한 경쟁력 확보

한일네트웍스(주)

www.hanilnetworks.com

대 표	목진원
전 화	02-3466-9100
팩 스	02-2101-0046

■■■ 회사주소
서울시 중구 -대로 34 씨티센터타워 11층

■■■ 설립 및 자본금
설립년 : 1998년
자본금 : 56억원

■■■ 매출실적
2023년 : 1,22?억 294만원
2024년 : 1,40?억 7,814만원

■■■ 종업원현황
총원 : 200명

■■■ 아웃소싱 서비스
컨택센터 : IPCC구축, IPCC구축임대, IPCC콜센터ASP, 운영(컨택센터 자체브랜드 티티존)
네트워크서비스 : 웹호스팅, IT아웃소싱, 서버호스팅, 코로케이션등
시스템&솔루션 : DELL서버, IBM서버, 백업솔루션유통판매

■■■ 주 거래 업종
은행, 증권, 보험, 카드, 공공기관, 웹콘텐츠제공업체, 기타기업 등

■■■ 주 거래 기업
컨택센터(삼성화재, 흥국쌍용화재, 한화손해보험, CJ mall, 롯데홈쇼핑, 신협, 삼성네트웍스, 신한생명, ING, 비씨카드, GS홈쇼핑 등), 네트워크서비스 (대한상공회의소, 여천NCC, KT Networks, Nikon, 한국에이즈퇴치연맹 등), 솔루션(대한상공회의소, 디지털타임즈, 상주곶감하우스, 펜시코리아 등)

■■■ 지사 및 계열사
유베이스 자회사

■■■ 기업연혁
1998. 08 ㈜오늘과내일 법인등록
1999. 12 한국인터넷정보센터(KRNIC)인증ISP 업체등록(업계최초)
2000. 06 오늘과내일부설연구소설립
2003. 08 네트워크를통한외환거래시스템에관한 특허권취득
2004. 04 마이크로소프트와 '한국웹호스팅사업협력' MOU교환
2006. 01 코스닥상장
2007. 12 아·태지역고속성장기업500(Technology Fast 500 Asia Pacific)
2008. 01 2007 SDV(Seoul Digital Valley) TOP 100 CEO Award 선정
    03 한일시멘트㈜ 그룹계열사로 편입
    06 한국법인델인터내셔널㈜ 전략적제휴(MOU) 체결
2009. 10 미국Interactive Intelligence IPCC솔루션Elite Partner
2010. 01 자회사 ㈜에이스센터 창립
    11 DELL Workstation 비즈니스 파트너쉽 협약체결(Fulfillment Center)
2011. 06 자체개발 솔루션 프로그램 등록 3건
2012. 02 Cisco Gold Partner 선정
    03 대표이사변경(전근식 대표이사)
    09 자체 개발 솔루션 프로그램 등록 4건
    11 한글과컴퓨터 MOU체결
    12 한일네트웍스 사명변경
2013. 01 ㈜한일정보통신 합병
    02 Cisco SI Partner 선정
    07 Aspect Platinum Partner선정
    08 자체개발 솔루션 프로그램 등록 5건 추가
2014. 07 한일건재(주) 자회사 편입
2015. 10 본점 소재지 변경(구로→강남)
2016. 07 석정산업(주) 계열사 편입
2017. 02 한일건재(주)와 석정산업(주) 합병진행
    07 대표이사 변경(박지훈 대표이사)
2020. 10 2018 4IR (4th Industrial Revolution) Awards AI 부문 대상 수상
2022. 05 최대주주 변경(유베이스)
    07 본점 소재지 변경(서초→을지로)
2024. 03 한일네트웍스, AI 물리 보안 기업 버카다와 '맞손'
    05 다우기술-한일네트웍스, 기업 DX 가속화 협력
2025. 02 대표이사 변경 (목진원 대표이사)
    08 램파드, 한일네트웍스와 총판 계약

■■■ 대표자 프로필
이름 : 목진원
경력 : (현)한일네트웍스 대표 / (현)유베이스 대표

■■■ 회사 및 서비스 소개
IPCC솔루션 구축 : 한일네크웍스는 자체 IPCC솔루션과 미국 Interactive Intelligence사의 CIC(Customer Interaction Center) 솔루션을 바탕으로 IPCC구축, 구축임대사업을 추진하고 있다.
IPCC 콜센터ASP서비스 : 한일네크웍스은 LG유플러스와 공동으로 스마트컨택ASP라고 하는 IPCC 콜센터ASP서비스를 전개하고 있으며, 고객에게 초기비용부담없이 월비 용만으로 고가의 콜센터를 임대하여 사용할 수 있도록하는 SaaS형태의 서비스를 제공한다.
솔루션 : 리눅스 기반의 게시판솔루션인 티티보드 를 비롯하여 사이트구축 및 운영에 필요한 다양한 웹솔루션을 최고의기 술진, 시스템엔지니어, 디자이너가협력하여 자체개발다.
시스템 : 컨택 센터 및 네트워크서비스사업을 기반으로 시작된 시스템사업은 서버 및 시스템유통사업을 중심으로 다양한 솔루션을 제공하고 있다. 강력한 사업역량 및 신뢰성있는 비즈니스 체계로, 전문채널의 비즈니스 역량을 극대화시킬 수 있는 기반을 제공한다.

아웃소싱서비스 수준이 올라갑니다

ISO 14001(환경경영) 인증 기업
ESG 우수 중소기업 인증 기업
ISO 45001(안전보건경영) 인증 기업
ISO 9001(품질경영) 인증 기업

아웃소싱전문기업! 信友産業管理(株)

신우산업관리(주)는

인재가 필요한 곳, 기술이 필요한 곳,

컨설팅과 진단이 필요한 곳에 따라

정확한 사전진단을 거친후

실무능력과 경험을 갖춘 전문인력이 곧바로 찾아갑니다.

신우산업관리(주)는

1. 인력관리의 효율화, 기업경영의 경쟁력 강화
2. 관리의 효율성 증대 및 사업의 전문성 추구
3. 글로벌형 기업경영 추구
4. 인재토털 아웃소싱 서비스

업 무 분 야

▶ 경비업무(보안 · 경비)
▶ 시설 · 건물관리(B/D운영관리 · 주차)
▶ 운전 · 배송 · 물류관리(하역 · 수송 · 보관)
▶ 사무 · 전산 · 비서 · 안내 · 행정관리

▶ 경비업무(혼잡 · 교통유도경비업)
▶ 미화 · 방역환경업무(조경업무)
▶ 노무 · 생산 · 현장관리
▶ 판촉 · 판매관리(이벤트행사)등

신우산업관리주식회사
㈜신 우 아 이 티 에 스

서울시 영등포구 당산로 171, 1101호(금강펜테리움IT타워)
www.shinwoomds.co.kr   TEL : 02)587-7691   FAX : 02)587-7690

2026 KOREA OUTSOURCING DIRECTORY

컨택센터구축 II

▶ 가나다순

- 나루씨앤씨
- 바이브컴퍼니
- 보다컴
- 비아이씨앤에쓰
- 세기미래기술
- 스마트아이피시
- 아리시스
- 아이알링크
- 에이블컴
- 엔노드

- 엠아이티마스
- 이지시스템
- 지앤텔
- 케이아이티
- 케이엘씨엔에스
- 콜넷코리아
- 콜테크솔루션
- 한국케이블텔레콤
- 한맥소프트웨어
- 한솔인티큐브

나루씨앤씨

- 홈페이지 : www.narucnc.co.kr
- 대 표 자 : 이상협
- 전 화 : 02-838-0088
- 팩 스 : 02-838-0068
- 이 메 일 : naru@narucnc.co.kr
- 주 소 : 서울 구로구 디지털로 33번길 12 우림이비지센터 2차 903호
- 설 립 년 : 2006년
- 자 본 금 : 3억 100만원
- 매 출 액 : 24억 3000만원
- 직 원 수 : 16명
- 서 비 스 : 응용 소프트웨어 개발 및 공급업

바이브컴퍼니

- 홈페이지 : www.vaiv.kr
- 대 표 자 : 김경서
- 전 화 : 02-565-0531
- 팩 스 : 02-565-0532
- 이 메 일 : Biz@vaiv.kr
- 주 소 : 서울특별시 용산구 독서당로 97
- 설 립 년 : 2000년
- 자 본 금 : 26억 9000만원
- 매 출 액 : 263억 4132만원
- 직 원 수 : 146명
- 서 비 스 : 소프트웨어 개발, 공급, 임대/컴퓨터, 주변기기 도소매

보다컴

- 홈페이지 : www.vodacom.co.kr
- 대 표 자 : 류시훈
- 전 화 : 02-2657-7200
- 팩 스 : 02-2657-7299
- 이 메 일 : openscape@vodacom.co.kr
- 주 소 : 서울 강서구 허준로 217 가양테크노타운 1007호
- 설 립 년 : 2002년
- 자 본 금 : 3억 650만원
- 매 출 액 : 96억원
- 직 원 수 : 35명
- 서 비 스 : 유선통신장비 제조, 도매/정보통신공사/통신장비수리/무역/소프트웨어 개발, 공급

비아이씨엔에스

- 홈페이지 : www.bicns.com
- 대 표 자 : 박주성, 최민웅, 이원철
- 전 화 : 02-422-4242
- 팩 스 : 02-6499-1400
- 이 메 일 : kimsj@bicns.com
- 주 소 : 경기 성남시 분당구 판교로 253 판교이노밸리 C동 603호
- 설 립 년 : 1999년
- 자 본 금 : 9억원
- 매 출 액 : 111억 91만원
- 직 원 수 : 43명
- 서 비 스 : 소프트웨어 개발, 컴퓨터설비 자문, 컴퓨터주변기기 도소매/정보통신공사

세기미래기술

홈페이지	www.segi21.com
대 표 자	전병덕
전 화	02-897-6788
팩 스	02-858-6790
이 메 일	segicare@segi21.com
주 소	서울 금천구 가산디지털1로 25 13층 1306호 (가산동,대륭테크노타운17차)
설 립 년	1998년
자 본 금	8억원
매 출 액	35억 3269만원
직 원 수	15명
서 비 스	비상벨시스템, 무선마을방송시스템, 부동산임대

스마트아이피시

홈페이지	www.smartipc.co.kr
대 표 자	이재헌
전 화	02-712-6540
팩 스	02-703-5392
이 메 일	sales@smartipc.co.kr
주 소	서울시 금천구 벚꽃로 278, 704호 (가산동,SJ테크노빌)
설 립 년	1998년
자 본 금	2억원
매 출 액	33억 218만원
직 원 수	6명
서 비 스	컴퓨터, 주변기기 도소매, 무역 컴퓨터시스템설계, 자문

아리시스

홈페이지	www.arisys.co.kr
대 표 자	이대섭
전 화	02-2177-8100
팩 스	02-2177-8199
이 메 일	tech@arisys.co.kr
주 소	서울시 금천구 가산디지털 1로 145 에이스하이엔드타워3차 1102호
설 립 년	2005년
자 본 금	8억원
매 출 액	213억 8006만원
직 원 수	31명
서 비 스	IPI장비 도소매, 무역/통신소프트웨어 개발/유무선통신장비 제조/정보통신공사

아이알링크

홈페이지	www.irlink.co.kr
대 표 자	김광원
전 화	1877-9517
팩 스	02-6905-2801
이 메 일	sales@irlink.co.kr
주 소	서울특별시 성동구 성수일로4길 25
설 립 년	2000년
자 본 금	9억 100만원
매 출 액	45억원
직 원 수	37명
서 비 스	금융권 CTI 시스템 개발, 네트워크 보안시스템 서비스 및 컨설팅

(주)에이플러스원 APLUSONE CO., LTD.
생산/채용대행
경비미화 30년노하우
TEL: 010-3667-0897 FAX: 031-267-0255 | aplusone@aplusone.kr

에이블컴

- 홈페이지 : www.ablecom.co.kr
- 대 표 자 : 정주영, 문군호
- 전   화 : 02-2107-9999
- 팩   스 : 02-2107-9998
- 주   소 : 서울 구로구 디지털로 271 벽산디지털밸리 3차 508호
- 설 립 년 : 1999년
- 자 본 금 : 10억원
- 매 출 액 : 59억 8759만원
- 직 원 수 : 31명
- 서 비 스 : 교환기, CTI콜센터, IP Telelphony, FMC, N/W

엔노드

- 홈페이지 : www.nnode.co.kr
- 대 표 자 : 손호석
- 전   화 : 031-753-9005
- 팩   스 : 031-776-2198
- 이 메 일 : admin@nnode.co.kr
- 주   소 : 경기도 성남시 중원구 사기골로124 (SKn테크노파크) 비즈센터901호
- 설 립 년 : 2000년
- 자 본 금 : 7억원
- 매 출 액 : 16억 4619만원
- 직 원 수 : 10명
- 서 비 스 : S/W 개발,공급, 방송장비 차량용 제조

엠아이티마스

- 홈페이지 : www.mitmas.com
- 대 표 자 : 김학원
- 전   화 : 02-749-6381
- 팩   스 : 02-798-6383
- 이 메 일 : ymyu@mitmas.com
- 주   소 : 서울특별시 용산구 한강대로62길 61 신우빌딩 2~4층
- 설 립 년 : 2003년
- 자 본 금 : 3억원
- 매 출 액 : 265억 5080만원
- 직 원 수 : 277명
- 서 비 스 : 전산시설장비 유지보수, S/W 개발, 공급

이지시스템

- 홈페이지 : www.easy.co.kr
- 대 표 자 : 이승호
- 전   화 : 02-3484-4800
- 팩   스 : 02-2026-3999
- 주   소 : 서울특별시 금천구 가산디지털1로 168 우림 라이온스밸리 C동 13층
- 설 립 년 : 1994년
- 자 본 금 : 40억원
- 매 출 액 : 148억 2652만원
- 직 원 수 : 41명
- 서 비 스 : 시스템통합, 소프트웨어 개발, 솔루션개발/ 정보통신기기, 컴퓨터 주변기기

(주)에이플러스원 APLUSONE CO., LTD.
생산/채용대행
경비미화 30년노하우
TEL: 010-3667-0897 FAX: 031-267-0255 I aplusone@aplusone.kr

지엔텔

홈페이지	www.lgntel.com
대 표 자	이맹희
전 화	02-890-1234
팩 스	02-890-1212
이 메 일	bestsol@lgntel.com
주 소	서울시 금천구 벚꽃로 278, SJ테크노빌 8층
설 립 년	2004년
자 본 금	21억원
매 출 액	780억 6630만원
직 원 수	240명
서 비 스	전기전자통신기기 도소매, 소방시설 공사

케이아이티

홈페이지	www.kit.co.kr
대 표 자	하준호
전 화	02-476-4231
팩 스	02-476-4236
이 메 일	cswon@kit.co.kr
주 소	경상북도 포항시 북구 중흥로 125번길 18, 2층
설 립 년	1991년
자 본 금	17억 4900만원
매 출 액	34억 7338만원
직 원 수	15명
서 비 스	S/W 개발, 기술용역, 솔루션 사업, 자동화사업

케이엘씨앤에스

홈페이지	www.klcns.co.kr
대 표 자	김용수
전 화	02-583-8081
팩 스	02-583-8061
이 메 일	support@klcns.co.kr
주 소	서울특별시 강남구 언주로98길 39-10
설 립 년	2006년
자 본 금	1억 5000만원
매 출 액	33억원
직 원 수	25명
서 비 스	컨텍센터솔루션 개발 및 클라우드 구독 서비스

콜넷코리아

홈페이지	www.callnetkorea.co.kr
대 표 자	유현재
전 화	02-2649-8538
팩 스	02-2649-8537
이 메 일	callnet@callnetkorea.co.kr
주 소	서울 영등포구 양산로 57-5 양평동이노플렉스 902호 콜넷코리아(주)
설 립 년	1999년
자 본 금	1억원
매 출 액	비공개
직 원 수	20명
서 비 스	콜센터 구축 솔루션

(주)에이플러스원 APLUSONE CO., LTD.
생산/채용대행
경비미화 30년노하우

TEL: 010-3667-0897 FAX: 031-267-0255 | aplusone@aplusone.kr

콜테크솔루션

- 홈페이지 : www.calltechsolution.com
- 대 표 자 : 양진수
- 전   화 : 02-335-6036
- 팩   스 : 02-335-6037
- 이 메 일 : cts@callktech.kr
- 주   소 : 서울 광진구 광나루토 508, 3층
- 설 립 년 : 2007년
- 자 본 금 : 5000만원
- 매 출 액 : 50억원
- 직 원 수 : 10명
- 서 비 스 : S/W 개발, 녹취전화기 도매, 통신기기 제조

한국케이블텔레폰

- 홈페이지 : www.kcttel.com
- 대 표 자 : 이재석
- 전   화 : 1533-7733
- 팩   스 : 070-8144-2000
- 이 메 일 : kctcs@kcttel.com
- 주   소 : 서울 중구 세종대로 50 흥국생명빌딩 7층
- 설 립 년 : 2006년
- 자 본 금 : 229억 6천만원
- 매 출 액 : 11139억 3030만원
- 직 원 수 : 75명
- 서 비 스 : 기간통신, 별정통신, 온라인정보제공, 시장제공

한맥소프트웨어

- 홈페이지 : www.hanmac.com
- 대 표 자 : 권순모
- 전   화 : 070-7733-6700
- 팩   스 : 070-8668-7747
- 이 메 일 : sales@hanmac.com
- 주   소 : 서울시 강남구 테헤란로84길, 16 세풍빌딩 4층
- 설 립 년 : 1993년
- 자 본 금 : 5억원
- 매 출 액 : 42억 5426만원
- 직 원 수 : 29명
- 서 비 스 : S/W개발 및 자문, 공급, 전자상거래

한솔인티큐브

- 홈페이지 : www.hansolinticube.com
- 대 표 자 : 김형준
- 전   화 : 02-6005-3000
- 팩   스 : 02-6005-3939
- 주   소 : 서울특별시 마포구 월드컵북로 396 누리꿈스퀘어빌딩 비즈니스타워 14층
- 설 립 년 : 2003년
- 자 본 금 : 69억원
- 매 출 액 : 487억 8567만원
- 직 원 수 : 203명
- 서 비 스 : 기업통신(CTI컨텍센터솔루션), 무선인터넷관련 소프트웨어 개발/컴퓨터, 주변기기, 통신장비 제조, 도매/부동산 전대

(주)에이플러스원 APLUSONE CO., LTD.
생산/채용대행
경비미화 30년노하우
TEL: 010-3667-0897 FAX: 031-267-0255 | aplusone@aplusone.kr

2026 KOREA OUTSOURCING DIRECTORY

유통·판매·판촉 I

▶ 가나다순

- 그린피플
- 동양이엠에스
- 디앤에이치피플
- 맨토스파워
- 맨파워코리아
- 모스트인
- 스카우트
- 스탭솔루션
- 스탭포유
- 스탭플러스
- 아람인테크
- 아리오
- 알에스이알
- 애드민

- 에스씨케이
- 엔젤스태프
- 엠비모스트
- 유니에스
- 인사이드잡
- 인터비즈시스템
- 제니엘
- 제이앤비맨파워
- 제이앤비티엔에스
- 제일비엠시
- 지앤지라인
- 티오에스코리아
- 휴먼코아

(주)그린피플
www.grpeople.co.kr

대표	마일진
전화	02-572-3042
팩스	02-572-3047
이메일	yck@grpeople.co.kr

▮▮▮ 회사주소
서울시 종로구 창경궁로 136, 3층

▮▮▮ 설립 및 자본금
설립년 : 2009년
자본금 : 5억원

▮▮▮ 매출실적
2024년 : 492억원
2025년(예상) : 530억원

▮▮▮ 종업원현황
총원 : 1,132명 / 내부사원: 32명, 도급사원: 1,040명, 파견사원: 160명

▮▮▮ 아웃소싱 서비스
도급 (유통, 물류,제조, 시설경비, 특수경비, 시설 관리, 위생 용역), HR 파견, 채용대행 등

▮▮▮ 주 거래 업종
그룹사, 대기업, 중견기업, 중소기업 등

▮▮▮ 주 거래 기업
SK 주식회사, SK이노베이션, SK텔레콤, SK브로드밴드, SK E&S, SK 에너지, SK 종합화학, SK네트웍스, SK텔링크, SK 스토아, SKC, SK 플래닛, SK 바이오팜, 하이트진로, PS&마케팅, 11번가, 한국넥슬렌, 넥스플렉스, SSG 랜더스 등

▮▮▮ 지사 및 계열사
지사 : 인천지사/ 대전지점/ 대구지점/ 광주지점/ 창원지점/ 부산지점/ 제주지점

▮▮▮ 임직원 연락처
마일진 대표   02-572-3042

▮▮▮ 기업연혁
- 2009. 회사설립
  근로자 파견사업 허가 취득
  SK네트웍스물류 센터 운영 및 휴대폰판매 도급계약 체결
- 2010. 경비업허가 취득 / 위생관리용역업 신고
  SK와이번스CS 및 안전관리용역 도급계약 체결
  SK텔레콤, SK E&S外 3개사 근로자 파견계약체결
- 2013. 특수경비업허가 취득
  SK에너지 물류센터 경비도급(시설, 특수), 미화 식당운영 도급계약 체결
- 2014. SK브로드밴드, SK텔링크사무 도급계약 체결
  PS&M B2B 영업 및 휴대폰판매 도급계약 체결
- 2015. 송파구청 미화 도급계약 체결
  PS&M BackOffice 운영센터 도급계약 체결
  현대로지스틱스 서울물류센터 도급계약 체결
- 2017. 중동초등학교 경비 도급계약 체결
  SK바이오팜, SK스토아 근로자 파견계약체결
  SK이노베이션 대덕기술원 시설관리 도급계약 체결
- 2019. 하이트진로(주) DCM 운영 도급계약 체결
  홍익여중/고 유인경비 및 청소용역도급계약 체결
  SKC(주) PET/EVA 생산지원 도급계약 체결
- 2021. 법제처 법제교육센터 경비 및 청소용역 도급계약 체결
  PV 운영 및 유지보수(O&M) 사업진출
- 2022. 대진고 청소 및 경비(유인) 용역 도급계약 체결
  Skon 배터리연구원 시설관리, 보안용역 도급계약 체결
- 2023. SK마이크로웍스생산 도급계약 체결
  서울시립 미술아카이브운영 전시안내 도급계약 체결
- 2024. 한화 서산 일조빛 태양광 관리운영 위탁계약 체결
- 2025. 인천종합비즈니스센터 시설관리 도급계약 체결
  SK에너지 송유관 순찰 도급계약 체결
  QRT 생산/품질 도급계약 체결

▮▮▮ 대표자 프로필
이름 : 마일진
경력 : 국민대학교 졸업
      주식회사 그린피플 대표이사
경영방침 : "최고의 가치를 만들어가는 최고의 기업"

▮▮▮ 회사 및 서비스 소개
종합 아웃소싱 기업으로 출발한 그린피플의 임직원들은 고객사에게 보다 나은 서비스를 제공하기 위해 항상 노력하고 있으며, 그 결과 꾸준한 성장을 거듭하여 이제는 도급, HR파견, 채용대행에 이르기까지 폭 넓은 역량을 갖춘 기업으로 그 위치를 확고하게 구축했습니다.
이는 그동안 변함없이 걸어온 고객사의 믿음과 파트너십의 결과이며, 더 나은 미래를 지향하는 또 다른 도전의 시작이 될 것입니다
앞으로도 그린피플은 창의적인 사고와 현장중심의 서비스를 통해, 고객과 더불어 100년을 지속하고 성장할 수 있는 가치를 지닌 기업이 되도록 노력하겠습니다.
고객사의 책임감 있는 마케팅 리더로서의 역할을 더하여 차별화되고 수준높은 시장정보를 제공하여 더 큰 성과를 이루기 위해 최선의 노력을 경주해 나아갈 것입니다.
더불어 고객사의 발전에 일익을 담당할 수 있도록 보이지 않는 작은 것에서부터 최선을 다하는 동반자가 될 것을 다짐합니다.

(주)동양이엠에스
www.dongyangems.co.kr

대표	전대길
전화	02-2276-0239
팩스	02-2276-0487
이메일	leewi@dongyangems.co.kr

■■■ 회사주소
서울시 중구 충구로3가 한영빌딩 3층

■■■ 설립 및 자본금
설립년 : 2008년
자본금 : 150억원

■■■ 매출실적
2025년(추정) 1,100억원
2026년(목표) 1,200억원

■■■ 종업원현황
총원 : 3,500명, 정규직(60명)/파견직원(1,000명)/도급직원(2,500명)

■■■ 아웃소싱 서비스
- 콜센터운영 : 금융,인터넷쇼핑,홈쇼핑,택배,종합유선방송 등
- 유통서비스인력 도급(캐셔,안내,통역,판매지원,유아휴게소 등)
- 운전도급 호텔/콘도/골프장 서비스 인력 도급,시설관리 도급
- 인재파견 : 사무,상담,비서,운전 등), 방송지원
- 유통 판촉인력서비스 도급 : 고정/순회 판매 등
- 캐터링 도급 : 영양사,조리사,조리원 등

■■■ 주요대업종
유통업(백화점,홈쇼핑,면세점,Social Commerce 고객센터), 금융업, 제조업, 언론사, 신용평가업, 게임업, 비영리법인(학교/문화단체), 관광업(호텔/콘도 등), 건설업 등

■■■ 주거래기업
현대백화점, 현대홈쇼핑, 한섬, 롯데쇼핑, 롯데호텔, 롯데물산, LG전자, HCN KB국민카드, 삼성카드, 신세계프로퍼티, CJ프레쉬웨이, 아라마크, 푸디스트, 현대자동차, 현대모비스, (주)코오롱그룹, 삼양사, SBS콘텐츠허브, 중앙일보, 한국경제신문, 연합뉴스, 네이쳐브릿지, 그린나래, 아워홈, BGF리테일 등

■■■ 지사 및 계열사
지사 : 남부지사(부산시 부전동)

■■■ 임직원 연락처
이원익 부사장 02-2276-0239 / 010-3203-3850
이재원 본부장 02-2276-0443 / 010-9039-6805
이기영 실장   02-2276-2717 / 010-3259-7335
유인범 실장   02-2276-0431 / 010-6345-2804
김연식 실장   02-2276-0448 / 010-7237-7372

■■■ 기업연혁
2003. 11 (주)동양이엠에스 설립
2003. 12 근로자파견사업 허가 취득
2004. 05 콜센터 위탁업무실시: 현대택배 등
2004. 07 상담직 파견사업 실시: 현대홈쇼핑 등
2005. 02 운전직업무위탁실시: 삼양사 등
2006~2021 중략
2022. 06 마이에듀 고객센터 운영사로 선정
2022. 07 현대코퍼레이션 인재파견사로 선정
2022. 09 캠코CS 고객센터 인재파견사로 선정
2022. 12 롯데백화점 본점&잠실몰 통합서비스 운영사로 선정
2023. 01 MBC문화방송 인재파견사로 선정
2023. 03 롯데백화점 광주점 주차운영사로 선정
2023. 09 신세계 스타필드 수원점 지원업무 운영사로 선정
2024. 03 롯데백화점 수원점 타임빌라스 푸드코트 홀서빙 운영사로 선정
2024. 07 롯데백화점 본점,전주점,대전점,대구점 POS운영사로선정
2024. 10 CJ프레쉬웨이 삼성병원 암병동 조리원 운영사로 선정
2025. 01 롯데백화점 대구점 POS운영사로 선정
2025. 01 이도 평택호 예당호 휴게소 미화 운영사로 선정
2025. 09 현대백화점 틸화이트 카페 운영사로 선정
2025. 10 사조그룹 푸디스트 조리원 인재파견사로 섬정
2025. 01 롯데백화점 대구점 POS운영사로 선정
2025. 01 이도 평택호 예당호 휴게소 미화 운영사로 선정
2025. 09 현대백화점 틸화이트 카페 운영사로 선정
2025. 10 사조그룹 푸디스트 조리원 인재파견사로 선정

■■■ 대표자 프로필
이름 : 전대길
학력 : 용산고등학교졸업(1967)
        경기대 경영학과 졸업(1979), 연세대 경영대학원 수료(1981)
경력 : 현재 (주)동양이엠에스설립 & 대표이사(2003~현재), 수필가,
       국제PEN한국본부 이사
수상 경력외 : 고용노동부인증 근로자파견 우수기업 수상(2010) 외 다수
저서, 강의활동 : 「회장님 시계바꿔 찹시다」 발간(1995),
                「그럴수도 그러려니 그럴겠지」 발간(2018)
                「국거차바야축골마」 발간(2022)
                「전대길CEO의 생각주머니」 발간(2023)
                「아~ 그렇구나」 발간(2024)
                국방대학원 출강(예비역 장성 대상 제2의 인생준비 특강)
자격사항 : 경총 노무관리사(1기)
경영철학 : 고객을 즐겁고 기쁘고 편안하게 하는 기업, 고객과 신바람나게 일하는 기업, 고객과 함께 성공하는 기업

■■■ 회사 및 서비스소개
고객센터 분야 : 금융,홈쇼핑,인터넷쇼핑,택배 등
- 고객센터 최적화 구축 컨설팅
- 직무별 최적 상담원 및 관리자 지원 서비스
- 단순 상담기능을 넘어 Profit 센터 역할수행 지원
- SLA에 의한 고객서비스 지원
- 신속하고 정확하고 친절한 고객상담(인바운드/아웃바운드)

유통분야 : 캐셔(POS),안내,근거리배송 등 지원서비스
- 체계적인 서비스 목표관리
- 전문 인력을 통한 철저한 SLA지표관리
- 정기적인 평가를 통한 서비스 지속적 보완 및 개선 실시
- 성과보상을 통한 신바람나는 일터 구축

운전분야 : 차량관리실 운영
- 정기적인 교육과 업무협의를 통한 무사고 운전 및 수준있는 서비스 지원
- 풍부한 경험과 리더십을 겸비한 현장관리자를 통한 서비스
- 각종 낭비제거 활동을 통한 최적화된 차량관리실 운영
- 외국인 임원 수행가능한 영어사용 가능운전자 지원

캐터링분야 : 조리업무 지원
- 신바람나는 일터를 통한 근로자 자발적 동기부여 최대화
- 신속한 인재제공을 통한 고객사 만족 극대화
- 신뢰를 바탕으로 하는 노사문화 구축

인력파견 분야 : 사무지원, 비서, 운전 상담서비스 등
- 자체 채용사이트 운영을 통한 각 직무별 인재DB구축
- 학교와 지자체 등을 통한 오프라인 인재지원 시스템 확보
- 고객사가 원하는 인재 1주일 이내에 지원
- 업무시작 후 적응 1달간 집중관리 : 고충상담, OJT 등
- 입사전 사전 기본 교육 실시 : 직장생활의 기본예절과 태도

(주)디앤에이치피플

www.dnhpeople.co.kr

대표	이상수
전화	02-995-1375
팩스	02-995-1380
이메일	dhp0927@dnhpeople.co.kr

■■■ 회사주소
서울특별시 강북구 한천로 1071, 4층(수유동, 태양빌딩)

■■■ 설립 및 자본금
설립년도 : 2015년
자본금 : 1억원

■■■ 매출실적
2025년(예상) : 55억원

■■■ 종업원현황
전체직원 : 150명

■■■ 아웃소싱 서비스
유통매장관리, 물류센터관리, 판매판촉관리, 건물종합관리, 고객CS센터운영, 근로자 파견업 등 기타 HR아웃소싱

■■■ 주 거래 기업
킴스클럽, 제주경제통상진흥원, 야놀자 에프앤지, 호시자키한국, 윈드모빌리티 등 다수

■■■ 지사 및 계열사
지사 : 동남부지사

■■■ 임직원 연락처
대표이사 : 02-995-1375
운영실장 : 02-995-1375

■■■ 기업연혁
2015. 08. (주)디앤에이치피플 법인설립
2016. 01. 유통사업부 발족 및 사업개시
2017. 06. 물류사업부 발족 및 사업개시
2019. 05. 건물위생관리업 신고
2019. 12. 동남부지사 개설
2020. 07. (주)나이스디앤비 주관 아웃소싱 인력공급 기술부문 우수기업 인증
2020. 12. 2020년도 E고객사 최우수 협력업체 선정
2021. 03. 파견사업부 발족 및 사업개시

■■■ 대표자 프로필
이름 : 이상수
경력 : 현 (주)디앤에이치피플 대표이사
경영철학(경영방침) : "정직, 신뢰, 고객만족 최우선"

■■■ 회사 및 서비스 소개
디앤에이치피플은 국내 최고의 아웃소싱서비스 전문기업이라는 사명감을 갖고 2015년 창립하여 "정직, 신뢰, 고객만족 최우선"이라는 경영방침 아래 최고의 비즈니스 파트너가 되기 위해 끊임없이 노력하고 있습니다.
각 분야 전문가들로 구성돼 있는 임직원들의 실무경험과 지식을 바탕으로 유통매장관리, 물류관리, 판매 판촉, 건물 종합관리(시설관리·경비·청소), 신규매장 오픈컨설팅 등 각각의 사업 분야에서 고객의 다양한 요구를 충족시켜 나가고 있습니다.
최근 국내·외 경제환경은 급격하게 변화하고 있습니다.
이러한 시대적 요청에 대처하고 부응하기 위해 디앤에이치피플은 인적자원 운영에 보다 합리적이고 혁신적인 방법을 모색하는 기업들의 경쟁력확보를 최우선으로 하는 아웃소싱 기업으로서 항상 최고의 서비스를 제공하고 있습니다.
디앤에이치피플은 "보다 높은 차원에서 보다 깊은 지혜와 보다 굳은 각오"로서 고객을 위한 차별화된 서비스로 고객 앞에 한발 더 다가갈 계획입니다.
항상 사람이 중심이 되어 정직함을 최우선적으로 생각하는 기업이 되겠습니다.

(주)맨토스파워
www.mantoss.com

대표	최영은
전화	02-335-3330
팩스	02-335-1131
이메일	ceo@mantoss.com

■■■ 회사주소
서울시 마포구 월드컵로16길 3, 맨토스빌딩 (서교동)

■■■ 설립 및 자본금
설립년 : 2006년
자본금 : 5억원

■■■ 매출실적
2024년 : 550억원
2025년(예상) : 700억원

■■■ 종업원현황
총원 : 2,200명 / 관리 : 50명 / 파견 : 300명 / 도급 : 1,850명

■■■ 아웃소싱 서비스
업무위탁 : 판매, 중간관리, 물류, 콜센터, 생산, 캐터링, 시설관리, 행사진행, 재고조사, 개점진열 외
기 타 : 근로자파견, 헤드헌팅, 채용대행, 페이롤서비스 외

■■■ 주 거래 업종
유통(백화점, 할인점, 로드샵 등) / 물류(3PL, 택배), 생산 / 호텔, 식음 / 금융(은행, 보험, 카드 등) / 건설, 건축, 공공기관, 방송국, 대기업, 외국계기업 등

■■■ 주 거래 기업
암웨이, 에이치코리아, 남영비비안, 농협유통, 뉴발란스, 다이소, 모나미, 신성통상, 오리온, 웰크론, 이랜드그룹, 조선호텔, 종근당, 좋은사람들, 태평양산업, 하나은행, 한국전력, 한국GM, 한솔섬유, 한진그룹, 한화그룹, 현대라이프, 홈앤쇼핑, 흥국생명화재, CJ대한통운, LH공사, NH농협캐피탈, 쿠팡, 이투스교육 외

■■■ 지사 및 계열사
지 사 : 부산, 대구, 대전, 광주, 성남지사
계열사 : (주)맨토스엘, (주)엠로지스, (주)엠플러스파워, (주)엔퍼스트대부

■■■ 임직원 연락처
김동민 본부장
강경록 본부장
고창훈 본부장

■■■ 기업연혁
2006. 12 (주)맨토스파워 법인 설립 (인재파견사업 허가)
2009. 08 '인천세계도시축전' 행사운영업체 선정
2010. 09 이랜드그룹 창립30주년 기념 우수협력사 선정
2015. 05 서교동 사옥 입주
       09 '2015 아웃소싱서비스 고객만족' 대상(유통·물류)
           Main BIZ 인증
2014~2016 HR서비스산업협회 '클린사업자' 인증(2회, 3회)
2016. 12 고용노동부 고용서비스 우수기관 선정
2017. 03 한국경영자총협회 HR서비스 우수기업 선정
2018. 03 제52회 납세자의 날 국세청장상 수상
       08 (주)나이스디앤비 우수신용기업 인증
2021. 11 (주)한진 우수협력업체 선정
2022. 05 ISO45001 인증 획득
2024. 03 제58회 납세자의날 기획재정부장관상 수상
2009~2024 대한민국 100대 아웃소싱 기업 선정

■■■ 대표자 프로필
이름 : 최영은
학력 : 한양대 및 한양대학교 대학원 졸업
경력 : (주)진로 인사팀장(1997)/(주)남영비비안 인사담당임원(2005)
     현)강원인재개발교육원 비상임이사
     현)마포구 세정협의회 위원
     현)마포구 경찰발전위원회 위원
     현)한양대학교 총 동문회 이사
     현)사회공헌협회 고문
경영방침 : 사람존중, 고객존중, 사회존중

■■■ 회사 및 서비스 소개
(주)맨토스파워는 2006년 05월, 업계 최초로 판매/판촉 분야의 아웃소싱 업체로 설립돼 근로자와 사용자 모두가 win-win하는 파트너십을 도모하자는 비전을 근간으로 경영이념인 사람존중·고객존중·사회존중 실현을 위해 전 임직원이 노력하고 있습니다.
2015년에는 서교동에 지상 5층 지하 1층 규모의 사옥을 마련하여 쾌적한 근무환경과 최신의 교육 시설을 제공해 근로자 복지에도 최선을 다하고 있습니다.
또한 그동안의 아웃소싱 노하우를 바탕으로 '메인비즈' 인증, 고용노동부 '고용서비스 우수기관' 인증, 경총 'HR서비스 우수기업' 선정, 철저한 경영관리를 바탕으로 납세자의 날 '국세청장상' 수상 및 국내 최고 신용평가기관인 나이스디앤비로부터 '우수신용기업' 인증을 받았습니다.
이 모든 기반을 바탕으로 이제 맨토스는 일반 아웃소싱으로만 범위를 두는게 아닌 TOTAL아웃소싱(아웃소싱, 인재파견, 중간관리, 헤드헌팅, 교육컨설팅, 재고조사 등)을 할 수 있는 기업으로 진화했습니다. 앞으로도 양질의 서비스를 최대한 제공하는 기업으로 거듭나겠습니다.

(주)맨파워코리아
www.manpower.co.kr

대 표	김옥진
전 화	02-6677-9900
팩 스	02-2051-9901

■■■ 회사주소
서울시 강남구 테헤란로 409, 동신빌딩 3층, 7층, 8층, 9층, 10층, 11층, 15층

■■■ 설립 및 자본금
설립년 : 1999년
자본금 : 21억원

■■■ 매출실적
2024년 : 4,409억원
2025년(예상) : 4,500억원

■■■ 종업원현황
총원 : 8,300명 / 관리 : 300명 / 파견 : 2,600명 / 도급 : 5,400명

■■■ 아웃소싱 서비스
인재파견, 아웃소싱, Business Process Outsourcing, 헤드헌팅, 인재관리·교육, 전직지원, HR컨설팅 등

■■■ 주 거래 업종
생산/제조, 물류/택배, 유통/판매/판촉, 호텔/레저, 공항/항공, F&B, 사무도급, 청소/위생, 경비/보안, 시설관리(FM), 금융, 정보통신, 서비스 외 다수

■■■ 주 거래 기업
Apple, Google, 삼성전자, LG전자, LG에너지솔루션, 현대글로비스, 대한항공, CJ대한통운, 롯데글로벌로지스, 아모레퍼시픽, LG생활건강, 한국P&G, BMW코리아, SK네트웍스, 파르나스호텔, 농심, 풀무원, 오리온, 유한킴벌리, DHL서플라이체인, 넥센타이어 외 다수

■■■ 지사 및 계열사
본 사 : 서울
지 사 : 수원, 이천, 대전, 당진, 광주, 전주, 부산, 창원, 대구
관계사 : 브레인커머스, 잡플래닛, 터닝포인트HR

■■■ 임직원 연락처
아웃소싱사업 본부장 : 윤상조 전무 010-4628-6122
인재파견사업 본부장 : 김연경 전무 02-6677-9507
헤드헌팅사업 본부장 : 윤동현 전무 02-6420-0355
전략영업 본부장 : 김기태 전무 02-6420-0352

■■■ 기업연혁
1999. (주)맨파워코리아 합작법인 설립
2008. 고용노동부 인증 근로자 파견 우수기업 선정
2012. 대한민국 아웃소싱서비스 생산/제조부문 고객만족 대상
2014. 대한민국 아웃소싱서비스 물류센터운영부분 고객만족 대상
2016. 교육부장관 인증 우수근로장학기관 선정
2016. 고용노동부 민간고용서비스 자율시정 우수기업 인증
2021. ISO 9001(품질), ISO 14001(환경), ISO 45001(안전보건) 인증
2023. 한국HR산업협회 산업선도 부문 대상
2025. 한국HR산업협회 근로자보호 클린기업 4회 선정
      대한민국 아웃소싱서비스 안전보건경영 고객만족 대상
      한국HR산업협회 HR서비스 기업 대상

■■■ 대표자 프로필
이름 : 김옥진
학력 : 연세대졸, 일리노이 주립대학 MBA
경력 : 서울미라마(유) 그랜드하얏트서울 대표이사·사장
       삼표그룹 대표이사·사장
       애큐온 파이낸스그룹 대표이사 및 이사회 의장
       GE 파워시스템코리아 대표이사
경영이념 : 신뢰와 투명성, 지속가능한 성장, 일과 사람의 조화, 사회적 가치 실현

■■■ 회사 및 서비스 소개
맨파워코리아는 글로벌 HR 선도기업 ManpowerGroup의 한국 공식 파트너로서, 27년 간 현장에서 채용과 운영의 해법을 제시해 온 현장 중심 HR 전문기업이다. 인재파견, 아웃소싱, 헤드헌팅, 인재관리, 전직지원 등 통합 HR 솔루션을 제공하며, 생산, 제조, 물류, 유통 등 대규모 인력이 필요한 산업에서 강점을 지닌다.
최근에는 자동화 시스템 기반의 '워크포스 협의체'를 도입해 데이터 중심의 생산성과 효율성을 높이며 HR서비스 혁신을 이끌고 있다.
2021년에는 안전보건관리본부를 신설해 중대재해 대응체계를 향상시키고, 정기 및 특별 점검을 도입해 선제적 리스크 관리 시스템을 구축했다. 또한 ISO 9001·14001·45001 등 국제표준 인증을 통해 품질·환경·안전경영 체계를 심화했고, 준법경영부의 설립으로 내부 투명성과 윤리경영을 강화하고 법적 리스크 대응 체계를 고도화했다.
현재 전국 10여 개 거점에서 약 900개 고객사와 8,300명의 인재를 운영하며, '한국HR서비스기업 대상', '안전보건경영 고객만족대상', '근로자보호 클린기업' 등 다수의 수상을 통해 서비스 품질과 신뢰도를 입증해왔다.
맨파워코리아는 열린 마음(Open-minded), 공정과 상식(Fair & Common Sense), 혁신(Innovation)의 가치를 바탕으로 사람과 산업의 동반 성장을 지속적으로 이어가고 있다.

(주)모스트인
www.mostin.co.kr

대표	주충은
전화	02-540-4068
팩스	02-6925-5659
이메일	ce.joo@mostin.co.kr

■■■ 회사주소
서울특별시 금천구 가산동 범안로 1130 디지털엠파이어빌딩 510-511호

■■■ 설립 및 자본금
설립년 : 2013년
자본금 : 3억원

■■■ 매출실적
2024년 : 305억원
2025년(예상) : 310억원

■■■ 종업원현황
총원 : 약 1,600명

■■■ 아웃소싱 서비스
영업관리(Hy프로영업, 영업지원, 교육/채용, 고정사원운영, 행사), 유통매장관리(계산원, 매장보조, 북파트너, 판매사원, 캐셔), 물류관리(물류하역, 피킹, 검수, 배송, 운반, 재고관리 제반업무), 판매/판촉관리(제품판촉, 경쟁사 분석, Sales분석 외), 시설관리 (시설, 주차, 보안, 경비, 미화, 안내업무 등), 생산제조(각 공정 및 라인 도급 운영), 아웃플레이스먼트, HR컨설팅, 단기행사, 채용대행, IT개발 및 운영, CS/콜센타운영, e-Biz, 취업포탈

■■■ 주 거래 업종
유통/물류, 판매/판촉, 생산/제조업, 건물관리, 의료/실버산업, 호텔 및 콘도, 정보통신(IT/인터넷), 기타 서비스업

■■■ 주 거래 기업
오비맥주, 피르노리카코리아, 쿠팡, 쿠팡로지스틱스서비스, 롯데글로벌로지스, 하이브, 제일엠엔에스, 꼬망스, 뉴코아아울렛, 비타민뱅크, 투비소프트, 트윈워즈, 영실업, 티켓링크, 버버리 코리아, 와인나라, 우리와인, 에이비씨마트, 인터크루, 이랜드리테일, 한국GM, 동국제강, 덕일스틸, 청수식품, 나루지엠에스, 핫앤핫, 아남전자, 한화갤러리아, 카파, NC백화점, SK텔레콤, SK컴즈, SK플래닛, 마켓컬리, 슈슈앤크라, 포커스미디어코리아, 한국석유공사, 부가부코리아 등

■■■ 지사 및 계열사
지점 및 지사 : 부산지사, 대전지사, 광주지사, 창원지사

■■■ 임직원 연락처
이원석 본부장 010-4612-8068
길광종 본부장 010-9543-1138

■■■ 기업연혁
2013. 05 (주)모스트인 법인설립
       06 근로자 파견사업 허가(노동부) 취득
       09 한국 HR서비스 산업협회 회원가입
2018. 04 2018년 대한민국 100대아웃소싱기업 선정
2019. 04 2019년 대한민국 100대아웃소싱기업 선정
2019. 09 2019년 대한민국 아웃소싱서비스 고객만족 대상
           (유통/판매/판촉 부문)
2020. 04 2020년 대한민국 100대아웃소싱기업 선정
2021. 09 대한민국 아웃소싱 서비스 고객만족 대상
           (유통/판매/판촉 부문)
2023. 04 2023년 대한민국 100대 아웃소싱기업 선정
       04 관광숙박업(한옥호텔숙박업)허가 취득
       08 화물자동차운송주선사업 허가 취득
       09 대한민국 아웃소싱서비스 고객만족 대상(물류센터운영 부문)
2024. 04 2024년 대한민국 100대 아웃소싱기업 선정

■■■ 대표자 프로필
이름 : 주충은
학력 : 미시간 주립대학 박사학위 취득
경력 : (現)모스트인 대표이사
       SK커뮤니케이션즈 인재개발원장

■■■ 회사 및 서비스 소개
모스트인은 다양한 고객사에 HR컨설팅 및 인적 아웃소싱 서비스를 제공해 오고 있는 HR전문 기업으로 '가장 필요한 곳에 최고의 서비스를 제공한다'는 Motto 아래, 정교한 실행력(Execution)과 열정(Passion), 전문성(Professionalism)을 핵심가치로 하는 회사이다.

모스트인은 2013년 설립을 시작으로 유통매장관리(계산원, 매장보조, 북파트너, 판매사원 外) / 물류관리(물류하역, 피킹, 검수, 배송, 운반 外) / 판매·판촉관리(제품판촉, 경쟁사 분석, Sales 결과 Report 및 분석 外) / 건물종합관리(미화, 주차, 보안, 안내 外) / 콜센터(인·아웃바운드, 리서치 및 모니터링 外) / 생산관리(각 공정 및 라인 도급운영 外) / 호텔 및 레저(프론트, 객실, 미화, 피트니스, 연회 外) 등 다양한 사업분야에서 성공적인 결과를 만들어 내었을 뿐만 아니라 모바일, 인터넷, 컨텐츠, 콜센타 등의 IT 전문영역으로 서비스를 확대하고 있다.

특히, 단순히 인력을 뽑아 배치하는 것이 아니라 고객사의 가치 창출이라는 아웃소싱 본연의 사명에 더욱 집중하고, 다양한 업무 노하우를 통해 고객사와 함께 동반 성장하는 기업이다.

(주)스카우트
www.scout.co.kr

대표	지세근
전화	02-2188-6755
팩스	02-555-2853
이메일	sh_lee@scout.co.kr

■■■ 회사주소
서울시 강남구 언주로431 삼봉빌딩 3,4,5,8층

■■■ 설립 및 자본금
설립년 : 1990년
자본금 : 6억원

■■■ 매출실적
2025년(예상) : 421억원

■■■ 종업원현황
총원 : 1,017명 (본사: 71명 / 지점: 80명 / 도급: 866명)

■■■ 아웃소싱 서비스
생산 / 물류 / 통합관리운영 / 유통 / 판매촉진 / 컨텍센터 / 근로자파견 등

■■■ 주 거래 업종
- AI 인재매칭 서비스
  (www.scout.co.kr을 통해 AI를 통한 직무중심 인재매칭 서비스 제공)
- 헤드헌팅
  (국내기업, 외국계기업 등에 고급인재 리쿠르팅 서비스)
- HR컨설팅
  (채용, 인사조직, HRD 컨설팅, NCS 컨설팅 등)
- 취업지원
  (국민취업지원제도, 청년일자리도약장려금, 대체인력뱅크, 아웃플레이스먼트 등)
- 아웃소싱
  (생산/물류/호텔&리조트/유통/판매판촉/컨텍센터/근로자파견 등)

■■■ 주 거래 기업
삼성전자, 삼성전기, 삼성물산, 삼성전자로지텍, 삼성SDI, 삼성전자판매, 삼성바이오로직스, 한국인삼공사, BGF라테일, 도레임첨단소재, SG생활안전, 웅진케미칼, 신세계푸드, 농심, 한진, BAT코리아, 스미후루코리아, 호텔신라, 반얀트리호텔, 호텔롯데, 한화리조트, 파라다이스, 네이버, 쉥커코리아, 한국민속촌, 밀레코리아, 샤프도앤코코리아, 게이트고메코리아

■■■ 지사 및 계열사
지사 : 서울본사 外 수원/대전/천안/부산/대구/광주/원주/청주
계열사 : 페이버스, 스카우트에이치알, 스카우트이엠에스, 파인테크, 위링크글로벌, 엘리트코리아, 플랫포머스

■■■ 임직원 연락처
02-2188-6755 / sh_lee@scout.co.kr

■■■ 기업연혁
- 1998. www.scout.co.kr 오픈
- 2007. ISO 9001 인증 획득
  삼성그룹 컨텍센터 운영
- 2010. 고용서비스 우수기관 인증
- 2011. KOICA 취업지원시스템 구축
  국방부 아웃플레이스먼트 사업 운영
- 2012. KOICA 취업정보센터 운영
- 2013. 국가보훈처 제대군인센터 운영
- 2014. LG그룹 컨텍센터 운영
- 2015. 산업인력공단 "NCS 채용시스템 컨설팅 전문기관" 선정
- 2016. 고용노동부 "대체인력채용서비스" 민간위탁기관 선정
- 2017. 고용노동부 "취업성공패키지" 민간위탁기관 선정
- 2019. 여주시 "일자리센터" 민간위탁기관 선정
- 2020. 고용노동부 "청년디지털일자리" 민간위탁기관 선정
  고용노동부 민간위탁 고용서비스기관 인증
- 2021. 고용노동부 "국민취업지원제도" 민간위탁기관 선정
- 2022. 고용노동부 "일경험" 민간위탁기관 선정
  행정안전부 "2022년 일자리창출 유공" 국무총리상 수상
- 2023. 중소벤처기업진흥공단 "구직자 컨설팅" 사업 운영
  노사발전재단 "재취업지원서비스 기업컨설팅" 사업 운영
- 2024. 행정안전부 "2024년자리창출" 대통령 표창 수상

■■■ 대표자 프로필
이름 : 지세근
학력 : 서울디지털대 경영학 졸업
경력 : 삼성전자 회장 비서실 인사팀 차장
  삼성전자 경력컨설팅센터 상무(전문임원)
  대한빙상연맹 부회장
  삼성전자 자문위원
  스카우트 대표이사, 페이버스 그룹 사장
경영방침 : 개척정신 / 적극정신 / 창조정신

■■■ 회사 및 서비스 소개
스카우트는 대한민국 인재뱅크로서 온라인 기반의 리크루팅 서비스를 중심으로 헤드헌팅, HR컨설팅, 채용대행, 커리어매니지먼트, 아웃플레이스먼트 등 다양한 오프라인 서비스와의 연계 사업을 통해 수익을 창출하는 대한민국 대표 HR 전문기업입니다.
1998년 설립 이후, 스카우트는 국내 e-리크루팅의 새로운 초을 연 선두 기업으로서 자체 개발한 HR 솔루션과 다년간 축적된 전문 노하우, 그리고 방대한 고급 인재 DB를 기반으로 고객의 요구에 부합하는 맞춤형·고품질 인재서비스를 지속적으로 제공해 오고 있습니다. 개인에게는 자신의 적성 분석과 진로 설정, 취업활동, 경력관리, 전·이직 지원 등 사회생활 전반에서 실질적으로 도움이 되는 커리어 솔루션을 제공하며, 기업에게는 급변하는 경영 환경 속에서 우수 인재를 확보하고 조직의 경쟁력을 강화할 수 있도록 체계적인 인사·채용 전략을 지원하고 있습니다. 스카우트는 끊임없는 변화와 혁신을 통해 기업과 인재가 함께 성장하는 인재 생태계 구축을 목표로 하고 있으며, 고객 중심의 서비스 철학과 전문성을 바탕으로 공공 및 민간 부문에서 다양한 HR 프로젝트를 성공적으로 수행해왔습니다. 21세기는 꿈꾸는 자와 도전하는 자가 미래를 창조하는 시대입니다. 스카우트는 그러한 변화의 중심에서 여러분의 꿈과 도전을 실현하는 최상의 HR 파트너로서 믿음과 신뢰를 바탕으로 함께 성장해 나가겠습니다. 감사합니다.

(주)스탭솔루션
www.staffsolution.co.kr

대표	임광주
전화	02-552-5360
팩스	02-555-6776
이메일	kjlim@staffsolution.co.kr

■ 회사 주소
서울시 강남구 테헤란로 34길 21-4 301호 (역삼동)

■ 설립 및 자본금
설립년 : 1998년
자본금 : 2억원

■ 매출실적
2024년 : 141억원
2025년(예상) : 143억원

■ 종업원현황
총원 : 451명 / 관리 : 11명 / 파견 : 115명 / 도급 : 325명

■ 아웃소싱 서비스
인재파견, 도급(생산, 물류, 유통, 사무, 운전, 청소, 경비, 전산)
헤드헌팅 & 채용대행, 급여대행

■ 주 거래 업종
물류, 유통, 면세점, 자동차, 전기전자, 반도체, 외국계회사

■ 주 거래 기업
롯데그룹(롯데지주, 롯데쇼핑, 롯데홈쇼핑, 롯데면세점 등)
효성그룹(효성TNS, NHCMS, 더클래스효성 등),
SK그룹(SK인켈릭스 등)
한화그룹(한화NXMD 등)
GS그룹(자이에스앤디, GS건설 등)
이수그룹(이수화학, 이수시스템 등)
외국계회사(BASF Korea, Rhom Korea, Sony Korea 등)

■ 지사 및 계열사
지 사 : 수원
계열사 : (주)S솔루션(헤드헌팅), (주)C&B솔루션(급여대행)

■ 임직원 연락처
심연희 부장(02-552-5910)

■ 기업연혁
1998. 05 (주)솔루션 Temporary 사업부 설립
2000. 02 (주)스탭솔루션 설립 및 NIKE, ORACLE, GE, LEGO등
         외국계회사중심의 아웃소싱업무 시작
2002. 02 수원지사설립 및 아주대병원 아웃소싱업무 시작
2003. 02 면세점 물류랩부 아웃소싱 업무 시작
2008.   아웃소싱서비스 최우수상 수상
2009.   롯데홈쇼핑 우수협력업체 선정
2010.   아웃소싱서비스 고객만족대상(인력파견부문) 수상
2011.   아웃소싱 리딩컴퍼니 수상
2017.   아웃소싱100대업 8년연속 수상
2023.   효성그룹 우수협력업체 선정
2025.   HR서비스 대상(선도부문) 수상(HR산업협회)

■ 대표자 프로필
이름 : 임광주
학력 : 연세대 법학과 졸업 및 동대학원 법학과 졸업
경력 : 대우중공업 경영개선본부
효성그룹 전략본부 경영기획실
효성그룹 기획조정실 인사팀장
소니코리아 본부장
HR서비스산업협회 감사
서울상공회의소 강남구 상공회 부회장
연세대학교 총동창회 부회장(벤처기업담당)
국가행정고시/기술고시/외무고시/공무원 7,8,9급 면접위원
경영방침 : 고객의 니즈에 부합하는 맞춤식 인력공급으로 고객사
         생산성 극대화 및 지속적인 혁신 추구

■ 회사 및 서비스 소개
당사는 회사 설립후 현재에 이르기까지 업계의 최고브랜드로 평가받고 있습니다. 당사는 각 고객사별 사업내용과 인재상에 부합하는 맞춤식 인력공급으로 좋은 평가를 받고 있으며 고객사의 인력운영의 효율성과 생산성 극대화에 많은 기여를 하고 있습니다. 그리하여 당사는 아웃소싱서비스 고객만족대상을 수상한 바있고 꾸준하게 국내 아웃소싱 100대기업에 선정되어 우수한 국내 아웃소싱회사로 평가 받고 있습니다. 당사는 향후에도 지속적으로 혁신을 추구하여 고객사와 함께 새로운 성공모델을 창조해나가며 고객사의 경영성과 증진에 절대적으로 기여할 것입니다.

(주)스탭포유
www.staff4u.co.kr

대표	이정영
전화	02-2263-5454
팩스	02-2263-7083
이메일	webmaster@staff4u.co.kr

■ 회사주소
서울시 중구 필동로32 낙원빌딩 2F

■ 설립 및 자본금
설립년 : 2001년
자본금 : 1억원

■ 매출실적
2025년(예상) : 170억원

■ 종업원현황
총원 : 640명 / 관리 : 20명 / 파견 : 320명 / 도급 : 300명

■ 아웃소싱 서비스
근로자파견, 제조도급, 판매도급, 콜센터도급, 전산도급, 채용대행, 헤드헌팅, 위생용역 등

■ 주 거래 업종
전자, 금융, 전자상거래, 홈쇼핑, 전산, 패션, 언론, 대학, 공기업 등

■ 주 거래 기업
신일전자, 코스모앤컴퍼니, 위니아전자, 쿠쿠전자, 쿠첸, 위니아딤채, 오텍캐리어, 코웨이, 롯데하이마트, 롯데쇼핑e커머스, 롯데홈쇼핑, 롯데JTB, 한국GM, 월로펌프, 한국무역정보통신, 디에스지엔, 샤넬, 서울신문사 국민일보, 한국전자기술연구원, 아주대학병원, 서울신용평가정보, 경동나비앤, 한국우편산업진흥원, 한국섬유산업연합회, LF푸드, 군인공제회C&C, 대한기계설비건설협회 나인스파크성남, 프레시지, 한국초저온, 롯데백화점, 스피드랙 등

■ 지사 및 계열사
지사 : 부산지사, 김해사무소, 부천사무소

■ 임직원 연락처
백창수 상무 010-9135-0945

■ 기업연혁
2001. 12 법인설립. 근로자파견사업 허가 취득
2002. 01 LG카드(주) 콜센터 파견개시
　　　 12 서울신문사 파견개시
2003. 01 (주)하이마트 콜센터 파견개시
2004. 10 롯데쇼핑e커머스 콜센터 도급업무 개시
2006. 06 한국GM 제조도급 개시
2008. 08 코웨이 판매도급 개시
2010. 12 한국전자기술연구원 파견 개시
2011. 04 WILO펌프 제조도급 개시
2012. 02 동부대우전자 판매도급계약 체결
2013. 12 롯데홈쇼핑(주) 파견개시
2015. 04 쿠쿠전자 판매도급개시
　　　 11 코리아세븐 파견개시, 쿠첸 판매도급개시
2016. 08 대유위니아 판매 도급 개시
2017. 07 오텍캐리어 판매도급개시
2021. 02 대한기계설비건설협회 콜센터 도급 개시
2022. 11 프레시지 제조도급 개시
2023. 03 한국초저온 물류도급 개시
　　　 04 롯데백화점 파견 개시
2024. 06 신일전자 판매도급 개시
　　　 09 코스모앤컴퍼니 판매도급 개시
2025. 09 스피드랙 물류도급 개시

■ 대표자 프로필
이름 : 이정영
학력 : 대성고등학교 / 고려대학교졸업
경력 : 대우전자정책조사팀부장
　　　 대우그룹구조조정본부재무팀부장
　　　 SPR 컨설팅부문담당이사

■ 회사 및 서비스 소개
(주)스탭포유는 2001년 12월 설립 이후 LG카드, 대우캐피탈 등 금융회사 콜센터에 대한 텔레마케터 파견을 시작으로 현재는 사무, 판매, 안내, 전산, 제조, 운전직 등 다양한 직종에 인재를 파견하고 있다.
또한 위니아대우, 코웨이, DELL, 샤넬 등 유수기업에 대한 판매, 정보기기 및 패션분야의 판매도급과 한국GM, 위니아대우, 월로펌프 등 글로벌기업에 대한 자동차 및 전자분야의 제조도급 서비스를 제공하고 있다.
스탭포유는 오랜 기간동안 자체시스템에 의해 축척된 인력DB와 광범위한 인적 네트워크를 바탕으로 전문인력에 대한 헤드헌팅과 채용대행 서비스를 제공하고 있는 아웃소싱 전문기업이다.
풍부한 경험과 열정을 지닌 잡매니져들이 고객사의 Needs에 부응할 수 있는 유능한 인재를 신속하게 확보하고 지속적인 교육과 관리를 통하여 고객사에 최고의 만족을 드리도록 노력하고 있다.

스탭플러스(주)
www.insidejob.co.kr

대표	이윤정
전화	02-591-4363
팩스	02-591-4360
이메일	inside@insidejob.co.kr

▌▌▌ 회사주소
서울특별시 서초구 서초대로 243, 4층 (서초동, 서현빌딩)

▌▌▌ 설립 및 자본금
설립년 : 200?년
자본금 : 1억원

▌▌▌ 매출실적
2025년(예상) 비공개

▌▌▌ 종업원현황
총원 : 615명 / 관리 : 8명 / 도급 : 607명

▌▌▌ 아웃소싱 서비스
유통판매, 판촉, 화장품판매대행, 병원의료, IT, 건물시설관리, 기업(산업)교육컨설팅, 채용대행, 헤드헌팅 등

▌▌▌ 주 거래 업종
유통, 판매, 백화점, 할인점, 패션, F&B, 서비스, 그룹사, 대기업, 중견기업, 중소기업, 공공기관 등

▌▌▌ 주 거래 기업
[Part-면서, 운통운영]
네이처리퍼블릭, 토니모리, 루루글로벌, 파티온, 그리에이트, 리아진코스메틱, 뷰티시그널, 씨엠케이, 라비오뜨, 아시아비엔씨, 잇츠스킨, 코스모앤컴퍼니, 우리아이들플러스, 지우무역, 바라뷰티, 와이즈미디어커머스, 이데아약품 등

▌▌▌ 지사 및 계열사
(주)인사이드잡 / (주)인사이드디에프

▌▌▌ 임직원 연락처
대표이사	이윤정	02-591-4366
운영과장	최예슬	02-591-4364

▌▌▌ 기업연혁
- 2007. (주)아이엠아이링크 설립(도소매, 아웃소싱서비스)
- 2008. 대항병원 위탁운영계약 체결
- 2010. 강남 'D'빌딩 시설관리 계약체결
- 2011. 유통/판매분야 전문, 네이처리퍼블릭/토니모리 판매위탁운영계약 체결
- 2012. 더샘 위탁운영 계약체결
- 2013. 스탭플러스(주)로 법인명 변경
- 2015. 프라이머리로우/그리에이트 위탁운영 계약체결
- 2016. 모테코리아/디올/이노펙글로벌 위탁운영 계약체결
- 2017. 라비오뜨/제로투세븐/제이씨코리아 등 6개 업체 위탁운영 계약체결
- 2018. 세원ITC, 베디베로, 리아진코스메틱등 5개업체 위탁운영 계약체결, 하이서울브랜드기업 인증
- 2019. 불스원, 정우인터내셔널, 프롬바이오등 4개업체 위탁운영 계약체결
- 2020. 셀로니아 위탁운영 계약체결
- 2021. 중.장기 프로젝트 사업추진[일자리 R&D 개발 구축 마련 기획]
- 2022. 아시아비앤씨 등 2개 업체 위탁운영 계약체결
- 2023. 와이어트, 루루화장품, 윙(닥터쥬크르, 닥터지, 리쥬란, 셀퓨전씨) 등 업체 위탁운영 계약체결
- 2024. 코스모앤컴퍼니, 위드로브컴퍼니, 핑크원더, 비알메드, 티엘앤코, 홍천엠엔티, 비다벨로 등 업체 위탁운영
- 2025. 우리아이들플러스, 지우무역, 바라뷰티, 와이즈미디어커머스, 와이즈플래닛컴퍼니, 이데아약품, 코리아뷰티인터내셔널 계약체결

▌▌▌ 대표자 프로필
- 이름 : 이윤정
- 학력 : 서울산업대학교 졸업/ 고려대학교 노동대학원 최고경영자과정/ 하버드경영대학원 수료
- 경력 : LG CNS(공공사업부)
  ㈜닉스테크(S/W 영업본부)
  ㈜인사이드잡(HR사업본부)
  2019 : 아웃소싱 전문가(최고경영자 부문)선정
  2025 : 아웃소싱타임스 2025대한민국 고객만족대상(최고경영자 부문) 선정
  한서대 취업특강 출강
  유튜브채널 '커리언니[취업가이드]' 운영중
- 경영방침 : 인재제일/최고지향/고객존중

▌▌▌ 회사 및 서비스 소개
'고객이 원하기 전에 먼저 원하는 것을 찾아라'
스탭플러스(주)가 생각하는 최고의 고객존중은 고객이 원하는 것을 즉시 실천하는 것이라 생각합니다. 인재제일, 최고지향, 고객존중의 경영철학을 기반으로 고객이 원하기 전에 직접 가슴으로 느끼고 직접 몸으로 뛰어서 고객이 원하는 바를 즉시 실천하는 것입니다.
19주년을 맞이하는 스탭플러스(주)는 새로운 도약을 위해 매진하며 현장중심의 밀착운영으로 아웃소싱서비스의 주된 유통/판매,판촉에 집중하고 항상 고객이 원하기 전에 원하는 것을 미리 분석,파악하여 상생협력 체계로 WIN-WIN 해나갈 것을 약속 드리며 함께 새로운 가치를 창출할 수 있도록 거듭 성장해 나가겠습니다.

(주)아람인테크
www.aramjob.co.kr

대표	이서윤
전화	02-552-1919
팩스	02-588-1909
이메일	aram@aramjob.co.kr

■■■ 회사주소
서울시 강남구 논현로 416 운기빌딩 7층

■■■ 설립 및 자본금
설립년 : 2002년
자본금 : 2억원

■■■ 매출실적
2024년 : 989억원
2025년(예상) : 1,010억원

■■■ 종업원현황
총원 : 4,000명 / 관리 : 40명 / 파견 : 1,800명 / 도급 2,160명

■■■ 아웃소싱 서비스
도급, 파견, 위탁운영

■■■ 주 거래 업종
판매, 판촉행사, 케터링, 생산, 시설관리, 경비, 미화, 물류사무, 비서, 운전, 안내고객콜센터, 호텔, 이벤트, 채용대행

■■■ 주 거래 기업
대한항공씨엔디서비스, 하림, 풀무원푸드앤컬쳐, 아라마크, 신한카드, 엔에스쇼핑, 포스코이엔씨, SPC그룹, 탐앤탐스, 커피빈코리아, 스타벅스, 동원홈푸드, 바이킹스 외 다수

■■■ 지사 및 계열사
(주)아람인코리아

■■■ 임직원 연락처
이서윤 대표 010-9341-1949

■■■ 기업연혁
- 2002. 06 아람인테크 설립
- 07 근로자파견사업 허가
- 2006. 01 HR 아웃소싱 리딩컴퍼니 선정
- 09 대한민국 100대 아웃소싱기업 선정
- 12 대한민국 고객만족경영대상 수상
- 2009. 08 근로자파견 우수기업 인증 (노동부선정)
- 09 한국 인재파견기업 best15 선정
- 2011. 01 2011년 대한민국 유망기업 선정
- 2012. 06 대한민국 HR서비스 10대 대표기업 선정
- 09 대한민국 아웃소싱 서비스 콜센터부문 고객만족대상 대상 선정
- 2015. 06 근로자보호 클린기업 인증 (한국HR서비스산업협회)
- 2018. 09 대한민국 품질경영대상 수상
- 한국브랜드선호도 평가 1위 선정
- 2022. 09 대한민국 아웃소싱서비스 고객만족대상 수상
- 2025. 07 한국의 최고경영대상 수상
- 09 한국경제를 빛낸 인물&경영 수상

■■■ 대표자 프로필
이름 : 이서윤
학력 : 연세대 경영대학원 졸업 (석사 학위) / 서울대 국제대학원 최고경영자 과정 / 서강대 경제대학원 OLP 과정
경력 : 삼성생명 보험심사부 실장 / GL Korea 마케팅 이사 / 現 (주)아람인테크 대표이사 / 現 (주)서원에이치엔씨 대표이사 / 아웃소싱전문가 최고경영자 인증 / 한국HR서비스산업협회 부회장 / 경기 범죄예방센터 위원 / 연세대학교 경영전문대학원 MBA총동창회 회장

■■■ 회사 및 서비스 소개
2002년 설립된 종합 아웃소싱 기업 (주)아람인테크는, 기업에게는 분야별로 전문성을 갖춘 인재들을, 일자리를 원하는 이들에게는 능력을 발휘할 수 있는 기회를 제공함으로써, 고객사와 인재 사이에 교두보 역할을 수행해 왔습니다. 현재 아웃소싱본부, HR사업본부, 이벤트사업본부, 경영지원본부로 조직 구성을 전문화함과 동시에 각 본부들이 주기적으로 유연하게 업무를 처리하도록 솔루션과 시스템을 갖추었으며 부산 / 대구 / 대전 / 광주 등 4개 지사를 운영하고 있습니다.
사업 분야는 도급(판매, 판촉행사, 케터링, 생산, 시설관리, 경비, 미화, 물류)과 인재파견(사무, IT, 안내, 비서, 운전 등), 위탁운영(고객센터, 호텔), HR컨설팅, 채용대행 등으로 각 분야별 인재들이 전문성을 발휘하며 'Total Outsourcing HR Service'를 제공하고 있습니다.
'고객과 함께 성장한다'는 방침 아래 철저한 고객중심의 경영을 펼치며, 착실히 내실과 외실을 다져온 (주)아람인테크는 현재 약 300여명의 인재들이 재직하는 종합 아웃소싱 기업으로 성장하였습니다.
2020년 530억, 2021년 550억, 2022년 600억, 2025년 1,000억원의 매출을 기록하며 초고속 성장을 거듭하였을 뿐만 아니라 노동부로부터 '근로자파견 우수기업'으로 인증을 받아 업계내의 입지를 공고히 다지고 있습니다.

(주)아리오
www.ario.co.kr

대표	이인희
전화	02-2033-8400
팩스	02-2033-8499
이메일	ysm@ario.co.kr

■■■ 회사주소
서울시 마포구 큰리재로 15 제일빌딩 5층

■■■ 설립 및 자본금
설립년 : 1971년
자본금 : 2억원

■■■ 매출실적
2025년(예상) : 50억원

■■■ 종업원현황
총원 : 2,000명

■■■ 아웃소싱 서비스
매장도급, 판매사원 업무위탁, 팝업 위탁 운영, 헤드헌팅, 채용대행, 매장 모니터링, 슈퍼바이징

■■■ 주 거래 업종
패션, F&B, 뷰티, 판매

■■■ 주 거래 기업
신성통상, 아이언패션, 아가방, 아이디룩, 비케이브, 인디텍스, 폴로랄프로렌, 조군샵, 글든듀, 할리스에프앤비, 엠플레이그라운드, 톰포드, 타사키 등

■■■ 지사 및 계열사
지사 : 부산지역
계열사 : 아리오씨오에스

■■■ 임직원 연락처
윤성민 이사 02-2033-8224
문요일 팀장 02-2033-8407

■■■ 기업연혁
1974. 08 국내 최초 '월간입사' 취업정보전문지 발행
1984. 10 문화공보부 장관표창 (잡지계 발전 기여)
1996. 06 제1회 동경유학생을 위한 JOB FAIR 실시
         (삼성, 현대, 코오롱, LG외 9개사 참가)
2005. 06 판매전문아웃소싱 (주)GO&GO 설립
2008. 03 (주)아리오아웃소싱으로 사명 변경
2010. 04 남녀고용평등우수기업으로 선정
       12 고용서비스우수기관으로 선정
2013. 01 재고관리 사업 전개
         매장도급, 매장경영컨설팅 RS팀 신설
2015. 01 패션경영아카데미 사업 전개
2018. 01 온라인 판매 대행 사업 시작
2019.   스마트스토어 개설 운영
2020.   아리오 COS 창업
2021.   대한민국 아웃소싱 100대 기업 선정
         고용노동부 워라밸 캠페인 참여 인증
         경기도 일자리 재단 인력 양성 협약
         서울시 청년일자리사업 협약기업

■■■ 대표자 프로필
이름 : 이인희
학력 : 경희대학교 외국어학부 졸업
경력 : 아리오JSC 해외사업 기획부
       아리오피앤드씨 헤드헌팅 사업부
경영방침 : '코소싱'이 기업 경영의 패러다임으로 발전할 수 있도록 기여한다.

■■■ 회사 및 서비스 소개
ARIO는 고객사의 건실한 경영 파트너로서 분야별 전문성을 확보하여 서비스 부가가치를 높이는 코소싱(CO-SOURCING) 기업입니다.
패션 리테일 코소싱의 경우 자체 아카데미 운영으로 인력 양성을 하여 배치, 평가하는 툴을 운영하고 있습니다. 단순한 인력 투입이 아니라 매출 활성화를 위한 슈퍼바이징, 온라인 홍보 관리도 함께 서비스합니다.
아리오는 단순한 비용절감을 위한 아웃소싱이 아니라 고객사의 가치를 높이는 코소싱(CO-SOURCING) 서비스를 추구하는 회사입니다.

(주)알에스이알
www.rser.co.kr

대 표	최영철
전 화	02-6953-3702
팩 스	02-2067-3016
이메일	cyc0795@nate.com

■■■ 회사주소
서울시 금천구 가산디지털1로 145 에이스하이엔드타워3차 206호

■■■ 설립 및 자본금
설립년 : 2016년
자본금 : 1억원

■■■ 매출실적
2025년(예상) : 80억원

■■■ 종업원현황
총원 : 285명

■■■ 아웃소싱 서비스
근로자 파견 / 업무 도급 및 위탁/채용대행/ 건물위생관리 및 소독/HR 컨설팅

■■■ 주 거래 기업
서울시 교육청 산하 초·중·고등학교, 풀무원 푸드머스, 통신, 금융, 행사, 물류센터업체
서울 경기 충청권 요양원, 아명 에프비씨, 메나테크 코리아 외 다수

■■■ 지사 및 계열사
지사/계열사 지사 : 대구 이룸지점

■■■ 임직원 연락처
최영철 대표 02-6953-3702

■■■ 기업연혁
2016. 01 (주)알에스이알 설립
2017. 02 초 중 고 급식도우미 사업개시
2018. 05 대구지사 개설
2019. 06 근로자파견사업 허가 취득
2020. 02 100개교 도급계약 달성
     07 풀무원 푸드머스 조리사 채용 계약
2021. 05 [요양원 50여개] 급식 종사원 계약 완료
     11 건물위생관리업 및 소독업 신고
2023. 05 총 100여곳의 학교 및 기업과 근로자파견, 업무도급 채용대행 거래 중

■■■ 대표자 프로필
이름 : 최영철
경력 : (주)알에스이알 대표이사
경영방침 : "人 존중을 바탕으로 한 창조적인 人 육성과 고객만족 경영"

■■■ 회사 및 서비스 소개
알에스이알은 기업의 역량을 핵심분야에 집중할수 있도록 비핵심분야에 아웃소싱을 통한 기업가치 향상을 위해 양질의 서비스를 제공하고 있습니다.
알에스이알만이 가지고 있는 차별화된 클라이언트 관리기술을 도입하여 기업의 가치 및 이미지 제고를 위한 지속적이고 정기적인 프로모션은 물론 인력관리에 맞는 글로벌한 선진관리 시스템을 통해 한층 업그레이드된 서비스를 제공코자 다각화에 심혈을 기울여 나가고 있습니다.
기존 일반 용역회사들이 수행해온 단순한 인력공급의 용역업무가 아니라, 고객사에서 필요로하는 인력을 채용시스템에 따라 모집하고 전문스탭들에 의한 체계화한 프로그램으로 교육시킨 맞춤형 인력을 제공함으로써, 근무효율을 극대화하고 비효율적인 인력의 과다한 군견비를 줄여 고객사 수익증대에 직접적인 기여를 하고 있는 종합인재 서비스 전문업체입니다.
알에스이알은 우수하고 차별화한 HR Solution을 제시함으로써 아웃소싱서비스의 새로운 지평을 열어가는 전문기업이 되겠습니다.

(주)애드민
www.admin4u.co.kr

대표	정성문
전화	02-2203-6472
팩스	02-6737-6701
이메일	cmlee@admin4u.co.kr

■■■ 회사주소
서울 송파구 올림픽로 98 성진빌딩 5층

■■■ 설립 및 자본금
설립년 : 2000년
자본금 : 6.5억

■■■ 매출실적
2024년 : 1,200억원
2025년(예상) : 1,330억원

■■■ 종업원현황
총원 : 3,020명 / 관리 : 70명 / 파견 : 440명 / 도급 : 2,510명

■■■ 아웃소싱 서비스
(일반·전문의약품, 화장품, 건강기능식품)생산·제조 도급운영 / (냉장, 냉동, 상온 3PL)물류센터 도급운영 및 창고관리 / 호텔 및 건물종합관리 / 인재파견, 채용대행 / 컨택센터 운영 / (판매, 판촉, 캐셔)매장관리 / 건물 소독 및 방역(해충구제, 코로나19)

■■■ 주 거래 업종
화장품, 의약품, 건강보조식품외 제조, 생산(충진 / 포장) / 물류센터 운영 및 창고관리 / 종합건물관리, 호텔리조트운영 / 은행, 카드, 금융, IT, 게임, 반도체, 전자, 유통, 통신, 식음, 식품 등

■■■ 주 거래 기업
한국콜마, HK이노엔, 콜마비앤에이치, 제때, 빙그레, 오뚜기물류서비스, SPC, 바닐코리아, 사조대림, 제뉴원사이언스, 아모제, 우리은행, 현대카드, 현대캐피탈, 대한건설협회, 건화엔지니어링, 동성엔지니어링, 한국종합기술, 브로드밴드TS, LG헬로비전, 코리아세븐, 서울보증보험, NICE평가정보, 한국평가데이터, 동탄시티병원 외 다수

■■■ 지사 및 계열사
지사 : 인천, 춘천, 남양주, 천안, 세종1·2지사, 제천, 음성, 대소, 오송, 정읍, 대구, 밀양, 부산
계열사 : (주)이에스앤뉴, (주)제이에스앤케어, (주)정성코스메틱, (주)정성시스템즈, (주)북두시스템, (주)정성이노베이션

■■■ 임직원 연락처
김찬형 영업본부장   070-8708-5319
이창무 마케팅전략팀장   070-8708-5316

■■■ 기업연혁
2000. (주)애드민 설립
2002. 근로자파견사업 / 유료직업소개업 허가
2005. 경비업 허가, 위생관리용역업 신고
2011. (주)애드민SNS설립
2012. 소독업 허가
2018. (주)북두시스템, (주)정성코스메틱, (주)정성시스템즈 설립
2019. (주)정성이노베이션 설립
2020. (주)제이에스엔케어 설립
2021. HK이노엔 경비, 미화 도급계약 체결
      SK넥실리스 생산·물류 도급계약 체결
2022. HK이노엔 일반, 전문의약품 생산 도급계약 체결
2023. HK이노엔 수액생산 및 충전, 포장, 검수 도급계약 체결,
      아모제(인천공항-F&B) 도급계약 체결, 동탄시티병원 건물종합관리 도급계약 체결
2024. 진이어스 미화 도급계약 체결
      석오빌딩 건물종합관리 도급계약 체결
      오뚜기물류서비스(주) 물류 도급계약 체결

■■■ 대표자 프로필
이름 : 정성문
학력 : 1988.02 동국대학교 행정학과 졸업
경력 : 1988-2000 삼호물산(주)경영지원본부 총무인사팀장
      2001.01 (주)애드민 이사
      2010.06 (주)애드민 외 자회사 대표이사 역임중
      서울대학교 법과대학 노사관계 최고 지도자 과정 수료
      서울대학교 의과대학 CEO 정책과정 수료
경영방침 : 信賴(신뢰)와 革新(혁신)

■■■ 회사 및 서비스 소개
애드민은 지난 2000년 창립이래 인적자원 관리분야 아웃소싱 사업에 매진하여 풍부한 경험과 새로운 Know-How를 축적하여 왔습니다.
우리 회사의 슬로건은 信賴(신뢰)와 革新(혁신) 입니다. 아웃소싱의 기본은 신뢰입니다. 고객과의 신뢰, 조직내의 구성원들 간의 신뢰가 모든 일의 바탕이 되어야 합니다.
또한 급변하는 경영환경은 기업이든 개인이든 지금의 현실에 만족하고 안주하는 것을 허용하지 않습니다. 혁신이 필요한 이유입니다.
이제 애드민은 갈수록 어려워지는 경영환경 속에서 고객과 애드민 가족들의 발전을 위해 신뢰를 바탕으로 日新又日新해 나가겠습니다.

에스씨케이(주)
www.sck.or.kr

대표	이남수
전화	02-3288-3693
팩스	02-2248-7693

■■■ 회사주소
서울시 성동구 아차산로11길 18, 6층 608호

■■■ 설립 및 자본금
설립년 : 2004년
자본금 : 5억원

■■■ 매출실적
2024년 : 595억원
2025년(예정) : 560억원

■■■ 종업원현황
총원 : 2,000명 / 관리스텝 : 35명

■■■ 아웃소싱 서비스
업무위탁·도급, 유통 판매·판촉, 건물종합관리, 근로자파견, 외식사업지원, 고객관리서비스, 생산/물류 도급, 헤드헌팅 등

■■■ 주 거래 업종
대기업, 중견기업, 외국계기업, 중소기업 등

■■■ 주 거래 기업
쿠첸, 롯데주류, GS칼텍스, 코웨이, 한진택배, LS전선, 동화약품, 세스코, 롯데글로벌로지스, CJ대한통운 외

■■■ 지사 및 계열사
서울 본사/중부지사/영남지사/호남지사

■■■ 임직원 연락처
서정민 부장 02-3288-3692

■■■ 기업연혁
- 2004. SCK(주) 법인설립/ E-Mart 안양점 미화, 주차 위탁
- 2005. 대림성모병원 미화 위탁
- 2006. 대덕프라자 시설관리 위탁
- 2008. 성북교육청 미화 위탁
- 2010. (주)부산방직 생산직 업무 위탁/ (주)이월드 판매 업무 위탁/ (주)롯데주류 판매사원 업무 위탁
- 2012. E 마트 안양점 시설 미화 주차 안내 위탁/ (주)원지 경비 업무 위탁
- 2013. (주)LS전선 동해공장 경비/미화 위탁/ (주)필립스코리아 판매사원 업무 위탁/ 동부택배 대전센터 물류업무 위탁/ 동화약품 경비/미화 위탁
- 2015. 엘루우택배 이천센터 물류업무 위탁/ (주)코웨이 판매사원 업무 위탁
- 2018. 한진택배 양산, 서부산, 동부산, 남부산 물류 도급위탁/롯데주류 청주공장 생산직 업무 위탁/쿠첸쿠킹클래스 매장관리 업무 위탁/오스템 시설관리 업무 위탁
- 2019. 롯데주류 BG 판매 업무, 삼성엔지니어링 미화 업무, 코웨이 판매 업무, LS전선 동해공장 물류 출하 업무, 한진택배 울산, 포항 터미널 업무위탁계약 체결
- 2020. 롯데주류 강릉공장 경비·미화업무, 농협물류 물류 업무, 대한통운 체인·원삼 물류 업무, 오스템임플란트 보안·미화 업무 위탁계약 체결, MQ로지스틱스 시설관리업무 위탁계약 체결
- 2021. 롯데슈퍼 물류업무 위탁계약 체결, 코스알엑스 서브조 업무 위탁계약 체결, 세스코 산업체 VBC서비스 업무 위탁계약 체결
- 2022. 신세계푸드 식당 급식서비스 위탁계약 체결, 지평각걸리 생산도급 위탁계약 체결, CJ프레쉬원 (대구, 부산센터) 물류업무 위탁계약 체결,페럼인프라 시설관리업무 위탁계약 체결, SCP(파리바게뜨) 부산물류센터 물류업무 위탁계약 체결
- 2024. 롯데택배 인천권역 집배센터/한진택배 서울 성수터미널/ CJ대한통운 호남권역 터미널 위탁계약 체결
- 2025. 코웨이 하이마트/전자랜드 업무위탁
  한진택배 진주터미널 업무위탁

■■■ 대표자 프로필
- 이름 : 이남수
- 학력 : 충남대학교(계산통계학) 졸업
- 경력 : 前) 삼성물산 정보시스템팀 과장/ 前) 삼성SDS 교육사업팀 상무이사/ 現) 정보통신진흥원, TOPCIT(Test of Practical Competency in IT) 자문위원/ 現) 한양대학교, 단기인재개발원 자문위원/ 現) 국내 주요 연수원장 모임인 CLO(Chief Learning Officer) 위원/ 現) 에스씨케이(주) 대표이사

■■■ 회사 및 서비스 소개
대한민국 최고의 아웃소싱서비스 기업을 지향하는 SCK는 고객만족과 고객성장을 최우선으로 하는 기업으로 '고객감동 경영으로 고객과 함께 성장해 가는 기업'을 추구하고 있다.
SCK는 건축물종합관리 서비스를 시작으로 출발해 판매촉측, 유통물류, 생산도급 등 주요 아웃소싱 서비스에서부터 인재파견, 채용대행, 헤드헌팅 서비스까지 일과 업무와 관련된 종합 아웃소싱 서비스를 제공하고 있다.
SCK의 강점은 먼저 풍부하고 다양한 아웃소싱서비스 경험을 보유한 회사라는 점이다. 2004년 설립이후 발전을 거듭해 현재 60개 이상의 고객사에 안정적인 서비스로 고객만족을 실현해 오고 있으며, 고객사의 신뢰가 높은 것으로 정평이 나있다.
이와함께 전국관리가 가능하도록 네트웍을 구축해 서비스를 제공하는 회사라는 점도 강점이다. 현재 전국에 3개 지사 및 5개 출장소를 직영으로 운영함으로써 전국 어떤 현장일지라도 즉각적인 대응이 가능하다.
인사 및 노무관련 해결능력이 탁월하다는 점도 인정받고 있다. 자체 인사전문가는 물론 동화노무법인, 상상법무법인, 이원세무법인 등 전문분야별 자문법인을 파트너사로 두고 문제 예방관리와 해법 제공에 충실하고 있다.

(주)엔젤스태프
www.angelstaff.co.kr

대표	박재균
전화	1833-2204
팩스	02-6949-6340
이메일	center@angelstaff.co.kr

▮▮▮ 회사주소
서울시 강남구 논현로 608, 2F

▮▮▮ 설립 및 자본금
설립년 : 2007년
자본금 : 10억원

▮▮▮ 매출실적
2024년 : 1,12?억 4,784만원
2025년(예상) : 1,350억원

▮▮▮ 종업원현황
총원: 3510명

▮▮▮ 아웃소싱 서비스
병원아웃소싱(의료지원, 원무, 콜센터, 시설관리 등) / 전문간병서비스 / 호텔, FM 아웃소싱 / 홈케어서비스 / 일반사업지원 등

▮▮▮ 주 거래 업종
병원, 호텔, 인력파견, 도급 / 시설관리 / 주차, 보안, 미화 / 헤드헌팅 / 사무인력 파견

▮▮▮ 주 거래 기업
세브란스병원(신촌/강남/용인/원주), 분당서울대병원, 서울성모병원, 국제성모병원, 강릉아산병원, 아주대병원, 강동성심병원, 일산백병원, 이대서울병원, 가천대길병원, 건국대병원, 순천향대병원, 은평성모병원, 부천성모병원, 인천성모병원, 강남성심병원, 상계백병원, 강동경희대병원, 경희의료원, 여의도성모병원, 아주대병원, 동탄성심병원, 춘천성심병원, 성남시트병원, 인하대병원, 롯데호텔, L7명동호텔, 콘래드호텔, 나인트리호텔, 시그니엘 레지던스, 해운대LCT, 삼성증권, 우리은행, 롯데렌탈, 신한금융투자, IBK캐피탈, 나이스신용평가 등

▮▮▮ 지사 및 계열사
부산, 대구, 인천/경기 지사

▮▮▮ 기업연혁
- 2007. 주식회사 엔젤스태프 설립
- 2015. 분당서울대병원 / 롯데호텔 업무위탁 ISO9001, ISO18001 인증
- 2016. 아주대병원 / 국제성모병원 근로자파견
- 2017. 시그니엘 / 드래곤시티 업무위탁
- 2018. 원주세브란스병원 / 건국대병원 / 서남병원 근로자파견
- 2019. 이대서울병원 / 가천대길병원 / 순천향대병원 일산차병원 근로자파견 / 은평성모병원 업무위탁
- 2020. 일산백병원 / 해운대LCT 업무위탁
- 2021. 한림대 강남성심, 한강성심병원, 상계백병원 근로자파견
- 2022. 세브란스병원(신촌,강남,용인), 강동경희대병원 근로자파견 / 강릉아산병원 업무위탁
- 2023. 서울성모병원, 인하대병원, 경희의료원 업무위탁 / 중앙대광명병원, 분당차병원 근로자파견
- 2024. 아주대병원, 동탄성심병원, 춘천성심병원 근로자파견

▮▮▮ 대표자 프로필
이름 : 박재균
학력 : 명덕외국어고등학교
   연세대학교 경영학과
   사법연수원
수상실적 : 고용노동부장관 표창
   한국아웃소싱리딩컴퍼니
   가천대길병원, 강동경희대병원, 분당서울대병원, 인하대병원, 국제성모병원, 서남병원, 부천성모병원 공로감사패 수상

▮▮▮ 회사 및 서비스 소개
엔젤스태프는 진보하는 보건/복지/의료/주거 분야의 다양한 생활, 사업지원 서비스를 발굴하여 안전한 의료환경과 쾌적한 주거문화를 만들어 나가는 기업입니다.

엔젤스태프가 어려운 시장환경과 치열한 경쟁에서 Medical Outsoucing NO1 Brand로 성장할 수 있었던 것은 우리의 서비스로 고객의 가치경영이 가능하다는 믿음과 확신 때문입니다.

일반 의료지원 영역을 넘어 호스피스 완화의료도우미 사업최초 시행, 혁신적인 환자이송 모바일 프로그램 개발 등 의료지원 아웃소싱의 차별적 서비스 인프라를 구축하였습니다.

또한 각광받고 있는 최고급 주거공간에 최적화된 생활지원 서비스 개발하였고, 호텔 및 리조트 객실정비, 미화, 시설, 보안 분야에서 국내 최고의 서비스로 인정받고 있으며, 생산, 유통물류, 판매/판촉, 콜센터 등 종합 서비스 기업으로 거듭나고 있습니다.

고객감동과 직원안전을 위해 언제나 최선을 다하며, 새로운 서비스로 늘 앞서갈 것을 약속합니다.

(주)엠비모스트
www.mbmost.com

대표	천효규
전화	051-811-1241
팩스	051-811-1244
이메일	mbm0174@mbmost.com

■■■ 회사주소
부산광역시 부산진구 중앙대로 775번길 5 삼정기업빌딩 13층

■■■ 설립 및 자본금
설립년 : 2005년
자본금 : 3억원

■■■ 매출실적
2025년(예상) : 135억원

■■■ 종업원현황
총원 : 569명 (관리:12명 / 도급:451명 / 파견:106명)

■■■ 아웃소싱 서비스
유통/물류센터 생산/제조 업무위탁, 파견, 채용대행, 시설관리, 호텔운영, 콜센터

■■■ 주 거래 업종
유통, 정보통신, 제조, 서비스, 공공기간, 금융, 호텔, 테마파크 등

■■■ 주 거래 기업
TBH코리아(베이직하우스), 패션그룹형지, 삼원ACT, 디알엑시온, 창신INC, 송도해상케이블카, 매일정기, 부산시설관리공단, 우리마트, 아트몰링, 삼약약품, 한국생산기술연구원, 수자원공단, 동화엔텍, 헴펠코리아, 부산정보산업진흥원, 부산고용복지플러스센터, 에스콰이어

■■■ 임직원 연락처
김민정 총괄이사   051-811-1241
박상민 운영팀장   051-811-1243

■■■ 기업연혁
- 1990. 08 (주)모스트 설립
- 2002. 08 베이직하우스 물류센터 계약 체결
- 2005. 05 (주)엠비모스트 상호변경
- 2008. 01 삼원ACT 외 5개사 계약 체결
- 2013. 09 대한민국 100대 아웃소싱기업 선정
- 2014. 03 위생관리 용역업 신고
-      05 근로자 파견사업 허가
-      09 패션그룹 형지리테일 물류센터 계약 체결
- 2015. 09 대한민국 아웃소싱고객만족대상 물류센터운영부문 대상
- 2016. 07 시설경비업 허가
- 2017. 07 삼원약품 외 2개사 계약 체결
- 2019. 01 헴펠코리아 외 2개사 계약 체결
-      05 송도해상케이블카 계약 체결
- 2020. 01. 제일전기공단 외 3개사 계약 체결
-      06. 대전지사 설립 및 운영
- 2021. 01. 부산정보산업진흥원 외 2개사 계약 체결
-      04. 대한민국 100대 아웃소싱기업 선정
-      08. 부산·창원 고용복지플러스센터 계약 체결
- 2023. 09. ISO:9001 품질경영 인증, ISO:14001 환경경영 인증
-      10. ESG 경영 인증
- 2024. 10. ISO:45001안전 및 보건경영 인증

■■■ 대표자 프로필
이름 : 천효규
경력 : 한화(주)의약 사업부 팀장(前)
      ADECO 부산 지사장(前)
      MBM 부산 지사장(前)
      대한적십자사 상임의원(現)
      (주)엠비모스트 대표 이사(現)

■■■ 회사 및 서비스 소개
엠비모스트(manpower business most)는 인간의 무한한 가능성과 고객 기업의 경쟁력을 생각하며 인재를 소중히 여기는 기업을 만들고자 유통, 물류 전문 outsouring 회사를 설립하게 되었습니다.

최근 급변하는 경제 여건과 다변화, 전문화, 개방화 추세에 따라 생존을 위한 구조조정과 효율적인 경영을 위한 개혁을 위해 사고의 전환과 제도의 변화가 불가피하며 인사관리에 있어서도 새로운 고용 제도의 정착여부가 기업에 커다란 영향을 미칠 것으로 생각됩니다.

21세기 지식정보화 사회에서는 기업들도 변화하지 않으면 생존하기 어려운 시대의 요구에 환경적응은 물론 스스로 한발 앞선 변화를 주도해야만 합니다. 그 변화의 주요한 방향 중의 하나가 핵심역량을 강화하고 주변역량을 전문화하는 아웃소싱이 아닐까 합니다.

엠비모스트는 이러한 사회적 변화의 중심에서 기업과 가장의 전략적 파트너가 되고자 합니다.

또한 엠비모스트는 다양한 직무경험, 전문화된 인력, 최신의 관리시스템을 바탕으로 전문화된 아웃소싱업체로서 고객회사와 유기적인 연대를 통하여 축적된 기술을 바탕으로 사용자, 근로자 모두에게 최상의 Service와 관리System을 통한 고객 감동서비스를 제공할 줄 아는 파트너가 되도록 끊임없는 노력과 정성을 다하겠습니다.

(주)유니에스
www.unies.com

대표	이용훈
전화	1566-9797
팩스	02-553-3381
이메일	unies@unies.com

■ 회사주소
서울 강남구 논릉로 514 11층 (삼성동 성원빌딩)

■ 설립 및 자본금
설립년 : 1990년
자본금 : 15억원

■ 매출실적
2024년 : 5,200억원
2025년(예상) : 5,500억원

■ 종업원현황
총원: 15,500명/ 관리: 200명/ 파견: 3,300명/ 도급: 12,000명

■ 아웃소싱 서비스
인재파견, 고객센터위탁, 보안검색, 시설관리, 사무지원, 의료지원, 실버/요양사업, 유통물류지원, 생산물류, 호텔/리조트, 판매/판촉, 헤드헌팅/HR컨설팅, Payroll, 총무아웃소싱, 채용대행, 고용서비스

■ 주 거래 업종
공항, 금융, 홀금서비스, 특수경비, 유통물류, 판매, 방송언론, 생산 의료/실버, 토킬/콘도/레저, (정부/지자체)고용서비스업 등

■ 주 거래 기업
대한항공, 삼성, SK, LG, 현대, 한화, 현대기아차, 신한, 롯데, AIA 호텔신라, 신세계, SBS, KBS, MBC, CJ, KGC인삼공사, 한국암웨이, 삼성병원, 연세의료원, 경희대병원, 아주대병원, 건국대병원 등

■ 지사 및 계열사
지 사 : 강남, 수원, 광주, 제주, 대전, 대구, 부산
계열사 : 유니스텝스(주), (주)유니토스, (주)엠택, (주)유니에스시큐리티, (주)스타마크, 프로핸즈코리아(주), (주)프리젠트앤퓨처

■ 임직원 연락처
최상덕 부문장 : 02-6241-4982   현태봉 부문장 : 02-553-3375
유춘호 부문장 : 02-2656-5120   김수일 부문장 : 02-6241-3381
조성규 경영혁신추진실장 : 02-6011-1410

■ 기업연혁
1990. 09 ㈜유니에스 설립
2002. 08 ISO 9001 품질경영시스템 인증 획득
2008. 06 [공항서비스 평가 3연패 달성 공로 대통령상] 수상
2008. 07 노동부 근로자 파견 우수기업 인증 획득
2009. 03 [유니에스 콜센터 KS 인증] 획득
2009. 12 노동부 장관상 수상
2010. 07 유니에스 직무단위 인적성검사(UAT) 개발, 도입
2012. 03 기획재정부 장관상(모범납세자) 수상
2012. 11 [아웃소싱 우수기업] 선정, 지식경제부 장관상 수상
2013. 01 한국 서비스품질 우수기업(SQ) 인증 획득
2014. 09 근로자보호 클린기업 인증 획득
2015. 11 콜센터 최초 국가품질명장 배출
2016. 10 제대군인 고용우수기업 인증 획득
2019. 09 [평창동계올림픽 공로 국무총리상] 수상
2019. 12 산업통상자원부 장관상 수상
2020. 11 ISO 45001 안전보건경영시스템 인증 획득
2022. 11 ISO 14001 환경경영시스템 인증 획득
2023. 02 한국HR서비스산업대상 기업부문 대상, 공공고용지원부문 수상
2023. 05 콜센터부문 서비스품질지수(KSQI) 우수 BPO기업 선정
2023. 09 ISO 37001 부패방지경영시스템 인증 획득
2023. 09 자체 컨택센터 "UNIES SQUARE" 개소
2025. 01 대한민국 퍼스트브랜드 OS부문 13년 연속 대상 수상
2025. 09 [항공산업 고용 및 일자리 창출 공로 국토교통부] 장관상 수상

■ 대표자 프로필
이름 : 이용훈
학력 : 경희대졸, 연세대 최고경영자과정, 서강대 경제대학원
경력 : (사)한국HR서비스산업협회(구. 한국인재파견협회) 회장 역임
       아시아지역 인재서비스연맹회(ACIETT) 주관,
       대통령, 국무총리, 기획재정부·고용노동부 장관 표창
       한국아웃소싱서비스 대상, 신지식인·신한국인, 경찰청장 표창
경영방침 : 지속가능경영, 전문경영, 변화경영

■ 회사 및 서비스 소개
창립 36주년을 맞이하는 유니에스는 '책임경영'과 '전문성'이라는 변치 않는 가치로 대한민국 HR 서비스 산업의 역사를 써 내려가고 있습니다. 전국 7개 지사 네트워크와 15,500여 명의 전문 인력을 기반으로 400여 고객사에 최적화된 맞춤형 서비스를 제공하며, 자타가 공인하는 '대한민국 종합인재서비스 No.1'의 브랜드 파워를 입증하고 있습니다.

2026년 유니에스의 핵심은 '전문경영'과 '변화경영'을 통한 질적 도약입니다. 비효율을 걷어낸 시스템 기반의 현장 경영으로 서비스 품질을 고도화하는 한편, 국민취업지원제도 등 정부 핵심 위탁사업을 성공적으로 수행하며 공공 고용서비스 영역에서도 독보적인 입지를 구축하고 있습니다.

특히 ESG 경영을 기업문화로 정착시켜, ISO 환경, 안전보건 및 부패방지 경영시스템 인증을 획득하고 현장 중심의 안전 예방 관리를 대폭 강화하여 고객사의 리스크를 최소화하고 있습니다. 나아가 전사적인 디지털 트랜스포메이션을 가속화하여, 35년간 축적된 방대한 데이터와 AI 분석 기술을 업무 전반에 적용함으로써 차별화된 '완성형 명품 서비스'를 구현하고 있습니다. 유니에스는 이러한 혁신을 통해 고객사의 성장을 견인하는 비즈니스 파트너이자, 사회적 책임을 다하는 리딩 기업으로 미래를 선도해 나갈 것입니다.

(주)인사이드잡

www.insidejob.co.kr

대표	최윤석
전화	02-591-4363
팩스	02-591-4360
이메일	inside@insidejob.co.kr

■■■ 회사주소
서울특별시 서초구 반포대로23길 14 매강빌딩3층

■■■ 설립 및 자본금
설립년 : 2003년
자본금 : 5억원

■■■ 매출실적
2025년(예상) : 비공개

■■■ 종업원현황
총원 : 1,150명 / 관리 : 20명 / 파견 : 295명 / 도급 : 835명

■■■ 아웃소싱 서비스
근로자파견, HR아웃소싱(도급위탁 / 콜센터 / 유통 / 경비 / 미화 등), 채용대행, 헤드헌팅, 급여아웃플레이스먼트, 해외인력송출서비스 등

■■■ 주 거래 업종
금융, 유통, 정보통신, 서비스, 외국계기업, 공공기관 등

■■■ 주 거래 기업
[Part-면세,유통운영/시설관리/의료지원/스태핑서비스/정부지원기관 등]
서울보증보험, AJ그룹, 미래에셋금융, 필립모리스, LG에너지솔루션, 한화그룹계열, 하나투어, 빙그레, 카카오VX, 서울주택도시공사, 은평시설관리공단, 서울대병원, 코스모앤컴퍼니(샤크&닌자), 메디힐, 고운세상코스메틱, 자이글, 네이처리퍼블릭, 토니모리, 빙그레, 네이쳐쎌, 씨엠에스랩, 서울공예박물관, 한국에너지정보문화재단, 법제처, 숭의초등학교 등

■■■ 지사 및 계열사
남부지사 - 전남 여수시 엑스포대로 320-66 2F
충청 - 대전광역시 중구 문화동 1-13 기독교연합봉사회관3층
부산 / 수원 / 이천사무소
계열사 : (주)인사이드디에프 / 스탭플러스(주)

■■■ 임직원 연락처
인재혁신본부 총괄 박윤섭　　02-6205-4330
경영지원팀장 성소연　　　　02-591-4363

■■■ 기업연혁
2003. (주)인사이드잡 설립(근로자파견업허가/인터넷정보제공사업)
2004~2007 우리은행, LG텔레콤, 빙그레, 대한통운, 현대택배 외, 유통/물류/생산/의료분야 특화운영 및 지역네트워크 활성화
2008~2013 유통/판매분야 확대, 네이처리퍼블릭, 토니모리, CJ대한통운, 미래에셋생명, 신한카드, 시립미술관 등 신규계약
2014. 서울보증보험, 한진해운, 영등포구청 등 8개 업체 계약
2015. 근로자보호클린기업인증, SPC네트웍스 등 6개 업체 계약
2016. 민간고용자율서비스 자율시정 우수기업인증, 경영혁신형 중소기업선정, 보건복지부MOU체결
2017. 호텔더본제주 등 6개 업체 계약, HR우수기업인증획득
2018. AJ네트웍스 등 8개 업체 계약, 가족친화인증, 기업혁신대상, 국가경쟁력대상 서비스부문 최우수상, 하이서울브랜드기업 인증
2019. 셀리노, 한국냉동공조산업협회 등 9개 업체 계약, 중소기업청 중앙회장 표창, 일하기좋은 중소기업선정
2020. 동아제약, 해외개발, 아주캐피탈 등 7개 업체 계약체결
2021. 대한민국 아웃소싱서비스 품질경영 공공기관사업부 대상 수상/ 어촌어항공단, 서울문화재단 등 7개 공공기관과 업무진행, 뷰티피플인터내셔널, 대웅제약, 중견,중소병원 등 신규계약
2022. 환경보전협회 층간소음이웃사이콜센터(Full 완도급), LG하이케어솔루션 교육강사(전국)계약, 대웅경영개발원 시설관리부문 수주, 한국자산관리공사 기금콜센터 수주
2023. 쿠팡이츠, 한화계열 5개사, 필립모리스, 특허기술진흥원, 대전보훈병원, 한국특허기술진흥원, 한국냉동공조, LG D&O등 계약체결
2024. 디비비전, 코스모앤컴퍼니, 홍천엠엔티, 메디힐, 스킨디데아, 씨엠에스랩, 닥터지, 네이처쎌, 비다벨로, 자이글 등 계약체결
2025. 대한민국 아웃소싱서비스 고객만족대상 (경비.청소.시설관리 부문) 수상, 서울공예박물관, 한국에너지정보문화재단, 법제처, 숭의초등학교, 넥서스코프, 광진경찰서, 하이그라운드디자인, 그레이스 등 계약체결

■■■ 대표자 프로필
이름 : 최윤석
학력 : 숭실대학교 졸업/ 한양대학교 경영대학원 AMP
　　　연세대학교 최고경영자과정
경력 : 한국경제 '마케팅전략전문가과정'
　　　성신여자대학교 특강(주제: 비즈니스 커뮤니케이션)
　　　아웃소싱 전문가(최고경영자부문-現 30년간의 동종경력)
　　　2015년 · 2019년 중소기업청 주관 '중소기업중앙회장' 표창
　　　독거노인복지 사랑나눔의場 '보건복지부장관' 표창
　　　한국HR서비스산업협회 부회장 역임

■■■ 회사 및 서비스 소개
'우리는 인재를 살리고 기업을 꿈꾸게 한다'
2026년 창립 23년을 맞이하여 더욱 새로운 변화와 혁신을 통한 일류기업으로의 성장을 꿈꾸는 당사는 P(plan), D(doit), C(check), A(action) 정신으로 정확한 목표를 설정하고, 완벽한 업무실행을 하며 엄격한 자체 평가를 통해 신속한 업무 개선을 해 나가는 인사 운영을 제시합니다.
Total Outsourcing전문관리 운영기업으로 변환하는 인사제도에 따라 다양한 분야 및 직종을 통하여 맞춤 인재서비스 (근로자파견, 업무도급, 콜센터 위탁운영, 유통/판매 아웃소싱, 의료지원, 채용대행, 헤드헌팅, 교육서비스 등)를 Needs에 맞게 제공하며 구현하여 왔으며, 조국적인 네트워크를 구축하여 인재를 발굴, 추천하고 고객사의 성공적인 비즈니스를 최우선으로 생각하며, 최고의 품질 HR서비스를 통해 경쟁력 확보와 성공을 위해 최선을 다해 노력 하겠습니다.
"성공하는 사람과 기업만의 선택" 그 곳에 항상 인사이드잡 중심으로 서 있겠습니다.

(주)인터비즈시스템

www.interbiz.co.kr

대표	이동환
전화	02-799-7979
팩스	02-786-0075
이메일	dhlee@interbiz.co.kr

■■■ 회사주소
서울시 강서구 화곡로 416, 더 스카이밸리 5차 16층

■■■ 설립 및 자본금
설립년 : 1989년
자본금 : 15억원

■■■ 매출실적
2024년 : 740억원
2025년(예상) : 700억원

■■■ 종업원현황
총원 : 1,745명 / 관리 : 45명 / 파견 : 400명 / 도급 : 1,300명

■■■ 아웃소싱 서비스
R-biz 센터, 취업지원서비스, 인사/노무지원서비스, 채용대행, HR아웃소싱(업무지원서비스, 호텔, 공항, 병원 등), 판매판촉서비스, 물류지원서비스, 인재파견 등

■■■ 주 거래 업종
전자, 건설, 호텔, 공항, 항공, 병원, 금융, 유통, 물류, 방송, IT 등

■■■ 주 거래 기업
연세의료원, LG전자, 현대오토에버, 한국3M, 한섬, 하이프라자, 현대모비스, 쿠팡, LG화학, 르데호텔, 스위스포트코리아, 메리어트호텔, KH에너지 등

■■■ 지사 및 계열사
지　사 : 인천공항, 대전, 부산
계열사 : 아바 뮤니케이션 (통역, 번역, 출판)

■■■ 임직원 연락처
김재봉 사장 : 02-799-7916
도희철 상무 : 02-799-7929

■■■ 기업연혁
1989. 12　(주)인터비즈시스템 설립
1991. 05　IBM Korea와 국내최초 업무지원 아웃소싱계약
2000. 12　ISO 9001 인증 취득 (SGS ICS KOREA)
2002. 03　인천국제공항공사 운영부문 감사패
2007. 07　재정경제부 장관 부총리상 수상
　　　　　(국가재정정보시스템 개발과 운영)
2009. 09　아웃소싱서비스고객만족대상 (인사/업무지원)
2011. 10　한국일보 '대한민국 고객만족 기업' 선정
2013. 01　아웃소싱 업무지원부문 리딩컴퍼니선정
2015. 05　한국산업대상수상 창조경영부문(산업통상자원부)
2016. 01　대한민국 중소기업 대상 경영혁신부문
　　　　　(중소기업청장상)
2017. 07　인터비즈시스템 Re-Start 선포식
2018. 05　원격업무지원 시스템 특허증 취득
　　　06　R-biz 공개세미나 개최
2019. 12　창립30주년
2020. 05　재취업지원서비스 공개세미나 개최
2021. 01　인터비즈서비스 인수
　　　06　신사옥 이전
2022. 04　ISO 45001 인증 취득
2023. 02　고용노동부 장관상 일자리창출공헌 부문 우수기업 선정
　　　05　질병관리청장 검역의 날 표창장 수상
2024. 03　판매판촉부문 대전, 부산지사 설립
　　　10　홈페이지 리뉴얼
2025. 02　한국HR서비스 산업대상 HR서비스대상수상
　　　05　ESG인증
　　　10　고객감동경영대상 서비스부문 대상 수상

■■■ 대표자 프로필
이름 : 이동환
학력 : 중앙대학교 법과대학 법학과
경영방침 : 사람을 제일의 가치로 생각하는 기업

■■■ 회사 및 서비스 소개
(주)인터비즈시스템은 국내외 다양한 고객사와의 십수년간에 걸친 파트너십과 신뢰를 기반으로 선진 HR기법을 선도하여 업무지원, 항공, 호텔, 병원, 유통·물류 등 다양한 아웃소싱서비스를 제공하며, 당사만의 역량과 노하우를 갖추며 성장해 왔다. 비용절감, 업무 효율극대화, 노사안정 및 높은 만족도를 고객에게 제공하고 있으며, 전사적 자원관리시스템(ERP System)을 자체적으로 개발, 구축하여 사내외 업무 프로세스 및 문서를 표준화함으로써 업무처리 속도 향상 및 효율화를 시켰고 이를 통해 높은 품질의 서비스를 제공하는데 있어 최선을 다하고 있다.

(주)제니엘

www.zeniel.com

대표	박춘홍
전화	1588-1581
팩스	02-580-0104
이메일	zeniel@zeniel.co.kr

■■■ 회사주소
서울 서초구 효령로 402 제니엘빌딩

■■■ 설립 및 자본금
설립년 : 1996년
자본금 : 15.7억원

■■■ 매출실적
2023년 : 3,699억 3,100만원
2024년 : 3,716억 1,300만원
2025년(예상) : 4,116억 3,900만원

■■■ 종업원현황
총원 : 9,773명 / 관리 : 136명 / 도급 : 8,721명 / 파견 916명

■■■ 아웃소싱 서비스
컨택센터, 유통·물류, 생산·제조, 의료·실버, 인재파견, 헤드헌팅, BPR, 채용대행, 아웃플레이스먼트, 특송, 교육, 인사·노무 컨설팅, 고용노동부 취업지원사업 등

■■■ 주 거래 업종
금융, 공공기관·공사, 제조업, 의료·간병사업, 유통·판매, 물류, 호텔·콘도, 케이터링 등

■■■ 주 거래 기업
삼성전자, 신한은행, 국민은행, 대한항공, 나이키, 아모레퍼시픽, LG화학, 두산전자, 카카오, 신한카드, 롯데카드, 건강보험공단, 대한상공회의소, 르노삼성, 강남성심병원, 해운대백병원, 세방전지, 중앙대병원, BGF, 풀무원, 세라젬, KG모빌리티 등

■■■ 지사 및 계열사
(주)제니엘시스템, (주)제니엘휴먼, (주)제니엘이노베이션, (주)제니엘메디컬, (주)제니엘텍, (주)제니엘플러스, 제니엘푸른꿈일자리재단, 이노파크

■■■ 임직원 연락처
HR-Biz사업부 이용주 사업부장	010-4520-4024
컨택센터사업부 김태균 사업부장	010-6423-7897
영업지원실 유우리 사업부장	010-3080-2029
사업혁신실 심우석 사업부장	010-7134-1683

■■■ 기업연혁
1996. 01 (주)제니엘 설립
2001. 11 아웃소싱 업계 최초 ISO9001 인증획득
2002. 03 제34회 상공의날 동탑산업훈장 수훈
2008. 02 업계 최초 AS9100(항공우주분야) 인증 획득
     05 국내 최초 CSMS(컨택센터 경영) 인증획득
2009. 02 IMI 경영대상(전경련 국제경영원)
2010. 12 고용서비스 우수기관 인증(고용노동부)
2012. 01 고용창출 우수기업 선정(대통령 표창)
2013. 01 소비자가 뽑은 가장 신뢰하는 브랜드 대상 3연속 수상
     03 제40회 상공의날 은탑산업훈장 수훈
2015. 07 재단법인 제니엘푸른꿈일자리재단 설립
2016. 11 콜센터 운영 우수기업 표창(광주광역시)
2018. 09 의료특허 등록(환자이송장치)
2019. 03 대한민국서비스만족대상 경영서비스/업무관리솔루션 부문 대상
2020. 02 한국산업의 1등 브랜드 대상 종합인재고용서비스 부문 대상 수상
2020. 03 행복더함 사회공헌 우수기업 대회 고용노동부 장관상 수상
2020. 12 2020 소비자추천 1위 브랜드 선정 아웃소싱서비스 부문 대상 수상
2021. 01 2021 소비자가 뽑은 가장 신뢰하는 브랜드 대상 수상
2021. 02 제11회 행복더함 사회공헌 캠페인 사회공헌 우수기업 부총리 겸 기획재정부 장관상 수상
2022. 02 제2회 행복더함 사회공헌 캠페인 국회의장상 수상
2023. 01 2023년 일자리창출 유공 정부포상 국무총리 표창
2023. 05 국가지속가능 ESG 우수기업 노사협력부문 고용노동부 장관상 수상
2023. 10 2023년 국가생산성대회 금탑산업훈장 수상
2023. 11 제12회 대한민국 나눔국민대상 보건복지부장관 표창
2024. 05 제4회 윤리경영 실천 우수기관 공모전 국민권익위원장상 수상
2024. 05 모바일어워드코리아 2024 모바일경영 부문 대상
2025. 02 2025 K-브랜드어워즈 K-서비스(아웃소싱) 부문 대상
2025. 02 한국HR서비스 산업대상 수상
2025. 06 2025 대한민국 HR서비스 10대 대표기업 선정

■■■ 대표자 프로필
이름 : 박춘홍
학력 : 동아대학교 사회학과
경력 : ROTC 대위전역, 제니엘 특송사업본부 본부장 역임
   제니엘 상무이사 역임, 제니엘시스템 대표이사 역임
   (현)제니엘 대표이사
경영방침 : 인재를 통한 가치경영(고객감동의 실현, 혁신경영의 추구, 인간존중의 실천)

■■■ 회사 및 서비스 소개
제니엘은 1996년 설립된 이래 '금탑산업훈장', '은탑산업훈장', '동탑산업훈장', '고용서비스 우수기관 인증', '5회 연속 윤리경영 대상 수상' 등을 통해 공신력을 인정받은 종합인재고용서비스 기업으로 현재 500여 개의 기업에 아웃소싱, 인재파견, 채용대행, 헤드헌팅, 교육컨설팅 등의 서비스를 제공하고 있으며 청년내일채움공제, 취업성공패키지 등 취업지원 사업을 운영하고 있다. 우수인재 양성을 위해 매년 MBA교육 및 독서토론회, 월례세미나와 더불어 간병인 교육, CS교육 등 SKILL교육 등의 직무별 교육을 진행하고 있으며 2016년에는 4차 산업혁명의 트렌드에 맞춰 IT법인 이노파크를 설립하여 각 사업 분야의 경쟁력 강화를 위한 모바일 업무관리시스템을 도입하는 등 현장위주의 업무를 효율적으로 수행하고 있다. 기존 아웃소싱 시장을 강화하면서 인재 관리 역량과 기업 운영 노하우를 기반으로 기업과 개인의 연결가치를 극대화하는 최고의 성공지원 파트너로써 미래를 준비하고 있다.

(주)제이앤비맨파워
www.jnbmanpower.com

대 표	박재완
전 화	02-2098-1071
팩 스	02-2167-3919
이메일	webmaster@ijnb.com

■■■ 회사주소
서울시 영등포구 경인로 775 에이스하이테크시티 2동 1503호

■■■ 설립 및 자본금
설립년 : 1995년
자본금 : 5억원

■■■ 매출실적
2024년 : 195억원
2025년(예상) : 210억원

■■■ 종업원현황
총원 : 876명 / 관리 : 22명 / 파견 : 86명 / 도급 : 768명

■■■ 아웃소싱 서비스
물류센터 위탁운영, 생산공장 위탁운영, 물량도급 컨설팅, 시설관리(병원 등) 근로자파견(상담/사무/IT 등), 헤드헌팅 채용대행 등

■■■ 주 거래 업종
(신선저온, 상온) 물류센터 도급 운영
(화장품, 식품, 공산품) 생산공장 도급 운영
시설관리(병원, 일반건물), 근로자파견(사무, 운전) 등

■■■ 주 거래 기업
삼성웰스토리, 롯데글로벌로지스, 한화푸디스트, 인터코스코리아,
건국유업, 해태제과, 사조대림, 패스트박스, 동원아이팜,
오릭스캐피탈, 뷰케이코리아, 분당제생병원, 백년화편 등

■■■ 지사 및 계열사
지사 : 부산, 광주, 대구, 대전, 인천
계열사 : (주)제이앤비컨설팅, (주)제이앤비티앤에스,
(주)제이앤비케어서비스, (주)제이앤비글로벌컨설팅

■■■ 임직원 연락처
상무 최종들 : 02-2098-1088

■■■ 기업연혁
1995. 01 (주)제이앤비맨파워 설립
2001. 03 대전지사, 영남본부, 호남본부 설립
2002. 11 대구지사 설립 ▯ 전국 지사망 구축
2003. 12 한국아웃소싱서비스 대상 수상
2004. 10 인적자원관리시스템(e-HRM) 구축
2007. 09 ISO9001 인증 획득
2008. 07 고용노동부 근로자파견 우수기업 선정
2011. 08 지식경제부 [아웃소싱 우수기업] 선정
2013. 12 여성가족부 [가족친화인증] 선정
2015. 03 납세자의 날 모범납세자 표창
2015. 12 가족친화 우수기업 여성가족부 장관상 수상
2016. 04 대한민국 여성인재경영대상 최우수상(보건복지부 장관상)
2016. 05 '남녀고용평등' 고용노동부 장관상 수상
2016. 11 대한민국 사랑받는 기업 산업통상자원부 장관상 수상
2016. 12 대한민국 스마트워크 대상 노사발전재단 사무총장상
2017. 07 제6회 인구의날 국무총리표창
2017. 12 일 · 생활 균형 우수기업 여성가족부 장관상 수상
2017. 12 중소기업유공자 국무총리표창
2018. 03 제45회 상공의날 산업통상자원부 장관상 수상
2018. 10 제42회 국가생산성대상 산업통상자원부 장관상 수상
2022. 10 ISO 45001:2018(국제표준규격 안전보건 경영시스템)획득
2022. 11 경영혁신형 중소기업 인증
2024.   ESG 경영평가 B- 등급 획득

■■■ 대표자 프로필
이름 : 박재완
학력 : 워싱턴 주립대학교 경영학
경력 : 한국 HR서비스산업협회 위원 / 한국컨택산업협회 위원
    (주)제이앤비컨설팅 대표이사
경영방침 : 5S
    Speed : 신속한 업무처리
    Smile : 항상 웃는 얼굴로 대고객 관리
    Smart : 세련되고, 품위 있는 회사 이미지 부각
    Smooth : 부드럽고 유연한 업무처리로 내실위주의 업무진행
    Safety : 비젼있고 신뢰받는 회사 이미지 제고

■■■ 회사 및 서비스 소개
(주)제이앤비맨파워는 1995년 1월에 정방시스템으로 설립되어 "고객과 함
께"라는 기업신념으로 28년의 전통있는 아웃소싱 1세대 기업으로 아웃소싱 산업을 선두에서 이끌어 왔습니다. 당사는 물류, 생산 물량도급 전문기업으로 다양한 현장의 경험을 가진 소통 가능한 전문가를 보유하고 있습니다. 현장 운영의 효율화, 우수한 인재 확보, 철두철미한 현장 안전 보건 관리로 귀사의 현장을 보다 발전된 모습으로 함께 만들겠습니다. 아울러 2023년 한국 HR 서비스 10대 대표기업으로, 제이앤비맨파워는 앞으로도 공정하고 클린한 사업관리로 직원의 만족, 행복 경영을 추구 하며 고객의 니즈에 적극 부응하는, 고객과 함께하는 기업이 되기위해 성장하고 있습니다.

(주)제이앤비티앤에스

www.jnbtns.com

대표	이수연
전화	02-2098-1080
팩스	02-2167-3919
이메일	webmaster@ijnb.com

■■■ 회사주소
서울시 영등포구 경인로 775 에이스하이테크시티 2동 1503호

■■■ 설립 및 자본금
설립년 : 2003년
자본금 : 3억원

■■■ 매출실적
2024년 : 60억원
2025년(예상) : 70억원

■■■ 종업원현황
총원: 478명/ 관리: 16명/ 파견: 46명 / 도급: 416명

■■■ 아웃소싱 서비스
유통, 판매, 판촉 장기행사, 단기행사 도급 위탁
근로자파견(상담/사무/IT 등),
헤드헌팅 및 채용대행 등

■■■ 주 거래 업종
마트, 면세점, 슈퍼 등 판촉 사원, 지역 순회매니저 운영
발렌타인데이, 화이트데이, 빼빼로데이 등 단기집중행사 운영
명절 및 단기 판촉행사 요원 운영(마트, 코스트코 등)
매장 관리, 주방 조리 등 식음료 매장 인력 운영
근로자파견(사무, 운전), 헤드헌팅, 채용대행 등

■■■ 주 거래 기업
깨끗한나라, 빙그레, 대상, 농협목우촌, 포탈하이웨이마트,
꼬끼오, 오버더테이블(OTD), 공차코리아, 아워홈, 슈마커,
국순당, 롯데블랑제리, PALAZZO 등

■■■ 지사 및 계열사
지사 : 부산, 광주, 대구, 대전, 인천
계열사 : (주)제이앤비컨설팅, (주)제이앤비맨파워,
(주)제이앤비케어서비스, (주)제이앤비글로벌컨설팅

■■■ 임직원 연락처
상무 최종열 : 02-2098-1088

■■■ 기업연혁
2003.06 (주)제이앤비티앤에스 설립
2003.12 한국아웃소싱서비스 대상 수상
2004.10 인적자원관리시스템(e-HRM) 구축
2007.09 ISO9001 인증 획득
2008.07 고용노동부 근로자파견 우수기업 선정
2011.08 지식경제부 [아웃소싱 우수기업] 선정
2013.12 여성가족부 [가족친화인증] 선정
2016.01 대상 청정원 판촉판매MD 도급위탁 운영 수주
2016.02 빙그레 판촉판매MD 도급위탁 운영 수주
2016.03 깨끗한나라 판촉,순회 도급위탁 운영 수주
2016.04 대한민국 여성인재경영대상 최우수상(보건복지부 장관상)
2016.05 '남녀고용평등' 고용노동부 장관상 수상
2016.11 대한민국 사랑받는 기업 산업통상자원부 장관상 수상
2016.12 대한민국 스마트워크 대상 노사발전재단 사무총장상
2017.07 제6회 인구의날 국무총리표창
2017.12 일·생활 균형 우수기업 여성가족부 장관상 수상
2017.12 중소기업유공자 국무총리표창
2018.03 제45회 상공의날 산업통상자원부 장관상 수상
2018.10 제42회 국가생산성대상 산업통상자원부 장관상 수상
2020.01 빙그레 식음판촉 도급위탁 운영 수주

■■■ 대표자 프로필
이름 : 이수연
학력 : 한양대학교 경영대학원 경영학 석사
　　　호서대학교 경영학 박사
경력 : 영등포구청 중소기업 창업지원센터 위원
　　　양천구청 청년인턴 운영위원회 위원
　　　국민건강보험공단 자문위원
　　　한국아웃소싱기업협회 부회장
저서 : 서비스 비타민, 별빛에 꿈을 담고
경영방침 : 21세기 변화하는 시장 환경에 발맞춘 고객 만족 서비스와
적극적 매출관리로 고객의 경쟁력 확보의 파트너가
되겠습니다

■■■ 회사 및 서비스 소개
(주)제이앤비티앤에스는 제이앤비그룹의 유통, 판매, 판촉 전문 계열사로
대상 청정원, 빙그레, 깨끗한나라 등 국내 유수 대기업의 판촉 업무를 위
탁 도급받아 성공리에 운영하여 왔습니다.
당사는 이십년 판매판촉 도급운영의 노하우를 바탕으로 귀사의 시장 판매
전략 다각화의 한축으로 홍보 효과 극대화, 매출 극대화를 위해 매진하겠
습니다.

(주)제일비엠시
www.jeilbmc.co.kr

- 대 표 : 김정현
- 전 화 : 02-556-1970
- 팩 스 : 02-556-1966
- 이메일 : kimms@jeilbmc.co.kr

■■■ 회사주소
서울시 서초구 논현로 171(양재동) 제일빌딩

■■■ 설립 및 자본금
설립년 : 19○년
자본금 : 20○억원

■■■ 매출실적
2024년 : 1,○○○억원
2025년(예정) : 1,560억원

■■■ 종업원현황
총원: 5,100명 / 관리: 100명 / 파견: 400명 / 도급: 4,600명

■■■ 아웃소싱 서비스
유통 판매·단촉, 건물종합관리(FM), 생산/제조도급, 물류도급, 콜센터도급, 주차장관리, 근로자파견, 헤드헌팅 등

■■■ 주 거래 업종
유통, 제조, 서비스, 부동산, 시설관리, 금융, IT, 물류, 정보통신, 건설, 방송, 제약, 공공기관, 병원, 학교 등

■■■ 지사 및 계열사
계열사 : 제일비에스(주), 제일에스피(주), (주)제일과동행
지 사 : 부산, 대구, 광주, 대전

■■■ 임직원 연락처
SM사업부 이승돈 전무이사		010-5232-8223
FM사업부 이범수 상무		010-3210-1166
리테일사업부 김성선 이사		010-6422-5883

■■■ 기업연혁
- 1998. 법인전환, 울타리보완시스템(주) 흡수합병
- 1999~2003. 근로자파견사업허가, 경비업허가, ISO9001인증,
- 2008. 건물종합관리 전문기업 설립 – 제일비에스(주)
- 2011. 세일즈프로모션 전문기업 설립 – 제일에스피(주)
  장애인표준사업장 설립 – (주)제일과동행
- 2012. 일자리창출, 지역경제 활성화 공로표창 (서울특별시)
- 2013. 지식경제부 장관상 수상
- 2014. Best Innovation 기업&브랜드 선정
  대한민국 아웃소싱 고객만족 대상 수상(4년연속)
- 2015. 제일그룹 사옥이전 (서초구 양재동 소재)
  노·사·정 사회적책임 협약체결 (고용노동부)
  노사파트너쉽 협정체결 (노사발전재단)
- 2016. 제대군인 행복일자리 창출 MOU체결 (국가보훈처)
  메인비즈인증 (중소기업청)
- 2017. 근로자보호클린기업, HR서비스인증기업 선정
- 2019. HR-아웃소싱 리딩컴퍼니 선정(10년연속)
- 2020. HR-서비스 10대 대표기업 선정(11년 연속)
- 2021. 중소벤처기업부 Main Biz (메인비즈) 신규 인증
  안전보건경영시스템(ISO45001) 인증
- 2022. 철탑산업훈장 수훈
- 2023. HR서비스산업대상 기업대상 수상

■■■ 대표자 프로필
- 이름 : 김정현
- 학력 : 국민대학교 법과대학 법학과 졸업
  성균관대학교 경영대학원 졸업
- 경력 : 現 한국HR서비스산업협회 제14대 회장
  前 삼성그룹 (삼성생명(주), 삼성화재(주)) 재직
  前 한국자유총연맹 서울특별시지부 회장
  前 한국지적장애인축구연맹 회장
  前 민주평화통일자문회의 자문위원
- 경영방침 : 1등 기술보다는 1등 인재를 중시하는 기업

■■■ 회사 및 서비스 소개
제일비엠시는 '최고의 인재와 기술을 바탕으로 기업에 최상의 HR서비스를 제공한다'는 경영방침을 기반으로 계열사별 전문화된 아웃소싱 사업영역과 사업부별 전문관리자, 전국 시군구 단위의 네트워크 조직을 갖춘 대한민국 HR 아웃소싱 리딩기업입니다.

고객사의 니즈를 충족시키기 위해 자체 개발한 통합 운영관리 모바일 시스템 '짐스(Jims)'를 통해 전국에 산재되어 있는 현장과 본사와의 유기적인 운영을 비접촉 방식으로 가능하게 하였으며, 모바일 화상회의 시스템을 구축하여 현장과의 1:1 소통이 가능하도록 하였습니다. 이를 통해 판매판촉 운영대행, 건물종합관리, 콜센터 위탁관리, 물류 도급, 생산제조 도급, 근로자파견 등 다양한 아웃소싱 분야에서 전문성을 확보하여 고객사에게 고품격 서비스를 제공하고 있습니다.

(주)지앤지라인

www.gngline.com
www.유통아웃소싱.com

대 표	김완수
전 화	02-554-4641
팩 스	02-554-4642
이메일	dong0910@hanmail.net

■■■ 회사주소
서울시 강남구 강남대로 320번지(역삼동, 황화빌딩 4층)

■■■ 설립 및 자본금
설립년 : 2000년 9월
자본금 : 6억원

■■■ 매출실적
2025년 : 350억원

■■■ 종업원현황
총원 : 1,000명 / 관리 : 50명 / 파견 : 50 / 도급 900명

■■■ 아웃소싱 서비스
인력아웃소싱 (도급계약/ 유통부문 전문기업), 근로자 파견, 채용대행

■■■ 주 거래 업종
유통(백화점/할인점)부문의 판매/캐셔/고객서비스접점 도급/공공기관

■■■ 주 거래 기업
현대백화점/ 롯데백화점/ 거제 디큐브백화점/ 농협 하나로마트/ 목우촌/ 롯데헬스원/ 서울식품, 한국산업인력공단, 한화갤러리아백화점, 신세계스타필드

■■■ 지사 및 계열사
(주)지로템라인
부산영업본부

■■■ 임직원 연락처
이동형 부사장	010-4781-4284
영업개발1본부장 정주원	010-9650-4641
영업개발2본부장 나태호	010-4650-6361
부산/대구영업본부장 박상현	010-6413-2082

■■■ 기업연혁
2000. 지앤지라인 법인설립
2013. 신세계푸드 단체급식 파견계약
2014. 중소기업진흥원 도급계약/ 이마트 24직접운영
2015. 롯데백화점 도급계약(안산/구리/창원점)
2016. 지앤지라인스 계열사 설립
　　　롯데주류 도급계약/ 현대백화점 디큐브점 도급계약
2017. 현대백화점 무역점 도급계약/ F & F 패션 물류 도급계약
2018. 거제축협 도급계약/ 서울약사 도급계약
2019. 한국산업인력공단 사무직 파견계약
　　　현대백화점 충청점 백룸부문 도급 계약
　　　서울식품 도급계약
2020. 거제축협/ 와부 농협 도급/ 한화 갤러리아 한남점 도급
　　　jb금융그룹 파견 / 현대프리미엄아울렛 대전점 도급
2021. 신세계 스타필드 시티점 접점부문 도급계약
　　　거제 일운농협 도급계약(계산/농산/수산)
　　　현대백화점 더현대서울/울산점 백룸부문 도급계약
　　　현대백화점 디큐브시티점 계산부문 도급계약
2022. 롯데백화점 식품부문 도급계약
　　　하나로마트 수지농협/ 성남농협 대왕지점 도급계약
2023. 장승포농협/수지동천농협 도급계약
　　　용인 남사농협 도급계약
2024. 롯데백화점 울산점 캐셔도급
2025. 커넥트현대 청주점 캐셔도급

■■■ 대표자 프로필
이름 : 김완수
학력 : 경북대학교 졸업
경력 : 신세계 전무이사
　　　행복한 세상백화점 전무이사 대표
　　　현)지앤지라인/지로템라인 대표이사

■■■ 회사 및 서비스 소개
사람과 함께 세계로 미래로 가는 기업!
저희 (주)지앤지라인은 유통부문 인력의 전문 아웃소싱 기업으로서, 분명한 역할인식과 전문성 확대를 통해 우수한 유통인력의 개발과 유통산업발전에 기여하고자 합니다.
현 시대가 세계화, 정보화를 Key word로 하는 디지털 시대입니다만 그 중심에는 변함없이 사람이라는 존재가 있습니다.
디지털 환경의 글로벌 경쟁시대에서 기업경영은 인력의 합리적인 운영과 관리가 핵심요구 사항입니다.
저희 (주)지앤지라인은 항상 사람을 생각하는 기업으로서 유통부문 기업경영의 진정한 동반자가 되고자 항상 노력하고 있습니다.
(주)지앤지라인은 선진 노하우와 관리시스템으로 유통인력의 채용/교육/인사노무 관리를 지원 하겠습니다.

(주)티오에스코리아
www.toskorea.net

대표	이승우
전화	02-2168-8282
팩스	02-2168-8284
이메일	toslsw@naver.com

■■■ 회사주소
서울시 영등포구 당산로2길 12 907(문래동3가 에이스테크노타워)

■■■ 설립 및 자본금
설립년 : 2004년 7월
자본금 : 4억원

■■■ 매출실적
2024년 : 320억원
2025년(예상) : 330억원

■■■ 종업원현황
총원: 1,000명 / 관리: 30명 / 파견: 819명 / 도급: 181명

■■■ 아웃소싱 서비스
근로자파견(전직종) / 도급, 업무위탁(미화, 시설관리, 경비) / 콜센터(파견/도급) / IT사업부 / HR컨설팅 / 헤드헌팅 / 채용대행 / 페이롤서비스

■■■ 주거래 업종
금융기업, 대기업 및 공공기관, 외국계기업 외(통신사, 단체급식, 학교, 병원, 유통, IT, 제조)

■■■ 주거래 기업
- 금융사 : 신한카드, 현대카드, 전북은행, SGI신용정보, 서울보증보험, 나이스그룹, 한국평가데이터, 리파인, 다수의 저축은행 및 캐피탈, 신용정보사
- 일반기업 : 방송국, 인천국제공항보안, 병원, 유신, SK_외 국내 100개 기업

■■■ 자사 및 계열사
계열사 : (주)유엠아이토탈
광역시별 지역관리자 운영

■■■ 검직원 연락처
- 대표이사 : 이승우
- 본부장 : 신영섭, 최태성
  (대표번호 : 02-2168-8282)

■■■ 기업연혁
2004. 07 (주)티오에스코리아 설립
2004. 09 근로자 파견사업허가(고용노동부 남부지청)
2005. 03 국제품질경영인증 ISO9001 인증
2005. 03 본사 사옥매입 (현 문래동 3가)
2006. 07 국내 유료직업소개허가 (영등포구청)
2010. 07 자회사 (주)유엠아이토탈 설립
2010. 10 고용노동부 근로자파견 우수기업 인증
2014. 10 근로자보호 클린기업 인증
2018. 09 대한민국 아웃소싱서비스 품질경영대상 선정
2023. 02 한국HR서비스산업대상(산업선도 부문) 수상
2023. 09 대한민국 아웃소싱 고객만족대상 수상
2016~2025. 한국 아웃소싱 리딩컴퍼니 연속 선정
2010~2025. 대한민국 아웃소싱 100대기업 연속 선정

■■■ 대표자 프로필
이름 : 이승우
학력 : 대졸
경력 : (주)티오에스코리아 대표이사 (현)
       (주)유엠아이토탈 대표이사 (현)
       민주평화통일 자문위원 (현)
       한국HR서비스산업협회 이사 (현)
       국민의힘 노동위원(현)
       서울대학교 의과대학 산학정 정책과정 수료
경영방침 : 몰입과 헌신 / 지배와 우위 / 투명경영과 사회공헌

■■■ 회사 및 서비스 소개
(주)티오에스코리아는 Total Outsourcing Service(토탈 아웃소싱 서비스)의 슬로건 아래 국내 유수의 대기업체 및 중견기업, 공공기관, 외국계 기업에 근로자 파견, 도급 및 업무위탁 등 차별화된 아웃소싱 서비스를 제공하는 인재종합 아웃소싱 전문기업입니다.

회사 설립이래 거래 고객사와의 95% 이상 연속 재계약을 이루며 검증된 고용지원 서비스를 지속해 오고 있습니다.

근로자들의 다양한 직무에 맞는 교육 프로그램 운영을 통하여 축적된 노하우를 최대한 활용하고 안정된 채용 서비스 제공에 중점을 두고 있으며, 인재풀의 빅데이터 구축을 통한 적합한 인재 제공에 많은 노력을 경주하고 있습니다.

(주)티오에스코리아는 업계의 자격있는 검증된 내부 관리자의 육성을 기반으로 사용기업의 요구에 충족할 수 있는 고품격 아웃소싱 기업으로 거듭나고 있으며, 정부정책에 부합한 고용지원 사업에 만전을 다하고 있습니다.

(주)휴먼코아

www.huco.co.kr

대표	김진석
전화	02-406-3600
팩스	02-406-8669
이메일	huco@huco.co.kr

■■ 회사주소
서울 송파구 법원로 128(문정 SKV1GL메트로시티 C동 7층)

■■ 설립 및 자본금
설립년 : 1998년
자본금 : 5억원

■■ 매출실적
2024년 : 400억원
2025년(예상) : 430억원

■■ 종업원현황
총원 : 1,500명 / 관리 : 50명 / 파견 : 100명 / 도급 : 1,350명

■■ 아웃소싱 서비스
근로자파견, 물류센터업무도급, TOTAL인사관리, 판촉, 채용대행, 점포 인사노무관리서비스

■■ 주 거래 기업
삼성전자, 홈플러스, 톨글로벌로지스, 롯데슈퍼, 오뚜기물류센터, CJ올리브영, 글로비스, GS네트웍스물류센터, 오스템, 디만트코리아, NS홈쇼핑, A&D신용정보, 에이케이에스앤디, DHL, 롯데케미칼, 시몬스, 삼성SDS, 네이버, 인스파이어, 글로우서울, 퀴네앤드나겔 등

■■ 지사 및 계열사
지사 및 사무소 : 충청지사, 영남지사, 대산사무소, 이천사무소
계열사 : (주)한새

■■ 임직원 연락처
김진석 대표   02-406-3600
안형일 부사장 02-527-0902

■■ 기업연혁
2002. 01 휴먼코아 설립
2009. 02 노동부지정 고용지원센터 선정
       08 ISO9001인증/환경필터 제조 사업 진출
2010. 03 프랜차이즈 점포 인사관리대행 개시
       10 고용노동부 우수고용기업 인증
2011. 05 점포인사관리시스템 '휴먼코아'오픈
2019. 07 김진석 대표, 안형일 부사장 아웃소싱 엑스퍼트 선정
2020. 09 2020 아웃소싱서비스 고객만족대상(물류센터운영 부문)
2022. 06 2022년 대한민국 HR서비스 10대 대표기업 선정
       07 ISO45001 인증
2023. 03 ESG 우수 중소기업 선정_동반성장위원회
2024. 01 한국아웃소싱리딩컴퍼니 선정(유통/판매지원부문)
       04 인스파이어 리조트 오아시스 고메빌리지 위탁운영
2025. 04 대한민국 100대 아웃소싱기업 선정(아웃소싱타임스)
       09 근로자 보호 HR서비스 클린기업 인증
          2025 아웃소싱고객만족 대상(HR컨설팅/외식도급부문)

■■ 대표자 프로필
이름 : 김진석
학력 : 숭실대노사관계대학원
경력 : (전)진로그룹 인사팀
      (전)노동부 선진5개국노사관계연구위원
      (전)전국인사관리자협의회간사
      (현)농업CEO연합회인사관리자문역
      (현)(주)한새 대표, (주)휴먼코아 대표

■■ 회사 및 서비스 소개
(주)휴먼코아는 '모든 것의 중심은 인간'이라는 철학을 바탕으로 1998년 설립된 종합 HR 아웃소싱 전문기업입니다.
변화하는 산업 환경 속에서도 사람 중심의 가치를 실현하며, 고객 만족과 투명경영을 통해 성장해왔습니다.
고용노동부 우수기업 인증을 비롯해 다수 고객사와의 신뢰를 기반으로 사업을 확장해왔으며, 체계적인 교육을 통해 HR 전문 인력을 육성하고 있습니다.
채용부터 퇴직까지 전 과정을 처리하는 Multi-Non Stop 인사노무관리시스템과 HR PRO 애플리케이션을 통해 고객사의 인사 효율성과 정확성을 높이고, 인사담당자의 업무 부담을 줄입니다.
현장 운영에서도 합법적이고 원칙적인 인력 관리를 통해 안정성과 신뢰를 확보하며, 대기업, 스타트업, 외식기업 등과 협력해 다양한 아웃소싱 모델을 개발해왔습니다.
앞으로도 ESG, 윤리경영, AI 기반 협업 등 미래 과제에 선제적으로 대응하며 지속 가능한 HR 컨설팅 기업으로 도약하고자 합니다.

2025 KOREA OUTSOURCING DIRECTORY

물류 I

▶ 가나다순

- CJ대한통운
- LX판토스
- 국보
- 동양이엠에스
- 동원로엑스
- 동원산업
- 롯데글로벌로지스
- 발렉스서비스
- 삼성전자로지텍
- 삼영물류
- 알케이그룹
- 위로지스틱스
- 제니엘시스템
- 제이엔알써비스
- 지오영
- 케이티에스
- 한진
- 현대글로비스

CJ대한통운(주)
www.cjlogistics.com

대 표	신영수, 민영학
전 화	1588-1255
팩 스	02-3782-0792

■■■ 회사주소
서울특별시 종로구 종로5길 7

■■■ 설립 및 자본금
설립년 : 1930년

자본금 : 1,140억원

■■■ 매출실적
2023년 : 11조 7,678억원

2024년 : 12조 1,167억 6,114만원

■■■ 종업원현황
총원 : 6,917명

■■■ 아웃소싱 서비스
국내외 육상, 항만 물류 운송

■■■ 주 거래 업종
TPL, 항만하역, 택배, 육산운송, 포워딩, 물류컨설팅 등

■■■ 주 거래 기업
정부, 공공기관, 대기업 등

■■■ 지사 및 계열사
국내 36개(31지사 5지점)

해외 29개(10법인 14지점 5영업소)

■■■ 기업연혁
1930. 11. 15 설립
[중략]
2022. 06 부산스타벅스센터, 국토부 '스마트물류센터 1등급' 등급
'오더 피킹 최적화 방법', '이기종 물류 자동화 설비 통합관리 방법 및 시스템', '디팔레타이저 시스템 및 그 제어 방법 특허 등록
08 택배대리점연합과 '택배산업 발전을 위한 상생경영 협약
이천1 융합형 풀필먼트 센터 가동
11 네이버 협업 내일도착보장 배송 서비스 오픈
12 디지털 포워딩 시스템 'LoIS Forwarders' 개발
2050년 넷제로(Net Zero · 탄소중립) 선언
2023. 03 폴란드 사무소 개설
업계 최초 통합 배송 브랜드 '오네(O-NE)' 론칭
ISO9001(품질경영시스템), ISO14001(환경경영시스템)
ISO45001(안전보건경영시스템) 3대 인증 동시 획득
04 ISO13485(의료기기 품질경영시스템) 획득
05 안성 MP허브, 국토부 '스마트물류센터 1등급' 인증
07 ISO37301(준법경영시스템) 3년 연속 획득
09 한국생산성본부 주관 '국가브랜드경쟁력지수(NBCI)' 택배 부문 11년 연속 1위
11 대한민국 항만안전대상 '대상' 수상
최첨단 물류 로봇 시스템 '오토스토어' 시범 운영
12 2023 한국의경영대상 지속가능성보고서 '올해의 보고서' 수상
2024. 01 베트남 국영 유통기업 사이공 쿱(Saigon Co.op)과 MOU 체결
월드스타 패키징 어워드 '테이프리스 택배포장 솔루션' 수상
박스추천시스템 '로이스 오팩(LoIS O'Pack)' 15개 물류센터 도입
02 이천 크록스(Crocs) 통합물류센터 구축
03 택배 간선운송 자율주행 시범 도입
리튬배터리 항공운송 국제표준인증 획득
04 로봇개 '스팟(SPOT)' 활용 택배 로봇배송 실증 사업 진행
동남아시아 닌자밴(Ninja Van)과 통관 · 배송 서비스 계약 체결
05 미국 뉴센추리 콜드체인 물류센터 구축
국내 최초 액화수소 운송 사업 개시
06 리비아오 로보틱스와 로봇기반 첨단 물류센터 구축 MOU 체결
09 G마켓 '스타배송' 택배 전담
에이딘로보틱스와 물류로봇 공동개발 MOU 체결
글로벌 사모펀드 어피니티와 물류 자동화 사업 MOU 체결
10 약국 경영 토탈 플랫폼 바로팜과 MOU 체결
국내 최초 택배 패키징 공인 시험기관 인정
해양진흥공사 합작 미국 엘우드 물류센터 착공
11 미국 조지아 콜드체인 물류센터 오픈
12 상품고정형 패키지 특허 출원
대한민국 컴플라이언스 어워즈 대상 수상
지속가능경영보고서 미국 스포트라이트 어워즈 대상 수상
2025. 01 주 7일 배송 '매일 오네' 개시
03 NS홈쇼핑 '매일 오네' 도입 MOU
04 풀필먼트 브랜드 '더 풀필' 론칭
레인보우로보틱스와 휴머노이드 물류 로봇 개발 MOU 체결
05 사우디 내셔널 익스프레스(NAQEL EXPRESS)와 중동 배송 파트너십 체결
07 CJ대한통운 장애인 스포츠단 창단

■■■ 대표자 프로필
이름 : 신영수, 민영학

■■■ 회사 및 서비스 소개
CJ대한통운은 1930년에 창립하여 국내 최대의 인프라와 네트워크를 자랑하는 대한민국을 대표하는 종합물류기업입니다. 대한민국 물류산업의 효시로 국가경제발전에 기여 해온 대한통운은 우리나라 경제의 대동맥 역할을 수행하며 무역 1조달러 시대의 동반자로 자리 잡아 왔습니다. 특히 수출입관문인 국내 23개 주요항만에서 24시간 하역서비스를 제공하면서 수출 역군의 임무에 최선을 다하고 있으며, 3자물류와 택배사업을 통해 기업과 국민의 편의 증진에도 힘쓰고 있습니다. 또한 올림픽, 월드 컵, 육상대회 등의 스포츠행사와 엑스포, 비엔날레, 에어쇼 등 국제전시 회의 물류주관사로 행사의 성공적인 개최에 기여함으로써 세계 속의 한 국의 위상을 높이는 데에도 일조해왔습니다. 이제 CJ그룹의 가족으로 새롭게 태어난 CJ대한통운은 정직, 열정, 창의를 바탕으로 최초, 최고, 차별화를 추구하는 OnlyOne 정신을 실천함으로써 고객을 위한 최고의 가치를 창출하여 국내 1위를 넘어 경실상부한 글로벌 종합물류기업으로 성장해 나갈 것입니다.

(주)LX판토스

www.lxpantos.com

대표	이용호
전화	02-3771-2114
팩스	02-3771-2129

■■■ 회사주소
서울시 종로구 새문안로 58 LG광화문 빌딩

■■■ 설립 및 자본금
설립년 : 1977년

자본금 : 100억원

■■■ 매출실적
2023년 : 6조 3,793억원

2024년 : 8조 5백억 3,945만원

■■■ 종업원현황
총원 : 2,004명

■■■ 아웃소싱 서비스
항공, 해상수출입국제운송, 국제특송, 통관, 창고, 보세창고, 내륙운송, 물류컨설팅

■■■ 주 거래 업종
해상운송, 항공운송, 철도운송, e-Commerce, 헬스케어, 디지털솔루션, 전자제품 설계물류

■■■ 주 거래 기업
삼성전자, LG전자, LG화학, 두산, 현대, SK에너지, 이랜드, 롯데, 한국타이어, 대우

■■■ 지사 및 계열사
전 세계 380여개 글로벌 네트워크 구축

■■■ 기업연혁
1992. 12 범한종합물류㈜ 상호변경

-중략-

2012. 01 인천공항 제2물류센터 준공 / 필리핀 법인 설립
02 태국법인 람차방 물류센터 준공
2013. 02 글로벌 통합 물류시스템 'pantos GS' 구축
03 중국 상해 법인 AEO인증 취득
2014. 02 스페인법인 AEO 인증 취득
07 네덜란드 한국타이어물류센터 인수, 중국 지아바오물류 MOU 체결
중국 지아바오물류 MOU 체결
2015. 04 중국 물류기업 4PX MOU 체결
05 LG그룹 계열 편입
12 최원혁 대표이사 취임
2016. 02 AB인베브, ebay 국제운송 수주
2017. 01 아르헨티나 법인 설립/홍콩법인 AEO 인증 취득
02 태국법인 AEO 인증 취득
03 ㈜판토스 상호 변경
한국중견기업연합회 '글로벌 전문분야 컨설팅' 사업 수행사 선정
11 전자상거래 플랫폼 'ePantos' 오픈
2018. 01 자회사형 장애인 표준 사업장 '한울타리'설립/나이지리아 법인 설립
05 LG광화문 빌딩으로 본사 이전
2019. 01 우수 녹색물류 실천기업 인증 획득
화물운송주선업자 등급 상향(AA), 보세구역운영인 AEO인증 획득
스웨덴 법인 설립
2019. 07 헝가리 법인 설립
2021. 07 (주)LX판토스로 상호 변경
2022. 06 인천공항센터 GDP 취득
07 글로벌 ESG 지속가능경영 평가 Ecovadis 브론즈 메달 획득
12 정보보안경영시스템 'ISO27001'인증
2023. 04 국내 물류업계 최초 '리튬 배터리 항공 운송 품질 인증' 획득
11 이용호 대표이사 취임
11 UNGC(united nations global compact) 가입
12 제30회 기업혁신대상 국무총리상 수상
2024. 03 국내 물류업계 최초 글로벌 정보보안 인증 'TISAX" 획득
04 헝가리 철도 터미널 오픈
2025. 01 국토교통부로부터 항공화물 사용화주 지정
2025. 02 미국 합작법인 박사링크스 설립

■■■ 대표자 프로필
이름 : 이용호

경력 : 현재 (주)LX판토스 대표이사 사장

(전)LX판토스 포워딩사업부장

(전)DHL Global Forwarding Vice President

■■■ 회사 및 서비스 소개
(주)LX판토스는 1977년 회사설립 후 해상, 항공화물의 국제운송을 기반으로 컨테이너운송, 보세운송 및 통관, 창고보관, 국제특송 등 물류프로세스 전반에 걸친 서비스를 제공하는 LLP(Lead Logistics Provider) 기업이다. 해상 2만 TEU, 항공 5천 TON 규모의 국내업계 1위 수준의 월평균 물동량을 확보하고 있다. 해외 사업 확대를 위해 중국내 23개 법인, 지사를 포함 세계 60여 개의 네트워크를 보유, 명실 공히 글로벌 물류기업으로서의 면모를 갖추었으며, 산업자원부, KTNET과 함께 전자태그(RFID) 기반 물류시범사업을 진행하는 등 전자 무역시대에 발빠르게 대응하기도 한다. 업계최초로 지식경영을 도입하여 국내뿐 아니라 해외에서 축적한 물류관련 지식과 노하우를 집약하고 새로운 시너지를 창출해내는데도 앞장서고 있다.

(주)국보
www.kukbo.com

대 표	박찬하
전 화	051-600-6805/02-548-7650
팩 스	051-600-6810/02-549-7778

■■■ 회사주소
본점 : 부산광역시 수영구 광남로 42, 국보빌딩 8층
전화번호 : 051-600-6805 / 팩스 : 051-600-6810
서울 : 서울특별시 영등포구 여의대로 24 전경련타워 10층
전화번호 : 02-548-7650 / 팩스 : 02-549-7778
영업본부 : 서울특별시 중구 통일로 86, 바비엥3 10층
전화번호 : 02-750-0316 / 팩스 : 02-765-5550

■■■ 설립 및 자본금
설립년 : 1953년
자본금 : 51억 3,000만원

■■■ 매출실적
2024년 : 1,000억원

■■■ 종업원현황
총원 : 110명

■■■ 아웃소싱 서비스
컨테이너운송, 보관업, 주선업, 3자물류

■■■ 주 거래 업종
국제물류, 운송, 창고 및 보관, 터미널 및 하역, 3자물류

■■■ 주 거래 기업
삼성그룹, LG그룹, CJ그룹, 현대그룹, 현대모비스, 롯데, 풀무원, KOGAS, 애경, 필립스, 한솔, 대한제분, 도시바, HOYA전기 등

■■■ 기업연혁
- 1953.   국보운수㈜ 설립
- -중략-
- 2004. 12   한국 MCC㈜ 합작법인 설립
- 2005. 03   스미모토㈜의 SLK㈜ 인수
- 2006. 04   남녀고용평등 우수기업 표창
-       11   종합물류기업인증 획득
- 2009. 06   노사상생 양보교섭 실천기업 인증
- 2010. 06   노사문화우수기업 인증 (2회 연속)
-       09   인적자원개발 우수기관인증 (2회 연속)
-       11   노사문화대상 수상 (2회 연속)
- 2011. 01   전략산업 선도기업 인증 (2회 연속)
- 2013. 01   화물운송서비스 우수기업 선정(3회 연속)
-       06   노사문화우수기업 선정(3회 연속)
-       09   인적자원개발 우수기관인증(3회연속)
-       11   노사문화대상 대통령상 수상
- 2014. 12   화물운송서비스 우수기업인증(AA)
- 2015. 10   우수물류기업 인증-물류창고기업(아임물류센터)
- 2016. 07   노사문화우수기업 선정(5회 연속)
- 2016. 09   인적자원개발 우수기관 인증(4회 연속)
- 2017. 03   광주영업소 폐쇄/신항물류팀 신설(보고CNS 창고 임대)
- 2017. 06   롯데로지스틱스 양산창고 5년간 임대계약
- 2017. 07   항만하역팀 신설(1부두)
- 2018. 07   우수물류기업 인증-물류창고기업(아암물류센터/2회 연속)
- 2019. 09   인적자원개발 우수기관 인증 (5회 연속)
- 2019. 10   신규사업 투자 (보그인터내셔날)
- 2020. 01   신규사업 투자 (벅시)
- 2020. 01   본사 부산 이전
- 2020. 07   신규사업 투자 (마스크 사업)
- 2020. 07   신규사업 투자 (부산제일경제)
- 2020. 12   우수물류기업인증-화물자동차운송기업 (6회 연속)
- 2021. 02   우수물류기업인증 - 물류창고업
-       06   신규사업투자(투에이치타운)
-       11   신규사업투자(Redhill biopharma Ltd.)
- 2022. 09   인적자원개발 우수기관 인증 획득
- 2023. 01   평택항만물류개장
- 2023. 08   폐플라스틱 재활용 신사업 추진
- 2023. 10   한국·우크라이나뉴빌딩협회, 우크라 재건사업 MOU

■■■ 대표자 프로필
이름 : 박찬하
경력 : (현)국보 대표이사
     (전)천지인엠파트너스 대표이사
     (전)JC파트너스 부대표

■■■ 회사 및 서비스 소개
육상운송의 선두주자 국보는 해상운송의 강자 흥아해운과 전략적 제휴를 통해 흥아종합물류를 설립, 산업자원부, 건설교통부, 해양수산부 등정부부처로 부터 종합물류기업으로 인증(2006년)받았습니다. 흥아종합물류는 양 기업의 축적된 노하우와 육상 및 해상운송의 긴밀한 연계를 통해 더욱 유연하고 효율적인 서비스를 제공하고 있습니다. 국보는 2001년에 ISO 9001과 ISO 14001을 동시에 획득하였으며 ISO외부 감사는 물론 매년 정기적으로 내부 감사를 실시하여 품 질 및 리스크 관리 등 살아있는 업무 감사를 통해 고객 클레임 제로화에 도전하고 있습니다. 무교섭 임금 현상, 체육대회, 야유회, 산악등반 등의 행사를 개최하여 노사간의 화합을 도모하고 있으며, 노동부로부터 노사문화 우수기업으로 선정되어(2010년) 국보의 아름다운 노사관계가 대외적으로 크게 부각되고 있습니다.

(주)동양이엠에스
www.dongyangems.co.kr

대표	전대길
전화	02-2276-0239
팩스	02-2276-0487
이메일	leewi@dongyangems.co.kr

■ 회사주소
서울시 중구 을지로3가 한영빌딩 3층

■ 설립 및 자본금
설립년 : 2003년
자본금 : 150억원

■ 매출실적
2025년(추정) : 1,100억원
2026년(목표) : 1,200억원

■ 종업원현황
총원 : 3,500명/정규직(60명)/파견직원(1,000명)/도급직원(2,500명)

■ 아웃소싱 서비스
- 콜센터운영 금융,인터넷쇼핑,홈쇼핑,택배,종합유선방송 등)
- 유통서비스인력 도급(캐셔,안내,통역,판매지원,유아휴게소 등)
- 운전도급,호텔,콘도,골프장 서비스 인력 도급,시설관리 도급
- 인재파견(사무,상담,비서,운전 등), 방송지원
- 유통 판촉도급서비스 도급 : 고정/순회 판매 등
- 캐터링 도급 : 영양사,조리사,조리원 등

■ 주거래업종
유통업(백화점,홈쇼핑,면세점,Social Commerce 고객센터), 금융업, 제조업, 언론사등, 신용평가업, 계임업, 비영리법인(학교/문화단체), 관광업(호텔/콘도 등), 건설업 등

■ 주거래기업
현대백화점, 현대홈쇼핑,한섬, 롯데쇼핑, 롯데호텔, 롯데물산, LG전자, HCN KB국민카드, 삼성카드, 신세계프로퍼티, CJ프레쉬웨이, 아라마크, 푸디스트, 현대자동차,현대모비스, (주)코오롱그룹, 삼양사, SBS콘텐츠허브, 중앙일보, 한국경제신문, 연합뉴스, 네이처브릿지, 그린나래, 아워홈, BGF리테일 등

■ 지사 및 계열사
지사 : 남부지사(부산시 부전동)

■ 임직원 연락처
이원익 부사장	02-2276-0239 / 010-3203-3850
이재원 본부장	02-2276-0443 / 010-9039-6805
이기영 실장	02-2276-2717 / 010-3259-7335
유인범 실장	02-2276-0431 / 010-6345-2804
김연식 실장	02-2276-0448 / 010-7237-7372

■ 기업연혁
2003. 11 (주)동양이엠에스 설립
2003. 12 근로자파견사업 허가 취득
2004. 05 콜센터 위탁업무실시: 현대택배 등
2004. 07 상담직 파견사업 실시: 현대홈쇼핑 등
2005. 02 운전직업무위탁실시: 삼양사 등
2006~2021 중략
2022. 06 마이에듀 고객센터 운영사로 선정
2022. 07 현대코퍼레이션 인재파견사로 선정
2022. 09 캠코CS 고객센터 인재파견사로 선정
2022. 12 롯데백화점 본점&잠실점 통합서비스 운영사로 선정
2023. 01 MBC문화방송 인재파견사로 선정
2023. 03 롯데백화점 광주점 주차운영사로 선정
2023. 09 신세계 스타필드 수원점 지원업무 운영사로 선정
2024. 03 롯데백화점 수원점 타임빌라스 푸드코트 홀서빙 운영사로 선정
2024. 07 롯데백화점 본점,전주점,대전점,대구점 POS운영사로선정
2024. 10 CJ프레쉬웨이 삼성병원 암병동 조리원 운영사로 선정
2025. 01 롯데백화점 대구점 POS운영사로 선정
2025. 01 이도 평택호 예당호 휴게소 미화 운영사로 선정
2025. 09 현대백화점 틸화이트 카페 운영사로 선정
2025. 10 사조그룹 푸디스트 조리원 인재파견사로 섬정
2025. 01 롯데백화점 대구점 POS운영사로 선정
2025. 01 이도 평택호 예당호 휴게소 미화 운영사로 선정
2025. 09 현대백화점 틸화이트 카페 운영사로 선정
2025. 10 사조그룹 푸디스트 조리원 인재파견사로 선정

■ 대표자 프로필
이름 : 전대길
학력 : 용산고등학교졸업(1967)
　　　경기대 경영학과 졸업(1979), 연세대 경영대학원 수료(1981)
경력 : 현재 (주)동양이엠에스설립 & 대표이사(2003~현재), 수필가,
　　　국제PEN한국본부 이사
수상 경력외 : 고용노동부인증 근로자파견 우수기업 수상(2010) 외 다수
저서, 강의활동 : 「회장님 시계바꿔 찹시다」 발간(1995),
　　　「그럴수도 그러려니 그렇겠지」 발간(2018)
　　　「국커바야축골마」 발간(2022)
　　　「전대길CEO의 생각주머니」 발간(2023)
　　　「아~! 그렇구나」 발간(2024)
　　　국방대학원 출강(예비역 장성 대상 제2의 인생준비 특강)
자격사항 : 경총 노무관리사(1기)
경영철학 : 고객을 즐겁고 기쁘고 편안하게 하는 기업, 고객과 신바람나게 일하는 기업, 고객과 함께 성공하는 기업

■ 회사 및 서비스소개
고객센터 분야 : 금융,홈쇼핑,인터넷쇼핑,택배 등
- 고객센터 최적화 구축 컨설팅
- 직무별 최적 상담원 및 관리자 지원 서비스
- 단순 상담기능을 넘어 Profit 센터 역할수행 지원
- SLA에 의한 고객서비스 지원
- 신속하고 정확하고 친절한 고객상담(인바운드/아웃바운드)

유통분야 : 캐셔(POS)안내,근거리배송 등 지원서비스
- 체계적인 서비스 목표관리
- 전문 인력을 통한 철저한 SLA지표관리
- 정기적인 평가를 통한 서비스 지속적 보완 및 개선 실시
- 성과보상을 통한 신바람나는 일터 구축

운전분야 : 차량관리실 운영
- 정기적인 교육과 업무협의를 통한 무사고 운전 및 수준있는 서비스 지원
- 풍부한 경험과 리더십을 겸비한 현장관리자를 통한 서비스
- 각종 낭비제거 활동을 통한 최적화된 차량관리실 운영
- 외국인 임원 수행가능한 영어사용 가능운전자 지원

캐터링분야: 조리업무 지원
- 신바람나는 일터를 통한 근로자 자발적 동기부여 최대화
- 신속한 인재서비스를 통한 고객사 만족 극대화
- 신뢰를 바탕으로 하는 노사문화 구축

인력파견 분야 : 사무지원, 비서, 운전 ,상담서비스 등
- 자체 채용사이트 운영을 통한 각 직무별 인재DB구축
- 학교와 지자체 등을 통한 오프라인 인재지원 시스템 확보
- 고객사가 원하는 인재 1주일 이내에 지원
- 업무시작 후 적응 1달간 집중관리 : 고충상담, OJT 등
- 입사전 사전 기본 교육 실시 : 직장생활의 기본예절과 태도

물류 | 409

동원로엑스(주)
www.dongwonloex.com

대표	박성순
전화	02-6363-2600
팩스	02-6363-2720

■■■ 회사주소
서울 서초구 마방로68(양재동) 동원산업빌딩 9층

■■■ 설립 및 자본금
설립년 : 1971년
자본금 : 272억원

■■■ 매출실적
2023년 : 1조 409억 3,526만원
2024년 : 1조 712억 6,922만원

■■■ 종업원현황
총원 : 833명

■■■ 아웃소싱 서비스
일반 화물자동차 운송업

■■■ 주 거래 업종
화물자동차 운송, 여객자동차 운송, 항만하역, 통관, 복합운송주선, 대리점/주유, 석유 도소매/부동산임대

■■■ 지사 및 계열사
계열사 – 동원그룹 전 계열사

■■■ 기업연혁
1971. 동부고속 주식회사 설립
1972. 영동선 고속버스 운송사업 개시
1979. 화물운송업, 부산항 항만하역업 진출
1985. 강릉종합터미널 신축 이전, 종합터미널 사업 개시
1989. 렌터카 사업 개시
1997. 평택항, 당진항 항만하역업 진출
2000. 동부건설(주)와 합병
2002. 동부부산컨테이너터미널 개장
2002. 동부광양컨테이너터미널 개장
2004. 감천항 LME 지정창고 운영업체 선정
2006. 종합물류기업인증 획득
2006. Dongbu Express 브랜드 도입
2007. 택배사업 개시
2011. 동부익스프레스로 동부건설로부터 분할
2012. 동부택배가 동부익스프레스로부터 분할
2015. 동부익스프레스가 동부그룹으로부터 계열분리
2017. 동원그룹 편입
2018. 02 동원티엘에스 설립
2019. 02 김종성 대표이사 제 17대 한국항만물류협회장 취임
2019. 10 동부익스프레스에서 동원로엑스로 사명 변경
2021. 12 박성순 대표이사 취임
2022. 박성순 대표이사 2018대 한국항만물류협회 수석부회장 취임
2023. 04 동원로엑스 자회사 넥스트로 설립
2024. 12 스마트 케미컬 물류센터 준공(전북 완주)
2025. 09 인천 동구-녹지활용계약 체결
      11 동화·한창종합물류 흡수합병

■■■ 대표자 프로필
이름 : 박성순
경력 : (현) 동원로엑스 대표이사
     (현) 제18대 한국항만물류협회 수석부회장

■■■ 회사 및 서비스 소개
동원로엑스는 1971년 사업을 개시한 이후 화물운송, 항만하역, 보관, 포워딩 등 전 물류업을 영위하는 국내 3대 종합물류회사로 성장하였습니다.
2017년 동원그룹 편입 이후 사업의 확대를 통한 지속성장을 실현하고 있으며 동원그룹 계열사로서 아이덴티티를 강화하고, '로엑스'라는 이름을 통해 종합 물류 기업의 면모를 강조하고자 2019년 10월 '동원로엑스'로 상호를 변경했습니다.
육상운송은 전국 주요 지역의 거점을 연계해 빠르고 안전한 운송서비스를 제공합니다. 약 2000대의 차량 및 철도망을 통해 운송을 진행하며, 고객에게 실시간 위치서비스를 제공하고 있습니다. 컨테이너운송을 비롯해, 벌크화물, 액체화물, 위험물, 저온식품 등 고객의 다양한 니즈를 충족시킬 수 있는 인프라를 갖추고 있습니다.
보관사업은 항만과 내륙에 일반화물, 냉장화물, 냉동화물 등 보관이 가능한 인프라와 임대시설을 구축해 최상의 서비스를 제공합니다.
유통사업은 전국의 유통점, 할인점, 프랜차이즈, 편의점, 식자재 등의 소비재를 최종 소비자까지 최적의 제품상태를 유지하는 물류서비스를 제공하는 사업을 영위합니다.
생산물류는 Auto-Part 물류센터 운영 및 생산완료된 제품의 출하관리 등 생산물류 서비스를 제공하는 사업을 영위하고 있습니다.
포워딩은 해외 미국 LA거점을 갖추고 있으며 해외 129개의 파트너와 협력해 포워딩 서비스를 제공하며, 국내외 기업의 파트너로 활약하고 있습니다.

동원산업(주)

www.mydw.co.kr

대표	김호진
전화	031-599-8900
팩스	031-491-3793/031-493-9559

■■■ 회사주소
경기도 안산시 단원구 범지기로141번길 47 (원시동, 동원산업(주))

■■■ 설립 및 자본금
설립년 : 1987년
자본금 : 4억

■■■ 매출실적
2024년 : 400억

■■■ 종업원현황
총원 : 200명

■■■ 아웃소싱 서비스
수산, 유통, 냉방물류, 프랜차이즈

■■■ 주 거래 업종
전 업종

■■■ 주 거래 기업
계열사 - 동원산업그룹

■■■ 기업연혁
1969. 동원금속공업사 개업
1969. 자본금 1000만원으로 동원산업 설립
1969. 국내 최초의 500톤급 탑재모선식 참치 연승선 제 31동원호 도입
1969. 동원금속공업사 개업
1973. 아프리카 가나공화국의 테마항구에 최초의 해외 기지 설치
1976. 동원냉장주식회사 설립(부산시 감전동)
1977. 오리온 광학 주식회사 설립
1979. 국내 최초 헬리콥터 탑재식 선망 어선 코스타 데 마필호 도입
1979. 동원 육영재단 설립
1985. 기술제휴 실시(P/BRAKE LEVER ASS'Y - 일본흑석철공(주))
1987. 법인 전환 : 동원산업(주)
1988. 기술제휴 실시(A/T, M/T CHANGE LEVER ASS'Y - 일본델타공업(주))
1989. 동원산업 한국증권거래소에 주권 상장
1997. 한일합작 도매물류회사 레스코 출범
1998. KMC 협력업체 A등급 피지정
2000. 6시그마 경영혁신 우수 협력업체 선정
2000. 김재철 동원그룹 회장 제 24대 무역협회 회장 선임
2000. 동원 F&B 동원산업 식품사업본부 분할을 통한 창립
2007. (주) KT로지스택배 인수
2007. 솔라파크 태양광 발전소 건축
2007. 아주택배(주) 인수
2008. 대표이사 변경 : 김희재 -> 김영진
2008. 미국 최대 참치 브랜드 STARKIST 인수
2008. 이천 물류센터 및 아시아 최대 냉동 자동화 창고 신축
2010. 기업부설연구소인정(한국산업기술진흥협회)
2012. 대표이사 변경 : 김영진 -> 김호진
2013. OHASAS 18001(안전보건 경영시스템)인증 획득
2015. 백암물류센터 오픈
2018. 비즈니스연속성경영시스템 (ISO 22301)인증 획득

■■■ 대표자 프로필
이름 : 김호진

■■■ 회사 및 서비스 소개
동원산업은 1969년 자동차 부품 전문제조업체로 설립되어 자동차 부품 중 CHANGE LEVER(A/T,M/T), PARKING BRAKE LEVER 등의 완전 국산화를 이룩하여 동종 업계중 독보적인 위치에 있으며, 경제여건의 격변에도 불구하고 전문화와 미래의 도전의식을 통해 꾸준히 발전을 거듭하고 있습니다.
동원산업은 앞으로도 끊임없는 기술혁신과 신기술개발로 대내적으로 동종업계를 지속적으로 주도하는 한편 세계적 수준의 기업으로 성장하기 위하여 품질력 확보 등 다각적 노력을 경주하고 있습니다.

롯데글로벌로지스(주)

www.lotteglogis.com

대표	강병구
전화	1588-2121
팩스	02-725-8745

■■■ 회사주소
서울시 중구 통일로 10(연세 세브란스 빌딩)

■■■ 설립 및 자본금
설립년 : 1988년

자본금 : 1,708억 6천만원

■■■ 매출실적
2023년 : 3조 6,141억원

2024년 : 3조 5,733억 3,352만원

■■■ 종업원현황
총원 : 2,258명

■■■ 아웃소싱 서비스
화물중개,대리/선박,항공기,전자상거래/보세운송/창고보관/임대

■■■ 주 거래 업종
전 업종

■■■ 지사 및 계열사
계열사 - 한덕화학(주), 롯데캐피탈(주), (주)코리아세븐, 씨에스유통(주), (주)엠허브, (주)롯데아사히주류, 삼박엘에프티(주), (주)우리홈쇼핑, (주)케이피켐텍, 롯데지에프알(주), 롯데푸드(주)

■■■ 기업연혁
1996. 롯데로지스틱스 설립

중략

2017. 롯데물류연구소 설립
2020. 도심-공항 당일 짐 배송 공동사업 MOU 체결
2020. 환경부 주관 전기화물차 보급 확대 MOU 체결
2020. '품질경영시스템 우수기업' 2회 연속 최초 선정
2020. 2020년 서비스 분야 '안전보건 활동 최고 사업장' 선정
   (고용노동부, 안전보건공단 주관)
2020. 2020년 '대한민국 일자리 으뜸기업' 선정(고용노동부 주관)
2021. ICN Awards 우수 물류 기업상 수상(인천국제공항공사 주관)
   물류 업계 최초 해외 ESG채권 발행
   업계 최초 친환경 물류 전환 솔루션 사업 업무협약
   양산 자동화 센터 공식 가동
2022. 중부권 메가허브 터미널 공식 가동
   인천 자동화 센터 물류 프로세스 전과정 자동화 구축
   공정채용 우수사례 경진대회 고용노동부장관상 수상
   온라인 택배계약 서비스 '롯데택배다이렉트GO' 론칭
2023. 국가만족도(NCSI) 택배부문 1위 선정
   리튬배터리 항공운송 품질인증 취득
   양산물류센터 '소방안전관리 우수건물' 인증 획득
   '한국서비스품질지수' 택배 부문 1위
   소비자중심경영(CCM) 인증 획득
2024. 2024 브랜드 고객충성도 대상 택배서비스 1위 선정
   ESG 경영 성과 담은 2023 지속가능경영보고서 발간
   물류업계 최초 '2024 올해의 브랜드 대상' 최고 경영대상부문 수상
   '2024 올해의 브랜드 대상' 택배 서비스 부문 1위
   '인권경영시스템 인증' 획득
2025. 수하물 관리 서비스 확대
   2024 한국서비스품질지수 택배부문 '최고' 등급 획득
   코레일 협업 레일택배 서비스 개시

■■■ 대표자 프로필
이름 : 강병구

경력 : (현)롯데글로벌로지스 대표이사
   (전)CJ대한통운 글로벌사업부문 대표

■■■ 회사 및 서비스 소개
롯데글로벌로지스는 국제화, 개방화로 인한 무한 경쟁시대를 가장 적극적으로 대처하는 기업입니다.

국가와 기업은 물론 개인생활의 경제적 편의를 도모하기 위해 설립된 롯데글로벌로지스는 선진화된 로지스틱스(LOGISTICS)체제 구축을 통해 국내외 물류서비스 뿐만 아니라 물류간 연계서비스에 이르기까지 첨단 물류서비스를 제공하는 종합물류회사입니다.

저희 롯데글로벌로지스는 데이터를 기반으로 최적의 물류서비스를 고객에게 제공할 것입니다. 지능화, 자율화 기반 스마트 물류를 실현하겠습니다. 또 유통·물류 트랜드의 효과적인 대응 및 고객 서비스 선도하기 위해 모바일 기반 IT 환경을 구축하여 끝까지 행복한 진심 배송을 실현합니다. 신선배송, 적시 배송을 비롯한 다양한 유형의 라스트마일 서비스를 제공하여 고객사의 경쟁력을 높이겠습니다.

이와 함께 국내 및 해외 거점간 긴밀한 연계를 통하여, 창고관리, 해상/항공운송, 항만하역 및 현지 내륙운송까지 물류 전분야에 걸쳐 Seamless한 글로벌 원스톱 서비스를 제공 합니다. 롯데글로벌로지스는 2017년 물류연구소를 설립했으며 분야별 혁신 활동도 지속적으로 추진하고 있습니다. 선진 물류사와의 전략적 제휴, 컨설팅 역량강화, 자동화, 무인화를 더욱 가속화하여 향후 10년의 물류를 리드하겠습니다.

(주)발렉스서비스
www.valexservice.com

대표	박희영
전화	02-2010-2880
팩스	02-707-0680
이메일	hr_svc@valexservice.com

■■■ 회사주소
서울 영등포구 의사당대로 83 (여의도동, 오투타워 12층)

■■■ 설립 및 자본금
설립년 : 2010년
자본금 : 50억원

■■■ 매출실적
2024년 : 3,018억원
2025년(예상) : 3,560억원

■■■ 종업원현황
총원 : 약 6,800명

■■■ 아웃소싱 서비스
생산라인, 제조지원, 장비 유지보수, 설비기술, 포장·물류
시설관리, 보안·경비, 호텔관리, 금융 콜센터, 해외취업 등

■■■ 주 거래 업종
반도체, 금융, 호텔, 화학, 태양광, 제약 등

■■■ 주 거래 기업
SK하이닉스, 현대엔지니어링, 현대글로비스, LG생활건강, SK실트론, 현대엔지니어링, 삼성카드, 현대카드, 나이키코리아, SK케미칼, 파르나스호텔, 팬택, 한국투자증권, SBI저축은행, 해비치호텔&리조트 등 국내·외 200여 개사

■■■ 지사 및 계열사
지주사 : 팬택씨앤아이
계열사 : 팬택씨앤아이엔지니어링, 피앤에스네트웍스
다온로지스틱스, 피앤에스로지스, 발렉스특수물류
피앤에스카고매니지먼트, 티앤에스엔지니어링

■■■ 임직원 연락처
대표번호 : 02-2010-2880
영업담당 : 02-2010-2884 / 02-2010-2887

■■■ 기업연혁
- 2010.~ (주)토스 설립
  근로자 파견, 시설경비업무, 위생관리용역업 허가 취득
  팬택, 동원산업(물류센터), 한국투자증권(시설/보안/안내) 등 인력공급 계약 체결
- 2019. 사세확장에 따른 사명변경(2018.08 附)
  반도체사업 부문 확대(SK하이닉스 이천/청주)
  특1급 호텔 부문 확대(쉐라톤 워커힐, 신라스테이 등)
- 2021. 산업재해예방 고용노동부장관 표창
  2021년 10대 아웃소싱기업 선정
  안전보건경영시스템 ISO 45001 인증 획득
  환경경영시스템 ISO 14001 인증 획득
  ISSA CMI교육 도입 및 CIMS 인증 획득
- 2022. 재해경감 우수기업 인증 취득
  ESG 지속가능경영보고서 발간
- 2023. 한국HR서비스산업대상 산업선도부문 수상
  UNGC (유엔글로벌콤팩트) 가입
  CIMS WITH HONORS 인증 획득
  KT AI첨단 로봇 활용 MOU 체결
  ESG 경영시스템 인증 획득(국내 최초 1호)
- 2024. ISO 37001 부패방지 경영시스템 인증 획득
  ISO 37301 규범준수 경영시스템 인증 획득
- 2025. 고용노동부 주관 일생활 균형 우수기업 인증 획득
  한국HR서비스산업대상 HR서비스기업 대상 수상
  2025 한국 아웃소싱 리딩컴퍼니 선정
  대한민국 아웃소싱산업 선도기업 특별상 수상

■■■ 대표자 프로필
이름 : 박희영
학력 : 경희대학교 가정관리학과 졸업
경력 : 現 (주)발렉스서비스 대표이사
  前 (주)팬택 경영관리본부
  前 (주)발렉스서비스 경영지원본부장
  前 (주)피앤에스네트웍스 해상운영본부장
경영방침 : 사람중심 경영, 기술중심 경영, 성과중심 경영

■■■ 회사 및 서비스 소개
발렉스서비스는 2010년 설립 이후 임직원 6,800명, 매출 3,560억원(2025년 말 기준)으로 성장하며 업계의 견고한 양적 성장과 질적 혁신을 이뤄왔습니다. 세계청결협회(ISSA) 가입 및 CIMS with HONORS 인증을 기반으로 선진화된 Hygiene Service(청결·위생 통합관리) 체계를 구축하였으며, CMI 미화 전문가 교육을 통해 내부 전문가를 육성하여 안전하고 위생적인 서비스 환경을 제공하고 있습니다.

당사는 가치향상 전문가(Value Adding Expert)로서 고객사의 핵심사업 가치를 높이는 데 힘쓰고 있으며, 이러한 성장을 바탕으로 장애인 고용 확대, 공익재단 후원 등 사회적 가치 실현과 함께 지속가능경영보고서 발간, UNGC 가입, 국내 최초 ESG 경영시스템 인증 통해 ESG 기반의 지속가능경영도 체계적으로 강화해 나가고 있습니다.

발렉스서비스는 앞으로도 전문성과 기술을 기반으로 한 체계적 시스템, 고객의 가치 성장을 이끄는 전문가로서의 역량, 그리고 차별화된 서비스 품질을 통해 고객 여러분께 최고의 비즈니스 파트너로서 역할을 다하겠습니다.

삼성전자로지텍(주)

www.selc.co.kr

대표: 김연성
전화: 031-270-3650

■■■ 회사주소
경기도 수원시 영통구 삼성로 290 (삼성전자(주)CS아카데미) 2층
삼성전자로지텍 주식회사

■■■ 설립 및 자본금
설립년 : 1998년
자본금 : 50억 5천만원

■■■ 매출실적
2023년 1조 6,341억원
2024년 1조 6,733억 5,520만원

■■■ 종업원현황
총원 : 548명

■■■ 아웃소싱 서비스
국내물류·해외물류 자재서비스

■■■ 주 거래 기업
계열사 - 스테코(주), 삼성전자판매(주), 삼성벤처투자(주), (주)시큐아이, (주)씨브이네트, (주)멀티캠퍼스, 삼성생명서비스손해사정(주), (주)미라콤아이앤씨, 세메스(주), 에스디플렉스(주), 삼성중공업(주), 삼성SDI(주), 삼성전자(주)

■■■ 기업연혁
- 1998. 토로스물류주식회사 (TOLOS Co.,Ltd.) 출범
- 1999. 서비스 자재 물류관리 업무 통합 운영
- 2000. 항공 포워딩 업무 개시
- 2001. 자회사 편입 및 자본금 증자 (5,054백만원)
  구미 통신 물류 업무 통합 운영
- 2002. 반도체 물류관리 업무 통합 운영
- 2003. 삼성전자로지텍주식회사로 사명 변경
  B2B 시스템 에어컨 설치사업 개시
- 2004. B2B 빌트인 설치사업 개시
  新물류정보시스템 구축 (WMS, TMS, ATD)
- 2005. 인천공항물류센터 가동 (항공 화물 Cross-Dock)
- 2006. GWP 도입
  해외물류 상용화주 자격 취득
- 2007. 배달설치 전문 교육기관 '설치기술 연수원' (노동부) 개원
  통합 물류 업무단지 구축 및 본사 이전
- 2008. 수입물류 및 자재수출물류 통합 운영
  Global-ERP 도입
- 2009. 관세청 AEO 인증
  국내최초 상용화주제도 시범 운영
- 2010. 녹색물류 일환, 철도수송 시범운영
  항공 내륙운송 실시간관제시스템(GPS) 도입
- 2012. 관세청 AEO AA 인증
- 2013. 안전보건경영시스템(KOSHA18001) 인증
- 2014. 가족친화우수기업 인증
- 2016. 관세청 AEO AA 등급 인증
- 2022. 10 물류용 폐비닐 재상포장재 자원선순환 추구
- 2023. 03 인천항 내 맞춤형 물류센터 구축
- 2024. 09 안전보건경영 ISO 45001 인증 획득
- 2025. 08. 한국승강기안전공단과 공공데이터 민관협업

■■■ 대표자 프로필
이름 : 김연성
경력 : (현)삼성전자로지텍 대표

■■■ 회사 및 서비스 소개
당사의 주요 물류서비스는 삼성전자 전 생산제품 및 서비스 자재를 대상으로 국내판매물류, 해외판매물류 및 B2B설치의 전략 및 운영 업무를 전담하여 수행하고 있으며, 수원, 광주, 구미 등의 생산거점 및 전국 주요지역에 물류 네트워크를 구축하고 있습니다.
당사의 500여 종업원과 9000여 명의 협력사 임직원은 3200여 국내판매점과 최종고객, 나아가 해외 600개 거래선에 대하여 최상의 물류서비스와 고객만족 실현을 위해 혼신의 노력을 기울이고 있습니다.
삼성전자로지텍은 21세기 디지털 시대에 물류혁명을 선도하는 창의와 도전이 살아 숨쉬는 기업으로서 고객이 믿고 신뢰하는 디지털 물류전문회사로 거듭나기 위해 최선을 다하겠습니다.

삼영물류(주)
www.sylogis.co.kr

대표	이상근
전화	032-886-3003
팩스	032-886-3838
이메일	sylogis@sylogis.co.kr

■■■ 회사주소
인천광역시 ○○구 중봉대로 490, 지식산업센터 10층

■■■ 설립 및 자본금
설립년 : 1998년
자본금 : 4.2억 원

■■■ 매출실적
2024년 : 935억 원
2025년(예상) : 1,027억원

■■■ 종업원현황
총원 : 998명 / 본부 : 16명 / 물류센터 : 567명 / 수배송 : 415명

■■■ 아웃소싱 서비스
3PL, 공동물류, 화물운송, 물류컨설팅, 종합물류서비스

■■■ 주거래업종
제3자물류 (Integrated Total Logistics Service)
- 전기 · 전자 설치, CVS, Food

공동물류 (Platform Service)
- On Line(EC, MC, SC) 풀필먼트, 화장품, 전기 · 전자

물류컨설팅 (Logistics Consulting)
- PI, 공동물류, 물류조직재구축, 거점재구축

국제물류 (Import/Export Related Service)
- 크로스보더(직구, 역직구) 풀필먼트

■■■ 주거래기업
삼성전자, 아모레, BGF, 삼성SDS, 삼성웰스토리,
소니코리아, 코오롱, 코맥스, 엡손, 야마하, 블루박스 등

■■■ 지사 및 계열사
㈜삼영로지스틱스, ㈜스테이프레시, ㈜에스에이치엘, ㈜삼영웨이브,
㈜삼영물류플랫폼, ㈜삼통글로벌로지스틱스, 나루물류㈜,
삼영물류운송㈜

■■■ 임직원 연락처
이상문 플랫폼사업부장   070-5029-4100 / smlee425@sytpl.com
이창곤 FC사업부장   070-5038-4570 / ch90n@sytpl.com
김정현 TP사업부장   070-5038-4575 / kjh@sylogis.co.kr

■■■ 기업연혁
1998. 02 '삼영물류주식회사' 법인 설립
2001. 04 한국 ILS물류부분 B2B시범사업 추진기관 선정-산업자원부
2003. 10 ISO9001:2000 품질경영시스템 인증 – KFQ
2005. 09 인천광역시 남동공단 물류공동화 시범사업 개시
2008. 07 우수화물운수업체 인증 – 국토해양부(최초인증)
2009. 05 삼영물류 – 일본 '히타치 물류' 업무협약 체결
2009. 09 생산성향상 우수기업 지정
2012. 12 우수물류창고업체 인증 – 국토해양부(최초인증)
2013. 06 노사문화우수기업, 일터혁신우수기업 인증 – 고용노동부
2017. 12 일자리창출우수기업 인증 – 인천광역시
2018. 04 HR서비스우수기업 인증(물류 · 운송) – 한국경총/한국HR협회
2019. 10 근로자보호 HR서비스 클린기업 인증 – 한국HR서비스협회
2020. 07 일자리창출 최우수기업 인증 – 인천광역시
2020. 12 한국SCM산업대상, 기업혁신대상 장관상 – 산업통상자원부
2021. 08 기업부설연구소(LE&IT Innovation Center) 설립
2022. 05 안전보건경영시스템 인증 – 한국산업안전보건공단
2022. 12 가족친화인증 – 여성가족부
2023. 06 스마트트레이허브 컨소시엄 선정 – 중소벤처기업진흥공단
2024. 03 ISO45001;2018 안전보건경영시스템 인증
2024. 11 지역사회공헌 인정제 인정
2025. 07 일자리창출 최우수기업 인증 – 인천광역시

■■■ 대표자 프로필
이름 : 이상근
학력 : 중앙대 산업경영대학원 석사(유통 · 물류)
　　　인천대 산업경영공학 박사
경력 : 1998.02.~ 현재 삼영물류(주) 대표이사
　　　'06.03.　　　대통령표창 수상
　　　'08.08.~'10.09. 인천항만공사 항만위원
　　　'09.02.~ 현재 대한상의 물류위원회 부위원장(실무위원장)
　　　'09.06.~ 현재 국가물류정책위원회 민간위원(물류정책분과)
　　　'11.11.　　　산업포장 수상
　　　'12.03.~ 현재 인천대학교 전문교수
　　　'16.01.~ 현재 인천지역인적자원개발위원회 물류분과위원장
　　　'18.07.　　　세계인명사전(마르퀴즈후즈후) 등재
　　　'22.11.　　　서울시 교통위원회 위원
　　　'23.04.　　　서울시 물류정책위원회 위원
　　　'24.11.　　　은탑산업훈장 수훈
경영방침 : '우리가 잘 하는 것을 남들과 다르게 한다!'

■■■ 회사 및 서비스소개
업의 정의를 '물류를 통해 고객을 성공시키는 기업'으로 한 삼영물류는, 1998년부터 제3자물류, 공동물류, 국제물류, 컨설팅 등의 물류서비스를 제공하고 있는 대한민국 대표 3PL 전문기업이다.
물류업계 최초로 생산성향상 우수기업으로 지정되었으며, 국토부 우수물류 기업인증(물류창고기업/화물운송기업) 인증, ISO9001:1008, ISO45001:2018 등을 바탕으로 품질물류서비스 구현과 효과적인 대응을 통해 글로벌 물류기업으로 성장 · 발전 해가고 있다.
특히, 온라인쇼핑 크로스보더(직구/역직구) 풀필먼트 서비스, 물류컨설팅 부분의 확충으로 최상의 고객만족을 위한 맞춤물류서비스를 제공하고 있다.

(주)알케이그룹
www.rocketgroup.co.kr

대표	장정민
전화	031-848-8281
팩스	031-848-8281
이메일	rocket@rocketgroup.co.kr

▪▪▪▪ 회사주소
경기도 양주시 고덕로 243, 3층(고읍동)

▪▪▪▪ 설립 및 자본금
설립년 : 2022년
자본금 : 1억원

▪▪▪▪ 매출실적
2025년(예상) : 300억원

▪▪▪▪ 종업원현황
총원 : 380명

▪▪▪▪ 아웃소싱 서비스
3PL 배송, 물류센터 위탁운영, 근로자파견, 인력도급, 채용대행, 건물관리, 경비, 미화 등

▪▪▪▪ 주 거래 기업
쿠팡, 쿠팡로지스틱스서비스 외 다수

▪▪▪▪ 지사 및 계열사
계열사 : 알케이컴퍼니, 알케이물류, 알케이에이전트

▪▪▪▪ 임직원 연락처
장정민	대표이사	010-4659-3059
김대영	사내이사	010-4932-2211
이정민	사내이사	010-2513-0707
김문남	운영팀장	010-9286-2406
신석민	과장	031-848-8281

▪▪▪▪ 기업연혁
- 2022. 01 (주)로켓물류 설립
  3PL전문 물류배송 운영 : B2B, B2C 배송 전문
  물류센터 위탁/파견 운영
- 11 (주)로켓에이전트 설립
  물류센터 위탁/파견
  채용대행/미화
- 2023. 04 (주)로켓컴퍼니 설립
  계열사 영업 및 사업기획
  계열사 지원업무
- 05 (주)로켓물류
  충청지사 오픈 : 충청권 물류 배송 확장
- 2024. 01 (주)로켓에이전트
  부산지사 오픈 : 영남권 물류도급 확장
- 07 사명 변경
  로켓물류-〉RK그룹
  로켓에이전트-〉 RK에이전트
  로켓컴퍼니-〉RK컴퍼니
- 08 RK에이전트 연구개발전담부서 설립승인
  과학기술정보통신부(한국산업기술진흥협회)

▪▪▪▪ 대표자 프로필
이름 : 장정민
경력 : 3PL 배송업(B2B, B2C) 경영
　　　물류도급 위탁업 경영
　　　부동산 임대업 경영
경영방침 : "고객만족을 최우선으로하는 아웃소싱 전문기업"

▪▪▪▪ 회사 및 서비스 소개
알케이그룹은 물류서비스를 기반으로 한 아웃소싱 전문기업으로 물류센터운영, 배송, 채용대행,인력도급 등 HR서비스와 3PL물류 부문에서 전문성과 경쟁력을 갖추고 기업에 서비스를 제공하면서 빠르게 성장하고 있는 기업이다.
현재 경기권 물류인프라의 핵심지역인 양주에 본사를 두고 전국각지로 아웃소싱사업을 확대해 나가고 있다.
알케이그룹 경쟁력의 핵심은 전국지역에서 운영하고 있는 각 센터마다 현장업무에 적합한 인재를 발굴하고, 체계적인 교육을 통해 숙련된 우수한 인력풀과 배송기사 DB를 상시 확보하고 있다는 점이다.
또한 물류센터 도급위탁운영, 물량에 따른 탄력운영, 피킹 포킹 집하 출고업무는 물론 보유차량을 이용한 배송업무까지 모두 수행하면서 쌓은 물류 종합노하우로 전 직원이 물류 및 유통에 대한 이해도가 매우 높다는 점도 강점이다.
이러한 배경을 바탕으로 초기부터 빠르게 성장하며 업계에서 두각을 나타내고 있다. 다양한 고객사 확충을 통해 올해 연매출 300억원을 예상하며 충청권과 부산에 지사망을 확충해 나가고 있다.
알케이그룹 장정민 대표는 "고객만족을 서비스의 최상 가치로 두고 기업의 비용절감 및 경쟁력 강화로 고객사가 핵심사업에 집중할 수 있도록 기여할 것"이라는 각오다.알에스이알은 우수하고 차별화한 Solution을 제시함으로써 아웃소싱서비스의 새로운 지평을 열어가는 전문기업이 되겠습니다.

(주)위로지스틱스
www.welogistics.co.kr

대표	조성훈
전화	02-6671-2917
팩스	02-6674-2917
이메일	ekdud4583@naver.com

■■■ 회사 주소
서울시 강동구 성내동 548-3 유원빌딩 3층

■■■ 설립 및 자본금
설립년 : 2021년
자본금 : 3억원

■■■ 매출실적
2024년 : 200억원
2025년(예정) : 300억원

■■■ 종업원현황
총원 : 520명

■■■ 아웃소싱 서비스
화물운송 중개 대리 및 운수관련 서비스업, 물류도급, 생산도급 등

■■■ 주 거래 업종
대기업, 중견기업, 중소기업 등

■■■ 주 거래 기업
쿠팡그룹 계열사, 롯데그룹 계열사, 딜리버스 그룹, 공공기관 등 다수

■■■ 지사 및 계열사
지사 : 영남지사 (경상남도 양산시 동면 금오7길 39, 1층)
계열사 : (주)우리딜리버리(www.wedelivery.co.kr)

■■■ 임원 연락처
대표이사 조성훈 (대표전화 : 02-6671-2917)
전무이사 ■대영
상무이사 조상희
상무이사 ■기윤
운영팀장 ■혜정

■■■ 기업연혁
2021. (주)위로지스틱스 설립
2021. 쿠팡 로지스틱스 공식 협력사 등록 (운수)
2022. 쿠팡이츠 공식 협력사 등록 (배달대행)
2023. 롯데택배 공식 협력사 등록 (운수)
2023. 쿠팡 로지스틱스 협력사 등록 (물류도급)
2023. 딜리버스 공식 협력사등록 (운수)
2023. 딜리버스 공식 협력사 등록 (물류도급)
2025. CJ오네 협력사 등록(배달대행)
       핑퐁 협력사 등록(배달대행)

■■■ 대표자 프로필
이름 : 조성훈
경력 : (주)위로지스틱스 대표이사
       물류아웃소싱분야 컨설턴트/전문가
경영방침 : "안전을 위로!", "신속함을 위로!", "만족을 위로!"

■■■ 회사 및 서비스 소개
급격하게 성장하고 있는 대한민국 물류 및 운송업, 위로지스틱스는 온라인 배송, 택배, 대형차 수송 등 체계화된 운송시스템을 갖추었으며 물류도급 전문인력을 현장에 배치하여 타사와는 차별화된 운영시스템을 구축하고 있습니다.
전문 서치팀, 관리팀, 노무팀으로 각각 업무를 분담하여 효율성을 높인 위로지스틱스는 다수의 운영 경험을 통해 전문성을 인정 받고 있는 기업입니다.

■주요 사업분야
▲[Outsourcing] 물류센터업무 위탁도급 서비스
위로지스틱스는 물류, 유통, 생산, 포장 등 기업의 핵심역량 강화를 위해 전 부문 아웃소싱과완전 업무위탁, 도급으로 고객사 업무를 수행합니다.
▲[Logistics] 물류운송 서비스
경제발전과 더불어 물류, 택배 수요증가로 산업의 핵심역할을 하고 있는 운송, 유통산업에서 위로지스틱스는 끊임없는 서비스 정신과 노력을 바탕으로 최고의 만족도를 드리기 위해 최선의노력을 다하고 있습니다.
▲[3PL] 3자물류 서비스
고객사에서 판매하는 품목들에 대하여 상품의 위탁 보관부터 발송까지 필요한 과정 중 여러 과정을 종합적으로 제공하는 원스톱 물류 서비스를 제공하고 있습니다.
▲[Delivery] 배달대행 서비스
최근 폭발하는 배달 수요에 따른 고객의 니즈를 파악하여 가맹점주님과 배달기사님이 사업에만 전념하실 수 있도록 최상의 음식배달 시스템을 구축하고 있습니다.

(주)제니엘시스템

WWW.ZENIELSYSTEM.CO.KR

- **대표**: 정주용
- **전화**: 031-777-9800
- **팩스**: 031-777-9850

회사주소
경기도 성남시 중원구 둔촌대로 484, 408호(상대원동, 시콕스타워)

설립 및 자본금
설립년 : 1998년 9월
자본금 : 6억원

매출실적
2023년 : 757억원
2024년 : 643억원
2025년(예상) : 561억원

종업원현황
총원 : 2,100명 / 관리 : 100명 / 도급 : 200명 / 배송 : 1,800명

아웃소싱 서비스
물류종합아웃소싱(신용카드 및 고가품 배송, 3PL운영, 터미널 운영, 물류운영대행, 운송, 간선운행 등), 마케팅 대행, 콜센터 및 텔레마케팅 서비스, 공유자전거 위탁 운영

주 거래 업종
카드사, 금융사, 공공기관, 물류업체, 택배업체, 운송업체, 유통업체, 오픈마켓, 인터넷쇼핑몰

주 거래 기업
BC카드, KB국민카드, 신한카드, 삼성카드, 현대카드, NH농협카드, 하나카드, 롯데카드, 씨티은행, 토스, CJ대한통운, 현대백화점, 테라웍스, 케이티커머스, 카카오, 한진택배, 디아이로지스, 코나아이, 이마트, 코리아트래블즈, 디버 등

지사 및 계열사
(주)제니엘, (주)제니엘이노베이션, (주)제니엘휴먼, (주)제니엘메디컬, (주)제니엘플러스, (주)제니엘텍, 푸른꿈일자리재단, 이노파크 등

기업연혁
1993. 07 신한카드 배송 시작으로 특수업무 개시
1994. 04 삼성카드, BC카드, 현대카드 등 신용카드社 다수 계약
1998. 09 물류전문회사 (주)제니엘시스템 설립
2008. 06 배송시스템, 업계 최초 PDA 도입
2011. 09 젠익스프레스(이사서비스) 사업개시
2012. 08 KG로지스 이천허브센터 도급 운영
2013. 07 현대로지스틱스 진천공장 3PL창고 도급 운영
2014. 03 KGB택배 옥천허브터미널 하차 도급 운영
2015. 05 한진택배 진주허브터미널 도급 운영
2017. 04 갈마물류센터 3PL 신규운영(다이소 GS홈쇼핑 등)
2017. 08 한진택배 동서울허브터미널 입찰계약(직접고용인력 운영)
2018. 06 배송용 Tablet PC 도입
2018. 08 카드배송 Tablet PC 전자동의서 도입 및 확대
2018. 12 차세대 배송 업무용 카드 분류기(NPI) 도입
2019. 04 차세대 배송 전산시스템 개발 및 도입
2020. 03 한진택배 세종터미널 도급 운영
2020. 12 카카오모빌리티 공유전기자전거 위탁 운영 계약(송파,하남 지역)
2021. 04 카카오모빌리티 공유전기자전거 위탁 운영 계약(해운대 지역)
2022. 04 한진택배 안성터미널 도급 운영
2022. 10 카카오모빌리티 공유전기자전거 위탁 운영 계약(원주 지역)
2023. 08 유핀테크허브(유트랜스퍼) 외화배송서비스 업무협약 체결
2024. 10 디버-기업 맞춤 오피스 배송 서비스 업무협약 체결
2024. 10 차세대 배송 업무용 카드 분류기(NPI) 추가 도입
2025. 03 '제59회 납세자의 날' 모범납세자 선정 및 세무서장 표창
2025. 07 iM뱅크 'iM외화배송서비스' 업무협약 체결
2025. 09 한진택배 안산서브터미널 도급 운영
2025. 11 한진택배 장항1 (중구) 서브터미널 도급 운영

대표자 프로필
이름 : 정주용
학력 : 경북대학교 회계학과 졸업
　　　KPC CEO 경영아카데미 과정 수료
　　　산업정책연구원 ESG경영 최고위 과정 수료
경력 : 신한카드 본부장
　　　신한신용정보 상무이사
　　　(주)제니엘시스템 전무이사
　　　(주)제니엘시스템 대표이사(現)
경영이념 : "인재를 통한 가치경영"
고객 감동의 실현, 혁신 경영의 추구, 인간 존중의 실현

회사 및 서비스 소개
(주)제니엘시스템은 신용카드 전문배송업을 시작으로 사업영역 확대를 통한 특화물류 서비스를 제공하고 있습니다.
소형화물의 배송에서 물류창고 운영, 택배터미널 운영 등의 물류 아웃소싱 업무를 수행하고 있으며, 유통/3PL/화훼 등 사업영역을 계속 확장하고 있습니다.
물류아웃소싱 영역에 '믿음 가는 파트너'로 계속 성장하고자 하며, 제니엘 그룹의 핵심기업으로서의 선도적 역할을 수행하고자 합니다.
물류분야는 제니엘그룹 기업이념인 '일자리 창출'에 가장 잘 맞는 사업분야입니다. 유통규모가 커지면서 물류시장 또한 지속적으로 확대되고 있으며 특히 사물인터넷의 발달은 고객이 구매에서 배송까지 원스톱으로 한 번에 이루어질 수 있는 토탈시스템을 요구하고 있습니다.
이에 (주)제니엘시스템은 보다 많은 사람들에게 새로운 일자리를 제공하는 것은 물론이며, 고객의 Needs에 맞는 새로운 맞춤식 물류서비스의 R&D투자(핀테크/Tablet PC/차세대시스템/스마트오피스)를 통해 기업가치를 지속적으로 창출하고자 노력하고 있습니다.

(주)제이엔알써비스
www.jnrservice.com

대표	정세영
전화	02-851-8122
팩스	02-6280-8585
이메일	jnrservice@naver.com

■■■ 회사주소
서울시 마포구 관리재로 14, 1211호 (공덕동, 르네상스타워)

■■■ 설립 및 자본금
설립년 : 2003년
자본금 : 3.5억원

■■■ 매출실적
2025년(예상) : 85억원

■■■ 종업원현황
총원 : 255명 / 관리 : 15명 / 도급 : 240명

■■■ 아웃소싱 서비스
물류운송, 택배

■■■ 주 거래 업종
식자재, 편의점 상품, B to C 운송

■■■ 주 거래 기업
이마트, BGF, CJ대한통운

■■■ 지사 및 계열사
계열사 : (주)제이알코어, (주)제이알컴퍼니, (주)제이알트랜스

■■■ 임직원 연락처
대표이사 정세영 010-9500-7001

■■■ 기업연혁
2003. 10 (주)제이엔알써비스 설립
2006. 12 정보통신부 우정사업본부장 표창 수상
2008. 10 2008한국품질경쟁력우수기업 선정 (서울경제신문)
2008. 11 ISO 9001:2000 인증취득
       09 2010대한민국아웃소싱서비스고객만족대상수상
          (지식경제부, 아웃소싱타임스)
2010. 10 경영혁신형중소기업(MAIN-BIZ) 인증취득 (중소기업청)
2013. 05 한국HR서비스산업협회 이사취임
       04 전국화물운송주선사업연합회 회장표창수상
       09 근로자보호 클린기업 인증 취득
2015. 01 우리카드사 근로자 파견 계약
2016. 02 서울특별시장 표창
       06 2016년도 근로자보호 HR서비스 클린인증기업 갱신인증
2017. 02 HR서비스우수기업 인증(경영자총협회, HR협회공동인증)
       06 제대군인행복일자리창출협정체결(서울지방보훈청)
2018. 03 서울시 모범납세자 7년 연속 선정 (서울특별시)
       04 2018년 대한민국 100대 아웃소싱기업 선정
2021. 10 이마트 과천점, 광명 소하점 근거리 배송 위탁 계약
2022. 05 군포 BGF(CU편의점) 저온 운송 위탁 계약
2024. 03 오산BGF, 경산BGF 저온운송 위탁 계약

■■■ 대표자 프로필
이름 : 정세영
학력 : 대졸
경력 : 한국상업은행(현 우리은행), 동남은행지점장/한국자산관리공사(KAMCO) 기획팀장/대한민국인재파견지도사회 회장 역임/전국우체국택배위탁회사협의회 회장 역임/한국HR서비스산업협회 이사역임/서울시화물협회 이사
경영방침 : 고객감동, 정도경영, 공동번영

■■■ 회사 및 서비스 소개
(주)제이엔알써비스는 'Just as needs and reward with our best'를 회사의 Mission으로 삼아 '고객의 Needs에 꼭 맞는 서비스의 제공과 최선을 다한 보답'을 실현하고자 매일 새롭게 태어나는 회사입니다.
이미 물류 유통부문에서 정보통신부 우정사업본부장 표창 수상을 비롯하여, 서울경제신문의 2008 한국품질경쟁력우수기업으로 선정된 바 있으며, 경영혁신형중소기업(MAYIN-BIZ) 인증과 서울시의 모범납세자선정을 통하여 건실한 중소기업임을 검증받았으며, 대표이사는 '2010 아웃소싱전문가 11인'에 선정됨은 물론 지식경제부가 후원하고 아웃소싱타임스가 주관하는 '2010 대한민국 아웃소싱 고객만족서비스 대상'을 수상하였고, 2014년도 근로자보호클린기업 인증취득, 2016년 서울시장표창을 수상하였고, 2017년에는 경영자총협회와 HR협회가 공동으로 수여하는 HR서비스우수기업 인증)을 취득하여 아웃소싱서비스업체로서의 위상을 다시 한 번 확인받은 바 있습니다.
(주)제이엔알써비스는 여기에 만족하지 않고 더 많은 수요고객의 평가를 받기 위하여 끊임 없이 노력 중에 있습니다.

(주)지오영

www.geo-young.com

대표	조선혜
전화	02-2635-0250
팩스	02-3141-6492

▪▪▪ 회사주소
서울특별시 서대문구 성산로 321 (연희동 421-1, (주)지오영)

▪▪▪ 설립 및 자본금
설립년 : 2002년
자본금 : 257억 8,000만

▪▪▪ 매출실적
2023년 : 4조 4,386억원
2024년 : 4조 6,067억 7,237만원

▪▪▪ 종업원현황
총원 : 480명

▪▪▪ 아웃소싱 서비스
의약품 도매업

▪▪▪ 주거래업종
의약품, 화장품, 위생재료 도소매, 전자상거래(의약품)/진료재료, 의료기기 도매/보관, 창고, 소프트웨어 개발, 공급

▪▪▪ 지사 및 계열사
계열사 : 지오영경동, 남부지오영 등 다수

▪▪▪ 기업연혁
2002. 지오영 설립
　　　부천물류센터 오픈
2003. 경영정보시스템(MIS) 구축
2004. 강북/경기 물류센터 오픈
2006. 연합약품 인수 (강원지오영으로 사명 변경)
2007. 인천물류센터 오픈
2008. 강남물류센터 오픈
2009. 중부물류센터 오픈
　　　지오영네트웍스 설립
　　　청십자약품 인수
2010. 호남지오영 설립
　　　대전지오영 설립
2013. 연희동 신사옥 신축 이전
　　　의약업체 최초 단일법인 매출 1조 달성
　　　북부물류센터 오픈
2014. 제주지오영 인수
　　　케어캠프 인수 (병원 진료재료 구매대행)
2015. 차세대시스템(지오넷 플러스) 구축
2016. 제2 Hub 물류센터 오픈 예정
2019. 남부지오영 설립
2020. 12 경동약품 인수, 지오영경동 설립(충청지역 강화)
2021. 04 제 2 HUB 천안물류센터 오픈(콜드체인, 3PL/4PL 확대)
2021. 08 듀켐바이오 인수
2023. 07 백제약품 지분인수(국내 2위 의약품유통업체, 2대주주)
2024. 12 자회사 포씨게이트 고려대의료원 모바일입원 플랫폼 구축 사업 수주
2025. 06 기아-친환경 의약품 물류 생태계 조성 협약 체결

▪▪▪ 대표자 프로필
이름 : 조선혜
경력 : (현) 지오영 대표이사 회장
　　　한국의약품유통협회 회장
　　　숙명문화재단 이사장
수상 : 2014년 제28회 약의 날 동탑산업훈장
　　　2014년 포브스코리아 최고경영자 대상 가치 창조 부문

▪▪▪ 회사 및 서비스소개
주식회사 지오영은 의약품 물류의 선진화를 위해 설립한 의약품 물류 전문회사로서 도매유통업체, 제약사의 부가가치 향상을 위해 의약품관리, 물류의 전문가로 구성된 공동물류, 수배송, TPL 서비스를 제공하는 의약품 종합물류 기업입니다.
제약, 도매, 물류, 정보시스템등 각 분야별 핵심전문가로 구성원 조직을 바탕으로 SCM (Supply Chain Management)을 기반으로 하는 신 물류시스템을 활용하여 제약회사로부터 의약품의 구매 및 약국에 공급하는 전 과정을 온라인(on-line) 시스템으로 관리하고 있습니다. 또한 전국적 유통망을 커버하는 오프라인(off-line)의 물류센터를 구축하여 시장 변화에 빠르게 대응함과 동시에 최상의 서비스 제공하고 있습니다.
지오영은 각 기업의 특성을 고려한 물류서비스를 제공하기 위해 제약사, 요양기간 연결고리인 supplier chain상의 물류의 정보인프라 구축 완료하여 고객에 대한 물류비 절감 뿐 아니라 다양한 정보를 제공함으로서 고객사의 경쟁력강화에 기여하고 있습니다.

(주)케이티에스
ktsglobal.co.kr

대표	강진구
전화	02-3665-2226
팩스	02-3663-3020

▪▪▪ 회사주소
서울시 강서구 강서로 466, 204호 (등촌동, 우리벤처타운)

▪▪▪ 설립 및 자본금
설립년 : 2019년
자본금 : 3억원

▪▪▪ 매출실적
2025년 매출(예상) : 350억원

▪▪▪ 종업원현황
총원 : 768명 / 내부사원 18명, 도급사원 750명

▪▪▪ 아웃소싱 서비스
물류도급, 창고위탁관리업, 항공기취급업, 판매판촉, 기타도급업 등

▪▪▪ 주 거래 업종
항공, 공항, 물류, 식품 등 대기업, 그룹사, 중견기업, 중소기업, 공공기관 외

▪▪▪ 주 거래 기업
한진, 제주항공, CJ대한통운, 해마로푸드시스템, 부경양돈, 은하수산, 하림, 올품, 아워홈, 순천원예농협 외 다수

▪▪▪ 지사 및 계열사
계열사 : 케이티에스글로벌, 케이티에스잡, 케이티에스원

▪▪▪ 임직원 연락처
강진구 대표 02-3665-2226

▪▪▪ 기업연혁
- 2019. (주)케이티에스 설립
- 2019. 제주항공 우수협력업체 표창
- 2020. 01 한진 남서울터미널 물류도급 체결/제주항공 케터링 물류도급 체결
- 05 해마로푸드시스템 물류도급 체결
- 12 은하수산 전국 판매판촉 도급계약 체결
- 2021. 07 cj대한통운 북서울권역 물류도급 체결
- 2022. 08 ISO 45001 인증 취득
- 09 ISO 37001 인증 취득
- 2023. 05 하림 판매판촉 도급계약 체결
- 올품 판매판촉 도급계약 체결
- 아워홈 판매판촉 도급계약 체결

▪▪▪ 대표자 프로필
이름 : 강진구
경력 : 現)케이티에스 대표이사
　　　現)케이티에스잡 대표이사
경영방침 : 인간중심 경영, 고객가치 창조

▪▪▪ 회사 및 서비스 소개
21세기는 위험과 기회가 공존하는 가운데 역동적인 시대이며, 기업의 변혁을 요구하고 있는 것이 현실입니다.
이 시기를 어떻게 극복하느냐에 따라 위기를 기회로 만들 수 있으며, 무한경쟁으로 표현되는 국가 간, 기업 간의 승부에서 단순한 산술적 크기로서가 아닌 기업의 변혁으로 내부역량 강화하여 우위를 점할 수도 있습니다.
이러한 핵심 산업의 경쟁력 강화가 아니면 우위를 점할 수 없게 된 것이 현실입니다.
그러기 위해서는 전략적 차원의 아웃소싱은 불가피하며 이미 외국기업이나 대기업들이 앞다투어 실천하고 있습니다.
케이티에스는 이러한 시대적 사명을 안고서 일류기업으로서의 충실한 역량의 확보와 우수한 인재가 적재적소에 충분히 능력을 발휘케 하여 한 기업, 나아가 우리나라의 국가역량 강화에 일조하겠다는 기업 철학을 잊지 않고 있습니다.
회사 특장점은 다음과 같다.
- 특화된 평가시스템 보유 : SLA 평가(한국철도공사) 1위, 한진 연속 우수협력업체 선정 대통령 표창 수상, 인적, 물적 인프라를 통해 글로벌화 지향
- KTS운영관리 노하우 축적 : 항공기 경정비, 물류도급, 철도, 시설관리, 제조 생산에서 유통판매, 판촉까지 일괄 프로세스의 특화 전문 기술력 보유
- 심층 교육프로그램 운영 : KTSFSM(성공요소관리 교육), KTS아카데미, CS강사 등 사내 강사교육과 6시그마 운동, 직무충실과 확대교육, 생산성효율 향상 등 사외 교육실시
- KTS APP을 통한 전문관리 : GPS 시스템을 이용한 출근, 휴무, 연차 등의 근태관리 및 재고관리, 실시간 근로자들과의 소통, 온라인 교육등 차별화되고 전문적인 관리 실시

(주)한진

www.hanjin.co.kr

- **대표**: 노삼석
- **전화**: 1588-0011
- **팩스**: 02-725-8745

■■■ 회사주소
서울시 중구 남대문로 63 한진빌딩 (주)한진

■■■ 설립 및 자본금
설립년: 1945년

자본금: 1708억 6,000만원

■■■ 매출실적
2023년: 2조 8,075억원

2024년: 3조 154억 7,916만원

■■■ 종업원현황
국내: 1,595명

해외: 395명

■■■ 아웃소싱 서비스
정기화물자동차, 석유판매, 전자상거래, 택배, 렌터카, 국제물류사업

■■■ 주거래업종
택배, 물류, 글로벌, 디지털플랫폼

■■■ 지사 및 계열사
전 세계 22여개국 44여개 도시 진출

■■■ 기업연혁
- 1945. 한진상사 창업
- -중략-
- 2015. 최대주주 변동: (주)한진칼(소유주식수 2,590,179주, 지분율 21.63%)
- 2016. 베트남 현지 법인 설립
- 2017. 중부대전화물터미널(주) 흡수합병
- 2019. (주)더원에너지 흡수합병
- 2020. 포항 철제품 전용 물류센터 신축 운영 개시
  남부산종합물류센터 신축 운영개시
  인천공항 GDC 신축 운영 개시
- 2021. 원클릭 Scale-Up 서비스 출시
  '간편여행' 서비스 런칭
  베스킨라빈스 인천센터 신축 운영 개시
  한진-테라사이클, 친환경 upcycling 플랫폼 'PLANET' 출시
  UN자발적 공약 국제 친환경 인증 GRP 최우수등급 획득
- 2022. 제12회 행복더함 사회공헌 캠페인 생활안전부문 행안부 장관상 수상
  소상공인 온라인 판매 진출 지원 플랫폼 '디지털 오더' 출시
  인천글로벌물류센터(IGDC) 개장
  유럽법인 산하 폴란드 지점 설립
  가족친화 우수기업 인증 취득
- 2023. 인도네시아 법인 설립
  싱가포르/폴란드/태국 등 대표사무소 설립
  부산신항 합작물류센터 개장
  제26회 한국로지스틱스 대상 대기업 부문 대상
  제10회 CSV포터상 '프로세스 부문' 수상
- 2024. Mega-Hub 운영 개시
  ISO37301(규범준수 경영시스템) 인증 취득
  중국 난통~군산 2차 전지용 리튬염 제조설비 운송
  펫 시장 맞춤 물류 솔루션 제공
  우즈베키스탄 물류 시장 진출
  한국WWF와 업무협약
  인천 신항 1-2단계 컨테이너터미널 운영사 협약 체결
  국제항공운송협회(IATA) CEIV 리튬 배터리 인증 취득
- 2025. 전년도 매출 3조원 돌파
  '2024 물류기술대상' 국토교통부 장관상 수상
  큐텍 재팬과 일본 배송 협력
  지속가능경영보고서 발간
  DHL서플라이체인 코리아, 글로벌 기업 위한 국내 물류센터 공동 운영
  네이버와 물류 동맹 강화 특화서비스 협력
  한진 챗봇 '한지니' 생성형 AI 업그레이드
  '2025 APEC 정상회의' 수하물 당일배송 서비스 운영
  농협경제지주ㆍ대한항공씨앤디와 MOU
  인플루언서 맞춤 물류솔루션 '원스타' 출시

■■■ 대표자 프로필
이름: 노삼석

경력: (현)한진 대표

■■■ 회사 및 서비스 소개
(주)한진은 지속 성장하는 이커머스 시장에 대응하여 대전 Mega-Hub, 인천공항 GDC 등의 생활물류 인프라를 확충하고 부산, 광양, 포항 등 주요 지역에 신규 수출입 물류거점 확대와 중량물 전용소 추가 도입, 전 세계 영업망을 보유한 그룹사와의 협력을 통해 Global Smart Logistics Solution 기업의 역량을 강화하고 있습니다. 또한 다양한 분야와의 제휴 및 IT를 활용한 신사업 개발을 통해 Digital 기반의 경쟁력 강화를 추진하고 지속적으로 사회와 상생할 수 있는 공유가치 창출(Creating Shared Value)로 수송보국의 창업정신을 실천해 나아가고 있습니다.

현대글로비스(주)
www.glovis.net

대표	이규복
전화	02-6191-9114
팩스	02-6191-8114

회사주소
서울특별시 성동구 왕십리로 83-21 (성수동 1가 685-700)

설립 및 자본금
설립년: 2001년
자본금: 187억 5●00만원

매출실적
2023년 : 25조 ●●32억원
2024년 : 28조 4●73억 7,430만원

종업원현황
총원 : 2,422명

아웃소싱 서비스
화물운송 중기 대리 및 관련 서비스업
화물운송주선, 물포장, 자동차 수리/산업용 기계장비 임대

지사 및 계열사
자회사 : 지마린 서비스
연구소 : G-LAB
영업소 : 인천, 당진, 광양, 포항, 울산, 대구
사무소 : 강릉, 동해, 화성, 아산, 천안, 광주, GGM, 창원, 부산, 울산
글로벌 37개 법인, 22개 지사, 35개 사무소 외

기업연혁
2001. 설립
- 중략 -
2020. 국내 최초 콜드체인 전기차 배송 서비스 개시
'선/화주 상생 우수 기업' 최고 등급 인증
다우존스 지속가능경영 (DJSI) 아시아퍼시픽/코리아지수 6년 연속 편입
럭비단, '2020 코리안 럭비 챔피언십' 우승
그린경영대상/안전경영대상 동시 수상
카자흐스탄 음료 운송계약 체결
태국 CP그룹과 친환경 물류사업 협업 MOU 체결
'2020년 환경정보공개 대상' 환경부장관상 수상
폭스바겐 그룹 5년 장기 해상 운송 계약 체결
중국 칭다오 한국농수산식품 물류센터 운영사업자 선정
클라우드 중고차 경매 '오토벨 스마트옥션' 론칭
2021. 글로벌 선사 최초 전기차 특화 해상운송 솔루션 구축
국내 최초 '전기차 사용후 배터리 운송 설비' 특허 취득
완성차 해상운송 비계열 매출 비중 55% 역대 최대
2022. 세계 최대 액화이산화탄소 운반선 개발 국제인증 획득
제주 물류센터 개소
태국 법인 설립
전기차 해상운송 맞춤형 화재 대응 시스템 구축
온라인 중고차 통합 플랫폼 '오토벨' 론칭
2023. '2023 DJSI' 평가에서 'WORLD' 지수 3년 연속 편입
'현대글로비스 넷 제로 스페셜 리포트(NET ZERO Special Report)' 발간
스마트 물류 연구개발 센터 G-Lab 오픈
한국ESG기준원(KCGS) ESG 평가 A+ 획득
물류 자동화 솔루션 전문기업 '알티올' 인수
리튬 배터리 항공운송 국제표준인증 취득
오토벨 인천센터 개소
2024. 한국신용평가 신용등급 AA+로 상향
주요 해외법인 ISO 14001(환경경영시스템) 통합 인증 획득
자동차운반선에 배터리 관통형 화재 진압 장비 도입
화물차 운전전용 안전모 개발 및 배포
자체 첫 LNG운반선 '우드사이드 스칼렛 아이비호' 도입
2024 코리아 슈퍼럭비리그 우승
신조 초대형 가스운반선(VLGC) 2척을 도입
2025. 부산진해경자청 1800억원 투자 협약
LNG선 2척 발주 선대 확장
평택시 친환경 그린수소 항만 조성

대표자 프로필
이름 : 이규복
경력 : (현)현대글로비스 대표이사
(전)현대자동차 차세대ERP혁신센터장, 전무
(전)현대자동차 프로세스혁신사업부장, 전무

회사 및 서비스소개
대한민국을 대표하는 글로벌 종합물류유통기업 현대글로비스는 물류 전 과정을 아우르는 전략과 프로세스는 물론 최상의 서비스를 제공하며 고객과 함께 성장하고 있습니다. 특히 현대글로비스는 글로벌 경제위기 상황에서도 분야 최고의 전문가와 최첨단 IT시스템 구축을 통한 경쟁력 확보로 매년 꾸준한 성장세를 이어나가고 있습니다. 또한 지속적인 인프라 투자 및 사회책임 활동을 통해 Global Top Tier SCM전문기업으로서 책임과 의무를 다하고 있습니다.

"물류의 이해로 미래를 준비하라"
복잡한 물류의 세계를 가장 쉽고 빠르게 이해할 수 있는 책

 새벽배송부터 AI와 ESG까지

 생활 밀착형 물류, 전격 해부

 생활 속 물류의 숨은 작동원리

 클릭 뒤로 움직이는 물류와 AI

삼영물류 이상근 사장이 다섯번째 저서 『우리 삶에 쏙 들어온 물류』를 펴냈다.

이번 신간은 배달앱·새벽배송 등 일상의 편리함 뒤에서 작동하는 물류 시스템을 쉽고 명확하게 설명한다. AI 예측배송, 자율주행, 전기차 배송 등 첨단 기술이 소비와 생활을 어떻게 바꾸는지 실제 사례로 살펴보고, 눈에 보이지 않지만 정교한 물류의 흐름을 인간 중심의 시각으로 새롭게 조명한다.

- 도서명: 우리 삶에 쏙 들어온 물류
- 부　제: 클릭 한 번, 그 뒤엔 물류와 AI가 움직인다
- 저　자: 이상근 삼영물류 대표이사, 공학박사

교보문고, 영풍문고, 예스24, 알라딘 등 전국 온오프라인 서점 판매중　▲지금구매하
문의 : 02-785-3197

2026 KOREA OUTSOURCING DIRECTORY

물류 Ⅱ

▶ 가나다순

- 대신운송
- 두로로지텍
- 로지포커스
- 삼진지에스
- 이레물류
- 청우물류
- 코리아로지스
- 해윤물류

대신운송

- 홈페이지 : www.dstc.co.kr
- 대 표 자 : 김종인
- 전   화 : 051-645-5822
- 팩   스 : 051-645-2238
- 주   소 : 부산광역시 남구 자성로 152, 910호
- 설 립 년 : 1981년
- 자 본 금 : 3억원
- 매 출 액 : 100억원
- 직 원 수 : 50명
- 서 비 스 : 화물운송 중개, 대리 및 관련 서비스

두로로지텍

- 홈페이지 : www.dooro.com
- 대 표 자 : 박정규
- 전   화 : 031-338-7411
- 팩   스 : 031-321-2060
- 이 메 일 : dooro@naver.com
- 주   소 : 경기도 용인시 처인구 양지면 주북리 289-1
- 설 립 년 : 1997년
- 자 본 금 : 15억원
- 매 출 액 : 39억 4454만원
- 직 원 수 : 14명
- 서 비 스 : 무역, 하역, 마트납품대행, 운송, 해운, 항공

로지포커스

- 홈페이지 : www.logifocus.co.kr
- 대 표 자 : 신상우
- 전   화 : 02-929-6613
- 팩   스 : 02-929-6614
- 이 메 일 : info@iogifocus.com
- 주   소 : 서울 성동구 마장로 327-1 LF 빌딩
- 설 립 년 : 2000년
- 자 본 금 : 3억원
- 매 출 액 : 490억원
- 직 원 수 : 86명
- 서 비 스 : 물류대행운송, 배송, 물류컨설팅

삼진지에스

- 홈페이지 : www.samjings.com
- 대 표 자 : 유용식
- 전   화 : 02-6956-8445
- 팩   스 : 02-6951-0706
- 주   소 : 서울 송파구 법원로 127 (문정동, 문정대명벨리온) 15 1호
- 설 립 년 : 2000년
- 자 본 금 : 16억원
- 매 출 액 : 522억 654만원
- 직 원 수 : 218명
- 서 비 스 : 물류창고 관리, 도급, 용역, 화물운송

(주) 서울커뮤니케이션

종합 HR서비스 전문기업 I www.scman.co.kr

이레물류

- 대 표 자 : 도정우
- 전　　화 : 031-572-6617
- 주　　소 : 경기도 구리시 동구릉로 459번길 63
- 설 립 년 : 2015년
- 자 본 금 : 1000만원
- 매 출 액 : 5억원
- 직 원 수 : 비공개
- 서 비 스 : 화물운송, 물류아웃소싱, 배송물류보관

청우물류

- 홈페이지 : www.cwlgs.co.kr
- 대 표 자 : 김천일
- 전　　화 : 053-986-4008
- 팩　　스 : 053-986-4007
- 이 메 일 : chungwoo2024@hanmail.net
- 주　　소 : 대구 북구 신천동로 654번지 청우빌딩 3층
- 설 립 년 : 1995년
- 자 본 금 : 2억원
- 매 출 액 : 29억 9000만원
- 직 원 수 : 15명
- 서 비 스 : 일반화물, 운송주선

코리아로지스

- 홈페이지 : www.korealogis.co.kr
- 대 표 자 : 김영남
- 전　　화 : 1588-9001
- 팩　　스 : 02-851-6502
- 이 메 일 : admin@korealogis.co.kr
- 주　　소 : 서울시 금천구 가산디지털1로 145, 507호(가산동, 에이스하이엔드타워 3차)
- 설 립 년 : 2000년
- 자 본 금 : 4억 7000만원
- 매 출 액 : 90억원
- 직 원 수 : 20명
- 서 비 스 : 화물자동차운송, 복합운송주선 물류아웃소싱 솔루션 개발사업

해윤물류

- 홈페이지 : www.haeyoon.com
- 대 표 자 : 조양제
- 전　　화 : 02-3663-1266
- 팩　　스 : 02-6008-4180
- 주　　소 : 서울특별시 강서구 양천로 510 현대프리스텔 912호
- 설 립 년 : 2000년
- 자 본 금 : 3억원
- 매 출 액 : 125억 2218만원
- 직 원 수 : 145명
- 서 비 스 : 기업물류, 문서수발업무, 상품이송

(주) 서울커뮤니케이션

종합 HR서비스 전문기업 I www.scman.co.kr

2026 KOREA OUTSOURCING DIRECTORY

물류센터운영 I

▶ 가나다순

- 고우
- 더뉴인
- 맨토스파워
- 맨파워코리아
- 모스트인
- 보보스링크
- 삼영물류
- 세중글로비스
- 신우산업관리
- 알케이그룹
- 에이스휴먼파워
- 엑스퍼트
- 엔에스홀딩스
- 위로지스틱스
- 유안에이치알
- 휴먼네트워크

(주)고우
www.bshcorp.com

대표	박서영
전화	02-2184-7511
팩스	02-2184-7599
이메일	hogan.cho@gowoocorp.com

▉▉ 회사주소
서울시 강남구 테헤란로 19길 39(역삼동 631-19)

▉▉ 설립 및 자본금
설립년 : 1998년
자본금 : 1억원

▉▉ 매출실적
2025년(예상) : 60억원

▉▉ 종업원현황
총원 : 50명

▉▉ 아웃소싱 서비스
급여/연말정산/총무/복리후생 업무대행/인사급여시스템ASP(임대)
인재파견/헤드헌팅/채용대행, 물류도급 운영 외

▉▉ 주 거래 업종
삼성물산, 삼성SDI, SK커뮤니케이션즈, CJ대한통운, 롯데로지스틱스, LAM, AMK 외 다수

▉▉ 주 거래 기업
삼성물산, 삼성SDI, 삼성바이오에피스, SK커뮤니케이션즈, CJ대한통운, 롯데로지스틱스 외

▉▉ 임직원 연락처
조호건 상무 02-2184-7511
김은영 이사 02-2184-7517
박영도 팀장 02-2184-7550

▉▉ 기업연혁
1998. 06 (주)편리한세상 설립
　　　　　삼성물산 분사 급여/총무/복리후생 업무대행
2000. 01 헤드헌팅, 인사급여관리 시스템 ASP
　　　　　아웃소싱기업협회, 인터넷기업협회 가입
2003. 01 인사급여관리 시스템 웹버전 구축
　　　02 물류 업무도급 서비스 개시
2006. 06 목표관리 및 성과보상 시스템 구축
2009. 09 2009 대한민국 아웃소싱 고객만족 대상 수상
2010. 01 인사급여관리 시스템 웹버전Ⅱ 구축
2013. 08 면세물류 업무도급 개시
2014. 07 문서관리 보안시스템 [S-DISK] 구축
2015. 12 ISO/IEC 27001:2013 인증[국제표준 정보보호]
2017. 11 인사급여관리 시스템 [편리한인사 차세대] 구축
2018. 12 ISO/IEC 27001:2013 인증 갱신 [BSI]
2023. 06 (주)고우 사명 변경

▉▉ 대표자 프로필
이름 : 박서영
학력 : 서강대 디지털 CEO과정 수료(2001년)
　　　KPC CEO과정 수료(2003년)
　　　연세대 법무대학원 고위과정 수료(2004년)
　　　KPC 글로벌 CEO과정 수료(2010년)
경력 : 삼성물산(상사부문) 인사서비스센터 팀장
　　　삼성물산 사내강사
　　　한국인사관리협회 강사
　　　한국아웃소싱협회 이사
경영방침 : 고객과 함께한다/품질로 승부한다/미래를 선도한다

▉▉ 회사 및 서비스 소개
(주)고우는 업무지원 아웃소싱 대표 전문기업으로 Total 아웃소싱 서비스를 구현하여, 고객회사와 상호 Win-Win 하며 최고의 서비스 제공을 통해 고객이 항상 신뢰하고 만족하는 'Biz-Service의 든든한 파트너'를 목표로 하고 있다.
1998년 (주)편리한세상으로 국내 최초로 설립된 인사급여, 총무, 복리후생 업무대행 전문기업으로 그동안 쌓아온 서비스 Know-how와 전문성을 바탕으로 고객 니즈를 반영한 맞춤식 아웃소싱 서비스를 제공하고 있다. (주)고우는 핵심사업 위주의 기업경영과 전문성 및 효율을 위한 아웃소싱 환경에 부응하며 급여·4대보험·퇴직금·연말정산 업무대행과 인사노무컨설팅 서비스, 인재파견·헤드헌팅·채용대행 등 HR서비스, 인사급여프로그램 ASP(임대), 물류센터 운영도급 서비스를 제공하고 있다.

(주)더뉴인
https://the-np.co.kr

대 표	김태홍
전 화	031-631-5868
팩 스	031-634-5868
이메일	the_np@naver.com

■■■ 회사 주소
경기도 이천시 부악로 20-1(중리동) 트윈빌딩 302호

■■■ 설립 및 자본금
설립년 : 2013년
자본금 : 1억원

■■■ 매출실적
2024년 : 92억원
2025년(예상) : 98억원

■■■ 종업원현황
전체직원: 364명 본사: 14명 / 파견, 도급: 350명

■■■ 아웃소싱 서비스
물류도급, 근로자파견, 채용대행, 헤드헌팅, 급여대행, 경비, 미화, 기타 도급업

■■■ 주 거래 기업
한섬, 영원무역, 한성에프아이, 한성글로벌, 인동에프엔, 한세드림, 바이와이제이, 스타일24, 보끄레머천다이징, M&C, 나자인, 더네이쳐홀딩스, 어시스트코리아, 야무진컴퍼니, 엘케이, 리본, 연승어패럴, 복정제형, 트라이엄프, 대신로지스틱스, 비비월드 등

■■■ 지사 및 계열사
전국 네트워크 구축

■■■ 임직원 연락처
김태홍 대표이사 : 010-4602-5868
재무팀 이영하 팀장 : 010-9248-5852
HR관리팀 이등규 팀장 : 010-9023-5852
인사팀 전은근 팀장 : 010-9106-5258
홍보팀 김마하 팀장 : 010-8742-5868

■■■ 기업연혁
2019. 02 (주)더뉴인 설립 및 물류 도급
2019. ~현재 (주)인동에프엔 외 고객사 물류업무 위탁도급 계약 및 진행
2020. 05 근로자파견사업 허가(고용노동부)
       06 경기남부보훈지청 MOU 체결
2023. 02 (사)한국HR[인적자원 서비스산업협회 정회원사
       03 일·생활 균형 캠페인 참여기업
       09. 근로자 보호 HR서비스 클린기업 인증
       12. 가족친화기업인증
       12. 경영혁신형 중소기업 MAINMIZ 인증
2025. (주)인동에프엔 외 40여개 업무위탁 도급 계약및 파견계약 진행 中
     HR산업협회 산업선도부문/근로자보호 부문 수상
     2025 일 생활 균형캠패인 참여인증 갱신. 대한적십자회 표창 수상
     더네이쳐홀딩스 이천 3개센터 통합 운영실시
     (사)HR서비스산업협회 경기지부 부회장 선출

■■■ 대표자 프로필
이름 : 김태홍
경력 : 주식회사 더뉴인 설립
       (사)한국HR서비스산업협회 경기지부 부회장 취임
       경기도 고양시 유도회 홍보이사
수상 : 대한적십자 씀씀이가 바른기업 은장 및 포장증 수령
       대한적십자 씀씀이가 바른기업 금장 및 포장증 수령
       한국HR서비스산업협회 강소기업부문/사회공헌부문 수상
경영방침 : 신뢰와 믿음

■■■ 회사 및 서비스 소개
(주)더뉴인은 "The New Person"을 뜻하는 사명으로 새로운 사람과의 만남을 소중히 여기고 대인관계를 중요시함으로써 기업엔 "신뢰"를, 근로자에겐 "믿음"을 쌓아간다는 경영방침을 슬로건으로 해서 인적자원 관리 아웃소싱, 파견, 도급, 위탁, 채용컨설팅 등 HR서비스 전문기업으로 급성장하고 있는 강소기업으로 정평이 나있다.
이는 2023년 2월 "한국HR서비스산업인의 날" 행사에서 한국HR서비스산업대상 "강소기업부문"과 "사회공헌부문"에서 대상을 수상한 이력에서도 잘 나타난다.
더뉴인의 아웃소싱서비스 강점은 먼저 우수인력 수급력이 뛰어나다는 점이다. 자체 구축된 보유인원 DB와 온라인, 오프라인 구인매체 활용을 통한 신속한 인원공급이 가능하고 자체보유한 다수의 통근차량 운행을 통해 출퇴근문제를 해소함으로써 인원수급 효율성을 한층 높이고 있다. 또한 현장 인력관리에 있어서도 근로자 복지를 우선시하고, 현장에서 발생되는 문제를 최소화 하기위해 근로자와의 상담 및 고충해결 솔루션을 상시 가동함으로써 근무자 이탈 방지효과도 높이고 있다.
앞으로 더뉴인은 시대의 흐름을 이끌어가는 전문인력 관리분야의 선두기업으로 성장하면서 회사의 이익보다는 고객만족을 최우선으로 하는 "책임을 다하는 기업, "신뢰" "믿음"의 기업"이 될 수 있도록 최선을 다 한다는 각오다.

(주)맨토스파워
www.mantoss.com

대 표	최영은
전 화	02-335-3330
팩 스	02-335-1131
이메일	ceo@mantoss.com

■■■ 회사주소
서울시 마포구 월드컵로16길 3, 맨토스빌딩 (서교동)

■■■ 설립 및 자본금
설립년 : 2006년
자본금 : 5억원

■■■ 매출실적
2024년 : 550억원
2025년(예상) : 700억원

■■■ 종업원현황
총원 : 2,200명 / 관리 : 50명 / 파견 : 300명 / 도급 : 1,850명

■■■ 아웃소싱 서비스
업무위탁 : 판매, 중간관리, 물류, 콜센터, 생산, 캐터링, 시설관리, 행사진행, 재고조사, 개점진열 외
기　　타 : 근로자파견, 헤드헌팅, 채용대행, 페이롤서비스 외

■■■ 주 거래 업종
유통(백화점, 할인점, 로드샵 등) / 물류(3PL, 택배), 생산 / 호텔, 식음 / 금융(은행, 보험, 카드 등) / 건설, 건축, 공공기관, 방송국, 대기업, 외국계기업 등

■■■ 주 거래 기업
암웨이, 이베이코리아, 남영비비안, 농협유통, 뉴발란스, 다이소, 모나미, 신성통상, 오리온, 웰크론, 이랜드그룹, 조선호텔, 종근당, 좋은사람들, 태평양물산, 하나은행, 한국전력, 한국GM, 한솔섬유, 한진그룹, 한화그룹, 현대라이프, 홈앤쇼핑, 흥국생명화재, CJ대한통운, LH공사, NH농협캐피탈, 쿠팡, 이투스교육 외

■■■ 지사 및 계열사
지　사 : 부산, 대구, 대전, 광주, 성남지사
계열사 : (주)맨토스엘, (주)엠로지스, (주)엠플러스파워, (주)엔퍼스트대부

■■■ 임직원 연락처
김동민 본부장
강경록 본부장
고창훈 본부장

■■■ 기업연혁
2006. 12　(주)맨토스파워 법인 설립 (인재파견사업 허가)
2009. 08　'인천세계도시축전' 행사운영업체 선정
2010. 09　이랜드그룹 창립30주년 기념 우수협력사 선정
2015. 05　서교동 사옥 입주
　　 09　'2015 아웃소싱서비스 고객만족' 대상(유통·물류) Main BIZ 인증
2014~2016 HR서비스산업협회 '클린사업자' 인증(2회, 3회)
2016. 12　고용노동부 고용서비스 우수기관 선정
2017. 03　한국경영자총협회 HR서비스 우수기업 선정
2018. 03　제52회 납세자의 날 국세청장상 수상
　　 08　(주)나이스디앤비 우수신용기업 인증
2021. 11　(주)한진 우수협력업체 선정
2022. 05　ISO45001 인증 획득
2024. 03 제58회 납세자의날 기획재정부장관상 수상
2009~2024 대한민국 100대 아웃소싱 기업 선정

■■■ 대표자 프로필
이름 : 최영은
학력 : 한양대 및 한양대학교 대학원 졸업
경력 : (주)진로 인사팀장(1997)/(주)남영비비안 인사담당임원(2005)
　　　현)강원인재개발교육원 비상임이사
　　　현)마포구 세정협의회 위원
　　　현)마포구 경찰발전위원회 위원
　　　현)한양대학교 총 동문회 이사
　　　현)사회공헌협회 고문
경영방침 : 사람존중, 고객존중, 사회존중

■■■ 회사 및 서비스 소개
(주)맨토스파워는 2006년 05월, 업계 최초로 판매/판촉 분야의 아웃소싱 업체로 설립돼 근로자와 사용자 모두가 win-win하는 파트너십을 도모하자는 비전을 근간으로 경영이념인 사람존중·고객존중·사회존중 실현을 위해 전 임직원이 노력하고 있습니다.
2015년에는 서교동에 지상 5층 지하 1층 규모의 사옥을 마련하여 쾌적한 근무환경과 최신의 교육 시설을 제공해 근로자 복지에도 최선을 다하고 있습니다.
또한 그동안의 아웃소싱 노하우를 바탕으로 '메인비즈' 인증, 고용노동부 '고용서비스 우수기관' 인증, 경총 'HR서비스 우수기업' 선정, 철저한 경영관리를 바탕으로 납세자의 날 '국세청장상' 수상 및 국내 최고 신용평가기관인 나이스디앤비로부터 '우수신용기업' 인증을 받았습니다.
이 모든 기반을 바탕으로 이제 맨토스는 일반 아웃소싱으로만 범위를 두는게 아닌 TOTAL아웃소싱(아웃소싱, 인재파견, 중간관리, 헤드헌팅, 교육컨설팅, 재고조사 등)을 할 수 있는 기업으로 진화했습니다. 앞으로도 양질의 서비스를 최대한 제공하는 기업으로 거듭나겠습니다.

(주)맨파워코리아
www.manpower.co.kr

대 표	김옥진
전 화	02-6677-9900
팩 스	02-2051-9901

■■■ 회사주소
서울시 강남구 테헤란로 409, 동신빌딩 3층, 7층, 8층, 9층, 10층, 11층, 15층

■■■ 설립 및 자본금
설립년 : 1999년
자본금 : 21억원

■■■ 매출실적
2024년 : 4,000억원
2025년(예상) : 4,500억원

■■■ 종업원현황
총원 : 8,300명 / 관리 : 300명 / 파견 : 2,600명 / 도급 : 5,400명

■■■ 아웃소싱 서비스
인재파견, 아웃소싱, Business Process Outsourcing, 헤드헌팅, 인재관리 · 교육 · 전직지원, HR컨설팅 등

■■■ 주 거래 업종
생산/제조, 물류/택배, 유통/판매/판촉, 호텔/레저, 공항/항공, F&B, 사무도급, 청소/위생, 경비/보안, 시설관리(FM), 금융, 정보통신, 서비스 외 다수

■■■ 주 거래 기업
Apple, Google, 삼성전자, LG전자, LG에너지솔루션, 현대글로비스, 대한항공, CJ대한통운, 롯데글로벌로지스, 아모레퍼시픽, LG생활건강, 한국P&G, BMW코리아, SK네트웍스, 파르나스호텔, 농심, 풀무원, 오리온, 유한킴벌리, DHL서플라이체인, 넥센타이어 외 다수

■■■ 지사 및 계열사
본 사 : 서울
지 사 : 수원, 이천, 대전, 당진, 광주, 전주, 부산, 창원, 대구
관계사 : 브릭인커머스, 잡플래닛, 터닝포인트HR

■■■ 임원 연락처
아웃소싱사업 본부장 : 윤상조 전무 010-4628-6122
인재파견사업 본부장 : 김연경 전무 02- 6677-9907
헤드헌팅사업 본부장 : 윤동현 전무 02-6420-0355
전략영업 본부장 : 김기태 전무 02-6420-0352

■■■ 기업연혁
1999. (주)맨파워코리아 합작법인 설립
2008. 고용노동부 인증 근로자 파견 우수기업 선정
2012. 대한민국 아웃소싱서비스 생산/제조부문 고객만족 대상
2014. 대한민국 아웃소싱서비스 물류센터운영부분 고객만족 대상
2016. 교육부장관 인증 우수근로장학기관 선정
2016. 고용노동부 민간고용서비스 자율시정 우수기업 인증
2021. ISO 9001(품질), ISO 14001(환경), ISO 45001(안전보건) 인증
2023. 한국HR산업협회 산업선도 부문 대상
2025. 한국HR산업협회 근로자보호 클린기업 4회 선정
　　　대한민국 아웃소싱서비스 안전보건경영 고객만족 대상
　　　한국HR산업협회 HR서비스 기업 대상

■■■ 대표자 프로필
이름 : 김옥진
학력 : 연세대졸, 일리노이 주립대학 MBA
경력 : 서울미라마(유) 그랜드하얏트서울 대표이사 · 사장
　　　삼표그룹 대표이사 · 사장
　　　애큐온 파이낸스그룹 대표이사 및 이사회 의장
　　　GE 파워시스템코리아 대표이사
경영이념 : 신뢰와 투명성, 지속가능한 성장, 일과 사람의 조화, 사회적 가치 실현

■■■ 회사 및 서비스 소개
맨파워코리아는 글로벌 HR 선도기업 ManpowerGroup의 한국 공식 파트너로서, 27년 간 현장에서 채용과 운영의 해법을 제시해 온 현장 중심 HR 전문기업이다. 인재파견, 아웃소싱, 헤드헌팅, 인재관리, 전직지원 등 통합 HR 솔루션을 제공하며, 생산, 제조, 물류, 유통 등 대규모 인력이 필요한 산업에서 강점을 지닌다.

최근에는 자동화 시스템 기반의 '워크포스 협의체'를 도입해 데이터 중심의 생산성과 효율성을 높이며 HR서비스 혁신을 이끌고 있다.

2021년에는 안전보건관리본부를 신설해 중대재해 대응체계를 향상시키고, 정기 및 특별 점검을 도입해 선제적 리스크 관리 시스템을 구축했다. 또한 ISO 9001 · 14001 · 45001 등 국제표준 인증을 통해 품질 · 환경 · 안전경영 체계를 심화했고, 준법경영부의 설립으로 내부 투명성과 윤리경영을 강화하고 법적 리스크 대응 체계를 고도화했다.

현재 전국 10여 개 거점에서 약 900개 고객사와 8,300명의 인재를 운영하며, '한국HR서비스기업 대상', '안전보건경영 고객만족대상', '근로자보호 클린기업' 등 다수의 수상을 통해 서비스 품질과 신뢰도를 입증해왔다.

맨파워코리아는 열린 마음(Open-minded), 공정과 상식(Fair & Common Sense), 혁신(Innovation)의 가치를 바탕으로 사람과 산업의 동반 성장을 지속적으로 이어가고 있다.

(주)모스트인
www.mostin.co.kr

대표	주충은
전화	02-540-4068
팩스	02-6925-5659
이메일	ce.joo@mostin.co.kr

■■■ 회사주소
서울특별시 금천구 가산동 범안로 1130 디지털엠파이어빌딩 510-511호

■■■ 설립 및 자본금
설립년 : 2013년
자본금 : 3억원

■■■ 매출실적
2024년 : 305억원
2025년(예상) : 310억원

■■■ 종업원현황
총원 : 약 1,600명

■■■ 아웃소싱 서비스
영업관리(Hyper영업, 영업지원, 교육/채용, 고정사원운영, 행사), 유통매장관리(계산원, 매장보조, 북파트너, 판매사원, 캐셔), 물류관리(물류하역, 피킹, 검수, 배송, 운반, 재고관리 제반업무), 판매/판촉관리(제품판촉, 경쟁사 분석, Sales분석 외), 시설관리 (시설, 주차, 보안, 경비, 미화, 안내업무 등), 생산제조(각 공정 및 라인 도급 운영), 아웃플레이스먼트, HR컨설팅, 단기행사, 채용대행, IT개발 및 운영, CS/콜센타운영, e-Biz, 취업포탈

■■■ 주 거래 업종
유통/물류, 판매/판촉, 생산/제조업, 건물관리, 의료/실버산업, 호텔 및 콘도, 정보통신(IT/인터넷), 기타 서비스업

■■■ 주 거래 기업
오비맥주, 페르노리카코리아, 쿠팡, 쿠팡로지스틱스서비스, 롯데글로벌로지스, 하이브, 제일엠엔에스, 꼬망스, 뉴코아아울렛, 비타민뱅크, 투비소프트, 트윈키즈, 영실업, 티켓링크, 버버리 코리아, 와인나라, 우리와인, 에이비씨마트, 인터크루, 이랜드리테일, 한국GM, 동국제강, 덕일스틸, 청수식품, 나루지엠에스, 핫앤핫, 아남전자, 한화갤러리아, 카파, NC백화점, SK텔레콤, SK컴즈, SK플래닛, 마켓컬리, 슈슈앤크라, 포커스미디어코리아, 한국석유공사, 부가부코리아 등

■■■ 지사 및 계열사
지점 및 지사 : 부산지사, 대전지사, 광주지사, 창원지사

■■■ 임직원 연락처
이원석 본부장 : 010-4612-8068
길광종 본부장 : 010-9543-1138

■■■ 기업연혁
2013. 05 (주)모스트인 법인설립
      06 근로자 파견사업 허가(노동부) 취득
      09 한국 HR서비스 산업협회 회원가입
2018. 04 2018년 대한민국 100대아웃소싱기업 선정
2019. 04 2019년 대한민국 100대아웃소싱기업 선정
2019. 09 2019년 대한민국 아웃소싱서비스 고객만족 대상
         (유통/판매/판촉 부문)
2020. 04 2020년 대한민국 100대아웃소싱기업 선정
2021. 09 대한민국 아웃소싱 서비스 고객만족 대상
         (유통/판매/판촉 부문)
2023. 04 2023년 대한민국 100대 아웃소싱기업 선정
      04 관광숙박업(한옥호텔숙박업)허가 취득
      08 화물자동차운송주선사업 허가 취득
      09 대한민국 아웃소싱서비스 고객만족 대상(물류센터운영 부문)
2024. 04 2024년 대한민국 100대 아웃소싱기업 선정

■■■ 대표자 프로필
이름 : 주충은
학력 : 미시간 주립대학 박사학위 취득
경력 : (現)모스트인 대표이사
      SK커뮤니케이션즈 인재개발원장

■■■ 회사 및 서비스 소개
모스트인은 다양한 고객사에 HR컨설팅 및 인적 아웃소싱 서비스를 제공해 오고 있는 HR전문 기업으로 '가장 필요한 곳에 최고의 서비스를 제공한다'는 Motto 아래, 정교한 실행력(Execution)과 열정(Passion), 전문성(Professionalism)을 핵심가치로 하는 회사이다.
모스트인은 2013년 설립을 시작으로 유통매장관리(계산원, 매장보조, 북파트너, 판매사원 外) / 물류관리(물류하역, 피킹, 검수, 배송, 운반 外) / 판매·판촉관리(제품판촉, 경쟁사 분석, Sales 결과 Report및 분석 外) / 건물종합관리(미화, 주차, 보안, 안내 外) / 콜센터(인·아웃바운드, 리서치 및 모니터링 外) / 생산관리(각 공정 및 라인 도급운영 外) / 호텔 및 레저(프론트, 객실, 미화, 피트니스, 연회 外) 등 다양한 사업분야에서 성공적인 결과를 만들어 내었을 뿐만 아니라 모바일, 인터넷 컨텐츠, 콜센타 등의 IT 전문영역으로 서비스를 확대하고 있다.
특히, 단순히 인력을 뽑아 배치하는 것이 아니라 고객사의 가치 창출이라는 아웃소싱 본연의 사명에 더욱 집중하고, 다양한 업무 노하우를 통해 고객사와 함께 동반 성장하는 기업이다.

보보스링크(주)
www.boboslink.com

대표	홍형표
전화	070-7119-9898
팩스	02-553-7708
이메일	lsc@boboslink.com

■■■ 회사주소
서울시 강남구 테헤란로 124, 삼원타워 8층
구) 서울시 강남구 역삼동 823번지 삼원타워 8층(구: 풍림빌딩)

■■■ 설립 및 자본금
설립년 : 2002년
자본금 : 4.5억원

■■■ 매출실적
2024년 : 800억원
2025년(예정) : 1,100억원

■■■ 종업원현황
총원 : 3,865명 / 관리 : 65명 / 파견 : 1,300명 / 도급 : 2,500명

■■■ 아웃소싱 서비스
아웃소싱(물류, 유통, 생산, 제조, 콜센터 등), 인재파견, 채용대행, 헤드헌팅, 전직지원서비스, HR컨설팅 등

■■■ 주 거래 업종
사무, 제조, 금융, 물류, IT, 레저, F&B, 엔지니어링, 시설관리 등 전 산업

■■■ 주 거래 기업
바바패션, 제일기획, 아워홈, 제냐코리아, 미타니아, 언더아머코리아, 휴고보스코리아, 푸드텍, SK엔카닷컴, SY탱크터미널, 시스코, 아시아키친, 미란다호텔, 아그베, 헬스밸런스, 메가푸드앤시스템, 한온시스템, SPC, SK, 삼성엔지니어링, 한양, OB맥주, 피죤, 스와치코리아, 켈러웨이, 도화엔지니어링, 콜맨, 델몬트, KD, DHL, 울브영, LG U+, 한국토지주택공사, 한국지엠, LG패션, 한진, GS건설, IBK기업은행, KB투자증권, KT, 신세계푸드, 골프존, 랄프로렌, 동아제약, 넥센타이어, 한국타이어, 롯데케미칼, 듀오정보, 한국가스공사, 대웅제약, 유한킴벌리, 페레가모, 코오롱, 에버랜드, S-Oil, 대성그룹, 만도, 태평양물산, 풀무원, 신라호텔, 두산그룹, 에이스화재보험, 올림푸스코리아, 센사타, 한화케미칼, 한화자산운용, MBC플레이비, SD시스템, 이노디스, CJ대한통운, 씨젠, 에프엔에프, 로레알, 러쉬코리아 등

■■■ 지사 및 계열사
부산, 용인, 인천, 천안, 대구, 광주, 대전, 수원, 인천, 울산, 창원

■■■ 임직원 연락처
대표이사	홍형표	070-7119-9898
영업지원실	전무 이태상	070-7119-0585
경영지원본부	상무 이상칠	070-7119-9892

■■■ 기업연혁
2002. 05	보보스링크 주식회사 설립
2002. 07	종합인력컨설팅사업 시작, 근로자파견사업 허가취득
2010. 04	아웃소싱타임스 선정 2010 아웃소싱 TOP 100대 기업선정
2011. 08	헤드헌팅 DB System구축 / 위생관리용역업 신고
09	헤드헌팅 전문 홈페이지 오픈(www.duobrain.com)
2012. 02	Executive Search 전문브랜드 '듀오브레인' 역삼사무실 개설
2014. 04	대한민국 100대 아웃소싱기업 선정
2017. 02	British Business Solutions(BBS) Group & Dragon Recruitment 양해각서(M.O.U)체결 및 헤드헌팅 전문홈페이지 변경(www.bobosconsulting.com)
04	대한민국 100대 아웃소싱기업 선정
06	재대군인취업지원 M.O.U체결(서울지방보훈청)
07	경기도 장애인체육회 직접고용 우수기업 선정
2019. 02	모던하우스, 미니소코리아 전국 매장 판매직 도급계약 체결
2020. 05	ISO인증 취득, 품질경영시스템(9001), 환경경영시스템(14001), 안전보건시스템(45001)
2021. 01	한국HR산업협회 수석부회장사 선정
2023. 02	한국HR서비스산업대상 수상 (산업선도, 근로자보호 부문)
06	2023년 대한민국 HR서비스 10대 대표기업 인증
2024. 09	아웃소싱타임스 선정 고객만족대상 수상(종합아웃소싱부문) 한국HR산업협회 주관 2024년 클린기업인증(4회 연속)

■■■ 대표자 프로필
이름 : 홍형표
학력 : 강원대학교 졸업, KAIST 경영대학원 수료
경력 : Adecco Korea 전무이사 역임, 코리아리크루트, 한경플레이스먼트, 월간인턴 사업본부장, 취업특강 및 HR아웃소싱 컨설팅 전문가, 해외 유학인력 채용 포럼 및 Job Fair전문가
경영방침 : '기업성장의 가교(Bridge)가 되자'
비전 : 1000억(매출), 50억원(당기순익), 1000개(고객사)

■■■ 회사 및 서비스 소개
일에 열중하는 만큼 놀이도 즐길 줄 아는 보보스 스타일.
보보스는 미국의 저널리스트 데이비드 브룩스가 부르주아와 보헤미안을 합성하여 만들어 낸 신조어로서 디지털 시대의 새로운 엘리트를 지칭합니다. 부르주아의 야망과 합리성, 그리고 보헤미안의 자유와 상상력을 조화시키는 보보스, 그들에게 일은 '자신이 사랑하는 무엇인가를 하는 것'입니다. HR Total Biz Group 보보스는 이런 가치관에 동의합니다. 일에 열중하는 만큼 놀이도 즐길 줄 아는 보보스의 라이프 스타일, 워크 스타일을 존중하고 지원합니다. 그래서 이름도 보보스입니다. 보보스링크(주)는 Total Outsourcing Company로서 훌륭한 인재가 희망하는 일자리와 성장하는 기업이 희망하는 인재를 매칭하고, 서로에게 만족을 줄 수 있도록 컨설팅을 수행합니다.

삼영물류(주)

www.sylogis.co.kr

대 표	이상근
전 화	032-886-3003
팩 스	032-886-3838
이메일	sylogis@sylogis.co.kr

▥ 회사주소
인천광역시 서구 중봉대로 490, 지식산업센터 10층

▥ 설립 및 자본금
설립년: 1998년
자본금: 4.2억원

▥ 매출실적
2024년 : 935억원
2025년(예상) : 1,027억원

▥ 종업원현황
총원 : 998명 / 본부 : 16명 / 물류센터 : 567명 / 수배송 : 415명

▥ 아웃소싱 서비스
3PL, 공동물류, 화물운송, 물류컨설팅, 종합물류서비스

▥ 주거래업종
제3자물류 (Integrated Total Logistics Service)
- 전기·전자, 설치, CVS, Food

공동물류 (Platform Service)
- On Line(EC, MC, SC) 풀필먼트, 화장품, 전기·전자

물류컨설팅 (Logistics Consulting)
- PI, 공동물류, 물류조직재구축, 거점재구축

국제물류 (Import/Export Related Service)
- 크로스보더(직구, 역직구) 풀필먼트

▥ 주거래기업
삼성전자, 아워홈, BGF, 삼성SDS, 삼성웰스토리,
소니코리아, 코오롱, 코맥스, 엡손, 야마하, 블루박스 등

▥ 지사 및 계열사
㈜삼영로지스틱스, ㈜스테이프레시, ㈜에스에이치엘, ㈜삼영웨이브,
㈜삼영물류플랫폼, ㈜삼통글로벌로지스틱스, 나루물류㈜,
삼영물류운송㈜

▥ 임직원 연락처
이상문 플랫폼사업부장   070-5029-4100 / smlee425@sytpl.com
이창곤 FC사업부장   070-5038-4570 / ch90n@sytpl.com
김정현 TPL사업부장   070-5038-4575 / kjh@sylogis.co.kr

▥ 기업연혁
1998. 02 '삼영물류주식회사' 법인 설립
2001. 04 한국 ILS물류부분 B2B시범사업 추진기관 선정 – 산업자원부
2003. 10 ISO9001:2000 품질경영시스템 인증 – KFQ
2005. 09 인천광역시 남동공단 물류공동화 시범사업 개시
2008. 07 우수화물운수업체 인증 – 국토해양부(최초인증)
2009. 05 삼영물류 – 일본 '히타치 물류' 업무협약 체결
2009. 09 생산성향상 우수기업 지정
2012. 12 우수물류창고업체 인증 – 국토해양부(최초인증)
2013. 06 노사문화우수기업, 일터혁신우수기업 인증 – 고용노동부
2017. 12 일자리창출우수기업 인증 – 인천광역시
2018. 04 HR서비스우수기업 인증(물류·운송) – 한국경총/한국HR협회
2019. 10 근로자보호 HR서비스 클린기업 인증 – 한국HR서비스협회
2020. 07 일자리창출 최우수기업 인증 – 인천광역시
2020. 12 한국SCM산업대상, 기업혁신대상 장관상 – 산업통상자원부
2021. 08 기업부설연구소(LE&IT Innovation Center) 설립
2022. 05 안전보건경영시스템 인증 – 한국산업안전보건공단
2022. 12 가족친화인증 – 여성가족부
2023. 06 스마트레이허브 컨소시엄 선정 – 중소벤처기업진흥공단
2024. 03 ISO45001;2018 안전보건경영시스템 인증
2024. 11 지역사회공헌 인정제 인정
2025. 07 일차리창출 최우수기업 인증 – 인천광역시

▥ 대표자 프로필
이름 : 이상근
학력 : 중앙대 산업경영대학원 석사(유통·물류)
　　　인천대 산업경영공학 박사
경력 : 1998.02.~ 현재 삼영물류(주) 대표이사
　　　'06.03.　대통령표창 수상
　　　'08.08.~'10.09.　인천항만공사 항만위원
　　　'09.02.~ 현재 대한상의 물류위원회 부위원장(실무더결장)
　　　'09.06.~ 현재 국가물류정책위원회 민간위원(물류총력분과)
　　　'11.11.　산업포장 수상
　　　'12.03.~ 현재 인천대학교 전문교수
　　　'16.01.~ 현재 인천지역인적자원개발위원회 물류분과위원장
　　　'18.07.　세계인명사전(마르퀴즈후즈후) 등재
　　　'22.11.　서울시 교통위원회 위원
　　　'23.04.　서울시 물류정책위원회 위원
　　　'24.11.　은탑산업훈장 수훈
경영방침 : '우리가 잘 하는 것을 남들과 다르게 한다!'

▥ 회사 및 서비스소개
업의 정의를 '물류를 통해 고객을 성공시키는 기업'으로 한 삼영물류는, 1998년부터 제3자물류, 공동물류, 국제물류, 컨설팅 등의 물류서비스를 제공하고 있는 대한민국 대표 3PL 전문기업이다.
물류업계 최초로 생산성향상 우수기업으로 지정되었으며 국토부 우수물류기업인증(물류창고기업/화물운송기업) 인증, ISO9001:1008, ISO45001:2018 등을 바탕으로 품질물류서비스 구현과 효과적인 대응을 통해 글로벌 물류기업으로 성장·발전 해가고 있다.
특히, 온라인쇼핑 크로스보더(직구/역직구) 풀필먼트 서비스, 물류컨설팅 부분의 확충으로 최상의 고객만족을 위한 맞춤물류서비스를 제공하고 있다.

(주)세중글로비스
www.sejungglovis.com

대표	박원주
전화	031-365-5190
팩스	070-7545-3680
이메일	sejungglovis@naver.com

▰▰▰▰ 회사주소
경기도 안산시 단원구 풍전로37-9

▰▰▰▰ 설립 및 자본금
설립년 : 2019년
자본금 : 1억원

▰▰▰▰ 매출실적
2025년(예상) : 70억원

▰▰▰▰ 종업원현황
총원 : 207명, 내부사원 7명, 도급사원 120명, 파견사원 80명

▰▰▰▰ 아웃소싱 서비스
물류대행서비스, 운송화물분류, 물류창고 임대업, 자동차부품/전자부품 제조 및 임가공업

▰▰▰▰ 주 거래 업종
운송, 물류업종, 자동차부품업종

▰▰▰▰ 주 거래 기업
농협(안성센터), CJ프레시웨이(덕평센터), CJ온마트(동탄물류센터), 제때(신갈/동탄물류센터), 롯데슈퍼(신갈/이천물류센터), 외 다수

▰▰▰▰ 지사 및 계열사
지사 : 경기도 오산시 오산로 193, 탑프라자 126호(오산동)

▰▰▰▰ 임직원 연락처
박원주 대표 031-365-5190

▰▰▰▰ 기업연혁
2019. 08. 한화푸디스트 광주센터 도급 물류대행업무
　　　　　(주)네오스토어 하역 업무
　　　　　(주)SJ로지스 법인 설립
2019. 11. 아워홈 용인2센터 운영관리 도급 물류대행업무
2019. 12. 주식회사 세중글로비스 법인 설립(상호변경)
2019. 12. 아워홈 용인2센터 하역 물류대행업무 아이두잇
　　　　　(위성안테나 수신기) 제조 도급
2020. 01. 아워홈 용인2센터 재고관리 도급 물류대행업무
2020. 03. CJ온마트(동탄물류센터) 하역 업무
2020. 04. 제때(신갈/동탄물류센터) 하역 업무
2021. 02. 롯데슈퍼(신갈/이천물류센터) 하역 업무
2021. 06. 농협 안성센터 도급계약
2021. 10. CJ프레시웨이 덕평센터 도급계약

▰▰▰▰ 대표자 프로필
이름 : 박원주
학력 : 선문대학교 경영학과 졸업
경력 : (現) 세중글로비스 대표이사
경영방침 : "가치경영, 소통경영, 인재경영, 역량경영"

▰▰▰▰ 회사 및 서비스 소개
세중글로비스는 협력사 상생경영 및 윤리경영을 목표로 지속적인 맞춤형 서비스를 고수해오고 있는 기업이다.
Total물류대행 종합서비스 전문기업으로 많은 경험과 차별화된 서비스 전략으로 협력사의 물류 대행을 하고 있다. 그동안 쌓아온 노하우와 신뢰를 바탕으로 협력사에게 최상의 맞춤 서비스를 제공하고 있다.
최고의 협력사만족 및 신뢰를 위해 차별화된 시스템과 서비스로 프리미엄가치를 실현하는 가치경영, 현장의 의견을 지속적으로 수렴하여 경영전략에 반영, 신속하게 협력사만족 서비스 실현하고자하는 소통 경영, 체계적인 교육 및 경력개발을 지원하여 업계 최고수준의 직무 전문가를 양성하기위한 인재경영, 가장 잘 할 수 있는 주력분야에 역량을 집중하여 경쟁력과 차별성을 가진 역량경영을 통해 지속적으로 사업가치 확대를 위해 성장해 나가고 있다.
고객사의 물류 업무를 전문적으로 대행함으로써 항상 개선하는 자세와 동반 성장한다는 자세로 최선의 노력을 다하겠다는 각오다.

신우산업관리(주)

www.shinwoomds.co.kr

- **대표**: 전용수
- **전화**: 02-587-7691
- **팩스**: 02-587-7690
- **이메일**: admin@swsg.co.kr

■■■ 회사주소
서울시 영등포구 당산로 171, 1101호 (금강펜테리움IT타워)

■■■ 설립 및 자본금
설립년 : 1997년
자본금 : 15억 4천만원

■■■ 매출실적
2024년 : 600억원
2025년(예상) : 650억원

■■■ 종업원현황
총원 : 2,000명(관리 40명, 파견 : 50명, 도급 : 1,910명)

■■■ 아웃소싱 서비스
보안/경비/환경미화/소독/시설관리, 물류(항공,지상)관리, 공동주택관리, 공사/안전점검관리, 안내/주차/발렛관리, 판촉/홍보관리, 생산관리, 객실관리, 골프장관리, 전산보조, 교환업무, 인재파견 등

■■■ 주 거래 업종
백화점, 마트, 학교시설, 연수원, 호텔, 아파트, 골프장, 대형건물, 생산공장, 물류센터, 시네마

■■■ 주 거래 기업
롯데쇼핑, 한국공항, 롯데면세점, 롯데건설, 롯데웰푸드, 중부대학교, 발레오전장시스템즈코리아, 남서울대학교, 메가박스, 대선주조, 한국생활건강, 롯데카드, 캐논코리아, 롯데글로벌로지스, 마켓컬리, 삼호물산빌딩 등

■■■ 지사 및 계열사
안산지사 : 031-493-6891
중부지사 : 042-543-8506
영남지사 : 051-507-1123
물류사업본부 : 032-742-2473
계열사 : (주)신우아이티에스

■■■ 임직원 연락처
안현민 사장	02-587-7691(내선 234)
경영지원본부 이상백 부사장	02-587-7691(내선 222)
운영관리본부 윤종권 부사장	02-587-7691(내선 412)
정책기획본부 심왕돈 부사장	02-587-7691(내선238)
시설관리본부 김연수 상무이사	02-587-7691(내선321)
물류사업본부 최광호 전무이사	032-742-2473

■■■ 기업연혁
- 1997. 03 신우산업관리(주) 창립
- 04 위생관리용역사업 신고
- 05 용역경비업 시설경비업무 허가
- 1998. 09 근로자파견업 허가
- 2001. 07 (주)토탈에스이엠시스템 설립
- 2006. 05 아웃소싱전문가 인증획득
- 2009. 03 민간경비부분 행정안전부장관상 수상
- 2011. 09 주택관리업 면허 취득
- 2013. 05 보건복지부 장관 표창 수상
- 2014. 09 근로자 보호 클린기업 인증
- 2016. 09 한국서비스품질우수기업 인증
- 12 가족친화기업 인증
- 2018. 08 ISO 9001:2015 인증
- 09 좋은 일자리 기업 선정 (신용보증기금)
- 2020. 09 소독업 신고
- 2022. 08 ISO 45001 : 2018 인증
- 2023. 02 한국HR서비스산업대상 수상
- 04 자회사 (주)토탈에스이엠시스템 합병
- 2024. 09 근로자 보호 클린기업 인증(10년 연속)
- 2025. 01 아웃소싱 리딩컴퍼니 선정(17년 연속)
- 02 혼잡·교통유도경비업 허가 취득
- 02 한국HR서비스 산업대상 수상
- 04 아웃소싱 100대 기업 선정(20년 연속)
- 07 ESG 우수 중소기업 선정(2회 연속)
- 10 한국서비스품질우수기업 선정(9년 연속)

■■■ 대표자 프로필
이름 : 전용수
학력 : 1969. 포항수산대학교 상학과 졸업
1993. 건국대학교 농축대학원 경영자과정 수료
경력 : 1975~1996 롯데그룹 재직
1995 ~1997 한국식품공업(주) 전무이사
1997 ~현재 신우산업관리(주) 대표이사
2013 ~현재 (주)신우아이티에스 대표이사
현 한국건축물유지관리협회 감사
현 한국건물위생관리협회 부회장
현 한국HR서비스산업협회 고문
현 서초경제인협의회 부회장
전 한국경비협회 자문위원장
전 서초세무서 명예서장
전 수서경찰서 경찰행정발전위원회 위원장
경영방침 : 소통과 혁신으로 재도약!

■■■ 회사 및 서비스 소개
핵심경쟁력
시설, 경비, 미화 등 다양한 분야의 업무 경험을 바탕으로 종합시설관리 능력 보유 / 전국 3개 지사 및 3개 센터 운영으로 신속한 지원 체계 구축
주력사업
건축물유지관리, 보안 / 경비, 위생관리, 물류 / 유통, 판촉 아웃소싱 컨설팅 등
핵심역량 강화 전략
고객과의 신뢰관계형성 및 유지, 전문성을 겸비한 신뢰받는 기업이미지 형성, 상황변화에 민첩한 대응

(주)알케이그룹
www.rocketgroup.co.kr

대표	장정민
전화	031-848-8281
팩스	031-848-8281
이메일	rocket@rocketgroup.co.kr

▌▌▌ 회사주소
경기도 양주시 고덕로 243, 3층(고읍동)

▌▌▌ 설립 및 자본금
설립년 : 2022년
자본금 : 1억원

▌▌▌ 매출실적
2025년(예상) : 300억원

▌▌▌ 종업원현황
총원 : 380명

▌▌▌ 아웃소싱 서비스
3PL 배송, 물류센터 위탁운영, 근로자파견, 인력도급, 채용대행, 건물관리, 경비, 미화등

▌▌▌ 주 거래 기업
쿠팡, 쿠팡로지스틱스서비스 외 다수

▌▌▌ 지사 및 계열사
계열사 : 알케이컴퍼니, 알케이물류, 알케이에이전트

▌▌▌ 임직원 연락처
장정민 대표이사	010-4659-3059
김대영 사내이사	010-4932-2211
이정민 사내이사	010-2513-0707
김문남 운영팀장	010-9286-2406
신석민 과장	031-848-8281

▌▌▌ 기업연혁
2022. 01 (주)로켓물류 설립
　　　　 3PL전문 물류배송 운영 : B2B, B2C 배송 전문
　　　　 물류센터 위탁/파견 운영
　　 11 (주)로켓에이전트 설립
　　　　 물류센터 위탁/파견
　　　　 채용대행/미화
2023. 04 (주)로켓컴퍼니 설립
　　　　 계열사 영업 및 사업기획
　　　　 계열사 지원업무
　　 05 (주)로켓물류
　　　　 충청지사 오픈 : 충청권 물류 배송 확장
2024. 01 (주)로켓에이전트
　　　　 부산지사 오픈 : 영남권 물류도급 확장
　　 07 사명 변경
　　　　 로켓물류->RK그룹
　　　　 로켓에이전트-> RK에이전트
　　　　 로켓컴퍼니->RK컴퍼니
　　 08 RK에이전트 연구개발전담부서 설립승인
　　　　 과학기술정보통신부(한국산업기술진흥협회)

▌▌▌ 대표자 프로필
이름 : 장정민
경력 : 3PL 배송업(B2B, B2C) 경영
　　　 물류도급 위탁업 경영
　　　 부동산 임대업 경영
경영방침 : "고객만족을 최우선으로하는 아웃소싱 전문기업"

▌▌▌ 회사 및 서비스 소개
알케이그룹은 물류서비스를 기반으로 한 아웃소싱 전문기업으로 물류센터운영, 배송, 채용대행,인력도급 등 HR서비스와 3PL물류 부분에서 전문성과 경쟁력을 갖추고 기업에 서비스를 제공하면서 빠르게 성장하고 있는 기업이다.
현재 경기권 물류인프라의 핵심지역인 양주에 본사를 두고 전국각지로 아웃소싱사업을 확대해 나가고 있다.
알케이그룹 경쟁력의 핵심은 전국지역에서 운영하고 있는 물류센터마다 현장업무에 적합한 인재를 발굴하고, 체계적인 교육을 통해 준비된 우수한 인력풀과 배송기사 DB를 상시 확보하고 있다는 점이다.
또한 물류센터 도급위탁운영, 물량에 따른 탄력운영, 피킹 패킹 집하 출고업무는 물론 보유차량을 이용한 배송업무까지 모두 수행하면서 쌓은 물류 종합노하우로 전 직원이 물류 및 유통에 대한 이해도가 매우 높다는 점도 강점이다.
이러한 배경을 바탕으로 초기부터 빠르게 성장하며 업계에서 두각을 나타내고 있다. 다양한 고객사 확보를 통해 올해 연매출 300억원을 예상하며 충청권과 부산에 지사망을 확충해 나가고 있다.
알케이그룹 장정민 대표는 "고객만족을 서비스의 최상 가치로 두고 기업의 비용절감 및 경쟁력 강화로 고객사가 핵심사업에 집중할 수 있도록 기여할 것"이라는 각오다. 알에스이알은 우수하고 차별화한 HR Solution을 제시함으로써 아웃소싱서비스의 새로운 지평을 열어가는 전문기업이 되겠습니다.

에이스휴먼파워(주)
www.acehp.co.kr

대표	황종근
전화	02-2055-3352
팩스	02-2055-2898
이메일	acehp@acehp.co.kr

■■■ 회사주소
서울시 서초구 서초중앙로12길 7 도체오빌딩 2, 3층

■■■ 설립 및 자본금
설립년 : 2002년

자본금 : 6억원

■■■ 매출실적
2025년(예상) : 1,000억원

■■■ 종업원현황
총원 : 4,500명

■■■ 아웃소싱 서비스
근로자파견, 도급, 채용대행, 헤드헌팅, 건물관리, 경비, 미화 등

■■■ 주 거래 기업
현대카드/캐피탈, 쿠팡, 마켓컬리, 우아한형제들, LG전자, LG이노텍, 하나로마트, 카카오모빌리티, 프라다 등

■■■ 지사 및 계열사
계열사 : 리딩잡 주식회사

■■■ 임직원 연락처
대표번호 : 02-2055-3352

영업담당 : 02-2055-0530

■■■ 기업연혁
2002. 에이스휴먼파워(주) 설립
2008. 사이버연수원 운영 개시
2010. 고용노동부인증 우수업체선정-고용노동부장관 인증
2011. 금융사전문 채용대행사 9개사와 업무 제휴 체결
2013. 국내금융사 거래 50개소 돌파(파견업체 최초)
월드비전 해외결연 협약 기부행사진행
2015. 업계최초 포인트몰(에이스몰)런칭 안정화 성공
2017. 쏘카 쿠팡 쿠팡풀필먼트 SK렌터카 SK엔카 계약 체결
2018. 쿠팡 티켓링크 보람상조 배달의 민족 타다 계약 체결
대한상공회의소 "일하기 좋은 중소기업" 선정
2019. 카카오모빌리티 요기요 타고솔루션즈 K-CAR 계약 체결
LG하이텔레서비스 도급계약 체결
위생관리업 신고
2020. 동양물산 마켓컬리 카카오계열사 BMW파이낸셜 계약 체결
경비업 신고/소독업 신고
2021. 에이블리 11번가 무신사 SSG닷컴 티몬 계약 체결
SPA브랜드(유니클로, 자라, 에잇세컨즈, 무인양품, 폴스앤키스) 계약 체결
2022. 오토핸즈 LG전자 홈플러스 오비맥주 계약 체결
2023. 물류 (컬리넥스트마일, 신상마켓, 리탠다드) 도급 계약 체결
한국교직원공제회 한국농수산식품유통공사 KCC네트웍스 계약 체결
동서식품 메가커피 대한항공씨앤디 스위스포트코리아 계약 체결

■■■ 대표자 프로필
이름 : 황종근

학력 : 성균관대 졸업/ 서울대 MBA 이수

경력 : 외환은행
외환카드 부사장
현대카드 고문
에이스휴먼파워 대표이사(현)

경영방침 : "기업의 힘은 사람이다"

■■■ 회사 및 서비스 소개
인재파견 및 HR컨설팅 전문기업인 에이스휴먼파워는 지속적인 성장과 함께 국내 인적자원서비스 산업을 이끌어가는 선도기업으로 부상하고 있는 업체다.

2002년 설립후 지금까지 폭넓은 전문성을 확보해 왔으며 물류, 금융, IT, 모빌리티, 유통, 제조, 서비스 등 다양한 분야에서 인력을 파견하고 도급 운영을 수행하고 있다.

특히 콜센터 인력운영 분야와 물류센터운영 도급, 마트 내 판매/캐셔/운송/관리도급 분야에서 고객사의 다양한 요구에 맞춤형 솔루션을 제공하면서 호평을 얻고 있다.

이처럼 다양한 아웃소싱업무 분야에서 검증된 업무역량과 안정된 재무지표를 유지하면서 총 관리인원이 5,000명을 넘어섰고, 매출 또한 지속적으로 증가해 1,000억원을 기록하며 안정적인 성장을 이루고 있다.

동종업계에서는 최초로 대한상공회의소로부터 "일하기 좋은 중소기업"으로 선정됐으며, 고용노동부로부터 "근로자파견 우수업체"에 선정되는 등 공신력과 신뢰도가 높은 기업이다.

이처럼 에이스휴먼파워는 검증된 사업역량과 안정적인 매출 기반을 바탕으로 더욱 다양한 분야에서의 인적자원 서비스와 혁신적인 HR솔루션 제공을 통해 업계를 선도하는 기업으로 자리매김한다는 계획이다.

(주)엑스퍼트

www.expertkorea.co.kr

대 표	오상훈
전 화	02-780-0001
팩 스	02-780-0010
이메일	xpt001@expertkorea.co.kr

■ 회사주소
서울 영등포구 국제금융로 6길 33, 맨하탄빌딩 12층

■ 설립 및 자본금
설립년 : 199 년
자본금 : 10. 원

■ 매출실적
2024년 : 410 원
2025년(예상) : 450억원

■ 종업원현황
총원: 1,250명 / 관리: 25명 / 파견: 75명 / 도급: 1,150명

■ 아웃소싱 서비스
인재파견, 인 아웃소싱, 헤드헌팅, 채용대행, 마케팅지원사업 등

■ 주 거래 업종
항공, 유통, 물류, 방송, 제조, 서비스, 공공기관, 외국계기업 등

■ 주 거래 기업
대한항공, (주) hy, SBS, CBS, 아이마켓코리아, 안연케어, 대구엑스코, 네오플램, 서울문화재단, 대두식품 등 30여개사

■ 지사 및 계열사
(주)엑스퍼트코리아, (주)엑스퍼트원, (주)지멕스글로벌

■ 임직원 연락처
오상훈 대표이사	02-780-0001
남기택 부사장	02-780-0001
오현구 상무	010-3324-0846
윤정후 부장	010-9181-9043
최장석 과장	010-2817-2790

■ 기업연혁
1991.	고객의 Needs를 먼저 생각하는 '엑스퍼트' 설립
1997.	김포공항사무소 개설, 대한항공 기내식셋팅업무도급
1998.	근로자파견사업허가 취득
2000.	인천공항사무소 개설, 위생관리사업신고
2006.	헤드헌팅사업 확대, 성창인터패션 계약
2008.	중소기업청 경영혁신 중소기업 선정
2010.	롯데마트, 롯데기공 등 계약
2012.	한국정책금융공사, 한국토지주택공사 등 계약
2016.	아이템베이, 팔도, 쁘레베베 등 계약
2017.	한국GM, STX산업 등 계약
2018.	STX건설, KAL호텔네트워크, 파코인터내셔널 등 계약
2019.	강서보건소, 강서구청 등 계약
2020.	아이마켓코리아, HY모터스, 네오플램 등 계약
2021.	신리홀딩스, 엠피케이, 고리원자력본부, 강북구청 등 계약
2022.	대구엑스코, 안연케어 등 계약 추가
2023.	서울문화재단, 대두식품등 계약

■ 대표자 프로필
이름 : 오상훈
학력 : 한국외국어대학교 서반아어학과 졸업
　　　전경련 글로벌 최고경영자 과정 수료
　　　연세대 경영대학원 최고경영자 과정 수료
　　　서울대 최고지도자 인문학과정 수료
경력 : 대한항공 근무(용역계약담당), 한국인재파견협회 이사 역임
경영방침 : 고객가치 극대화를 위한 최선의 경영

■ 회사 및 서비스 소개
▶ 근로자 파견 및 업무지원 아웃소싱
엑스퍼트는 기업업무에 관한 각 분야의 전문인력을 충분히 보유하고 있으며, 고객사의 업무특성과 정확한 업무프로세스의 분석을 통하여 최적의 아웃소싱을 제공합니다.

▶ 전문분야 아웃소싱(항공운송 부문)
엑스퍼트는 특수분야 아웃소싱의 축적된 노하우와 항공업무 경험을 바탕으로 항공기 운항 및 관련 지원업무를 전문으로 제공하고 있으며, 서비스 특성상 정확성이 요구되는 항공사 및 공항 관련 서비스를 24시간 완벽하게 수행하고 있습니다.

▶ 물류 / 유통 / 제조 아웃소싱
엑스퍼트는 체계적이고 전문화된 업무수행 경험을 바탕으로 물류 / 유통 / 제조 분야의 각종 업무수행에 적합한 관리시스템과 운영능력을 갖추고 있습니다.

(주)엔에스홀딩스
www.ns-holdings.co.kr

- **대표**: 이행수
- **전화**: 02-842-1373
- **팩스**: 02-842-8512
- **이메일**: hresume@hstaffs.co.kr

회사주소
서울시 영등포구 대림로 29가길 15-1 (대림동 733-4 한진빌딩)

설립 및 자본금
설립년 : 1986년
자본금 : 5억원

매출실적
2024년: 450억원
2025년(예정): 500억원

종업원현황
총원 : 1,750명(관리 : 55명, 파견 : 600명, 도급 : 1,100명)

아웃소싱 서비스
토탈아웃소싱
- 인재파견(사무, 안내, 비서, 운전, 고객상담, 텔레마케터 등)
- 생산도급(제지, 식품, 전자, 부품 등) / 물류도급(도서, 종합몰 등)
- 시설관리(경비, 미화 등)
- 시설위탁운영(휴게소, 골프장, 휴게소, 레저시설 등)
- 유통, 판촉위탁운영(제조사 유명브랜드 판매, 판촉 등)
- 케터링 도급(영양사, 조리사, 조리원 등)

주 거래 업종
제조업, 서비스업, 학교관공서, 관광/숙박업 등

주 거래 기업
삼성웰스토리, 롯데글로벌로지스, 종근당, 깨끗한나라, 면사랑, 아워홈, 동원F&B, 돌코리아, 아모레퍼시픽, 대신정기화물, 대웅제약, 보령제약, 양천구시설관리공단, 고려인삼공사, 양지사, 다이소, 유니클로, 골프존, 오리온, 휴게소, 한화리조트 등 전국 강소, 중견, 중소기업 다수 거래중

지사 및 계열사
지사/계열사 : 안양, 인천, 일산, 수원, 평택, 천안, 대전, 부산, 청주, 익산, 곡성, 보령

임직원 연락처
경영총괄 실장 이미정 010-8737-8746
마케팅총괄 본부장 이승석 010-7622-7322

기업연혁
1986. 05 유통분야(백화점) 아웃소싱 전문 한진상사 설립
1991. 12 롯데백화점 잠실점, 월드점, 미도파, 신세계백화점 도급계약
1998. 09 근로자파견사업허가 취득(서울남부 98-32)
1999. 01 아모레퍼시픽 물류도급계약 체결
2004. 01 기아, 현대자동차 협력사 자동차 부품 제조도급계약 체결
2005. 10 양지사외 제책생산도급 및 도서물류도급계약 체결
2006. 10 팬택, LG전자, 삼성전자 1차밴더 휴대폰 부품제조 도급계약 체결
2010. 06 건물종합관리 및 시설경비용역업 허가 취득(허가증 제2896호)
2012. 01 동원F&B 판촉업무 위탁 계약 체결
2013. 05 종근당 도급 계약 체결
2015. 01 골프장 위탁 운영 계약 체결
2017. 04 깨끗한나라 생산도급계약 체결
2018. 05 유니클로 물류도급 계약 체결
2019. 01 (주)엔에스홀딩스 법인 설립
2022. 01 다이소 HR서비스계약 체결
2023. 09 삼성웰스토리 채용대행 계약 체결/ 가사서비스 사업 개시
2024. 08 경주 블루원 워터파크 주차장관리 위탁계약 체결
2013~2025. 대한민국 100대 아웃소싱기업 선정

대표자 프로필
이름 : 이행수
경력 : 서울중앙통신대학 수료
금성출판사 본사 심사부(춘천, 원주 지부장 역임)
(주)한진스탭스 회장 역임
現 (주)엔에스홀딩스 회장
경영방침 : 직영조직을 바탕으로 초심을 잃지 않고 최고의 인재를 양성하여 일자리 창출에 앞장선다.

회사 및 서비스 소개
엔에스홀딩스는 1986년 설립 이후 서비스위탁, 유통, 물류, 시설관리, 제조, 임가공 등 다양한 산업 분야에서 종합 아웃소싱 서비스를 제공해온 기업입니다. 파견, 도급, 위탁 등의 서비스를 통해 고객의 요구에 맞는 맞춤형 솔루션을 제공하고 있습니다.
그리고 ISO 45001, 9001, 14001 인증을 통해 품질, 환경, 안전 관리를 엄격히 준수하며 관련 법규를 철저히 따르고 있습니다. 이러한 인증을 기반으로 고품질의 서비스 제공과 작업 안전 확보를 최우선으로 하여 고객과 파트너의 신뢰를 받고 있습니다.
4차 산업혁명과 지식정보화 시대에 발맞춰, 엔에스홀딩스는 혁신적이고 효율적인 경영 전략을 통해 변화하는 시장 환경에 유연하게 대응하고 있으며, 지속 가능한 성장을 목표로 삼고 있습니다. 또한 기업 비전과 성과를 파트너들과 공유하며 상생의 노사 관계 구축에 힘쓰고 있습니다.
39년간 쌓아온 경험과 노하우를 바탕으로 엔에스홀딩스는 앞으로도 고객과 파트너의 성공을 돕는 신뢰받는 동반자로서 종합 아웃소싱 분야에서의 경쟁력을 더욱 강화해 나가겠습니다.

(주)위로지스틱스
www.welogistics.co.kr

대 표	조성훈
전 화	02-6671-2917
팩 스	02-6674-2917
이메일	ekdud4583@naver.com

■ 회사주소
서울시 강동구 성내동 548-3 유원빌딩 3층

■ 설립 및 자본금
설립년 : 2021년
자본금 : 3억원

■ 매출실적
2024년 : 200억원
2025년(예정) : 300억원

■ 종업원현황
총원 : 520명

■ 아웃소싱 서비스
화물운송 중개 대리 및 운수관련 서비스업, 물류도급, 생산도급 등

■ 주 거래 업종
대기업, 중견기업, 중소기업 등

■ 주 거래 기업
쿠팡그룹 계열사, 롯데그룹 계열사, 딜리버스 그룹, 공공기관 등 다수

■ 지사 및 계열사
지사 : 영남지사 (경상남도 양산시 동면 금오길 39, 1층)
계열사 : (주)우리딜리버리(www.wedelivery.co.kr)

■ 임직원 연락처
대표이사 조성훈 (대표전화 : 02-6671-2917)
전무이사 이O영
상무이사 김O희
상무이사 이O윤
운영팀장 소O정

■ 기업연혁
2021. (주)위로지스틱스 설립
2021. 쿠팡 로지스틱스 공식 협력사 등록 (운수)
2022. 쿠팡이츠 공식 협력사 등록 (배달대행)
2023. 롯데택배 공식 협력사 등록 (운수)
2023. 쿠팡 로지스틱스 협력사 등록 (물류도급)
2023. 딜리버스 공식 협력사등록 (운수)
2023. 딜리버스 공식 협력사 등록 (물류도급)
2025. CJ온네 협력사 등록(배달대행)
      핑퐁 협력사 등록(배달대행)

■ 대표자 프로필
이름 : 조성훈
경력 : (주)위로지스틱스 대표이사
       물류아웃소싱분야 컨설턴트/전문가
경영방침 : "안전을 위로!", "신속함을 위로!", "만족을 위로!"

■ 회사 및 서비스 소개
급격하게 성장하고 있는 대한민국 물류 및 운송업, 위로지스틱스는 온라인 배송, 택배, 대형차 수송 등 체계화된 운송시스템을 갖추었으며 물류도급 전문인력을 현장에 배치하여 타사와는 차별화된 운영시스템을 구축하고 있습니다.
전문 서치팀, 관리팀, 노무팀으로 각각 업무를 분담하여 효율성을 높인 위로지스틱스는 다수의 운영 경험을 통해 전문성을 인정 받고 있는 기업입니다.

■ 주요 사업분야
▲[Outsourcing] 물류센터업무 위탁도급 서비스
위로지스틱스는 물류, 유통, 생산, 포장 등 기업의 핵심역량 강화를 위해 전 부문 아웃소싱과완전 업무위탁, 도급으로 고객사 업무를 수행합니다.
▲[Logistics] 물류운송 서비스
경제발전과 더불어 물류, 택배 수요증가로 산업의 핵심역할을 하고 있는 운송, 유통산업에서 위로지스틱스는 끊임없는 서비스 정신과 노력을 바탕으로 최고의 만족도를 드리기 위해 최선의노력을 다하고 있습니다.
▲[3PL] 3자물류 서비스
고객사에서 판매하는 품목들에 대하여 상품의 위탁 보관부터 발송까지 필요한 과정 중 여러 과정을 종합적으로 제공하는 원스톱 물류 서비스를 제공하고 있습니다.
▲[Delivery] 배달대행 서비스
최근 폭발하는 배달 수요에 따른 고객의 니즈를 파악하여 가맹점주님과 배달기사님이 사업에만 전념하실 수 있도록 최상의 음식배달 시스템을 구축하고 있습니다.

(주)유안에이치알
www.uanhr.com

대표	손정명
전화	02-425-0206
팩스	02-425-0286
이메일	uanhr@uanhr.com

■■■ 회사주소
서울 서초구 강남대로327 대룡서초타워 20F

■■■ 설립 및 자본금
설립년 : 2009년
자본금 : 10억원

■■■ 매출실적
2024년 : 2,544억원
2025년(예상) : 3,572억원

■■■ 종업원현황
총원 : 7,560명 / 관리 : 72명 / 파견 : 533명 / 도급 : 7,027명

■■■ 아웃소싱 서비스
인재파견, 컨텍센터, 생산·제조, 단체급식, 판매·판촉, 의료·풀필먼트, 택배, 수·배송, 3PL, 건물종합관리, 자산임대관리, 면세사업, 공항사업, 전기차 충전사업

■■■ 주 거래 업종
금융, 공공기관, 제조업, 식음료·식품, 물류·유통, 판매·판촉, 호텔·레저, 의료·바이오, IT·정보통신, 컨텍센터, 전자·가전, 건설·엔지니어링, 공항·면세, 전기차 충전, 자산임대관리

■■■ 주 거래 기업
삼성전자, 현대글로비스, CJ그룹, 한진그룹, SK그룹, LG그룹, 롯데그룹, 농협, 동원, GS그룹, KGC인삼공사, 쿠팡, 마켓컬리, 신한금융그룹, 현대캐피탈, KB금융지주, NICE평가정보, 신세계그룹, 포스코그룹, 차병원, KT, MBC, JTBC, 중앙일보, TV조선, 매일경제TV, MBN, 한화그룹, 하이파킹, 카카오모빌리티, BGF, 아워홈, 매일유업 등

■■■ 지사 및 계열사
(주)유안에이치알, (주)유안로지스틱스, (주)에스유이노베이션, (주)키인솔루션

■■■ 임직원 연락처
인사기획본부　　02-425-0206 (내선번호 6번)
경영지원본부　　02-425-0206 (내선번호 7번)

■■■ 기업연혁
■ 2009년
- (주)유안에이치알 법인 설립
- 근로자 파견 / 위생관리 용역 / 경비업 허가 취득

■ 2010~2013년
- NH농협금융그룹 외 20개사 HR 아웃소싱 계약 체결

■ 2013~2020년
- 계열사 설립 : (주)유안로지스틱스/(주)에스유이노베이션/(주)키인솔루션
- 삼성그룹, SK그룹, 하나금융그룹, 아워홈 등 파견 및 도급 계약

■ 2023년 ~ 현재
- ISO27001 / ISO45001 / ISO37301 / ISO37001 / 클린기업 인증
- 인재파견 : 삼성그룹, SK그룹, 신한금융그룹, 각종 방송사
- 물류센터 : 롯데면세점, 삼성웰스토리, 신세계그룹, CJ대한통운 등
- 종합관리 : 롯데백화점, 홈플러스, KMPNS, 쿠팡 등
- 공공기관 : 일본대사관, 한국전력거래소 등
- 택배사업 : 한진택배, CJ대한통운 등
- 의료분야 : 가천대길병원, 차병원그룹 등
- 제조생산 : KGC인삼공사, 롯데그룹, BGF그룹 등
- 호텔/레저 : 휘닉스평창/제주, 인스파이어그룹 등
- 판매판촉/단체급식 : 아워홈그룹, 삼성웰스토리, CJ프레시웨이 등
- 운송사업 : 이랜드그룹, 농협 등

■■■ 대표자 프로필
이름 : 손정명
학력 : 경기대학교 경영학과 卒,
경력 : (주)유안에이치알 대표이사(현)
　　　(주)유안로지스틱스 대표이사(전)
　　　HR서비스산업협회 부회장(현)
　　　경기대학교 ROTC 총동문회 회장(현)

■■■ 회사 및 서비스 소개
유안에이치알은 토탈아웃소싱 전문기업으로서 인재파견, 컨텍센터, 생산·제조, 판매·판촉, 물류·3PL, 시설·자산관리 등 다양한 서비스 분야를 운영하고 있습니다. 축적된 현장 운영 경험과 체계적인 관리 시스템을 기반으로 고객사의 효율성과 경쟁력 향상에 기여하고 있으며, 맞춤형 교육과 안정적인 인력 제공을 통해 신뢰받는 HR 파트너로 성장해 오고 있습니다.

(주)휴먼네트워크

대 표	전영진
전 화	031-633-6939
팩 스	031-633-6897
이메일	pcbhuman@humannetwork.kr

■■■ 회사주소
경기도 이천~ 백사면 청백리로61

■■■ 설립 및 자본금
설립년 : 1998년(상호변경 : 2001년)
자본금 : 1.5억원

■■■ 매출실적
2025년(예상) : 55억원

■■■ 종업원현황
총원 : 176명, 관리 : 6명/도급 : 150명/파견직원 : 20명

■■■ 아웃소싱 서비스
생산도급, 물류도급, 장기요양, 시설관리, 환경·미화관리, 보안·주차, 근로자파견

■■■ 주 거래 업종
대기업, 제조업, 유통, 물류업체

■■■ 주 거래 기업
콘티넨탈오토모티브시스템, 고려제약, 뱅뱅어페럴, 테크팩솔루션, 한익스프레스, 토판포토마스크, 양정중고등학교 외

■■■ 지사 및 계열사
전국 네트웍 구축

■■■ 임직원 연락처
전영진 대표 031-633-6939

■■■ 기업연혁
- 1998. (주)베스트 설립
  두산인프라코어 청소, 경비용역계약
- 2001. 고려제약 배송실 물류도급 계약
- 2001. (주)휴먼네트워크 상호변경
- 2001. 지멘스오토모티브(구 콘티넨탈 오토모티브) 사무파견계약
- 2009. 뱅뱅어페럴 물류도급 계약
- 2011. CONPRODUCTS KOREA 출하 포장 도급계약
- 2014. 콘티넨탈오토모티브 시스템 공용기 창고 물류 도급계약
- 2018. 토판포토마스크 근로자파견 계약

■■■ 대표자 프로필
- 이름 : 전영진
- 학력 : 건국대학교 졸업
- 경력 : (주)휴먼네트워크 대표
  생산제조도급 전문컨설턴트
  물류센터운영도급 전문컨설턴트

■■■ 회사 및 서비스 소개
휴먼네트워크는 체계적인 직원교육과 표준화된 업무 매뉴얼을 바탕으로 꾸준한 성장을 일구고 있는 '작지만 강한' 기업이다.

1998년 설립한 이 회사는 빌딩 운영 전반에 관한 시설관리, 환경·미화관리, 보안·주차, 생산·물류 도급, 장기요양, 근로자파견 등의 서비스를 전개하고 있다.

핵심역량을 갖춘 프로급 인재를 파견하는 전문기업으로 성장하며 사람 중심의 폭넓은 서비스를 제공하는 것이 강점이다.

전영진 대표는 "사업 특성상 파견 근로자의 실무역량이 무엇보다 중요한 만큼 인재파견 시스템에 투자를 아끼지 않고 있다"며 "업계 최고 수준의 고객만족(CS) 교육시스템을 구축했다"고 경쟁력을 밝혔다.

휴먼네트워크는 파견 직원들의 균일한 실무역량을 보장하기 위해 이론교육과 현장교육을 병행하고 있으며 고객사의 요구에 한발 앞서 대응하기 위해 전문성을 확대하기 위해 노력하고 있다.

이론교육은 다양한 거래처에서 축적한 현장업무 노하우를 표준화·매뉴얼화 한 것으로 이 회사의 핵심 경쟁력이다.

또한 고객사 업무에 대한 보안유지에 완벽을 기하는 것은 물론 고객사가 목표로 하는 경영성과를 달성할 때까지 모든 서비스를 밀착 지원한다.

특히 플라스틱, 단프라 박스세척 업무에 있어 초기 수작업으로 진행했던 제반 업무를 수년간의 운영 경험을 토대로 자동화 시스템을 적용해 비용절감 및 품질을 향상시켜 고객사의 경쟁력을 높여왔다는 평가다.

이 회사는 다양화된 아웃소싱 수요가 발생할 것에 대비해 새로운 영역과 거래처를 발굴하는 데 노력하고 있으며 노인 복지 관련 사업으로 사업을 확대해 사람을 제일의 가치로 생각하는 기업, 항상 도전하는 기업, 윤리와 상도덕을 지키는 투명한 기업으로 성장한다는 계획이다.

Why?

왜 많은 BPO·고용·파견사업자들이 HR산업협회와 함께 하고 있을까요?

사용사 신뢰 | 사업자 보호 | 사업자 지원

KS한국고용정보, 더케이텍, 아람인테크, 보보스링크, 맨토스파워, 맨파워코리아, 인터비즈시스템 엠제이플렉스, 아이피시, 에이젝코리아, 유안에이치알, 휴플러스, 서한기업, 유니에스, 삼구INC 제일비엠시, 스탭솔루션, 하고잡, 노무법인한수, 네트론, 잡스랩, 월드지엠에스, 케이잡스 휴먼네트워크, 더카와, 더뉴인, 법무법인굿플랜, 이젠코리아, 미디어월네트웍스, 그린굿잡 그린맨파워, 다인솔루션, 대성글로벌네트웍, 드림피플 라인비즈, 마루HR, 맥시머스, 맨테크윈 맨토스엘, 미래가이드, 발렉스서비스, 벨에스엠, 부울경INC비에이블, 사람과기술, 삼구에프에스 삼신테크, 삼영물류, 서운에스티에스, 서울커뮤니케이션, 스마트에이치알컨설팅, 스탭스 신우산업관리, 씨앤에이, 아리오, 아산맨파워, 아이비커리어, 애드민, 어울림에이치알 에스비코퍼레이션, 에스씨케이, 에스앤씨서비스, 에스이엔씨, 에이치알메이트, HR비엠에스 에이치알엔, 엔잡얼라이언스, 엘마르코리아, 예스콘씨에스, 예스콘컨설팅, 우림테크, 워크존 위드굿피플, 위드인, 윌앤비전, 유니스템스, 유현글로벌, 이시스템, 인빌트, 인풍코리아, 잡앤휴먼 제니엘, 제니엘휴먼, 제이앤비맨파워, 제이앤비컨설팅, 제이에스휴먼텍, 제이엔알써비스 제이엠피코리아, 제일에스피, 유피에스, 지텍에이치, 채움인력개발, 케이탑, 케이티에스잡 코세스코리아, 크레돈, 클라인, 티앤에스자산관리, 티이에스, 퍼스트인, 페이롤플러스 포맨파워, 피티아이, 피플씨앤에스, 하나인뱅크, 하이맥스컨설팅, 하이에이치알, 현대 SNS 휴너자이저, 휴먼솔루션, 휴먼스텝스, 휴먼아이티, 휴먼인프라, 휴먼프라임, 휴비즈넷, 휴스존 휴콥, 엘엠에스 위즈피플, 리미트, 이앤피파트너스, 은성프린터스, 모두오에스 외

KHR (사)한국HR산업협회
KOREA HUMAN RESOURCE INDUSTRY ASSOCIATION

가입문의 02-553-1661

WEC 세계고용연맹   KEF 한국경영자총협회   경제단체협의회

WWW.khra.or.kr

2026 KOREA OUTSOURCING DIRECTORY

경비·청소·건물 Ⅰ

▶ 가나다순

- 가엘에스앤에스
- 동아엠텍
- 동우씨엠
- 드림잡
- 리드커리어
- 리에이즈
- 미성엠프로
- 반도TS
- 발렉스서비스
- 벨에스엠
- 서빅
- 서운에스티에스
- 신명써비스
- 신우산업관리
- 신한서브
- 애드민
- 에스씨케이
- 에이치디에스자산관리
- 에이치와이플러스
- 엑스퍼트
- 엑스퍼트원

- 엔젤스태프
- 예스콘씨에스
- 용진하이테크
- 우진디엠씨
- 유니에스
- 인사이드잡
- 잡스테이션
- 재인산업
- 제일비엠시
- 지수아이앤씨
- 지에스아이
- 청우티에스
- 케이디에프에스
- 케이에스엔시
- 프리죤
- 한국에스웨이
- 한샘개발
- 한인컨설팅
- 현대에쓰앤에쓰
- 휴넥트
- 흥안실업

(주)가엘에스앤에스
www.cssever.com

대표	양재열
전화	02-472-3200
팩스	02-3412-3389
이메일	css090810@daum.net

■■■ 회사주소
서울시 강남구 광평로56길 8-13, 1216·1217호(수서동, 수서타워)

■■■ 설립 및 자본금
설립년 : 2009년
자본금 : 5억원

■■■ 매출실적
2024년 : 200억원
2025년(예상) : 220억원

■■■ 종업원현황
총원 : 596명 / 내부사원: 8명, 도급사원: 586명, 파견사원: 2명

■■■ 아웃소싱 서비스
건축물(시설)유지관리업, 주택관리업, 경호업, 시설경비업,주차장운영업, 주차대행, 근로자파견업, 위생관리업, 소독업

■■■ 주 거래 업종
그룹사, 대기업, 중견기업, 중소기업, 공공기관 등

■■■ 주 거래 기업
공공기관, 정부출자기관, 언론사, 민간기업, 병원, 공영차고지 등 고객사 다수

■■■ 지사 및 계열사
계열사 : (주)모두앤컴퍼니

■■■ 임직원 연락처
양재열 대표   02-472-3200

■■■ 기업연혁
2009. 08 (주)가엘 씨큐리티 설립
    10 신변 보호업무 허가획득 (서울지방경찰청)
    11 시설경비업무 허가획득 (서울지방경찰청)
       위생관리업종 추가
2010. 01 건축물(시설)유지 관리업종 추가
    03 (주)가엘 씨큐리티 홈페이지 오픈
2012. 06 주택관리업종 추가
       법인명칭변경 (주)가엘씨큐리티-(주)가엘S&S(가엘에스앤에스)
2012. 12 근로자파견사업 허가
2013. 03 아웃소싱 사업 확대
    08 본사 사무실 확장 이전/소독업 신고 (강남구청)
2014. 11 가족친화기업 인증 (여성가족부)
    12 국제표준화기구 ISO 9001, 14001 인증 획득/ISO 45001 인증 획득
2017. 10 한국서비스품질 우수기업 인증 (산자부, 서비스진흥협회)
2018. 03 서울지방경찰청장 감사장 수상 (민간경비업 발전 기여로)
    08 가족친화기업 재인증 (여성가족부)
2019. 08 창립 10주년
2020. 10 한국서비스품질 우수기업 재인증
2021. 10 올해의중소기업인상 수상(서울경제신문사주최)
2022. 05 모범중소기업인 선정(중소벤처기업부 장관표창)

■■■ 대표자 프로필
이름 : 양재열
경력 : 1981. 7. 1 대통령경호실 임용(공채)
    1990 ~ 1995 선발경호과장, 경호전담교관, 경호계획과장
    1996 ~ 2000 검측부장, 경호계획부장, 선발경호부장, 교리부장,
        제3차 서울ASEM 담당관
    2000.12.27 ~ 2003. 3.26 경호1처장
    2002 2002 한.일 월드컵 경호안전통제단 안전실장
    2005 부산 APEC행사 경호안전통제단 부단장
    2003. 3.27 ~ 2006. 1.23 경호실차장
    2006. 1.31 대통령경호실 퇴직 (5개정부 25년 근무)
    2007. 5. 1 ~ 2008. 5.31 한국전기안전공사 사장
    2009. 9. 1 ~ (주) 가엘 S&S 대표이사
수상 경력 : 황조근정훈장('05), 홍조근정훈장('00), 근정포장 '95)
      대통령표창('90), 국방부장관표창('89), 경호실장표창 (5회)

■■■ 회사 및 서비스 소개
가엘에스앤에스는 2009년 설립이후 고객의 신뢰를 기반으로 차별화된 전략과 마케팅으로 안정적인 성장세를 지속하고 있는 아웃소싱 전문기업입니다. 사업분야로는 FM사업(건물, 빌딩 종합매니지먼트), 파견사업(인재 및 근로자파견), 특수사업(경호경비, 각종행사대행)으로서 차별화된 전문적 안전노하우를 바탕으로 서비스를 제공합니다. 현재 전국 다수의 건물 및 빌딩을 종합관리하고 있으며, CEO의 공공부든 재직 경험을 민간부문에 접목시켜 안전전문성과 차별화 전략을 핵심역량으로 사회안전망 구축과 일자리 창출에 시대적 사명의식을 기본으로 고객으로부터 신뢰를 받는 기업입니다. "열정과 도전, 비전"의 사훈을 가지고 윤리경영과 사회적 책임경영을 다하여 고객으로부터 신뢰받고 사회로부터 인정받는 유일한 (Only One) 아웃소싱 전문기업을 지향함이 가엘에스앤에스가 추구하는 가치이자 경영철학입니다.

(주)동아엠텍

대 표	강승호
전 화	02-361-1463
팩 스	02-361-1467
이메일	jjn771@naver.com

■■■ 회사주소
서울시 서대문구 충정로 29 동아일보사 17층

■■■ 설립 및 자본금
설립년 : 1993년
자본금 : 20억원

■■■ 매출실적
2025년(예상) : 110억원

■■■ 종업원현황
총원 : 180명

■■■ 아웃소싱 서비스
신문 및 정기간행물 인쇄, 물류위탁, 경비, 청소, 시설건물관리, 자산관리

■■■ 주거래기업
동아일보, 서울경제, 아시아경제, 아시아투데이 외 사업장 다수

■■■ 지사 및 계열사
전국망 구축

■■■ 임직원 연락처
강승호 대표 02-361-1463

■■■ 기업연혁
1993. 03 (주)동아종합인쇄(오금동 공장, 대구공장) 출범
1996. 03 (주)안산동아인쇄(안산공장) 설립
2004. 07 (주)동아프린테크(오금, 충정)
　　　　 (주)동아프린컴(안산) 으로 명칭변경
2013. 01 (주)동아프린테크로 합병
2023. 01 (주)동아엠텍으로 법인명 변경

■■■ 대표자 프로필
이름 : 강승호
학력 : 고려대학교 공과대학 기계공학과
경력 : 동아일보 경영지원국장
　　　 한국신문협회 경영지원협의회 회장
　　　 現 (주)동아엠텍 대표이사
경영방침 : '기술과 사람을 재산으로 고객과 사회발전에 공헌'

■■■ 회사 및 서비스소개
103년 전통의 인쇄와 물류배송 전문업체인 동아엠텍(대표 강승호)은 30년 넘게 쌓아온 빌딩관리 노하우를 바탕으로 최근 외부건물에 대한 본격적인 종합관리서비스에 나섰다.

동아엠텍은 이미 광화문 동아미디어센터 등 동아미디어그룹 6개 사옥 및 미술관의 경비, 청소, 시설관리, 안내 등 도급업무에서 안정된 서비스 품질을 인정받고 있다.

동아엠텍 종합건물관리사업의 핵심은 단순관리를 넘어 전기료 절감 컨설팅, 특수클리닝, 인테리어 등을 통해 빌딩의 가치를 높이고 고객의 안정적 수익 창출에도 기여한다.

특히 '수전 합리화' 컨설팅은 독보적인 서비스로 한국전력의 'ESCO(에너지절감사업)'에 참여해 고객 빌딩의 불필요한 전기사용을 줄여 비용을 절감해준다.

산업용 전기를 사용하는 빌딩은 일정기간 사용량을 예측해 한국전력과 구매계약을 맺는데 문제는 정확한 소비전력량 예측이 어려워 전기 실제 사용량을 초과하는 경우가 많다.

동아엠텍은 전기기술사가 빌딩의 전기료를 점검해 절감방안을 제시하고 필요시 사후관리까지 담당하게 된다. 이를 통해 고객은 전기 기본료를 낮춰 요금을 절감할 수 있다.

이와 함께 축적된 시설관리 기술력을 활용해 건물 각종 시설에 대한 보수 서비스가 제공된다. 또한 카페트 청소와 바닥 왁스 작업 등 클리닝도 기본 서비스 외에 추가로 제공한다. 또 빌딩의 주수입원인 임대차 관리도 대행하며 입주, 철거 과정의 인테리어, 리모델링 사업도 지원한다.

동아엠텍은 지속가능한 발전과 새 수익원 창출을 위해 동아엠텍은 신문 관련업계에서 볼 수 없던 도전을 하고 있다며 기존 인쇄-물류 회사를 넘어 종합자산관리회사로 발돋움해 나가고 있다.

동우씨엠(주)
www.dongwoocm.co.kr

대표	조만현
전화	053-742-3344
팩스	053-742-3340
이메일	dongwoocm@dongwoocm.co.kr

■■■ 회사주소
대구광역시 수성구 국채보상로 924(범어동, 동우센터빌딩)

■■■ 설립 및 자본금
설립년 : 1999년
자본금 : 20억원

■■■ 매출실적
2024년 : 977억원
2025년(예정) : 994억원

■■■ 종업원현황
총원 : 2,854명

■■■ 아웃소싱 서비스
사무 · 행정 전문가 업무, 공동주택관리, 보안 · 환경위생 업무 등의 근로자 파견

■■■ 주 거래 업종
공동주택위탁관리, 주택임대관리, 건축물종합관리(PM,FM), 건설사업관리(CM), 안전진단 전문기관, 전기직무고시, 시설경비, 소독, 위생관리, 저수조청소, 1종 나무병원

■■■ 주 거래 기업
HS화성, (주)서한, (주)태왕, LH한국토지주택공사, 롯데건설, 범어 두산위브더제니스, 수성범어더블유, 수성SK리더스뷰, 센트로팰리스 등

■■■ 지사 및 계열사
동우씨엠(주), (주)동우라이프산업, 동우씨엠 서울지사, 동우종합건설(주), (주)하이엠알오, (주)동우씨엠건설, 세명이앤씨(주)

■■■ 임직원 연락처
주거서비스총괄사장 (주)동우라이프산업 김학엽 대표이사 053-719-3041
주거서비스총괄1부문 최영호 사장 053-719-3055
주거서비스총괄2부문 김일중 전무이사 053-719-3078
사업주거서비스총괄부문 김광용 전무이사 02-538-0281
건설총괄사장 동우종합건설(주) 권진혁 대표이사 053-719-3053
개발사업부문 이정주 사장 053-719-3093
건설E&C사업부문 박배열 사장 053-719-3061

■■■ 기업연혁
1999. 동우씨엠(주) 법인 설립
2005. (주)동우라이프산업 법인 설립
2006. 경영혁신형 중소기업(Main-Biz) 인증
   홈페이지/인트라넷 그룹웨어 시스템 구축
2011. 대구시 스타기업 지정, (주)동우씨엠건설 법인 설립
2012. 각산역 더뉴클래스 1차 분양
2013. SAVEUS, The New Class 특허청 서비스표 등록
2014. 태전역 더뉴클래스 1차 분양
2015. 매천역 더뉴클래스, 각산역 더뉴클래스 3차 분양
2018. 기업혁신대상 산업통상자원부 장관상 수상
   우수 부동산서비스사업자 인증(국토교통부)
2019. 대표이사 회장 (사)한국주택관리협회 협회장 취임
   대표이사 회장 국제로타리 3700지구 총재 취임
2020. 동우씨엠 20년사 〈문화로 인사합시다〉 편찬
   중소기업 스마트서비스 지원사업 〈주거서비스 플랫폼〉 선정
2021. 세이버스온(saveuson.com) 출시
2022. 대한민국 중소기업인대회 모범중소기업인 부문 대통령 표창
   일 · 생활 균형 모범사례 대구시장상(대구광역시)
   동종업계 최초 ESG 지속가능경영보고서 출간
2023. 여가친화기업 인증(문화체육관광부)
2024. 대한민국 일자리 으뜸기업 선정(고용노동부)
   (주)동우라이프산업, 법인 서울 이전
   대한민국 독서경영 우수직장 2년연속 인증(문화체육관광부)
   지역사회공헌기업 인증 5년연속 승인(보건복지부)

■■■ 대표자 프로필
이름 : 조만현
학력 : 대구대학교 도시학과 부동산학 박사, 경북대학교 사클과 학사
경력 : 1989-1996 화성산업(주) 주택개발본부 용지팀장
   1996-1998 (주)대동주택 개발2팀장
   1999-현재 동우씨엠(주) 대표이사 회장
   2018-현재 대구상공회의소 제25대 의원
   2019-현재 (사)한국주택관리협회 협회장
   2019-2020 국제로타리 3700지구 총재
경영사훈 : 인간주의, 평등주의, 고객주의
기업이념 : 생활기업 육성, 공익사회 건설, 신문화 창조

■■■ 회사 및 서비스 소개
동우씨엠(주)은 종합주거서비스그룹으로서 1999년 창립 이래 전국적으로 공동주택 17만여 세대를 비롯하여 3200여개 사업장을 전문 위탁 관리하고 있습니다. 특히, 고객중심 부동산 자산관리 포털 서비스 브랜드 세이버스(SAVEUS)를 통한 콜센터와 기동서비스팀, 내 손안의 모바일 관리사무소 세이버스온(saveuson.com)을 운영하고 있습니다.

(주)드림잡
www.newdreamjobs.co.kr

대 표	김재혁
전 화	02-774-0207
팩 스	02-774-3352
이메일	venture37@hanmail.net

■■■ 회사주소
서울시 광진구 능동로 329 4층

■■■ 설립 및 자본금
설립년 : 2003년
자본금 : 5억원

■■■ 매출실적
2024년 : 45억원
2025년 : 55억원

■■■ 종업원현황
총원 : 100명/관리 : 5명/파견 : 14명/도급 : 80명

■■■ 아웃소싱 서비스
시설관리, 경비, 청소, 인재파견, 소독업, 생산제조도급, 교육사업, 냉난방기우수보수업, 시스템에어컨세척업

■■■ 주 거래 업종
대기업, 중견기업, 공공기관, 중소기업 등

■■■ 주 거래 기업
대한전선(주), 대한광통신(주), (주)한국티비티, 안성시외버스터미널, 대륭테크노타운15차, 서울문화재단, 국민건강보험공단, 무주리조트, 남부시외버스터미널 외 다수

■■■ 지사 및 계열사
전국 지사네트웍 구축 운영

■■■ 임직원 연락처
김대영 이사   02-774-0208
김경무 부장   02-774-0207

■■■ 기업연혁
2003. 03 (주)드림잡 설립, 근로자파견업 사업허가
       08 시설경비업 허가
       11 위생관리용역업 허가
2004. 08 대한전선(주) 협력업체 등록
2007. 12 무주리조트 협력업체 등록
2009.   서울지방노동청 명예고용감독관 지정
2012. 03 소독업 허가, 여성기업 인증, 중소기업 인증
        자본금 증자 2억5천→5억
2013. 01 코레일공사 경북영업본부 불정테마펜션 위탁관리 용역 체결
       06 한국토지주택공사 본사사옥 청소용역 개시
2014. 01 국립외교원 종합관리용역 수주
       02 서울특별시 중구 문화재단 충무아트홀 하우스매니저 관리용역 수주
2015. 02 국립예술단체연합회 종합관리용역 수주
       12 국민건강보험공단 (원주신사옥, 마포사옥) 경비용역 수주
2016. 03 한국토지주택공사 위례사옥 종합관리 수주
       05 경영혁신중소기업 인증 (중소기업청)
2017. 02 경기도남한산성세계유산센터 사후관리용역 수주
       07 서울특별시교육청 교육시설관리본부 시설,미화 용역 수주
2018. 01 서울특별시교육청 종로도서관 미화 용역 수주
       03 제로이 에너지세이빙기능사업 개시
2019. 01 서울문화재단, 강북구청 안내용역 수주
       03 대륭테크노타운15차 수주
       05 영등포구 파견용역 수주
        경영혁신중소기업 재인증 (중소기업청)
       07 파견사업관리책임자 교육이수
        온라인교육사업 에듀파 인증 및 사업개시
2020. 02 본사 사옥 매입 입주
2022. 11 안전보건경영시스템 ISO45001 인증

■■■ 대표자 프로필
이름 : 김재혁
학력 : 중앙대 졸업
경력 : 대한전선(주) 총무이사
      드림잡 대표이사
경영방침 : "서비스는 '행동'입니다"

■■■ 회사 및 서비스 소개
드림잡은 2003년 설립된 건물종합관리 및 HR아웃소싱서비스 전문업체로서 십수년에 걸친 전문 노하우와 관리시스템 중심으로 'High Quality-Low Cost'의 경영을 실현해 나가고 있는 기업이다.
시설관리, 미화, 경비보안, 주차관리 등 건물종합관리는 물론 근로자파견과 각 업무 분야의 도급, 아웃소싱 등 서비스를 필요로 하는 고객의 자산가치를 극대화하고 고용유연성을 확보하는 기업지원서비스 기업으로 특화해 가고 있다.
드림잡은 고객사의 다양한 요구와 서비스를 제공하기 위해 선진화된 장비도입 및 교육을 통해 고객에게 체계적인 맞춤서비스와 고효율, 저비용의 아웃소싱 서비스를 제공하는데 역점을 두고 있다.
기업 경영철학을 "서비스는 '행동'입니다"로 정한 이유도 행동은 긍정적, 적극적인 사고에서 출발한다는 기본자세를 늘 새롭게 하기 위해서다. 특히 지속적인 교육지원을 통해 전문인력양성, 최고를 추구하는 장인정신, 고객만족을 최고의 가치로 지향하는 세계일류 아웃소싱서비스 전문기업으로 발전해 나간다는 계획이다.

리드커리어(주)
www.leadcareer.co.kr

대 표	오제석
전 화	031-204-5335
팩 스	031-281-2006
이메일	hr@leadcareer.co.kr

■■■ 회사주소
경기도 용인시 수지구 수지로342번길 30 (풍덕천동 704), 현대프라자빌딩 4층

■■■ 설립 및 자본금
설립년 : 2015년

■■■ 매출실적
2024년 : 280억원
2025년(예상) : 280억원

■■■ 종업원현황
국내 : 총원 1,250명 / 관리직 : 50명 / 파견 : 1,000명 / 도급 : 200명
국외 : 중국(남경)도급 300명 / 폴란드(브로츠와프) : 100명

■■■ 아웃소싱 서비스
인재파견, HR아웃소싱(도급(위탁), 판매(판촉), 물류, 유통, 제조, 콜센터 등), 채용대행, 경비업, 위생업(미화), 시설관리

■■■ 주 거래 업종
파견 : 일반사무, IT, 웹디자인, 운전직, 소셜커머스, 오픈마켓 등
도급 : 식음료, 외식사업, 제조, 경비업, 시설관리, 미화 등

■■■ 주 거래 기업
LG화학, LG이노텍, SK플래닛, CJ올리브영, 카카오, 지마켓, 한성자동차, 쿠팡, 한화파워시스템, SM C&C, 비엠더블유코리아, 삼성전기, 스투트가르트스포츠카

■■■ 지사 및 계열사
중국법인(남경) / 폴란드법인(브로츠와프) / 헝가리법인(부다페스트)

■■■ 임직원 연락처
경영전략본부 본부장 김규현   070-4473-7414/010-3860-3862

■■■ 기업연혁
2015.	02	리드커리어(주) 설립
		근로자파견사업허가 취득 (고용노동부)
	05	한국토지주택공사 파견계약체결
	07	쿠팡 파견계약체결
2016.	06	CJ올리브네트웍스 파견계약체결
	10	세계고용연맹 동북아지역회의 참석
2017.	07	중국 남경법인설립
	09	근로자파견부문 아웃소싱서비스 고객만족대상 수상
2018.	09	대한민국 아웃소싱서비스 품질경영대상 수상
	10	근로자보호 HR서비스 클린기업인증(한국HR인적자원서비스산업협회)
2019.	03	헝가리법인설립 (헝가리 부다페스트)
	11	VINAMEX(베트남 HR아웃소싱社)와 해외인력송출계약
2020.	04	소독업 신고 제2020-405148-00007호-용인시
	06	경영혁신형 중소기업(Main-Biz)선정-중소벤처기업부쿠장관
		품질경영시스템 ISO 9001:2015 인증
		경비업허가 제2167호-경기남부지방경찰청
2021.	05	(주)경동나비엔 도급계약 체결
	10	리드커리어(주) 서울지사(헤드헌팅사업본부) 설립
2022.	03	시설물관리전문업체등록
	05	대한민국 100대 아웃소싱기업 인증
2023.	03	한화파워시스템 파견업체 선정
	06	CJ올리브영 파견업체 선정
2024.	01	대표이사 오제석 취임
	05.	동아일보 소비자선정 우수기업 브랜드대상
2025.	01	KBSN 소비자 선정 우수기업 브랜드대상 수상
	06	안전보건경영 ISO 45001:2018 인증

■■■ 대표자 프로필
이름 : 오제석
학력 : 동국대학교 국제통상학과 졸업
경력 : 리드커리어(주) 대표이사
　　　리드커리어(주) 부사장
경영방침 : 인재에게 기회를, 기업에게 인재를!

■■■ 회사 및 서비스 소개
리드커리어(주)는 4차산업시대의 HR아웃소싱을 선도하는 기업이 되기 위하여 신속성, 정확성, 적법성이라는 원칙을 세우고 발전해 나가고 있습니다. HR아웃소싱서비스의 전문화는 우수기업과 인재의 효과적인 연결을 통하여 이루어 진다고 생각하며 기업과 인재의 연결고리가 될 수 있도록 최선을 다하겠습니다. 이와 관련하여 인재파견 분야에서 사무, 상담, 안내 등과 같은 전통적인 분야는 물론 IT, MD(오픈마켓/소셜커머스), 산업디자인에 이르기까지 다양한 분야에 우수인력을 파견하고 있습니다. 또한 외식업, 식음료 분야의 도급업무로 서비스영역을 확장해 나가고 있습니다. 무엇보다 미래 핵심사업으로 추진 중인 분야는 해외에 진출하는 국내 기업의 다양한 인력소요를 지원하는 것입니다. 현재 2017년 중국(남경)법인을 시작으로 2018년 07월에 폴란드법인을 신설하였으며 향후 지속적인 해외법인 개설을 통하여 해외 HR아웃소싱서비스 전문회사로 거듭날 계획입니다.

리에이즈(주)

www.liaise.co.kr

대 표	오주환
전 화	02-6478-2100
팩 스	02-6478-2010
이메일	jqk1121@liaise.co.kr

■■■ 회사주소
서울시 영등포구 선유동 1로 32(당산동3가, 신일빌딩) 204호

■■■ 설립 및 자본금
설립년 : 2015년
자본금 : 2억원

■■■ 매출실적
2024년 : 190억원
2025년(예상) : 200억원

■■■ 종업원현황
총원 : 563명 / 내부사원: 10명, 도급사원: 500명, 파견사원: 53명

■■■ 아웃소싱 서비스
객실정비, 미화, F&B, 도어 발렛 주차 콜센터, 병동보조, 사무보조, 기물, 보안, 시설 등

■■■ 주 거래 업종
호텔, 병원, 리조트, 서비스, 유통 업종

■■■ 주 거래 기업
센트럴시티 터미널(호남선) 파미에스테이션&가든, 서울고속버스터미널(경부선) 터미널 전 구역 업무위탁 수주, JW메리어트서울, (주)부산서면롯데호텔, 롯데시그니엘부산, 분당제생병원, 강남메이져의원, 서울석병원, 한화호텔앤리조트, 에이치아이여성의원, (주)한솔루션 외

■■■ 지사 및 계열사
지 사 : 부산지사 051-746-2101
계열사 : 리에이즈서비스 주식회사/인투웍스 주식회사
         클린에이아이 주식회사

■■■ 임직원 연락처
김영천 본부장 : 02-6478-2104

■■■ 기업연혁
- 2015. 07 아웃소싱 전문기업 리에이즈 주식회사 설립
-       09 ERP시스템 구축 및 홈페이지 개설
-       10 이비스버젯 앰배서더 동대문 업무위탁 수주
- 2016. 01 쉐라톤팔래스, 이비스 스타일 앰배서더 명동 업무위탁 수주
-       03 코트야드바이메리어트 판교호텔 업무위탁 수주
-       04 분당제생병원 근로자파견계약 체결
- 2017. 04 JW 메리어트 서울 업무위탁 수주
-       05 아난티펜트하우스 해운대 및 힐튼부산 업무위탁 수주
-       12 창립 첫 연매출 100억원 달성
- 2018. 01 그랜드 앰배서더 서울 업무위탁 수주
-       03 임피리얼 팰리스 서울 업무위탁 수주
-       07 홀리데이인익스프레스 홍대 업무위탁 수주
-       08 가족회사 리에이즈서비스 설립
- 2019. 01 홀리데이인익스프레스 수원 업무위탁 수주
- 2020. 01 센트럴시티 터미널(호남선), 서울고속버스터미널(경부선) 업무위탁 수주
-       06 롯데시그니엘 부산 업무위탁 수주
-       07 골든튤립 해운대 업무위탁 수주, 몬드리안 서울 이태원 업무위탁 수주
- 2021. 01 롯데호텔 부산 업무위탁 수주, 코트야드 메리어트 수원 업무위탁 수주
-       12 그랜드하얏트 서울 업무위탁 수주, 시그니엘 부산 피트니스 추가수주
- 2023. 01 대전오노마 호텔, 아주자동차 대학교, 메이필드 호텔 업무위탁 수주
- 2024. 01 레스케이프 호텔, 신세계 영랑호리조트 종합관리, 그랜드 조선 해운대 업무위탁 수주
- 2025. 03 클린에이아이(주) 설립
- 2024. 10 A.I Cleaning Solution 프로젝트 ALICE 구축

■■■ 대표자 프로필
이름 : 오주환
경력 : (현) 리에이즈 대표이사
경영방침 : 1.고객감동실천 2. 인간존중실천 3. 혁신경영추구를 통하여 인재를 통한 가치경영

■■■ 회사 및 서비스 소개
리에이즈는 2015년 설립 이후 "고객이 원하는 인재 근로자가 원하는 직장"을 기업과 인재 모두에게 충족할 수 있도록 리에이즈만의 특화된 솔루션을 제시하면서 업계에서 급성장하고 있는 아웃소싱 기업이다

사업장별 퀄리티매니져 상근제도를 도입해 서비스품질 강화와 고객사의 눈높이에서 서비스 운영, 현장경험을 통해 축적된 노하우를 바탕으로 근로자가 개개인의 전문 업무 능력을 향상시켜 지속적인 혁신을 가져온 결과 짧은 시간만에 연매출100억을 달성하는 성과를 나타냈으며, 리에이즈가 제공하는 아웃소싱서비스 고객만족 전략은 다음과 같이 요약된다
- 전문가가 제시하는 Know-how
- 신뢰와 감동이 공존하는 Win- Win
- 혁신적인 경영을 통한 Success Business

리에이즈는 이러한 고객만족 방침을 기반으로 전문분야별 자회사 설립과 사업확장으로 기업가치를 높여가고 있으며 최첨단 AI기반의 로봇청소기, 딜리버리 로봇, 황성data를 기반으로 제안하는 최적의 서비스로 브랜드 가치 및 대외적 이미지 상승과 혁신을 이끌어 내어 고객만족 실현에 도움되는 기업으로 거듭나고 있다.

미성엠프로(주)
www.misungmpro.com

대표	이영일, 송순영
전화	02-3660-6836
팩스	02-719-5833
이메일	wonjp0915@misungmpro.com

■■ 회사주소
서울 영등포구 당산로 118 대흥빌딩 702호

■■ 설립 및 자본금
설립년 : 1990년
자본금 : 13억원

■■ 매출실적
2024년 : 1,101억원
2025년(예상) : 1,120억원

■■ 종업원현황
총원 : 2,488명

■■ 아웃소싱 서비스
빌딩종합관리(시설, 미화, 보안, 주차), 기계설비성능점검, 터널관리

■■ 주 거래 업종
건물(시설)관리용역, 위생관리용역, (특수)경비업, 기계설비성능점검업 외

■■ 주 거래 기업
삼성전자, 에스원, 현대엔지니어링, 포스메이트, 신세계그룹, 한진그룹, 이랜드그룹, 코오롱그룹, 삼성서울병원, 한국도로공사, 부산신항만 등

■■ 지사 및 계열사
(주)미성지에스이, (주)미성에스엔피

■■ 임직원 연락처
원정필 전무 02-3660-6836

■■ 기업연혁
1990. 05 (주)미성개발 설립 / 체육시설 관리 개시
1999. 09 ISO9001, 14001 인증
2000. 11 대통령 포장 수상
2002. 09 한국존슨프로페쇼날(주) 기술제휴
2009. 06 품질경영시스템 최우수 기업
      05 이탈리아 페더케미칼 기술 제휴
2011. 03 민간기업 최초 빌딩관리기술원 개원
      08 건국대학교 FM전문가 과정 MOU체결
      12 사명변경 미성엠프로 주식회사
2013. 08 ISO50001 인증 취득
2011. 11 한국FM대상 시설경영부문 대상
2014. 02 에너지관리시스템 구축 및 운영
2015. 02 근로복지공단 산재근로자 위탁 직업훈련기관 등록
2018. 10 제대군인고용 우수기업 인증
2019. 08 ISO45001 인증
2023. 09 기계설비성능점검능력평가 전국 1위

■■ 대표자 프로필
이름 : 이영일
경력 : 現)미성엠프로(주) 대표이사
이름 : 송순영
경력 : 現)미성엠프로(주) 대표이사

■■ 회사 및 서비스 소개
미성엠프로는 1990년 창립이래 고객만족의 기업이념을 바탕으로 고객의 다양한 요구를 충족시키기 위해 끊임없이 노력하는 자산종합관리 전문기업입니다. 미성엠프로는 20여년의 건물종합관리(시설, 미화, 보안, 주차, 부동산 개발 및 시공 등) 경험과 Know-How를 바탕으로 초고층, 초대형 복합 빌딩을 비롯하여 대형마트, 백화점 등 판매시설, 초고층 주상복합빌딩 등 주거시설, 골프장 등 레저 시설, 관공서, 도로 터널, 항만, 공항, 병원, 학교 등 공공시설에 이르기까지 모든 분야에 걸쳐 고객 자산에 대해 차별된 전문성이 있습니다. 또한 미성은 고객이 맡겨주신 자산을 내 자산처럼 소중히 여기고, 고객의 더 많은 편익을 위해 최선을 다하는 신뢰받는 동반자가 될 수 있도록 꾸준히 노력하겠습니다.

(주)반도TS
www.bandots.co.kr

대표	김광태
전화	02-2679-0250
팩스	02-2679-0252
이메일	insa1996@daum.net

■ 회사주소
서울특별시 영등포구 당산로 240 유상빌딩 3층

■ 설립 및 자본금
설립년 : 1996년
자본금 : 4억원

■ 매출실적
2024년 : 600억원
2025년(예상) : 700억원

■ 종업원현황
총원 : 1,800명

■ 아웃소싱 서비스
물류·택배 급서비스, 지게차 장비 임대 및 대여서비스 / 제조 위탁 도급 서비스, 생산관리 효율화 서비스 / 시설관리 서비스, 미화관리 서비스, 보안, 주차, 안내 서비스 / 단체급식, 품질위생·안전 교육관리 / 유통영업, 판매사원관리, CS교육, 매출관리, 매장관리 / 건물 종합관리 등

■ 주거래업종
유통·판매, 물류, 제조업 등

■ 주거래 기업
롯데제과, 롯데푸드, 롯데쇼핑, 롯데글로벌로지스, 롯데네슬레, 삼성전자로지텍, 한진 등

■ 지사 및 계열사
태성TS

■ 임직원 연락처
윤영백 본부장	02-2679-0250
이상준 본부장	02-2679-0564
김창식 본부장	02-2679-0148

■ 기업연혁
1996. 09 (주)반도보안공사 설립
1996. 09 한국경비협회 회원 인증
1997. 01 유상공장,세종,세미산업 도급관리업무 체결
2001. 12 롯데제과 평택물류센터 도급관리업무 체결
2004. 07 롯데제과 의왕물류 센터 도급관리업무 체결
2006. 10 롯데제과 대전공장 도급관리업무 체결
2006. 10 롯데푸드 천안물류센터 도급관리업무 체결
2008. 05 롯데제과 판촉 도급관리업무 체결
2009. 01 롯데푸드 천안공장 도급관리업무 체결
2009. 11 롯데제과 광명물류센터 도급관리업무 체결
2010. 06 롯데제과 분당물류센터 도급관리업무 체결
2013. 09 롯데제과 이천물류센터 도급관리업무 체결
2014. 01 (주) 태성 TSLC 설립
2014. 08 롯데제과 DC창고 도급관리업무 체결
2015. 01 롯데네슬레 일죽물류센터도급업무 체결
2016. 01 롯데푸드 안산공장 도급관리업무 체결
2016. 02 롯데푸드 단체급식 도급관리업무 체결
2017. 01 롯데택배 서울구로터미널 도급관리업무 체결
2017. 07 (주)반도TS 로 상호변경, (주) 태성TS 로 상호변경
2018. 01 롯데마트 신선품질혁신센터 도급관리업무 체결
2018. 02 롯데마트 오산물류센터(소터) 도급관리업무 체결
2018. 04 삼성전자로지텍 천안물류센터 도급관리업무 체결
2018. 04 롯데푸드 오산빙과물류센터 도급관리업무 체결
2019. 01 롯데마트 오산물류센터(DC/DPS, 경비, 미화) 도급 체결
2019. 02 한진택배 부평/서인천 터미널 도급관리업무 체결
2019. 04 한진 싸이로/하치장 도급관리업무 체결
2019. 07 롯데택배 군포/부곡/인천 터미널 도급관리업무 체결
2020. 01 INTC 인천 컨테이너 하역도급 업무 체결
　　　　　대주중공업 인천항 컨테이너 하역도급 업무 체결
2020. 09 한진 음성터미널 택배 도급 업무 체결
2020. 11 롯데글로벌로지스 오산식자재 물류도급 업무 체결
2021. 01 롯데푸드 용인/광주 공장 델리카 생산도급 업무 체결
　　　　　한진 평택/안성 터미널 택배 도급업무 체결
　　　　　대성산업 포천 생산도급 업무 체결
　　　　　대성산업 주유/충전 파견업무 체결
　　　　　삼성웰스토리 평택 식자재 물류 도급업무 체결

■ 대표자 프로필
이름 : 김광태
경력 : (現) 반도TS 대표이사

■ 회사 및 서비스 소개
반도TS는 '고객만족을 최우선으로! 직원을 가족처럼!'이라는 슬로건 아래 한길만을 걸어온 전문 아웃소싱 기업입니다. 이러한 아웃소싱 관리 업무의 표준화와 매뉴얼 작업으로 수년간의 현장 노하우를 체계적인 문서로 공유함으로써 업무의 효과와 효율성을 극대화 시켰으며, 체계적인 직원 교육과 첨단 설비들로 반도인 만의 효율적이고, 신속한 서비스, 새로운 서비스 문화를 창출해 나가고 있습니다. 또한 꾸준한 기술개발과 교육을 통해 실력 있는 반도인으로 거듭나 합리적인 비용과 최상의 서비스로, 고객만족을 극대화하고 고객 으로부터의 신뢰를 바탕으로 고객 맞춤형 아웃소싱 관리를 실현, 세계화 된 일류기업으로 성장해 나가려 합니다. 반도TS 는 앞으로도 고객 만족을 최우선으로 20년 이상의 경험과 노하우, 표준화된 업무 시스템을 바탕으로 긍정적 사고, 솔선수범의 자세로 아웃소싱 관리 운영을 완벽히 수행, 고객과 함께 성장하는 최고의 기업이 될 것을 약속 드립니다.

(주)발렉스서비스
www.valexservice.com

대표	박희영
전화	02-2010-2880
팩스	02-707-0680
이메일	hr_svc@valexservice.com

■■■ 회사주소
서울 영등포구 의사당대로 83 (여의도동, 오투타워 12층)

■■■ 설립 및 자본금
설립년 : 2010년
자본금 : 50억원

■■■ 매출실적
2024년 : 3,018억원
2025년(예상) : 3,560억원

■■■ 종업원현황
총원 : 약 6,800명

■■■ 아웃소싱 서비스
생산라인, 제조지원, 장비 유지보수, 설비기술, 포장·물류
시설관리, 보안·경비, 호텔관리, 금융 콜센터, 해외취업 등

■■■ 주 거래 업종
반도체, 금융, 호텔, 화학, 태양광, 제약 등

■■■ 주 거래 기업
SK하이닉스, 현대엔지니어링, 현대글로비스, LG생활건강, SK실트론, 현대엔지니어링, 삼성카드, 현대카드, 나이키코리아, SK케미칼, 파르나스호텔, 동원, 한국투자증권, SBI저축은행, 해비치호텔&리조트 등 국내·외 200여개 사

■■■ 지사 및 계열사
지주사 : 팬택씨앤아이
계열사 : 팬택씨앤아이엔지니어링, 피앤에스네트웍스
        대우로지스틱스, 피앤에스로지스, 발렉스특수물류
        피앤에스카고매니지먼트, 티앤에스엔지니어링

■■■ 임직원 연락처
대표번호 02-2010-2880
영업담당 02-2010-2884 / 02-2010-2887

■■■ 기업연혁
- 2010.~ (주)토스 설립
  근로자 파견, 시설경비업무, 위생관리용역업 허가 취득
  팬택, 동원산업(물류센터), 한국투자증권(시설/보안/안내) 등 인력공급 계약 체결
- 2019. 사세확장에 따른 사명변경(2018.08 附)
  반도체사업 부문 확대(SK하이닉스 이천/청주)
  특1급 호텔 부문 확대(쉐라톤 워커힐, 신라스테이 등)
- 2021. 산업재해예방 고용노동부장관 표창
  2021년 10대 아웃소싱기업 선정
  안전보건경영시스템 ISO 45001 인증 획득
  환경경영시스템 ISO 14001 인증 획득
  ISSA CMI교육 도입 및 CIMS 인증 획득
- 2022. 재해경감 우수기업 인증 취득
  ESG 지속가능경영보고서 발간
- 2023. 한국HR서비스산업대상 산업선도부문 수상
  UNGC (유엔글로벌콤팩트) 가입
  CIMS WITH HONORS 인증 획득
  KT AI첨단 로봇 활용 MOU 체결
  ESG 경영시스템 인증 획득(국내 최초 1호)
- 2024. ISO 37001 부패방지 경영시스템 인증 획득
  ISO 37301 규범준수 경영시스템 인증 획득
- 2025. 고용노동부 주관 일생활 균형 우수기업 인증 획득
  한국HR서비스산업대상 HR서비스기업 대상 수상
  2025 한국 아웃소싱 리딩컴퍼니 선정
  대한민국 아웃소싱산업 선도기업 특별상 수상

■■■ 대표자 프로필
이름 : 박희영
학력 : 경희대학교 가정관리학과 졸업
경력 : 現 (주)발렉스서비스 대표이사
       前 (주)팬택 경영관리본부
       前 (주)발렉스서비스 경영지원본부장
       前 (주)피앤에스네트웍스 해상운영본부장
경영방침 : 사람중심 경영, 기술중심 경영, 성과중심 경영

■■■ 회사 및 서비스 소개
발렉스서비스는 2010년 설립 이후 임직원 6,800명, 매출 3,560억원(2025년 말 기준)으로 성장하며 업계의 견고한 양적 성장과 질적 혁신을 이뤄 닿습니다. 세계청결협회(ISSA) 가입 및 CIMS with HONORS 인증을 기초로 선진화된 Hygiene Service(청결·위생 통합관리) 체계를 구축하였으며, CMI 미화 전문가 교육을 통해 내부 전문가를 육성하여 안전하고 위생적인 서비스 환경을 제공하고 있습니다.
당사는 가치향상 전문가(Value Adding Expert)로서 고객사의 핵심사업 가치를 높이는 데 힘쓰고 있으며, 이러한 성장을 바탕으로 장애인 고용 확대, 공익재단 후원 등 사회적 가치 실현과 함께 지속가능경영보고서 발간, UNGC 가입, 국내 최초 ESG 경영시스템 인증을 통해 ESG 기반의 지속가능경영도 체계적으로 강화해 나가고 있습니다.
발렉스서비스는 앞으로도 전문성과 기술을 기반으로 한 체계적 시스템, 고객의 가치 성장을 이끄는 전문가로서의 역량, 그리고 차별화된 서비스 품질을 통해 고객 여러분께 최고의 비즈니스 파트너로서 역할을 다하겠습니다.

(주)벨에스엠
www.bellsm.co.kr

- 대 표: 이수한
- 전 화: 02-2634-2628
- 팩 스: 02-2634-2978
- 이메일: bell2628@hanmail.net

▪▪▪ 회사 주소
서울시 서대문구 충정로 8 종근당빌딩

▪▪▪ 설립 및 자본금
설립년 : 2006년도
자본금 : 5억원

▪▪▪ 매출실적
2024년 : 510억원
2025년(예상) : 530억원

▪▪▪ 종업원현황
총원: 650명 / 관리: 28명 / 파견: 26명 / 도급: 596명

▪▪▪ 아웃소싱 서비스
건물관리(시설·보안·미화), 제조공장 생산도급, 파견, 화물운송·주선, 국제물류주선 등

▪▪▪ 주 거래 업종
대기업, 공기업, 학교, 연구소, 시설관리(시설·보안·미화·주차), 병원, 운전기사·사무보조 파견, 제조공장 도급 (생산·물류), 화물운송·주선업, 국제물류주선업

▪▪▪ 주 거래 기업
종근당그룹, 소화의원, 오토컬렉션, 용마로지스, 동아ST, 에스티젠바이오, 레고켐바이오사이언스, 대항병원, 화천농협, 김해휴앤락몰, 동인기연 등

▪▪▪ 지사 및 계열사
종근당계열
천안지사, 대전지사, 광주지사

▪▪▪ 임직원 연락처
윤병현 팀장 02-2634-2628

▪▪▪ 기업연혁
- 2006. 06 주식회사 벨 에스엠 설립
-       08 경비업허가 사업개시
- 2008. 05 천안지점 개설
-       06 화물자동차 운송사업허가 인수 사업개시
-       11 화물자동차 주선사업허가 인수 사업개시
- 2009. 06 근로자파견 사업개시
- 2010. 12 위생관리용역업 사업개시
- 2016. 01 2016 한국 아웃소싱 리딩컴퍼니 선정
- 2017. 09 ISO9001, ISO14001 인증
- 2020. 03 국제물류주선업 사업개시
- 2023. 04 아웃소싱타임스 100대기업 선정
- 2024. 04 아웃소싱타임스 100대기업 선정
- 2024. 12 ISO45001 인증

▪▪▪ 대표자 프로필
이름 : 이수한
학력 : 인하대학교 중어중문학과 졸업
     단국대학교 부동산건설대학원 부동산경영학과 졸업
경력 : (주)종근당바이오 비상무이사(前)
     종근당산업(주) 상무이사(前)
     (의)소화의원 감사(現)
     (사)한국HR서비스산업협회 부회장(現)
경영방침 : 고객주의 경영, 건전한 내실경영, 공감경영

▪▪▪ 회사 및 서비스 소개
(주)벨에스엠은 서비스 품질향상과 자기혁신을 통한 대외적인 경쟁력 확보와 새로운 시장개척을 위해 노력하며, 고객이 원하는 곳이면 언제든지 달려가서 고객감동을 실현시키는 파트너로서, 한치의 소홀함이 없이 전문적인 서비스와 벨에스엠만의 노하우를 가지고 항상 함께 동반성장 할 수 있도록 최선을 다하겠습니다.

(주)벨에스엠은 시설관리, 환경미화, 보안 및 경비, 물류, 운송 및 국제물류주선 등 아웃소싱 분야의 가치를 상승시켜 보다 향상된 효율성과 편리성을 제공해 드릴 것을 약속함은 물론 외식사업, 대리운전, 퀵 사업, 병원, 호텔, 연수원, 컨트리클럽 등의 분야에서 회사의 역량을 총동원하여 고객의 부름에 만족감을 드리도록 하겠습니다.

(주)서빅

www.servic.co.kr

대표	이기범
전화	02-2058-2488
팩스	02-2058-2490
이메일	kibeom.lee@lig.kr

■■■ 회사주소
서울시 용산구 한남대로 98, 5F(한남동 일신빌딩)

■■■ 설립 및 자본금
설립년 : 2007년
자본금 : 10억원

■■■ 매출실적
2024년 : 522억원
2025년(예상) : 540억원

■■■ 종업원현황
총원 : 1,350명 / 관리 : 44명 / 파견 : 41명 / 도급 : 1,265명

■■■ 아웃소싱 서비스
FM사업, 미화, 보안, 시설, 생산, 운전기사, 비서/사무보조, 제조/물류/배송, 생산도급, 콜센터, 통신테스트, 고객수송, 유통, 판촉, 골프장, 레저 등

■■■ 주 거래 업종
금융업, 방위산업체, IT통신, 제조업, 화학/의료 등

■■■ 주 거래 기업
KB손해보험, LIG넥스원, LIG시스템,, CJ대한통운, 오뚜기, 한국타이어, 이노와이어리스, LS전선, 파라다이스, 해운대블루라인파크, KG, 프리텔레콤, 관급 관공서 등

■■■ 지사 및 계열사
지사 : 중부지점, 부산지점, 송파지점
계열사/관계사 : (주)LIG, (주)LIG넥스원, (주)LIG시스템, (주)휴세코, (주)LIG정밀기술, (주)이노와이어리스, (주)화인, (주)호박패밀리, (주)예카투어, (주)명성라이픽스, (주)웨이티즈

■■■ 임직원 연락처
대표 전화 : 02-2058-2485
사업본부장 안건영 : 010-5317-7691)
경영관리실장 안용식 : 010-5140-5963

■■■ 기업연혁
2000. (주)휴세코 업무지원팀 사업개시
2007. (주)서빅 출범 / 근로자파견사업 허가
2013. 특수경비업, 비밀취급사업장 인·허가
2015. 물류/운송 사업분야 진출
2016. 오뚜기 생산도급
2019. 한국타이어, 파라다이스 도급계약
2020. 중부지점 ~ 대전지점 개소
2022. 부산지점 개소, 해운대블루라인파크 위탁운영
2023. 서빅 유튜브 채널명 '알아보JOB' 개설

■■■ 대표자 프로필
이름 : 이기범
경력 : 고려대학교 경영학과 후
　　　(주)LG화재 재무팀/IR팀
　　　(주)LIG 재무관리팀
　　　(주)LIG 전략기획팀
경영방침 : 오늘을 지키는 기업, 내일을 책임지는 기업!
　　　　　정직과 성실로써 고객, 주주, 종업원의 가치를 창조한다.

■■■ 회사 및 서비스 소개
고객가치, 신뢰, 새로 꿈꾸는 미래. 고객에게 신뢰받는 기업 주식회사 서빅은 인력공급서비스를 기반으로 설립한 LIG그룹의 아웃소싱 전문기업입니다.
서빅은 국내 유수의 대기업과 아웃소싱의 여러 분야에서 파트너십을 형성하고 고객에게는 최고의 성과 창출에 기여함과 동시에 인재에게는 준법경영을 통해 일하는 보람과 성취감도 함께 느끼게 함으로써 고객과 함께 성장해 왔습니다.
분야별 전문인력과 업무 전문성을 토대로 최적의 인프라를 활용하여 고객의 가치창조를 최우선으로 종합서비스를 제공하고 있습니다.
고객으로부터 지속적으로 신뢰받는 기업이 되도록 정도경영을 통해 구성원 모두가 성실하게 최선을 다하고 인적자원을 꾸준히 개발하여 고객사의 진정한 동반자가 될 것입니다. 또한, 기업의 사회적 책임을 다하고 법적 의무를 준수하면서 사회적 가치 실현을 위한 노력을 모범으로 수행해 나가겠습니다.

(주)서운

www.seoun.co.kr

대표	박영상, 최정호
전화	02-2246-9126
팩스	02-2246-9170
이메일	seoun@seoun.co.kr

▪▪▪ 회사주소
서울시 성동구 자동차시장 1길 17 서운빌딩 7층

▪▪▪ 설립 및 자본금
설립년 : 1981년
자본금 : 11.3억원

▪▪▪ 매출실적
2024년 : 160억원
2025년(예상) : 312억원

▪▪▪ 종업원현황
총원 : 720명

▪▪▪ 아웃소싱 서비스
경비(특수경비, 보안검색, 일반경비), 시설관리, 생산도급관리 등

▪▪▪ 주 거래 업종
국가시설, 공공기관, 은행, 종합병원 등

▪▪▪ 주 거래 기업
GS칼텍스, 카프로, 부산은행, 캐나다 대사관, 대상 외 다수

▪▪▪ 지사 및 계열사
지 사 : 영남, 북부, 중부, 강원
계열사 : 서운SM(주)

▪▪▪ 임직원 연락처
이종창 상무 02-2246-9126

▪▪▪ 기업연혁
1981. 서운개발주식회사 설립
1982. 경비업 허가(제19호)
1993. 위생관리업 신고, 주택관리업 등록
1996. 영남지사 설립(울산)
1998. 근로자파견업 허가, 소독업 신고
2000. 서운STS(주) 상호변경, ISO 9001 품질인증
2001. 특수경비업허가
2005. 경찰청 일반경비원 신임교육기관 지정 및 평생교육원 신고, 신변보호업 허가
2005. 한국공항공사 특수경비 및 검색업무 시작
2007. 한국서비스품질우수기업 인증(산업자원부 496호)
2009. 모범납세자표창, 서운SOM 설립
2009. 주한미국대사관 경비보안업무 시작
2011. 전세계 미대사관 보안서비스부분 최우수 평가(미국무성 검열팀)
2013. 환경경영시스템 ISO 14001 인증
2018. 서운POS 설립
2019. 안전보건경영시스템 ISO 45001 인증
2021. 서운POS, 서운SOM으로 흡수합병
2023. 경영혁신형 중소기업(MAIN Biz) 인증 획득
2024. 서운SOM 흡수 합병, (주)서운 상호변경

▪▪▪ 대표자 프로필
이름 : 박영상
학력 : 성균관대학교 기계설계학과 졸업
경력 : 대한전선, 코스코개발 근무
　　　서운개발 기획담당이사

▪▪▪ 회사 및 서비스 소개
1981년 창립 이후 45년 동안 종합아웃소싱서비스를 제공해오고 있는 (주)서운은 경비보안, 미화, 시설관리, 생산도급관리 등 각 분야를 세분화하여 고객사에 최상의 서비스를 제공하고자 노력하고 있다.

특히 품질경영을 극대화하기 위해 ISO 9001:2015(품질경영시스템), ISO 14001:2018(환경경영시스템), ISO 45001:2018(안전보건경영시스템) 인증을 획득하여 높은 품질의 서비스를 제공하고 있다.

또한 "고객 만족"을 최우선 가치로 여기는 서운은 경찰청으로부터 일반경비원 신임교육 민간교육기관으로 지정된 "서운 교육원"에서 일반경비원에 대한 신임교육을 실시하고 있으며 보안, 미화, 시설, 생산물류도급 관련 기본교육은 물론, 각 지역 책임자들의 정기적인 본사교육을 통해 지속적으로 업무능력을 향상시키기 위해 힘쓰고 있다.

전사적으로 "고객만족헌장"과 "윤리강령"을 채택하고 있는 서운은 "항상 고객의 입장에서 생각하는 자세로 최고의 고객만족 서비스를 제공하고 품질향상 노력을 지속함으로써 아웃소싱산업의 발전에 기여하겠다"는 각오다.

(주)신명써비스
www.shinmyung.net

대 표	김규명
전 화	02-849-0890
팩 스	02-843-8101
이메일	dhk0220@hanmail.net

■■ 회사주소
서울시 강서구 양천로62길 35 영은빌딩 6층

■■ 설립 및 자본금
설립년도 : 2002년
자본금 : 3억원

■■ 매출실적
2024년 : 186억 3,440만원
2025년(예상) : 200억원

■■ 종업원현황
총 : 384명

■■ 아웃소싱 서비스
경비, 시설관리, 청소, 근로자파견, 물류 아웃소싱 서비스

■■ 주 거래 업종
유통, 서비스, 외국계기업, 공공기관

■■ 주 거래 기업
홈플러스, 메가마트, 디큐브, 국제학교, 내성기업, 탑마트 외 다수

■■ 지사 및 계열사
(주)신명시스템(배송, 지입), (주)신명인(인력공급)

■■ 임직원 연락처
김동호 상무   02-849-8317
원종수 관리부장   02-849-0890

■■ 기업연혁
2002. 11 법인 설립, 경비업 허가(서울 경찰청 1334호)
2003. 01 메가마트 3개점(천안, 울산, 남천) 보안/주차 인수
     09 홈플러스 영등포점 보안업무 인수 : 홈플러스 진출
2004. 01 농심호텔 주차/보안 업무 인수 : 호텔 진출
2005. 09 허심청 미화업무 인수 : 청소부문 개시
2006. 01 까르푸 5개점 보안/주차업무 인수 : 까르푸 진출
     (07.1 홈에버 전환 → 09.1월 홈플러스 테스코 진출)
2008. 05 춘천 M백화점 보안/주차/진열/방송/안내 수주 : 종합용역 개시
2010. 11 신세계백화점 충청점 보안/서비스 부문 오픈
2013. 01 디큐브백화점 거제점 보안/주차/시설 부문 업무 개시
2014. 01 메가마트 동래점 외 미화부분 등 종합용역 개시
     03 국제학교 보안/미화 수주 학교 부문 업무 개시
2015. 01 내성기업 수주 : 창고 물류 부문 업무 개시
2016. 01 파견업 허가
2017. 06 탑마트/아트몰링 주차/시설/보안 수주
2020. 01 부산백병원 보안/주차 부문 수주,
     부산 대동병원 보안부문 수주

■■ 대표자 프로필
이름 : 김규명
학력 : 성균관대학 졸업
경력 : 신세계 총무부장 역임
수상내역 : 2013 일간스포츠 한국의 신뢰받는 기업&인물 선정
     2014 대한민국국회 윤리특별위원장 대한민국 봉사대상
경영철학 : "최상의 서비스와 최고의 안전으로 고객감동 실현"

■■ 회사 및 서비스 소개
신명은 '봉사하는 자세, 감사하는 마음'이라는 사훈을 모토로 2002년 회사 설립 후 국내 최고의 '종합 전문 용역업체'를 목표로 매진하고 있습니다.
신명은 사람이 활동하는 모든 공간을 안전하고 편안하게 유지하고자 아웃소싱 서비스 분야를 선도하고 발전시키기 위해 창업 이래 고객사와 동반 성장을 거듭하고 있으며, 항상 겸손하고 진취적인 자세로 고객의 다양하고 변화하는 요구에 만족을 드리고자 최선의 노력을 다하고 있습니다.
신명의 Total Outsourcing은 과거의 단순한 관리차원을 넘어 고객 Needs 변화를 바탕으로 한 서비스 변화와, 쾌적한 환경 조성은 물론 건물수명(Life Cycle)을 연장하기 위해 각 파트별 업무의 철저한 수행 및 확인을 통해 업무 가치를 향상시키고 사용자 만족도의 극대화를 추구하고 있습니다.
신명의 경쟁력은 대형유통 매장, 빌딩, 학교, 물류창고 등 다양한 분야, 다양한 서비스에서 축적된 오랜 노하우를 구축하고 있다는 점을 꼽을 수 있습니다.
또한 각 분야(보안/시설/미화/주차 등)별 전문서비스는 물론이며, 최근 아웃소싱 분야 흐름인 Turn Key System을 다양한 현장에 성공적으로 적용하고 있습니다.
특히 전국적인 사업장 분포로 신규사업장 수주시 현장경험이 풍부한 인근 사업장 관리자의 전환배치와 실시간 대응이 가능하며 유사시 즉각적인 조치가 가능하다는 점도 강점입니다.
신명은 고객과의 신뢰(信賴)를 바탕으로 한 차원 높은 분야별 관리서비스를 제공해 드릴 것을 약속 드리며, 임원부터 솔선수범(率先垂範)의 자세로 약속을 이행 하겠습니다.

신우산업관리(주)
www.shinwoomds.co.kr

- 대표: 전용수
- 전화: 02-587-7691
- 팩스: 02-587-7690
- 이메일: admin@swsg.co.kr

■ 회사주소
서울시 영등포구 당산로 171, 1101호 (금강펜테리움IT타워)

■ 설립 및 자본금
설립년 : 1997년
자본금 : 15억 4천만원

■ 매출실적
2024년 : 600억원
2025년(예상) : 650억원

■ 종업원현황
총원 : 2,000명(관리 40명, 파견 : 50명, 도급 : 1,910명)

■ 아웃소싱 서비스
보안/경비/환경미화/소독/시설관리, 물류(항공,지상)관리, 공동주택관리, 공사/안전점검관리, 안내/주차/발렛관리, 판촉/홍보관리, 생산관리, 객실관리, 골프장관리, 전산보조, 교환업무, 인재파견 등

■ 주 거래 업종
백화점, 마트, 학교시설, 연수원, 호텔, 아파트, 골프장, 대형건물, 생산공장, 물류센터, 시네마

■ 주 거래 기업
롯데쇼핑, 한국공항, 롯데면세점, 롯데건설, 롯데웰푸드, 중부대학교, 발레오전장시스템즈코리아, 남서울대학교, 메가박스, 대선주조, 한국생활건강, 롯데카드, 캐논코리아, 롯데글로벌로지스, 마켓컬리, 삼호물산빌딩 등

■ 지사 및 계열사
안산지사 : 031-493-6891
중부지사 : 042-543-8506
영남지사 : 051-507-1123
물류사업본부 : 032-742-2473
계열사 : (주)신우아이티에스

■ 임직원 연락처
안현민 사장	02-587-7691(내선 234)
경영지원본부 이상백 부사장	02-587-7691(내선 222)
운영관리본부 윤종권 부사장	02-587-7691(내선 412)
정책기획본부 심왕돈 부사장	02-587-7691(내선 238)
시설관리본부 김연수 상무이사	02-587-7691(내선 321)
물류사업본부 최광호 전무이사	032-742-2473

■ 기업연혁
- 1997. 03 신우산업관리(주) 창립
- 04 위생관리용역사업 신고
- 05 용역경비업 시설경비업무 허가
- 1998. 09 근로자파견업 허가
- 2001. 07 (주)토탈에스이엠시스템 설립
- 2006. 05 아웃소싱전문가 인증획득
- 2009. 03 민간경비부분 행정안전부장관상 수상
- 2011. 06 주택관리업 면허 취득
- 2013. 05 보건복지부 장관 표창 수상
- 2014. 09 근로자 보호 클린기업 인증
- 2016. 09 한국서비스품질우수기업 인증
- 12 가족친화기업 인증
- 2018. 08 ISO 9001:2015 인증
- 09 좋은 일자리 기업 선정 (신용보증기금)
- 2020. 06 소독업 신고
- 2022. 08 ISO 45001 : 2018 인증
- 2023. 02 한국HR서비스산업대상 수상
- 04 자회사 (주)토탈에스이엠시스템 합병
- 2024. 09 근로자 보호 클린기업 인증(10년 연속)
- 2025. 01 아웃소싱 리딩컴퍼니 선정(17년 연속)
- 02 혼잡·교통유도경비업 허가 취득
- 02 한국HR서비스 산업대상 수상
- 04 아웃소싱 100대 기업 선정(20년 연속)
- 07 ESG 우수 중소기업 선정(2회 연속)
- 10 한국서비스품질우수기업 선정(9년 연속)

■ 대표자 프로필
이름 : 전용수
학력 : 1969. 포항수산대학교 상학과 졸업
       1993. 건국대학교 농축대학원 경영자과정 수료
경력 : 1975~1996 롯데그룹 재직
       1995~1997 한국식품공업(주) 전무이사
       1997~현재 신우산업관리(주) 대표이사
       2013~현재 (주)신우아이티에스 대표이사
       현 한국건축물유지관리협회 감사
       현 한국건물위생관리협회 부회장
       현 한국HR서비스산업협회 고문
       현 서초경제인협의회 부회장
       전 한국경비협회 자문위원장
       전 서초세무서 명예서장
       전 수서경찰서 경찰행정발전위원회 위원장
경영방침 : 소통과 혁신으로 재도약!

■ 회사 및 서비스 소개
핵심경쟁력
시설, 경비, 미화 등 다양한 분야의 업무 경험을 바탕으로 종합시설관리 능력 보유 / 전국 3개 지사 및 3개 센터 운영으로 신속한 현장 지원 체계 구축

주력사업
건축물유지관리, 보안 / 경비, 위생관리, 물류 / 유통, 판촉 아웃소싱 컨설팅 등

핵심역량 강화 전략
고객과의 신뢰관계형성 및 유지, 전문성을 겸비한 신뢰받는 기업이미지 형성, 상황변화에 민첩한 대응

(주)신한서브

www.shinhanserve.co.kr

- **대표**: 안준식
- **전화**: 02-3408-2300
- **팩스**: 02-464-7213

■ 회사주소
서울시 강동구 강동대로 143-64, 6층(성내동, 스퀘어100빌딩)

■ 설립 및 자본금
설립년 : 1925년
자본금 : 22억원

■ 매출실적
2024년 : 717억원
2025년(예상) : 760억원

■ 종업원현황
총원 : 1,566명 / 관리 : 30명 / 파견 : 189 / 도급 : 1,347명

■ 아웃소싱 서비스
컨택센터운영, 경비 및 보안, 근로자파견, 인재지원서비스, 부동산자산관리, 인쇄제조

■ 주 거래 업종
은행, 카드사, 호텔 등

■ 주 거래 기업
신한금융그룹(신한지주, 신한은행, 신한카드, 신한금융투자, 신한캐피탈, 신한저축은행, 신한라이프, 신한에이아이, 신한자산운용, 신한신용정보), 제주은행, 아시아신탁, 한국기업데이터, 유진저축은행, 예가람저축은행, 메리어트호텔, ENA스위트호텔, 제주통나무파크, 임피리얼팰리스호텔, 이크레더블 등

■ 지사 및 계열사
전국 네트워 구축

■ 임직원 연락처
신장섭 부장 02-3408-2324

■ 기업연혁
1925. 06 경성흥산 주식회사 창립
1994. 10 건물관리, 위생관리업 개시
1995. 09 경비용역업 개시
2001. 07 운전용역업 개시
2001. 11 폰뱅킹 센터 운영 업무 개시
2007. 03 근로자파견업 개시
2007. 06 (주)신한서브로 상호 변경
2007. 11 부동산자산관리업 개시
2012. 01 고용창출 100대기업 선정
2012. 06 ISO 9001(품질)인증
2012. 11 CQ(콜센터 통화품질) 인증
2013. 12 가족친화우수기업 인증
2016. 05 신한은행 콜센터 우수협력사 선정
2017. 12 일 생활 균형 우수기업 대통령 표창 수상
       경영혁신형 중소기업(Main Biz) 인증
2018. 01 ENA스위트호텔 보안, 도급 업무
2018. 08 법인대리운전사업 "YES 해피콜" 개시
2021. 07 본사 이전-서울 강동구 강동대로 143-64
2024. 10 제대군인고용우수기업 인증
       국가보훈부장관 표창
2025. 01 시니어인턴십지원사업 수행기관 선정
2025. 06 창립 100주년 기념

■ 대표자 프로필
이름 : 안준식
학력 : 부산대학교 경제학과 졸업
경력 : 신한은행 경영지원 본부장
      신한금융지주회사 부사장
      신한은행 부행장

■ 회사 및 서비스 소개
신한서브는 1925년 창립해 100주년을 맞은 오랜 역사와 노하우를 가진 기업으로, 다양한 사업경험과 노하우를 바탕으로 현재 컨택센터, 보안/경비, 인재파견서비스, 부동산 자산관리 등 HR서비스 종합솔루션과 인쇄제조업을 운영하고 있습니다.
'사람과 사람을 이어가는 신한서브'라는 모토 아래, 윤리경영을 통한 투명하고 공정하며 건전한 기업경영을 기반으로, 고객에게 최적의 효율성과 최상의 서비스를 제공함으로써 신뢰와 만족을 주고, 직원들의 역량개발을 통해 직원과 회사가 함께 성장하고 상생하며 우수한 인재들이 근무하고 싶은 기업이 되도록 끊임없이 노력하고 있습니다.
앞으로도 신한서브는 고객사의 성공이 곧 우리의 성공이라는 신념하에 고객의 성공을 위한 플랫폼으로써의 역할에 최선을 다할 것입니다.
신한서브에 보내주시고 계신 성원에 다시 한번 감사드리며 앞으로도 많은 관심과 응원 부탁드립니다.

(주)애드민
www.admin4u.co.kr

대 표	정성문
전 화	02-2203-6472
팩 스	02-6737-6701
이메일	cmlee@admin4u.co.kr

▪▪▪ 회사주소
서울 송파구 올림픽로 98 성진빌딩 5층

▪▪▪ 설립 및 자본금
설립년 : 20○○년
자본금 : 6.○억원

▪▪▪ 매출실적
2024년 : 1,○○○억원
2025년(예상) : 1,330억원

▪▪▪ 종업원현황
총원 : 3,020명 / 관리 : 70명 / 파견 : 440명 / 도급 : 2,510명

▪▪▪ 아웃소싱 서비스
(일반·전문의약품, 화장품, 건강기능식품)생산·제조 도급운영 / (냉장, 냉동, 상온, 3PL)물류센터 도급운영 및 창고관리 / 호텔 및 건물종합관리 / 인재파견, 채용대행 / 컨택센터 운영 / (판매, 판촉, 캐셔)매장관리 / 건물 소독 및 방역(해충구제, 코로나19)

▪▪▪ 주 거래 업종
화장품, 의약품, 건강보조식품외 제조, 생산(충진 / 포장) / 물류센터 운영 및 창고관리 / 종합건물관리, 호텔리조트운영 / 은행, 카드, 금융, IT, 게임, 반도체 전자, 유통, 통신, 식음, 식품 등

▪▪▪ 주 거래 기업
한국콜마, HK이노엔, 콜마비앤에이치, 제때, 빙그레, 오뚜기물류서비스, SPC, 바엘코리아, 사조대림, 제뉴원사이언스, 아모제, 우리은행, 현대카드, 현대캐피탈, 대한건설협회, 건화엔지니어링, 동성엔지니어링, 한국종합기술, 브로드밴드TS, LG헬로비젼, 코리아세븐, 서울보증보험, NICE평가정보, 한국평가데이터, 동탄시티병원 외 다수

▪▪▪ 지사 및 계열사
지사 : 인천, 부천, 남양주, 천안, 세종1·2지사, 제천, 음성, 대소, 오송, 정읍, 대구, 밀양, 부산
계열사 : (주)이에스앤뉴, (주)제이에스앤케어, (주)정성코스메틱 (주)정성시스템즈, (주)북두시스템, (주)정성이노베이션

▪▪▪ 임직원 연락처
김찬형 영업본부장   070-8708-5319
이창무 마케팅전략팀장   070-8708-5316

▪▪▪ 기업연혁
2000. (주)애드민 설립
2002. 근로자파견사업 / 유료직업소개업 허가
2005. 경비업 허가, 위생관리용역업 신고
2011. (주)애드민SNS설립
2012. 소독업 허가
2018. (주)북두시스템, (주)정성코스메틱, (주)정성시스템즈 설립
2019. (주)정성이노베이션 설립
2020. (주)제이에스엔케어 설립
2021. HK이노엔 경비,미화 도급계약 체결
     SK넥실리스 생산·물류 도급계약 체결
2022. HK이노엔 일반, 전문의약품 생산 도급계약 체결
2023. HK이노엔 수액생산 및 충전, 포장, 검수 도급계약 체결, 아모제(인천공항-F&B) 도급계약 체결, 동탄시티병원 건물종합관리 도급계약 체결
2024. 진이어스 미화 도급계약 체결
     석오빌딩 건물종합관리 도급계약 체결
     오뚜기물류서비스(주) 물류 도급계약 체결

▪▪▪ 대표자 프로필
이름 : 정성문
학력 : 1988.02 동국대학교 행정학과 졸업
경력 : 1988-2000 삼호물산(주)경영지원본부 총무인사팀장
     2001.01 (주)애드민 이사
     2010.06 (주)애드민 외 자회사 대표이사 역임중
     서울대학교 법과대학 노사관계 최고 지도자 과정 수료
     서울대학교 의과대학 CEO 정책과정 수료
경영방침 : 信賴(신뢰)와 革新(혁신)

▪▪▪ 회사 및 서비스 소개
애드민은 지난 2000년 창립이래 인적자원 관리분야 아웃소싱 사업에 매진하여 풍부한 경험과 새로운 Know-How를 축적하여 왔습니다.
우리 회사의 슬로건은 信賴(신뢰)와 革新(혁신) 입니다. 아웃소싱의 기본은 신뢰입니다. 고객과의 신뢰, 조직내의 구성원들 간의 신뢰가 모든 일의 바탕이 되어야 합니다.
또한 급변하는 경영환경은 기업이든 개인이든 지금의 현실에 만족하고 안주하는 것을 허용하지 않습니다. 혁신이 필요한 이유입니다.
이제 애드민은 갈수록 어려워지는 경영환경 속에서 고객과 애드민 가족들의 발전을 위해 신뢰를 바탕으로 日新又日新해 나가겠습니다.

에스씨케이(주)
www.sck.or.kr

- **대표**: 이남수
- **전화**: 02-3288-3693
- **팩스**: 02-2248-7693

■ 회사주소
서울시 성동구 아차산로11길 18, 6층 608호

■ 설립 및 자본금
설립년 : 2004년
자본금 : 5억원

■ 매출실적
2024년 : 595억원
2025년(예정) : 560억원

■ 종업원현황
총원 : 2,000명 / 관리스텝 : 35명

■ 아웃소싱 서비스
업무위탁·도급, 유통 판매·판촉, 건물종합관리, 근로자파견, 외식사업 지원, 고객관리서비스, 생산/물류 도급, 헤드헌팅 등

■ 주 거래 업종
대기업, 중견기업, 외국계기업, 중소기업 등

■ 주 거래 기업
쿠첸, 롯데주류, GS칼텍스, 코웨이, 한진택배, LS전선, 동화약품, 세스코, 롯데글로벌로지스, CJ대한통운 외

■ 지사 및 계열사
서울 본사/중부지사/영남지사/호남지사

■ 임직원 연락처
서정민 부장 02-3288-3692

■ 기업연혁
- 2004. SCK(주) 법인설립/ E-Mart 안양점 미화, 주차 위탁
- 2005. 대림성모병원 미화 위탁
- 2006. 대덕프라자 시설관리 위탁
- 2008. 성북교육청 미화 위탁
- 2010. (주)부산방직 생산직 업무 위탁/ (주)이월드 판매사원 업무 위탁/ (주)롯데주류 판매사원 업무 위탁
- 2012. E 마트 안양점 시설 미화 주차 안내 위탁/ (주)원지 경비 업무 위탁
- 2013. (주)LS전선 동해공장 경비/미화 위탁/ (주)필립스코리아 판매사원 업무 위탁/ 동부택배 대전센터 물류업무 위탁/ 동화약품 경비/미화 위탁
- 2015. 엘루우택배 이천센터 물류업무 위탁/ (주)코웨이 판매사원 업무 위탁
- 2018. 한진택배 양산, 서부산, 동부산, 남부산 물류 업무위탁/롯데주류 청주공장 생산직 업무 위탁/쿠첸쿠킹클래스 매장관리 업무 위탁/오스템 시설관리 업무 위탁
- 2019. 롯데주류 BG 판매 업무, 삼성엔지니어링 미화 업무, 코웨이 판매업무, LS전선 동해공장 물류 출하 업무, 한진택배 울산, 포항 터미널 업무위탁계약 체결
- 2020. 롯데주류 강릉공장 경비·미화업무, 농협물류 물류 업무, 대한통운 처인·원삼 물류 업무, 오스템임플란트 보안·미화 업무 위탁계약 체결, MQ로지스틱스 시설관리업무 위탁계약 체결
- 2021. 롯데슈퍼 물류업무 위탁계약 체결, 코스알엑스 사무보조 업무 위탁계약 체결, 세스코 산업체 VBC서비스 업무 위탁계약 체결
- 2022. 신세계푸드 식당 급식서비스 위탁계약 체결, 지평걸리 생산도급 위탁계약 체결, CJ프레쉬원 (대구, 부산센터) 둘루업무 위탁계약 체결, 페럼인프라 시설관리업무 위탁계약 체결, SCP(파리바게뜨) 부산물류센터 물류업무 위탁계약 체결
- 2024. 롯데택배 인천권역 집배센터/한진택배 서울 성수터미널/ CJ대한통운 호남권역 터미널 위탁계약 체결
- 2025. 코웨이 하이마트/전자랜드 업무위탁
한진택배 진주터미널 업무위탁

■ 대표자 프로필
- 이름: 이남수
- 학력: 충남대학교(계산통계학) 졸업
- 경력: 前) 삼성물산 정보시스템팀 과장/ 前) 삼성SDS 교육사업팀 상무이사/ 現) 정보통신진흥원, TOPCIT(Test of Practical Competency in IT) 자문위원/ 現) 한양대학교, 한양인재개발원 자문위원/ 現) 국내 주요 연수원장 모임인 CLO(Chief Learning Officer) 위원/ 現) 에스씨케이(주) 대표이사

■ 회사 및 서비스 소개
대한민국 최고의 아웃소싱서비스 기업을 지향하는 SCK는 고객만족과 고객성장을 최우선으로 하는 기업으로 '고객감동 경영으로 고객과 함께 성장해 가는 기업'을 추구하고 있다.
SCK는 건축물종합관리 서비스를 시작으로 출발해 판매판촉 유통물류, 생산도급 등 주요 아웃소싱 서비스에서부터 인재파견, 채용대행, 헤드헌팅 서비스까지 일과 업무와 관련된 종합 아웃소싱 서비스를 제공하고 있다.
SCK의 강점은 먼저 풍부하고 다양한 아웃소싱서비스 경험을 보유한 회사라는 점이다. 2004년 설립이후 발전을 거듭해 현재 60개 이상의 고객사에 안정적인 서비스로 고객만족을 실현해 오고 있으며, 고객사도 신뢰가 높은 것으로 정평이 나있다.
이와함께 전국관리가 가능하도록 네트웍을 구축해 서비스를 제공하는 회사라는 점도 강점이다. 현재 전국에 3개 지사 및 5개 출장소를 직영으로 운영함으로써 전국 어떤 현장일지라도 즉각적인 대응이 가능하다.
인사 및 노무관련 해결능력이 탁월하다는 점도 인정받고 있다. 자체 인사 전문가는 물론 동화노무법인, 상상법무법인, 이원세무법인 등 전문분야별 자문법인을 파트너사로 두고 문제 예방관리와 해법 제공에 충실하고 있다.

(주)에이치디에스자산관리
www.hdser.com

대 표	박주영
전 화	031-242-3676
팩 스	031-242-3671
이메일	hdser2016@hdser.com

■■ 회사주소
경기도 수원시 장안구 연무로53, 3층(연무동, 한동빌딩)

■■ 설립 및 자본금
설립년도 : 2006년
자본금 : 15억원

■■ 매출실적
2025년(예상) 230억원

■■ 종업원현황
총원 : 145명

■■ 아웃소싱 서비스
시설물유지관리, 건물종합관리, 전문건설, 경비, 청소, 야간매장청소

■■ 주 거래 기업
경기도 교육청, 국방부, (주)보나비아티제 등 다수

■■ 지사 및 계열사
전국 지사네트웍 운영

■■ 임직원 연락처
윤용현 전무 031-242-3676
조창식 상무 031-242-3639

■■ 기업연혁
2006.	(주)에이치디에스자산관리 설립
	경비업 허가, 시설물유지관리업 등록
2007~2022.	대지고외 65개교 BTL(임대형민자사업) 시설관리
2017~2019.	경기도 일자리우수기업 선정
2015~2022.	국가보훈처 제대군인 고용 우수기업 선정
2020~2022.	근로자파견업 허가
	아워홈 파주LGD점 근로자파견
	문산/파주, 구미/진영, 춘천/화천 국방병영시설 운영사 선정
	그린스마트스쿨 BTL사업 우선협상대상자 2개 사업 선정

■■ 대표자 프로필
이름 : 박주영
경력 : 뉴케이의원 대표원장
　　　 前 (주)에이아이이지스 대표이사
　　　 現 (주)에이아이스마트팜 대표이사

■■ 회사 및 서비스 소개
에이치디에스자산관리는 BTL전문경영을 기초로 시설물 유지관리업, 전문건설업, 환경미화사업, 시설경비업, 전기안전관리대행업 등을 통합하여 최고의 건물종합관리 전문업체로 성장 발전하고 있습니다.

급변하는 시장 환경에 능동적으로 대처하고 최고의 품질과 최고의 서비스를 제공하기 위하여 현장중심의 업무수행, 효율적인 경영 운영과 직원들의 업무 역량 발휘 등 보다 나은 서비스 제공을 위해 매진하여 최상의 서비스를 약속 드립니다.

에이치와이플러스(주)

www.hyplus.kr

대표	박화영, 서원상
전화	02-731-6081
팩스	02-730-6107
이메일	trusthyp@hyplus.kr

■■■ 회사주소
서울시 광진구 아차산로355 타워더모스트광진아크로텔 206호

■■■ 설립 및 자본금
설립년 : 2018년
자본금 : 2억원

■■■ 매출실적
2025년(예상) : 120억원

■■■ 종업원현황
총원 : 280명

■■■ 아웃소싱 서비스
건물유지관리업(시설, 미화, 보안, 주차, 안내)
부동산 프로젝트 관리업
임대관리업
근로자파견업

■■■ 주 거래 업종
대기업, 그룹사, 중견기업, 중소기업, 공공기관 외

■■■ 주 거래 기업
한국투자증권(주), 삼진제약(주), 동원건설산업(주), 한양산업개발(주), 오티스엘리베이터(유) 등 건설사 / PM, FM사 / 시행사 다수

■■■ 지사 및 계열사
전국 네트웍 구축운영

■■■ 임직원 연락처
경영지원팀   02-731-6081

■■■ 기업연혁
2018. 09 인적분할 에이치와이코퍼레이션(주) 부동산 관리사군 인적분할
　　　09 인적분할 신설 에이치와이플러스(주)
　　　09 건물위생관리용역업 등록
　　　10 시설경비업 등록
2019. 06 공동대표이사 취임
2020. 01 주택임대관리업 등록
2021. 01 전국 70개사업장 관리실적 보유
　　　05 근로자 파견업 등록
2022. 09 시설물관리업 등록(산업통상자원부)
　　　11 전기시설물관리전문업 등록

■■■ 대표자 프로필
이름 : 박화영, 서원상 공동대표
경력 : (현)에이치와이플러스(주) 대표이사
　　　한경주거문화대상 건물종합관리부문 대상 수상
경영방침 : Integrated Real Estate Solution 제공

■■■ 회사 및 서비스 소개
에이치와이플러스는 "Integrated Real Estate Solution 제공"이라는 철학을 바탕으로 부동산 시설관리, 임대차관리 및 컨설팅 등의 서비스를 통해 부동산 자산 수익가치 극대화를 위한 전문 부동산 관리회사다.
이 회사의 핵심 경쟁력은 건물유지관리 전문지식과 실무경력을 바탕으로 건물생애주기 전반에 따른 부동산 시설물을 최적으로 유지, 건물의 가치를 높이는 서비스를 제공한다는 점이다.
효율적이고 최적화된 건물운영관리 솔루션을 바탕으로 건물의 라이프 싸이클 연장, 유지관리, 비용절감, 자산가치 보존 등 자산가치 향상 능력이 탁월하다는 평가를 받고 있다.
특히 최적의 운영관리 방법을 통해 건축물의 시설 및 관리비용, 공간활용에 초점을 맞춘 운영효율 향상, 운영비 및 관리비 절감, 건축물의 수명연장 등 자산관리 생산성을 최대화하고 있다.
에이치와이플러스 서비스의 핵심은 다음과 같다.
■ 고객지향적 사고
에이치와이플러스의 모든 서비스는 고객을 우선으로 하는 헌신을 바탕으로 한다. 고객의 입장에서 생각하고, 고객의 요구를 먼저 파악한 후 자산관리에 필요한 서비스를 제공한다.
■ 최고의 전문가
자산관리 분야를 비롯한 각 분야 전문인력들의 경험을 바탕으로 자산관리 서비스의 질을 높여 새로운 기회를 창출하고, 최상의 자산관리를 진행하여 고객 자산을 안정적으로 관리한다.
■ 최적의 자산관리 시스템
풍부한 신축빌딩의 관리경험을 통한 고객의 Needs에 맞는 최적의 서비스를 제공하고, 신축빌딩의 중요한 부분인 하자 관련 업무의 질을 높여 최적의 자산관리를 서비스한다.
■ 차별화된 서비스
자산관리, 임대차, 투자자문, 매입매각 등 고객자산의 가치 및 수익창출을 극대화하는 전문가 집단의 차별화된 서비스를 제공하고 있다.

(주)엑스퍼트
www.expertkorea.co.kr

대표	오상훈
전화	02-780-0001
팩스	02-780-0010
이메일	xpt001@expertkorea.co.kr

■■■ 회사주소
서울 영등포구 국제금융로 6길 33, 맨하탄빌딩 12층

■■■ 설립 및 자본금
설립년 : 1991년
자본금 : 10.4억원

■■■ 매출실적
2024년 : 410억원
2025년(예상) : 450억원

■■■ 종업원현황
총원: 1,250명 / 관리: 25명 / 파견: 75명 / 도급: 1,150명

■■■ 아웃소싱 서비스
인재파견, 일괄아웃소싱, 헤드헌팅, 채용대행, 마케팅지원사업 등

■■■ 주 거래 업종
항공, 유통, 물류, 방송, 제조, 서비스, 공공기관, 외국계기업 등

■■■ 주 거래 기업
대한항공, (주)Ty, SBS, CBS, 아이마켓코리아, 안연케어, 대구엑스코, 네오플램, 서울문화재단, 대두식품 등 30여개사

■■■ 지사 및 계열사
(주)엑스퍼트코리아, (주)엑스퍼트원, (주)지멕스글로벌

■■■ 임직원 연락처
오상훈 대표이사	02-780-0001
남기택 부사장	02-780-0001
오현구 상무	010-3324-0846
윤정후 부장	010-9181-9043
최장석 과장	010-2817-2790

■■■ 기업연혁
1991.	고객의 Needs를 먼저 생각하는 '엑스퍼트' 설립
1997.	김포공항사무소 개설, 대한항공 기내식셋팅업무도급
1998.	근로자파견사업허가 취득
2000.	인천공항사무소 개설, 위생관리사업신고
2006.	헤드헌팅사업 확대, 성창인터패션 계약
2008.	중소기업청 경영혁신 중소기업 선정
2010.	롯데마트, 롯데기공 등 계약
2012.	한국정책금융공사, 한국토지주택공사 등 계약
2016.	아이템베이, 팔도, 뽀레베베 등 계약
2017.	한국GM, STX산업 등 계약
2018.	STX건설, KAL호텔네트워크, 파코인터내셔널 등 계약
2019.	강서보건소, 강서구청 등 계약
2020.	아이마켓코리아, HY모터스, 네오플램 등 계약
2021.	신리홀딩스, 엠알케이, 고리원자력본부, 강북구청 등 계약
2022.	대구엑스코, 안연케어 등 계약 추가
2023.	서울문화재단, 대두식품등 계약

■■■ 대표자 프로필
이름 : 오상훈
학력 : 한국외국어대학교 서반아어학과 졸업
　　　전경련 글로벌 최고경영자 과정 수료
　　　연세대 경영대학원 최고경영자 과정 수료
　　　서울대 최고지도자 인문학과정 수료
경력 : 대한항공 근무(용역계약담당), 한국인재파견협회 이사 역임
경영방침 : 고객가치 극대화를 위한 최선의 경영

■■■ 회사 및 서비스 소개
▶ **근로자 파견 및 업무지원 아웃소싱**
엑스퍼트는 기업업무에 관한 각 분야의 전문인력을 충분히 보유하고 있으며, 고객사의 업무특성과 정확한 업무프로세스의 분석을 통하여 최적의 아웃소싱을 제공합니다.

▶ **전문분야 아웃소싱(항공운송 부문)**
엑스퍼트는 특수분야 아웃소싱의 축적된 노하우와 항공업무 경험을 바탕으로 항공기 운항 및 관련 지원업무를 전문으로 제공하고 있으며, 서비스 특성상 정확성이 요구되는 항공사 및 공항 관련 서비스를 24시간 완벽하게 수행하고 있습니다.

▶ **물류 / 유통 / 제조 아웃소싱**
엑스퍼트는 체계적이고 전문화된 업무수행 경험을 바탕으로 물류 / 유통 / 제조 분야의 각종 업무수행에 적합한 관리시스템과 운영능력을 갖추고 있습니다.

(주)엑스퍼트원

대표	임명선
전화	033-766-7290
팩스	033-766-7292
이메일	blue030302@expertkorea.co.kr

▪▪▪ 회사주소
강원도 원주시 개운5길 68 3층

▪▪▪ 설립 및 자본금
설립년 : 2003년
자본금 : 2억원

▪▪▪ 매출실적
2024년 : 70억원
2025년 : 85억원

▪▪▪ 종업원현황
총원 : 110명 / 관리 : 4명 / 도급 : 106명

▪▪▪ 아웃소싱 서비스
시설관리(청소, 경비), 근로자파견, 주차관리, 업무 도급, 인력아웃소싱, 채용대행사업 등

▪▪▪ 주 거래 업종
공공기관, 대형병원, 대기업 등

▪▪▪ 주 거래 기업
한림대학교, 상지영서대학교, 한국마사회 장수목장, 한국소방안전원, 원주시립도서관, 원주역사박물관 등 20여개사

▪▪▪ 지사 및 계열사
(주)엑스퍼트, (주)엑스퍼트코리아, (주)지멕스글로벌

▪▪▪ 임직원 연락처
임명선 대표이사   033-766-7290
전재현 이사   010-8449-3515

▪▪▪ 기업연혁
1995. 소독업 면허 취득
1996. 서안방역공사 합병
1997. 원주방역공사 합병
2000. 위생관리사업신고
2003. 상호변경 (주)푸른종합개발
2011. 연세대학교 원주 세브란스기독병원 미화관리 계약
2015. 한림대학교 미화관리 계약
2016. 창원경상대학교 병원 미화관리 계약
2017. 원주드림체육관, 원주시 체육시설사업소 등 계약
2018. 한국마사회 장수목장, 한국소방안전원, 원주시립도서관 원주역사박물관 등 계약
2014. 알펜시아리조트 스포츠지구 시설관리
2015. 상지영서대학교, 전남대 여수캠퍼스
2019. 에이치제이에프 충주공장 채용대행 계약
2020. 춘천시 시립청소년도서관, 원주시 사회복지센터, 원주시 간현관광지, 에이치와이모터스 계약
2022. 대구엑스코 컨벤션센터 시설관리 계약

▪▪▪ 대표자 프로필
이름 : 임명선
학력 : 한양대학교 졸업
경력 : ㈜엑스퍼트코리아 이사
경영방침 : 고객 만족, 혁신과 창의

▪▪▪ 회사 및 서비스 소개
▶ 근로자 파견 및 업무 지원 아웃소싱
공공기관, 대기업 근로자파견 서비스 등 전 직종에 직무별 다양화된 서비스를 제공하며, 고객사의 업무특성과 정확한 업무프로세스의 분석을 통해 최적의 고용 지원서비스 제공하고 있습니다.
▶ 업무 위탁 및 도급
미화, 경비전문 관리업체로서 풍부한 경험과 노하우를 바탕으로 현장에 적합한 작업관리표준화를 통해 고효율 품질관리 및 최적화된 관리시스템을 구축하여 고객맞춤형 서비스를 제공하고 있습니다.

(주)엔젤스태프
www.angelstaff.co.kr

대 표	박재균
전 화	1833-2204
팩 스	02-6949-6340
이메일	center@angelstaff.co.kr

■■■ 회사주소
서울시 강남구 논현로 608, 2F

■■■ 설립 및 자본금
설립년 : 2007년
자본금 : 10억원

■■■ 매출실적
2024년 : 1,121억 4,784만원
2025년(예상) : 1,350억원

■■■ 종업원현황
총원: 3510명

■■■ 아웃소싱 서비스
병원아웃소싱(의료지원, 원무, 콜센터, 시설관리 등) / 전문간병서비스 / 호텔, FM 아웃소싱 / 홈케어서비스 / 일반사업지원 등

■■■ 주 거래 업종
병원, 호텔, 인력파견, 도급 / 시설관리 / 주차, 보안, 미화 / 헤드헌팅 / 사무인력 파견

■■■ 주 거래 기업
세브란스병원(신촌/강남/용인/원주), 분당서울대병원, 서울성모병원, 국제성모병원, 강릉아산병원, 아주대병원, 강동성심병원, 일산백병원, 이대서울병원, 가천대길병원, 건국대병원, 순천향대병원, 은평성모병원, 부천성모병원, 인천성심병원, 강남성심병원, 상계백병원, 강동경희대병원, 경희의료원, 여의도성모병원, 아주대병원, 동탄성심병원, 춘천성심병원, 성빈센트병원, 인하대병원, 롯데호텔, L7명동호텔, 콘래드호텔, 나인트리호텔, 시그니엘 레지던스, 해운대LCT, 삼성증권, 우리은행, 롯데렌탈, 신한금융투자, IBK캐피탈, 나이스신용평가 등

■■■ 지사 및 계열사
부산, 대구, 인천/경기 지사

■■■ 기업연혁
2007. 주식회사 엔젤스태프 설립
2015. 분당서울대병원 / 롯데호텔 업무위탁
      ISO9001, ISO18001 인증
2016. 아주대병원 / 국제성모병원 근로자파견
2017. 시그니엘 / 드래곤시티 업무위탁
2018. 원주세브란스병원 / 건국대병원 / 서남병원 근로자파견
2019. 이대서울병원 / 가천대길병원 / 순천향대병원
      일산차병원 근로자파견 / 은평성모병원 업무위탁
2020. 일산백병원 / 해운대LCT 업무위탁
2021. 한림대 강남성심, 한강성심병원, 상계백병원 근로자파견
2022. 세브란스병원(신촌,강남,용인), 강동경희대병원 근로자파견 / 강릉아산병원 업무위탁
2023. 서울성모병원, 인하대병원, 경희의료원 업무위탁 / 중앙대광명병원, 분당차병원 근로자파견
2024. 아주대병원, 동탄성심병원, 춘천성심병원 근로자파견

■■■ 대표자 프로필
이름 : 박재균
학력 : 명덕외국어고등학교
       연세대학교 경영학과
       사법연수원
수상실적 : 고용노동부장관 표창
           한국아웃소싱리딩컴퍼니
           가천대길병원, 강동경희대병원, 분당서울대병원, 인하대병원, 국제성모병원, 서남병원, 부천성모병원 공로감사패 수상

■■■ 회사 및 서비스 소개
엔젤스태프는 진보하는 보건/복지/의료/주거 분야의 다양한 생활, 사업지원 서비스를 발굴하여 안전한 의료환경과 쾌적한 주거문화를 만들어 나가는 기업입니다.
엔젤스태프가 어려운 시장환경과 치열한 경쟁에서 Medical Outsoucing NO1 Brand로 성장할 수 있었던 것은 우리의 서비스로 고객의 가치경영이 가능하다는 믿음과 확신 때문입니다.
일반 의료지원 영역을 넘어 호스피스 완화의료도우미 사업최초 시행, 혁신적인 환자이송 모바일 프로그램 개발 등 의료지원 아웃소싱의 차별적 서비스 인프라를 구축하였습니다.
또한 각광받고 있는 최고급 주거공간에 최적화된 생활지원 서비스 개발하였고, 호텔 및 리조트 객실정비, 미화, 시설, 보안 분야에서 국내 최고의 서비스로 인정받고 있으며, 생산, 유통물류, 판매/판촉, 콜센터 등 종합 서비스 기업으로 거듭나고 있습니다.
고객감동과 직원안전을 위해 언제나 최선을 다하며, 새로운 서비스로 늘 앞서갈 것을 약속합니다.

(주)예스콘씨에스

www.yeskon.co.kr

대표	이영래
전화	02-2643-6565
팩스	02-2643-6727
이메일	eastern1997@naver.com

■■■ 회사주소
서울 영등포구 여의대방로 65길 12 (에리트빌딩 905호)

■■■ 설립 및 자본금
설립년 : 2005년
자본금 : 3억원

■■■ 매출실적
2025년 : 비공개

■■■ 종업원현황
총원 : 608명 / 도급 : 100명 / 파견 : 500명

■■■ 아웃소싱 서비스
인재파견, 경비, 단체급식, 미화, 수행운전기사, 사무지원 아웃소싱(BPO), 생산도급

■■■ 주 거래 업종
금융, 유통, 제조, 서비스 등

■■■ 주 거래 기업
동원그룹, 아워홈, 교촌, 각 증권사, SPC그룹, 연합뉴스 등

■■■ 지사 및 계열사
(주)세프로, (주)예스콘잡

■■■ 임직원 연락처
이영래 대표 02-2643-6565

■■■ 기업연혁
2022. 03	여보, 회사 그만두면 내일 뭐하지? 자기개발서 출간
2019. 07	소독, 방제전문회사 (주)세프로 설립 3월영등포구청 우수기업상 수상
2017. 01	유료직업소개소업 신고
2013. 09	아웃소싱서비스 고객만족대상 수상 - 산업통상자원부 후원
2011. 04	KS Q ISO9001:2009 사업지원서비스 부문 (인재파견인증)
2009. 10	생산성향상실무과정수료 4월국제품질경영시스템 ISO9001:2000인증(사업서비스-인력파견)
2007. 12	전국11개 아웃소싱협력사 브랜드 통합 - 예스콘
2006. 02	위생관리 용역업 신고 (서울양천 제39호)
2005. 12	시설경비업허가(서울청 제188호) 3월근로자파견사업허가(서울남부 2005-155) 3월 워커스스테이션(주) - 서울 여의도 설립

■■■ 대표자 프로필
이름 : 이영래
경력 : 현) (주)예스콘씨에스 대표이사
　　　현) (주)세프로 대표이사
저서 : 여보, 회사그만두면 내일뭐하지?-자기개발서
　　　삼밭골길 나의집-시집
경영이념 : 고객만족
　　　　　 가치창조
　　　　　 인화단결

■■■ 회사 및 서비스 소개
예스콘CS는 21세기의 기업경영혁신 및 가치경영을 추구해나갈 win-win 전략의 최상의 파트너다. 아웃소싱 업무의 서비스별 전문적인 업무역량과 인프라 구축 및 핵심인력의 사용으로 선택과 집중을 통하여 고객사의 경쟁력 향상과 고부가 가치창출로 지속적인 성장과 발전을 추구해 나가고자 한다.
올바른 자세와 가치관으로 고객을 생각하고 개인의 창의와 개성을 존중하여, 훌륭한 인재가 자신의 역량을 충분히 발휘할 수 있도록 철저한 교육 및 인사관리 시스템을 통하여 최선의 노력을 다해 나갈 것이다.

(주)용진하이테크
www.yongjinht.com

대 표	김규원
전 화	02-2059-1190
팩 스	02-2059-1199
이메일	yongjinht@nate.com

■■■ 회사주소
서울시 금천구 가산디지털1로 146 대륭테크노타운22차 712호, 713호

■■■ 설립 및 자본금
설립년 : 2009년 9월 2일
자본금 : 3억원

■■■ 매출실적
2024년 : 200억원
2025년(예상) : 250억원

■■■ 종업원현황
총원 : 715명 / 관리 : 15명 / 파견 : 200명 / 도급 : 500명

■■■ 아웃소싱 서비스
시설물 종합관리 용역 / 경비용역 / 위생관리용역 / 인재파견 /
기타 임가공

■■■ 주 거래 업종
공공기관, 연구소, 병원, 골프장, 일반 기업체 등

■■■ 주 거래 기업
국립환경과학원, 원자력연구원, 국가보안기술연구소, 안정성평가연구소, 한국감정원, 신보령화력발전소, 경산시청, 동대문구청, 서울어린이병원, 서울시 북부병원, 단원병원, 안산제일C.C, 기흥C.C, 제주 중문 C.C, 사조해표 등

■■■ 임직원 연락처
김규원 대표이사	02-2059-1191 / 010-3434-2219
김규형 부사장	010-4746-8362
박종태 부장	010-4271-9949
이은정 대리	02-2059-1190
이동명 상무	010-5256-2700

■■■ 기업연혁
2009. (주)용진하이테크 법인 설립
2010. 항공사, 골프장 등 도급용역 및 파견사업
2011. 본사 이전(금천구 가산동) 및 지사 설립(금천구 가산동)
      종합시설관리 전문 도급업체로 발전
2012. 생산조업, 건설분야 등 사업 다각화 및 수주 확대
2015. 경영혁신형 중소기업(MAIN-BIZ) 취득
2022. 인천지사 설립(인천시 연수구 송도동)

■■■ 대표자 프로필
이름 : 김규원
학력 : 청운대 호텔경영학 전공
경력 : 現 (주)용진하이테크 대표이사
경영방침 : 고객·회사·직원의 Triple Win 실현

■■■ 회사 및 서비스 소개
고객의 말씀이 맞습니다.
이것이 용진하이테크의 신념이자 가치관입니다. 아무리 전문적인 스킬과 제품서비스를 가진 회사라도 고객이 없으면 무용지물입니다.
고객이 필요로 하고 어려워하는 부분을 함께 나누고 신선한 대안을 제시하는 회사, 바로 용진하이테크입니다.
Clean, Convenient, Efficient를 모토로 항공기 기내청소, 빌딩시설관리, 골프장관리, 연구소 시설관리, 공장 인력파견, 각종 인재아웃소싱 등의 서비스를 대하는 우리의 마음이자 고객을 생각하는 자세입니다.
또한, 직원들에게 희망과 자부심을 주는 회사! 이런 회사에서 자연스레 갖춰진 자긍심과 미래관이 곧 대고객 서비스로 이어지면서 직원과 고객 만족을 실현하는 회사! 고객과 함께 동반성장하는 명실상부한 Triple-Win의 회사! 이것이 바로 용진하이테크의 기업 가치관 입니다. 직원, 고객, 회사가 서로 상생하며 발전할 수 있는 기회를 마련하기 위해 어떠한 수고와 노력이라도 아끼지 않을 것입니다.
지금의 용진하이테크가 있기까지 이러한 우리의 자세와 마음가짐을 함께 나누고 기꺼운 마음으로 선택해 주신 고객 여러분이 계셨습니다. 그 성원에 보답하고, 보다 더 체계적이고 효율적이며, 미래지향적인 서비스 시스템을 제공하는 용진하이테크가 되겠습니다. 지켜봐 주십시오.

(주)우진디엠씨

대표	신한영
전화	051-717-3666
팩스	051-727-3354
이메일	woojindmc2@naver.com

회사주소
부산시 기장군 정관읍 정관로 563, 5층

설립 및 자본금
설립년 : 2014년
자본금 : 5억원

매출실적
2025년(예상) : 79억원

종업원현황
총원 : 200명

아웃소싱 서비스
경비, 청소, 건물종합관리, 시설물유지관리, 근로자파견, 인력공급, 주차장관리, 소독업, 저수조청소업, 방역 등

주 거래 기업
호텔, 대학교, 공공기관, 각종 상가 및 오피스텔 등 다수 관리

지사 및 계열사
지사 : 서울, 대구, 울산, 인천
계열사 : (주)SH홀딩스, (주)강동비엠씨, 선우종합관리

임직원 연락처
신한영 대표 051-717-3666
김도연 이사 010-2394-4125

기업연혁
2014. 09 주식회사 해인비엠씨 설립
       12 주식회사 우진디엠씨로 회사명 변경
       12 소독 및 위생용역업 추가
       12 위생관리업 영업신고(제 2014-16호)
       12 소독업신고(제201-3400013-00006호)
2016. 01 저수조 청소업 신고(제2016-1호)
       01 시설경비/인력공급업/주차장 관리업 추가
       06 근로자파견사업 허가(2016-324)
2020. 08 경기지점 설치
2021. 09 사업시설 유지 및 관리 서비스업 추가
2022. 11 일반창고업 추가
       12 주택관리업등록(제 기장군-주택관리업자-2호)
       12 경비업 허가증(제882호)
2023. 05 아웃소싱플랫폼 정회원사 참여

대표자 프로필
이름 : 신한영
학력 : 영남대학교 행정학과 수료
       미국 코헨대학교 체육교육학과 졸업
경력 : (주)우진디엠씨 대표
경영방침 : "사람중심, 정도경영"

회사 및 서비스 소개
"완벽함을 넘어 진심을 다한다"는 고객관리 신념아래 "사람중심, 정도경영"을 통해 부산 경남지역 중견 건물관리 업체로 성장해 온 (주)우진디엠씨는 최근 지역을 넘어 전국권 아웃소싱서비스기업으로 발돋움하기 위해 보폭을 넓히고 있다.
우진디엠씨는 빌딩임대, 분양업무를 비롯한 각종 부동산 업무경험을 바탕으로 설립된 빌딩 종합관리업체. 2010년 10월 사업체를 출범해 오피스텔, 아파텔을 비롯해 200여개 이상의 빌딩을 위탁관리하면서 전문성을 인정받고 있다.
우진디엠씨의 서비스 강점은 기존 건물관리의 문제점을 명확히 분석, 파악해 해법을 제시한다는 점이다.
대부분의 중소형 아파트, 빌라, 상가건물들은 분야별 관리 전문성이 매우 낮을뿐만 아니라 관리비 부담으로 인해 일부 중요한 관리요소들이 누락되기도 하는 등 정상적인 건물관리가 매우 힘든 상황이다.
우진디엠씨는 건물관리의 기본인 시설, 회계, 행정, 경비, 미화, 주차관리가 유기적으로 원활하게 진행될수 있도록 재설계를 통해 솔루션을 제시하고 있다.
특히 업무세분화로 차별화 한 건물관리능력이 탁월하다는 점도 강점인데, 핵심사항은 ▲관리추진능력 ▲관리 방식 ▲기술 및 전문인력 ▲진단 및 보완 ▲효율적인 관리 ▲차별화 관리 등이다.
이러한 노력과 노하우를 바탕으로 우진디엠씨는 지역 중소건물관리 전문기업으로 성장해 왔으며 지금 이 순간에도 새로운 도전을 이어가고 있다.
또한 오랫동안 쌓아온 전문화된 기술력을 기반으로 인력파견, 시설물유지관리, 관리비부과 업무 등 종합적인 서비스를 제공하는 한편 현장에서 입주민간의 분쟁해결에도 적극나서 문제발생시 즉각적으로 해결해 불편을 최소화 하고 있다.

(주)유니에스
www.unies.com

대표	이용훈
전화	1566-9797
팩스	02-553-3381
이메일	unies@unies.com

▮▮▮ 회사주소
서울 강남구 수로 514 11층 (삼성동 성원빌딩)

▮▮▮ 설립 및 자본금
설립년 : 1990년
자본금 : 15억원

▮▮▮ 매출실적
2024년 : 5,200억원
2025년(예상) : 5,500억원

▮▮▮ 종업원현황
총원: 15,500명/ 관리: 200명/ 파견: 3,300명/ 도급: 12,000명

▮▮▮ 아웃소싱 서비스
인재파견, 고객센터위탁, 보안검색, 시설관리, 사무지원, 의료지원, 실버/요양사업, 유통물류지원, 생산물류, 호텔/리조트, 판매/판촉, 헤드헌팅/HR컨설팅, Payroll, 총무아웃소싱, 채용대행, 고용서비스

▮▮▮ 주 거래 업종
공항, 금융, 항공서비스, 특수경비, 유통물류, 판매, 방송언론, 생산 의료/실버, 호텔/콘도/레저, (정부/지자체)고용서비스업 등

▮▮▮ 주 거래 기업
대한항공, 삼성, SK, LG, 현대, 한화, 현대기아차, 신한, 롯데, AIA 호텔신라, 신세계, SBS, KBS, MBC, CJ, KGC인삼공사, 한국암웨이, 삼성병원, 연세의료원, 경희대병원, 아주대병원, 건국대병원 등

▮▮▮ 지사 및 계열사
지 사 : 강남, 수원, 광주, 제주, 대전, 대구, 부산
계열사 : 유니에스(주), (주)유니토스, (주)엠택, (주)유니에스시큐리티, (주)스타마크, 프로핸즈코리아(주), (주)프리젠트앤퓨처

▮▮▮ 임직원 연락처
최상덕 부문장 : 02-6241-4982   현태봉 부문장 : 02-553-3375
유춘호 부문장 : 02-2656-5120   김수일 부문장 : 02-6241-3381
조성규 경영개선추진실장 : 02-6011-1410

▮▮▮ 기업연혁
1990. 09 ㈜유니에스 설립
2002. 08 ISO 9001 품질경영시스템 인증 획득
2008. 06 [공항서비스 평가 3연패 달성 공로 대통령상] 수상
2008. 07 노동부 근로자 파견 우수기업 인증 획득
2009. 03 [유니에스 콜센터 KS 인증] 획득
2009. 12 노동부 장관상 수상
2010. 07 유니에스 직무단위 인적성검사(UAT) 개발, 도입
2012. 03 기획재정부 장관상(모범납세자) 수상
2012. 11 [아웃소싱 우수기업] 선정, 지식경제부 장관상 수상
2013. 01 한국 서비스품질 우수기업(SQ) 인증 획득
2014. 09 근로자보호 클린기업 인증 획득
2015. 11 콜센터 최초 국가품질명장 배출
2016. 10 제대군인 고용우수기업 인증 획득
2019. 09 [평창동계올림픽 공로 국무총리상] 수상
2019. 12 산업통상자원부 장관상 수상
2020. 11 ISO 45001 안전보건경영시스템 인증 획득
2022. 11 ISO 14001 환경경영시스템 인증 획득
2023. 02 한국HR서비스산업대상 기업부문 대상, 공공고용지원부문 수상
2023. 05 콜센터부문 서비스품질지수(KSQI) 우수 BPO기업 선정
2023. 09 ISO 37001 부패방지경영시스템 인증 획득
2023. 09 자체 컨택센터 "UNIES SQUARE" 개소
2025. 01 대한민국 퍼스트브랜드 OS부문 13년 연속 대상 수상
2025. 09 [항공산업 고용 및 일자리 창출 공로 국토교통부] 장관상 수상

▮▮▮ 대표자 프로필
이름 : 이용훈
학력 : 경희대졸, 연세대 최고경영자과정, 서강대 경제대학원
경력 : (사)한국HR서비스산업협회(구. 한국인재파견협회) 회장 역임
       아시아지역 인재서비스연맹회의(ACIETT) 주관,
       대통령, 국무총리, 기획재정부·고용노동부 장관 표창
       한국아웃소싱서비스 대상, 신지식인·신한국인, 경찰청장 표창
경영방침 : 지속가능경영, 전문경영, 변화경영

▮▮▮ 회사 및 서비스 소개
창립 36주년을 맞이하는 유니에스는 '책임경영'과 '전문성'이라는 변치 않는 가치로 대한민국 HR 서비스 산업의 역사를 써 내려가고 있습니다. 전국 7개 지사 네트워크와 15,500여 명의 전문 인력을 기반으로 400여 고객사에 최적화된 맞춤형 서비스를 제공하며, 자타가 공인하는 '대한민국 종합인재서비스 No.1'의 브랜드 파워를 입증하고 있습니다.

2026년 유니에스의 핵심은 '전문경영'과 '변화경영'을 통한 질적 도약입니다. 비효율을 걷어낸 시스템 기반의 현장 경영으로 서비스 품질을 고도화하는 한편, 국민취업지원제도 등 정부 핵심 위탁사업을 성공적으로 수행하며 공공 고용서비스 영역에서도 독보적인 입지를 구축하고 있습니다.

특히 ESG 경영을 기업문화로 정착시켜, ISO 환경, 안전보건 및 부패방지 경영시스템 인증을 획득하고 현장 중심의 안전 예방 관리를 대폭 강화하여 고객사의 리스크를 최소화하고 있습니다. 나아가 전사적인 디지털 트랜스포메이션을 가속화하여, 35년간 축적된 방대한 데이터와 AI 분석 기술을 업무 전반에 적용함으로써 차별화된 '완성형 명품 서비스'를 구현하고 있습니다. 유니에스는 이러한 혁신을 통해 고객사의 성장을 견인하는 비즈니스 파트너이자, 사회적 책임을 다하는 리딩 기업으로 미래를 선도해 나갈 것입니다.

(주)인사이드잡
www.insidejob.co.kr

대표	최윤석
전화	02-591-4363
팩스	02-591-4360
이메일	inside@insidejob.co.kr

■■■ 회사주소
서울특별시 서초구 반포대로23길 14 매강빌딩3층

■■■ 설립 및 자본금
설립년 : 2003년
자본금 : 5억원

■■■ 매출실적
2025년(예상) : 비공개

■■■ 종업원현황
총원 : 1,150명 / 관리 : 20명 / 파견 : 295명 / 도급 : 835명

■■■ 아웃소싱 서비스
근로자파견, HR아웃소싱(도급위탁 / 콜센터 / 유통 / 경비 / 미화 등), 채용대행, 헤드헌팅, 급여아웃플레이스먼트, 해외인력송출서비스 등

■■■ 주 거래 업종
금융, 유통, 정보통신, 서비스, 외국계기업, 공공기관 등

■■■ 주 거래 기업
[Part-면세,유통운영/시설관리/의료지원/스태핑서비스/정부지원기관 등]
서울보증보험, AJ그룹, 미래에셋금융, 필립모리스, LG에너지솔루션, 한화그룹계열, 하나투어, 빙그레, 카카오VX, 서울주택도시공사, 은평시설관리공단, 서울대병원, 코스모앤컴퍼니(샤크&닌자), 메디힐, 고운세상코스메틱, 자이글, 네이처리퍼블릭, 토니모리, 빙그레, 네이처쎌, 씨엠에스랩, 서울공예박물관, 한국에너지정보문화재단, 법제처, 숭의초등학교 등

■■■ 지사 및 계열사
남부지사 - 전남 여수시 엑스포대로 320-66 2F
충청 - 대전광역시 중구 문화동 1-13 기독교연합봉사회관3층
부산 / 수원 / 이천사무소
계열사 : (주)인사이드디에프 /스탭플러스(주)

■■■ 임직원 연락처
인재혁신본부 총괄 박윤섭   02-6205-4330
경영지원팀장 성소연   02-591-4363

■■■ 기업연혁
2003. (주)인사이드잡 설립(근로자파견업허가/인터넷정보제공사업)
2004~2007 우리은행, LG텔레콤, 빙그레, 대한통운, 현대토탈 외, 유통/물류/생산/의료분야 특화운영 및 지역네트워크 활성화
2008~2013 유통/판매분야 확대, 네이처리퍼블릭, 토니모디, CJ대한통운, 미래에셋생명, 신한카드, 시립미술관 등 신규계약
2014. 서울보증보험, 한진해운, 영등포구청 등 8개 업체 계약
2015. 근로자보호클린기업인증, SPC네트웍스 등 6개 업체 계약
2016. 민간고용자율서비스 자율시정 우수기업인증, 경영혁신형 중소기업선정, 보건복지부MOU체결
2017. 호텔더본제주 등 6개 업체 계약, HR우수기업인증획득
2018. AJ네트웍스 등 8개 업체 계약, 가족친화인증, 기업혁신대상, 국가경쟁력대상 서비스부문 최우수상, 하이서울브랜드기업 인증
2019. 셀리노, 한국냉동공조산업협회 등 9개 업체 계약, 중소기업청 중앙회장 표창, 일하기좋은 중소기업선정
2020. 동아제약, 해외개발, 아주캐피탈 등 7개 업체 계약체결
2021. 대한민국 아웃소싱서비스 품질경영 공공기관사업부문 대상 수상 / 어촌어항공단, 서울문화재단 등 7개 공공기관과 업무진행, 뷰티피플인터내셔널, 대웅제약, 중견,중소병원 등 신규계약
2022. 환경보전협회 층간소음이웃사이콜센터(Full 완료), LG하이케어솔루션 교육강사(전국)계약, 대웅경영개발원 시설관리부문 수주, 한국자산관리공사 기금콜센터 수주
2023. 쿠팡이츠, 한화계열 5개사, 필립모리스, 특허기술진흥원, 대전보훈병원, 한국특허기술진흥원, 한국냉동공조, LG D&G 등 계약체결
2024. 디비비전, 코스모앤컴퍼니, 홍천엠엔티, 메디힐, 스카이데야, 씨엠에스랩, 닥터지, 네이처쎌, 비다벨로, 자이글 등 계약체결
2025. 대한민국 아웃소싱서비스 고객만족대상 (경비,청소,시설관리 부문) 수상, 서울공예박물관, 한국에너지정보문화재단, 법제처, 숭의초등학교, 넥서스코프, 광진경찰서, 하이그라운드디자인, 그레이스 등 계약체결

■■■ 대표자 프로필
이름 : 최윤석
학력 : 숭실대학교 졸업/ 한양대학교 경영대학원 AMP
연세대학교 최고경영자과정
경력 : 한국경제 '마케팅전략전문가과정'
성신여자대학교 특강(주제: 비즈니스 커뮤니케이션)
아웃소싱 전문가(최고경영자부문-現 30년간의 돈독업력)
2015년 · 2019년 중소기업청 주관 '중소기업중앙회장상' 표창
독거노인복지 사랑나눔의場 '보건복지부장관' 표창
한국HR서비스산업협회 부회장 역임

■■■ 회사 및 서비스 소개
'우리는 인재를 살리고 기업을 꿈꾸게 한다'
2026년 창립 23년을 맞이하여 더욱 새로운 변화와 혁신을 통한 일류기업으로의 성장을 꿈꾸는 당사는 P(plan). D(doit). C(check). A(action) 정신으로 정확한 목표를 설정하고, 완벽한 업무실행을 하며 엄격한 자체 평가를 통해 신속한 업무 개선을 해 나가는 인사 운영을 지향합니다.
Total Outsourcing전문관리 운영기업으로 변환하는 인사제도에 따라 다양한 분야 및 직종을 통하여 맞춤 인재서비스 (근로자파견, 업무도급, 콜센터 위탁운영, 유통/판매 아웃소싱, 의료지원, 채용대행, 헤드헌팅, 교육서비스 등)를 Needs에 맞게 제공하며 구현하여 왔으며, 전국적인 네트워크를 구축하여 인재를 발굴, 추천하고 고객사의 성공적인 비즈니스를 최우선으로 생각하며, 최고의 품질 HR서비스를 통한 경쟁력 확보와 성공을 위해 최선을 다해 노력 하겠습니다.
"성공하는 사람과 기업만의 선택" 그 곳에 항상 인사이드잡이 중심으로 서 있겠습니다.

(주)잡스테이션
www.jobstation.kr

대 표	정진원
전 화	1661-0353
팩 스	0505-300-0353
이메일	inwork77@naver.com

■■■ 회사 주소
충청북도 청주시 흥덕구 주봉로 50, 102호

■■■ 설립 및 자본금
설립년 : 2011년
자본금 : 1.5억원

■■■ 매출실적
2024년 : 135억원
2025년(예상) : 140억원

■■■ 종업원현황
총원 : 454명 / 내부사원 : 14명 / 도급사원 : 350명 / 파견사원 : 90명

■■■ 아웃소싱 서비스
인재파견, 생산도급, 물류도급, 아웃소싱, 채용대행

■■■ 주 거래 기업
한익스프레스, LS일렉트릭, 정관장, (주)롯데웰푸드, (주)아이티엠반도체, (주)아하늘품, 한국강재, 떼제베CC 외 다수

■■■ 지사 및 계열사
지 사 : 경기지사
계열사 : (주)잡스토리

■■■ 임직원 연락처
정진원 대표이사   010-8849-5929
오수진 부사장   010-8870-5929
임승우 이사   010-4676-5008

■■■ 기업연혁
2011. 11 (주)잡스테이션 설립
2012. 03 근로자 파견업 허가
2016. 09 자회사 (주)잡스토리 설립
2018. 03 위생관리용역업 허가
2020. 01 (주)잡스테이션 경기지사 설립
2020~2022. 04 대한민국 100대 아웃소싱기업 선정

■■■ 대표자 프로필
이름 : 정진원
학력 : 강원대학교 졸업
    CJB 경영자포럼 CEO과정 수료
    청주상공회의소 CEO과정 수료
    충북대학교 경영대학원 최고경영자과정 수료
경력 : IMG National 컨트리클럽 공사 감독 및 관리팀장 역임
    떼제베컨트리클럽 공사 감독 및 관리팀장 역임
    청주시 기업인협의회 회원사 등록
수상이력 : 2016.05 청주시장상
    2016.07 청주시 서원구청장상
    2019.05 충청북도지사상
    2022.07 청주시 우수기업인상
경영방침 : 행복추구기업

■■■ 회사 및 서비스 소개
글로벌 21세기는 기업의 변혁을 요구하고 있습니다.
고객을 위한 높은 품질과 서비스, 핵심인재 확보와 효율적 활용은 경쟁력 있는 미래 기업으로 성장하기 위한 발판입니다.
잡스테이션은 아웃소싱을 통한 핵심인력의 사용으로 전문적이고 능률적인 운영체제를 마련해줌으로 기업의 핵심분야 역량강화를 위해 정진할 수 있도록 발판을 마련하고 있습니다.
기업의 고용증대와 개인의 전문적 업무능력 향상을 위해 노력하고 일하는 즐거움을 만들어내는 행복추구 기업입니다.

재인산업(주)
www.thejaein.com

- 대표: 장종구
- 전화: 02-3476-6500
- 팩스: 02-3476-6503

▇▇▇ 회사주소
서울시 서초구 서초중앙로 29길 16 이에치빌딩 3층

▇▇▇ 설립 및 자본금
설립년 : 2002년
자본금 : 7억원

▇▇▇ 매출실적
2024년 : 196억원
2025년(예정) : 200억원

▇▇▇ 종업원현황
총원 389명 / 관리스텝 : 12명 / 파견 및 도급 : 377명

▇▇▇ 아웃소싱 서비스
시설관리/경비/미화 용역업, 근로자파견업, 시설물유지관리업, 소독업 외

▇▇▇ 주 거래 업종
대학, 병원, 리조트, 식품 외 다수

▇▇▇ 주 거래 기업
인천대교, 가천대, 정식품, 팔도, 동서식품, 한국야쿠르트, 서울아쿠아리움(코엑스), kbs비지니스, 한화건설/한화손해보험/한화생명/한화에어로스페이스, SK텔레콤 외

▇▇▇ 지사 및 계열사
재인물산(주), (주)재인지엔에스, (주)재인피엔피

▇▇▇ 임직원 연락처
이창노 상무 02-3476-6505
신용상 이사 02-3476-6525
최영민 부장 02-3476-6502

▇▇▇ 기업연혁
- 2002. 07 (주) 송현씨엔에스 창업
-       08 경비업 허가 취득
- 2004. 01 위생관리용역업 허가 취득
-       02 근로자파견사업 허가 취득
- 2008. 02 ISO9001, ISO14001 인증
-       03 방역소독업 허가취득
- 2009. 12 인천대교 시설물 유지관리 업무도급 계약체결
- 2010. 03 건강보험관리공단 대구지역본부 건물종합관리 계약체결
- 2011. 02 가천대학교 시설/미화 업무도급 계약체결
- 2012. 08 가천길병원 미화업무도급 계약체결
- 2018. 06 코엑스아쿠아리움 안내, 판매, 미화도급계약체결
- 2019. 01 한화에어로스페이스, 한화디펜스, 건물관리용역체결
- 2020. 01 kbs비지니스 시설관리계약
- 2024. 01 KBS스포츠월드 볼링장 운영도급계약 체결

▇▇▇ 대표자 프로필
이름 : 장종구
경력 : 재인산업주식회사 대표이사

▇▇▇ 회사 및 서비스 소개
글로벌 경쟁시대를 맞아 경영효율화를 통한 경쟁력 제고및 핵심역량 강화가 절실하게 요구되고 있는 시점에서, 재인산업(주)는 기업들의 진정한 조력자가 되기 위해 업무도급, 근로자파견업 및 시설물유지관리업 전문회사를 설립해 운영하고 있다.

재인산업은 임직원들이 각 분야별로 요구되는 아웃소싱 및 시설물유지관리 업무를 수행함에 있어 그동안 축적된 사업운영 노하우를 극대화해 고객사의 재산을 조직적, 체계적으로 유지, 관리하고 합리적이고 효율적인 고객만족 경영시스템 실행을 통해 신뢰받는 파트너로 호평이 나있는 기업이다.

(주)제일비엠시
www.jeilbmc.co.kr

대 표	김정현
전 화	02-556-1970
팩 스	02-556-1966
이메일	kimms@jeilbmc.co.kr

■■■ 회사 주소
서울시 서초구 논현로 171(양재동) 제일빌딩

■■■ 설립 및 자본금
설립년 : 19○○년
자본금 : 20○○원

■■■ 매출실적
2024년 : 1,1○○억원
2025년(예정) : 1,560억원

■■■ 종업원현황
총원: 5,100명/ 관리: 100명/ 파견: 400명/ 도급: 4,600명

■■■ 아웃소싱 서비스
유통 판매·판촉, 건물종합관리(FM), 생산/제조도급, 물류도급, 콜센터도급, 주차장관리, 근로자파견, 헤드헌팅 등

■■■ 주 거래 업종
유통, 제조, 서비스, 부동산, 시설관리, 금융, IT, 물류, 정보통신, 건설, 방송, 제약, 공공기관, 병원, 학교 등

■■■ 지사 및 계열사
계열사 : 제일비에스(주), 제일에스피(주), (주)제일과동행
지 사 : 부산, 대구, 광주, 대전

■■■ 임직원 연락처
SM사업부 ○승돈 전무이사	010-5232-8223
FM사업부 이흥수 상무	010-3210-1166
리테일사업부 김성선 이사	010-6422-5883

■■■ 기업연혁
- 1998. 법인전환, 울타리보완시스템(주) 흡수합병
- 1999~2003. 근로자파견사업허가, 경비업허가, ISO9001인증,
- 2008. 건물종합관리 전문기업 설립 - 제일비에스(주)
- 2011. 세일즈프로모션 전문기업 설립 - 제일에스피(주)
  장애인표준사업장 설립 - (주)제일과동행
- 2012. 일자리창출, 지역경제 활성화 공로표창 (서울특별시)
- 2013. 지식경제부 장관상 수상
- 2014. Best Innovation 기업&브랜드 선정
  대한민국 아웃소싱 고객만족 대상 수상(4년연속)
- 2015. 제일그룹 사옥이전 (서초구 양재동 소재)
  노·사·정 사회적책임 협약체결 (고용노동부)
  노사파트너쉽 협정체결 (노사발전재단)
- 2016. 제대군인 행복일자리 창출 MOU체결 (국가보훈처)
  메인비즈인증 (중소기업청)
- 2017. 근로자보호클린기업, HR서비스인증기업 선정
- 2019. HR-아웃소싱 리딩컴퍼니 선정(10년연속)
- 2020. HR-서비스 10대 대표기업 선정(11년 연속)
- 2021. 중소벤처기업부 Main Biz (메인비즈) 신규 인증
  안전보건경영시스템(ISO45001) 인증
- 2022. 철탑산업훈장 수훈
- 2023. HR서비스산업대상 기업대상 수상

■■■ 대표자 프로필
- 이름 : 김정현
- 학력 : 국민대학교 법과대학 법학과 졸업
  성균관대학교 경영대학원 졸업
- 경력 : 現 한국HR서비스산업협회 제14대 회장
  前 삼성그룹 (삼성생명(주), 삼성화재(주)) 재직
  前 한국자유총연맹 서울특별시지부 회장
  前 한국지적장애인축구연맹 회장
  前 민주평화통일자문회의 자문위원
- 경영방침 : 1등 기술보다는 1등 인재를 중시하는 기업

■■■ 회사 및 서비스 소개
제일비엠시는 '최고의 인재와 기술을 바탕으로 기업에 최상의 HR서비스를 제공한다'는 경영방침을 기반으로 계열사별 전문화된 아웃소싱 사업영역과 사업부문별 전문관리자, 전국 시군구 단위의 네트워크 조직을 갖춘 대한민국 HR 아웃소싱 리딩기업입니다.
고객사의 니즈를 충족시키기 위해 자체 개발한 통합 운영관리 모바일 시스템 '짐스(Jims)'를 통해 전국에 산재되어 있는 현장과 본사와의 유기적인 운영을 비접촉 방식으로 가능하게 하였으며, 모바일 화상회의 시스템을 구축하여 현장과의 1:1 소통이 가능하도록 하였습니다. 이를 통해 판매판촉 운영대행, 건물종합관리, 콜센터 위탁관리, 물류 도급, 생산제조 도급, 근로자파견 등 다양한 아웃소싱 분야에서 전문성을 확보하여 고객사에게 고품격 서비스를 제공하고 있습니다.

(주)지수아이앤씨
www.jisuinc.co.kr

대표	이신형
전화	02-6958-5340
팩스	02-6958-5342
이메일	admin@jisuinc.co.kr

■■■ 회사주소
서울시 서초구 바우뫼로27길 2, 일동홀딩스빌딩 3층

■■■ 설립 및 자본금
설립년: 2009년
자본금: 10억원

■■■ 매출실적
2024년: 1,924억원
2025년(예정): 1,910억원

■■■ 종업원현황
총원: 3,615명

■■■ 아웃소싱 서비스
FM종합관리(시설, 보안, 미화, 주차, 안내), 특수경비, 물류도급, 생산도급, 주택관리업

■■■ 주 거래 업종
국내 대기업 업무시설/연구시설/연수시설/공장시설/물류시설/레저시설/공공기관 FM종합관리/의료제품 생산, 전자부품 포장, 식품 물류 등

■■■ 주 거래 기업
LG그룹 계열사, S&I, 현대엔지니어링, 희성그룹 계열사, LT그룹 계열사, 공공기관 등

■■■ 지사 및 계열사
지 사: 청주지사
계열사: (주)두잉씨앤에스, (주)두잉피플플러스, (주)두잉이앤엠, (주)티오티, (주)이티엠

■■■ 임직원 연락처
대표이사 이신형   (대표전화: 02-6958-5340)
사업운영본부장 송제우
경영지원본부장 여혜진

■■■ 기업연혁
2009	(주)지수씨앤지설립
	위생관리용역업, 시설경비업 허가 취득
2010	(주)지수아이앤씨 사명 변경
	특수경비업, 근로자파견업 허가 취득
2011	ISO 9001, 14001 인증 취득
2017	통합 모니터링시스템[Eye ON] 구축
2018	KOSHA 18001, OHSAS 18001 인증 취득
2019	JISU FMS 구축(시설, 보안, 미화, 우편물관리 등)
2020	소독업 허가 취득
2022	ISO45001 인증 취득
2023	주택관리업 등록
2024	ISO 37001 인증 취득
2025	정보통신공사업 등록

■■■ 대표자 프로필
이름: 이신형
학력: 연세대학교 경영대학 경영학과 졸업(학사)
University of Bristol, MSc in Management(석사)
Adelphi University MBA in Management(석사)
경력: 한화리조트(시장조사 및 분석)
한국경영자총협회(경제 및 고용정책 분석, (주)카오틱21
(주)두잉씨앤에스(전략 기획, 실행 및 관리)
(주)지수아이앤씨 경영지원본부장
(주)지수아이앤씨 대표이사
경영방침: 고객감동 / 사람중시 / 윤리경영

■■■ 회사 및 서비스 소개
지수아이앤씨는 2010년 1월 사업을 시작하여 "정직하고 성실함으로 고객에게 신뢰받는 기업"이라는 경영원칙을 실천하는 종합건축물관리 서비스 전문회사입니다.

2021년 9월 두잉그룹으로 새롭게 출발하여 고객에게 보다 행복한 삶과 편안함을 만들어 드릴 것입니다.

주요 업무로는 건축물 제반 시설의 유지관리와 각종 설비의 최적운전을 위한 시설물 관리, 청결하고 쾌적한 근무환경 유지를 위한 환경미화, 상주, 방문고객에 대한 친절한 안내와 철저한 안전, 방재를 통한 출입, 보안관리 업무 등이 있습니다.

아울러 지수아이앤씨는 각 분야별 전문인력과 다양한 연계로 구성된 전문 조직을 갖추고 항상 고객의 가치창조를 최우선으로 차별화된 서비스를 제공하여 고객에게 감동을 주며 언제나 고객으로부터 신뢰받는 기업이 되도록 구성원 모두가 도전정신과 열정을 가지고 최선을 다하겠습니다.

지에스아이(주)
www.gsi-group.co.kr

대표	김영분
전화	031-756-2288
팩스	02-2138-7859
이메일	gsi40651@gmail.com

■ 회사주소
경기도 성남시 수정구 동판교로 314, 3층

■ 설립 및 자본금
설립년 : 1985년
자본금 : 30억원

■ 매출실적
2025년(예상) : 310억원

■ 종업원현황
총원 : 500명

■ 아웃소싱 서비스
부동산 개발사업 / 부동산 자산관리업 / 민간투자사업(BTL) 건축물 종합관리업 / 기계공사업 / 시설물유지관리업 / 토목공사업 건축물 안전관리 / 경비업 / 위생관리 / 소방시설관리업 / 전기공사업 호텔 위탁관리 / 정보통신공사업 / 주택관리업 / 저수조청소업 근로자파견업 / 난방시공업 / 소독업

■ 주 거래 업종
공공기관, 학교, 호텔

■ 주 거래 기업
한국가스공사, 경기과학기술대학교, 대전서구청, 한경대학교 외

■ 지사 및 계열사
지사 : 송파지사, 석촌지사

■ 임직원 연락처
송순도 이사 02-2138-7855
장세광 차장 02-2138-7853

■ 기업연혁
1985년 경기종합관리(주) 회사설립 한국건축물관리협회 가입
1990년 서울특별시장 표창
　　　　면허취득 : 공중위생업, 보안경비업, 주택관리업 취득
1995년 법인설립 : 케이티엠(주) – 경기종합관리 흡수합병
　　　　면허취득 : 건물종합관리업, 근로자파견업, 소독업 취득
2000년 면허취득 : 승강기보수업, 시설물유지관리업,
2011년 BTL 현장 운영개시 (천안예술의전당)
2012년 코엑스 우수관리 표창 수상
2013년 중소기업은행 본점 환경미화용역 수주
2015년 ISO9001 & ISO 14001 인증 획득
　　　　한국도로공사 본사 신사옥 시설관리용역 수주
2016년 Main-Biz 인증 대진대학교 종합관리용역 수주
　　　　한국도로공사 본사 신사옥 재수주
2017년 한국서비스품질우수기업 인증
　　　　인천국제공항 제2여객터미널 환경미화용역 수주
　　　　면허취득 : 소방시설관리업, 전기공사업 취득
2018년 수원 홀리데이인익스프레스호텔 도급 수주
　　　　대구광역시 남구 CCTV 통합관제센터 인력파견 수주
2019년 국내 미 공군기지 종합관리 수주
　　　　신세계조선호텔 주차도급 수주
2020년 한국서비스품질우수기업 갱신
　　　　경기과학기술대학교 시설관리(시설, 청소, 경비) 용역 수주
2021년 한국가스공사 본사 및 정선연수원 시설관리용역 수주
2022년 소피텔 앰배서더 서울 호텔, 타이슨푸드코리아 생산도급 수주,
　　　　파르나스 호텔 제주 용역 수주

■ 대표자 프로필
이름 : 김영분
경력 : 現) 지에스아이(주) 대표이사
　　　　경영혁신형 중소기업확인
　　　　서비스품질우수 기업인증
　　　　ISO9001, ISO140001 인증
경영방침 : 책임경영, 인간중심경영, 인화경영, 윤리경영

■ 회사 및 서비스 소개
GSI(주)는 급변하는 대내외 경제환경 속에서 효율화와 선진화를 통해 부동산 개발사업, 민간투자사업, 건축물 유지관리에 이르기까지 부동산 토탈 서비스를 제공하는 일류회사로 발돋움해 온 기업으로 차별화된 부동산 종합관리 서비스를 제공하는 기업입니다. 국제표준화 관리 시스템인 ISO9001, ISO14001, 한국서비스품질우수기업을 인증 받아 체계적이고 신뢰성 있는 시설운영과 유지관리 서비스를 제공하며, 축적된 자산관리 경험으로 고객의 자산 가치를 증대시켜 드리고 있습니다.
지난 30여 년간 부동산 종합 서비스 관리업을 수행해오면서 GSI(주)는 고객의 재산 가치는 부동산 종합 관리 방법에 따라 달라질 수 있다는 신념을 가지고 단순 용역도급이 아니라 고객의 입장에서 자산 가치 증대를 위해 최선을 다해왔습니다.
첨단기술과 선진 관리기법이 하나되는 일터! GSI(주)의 미래입니다. 21세기 첨단 공법이 가미된 건물들이 들어서면서 건물종합관리도 단순 인력 중심의 관리를 탈피하여 첨단 장비 및 선진 관리기술이 도입되지 않으면 관리자체가 어려운 현실에 도달하였습니다.
환경에 변화하지 않는 자는 성공할 수 없으며, 기술 혁신이 이루어지지 않는 기업은 생존할 수 없기에 GSI(주)는 시설관리 및 경비, 미화에서 시작하여, BTL, BTO 분야로 사업 영역을 확대하고 있으며 더불어 전문시설 유지관리업, 기계설비업, 부동산 개발사업 등으로 미래 혁신형 기업을 만들어가고 있습니다.

(주)청우티에스
www.chungwoots.com

대표	이행호
전화	02-734-1181
팩스	02-3673-1726
이메일	kim0505sa@hanmail.net

■ 회사주소
경기도 고양시 덕양구 꽃내음1길21, 402호(향동동, 청우프라자)

■ 설립 및 자본금
설립년 : 2003년
자본금 : 10억원

■ 매출실적
2024년 : 193억원
2025년(예상) : 300억원

■ 종업원현황
총 원 : 715명

■ 아웃소싱 서비스
시설경비업, 위생관리업, 시설물유지관리업, 근로자파견업

■ 주 거래 업종
서비스, 금융, 제조, 건설, 유통, 물류, 공공기관 등

■ 주 거래 기업
KT 등 주요기업, 공공기관등 다수

■ 지사 및 계열사
계열사 : 청우종합건설(주), (주)정도개발, (주)한솔엠에스, (주)대성지엠

■ 임직원 연락처
이행호 대표 02-734-1181

■ 기업연혁
1995. 07	청우시큐리티 주식회사 설립
1998. 07	용역 경비업 허가 취득
	위생관리 용역업 허가 취득
2003 .07	상호변경 주식회사 청우티에스
2004. 12	ISO 9001 인증 취득
2005. 05	주택관리 등록업 취득
2006. 12	경영혁신형 중소기업 인증
2007. 04	근로자파견업 허가 취득
05	소독업 및 저수조 청소업 취득
2009. 04	시설물유지관리업 등록
10	KT텔레캅 업무제휴
2010. 03	특수경비업 취득
2013. 11	기업부설연구소 설립
2014. 03	기술혁신형 중소기업 인증
2015. 01	인천국제공항 미화용역 수주
2015. 04	얼굴인식 신원확인 및 출입제어 특허등록
	페이스가드 상표등록
2017. 01	오송생명과학단지 시설관리용역 수주
12	문화체육부 장관 표창
2018. 12	보건복지부 장관표창
2019. 04	국내 100대 아웃소싱 기업 인증
2022. 01	연세대, 한양대, 배화여대, 한서대 등 국내 16개 주요 대학 및 KBS, 오송생명과학단지 등 국가 주요 시설 미화 경비, 시설 용역수행

■ 대표자 프로필
이름 : 이행호
경력 : (주)청우티에스 대표이사
경영방침 : "품질과 신뢰로 고객의 안전을 책임지는 건물 전문 서비스기업"

■ 회사 및 서비스 소개
청우티에스는 창사이래 현재까지 신용과 성실을 바탕으로 고객에 대한 양질의 관리 서비스를 제공하기 위해 선진관리 기술의 도입 최첨단의 기계화된 관리기법을 통하여 고객에 대한 봉사정신과 신뢰를 바탕으로 건물종합관리 및 경영에 전념하여 왔습니다.
특히 인적자원 아웃소싱 전문업체로서 전국의 국가중요시설 관공서, 대학교, 산업시설, 병원, 호텔, 인텔리전트빌딩 등 각종 시설에 전문인력을 통한 고객감동 서비스를 추구하고 있는 회사입니다.
최근 각종 건물들의 고급화, 대형화 추세에 따라 과거의 단순한 사용 목적만을 충족시키는 공간 확보의 개념에서 벗어나 좀더 쾌적한 생활공간, 능률적인 기능공간과 건물의 자산가치를 높이고자 첨단관리기법을 끊임없이 배우고 익히며 적극적인 자세로 최선을 다하고 있습니다.
청우티에스는 다년간 종합건물관리 분야에 축적된 Know-how를 바탕으로 한 차원 높은 서비스와 완벽한 전문성으로 승부하여 항상 고객이 감동할 때까지 최선을 다하는 자세로 여러분 곁에 더욱더 가까이 다가가 겠습니다.

케이디에프에스(주)
www.kd-fs.com

대표	황욱정
전화	02-2014-9000
팩스	02-2014-9028
이메일	kd-fs@daum.net

■■■ 회사주소
서울시 강남구 광평로47길 28, (KT수서빌딩) 3층

■■■ 설립 및 자본금
설립년 : 2010년(분할전 1997년)
자본금 : 15억원

■■■ 매출실적
2024년 : 221억원

■■■ 종업원현황
총원 : 800명

■■■ 아웃소싱 서비스
건물관리(시설, 미화, 경비), 인력파견
전문시설공사(시설물유지관리, 소방시설공사, 전기공사, 정보통신공사)
휴대폰 재단사업

■■■ 주 거래 기업
KT, KT텔레캅, KT에스테이트, 서일대학교, 광주세정아울렛, 스타타워 관리단, 조선대학교외 다수

■■■ 지사 및 계열사
지 사 : 수도권1본부/수도권2본부/수도권3본부/중부본부/대구본부/본사 직할
계열사 : 케이디에프제이(주)

■■■ 임직원 연락처
경영지원실장 장일권	2014-9012
FM안전전략본부장 한상섭	2014-9070
파견사업본부장 하영욱	2014-9000

■■■ 기업연혁
1997. 03 한국통신산업개발(주) 설립
1997. 05 KT 사옥 종합관리
2000. 06 인천국제공항 부대건물 수주 및 관리
2000. 08 청소부문 ISO 인증 취득
2001. 07 한국통신산업개발(주) 민영화
2005. 09 사명변경 KTRD(주)→ KTA(주) → 굿모닝에프(주)
2006. 03 세종문화회관 종합관리 수주
2010. 08 회사분할(굿모닝에프(주), 한주피엠씨(주))
2012. 01 KT사옥 종합관리 협약 체결 (수도권, 전북)
2013. 01 인천공항, 남도국악원 수주
2015. 01 KBS, 해양항만청(속초,삼척) 특수경비사업
2017. 03 사명변경 굿모닝에프(주) → 케이디에프에스(주)
2018. 05 KT 사옥 종합관리수주 (수도권, 대구/경북)
2020. 04~ 시화병원 위탁관리 수주, 더스테이힐링파크 시설관리 수주, 파크원 타워1 미화, 보안, 안내용역 수주
2022. 09 경영혁신형 중소기업 인증
       10 제대군인고용 우수기업 인증

■■■ 대표자 프로필
이름 : 황욱정
학력 : 한양사이버대학원 상담심리학 문학석사
경력 : 케이디에프에스(주) 대표이사 (2016.03 ~ 현재)
       드림드림사회적협동조합 이사장 (2013.10 ~ 현재)
       KT 인천마케팅단장 (2009.01 ~ 2010.12)
       KT 자산경영실장 (2005.11 ~ 2009.01)
       KT 홍보실장 (2003.02 ~ 2005.10)
       국민포장(대통령) / 사회공헌 및 스포츠진흥 유공(2004. 8)
       장관표창(정보통신부) / 전기통신발전 유공(1999. 4)
경영방침 : 최고의 품질, 안전 제일의 자산관리기업

■■■ 회사 및 서비스 소개
케이디에프에스는 1997년 KT 자회사로 설립돼 2001년 공공기관 민영화에 따라 민영화된 이후 2번의 법인분할을 통해 건물종합관리 전문회사로 남아 'Happy Space Creator' 슬로건 아래 행복한 생활공간을 창조해 나가는 서비스 제일주의 회사로서 최상의 일자리 창출에 기여하고 복지사회 구현에 앞장서는 기업이다. 빌딩종합관리를 주사업으로 주거, 사무실, 문화센터, 휴게공간 등 고객이 생활하는 모든 공간에 아름다움과 가치를 더하여 쾌적하고 행복한 생활공간으로 만들어 가는데 최선을 다하고 있다. KT빌딩 종합관리를 통해 축적한 오랜 경험과 노하우를 바탕으로 빌딩가치를 획기적으로 증대할 수 있는 기술력을 더해 리딩기업으로 발돋움하고 있다. 케이디에프에스 임직원은 "고객감동만이 회사의 존립목적이자 생존요건"이라는 기업철학을 깊이 인식하고 서비스 제일주의를 목표로 뛰고있다.

케이에스엔시(주)
www.ksnc.kr

대표	송상헌
전화	02-590-7531
팩스	02-590-7699

■■■ 회사주소
서울시 영등포구 영신로 220, 1804호(knk디지털타워, 영등포동 8가)

■■■ 설립 및 자본금
설립: 2000년
자본금: 20억원

■■■ 매출실적
2024년: 506억원
2025년(예상): 440억원

■■■ 종업원현황
총원: 1,220명

■■■ 아웃소싱 서비스
종합건물관리서비스, 보안경비, 미화, 아웃소싱 서비스

■■■ 주 거래 업종
통신사, 공공기관, 대기업, 중견기업, 외국계기업 등

■■■ 주 거래 기업
(주)케이티에스테이트, KT, 국가정보자원관리원, 한국지역난방공사, 한국농촌경제연구원, KT문화재단, 디지털엠파이어, KT텔레캅, 농협은행 등

■■■ 지사 및 계열사
서울 본사 외 전국 지사네트워크

■■■ 임직원 연락처
송상헌 대표   02-590-7500
신관순 이사   02-590-7530
권용식 이사   02-590-7531

■■■ 기업연혁
- 2000. 12 한통에스엔시(주) 설립
  경기경찰청 경비업 허가 취득
- 2002. 06 위생관리업, 정보통신공사업, 전기공사업, 주택관리업 등록
- 2003. 08 케이티에스엔시(주) 사명 변경, ISO 9001 인증 취득
- 2004. 11 전문소방시설 공사업 등록
- 2009. 07 한국서비스품질우수기업 인증 취득(지식경제부)
- 2012. 05 회사 분할에 따른 '케이에스엔시(주)' 사명 변경
  07 한국서비스품질우수기업 인증 취득
- 2014. 12 KT동우회 출자 법인
- 2015. 03 고용노동부 산하 안전보건공단 '위험성평가 인증 통과
  04 에너지절약전문기업 등록, 전문건설업(시설물유지관리업) 등록
  09 한국서비스품질우수기업 인증 취득
- 2016. 01 초록우산 어린이재단 후원MOU체결
  kt동우회 추가 출자(5% / KT동우회에서 당사 지분 10% 보유)
- 2018. 09 서비스품질우수기업 재인증
  10 경영혁신형 중소기업(Main-Biz) 인증 취득
- 2021. 09 대한민국 아웃소싱서비스 품질경영대상 수상
- 2022. 04 기계설비성능점검업 등록 / ISO 45001:2018 인증취득
- 2023. 04 ISO 27001:2013 인증취득 / 08. ISO 14004:2015 등 취득
  07 사랑의열매 정기후원 / 11. 서울특별시장 표창장 수상
- 2025. 09 대한민국 아웃소싱서비스 고객만족대상 수상

■■■ 대표자 프로필
이름: 송상헌
학력: 연세대학교 경영대학원 석사
경력: 1985년 KT 부장
  1997년 KT강릉전화국장
  2003년 KT건설사업단장
  2006년 KT자산개발단장 겸 충북본부장
  2007년 KT부산본부장
  2009년 KT고객지원본부장(상무이사)
  2010년 케이에스엔시(주) 대표이사
수상: 1990년 정보통신부장관 표창
  1992년 국무총리 표창
  1996년 상공부장관 표창
  2005년 산업포장(대통령 포장)
경영방침: 인재제일, 고객지향, 미래창조

■■■ 회사 및 서비스 소개
2000년 설립한 케이에스엔시(대표 송상헌)는 '세상을 아름답게 만드는데 앞장서는 참 좋은 기업을 창출한다'는 사명을 모토로하고, 고객만족과 고객감동을 최우선의 기업가치로 한 건물종합관리 회사로 성장한 중견기업이다.

(주)프리죤

www.efreezone.co.kr

- **대표**: 최승식
- **전화**: 02-337-3861
- **팩스**: 02-337-0341
- **이메일**: freezone@efreezone.co.kr

■■■ 회사주소
서울시 마포구 양화로 156, 엘지팰리스빌딩 511~513호

■■■ 설립 및 자본금
설립년 : 2005년
자본금 : 6억 30만원

■■■ 매출실적
2024년 : 802억원
2025년(예정) : 950억원

■■■ 종업원현황
총원 : 1,766명

■■■ 아웃소싱 서비스
업무대행(물류, 보안, 미화, 안내, 시설, 주차 등) / 인재파견(방송국 등) / 채용대행 등

■■■ 주 거래 기업
셀트리온, 대한항공, 정석기업, 롯데, 구찌코리아, 국민은행, 신한은행, 신세계, 신라, KBS, MBC 등

■■■ 지사 및 계열사
지사 : 인천공항 사업본부, 충북지사, 대전지사, 김해지사, 제주사업본부

■■■ 임직원 연락처
최승식 대표 : 02-337-3861

■■■ 기업연혁
■ 2005~2013년
- 법인설립 (주)셀트리온 자산관리회사(FM)
- 위생관리용역업/소독업/근로자파견사업/경비업 허가
- (주)셀트리온 종합시설물 관리용역계약
- 주식회사 프리죤으로 회사 상호 변경 등기
- 특수경비업 허가/ - 인천국제공항, 제주국제공항 검색 용역

■ 2014~2018년
- 2014년 인천아시아경기대회 민간안전 용역
- 2015년 광주유니버시아드 행사안전
- (주)선광신컨테이너터미널 업무 도급계약
- KBS시큐리티 특수경비용역

■ 2019~2023년
- 건국대학교, 신라면세점 통합물류 센터 보안업무
- 한국가스공사 미화&시설관리 업무/ - CJ프레시원 물류업무
- 롯데호텔 본점&월드점&울산점 종합관리
- 한진 국제 특송통관장운영, 한진택배 물류관리

■ 2024년
- 롯데시티호텔 울산 종합관리/ - 양산부산대병원 보안 업무
- 제주대병원 보안 업무/ - 한국가스연맹 시설, 미화 업무
- 한도병원 보안, 시설 업무
- 인천 동구청(CCTV) 모니터링 및 영상정보관리 업무
- 재외동포청 특수경비 보안 업무/ - 송도 컨벤시아 종합관리 업무

■ 2025년
- 한국TBT 미화 업무 - 갤러리아광교 보안 업무
- 동양생명 보안, 주차 업무 - 국민건강보험공단 인재개발원 시설관리 업무
- 한화63시티 부평사옥 보안, 주차 업무 - 서울KBS 안내, 보안업무
- 하이트 진로 판촉 업무 - 마곡 르웨스트시티 미화, 보안 업무
- 등촌동 어울림플라자 미화, 안내 업무 - 엔씨타워 보안 업무
- 바쉐론 콘스탄틴 미화, 시설, 안내 업무 - 한진 풀필먼트 물류 업무

■■■ 대표자 프로필
이름 : 최승식
학력 : 연세대학교 산업대학원
　　　건국대학교 공업경영과
경력 : (주)프리죤 대표이사
　　　(사)대한민국경비협회 서울지방협회장
　　　(주)시큐어넷 대표이사
　　　대통령 경호실 경호관리관
수상 : 홍조근정훈장/포장증

■■■ 회사 및 서비스 소개
프리죤은 2005년 출범한 이래 지속적인 기술개발과 서비스 업무의 시스템화를 통해 국내 정상급의 자산관리 및 아웃소싱 전문기업으로 성장하고 있습니다.
또한 모든 임직원의 능력개발과 보편적 복지제도의 시행을 통해 안정적 노사관계를 구축함으로써 고객사의 만족에 기여하고 있습니다.
이러한 축적된 역량을 바탕으로 자산관리 및 건물관리 서비스 영역을 선도하며 사회적 책임을 완수하기 위해 늘 최선을 다하고 있습니다.
프리죤은 섬김과 봉사의 정신으로 고객에게 풍요로운 감동서비스를 제공하고 고객자산의 명품 관리를 통해 최고의 가치를 창출 할 수 있도록 국내 최정상급의 원스톱 서비스를 제공하는 토털케어아웃소싱 전문기업입니다.

(주)한국에스웨이
www.s-waykorea.com

대표	조구현
전화	02-798-4211~2
팩스	02-413-4213
이메일	ceo@s-waykorea.com

■■■ 회사주소
서울시 강동구 천호대로 1057, 2층(천호동, 트레벨)

■■■ 설립 및 자본금
설립년 : 2004년(모기업 1962년 설립)
자본금 : 5억원

■■■ 매출실적
2025년(예상) : 300억원

■■■ 종업원현황
총원 : 1,050명

■■■ 아웃소싱 서비스
보안안전, 주차관리, 객실관리, 현관서비스, 시설관리, 기물관리, 미화관리, 주차대행(발렛), 보안컨설팅, CS관리컨설팅

■■■ 주 거래 업종
특급호텔, 주한외국공관, 금융, 제약, 대형병원, 리조트, 유통

■■■ 주 거래 기업
롯데호텔, 신라호텔, 신라호텔면세점, 파라다이스시티호텔, 탑스텐호텔, 롯데리조트, 가톨릭여의도성모병원, 가톨릭은평성모병원, 가톨릭부천성모병원, 신라아이파크면세점, 현대백화점

■■■ 지사 및 계열사
지 사 : 제주, 부산   교육분원 : 서울 장충동
계열사 : 에스웨이이앤엠 (이앤엠 평생교육원
         에스웨이에듀넷원격평생교육원)
협력기관 : (사)한국안전기술교육협의회, ASIS한국서울협회

■■■ 임직원 연락처
조영한 사장(CEO)   02-2201-2821
조해경 전무   070-4852-8700
조다희 상무   070-4852-8703

■■■ 기업연혁
2004. 08 (주)한국에스웨이 설립 (대표이사 조구현)
2006. 05 롯데호텔 전국체인 연속 재계약(모기업 기준)
2011. 07 대통령 표창수상 (보안산업육성 및 인재양성공로)
2013. 08 계열사 교육법인 한시넷(주) 설립 및 평생교육원 개원
2014. 09 2014 인천아시안게임 보안안전업무 수행
2015. 04 서울시 모범납세법인 선정
       07 2015 광주유니버시아드대회 보안안전 및 보건안전업무 수행
2016. 02 가톨릭관동대학교와 산학협력 협정 체결
       03 중앙대학교와 산학협력 협정 체결
       06 아웃소싱타임스 HR서비스 10대기업 선정
           2016 아웃소싱서비스 고객만족대상 수상 (보안, 안전 부문)
           롯데호텔 최우수 파트너사 감사패
2018. 02 평창동계올림픽 보안안전업무 수행
       09 TV조선 고객만족 경영대상 부문 수상
       11 국가보훈처「제대군인 고용우수기업」인증
2019. 01 한국에스웨이 10년 연속 서비스품질우수기업(SQ)인증 획득
       06 한국을 빛낸 창조경영 '고객만족경영' 대상수상
           중소벤처기업부 장관상 수상
       08 동반성장위원회 표창상 수상
2020. 07 ISO 45001(안전보건) 인증 획득
       05 대리운전업 허가 사업개시, 소독업허가 사업개시
2021. 05 고용노동부장관상 수상
       09 여성가족부 장관상 수상
2022. 07 온라인원격평생교육원 고용노동부 인증 획득
2022. 11 행정안전부장관상 수상(안전관리활동 기여)
2023. 05 신라호텔 최우수 파트너사 수상

■■■ 대표자 프로필
이름 : 조구현
경력 : (현)미국보안산업협의회(ASIS)국제연맹 한국서울협회 회장
       중부대 경찰경호대학 겸임교수(역임)

■■■ 회사 및 서비스 소개
한국에스웨이는 고용안정의 대표적 기업으로 5%내외의 낮은 이직율을 기록하면서 업계에서 크게 주목받고 있다.
한국에스웨이의 관리 노하우는 서비스 수행체계의 지수화, 매뉴얼화, 시스템화, 지속적인 교육기법의 향상과 교재개발, 개인별 직무역량의 정량적 분석을 통한 서비스 품질관리가 근간을 이루고 있다.
한국에스웨이는 직원들의 능력배양과 보안업계의 발전을 위해 경쟁업체에서는 상상하기 어려울 정도의 다양한 활동들을 하고 있다.
국내 20여개 대학 및 보안산업 관련단체와 직·간접 학술 교류 및 세미나 개최, 전문가 육성 및 지원등의 협력 체제를 구축 유지하고 있다.
교육전문 계열사 에스웨이E&M을 통해 많은 교육교재 및 온라인 컨텐츠를 개발하고 있으며 국내 최대 규모의 자료실을 갖추고 있다.

(주)한샘개발

www.hanssemdev.com

대표	조용한
전화	02-883-3687
팩스	02-6499-3850
이메일	hanssemdev@hanssempmd.com

■■■■ 회사주소
서울시 관악구 신림로318 청암두산위브센티움 7층

■■■■ 설립 및 자본금
설립년도 : 2012년
자본금 : 6.5억원

■■■■ 매출실적
2024년 : 841억원
2025년(예상) : 860억원

■■■■ 종업원현황
총원 : 1,300명

■■■■ 아웃소싱 서비스
콜센터 시스템 구축 및 관리용역 / 부동산개발 및 컨설팅 / 건물관리 및 위생관리용역 / 홈퍼니싱 A/S기사 도급운영 / 홈케어 서비스 외

■■■■ 주 거래 업종
유통업 / 건설업 / 자산관리업 / 제조업 / 공공기관

■■■■ 주 거래 기업
한샘, 이랜드, 미래에셋컨설팅, 롯데쇼핑, CJ대한통운, YBM어학원, 낙산비치호텔, 이마트24, 롯데백화점, 롯데마트, 아난티 외 다수

■■■■ 임직원 연락처
대표번호   02-883-3687

■■■■ 기업연혁
- 2012. (주)상원피엠디 ▶ (주)한샘개발 법인이관
- 2013. 퍼니스템 / 부산세연정 업무 개시 / 산학협력협약체결(강서, 송파, 경기상고)
- 2015. 서브원 / AJ파크 / 이화공영 업무개시
- 2016. 부암동 / 베스킨라빈스 / 케리어에어컨 업무개시
  16년도 인적자원개발 우수기관 인증(한국산업인력공단)
- 2017. 대한민국 100대 아웃소싱기업 선정(아웃소싱타임스)
- 2018. 대한민국 아웃소싱서비스 고객만족대상(컨택센터부문) 수상
- 2019. 미래에셋 센터원 도급 업무 개시
  용산여성인력개발센터 업무협약 체결
  2019 인적자원개발 우수기관 인증(한국산업인력공단)
- 2020. 한샘 생활용품관 영업판매 도급업무 개시
- 2021. 한샘 물류 도급업무 개시
  이마트24 A/S관리 전산시스템 개발/유지보수 진행
- 2022. 2022 인적자원개발 우수기관 인증
  롯데백화점 창원점 도급업무개시
- 2023. 롯데마트 도급업무 개시
  롯데물류센터 도급업무 개시
  아난티코브, 빌라쥬드아난티 도급업무 개시
  ISO45001 안전보건경영시스템 인증
  롯데백화점 전주,구리,건대점 도급사업 개시
  롯데마트 김포한강점 도급사업 개시
- 2024. 대한민국 명품브랜드 대상 수상 (토탈홈케어부문)

■■■■ 대표자 프로필
이름 : 조용한
경력 : 한샘개발 대표이사
  한샘 전략기획실 실장
  유베이스
  베인앤드컴퍼니
  SK텔레콤

■■■■ 회사 및 서비스 소개
한샘개발은 가구산업의 선두 기업인 한샘의 100% 자회사이자 아웃소싱 전문 기업입니다.
전 임직원은 항상 사람을 최우선으로 생각하며 정성을 다하여 최상의 서비스로 기업고객에게는 높은 만족도를, 구직고객에게는 적합한 일자리를 제공하여 사회적으로도 인정받는 기업이 되기 위해 노력하고 있습니다.
임직원 행동의 핵심가치인 존중, 자율과 책임, 유연한 사고를 바탕으로 하루가 다르게 변하고 있는 우리의 현실 앞에 어떤 일이든 긍정적이고 도전적인 자세로 임해 지속 성장 가능 경영을 이뤄가고 있습니다.
늘 고객 여러분들의 옆에서 고객가치향상을 통해 발전과 성장을 만들어 드리는 행복 파트너가 되겠습니다.

(주)한인컨설팅

https://kmpcs.modoo.at

대 표	권택상
전 화	031-708-1341
팩 스	031-708-1346
이메일	tskwun@hanmail.net

▪▪▪ 회사주소
경기도 성남시 수정구 위례광장로320 아이에스센트럴타워 402호

▪▪▪ 설립 및 자본금
설립년 : 2005년
자본금 : 3억원

▪▪▪ 매출실적
2025년(예상) : 40억원

▪▪▪ 종업원현황
총원 : 150명

▪▪▪ 아웃소싱 서비스
건물시설관리용역, 경비(시설, 특수경비, 신변보호업), 위생관리, 소독업, 근로자파견업

▪▪▪ 주 거래 기업
한국가스공사 등 관공서, 코오롱글로벌 외 다수

▪▪▪ 지사 및 계열사
계열사 : (주)한인에프엠씨

▪▪▪ 임직원 연락처
권택상 대표 : 031-708-1341

▪▪▪ 기업연혁
2005. 05 한인컨설팅 법인설립(건물시설관리 용역)
2006. 06 위생관리용역업 및 시설경비업 허가 취득
2009. 07 소독업 신고
 11 임대관리 분야 사업 진출
 12 ISO9001 및 경영혁신형 중소기업(Mainbiz) 인증
2010. 03 관계사 (주)한인에프엠씨 설립(부산 소재)
2011. 06 자본금 1억에서 3억으로 증자. 본점 이전(이매동에서 판교동으로)
2017. 04 본점 이전(판교동에서 위례동으로. 자가 사무실 보유)
 07 특수경비업 허가 취득
2021. 02 근로자파견업 허가 취득
2023. 01 정부 일자리정책사업 참여

▪▪▪ 대표자 프로필
이름 : 권택상
경력 : 코오롱그룹 17년 재직
 (주)한인컨설팅 대표이사
 건국대 부동산대학원(논문 : 업무용 건물의 FM (시설관리) 에 관한 연구)
경영방침 : "Better service at lower cost with great satisfaction"

▪▪▪ 회사 및 서비스 소개
한인컨설팅은 지난 2005년 출범한 건물시설관리 전문기업으로 건축과 시설물의 전기, 기계 설비관리, 보안서비스, 미화 및 방역업무를 수행해 오고 있다.
또한 효율적이고 체계적인 관리방안 마련을 위해 ISO9001 인증 및 경영혁신형 중소기업(MAINBiz) 인증을 획득해 현장관리에 만전을 기울이고 있다.
한인컨설팅의 강점은 무엇보다도 건물관리에 필요한 시설관리원, 경비원, 미화원 규모를 건물규모와 특성에 맞춰 가장 합리적으로 산정해 낸다는 점이다.
적정 관리인원과 용역비 산정 노하우는 권택상 대표의 이력과 무관치 않다.
건국대 부동산대학원 석사과정을 졸업한 권 대표는 논문으로 "업무용 건물의 FM에 관한 연구"를 통해 국내 주요 120개 건물 (평균연적 35천㎡)의 연면적, 전기 및 기계설비 등의 용량을 토대로 설비인원, 경비인원, 미화인원을 연면적 단위당 실제 적정인원을 산출해내는 회귀모형을 제시해 관심을 끌었다.
이는 미국 등 선진국에서 적용하고 있는 용역비 산정방식으로 기존의 건물관리 비용보다 저렴하게 건물을 관리할 수 있다는 특징이 있다.
기존방식은 현장인원을 줄이면 용역업체의 수익이 줄어드는 구조로 되어 있는 반면 한인컨설팅 산정방식에 의하면 업체수익을 평당금액으로 계시할 경우 인원 여유분에 대한 구조조정이 가능해지고 전체적인 비용절감이 자연스럽게 이루어지게 된다는 것이다.
때문에 한인컨설팅에 견적을 맡기면 적정 인건비와 함께 빌딩의 종합적인 비용체계를 속 시원히 상담받을수 있다는 평을 얻고 있다.
한인컨설팅은 건물시설 유지보수의 최적화를 통해 건물가치의 향상 및 이용자의 편의성 증대는 물론 노후건물의 문제점 및 개선 방향을 도출하여 주기적으로 건물주에게 제공하고 있다.
또한 건물과 시설물의 내구연한 증대, 쾌적한 환경조성을 위한 결과의 장기적 관리지표 선정 및 중점관리로 시설내 안전 및 보안유지, 화재예방 및 방범에도 힘써 내방객으로 부터 회사의 이미지 제고에서도 호응을 얻고 있다.

(주)현대에쓰앤에쓰
www.h-sns.com

대표	이재욱
전화	1544-9118
팩스	02-739-6623
이메일	khkim@h-sns.com

▉▉▉ 회사주소
서울시 종로구 사직로12길 21 광희빌딩

▉▉▉ 설립 및 자본금
설립년 : 200*년
자본금 : 3억원

▉▉▉ 매출실적
2024년 : 980억원
2025년(예상) : 1,050억원

▉▉▉ 종업원현황
총원 : 2,400명 / 관리 : 35명

▉▉▉ 아웃소싱 서비스
건물종합관리(시설/미화/보안), IFM서비스, 생산도급, HR아웃소싱 등

▉▉▉ 주 거래 업종
백화점, 유통, 케이터링, 호텔&리조트, 식품가공업

▉▉▉ 주 거래 기업
현대백화점, 현대그린푸드, 한농푸드시스템, 샤프도앤코코리아, 현대엘레베이터, CJ프레쉬웨이, 풀무원푸드앤컬처, 동원홈푸드, 아라마크, BGF푸드

▉▉▉ 지사 및 계열사
영남지사 : 052-234-6592
부산지사 : 051-714-7312
대구지사 : 053-422-3993
충청지사 : 04*-418-9637

▉▉▉ 임직원 연락처
김경훈이사 010-2172-8971
윤석웅이사 010-8622-5604

▉▉▉ 기업연혁
2005. 현대백화점 10개점 FM 도급계약
2006. 현대그린푸드 FM/판매/조리 도급계약
2007. 타이거월드 장/단기 사원 인력공급 계약
2008. 한농캐스템/서울시청 조리 도급계약
2009. 모빌월드 FM 도급계약
2010. 서초구청 조리 파견계약
2011. 한국마사회 새마을금고 조리 도급계약
2012. 이비스호텔/노보텔 FM 도급계약
2013. 현대엘레베이터 콜센터 도급계약
  본만제 판매 도급계약/CJ프레쉬웨이 조리 파견계약
2014. 아라마크 조리 파견계약
2016. 베트남 지사 설립〈헤드헌팅, 사업컨설팅, BPO아웃소싱〉
  샤프도앤코코리아 기내식제조/미화 도급계약
2017. H&M 특수청소 도급계약
2018. 대구프린스호텔 FM 도급계약/구미아이다스CC FM 도급계약
2019. 삼송비엔씨 매장 도급계약/City Square 대형빌딩 FM 도급계약
  오토플러스 FM 도급계약/스테이락호텔 FM/조리 도급계약
  스마트푸드센터 FM/생산 도급계약
2020. 양산동원로얄CC FM 도급계약
2021. 현대L&C FM 도급계약/현대렌탈케어 판매 도급계약
  ZARA 특수청소 도급계약/로얄캐닌코리아 IFM 계약
2022. 분당지웰푸르지오 FM 도급계약
2023. 동원홈푸드 조리 파견계약/현대바이오랜드 FM 도급계약
  LH사옥관리 인재 파견계약
2024. BGF 푸드 생산 도급계약/현대렌탈 케어(점검/AS/설치) 기사 도급계약

▉▉▉ 대표자 프로필
이름 : 이재욱
학력 : 연세대학교 경영학과
경영방침 : 고객과 같이(together), 가치(value)를 만드는 기업

▉▉▉ 회사 및 서비스 소개
아웃소싱은 고객의 다양한 요구에 얼마만큼 능동적으로 대처할 수 있는가가 관건이다. 현대에쓰앤에쓰는 고객의 입장에서 보다 적극적인 사고로 고객만족의 새로운 지평을 열 것이다.

당사는 현대백화점과 국내 유수의 대기업의 각종 아웃소싱서비스를 제공하며, 품격 있는 고객들에게 차원 높은 서비스로 인정받고 있다. 전국 지방 사무소를 통해 경비, 미화, 물류, 생산, CRM, 유통, 단체급식 등 다양한 도급업무수행으로 고객의 다양한 요청에 즉각 응대할 수 있는 능력을 보유하고 있다.

또한 당사는 매년 평균 15%이상의 고성장을 달성하며 내실있는 기업 운영을 통해 기업의 투명성을 재고하고 능력있는 인재를 발굴 육성하는 중요성을 인식하는 등 기업의 비전을 직원의 비전으로 함께 키워 나가고 있는 기업이다.

(주)휴넥트
www.hunect.co.kr

- **대표**: 성승모
- **전화**: 1577-4518, 02-2279-4118
- **팩스**: 02-2279-1100, 051-850-2080
- **이메일**: admin@hunect.co.kr

회사주소
서울본부 : 서울시 중구 삼일대로 363 장교빌딩 18층
부산본부 : 부산시 연제구 중앙대로 1217, 국제빌딩 17층

설립 및 자본금
설립년 : 1999년
자본금 : 274억원 (자본잉여금포함)

매출실적
2024년 : 1,100억원 (계열사 합산)
2025년(예상) : 1,500억원 (계열사 합산)

종업원현황
총원 : 4,250명 / 관리 : 75명 / 파견 : 620명 / 도급 : 3,555명

아웃소싱 서비스
컨택센터 운영대행, 컨택센터ASP, CRM컨설팅, 컨택센터 인력 도급, 인력 아웃소싱(제조), 인재파견, 취업포털, e-Biz, 시설관리 등

주 거래 업종
금융, 유통, 정보통신, 제조, 서비스, 외국계기업, 공공기관 등

주 거래 기업
국민건강보험공단, 롯데홈쇼핑, 홈앤쇼핑, CJ온스타일, LG헬로비전, 한화생명, KB라이프생명, ABL생명, 한화오션, 배민커넥트, IBK기업은행, 부산은행, 경남은행, BNK캐피탈, 농협중앙회, SC제일은행, 롯데카드, 삼성카드, EZL, 아시아나항공, 에어부산, 에어서울, 이스타항공, 에어로케이, 파라타항공, 한국쉘석유, DN솔루션즈, 원익머트리얼즈, 복산나이스, 경남에너지, 휘슬러코리아, 한국무역보험공사, 서울보증보험, 관세청, 한국전파진흥협회, 한국산업인력공단, 공항철도 등

지사 및 계열사
지사 : 대구지사, 대전지사, 광주지사
계열사 : (주)빌코비전, (주)라바엔텍, (주)부일에이치앤디, 울산도시가스서비스(주)

임직원 연락처
성승모 대표	051-850-2003
이용신 전무	051-850-2010
정경주 총괄본부장	02-2279-6688
윤준기 본부장	02-2279-4117
안효석 본부장	070-4283-9849

기업연혁
1999.01 부일정보링크(주) 법인 설립 (부일이동통신 자회사 분리)
2009.07 콜센터, 인재파견 관리의 운영 및 부가서비스 ISO9001인증
2010.12 콜센터서비스분야 KS인증 획득
2015.04 한국컨택센터산업협회 회장사
2016.05 남녀고용평등 우수기업 고용노동부장관상 수상
     10 국가생산성대상 장관상 수상 (한국생산성본부)
2017.04 고용우수기업선정 (부산광역시)
     10 한국고객센터 기술경영 컨퍼런스 공로상 수상
2018.07 디지털경영혁신대상 중소벤처기업부 장관상 수상
     10 한국고객센터 기술경영 컨퍼런스 산업통상자원부 장관상, APCCAL 의장상, 베스트 고객센터 인증서 수상
     12 신성장 경영대상-산업통상자원부 장관상 수상
2020.03 모범납세자상 장관상 수상 (기획재정부)
     07 (주)휴넥트 사명변경
     09 일학습병행 우수사례 경진대회 우수상 수상
     10 근무혁신 우수기업 선정 (부산시일생활추진단)
2021.08 노사문화우수기업 선정 (2006, 2009, 2012, 2016, 2021 총5회)
2023.10 ISO/IEC 27001(정보보호) ISO 45001(안전보건), ISO 14001(환경) 경영시스템 인증 획득
     11 국가생산성대상 국무총리상 수상(2019, 2023 총 2회)
     12 워라밸우수기업경진대회 최고경영자 부문 부산광역시장상 수상
2024.03 학자금부문 성실 원천공제의무자 국세청장 표창 수상
2025.02 한국정보통신진흥협회(KAIT) 정회원사 등록
     NS홈쇼핑 우수협력사 감사패 수상
     05 IBK기업은행 우수협력사 감사패 수상
     09 인적자원개발 우수기관 선정(2018, 2021, 2025 총 3회)

대표자 프로필
이름 : 성승모
학력 : 부산대 경영대학원 석사, 전남대학교 전자상거래학 박사
경력 : 부일이동통신 총무팀장
   (현) (주)휴넥트 대표이사
   (현) 부산컨택센터협의회 회장
경영방침 : 고객과 임직원의 만족을 실현시키고, 개인과 회사의 지속적인 동반 성장을 추구함

회사 및 서비스 소개
사람과 미래기술의 조화로 완성하는 BPO, 휴넥트
(주)휴넥트는 1993년 국내 최초로 콜센터 시스템을 도입한 선도적 BPO 전문기업으로, 통신·금융·제조·유통·공공기관 등 다양한 산업 분야에 컨택센터 운영 서비스를 제공하고 있습니다. 2020년 부일정보링크에서 사명을 변경하며 '사람 중심의 기술 혁신'이라는 새로운 비전을 세우고, AI 기반의 서비스 품질 혁신과 디지털 전환을 추진하고 있습니다. 휴넥트는 WORLD BEST BPO SERVICE GROUP을 목표로, 사람과 기술의 조화를 통해 고객의 성과와 성장을 함께 이루는 전략적 파트너로서 차별화된 고객 경험을 제공합니다.

흥안실업(주)
www.heungan.com

- **대표**: 탁재용
- **전화**: 02-849-2591
- **팩스**: 02-6919-1006

회사주소
서울특별시 서초구 강남대로43길 14-1

설립 및 자본금
설립년도 : 1986년
자본금 : 5억원

매출실적
2024년 : 190억원
2025년(예정) : 140억원

종업원현황
전체직원 : 620명

아웃소싱 서비스
건축물종합관리, 시설물유지관리, 경비보안, 청소, 용역, 부동산관리, 토탈아웃소싱

주 거래 업종
공공기관, 금융, 건설, 유통, 서비스, 외국계기업 등

주 거래 기업
에스원, 에스오아이, 한국가스공사, 진주시청, 성남시청, 사천시청, 한국전자통신연구원, 산업자원부, 기술표준원, 국토연구원, 지방재정공제회관, 경기대학교, 가천대학교, 경원대학교, 성결대학교, 부경대학교, 숭실대학교, 광주하이테크, 칼라스퀘어, 대륭포스트타워, 안제타워, 진주 MBC, 동방아그로, 신동아아파트, 서희건설, 호반건설 외 다수

지사 및 계열사
전국 지사네트워크 구성

임직원 연락처
탁재용 회장　　02-849-2591

기업연혁
1986. 10　흥안실업(주) 설립
1987. 07　경비업 허가 취득, 위생관련 용역업 신고
1993. 10　서울지방경찰청장 표창(경비업무 관련)
1994. 10　경찰청장 표창(경비업무 관련)
1995. 03　보건복지부장관 표창(위생업무 관련)
2000. 12　ISO 9002 (K-961) 인증(건물, 전기설비관리분야)
2003. 03　서울특별시장 표창(위생관리용역 관련)
　　　12　건설교통부장관 표창(건축물유지관리업무 관련)
2004. 02　ISO 9001 (JK-1392) 인증(건축물유지관리분야)
2006. 01　한국거래소 공로패(시설관리 관련)
2007. 01　진주시장 감사패
　　　10　한국 서비스품질 우수기업 인증 획득(종합용역업)
2009. 05　자랑스런 한국인 대상(건축물종합관리 공로대상)
2015. 11　사업체노동력조사사업체 지정 (고용노동부장관)
2018.　　국민은행 도급 협력사 등록
2019.　　한진그룹 협력사등록

대표자 프로필
이름 : 탁재용
학력 : 진주 고등학교졸업 / 명지대학교 졸업
　　　중앙대학교 사회개발 대학원 수료
경력 : 흥안실업주식회사 대표이사
　　　한국 직능단체 총연합회 회장 / 제2건국 추진위원회 위원
　　　민족화해협력위원회 공동의장 / 한미 우호협회 부회장
　　　인간개발 연구회 부회장 / 밝은 가정 협의회 이사장
　　　이승만 기념사업회 이사 / 한국 건축물 유지협회 회장
　　　한국 위생관리협회 부회장 / 한국경비협회 부회장
인증및 수상내역 : 경찰청장 감사패 / 보건복지부장관표창
　　　　　　　　 건설교통부장관표창 / ISO 국제품질 인증서
경영철학(경영방침) : "앞서 가는 사람이 되자"

회사 및 서비스 소개
끊임없이 발전하는 한국경제 속에서 첨단 IBS 고층건물들이 계속 늘어나는 추세에 따라 이에 대한 전문적인 건물관리 수요도 급격히 늘고 있는 추세다.
흥안실업은 이러한 국내 실정을 감안하여 1986년 설립, 신한은행(구 조흥은행) 전산센터 시설관리를 시작으로 국민은행 전산센터, 우리은행 전산센터, 브릿지증권, 증권선물거래소, 한국증권전산센터, 대한투자증권, IBK기업은행에 이르기까지 현재 첨단 IBS 빌딩시설을 관리하고 있는 중견 건물종합관리 업체로 정평이 나 있다.
특히 장기간 축적된 기술과 노하우를 바탕으로 국내 실정에 맞는 설비관리시스템의 표준화를 최우선 과제로 연구하고 있다.
흥안실업 임직원 일동은 철저한 책임감과 확고한 사명의식으로 고객의 귀중한 재산 관리인으로서 건물의 안전관리와 설비의 수명연장 도모는 물론 건물가치 향상을 위한 최선의 노력을 다하고 있다.

아웃소싱서비스 수준이 올라갑니다

ISO 14001(환경경영) 인증 기업
ESG 우수 중소기업 인증 기업
ISO 45001(안전보건경영) 인증 기업
ISO 9001(품질경영) 인증 기업

아웃소싱전문기업! 信友産業管理(株)

신우산업관리(주)는
인재가 필요한 곳, 기술이 필요한 곳,
컨설팅과 진단이 필요한 곳에 따라
정확한 사전진단을 거친후
실무능력과 경험을 갖춘 전문인력이 곧바로 찾아갑니다.

신우산업관리(주)는

1. 인력관리의 효율화, 기업경영의 경쟁력 강화
2. 관리의 효율성 증대 및 사업의 전문성 추구
3. 글로벌형 기업경영 추구
4. 인재토털 아웃소싱 서비스

업무분야

▶ 경비업무(보안 · 경비)
▶ 시설 · 건물관리(B/D운영관리 · 주차)
▶ 운전 · 배송 · 물류관리(하역 · 수송 · 보관)
▶ 사무 · 전산 · 비서 · 안내 · 행정관리
▶ 경비업무(혼잡 - 고통유도경비업)
▶ 미화 · 방역환경업무(조경업무)
▶ 노무 · 생산 · 현장관리
▶ 판촉 · 판매관리 · 이벤트행사)등

 신우산업관리주식회사
㈜신 우 아 이 티 에 스

서울시 영등포구 당산로 171, 1101호(금강펜테리옴IT타워)
www.shinwoomds.co.kr TEL : 02)587-7691 FAX : 02)587-7690

2025 KOREA OUTSOURCING DIRECTORY

경비·청소·건물 Ⅱ

▶ 가나다순

- 가나티엠
- 거성지엠에스
- 건도기업
- 고려종합개발
- 광명이엔지
- 국제경보산업
- 국제종합관리
- 나이스씨엠에스
- 내외공영
- 다인오엠
- 대경티엠에스
- 대덕프라임산업
- 대덕휴비즈
- 대승종합관리
- 대신관리공사
- 대영관리
- 대청산업개발
- 대하안전시스템
- 대한종합관리
- 대호안전관리공사
- 덕산종합관리
- 동진종합관리
- 두레비즈
- 두온종합관리
- 로이안에이치엔에프
- 로즈클린
- 록산에버그린
- 맥서브
- 맨투맨써비스
- 멀티파워텍
- 명가종합관리
- 명신맨테크
- 명원실업
- 무림하우징
- 미래에이비엠
- 미래엠에스
- 미림개발
- 브리콤
- 비에스에이치에스
- 삼익
- 서비스뱅크
- 선진휴먼테크
- 성원산업개발
- 성진시스템즈
- 세스킨
- 세화종합관리
- 순일기업
- 신성휴먼스
- 신세기시스템
- 씨앤에이
- 씨앤에스자산관리
- 아산맨파워
- 아태산업개발
- 에스엔아이솔루션
- 에스오에스쎄븐
- 에이서브
- 에이엘오
- 에이엠영보
- 에이치알엠코리아
- 에프엠텍
- 용성종합경비
- 우지기업
- 진명스탭스
- 케이디에프에스

가나티엠

- 홈페이지 : www.kanatm.co.kr
- 대 표 자 : 김상현/김문주
- 전　　화 : 031-377-2846
- 팩　　스 : 031-377-1165
- 이 메 일 : kimy-1004@hanmail.net
- 주　　소 : 경기 오산시 법원로 26, 402호
- 설 립 년 : 2000년
- 자 본 금 : 2억원
- 매 출 액 : 148억 6000만원
- 직 원 수 : 208명
- 서 비 스 : 근로자파견, 경비, 인재파견, 미화업

거성지엠에스

- 홈페이지 : www.geo-sung.co.kr
- 대 표 자 : 양봉조
- 전　　화 : 1599-8458
- 팩　　스 : 053-753-8795
- 이 메 일 : gms1221@geo-sung.co.kr
- 주　　소 : 대구광역시 수성구 시지로 5-1 거성알파빌딩 1층
- 설 립 년 : 1990년
- 자 본 금 : 3억원
- 매 출 액 : 111억 1000만원
- 직 원 수 : 403명
- 서 비 스 : 시설관리 · 보안 · 경비

건도기업

- 대 표 자 : 임영자
- 전　　화 : 062-523-0235
- 팩　　스 : 062-512-0235
- 이 메 일 : kundo@kundo.co.kr
- 주　　소 : 광주광역시 동구 독립로 324, 301호
- 설 립 년 : 1996년
- 자 본 금 : 5억원
- 매 출 액 : 92억 9000만원
- 직 원 수 : 279명
- 서 비 스 : 건물시설관리, 경비용역, 근로자파견, 소독용역

고려종합개발

- 대 표 자 : 김성건
- 전　　화 : 051-246-7307
- 팩　　스 : 051-242-5993
- 이 메 일 : cthe@nate.com
- 주　　소 : 서울특별시 서초구 서초대로73길 40 709호 (서초동, 강남오피스텔)
- 설 립 년 : 1990년
- 자 본 금 : 6억원
- 매 출 액 : 117억 6279만원
- 직 원 수 : 236명
- 서 비 스 : 경비, 청소, 시설관리, 주차관리

광명이엔지

- 대표자 : 박영규
- 전화 : 031-303-5600
- 팩스 : 031-303-5610
- 이메일 : kehyun_00@yahoo.co.kr
- 주소 : 경기도 수원시 영통구 덕영대로1556번길 16(영통동,디지털엠파이어빌딩) A동708호
- 설립년 : 1998년
- 자본금 : 5억원
- 매출액 : 55억 1389만원
- 직원수 : 15명
- 서비스 : 시설관리, 경비, 전기공사, 실내건축공사

국제경보산업

- 홈페이지 : www.kjkb.co.kr
- 대표자 : 정일영
- 전화 : 02-2672-5691
- 팩스 : 02-2631-2706
- 주소 : 서울특별시 금천구 벚꽃로 244 13층 1308호 (가산동, 벽산디지털밸리5차)
- 설립년 : 1988년
- 자본금 : 10억원
- 매출액 : 71억 5015만원
- 직원수 : 84명
- 서비스 : 시설관리, 경비, 청소

국제종합관리

- 홈페이지 : www.kjjh.co.kr
- 대표자 : 정일형
- 전화 : 032-514-0770
- 팩스 : 032-517-1065
- 이메일 : kjjh@kjjh.co.kr
- 주소 : 인천시 부평구 부흥북로36번길4, 2층
- 설립년 : 1996년
- 자본금 : 3억 5000만원
- 매출액 : 56억 2679만원
- 직원수 : 187명
- 서비스 : 건물종합관리, 경비, 경호 외

나이스씨엠에스

- 홈페이지 : www.nicecms.co.kr
- 대표자 : 강명구
- 전화 : 02-326-6212
- 팩스 : 02-326-6210
- 주소 : 서울특별시 마포구 마포대로 130 (공덕동) 별정우체국빌딩 7층
- 설립년 : 2008년
- 자본금 : 35억원
- 매출액 : 636억 1532만원
- 직원수 : 603명
- 서비스 : 호송경비, 시설경비, 신변보호경비

(주)에이플러스원 APLUSONE CO., LTD.
생산/채용대행
경비미화 30년노하우
TEL: 010-3667-0897 FAX: 031-267-0255 | aplusone@aplusone.kr

내외공영

- 대 표 자 : 박성봉
- 전   화 : 02-487-6311
- 팩   스 : 02-484-4169
- 주   소 : 서울 강동구 성내3동 427-19 이수빌딩 2층
- 설 립 년 : 1989년
- 자 본 금 : 5억원
- 매 출 액 : 36억 6526만원
- 직 원 수 : 94명
- 서 비 스 : 건물종합관리, 주택관리

다인오엠

- 홈페이지 : www.dainom.co.kr
- 대 표 자 : 이경숙
- 전   화 : 033-591-1197
- 팩   스 : 033-591-1198
- 이 메 일 : green1153@hanmail.net
- 주   소 : 강원도 정선군 남면 도원3길 (무릉리) 신진B/D 202호
- 설 립 년 : 2007년
- 자 본 금 : 2억 5000만원
- 매 출 액 : 8억 10만원
- 직 원 수 : 6명
- 서 비 스 : 시설물유지관리, 위생관리용역, 시설경비

대경티엠에스

- 대 표 자 : 김종해
- 전   화 : 053-253-2546
- 팩   스 : 053-253-2548
- 이 메 일 : kaf489@nate.com
- 주   소 : 대구 중구 서성로 81
- 설 립 년 : 2007년
- 자 본 금 : 3억원
- 매 출 액 : 118억 8588만원
- 직 원 수 : 369명
- 서 비 스 : 시설경비, 시설물유지관리, 주차관리, 정보처리

대덕프라임산업

- 대 표 자 : 신지호
- 전   화 : 02-3401-4132~3
- 팩   스 : 02-3401-4134
- 이 메 일 : ddpi@ddpi.co.kr
- 주   소 : 서울특별시 송파구 동남로2길 13
- 설 립 년 : 1983년
- 자 본 금 : 8억원
- 매 출 액 : 34억원
- 직 원 수 : 65명
- 서 비 스 : 청소, 소독, 경비, 주차관리, 시설물관리

대덕휴비즈

- 홈페이지 : www.daiduck.co.kr
- 대 표 자 : 박지영
- 전 화 : 02-587-9555
- 팩 스 : 02-587-9556
- 주 소 : 서울 서초구 남부순환로 2433-3 (서초동,거암빌딩)
- 설 립 년 : 1994년
- 자 본 금 : 10억원
- 매 출 액 : 907억 1219만원
- 직 원 수 : 963명
- 서 비 스 : 위생관리용역, 경비용역, 근로자파견

대승종합관리

- 홈페이지 : www.dsgm.co.kr
- 대 표 자 : 김혜경
- 전 화 : 031-938-9265~7
- 팩 스 : 0531-938-9268
- 주 소 : 경기 고양시 덕양구 중앙로 550, 603호 (행신동,삼일프라자)
- 설 립 년 : 1993년
- 자 본 금 : 10억원
- 매 출 액 : 156억원
- 직 원 수 : 454명
- 서 비 스 : 경비, 청소, 시설 관리, 공동주택 관리

대신관리공사

- 대 표 자 : 박정재
- 전 화 : 063-224-1114
- 팩 스 : 063-225-0406
- 주 소 : 전북특별자치도 전주시 완산구 용머리로 94 천지인한의원 4층
- 설 립 년 : 2001년
- 자 본 금 : 3억 1000만원
- 매 출 액 : 비공개
- 직 원 수 : 비공개
- 서 비 스 : 경비, 청소용역, 건물관리, 근로자파견

대영관리

- 홈페이지 : www.daeyoungm.com
- 대 표 자 : 최재호
- 전 화 : 031-383-9996
- 팩 스 : 031-383-9997
- 이 메 일 : bicopina@naver.com
- 주 소 : 경기 안양시 동안구 관악대로 272, 520호
- 설 립 년 : 2006년
- 자 본 금 : 5억원
- 매 출 액 : 222억 9355만원
- 직 원 수 : 600명
- 서 비 스 : 건물관리, 주택관리, 시설경비, 위생관리, 도급

(주)에이플러스원 APLUSONE CO., LTD.
생산/채용대행 경비미화 30년노하우
TEL: 010-3667-0897 FAX: 031-267-0255 | aplusone@aplusone.kr

대청산업개발

- 대 표 자 : 이경실
- 전   화 : 043-237-7137
- 팩   스 : 043-237-7139
- 주   소 : 충북 청주시 흥덕구 1순환로 396
- 설 립 년 : 1997년
- 자 본 금 : 6억 2000만원
- 매 출 액 : 876억 4659만원
- 직 원 수 : 85명
- 서 비 스 : 시설물유지관리, 주유소/고속도로 휴게소 운영

대한안전관리공사

- 홈페이지 : www.gokscs.com
- 대 표 자 : 이정만/이영호
- 전   화 : 02-716-1343~5
- 팩   스 : 02-716-1336
- 이 메 일 : gokscs@gokscs.com
- 주   소 : 서울 마포구 마포대로 44 진드킬딩 10층
- 설 립 년 : 1992년
- 자 본 금 : 5억원
- 매 출 액 : 160억 7335만원
- 직 원 수 : 404명
- 서 비 스 : 경비, 미화, 주택관리, 근로자파견, 인력관리

대한종합관리

- 홈페이지 : www.daehan21c.co.kr
- 대 표 자 : 전하규
- 전   화 : 031-557-8230
- 팩   스 : 031-557-8233
- 이 메 일 : dhan8230@hanmail.net
- 주   소 : 경기도 구리시 건원대로 36, 화성골드프라자 1001호
- 설 립 년 : 1991년
- 자 본 금 : 12억 8000만원
- 매 출 액 : 89억 592만원
- 직 원 수 : 36명
- 서 비 스 : 시설관리, 근로자 파견, 청소, 위생관리

대호안전관리공사

- 홈페이지 : www.codaeho.com
- 대 표 자 : 박수웅, 김미애, 김현종
- 전   화 : 062-513-2000
- 팩   스 : 062-233-7602
- 주   소 : 광주광역시 북구 첨단연신로38, 허드슨 1041 지식산업센터
- 설 립 년 : 2000년
- 자 본 금 : 10억원 1000만원
- 매 출 액 : 788억 9075만원
- 직 원 수 : 2410명
- 서 비 스 : 경비, 청소, 근로자 파견, 주택관리

(주)에이플러스원 APLUSONE CO., LTD.
생산/채용대행
경비미화 30년노하우
TEL: 010-3667-0897 FAX: 031-267-0255 | aplusone@aplusone.kr

덕산종합관리

- 홈페이지 : www.duksann.com
- 대 표 자 : 이상묵
- 전   화 : 031-482-7577
- 팩   스 : 031-482-7595
- 주   소 : 경기 안산시 단원구 신단로 348 D동 213호
- 설 립 년 : 2006년
- 자 본 금 : 2억원
- 매 출 액 : 45억 3204만원
- 직 원 수 : 25명
- 서 비 스 : 근로자파견, 경비, 건물청소

동진종합관리

- 대 표 자 : 송영남
- 전   화 : 02-3473-6216
- 팩   스 : 02-3473-6253
- 주   소 : 서울 서초구 효령로4길 7 (방배동) 현경빌딩2층
- 설 립 년 : 1996년
- 자 본 금 : 5억원
- 매 출 액 : 24억 6495만원
- 직 원 수 : 5명
- 서 비 스 : 경비 및 경호서비스업

두레비즈

- 대 표 자 : 송흠래
- 전   화 : 02-2070-6232
- 팩   스 : 02-3775-0815
- 주   소 : 서울 영등포구 국회대로786, 9층
- 설 립 년 : 2005년
- 자 본 금 : 6억원
- 매 출 액 : 127억원
- 직 원 수 : 372명
- 서 비 스 : 건물, 사업시설 유지관리, 경비, 근로자파견

두온종합관리

- 대 표 자 : 유태완
- 전   화 : 02-2216-0224
- 팩   스 : 02-2248-6024
- 주   소 : 서울 동대문구 장한로 18
- 설 립 년 : 2004년
- 자 본 금 : 10억원
- 매 출 액 : 17억 5000만원
- 직 원 수 : 3명
- 서 비 스 : 시설 관리, 미화

(주)에이플러스원 APLUSONE CO., LTD.
생산/채용대행
경비미화 30년노하우
TEL: 010-3667-0897 FAX: 031-267-0255 | aplusone@aplusone.kr

로이안에이치앤에프

- 홈페이지 : www.roiaan.co.kr
- 대 표 자 : 방준형
- 전   화 : 02-2058-1960
- 팩   스 : 02-2058-1963
- 주   소 : 서울특별시 강남구 논현로 12길 19-3
            두이빌딩 2층
- 설 립 년 : 2006년
- 자 본 금 : 10억원
- 매 출 액 : 199억 2457만원
- 직 원 수 : 576명
- 서 비 스 : 시설관리, 경비, 환경위생용역

로즈클린

- 홈페이지 : www.roseclean.kr
- 대 표 자 : 이영미
- 전   화 : 1600-7891
- 팩   스 : rose_clean@naver.com
- 주   소 : 경기도 안양시 만안구 장내로30, 3층
- 설 립 년 : 2022년
- 자 본 금 : 비공개
- 매 출 액 : 비공개
- 직 원 수 : 비공개
- 서 비 스 : 건축물 일반 청소업

록산에버그린

- 대 표 자 : 김찬식
- 전   화 : 064-711-8578
- 팩   스 : 064-712-5512
- 주   소 : 제주특별자치도 제주시 서광로 107-6
- 설 립 년 : 1982년
- 자 본 금 : 10억원
- 매 출 액 : 188억 543만원
- 직 원 수 : 334명
- 서 비 스 : 골프장관리, 호텔객실관리, 미화,
            조경시설물

맥서브

- 홈페이지 : www.maxerve.co.kr
- 대 표 자 : 손재익, 최우영
- 전   화 : 02-2015-0800
- 팩   스 : 02-2015-0859
- 주   소 : 서울 강남구 영동대로85길, 23
- 설 립 년 : 1974년
- 자 본 금 : 13억 5000만원
- 매 출 액 : 6084억 4897만원
- 직 원 수 : 1만 2332명
- 서 비 스 : 건물관리, 임대, 냉난방공사,
            전기설비공사

맨투맨써비스

- 홈페이지 : www.m2ms.co.kr
- 대 표 자 : 장호용
- 전 화 : 053-655-2212
- 팩 스 : 053-654-4902
- 이 메 일 : kyunghee-ha@m2ms.co.kr
- 주 소 : 대구광역시 서구 서대구로30, 4층
- 설 립 년 : 1998년
- 자 본 금 : 10억원
- 매 출 액 : 380억원
- 직 원 수 : 1200명
- 서 비 스 : 인력관리, 노무관리, 경비, 청소, 주차관리

멀티파워텍

- 홈페이지 : www.kmpt.co.kr
- 대 표 자 : 이동재
- 전 화 : 02-417-0900
- 팩 스 : 02-417-0740
- 이 메 일 : kej3351@naver.com
- 주 소 : 서울시 송파구 백제고분로 139, 401호
- 설 립 년 : 2006년
- 자 본 금 : 3억원
- 매 출 액 : 68억 7495만원
- 직 원 수 : 70명
- 서 비 스 : 건물관리, 청소용품 도소매

명가종합관리

- 대 표 자 : 이혜정
- 전 화 : 051-207-8953
- 팩 스 : 051-293-0330
- 주 소 : 부산 사하구 낙동남로 1348-5
- 설 립 년 : 2000년
- 자 본 금 : 5억원
- 매 출 액 : 67억 3000만원
- 직 원 수 : 251명
- 서 비 스 : 시설관리, 경비, 청소, 방역, 근로자파견

명신맨테크

- 대 표 자 : 강인식
- 전 화 : 02-836-3311
- 팩 스 : 02-836-7789
- 이 메 일 : msmt@korea.com
- 주 소 : 서울 영등포구 영등포로80길11
- 설 립 년 : 2000년
- 자 본 금 : 3억원
- 매 출 액 : 37억 9077만원
- 직 원 수 : 160명
- 서 비 스 : 경비, 청소, 시설관리

(주)에이플러스원 APLUSONE CO., LTD.
생산/채용대행
경비미화 30년노하우
TEL: 010-3667-0897 FAX: 031-267-0255 | aplusone@aplusone.kr

명원실업

- 대 표 자 : 유계희
- 전 화 : 02-477-2464
- 팩 스 : 02-477-2466
- 주 소 : 서울 강동구 성내로 10길 13
- 설 립 년 : 1997년
- 자 본 금 : 5억원
- 매 출 액 : 58억 1702만원
- 직 원 수 : 12명
- 서 비 스 : 경비, 건물관리, 위생관리, 근로자파견

무림하우징

- 홈페이지 : www.moolim.kr
- 대 표 자 : 이승엽
- 전 화 : 031-715-5901
- 팩 스 : 031-715-1308
- 주 소 : 경기도 성남시 분당구 성남대로 69
- 설 립 년 : 1982년
- 자 본 금 : 비공개
- 매 출 액 : 140억 1755만원
- 직 원 수 : 394명
- 서 비 스 : 건물 및 아파트관리

미래에이비엠

- 홈페이지 : www.miraeabm.com
- 대 표 자 : 조삼수
- 전 화 : 02-547-2975~7
- 팩 스 : 02-547-2972
- 주 소 : 서울 강남구 영동대로 708 (청담동) 정화빌딩 6층(135-761)
- 설 립 년 : 2002년
- 자 본 금 : 11억원
- 매 출 액 : 563억 8764만원
- 직 원 수 : 950명
- 서 비 스 : 주택, 빌딩, 시설물, 조경 유지관리, 경비, 소독

미래엠에스

- 대 표 자 : 이종수
- 전 화 : 042-822-7825
- 이 메 일 : 042-822-7824
- 주 소 : 대전 서구 유등로 43번길 11-25, 201호
- 설 립 년 : 2001년
- 자 본 금 : 비공개
- 매 출 액 : 비공개
- 직 원 수 : 914명
- 서 비 스 : 경비, 청소, 위생관리, 건축물관리

(주)에이플러스원 APLUSONE CO., LTD.
생산/채용대행
경비미화 30년노하우
TEL: 010-3667-0897 FAX: 031-267-0255 | aplusone@aplusone.kr

미림개발

- 대 표 자 : 지장용
- 전   화 : 02-739-9535~7
- 팩   스 : 02-723-5770
- 주   소 : 경기도 성남시 분당구 수내로 46번길 4
- 설 립 년 : 1987년
- 자 본 금 : 5억 500만원
- 매 출 액 : 52억 9890만원
- 직 원 수 : 189명
- 서 비 스 : 건물관리, 위생관리, 경비, 미화

브리콤

- 대 표 자 : 이회경
- 전   화 : 02-2057-2146
- 팩   스 : 02-564-0076
- 주   소 : 서울 서초구 강남대로30길 36, 2층
- 설 립 년 : 1998년
- 자 본 금 : 2억원
- 매 출 액 : 16억 3020만원
- 직 원 수 : 8명
- 서 비 스 : 주차관리, 경비, 근로자파견, 청소용역

비에스에이치에스

- 홈페이지 : www.bshsid.com
- 대 표 자 : 이희수
- 전   화 : 02-754-0996
- 팩   스 : 02-754-0998
- 주   소 : 서울 용산구 후암로 16가길 29
- 설 립 년 : 1992년
- 자 본 금 : 7억원
- 매 출 액 : 671억 1794만원
- 직 원 수 : 861명
- 서 비 스 : 건물 및 일반 청소업, 시설관리업

삼익

- 홈페이지 : www.isamik.co.kr
- 대 표 자 : 전문수
- 전   화 : 064-747-2601~2
- 팩   스 : 064-747-2616
- 이 메 일 : samik@samik.biz
- 주   소 : 제주특별자치도 제주시 신대로 12길 35
- 설 립 년 : 1991년
- 자 본 금 : 3억원
- 매 출 액 : 576억 5764만원
- 직 원 수 : 1500명
- 서 비 스 : 시설관리, 건물위생관리, 보안및방역

(주)에이플러스원 APLUSONE CO., LTD.
생산/채용대행
경비미화 30년노하우
TEL: 010-3667-0897 FAX: 031-267-0255 | aplusone@aplusone.kr

서비스뱅크

- 대 표 자 : 유태근/김옥기
- 전   화 : 031-411-0113
- 팩   스 : 031-411-0118
- 이 메 일 : ryoutg@yahoo.co.kr
- 주   소 : 경기 안산시 단원구 광덕동로 95, 306호
- 설 립 년 : 1998년
- 자 본 금 : 6억원
- 매 출 액 : 32억 5520만원
- 직 원 수 : 611명
- 서 비 스 : 경비 및 경호서비스업

선진휴먼테크

- 홈페이지 : www.선진휴먼테크.com
- 대 표 자 : 한기남
- 전   화 : 032-567-9954
- 팩   스 : 032-567-9956
- 이 메 일 : rhlahr0919@nate.com
- 주   소 : 인천 미추홀구 한나루로 563, 2층
- 설 립 년 : 1993년
- 자 본 금 : 5억 50만원
- 매 출 액 : 63억 5044만원
- 직 원 수 : 10명
- 서 비 스 : 건물경비, 건물청소, 근로자파견, 주차관리

성원산업개발

- 홈페이지 : www.es-sw.com
- 대 표 자 : 김병호
- 전   화 : 062-384-0515
- 팩   스 : 062-384-0514
- 이 메 일 : 3840515@naver.com
- 주   소 : 광주광역시 서구 상무대로 944
- 설 립 년 : 1992년
- 자 본 금 : 10억 100만원
- 매 출 액 : 681억 8046만원
- 직 원 수 : 2005명
- 서 비 스 : 경비 및 경호 서비스업

성진시스템즈

- 홈페이지 : www.seongjints.co.kr
- 대 표 자 : 김은정
- 전   화 : 02-2679-6947
- 팩   스 : 02-2679-6766
- 이 메 일 : seongjints@hanmail.net
- 주   소 : 서울시 영등포구 당산동 버드나무로 14실 10(동우빌딩 4층)
- 설 립 년 : 1994년
- 자 본 금 : 10억원
- 매 출 액 : 231억 5233만원
- 직 원 수 : 296명
- 서 비 스 : 서비스 사업시설 관리, 사업 지원 및 임대 서비스업

(주)에이플러스원 APLUSONE CO., LTD. 생산/채용대행 경비미화 30년노하우
TEL: 010-3667-0897 FAX: 031-267-0255 | aplusone@aplusone.kr

세스킨

- 홈페이지 : www.seskincs.com
- 대 표 자 : 김미경
- 전   화 : 02-3274-0111
- 팩   스 : 02-718-3506
- 이 메 일 : sec3274@naver.com
- 주   소 : 서울 마포구 대흥로 53 3층
- 설 립 년 : 2003년
- 자 본 금 : 2억원
- 매 출 액 : 32억 3767만원
- 직 원 수 : 89명
- 서 비 스 : 건축물 일반 청소업

세화종합관리

- 홈페이지 : www.shhousing.co.kr
- 대 표 자 : 권설화
- 전   화 : 02-864-8475
- 팩   스 : 02-864-8477
- 주   소 : 서울특별시 강서구 개화동로25길 73, 3층
- 설 립 년 : 1987년
- 자 본 금 : 20억 5200만원
- 매 출 액 : 590억 300만원
- 직 원 수 : 2800명
- 서 비 스 : 건물관리, 방역, 주차장관리, 부동산임대업

순일기업

- 홈페이지 : www.soonil.co.kr
- 대 표 자 : 정종범/김은경
- 전   화 : 02-823-1311
- 팩   스 : 02-823-1811
- 주   소 : 서울시 동작구 노량진로 26 (대방동, 솔표빌딩)
- 설 립 년 : 1986년
- 자 본 금 : 3억원
- 매 출 액 : 105억 3973만원
- 직 원 수 : 252명
- 서 비 스 : 건물 백화점 등 인력 아웃소싱

신성휴먼스

- 대 표 자 : 강미영
- 전   화 : 031-258-0028
- 팩   스 : 031-241-5529
- 주   소 : 경기 수원시 장안구 정조로 917-1 3층
- 설 립 년 : 1995년
- 자 본 금 : 2억원
- 매 출 액 : 14억원
- 직 원 수 : 5명
- 서 비 스 : 시설경비 및 채용대행, 생산도급

(주)에이플러스원 APLUSONE CO., LTD.
생산/채용대행
경비미화 30년노하우
TEL: 010-3667-0897 FAX: 031-267-0255 | aplusone@aplusone.kr

신세기시스템

- 대 표 자 : 권명숙
- 전   화 : 010-439-5335
- 팩   스 : 031-439-6363
- 주   소 : 경기도 시흥시 정왕대로 350 월드타운 301호
- 설 립 년 : 2004년
- 자 본 금 : 9억원
- 매 출 액 : 9억 4051만원
- 직 원 수 : 5명
- 서 비 스 : 건물 및 산업설비 청소업

씨앤에이

- 홈페이지 : www.cnamate.co.kr
- 대 표 자 : 김현미
- 전   화 : 02-3463-7120
- 팩   스 : 02-3463-7129
- 이 메 일 : hq@cnabiz.co.kr
- 주   소 : 경기도 성남시 분당구 황사을로 258번길 10-3, 4층 (수내동, 대창빌딩)
- 설 립 년 : 2009년
- 자 본 금 : 8억원
- 매 출 액 : 62억 2813만원
- 직 원 수 : 160명
- 서 비 스 : 근로자파견, 시설관리, 보안관리, 유통아웃소싱

씨엔에스자산관리

- 홈페이지 : www.cnsamc.com
- 대 표 자 : 이선욱
- 전   화 : 02-732-9676
- 팩   스 : 02-733-3829
- 주   소 : 서울 종로구 사직로 130, 907호
- 설 립 년 : 1980년
- 자 본 금 : 455억원
- 매 출 액 : 1370억 8952만원
- 직 원 수 : 2559명
- 서 비 스 : 건물종합관리, 시설관리, 경비용역, 청소용역

아산맨파워

- 홈페이지 : www.asanmanpower.com
- 대 표 자 : 안상준
- 전   화 : 02-3785-2293
- 팩   스 : 02-3785-2295
- 주   소 : 서울시 동작구 남부순환로 2029, 2층
- 설 립 년 : 1999년
- 자 본 금 : 5억원
- 매 출 액 : 106억 4204만원
- 직 원 수 : 212명
- 서 비 스 : 근로자파견, 경비업, 위생관리업, 시설물종합관리

(주)에이플러스원 APLUSONE CO., LTD.
생산/채용대행
경비미화 30년노하우
TEL: 010-3667-0897 FAX: 031-267-0255 | aplusone@aplusone.kr

아태산업개발

홈페이지	www.atae.co.kr
대 표 자	서현
전 화	02-874-5408
팩 스	02-873-6541
주 소	서울시 관악구 신림로59길 23 (삼모스포렉스813,704호)
설 립 년	1994년
자 본 금	2억원
매 출 액	199억 4896만원
직 원 수	243명
서 비 스	건물관리, 주차, 소독, 미화 등

에스엔아이솔루션

홈페이지	www.snis.co.kr
대 표 자	이상훈
전 화	02-587-0171
팩 스	02-587-0131
주 소	서울특별시 성북구 보문로38길 11, 228호
설 립 년	2006년
자 본 금	10억원
매 출 액	38억 6987만원
직 원 수	106명
서 비 스	시설관리, 경비, 미화, 근로인력 공급 등

에스오에스쎄븐

홈페이지	www.sos7.co.kr
대 표 자	김홍찬
전 화	02-555-8382
팩 스	0505-377-0807
주 소	서울 강남구 역삼로166, 403호 (역삼동,세현빌딩)
설 립 년	1997년
자 본 금	5억원
매 출 액	81억 2000만원
직 원 수	300명
서 비 스	건물관리, 경비, 청소

에이서브

대 표 자	오정애
전 화	02-529-1957
팩 스	02-826-1761
주 소	서울 강북구 도봉로 144, 4층 34호
설 립 년	2010년
자 본 금	1억원
매 출 액	126억 9298만원
직 원 수	458명
서 비 스	미화, 시설, 상담업무

(주)에이플러스원 APLUSONE CO., LTD.
생산/채용대행
경비미화 30년노하우
TEL: 010-3667-0897 FAX: 031-267-0255 | aplusone@aplusone.kr

에이엘오

- 대 표 자 : 장대영
- 전   화 : 02-574-1060
- 팩   스 : 02-574-1064
- 주   소 : 서울 영등포구 은행로 29, 205호
- 설 립 년 : 2007년
- 자 본 금 : 3억원
- 매 출 액 : 194억 5000만원
- 직 원 수 : 50명
- 서 비 스 : 주차, 미화용역, 건물종합관리

에이엠영보

- 홈페이지 : www.amyb.co.kr
- 대 표 자 : 김옥순
- 전   화 : 02-552-4684
- 팩   스 : 02-552-4685
- 이 메 일 : jhsf9287@hanmail.net
- 주   소 : 서울특별시 강남구 영동대로8길 20-5, 6층
- 설 립 년 : 1996년
- 자 본 금 : 8억원
- 매 출 액 : 58억 1903만원
- 직 원 수 : 26명
- 서 비 스 : 시설관리, 근로자파견, 위생관리, BLT사업

에이치알엠코리아

- 대 표 자 : 조병린
- 전   화 : 02-745-4900
- 팩   스 : 02-6008-1637
- 주   소 : 서울시 성동구 아차산로7나길 18 APEX센터 10층
- 설 립 년 : 2000년
- 자 본 금 : 3억원
- 매 출 액 : 7억 3240만원
- 직 원 수 : 4명
- 서 비 스 : 인력공급, 고용알선

에프엠텍

- 홈페이지 : www.fmtec.co.kr
- 대 표 자 : 이현수
- 전   화 : 02-747-7999
- 팩   스 : 02-747-8588
- 주   소 : 서울특별시 성동구 왕십리로 315 한동타워 15층
- 설 립 년 : 1996년
- 자 본 금 : 8억원
- 매 출 액 : 380억 3556만원
- 직 원 수 : 992명
- 서 비 스 : 사업시설유지, 위생관리용역, 경비

(주)에이플러스원 APLUSONE CO., LTD.
생산/채용대행 경비미화 30년노하우
TEL: 010-3667-0897 FAX: 031-267-0255 | aplusone@aplusone.kr

용성종합경비

- 홈페이지 : www.ys1.co.kr
- 대 표 자 : 양승은
- 전 화 : 0505-524-0115
- 팩 스 : 042-524-6695
- 주 소 : 대전시 서구 계룡로 676 4층 (용문동)
- 설 립 년 : 1998년
- 자 본 금 : 9억 5000만원
- 매 출 액 : 84억 4820만원
- 직 원 수 : 비공개
- 서 비 스 : 경호, 경비, 시설미화관리, 인재파견

우지기업

- 홈페이지 : www.wooji.co.kr
- 대 표 자 : 송문현
- 전 화 : 02-737-8822
- 이 메 일 : khe9976@wooji.co.kr
- 주 소 : 서울특별시 종로구 사직로10길 17 (내자동, 인왕빌딩) 2층
- 설 립 년 : 1970년
- 자 본 금 : 5억원
- 매 출 액 : 258억 8838만원
- 직 원 수 : 822명
- 서 비 스 : 근로자파견, 시설관리, 건물 청소, 소독, 경비

진명스탭스

- 홈페이지 : www.jinmyungs.co.kr
- 대 표 자 : 이강균
- 전 화 : 02-738-9126~9
- 팩 스 : 02-723-6771
- 이 메 일 : jinmyungs@naver.com
- 주 소 : 서울 종로구 새문안로3길 12, 6층,7층
- 설 립 년 : 1995년
- 자 본 금 : 10억원
- 매 출 액 : 181억 4719만원
- 직 원 수 : 481명
- 서 비 스 : 건물시설관리, 인력공급

케이디에프에스

- 홈페이지 : www.kd-fs.com
- 대 표 자 : 황욱정
- 전 화 : 02-2014-9000
- 팩 스 : 02-2014-9028
- 이 메 일 : kd-fs@daum.net
- 주 소 : 서울특별시 강남구 광평로47길 28, KT수서빌딩 3층2010년
- 설 립 년 : 2010년
- 자 본 금 : 15억원
- 매 출 액 : 220억 9476만원
- 직 원 수 : 1954명
- 서 비 스 : 시설관리유지, 부동산 임대

(주)에이플러스원 APLUSONE CO., LTD.
생산/채용대행 경비미화 30년노하우
TEL: 010-3667-0897 FAX: 031-267-0255 | aplusone@aplusone.kr

2026 KOREA OUTSOURCING DIRECTORY

CEO 인명록

▶가나다순

- 강건식 서울커뮤니케이션
- 강윤구 에이치엘에스
- 공덕호 코스트
- 구자관 삼구아이앤씨
- 권순호 더드림버스
- 김경숙 휴;론
- 김광태 다현노앤컨설팅 노무법인
- 김광태 반도티지
- 김규원 용진아이테크
- 김근택 다원피플
- 김달효 미래토공
- 김병수 베스트에치알
- 김석승 유인트
- 김석중 그린티에스
- 김시출 MJ플렉스
- 김완수 지앤디라인
- 김옥진 맨다코리아
- 김용철 리크루트
- 김인숙 브레노빌더
- 김정현 제일엠시
- 김정환 제일휴먼
- 김종복 아퀼라인터내셔널
- 김중민 스탭트크
- 김진섭 삼성OS
- 김충환 위즈치
- 김판수 야이시
- 김형아 하C치알
- 남길석 남동개발
- 노수열 제C피코리아

- 박삼규 메디엔젤
- 박서영 고우
- 박영상 서운
- 박영진 더케이텍
- 박웅호 피플잡담소
- 박인주 제니엘
- 박재완 제이앤비컨설팅
- 박종복 휴먼아이티
- 박종필 마루HR
- 박천웅 스탭스
- 박춘홍 제니엘
- 박한기 티엔에스토탈컨설팅
- 박희영 발렉스서비스
- 배태현 다인그룹
- 서정락 장풍
- 성승모 휴넷
- 소가연 큐앤에이네트웍스
- 손정명 유안에이치알
- 송미애 예스팀엠
- 송상헌 케이에스엔시
- 송태인 티아이시스템
- 신동익 삼신테크
- 심상우 유니크컴퍼니
- 심양래 래딕스
- 양병만 휴비즈넷
- 양재열 가엘에스앤에스
- 양희길 내일을 여는 사람들
- 오상훈 엑스퍼트
- 오순근 케이웍스코리아

- 오정석 편리한잡
- 오제석 리드커리어
- 오진일 그린맨파워
- 유병훈 한성엠에스
- 유수훈 키스템프
- 윤성화 에이취큐텍
- 이기선 선정인터내셔날
- 이기윤 법무법인 사람앤스마트
- 이남수 에스씨케이
- 이병희 아이앤씨엠
- 이상구 범창비씨엘
- 이상근 삼영물류
- 이수연 채움에이치알디
- 이수한 벨에스엠
- 이승용 휴먼브릿지앤코
- 이승우 티오에스코리아
- 이승재 휴먼솔루션
- 이영래 예스콘씨에스
- 이용훈 유니에스
- 이원형 서운에스엠
- 이일기 퍼스트인
- 이정영 스탭포유
- 이재만 성원
- 이재욱 현대에쓰앤에쓰
- 이정식 이젠스탭
- 이정원 케이티에스글로벌
- 이종철 인포드림넷
- 이준호 티오엠네트웍
- 이행수 엔에스홀딩스

- 임각균 이트너스
- 임광주 스탭솔루션
- 임대성 피엔제이에이치알
- 임석희 휴먼리소스
- 임지은 씨에스쉐어링
- 전대길 동양이엠에스
- 전용수 신우산업관리
- 정미경 에스티엠컨설팅
- 정성문 애드민
- 정세영 제이앤알써비스
- 정해정 휴플러스
- 조구현 한국에스웨이
- 조만현 동우씨엠
- 조윤제 우신
- 주충은 모스트인
- 지윤정 월토피아
- 차동혁 씨아이템프러리
- 천호규 엠비모스트
- 최영은 맨트스파워
- 최우석 휴먼앤비젼
- 최윤석 인사이드잡
- 최현권 메이크인
- 한원덕 한덕엔지니어링
- 한재만 원휴먼서비스
- 한준환 에이플러스원
- 허균 에스휴먼
- 홍형표 보보스링크
- 황인범 아이비커리어

INFORMATION

성명
1. 출생년도
2. 회사 명
3. 연락처
4. 홈페이지
5. 아웃소싱 서비스 분야
6. 학력
7. 경력
8. 취미/운동
9. 집필서적
10. 쓰고싶은 책
11. 가치관/철학
12. 회사비전
13. 경영방침/경영이념
14. 추구하는 기업문화
15. 새해소망

강 건 식
1. 1959년
2. ㈜서울커뮤니케이션
3. 02-501-1967
4. www.scman.co.kr
5. 인재파견 / 채용대행 / 도급
6. 인창고 졸업
   중앙대학교 졸업
7. 현대그룹 근무/前 (사)한국HR서비스산업협회 부회장
8. 등산 / 테니스
9. 고용서비스업의 창업경영(2011년)
10. 한국 HR서비스 산업 미래비전
11. 상호간 신뢰를 통하여 정보를 공유함으로써 자기 능력개발과 사회 공헌
12. HR서비스산업내 경쟁력 강화로 고객의 사랑과 신뢰를 받는 회사 추구
13. 무한한 도전정 · 신지속적 자기혁신 · 확고한 경쟁우위
14. 스스로 책임있게 생각하고 고객에게 최선을 서비스를 제공하는 회사
15. 희망있는 미래, 함께 사는 사회, 활기찬 경제

강 윤 구
1. 1967년
2. ㈜에이치엘에스
3. 070-7728-8644
4. www.hlstory.co.kr
5. 인재파견
   IT유지보수도급
   쇼핑몰운영도급 물류/생산도급
   채용대행(헤드헌팅) 외
6. 용산고등학교 졸업
   명지대학교 행정학과 졸업
   성균관대 국정관리대학원 졸업(행정학석사)
7. 삼성SDS 통신사업부 그룹장
   SK 11번가 경영기획팀장/ 도서사업부 대표
   ㈜에이치엘에스/㈜에이치앤엠 대표이사
8. 독서/골프
13. 스피드, 전문성, 인간미
14. 행복한 스토리 만들기

공 덕 호
1. 1976년
2. 코스타㈜
3. 051-715-3630
4. www.kosta-cobot.com
   www.kosta-hr.co.kr
5. 협동로봇파견, 생산도급, 판매판촉, 물류
6. 철성고등학교 졸업
   창원대학교 통계학과 졸업
   대학원
7. 아웃소싱 100대 기업, 고객만족대상, 아웃소싱품질경영대상
8. 낚시
12. 협동로봇 파견 서비스 선도 기업
13. 최적의 서비스
14. 구성원과 하나되는 기업

㈜에이플러스원
APLUSONE CO., LTD.

생산/채용대행
경비미화 30년노하우

TEL: 010-3667-0897 FAX: 031-267-0255 | aplusone@aplusone.kr

구 자 관
1. 1944년
2. ㈜삼구아이앤씨
3. 02-825-5939
4. www.samkoo.com
5. 건물종합관리(PM), 외식사업부, 골프장종합관리, 일반경비 및 특수경비, 건물자산관리, 케터링, 인재파견 등
6. 용문고등학교 졸업/용인대학교 경찰행정학과 졸업/서강대학교 국제대학원 졸업(노동경제학 석사)
7. 보건복지부장관 표창장/(사)한국경비협회 회장 역임 (현재)한국노동연구원 노사관계고위지도자과정 총동문회장/민주평화통일자문회의 상임위원/(사)한국HR서비스산업협회 회장
8. 골프, 스키, 오토바이 여행
10. 경영자와 근로자가 소통하는 방법
11. 항상 사람의 가치를 가장 소중하게 생각합니다.
12. 최상의 서비스로 고객의 행복과 성공을 약속합니다.
13. 고객정신, 주인정신, 협동정신, 도전정신
15. 모든 사업장의 안전과 구성원의 건강, 그리고 고객과 삼구의 동반성장

권 순 호 (Nicolas, Kwon)
1. 1969년
2. Dreambus ㈜더드림버스
3. 02-786-4249
4. www.dreambus.co.kr
5. 1) 인재 지원서비스
   (관광 분야 : 항공사, 공항, 호텔, 면세점, 판매/유통, 리조트, 카지노, MICE, 축제 등)
   - 도급, 위탁운영, 파견, 단기 인력 지원
   - 채용대행, 헤드헌팅
   - 장애인 지원 및 관리 서비스
   2) 관광 플랫폼 컨시어지 서비스
   - B2B, B2C, C2B 매칭 서비스
   - 외국인 정착지원 서비스
6. 경기대학교 관광전문대학원 관광학 석사
   경기대학교 관광전문대학원 박사 수료
7. 현) 백만인 일자리 찾아주기 협동조합 이사
   현) 관광경영학회 학술이사
   현) 서울시 관광 홍보대사
   전) HR 인재지원 서비스 20년(국·내외 기업)
8. 골프, 여행
12. 사람들에게 꿈과 희망을 지원해 주는 꿈 제작소
13. 자리이타, 도전정신, 사람제일주의
14. Dreambus의 비젼 달성을 위해 두 걸음씩 실천하는 실천의 해

김 경 숙
1. 1957년 5월 8일
2. ㈜휴:톤
3. 010-8233-0488
4. www.hutcorp.co.kr
5. 건물시설관리/건물위생관리/시설경비/근로자파견
   주차관리/안내서비스/시설공사
6. 2001년 성균관 경영대학원 졸업
   2002년 서강대 언론대학원 최고위과정 수료
   2010년 홍익대학교 경영대학원 박사과정
   2014년 한국항공대학원 항공경영학 박사학위 취득
7. 현재 휴:톤 대표이사
   2002년 국제대학 겸임교수
11. 인재제일, 고객지향, 미래창조
13. 인간중심의 경영

김 광 태
2. 다현로앤컨설팅 노무법인
3. 02-6953-1234
4. www.hyunlabor.com
5. 인사노무법률자문, 경영컨설팅, 급여아웃소싱
   (급여신고, 4대보험관리)
6. 한양대학교(서울캠퍼스)졸업
7. 다수의 노동사건(해고, 산재, 체당금) 및 인사노무컨설팅 수행(비정규직 컨설팅, 성과급 연봉제 등)
   한국공인노무사회 중소기업 컨설팅 교육 수료
   現 노무법인 현 대표 노무사
   現 중소기업 비지니스 지원단 자문위원
   現 노사발전재단 비정규직 차별예방 전문강사
   現 여성노동법률지원센터 성희롱 예방교육 전문강사
   現 학강모/잡티치 인사노무 상담위원
   現 S-oil 전국주유소가맹점 인사노무자문위원
   現 고용노동부 국선노무사
   現 대한설비건설협회 인사노무자문위원
   現 기업회생경영사(CTP)

㈜ 서울커뮤니케이션
종합 HR서비스 전문기업 I www.scman.co.kr

김 광 태
1. 1958년
2. (주)반도TS
3. 02-2679-0250
4. www.bandots.co.kr
5. 물류·택배, 제조 도급, 시설관리, 단체급식, 유통·판매·판촉 외
6. 대학교 : 조선대학교 졸업
   대학원 : 연세대 경제대학원 수료
8. 등산
11. 고객만족을 최우선으로하고 직원을 가족처럼
12. 새로운 서비스 문화 창출로 일류기업 도약
13. 하나를 계획하고, 하나를 실천하고, 하나를 바꾸자
14. 표준화된 업무시스템, 긍정적인 사고, 솔선수범의 자세로 고객과 함께 성장하는 기업
15. 무재해 현장 달성

김 규 원
1. 1976년
2. (주)용진하이테크
3. 02-852-0621
4. www.yongjinht.com
5. 시설물 종합관리(시설/환경/미화), 인재파견, 생산도급 등
6. 나눔의 미학/사람이 재산이다
11. 청운대 호텔경영학 전공
13. 고객사-회사-직원의 triple win 실현
14. 신뢰, 배려, 도전, 창조
15. 고객사와 신뢰를 바탕으로 상생하는 2016년

김 근 택
1. 1966년
2. ㈜다원피플
3. 02-3472-6114
4. www.dawonpeople.co.kr
5. 물류도급. 판매판촉
6. 인천광성고교
   아주대학교
7. ㈜제이엠소싱 대표 역임
8. 여행, 축구
12. 행복한 회사를 만들자
13. 행복경영, 정도경영, 사회공헌
14. 자율과 책임
15. 물류및유통 아웃소싱 기반마련

김 달 효
1. 1975
2. ㈜미래정공
3. 041-577-7007
5. 생산/제조 사내 하도급
   생산/제조 업무 위탁
   생산/제조 채용대행
   생산/제조 헤드헌팅
6. 부경대학교
7. 2002~2006년 생산/제조 파견 잡매니저 근무
   2006~현재 ㈜미래파워테크 대표이사
   현) 생산도급 연합회 기획이사
   현) 생산도급 협동조합 감사
   현) 아웃소싱타임스 생산/제조 전문강사
   현) 천안 여성인력개발센터 자동차 생산부문 전문강사
   현) 인사쟁이' naver 카페 지역 스텝
   현) HR서비스산업협회 회원사
10. 한국형 생산도급 매뉴얼
11. 사람이 자산이다.

김 병 수
1. 1959년
2. (주)베스트에치알
3. 02-525-3887
4. www.besthr.co.kr
5. 헤드헌팅, HR컨설팅, 채용대행
6. 인창고등학교/경희대학교 화학과 졸업/경희대 대학원 화학과 석사 졸업
7. 일동제약 중앙연구소/CJ제일제당 연구소, 개발, 기획, 해외사업 · 영업/(현) (주)베스트에치알 대표이사
8. 낚시, 등산, 골프
11. 오늘에 감사하며 살자
12. 국내 최고의 인사컨설팅 회사
13. 고객감동
14. 상호 존중
15. 회사의 서비스 역량 증진

김 석 승
1. 1956년
2. 유엔잡(주)
3. 02-3461-0834
4. www.younjob.co.kr
5. 인재파견, 인력도급, 헤드헌터, 페이롤서비스
6. 군산고등학교 졸업
   전주대학교 법학과 졸업
   중앙대학교 경영대학원 수료
7. 농수산부 근무, 대신생명 부장
8. 등산, 골프
10. 인력아웃소싱 관련
11. 일진월보(日進月步)
12. 기업역량을 극대화한 업계선도위치 확보
13. 열정, 창의, 정성
14. 인류사회에 공헌하는 인간중심의 문화구현
15. 회사성장과 건강한 삶

김 석 중
2. (주)그린CS
3. 042-223-4900
4. www.greencs.co.kr
5. 콜센터아웃소싱, 교육컨설팅
   인재파견, 온라인채용서비스
6. 중앙대학교
   서울대학교AMP 최고경영자과정 수료
7. KAIST 최고정보경영자과정 수료
   KAIST 최고지식경영자과정 수료
   (주)그린텔 대표이사 취임
   한솔M.com CS담당이사
   삼성전자 고객상담실장 및 CS담당 임원
   삼성전자 특판담당임원
   삼성전자 인사부장/관리부장 역임

김 시 출
1. 1969년 1월 7일
2. (주)엠제이플렉스
3. 02-853-2800 / 010-3888-4518
4. www.mjplex.co.kr
6. 연세대 공과대학 생명공학과 졸업
   연세대 언론홍보대학원 석사 졸업
   성균관대학교 신문방송학과 박사과정 수료
7. 대한민국인성교육대상 사회교육부문 수상/중소기업융합 대전 기술융합 · 사업화 부문 중소기업청장 표창 수상
8. 독서, 영화, 낚시, 골프, 런닝
9. 매스컴취업! 이렇게하라-박문각 (2011) 외 다수
10. 인생의 통찰력을 바탕으로 개인의 비전과 행복을 이루기 위한 가이드북
11. 일체유심조
12. 행복한 미래를 여는 HR 분야의 리딩 컴퍼니
13. 행복경영, 창조경영, 배움경영, 감사경영, 나눔경영
14. 소통하고 배려하는 조직, 학습하고 노력하는 조직, 도전의식과 열정을 갖는 조직
15. 더욱더 알찬 회사 운영 시스템을 갖추고, 이를 통해 회사와 개인이 더욱 성장하는 한 해가 되는 것!

(주) 서울커뮤니케이션
종합 HR서비스 전문기업 I www.scman.co.kr

김 완 수
1. 1947년
2. ㈜지앤지라인
3. 02-554-4641
4. www.gngline.com
5. 유통부문경영컨설팅/마케팅서비스
6. 경북대학교 경제학과 졸업
7. ㈜신세계 전무이사
   ㈜행복한세상백화점 전무이사
   현재 ㈜지앤지라인 대표이사
13. 항상 사람을 생각하는 기업
    사람과 함께 세계로 미래로 가는 기업

김 옥 진
2. ㈜맨파워코리아
3. 02-6677-9900
4. www.manpower.co.kr
5. 인재파견, 아웃소싱, 헤드헌팅,
   전직지원, 인재관리·교육, HR컨설팅 등
6. 대학교 : 연세대학교 경영학과 졸업
   대학원 : 일리노이 주립대학 Urbana Champaign, 경영학 석사 (MBA)
7. 서울미라마(유) 그랜드하얏트서울 대표이사, 회장
   삼표그룹 대표이사, 사장
   애큐온 파이낸스그룹 대표이사 및 이사회 의장
   GE 파워시스템코리아 대표이사
   GE 코리아 CFO & COO
   한국스탠다드차타드 SC제일은행 재무총괄 임원
12. 사람과 가능성을 연결해, 신뢰와 혁신으로 지속 가능한 HR 성장을 이끕니다.
13. 신뢰와 투명성, 지속가능한 성장, 일과 사람의 조화, 사회적 가치 실현
14. 공정과 상식(Fair & Common Sense),
    열린 마음(Open-minded), 혁신(Innovation)

김 용 철
1. 1961년
2. 리크루트 주식회사
3. 02-568-1911
4. www.recruit.co.kr
5. 근로자파견, 컨텍센터아웃소싱, 병원도급,
   외식도급, 판매도급, 호텔도급, 헤드헌팅 서비스
   대학생 취업 컨설팅 교육 서비스, 공채 대행 서비스
6. 고려대학교 경영학과 졸업
   고려대학교 최고경영자과정 수료
   서울대학교 최고경영자과정 수료
7. 두산 네오플럭스 부사장
   두산 노보스 컨설팅 사업본부 총괄 상무이사
   두산 전략기획본부
   OB맥주 기획팀
8. 등산, 골프
9. 린 경영전략 번역

김 인 숙
1. 1955년
2. (주)브레인빌더
3. 02-2637-1300
4. www.k-bot.com
5. 방과후학교 각 부문 및 창의개발영역
   강사파견, 지자체 교육강사파견
6. 청도이공대학 경영학과 석사과정
   산동대학 특허경영정책과정 수료
7. (주)브레인빌더 대표이사
   신나는방과후 사회적협동조합 이사장
   (사)창의융합협회 이사
   유원대학교 발명특허학과 협력교수
   국제여성발명경진대회 국무총리상 수상(2013)
   국무총리상 수상(2014 여성발명인상)
   발명의날 대통령상 수상(2018 특허청)
9. K-BOT(케이봇)로봇공학 시리즈(2016~2018 刊)
   창의영재교실(2013 刊)
   창의력 쑥쑥! 케이넥스 (2006 刊) 외 다수
10. 4차산업 관련 서적
11. 切問近思(절문근사)
    깨닫지못한 것을 간절하게 묻고 몸에 가까운 일부터 생각함
12. 창의영재육성 전문 교육회사(소속 강사들의 처우와 안정적인 위해 일자리 제공에 힘쓰는 회사)
13. 자율, 자강, 신뢰, 봉사, 미래, 도전
14. 협업과 상생으로 모두가 만족하는 회사
15. 소통과 협력으로 행복하고 건강한 삶

김정현
1. 1953년
2. ㈜제일비엠시
3. 02-556-3970
4. www.jeilbmc.co.kr
5. 유통 판매·판촉, 건물종합관리(FM), 생산/제조도급, 물류도급, 콜센터도급, 주차장관리, 근로자파견, 헤드헌팅 등
6. 국민대학교 법학과 졸업 / 성균관대학교 경영대학원 졸업
7. 前 삼성그룹재직 (삼성생명 / 삼성화재)
   現 주식회사 제일비엠시 대표이사 *
   現 제일에스 주식회사 대표이사
   現 제일에스피 주식회사 회장
   現 주식회사 제일과동행 회장
   前 한국HR서비스산업협회 회장
8. 철탑산업훈장 수상/ 지식경제부장관 표창장
   서울특별시장 표창장 / 국회환경노동위원장 표창장
13. '사람이 제일입니다'
    '1등 기업보다는 1등 인재를 중시하는 기업'

김정환
2. ㈜제일휴먼
3. 032-833-2937
4. www.jeilhuman.co.kr
5. 시설관리사업, 시설물유지관리사업
   시설경비업, 위생관리업, 근로자파견사업, 소독업
6. 영남대학교졸업
   연세대학교최고경영자과정
7. 라이온스클럽회원
   롯데백화점 협력업체 우수상 수상
   산업자원부 서비스품질 우수기업 인증
   월마트코리아 공로상 외 다수 수상
13. 고객중심, 가치창조, 미래선도

김종복
2. ㈜아퀼라인터내셔널
3. 02-2661-1845
4. www.aviationaquila.com
   www.teamaquila.com
5. 항공인력 훈련, 도급업체 / 국토부 인가 항공기 정비업체
6. LSTC College USA 항공정비학과졸업, 공학사
   항공대학교 항공경영대학원 석사졸업
   (2016논문발표: MRO 항공정비조직인증연구)
   ERAU Embry Riddle University 항공학 박사과정
7. 김포대학교 CIT 융합학부 항공학과 겸임교수
   루프트한자 테크닉(LTTP) 기술교관(한국인최초)
   한국항공대학교 안전 연구원 자문위원
   (사)한국항공조사관협회 기술이사
   국토부 항공정비사 교재 편찬 연구원

김중민
1. 1957년
2. ㈜스탭뱅크
3. 02-3402-0101
4. www.staffbank.co.kr
5. HR아웃소싱(물류,호텔,생산, 제조, 유통, 판매, IT, 사무등), 인재파견, 헤드헌팅, 채용대행, 컨설팅등 Total Outsourcing 업체
6. 중앙고등학교 졸업/연세대학교/브라운대학교 사회학 졸업/ 브라운대 대학원 사회학 수여
7. 국민생명보험주식회사 대표이사 부회장/주식회사 엠피씨 회장
8. 독서/골프
12. 최고의 인재, 승리하는 파트너쉽
13. 진취적이고 효율적인 경영활동으로 기업가치 향상
14. 상생의 노사문화
15. 우리회사가 아웃소싱업계의 중심 또는 리더가 되는것

㈜ 서울커뮤니케이션

종합 HR서비스 전문기업 I www.scman.co.kr

김 진 섭
2. (주)삼성오에스
3. 055-273-3233
4. www.samsungos.co.kr
5. 아웃소싱(도급), 근로자파견,
   일용직관리, 건물종합관리,
   PVC박스세척, 특수경비, 시설경비, 시설관리, 방역,
   위생관리, 3자물류, 장비렌탈
7. 초원기업 대표이사
   ㈜삼성HM 대표이사
   ㈜삼성OS 대표이사
   ㈜삼성TMS 대표이사
13. 1. 고객을 속이지 않는다.
    2. 직원을 속이지 않는다.
    3. 자신을 속이지 않는다.

김 충 환
2. 위즈서치㈜
3. 02-869-8526
4. www.wizsearch.net
5. 근로자파견, 고객센터운영/관리,
   텔레마케팅, 채용대행,
   헤드헌팅, 경비, 청소, 시설관리 등
6. 숭실고등학교 졸업
   명지대학교 경영학과 졸업
7. 이케이맨파워㈜ HR사업본부 대리
   아이비커리어㈜ 인재파견사업팀/경영기획팀 ≡장
   씨큐어넷㈜ 콜센터관리팀 팀장
   위즈서치㈜ 대표이사
   인재파견지도사
13. 신의, 상생, 열의

김 판 수
1. 1956년
2. (주)아이피시
3. 02-3667-2511~9
4. www.kukjeplan.com
5. 근로자파견, 헤드헌팅, 채용대행, 위탁도급(콜센터, 물류, 생산)
6. 부산대학교 조선공학과 졸업
7. 대우조선해양(주) 근무
   (주)아이피시 대표이사
8. 등산
11. 생각은 신중하게 (Deliberate thinking)
    행동은 성실하게 (Sincere action)
    마음은 올바르게 (Honest mind)
12. 도전과 열정으로 미래를 창조하는 기업
13. 새로운 도전, 끝없는 열정, 빛나는 창의
15. 새로운 마음과 따뜻한 화합으로 도약하는 IPC

김 형 아
2. ㈜하이에치알
3. 02-3452-0406
4. www.hr.co.kr
5. 인사 급여 아웃소싱,
   컨설팅, 노무 법률 자문
6. MBA in PSU(CA,USA)
7. 한국아웃소싱 서비스 대상 수상
   (사)한국 아웃소싱 협회 부회장 역임
   SLA 개발 위원장 역임
   컨설팅 & 아웃소싱 부분 업체 지정(중기청)
   중소기업 지원센터 HR부문 상담역임
12. HR의 통합 서비스 제공
13. HR 분야의 기업경영의 든든한 동반자가 되기 의한
    전문가 육성
14. 열정, 신뢰 탁월
15. 내부 인적 자원과 고객이 함께 만족하는 hiHF

(주)에이플러스원 APLUSONE CO., LTD.
생산/채용대행 경비미화 30년노하우
TEL: 010-3667-0897 FAX: 031-267-0255 | aplusone@aplusone.kr

남 길 식
2. (주)남×개발
3. 031-4××-1280
4. www.s×housing21.com
5. 공동주택관리, 경비업, 경호보안, 특수경비 건물종합관리, 위생관리, 난방공사 방역
6. 리라공업고등학교, 대림대학교, 중앙대학교건설대학원(석사) 경기대학교 경호보안학과 대학원(박사)
7. 경기대 초빙교수(現), 학국경비협회 중앙회장(現) 직능경제인단체총연합회 수석부회장(現) 안양시장애인체육회 상근부회장(現) 주택관리사, 경비지도사, 건축공학 석사, 경호보안학 박사
8. 골프
9. 공동주택의 건축설비 하자 실태조사에 관한 연구 민간경비 기업의 전략적 인적자원관리와 인적자원 유연성, 혁신행동 및 조직성과의 관계
10. 경호경비학 관련 전문서적
11. 부지런함이 제일 큰 자산이다
12. 21세기 건물종합관리의 신문화 창조
13. 도덕경영, 상생·공존
14. 모든 직원이 경영자다
15. 克世拓道(극세척도), 한국경비업의 새로운 도약 협회와 회사 구성원들의 스스로의 혁신과 발전

노 수 열
2. 제이엠피코리아(주)
3. 02-3142-4500
4. www.jmpkorea.co.kr
5. 텔레마케팅, 근로자파견, 토탈아웃소싱, IT 아웃소싱, 업무도급, 통신판매/개통, 시설/미화
6. 경기대학교 졸업, 연세대학교 경영대학원 AMP 과정수료
7. 제이엠피코리아(주) 대표이사(現) (사)창조경제실천엽합 부회장(現) Sydeny TAFE Korea Director(現) IUE group 대표이사(現)

박 삼 규
2. ㈜메디앤젤
3. 02-22××-6080
4. www.m×diangel.co.kr
5. 인재파견 토탈아웃소싱 의료/실버 아웃소싱 채용대행 및 헤드헌팅
6. 서울대학교 보건대학원 연세대학교 대학원 국방대학원
7. 자유총연맹 이사 (사)애×늑색전국연합 회장

박 서 영
1. 1960년
2. (주)고우
3. 02-2184-7570
4. www.gowoocorp.com
5. 인사급여/총무/복리후생 등 경영지원 업무대행, 인사급여시스템ASP(임대), 인재파견/헤드헌팅/채용대행 물류센터 운영도급
6. 서강대 디지털 CEO과정 수료 / KPC CEO과정 수료 연세대 법무대학원 고위과정 수료 KPC 글로벌 CEO과정 수료
7. 삼성물산(상사부문) 인사서비스센터 팀장 삼성물산 사내강사 한국인사관리협회 강사 / 한국아웃소싱협회 이사
8. 사진
11. "자신을 사랑해야 남도 사랑할 수 있다"
12. BSH Total Outsourcing Group
13. "고객과 함께, 품질로 승부, 미래를 선도"
14. 가족 같은 기업

(주) 서울커뮤니케이션
종합 HR서비스 전문기업 I www.scman.co.kr

박 영 상
1. 1965년
2. (주)서운
3. 02-2246-9124
4. www.seoun.co.kr
5. 경비(특수경비, 보안검색, 일반경비), 시설관리 생산도급관리 등
6. 중앙대부속고 졸업
   성균관대학교 기계설계학과 졸업
   고려대학교 대학원 서비스 최고위과정 수료
7. (사)한국경비협회 분과위원
   성동세무서 성동구 세정협의회 위원
12. 최고의 아웃소싱 서비스 선도기업
13. 기본의 실천, 긍정적 사고, 항상 고객의 입장에서 생각하는 자세
14. 21c 새로운 아웃소싱 문화를 창조하는 SEOUN
15. 자율과 창의가 살아 숨쉬는 조직 조성

박 영 진
1. 1967년
2. 더케이텍(주)
3. 02-3470-9301
4. www.k-tec.co.kr
5. 판매, 판촉, 유통, 물류, 병원, 생산제조, 공항 항공, 외식, 단체급식, 호텔, 인재파견, 인아웃바운드 상담, 채용대행, 헤드헌팅, 간병인
6. 서울대학교 경영대학원 수료
7. 한국HR서비스협회 부회장(현)
   지식경제부 장관상 수상
   케이텍 서비스 대표이사 역임
   케이텍 맨파워 부사장 역임
8. 음악감상, 골프
12. vision 2020 아웃소싱 사업 부문별 1위 달성
13. 신뢰, 창조, 인화
14. 멋 있는 사람, 책임지는 사람, 힘 있는 사람

박 응 호
1. 1972년
2. (주)피플잡담소
3. 010-3181-6920
4. www.goodmanjob.quv.kr
5. 제조/호텔파견, 채용대행. 제조/물류도급
6. 양정 고등학교 졸업
7. 생활체육 전국당구연합회 심판분과위원장
   생활체육 경기도당구연합회 3쿠션위원장
8. 당구/낚시/골프
10. 일반인들도 아웃소싱의 장점과 이해도를 높일수 있는 저서
11. 천천히 가더라도 멀리.끝까지 가자.
12. 다가오는 사회의 변화와 추세에 맞춰서 발전할수 있는 기업.
13. 신뢰와 창조적 사고를 추구함 seeks trust and creaive minds
14. 장기적으로 직원들이 조금씩 발전할 수 있는 풍토
15. ㈜굿맨잡 소속의 직원들이 올 한해에도 건강 유지하면서 직원들 스스로가 성취감과 만족감을 가질 수 있는 소망과 바람.

박 인 주
1. 1956년
2. 제니엘그룹
3. 02-580-0117
4. www.zeniel.com
5. 인력파견, 아웃소싱, 경비, 건물 및 시설관리 사업, 교육 및 컨설팅 사업 (노동부 민간위탁 취업지원사업, 채용박람회
6. 한국방송통신대학교 경영학 학사
   한국외국어대학교대학원 경영학 석사
7. 국가생산성대회 '금탑산업훈장', 상공의날 '동탑산업훈장'은탑산업훈장', 고용노동부 고용창출 우수기업 '대통령 표창', 행복더함 사회공헌 캠페인 '기획재정부장관 및 경제부총리, 고용노동부장관상, 국회의장상' 수상, 대한민국 나눔국대상 '보건복지부 장관' 표창 수상, 기업혁신대상 '국무총리상', 윤리경영 실천 우수 기관 공모전 '국민권익위원장(최우수상) 수상 등 현)대한상공회의소 감사
8. 여행, 골프
9. 흔들의자에서 일하지 마라
10. 一忍百和(한 번을 참으면 백가지가 화평하다)
12. 일하고 싶은 사람이 마음껏 일할 수 있는 행복한 사회구현
13. 인재를 통한 가치 경영
14. 행복추구기업
15. 행복한 사회를 위한 더 많은 일자리 창출

박 재 완
1. 1979년
2. (주)제이앤비컨설팅
3. 02-2167-5300
4. www.ijnb.co.kr
5. 컨택센터 아웃소싱 위탁운영, 근로자파견(상담/사무/IT 등), 헤드헌팅 및 채용대행, 종합시설관리, 아웃플레이스먼트, 민간위탁사업, 판매/판촉 등
6. 고등학교 : 경문고등학교
   대학교 : 워싱턴 주립대학교
7. (주)제이앤비 맨파워 대표이사
   한국HR서비스산업협회 위원
   한국컨택센터협회 위원
   저출산고령화 사회위원회 위원

박 종 복
1. 1968년
2. ㈜휴먼아이티
3. 031-797-1104
4. www.humanit01.com
5. 인재파견/위생관리용역업/채용대행 헤드헌팅/아웃소싱
6. 강동고등학교
   동서울대학(전자과)
   동원대학교 CEO과정 16기 졸업
7. 삼성전자/한국듀폰/듀폰포토마스트㈜/토판포토마스크 ㈜/휴먼네트워크
8. 탁구/골프
12. 인재중심/고객중심/책임경영/변화대응
13. 인간존중/미래창조/고객신뢰

박 종 필
1. 1974년
2. ㈜마루에이치알
3. 02-6959-4477
4. www.mrhr.co.kr
5. 근로자파견, 잡컨설팅(헤드헌팅), 채용대행, 급여대행(payroll), 주차도급, AI 로봇 파견
6. 대학원 : 성균관대학교 MBA (경영학 석사)
   대학원 : 숭덕대학교 경영학 박사
          서울대학교 경영대학 AMP 수료
8. 골프
11. 살신성인 (殺身成仁)

박 천 웅
1. 1952년
2. 스탭스 주식회사
3. 02-2178-8000
4. www.staffs.co.kr
5. 토탈 아웃소싱 분야(인재파견, 채용대행, 아웃소싱, 헤드헌팅, 유통/물류 아웃소싱, 생산/제조 아웃소싱, 교육 및 컨설팅, 취업지원 사업, 아웃 플레이스먼트 등)
6. 중앙대학교 전자공학과
7. 삼성전자 동경주재원
   삼성전자 기술총괄 기획팀장
   삼성 회장 비서실 감사팀 부장
   삼성전자 전략기획실 기획팀 부장
   삼성전자 첨단기술 센터장(이사)
   한국 아웃소싱기업협회 초대회장
   한국진로취업서비스협회 초대회장
   숙명여자대학교/한국장학재단 대학생 멘토
   現 스탭스(주) 대표이사 사장
13. 함께, 멋지게, 미래로

(주) 서울커뮤니케이션

종합 HR서비스 전문기업 I www.scman.co.kr

박 춘 홍

1. 1964년
2. (주)제니엘
3. 02-580-0114
4. www.zeniel.com
5. 컨택센터, 유통·물류, 생산·제조, 의료·실버, 인재파견, 헤드헌팅, BPR, 채용대행, 아웃플레이스먼트, 특송, 교육, 인사·노무 컨설팅, 고용노동부 취업지원사업 등
6. 삼천포 고등학교
   동아대학교 사회학과 졸업
7. ROTC 대위전역(1992)
   제니엘 특송사업본부 본부장 역임(1993~2000)
   제니엘 상무이사 역임(2000~2004)
   제니엘시스템 대표이사 역임(2004~2019.1)
   (현) 제니엘 대표이사(2019.2~)
13. 인재를 통한 가치경영
    (고객감동의 실현, 혁신경영의 추구, 인간존중의 실천)

박 한 기

2. 티엔에스토탈컨설팅㈜
3. 02-3461-0038
4. 구축중(cjsfid@tnsgl.net)
5. 건물관리(시설,미화,경비,보안,주차), 외식 도급, 유통 매장 관리, 판매_판촉, 물류 관리, 생산도급, 채용대행
6. 중국 경제무역대학(中國 經濟貿易大學) 졸업
7. 현 티엔에스토탈컨설팅 대표이사
13. 인재제일

박 희 영

1. 1970년
2. ㈜발렉스서비스
3. 02-2010-2880
4. www.valexservice.com
5. 생산라인, 제조지원, 장비 유지보수, 설비기술, 포장·물류, 시설관리, 보안·경비, 호텔관리, 금융 콜센터, 해외취업 등
6. 대학교 : 경희대학교 가정관리학과 졸업
7. 現 ㈜발렉스서비스 대표이사
   前 ㈜팬택 경영관리본부
   前 ㈜발렉스서비스 경영지원본부장
   前 ㈜피앤에스네트웍스 해상운영본부장
13. 사람중심 경영, 기술중심 경영, 성과중심 경영
14. 최고지향, 변화선도, 원칙준수

배 태 현

2. ㈜다인그룹
3. 042-223-9114
4. www.daingroup.co.kr
5. 아웃소싱, 창업컨설팅, 건물관리
6. 우석대학교 졸업
7. (사)대전교통장애인재활협회 사무국장
   좋은친구들(장애인그룹홈) 운영위원
   개성공감 편집위원
   現 다인그룹 대표이사

TEL: 010-3667-0897 FAX: 031-267-0255 | aplusone@aplusone.kr

생산/채용대행
경비미화 30년노하우

서정락

1. 1959년
2. ㈜장풍
3. 02-583-2510
4. www.jangpung.co.kr
5. 건물종합관리, 경비, 특수경비, 미화, 안내, 주차, 사무, 물류, 시설관리, 장비대여, 렌터카, 제조, 생산, 단체급식, 인재파견 등
6. 영남고등학교/국립 창원대학교/연세대학교 경영전문대학원(MBA)/중앙대학교 경영대학원(박사)
7. 경남 경영자총협회 감사/범죄예방위원회 창원지구 보호관찰 분과 위원장/한국어린이재단 지역 후원회장/창원지방법원 소년자원보호자협의회 회장 겸 전국연합회 회장/연세사회경영인상, 연세경영자상, 지식서비스 최우수기업수상
8. 등산
9. 손해경제학(자기개발서)
11. 생각을 실천하라
12. 국내 최고의 아웃소싱 전문기업
13. 안전제일, 친절대응, 청결
14. 고객 감동에서 사회 감동으로
15. 사회를 생각하는 회사 만들기

성승모

1. 1959년
2. (주)휴넥트
3. 대표번호 1577-4518
   서울 02-2279-4118/부산 051-850-2000
4. www.hunect.co.kr
5. 컨택센터 시스템 구축 및 운영/ASP/교육지원/운영컨설팅, 근로자파견, 생산도급 등
6. 동아대학교 행정학과/부산대학교 경영대학원 석사
   전남대학교 전자상거래학 박사
7. 삼미그룹 기획조정실 / 부일이동통신 총무팀장
   (전)빌코비전 대표이사/(현) 휴넥트 대표이사
   (현) 부산컨택센터협의회 회장
8. 독서, 골프(등산)
9. AI 기반 컨택센터 사용 실태와 합리적인 활용 방안
10. 성공하는 사람들의 마음가짐과 생활 습관
11. 수처작주 입처개진(隨處作主 入處皆眞) 이르는 곳마다 내가 주인이 되면서 있는 곳(세상)마다 참(진실)될 것이다.
12. 휴넥트의 궁극적인 지향점인 WORLD BEST BPO SERVICE GROUP을 위하여 '사람과 미래 기술의 조화를 통한 끊임없는 새로운 가치와 비즈니스 창출'을 추구
13. 경영방침/경영이념 : 고객과 임직원의 만족을 실현하고, 개인과 회사의 지속적인 동반 성장을 추구하는 기업
14. 항상 임직원들과 함께 소통하고, 동고동락하면서 상호 발전을 추구하는 기업
15. 새해 소망 : 전 임직원의 건강, 가족의 행복, BPO 산업을 리더하는 초우량 기업으로의 대도약

소가연

2. (주)큐앤디네트웍스
3. 02-449-2964
4. www.qnanetworks.co.kr
5. 콜센터, 단기 파견, 텔레마케팅, 리서치
6. 전북대학교 철학과 및 동대학원 졸업

손정명

1. 1967년
2. ㈜유안에이치알
3. 02-425-0206
4. www.uanhr.com
5. 인재파견, 컨택센터, 생산·제조, 단체급식, 판매·판촉, 의료·풀필먼트, 택배, 수·배송, 3PL, 건물종합관리, 자산임대관리, 면세사업, 공항사업, 전기차 충전사업
6. 대학교 : 경기대학교 경영학과 졸업
7. ㈜유안에이치알 대표이사(현)
   ㈜유안로지스틱스 대표이사(전)
   HR서비스산업협회 부회장(현)
   경기대학교 ROTC 총동문회 회장(현)
8. 인재경영, 품질경영, 책임경영, 안전경영
9. 꿈이 있는, 꿈을 실현하는 기업

(주) 서울커뮤니케이션

종합 HR서비스 전문기업 | www.scman.co.kr

송 미 애
1. 1961년
2. 예스티엠㈜
3. 02-703-5125
4. www.yestm.co.kr
5. 기업교육 및 콜센터 교육
   모니터링 운영 및 컨설팅
   기업교육 과정 개발 및 컨설팅
6. 성신여자대학교 경영학과 졸업
   고려대학교 교육대학원 석사
   전남대학교 일반대학원 박사과정
7. 한국능률협회컨설팅 서비스칼리지 주임교수
   광운대학, 배화여대 외래교수
   (사)한국강사협회 부회장
   (사)한국컨택센터협회 전문위원
   건강보험심사평가원 자문위원
   고객만족경영대상 심사위원
13. 긍정적 사고로 최선을 다하자

송 상 헌
2. 케이에스엔시㈜
3. 02-590-7531
4. www.ksnc.kr
5. 종합건물관리서비스,
   보안경비, 미화, 아웃소싱서비스
6. 연세대학교 경영대학원 석사
7. 1985년 KT 부장
   1997년 KT강릉전화국장
   2003년 KT건설사업단장
   2006년 KT자산개발단장 겸 충북본부장
   2007년 KT부산본부장
   2009년 KT고객지원본부장(상무이사)
   2010년 케이에스엔시㈜ 대표이사
13. 인재제일, 고객지향, 미래창조

송 태 인
2. ㈜티아이시스템
3. 02-2242-6071
4. www.tisystem.net
5. 근로자파견, 시설경비업,
   위생관리용역업, 주차장관리업,
   주택관리업, 건물(시설)관리, 소독업, 인터넷신문,
   평생교육원, HRD/HRM
6. 한양대학교 경영전문대학원 MBA - SPM 전공
   연세대 언론홍보 대학원 최고위 과정 26기
   연세대 공과대학 생명공학과 졸업
   연세대 언론홍보대학원 석사졸업 - 방송영상 전공
7. 현, ㈜티아이시스템 대표이사
   서울상공회의소 광진구상공회 이사
13. 고객의 핵심가치를 창출하는 아웃소싱기업
   사업지원서비스 분야의 점진적 혁신화
   끊임없는 노력으로 경쟁우위 확보

신 동 익
2. 삼신테크㈜
3. 031-695-6333
4. www.samshintech.co.kr
5. 아웃소싱, 인재파견, 채용대행, 헤드헌팅
6. 한양대 전자공학 / 서울대 전자공학
7. 삼성전자 영업기술 과장
   삼성그룹 비서실 기획팀 차장
   삼성종합기술원 연구지원 담당
   한국아웃소싱기업협회 부회장
   서울계산로타리클럽 회장
   한국HR서비스산업협회 이사
8. 독서, 바둑/골프, 등산
10. HR산업 발전방안
11. 신의, 열정, 사회공헌
12. HR산업의 리딩기업, 종합인재컨설팅 업체
13. 고객감동, 현장중심, 창의혁신
    신의와 열정으로 사회에 공헌한다.
14. 사회에 기여하고 종업원의 꿈과 행복을 실현하는 기업
15. 모두의 꿈이 이루어지는 한해

심 상 우
1. 1966년
2. ㈜유니드컴퍼니
3. 02-761-?300
5. 인사, 급여, 4대보험 등 아웃소싱기업 특화 프로그램(유니크페이)/급여대행 프로그램(월급띵동)/전자근로계약, 전자사직서등 전자서명 프로그램(싸인띵동)
6. 서울공고등학교/수원대학교 법정대학 행정학과 학사/연세대학교 행정대학원 정치학 석사
7. ㈜제니얼시스템 대표이사/㈜제니얼이노베이션 대표이사/현 ㈜유니크컴퍼니 대표이사
8. 트래킹
10. 편리한 아웃소싱기업 전산 프로그램의 이해
11. 기본과 원칙에 충실한 정직한 기업 운영
12. 2020년 동종업계 3위 달성
13. 실천하는 기업, 창조적기업, 윤리적인 기업, 도전적인 기업 실천
14. 사용자 개념의 프로그램 개발 및 유지로 고객의 성장에 기여한다
15. 매출목표 20억 달성

심 양 래
2. ㈜래딕스
3. 02-706-2119
4. www.theradix.co.kr
5. 인재파견
   인력아웃소싱(도급위탁/유통/제조/콜센터 등)
   보안, 채용대행 등
6. 건국대학교 경영학과 및 동경영대학원 수료(경영학석사)
7. 새한그룹 경영지원실 팀장
   팍스물산㈜ 상무
   ㈜디엠아이엔디 CFO
   ㈜래딕스 대표이사
13. 풍부한 지혜를 제공하는 통로

양 병 만
1. 1962년
2. ㈜휴비즈넷 / ㈜조인스에이치알
3. 02-890-0800(代)
4. www.joinshr.com
5. 인재파견, BPO서비스, 헤드헌팅/채용대행
   급여아웃소싱, 인사컨설팅, CS교육
6. 덕수상업고등학교 졸업
   세종대학교 무역학과 졸업
   KAIST 경영지식경영 CEO과정수료, 고려대 노동대학원
7. 롯데그룹 유통사업부 인사관리
   ㈜경원마케팅MA/총괄임원(기획/영업/관리)
   (사)한국HR서비스산업협회 책임부회장(現)
8. 사진, 그림, 골프
9. 飛정규직_2004) - 비정규직의 전략적 육성과 활용사례
12. 종합HR서비스 역량강화를 통한
    국내 최고의 한국형 PEO회사 실현
13. Different & Better HR Solution Company
14. Nice JOB Nice Worker

양 재 열
1. 1955년
2. ㈜가엘 에스앤에스(가엘S&S)
3. 070-7885-3200, 070-7706-5628(직통)
4. www.cssever.com
5. 건물및빌딩종합관리,인재및근로자파견, 각종행사대행
   경호경비행사,수행비서,운전요원 파견, 소독업
6. 보문고등학교/숭전대학교 영문학과 졸업/연세대학교 행정대학원(행정학 석사)/명지대학교 일반대학원(행정학 박사)
7. 청와대경호실25년근무(5개정부)/청와대경호실차장/한국전기안전공사 사장/중앙공무원교육원 교육정책자문위원
   assist ceo forum회장, 명지대학교 객원교수
8. 골프, 등산, 헬스, 색소폰
9. 경호학원론(2013년)
12. 고객으로부터 신뢰받는 정직한 아웃소싱 전문기업
13. 윤리경영, 사회적책임경영으로 사회안전망구축, 고객으로부터 신뢰받는 정직한기업, 지속가능경영 추구
14. 출근하고싶은직장, 가정과같은 직장, 조직화합

㈜ 서울커뮤니케이션
종합 HR서비스 전문기업 | www.scman.co.kr

양 회 길
2. (주)내일을 여는 사람들
3. 062-369-6041
4. www.mentoline.kr
5. 인재파견, 인력아웃소싱(도급위탁, 물류, 제조, 사무파견), 채용대행 등
6. 동국대학교 졸업
7. 대한생명 임원
   ㈜멘토라인 대표이사
   ㈜내일을 여는 사람들 대표이사
13. 역지사지 - 고객의 입장에서 생각하고 고객의 필요에 필요한 서비스를 제공한다

오 상 훈
1. 1963년
2. ㈜엑스퍼트
3. 02-780-0001
4. www.expertkorea.co.kr
5. 인재파견, 인력아웃소싱, 헤드헌팅, 채용대행 마케팅지원 사업 등
6. 서울충암고등학교 졸업
   한국외국어대학교 서반아어학과 졸업
   연세대 경영대학원 최고경영자 과정 수료
7. 한국인재파견협회 이사 역임
   연세대 경영대학원 AMP총동문회 부회장
8. 여행
11. 신뢰
12. 고객가치 극대화를 위한 최선의 경영
13. 고객(고객사,직원) 만족
14. 배려

오 순 근
1. 1959년
2. ㈜케이웍스코리아
3. 02-872-7197
4. www.korea-works.co.kr
5. 파견, 채용대행, 헤드헌팅, HR컨설팅
6. 고려대학교 노동대학원 석사 과정 중
13. 성품. 성품이 인생을 결정한다
14. 리더는 맨 마지막에 먹는다와 같이 직원들을 도구로 활용하는 기업이 아닌 함께 계속 갈 수 있는 동반자로 만드는 것

오 정 석
1. 1971년
2. 편리한잡(주)
3. 02-6497-0111
4. www.cvsjob.co.kr
5. 건물종합관리, 콜센터아웃소싱 헤드헌팅, 채용대행 등
6. 신림고등학교 졸업
   강남대학교 경영학과 졸업
7. 이케이맨파워(주) 이사
   코리아잡 대표이사
8. 수영, 자전거, 골프 등
11. 주관을 가지고 당당하게
12. 성과공유를 통한 구성원 비전실현 및 행복추구
13. 정직한 운영을 통한 모두의 가치 증대
14. 자율, 즐거움, 수평, 존중, 성장
15. 우수한 내부 직원 채용 및 육성, 다양한 신규 대처 확보 해외아웃소싱 개척, 성장을 통한 성과 공유

(주)에이플러스원 APLUSONE CO., LTD.
생산/채용대행
경비미화 30년노하우
TEL: 010-3667-0897 FAX: 031-267-0255 | aplusone@aplusone.kr

오 제 석
1. 1976년
2. 리드커리어(주)
3. 031-204-5335
4. leadcarrer.co.kr
5. 인재파견, HR아웃소싱(도급(위탁), 판매(판촉), 물류, 유통, 제조, 콜센터 등), 채용대행, 경비업, 위생업(미화), 시설관리
6. 고등학교 : 한광고등학교 졸업
   대학교 : 동국대학교 국제통상학과 졸업
7. 리드커리어(주) 대표이사
   안산대학교 산학협력운영위원장
12. 전문 HR Outsourcing Services 기업으로서 최고의 인재육성과 고품질서비를 통한 고객가치실현 및 국가산업발전 기여!
13. 인재에게 기회를, 기업에게 인재를!

오 진 일
1. 1956년
2. 그린맨파워
3. 02-730-1973
4. www.greenmp.co.kr
5. 인재파견, 아웃소싱, 헤드헌팅, 채용대행
6. 광주대학교 행정학과 졸업
   고려대학교 경영대학원 AMP 수료
7. ㈜그린맨파워 대표이사 現
   ㈜우리비전 대표이사 現

유 병 훈
1. 1946년
2. ㈜한성엠디스
3. 02-3453-0101
4. www.hansungms.co.kr
5. 32개직종 근로자파견 판매/판촉/유통/물류도급운영 호텔전부도/시설관리/경비/미화/생산도급 외
6. 한국외국어대학교 영어과
7. 한국주재 국제개발처(UNDP) 행정관
   GS칼텍스㈜ 전무이사(인사/총무)
   두성프라스틱㈜ 대표이사
   중앙노동위원회 위원 역임
   철탑산업훈장 수상
   한국생산성본부 주관 ISO9001, 14001 통합획득
   근로자다수 우수기업 인증
   대한민국 경영혁신 인적자원부문 대상 수상
13. 人材中心의 가치있는 미래를 만들어가는 기업

유 수 훈
1. 1955년
2. ㈜ 키스템프
3. 02-6719-6391
4. www.kistemp.co.kr
5. 인재파견, 헤드헌팅, 채용대행, 인력아웃소싱등
6. 구마모토대학(熊本大學) 전자공학과 졸업
   연세대학교 경영전문대학원 졸업
7. 나가사키 은행(長崎) 근무
   취업정보지 주간구인 발행인
   취업포털사이트 잡이스 설립인
   매일이코노미 한국의 100대 CEO 선정
8. 취미/운동 : 독서/등산
13. 고객만족, 인간존중, 도전정신

(주) 서울커뮤니케이션
종합 HR서비스 전문기업 | www.scman.co.kr

윤 성 화

1. 1964년
2. ㈜에이취큐텍
3. 031-204-1517
4. www.hqtech.co.kr
5. S/W(전기/전자/네트워크/모바일/자동차)
   개발 및 운영 품질보증 및 유지보수
6. 조선대학교 졸업
7. 삼성전자 수석연구원
8. 골프
11. 윤리경영 및 사회환원
12. 최고의 기술개발과 인재육성
13. 고객을 위한 가치창조 및 고객만족 실현
14. FTP (Fun / Trust / Pride)

이 기 선

1. 1958년
2. ㈜선정인터내셔날
3. 02-2085-7801
4. www.sunjung.co.kr
5. 근로자파견
   업무위탁/도급(공항/미화/생산/물류/경비/유통/시설)
   헤드헌팅, 채용대행
6. 용산고등학교 졸업
   단국대학교 행정학과 졸업
   단국대학교 행정대학원 수료
7. 극동건설 인사과장 / 비서실장
   동서투신 인사, 기획 총괄부장
13. 맨파워
    즐거운일터
    클라이언트 need 충족

이 기 윤

1. 1983년
2. 법무법인 사람앤스마트
3. 02-2633-5796
4. saramlawfirm.kr
5. 법률상담
6. 고등학교 : 공주 한일고 졸업
   대학교 : 고려대학교 노어노문학과 졸업
   대학원 : 중앙대학교 법학전문대학원 법학전문석사
7. 제3회 변호사시험 합격
   現 법무법인 사람 대표변호사
   現 대한변호사협회 등록 『산재』 전문변호사
   現 대한변호사협회 등록 『형사』 전문변호사
   現 서울특별시 공익변호사
   現 서울글로벌센터 전문상담위원
   現 양천구 노동복지센터 법률자문 및 노동상담위원
   現 사단법인 중앙진폐재활협회 자문변호사
13. 정직한 상담, 심도있는 사건 검토, 적극적인 소송 진행

이 남 수

2. 에스씨케이(주)
3. 02-3288-3693
4. www.sck.or.kr
5. 업무위탁 · 도급, 유통 판매 · 판촉,
   건물종합관리, 근로자파견, 외식사업지원,
   고객관리서비스, 생산/물류 도급, 헤드헌팅 등
6. 충남대학교(계산통계학) 졸업
7. 前) 삼성물산 정보시스템팀 과장
   前) 삼성SDS 교육사업팀 상무이사
   現) 정보통신진흥원, TOPCIT
   (Test of Practical Competency in IT) 자문위원
   現) 한양대학교, 한양인재개발원 자문위원
   現) 국내 주요 연수원장 모임인 CLO
   (Chief Learning Officer) 위원
   現) 에스씨케이(주) 대표이사

이 병 희

2. ㈜아이앤씨엠
3. 02-537-7900
4. www.obguide.co.kr
5. 구축및운영, 근로자파견
   채용대행, 헤드헌팅
6. 순천향대학교 건강과학대학원 CEO 과정수료
   미국캘리포니아 MIIS 유니버시티 EMDP 과정
7. 현재~1996 : 대표이사㈜아이앤씨엠, ㈜한국BEM
   1994~1992 : 부산지사장(이사), SK텔레콤㈜
   1992~1984 : 총무부장근무, 한국이동통신㈜
   1984~1982 : 과장근무, 한국전기통신공사
   1981~1967 : 전화국, 우체국직원근무, 체신부
13. 고객감동, 합리적인경영, 현장중심

이 상 구

1. 1966년
2. ㈜범창비씨엘
3. 010-5453-4577
6. 동아대학교, 경희사이버대학교
   한국기술교육대학교
   HRD최고경영자과정
7. 사단법인 한국경비지도사협회 천안시 지부장

이 상 근

1. 1960년
2. 삼영물류 (주)
3. 032-886-3003
4. www.sylogis.co.kr
5. 아웃소싱 서비스 분야 : 종합물류서비스,
   3PL서비스, 공동물류, 풀필먼트서비스, 물류컨설팅 등
6. 중앙대학교 산업경영대학원 석사과정(MBA)
   인천대학교 대학원 박사과정(공학박사)
7. 현)삼영물류(주) 대표이사 / (현)인천대학교 전문교수
   현)대한상의 물류위원회 부위원장(실무위원장)
   현)국가물류정책위원회 민간위원(물류정책분과)
   현)인천지역인적자원개발위원회 물류분과위원장
   현)서울시 교통위원회 위원/ 물류정책위원회 위원
   대통령표창 수상 / 산업포장 수상 / 은탑산업훈장 수훈
   2018년 세계인명사전(마르퀴즈후즈후) 등재
9. 공급망 불확실 시대_물류의 재해석 RE:Logistics
   물류트렌드 2022 / 뉴노멀시대 물류기업은 사라질까?
   ESG와 지속가능한 물류 / 미래를 준비하는 물류
   우리 삶에 쏙 들어온 물류
11. 일체유심조(一切唯心造)
12. 맞춤물류로 고객을 성공시키는 기업
13. 신의, 화합, 창조
   '함께 행복한 기업', '고객 성공 경영', '창조적 도전'
14. 긍정, 열정, 실력

이 수 연

1. 1972년
2. ㈜채움에이치알디
3. 032-822-7073
4. www.chaeumhrd.co.kr
6. 인천대학교 경영대학원
7. 現, 인천지방노동위원회 사용자위원
   現, 인천광역시 물류정책위원회 위원
   現, 중소기업융합인천부천김포연합회 분과 부위원장
   前, ㈜채움에이치알디 대표이사
   前, 장안대학교 외래교수
   前, 인천경영자총협회 분과 위원장
8. 수영
11. 행복을 나누는 사람들로서 행복 그 이상을 추구하는 기업
12. 취업·교육 토탈 서비스 전문기업
13. 신의(信義), 창의(創意), 실천(實踐)
14. 자율과 책임
15. ㈜채움에이치알디가 한 단계 더 성장하는 2019년이 되기를 소망합니다.

(주) 서울커뮤니케이션

종합 HR서비스 전문기업 I www.scman.co.kr

이 수 한
1. 1962년
2. ㈜벨에스엠
3. 02-2634-2628
4. www.bellsm.co.kr
5. 건물관리(시설/보안/미화), 생산도급, 인재파견, 운송, 국제물류주선
6. 인하대학교 중어중문학과 졸업
   일본 동경 문화외국어 전문학교 비즈니스학과 졸업
   단국대학교 부동산건설대학원 부동산경영학 석사
   서울대학교 경영대학원 CFO전략과정 수료
7. ㈜종근당바이오 기타비상무이사(前)
   (의)소화병원 감사(現)
   종근당산업㈜ 상무이사(現)
   (사)한국HR서비스산업협회 부회장(現)
12. 가치있는기업, 창조하는기업, 아름다운기업
13. 고객주의 경영, 건전한 내실경영, 공감경영
14. 직원과 더불어 성장하는 기업

이 승 용
1. 1968년
2. (주)휴먼브릿지앤코
3. 02-3487-4301
4. www.hmbridgenco.com
5. 아웃소싱 서비스 분야 : 인재파견
   시설관리, 물류, 생산 도급,,F&B,채용대행,헤드헌팅
6. 고등학교 : 명지고등학교 졸업
   대학교 : 단국대학교 영어영문학과 졸업
7. 증권업계 10년 근무(동서,현대,삼성,하나증권)
8. 테니스, 골프
11. 소탐대실 하지말자
13. 정직
14. 투명하고 안정적인 회사

이 승 우
2. ㈜티오에스코리아
3. 02-2168-8282
4. www.toskorea.net
5. 근로자파견, 도급, HR컨설팅
   헤드헌팅, IT아웃소싱, 컨택센터운영, 건물시설관리
6. 대졸
7. 現 ㈜티오에스코리아 대표이사
   민주평화통일 자문위원
   한국 HR서비스산업협회 이사
13. 몰입과헌신, 지배와우위, 투명경영과 사회공헌

이 승 재
2. (주)휴먼솔루션
3. 031-812-3787
4. www.humansolution.co.kr
5. 인재파견, 건물관리, 경비, 청소, 소독,
   생산도급,   HR서비스 등
6. 휘문고 졸업
   건국대 졸업
7. 1989년 라이프그룹 해외인력부장
   1990년 라이프유통 총무부장
   1995년 거평유통 관리부장
   1997년 시솔에스아이 관리이사
   2001년 이신텔레콤 대표

이 영 래
1. 1966년
2. ㈜예스콘씨에스
3. 02-2645-6565
4. www.yeskon.co.kr
5. 토탈아웃소싱, 인재파견
6. 전주영생고등학교
   전주대 무역학과 대학원
7. 2011 ISO9001(인재파견부문) 획득
   2012 대한민국100대 아웃소싱기업
8. 등산
13. 고객만족 극대화, 지속적인 경영혁신 추진
    창의적 직무자세확립
14. 가족, 사회 그 속의 회사
15. 판촉업무 토탈시스템 완성

이 용 훈
1. 1956년
2. (주)유니에스
3. 1566-9797
4. www.unies.com
5. 인재파견, 고객센터위탁, 보안검색, 시설관리, 사무지원, 의료지원, 실버/요양사업, 유통물류지원, IT지원, 헤드헌팅/HR컨설팅, Payroll, 총무 아웃소싱, 채용대행, 고용서비스, e-biz, 취업포털, 식자재유통
6. 경희대졸, 연세대 최고경영자과정, 서강대 경제대학원
7. (사)한국HR서비스산업협회(구. 한국인재파견협회) 회장 역임 아시아지역 인재서비스연맹회의(ACIETT) 주관, 대통령, 국무총리, 기획재정부·고용노동부 장관 표창 한국 아웃소싱서비스 대상, 신지식인·신한국인, 경찰청장 표창
13. 안정적 성장, 정도경영, 전문경영

이 원 형
1. 1952년
2. 서운에스엠㈜
3. 02-2246-0663
4. www.seounsm.co.kr
5. 경비(특수경비, 일반경비), 미화
   시설관리 인재파견 생산등
6. 중앙부속고 졸업
   국민대학교 행정학과 졸업
7. 경찰공무원
12. 최고의 아웃소싱 서비스 선도기업
13. 기본의 실천, 긍정적 사고, 항상 고객의 입장에서
    생각하는 자세
14. 21C 새로운 아웃소싱 문화를 창조하는 SEOUN
15. 고객사와 더불어 성장하는 신바람 나는 회사만들기

이 일 기
2. (주)퍼스트인
3. 051-631-6648
4. www.first-in.co.kr
5. 생산 하도급 및 청소경비 시설관리
7. ㈜퍼스트인 대표이사
   ㈜플러스인 대표이사

(주) 서울커뮤니케이션
종합 HR서비스 전문기업 I www.scman.co.kr

이 정 영
2. (주)스탭포유
3. 02-2263-5454
4. www.staff4u.co.kr
5. 근로자파견, 제조도급, 판매도급, 콜센터도급, 전산도급, 채용대행, 헤드헌팅, 위생용역등
6. 대성고등학교 졸업
   고려대학교 졸업
7. 대우전자정책조사팀부장
   대우그룹구조조정본부재무팀부장
   SPR 컨설팅부문담당이사

이 재 만
1. 1966년
2. ㈜성원
3. 052-258-3737
4. 21sw.co.kr
5. 생산아웃소싱, 물류아웃소싱, 경비미화아웃소싱, 근로자파견 및 장비임대 등
6. 울산 신정고등학교
   울산대학교 영문학과 졸업
7. 2004년 인력관리사 취득
   울산지역경제공헌 (울산시장 표창)
   2008-9 사)울산경제인협회회장
   2006,7,8 아웃소싱리딩컴퍼니선정
13. 인간경영을 기본으로 안전과 환경에 최대역량을 통한 완벽한 (완전)도급업무수행에 만전을 기한다.

이 재 욱
2. ㈜현대에쓰앤에쓰
3. 02-739-6643
4. www.h-sns.com
5. 시설관리, 미화관리, 보안, 콜센터, 유통, 단체급식, 인력파견 등
6. 부산대연고등학교 졸업
   연세대 경영학과 졸업
7. 서울지방경찰청장 표창 수여
   대한민국아웃소싱대상 수상
11. "능력"이 없는것이 아니라 "열정"이 없는 것이다
13. "희망"을 경영하자
14. "답"을 내는 조직

이 정 식
1. 1969년
   연세대학교(본교) 졸업
2. ㈜이젠스탭 대표이사
   ㈜잡엔스탭 대표이사
3. 02-581-0104
4. www.egenstaff.com
5. 인재파견/콜센터/패션전문아웃소싱/생산직/채용대행
   헤드헌팅/세일즈 프로모션
6. 서울고 졸업
   연세대학교(본교) 졸업
7. 동부화재 영업소장, 육성실장 역임 / 아웃소싱 경력 10년
   ㈜아이앤씨엠HR사업본부팀장/㈜인사이드잡 부사장
   ㈜이젠코리아 대표/㈜이젠스탭 대표이사 취임
   ㈜인사이드글로벌아웃소싱 대표이사
   ㈜잡엔스탭 대표이사
13. 브랜드인지도 향상
    생산성 극대화를 위한 철저한 직무교육
    High Risk, High Return

(주)에이플러스원 APLUSONE CO., LTD.
생산/채용대행
경비미화 30년노하우
TEL: 010-3667-0897 FAX: 031-267-0255 | aplusone@aplusone.kr

이 정 원

1. 1955년생
2. 케이티아이스글로벌㈜
3. 02-783-?114
4. www.ktglobal.co.kr
5. 항공기도급/정비도급, 물류창고/도급관리, 택배터미널 및 허브종합관리, 생산/제조도급, 유통관리, 인재파견, 교육, 시설관리, 채용지원센타, 철도청소 및 특수경비, 호텔종합관리, 케터링, 조리원
6. 원광대학교 수학과
   연세대 공학대학원 최고위 과정 수료
7. 현)(사)한국장애인문화협회 부회장
   (사)한국아웃소싱기업협회 부회장 역임
   서울지방국세청장상 수상(제46회 납세자의날)
11. 인간중심 경영, 고객가치 창조
12. 글로벌 아웃소싱 리더
13. 환경우선/고객가치/핵심역량
14. 가치 창출과 나눔으로 사회 공헌 기업 추구

이 종 철

1. 1945년
2. 인포드림넷㈜
3. 02-312-8890
4. www.infordream.net
5. 고객상담/사무업무(파견/도급)
   채용대행/헤드헌팅/인력운영컨설팅
6. 일본産能대학 수료
   연세대학교 경영대학원 졸업
7. 삼성그룹 임원 역임(제일모직 외)
   인간경영연구소 소장
   KIVTA 지도교수
   2006 아웃소싱전문가선정 최고경영자
   경영혁신형기업인증(서울지방중소기업청)
13. 최고 수준의 서비스 질 향상
    전문인력확보
    인성 및 기능교육 강화, 삶의 질 추구

이 준 호

1. 1974년
2. ㈜티오엠네트웍
3. 02-522-?513 / 010-7553-6589
4. www.tomnetwork.co.kr
5. 파견, 채용대행, 도급
6. 태릉고등학교 졸업
   단국대학교 지역개발학과 졸업
7. 아웃소싱업 실무 15년
   現 티오엠네트웍 대표이사
8. 통기타 / 자전거
11. 세상은 언제나 나에게 불공평 하다.
    그것을 빨리 깨닫는 사람만이 성장한다.
12. 임원 전원이 사원부터 실무를 쌓아온 경험과 젊은 마인드로 현실적인 서비스를 통한 꾸준한 성장
13. 고객사와의 신뢰
14. 결국 기업은 구성원을 통하여 성장한다. 집 같은 회사, 가족같은 직원, 수익의 공정한 분배
15. 믿고 쓰는 ㈜티오엠네트웍 이라는 이미지 구축

이 행 수

1. 1949년
2. ㈜엔에스홀딩스
3. 02-842-1373
4. www.hstaffs.co.kr
5. 인재파견(사무, 안내, 고객상담, 텔레마케팅 등)
   HR아웃소싱(제조, 유통, 물류 등)
   경비, 청소, 채용대행, 헤드헌팅 등
6. 서울중앙통신대학
7. 금성출판사 본사 심사부
   (동회사 춘천, 원주 지부장 역임)
   現 한진스탭스 회장
8. 독서/스포츠댄스
13. 직영조직을 바탕으로 초심을 잃지않고 최고의 인재를 양성하여 일자리 창출에 앞장선다.
    "갑"과 "을"의 관계를 전략적인 원원으로 대소, 빈부, 강약의 가치문화를 정착시킨다.

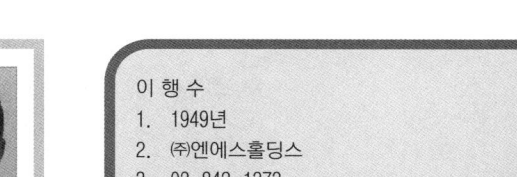

㈜ 서울커뮤니케이션

종합 HR서비스 전문기업 I www.scman.co.kr

임 각 균

1. 1964년
2. 이트너스(주)
3. 031-628-6200
4. www.etners.com
5. 인사총무 BPO, 스마트 오피스 디자인
6. 동국대학교 졸업
   홍성고 졸업
7. 現 이트너스 주식회사 대표이사 / 삼성전자 근무
   I.E를 빛낸 산업공학인 상 / 헤럴드경제 우수기업 CEO 선정
   한국경제 경영혁신 우수기업 선정
9. 한 사람이 꿈을 꾸면 이상이 되지만, 만인이 꿈을 꾸면 반드시 현실이 된다
10. 인사총무 초일류 BPO 전문 기업
11. 고객감동, 인재제일, 고품격 서비스 창출
12. 구성원들이 자신의 업무를 스스로 개선하고 지속적으로 성과를 창출하는 문화
    경계에 국한되지 않는 자유로운 조직 간 협력
13. 스마트 오피스 표준 모델을 만들어 관련 솔루션을 제공할 계획

임 광 주

1. 1955년
2. ㈜스탭솔루션
3. 02-552-5547
4. www.staffsolution.co.kr
5. 인재파견, 콜센터, 유통판매, 물류창고, 생산제작, 청소, 경비
6. 고등학교 : 배명고
   대학교 : 연세대학교 법학과
   대학원 : 연세대학교 대학원 법학과
7. 대우중공업 경영개선본부
   효성그룹 경영전략본부
   효성그룹 기획조정실 인사팀장
   소니코리아 본부장
8. 등산/골프
9. 공정한 인사평가와 보상시스템 사례연구
   공무원 자유재량행위와 사법심사에 관한 연구
10. 아웃소싱기업의 국제비교 및 미래전략
11. 진인사 대천명
12. 아웃소싱의 모범사례를 만드는 기업
13. 자율과 혁신
14. 혁신을 바탕으로한 자율과 책임
15. 아웃소싱시장의 지속적인 확대와 고도화

임 대 성

1. 1969년
2. 피앤제이에이치알(주)
3. 070-7750-2000
4. www.pnjhr.co.kr
5. 헤드헌팅, NCS채용기획, 채용과정기획 및 대행
   채용컨설팅, 인사평가컨설팅, 직무평가, 정책개발
   채용전산개발, OMR서비스
6. 부산대학교 경영학석사, 경영컨설팅학과 박사수료
7. 현, 피앤제이에이치알 대표컨설턴트/현, 제이엔피솔루션, 다온기술 CTO/현, 피앤제이컨설팅연구소 대표연구원/현, 한국자격인증협회 대표평가위원/현, 국립해양박물관 외 공기업 평가위원 참여/전, 진방템프그룹 본부장/현, 대중공업 외 기업 인사서비스 담당
8. 사진, 낚시
11. 함께 사는 세상을 위해
12. 평가전문기업으로 1위를 넘본다
13. 내일은 우리가 만든다
14. 전문가집단

임 석 희

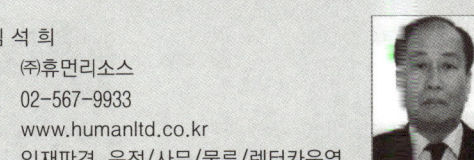

2. ㈜휴먼리소스
3. 02-567-9933
4. www.humanltd.co.kr
5. 인재파견, 운전/사무/물류/렌터카운영
6. 숭실대학교법학과졸업
7. SK Networks (舊)주식회사선경 근무
13. 성실, 고객감동서비스, 함께사는사회구현

생산/채용대행
경비미화 30년노하우

TEL: 010-3667-0897 FAX: 031-267-0255 | aplusone@aplusone.kr

임지은

2. (주)씨티스쉐어링
3. 02-2266-4100
4. www.csisystems.co.kr
5. 콜센터 아웃소싱
7. 현 씨티스쉐어링 대표
13. 3대 관점별 핵심 서비스
   1. 고객가치관점 : 될 때까지 하는 근성있는 서비스 CSIS 가 못하면 대한민국 누구도 할 수 없다
   2. 조직관점 : CSIS근무이력 자체가 라이선스 스페셜리스트를 만드는 CRM사관학교
   3. 이익관점 : 타사대비 10% 비용절감 20% 이상 퍼포먼스향상 profit 센터의 실현

전 대 길 (全大吉)

1. 1947년
2. (주)동양이엠에스 대표이사
3. 02-2276-0238 / 010-8872-4913
6. 미국 코넬대학교 노사관계대학원(ILR)수료
   노사관계 고위지도자과정(2기) 수료
   연세대학교 경영대학원 수료
   경기대학교 경영학과 졸업
   서울 용산고등학교 졸업
7. (주)동양이엠에스 창립 및 대표이사
   수필가,국제PEN한국본부 이사
   한국경영자 총협회 노사대책부장,회원사업부장 등 역임(1985)
   한국경영자 총협회 연수담당 임원 & 고급인력센터 소장(1996)
   매경인재개발원 설립 & 대표이사 역임(1998)
9. 회장님 시계바꿔찹시다(1995)
   그럴수도 그러려니 그렇겠지(2018)
   국커차바야축골마(2022)
   전대길CEO의 생각주머니(2023)
   아~! 그렇구나(2024)
13. 고객을 즐겁고 기쁘고 편안하게 하는 기업
    고객과 신바람나게 일하는 기업
    고객과 함께 성공하는 기업

전 용 수

1. 1947년
2. 신우산업각리 ㈜
3. 02-587-7692
4. www.sinwoomds.co.kr
5. 보안/경비/환경미화/소독/시설관리, 물류(항공,지상)관리, 공동주택관리, 공사/안전점검관리, 안내/주차/발렛관리, 판촉/홍보관리, 생산관리, 객실관리, 골프장관리, 전산보조, 교환업무, 인재 파견 등
6. 포항수산대학교 상학과 졸업
   건국대 농축대학원 경영자과정 수료
7. 1975~1986 롯데그룹 재직
   현)서초세무서 세정협의회 위원
   (사)한국경비협회 자문위원
   서초경찰인협의회 부회장
   한국HR서비스산업협회 고문
   한국건축물위생관리협회 고문
   한국건축물유지관리협회 감사
   롯데장학재단자문
   전)수서경찰서 경찰행정발전위원회 위원장
8. 골프
12. 아웃소싱 업계의 리딩 컴퍼니
13. 변화와 혁신을 통한 새로운 도약(역량강화, 시장개척, 책임관리)
    새로운 가치 창조! 핵심역량 강화!
14. 성실한 마음, 신의로운 행동, 인내하는 자세

정 미 경

1. 1964년
2. ㈜에스티엠컨설팅
3. 02-557-3333
4. www.stmc.kr
5. 콜센터전문교육, 컨설팅, 모니터링
6. 성균관대학교 불문과 졸업
   서강대 국제평생교육원 상담심리학과정 수료
   고려대경영대학교 마케팅 석사과정
7. ㈜IMC마케팅교육사업부 차장
   ㈜DMI마케팅교육사업부 부장
   現 ㈜그린CS컨설팅 자문위원
   現 한양여대여성인력개발과 전임강사
   現 웹콜마케터/텔레마케팅관리사 시험출제 및 평가위원

(주) 서울커뮤니케이션

종합 HR서비스 전문기업 I www.scman.co.kr

정 성 문
1. 1961년
2. (주)애드민
3. 02-2203-6478
4. www.admin4u.co.kr
5. 화장품 충진/포장, 의약품 생산/포장, 건강기능식품 포장, 물류센터 운영, 컨택센터 운영, 인재파견서비스 등
6. 고등학교 : 계성고등학교 졸업
   대학교 : 동국대학교 행정학과 졸업
7. 애드민 대표이사
   제이에스앤케어 대표이사
   정성코스메틱 대표이사
   정성시스템즈 대표이사
   북두시스템 대표이사
   제이에스앤뉴 대표이사
   삼호물산 경영지원본부 총무인사팀
   서울대학교 법과대학 노사관계 최고 지도자 과정 수료
   서울대학교 의과대학 CEO 정책과정 수료
13. 信賴(신뢰)와 革新(혁신)

정 세 영
1. 1955년
2. ㈜제이엔알써비스
3. 02-851-8122
4. www.jnrservice.com
5. 근로자파견, 텔레마케팅, 빌딩시설관리, 물류운송, 택배, 채용대행, 헤드헌팅
6. 선린상업고등학교졸업 / 한국방송통신대학교 영어영문학과졸업
   전경련최고경영자과정수료 / 금천상공회 최고경영자과정수료
7. 우리은행, 동남은행지점장, 대한민국인재파견지도사회회장역임, 전국우체국택배위탁회사협의회회장역임, 한국HR서비스산업협회 선임, 우정사업본부장표창수상, 서울강동우체국장표창수상, 서울특별시 모범납세자선정
8. 바둑, 탁구
10. 젊은이들에게 삶의 방향을 제시해 줄 수 있는 글
11. 진인사대천명 / 일체유심조
12. 뜨거운 가슴을 공유하는 기업
13. 고객감동, 정도경영, 공동번영
14. 단단하게, 빈틈 없이, 친절하게
15. 아웃소싱업계가 대한민국 고용 70% 달성에 큰 역할을 했다는 평가를 받게 되기를...

정 해 정
1. 1964년
2. ㈜휴플러스
3. 031-782-5661
4. www.huplus.in
5. 건물종합관리, 생산·물류도급
   인재파견, 경영컨설팅
6. 신구대 경영학과 졸업
   한양대 최고경영자과정 수료
7. 패션대기업 인사팀 근무(인사노무분야)
13. 도전!
    신뢰!
    그리고 감동!

조 구 현
2. ㈜한국에스웨이
3. 02-798-4211~4212
4. www.S-way korea.co.kr
5. 보안, 경비, 경호, 주차관리
   시설관리 영상감시공·운영, 교육대행컨설팅
6. 동국대대학원(공안사법행정석사)
   미국 파이론대 대학원(경찰행정학박사)
7. 중부대 경찰경호대학 겸임교수(역임)
   KORSCO 교육센터 대표(역임)
   단국대 스포츠과학대학원, 경원대 강사(역임)
   ㈜이크린닷컴, ㈜코스모데이타 대표이사(역임)
   現 한국안전기술교육협의회 이사장
   (사)한국디지털영상작가협회 회장(역임)
   동국대 행정대학원 총학생회장(역임)
   총동문회부회장, (사)한국경비협회중앙회 부회장 역임
   (교육담당), 한국시큐리티연구원 명예원장(현)
   ASIS 한국서울협회 회장 (현)
9. 유비쿼터스와 로봇시큐리티 (인포더북스)

조 만 현
1. 1963년
2. 동우씨엠㈜
3. 053-719-3010
4. www.dongwoocm.co.kr
5. 주택건설, 공동주택 시설 위탁관리 업무 및 시설물 유지관리, 안전진단 전문 기관
6. 경산고등학교 졸업, 경북대학교 인문대학 사학과 졸업 대구대학교 도시학과 부동산학 박사
7. 1989~1996 화성산업(주) 주택개발본부 과장
   1996~1998 ㈜대동주택 개발팀 차장
   1999~ 현재 동우씨엠(주) 대표이사 회장
   2012~2013 대구가톨릭대학교 산학협력교수
   2013~2015 대구대학교 겸임교수
8. 골프/등산
9. 민간임대주택의 임대관리 통합서비스 모형구축에 관한 연구세미나 자료
12. 인간주의, 평등주의, 고객주의
13. 생활기업 육성, 공익사회 건설, 신문화 창조
14. 착한기업

조 윤 제
1. 1967년
2. ㈜우신
3. 031-222-0037
4. www.wsjob.co.kr
5. 인재파견, 생산도급, 물류도급, 경비, 청소
6. 선린상고, 용인대학교
7. ㈜G.F.C 총무팀장
   ㈜서원 임원
   ㈜우신알미늄 대표이사
   서울경찰국장 표창
   명예고용평등 감독관(고용노동부경기지청장)
13. 고객지향, 정도경영, 가치창조

주 충 은
1. 1963년
2. ㈜모스트인
3. 010-8895-0170
4. www.mert-in.com
5. 영업관리, 생산/제조, 물류관리, 유통매장관리, 판매/판촉, 인터넷/컨텐츠 운영, 콜센타, HR컨설팅 등
6. 미국 미시건 주립대학교 박사학위
7. ㈜ 모스트인 대표이사(현)
   서비스인 전략기획실장/HR사업부문장
   SK커뮤니케이션즈 경영지원실장/인재개발원장
   미시간주립대학교 국제전문인 프로그램 초빙조교수/부소장
8. 고객에게 가치를 줄수 있는 파트너가 되자
12. 2017년 Top Class 아웃소싱 기업성장
13. 경영방침/경영이념 : 함께 일하고 함께 나눈다

지 윤 정
1. 1970년
2. ㈜윌토피아
3. 02-3477-6215~6
4. www.willtopia.co.kr
5. 기업교육컨설팅
   서비스운영및모니터링컨설팅
   교육과정개발컨설팅
6. 충남대학교 신문방송학과 졸업
7. 한국능률협회컨설팅 주임교수
   한국여성민우회 교육분과 자문위원
   고객센터서비스인증제 심사위원
   한국여성벤처협회 부회장
   중소기업소상공인연합회 부회장
   경기도 여성가족연구소 자문위원

(주) 서울커뮤니케이션
종합 HR서비스 전문기업 I www.scman.co.kr

차 동 혁
1. 1965년
2. ㈜씨아이템프러리
3. 02-3439-0100
4. www.citemp.co.kr
5. 인재파견, 헤드헌팅(채용대행)
   아웃소싱, 물류 / 생산, 판매도급
6. 용산고등학교
   한국방송통신대학 경영학과
7. ㈜ATK 경영지원 본부장
   ㈜에이팩스 수도권 지사장
   現 ㈜씨아이템프러리 대표이사
13. '겸손·조화·최선'의 사훈을 기반으로 한 인성경영

천 효 규
1. 1961년
2. ㈜엠비모스트
3. 010-4556-8952
4. www.mbmost.com
5. 물류, 제조, 유통, 서비스 분야
6. 동아고 졸업
   동의대학교 독어독문학과 졸업
7. 한화㈜의약 사업부 팀장
   Adecco 부산 지사장
   MBM 부산 지사장
   엠비모스트 대표이사
13. 21세기 혁신과 진화

최 영 은
1. 1959년
2. ㈜맨토스파워
3. 02-335-3330
4. www.mantp.co.kr
5. 판매, 판촉아웃소싱
   물류, 생산, 유통, 콜센터, 인재파견
6. 동흥상업고등학교
   한양대학교 행정학과 졸업
   한양대학교 대학원 졸업
7. ㈜진로 인사팀장
   ㈜남영비비안 총무임원
   전)숙명여대 취업자문위원
8. 독서, 사진 / 골프
13. 사람존중, 고객존중, 사회존중

최 우 석
1. 1960.
2. ㈜ 휴먼앤비젼
3. 032-515-0190
4. www.human-vision.co.kr
5. 건물/시설종합관리, 도급, 인재파견, 채용대행,
   클리닝서비스, 병원간병서비스
6. 대학교 : 국립서울산업대학교 / 전자과 졸업
   대학원 : 김포대학교 경영대학원 수료
7. 인천광역시 고용창출 우수기업상 수상
   아웃소싱 서비스 고객만족대상 수상
   시니어 고용창출 우수기업 수상
   인천광역시 어르신 고용우수기업 인증/수상
   대한상공회의소 우수기업 표창
   상공의날 국회의원 표창
   100만 일자리 찾아주기 운동본주 전문위원
   아웃소싱지도사협회 회장

최 윤 석

1. 1969년
2. ㈜인사이드잡
3. 02-591-□563
4. www.insidejob.co.kr
5. 유통/판기,판촉, 콜센터운영, 병원간호서비□
   건물시설□□, 물류, 근로자파견,
6. 서울고등학교 졸업
   숭실대학교 졸업
   한양대학교 경영대학원 수료
7. 케이텍맨□워(㈜) 통신지원팀장 역임
   이케이맨□워(㈜) 영업기획총괄 역임
   한국경제 '마케팅전략전문가과정'
   성신여자대학교 특강활동(비즈니스 커뮤니케이션)
   18년 업력□ 아웃소싱 전문가 선정(최고경영자부문)
   리더스라□ 코스클럽 부회장
12. 대한민국 'only-1' pride Outsourcing !
13. 자율경영, □임경영, 고객우선주의
14. 소통,배□, 자율적책임

최 현 권

2. ㈜메이크인
3. 02-2291-7070
4. www.make-in.net
5. 고용노동부 청년취업인턴제
   고용노동부 청년내일채움공제
   보건복지부 한국노인인력개발원 시니어인턴십
   고용노동부 취업성공패키지
   고용노동부 재학생 직무체험
   고용노동부 장년인턴 취업지원제
   근로복지공단 산재근로자 고용서비스
7. ㈜메이크인 대표이사

한 원 덕

2. ㈜한덕엔지니어링
3. 02-515-□□□
4. www.hand□keng.co.kr
5. 시설종합관리/청소,경비용역
   소독(방역), 드론영업외
6. 고려대학교경영대학원졸업(제69대총학생회장)
7. 두산그룹, 동촌엔지니어링 대표이사
   (사)한국경비협회중앙회 회장
   서울지방경찰청 경찰발전위원회연합회장
   직능경제인단체총연합회 수석부회장
   고려대학교 총교우회 부회장
   서울지방경찰청 경찰특공대발전위원회 부위원장
   민주평통강남구협의회 수석부회장 등 다수
   표창장-보건복지부장관, 서울시장, 행자부장관, 건교부장관
   감사장-서울지방경찰청장, 강남경찰청장
   국□훈장석류장- 대통령(2001.7) 등 다수

한 재 만

1. 1975년
2. 원휴먼서비스㈜
3. 02-3444-5901
4. www.1human.co.kr
5. 인재파견, 생산도급, FM서비스
6. 구정고등학교졸업
   중앙대학교경영학과졸업
   AMERICAN UNIVERSITY in London 경영학석사
   (MBA취득)
7. ㈜LG서브원전략구매본부근무
   ㈜한덕엔지니어링기획조정실근무
   원휴먼서비스㈜ 대표이사
   (사)대한민국건국회운영위원
   고려대학교경영전문대학원제96대원우회 수석부회장
   자 격 : 6시그마 Green Belt 보유
           CPM(Certified Purchasing Manager)
           국제공인구매관리사

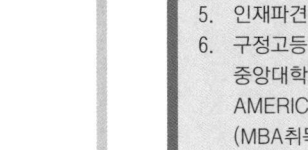

㈜ 서울커뮤니케이션

종합 HR서비스 전문기업 | www.scman.co.kr

한 준 환
1. 1948년
2. ㈜에이플러스원
3. 031-267-1199
4. www.aplusone.kr
5. 생산도급관리/물류유통관리
   빌딩,종합건물관리/경비보안서비스/미화도급관리
   제약공단관리/헤드헌팅
6. 충남대학교문리대철학과
7. ㈜녹십자입사
   ㈜녹십자영업관리 이사
   ㈜녹십자생산 본부장
   중국안휘녹십자현지법인 대표이사
   ㈜녹십자 일반관리 본부장
   ㈜녹십자 상근감사
   ㈜녹십자EM 대표이사
   ㈜에이플러스원대표이사
13. 주인의식을 바탕으로, 고객신뢰와 감동을 통하여
    종업원사랑과 국가사랑에 철저한 모범기업으로 거듭나자

허 균
1. 1959년
2. 에스휴먼(주)
3. 02-586-4777 / 031-668-9114
4. www.s-human.co.kr
5. 인재파견,채용대행,헤드헌팅, 방송출연스탭.
   스포츠부문 지원. 기타 아웃소싱업무 미화관급 등.
6. 고등학교 :효명고교
   대학교 :명지대법대
   대학원: 건국대학교 대학원 석사과정 졸(법학석사)
7. 케이텍맨파워 전무역임
   이케이맨파워 상무역임
8. 여행.음악감상
9. 수필 다수 (문학지 등단 게재)
10. 수필, 단편소설
11. 알면 그렇게 하도록 시도하자
12. 성장과 안정
13. 적극적 마인드와 창조적 마인드를 실천
14. 상호 배려하는 마인드. 리더십으로 나부터.
15. 새해 소망 :마음의 평화. 취미활동 하기

홍 형 표
1. 1960년
2. 보보스링크㈜
3. 070-7119-9898
4. www.boboslink.com
   www.duobrain.com
5. 인재파견, 헤드헌팅, 아웃소싱, 전직지원서비스, HR컨설팅 등
6. 원주고등학교 졸업/국립 강원대학교 심리학과 졸업
7. Global HR Consulting Group Adecco Korea 전무이사 역임/코리아리크루트, 한경플레이스먼트, 본부장/월간인턴 사업본부장/취업특강 및 HR아웃소싱 컨설팅 전문가/해외 유학인력 채용 포럼 및 Job Fair 전문가
8. 등산, 낚시
10. 인맥의 구성 및 활용방법
11. 꼭 필요한 사람이 되자/꿈은 이루어진다.
12. Total HR Biz Group
13. 기업성장의 가교(Bridge)가 되자
14. 전문화, 조직화, 체계화되어 있는 시스템문화
15. 든든한 기반구축 및 다양한 신사업의 전개

황 인 범
1. 1962년
2. 아이비커리어㈜
3. 02-550-5500
4. www.ibcareer.co.kr
5. 인재파견, 헤드헌팅, 시설관리, 경영HR컨설팅
   노무자문서비스, 아웃소싱(컨택센터, 금융, 사무, 물류)
6. 단성고 졸업/국립경상대학교 법학과 졸업
7. 한국HR서비스산업협회 근로자보호클린인증/한국HR아웃소싱리딩컴퍼니 선정/고용노동부인증근로자파견우수기업 수여/다솜채 설립, 대표이사 역임/아이비커리어㈜ 대표이사 취임 (現)/I&B홀딩스㈜ 설립, 대표이사/하나증권 대치동 지점장/조흥증권, 동서증권
8. 골프, 등산
11. 준비된 인재POOL, 투명한기업경영, 차별화된 교육시스템, 재무건전성
12. 신뢰받는 아웃소싱 리더
13. 인재육성, 차별화된 가치제공, 신뢰강화, 사회발전에 공헌
14. 신뢰받는 아웃소싱 리더
15. 고객의 가치를 높일 수 있는 기업으로 성장

2026 KOREA OUTSOURCING DIRECTORY

노동안전 종합대책

(2025. 09. 15)

Ⅰ. 추진 배경

1. 중대재해 현황

○ 사고사망자는 감소하고 있으나, 크게 줄지 않는 상황

　＊ (사고사망자) '22년 644명 → '23년 598명(△46명) → '24년 589명(△9명)

- 50인 미만 소규모 사업장(339명), 기본 안전 수칙 준수로 예방 가능한 추락·끼임·부딪힘 등 재래형 사고 다발(전체 사고사망자의 약 60%)

- 하청노동자, 고령자, 외국인, 특수형태근로종사자 사고 집중

> 〈'24년 현황〉
> ▲하청 : 50인(억) 이상 사업장은 하청노동자가 72%(250명 중 179명)
> ▲고령 : 60세 이상 고령 사고사망자(250명)는 전체의 42.4%
> ▲외국인 : 건설·제조업 중심으로 지속 증가(102명(전체 12.3%), 유족급여 승인 기준)
> ▲특고 : 퀵서비스기사, 화물차주 등의 교통사고 중심으로 증가(101명(전체 12.3%), 유족급여 승인 기준)

2. 원인 진단

○ 소규모 사업장은 인력·재정 등의 부족으로 노후설비 등 **위험 상존**, 한정된 행정력·공급자 중심의 지원으로 안전 정책의 실효성 저하

○ 다단계 하도급 구조로 인한 **위험의 외주화**로 원·하청 간 책임 불명확, 안전 관리 비용 대폭 삭감 등 **안전 책임 약화**

○ 원청 노사 중심의 의사결정 구조로 **하청노동자 참여 제약**, 작업중지· 대피 권리 사용 제한 등 안전 주체로서 **노동자 역할에 한계**

○ 법 준수 비용보다 **법을 위반하는 것이 이익이 되는 구조**

⇨ 영세사업자 여력 부족 + 위험의 외주화 + 노동자 참여 제한 + 실효성 없는 제재 등 다양한 요인 복합적 작용

[기본 방향]

❖ **영세사업장, 취약노동자 사고 예방 지원 집중**
❖ **정부-지방자치단체-민간**이 함께 **예방 주체로 노력**
❖ **사고 예방**이 노사 모두에게 **이익**이 되는 **구조로 전환**

Ⅱ. 주요 대책

1 안전 사각지대 예방 지원 강화

1. 소규모 사업장의 안전일터 지원 확대

- **재정** 10인 미만 사업장 3대 사고(추락·끼임·부딪힘) 예방 지원 대폭 확대*, 실제 기업이 필요로 하는 시설·장비를 지원하는 체계로 개편

  * 기존 소요 비용의 50~80% → 최대 90%까지 지원, '26년(안) 433억(신규)

  - 스마트 안전장비 확산 지원('26년 370억), AI 기술 활용 위한 R&D 체계 구축

- **인력** 안전·보건관리자 선임 대상 사업장(現 50인 이상) 확대 + 인건비 등 지원 신설, 지역 산업단지 등에 공동안전관리자 채용 확대 지원

- **기술** 중상해재해(요양 기간 90일 초과) 발생 사업장 선제적 컨설팅 신설('26년 8,000개소), 실제 개선을 위한 이행점검 확대·재정지원 연계

- **교육** 외국인·사업주 등 대상별 맞춤형 교육, VR 자료 등 체험형 교육 확대

2. 사고 비중이 높은 노동자 집중 지원

외국인 노동자	특수형태근로종사자	고령노동자
·현장 여건을 고려한 안전·직무훈련 ·중대재해 발생 시 고용제한 강화 ·외국인 안전리더 확산(200명)	·산안법 적용(직종, 보호조치) 확대 ·교통사고 예방 지원(무상정비 등) 유상운송보험가입 및 교육 강화	·작업환경 개선 비용 지원 ·직종별 안전보건가이드 개발 및 안전 교육 확대

3. 지방자치단체·민간과 함께 촘촘한 예방 시스템 구축

- **(중앙)** 고위험 사업장 중심으로 감독 물량 확대('28년까지 7만개소), 불시 패트롤 점검 신설 및 합동 감독(산업안전+근로기준)으로 개선

- **(지방)** 소규모 사업장(30인 미만) 점검·감독('28년까지 3만개소), 지붕 벌목 등 지역 특성에 맞는 예방 활동 전개토록 지원 신설('26년(안) 143억)

- **(민간)** 경험·역량을 갖춘 퇴직자, 노사단체 소속 인원 등을 안전지킴이로 채용·위촉(1천명) → 1억 미만 건설 현장 등에 집중 투입

  ⇒ 지역별 노동부-지방자치단체-민간 협업체계 구축, 61만개소 사업장 점검·관리

2. 안전 주체로서 노사의 역할·책무 확립

1. 도급 계약 시 원청의 안전 예방 의무 강화

○ **(적정 비용)** 발주자(공공·민간)에 적정 공사비 산정 의무 부여, 적격심사(국가 공사 100억 원 미만) 낙찰하한율 상향(+2%p)

　- 산업안전보건관리비 계상 의무 주체 확대(발주자→원청), 노사 의견 수렴 등을 통해 산업안전보건관리비(現 공사비의 2~3%) 단계적 인상 검토

○ **(공사 기간)** 민간 공사 설계서에 공사 기간 산정 기준 포함(표준도급계약서 개정), 건설 공사 기간 연장 사유에 폭염 등 기상재해 추가

2. 공공기관이 안전에 선도적 역할

○ **(책임성 강화)** 중대재해 발생 책임 있는 기관장 해임 요청 근거 마련, 고위험 현장 인력 우선 재배치, 안전 투자 실적 주기적 점검·관리

○ **(안전 관리 평가)** 경영평가 산재예방 분야 배점(現 0.5점) 대폭 상향, 수급업체 안전관리 수준을 평가(재난관리평가, ESG) 등에 반영

　- 지방공기업 안전 관리 수준 평가 도입·확대(現 17개소 시범 운영)

3. 안전 관리를 위한 구조 개선

○ **(불법하도급)** 건설 현장 불법하도급 합동 단속 정례화 및 엄정 조치, 불법하도급에 따른 제재 수준 및 사유 등 확대

○ **(하도급구조)** 산재 예방 능력을 갖춘 수급인 선정·계약 의무·절차 명확화*, 6개 분야 공공기관(발전, 에너지 등) 하도급 실태 조사 및 개선 방안 마련

　* 수급업체의 산업재해 발생 현황, 안전보건조치 위반사항 및 시정 여부 확인 등

4. 산재예방주체로서 노동자 권리 보장

알 권리	참여 권리	피할 권리
·재해조사보고서 공개 ·중대재해 기업명 공개 방안 마련 (예시: 반기)	·산업안전보건위원회 확대 ↳노사가 함께 안전규범 수립·이행 ·노동자 대표 추천 시 명예산업안전감독관 위촉 의무화	·노동자의 작업중지 또는 시정조치 요구 권리 신설 ·작업중지권 행사 요건 완화

3. 노동안전 확산을 위한 인프라 확대

1. 산업안전감독관 대폭 확충

○ **(인력 확충)** 지방자치단체에 근로감독 권한을 부여하고, 감독관 인력 확충 및 사업장 점검·감독 시 **협업 강화** → 점검·감독 물량 확대

  * **(범위)** 30인 미만 사업장 대상 예방적 감독 수행, **(권한)** ①사업장 감독, ②사후조치 권한(사법경찰권)

○ **(전문성 제고)** 기술직군 채용을 확대(現 43%→70%)하고, 직무능력 공인 전문인증제 도입 및 순환보직 제한

  - 도제식 훈련 및 경력 단계에 맞는 현장 중심 체험·실습 교육 강화

2. 안전·보건 관리를 위한 민간의 전문성 제고

○ **(안전·보건관리자)** 현장 경력 정보를 관리하여 **경력별**(초급, 중급, 상급) 직무 교육 실시 및 이수증 발급 → 경력 관리 유도

○ **(민간 재해예방기관)** 신규·저역량 기관에 **컨설팅**(기관 운영 방향 등) 지원, 부실기관은 평가체계 고도화를 통해 제재를 강화하여 시장 퇴출 유도

3. 안전 의식·문화 확산

○ **(직접 위험 신고)** 안전에 대한 경각심 제고 및 안전 생활화를 위한 온라인·모바일 기반 「안전일터 신고센터」 개설·운영(8.29.~)

  - ①사업주의 안전·보건 조치 의무 위반, ②산재은폐·정부명령에 대한 고의적인 미이행 신고 시 **파격적으로 포상**('26년(안) 111억)

> [포상금 지급(안)] ▲산업안전보건기준에 관한 규칙 위반(방호설비 미준수 등): 1건 당 50만 원
> ▲고의적인 법 위반(산재은폐, 정부명령 미이행 등): 1건 당 500만 원

○ **(안전 인식 확산)** 생명안전 감수성 제고를 위한 담당 공무원 교육 의무화

  - 정부, 노사단체, 업종별 협·단체 등과 **협의체·추진단 운영***을 통해 경영진 인식 제고, 안전 실천 분위기 확산

    * 정부, 경제단체 등이 참여하는 「가칭기업 안전문화 확산 추진단」 운영 등

  - 대국민 안전 인식 확산을 위한 공익 광고 등 다양한 매체 활용

4 | 안전 예방을 촉진하는 제재 수단 도입

1. 신속·실효성 있는 경제적 제재 부과

○ **(과징금 도입)** 연간 3명 이상 사망사고 발생 시 법인에 대한 제재로서 과징금(영업이익의 5% 이내, 발생 횟수 등에 따라 차등 부과) 도입(산업안전보건법)

○ **(영업정지 확대)** 영업정지 요청 요건을 현행 「동시 2명 이상 사망」에 「연간 다수 사망」 요건을 추가하여 확대(산업안전보건법 시행령)

 - 요청 대상은 전기, 정보통신, 소방시설공사 건설사까지 포함(소관별, 산안법 시행규칙), **영업정지 기간**(現 2~5개월) **확대**(건설산업기본법 시행령)

○ **(인허가 취소 등)** 최근 3년 간 영업정지 처분 2회 받은 후 다시 영업정지 요청 사유 발생 건설사의 등록말소 요청 규정 신설(산업안전보건법)

 - 법률 전수조사를 통해 건설업 외 다른 법률의 **인허가 취소사유**에 **중대재해 발생 포함**(11개 부처 33개 법률 대상 검토, 법제처)

○ **(공공입찰)** 중대재해 반복 발생 사업장에 대한 공공입찰 참가 제한, 낙찰자 선정 시 **평가**(감점 확대 등) **강화**, 제재효력 승계 규정 마련

2. 여신심사, 자본시장 평가 등에 반영

○ **(금융)** 대출금리·한도 등에 중대재해 리스크가 **확대 반영**될 수 있도록 금융권 자체 여신심사 기준, 대출약정 등 개선

○ **(투자)** 중대재해 발생 현황 등이 투자에 고려될 수 있도록 **수시공시 의무화**, ESG 평가, 스튜어드십코드에 반영

3. 사고 조사·수사 강화

○ **(의무 준수 촉진)** 중대재해 예방을 위한 고용노동부 장관의 긴급 작업중지 명령 제도 신설 및 유해위험 기계 등에 대한 **시정조치 명령 활성화**

 - 사망사고 없이 안전·보건조치 의무 위반 적발 시(일반감독) 즉시 집행(10.~)

○ **(신속·엄정 수사)** 노동부 - 대검찰청 간 협의체 구성 등 관계 부처 협업 강화로 중대재해 발생기업에 대해 신속하게 송치·기소

III. 향후 계획

> ➡ 즉시 이행이 가능한 과제 중심으로 신속 추진, 집행 체계 혁신을 통한 기능·역할 강화, 특별위원회를 운영하여 「산재예방 5개년 계획*」 마련
> ▲일하는 모든 사람을 보호, ▲새로운 위험요인 대비, ▲노사의 책임 강화, ▲업종별 특화 대책 마련 등

□ 대책 이행

○ **(입법)** 법 개정안은 조속히 마련하여 당정 협의 후 연내 입법 추진 하위법령 개정사항은 연내 개정 완료 목표로 개정 절차 즉시 착수

　* (입법 사항) 8개 부처(노동부·국토부 등) 12개 법률(산업안전보건법, 건설산업기본법 등)

○ **(예산)** 대책의 차질 없는 이행을 위해 '26년 예산 및 앞으로도 지속 반영되도록 재정 당국·국회와 긴밀하게 협의

　* ('26년 안) 2조 722억 원(노동부, 중기부, 국토부, 산업부 등)

○ **(이행 상황 점검)** 안전 실천 분위기 확산을 위해 부처, 노사 및 유관단체 등과 간담회·현장 방문 등 소통 강화

□ 추진체계 구축

○ 산재예방대책의 일관성·지속성 등을 담보하기 위해 '^{가칭}안전한 일터 특별위원회' 설치·운영(산업안전보건법)

　* 구성(안) : 노사정 및 전문가 포함 15인 내외로 구성

○ 민관 합동으로 산재예방을 위한 「산재예방 5개년 계획」을 수립하고, 현장 실태 상시 모니터링, 산재예방 관리·연구 등 수행

　* ▲일터 안전 혁신, ▲노동자 참여 및 책임, ▲노·사의 역할과 협력체계 재정립,
　　▲중앙-지방정부의 협업을 통한 감독 강화, ▲현행 안전보건 관련 법 체계·제도 분석 등

○ 감독·관리 역량을 높이고, 중앙·지방자치단체·민간 등 전달체계를 유기적으로 연계·협력, 범정부 협업과 총괄 조정 기능 강화

> ➡ '노사정 대표자 회의' 개최를 통해 구체적인 실천 방안 마련, 5개년 계획 수립 등 노사정이 함께 만들어가는 **안전 일터 본격 추진**

붙임 1 입법과제 목록 [8개 부처 12개 법률]

	대책 주요 내용	관련부처	개정 법률
① 지원 예방	・택배업 위탁 표준계약서 주요 사항 반영 의무화	국토부	생활물류서비스법
	・야간작업 고위험군(택배 등) 건강진단 신설	노동부	산업안전보건법
	・배달종사자 유상운송보험 가입 등 사회안전망 조치 강화	국토부	생활물류서비스법
② 노사의 역할·책무 강화	・발주자(공공·민간)에 적정 공사비 산정 의무 부여	국토부	건설기술진흥법 건설안전특별법^{제정}
	・건설업 산업안전보건관리비 계상 의무 주체 확대(원청)	노동부	산업안전보건법
	・발주자의 적정 공기 산정, 전문·인허가기관 장의 심의·검토	국토부	건설안전특별법^{제정}
	・건설공사 기간 연장 사유에 폭염 등 기상재해 추가	노동부	산업안전보건법
	・중대재해 발생의 책임 있는 기관장 해임 근거 마련	기재부	공공기관운영법
	・불법하도급에 따른 제재 수준 및 사유 확대	국토부	건설산업기본법
	・적격 수급인 선정을 위한 의무 내용·절차 명확화	노동부	산업안전보건법
	・건설공사 발주자·설계자·감리자 책임 신설	노동부, 국토부	산업안전보건법 건설안전특별법^{제정}
	・재해조사보고서 공개	노동부	산업안전보건법
	・안전보건 공시제 도입	노동부	산업안전보건법
	・위험성평가에 노동자대표 참여, 미실시에 대한 제재 신설 등	노동부	산업안전보건법
	・원하청 공동 산업안전보건위원회 구성·운영 의무화	노동부	산업안전보건법
	・명예감독관 위촉 의무화	노동부	산업안전보건법
	・노동자·명예감독관의 작업중지·시정조치 요구권 신설	노동부	산업안전보건법
	・노동자 작업중지권 행사 요건 완화 및 불리한 처우 금지 등	노동부	산업안전보건법
③ 실효적 제재	・사망사고 다수 발생 시 법인에 대한 과징금 도입	노동부	산업안전보건법
	・영업정지 대상 확대 및 등록말소 요청 규정 신설	노동부 국토부 산업부 과기부 소방청 국가유산청	산업안전보건법 건설산업기본법 전기공사업법 정보통신공사업법 소방시설공사업법 국가유산수리법
	・중대재해 반복 발생 사업장 공공입찰 참가 제한	기재부, 행안부	국가계약법 지방계약법
④ 안전의식	・안전보건조치 위반 등에 대한 신고포상금 지급	노동부	산업안전보건법
	・고용노동부장관의 긴급 작업중지명령 제도 신설	노동부	산업안전보건법
	・특별위원회 설치·운영	노동부	산업안전보건법

붙임 2   향후 추진 일정

추진 과제	담당부처	일정
C. 안전 사각지대 예방 지원 강화		
1. 소규모 사업장의 안전일터 지원 확대		
① 10인 미만 소규모 사업장, 현장 수요 중심으로 재정 지원 개편		
① 10인 미만 사업장 3대 사고 예방 지원 대폭 확대	노동부	'25.下~
② 안전관리 수준의 실질적 개선을 위해 기술지원과 연계	노동부	'25.下~
③ 소규모 사업장 지원 규모 및 자율품목 확대	노동부	'25.下~
④ 부처협업형 스마트공장 구축 지원	노동부·중기부	'25.下~
⑤ 현장 수요를 기반으로 실제 필요로 하는 안전시설·장비 지원	노동부	'25.下~
② AI 기술을 산업안전 분야에 적극 도입		
① 타부처 협업 R&D로 안전분야 기술·제품 개발	노동부·중기부· 산업부·국토부· 과기부	'25.下~
② 연구개발을 통한 기술·제품 재정지원 연계	노동부	'25.下~
③ 위험요소 식별 및 개선 사항 제시 AI 도구 개발	노동부	'26.~
④ AI·디지털 트윈 기반 안전관리 서비스 실증 지원	과기부	'26.~
⑤ 첨단기술을 활용한 예방 시스템 구축 지원	산업부	'26.~
③ 안전관리 역량 강화를 위한 인력·기술 지원		
① 안전·보건관리자 선임 대상 사업장 요건 강화	노동부	'26.~
② 안전·보건관리자 선임 부담 경감 지원 방안 신설	노동부	'26.~
③ 공동안전관리자 채용 확대 및 현장 지원 강화	노동부	'26.~
④ 맞춤형 교육 프로그램 신규 운영으로 역량 강화 지원	노동부	'26.~
⑤ 중상해 재해에 대한 기술지원 도입	노동부	'26.~
⑥ 고위험 사업장 대상 이행 점검 확대, 재정지원과 연계	노동부	'25.下~
④ 안전 의식 생활화를 위한 안전보건 교육 확대·지원		
① 생명안전 인지도·감수성 제고를 위한 대상별 안전 교육 확대	노동부·중기부· 행안부·인혁처	'25.下~
② 위험상황, 작업공정 재현 VR 교육자료, 동영상 배포	노동부	'25.下~
③ 체험교육 인센티브 확대, 공공 안전체험 교육장 건립	노동부·행안부	'26.~

추진 과제	담당부처	일정
⑤ 산재예방 활동에 대한 인센티브 확대		
① 안전시설에 대한 통합투자세액공제 적용 범위 확대	기재부	'26.~
② 산재예방 우수 기업 발굴·선정으로 모범 사례 확산	노동부·행안부 등	'25.下~

2. 사고 비중이 높은 노동자 집중 지원

추진 과제	담당부처	일정
① 외국인 노동자: 고용 제한 강화 + 외국인 안전리더 확산		
① 외국인 사망사고 발생 사업장 고용 제한 요건 강화	노동부	'26.~
② 건설업 고용 제한 단위를 사업주로 확대	노동부	'26.~
③ 외국인근로자 지원센터 등을 통한 외국인 안전리더 확산	노동부	'25.下~
④ 외국인 안전리더 활용 기업 인센티브 부여 및 수당 지급	노동부	'26~
⑤ 농촌 중심 주거환경 시설 정비 및 숙소지원 확대	노동부·농식품부	'26~
⑥ 현장 여건을 고려한 직무 훈련 과정 신설	노동부	'26.~
② 특수형태근로종사자: 법의 보호 범위 확대+교통사고 예방		
① 특수형태근로종사자의 직종 및 적용 규정 확대	노동부·국토부	'26.~
② 안전조치 준수 점검 확대, 안전 문화 캠페인 지원	노동부·행안부·경찰청	'26.~
③ 고위험군 특수형태근로종사자 건강진단 도입	노동부	'27.下~
④ 배달종사자 유상운송보험 가입, 안전교육 의무화	노동부·국토부	'26~
③ 고령노동자: 특화 작업환경 개선, 교육·건강관리 강화		
① 고령 친화적 작업환경 개선 비용 지원	노동부	'25.下~
② 고령노동자 작업관리 가이드라인 개발·보급	노동부	'25.下~
③ 고령노동자 특화 콘텐츠 개발·보급, 안전교육 실시	노동부	'26.~
④ 고령자 심층건강진단 및 사후관리 지원	노동부	'26.~

3. 지방자치단체·민간과 함께 촘촘한 예방시스템 구축

추진 과제	담당부처	일정
① 중앙정부: 고위험 사업장 점검·감독 확대		
① 감독관 증원과 연계 감독 물량 확대	노동부	'26.~
② 불시 패트롤 점검 신설, 안전일터 신고센터 연계	노동부	'25.下~
③ 산업안전+근로기준 합동 감독으로 구조적 문제 파악·개선	노동부	'25.下~

노동안전 종합대책

추진 과제	담당부처	일정
2 지방자치단체: 30인 미만 점검·감독+지역 특화 예방 활동		
① 감독권한 위임, 30인 미만 소규모 사업장 점검·감독 추진	노동부	'26.~
② 지역 특성에 맞는 예방 사업을 기획·운영토록 사업 신설	노동부	'26.~
③ 중앙-지방 안전 네트워크 구축으로 개별 관리 강화	노동부·행안부	'26.~
3 민간: 영세소규모 사업장 중심으로 상시 순찰		
① 안전지킴이 영세사업장 집중 투입	노동부	'26.~
② 민간재해예방기관을 통한 집중 지도·관리 강화	노동부	'25.下~
③ 지방관서-안전협회-보건협회 간 협조 체계 구축·운영	노동부	'25.下~

Ⅱ. 안전 주체로서 노사의 역할·책무 확립

1. 도급 계약 시 원청의 안전 예방 의무 강화

추진 과제	담당부처	일정
1 안전관리를 충분히 할 수 있도록 적정 비용 보장		
① 발주자에게 적정 공사비 산정 의무 부여	국토부	'26.~
② 산업안전보건관리비 계상 의무 원청 및 업종 확대	노동부	'26.~
③ 산업안전비용 전가 부당특약 점검 및 과징금 부과수준 상향	노동부·공정위	'26.~
2 안전 확보를 위한 충분한 공사기간 부여		
① 민간공사 계약 단계부터 적정 공사기간 확보 유도	국토부	'26.~
② 건설 공사 기간 연장 사유로 폭염 등 기상재해 추가	노동부	'26.~

2. 공공기관이 안전에 선도적 역할

추진 과제	담당부처	일정
1 인력·투자 확대 등 안전경영에 대한 책임성 강화		
① 중대재해 발생 책임 기관장 해임 법적 근거 마련	기재부	'26.~
② 2인 1조 작업, 신규자 단독 금지작업 운영 실태조사	기재부	'25.下~
③ 투자 계획, 기관별 안전 투자 실적 주기적 점검·관리	기재부	'25.下~
④ 기관장·경영진, 사업주, 근로자 등 안전교육 강화	기재부	'25.下~

추진 과제	담당부처	일정
② 공공기관 및 수급업체 포함 안전 관리 평가		
① 공공기관 경영평가 안전 관련 항목 반영 및 배점 상향	기재부	'25.下~
② 공공부문부터 평가 지표에 수급업체 안전 관리 수준 반영	기재부·행안부	'25.下~
③ 안전활동 수준평가 중대재해 반영, 근로자 면담 신설	노동부	'25.下~
④ 지방공기업 안전활동 수준평가 도입·확대	행안부·노동부	'26.~

3. 안전 관리를 위한 구조 개선

추진 과제	담당부처	일정
① 불법하도급 방지 등 하도급 구조 개선		
① 건설현장 불법하도급 합동 단속 정례화	노동부·국토부	'25.下~
② 불법하도급에 따른 제재 수준 및 사유 등 확대	국토부	'26.~
③ 공공기관 하도급 실태조사	관계부처 합동	'26.~
④ 질식 위험 업무 하도급 규정 정비	노동부·기재부·행안부	'25.下~
② 적격 수급인 선정 등 주체별 안전 관리 강화		
① 적격 수급인을 선정·계약토록 의무 내용·절차 명확화	노동부	'26.~
② 적격수급인 선정 가이드 개정·보완	노동부	'25.下~
③ 건설공사 주체별 안전관리 강화	노동부·국토부	'26.~

4. 산재예방주체로서 노동자 권리 보장

추진 과제	담당부처	일정
① 알 권리: 정보 공개 확대 및 위험성평가 개선		
① 사고 재발 방지를 위한 재해조사보고서 공개	노동부	'25.下~
② 중대재해 발생 기업명 정기적 공개 방안 마련	노동부	'25.下~
③ 안전보건공시제 도입으로 안전보건 정보 공개 확대	노동부	'26.~
④ 공공기관 산재 사망자 수 공시 주기 확대	기재부	'26.~
⑤ 중대재해 다발 업종 표준모델, 고위험요인 자료 보급	노동부	'25.下~
⑥ 위험성평가 미실시 벌칙 적용, 노동자대표 참여 보장	노동부	'26.~

추진 과제	담당부처	일정
2 참여 권리: 원하청 통합 안전보건관리 및 노동자대표 권한 강화		
① 산업안전보건위원회 원하청 노사 참여 확대	노동부	'26.~
② 건설업 원하청 안전·보건협의체 구성·운영 의무 범위 확대	노동부	'26.~
③ 명예산업안전감독관 위촉 의무화 및 교육 훈련 지원	노동부	'26.~
3 피할 권리: 작업중지권 확대 및 실질적 보장		
① 노동자의 작업중지 또는 시정조치 요구 권리 신설	노동부	'26.~
② 정당한 작업중지권 행사 시 불리한 처우 방지	노동부	'26.~

Ⅱ. 노동안전 확산을 위한 인프라 확대

1. 산업안전감독관 대폭 확충

추진 과제	담당부처	일정
1 지방자치단체 권한 위임 및 인력 확충		
① 지방자치단체에 근로감독 권한 부여 및 협업 강화	노동부·행안부	'26.~
② 산업안전감독관 확충	노동부·행안부	'26.~
2 감독관 역량 강화를 위한 실습형 교육 및 보직 관리		
① 전문성 확보를 위한 기술직군 채용 확대	노동부	'26.~
② 현장 중심의 체험·실습형 교육 강화	노동부	'26.~

2. 안전·보건 관리를 위한 민간의 전문성 제고

추진 과제	담당부처	일정
1 안전·보건관리자 전문성 제고		
① 현장 경력 정보 체계적 관리	노동부	'26.~
② 안전·보건관리자에 대한 업종별 특화교육 운영	노동부	'26.~
2 민간 재해예방기관 역량 강화		
① 우수 민간재해예방기관 육성을 위한 컨설팅 지원	노동부	'26.~
② 민간재해예방기관 평가 체계 고도화	노동부	'26.~
3 건설인 기능인 등급제를 통한 숙련 기능인 양성		
① 기능인 등급제 활성화, 청년 유입 유도	국토부	'26.~

추진 과제	담당부처	일정

3. 안전 의식·문화 확산

1 대국민 직접 위험 신고 및 포상금 지급

① 온라인·모바일 기반 안전 일터 신고센터 개설·운영	노동부	'25.9월~
② 산재 발생 위험 등 적발·신고 시 포상금 지급	노동부	'26.~

2 안전 의식 확산을 위한 민관 협업

① 자발적인 안전 투자 확대 및 안전 확보 노력 촉구	노동부·산업부	'25.下~
② 안전문화 협의체를 통한 지역 맞춤형 안전문화 활동	노동부	'26.~
③ 대국인 안전 인식 확산을 위한 공익광고 추진	노동부	'25.下~

IV. 안전 예방을 촉진하는 제재 수단 도입

1. 신속·실효성 있는 경제적 제재 부과

1 중대재해 반복 발생 시 금전적 제재 및 영업정지·인허가 취소

① 연간 3명 이상 사망사고 발생 시 과징금 도입	노동부	'26.~
② 건설사 영업정지 요청 요건 확대	노동부	'26.~
③ 전기공사 등 영업정지 요청 대상 공사 확대	노동부·산업부·과기부·소방청, 국가유산청	'26.~
④ 사망자 수에 따라 건설사 영업정지 수준 강화	국토부	'26.~
⑤ 영업정지 반복 건설사 등록말소 요청 규정 신설	노동부·국토부	'26.~
⑥ 중대재해 발생을 인허가 취소나 영업정지 사유에 포함	소관부처·법제처	'26.~

2 중대재해 반복 발생 사업장 공공입찰 제한 강화

① 공공사업 입찰참가자격 제한 대상 확대	기재부·행안부	'26.~
② 공공입찰 참가 제한 요건·기간 확대	기재부·행안부	'26.~
③ 입찰참가자격 제한 제재 효력 승계 규정 마련	기재부·행안부	'26.~
④ 공공조달 낙찰자 중대재해 발생 여부 평가 강화	기재부·조달청·행안부	'25.下~
⑤ 민자사업 낙찰자 건설안전 평가 배점 상향, 감점기준 명확화	기재부	'25.下~

추진 과제	담당부처	일정

2 여신심사, 자본시장 평가 등에 반영

☐ 여신심사, 보증, 분양 등에 중대재해 리스크 반영

추진 과제	담당부처	일정
① 금융권 신용평가 기준, 대출 약정 등 개선	금융위·노동부	'25.下~
② 분양보증, PF 대출보증 취급 시 심사 강화	금융위·국토부	'26.~
③ 중대재해 유발 업체 분양 과정에서 패널티 부여	국토부	'26.~
④ 중대재해 발생 시 정책자금 지원 제재 강화	중기부 등	'25.下~

☐ 투자 판단 시 참고할 수 있도록 자본시장 평가 등에 반영

추진 과제	담당부처	일정
① 상장회사의 중대재해 발생 등 공시 의무화	금융위	'25.下~
② 중대재해 관련 사실 ESG 평가, 스튜어드십코드에 반영	금융위·복지부	'25.下~
③ 중대재해 다발기업 산재보험기금 여유자금 투자 제한	노동부	'26.~

3 사고 조사·수사 강화

☐ 안전·보건 조치 의무 준수 촉진

추진 과제	담당부처	일정
① 고용노동부 장관의 긴급 작업중지 명령 제도 신설	노동부	'25.下~
② 안전보건조치 미비 시 적극적 시정조치 명령 활성화	노동부	'25.下~
③ 일반감독 시 시정 기회 없이 즉시 사법조치	노동부	'25.下~
④ 산안법 양형기준 상향, 중처법 양형기준 신설	법무부·노동부	'25.下~

☐ 유관기관 협업으로 신속·엄정 수사

추진 과제	담당부처	일정
① 노동부-대검찰청 협의체 구성 등 협업 강화	노동부·법무부	'25.下~
② 다단계 하도급 재해 반복 사업장 불법파견 여부 점검 병행	노동부·법무부	'25.下~
③ 전담 수사조직 확충, 중대재해 사건 부장검사 책임 수사제	노동부·법무부·경찰청	'25.下~
④ 초동수사부터 공판까지 엄정 대응 기조 확립	법무부	'25.下~

든든한 사업 파트너,
[다현로앤컨설팅 노무법인]이 함께하겠습니다.

대형 노무법인
- 법인 설립 이후 매년 가파른 성장세
- 현재 전국 4개 지점 운영중
  (방배, 강남, 종로, 송도)

다양한 업종 경험
- 연간 자문 회원사 250여 기업 이상
- 다양한 업종의 노동 법률 자문 노하우
  (건설업, 제조업, 외국계기업, T/SW업, 서비스업 등)

차별화된 전문가집단
- 1본부, 8팀, 총32명
- 공인노무사 15명
- 분야별 전문위원 8명
- 고문/이사 4명, 경영지원 5명

최적의 성과
- 노동사건 승률 86.7
- 서비스 만족도 96.3
  (최근 3년 평균 200개 기업 대)

차별화된 전문성

 외국계기업 인사노무관리 실무 Q&A (2021)

 건설업 노무관리 실무 Q&A (2018)

주요 연혁

- **2023. 01** 부산지사 설립
- **2021. 03** 경기도외국인투자기업지원센터 업무협약법인 선정
- **2021. 02** 외국계 인사노무관리 실무 Q&A 출간
- **2020. 10** 송도지사 설립
- **2019. 11** 여성가족부 가족친화기업 신규인증
- **2019. 09** "핵심인사관리 실전노무관리" 서적 출간
- **2019. 09** 산업통상자원부 후원 아웃소싱 서비스 고객 만족/품질경영 대상 수상
- **2019. 03** 고용노동부 지역산업 맞춤형 일자리 창출 우수사업 수행 노무법인 선정
- **2018. 06** "건설업 노무관리 실무 Q&A" 서적출간
- **2016. 12** 직장내 성희롱 예방 교육기관 고용노동부 지정
- **2015. 07** 노무법인 다현 법인 설립
  (방배동 본사, 종로지사, 강남지사)

- 본사 : 서울시 서초구 방배로 107 디엠타워 3관 2층
- 광화문지사 : 서울 종로구 종로 1 교보생명빌딩 15층
- 강남지사 : 서울시 강남구 테헤란로425, 신일빌딩 5층
- 송도지사 : 인천시 연수구 송도과학로56, BT센터 19층 4호

- 문의 : 02)6953-1234
- 팩스 : 02)6919-2932
- 홈페이지 : www.hyunlabor.com

다현 LAW & CONSULTING GROUP

2025 KOREA OUTSOURCING DIRECTORY

개정 통상임금
Q&A

Q1. 통상임금이 무엇인지?

☐ 현행 근로기준법 시행령 제6조는 통상임금을 "근로자에게 **정기적**이고 **일률적**으로 소정근로 또는 총 근로에 대해 지급하기로 정한 **시간급·일급·주급·월급 또는 도급 금액**"이라고 정의하고 있음

☐ 대법원은 통상임금을 "소정근로의 대가로서 정기적, 일률적으로 지급하기로 정한 임금"이며

○ 통상임금 여부는 임금의 명칭이나 지급주기의 장단 등 형식적 기준이 아니라 **임금의 객관적 성질**이 통상임금의 법적인 요건을 갖추었는지 여부에 따라 판단해야 한다고 함

판시사항   (2020다247190 판결문 4쪽, 9쪽)

…통상임금을 "근로자에게 정기적이고 일률적으로 소정근로 또는 총 근로에 대하여 **지급하기로 정한** 시간급 금액, 일급 금액, 주급 금액, 월급 금액 또는 도급 금액"이라고 정의한다. 여기서 '**지급하기로 정한**'이라는 문언은 **지급이 미리 정해진 상태**, 즉 '**소정성(所定性)**'을 의미한다. 그러나 소정성은 모든 임금에 **공통된 징표이지 통상임금에 특유한 개념적 징표라고 볼 수 없다.**…(4쪽)

… 법령의 정의와 취지에 충실하게 통상임금 개념을 해석하면, **통상임금은 소정근로의 대가로서 정기적, 일률적으로 지급하기로 정한 임금을 말한다**. 통상임금은 근로기준법이 규정한 여러 임금을 산정하는 기준이 되므로, 그 본질은 근로자가 소정근로시간에 제공하기로 정한 근로의 가치를 평가한 기준임금이라는 데에 있다. 정기성과 일률성은 그 임금이 소정근로의 대가인 임금임을 뒷받침하는 개념적 징표이다. 근로자가 소정근로를 온전하게 제공하면 그 대가로서 정기적, 일률적으로 지급되도록 정해진 임금은 그에 부가된 조건의 존부나 성취 가능성과 관계없이 통상임금에 해당한다.…(9쪽)

개정 통상임금 Q&A

Q2 '소정근로의 대가'의 의미는?

☐ 대법원 **전합 판결**은 통상임금에 속하는지 여부는 우선 그 임금이 소정근로의 대가로 지급되는 금품이어야 한다고 함

- 여기서 말하는 **'소정근로의 대가'**라 함은 근로자가 소정근로시간에 **통상적으로 제공하기로 정한 근로**에 관하여 사용자와 근로자가 지급하기로 약정한 금품으로 정의함

☐ 어떠한 임금이 소정근로의 대가인지는 **소정근로시간에 통상적으로 제공하기로 정한 근로자의 근로의 가치를 어떻게 평가**하고 그에 대하여 **얼마의 금품을 지급하기로 정하였는지를 기준으로 전체적으로 판단**하여야 함

판시사항('13년) (2012다89399 판결문 7쪽)

여기서 소정근로의 대가라 함은 근로자가 소정근로시간에 통상적으로 제공하기로 정한 근로에 관하여 사용자와 근로자가 지급하기로 약정한 금품을 말한다. 근로자가 소정근로시간을 초과하여 근로를 제공하거나 근로계약에서 제공하기로 정한 근로 외의 근로를 특별히 제공함으로써 사용자로부터 추가로 지급받는 임금이나 소정근로시간의 근로와는 관련 없이 지급받는 임금은 소정근로의 대가라 할 수 없으므로 통상임금에 속하지 아니한다.

위와 같이 소정근로의 대가가 무엇인지는 근로자와 사용자가 소정근로시간에 통상적으로 제공하기로 정한 근로자의 근로의 가치를 어떻게 평가하고 그에 대하여 얼마의 금품을 지급하기로 정하였는지를 기준으로 전체적으로 판단하여야 하고…

판시사항('24년) (2020다247190 판결문 6쪽)

통상임금은 소정근로의 가치를 평가한 개념이므로, 실근로와 무관하게 소정근로 그 자체의 가치를 온전하게 반영하는 것이라야 한다. 이 점에서 통상임금은 법정 기간 동안 근로자에게 실제 지급된 임금의 총액을 기초로 하여 사후적으로 산정되는 평균임금과 구별된다. 통상임금은 가상의 도구 개념이고 그 개념이 전제하는 근로자는 '소정근로를 온전하게 제공하는 근로자'이다. '소정근로의 온전한 제공'이라는 요건이 충족되면 이를 이유로 지급되는 가상의 임금이 통상임금이다. …

Q3. '소정근로의 온전한 제공'의 의미는?

> (사례) 운수회사에서 일정 기간 동안 사고없이 운전한 운전기사에게만 무사고 수당(월 20만원)을 지급하는 경우
> ☞ 소정근로 제공 외에 무사고라는 추가적인 요건 달성에 대한 보상으로 지급되는 금품 → 소정근로의 대가가 아니므로 통상임금 아님

□ 표준국어대사전에 따르면 '온전하다'는 '본바탕 그대로 고스란하다'를 뜻함

  ○ 이러한 맥락에서 소정근로의 대가는 근로자가 소정근로일수를 모두 근무, 즉 온전하게 근무한다는 전제에서 출발함

  ○ 따라서 어떤 임금이 단체협약, 취업규칙 등으로 **사전에 소정근로의 대가로서 정기적, 일률적으로 지급하기로 하였다면**, 재직이나 근무일수 조건 등의 **충족 여부** 및 실 근로와 무관하게 그대로 통상임금에 해당함을 의미함

판시사항 (2020다247190 판결문 6쪽, 7쪽 하단~8쪽 상단)

통상임금은 소정근로의 가치를 평가한 개념이므로, <u>실근로와 무관하게 소정근로 그 자체의 가치를 온전하게 반영하는 것</u>이라야 한다. 이 점에서 통상임금은 법정 기간 동안 근로자에게 실제 지급된 임금의 총액을 기초로 하여 <u>사후적으로 산정되는 평균임금과 구별</u>된다. 통상임금은 가상의 도구 개념이고 그 개념이 전제하는 근로자는 '소정근로를 온전하게 제공하는 근로자'이다. '<u>소정근로의 온전한 제공</u>'이라는 요건이 충족되면 이를 이유로 지급되는 가상의 임금이 통상임금이다. 바꾸어 말하면 <u>소정근로가 온전하게 제공되었다는 이유만으로 지급되는 것이 아닌 임금 항목</u>(예컨대 **순수한 의미의 성과급**)은 통상임금이 아니다.... (6쪽)
통상임금에서 고려할 것은 <u>소정근로를 온전하게 제공한 경우에 지급되는 임금이 얼마로 정해졌는가</u>이다. '실제로 조건을 충족하여 그 임금을 지급받을 가능성'은 통상임금에서 고려할 필요가 없다. 가령 1개월의 소정근로일수가 22일인데 그중 20일 이상을 근무하면 지급하도록 정해진 임금의 경우 실제 20일 이상 근무할 가능성은 통상임금에서 고려할 필요가 없다. <u>조건으로 부여된 근무일수가 소정근로일수 이내라면 근로자가 소정근로일수를 모두 근무한다는 전제에서 통상임금을 산정하면 충분하다.</u> (7~8쪽)

Q4. 재직자에게만 지급하는 임금이 통상임금에 해당하는지?

(사례) 회사는 정기상여금을 분기 1회 지급하며(연 4회, 4월·7월·10월·12월 임금지급일) 지급조건은 임금지급일에 재직중인 근로자에게만 지급
☞ 통상임금에 해당하며 연 4회의 정기상여금을 합산하여 시간급으로 환산

□ 이번 대법원 전합 판결은 통상임금 판단에 있어 **계속적인 소정근로의 제공이 전제된 근로관계를 기초로 해야** 하며

- '퇴직'은 근로자와 사용자가 소정근로시간에 제공하기로 정한 근로의 대가와는 관련이 없음을 명확히 하였음

□ 따라서 위 사례와 같이 정기상여금이 소정근로의 대가로 사전에 확정되고 정기성, 일률성을 갖추었을 경우에는

- 설령 특정 시점에 재직 중일 조건이 있더라도 통상임금 산정에 영향을 미치지 못하기 때문에 통상임금에 해당될 것임

> **판시사항** (2020다247190 판결문 10쪽)
>
> 통상임금은 실근로와 구별되는 소정근로의 가치를 반영하는 도구개념이므로, <u>계속적인 소정근로의 제공이 전제된 근로관계를 기초로 산정</u>하여야 한다. 근로자가 재직하는 것은 근로계약에 따라 소정근로를 제공하기 위한 당연한 전제이다. <u>'퇴직'은</u> 정년의 도래, 사망, 해고 등과 함께 근로관계를 종료시켜 실근로의 제공을 방해하는 장애사유일 뿐, <u>근로자와 사용자가 소정근로시간에 제공하기로 정한 근로의 대가와는 개념상 아무런 관련이 없다.</u> 따라서 어떠한 임금을 지급받기 위하여 특정 시점에 재직 중이어야 한다는 조건이 부가되어 있다는 사정만으로 그 임금의 소정근로 대가성이나 통상임금성이 부정되지 않는다.

Q5. 일정한 근무일수를 충족한 경우에만 지급하는 임금이 통상임금에 해당하는지?

> (사례) 회사에서 **소정근로일**(20일이 소정근로일이라고 가정)을 **만근으로** 정하고 만근할 경우에만 30만원 지급 → A 근로자가 9월에는 만근하여 30만원을 받았으나 10월에는 결근이 있어 받지 못함
> ☞ 통상임금에 해당

□ 통상임금은 정해진 소정근로를 모두 근무한다는 전제하에 사전에 임금이 얼마로 정해졌는지를 판단하면 되고

 ○ 실제 지급조건 충족에 따른 사후적인 임금 지급 여부는 통상임금 판단의 고려사항이 아님

□ 위 사례와 같이 만근수당이 **소정근로의 대가로 사전에 확정되고** 정기성, 일률성을 갖추고 있는 경우에는

 ○ 소정근로일수를 모두 채우지 못해 실제 만근수당을 지급받지 못하더라도 통상임금 산정시에는 포함(여기서는 30만원)하여야 함

□ 따라서 각종 수당이 통상임금에 해당하는지는 **개별적·구체적 사정**을 종합적으로 고려하여 위 기준에 따라 **판단**하면 될 것임

> **판시사항** (2020다247190 판결문 6쪽, 7쪽 하단~ 8쪽 상단, 10쪽)
> 통상임금은 소정근로의 가치를 평가한 개념이므로, **실근로와 무관하게 소정근로 그 자체의 가치를 온전하게 반영하는 것**이라야 한다. 이 점에서 통상임금은 법정 기간 동안 근로자에게 실제 지급된 임금의 총액을 기초로 하여 **사후적으로 산정되는 평균임금과 구별**된다. … (6쪽)
> 통상임금에서 고려할 것은 **소정근로를 온전하게 제공한 경우에 지급되는 임금이 얼마로 정해졌는가**이다. '실제로 조건을 충족하여 그 임금을 지급받을 가능성'은 통상임금에서 고려할 필요가 없다. …조건으로 부여된 근무일수가 소정근로일수 이내라면 근로자가 **소정근로일수를 모두 근무한다는 전제에서 통상임금을 산정하면 충분**하다.(7~8쪽)
> 가) 소정근로를 온전하게 제공하는 근로자라면 충족할 근무일수 조건, 즉 소정근로일수 이내로 정해진 근무일수 조건의 경우, 그러한 **조건이 부가되어 있다는 사정만으로 그 임금의 통상임금성이 부정되지 않는다.** 설령 근로자의 실제 근무일수가 소정근로일수에 미치지 못하여 근로자가 근무일수 조건부 임금을 지급받지 못하더라도, 그 임금이 소정근로 대가성, 정기성, 일률성을 갖추고 있는 한 이를 **통상임금에 산입하여 연장근로 등에 대한 법정수당을 산정**하여야 한다.… (10쪽)

개정 통상임금 Q&A

Q6 하계휴가비나 체력단련비도 통상임금에 포함되는지?

- 사례1) 회사에서 하계휴가비(8월)와 체력단련비(1월)를 매년 기본급의 50% 각 지급하는 경우 ☞ 통상임금 해당
- 사례2) 회사에서 기말수당으로 연 2회(7월초와 12월말), 입사 후 3개월 이상 근무하고 지급일 현재 재직중인 근로자에 대해 기본급의 50%를 지급하는 경우 ☞ 통상임금 해당

☐ 명칭이나 형식에 관계없이 소정근로의 대가, 정기성, 일률성을 갖춘 경우에는 **통상임금에 해당될 것임**

> **판시사항** (2023다302838 판결문 7쪽)
>
> …상여금 세칙은 격월 상여금(각 100%)은 지급 전월 1일부터 지급 월말일까지 2개월, **설상여금(50%)**은 직전 추석 당일부터 해당 설날 전일까지, **추석상여금(50%)**은 직전 설날 당일부터 해당 추석 전일까지, **하기상여금(50%)**은 전년도 하기휴가 시작일부터 당해 연도 하기휴가 시작 전일까지를 기준기간으로 한다고 정하였다.…
>
> …이 사건 상여금은 통상임금의 750%에 해당하는 <u>일정한 금액을 일정한 주기로 분할하여 지급하는 임금</u>이므로, 근무일수 조건에도 불구하고 <u>소정근로의 대가로서 정기적, 일률적으로 지급하기로 정한 통상임금에 해당</u>한다.

Q7 새로 입사하여 정기상여금을 아직 한 번도 지급받지 못했으나 해당 정기상여금이 통상임금에 포함되는지?

(정기상여금 지급조건) 단체협약에 정기상여금은 기본급의 750%를 지급
　짝수달 5일에 각 100%, 설날, 추석 및 하기휴가 각 50%
(사례) 상여금 지급일('24.12.5) 이후에 입사(12.10)하여 12.20부터 12.30까지 연장근로
　☞ 통상임금 해당하며 정기상여금 750%를 통상시급으로 환산하여 12.20부터 12.30까지의 연장근로수당 계산

□ 이번 대법원 전합 판결은 어떤 임금이 지급 시점에 근무를 하지 않아 해당 임금이 지급되지 않은 경우에도

　○ 해당 임금이 **소정근로의 대가, 정기성, 일률성을 갖춘 경우**라면 통상임금에 해당한다고 보았음

□ 따라서 정기상여금이 통상임금에 해당할 경우, 실제 지급 시기에 따라 **정기상여금을 받지 못한 경우에도 이를 포함하여 통상임금을 산정해야 함**

> **판시사항** (2020다247190 판결문 7쪽, 10쪽)
> 통상임금에서 고려할 것은 소정근로를 온전하게 제공한 경우에 지급되는 임금이 얼마로 정해졌는가이다. '실제로 조건을 충족하여 그 임금을 지급받을 가능성'은 통상임금에서 고려할 필요가 없다. …(7쪽)
> …설령 근로자의 실제 근무일수가 소정근로일수에 미치지 못하여 근로자가 근무일수 조건부 임금을 지급받지 못하더라도, 그 임금이 소정근로 대가성, 정기성, 일률성을 갖추고 있는 한 이를 통상임금에 산입하여 연장근로 등에 대한 법정수당을 산정하여야 한다. …(10쪽)

Q8. 정기상여금의 통상임금 산정 방법은?

□ 「근로기준법」 시행령 제6조제2항제5호에는

- 일·주·월 외의 일정한 기간으로 정한 임금은 제2호부터 제4호까지의 규정에 준하여 산정된 금액으로 산정토록 하고 있음

- 따라서 정기상여금도 이에 따라 산정한 후
  같은 항 제7호에서 정한 방식으로 **시간급 금액을 산정**하면 될 것임

> (토요일 무급 전제)
> - 월 환산시간은 208.56시간 = (40+8시간)×약 52.14주÷12월
> - 연 환산시간은 2,502.72시간 = (40+8시간)×약 52.14주
> (상여금) 지급률: 600% / 지급액: 기본급의 50%(여기서는 기본급 200만원 가정)

- (월환산) 6,000,000원÷12월÷208.56h = 시급 2,397원39전

- (연환산) 6,000,000원÷2,502.72h = 시급 2,397원39전

제6조(통상임금) ②제1항에 따른 **통상임금을 시간급 금액으로 산정할 경우**에는 다음 각 호의 방법에 따라 산정된 금액으로 한다.
1. 시간급 금액으로 정한 임금은 그 금액
2. 일급 금액으로 정한 임금은 그 금액을 1일의 소정근로시간 수로 나눈 금액
3. 주급 금액으로 정한 임금은 그 금액을 1주의 통상임금 산정 기준시간 수(1주의 소정근로시간과 소정근로시간 외에 유급으로 처리되는 시간을 합산한 시간)로 나눈 금액
4. 월급 금액으로 정한 임금은 그 금액을 월의 통상임금 산정 기준시간 수(1주의 통상임금 산정 기준시간 수에 1년 동안의 평균 주의 수를 곱한 시간을 12로 나눈 시간)로 나눈 금액
5. 일·주·월 외의 일정한 기간으로 정한 임금은 제2호부터 제4호까지의 규정에 준하여 산정된 금액
6. (생략)
7. 근로자가 받는 임금이 제1호부터 제6호까지의 규정에서 정한 둘 이상의 임금으로 되어 있는 경우에는 제1호부터 제6호까지의 규정에 따라 각각 산정된 금액을 합산한 금액
③제1항에 따른 통상임금을 일급 금액으로 산정할 때에는 제2항에 따른 시간급 금액에 1일의 소정근로시간 수를 곱하여 계산한다.

Q9 가족수당을 부양가족 수에 따라 차등적으로 지급하는 경우 통상임금인지?

☐ '13년 대법원 전합 판결에서 가족수당 중 **부양가족이 있는 근로자에게만 지급되는 가족수당은 통상임금이 아니라고** 판시함

○ 통상임금은 소정근로의 가치를 평가한 개념이므로 '일정한 조건 또는 기준'은 근로와 관련된 조건이어야 하는데, 가족수당은 소정근로의 가치와 무관한 사항을 조건으로 지급되는 임금이므로 일반적으로 통상임금에 해당하지 않음

○ 다만, 모든 근로자에게 기본금액을 가족수당 명목으로 지급하면서 실제로 부양가족이 있는 근로자에게 일정액을 '추가'로 지급하는 경우 그 **기본금액은 통상임금에 해당하는 것으로** 판시함

☐ 이번 대법원 전합 판결도 통상임금 요소 중 '고정성'이 제외되었을 뿐 가족수당에 대한 종전 판결에는 영향을 미치지 않음

판시사항('13년)   (2012다89399 판결문 10쪽)

… 부양가족이 있는 근로자에게만 지급되는 가족수당과 같이 소정근로의 가치 평가와 무관한 사항을 조건으로 하여 지급되는 임금은 그것이 그 조건에 해당하는 모든 근로자에게 지급되었다 하더라도 여기서 말하는 '일정한 조건 또는 기준'에 따른 것이라 할 수 없어 '일률성'을 인정할 수 없으므로, 통상임금에 속한다고 볼 수 없다. 그러나 모든 근로자에게 기본금액을 가족수당 명목으로 지급하면서 실제 부양가족이 있는 근로자에게는 일정액을 추가적으로 지급하는 경우 그 기본금액은 소정근로에 대한 대가나 다름 아니므로 통상임금에 속한다.

개정 통상임금 Q&A

Q10 회계연도 기준으로 연차휴가제도를 운영할 경우, 연차유급휴가미사용수당 산정방법은?

> (사례) 회계연도 기준으로 연차유급휴가제도를 운영하는 甲사업장에서 A근로자가 '24년도 연차유급휴가(사용기간: '24.1.1~'24.12.31) 15일 중 10일 미사용하여 수당을 지급('25.1.10)할 경우
> ☞ 새로운 통상임금 법리 적용

☐ 연차유급휴가미사용수당청구권은 연차유급휴가청구권이 소멸하면 발생하므로

○ 회계연도 기준으로 연차휴가제도를 운영할 경우, **매년 초일에 연차유급휴가미사용수당청구권이 발생**할 것임

　＊ 근로자의 입사 시기 또는 개별사업장별 달리 정할 수 있다는 점은 고려

☐ 따라서 연차유급휴가미사용수당은 **새로운 법리를 적용한 '24.12월의 통상임금으로 산정하여 지급**하면 될 것임

Q11 고정시간외수당을 지급해 온 경우, 12.19.이후 어떻게 계산해야 하는지?

(사례) 25시간에 대해 고정시간외수당을 지급하며 이를 초과하여 연장근로를 한 경우 추가 지급
  *통상시급 13,000원 가정: 13,000원*1.5배*25시간=487,500원
  *새로운 법리로 산정한 통상시급 15,000원 가정

<12월 일자별 연장근로시간>

일자	1일	2일	3일	4일	5일	6일	7일	8일	9일	10일	11일
예시①	–	1	1	2	0.5	0.5	–	–	1	1	1
예시②	–	3	3	2	2	–	–	–	2	2	2
예시③	–	–	–	–	–	–	–	–	–	–	–
예시③-1	3	3	3	3	3	3	–	–	–	–	–
예시④	–	2	2	2	2	1	–	–	–	2	1
예시⑤	–	–	–	–	2	–	–	–	–	–	–

일자	12일	13일	14일	15일	16일	17일	18일	19일	20일	21일	22일
예시①	1	2	–	–	1	2	1	1	2	–	–
예시②	4	4	–	–	1	–	–	–	–	–	–
예시③	–	–	–	–	–	–	–	2	2	–	–
예시③-1	–	–	–	–	–	–	–	–	–	–	–
예시④	4	4	–	–	2	2	2	2	2	–	–
예시⑤	–	2	–	–	–	–	–	3	3	–	–

일자	23일	24일	25일	26일	27일	28일	29일	30일	31일	연장근로 합계 ~12.18	12.19~
예시①	1	–	–	1	2	–	–	3	–	15h	10h
예시②	–	–	–	–	–	–	–	–	–	25h	0
예시③	2	2	–	2	2	–	–	3	3	0	13h
예시③-1	–	–	–	–	–	–	–	–	–	18h	0
예시④	2	1	–	–	1	–	–	2	1	28h	11h
예시⑤	3	3	–	3	3	–	–	3	3	4h	24h

□ 12.19. 이후에는 **새로운 법리가 적용**되므로 고정시간외근로(25시간)에 관계없이 **실제 연장근로 발생일을 확인**하여 산정해야 함

○ <예시①과 ④ 및 ⑤>는 **종전 법리와 새로운 법리를 구분**하여 통상시급을 산정하여 연장근로수당을 지급

○ <예시②>의 경우에는 종전 법리(12.19.이후 연장근로 없음)에 따라 연장근로수당을 지급

○ <예시③>의 경우에는 18시간은 새로운 법리에 따라 지급하고 지급하기로 한 고정연장시간(25시간) 중 잔여 7시간분에 대해서는 **종전 법리에 따라 지급해도 법 위반으로 보기는 어려움**

○ <예시③-1>의 경우에는 **종전 법리에 따라 지급하더라도 법 위반으로 보기 어려움**

Q12. 재직 또는 근무일수 조건이 있는 임금에 대해 앞으로 근무한 기간에 비례하여 지급해야 하는지?

- (사례) 단체협약, 취업규칙 등을 개정하지 않고 정기상여금이나 각종 수당의 재직조건 또는 근무 일수 조건을 유지
  - 정기상여금은 격월 지급(홀수달 초일부터 짝수달 말일, 2개월의 기준기간)이나 지급일은 홀수달 5일이며 지급일 이전에 퇴직하는 경우 미지급
  ☞ A 근로자가 11. 2. 퇴사하여 상여금을 받지 못하였으나 9~10월에 근로한 경우

□ 이번 대법원 전원합의체 판결 및 후속 대법원 판결(2019다204876)에서 노사는 임금에 대한 조건을 자유롭게 부가할 수 있으며, 그 조건이 강행규정에 위반되거나 탈법행위에 해당하는 등 별도의 무효 사유가 존재하지 않는 한 유효하다고 판시함

- 고정성 요건 제외로 재직 또는 근무일수 등 조건부 정기상여금 등이 통상임금의 범위에 포함되는 것과는 별개로 정기상여금 등에 부가된 '지급' 조건은 특별한 사정이 없는 한 유효함

- 따라서, 퇴직 등으로 '지급조건'을 성취하지 못한 경우 해당 정기상여금 등에 대한 사용자의 임금 지급 의무는 발생하지 않는다고 볼 것임

> **판시사항** (2020다247190 판결문 5쪽)
> …사용자와 근로자는 임금 구조와 체계, 개별 임금 항목의 유형과 내용, 임금 총액 등을 자유롭게 정할 수 있고, 임금에 관한 조건도 자유롭게 부가할 수 있다. 그 조건은 강행규정에 위반되거나 탈법행위에 해당하는 등 별도의 무효 사유가 존재하지 않는 한 효력을 가진다. 그러나 조건의 효력 문제와 그 조건이 부가된 임금 항목의 통상임금성 문제는 구별하여야 한다.…

> **판시사항** (2019다204876 판결문 4쪽)
> …노사가 어떤 임금의 내용을 형성하는 과정에서 그 임금을 지급받기 위하여 특정 시점에 재직 중이어야 한다는 조건을 부가하는 것은 원칙적으로 그 임금이 지급되기 위한 기준 내지 임금의 지급대상을 정하는 것이지 이미 지급하기로 정해져 있는 임금을 특정 시점에 재직하지 않는다는 이유로 포기하게 하거나 박탈하는 것이라고 보기 어려우므로, 특별한 사정이 없는 한 무효라고 볼 수 없다.

Q13. 모성보호급여 지급 시, 통상임금 산정시점은?

(사례) '24.10. 1. 육아휴직을 시작하여 육아휴직급여를 '24.12.20. 신청한 경우

☐ 육아휴직급여는 **육아휴직 시작일의 통상임금에 해당하는 금액으로 지급하도록 되어 있음**(고용보험법 시행령 제95조제1항)

○ 따라서 '24.12.19.이후 육아휴직을 시작하는 경우에만 새로운 법리에 따라 통상임금을 산정하여 지급

* 고용보험법 시행령 제95조(육아휴직 급여) ① 법 제70조제1항에 따른 육아휴직 급여는 다음 각 호의 구분에 따른 금액을 월별 지급액으로 한다.

  1. 육아휴직 시작일부터 3개월까지: **육아휴직 시작일을 기준으로 한 월 통상임금에 해당하는 금액**

  2. 육아휴직 4개월째부터 6개월째까지: **육아휴직 시작일을 기준으로 한 월 통상임금에 해당하는 금액**

  3. 육아휴직 7개월째부터 종료일까지: **육아휴직 시작일을 기준으로 한 월 통상임금의 100분의 80에 해당하는 금액**

** 출산전후휴가 급여, 유산·사산휴가 급여, 배우자 출산휴가 급여, 난임치료휴가 급여, 육아기 근로시간 단축 급여의 경우에도 휴가 시작일을 기준으로 통상임금을 산정함(고용보험법 제76조, 고용보험법 시행령 제104조의2)

2026 KOREA OUTSOURCING DIRECTORY

채용절차의 공정화에 관한 법률 Q&A

FAQ 채용 준비 단계

Q1 신입사원 채용을 위해 입사지원서를 받으려고 합니다. 지원자의 개인정보 수집·이용 동의를 받아야 하나요?

답변) 채용 전형에 필요한 최소한의 개인정보는 동의 없이 수집할 수 있습니다. 다만, 민감정보, 고유식별정보를 수집하려는 경우 동의 또는 법령에 근거가 있어야 합니다.

○ 보호법은 정보주체와의 계약 체결을 위해 필요한 최소한의 개인정보는 수집할 수 있도록 하고 있습니다. 또한, 정보주체가 제출하는 입사지원서를 받아 지원자의 신원, 업무 수행능력 등을 확인하는 것은 근로계약 체결 여부 결정에 반드시 필요한 절차입니다. * 최소한의 개인정보 예시 : p.7 참고

○ 다만, **민감정보나 고유식별정보는** 원칙적으로 **수집이 금지**되며, 정보주체로부터 **별도의 동의**를 받거나 **법령에 근거**가 있는 경우 등에 제한적으로 수집할 수 있습니다.

○ 특히, **주민등록번호는 일반적으로** 채용 전형을 위해서는 **수집할 수 없으며, 법령에 구체적인 근거가 있는 경우**에만 수집 가능합니다.
   * 법령에 근거가 없다면 정보주체의 동의가 있더라도 수집할 수 없음

Q1-1 입사지원자의 논문, 저서 등의 정보를 인터넷을 통해 수집하려고 하는데 동의가 필요한가요?

답변) 불특정 다수가 열람할 수 있는 사이트 등에 공개된 개인정보의 수집·이용에 대해서는 동의를 받을 필요 없습니다.

○ 언론, 온라인 도서관, 인물DB 등 정당한 절차에 따라 개인정보를 공개하는 웹사이트에서 개인정보를 수집·이용하는 것은 동의가 필요하지 않습니다.

○ 다만, 사회 통념상 정보주체의 의사가 있었다고 인정되는 범위 외로 이용하려 하거나 해킹 등 부당한 방법으로 수집하여 공개된 개인정보임이 명확한 경우에는 수집할 수 없습니다.

> 표준 개인정보 보호지침 제6조 ④ 개인정보처리자는 인터넷 홈페이지 등 공개된 매체 또는 장소(이하 "인터넷 홈페이지등"이라 함)에서 개인정보를 수집하는 경우 정보주체의 동의 의사가 명확히 표시되거나 인터넷 홈페이지등의 표시 내용에 비추어 사회통념상 동의 의사가 있었다고 인정되는 범위 내에서만 이용할 수 있다.

2 채용 결정 단계

| 채용 준비 | ⇒ | **채용 결정** | ⇒ | 고용 유지 | ⇒ | 고용 종료 |

< 주요 점검 사항 >
- **법령준수를 위한 개인정보의 수집** : 근로자명부, 임금대장 등
- **근로계약의 체결·이행을 위해 필요한 개인정보 수집**
  : 인력 배치, 복리후생 등을 위한 개인정보

가 법령준수를 위한 개인정보 수집

○ 근로기준법 등 **법령상 의무준수를 위해 필요한 경우, 해당 법령 근거를 안내하고 개인정보 수집**

- 임금대장에 **가족수당 계산의 기초가 되는 사항을** 작성하기 위해 **불가피한 범위**에서 **가족의 개인정보 수집 가능**
  ※ 가족관계 및 연령확인 등을 위한 증명서 제출 시 가족의 주민등록번호 뒷자리를 삭제한 후, 관련 서류를 발급받도록 함
- 근로자의 **주민등록번호를 처리**하도록 하는 **4대보험 등 관련 법령**에 따라 주민등록번호 등 개인정보 수집

< 법령에 따른 수집 (예시) >

	근로자 명부	임금대장
수집 항목	성명, 생년월일, 이력 등	임금과 가족수당 계산의 기초가 되는 사항, 임금액 등
법령 근거	근로기준법 제41조, 시행령 제20조, 시행규칙 별지 제16호 서식	근로기준법 제48조, 시행령 제27조, 시행규칙 별지 제17호 서식

나 근로계약 등 체결·이행에 필요한 개인정보 수집

○ 인사발령·교육훈련·복리후생·연봉계약·근무성적평가 등 **근로계약 체결·이행을 위해 필요한 최소한의 개인정보를 수집**
  ※ 근로계약서 : 고용노동부 홈페이지(www.moel.go.kr)-정책자료실, 표준근로계약서 참고

☞ 법령 준수 및 단체협약·취업규칙·근로계약 체결·이행을 위해 **필요한 최소한의 개인정보 외의 수집은 개인정보 최소수집 원칙에 위배 소지**

| FAQ | 채용 결정 단계 |

Q2 채용 확정 후 종교, 범죄경력 정보 등을 수집하고 이용할 경우, 별도 동의를 받아야 하나요?

답변) 종교 등 민감정보 수집 시, 법령에 근거가 없다면 별도의 동의를 받아야 합니다.

○ 참고로, **형의 실효 등에 관한 법률 제6조**는 누구든지 범죄수사, 형집행 등 목적이나 다른 **법률에서 범죄경력조회 등을 하도록 규정되어 있는 경우** 외에는 **범죄경력자료 등을 취득하여서는 아니 된다**고 규정하고 있습니다.

- 따라서, 범죄경력조회 등을 하려는 경우 그 법률 근거를 명확히 하여야 합니다.

Q2-1 근로자의 가족 개인정보를 확인한 후 적절한 복지혜택을 제공하고자 합니다. 이 경우에 근로자 가족의 동의를 받아야 하나요?

답변) 가족수당의 기초가 되거나 가족 복지혜택 제공을 위해 필요한 개인정보의 수집은 근로자 또는 가족의 동의가 필요 없습니다.

○ 근로기준법 제48조는 가족수당 계산의 기초가 되는 사항을 임금대장에 적도록 하고, 근로복지기본법 제5조는 사업주는 사업장 근로자의 복지 증진을 위해 노력하도록 하고 있습니다.

○ 따라서, 가족수당 계산의 기초가 되는 사항이나 단체협약 등에 다른 가족 복지혜택 제공을 위해 필요한 최소한의 개인정보는 동의없이 수집할 수 있습니다.

○ 다만, 고유식별정보나 민감정보를 수집하는 경우에는 가족으로부터 별도의 동의를 받아야 하며, 특히, 주민등록번호를 수집할 때에는 법률이나 대통령령 등에 구체적으로 근거가 있어야 합니다.

3 고용 유지 단계

채용 준비 ⇒ 채용 결정 ⇒ **고용 유지** ⇒ 고용 종료

< 주요 점검 사항 >
- 인력관리에 따른 개인정보 처리근거 확인
  - 인력배치, 인사평가, 보수복리후생 및 교육, 영업양도 등의 개인정보 처리 근거
- 디지털 장치 도입 시 유의사항
  - 근로자 등 이해관계자 의견 청취
  - 개인정보 수집·이용 근거 확인
  - 개인정보 보호방안 강구
- 근로자 권익보장
  - 근로자 권리보장, 유출통지, 피해구제 등

가 인력관리

1) 인력배치·인사평가·복리후생 등 관련 개인정보의 **수집·이용**

○ 전보·파견·휴직, 인사평가, 복리후생 제공 등 **근로계약의 이행에 필요한** 거주지·전문분야·경력·성과 등 최소한의 **개인정보 수집·이용**은 근로자의 **동의 불필요**

○ 단, **민감정보·고유식별정보**는 원칙적으로 수집이 금지되며, 법령에 근거가 있거나 근로자로부터 **별도 동의를 받아 수집**

  ※ 노조가입 여부 등은 민감정보에 해당하므로 법령에 근거가 있거나 근로자로부터 별도의 동의를 받은 경우에 한해 수집할 수 있음

  ※ 근로자의 출산계획은 건강, 성생활을 직접 유추할 수 있는 민감정보에 해당할 수 있음

2) 인사정보의 제3자 제공

① **다른 법률**에서 고용보험·산재보험 보험료 징수 등과 관련하여, 급여 등의 근로자 **개인정보**를 관련 **공공기관 등 제3자에게 제공하도록 하는 경우** 해당 **법률에 따라 처리**

② 전보·승진 사실 등 근로자의 **개인정보를** 외부에 **공개**하려는 경우 정보주체인 **근로자의 동의 필요**
   ○ 징계·해고 등의 내용은 원칙적으로 비공개하는 것이 바람직
     ※ 공공기관의 경우, 정보공개법 제9조 등에 따라 공무원의 성명·직위 등 공개 가능
     ※ 상장법인등은 자본시장법 제159조에 따라 임직원에 관한 사항을 금융위 등에 제출하고, 같은 법 제163조에 따라 금융위 등은 이를 인터넷 등에 공시해야 함

3) 보수·복리후생 및 교육 등 목적의 개인정보 처리 위탁
   ○ 복지·교육훈련 및 연말정산 등과 관련하여 **근로자의 개인정보 처리 업무를 제3자에게 위탁**하려는 경우, 관리·감독 및 교육 철저
     ※ 「개인정보처리 위수탁 안내서」: 개인정보 보호 포털(privacy.go.kr) – 자료마당 – 지침자료 참고

4) 영업양도 등에 따른 근로자 개인정보 이전
   ○ 영업의 전부 또는 일부의 양도·합병 등으로 근로자 개인정보를 이전하려는 경우 미리* 이전하려는 사실, 이전받는 자의 성명·주소·연락처, 이전을 원하지 않는 경우 조치할 수 있는 방법·절차를 서면, 전자우편, 팩스, 전화, 문자전송 등으로 알려야 함
     * 영업양수도 계약 체결 등 이후 실제 이전되기 전에 통지해야 하며, 영업양도 등 결정 전에 근로자의 개인정보를 제공하려는 경우에는 정보주체인 근로자의 동의 필요
   ○ 영업양수자 등은 개인정보를 이전받았을 때에는 이전 사실을 서면 등의 방법으로 정보주체인 근로자에게 알려야 함
     ※ 이전하는 자가 알린 경우에는 알리지 않을 수 있음

나 디지털 장치 도입(변경·추가) 시 유의 사항

1) **협의 및 의견수렴**
   ① 근로자의 상시 근무공간에 디지털 장치*를 도입하려는 경우, 사전에 근로자 등 이해관계자로부터 **의견을 청취**
     * 외부인 출입이 통제되는 공간에 근로자의 근무상황 및 근태 관리 등을 위해 **CCTV 등 영상정보처리기기**, 차량 운전 근로자의 근무 위치 등 관리를 위해 **위치정보 처리장치**, 통제공간의 출입관리 등을 위해 지문·홍채·정맥 등 **생체정보 처리장치**를 설치하는 경우 등

② 근로자참여법에 따른 노사협의회가 설치된 사업장에서는 **노사협의회에서 협의**해야 함 (근로자참여법 제20조 제1항 제14호)
⇨ 협의나 의견수렴 시에는 디지털 기기 **설치 목적·사양·운영범위** 및 **처리되는 개인정보의 내용과 보유기간 등을 명확히 설명**해야 함
※ 충분한 협의는 근로자 보호 측면에서 필요할 뿐만 아니라 디지털 장치 도입의 정당성을 뒷받침할 수 있는 근거가 될 수도 있음

2) 개인정보 수집·이용 근거 확인
① 근로조건별 복무관리 등 **법령상 의무준수** 및 **근로계약 이행** 등에 **필요한 최소한의 범위 내에서 개인정보를 수집·이용 가능**
② 시설안전·영업비밀 보호 등 **사용자의 정당한 이익** 달성을 위해 필요한 경우로서 **명백하게 정보주체인 근로자의 권리보다 우선할 때**에는 **개인정보를 수집·이용***할 수 있음
* 정당한 이익과 상당한 관련성이 있고 합리적인 범위를 초과하지 아니하는 경우에 한하며, 근로자의 이익 침해 최소화 방안을 사전에 충분히 검토할 필요

< 근로자의 메신저·이메일 검색 등을 처벌하지 않은 판례 >

○ 회사의 이익을 빼돌린다는 소문에 대한 구체적이고 합리적인 의심이 있던 상황에서 이를 확인할 목적으로 해당 직원의 개인용 컴퓨터 하드디스크를 떼어낸 후, 특정 단어로 파일을 검색하여 메신저 대화 내용·이메일 등을 검색한 행위는 형법 제20조에 따른 정당행위로 인정(대법원 2009. 12. 24., 선고, 2007도6243, 판결)

< 철도차량 운전실의 CCTV 설치 관련 개인정보위 결정례 >

○ 한국철도공사가 철도사고 원인규명 등을 위해 차량 운전실에 CCTV 설치 시, **운전제어대와 그 위에 위치한 기관사의 손만 촬영**하고 **촬영된 영상을 최장 7일간 열람·이용**한 것은 i) 철도사고 원인 규명과 승객의 안전 확보가 한국철도공사의 정당한 이익에 해당하며, ii) 본건 영상정보는 그러한 목적 달성에 필요하며, iii) 목적 달성을 위해 합리적인 범위를 초과하지 않고, iv) 본건 영상정보의 **촬영 대상, 보관기간 등을 감안**하면 한국철도공사의 정당한 이익이 본건 **영상정보의 촬영이익이 정보주체(기관사)의 개인정보자기결정권보다 명백히 우선**함(개인정보위 결정 제2015-12-22호)

> **< 야간 경비원의 휴식공간 CCTV 운영한 사례 관련 개인정보위 결정례 >**
> ○ 주간에는 일반에게 공개되는 관리사무소 사무실에 CCTV를 시설안전과 범죄예방 목적으로 설치하여 운영한 사안 관련, 경비원의 취침 등 휴식공간으로 이용되는 야간까지 지속적으로 촬영할 필요성은 인정되기 어렵고, 사생활 보호를 위한 **최소한의 조치 없이 사무실 전체를 모두 촬영**하는데 따른 **이익이 정보주체의 권리보다 명백하게 우선한다고 보기 어려움**(2015년 개인정보 분쟁조정 사례집, 101-106면)

③ 디지털 장치 도입에 따른 개인정보 수집·이용에 대해 **근거가 명확하지 않은 경우**[*]에는 개인정보의 **수집·이용 목적, 수집 항목 등을 사전에 알리고 동의를 받을** 필요
  ○ **노·사 관계의 불균형을 고려**하면 '동의'를 근로자의 진의로 보기 어려운 경우가 많으므로,
  ○ **동의시에는 i) 필요한 최소한**의 처리, ii) 동의 **내용의 명확한 고지**, iii) **능동적 의사 확인**, iv) **선택권 보장**에 각별히 주의할 필요
    * 특별한 사정없이 일반적 근무태도를 확인하려는 목적으로 위치정보 등 개인정보를 수집하거나 근로자의 SNS를 모니터링하는 경우 등
    ※ 「알기쉬운 개인정보 처리 동의 안내서」: 개인정보보호 포털(privacy.go.kr)
      - 자료마당 - 지침자료 참고

④ **생체인식정보**[*] 등 민감정보는 원칙적으로 수집이 금지되며, 예외적으로 필요한 경우 정보주체인 근로자로부터 별도의 동의를 받아 수집해야 함
    * 개인의 신체적, 생리적, 행동적 특징에 관한 정보로서 특정 개인을 알아볼 목적으로 일정한 기술적 수단을 통해 생성한 정보
    ※ 생체인식정보의 원본정보 파기 등 보호조치에 필요한 사항 등은 「생체정보 보호 가이드라인」: 개인정보보호 포털(privacy.go.kr)-자료마당 - 지침자료 참고

3) 개인정보 보호방안 강구
① 개인정보 **처리 최소화**
  ○ 개인정보 영향평가 등을 통해 **개인정보 처리 최소화** 방안 및 **근로자 권익 침해 가능성** 등 검토
    ※ MDM(Mobile Device Management)이나 각종 업무용 소프트웨어·앱 등을 도입하거나 재택근무 시, 업무수행에 필요한 최소한의 개인정보 외에는 수집되지 않도록 하여야 함

○ 개인정보 **처리 내용과 보유기간 등을 필요한 최소한의 범위 내에서 정하고, 개인정보를 수집하여야 함**
  ※ 설치 목적에 맞도록 CCTV 촬영범위 등을 조정하여 개인정보 수집을 최소한으로 하고, 디지털 장치의 작동이 필요없는 경우에는 자동으로 전원을 차단하는 등 근로자의 개인정보가 불필요하게 수집되지 않도록 유의

○ **근로자의 권익이 부당하게 침해되지 않도록** 해야 하며,
  ※ CCTV의 경우, 목욕실·화장실·탈의실 등 개인의 사생활을 현저히 침해할 우려가 있는 장소에 설치할 수 없고, 녹음기능 사용 불가
  ※ 통신비밀보호법 제3조는 누구든지 전기통신의 감청이나 타인간의 대화를 녹음 또는 청취하지 못하도록, 정보통신망법 제49조는 누구든지 정보통신망에 의하여 처리·보관 또는 전송되는 타인의 정보를 훼손하거나 타인의 비밀을 침해·도용 또는 누설하지 못하도록 규정하고 있음

○ 적법한 사유없이 디지털 장치 도입·설치 목적과 다르게 근태관리 또는 징계목적 등으로 운용해서는 아니 됨

② 디지털 장치 **대체수단 마련**

○ 개별 근로자의 사정이나 의사에 따라 **디지털 장치 이용이 어려운 경우**를 대비하여, **디지털 장치를 대체할 수 있는 수단***을 마련
  * 휴대폰의 카메라·녹음 기능차단을 가진 위치정보 기반의 앱(MDM)을 도입하더라도 스티커, 휴대폰 보관 등의 대체수단을, 출입통제 등을 위해 지문인식 기기를 도입하려는 경우 지문인식을 대체할 수 있는 출입증 등 대체수단 마련 필요

③ **투명성 보장 및 안전성 확보에 필요한 조치**

○ 사용자는 개인정보 처리 내용을 **개인정보처리방침***에 담아 근로자가 쉽게 볼 수 있도록 **내부 게시판, 소식지 등에 공개****해야 함
  * 「개인정보 처리방침 작성지침」 : 개인정보보호 포털(privacy.go.kr)-자료마당-지침자료 참고
  ** 개인정보 처리방침을 근로자에게만 공개할지 외부에도 공개할지는 선택가능

○ CCTV를 설치·운영하는 경우, **안내판을 설치**하여 근로자가 **촬영사실과 그 범위** 등을 쉽게 알 수 있도록 **공개**하여야 함

④ 보호법령 등에 따라 **안전성 확보에 필요한 조치를 수행**하여야 함
  ※ 「개인정보의 안전성 확보조치 기준(고시)」 등 참고

다 근로자 권익 보장

1) 개인정보의 열람요구 등 권리 보장

① 열람등 요구권 보장

- ○ 공정하고 합리적 인사운영을 위하여 근로자 개인정보의 **정확성 및 최신성 등을 확보**해야 하며,
- ○ 근로자의 **열람, 정정·삭제 및 처리정지 요구권 등을 보장*** 해야 함
  - * 근로자가 평가정보에 대해 열람을 요구할 경우, 객관적인 성과·실적 등의 정보는 특별한 사유가 없는 한 공개해야 함. 다만, 인사고과·연봉 산출근거 등은 공개 시 기업의 질서 등에 영향을 미쳐 회사나 다른 근로자의 이익을 침해할 우려가 있으므로 열람의 제한·거절 가능
- ○ CCTV에 촬영된 영상을 근로자 등 정보주체에게 열람을 허용하는 경우 타인의 영상이 같이 열람되지 않도록 모자이크 처리 등을 해야 함

② 정보주체 이외로부터 수집한 개인정보의 **출처 등 고지**

- ○ 근로자 등 정보주체 이외로부터 수집한 개인정보를 처리하면서 정보주체의 요구가 있으면 ⅰ) 개인정보의 **수집 출처**, ⅱ) 개인정보의 **처리 목적**, ⅲ) 개인정보 **처리의 정지를 요구할 권리가 있다는 사실**을 알려야 함

③ **불필요한 개인정보의 파기**

- ○ 보유기간의 경과, 수집·이용 목적 달성 등으로 불필요하게 된 개인정보는 복구·재생되지 아니하는 방법으로 지체없이 파기
  - ※ 수집목적은 달성하였으나 다른 법령에 따라 보존해야 하는 경우에는 다른 개인정보와 분리하여 보관하여야 함
  - ※ 사용자는 재직자의 건강진단결과표 등은 3년, 고용부장관이 정하는 유해물질 취급 근로자의 건강검진 결과 등은 30년간 보관해야 함(산업안전보건법 제164조)
  - ※ 연말정산 목적으로 수집한 자료는 해당 소득세 등의 법정 신고 기한이 지난 날부터 5년간 보존(국세기본법 제85조의3 제2항)

2) 개인정보의 유출 통지 등

○ 개인정보 보호업무와 관련 **고충을 처리하는 부서 명칭**과 **연락처**를 근로자가 쉽게 볼 수 있도록 **개인정보 처리방침 등에 공개**해야 함

○ 개인정보가 유출되었음을 알게 되었을 때에는 근로자 등 정보주체에게 **유출 항목과 시점, 경위 등**을 알려야 하며,

○ 특히, 1천명 이상의 정보주체에 관한 개인정보가 유출된 경우에는 유출된 개인정보의 항목 등을 개인정보 보호위원회 또는 한국인터넷진흥원에 신고하여야 함

3) 피해 구제

○ 개인정보에 관한 권리 또는 이익을 침해받은 사람은 **개인정보침해 신고센터**(☎국번없이 118)에 침해 사실을 신고할 수 있으며, 사용자의 **부당 노동행위** 등에 관하여는 **지방고용노동청에 신고**할 수 있음
   (상담 : 고용노동부 고객상담센터 ☎국번없이 1350)

○ 개인정보와 관련한 분쟁은 온라인이나 서면으로 **개인정보 분쟁조정위원회***에 조정을 신청할 수 있음

   * 온라인 : 개인정보분쟁조정위원회(www.kopico.go.kr), 우편 : 서울특별시 종로구 세종대로 209 정부서울청사 12층 개인정보분쟁조정위원회,
   전화 : 1833-6972(평일 09:00-18:00)

○ 사업자가 보호법을 위반한 행위로 손해를 입은 경우, **손해배상을 청구**할 수 있음(보호법 제39조 제1항)

   ※ 특히, 고의 또는 중과실로 인한 피해 시 **징벌적 손해배상**(보호법 제39조 제3항), 손해액의 입증이 어려운 경우 **법정손해배상**을 통해 300만원 이내의 범위에서 **법원의 판결**로 손해배상 가능(보호법 제39조의2)

| FAQ | 고용 유지 단계 |

Q3 인사관리시스템과 인사담당자의 PC를 안전하게 관리하기 위해 조치할 사항은 무엇인가요?

답변) 비밀번호 설정, 백신 소프트웨어 설치, 방화벽 기능, 암호화 기능 등을 적용해야 합니다.

○ 담당 직원만 해당 PC를 이용할 수 있도록 비밀번호를 설정합니다.
  - 2자리(영문/숫자 등) 조합은 10자리 이상으로, 3자리(영문/숫자/특수문자) 조합은 8자리 이상으로 할 것을 권장. 비밀번호는 적어도 6개월에 1번 이상 변경
    ※ 비밀번호 설정은 컴퓨터의 '제어판' → '사용자 계정' → '암호변경'에서 가능
○ 백신 소프트웨어를 설치하고 주기적으로(매일) 업데이트합니다.
○ PC의 Windows 등 운영체제에서 지원하는 방화벽(Firewall) 기능을 적용합니다.
  ※ 윈도우즈 방화벽 기능은 '제어판' → '업데이트 및 보안' → 'Windows 방화벽'에서 적용 가능
○ 개인정보가 들어있는 파일은 안전한 암호 S/W를 이용해 암호화합니다.

Q3-1 거래처와 업무 수행을 위해 업무 담당자의 연락처 등 개인정보를 공유하려는 경우 근로자의 동의를 받아야 하나요?

답변) 근로자의 개인정보를 제3자에게 제공하려는 경우로서 법령에 근거가 없는 경우에는 원칙적으로 정보주체인 근로자로부터 동의를 받아야 합니다.

○ 동의를 받는 경우, 제공하는 개인정보 항목, 제공 목적 등을 명확히 알리고 동의를 받아야 합니다.
○ 한편, 업무 담당자 연락처(사무실 전화, 회사 이메일 등)는 거래처 등과 공유될 수 있음을 근로자가 쉽게 예측할 수 있고, 정보주체에게 불이익이 발생할 가능성이 적은 점을 고려하여 보호법 제17조 제4항에 따라 동의 없이 제3자에게 제공할 수도 있습니다.
  - 이 경우, 사업주는 당초 수집 목적과의 관련성, 정보주체의 이익을 부당하게 침해할 가능성 등을 개인정보 처리방침에 작성하여 미리 공개하고, 해당 처리 실태를 개인정보 보호책임자를 통해 점검해야 합니다(보호법 시행령 제14조의2).
    ※ 참고로, 회사의 대표전화번호 등 특정 개인에게 할당되어 있지 않아 해당 연락처를 통해 개인을 알아볼 수 없는 경우, 해당 연락처는 개인정보에 해당하지 않습니다.

Q3-2. 사업장 내 CCTV 설치·운영을 하기 위해서 근로자의 동의를 받아야 하나요?

답변) 사업장의 설치장소, 설치 목적이 무엇인지에 따라 동의를 받아야 하는지 여부가 달라질 수 있습니다.

○ 우선 고객 상담실이나 출입안내실 등 불특정 다수가 출입할 수 있는 공개된 장소에 CCTV를 설치·운영하는 경우에는 보호법 제25조 및 제58조에 따라 시설안전 등 목적으로 동의없이 설치·운영할 수 있습니다.

○ 그 외의 경우에는 개인정보 보호법 제15조 제1항에 따라 정보주체의 동의를 받은 경우, 법령상 의무 준수를 위해 불가피한 경우, 정당한 이익을 위해 필요한 경우 등으로서 명백하게 정보주체의 권리보다 우선하는 경우 등에 설치할 수 있습니다.
  - 다만, 이 경우에도 해당 목적 외로 촬영되지 않아야 하며, 근로자 감시 등 해당 목적 외로 촬영하거나 촬영한 영상을 해당 목적 외로 이용하는 경우에는 보호법 위반에 해당할 수 있습니다.
    ※ 비공개 장소인 사무실에 CCTV를 설치·운영하면서 근무자들의 책상 및 컴퓨터 화면까지 찍히도록 한 행위는 사업자의 이익이 근로자의 이익보다 높지 않고, 근로자의 동의도 받지 않았으므로 보호법 제15조 제1항 위반에 해당됨(개인정보보호위원회 결정 제2022-011-067호)

Q3-3. 근로자가 업무망에 접속하여 처리한 행위와 관련된 로그기록을 관리할 수 있나요?

답변) 업무망을 운영하는 경우에 해당 망에 권한없는 자의 접근이나 권한 밖의 업무를 하지 못하도록 관리할 책임과 권한이 있습니다. 이를 위해 꼭 필요한 로그기록 등의 관리는 할 수 있습니다.

○ 아울러, 해당 로그기록은 개인을 알아볼 수 있는 개인정보에도 해당하므로 근로자 감시 등 목적으로 이용하여서는 아니 됩니다. 다만, 권한 밖의 접근을 한 것으로 이해할 합리적 이유가 있는 경우 등에는 권한 밖의 접근 여부를 확인하는데 필요한 최소한의 범위 내에서 로그기록 등을 분석할 수 있습니다.
  - 이 경우에도 해당 개인정보에 접근할 수 있는 자를 필요한 최소한으로 제한하여야 합니다.

4. 고용 종료 단계

채용 준비 ⇒ 채용 결정 ⇒ 고용 유지 ⇒ **고용 종료**

< 주요 점검 사항 >
- 퇴직 근로자 개인정보의 열람권 보장 및 파기
- 퇴직 근로자 개인정보의 이용 및 제3자 제공

가. 퇴직 근로자의 개인정보 파기

○ 퇴직으로 인한 **불필요한 개인정보 파기**
- 퇴직 고용관계가 유지되는 기간에 이용하던 **개인정보**가 **퇴직**으로 인해 **불필요**하게 되었을 때에는 원칙적으로 **복구 또는 재생되지 않는 방법**으로 **지체없이 파기**하여야 함

나. 경력증명서 발급 등 목적의 이용·제공

○ 퇴직 근로자의 **경력증명 등을 위해 필요한 개인정보**는 **현직 근로자의 개인정보와 분리**하여 **보관**   * 물리적 분리 외에도 논리적으로 분리·보관가능
- 경력증명서 **발급**을 위한 **개인정보 보유기간**은 공식적으로 정하여, **개인정보처리방침에 작성·공개해야 함**
  ※ 최소 3년은 경력증명서를 발급해주어야 함(근로기준법 제39조 및 동법 시행령 제19조)

○ **인사정책 수립 등 목적**으로 필요시 **익명** 또는 **가명**처리 후 이용
- 입사퇴사 규모 등 통계가 필요한 경우 등에는 익명처리가 원칙
  ※ 직급별 전체 직원의 연봉 총합 등 사용자도 누군지 알아볼 수 없는 통계정보 등은 개인정보가 아님
- **익명처리 시 목적달성이 불가능한** 경우*, **가명처리 후 이용**
  * 근무 경력별 성과 또는 연봉 등에 관해 연구할 필요가 있는 경우 등
  ※ 특수한 경력이나 연봉정보 등을 통해 특정 개인을 알아볼 수 없도록 주의

◆ 가명처리 방법 등에 관하여 필요한 사항은 개인정보 보호 포털(privacy.go.kr)
- 자료마당 - 지침자료의 '가명처리 가이드라인' 등 참고

○ 근로기준법·퇴직급여법 등 **다른 법령**에서 **퇴직 근로자의 개인정보 보관기간**을 규정한 경우 해당 규정에 따라 보관
  - 이 경우, **현직 근로자의 개인정보**와 **분리하여 보관**하여야 함

> **근로기준법 제42조(계약 서류의 보존)** 사용자는 근로자 명부와 대통령령으로 정하는 근로계약에 관한 중요한 서류를 3년간 보존하여야 한다.
> **근로기준법 시행령 제22조(보존 대상 서류 등)** ①법 제42조에서 "대통령령으로 정하는 근로계약에 관한 중요한 서류"란 다음 각 호의 서류를 말한다.
> 1. 근로계약서
> 2. 임금대장
> 3. 임금의 결정·지급방법과 임금계산의 기초에 관한 서류
> 4. 고용·해고·퇴직에 관한 서류
> 5. 승급·감급에 관한 서류
> 6. 휴가에 관한 서류
> 7. 삭제 <2014. 12. 9.>
> 8. 법 제51조제2항, 제51조의2제1항, 같은 조 제2항 단서, 같은 조 제5항 단서, 제52조제1항, 같은 조 제2항제1호 단서, 제53조제3항, 제55조제2항 단서, 제57조, 제58조제2항·제3항, 제59조제1항 및 제62조에 따른 서면 합의 서류
> 9. 법 제66조에 따른 연소자의 증명에 관한 서류
> ② 법 제42조에 따른 근로계약에 관한 중요한 서류의 보존기간은 다음 각 호에 해당하는 날부터 기산한다.
> 1. 근로자 명부는 근로자가 해고되거나 퇴직 또는 사망한 날
> 2. 근로계약서는 근로관계가 끝난 날
> 3. 임금대장은 마지막으로 써 넣은 날
> 4. 고용, 해고 또는 퇴직에 관한 서류는 근로자가 해고되거나 퇴직한 날
> 5. 삭제 <2018. 6. 29.>
> 6. 제1항제8호의 서면 합의 서류는 서면 합의한 날
> 7. 연소자의 증명에 관한 서류는 18세가 되는 날(18세가 되기 전에 해고되거나 퇴직 또는 사망한 경우에는 그 해고되거나 퇴직 또는 사망한 날)
> 8. 그 밖의 서류는 완결한 날

○ 회사가 퇴직근로자 단체에 **퇴직근로자 등의 개인정보를 제공**하려는 경우에는 **정보주체의 동의 필요**

| FAQ | 고용 종료 단계 |

Q4 퇴직 근로자 및 그 가족의 복리후생 지원을 위해 퇴직 근로자 등의 개인정보를 이용하는 경우 정보주체로부터 동의를 받아야 하나요?

답변) 퇴직 근로자 등 정보주체로부터 추가로 동의를 받지 않고도 복리후생 지원을 중단하기 전까지 보유·이용할 수 있습니다.

- ○ 보호법은 제21조는 보유기간의 경과, 개인정보의 처리 목적 달성 등 그 개인정보가 불필요하게 되었을 때 지체없이 파기하도록 하고 있습니다.
- ○ 따라서 복리후생 목적으로 수집한 개인정보는 근로자가 퇴사하더라도 복리후생 지원을 계속하는 때까지는 보유할 수 있습니다. 이 경우, 복리후생 지원 중단 등으로 해당 개인정보가 불필요하게 된 다에는 지체없이 파기하여야 합니다.

Q4-1 퇴직 근로자의 경력 증명을 위해 근로자의 개인정보를 보유하는 경우에도 동의를 받아야 하나요?

답변) 경력증명서 발급 기간이 취업규칙 등에 명시되어 있는 경우, 해당 기간 동안 보유하는데 대해서는 동의를 받지 않아도 됩니다.

- ○ 참고로, 근로기준법 제39조 및 동법 시행령 제19조에 따라 최소한 3년은 경력증명서를 발급하여야 합니다.
- ○ 아울러, 근로자의 퇴직 후 3년이 경과한 후에 경력증명서를 발급하고자 하는 경우로서 취업규칙 등에 명시되어 있지 않다면 **정보주체의 동의** 또는 **보호법 제15조 제3항**을 근거로 보유·이용할 수 있습니다.
- - 단, 보호법 제15조 제3항을 근거로 추가 보유·이용하는 경우에는 추가 이용 시 고려 기준을 개인정보 처리 방침에 미리 공개하고, 개인정보 보호책임자는 해당 기준에 따라 추가적인 이용을 하는지 여부를 점검해야 합니다.

> 보호법 제15조(개인정보의 수집·이용) ③ 개인정보처리자는 당초 수집 목적과 합리적으로 관련된 범위에서 정보주체에게 불이익이 발생하는지 여부 암호화 등 안전성 확보에 필요한 조치를 하였는지 여부 등을 고려하여 대통령령으로 정하는 바에 따라 정보주체의 동의 없이 개인정보를 이용할 수 있다.

2025 KOREA OUTSOURCING DIRECTORY

2025년 슬기로운 정부지원사업안내 _재정지원

01 재정 지원

1 청년일자리도약장려금 사업

고용노동부

사업목적	기업은 청년 채용을 확대하고, 취업애로청년의 취업은 촉진하여 청년고용 활성화 도모

지원대상	• 고용보험 피보험자수 5인 이상인 우선지원대상기업
	① (유형1) 취업애로청년을 채용한 5인 이상 우선지원대상기업
	  * (취업애로청년) 만 15~34세 4개월 이상 실업 고졸 이하 청년 등
	  * 지식서비스·문화콘텐트·신재생에너지 산업, 청년창업기업, 미래유망기업, 지역주력산업, 고용위기지역 소재 기업, 특별고용지원업종 기업은 1인 이상도 가능
	② (유형2) 5인 이상의 제조업 등 빈일자리 업종의 우선지원대상기업 및 해당 기업에 취업 후 18개월 이상 재직한 청년

지원내용	• 신규채용 청년 1인당 월 최대 60만원씩 1년간 지원 ① (유형1) 기업에게 신규채용 청년 1인당 1년간 최대 720만원 지원 ② (유형2) 기업에게 신규채용 청년 1인당 1년간 최대 720만원 지원, 근로자가 18개월 이상 재직 시 2년간 최대 480만원 지원 (18개월24개월차 각 240만원씩 지원)
지원조건	정규직으로 채용 후 6개월 이상 고용유지 등
지원절차	고용24에서 운영기관 선택하여 참여 신청
문의처	고용노동부 공정채용기반과 고용24 누리집	044-202-7448 www.work24.go.kr

01 재정 지원

2 능력중심의 투명한 공정채용문화 확산 — 고용노동부

사업목적	직무능력 중심으로 공정하고 투명하게 평가하는 채용 시스템을 확립하여, 청년들이 공감할 수 있는 공정채용 문화 확산

지원대상	• ATS를 신규 도입하고자 하는 중소기업
	   ＊ (ATS) AI 등을 통한 채용업무 프로세스 전산화 시스템
	   ＊ (요건) 사업신청일 전 12개월 이내 고용24 알선서비스(워크넷 포함) 및 플랫폼 사의 ATS를 사용한 이력이 없고, 신청일 현재 고용24에 가입된 사업주

지원내용	• 지원금액 한도 내에서 검증된 ATS 서비스를 도입 활용한 기업에 사용료 지원 및 고용서비스 연계 • ATS 서비스 사용료의 80%(최대 40만원) 지원
문 의 처	고용노동부 공정채용기반과 044-202-7453, 7493 한국산업인력공단 직무능력활용부 052-714-8858 NCS종합포털 www.ncs.go.kr

01 재정 지원

3 고령자 고용지원금 — 고용노동부

사업목적	중소·중견기업의 근로자가 정년 이후에도 주된 일자리에서 계속 일할 수 있도록 정년 도달 근로자에 대한 고용연장을 위한 제도 도입 추진
지원대상	• 우선지원대상기업 및 중견기업, 사회적 기업 ＊국가·지방자치단체, 공공기관·지방공기업, 60세 이상이 30%를 초과하는 기업 등 제외
지원요건	• (사업주) 정년을 1년 이상 운영하고 취업규칙 또는 단체협약 등에 정년연장, 정년폐지, 재고용 제도를 도입한 사업주 • (근로자) 계속고용제도 시행일부터 5년 이내에 종전의 정년에 도달한 근로자
지원내용	• 정년 이후 계속 고용한 근로자 1인당 분기별 90만원을 최대 3년간 지원 (피보험자의 30%, 최대 30명 한도)
문의처	고용노동부 고객상담센터 고용24 / 국번없이 1350 www.work24.go.kr

4 고령자 계속고용장려금 — 고용노동부

사업목적	급격한 고령화와 생산가능인구 감소에 대비, 통상적인 조건에서 취업이 특히 곤란한 고령자가 희망 은퇴 연령까지 일할 수 있도록 기업의 자율적인 고령자 고용안정지원
지원대상	• 우선지원대상기업 및 중견기업, 사회적 기업 ＊국가·지방자치단체, 공공기관·지방공기업 등 제외
지원요건	• 고용보험성립일부터 신청분기 전날까지 기간이 1년 이상, 매 분기 고용하고 있는 월평균 고령자의 수가 지원금 최초 산정일이 속한 분기의 직전 분기 이전 3년간 월평균보다 증가 ＊매월 말 기준 1년 초과 근무하고 만 60세 이상인 근로자
지원내용	• 매 분기별 증가한 고령자 수 1인당 분기 30만원을 최대 2년간 지원 (피보험자의 30%, 최대 30명 한도)
문의처	고용노동부 고객상담센터 고용24 / 국번없이 1350 www.work24.go.kr

슬기로운 정부지원사업 안내_재정지원

01 재정 지원

5 중장년 경력지원제 — 고용노동부

사업목적	주된업무에서 퇴직한 사무직 등 중장년에게 경력전환형 일경험을 쌓을 수 있도록 지원하여 취업가능성 제고
지원대상	• (참여자) 중장년내일센터 및 훈련기관을 통해 자격취득 또는 훈련 이수, 국민취업지원제도에 참여하는 IAP 수립 후 자격취득 또는 훈련 이수 후 경력전환을 희망하는 50세 이상 중장년 • (참여기업) 고용보험 피보험자수 10인 이상인 기업 단, 기술·경영혁신형 중소기업 등은 5인 이상 기업도 가능
지원요건	• (참여자) 참여수당 월 150만원 • (참여기업) 프로그램 운영 지원금 참여자 1인당 월 40만원
지원내용	• 1~3개월간 유망 자격·훈련 분야 실무수행, 직무교육, 멘토링 * 전기, 소방시설, 산업안전, 사회복지사, 직업상담사 등 * 소양·마인드셋, 디지털, 직무심화교육 등
문의처	고용노동부 고객상담센터　　　국번없이 1350 고용노동부　　　　　　　　　www.moel.go.kr 고용24　　　　　　　　　　　www.work24.go.kr

01 재정 지원

6 장애인 고용장려금 — 고용노동부

사업목적	장애인 의무고용율 3.1%(공공기관 및 공기업 3.8%) 초과하여 장애인을 고용하는 사업주에게 고용장려금을 지급하여 장애인 근로자의 직업생활 안정과 고용촉진 유도
지원대상	• 장애인 의무고용률을 초과하여 장애인을 고용한 사업주

지원내용

• 초과 고용 장애인 근로자 1인당 월 35~90만원 지급

구분	경증 장애인		중증 장애인	
	남성	여성	남성	남성
2022년 발생분 까지	30만원	45만원	60만원	80만원
2023년 발생분 부터	35만원	50만원	70만원	90만원

문의처	한국장애인고용공단	1588-1519 www.kead.or.kr

01 재정 지원

7. 장애인 신규고용지원금 — 고용노동부

사업목적	장애인의 신규고용을 유도하기 위해 사업주가 장애인을 신규 고용하여 6개월 이상 고용을 유지한 경우 지원금 지원
지원대상	• '22.1.1이후 장애인을 신규고용하여 6개월 이상 고용을 유지한 상시근로자 5인 이상~50인 미만 소규모 사업주

지원내용

• 신규 고용 장애인 근로자 1인당 월 35~90만원 지급

해당연도	구분	지급단가(월)	6개월 고용유지	1년 고용유지
2022년 발생분 까지	경증남성	30만원	180만원	360만원
	경중여성	45만원	270만원	540만원
	중증남성	60만원	360만원	720만원
	중증남성	80만원	480만원	960만원
2023년 발생분 부터	경중남성	35만원	210만원	420만원
	경중여성	50만원	300만원	600만원
	중증남성	70만원	420만원	840만원
	중증여성	90만원	540만원	1,080만원

문의처	한국장애인고용공단	1588-1519 www.kead.or.kr

01 재정 지원

8 장애인 보조공학기기 지원 — 고용노동부

사업목적	장애인이 작업을 효율적으로 수행할 수 있도록 보조공학기기·기기구입·대여 비용을 지원하여 장애인의 안정적·지속적 직업생활을 지원
지원대상	• 장애인 근로자, 장애인 공무원, 장애인을 고용하거나 고용하려는 사업주, 장애인인 사업주(4인 이사 규모로서 장애인 고용 전체)

지원내용
- 장애인 1인당 1천5백만원(중증장애인 2천만원) 한도

구분	지원금액
보조공학기기 가격 130만원 이하	보조공학기기 가격의 90%
보조공학기기 가격 130만원 초과	130만원의 90%+[(보조공학기기 가격-130만원)]x95%

지원조건	• 보조공학기기 구입일(맞춤형 보조공학기기는 공단의 구입 결정일)로부터 2년간 고용 또는 근로관계를 유지해야 함
문의처	한국장애인고용공단 1588-1519 www.kead.or.kr

9 근로지원비용 지원 — 고용노동부

사업목적	중증장애인을 고용한 사업주의 고용관리를 유지하는데 필요한 적응지도 비용을 사업주에게 지원하여 장애인 근로자의 직업생활 적응지원 및 고용안정 도모
지원대상	• 중증장애인을 고용하여 기준에서 정한 자격을 갖춘 작업지도원을 위촉·배치하여 작업지도를 실시한 사업주 - 사업주가 중증장애인 근로자를 신규로 고용하거나 직무전환 또는 배치전환 후 90일 이내에 수급자격인정 신청을 하고, 작업지도원을 선임하여 장애인 1명당 월 12시간 작업 지도 실시
지원내용	• 대상 장애인 1명당 월 14만원(평가결과에 따라 최대 3년간 지원)
문의처	한국장애인고용공단 1588-1519 www.kead.or.kr

01 재정 지원

10 장애인고용시설자금 융자 — 고용노동부

사업목적	장애인을 고용하였거나 고용하고자 하는 사업주에 대하여 장애인고용 관련 작업시설, 부대시설, 편의시설 등의 설치비용 융자를 이자차액 보전 방식으로 지원하여 장애인 신규고용 창출 및 고용안정 도모
지원대상	• 장애인을 고용하여 사업을 운영하고 있거나 운영하고자 하는 사업주
지원내용	• 장애인 1인당 1억원 이내 사업주당 15억 한도, 사업주는 은행 대출금리에서 이자보전금리 5%를 제한 금리를 부담, 5년(2년 거치 3년 균등 분할상환) 동안 이자차액 보전 ＊ 고용의무 장애인의 25%를 중증장애인으로 고용(최소 1인 이상)
융자금 용도	• 작업시설, 편의시설, 부대시설의 설치구입수리 비용 • 통근용 승합자동차 구입 비용 • 생산라인 조정 비용
문의처	한국장애인고용공단　　　1588-1519 www.kead.or.kr

01 재정 지원

11 장애인고용시설·장비 무상지원 — 고용노동부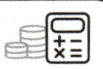

사업목적	사업주의 장애인 고용에 따른 고용비용부담을 줄여주고, 근로환경을 개선함으로써 장애인의 직장 적응력 향상 및 고용안정 도모
지원대상	• 장애인을 고용하여 사업을 운영하고 있거나 운영하고자 하는 사업주
지원내용	• 장애인 1인당 1천만원(중증 1천5백만원) 한도 지원, 사업주당 3억원 한도 지원 - 사업주에게 장애인 고용에 따른 편의시설, 통근용 승합자동차 구입비용을 지원 ＊장애인근로자 2년 고용 조건

무상지원 대상 시설	지원비율
통근용 승합자동차 구입 비용	장애인근로자 10~20명 미만 시 2천만원 한도
「장애인·노인·임산부 등의 편의 증진에 관한 법률」 시행령 제4조에서 정한 편의시설의 설계·설치·구입·수리비용	소요비용이 1천만원 이하 시 전액지원 1천만원 초과시 1천만원+1천만원 초과금액의 2/3 지원
재택근무에 필요한 작업장의 설치·구입·수리비	사업주당 3천만원 한도 (장애인근로자 1인당 3백만원 한도)

문의처	한국장애인고용공단 1588-1519 www.kead.or.kr

01 재정 지원

12 육아휴직 지원금 — 고용노동부

사업목적	육아휴직, 출산전후휴가, 육아기 근로시간 단축 등을 허용한 사업주를 지원함으로써 근로자의 육아휴직 등 제도 활용과 고용안정 도모
지원대상	• 육아휴직을 30일 이상 부여한 우선지원 대상 기업 사업주 ＊ 지원금의 100분의 50은 해당 근로자 복귀 후 6개월 이상 계속 고용시 지급
지원내용	• (지원기간) 육아휴직기간 • (지원금액) 해당 근로자 1인당 월 30만원 ＊ (특례) 만 12개월 이내 자녀 대상 3개월 이상 연속 휴직허용시 월 200만원 지원(첫3개월) ＊ (남성육아휴직 인센티브) 사업장별 남성 육아휴직 1~3호 사례에 대해 월 10만원 추가 지원
문의처	고용노동부 고객상담센터 고용24 / 국번없이 1350 / www.work24.go.kr

13 육아기근로시간단축지원금 — 고용노동부

사업목적	육아휴직, 출산전후휴가, 육아기 근로시간 단축 등을 허용한 사업주를 지원함으로써 근로자의 육아휴직 등 제도 활용과 고용안정 도모
지원대상	• 육아기 근로시간 단축을 30일 이상 부여한 우선지원 대상 기업 사업주 ＊ 지원금의 100분의 50은 해당 근로자 복귀 후 6개월 이상 계속 고용시 지급
지원내용	• (지원기간) 육아기 근로시간 단축 기간 • (지원금액) 해당 근로자 1인당 월 30만원 ＊ (인센티브) 육아기 근로시간 단축을 처음 허용한 경우 세번째 사례까지 월10만원 추가 지원
문의처	고용노동부 고객상담센터 고용24 / 국번없이 1350 / www.work24.go.kr

01 재정 지원

14 대체인력지원금 — 고용노동부

사업목적	육아휴직, 출산전후휴가, 육아기 근로시간 단축 등을 허용한 사업주를 지원함으로써 근로자의 육아휴직 등 제도 활용과 고용안정 도모
지원대상	• 출산전후(유사산) 휴가, 육아휴직, 육아기 근로시간단축을 허용하고 시작일 전 2개월이 되는 날 이후 새로 대체인력을 고용 또는 파견사용하여 30일 이상 계속 고용 또는 파견 사용하는 사업주 • 피보험자인 근로자에게 임신 중에 60일을 초과하여 근로시간 단축을 허용하고 대체인력을 고용한 경우로 그 근로자가 근로시간 단축 종료에 연이어 출산휴가 등의 시작 후 같은 대체인력을 계속 고용 또는 사용하는 사업주
지원내용	• (지원기간) 출산전후(유산사산) 휴가, 육아휴직, 육아기 근로시간 단축 사용 기간 (시작 전 2개월의 인수인계 기간 포함) 중 대체인력을 새로 고용한 기간 • (지원금액) 대체인력 1인당 월 120만원 * 사업주가 대체근로에 대해 지급한 임금 또는 파견근로의 대가에 80% 한도로 지원
문 의 처	고용노동부 고객상담센터 고용24 / 국번없이 1350 www.work24.go.kr

15 업무분담지원금 — 고용노동부

사업목적	육아휴직, 출산전후휴가, 육아기 근로시간 단축 등을 허용한 사업주를 지원함으로써 근로자의 육아휴직 등 제도 활용과 고용안정 도모
지원대상	• 육아휴직, 육아기 근로시간 단축(주당 10시간 이상)을 30일 이상 허용한 사업주 • 업무분담 근로자를 지정하여 매월 업무분담수당 등 금전적 지원하는 사업주
지원내용	• (지원기간) 육아휴직, 육아기 근로시간단축 사용기간 • (지원금액) 육아휴직, 육아기 근로시간 단축 근로자 1인당 월 최대 20만원 * 육아휴직 등 사용근로자 1명당 업무분담자는 최대 5명까지 지정할 수 있으나 합산 분담 수당은 월 20만원을 초과할 수 없음
문 의 처	고용노동부 고객상담센터 고용24 / 국번없이 1350 www.work24.go.kr

01 재정 지원

16 고용촉진장려금　　　　　　　고용노동부

사업목적	노동시장의 통상적인 조건에서 취업이 특히 곤란한 사람을 고용하는 사업주에게 장려금을 지급하여 취업 취약계층의 고용을 촉진
지원대상	• 고용노동부 장관이 지정하는 취업지원프로그램을 이수하고, 고용센터(워크넷) 등에 구직등록한 실업자를 고용한 사업주 • 구직등록 후 1개월 이상 실업상태에 있는 중증장애인, 가족부양의 책임이 있는 여성을 고용한 사업주
지원내용	• 지원대상 근로자를 고용하여 6개월 이상 고용을 유지한 경우 1년간 매 6개월마다 지급

구분	1년 지원금액	6개월 지급액
우선지원대상기업	720만원	360만원
중견기업	720만원	360만원
대규모기업	360만원	180만원

지원한도	• 지급대상이 되는 피보험자수의 수는 해당 사업의 직전 보험연도 말일 기준 피보험자수를 기준으로 ① 전체 피보험자수가 10명 이상인 경우: 전체 피보험자 수의 100분의 30에 해당하는 인원이며 다만, 100분의 30에 해당하는 인원이 30명을 넘는 경우 30명 ② 전체 피보험자수가 10명 미만인 경우 3명
문의처	고용노동부 고객상담센터 / 고용24 　　　국번없이 1350　www.work24.go.kr

01 재정 지원

17 워라밸일자리장려금(소정근로시간단축) — 고용노동부

사업목적	전일제 근로자가 필요한 때(가족돌봄, 본인 건강, 은퇴준비, 학업 등)에 소정근로시간을 단축할 수 있도록 지원하여 국민의 다양한 일자리 수요를 충족시키고 일과 삶의 조화에 기여
지원대상	• 소정근로시간 단축제도를 도입하고 근로자의 필요(가족돌봄, 본인건강, 은퇴준비, 임신 등)에 따라 일정 기간 근로시간 단축을 허용한 우선지원대상기업·중견기업 사업주

구분	근로시간단축 사유
일반 사유	취업규칙 등 근로시간 단축 제도 도입 6개월 이상 근속 주35시간 이상 근로자 신청으로 주15~30이산으로 근로시간 단축 전자기계적 방식으로 출퇴근 기록 관리 연장근로 제한(월 10시간)
임신 사유	주 35시간 이상 근로자 신청으로 주15~30시간 근로시간 단축 연장근로 제한

지원내용	• (장려금) 월 최대 30만원 • (임금감소액보전금) 월 최대 20만원 * 임금감소액보전금은 사업주가 단축 근로자에게 시간비례 임금 이외에 추가로 월 20만원 이상 보전한 경우 지원 * 지원인원 한도: 직전년도 말일 기준 피보험자수의 30% (최대 30명, 소수점 이하 버림, 10명 미만인 경우 3명)
지원제외	• 사업주(법인의 경우 대표이사)의 배우자, 직계 존·비속 • 외국인(체류자격 거주(F-2), 영주(F-5), 결혼이민자(F-6)) • 고용보험에 가입되어 있지 않은 근로자
문의처	고용노동부 고객상담센터 — 국번없이 1350 고용24 — www.work24.go.kr 일생활균형 홈페이지 — www.worklife.kr

01 재정 지원

18 워라밸일자리장려금(실근로시간단축) — 고용노동부

사업목적	근로시간 단축 계획을 수립하여 기업 전반의 실근로시간을 2시간 이상 단축한 사업주를 지원하여 장시간 근로문화 개선 등에 기여
지원대상	• 실근로시간 단축 계획 시행 후 근로자 1인당 주 평균 실근로시간이 단축 전 3개월과 비교하여 2시간 이상 감소한 사업주 • (지원대상 근로자) 사업참여 직전 달 말일 기준 재직 피보험자로서, 단축 시행 해당 월 종료일까지 피보험자격 유지중인 자
지원내용	• (지원금) 지원 인원 1인당 월 30만원 • (지원기간) 최대 1년, 3개월 단위 • (지원인원) 지원대상 근로자의 30% ＊지원인원 한도: 최대 100명, 단 지원 대상 근로자가 10명 미만인 경우 3명 지원
신청방식	• 실근로시간 단축 제도를 시행하기 위한 세부 추진계획 수립 • 고용센터 참여신청서 제출 및 사업 승인 • 전자·기계식 방식의 근태관리 • 실근로시간 2시간 이상 감소
신청방식	• 실근로시간단축 계획 시행일이 속하는 달의 다음 달 부터 12개월 이내
문의처	고용노동부 고객상담센터 고용24 국번없이 1350 www.work24.go.kr

01 재정 지원

19 일·가정양립환경개선 (유연근무 장려금) — 고용노동부

사업목적	유연근무를 도입 활용하거나 일·생활균형이 우수한 기업을 지원하여 장시간 근로관행 개선 및 일·생활 균형의 고용문화 확산
지원대상	• 유연근무(시차출퇴근제, 선택근무, 재택근무, 원격근무)를 소속 근로자가 필요에 따라 활용하도록 하는 우선지원 대상 기업, 중견기업의 사업주

지원내용
• 활용근로자당 1년간 최대 360만원의 장려금 지원

유형	1개월 지급액			최대 지급한도
재택원격근무	15만원 (월 4일~7일)	20만원 (월 8일~11일)	30만원 (월 12일 이상)	360만원
시차출퇴근 (육아기 자녀를 둔 근로자만 해당)	20만원 (월 6일~11일)		40만원 (월 12일 이상)	360만원
선택근무	30만원 (월 6시간 이상 단축, 단축일에 1시간 이상 단축)			360만원

문의처	고용노동부 고객상담센터 / 일생활균형 홈페이지 · 국번없이 1350 · www.worklife.kr

20 일·가정양립환경개선(일생활균형인프라구축) — 고용노동부

사업목적	유연근무를 도입 활용하거나 일·생활균형이 우수한 기업을 지원하여 장시간 근로관행 개선 및 일·생활 균형의 고용문화 확산
지원대상	• 유연근무 또는 근로시간단축을 활용하거나 대한민국 일생활균형 우수기업으로 선정된 우선지원 대상기업·중견기업의 사업주
지원내용	• 사업주 투자비용(부가세 제외)의 50~80% 이내의 범위에서 최대 2천만원 지원 ＊(재택원격근무 또는 근무혁신) 근태관리 시스템+정보보안 시스템, 투자비용의 50%(재택·원격), 80%(대한민국 일생활균형 우수기업), 2천만원 한도(재택·원격) ＊(유연근무(재택·원격·시차·선택·근로시간 단축 등)) 근태관리시스템, 투자비용의 70%, 750만원 한도
문의처	고용노동부 고객상담센터 / 일생활균형 홈페이지 · 국번없이 1350 · www.worklife.kr

01 재정 지원

산업·일자리 전환 지원금 — 고용노동부

사업목적	탄소중립·디지털 전환 관련 기업의 사업주가 소속 근로자에 자체 또는 위탁하여 직무심화·전환·재배치·적응을 위한 훈련 및 전직지원서비스 등을 제공하는 경우 이를 지원
지원대상	• 저탄소·디지털 전환 관련 사업주 ＊ 최근 3년 이내 사업재편(산업부)·사업전환(중기부) 승인기업, 산업·일자리전환 컨설팅 참여기업, 산업전환 공동훈련센터 협약기업, 자동차 및 관련부품업체, 석탄, 철강, 스마트공장 지원사업 참여기업, 일자리 변동 업종 기업 등
지원요건	• (공통) 최소 1개월 이상 또는 최소 20시간 이상 훈련 • (사업주 훈련장려금) 1일 4시간 이상 집체 훈련 실시
지원내용	• 직무심화·전환·재배치·적응을 위한 훈련 및 전직지원서비스 제공 시 훈련비 및 사업주 훈련장려금 지원 (훈련비) 참여 근로자 1인당 300만원 내에서 훈련비(실비) 지원 (사업주 훈련장려금) 참여 근로자 1인당 1일 10만원(정액)을 월 200만원(총 600만원)내에서 지원
지원기간	• 최대 12개월 ＊ 제10차 전력수급 기본계획에 따라 '27년까지 폐지 예정인 석탄화력발전소 협력업체는 최대 24개월 지원
문의처	고용노동부 고객상담센터 고용24 국번없이 1350 www.work24.go.kr

01 재정 지원

22 사업주 직업능력개발 지원 고용노동부

사업목적	사업주가 근로자 등을 대상으로 직업능력개발훈련을 실시할 경우 소요비용을 지원해 인적자원개발 및 기업 경쟁력 제고
지원대상	• 고용보험 가입 사업주

지원내용

구분	지원요건	지원수준
훈련비	·4시간 이상 훈련(집체,인터넷원격) - 우편원격훈련은 2개월 32시간 이상	·우선지원대상기업 90~100% ·상시근로자 1,000인 미만(우선지원대상 기업 제외):60% ·1,000인 이상: 40%
유급 휴가 훈련 인건비	·소속근로자 대상으로 - (우선 지원대상기업) 5일 이상 유급휴가 부여, 20일 이상 훈련 - (대기업) 60일 이상 유급휴가 부여, 180시간 이상 훈련	·(훈련생 인건비) 소정 훈련시간x시간급 최저임금액의 150% (대기업 100%)
	·대체인력인건비 - 우선지원대상기업이 소속 근로자 대상으로 유급휴가를 30일 이상 부여하고 120시간 이상 훈련 실시하면서 대체인력 고용	·소정근로시간x시간급 최저임금액
훈련 수당	·채용예정자 등을 대상으로 1개월 120시간 이상 양성훈련을 실시하면 훈련생에게 훈련수당을 지급	·1월 20만원 한도 내에서 사업주가 훈련생에게 지급한 금액
숙식비	·훈련시간이 1일 5시간 이상인 훈련 과정 중 훈련생에게 숙식을 제공	·식비 1일 3,300원 한도, ·숙식비 1일 14,000원 한도 (1개월 33만원 한도)

문의처	한국산업인력공단	1644-8000 www.hrdkorea.or.kr

01 재정 지원

23 산재예방시설 융자 — 고용노동부

사업목적	사업장의 안전·보건시설 개선을 위해 산재예방 시설 개선에 소요되는 자금을 장기저리 조건으로 융자 지원하여 산업재해예방 및 작업환경개선에 기여
지원대상	• 근로자를 고용하고 산업재해보상보험에 가입한 사업 또는 사업장의 사업주 • 산업재해예방을 목적으로 설립된 법인 또는 민간기관(고용부 승인)
지원조건	• 사업장당 10억원 한도(고정연리 1.5%, 3년 거치 7년 분할 상환)
지원내용	• 융자금 지원 신청 사업장에 대한 산업재해예방 설비 투자계획의 적정성 확인, 투자 설비 또는 공정에 대한 안전·보건관리 기술 지원 • 융자금 지원 대상자(우선순위)는 융자대상자 우선지원 선정 기준에 따라 융자금 지원심사위원회에서 심의·결정 • 융자금 지원 이후 융자 설비 가동 상태 확인 및 사업장 유해·위험요인에 대한 사후 기술지도 실시
문 의 처	한국산업안전보건공단 고객만족센터 — 1644-4544 클린사업장 조성지원 홈페이지 — www.kosha.or.kr

24 클린사업장 조성 지원(안전일터 조성 지원) — 고용노동부

사업목적	기술재정적 능력이 취약한 중소사업장등의 유해위험요인 개선을 위한 자금 지원
지원대상	• 근로자를 고용하여 산업재해보상보험에 가입하고 보험료 체납이 없는 소규모 사업장(상시 50인 미만, 중기법상 소기업, 50억원 미만 건설현장)
지원내용	• (제조·서비스업 등 고위험 개선) 고용부 감독, 공단의 기술지원 결과 개선이 필요한 사업장 또는 사고사망 예방 품목을 지원받고자 하는 사업장에 최대 3,000만원, 소요비용의 70% 지원 • (건설현장 산재예방 안전시설) 공사금액 50억원 미만 건설현장에 최대 3,000만원, 50~65%지원, 시스템 비계·수직보호망, 시스템동바리, 고소작업대 임차료는 조건표에 따른 정액제 지원
문 의 처	클린사업 대표번호 — 1544-3088 클린사업 홈페이지 — www.kosha.or.kr

01 재정 지원

25. 클린사업장 조성 지원(안전동행 지원사업) — 고용노동부

사업목적	중소사업장에 대한 위험공정개선 지원을 통해 근원적 안전성을 확보하고, 원하청간 안전관리 수준격차 완화 등 산업안전분야 노동시장 이중구조를 개선
지원대상	• 제조업 중 상시 50인 미만 및 중기법에 따른 소기업 사업장 • 제조업 중 중기법에 따른 중소기업(사내하청 제외)

지원내용

구분	대·중소기업 안전보건 수준 격차 완화	원·하청 안전보건 상생지원
내용	위험공정개선에 필요한 기계·설비 등	
지원조건	위험공정개선 소요비용 중 정부지원 50%(최대1억원)	위험공정개선 소요비용 중 정부지원 40%(최대 8천만원)+원청지원 10% 공동지원

문의처	한국산업안전보건공단 고객만족센터	1644-4544
	클린사업장 조성지원 홈페이지	www.kosha.or.kr

26. 클린사업장 조성 지원(건강일터 조성 지원) — 고용노동부

사업목적	급성중독 예방에 기본이 되는 국소배기장치 등 환기장치 및 폭염기간 온열질환 예방을 위한 설비·물품을 지원
지원대상	• 근로자를 고용하여 산업재해보상보험에 가입하고 보험료 체납이 없는 사업장

지원내용

구분	국소배기장치	폭염재난 예방설비	온열환경 개선설비
지원품목	국소배기장치 발산원 밀폐설비	폭염예방설비, 온열질환 예방 응급키트	고정식 산업용 냉풍기, 제트팬, 실링팬 등
지원비율	(50인미만) 공단 판단 금액의 70% (50인이상) 공단 판단 금액의 50%	(폭염예방) 50인 미만 공단 판단 금액의 70% (온열질환예방) 50인 미만 배포	(50인미만) 공단 판단 금액의 70% (50인이상) 공단 판단 금액의 50%
지원한도	최대 5천만원	최대 3천만원	최대 2천5백만원

문의처	클린사업 대표번호	1544-3088
	클린사업 홈페이지	www.kosha.or.kr

01 재정 지원

27 클린사업장 조성 지원(스마트안전장비 보급) — 고용노동부

사업목적	중소사업장의 추락·끼임 등 사고사망 감축효과 제고를 위해 신기술이 접목된 스마트 안전장비 비용 지원
지원대상	• 근로자를 고용하여 산업재해보상보험에 가입하고 보험료 체납이 없는 중소사업장 (50인 미만)
지원내용	• 인공지능(AI) 기반 인체감지시스템, 고위험 기계설비 스마트 통합 안전시스템 31종 • 위험성평가 인정사업장, 고용노동부 강소기업 사업장, 고위험업종 사업장에 대한 추가지원(각각 최대 1,000만원) • 3년간 보조지원 설비 등 가동 상태를 확인하고 사업장 유해·위험요인에 대해 사후 기술 지원
문의처	한국산업안전보건공단 고객만족센터 클린사업장 조성지원 홈페이지 1644-4544 www.kosha.or.kr

28 산재예방요율제 지원 — 고용노동부

사업목적	사업주가 소속 근로자의 안전보건을 위해 재해예방활동을 실시하고 이에 대한 인정을 받은 사업장에 대해 다음 연도 산재보험료율을 인하해 주는 제도
지원대상	• 제조업, 임업, 위생 및 유사서비스업(「보험료징수법」 시행규칙 제12조에 따라 고시하는 사업의 종류) 상시근로자수 50인 미만 사업장
지원내용	• 위험성 평가 20%, 사업주 교육 10%, 노동시간 조기 단축 사업장 10% 산재보험료 할인 ① 위험성 평가와 사업주 교육 모두 참여 가능하며, 이 경우 해당 보험연도 적용 인하율을 각각 계산한 수 인하율이 높은 것을 적용 ② 노동시간 조기 단축 사업장의 경우 중복 할인 적용 • (인정 유효기간) 위험성 평가 인정 3년, 사업주 교육 인정 1년
문의처	한국산업안전보공단 1644-4544 www.kosha.or.kr

01 재정 지원

29 대체인력지원사업(산재근로자) — 고용노동부

사업목적	소규모 사업장 소속 산재근로자의 원직장 복귀를 촉진하기 위해 사업주에게 산재근로자 대체인력 인건비 지원
지원대상	• 상시근로자 50인 미만 사업장
지원요건	산재근로자의 요양기간 중 대체인력을 신규고용하여 30일 이상 고용을 유지하고 산재장애인이나 요양승인기간이 60일 이상인 산재근로자를 원직에 복귀시켜 30일 이상 고용을 유지하는 경우
지원내용	대체인력 고용일부터 산재근로자의 원직 복귀 전날까지 최대 6개월, 대체인력 임금의 50% 지원(월 최대 60만원)
문 의 처	근로복지공단 고객지원센터 / 1588-0075 / www.comwell.or.kr

01 재정 지원

3 내일채움공제 — 중소벤처기업부

사업목적	중소·중견기업 사업주와 근로자가 공동으로 적립한 공제금에 복리이자를 더하여 3년 이상 장기 재직한 근로자에게 성과보상금 형태로 지급하는 정책성 공제
지원대상	• 「중소기업 인력지원 특별법」상 지원업종 영위기업 • 중소·중견기업 근로자 - 중소중견기업 대표자가 지정한 인력(학력, 경력, 자격무관)으로 직무기여도가 높아 사업주가 장기재직이 필요하다고 지정한 근로자
지원내용	• (가입기간) 3년 이상 • (공제납입금) 사업주와 핵심인력이 5년간 2,000만원 이상(매월 34만원 이상) 공동적립 - 핵심인력:사업주=1:2이상의 비율로 납부 • (적립금액) 연간 400만원 이상 적립(3년 1,224만원, 5년 2,000만원 이상) • (공제금리) 변동금리 적용
신청접수	• (공고시기) 상시모집 • (신청방법) 중소벤처기업진흥공단 지역본(지)부, 기업·신한·우리은행을 방문하여 공제계약 청약 또는 홈페이지에서 청약 신청 • (제출서류) 청약서
문의처	중소벤처기업부 인력정책과 044-204-7791, 7796 중소벤처기업진흥공단 성과보상처 055-751-2974~5 내일채움공제 홈페이지 www.sbdplan.or.kr 내일채움공제 고객센터 1588-6259

01 재정 지원

31 중소기업 재직자 우대 저축공제 — 중소벤처기업부

사업목적	중소기업 사업주와 근로자가 공동으로 적립한 공제금에 이자를 더하여 5년 재직한 근로자에게 성과보상금 형태로 지급하는 정책성 공제
지원대상	• 「중소기업 인력지원 특별법」 상 지원업종 영위기업 • 중소·중견기업 근로자 - 중소중견기업 대표자가 지정한 인력(학력, 경력, 자격무관)으로 직무기여도가 높아 사업주가 장기재직이 필요하다고 지정한 근로자
지원내용	• (가입기간) 5년 • (공제납입금) 사업주와 핵심인력이 5년간 최대 4,000만원(매월 12만원~60만원 이자포함) 공동 적립 - 핵심인력:사업주=1:0.22의 비율로 납부 • (적립금액) 5년간 최대 4,000만원(이자포함) • (공제금리) 기업납부금(변동금리 적용), 근로자납부금(최고 5%)
신청접수	• (공고시기) 상시모집 • (신청방법) 홈페이지에서 청약 신청 • (제출서류) 청약서
문의처	중소벤처기업부 인력정책과 044-204-7791, 7796 중소벤처기업진흥공단 성과보상처 055-751-2974~5 내일채움공제 홈페이지 www.sbdplan.or.kr 내일채움공제 고객센터 1588-6259

01 재정 지원

32 청년연계형 내일채움공제 — 중소벤처기업부

사업목적	청년내일채움공제를 만기한 근로자, 중소중견기업이 공동으로 적립한 공제금에 이자를 더하여 3년 재직한 근로자에게 성과보상금 형태로 지급하는 정책성 공제
지원대상	• 청년내일채움공제(2년형, 3년형) 만기자를 지원한 중소·중견기업 • 중소·중견기업 근로자 - 청년내일채움공제(2년형, 3년형) 만기 후 해당 기업에 계속 근무중이며 직무기여도가 높아 대표자가 장기재직이 필요하다고 지정한 근로자
지원내용	• (가입기간) 3년 • (공제납입금) 사업주와 핵심인력이 3년간 1,008만원 공동 적립 - (근로자) 3년간 504만원 적립(월 14만원x36개월) - (기 업) 3년간 504만원 적립(월 14만원x36개월) • (적립금액) 3년간 1,008만원 • (공제금리) 변동금리 적용
신청접수	• (공고시기) 상시모집 • (신청방법) 중소벤처기업진흥공단 지역본(지)부, 기업·신한·우리은행을 방문하여 공제계약 청약 또는 홈페이지에서 청약 신청 • (제출서류) 청약서
문의처	중소벤처기업부 인력정책과 044-204-7791, 7796 중소벤처기업진흥공단 성과보상처 055-751-2974~5 내일채움공제 홈페이지 www.sbdplan.or.kr 내일채움공제 고객센터 1588-6259

01 재정 지원

33 중소기업 스마트서비스 지원　　　중소벤처기업부

사업목적	중소기업의 서비스 분야를 대상으로 빅데이터 AI 등 첨단 ICT를 활용한 혁신을 지원하여 서비스 고부가가치화, 신사업(서비스) 창출 등 도모
지원대상	• 국내 중소기업(서비스 분야) 　- 중소기업기본법 제2조에 따른 중소기업 　- 도입기업이 공급기업과 컨소시엄을 구성하여 사업 신청 　＊2개 이상의 기업이 협업체를 구성하여 참여 가능
지원내용	• (신규구축) 선별된 기업에 대해 핵심 BM 서비스 창출 및 서비스 전달체계 개선에 대한 DX솔루션 구축 지원(총 예산 60억원) 　- 120개사 내외, 기업당 최대 5천만원(총사업비 50% 이내) • (고도화) 핵심 솔루션 신규 도입 후 매출·고용·고객만족도 등 높은 성과 달성 등 우수기업에 솔루션 고도화 지원(총 예산 25억원) 　- 25개사 내외, 기업당 최애 1억원(총사업비 50% 이내) • (통합솔루션) 서비스분야 스마트화에 요구되는 솔루션을 지속적으로 기능·연계·추가개선이 가능하도록 클라우드·패키지형태로 개발 지원(총예산 20억원) 　- 4개 컨소시엄 내외, 컨소시엄 당 최대 5억원(총사업비 50% 이내)
신청접수	• (공고시기) '25.3~4월(예정) • (신청방법) 스마트서비스 사업관리시스템(온라인)을 통한 사업계획서 신청·접수 • (제출서류) 사업계획서, 사업자등록증명원, 국세 및 지방세 완납증명서, 정보활용동의서, 공급기업의 투입인력 경력 증빙서류 등 • (평가프로세스) 현장평가 → 서면평가(필요 시) → 대면평가 • (평가항목) 추진의지 및 지원 필요성, 추진목표·계획의 적정성, 수행 역량, 효과 등
문 의 처	중소벤처기업부 제조혁신과　　　044-204-7272 중소기업기술정보진흥원　　　　044-300-0553 중소기업통합콜센터　　　　　　국번없이 1357 스마트서비스관리시스템　　　　www.smb-service.kr

01 재정 지원

34 중소기업 혁신바우처 지원사업 — 중소벤처기업부

사업목적	성장가능성이 높은 중소기업을 대상으로 진단을 통한 기업별 특성에 맞는 맞춤형 지원을 통해 중소기업의 경쟁력 강화
지원대상	• 중소기업기본법 상의 매출액 120억원 이하 제조 소기업
지원내용	• 컨설팅, 기술지원, 마케팅 분야를 서비스 수행기관에게 제공받을 수 있도록 바우처 형태로 지원하며 소요경비의 40~85% 차등 지원

매출액	정부지원 비율	최대지원금
3억원 이하	85%	최대 50백만원
3억원 초과~10억원 이하	65%	
10억원 초과~50억원 이하	55%	
50억원 초과~120억원 이하	48%	
120억원 초과~1,500억원 이하	40%	

지원규모	• 2,631개사
지원금액	• 61,386백만원(업체당 50백만원 한도)
신청접수	• 혁신바우처 플랫폼을 통한 온라인 신청·접수 • (제출서류) 사업신청서, 사업계획서, 신용정보제공동의서 및 기타 증빙서류 • (선정평가) 요건검토 → 서류평가 → 발표평가 • (심사주요내용) 사업계획의 적정성, 경영자의 사업화 전문성, 기업의 경영안정성 등
문의처	**중소기업통합콜센터** **혁신바우처플랫폼** **중소기업진흥공단 제조혁신처** / **국번없이 1357** **www.massmiv.com** **055-751-9847, 9851**

01 재정 지원

35 구조혁신지원사업 — 중소벤처기업부

사업목적	산업구조 변화에 효과적으로 대응하고, 신사업·신기술 일자리로의 전환, 중소기업 디지털화 지원을 위해 진단, 컨설팅, 후속 사업까지 원스톱으로 지원
지원대상	• 신청일 현재 상시 종업원수 5인 이상의 중소기업으로 산업구조 전환에 대응하여 사업·디지털·일자리전환을 추진하고자 하는 기업
지원내용	• 구조혁신 분야별 전문가를 활용하여 기업 현황 진단 및 맞춤형 컨설팅 제공 - (진단) 빅데이터 기반 기업의 현 수준, 컨설팅 방향 제시 - (컨설팅) 사업·디지털·일자리전환 유형별 전문가를 통해 구조혁신 이행계획(로드맵) 수립 등을 지원 | 구분	정부지원 비율
사업전환	기업역량, 재무진단, 사업모델 전환, 원가·물류 프로세스 혁신 등
산업·일자리전환	경영 및 생산조직 재설계, 인력 재배치 및 효율화, 노사관계 등
디지털전환	디지털화 수준, 내부역량, 단계별 개선 전략 및 실행과제 등 | - (연계지원) 중기부, 고용부 등 각 부처별 사업을 연계하여 재정, 금융, 세제, 직무전환, 전직 등 지원
지원규모	• 진단 1,000개사, 컨설팅 1,040개사 내외
신청접수	• 1분기 내 사업공고 예정 • 구조혁신지원사업 홈페이지 온라인 신청 • (제출서류) 신용정보제공동의서, 재무제표 및 기타 증빙서류
문의처	중소벤처기업부 기업구조개선과　　044-204-7482 중소벤처기업진흥공단 기업구조개선처　055-751-9702 구조혁신지원사업 홈페이지　　www.kosmes.or.kr/3t

01 재정 지원

35 삼성형 스마트공장 구축 지원 사업

사업목적	중소중견기업 제조현장에 적합한 다양한 형태의 스마트공장 구축을 지원하여 제조혁신 경쟁력 향상 도모
지원대상	• 국내 중소중견 제조기업 • (우대사항) 취약지역계층, 장애인기업, 뿌리기업, 일터혁신 컨설팅 참여기업, FEMS·ESCO 도입기업, 글로벌 강소기업, 지자체별 별도 지정항목에 해당하는 기업
지원내용	• 삼성전자와 중소·중견기업이 협력하여 스마트공장을 구축할 경우 정부가 구축비용의 일부를 지원 • (지원규모) 약 200억원

구분	상생형		식품업		지자체
	고도화	동일수준	고도화	기초	기초
목표수준	중간1이상	중간1인상	중간1이상	기초 이상	기초 이상
지원규모	최대1,5억원	최대6천만원	최대2억원	최대6천만원	최대8천만원
총 사업비	2.5억원 내외	1억원 내외	4억원 내외	1억원 내외	1억원 내외

신청접수	• (공고) 3~4월 중 • (신청방법) 스마트공장 사업관리시스템 온라인 접수 • (제출서류) 사업계획서, 국세 및 지방세 납입증명서, 중소(중견)기업 확인서, 사업자등록증명원, 우대사항 증빙서류 등 • (선정평가) 요건검토 → 현장실사 → 선정평가위원회 → 원가계산 → 최종선정
문 의 처	중소기업중앙회 스마트산업실 스마트공장 사업관리시스템	02-2124-4311, 4371 www.smart-factory.kr

01 재정 지원

37 포스코형 스마트공장 구축 지원 사업 — 중소벤처기업부

사업목적	Industry 4.0 시대, 미래형 제조공장 기반 구축을 통한 제조혁신과 경쟁력 향상을 위해 중소·중견기업에 대한 스마트공장 지원
지원대상	• 국내 중소중견 제조기업 • (우대사항) 뿌리기업, ESG 분야 관련 사업 지원기업, 일터혁신 컨설팅 참여기업, 포항·광양 소재 업체, 포스코 거래 업체
지원내용	• (지원규모) 약 40억원

유형	상생형	기업당 지원금액	비고
고도화	국내 중소중견제조기업 중 구축 목표 수준 중간 1이상	최대 2.4억원	정부대기업:참여기업 6:4 매칭

신청접수	• (공고) 5월 예정 • (신청방법) 스마트공장 사업관리시스템 온라인 접수 • (제출서류) 사업계획서, 국세 및 지방세 납입증명서, 중소(중견)기업 확인서, 사업자등록증명원, 우대사항 증빙서류 등 • (선정평가) 서류심사 → 심층 인터뷰 → 최종심사
문의처	중소기업중앙회 스마트산업실 스마트공장 사업관리시스템	02-2124-4311, 4371 www.smart-factory.kr

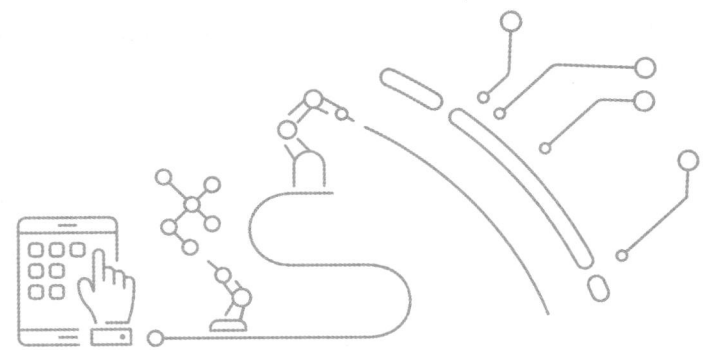

01 재정 지원

38 녹색 공정전환 보증 — 중소벤처기업부

사업목적	온실가스 감축 등 기업이 탄소중립에 필요한 자금의 대출에 대하여 보증한도, 보증비율, 보증료율 등 지원 조건 우대를 통해 중소·중견기업의 탄소중립 이행 노력 지원
지원대상	• 온실가스 감축에 기여하는 저탄소 사업전환 기업, 저탄소 기술 혁신 기업 등을 중심으로 지원 <table><tr><th>구분</th><th>정부지원 비율</th></tr><tr><td>저탄소 사업전환</td><td>저탄소 설비 도입, 공정개선, 에너지 효율화 등 추진 기업</td></tr><tr><td>저탄소 기술혁신</td><td>친환경 분야 제품 기술 생산 또는 개발 기업</td></tr><tr><td>저탄소 프로젝트</td><td>신재생에너지 발전사업증 영위하거나 K-RE100 참여 또는 친환경 운송수단 도입 기업</td></tr></table>
지원내용	• 지원분야 - 온실가스 저감시설 도입에 소요되는 시설 자금 - 저탄소·친환경 제품 및 기술의 생산확대 등에 필요한 운전·시설자금 • 보증한도 - 신용등급별 최고보증한도는 중소기업 100억원, 중견기업 200억원 • 보증비율 - 95%(전액해지 시설자금은 100%) • 보증료율 - 산출보증료에서 0.2~0.3%p 차감 또는 고정요율(0.5%) 적용
지원규모	• 연간 7,200억원 지원 예정
신청접수	• 영업점 방문, 전화 신청 또는 신용보증기금 홈페이지 신청 • (심사내용) 보증 신청기업의 신용평가 외에 온실가스 감축량 평가 추가
문의처	신용보증기금 혁신성장금융센터 053-430-438, 4344 신용보증기금 홈페이지 www.kodit.co.kr

대한민국 종합인재서비스그룹 NO.1_유니에스

UNIES

대통령 표창
수상기업

딱 맞는 일자리, 평생의 커리어
10년 후에도 함께 웃을 수 있는
당신의 든든한 취업파트너, 유니에스

JOBunies.com 1566·9797

unies

아웃소싱·인재파견 | 헤드헌팅·HR컨설팅 | 시니어 사업 | 교육·연수 | 고용 서비스·취업지원 | eBiz

2026 KOREA OUTSOURCING DIRECTORY

2026년 고용노동부 예산안 주요내용

2026년 고용노동부 예산안 주요 내용

◇ 2026년 고용노동부 예산안 총 규모는 <u>37조 6,157억원</u>으로 2025년 본예산 대비 <u>2조 2,705억원(+6.4%) 증액</u>

　＊ ⟨'23⟩ 34.95 → ⟨'24⟩ 33.7 → ⟨'25⟩ 35.3 → <u>⟨'26안⟩ 37.6조원</u>

◇ 유사·중복 사업 조정, 경비 절감, 운영체계 효과성 제고 등 <u>지출 효율화 선행</u> → 국정과제 투자 위한 재원 마련

Ⅰ. 총지출

○ (총괄) 37조 6,157억원, '25년 대비 2조 2,705억원(6.4%) 증가

○ (일반회계) 5조 8,991억원, '25년 대비 7,522억원(14.6%) 증가

　＊ 국민취업지원(1조 128억), 두루누리(9,443억), 청년도약장려금(9,080억) 등

○ (특별회계) 7,339억원, '25년 대비 1,259억원(20.7%) 증가

　＊ 폴리텍대학(3,150억), 지역산업맞춤형일자리(1,926억), 사회적기업육성(321억) 등

○ (기금) 30조 9,827억원, '25년 대비 1조 3,924억원(4.7%) 증가

　＊ 구직급여(11조 5,376억), 산재급여(8조 1,463억), 모성보호(4조 728억) 등

【 2026년 고용노동부 예산안(단위 : 억원) 】

회계·기금별	'25년(A)	'26년안 정부안(B)	증감(B-A)	증감률(%)
■ 총지출(a+b)	353,452	376,157	22,705	6.4
－ 예산지출(a)	57,549	66,330	8,781	15.3
· 일반회계	51,469	58,991	7,522	14.6
· 특별회계	6,080	7,339	1,259	20.7
－ 기금지출(b)	295,903	309,827	13,924	4.7
· 고용보험	178,066	184,789	6,723	3.8
· 산재보험	100,176	104,506	4,330	4.3
· 장애인고용	9,372	10,041	669	7.1
· 임금채권	6,285	8,481	2,195	34.9
· 근로복지	2,004	2,011	7	0.3

2026년도 고용노동부 예산안

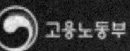

일터의 혁신과 미래를 대비한 지속가능한 노동시장 구축에 집중 투자

2026년 예산안 **37조 6,157억원** (+2조 2,705억원)

일터의 혁신

안전 일터
- 민간·지자체 등 가용 자원 총동원
  → 현장 밀착형 산재예방체계 구축
- 영세사업장 **高위험요인 집중관리**
- 산재처리기간 단축 등 **보상체계 강화**
- 산업안전 R&D 등 **예방체계 고도화**

공정 일터
- 권리밖 노동자에 대한 **촘촘한 지원체계 구축**
- 대규모 실태조사 등 통한 **동일가치노동 동일임금 기반 마련**
- 일하는 사람 권익 보호 강화

행복 일터
- **주4.5일 지원 신설**
- 출산급여 상한 인상 등 **육아지원 지속 확대**
- **사업주·동료부담 최소화 및 사용여건 개선**

미래를 대비한 지속가능한 노동시장 구축

고용안전망 확충
- 실업·구직자 생계 및 재취업 지원 강화
- 대지급금 등 체불근로자 권리구제 강화
- 산재근로자 생활안정, 회복지원 확대
- 자영업자·소상공인 지원 확대

미래 인재육성
- AI 등 신기술 중심으로 **직업훈련 전면 개편**
- 새로운 지역일자리 모델 지원 및 **고용 선제대응체계 구축**
- 통합고용서비스 제공 및 AI 등 **고용서비스 인프라 고도화**

맞춤형 지원강화
- **청년**: 국민취업지원 구직촉진수당 인상 및 구직단념청년 지원체계 운영
- **중장년**: 일자리 기회 및 재취업 지원 확대
- **장애인**: 양질의 일자리 확대 및 근로지원인 지원 등 어려움 해소

Ⅱ. 주요 내용

[1] 일터의 혁신: "안전 일터", "공정 일터", "행복 일터"

1. 안전 일터 【일하는 사람의 생명과 안전을 최우선으로 보호하는 일터】

☑ 산재사망사고 감축을 위해 민간·자치단체·정부의 역량을 총 동원, 중소·영세기업에 대한 안전투자 대폭 확대, 산재보상체계 강화

○ **(현장 밀착형 예방)** 민간(노사단체 등)·자치단체·정부·일반국민 등 가용 자원을 총 동원한 샐 틈 없는 산재예방체계 구축

- ✔ ᴺᴱᵂ안전한일터지킴이: 〈'26안〉 446억 (1천명, 노사단체 등 민간, 자치단체 협업 밀착 점검)
- ✔ ᴺᴱᵂ지역 중대재해 사각지대 해소 지원: 〈'26안〉 143억 (자치단체 협업, 지역별 특성 고려)
- ✔ ᴺᴱᵂ안전한일터 신고포상금: 〈'26안〉 111억 (일반국민), ᴺᴱᵂ기업안전보건공시제: 〈'26안〉 10억
- ✔ 패트롤카: 〈'26안〉 483대(+140대), 민간기술지도: 〈'26안〉 513억 (33.2만회)

○ **(高위험 집중관리)** 영세사업장 위험요인 제거 및 노동환경 개선

- ✔ 산재예방 설비지원: 〈'25〉 1,107억 → 〈'26안〉 1,610억 (+503억, 17,458개소)
  - ↳ ᴺᴱᵂ영세사업장 사고예방시설 지원: 〈'26안〉 433억 (10인 미만 영세사업장 등 최대 90% 보조)
- ✔ 온열질환 예방장비 지원(폭염근로자 보호): 〈'25〉 200억 → 〈'26안〉 280억 (+80억)
- ✔ 안전동행지원: 〈'26안〉 3,320억, ✔ 안전보건관리체계 컨설팅: 〈'26안〉 820억(+183억)
- ✔ 산재예방시설 융자: 〈'25〉 4,588억 → 〈'26안〉 5,388억 (+800억, 3,050개소)

○ **(보상체계 강화)** 산재처리기간 단축, 일터 복귀지원 강화 등

- ✔ 업무상 재해조사 판정: 〈'25〉 83억 → 〈'26안〉 127억(+44억)
  - ↳ ᴺᴱᵂ산재 국선대리인 지원(19억), ᴺᴱᵂ업무상 질병전담팀(4억), ᴺᴱᵂ산재보상 정보공개(11억)
- ✔ 산재병원 지원: 〈'25〉 797억 → 〈'26안〉 1,228억(+431억)
- ✔ 산재근로자 직장복귀지원: 〈'25〉 116억 → 〈'26안〉 124억(+8억)
  - ↳ ᴺᴱᵂ산재근로자 직업복귀 토탈케어(12억), ᴺᴱᵂ산재근로자의날 행사(2억)

○ **(예방체계 고도화)** 산업안전 R&D 도입, AI·빅데이터 활용 등

- ✔ ᴺᴱᵂ산업안전 R&D: 〈'26안〉 16억, AI·빅데이터 활용 산재예방 시스템(+10억)

2. 공정 일터 【일한만큼 보상 받고, 불합리한 차별이 없는 일터】

☑ **노동시장의 각종 격차**(임금·복지·안전 등) **완화 위한 다각적 지원, 대규모 실태조사 기반 임금정보 제공, 임금체계 개선 지원 확대**

○ **(권리밖 노동자 지원)** 특고·프리랜서·비정규직 등 충분히 보호받지 못하는 권리 밖 노동자에 대한 촘촘한 지원체계 마련

- ✔ NEW 민간 노동센터 활성화 지원: 〈'26안〉 13억(30개소, 상담사 교육 및 네트워크 지원)
- ✔ NEW 정규직 전환지원: 〈'26안〉 69억(사업 복원, 신규 1,500명)
- ✔ NEW 노무제공자 미수금 회수지원(2억, 대금 미지급에 대한 권리구제(법률공단) 지원)
- ✔ 노무제공자 사고성재해예방: 〈'26안〉 4억, **신용보증대위변제**: 〈'26안〉 377억(+60억)
- ✔ 가사근로자 고용개선: 〈'26안〉 33억(+11억), **취약노동자 일터개선**: 〈'26안〉 22억
- ✔ 고용보험미적용자출산급여: 〈'25〉 218억 → 〈'26안〉 283억(+65억)

○ **(임금 체계)** 대규모 실태조사 통한 임금정보 제공, 직무 중심 임금체계 개선 지원 → **동노동임 기반 마련**

- ✔ 대규모 실태조사: 〈'25〉 25억 → 〈'26안〉 54억(+29억, 표본 33천개→66천개)
- ✔ 일터혁신 상생컨설팅: 〈'25〉 408억 → 〈'26안〉 427억(+17억, 5,100개소)
- ✔ 업종별 임금체계 확산 지원: 〈'25〉 48억 → 〈'26안〉 64억(+16억, 4개 업종)

○ **(격차 해소)** 원·하청, 대·중소 격차 해소 사업에 **정부가 매칭 지원**

- ✔ NEW 지역상생형 일터조성 프로젝트: 〈'26안〉 349억(격차 해소 사업 통합·개편)
- ✔ 공동근로기금: 〈'26안〉 182억, ✔ 대·중소안전보건상생협력: 〈'26안〉 130억
- ✔ 중소퇴직기금 재정지원: 〈'25〉 204억 → 〈'26안〉 211억(+7억)

○ **(권익 보호)** 노·사 등 민관 협업 통한 **일하는 사람 권익 보호 강화**

- ✔ NEW 노동단체 및 비영리법인 지원: 〈'26안〉 56억(노동단체 37억, 비영리법인 19억)
- ✔ NEW 노사 상생파트너십 지원: 〈'26안〉 29억(상생파트너십 종합지원 100개소 등)
- ✔ NEW 민간 고용평등상담실 운영: 〈'26안〉 5억(노동부 고용평등상담 서비스와 병행)
- ✔ NEW AI 노동법 상담: 〈'26안〉 20억(AI 기반 대국민 상담 + 상담 내용 기반 사건접수 지원)
- ✔ NEW 생애주기별 맞춤형 노동교육 및 노사관계전문가 과정: 〈'26안〉 12억
- ✔ 지역노사민정 활성화 지원: 〈'26안〉 21억(+9억)

3. 행복 일터 【실근로시간 단축 등 일·가정 양립이 지켜지는 일터】

✔ **주 4.5일제 도입 기업에 대한 확실한 지원 등 실노동시간 단축, 육아 및 일·가정 양립 지원제도 현장 안착 유도 및 지속 확대**

○ **(장시간 근로개선)** 주 4.5일제 도입 지원 신설, 유연근무 지원 확대

- ✔ NEW 워라밸+4.5 프로젝트(시범): 〈'26안〉 276억, NEW 주 4.5 특화컨설팅: 〈'26안〉 17억
- ✔ 워라밸 일자리 장려금(소정근로시간 단축): 〈'26안〉 244억
- ✔ NEW 육아기 10시 출근제: 〈'26안〉 31억(17백명)

○ **(일하는 부모 지원)** 저출생 반등이 계속되도록 육아 지원 지속 확대

- ✔ 모성보호육아지원: 〈'25〉 4조 225억 → 〈'26안〉 4조 728억(+503억)
  ↳ 출산급여: 〈'26안〉 3,792억(최대 210→220만원), 배우자출산급여: 〈'26안〉 269억(최대 160→168만원)
  유산사산급여: 〈'26안〉 27억(최대 210→220만원), 난임치료급여: 〈'26안〉 25억(일 최대 8→8.4만원)
  육아휴직급여: 〈'26안〉 3조 3,936억, 육아기근로시간단축급여: 〈'26안〉 2,680억(+345억)
- ✔ NEW 일생활균형 네트워크: 〈'26안〉 10억

○ **(사업주·동료 지원)** 사업주·동료 부담 최소화 및 사용 여건 개선

- ✔ 육아휴직 지원금: 〈'25〉 1,236억 → 〈'26안〉 1,566억(+330억, 3.9만명)
- ✔ 대체인력지원금: 〈'25〉 1,194억 → 〈'26안〉 1,303억(+109억, 1.7만명)
  ↳ 대체인력지원금 월 120만 → 30인이상 130만, 30인미만 140만
- ✔ 업무분담지원금: 〈'26안〉 252억, ✔ 육아기근로시간단축지원금: 〈'26안〉 443억(2.7만명)
  ↳ 육아휴직 업무분담지원금 월 20만 → 30인이상 40만, 30인미만 60만

[참고: 사회적기업 지원 확대(26년안 1,180억)]------------------

NEW 인건비: 321억	사회적기업 취약계층 신규고용 시, 월 50~90만원, 최대 3년간 지원
NEW 창업: 300억	사회적기업 창업팀 육성(약 500팀, 팀당 평균 5천만원 지원)
판로·성장: 192억	공공구매 등 맞춤형 판로개척 및 단계별 성장지원금 지원
NEW 생태계: 187억	자치단체, 민간 협업 통한 지역문제 해결, 사회성과보상 강화
기타: 180억	교육 및 인식개선, 투자 유치 지원, 사회적기업진흥원 운영 등

[2] 미래를 대비한 지속 가능한 노동시장 구축

1. 고용안전망 강화 【실업자, 체불근로자, 청년 구직자 등 취약계층 보호】

☑ 경기둔화 극복·일상 회복 과정에서 어려움을 겪을 수 있는 노동시장 취약계층에 대한 "기본 안전망"을 충분하게 구축

○ **(실업자)** 실업·구직자의 생계 및 재취업 지원 강화

- ✔ **구직급여**: 〈'25〉 10조 9,171억 → 〈'26안〉 11조 5,376억(+ 6,205억, 163.6만명)
- ✔ **조기재취업수당**: 〈'25〉 5,255억 → 〈'26안〉 5,852억(+597억, 11.7만명)
- ✔ **실업크레딧지원**: 〈'25〉 637억 → 〈'26안〉 667억(+30억)

○ **(체불근로자)** 체불근로자 권리구제 위한 대지급금, 융자 확대

- ✔ **대지급금 지급**: 〈'25〉 5,293억 → 〈'26안〉 7,465억(+2,172억, 11.2만명)
  ↳ 도산대지급금 지급 범위 확대
- ✔ **체불청산지원융자**: 〈'26안〉 706억(1만명), **생활안정융자**: 〈'26안〉 911억(3.4만명)
- ✔ **무료법률구조지원**: 〈'26안〉 117억(5.6만건), **무료법률서비스지원**: 〈'26안〉 12억(3천명)

○ **(산재근로자)** 산재근로자 생활 안정 및 회복 지원 강화

- ✔ **산재보험급여**: 〈'25〉 8조 43억 → 〈'26안〉 8조 1,463억(+1,420억, 42만명)
- ✔ **산재근로자 합병증 등 예방관리**: 〈'25〉 602억 → 〈'26안〉 691억(+89억, 11만명)
- ✔ **산재근로자 생활안정자금융자**: 〈'26안〉 143억

○ **(장애인)** 장애인근로자 고용안정을 위해 장려금 지원 확대

- ✔ **장애인고용장려금**: 〈'25〉 3,720억 → 〈'26안〉 4,014억(+293억, 81만명)
- ✔ ᴺᴱᵂ**장애인고용개선장려금**: 〈'26안〉 19억(의무고용미달사업체 고용 확대시 인센티브)

○ **(자영업자 등)** 사회보험료 지원 지속, 실업급여 등 안전망 확충

- ✔ **사회보험사각지대해소**: 〈'25〉 8,851억 → 〈'26안〉 9,443억(+592억, 108만명)
- ✔ **자영업자 실업급여**: 〈'25〉 184억 → 〈'26안〉 199억(+15억, 36백명)

2. 미래 대비 인재 양성 및 고용서비스 고도화 【AI 투자 및 연계】

☑ **AI 등 전략산업분야 인재양성 주력 → 직업훈련 체질 전면 개선**
고용서비스 고도화 → AI 접목 및 통합고용서비스 체계 구축

○ **(훈련 개편)** AI 등 신기술 중심으로 직업훈련 전면 개편

✔ **첨단산업·디지털 핵심실무인재 양성**: 〈'25〉 4,781억 → 〈'26안〉 5,213억(4.9만명)
  ↳ ᴺᴱᵂTop-tier AI 융복합 과정 1,338억, 선도기업 및 일반과정 3,865억,
  훈련장려금 11.6→20만원 인상, 비수도권·인구감소지역 특별훈련수당 추가 지급
✔ ᴺᴱᵂ**폴리텍 바이오·AI 융합 교육센터**: 〈'26안〉 45억, **첨단산업학과 신설**(+2개과)
  ᴺᴱᵂ**폴리텍 피지컬 AI 적용훈련 테스트베드**: 〈'26안〉 120억, ᴺᴱᵂAX과정(15억, 비학위)
✔ ᴺᴱᵂ**한기대 AI 교·강사 양성**: 〈'26안〉 28억, ᴺᴱᵂ**AI 훈련 평가 시스템**: 〈'26안〉 49억
✔ ᴺᴱᵂ**중소기업 AI훈련센터**: 〈'26안〉 89억, ᴺᴱᵂ**AI 특화 공동훈련센터**: 〈'26안〉 150억(30개소)
✔ ᴺᴱᵂ**중소기업 AI기초·융합과정**: 〈'26안〉 308억(융합과정 훈련비 최대 90% 지원)

○ **(인력 공급)** 산업수요 기반 양성 → 필요 인력 신속 공급

✔ **산업구조변화대응 등 특화훈련**: 〈'25〉 641억 → 〈'26안〉 821억(+180억, 2.4만명)
✔ ᴺᴱᵂ**산업·일자리전환 채용장려금**: 〈'26안〉 11억(300명)
✔ ᴺᴱᵂ**건설근로자 고용지원**: 〈'26안〉 15억(건설기능인력 집중육성·인력수급 전망 등)
✔ **산업인자위 지원**: 〈'26안〉 98억(+5억), **산업전환 공동훈련센터**: 〈'26안〉 164억(+3개소)

○ **(지역고용 활성화)** 광역간(초광역)·기초간 연계 등 새로운 지역일자리 모델 지원, 고용위기에 대한 선제대응체계 구축

✔ **지역산업맞춤형일자리지원**: 〈'25〉 1,079억 → 〈'26안〉 1,926억(+847억)
  ↳ ᴺᴱᵂ광역이음(300억), ᴺᴱᵂ기초이음(200억), ᴺᴱᵂ고용둔화대응(200억) 등
✔ **고용촉진장려금**: 〈'26안〉 207억(45백명), **고용유지지원금**: 〈'26안〉 702억(3.8만명)

○ **(고용서비스 강화)** 통합고용서비스 제공 및 **고용인프라 고도화**

✔ **직업안정기관 운영**: 〈'25〉 551억 → 〈'26안〉 593억(+42억, 통합공공고용서비스 +2개소)
✔ **취업취약계층 고용지원**: 〈'25〉 92억 → 〈'26안〉 119억(+27억, 구직자 심리안정지원 +11억 등)
✔ ᴺᴱᵂ**신규 AI 고용서비스 개발 및 AI 인프라 확충**: 〈'26안〉 32억(고용AI 관련)

3. 대상별 맞춤형 지원 강화 【미스매치 해소&노동시장 활력 강화】

☑ 청년·중장년·장애인 등 대상별 특성을 고려한 맞춤형 지원 강화
→ 일자리 기회 확대 및 미스매치 요인(숙련·보상·정보 등) 해소

1 청년 : 청년이 필요로 하는 지원에 집중하여 효과성 제고

○ **(기회 확대)** 국민취업지원제도 구직촉진수당 인상 등 청년 부담 완화 및 구직여건 개선, 장려금·일경험 등 통한 **일자리 기회 확대**

- ✔ **국민취업지원제도**: 〈'25〉 8,457억 → 〈'26안〉 1조 128억(+1,671억, 35만명)
  ↳ 30.5만명 → 35만명(+4.5만명), 구직촉진수당 월 50만원 → 60만원(+10만원)
- ✔ **청년일자리도약장려금**: 〈'25〉 7,772억 → 〈'26안〉 9,080억(+1,308억, 10.5만명)
  ↳ 기존 1·2유형 → ❶수도권, ❷비수도권형으로 개편
  ❶수도권: 취업애로청년 채용 시 기업에 월 60만원 12개월간 지원
  ❷비수도권: 청년 채용시 기업에 월 60만원 12개월 + 청년에 2년간 480~720만원 지원
- ✔ **청년 일경험 지원**: 〈'26안〉 2,076억(인턴, 프로젝트 등 4.3만명)
- ✔ **청년 국가기술자격 응시료 지원**: 〈'26안〉 242억 (78.7만명, 50% 할인)

○ **(밀착 지원)** 대학일자리⁺센터 중심 재학·졸업생 밀착 지원 강화 취업을 희망하는 고교재학생 대상 맞춤형 훈련 확대

- ✔ **청년고용지원인프라운영(대학일자리⁺센터)**: 〈'26안〉 1,068억(총 120개교 지원)
  ↳ 대학재학생 15.5만명, 졸업생 5만명 대상 맞춤형 고용서비스 제공
- ✔ **일반고 특화훈련**: 〈'25〉 456억 → 〈'26안〉 553억(+97억, 6,300명)
- ✔ **미래유망고졸인재양성**: 〈'26안〉 125억(85개 학과 → 95개 학과)
- ✔ **청년미래플러스**: 〈'25〉 20억 → 〈'26안〉 41억(직장적응지원 프로그램 보강)

○ **(특화 프로그램)** 쉬었음 청년 등 특성 고려한 **맞춤형 특화 지원**

- ✔ **청년도전지원사업(도전+성장프로그램)**: 〈'25〉 716억 → 〈'26안〉 758억(+41억)
- ✔ ᴺᴱᵂ**구직단념청년 지원체계 운영**: 〈'26안〉 60억(쉬었음청년 발굴 및 찾아가는 서비스)
- ✔ ᴺᴱᵂ**경계선지능청년일자리지원**: 〈'26안〉 3억(2백명, 진로설계·구직기술 등 지원)

2 **중장년** : 일자리기회 · 재취업지원 확대 → 활력 있는 고령화 사회

○ **(기회 확대)** 경력전환 및 새로운 분야 일자리를 희망하는 중장년에게 맞춤형 훈련 및 다양한 일자리 기회 제공

- ✓ ᴺᴱᵂ고령자통합장려금: ⟨'26안⟩ 107억(34백명, 비수도권 기업 우대(월 +10만원))
- ✓ 폴리텍 중장년 특화과정: ⟨'25⟩ 55억 → ⟨'26안⟩ 102억(+47억, +5천명)
- ✓ 중장년 경력지원제: ⟨'25⟩ 36억 → ⟨'26안⟩ 84억(+48억, 2천명)
- ✓ ᴺᴱᵂ일손부족일자리 동행인센티브(시범): ⟨'26안⟩ 18억(1천명)
  ↳ 인력충원이 필요한 업종에 취업한 중장년에게 6·12개월 근속인센티브(총 360만원) 지원

○ **(재취업 지원)** 취업을 희망하는 중장년이 원하는 일자리로 재도전 할 수 있도록 맞춤형 취업지원 패키지 제공

- ✓ 중장년 내일이음 패키지: ⟨'25⟩ 183억 → ⟨'26안⟩ 229억(+46억)
  ↳ 생애경력설계·전직지원 서비스 확대(+4억), 내일센터 2개소 확충·컨설턴트 보강(+35억)
  ᴺᴱᵂ중장년고용네트워크(2억), ᴺᴱᵂ지역채용수요 연계형 수시교육(5억)

3 **장애인** : 좋은 일자리 및 고용안정, 발달장애인 지원 강화

○ **(일자리 확대)** 표준사업장 등 양질의 일자리 기회를 확대하고, 발달장애 등 특성을 고려한 맞춤형 취업지원 서비스 강화

- ✓ 장애인표준사업장 지원: ⟨'25⟩ 529억 → ⟨'26안⟩ 602억(+74억, +30개소)
- ✓ 중증장애인 지원고용: ⟨'26안⟩ 185억(+34억, 훈련수당 일 1.8만원 →3.5만원 인상)
- ✓ 장애인취업성공패키지: ⟨'26안⟩ 275억(+10억, 구직촉진수당 월50→60만원 인상)
- ✓ 민간기업 장애인고용 컨설팅: ⟨'26안⟩ 8억, 장애인 인턴제: ⟨'26안⟩ 66억
- ✓ 최저임금적용제외근로장애인전환지원: ⟨'26안⟩ 38억(직재시설 전환성공지원금 신설 등)
- ✓ 장애인직업능력개발: ⟨'25⟩ 606억 → ⟨'26안⟩ 645억(+39억)
  ↳ ᴺᴱᵂ발달장애인재직자훈련프로그램(16억), 디지털훈련센터 확충(+1개소)

○ **(고용 안정)** 근로 장벽 제거를 통한 직장 생활 어려움 해소

- ✓ 근로지원인 지원: ⟨'25⟩ 2,470억 → ⟨'26안⟩ 2,659억(+189억, 11,500명)
- ✓ 중증장애인근로자 출퇴근비용 지원: ⟨'25⟩ 66억 → ⟨'26안⟩ 85억(+19억, 15천명)
- ✓ 보조공학기기 지원: ⟨'25⟩ 198억 → ⟨'26안⟩ 200억(+2억)

www.sylogis.co.kr

맞춤물류를 통해 고객을 성공시키는 기업, 삼영물류가 글로벌 수준의 물류서비스를 제공합니다.

3PL ▶
Your Success Is our Goal
▼ Fulfillment

Food Service
식품/식자재 콜드체인 물류 운영 관리

CVS Service
편의점 물류센터 인력, 배송차량 운영 관리

설치 Service
가구/가전/운동기구 중량물 설치 배송

온라인 Service
주문접수 배송까지 원스톱 풀필먼트 제공

화장품 Service
전문화 된 시설/장비를 통한 화장품 풀필먼트

전기·전자 Service
완제품에서 A/S부품까지 입출고, 배송 물류관리

컨설팅 Service
거점 재구축, 물류조직 재설계, 공동물류 컨설팅, Process Innovation

'맞춤물류를 통해 고객을 성공시키는 기업'을 목표로 하는 삼영물류는 제3자 물류 및 공동물류 선도기업으로 차별화된 제안력과 운영력, 기술력을 통해 국내 최고의 전문물류기업을 지향합니다.

1. 제안력 Supply Chain Consulting + Professional 3PL Proposal
2. 운영력 Processing Knowhow + Rich Experiences
3. 기술력 Customized System (Information Technology) + LE (Logistics Engineering)

- **맞춤 Service** 공동물류(Platform Service) - On Line (풀필먼트 서비스), 화장품, 전기·전자
  / 제3자물류(Integrated Total Service) - 전기·전자·설치, CVS, Food Service
  / 국제물류(Import/Export Service) - 크로스보더(직구/역직구) 풀필먼트_특송 서비스
  / 물류컨설팅(Logistics Consulting) - PI, 공동물류, 물류조직재구축, 거점재구축

인천광역시 서구 중봉대로490, 지식산업센터 10층 / Tel. 032-886-3003 / sylogis@sylogis.co.kr

2026 한국아웃소싱기업연감

인 쇄 일	2025년 11월 27일
발 행 일	2025년 11월 29일
발 행 처	(주)아웃소싱타임스
등 록 일	2003년 12월 19일
등 록 번 호	제318-2003-000148
발 행 인	김 용 관
주 소	서울시 영등포구 양평로 21길 26 아이에스비즈타워 1107호
T E L	02-785-3197
F A X	02-783-4855
홈 페 이 지	www.outsourcing.co.kr

※ 본 책자에 게재된 기사 또는 자료의 무단전재 및 복제는 법으로 금지되어 있습니다.

〈정가 100,000원〉